(京)新登字 041 号

图书在版编目(CIP)数据

沈阳年鉴.2002/《沈阳年鉴》编委会编.—北京:中国统计出版社,2002.8
ISBN 7—5037—3878—2

Ⅰ.沈… Ⅱ.沈… Ⅲ.沈阳市—2002—年鉴 Ⅳ.Z523.11
中国版本图书馆 CIP 数据核字(2002)056976 号

沈阳年鉴—2002

责任编辑/陈越月
E - mail/yearbook@stats.gov.cn
出版发行/中国统计出版社
通信地址/北京市西城区三里河月坛南街 75 号 中国统计出版社
电 话/(010)63262295
印 刷/沈阳市统计局胶印室激光照排
辽宁省统计局印刷厂印刷装订
辽宁东亚海外文化发展公司印制彩图
经 销/新华书店
开 本/889×1194 毫米
字 数/120 万字
印 张/32.6
印 数/1—3000
版 别/2002 年 8 月第 1 版
版 次/2002 年 8 月第 1 次印刷
书 号/ISBN 7—5037—3878—2/F·1464
定 价/150.00 元

沈阳市城乡建设委员会

沈阳北站新貌

沈阳是辽宁省省会，东北地区经济、文化、交通、金融和信息中心，也是中国重工业基地和历史文化名城。全市共辖三县一市九区，总面积 1.3 万平方公里，总人口 720 万人，其中城区人口 388 万人。近年来，沈阳市按照城市可持续发展战略目标，始终把拓展城市功能、改善城市环境、提升城市品位、塑造独具特色的城市形象作为根本任务，不断加大城建投资力度，相继实施了一系列基础设施建设和环境改造重点工程，城市建设取得了突破性进展，城市环境、城市形象得到极大改善。今天的沈阳已是交通顺畅、楼宇林立、蓝天碧水、环境宜人的现代化特大城市。展望明天，沈阳正以崭新的姿态和现代化大都市新形象，走向未来、走向辉煌。

青年大街

沈阳市五里河公园

市府广场

中国

2001年10月7日，中国队在沈阳以1：0击败阿曼队，以五胜一平积16分的战绩，在2002年世界杯亚洲区“十强赛”B组中提前两轮出线，从而在七次冲击世界杯的艰苦征战中第一次获得成功。中国队八场比赛成绩如下：8月25日，主场以3：0击败阿联酋队；8月31日，客场以2：0击败阿曼队；9月7日，客场以1：1战平卡塔尔队；9月15日，主场以3：0战胜乌兹别克斯坦队；9月27日，客场以3：0战胜阿联酋队；10月7日，主场以1：0战胜阿曼队；10月13日，主场以3：0战胜卡塔尔队；10月19日，客场以0：1小负乌兹别克斯坦队。

梦圆沈阳

沈阳新貌

远眺沈阳市区

东西快速干道

北陵正门

市府广场一角

桃仙机场新候机楼

小南天主教堂广场

沈阳经

管委会第一副主任　温贵纯

副省长、市长陈政高视察沈飞日野客车有限公司

沈阳开发区工业园区一角

沈阳山之内制药有限公司

济技术开发区

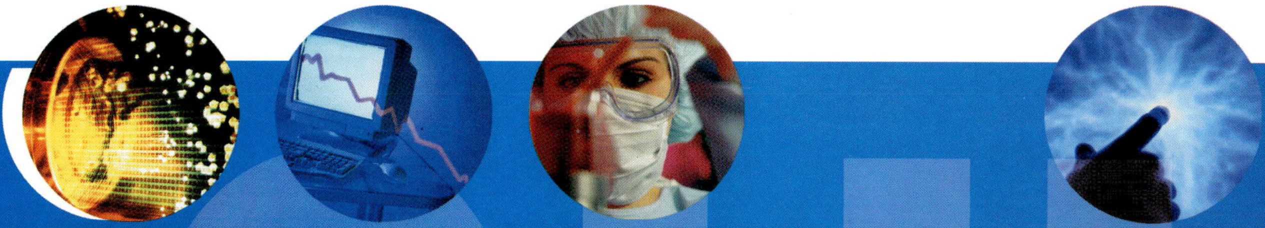

沈阳经济技术开发区创建于1988年6月22日，1993年4月经中华人民共和国国务院批准为国家级经济技术开发区。开发区位于母城沈阳西南部，规划总面积32平方公里，其中：一期4.48平方公里，二期7.7平方公里，三期6平方公里，四期为13.82平方公里。到2001年底，已开发了20平方公里，其中一、二期13平方公里已基本摆满项目，余下地块为预留用地和已出让待建工程用地。截止到2001年底，已有40个国家和地区的外商在沈阳开发区投资兴业。共有43家跨国公司入主沈阳开发区，其中世界500强企业有19家。累计批准进区项目1283个，协议投资总额739亿元，合同外资额26亿美元，实际利用外资额21.8亿美元，实现国内生产总值395亿元，工业总产值838亿元，利税总额108亿元，税费收入56亿元。项目平均投资规模达到5649万元，投资在1000万美元以上的外资项目和投资在5000万元人民币以上的内资项目分别为162个和90个。

2001年，沈阳开发区实现国内生产总值85亿元，同比增长30%；工业总产值完成248亿元，同比增长30%；固定资产投资完成24亿元，同比增长32%；实现利税总额30亿元，同比增长15%；税费收入13.7亿元，同比增长18%；协议投资总额140亿元，同比增长27%；合同利用外资额5.2亿美元，同比增长26%；直管实际利用外资额1.11亿美元，同比增长9%；出口创汇2.4亿美元，同比增长5%。

沈阳可口可乐饮料有限公司

沈阳市浑南新区
沈阳国家高新技术产业开发区

21 世纪大厦

浑南新区的全面开发建设于 2001 年 10 月 16 日正式启动，浑南新区抓住加入 WTO 新一轮改革开放的有利时机，明确以创新为先导，以招商引资为核心，为投资者创造价值，以高新技术产业为支撑，以软硬环境建设为基础，以高素质人才为保证，重点开发建设高新技术产业区、高档次商务区、高品位生活居住区和大学城。到"十五"末期，浑南新区建成区面积将扩展到 35 平方公里，国内生产总值实现 220 亿元，财政收入达到 34.3 亿元，引进外资额完成 8 亿美元，技工贸总收入实现 800 亿元。

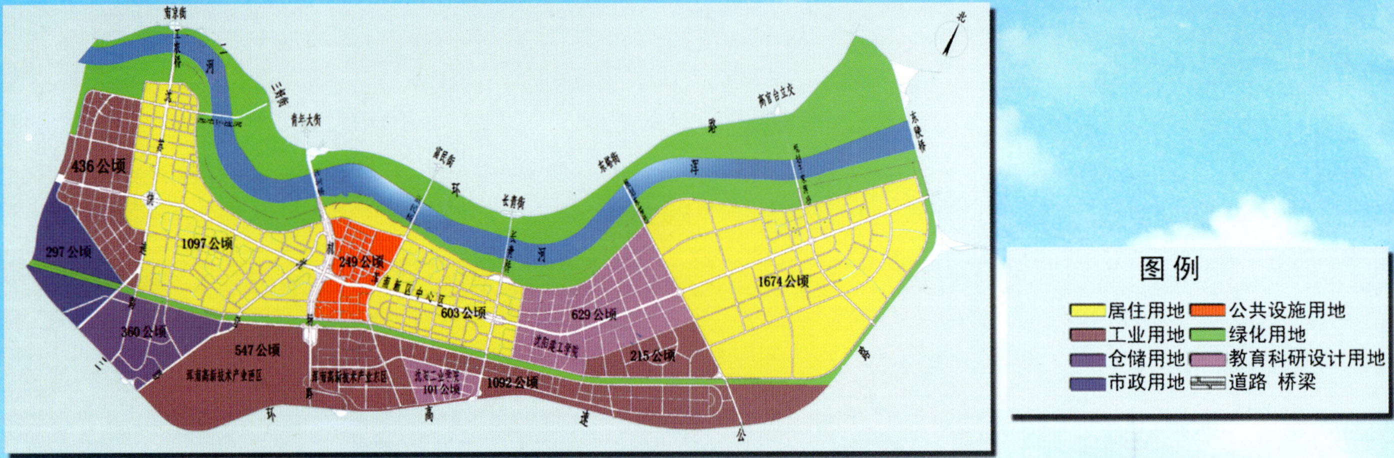

浑南新区用地功能分布图

国际会展中心

沈阳棋盘山国际风景旅游开发区

棋高一着战略行
都市掩映森林中
地灵人杰谋发展
东部青山半入城

管委会主任　刘海德

副省长、市长陈政高视察开发区

棋盘山旅游开发区位于沈阳市的东北部，规划面积 203 平方公里，现有林地面积 97 平方公里，水域面积 7 平方公里，是一处集自然山水、人文景观和现代休闲娱乐为一体的省级风景名胜旅游度假区，也是首批被国家批准为管理和服务质量达到国家 4A 级标准的旅游区之一。

经过十年的开发建设，特别近年来，市委、市政府把棋盘山旅游开发区定位为现代化、多功能的旅游度假区之后，棋盘山旅游开发区进入了一个新的历史发展时期。

棋盘山旅游开发区具有得天独厚的资源条件和突出的区位优势。“十五”期间，开发区将本着“建设一个新区，即旅游度假区；构筑四种功能，即中心游览、运动休闲、生态观光、文化娱乐功能；招商十大项目；建好三线一带”的总体规划思路，把棋盘山建设成现代化、多功能的国际旅游度假区，实现东部青山半入城的宏伟蓝图。

2001 年，全区实现国内生产总值 8800 万元，比上年增长 28.1%；财政收入及融资 3903 万元；固定资产投资 5516 万元；第三产业增加值 6100 万元，比上年增长 33.2%；实际利用外资 242 万美元。

沈阳市人民政府参事室

主任　王淑云

沈阳市人民政府参事室成立于1956年11月5日，是政府中惟一以具有民主党派、无党派人士身份的参事为主体的具有统战性、咨询性的工作部门。市政府参事是政府聘任的在全市有影响、有代表性、有参政议政能力和在各自岗位上有建树的专家学者。近年来，参事室充分发挥参事人才和智力优势，组织参事履行“参政咨询，统战联谊”职责，使政府参事的“参谋部”、“智囊团”作用得到充分发挥。除了按时完成市政府交办的调研题目外，还积极主动围绕市政府的中心工作和社会“热点”、“难点”问题深入调查研究，对政府工作提出建议和意见，共提出调查报告和建议60余件，其中80%得到市政府领导批示、重视或采纳。与此同时，市政府参事还利用自身的社会影响和海外关系等条件，宣传沈阳改革开放的大好形势和党的统战政策，积极牵线搭桥，为沈阳的经济发展引进了宝贵的资金、技术和人才。1997、1999和2001年，沈阳市政府参事室先后3次在全国参事工作系统工作会议和座谈会上介绍了参事工作经验和体会。

图1：1998年，国务院参事室主任徐志坚视察沈阳参事工作，并到参事室看望机关工作人员

图2：2001年11月，市委常委、常务副市长李佳出席政府参事建言献策汇报会并讲话

图3：2001年市政府参事春节招待会上，副省长、市长陈政高向市政府聘任参事颁发聘书

	图1
图3	图2

沈阳市体育局

2001年，沈阳市体育事业蓬勃发展。全年举办各类全民健身比赛活动420余次，参与人数170余万人次；全市体育人口达296万人，占全市总人口的41%；成功地承办了2002年世界杯预选赛亚洲区决赛中国队的四个主场比赛，营造了隆重、热烈、火爆、安全的主场氛围，保证了中国队以小组第一的战绩进军世界杯，实现了中国足球几代人44年的夙愿；经过积极努力，沈阳市成为2008年北京奥运会足球赛分赛场的承办城市之一；沈阳市回民中学足球队代表中国参加世界中学生足球锦标赛，勇夺冠军；2001年5月，沈阳金德足球俱乐部正式成立；成功地举办了沈阳市第十届运动会和沈阳市第四届少数民族运动会，并成功地承办了中日韩三国青少年体育交流大会。

中日韩三国青少年体育交流

金杯汽车股份有限公司

沈阳金杯客车制造有限公司生产的SY7200“中华”牌轿车

沈阳汽车制造厂生产的金杯先锋SY1041SLS1

金杯通用汽车有限公司生产的“SUV”雪佛兰多功能运动汽车

沈阳金杯客车制造有限公司生产的SY6470轻型客车（戈兰维亚）

沈阳金杯客车制造有限公司生产的SY6480轻型客车（金杯海狮）

金杯汽车股份有限公司成立于1988年，于1992年在上海证券交易所上市。公司现拥有员工14655人，所属单位有10家：沈阳金杯客车制造有限公司、金杯通用汽车制造有限公司、沈阳汽车制造厂、沈阳金亚汽车传动轴有限公司、沈阳都瑞轮毂有限公司、沈阳金杯江森内饰件有限公司、金杯汽车物资总公司、金杯产业开发总公司、沈阳金杯房屋开发有限公司、沈阳汽车座椅厂。其中金客、金通、金亚、都瑞、金杯江森为合资企业。

现生产的主要整车产品：“中华”牌SY7200轿车系列；轻型客车系列，分别为SY6480系列经济型、SY6480系列普通型、SY6480系列豪华型，SY5031系列变型车，戈兰维亚系列产品；金杯雪佛兰6460系列；轻型卡车系列，分别为SY1020系列1吨车、SY1041、SY1042、SY1043系列2吨车和SY1060系列3吨车。主要零部件产品：汽车座椅、汽车轮毂、汽车传动轴等。随着中德合资宝马汽车项目框架协议的签字，公司与世界著名汽车生产商即美国通用汽车公司、日本丰田汽车公司、德国宝马汽车公司合资合作全面展开。

沈飞集团

2001年8月8日，辽宁省省长薄熙来在市委书记张行湘、市长陈政高等陪同下考察沈飞公司。

坐落在沈阳北部，素有“中国歼击机摇篮”之称的沈阳飞机工业(集团)有限公司创建40多年来，曾研制生产了数千架飞机，为国防现代化建设作出了重大贡献，是新中国最早建立的大型骨干企业之一。作为航空工业歼击机的主机厂，目前已发展成为集科、工、贸为一体的军民结合的质量效益型企业。

公司以军民机为主导产品，并有汽车类、轻金属结构类、大型机械类、民用电器类等系列300多种民品。主要民品有大客车、轻型越野车、铝型材及制品、通路地板、烟草机械、仓储设备、档案装具、彩管玻壳等。公司有技术、设备、人才优势，在数控、金属与非金属蜂窝结构、碳合金、复合材料、喷丸成型和热处理、表面处理及焊接等方面极具加工能力。

同时，沈飞还享有很高的国际合作声誉，先后向美国、英国、德国、加拿大、以色列、日本等10多个国家出口了民机零部件、客车及其它机电产品。2000年6月8日，波音737－700NG尾段实现了首架交付，并开始进入批量生产阶段，标志着集团公司民机零部件生产实现了由小到大、由低层次的重复到高水平发展的大跨越。

2001年，沈飞公司获“中国企业文化实践创新奖”。11月15－16日，党委副书记李燕(前排右二)参加在北京人民大会堂举行的颁奖仪式。

通讯地址：沈阳市皇姑区陵北街1号
信　　箱：沈阳市328信箱
邮政编码：110034
电子信箱：PUB@SAC. COM. CN
网　　址：http/: www. sac. com. cn
电　　话：(024)86986680　(024)86598018
传　　真：(024)86986689

飞公司科技大楼

沈飞公司数控加工中心

沈飞公司办公大楼

沈阳机电装备工业集团

董事长　刘永生

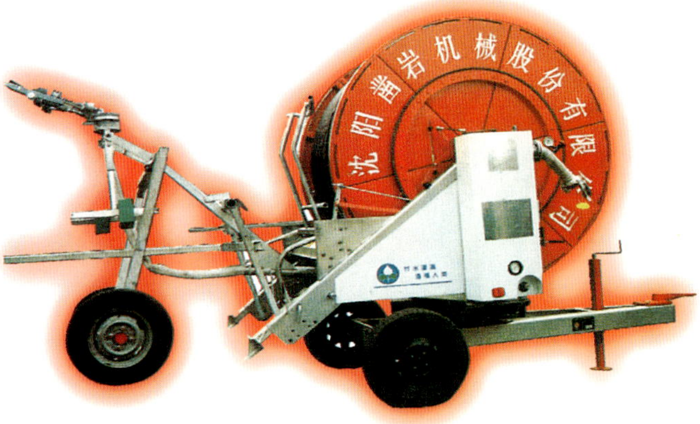

农用卷盘式喷灌机

沈阳机电装备工业集团是以资产为纽带，以产品成套为龙头，以承担国家重大技术装备和重点工程项目为主攻方向，通过资产重组的方式设立的特大型企业集团。

集团现有13家全资（控股）子公司，资产总额110亿元，职工4.1万人。在辽宁省44户重点企业中列第16位，在沈阳市国有企业集团中列第1位。集团拥有博士后工作站1个，国家、省、市三级技术中心10个，国家级产品质量监督检测中心3个，部级行业研究所4个，中、高级工程技术人员近4000人。集团内10户工业企业在国内具有较高知名度，并全部通过ISO9000质量体系认证。集团共生产9类主机、8大成套设备、70大类产品，服务于石油、化工、冶金、电力、煤炭、建材、交通、环保、军工等10大行业。拥有100多个国内外销售网点和机构，产品远销美国、日本、欧盟、俄罗斯、澳大利亚和东南亚等50多个国家和地区，并以优质的产品质量、完善的售后服务在市场上享有较高声誉。

沈阳机电装备集团以装备中国为己任，引进国外先进技术与自主开发相结合，为国家重大项目和重点工程提供一流装备。H型轧钢机、核主泵、新氢压缩机、乙烯装置用裂解气压缩机组等一大批高新技术产品填补了国内空白，一批主导产品达到国际先进水平。集团最有代表性的九大主机、十大名牌产品包括：MCL、BCL离心压缩机；Y系列交流电动机；2D、4M系列氢气压缩机；电站用泵系列产品；磨煤机系列产品；带式输送机；轮式装载机；7655牌凿岩机；铅酸蓄电池；YOTGC调速型液力耦合器。其中YOTGC调速型液力耦合器国内领先，荣获国家、省、市优质产品或名牌产品称号。

为国内的东深工程、上海宝钢、大庆乙烯等重点工程提供八大成套设备，集中显示了沈阳机电装备工业集团强大的综合配套能力，主要包括：石油化工、化肥工程成套设备；300兆瓦及以上级火电机组辅机成套设备；300兆瓦核电机组用泵成套设备；1000—2000万吨级大型露天矿半连续和连续开采工艺成套设备；钢厂辅机成套设备；工程机械成套设备；水泥、人造板机械成套设备；大型环保成套设备。

轮式装载机

CHINA

中国北

总经理　姜连英

中国北方航空公司成立于 1990 年 6 月 16 日，总部设在沈阳，有吉林、大连二个分公司，北鹅、北亚二个子公司。

截至 2001 年末，公司完成运输总周转量 65 亿吨公里；完成旅客运输量 4700 万人次；完成货邮运输量 76.84 万吨。

北方航空公司共有各型飞机 80 多架，其中 A300－600 飞机 6 架、A321 飞机 4 架（另有 6 架陆续交付使用）、MD－82 飞机 24 架、MD－90 飞机 13 架、运七 10 架及通用航空飞机 29 架，初步形成了大、中、小机型配套的运输机群。每日可投放市场的静态座位数 7500 个，年综合生产能力12 亿吨公里。公司经营的航线已达 200 条。

随着运力增长，公司经济效益明显提高。截至 2001 年底，公司累计实现业务总收入 345 亿元人民币，拥有固定资产总值 150 亿元人民币。

公司以沈阳桃仙国际机场为主要运输基地，总部设在沈阳东塔机场，主要经营国内、国际航空客、货、邮运输业务、通用航空业务、航空运输代理业务，兼营飞机维修以及其他以第三产业为主的多种经营业务。

公司的电脑售票系统与全国计算机联网，广大运输服务人员全心全意为旅客和货主服务，赢得了广大旅客的信赖。1996 年在全民航运输服务质量综合评比中，北航的售票服务荣获全国第一。1999 年被中央精神文明建设指导委员会授予“全国创建文明行业工作先进单位”称号。1994 年经国务院评定，中国北方航空公司跻身于中国 500 家最大服务企

方航空公司

沈阳市规划和国土资源局

局长　于灏

2001 年，沈阳市规划和国土资源局共完成重点工程建设的规划编制和设计任务 193 项，其中：省重点 11 项，市重点 182 项；办理规划审批件 595 件，面积 500 余万平方米；全年实现土地收益金 10 亿元，有偿出让土地 348 万平方米；全年共办理各类用地审批 77 件，总面积 815 公顷。

2001 年，全市共查处违法建设案件 1838 件，涉及面积 88 万平方米；查处违法用地 209 宗，涉及面积 189 公顷。

远眺科学家花园

青年大街街景

河畔花园

沈阳市招生考试委员会办公室

市委、市政府召开中、高考“双优”活动总结表彰大会

市招考委聘请50名招生考试联络员，加强招生考试工作社会监督

“多功能、现代化、开放式”的沈阳市招生考试中心

沈阳市招生考试委员会办公室成立于1991年，是负责沈阳地区各类教育招生考试统一管理的副局级单位，是沈阳市招生考试工作的管理中心、信息中心、研究中心和服务中心。办公室内设普招处、成招处、中招处、自考处和综合处，下辖《招生考试通讯》杂志社，代管沈阳市招生考试研究会秘书处。

建办十年来，市招考办全面贯彻落实党的教育方针，牢固树立“大招考观”和“一流思想”，始终把深化改革、提高质量、满足需求、维护稳定放在突出位置来抓，提出了“建设一流队伍、实现一流管理、夯实一流基础、提供一流服务”的工作目标，共组织各级各类考试130余次，接纳报名考生308万余人次，为各级各类学校招收新生72万余人，颁发高教自考和中专自考毕业证书4.5万余份，为沈阳市教育发展和社会进步做出了积极贡献。

沈阳市招生考试工作开拓创新，与时俱进，敢拔头筹，在辽宁省乃至全国稳居一流——招生考试制度改革与创新闻名全国；发起并组建全国第一家市级招生考试研究会，科研工作硕果累累；在全国率先建立招生考试联络员制度，实施招考工作社会监督；创办面向国内外公开发行的《招生考试通讯》杂志，在全国市级独一无二；自1998年起开展的“双考”、“双优”活动被市委、市政府列为全市精神文明建设十件实事之一，在辽沈地区乃至全国反响强烈。

2001年，市招考办被国家教育部授予“全国高等教育自学考试工作先进集体”，被辽宁省委、省政府授予“文明单位”，考风考纪工作以第一名的优异成绩，被授予“辽宁省2001年度考风考纪工作优秀单位”，研制开发的“通用考试分数录入系统”被教育部考试中心评为“第四届全国教育考试创新奖”三等奖，为全国惟一的市级招考部门获奖项目。办公室主任、法人代表李蒲也先后多次被国家教育部评为招考工作先进个人，并光荣地当选为辽宁省第七届妇女代表大会代表和沈阳市第十二届人民代表大会代表。

地址：沈阳市和平区北七马路37号　　邮编：110002

东北大学

党委书记、校长　赫冀成

东北大学位于辽宁省沈阳市，校园南滨浑河，北畔南湖；学校占地总面积181万平方米，建筑面积94万平方米。

东北大学始建于1923年4月。1928年8月，著名爱国将领张学良将军兼任校长。1931年“九·一八”事变后，东北大学被迫先后迁移北平、西安、四川等地。1949年2月，在东北大学工学院、理学院(部分)的基础上成立了沈阳工学院。1950年8月，定名为东北工学院。1960年被列为全国64所重点大学之一，是国务院首批批准有权授予学士、硕士和博士学位的大学。1986年进入全国33所试办研究生院学校的行列，1996年正式成立研究生院。1993年3月8日，东北工学院复名为东北大学，张学良先生亲自题写校名，并出任名誉校长、校董会名誉主席。1996年，东北大学首批进入国家重点建设的“211工程”院校行列。1998年9月，东北大学由原冶金部部属院校划转为教育部直属高校。2000年东北大学被列入“面向21世纪教育振兴行动计划”重点建设学校，2001年7月，东北大学“211工程”建设项目顺利通过国家验收。

东北大学是一所以工为主，理工文管经法相结合的多科性国家重点大学。学校设有秦皇岛分校、研究生院，还设有基础学院、文法学院、外国语学院、艺术学院、工商管理学院、理学院、资源与土木工程学院、材料与冶金学院、机械工程与自动化学院、信息科学与工程学院、体育部以及网络教育学院、成人教育学院、继续教育中心。学校设有45个本科专业，有58个学科有权授予硕士学位，29个学科有权授予博士学位；有国家、省、部级重点学科14个；博士后流动站9个；国家工程技术研究中心3个；国家重点实验室1个；设有“长江学者奖励计划”特聘教授岗位6个，国家大学生文化素质教育基地和2个本科生教学基地；是教育部批准的开展远程教育的试点院校之一；“中国教育和科研计算机网”东北地区中心设在东北大学。学校现有教师1629人，其中：中国科学院和中国工程院院士6名，国务院学科评议组成员7名，博士导师129名，教授270人，副教授615人；现在校各类学生32564人，其中：博士生1111人，硕士生2153人，本科生16387人，外国留学生150人。建校78年来，东北大学为国家培养各类专业人才12万多人。“九五”以来，学校承担的国家自然科学基金项目、国家重点基础研究发展规划项目、“863”高科技项目、“973”高科技项目、博士点基金项目、国家攀登计划项目、国家重大科技攻关项目、国际合作项目以及与地方、企业合作的项目共1988个，其中获国际、国家和省部级奖155项。在国内外发表学术论文4645篇。

1995年，东北大学软件中心被确定为当时惟一的计算机软件国家工程研究中心；1997年，学校自动化中心被确定为国家自动化工程技术研究中心(沈阳分中心)，1999年依托东方软件有限公司设立了国家数字化医疗影像设备工程技术研究中心。东北大学科学园是我国第一个大学科学园，2000年，东北大学科技园又成为国家首批15家大学科技园试点建设单位之一。

中国医科大学

中国医科大学党委书记、校长金魁和教授在建校70周年庆典大会上讲话

2001年10月14日，中国医科大学举行建校70周年庆典。中共中央政治局常委、国务院副总理李岚清发来贺信，全国人大常委会副委员长姜春云、吴阶平为该校题词，全国政协副主席李贵鲜，国家卫生部部长张文康，省委书记闻世震，省委副书记、沈阳市委书记张行湘致信表示祝贺。国家教育部、卫生部、科技部，辽宁省、沈阳市有关领导及中国医科大学校友代表和在校师生2000多人参加了校庆庆典。

中国医科大学是中国共产党创办的第一所医科院校，前身是中国工农红军卫生学校，参加过二万五千里长征。毛泽东同志为该校毕业生所题“救死扶伤，实行革命的人道主义”已成为全国医务界的座右铭。70年来，被誉为“红色医生摇篮”的中国医科大学已有4万多名高级医学人才活跃在全国及世界各地。

目前，学校占地面积59.5万平方米，建筑面积67万平方米，教职工6230人，其中：各类技术人员5104人，中国工程院院士1人，正高级职称322人、副高级职称564人，博士生指导教师146人，硕士生指导教师468人。在校各类学生总计10823人。学校设有14个院、系、部，103个教研室，5个专科专业，7个本科专业，49个硕士学位授权学科（专业），34个博士学位授权学科（专业）。设有1所卫生学校和卫生部直属日语培训中心和中国乡村医生培训中心。设有1个国家重点学科，3个卫生部重点实验室，1个国家药品临床研究基地，5个省级重点学科，3个博士后流动站，15个研究所，8个校院级中心实验室，15个独立研究室。附属3所综合性医院和1所专科性医院。现有5家科技企业。

金魁和校长与前来参加建校70周年庆典的国家卫生部副部长彭玉、辽宁省委副书记张文岳亲切交谈

中国医科大学建校70周年庆典大会主会场

在建校70周年庆典期间，中国医科大学举行了一系列院士报告会，吸引了众多科技人员

校长兼党委书记　张佩纶

沈阳市第二中学是辽宁省首批办好的重点高级中学，隶属于沈阳市教育局，是国家教育部确认的全国名校，是辽宁省花园式学校。

学校坐落于沈阳市沈河区五爱街。校园占地面积为 7.42 万平方米，绿地有 1.3 万平方米，有标准教室 28 间。

学校建有国内一流的科技实验楼，建筑面积 4200 平方米，内设物理、化学、生物、地理实验室、两个语音室、两个多媒体教室和拥有 40个座位的多功能电化教室及天文观测台等；建有面积为 2000 平方米的图书馆，藏书 5 万余册，600 多个座位的阅览室供师生使用。

学校体育设施完备，有符合国际标准的大型体育馆和多功能游泳馆，多个标准篮排球场以及 2000 多个座位的多层体育场看台，沈阳市中小学惟一的标准塑胶田径场地已经落成。

校长兼党委书记张佩纶同志是全国劳动模范、全国“五一”劳动奖章获得者，是享受国务院颁发的政府特殊津贴的省专家、省优秀校长、省优秀共产党员。全校在岗教职110 人，其中：高级教师 45 人，已获硕士学位及硕士在读的研究生 39 人，沈阳市骨干教师 19 人，沈阳市学科带头人 6 人，省特级教师 4 人。沈阳二中建校至今为高等学校输送了 2 万余名优秀学生，近 20 年来，沈阳二中的高考升学率一直保持在 100%。每年都有80% 以上的学生升入全国重点大学。在历届国家级、省市级的中学生数学、物理、化学、信息技术、英语、征文、歌咏、演讲、文艺、创造发明等各项竞赛中，都有沈阳二中的学生名列榜首。沈阳二中的田径代表队、篮球代表队都是沈阳市冠军队。随着高考制度改革的深化，沈阳二中的办学优势更加明显，每年都有 20 名左右的毕业生（包括体育、艺术特长生）被免试保送到国内名牌大学学习，有 20 余名杰出的学生在毕业前加入中国共产党。

辽宁省委副书记、沈阳市委书记张行湘到该校指导工作

张佩纶校长与军训学员亲切交谈

辽宁省优秀教育工作者、沈阳市劳动模范、物理特级教师郭广大副校长指导青年教师备课

沈阳市优秀教师、化学学科带头人赵老师在指导学生实验

沈阳市第二中学

近年来，沈阳二中获市以上奖励200余次。其中有
:阳市人民政府授予的“先进单位”、“精神文明单位标
:”；辽宁省人民政府授予的“社会主义精神文明建设标
:单位”、“模范学校”、“体育先进学校”；国家教育部授
;的“全国五讲四美为人师表先进单位”、“全国德育先
:学校”、“全国贯彻体育工作条例先进学校”、“全国培
:体育后备人才试点中学”、“全国现代教育技术实验学
:”；中国GLOBE计划实施委员会授予的“有益于全球
:境的学习与观察(GLOBE)计划GLOBE学校”等光荣称
;。

沈阳二中与日本、美国、韩国的一些知名的高级中
:结为姊妹学校，并成功进行了学生、教师、管理各个层
:人员的互访及国际交流活动。

丰富多采的校园文化生活
(图为校健美操队)

欧式风格的教学楼

东北育才学校

校长　苏文捷

陈政高市长亲切接见2001年国际中学生数学奥林匹克竞赛金牌获得者瞿枫

东北育才学校小学部

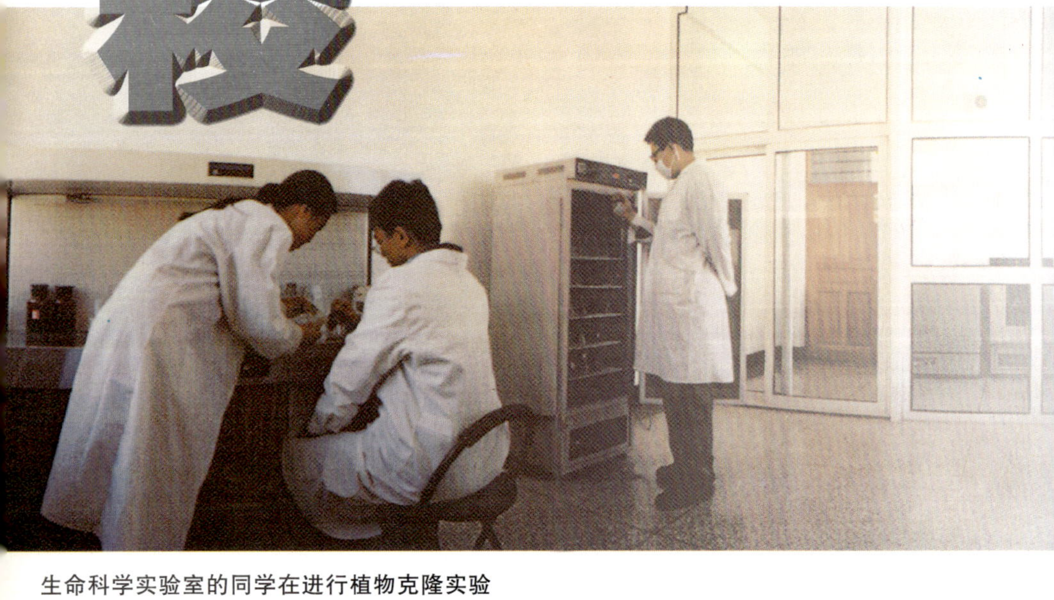

生命科学实验室的同学在进行植物克隆实验

东北育才学校小会堂

东北育才学校是 1949 年 5 月 1 日，由张闻天、徐特立创建的一所具有光荣革命传统的学校。

改革开放以来，学校坚持改革、坚持发展、坚持创新，树立了“现代教育是面向全体学生，尊重个性，承认差异，允许选择，因人施教，因材施教，人尽其才”的教育观念。创建了为高层次创新型杰出人才培养打基础的中学素质教育模式，即优才教育模式，取得了突出的办学成果，使东北育才学校成为辽宁最好、东北领先、全国一流、国际知名的学校。

学校的培养目标为“学会关心，学会创造，全面发展，初露才华”。

学校实施了《东北育才学校德育系统工程》，使德育成为硬性实体，形成立体教育网络，达到知识性德育、养成性德育和情感性德育的有机统一；学校建立了现代教学模式，在研究性学习、双语教学、分层次教学、考试评价改革、信息技术与学科教学整合、高中学分制、导师制、建立科学研究实验室等方面走在全国前沿。

东北育才学校的教学质量为东北地区最好。近几年高考文科、理科人均总分全省最高；文、理科学生 100% 进入全国重点大学录取线；向全国名牌大学保送学生全省最多。几年来在国际中学生学科奥林匹克竞赛中取得 6 块金牌、2 块银牌、1 块铜牌，这个成绩在东北地区最好，在全国名列前茅。

英语班的学生高二年级考“托福”，都能过 550 分，70% 在 600 分以上；日语班学生在高二年级都能通过日本语国际水平一级考试。日语班学生绝大部分到日本考大学，40% 进入东京大学和京都大学。2001 年春，日本东京大学仅招 12 名外国非公派本科留学生，育才学生就占 8 名。

学校现有三个校区，占地面积 25 万平方米，建筑面积 11.5 万平方米。北校区是初中部，浑南校区是高中部和小学部，外国语学校是中日合作办学的高中。三个校区共有 106 个教学班，学生 4600 人，发挥了名校办学规模效益。

太阳鸟舞蹈团代表沈阳参加日本扎幌节术节

我们也能克隆植物

东北育才外国语学校

沈阳市第三十一中学

校领导班子

沈阳市第三十一中学建于1954年，是省级重点独立高中。校园布局合理，环境优美，拥有微机网、闭路电视、视讯系统“三网合一”的先进设施，使学校实现了办公管理、教学手段、教学管理的自动化和现代化。

校长刘长青是市政府首批命名的教育专家，特级教师，曾宪梓奖教金获得者，享受国务院特殊津贴。学校现有教师148人，其中：全国模范教师1人，全国先进教师2人，省功勋教师1人，特级教师3人，高级教师48人，一级教师50人，市学科带头人4人。

学校始终坚持全面贯彻党的教育方针，面向全体学生，全面提高学生的素质，建立了由必修课和选修课相结合，学科课程和活动课程相结合的合理的教育结构，促进了学生诸方面素质的和谐发展。近年来，学校先后荣获国家培养体育后备人才试点中学优秀学校、全国学校体卫工作先进单位、国家二级档案管理标准单位、省贯彻体卫工作两个条例优秀学校、省美育示范校、市文明单位等荣誉称号，被社会誉为“栋梁沃圃”、“桃李芳园”，是省教育厅认定的整体改革试点学校，市政府认定的“一园四校”中的高中示范校、窗口学校，市教委确定的首批沈阳市教育对外交流的示范学校。

参加世界比赛

综合楼

运动场

沈阳市机电工业学校

学校简介

沈阳市机电工业学校创建于1953年，是一所国家级重点普通中等专业学校。占地面积8万平方米，建筑面积5万平方米，图书馆藏书近14万册，实验、实习设备千台(套)，总价值人民币1000万元。

学校现有教职工257人，其中：高级职称56人，出国访问学者5人，双师型教师22人，职业技能鉴定考评员22人。学校共有大中专在校生2600多人，其中高职生1080人。中专开设18个专业，大专开设8个专业，其中数控机床应用与维护专业为省级重点专业，机械CAD/CAM、移动通信应用技术、计算机网络技术三个热门专业在全省内惟该校独家开设。学校办学面向市场，由学科本位向能力本位转变，努力实施全面素质教育。

建校五十年来为国家培养了优秀大中专毕业生16000余名，受到社会各界普遍认可和良好赞誉。

校长　赵福成

校领导班子成员

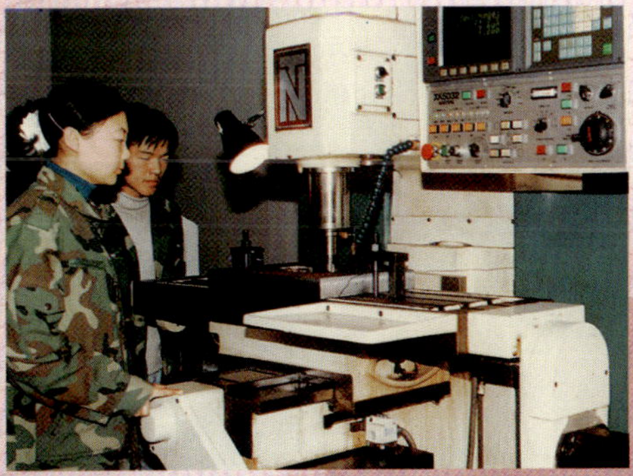
车工实训

多媒体教室

沈阳市第二十六中学

校长　沈静远

学生李胜男（辅导教师李沂）发明的“练字投影仪”荣获第八届全国青少年发明大赛金牌奖

学生高源、韩春阳主持沈阳市中小学生“勿忘国耻、振兴中华”宣誓大会

沈阳市第二十六中学坐落于天后宫旧址，成立于1952年。学校系有50年建校历史的市级重点高中。

学校确立“两翼齐飞，特色增辉”的办学目标，文理科并驾齐驱，艺兼文锦上添花。学校注重严谨的教育教学管理，被评为沈阳市教育教学管理先进学校；注重教学科研一体化，被评为沈阳市教育科学研究先进单位；注重发挥传统优势，开展小科技、小发明活动，被评为辽宁省小科技发明活动先进单位。

学校探索办学模式改革，从1990年起创办艺兼文班，为有个性特长的学生设计成功之路，12年来取得了显著成效，《沈阳日报》、《中国教育报》等作了报道。

高一新生在区军训检阅大会上荣获第一名，学校被评为“市国防教育先进单位”

领导班子：（左起）副校长常福恒、校长沈静远、书记孙立峰、副校长丰雅娟

沈阳市第四中学

郭沫若

校长　于永昌

沈阳四中建校于1952年，1953年9月由中央人民政府政务院副总理郭沫若同志题写校名，沿用至今。1980年被评为首批省级重点中学。

学校现辟有东西两个校区，西区占地面积4.2万平方米，建筑面积1.7万平方米，设有教学楼、实验楼、图书馆楼、学生宿舍及食堂。东区建有1000平方米的现代化、多功能教学楼，楼内设施齐全。为适应教育发展的需要，进一步扩大办学规模，实现示范校的辐射功能，学校对校园进行了科学规划，一个占地6万平方米的现代化校园将更好地服务于全市人民。

建校五十年来，四中人秉承勤奋进取、求实创新的校训，严谨治教，创新治学，积累了丰富的办学经验，形成了一支爱岗敬业、享有很高知名度的优秀教师队伍。现有教职工172人，其中：高级教师45人，一级教师60人，市区学科带头人和骨干教师65人。他们谨遵“严谨善诱”的教风，重视研究教学规律，坚持进行教改实验，努力提高课堂教学质量。学校的研究课、观摩课多次荣获省、市一等奖，教师论文屡获全国、省、市一等奖，并涌现出了一批省、市名师。

沈阳四中近期规划示意图

学校以培养高层次人才为目标，落实“以育人为中心，以学生为主体”的教学思想，努力形成教书育人、管理育人、服务育人、环境育人的氛围和学校、家庭相结合的育人体系。高考成绩在区内连年第一，在全市名列前茅，向各类重点高校输送了大批高、精、尖人才。学校坚持正确的办学方向，以学生全面发展为核心，重视学生科技和每天一小时的体育活动，学校还创建了学生科技部、文学社、英语沙龙、足球队、篮球队、排球队、田径队等学生组织，丰富的校园文化为学生创设了宽阔的发展空间，学生在国家、省、市、区的学科竞赛及各类文艺、体育竞赛中取得骄人成绩。

地址：沈阳市铁西区南九中路41号
电话（传真）：（024）25846207　（024）25851540

花园式学校

沈阳造币厂

沈阳造币厂
AAA级单位
沈阳市信用评级委员会
二○○一年七月一日(有效期一年)

沈阳造币厂
(2000－2001年度)
安全先进企业
中国印钞造币总公司
二○○二年

辽宁省企业管理进步成果
(2000年度)
一等奖
成果名称:实施系统优化管理法、创造经济效益
创造单位:沈阳造币厂
辽宁省经济贸易委员会
辽宁省企业管理进步成果评审委员会
二○○一年六月

中国企业新纪录
沈阳造币厂1997年制造的"中华人民共和国香港特别行政区成立"双金属币和2000年制造的世界上最大最重的10公斤"千年纪念"金币，创国内造币行业金属币重量最大新纪录。
中国企业联合会
中国企业家协会

中华科技精品
China technological excellnt product
金、银及其合金焊料，触头材料
(沈 阳 造 币 厂)
中国科技报研究会全国科技企业家理事会
中国保护消费者基金会
二○○一年

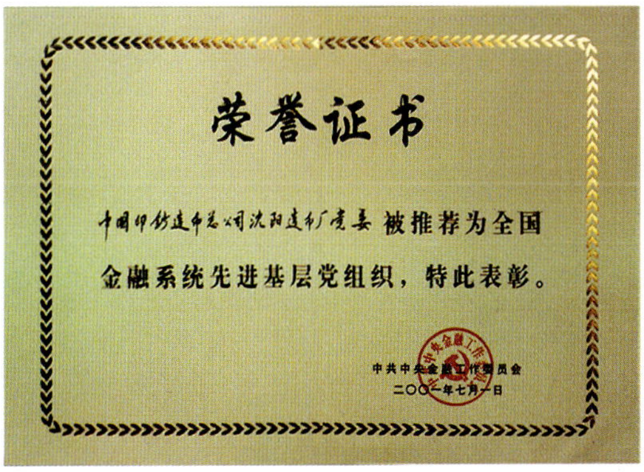
荣誉证书
中国印钞造币总公司沈阳造币厂党委 被推荐为全国金融系统先进基层党组织，特此表彰。
二○○一年七月一日

5元
辛亥革命
90周年

西藏和平解放五十周年
5元
1951-2001

5元
辛亥革命
90周年

5元

靓马集团

村党委书记、集团董事长兼总经理　王新智

沈阳靓马集团公司是沈阳市于洪区北陵乡小韩村的经济组织。地处沈阳北郊城乡结合部，美丽壮观的大二环由此通过，交通便捷。

集团1994年成立以来，坚持“发展才是硬道理”的方针，充分发挥土地、交通、地域、人才等优势，大刀阔斧、锐意改革，发展突飞猛进。目前集团拥有净资产2亿元，形成一个农业发展现代化、工业发展集团化、村屯改造城市化的新格局。其中农业项目的龙头企业有两个：一个是集团与荷兰花卉集团合作建成的中荷欧亚实业有限公司，它是集花卉、旅游、观赏、休闲、房地产于一体的高科技农业示范园区；另一个是沈阳绿丰食品有限公司，年屠宰加工10万头肉牛，形成了一个从肉牛的饲养、屠宰、冷冻到包装的成套生产体系。工业以沈阳凌海鞋业有限公司为龙头，其产品“靓马牌”和“孚牌”等中、高档旅游鞋已进入国际市场，年创汇额达600多万美元，是沈阳市创汇大户之一。产业以房地产开发为主，形成了一个格调高雅、样式新颖、独特的别墅群体。此外，集团还拥有多个较有实力的公司，如靓马客运分公司、粮油公司、靓马养殖场、物业管理公司、农贸市场、酒店等。

⑥

2001年，全村实现社会总产值7.9亿元，创利税3600万元，人均收入1万元，人均居住面积30平方米。先后获得了沈阳市三十强亿元村、全国小康示范村、市文明标兵单位、省文明标兵单位、省红旗村党委、全国精神文明创建先进村等许多荣誉称号。

集团董事长兼总经理王新智由于业绩卓越，被评为辽宁省劳动模范、沈阳市劳动模范，被选为省人大代表，被授予全国百名青年优秀企业家等荣誉称号。

电话：(024)86781883　　传真：86781868
邮编：110036
地址：沈阳市于洪区白山路151－2号

⑦

①沈阳第一村牌楼
②沈阳靓马社区文化活动中心
③走向世界的“荷兰村”
④“沈阳凌海鞋业有限公司”车间一瞥
⑤现代化高科技温室大棚
⑥肉牛屠宰车间
⑦沈阳靓马集团办公大楼

辽宁省

总经理　高英伦

东油馨村

东油馨村幼儿园

辽宁省金龙房屋开发有限公司始建于1990年，为国家二级开发企业，注册资本2000万元。

按着公司确定的“适度开发、保持连续、以销定产、保持稳定”的开发方针，先后开发了沈阳市皇姑区长江新区、向工小区、沈河区广宜小区、小北综合楼，新西兰首都惠灵顿高级别墅区，以及东油馨村等区域，开发面积达70余万平方米，取得了良好的经济效益和社会效益。1995年公司被沈阳市评为“综合开发能力十强企业”和AAA级重合同、守信誉单位；沈阳市皇姑区人民政府将“开发皇姑，功在千秋”的锦旗授予该公司；2001年被皇姑区人民政府授予重点保护企业；2001年东油馨村被辽沈地区深受家庭欢迎和满意的楼盘家园组委会授予“辽沈地区深受欢迎和满意的楼盘家园”称号，被中国市场研究中心授予名牌企业，质量、服务、信誉AAA品牌。

公司在开发建设中，以其人性化的设计主张，品味独特的社区构思和完善的开发理念，赢得了广大用户的厚爱。公司始终把质量视为开发建设的生命，严格奉行和实践自己实实在在做事为百姓负责的品格，在材料选择上，货比三家，采用上等的品牌。从公司成立伊始到现在无一例劣质产品进入建设生产领域，充分体现了“百年大计，质量第一”的思想。

在规划设计上，充分考虑到住户的工作、生活的方便舒适。道路、绿化、健身、休闲、上学、托幼、购物等事项，均列入到规划设计之中，把方便让给住户，把困难留给自己。

公司仍将以高效、高质、适用、经济、低价、方便的战略构思，真诚地投身于房地产开发建设之中，为社会贡献自己的力量。

地址：沈阳市皇姑区白山东路2号
电话：(024)22982847　　22982572

①沈阳第一村牌楼
②沈阳靓马社区文化活动中心
③走向世界的“荷兰村”
④“沈阳凌海鞋业有限公司”车间一瞥
⑤现代化高科技温室大棚
⑥肉牛屠宰车间
⑦沈阳靓马集团办公大楼

辽宁移动通

公司领导班子成员

辽宁移动通信有限责任公司沈阳分公司坚持以市场为导向，以经济效益为中心，成功地走出了一条发展之路。从1989年开始，在短短的十余年间，沈阳地区移动通信网已具有相当的规模，与世界60多个国家或地区开通了国际漫游业务，为沈阳的改革开放和经济建设提供了良好的通信条件，为世界了解沈阳、沈阳走向世界打开了便捷之门。

按照现代企业制度的要求，公司建立了严格高效、科学规范的管理模式，促进了企业持续健康发展。公司从客户利益出发，提供诚心、真心、热心、贴心的星级服务。公司不断加速新业务的开发，实现业务系列化。目前除为广大客户提供基本通话服务外，还提供移动IP电话、神州行预付费、WAP手机上网、移动秘书、短消息、手机银行、传真与数据、语音信箱、主叫号码显示、呼叫转移、呼叫等待、呼叫限制、会议电话等多种服务功能，倍受广大客户的青睐。数字网实现了900M和1800M之间的相互切换，提高了繁忙地区通信质量。客户服务热线"1860"24小时为广大移动电话客户服务，并于2000年8月份实现了电话办理业务，客户可通过电话随时办理修改密码、主叫号码显示、移动秘书、三方通话、传真与数据等业务，极大地方便了客户，受到社会各界的一致好评；总经理公开电话"24122221"有专人值守，受理客户投诉。公司成立了大客户服务中心，开通了大客户服务热线22833366，专门为大客户、信誉客户提供优质高效的上门服务。2000年3月份又创建了"流动营业厅"，4台流动营业车全部驶上沈城街头，现场办理各项业务，为客户提供了极大的方便条件。

公司被评为2001－2002年度全国"诚信单位"，并获得辽宁省委、省政府颁发的省级"文明单位标兵"称号，南顺城营业厅、客户服务中心获"全国青年文明号"先进集体荣誉称号，沈阳分公司营业厅、铁西新华营业厅获"沈阳市青年文明号"先进集体荣誉称号。

图片说明：
图一：朝气蓬勃的员工队伍
图二：交换机房
图三：省委书记闻世震（右一）亲临1860客户服务热线了解情况。右三为辽宁移动通信有限责任公司总经理张学红，右二为辽宁移动通信有限责任公司沈阳分公司总经理张大军
图四："全国青年文明号"1860客户服务热线24小时受理客户的咨询与投诉
图五：东北地区首家营业时间长达16小时的移动通信营业厅——沈阳分公司营业厅
图六：公司开展了"星级营业厅"和"星级营业员"等竞赛活动，有效提高了服务质量（图为"全国青年文明号"南顺城营业厅营业员在紧张热情地为客户服务）
图七：基站总数在过去的基础上增加了两倍多，实现了双频通信
图八：流动营业车走上街头，为客户提供流动服务

信有限责任公司沈阳分公司

3
1 2 4
5
7 8 6

辽宁省

总经理　高英伦

东油馨村

东油馨村幼儿园

辽宁省金龙房屋开发有限公司始建于1990年，为国家二级开发企业，注册资本2000万元。

按着公司确定的“适度开发、保持连续、以销定产、保持稳定”的开发方针，先后开发了沈阳市皇姑区长江新区、向工小区、沈河区广宜小区、小北综合楼，新西兰首都惠灵顿高级别墅区，以及东油馨村等区域，开发面积达70余万平方米，取得了良好的经济效益和社会效益。1995年公司被沈阳市评为“综合开发能力十强企业”和AAA级重合同、守信誉单位；沈阳市皇姑区人民政府将“开发皇姑，功在千秋”的锦旗授予该公司；2001年被皇姑区人民政府授予重点保护企业；2001年东油馨村被辽沈地区深受家庭欢迎和满意的楼盘家园组委会授予“辽沈地区深受欢迎和满意的楼盘家园”称号，被中国市场研究中心授予名牌企业，质量、服务、信誉AAA品牌。

公司在开发建设中，以其人性化的设计主张，品味独特的社区构思和完善的开发理念，赢得了广大用户的厚爱。公司始终把质量视为开发建设的生命，严格奉行和实践自己实实在在做事为百姓负责的品格，在材料选择上，货比三家，采用上等的品牌。从公司成立伊始到现在无一例劣质产品进入建设生产领域，充分体现了“百年大计，质量第一”的思想。

在规划设计上，充分考虑到住户的工作、生活的方便舒适。道路、绿化、健身、休闲、上学、托幼、购物等事项，均列入到规划设计之中，把方便让给住户，把困难留给自己。

公司仍将以高效、高质、适用、经济、低价、方便的战略构思，真诚地投身于房地产开发建设之中，为社会贡献自己的力量。

地址：沈阳市皇姑区白山东路2号
电话：(024)22982847　　22982572

金龙房屋开发有限公司

公司领导班子在研究新的规划

东油馨村

东油馨村

东油馨村

沈阳方迪房地产发展有限公司

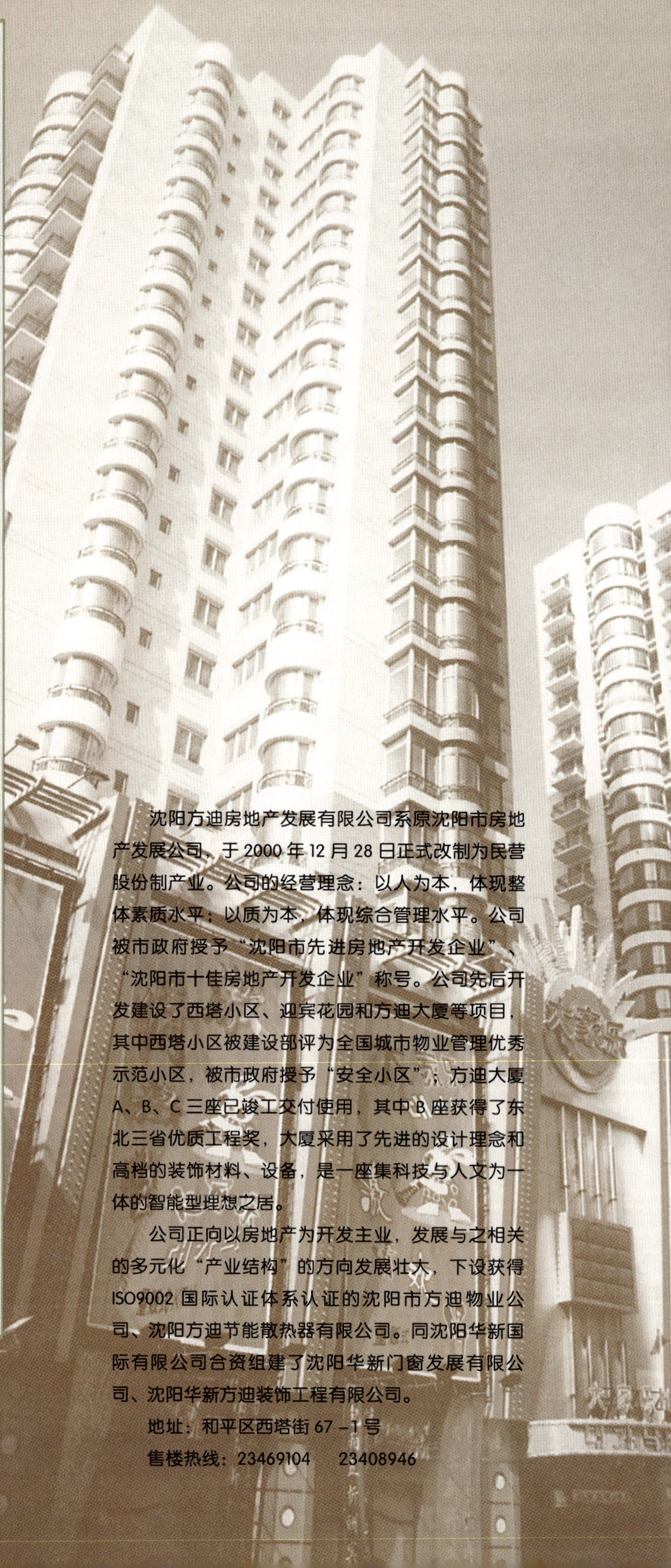

FANG

沈阳方迪房地产发展有限公司系原沈阳市房地产发展公司，于 2000 年 12 月 28 日正式改制为民营股份制产业。公司的经营理念：以人为本，体现整体素质水平；以质为本，体现综合管理水平。公司被市政府授予“沈阳市先进房地产开发企业”、“沈阳市十佳房地产开发企业”称号。公司先后开发建设了西塔小区、迎宾花园和方迪大厦等项目，其中西塔小区被建设部评为全国城市物业管理优秀示范小区，被市政府授予“安全小区”；方迪大厦 A、B、C 三座已竣工交付使用，其中 B 座获得了东北三省优质工程奖，大厦采用了先进的设计理念和高档的装饰材料、设备，是一座集科技与人文为一体的智能型理想之居。

公司正向以房地产为开发主业，发展与之相关的多元化“产业结构”的方向发展壮大，下设获得 ISO9002 国际认证体系认证的沈阳市方迪物业公司、沈阳方迪节能散热器有限公司。同沈阳华新国际有限公司合资组建了沈阳华新门窗发展有限公司、沈阳华新方迪装饰工程有限公司。

地址：和平区西塔街 67－1 号

售楼热线：23469104　　23408946

I DA SHA

公司开发建设的西塔小区

方迪大厦A、B座

方迪大厦C座

沈阳市大开发房地产有限责任公司

公司领导班子成员

沈阳市大开发房地产有限责任公司(原沈阳市房屋土地综合开发公司)组建于1974年3月。1991年被建设部批准为国家一级城市综合开发企业;1992年被沈阳市评定为信誉(AAA)特级企业;1994年被评为全国房地产开发综合效益百强企业;1995年被评为沈阳市房地产开发企业三十强之首;1998年荣获沈阳市人民政府授予的房地产开发“十佳企业”称号;连续9年被评为沈阳市精神文明建设先进单位;连续3年被评为辽宁省建设系统精神文明建设先进单位。公司现有员工227人,注册资金5000万元。

公司具有一支经验丰富、专业性强、技术力量雄厚、员工素质高、作风硬的房地产开发队伍和物业管理队伍。公司成立28年来,共交付使用房屋600万平方米,完成投资33亿元,使8万余户居民迁入新居,为沈阳市旧区改造提供资金4.8亿元,为市政道路建设直接投资4000万元。公司先后开发建设2万平方米以上的住宅小区56个,其中10万平方米以上的住宅小区14个,还开发建设了沈阳国际贸易大厦、金融大厦、美国驻沈领事馆、广乐大厦、产权交易中心、平安保险大厦等许多大型公建。开发建设的万柳塘小区为全国第一个全优小区;铁西3号小区被评为北方绿化样板小区;五里河小区被评为东北三省优秀小区;阳光小区获得沈阳市住宅建设优胜杯;永环小区被评为全国物业管理优秀住宅示范小区;永环小区、钟秀园小区、春田小区被评为市级文明小区和省级安全文明小区。

公司开发建设的万莲新村

公司开发建设的华盛新村

公司开发建设的滨河家园

沈阳发展房产开发有限公司

沈阳发展房产开发有限公司(以下简称沈发展房产)于2000年6月21日,在沈阳经济技术开发区注册成立,注册资本2.5亿元人民币,是1999年底在香港成功上市发行H股的沈阳公用发展股份有限公司的全资子公司。

沈发展房产公司于2000年进入房地产领域,虽然仅仅2年时间,但凭借雄厚的资金实力,良好的本地资源优势,强大的专业开发能力,现已跻身沈阳房地产开发领域前列。

沈发展房产开发公司的第一个项目是鸿基园项目,公司以准确的市场定位、超前的规划设计以及优质的物业管理,在业内树立了良好的品牌形象,并获得良好的经济效益。

沈阳市环境保护工程设计研究院

铁路信号二厂污水处理工程

农心方便面污水处理厂

沈阳市环境保护工程设计研究院(环保院)系沈阳市环保局所属专业设计研究单位,始建于1986年,为国家最早成立的环保工程设计研究院,是集科研、设计、生产制造、安装调试、售后服务五位一体的技术密集型企业。独立法人,自主经营,具有环保工程设计乙级资质、建筑工程设计乙级证书。

该院现有职工160余人,工程技术人员占职工总数的80%以上,其中:高级技术职称人员20人,中级技术职称人员41人,国家一级注册建筑师3人,国家一级注册结构师3人。

该院机构设置完备,技术力量雄厚,专业配套齐全,具有污水、废气、废渣、固废、噪声、建筑、结构、给排水、采暖、通风、电气仪表、预算、计算机等十多个专业。配有先进的CAD设备和国内高水平的设计软件,在环保工程和土建工程设计方面具有明显的优势。

该院主要承担环保工程总承包和环保设计项目,以及工业与民用建筑设计项目。

基地试验外协楼方案(二)

葫芦岛市园林处办公楼设计方案

葫芦岛连山购物广场

地址:沈阳市和平区十一纬路85号
邮编:110003　电话:(024)23879495　23869942　传真:(024)23869942
电子信箱:sepedr@mail.china.com

沈阳市

主任　贾海林

社会福利彩票发行中心

在新世纪开局之年，沈阳市电脑福利彩票运行工作保持了持续快速发展。

年初，电脑福利彩票是与电脑体育彩票，在日趋激烈的竞争中走向市场的。市募委办抢抓机遇，调整了发展思路，完善了运行系统，扩大了市场阵地，充分发挥市场潜力。一季度彩票销售额达到8454万元，比上年同期增长2.8倍，完成全年计划指标的52%，第二季度虽然势头有所减弱，但上半年彩票销售额达到1.27亿元，是上年同期的2倍，完成了全年计划指标的80%。下半年开始，由于种种原因，彩票市场不景气，开始下滑。市募委办加大了工作力度，采取了相应措施，使之持续稳定发展。截至12月中旬，全年电脑彩票销售总额仍逾2亿元大关，比2000年增长35%，比1999年增长一倍，创历史最好水平。此外，与电脑彩票同步运行的印制彩票，组织发行销售417万元。

2001年，福利彩票在运行过程中，经济效益和社会效益得到了进一步发挥。创收社会福利资金6000多万元，比上年增长30%，为加快发展社会福利事业和社会保障事业，扩大了资金来源。为国家增加了税收。代收代缴中高额奖者个人所得税近2000万元，比上年增加了一倍。提供了就业机会。由于增设了投注网点，增加了代销人员，安置了下岗职工和待业人员1000多人，稳定了社会。群众的彩票意识有了明显增强。电脑彩票的真实性、公正性、公开性和科学性，无论从哪个环节上都在不断地取信于民。

沈阳市社会福利院
沈阳市儿童福利院

院长、党总支书记李桂榕(中)，副院长闫文学(右)，副院长李艳萍(左)

沈阳市社会福利院是以收养社会上无依无靠、无家可归、无生活来源的残疾人和弃婴为主的社会福利事业单位，与沈阳市儿童福利院一套机构二块牌子，院内还设置沈阳市残疾儿童康复中心和沈阳市残疾人康复医院。福利院建于1972年，占地5.1万平方米，建筑面积9000平方米，位于沈阳北郊于洪区造化乡旺牛村。现有职工114人，供养人员351人，其中刚出生至14岁的孤残儿童152人。在供养人员中，有85%的养员生活不能自理，盲、聋、哑、痴、呆、傻、残俱全。福利院以"养员就在我心中，我视养员为亲人"、"讲奉献、送温暖"为座右铭，从关心养员的衣、食、住、行入手，对成年男女、残儿年龄、肢体残疾轻重、智力高低等不同情况进行分类管理，医生、护士、护理员每天24小时不离养员，努力为养员服务。

近几年来，市委、市政府不断投资对室内进行装修改造，实施庭院绿化美化，服务设施得到很大改善。在创建精神文明单位的活动中，先后获得省民政厅一级院、市委市政府学雷锋先进集体、市特等卫生模范单位、市花园式单位、市治安综合治理先进单位、市精神文明单位、省精神文明单位等荣誉称号。

儿童福利院

儿童在儿童乐园玩耍

市儿童福利院儿童楼全貌

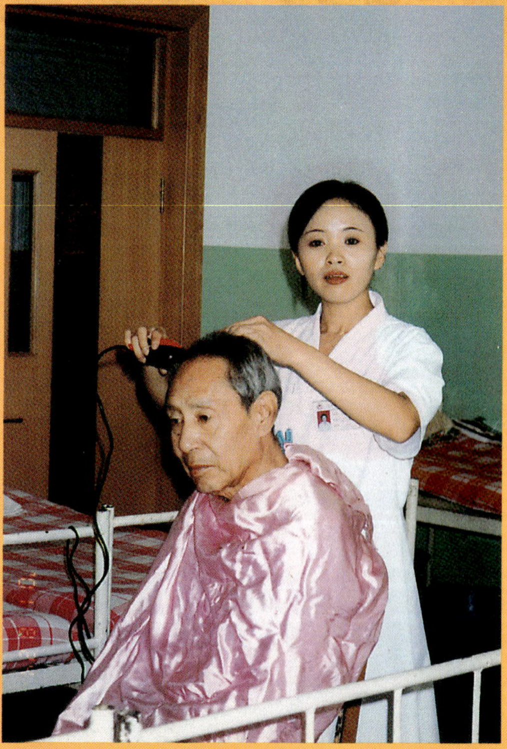
为养员老人服务

编辑说明

一、《沈阳年鉴》是沈阳市人民政府主办的综合性地方年鉴。自1985年创刊以来，已连续出版18卷。是国内外公开发行的集知识、信息、资料为一体的具有公报性、资料性、权威性的工具书。

二、2002年《沈阳年鉴》旨在全面、系统、翔实地记载2001年沈阳市社会经济和社会发展的基本情况和基本资料，为海内外各界人士了解沈阳、研究沈阳和建设沈阳提供翔实的资料和信息，为"让沈阳走向世界，让世界了解沈阳"提供窗口，发挥桥梁作用。

三、《沈阳年鉴》2002年版，在编纂体例上基本保持了类目的相对稳定。全书共设31个部类：(1)特辑；(2)沈阳概貌；(3)党政机关；(4)社会团体；(5)地方军事；(6)法制；(7)开发区建设；(8)农村经济；(9)工业；(10)交通·邮电；(11)城乡建设；(12)建筑房地产业；(13)国内贸易；(14)旅游；(15)对外经济贸易；(16)宏观经济管理；(17)财政·税收；(18)金融·保险；(19)科学技术；(20)教育；(21)文化·新闻；(22)卫生·体育；(23)社会生活；(24)区、县(市)概况；(25)人物；(26)统计资料；(27)文献法规选编；(28)沈阳大事记；(29)企事业之窗；(30)附录；(31)沈阳风采录。

四、从2001年起，《沈阳年鉴》统计资料部分采用中英文对照，2002年又增加了一些主要统计指标中英文解释，为海外各界人士了解沈阳经济和社会发展提供方便。

五、《沈阳年鉴》采用分类编辑法，以条目为主体。体例分一、二、三级目。一级目为大类，二级目为分目，三级目为条目，用黑体字加【】号作标题。

六、《沈阳年鉴》采用的稿件均由各有关部门和行业专人撰写，并经撰稿单位领导审定。统计资料由沈阳市统计局提供。因统计口径等原因，有关部门所用的个别数据与"统计资料"中的不尽一致，采用时请予注意。凡涉及沈阳市地区国民经济和社会发展的全局性数据，概以沈阳市统计局提供的资料为准。

七、《沈阳年鉴》的编纂工作得到了沈阳市各级领导和社会各界的大力支持，在此谨表谢忱。并恳祈各界人士继续给年鉴工作以更多的支持和帮助，对书中错漏之处给予批评指正，以期不断完善提高。

《沈阳年鉴》编纂委员会

《沈阳年鉴》编辑部

《沈阳年鉴》编辑部

地址：沈阳市沈河区奉天街305号

邮编：110013　　电话：(024)22739160

目 录

特 辑

沈阳概貌

·检　察·

·审　判·

·司法行政·

开发区建设

·沈阳经济技术开发区·

·浑南新区·

·沈阳棋盘山国际风景旅游开发区·

·沈阳金融商贸开发区·

·铁西工业区·

农村经济

·综　述·

交通·邮电

·铁路运输·

·公路运输·

·民用航空·

·邮 政·

·电 信·

城乡建设

·综 述·

·市政建设·

·公用事业·

·园林绿化·

·市容环卫·

·城市规划·

科学技术

教　　育

·综　述·

·高等教育·

·职业技术教育·

·基础教育·

·学前教育·

·成人教育·

文化·新闻

·文化工作·

·文学艺术·

区、县(市)概况

· 逝世人物 ·

· 全国"五一劳动奖章"获得者 ·

· 领导人名单 ·

统计资料

· 综合平衡 ·

· 人口与就业 ·

· 工业、能源、物资、交通、邮电 ·

· 农村经济 ·

· 固定资产投资 ·

· 国内贸易 ·

· 外经外贸、旅游业 ·

沈阳大事记(2001年)

企事业之窗

附 录

沈阳风采录

CONTENTS

SPECIAL ARTICLES

GENERAL PICTURE OF SHENYANG

POLITICS

SOCIAL ORGANIZATION

SOCIETY AND LIFE

SURVEY OF DISTRICTS AND COUNTIES

FIGURES

STATISTICAL DATA

CHRONICLS OF EVENTS IN 2001

国内生产总值及增长情况

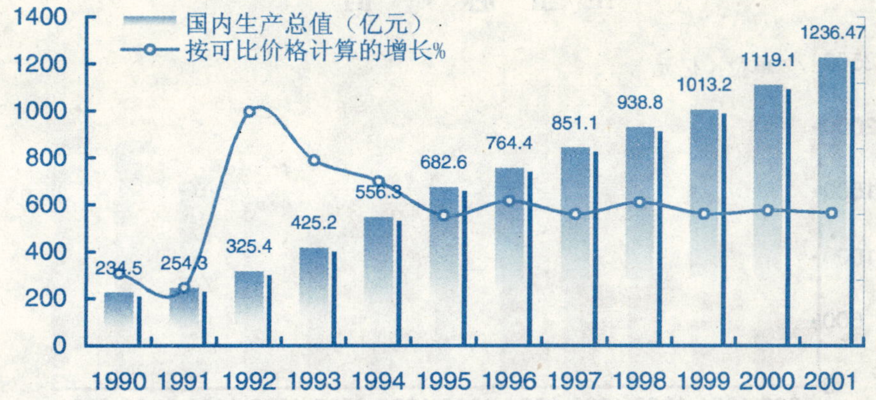

1990年三次产业增加值比重

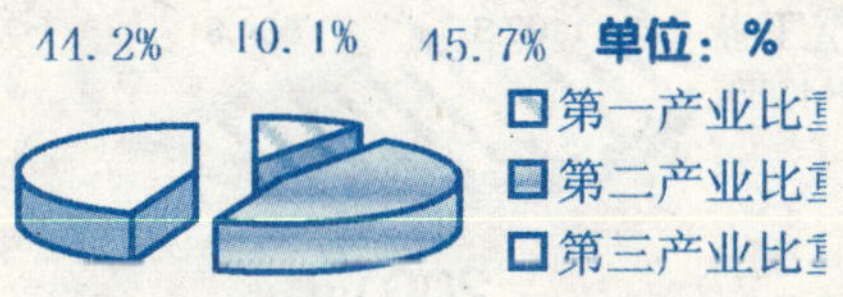

2001年三次产业增加值比重

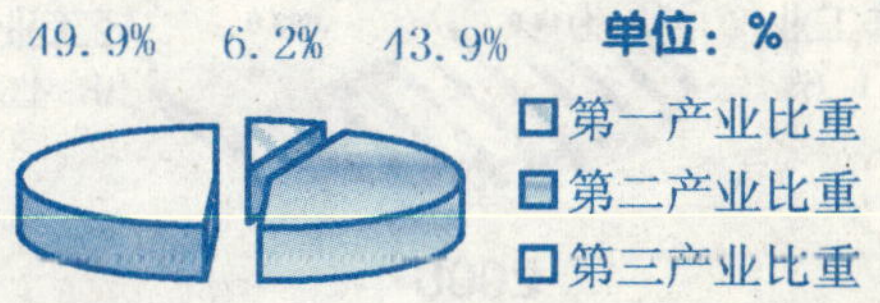

第三产业增加值及增长情况

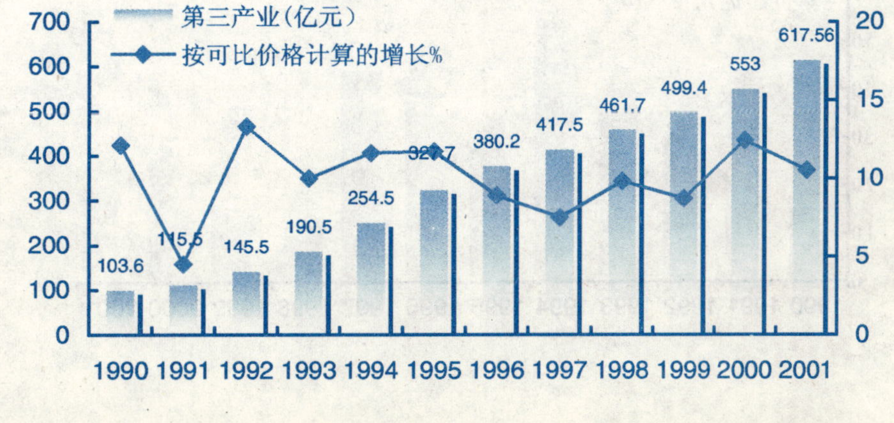

工业总产值

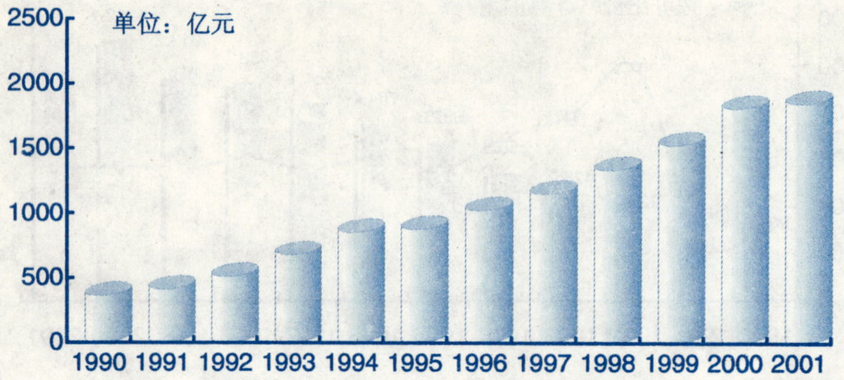

2000轻、重工业总产值

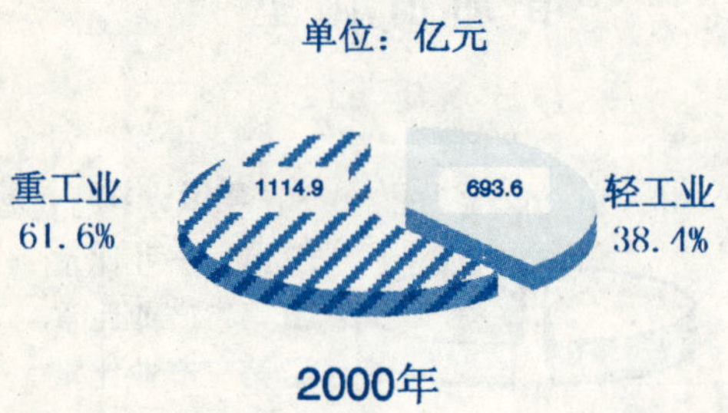

2001年轻、重工业总产值

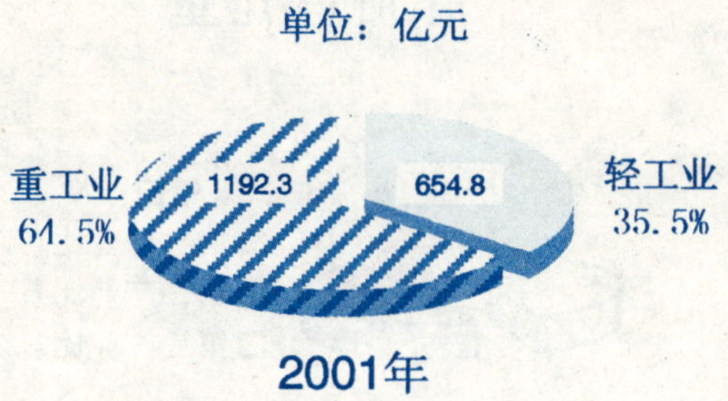

工业企业利润总额

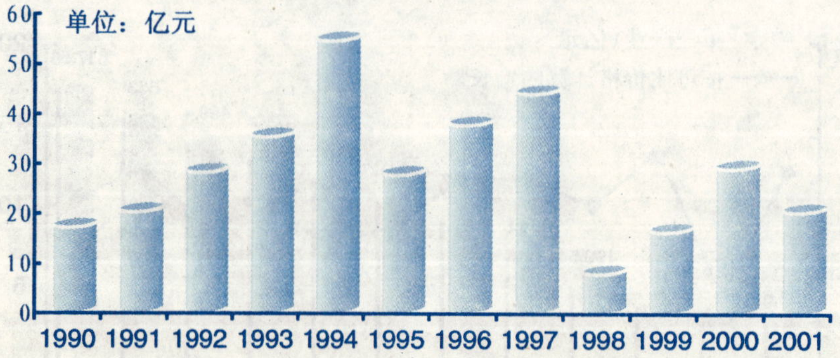

固定资产投资

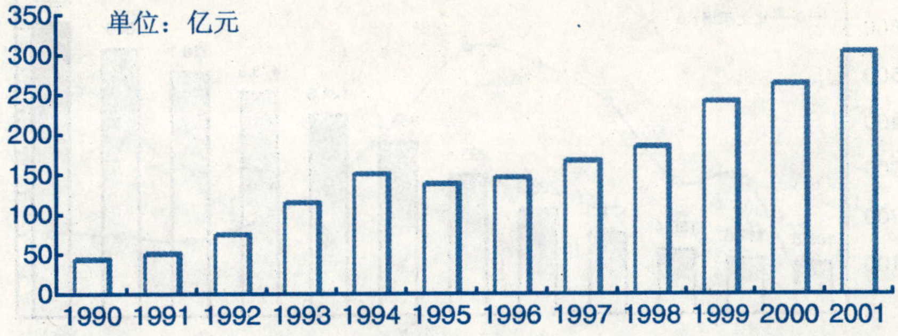

商品住宅建设投资

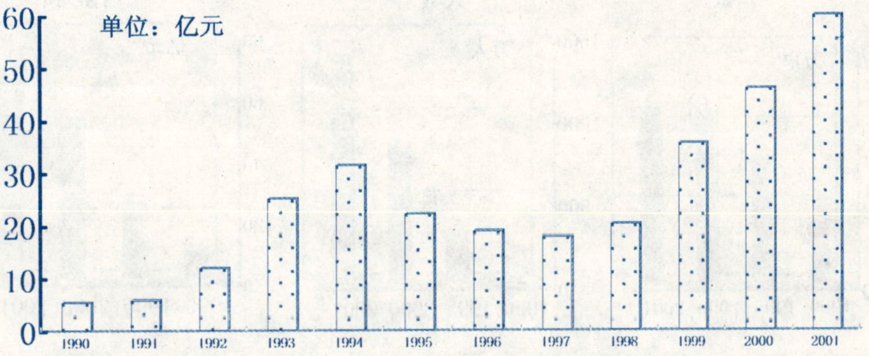

房地产开发投资额

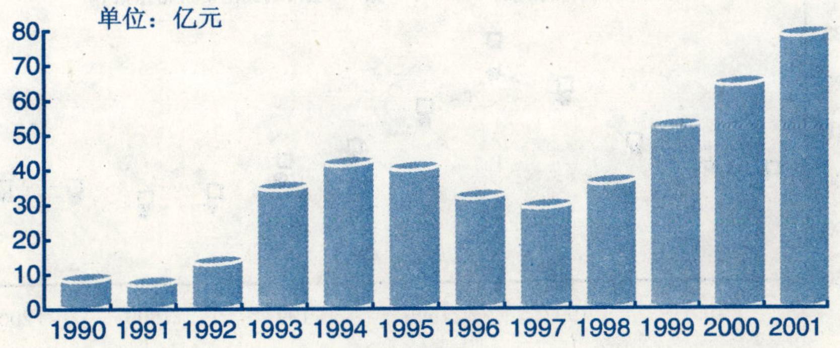

社会消费品零售额

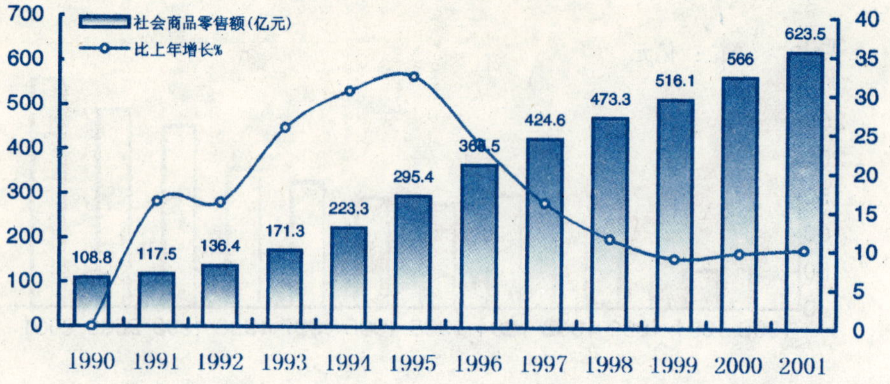

个体工商业发展情况

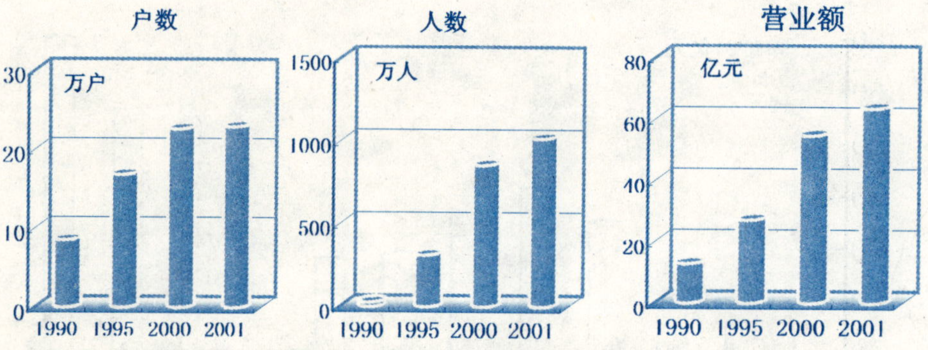

各类价格指数

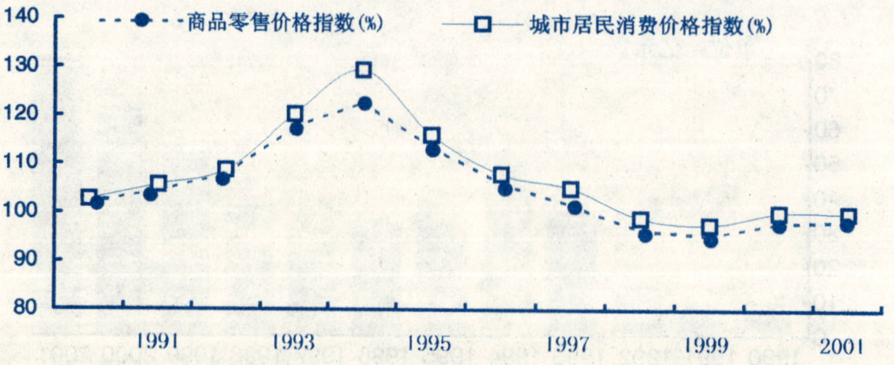

实际利用外资额

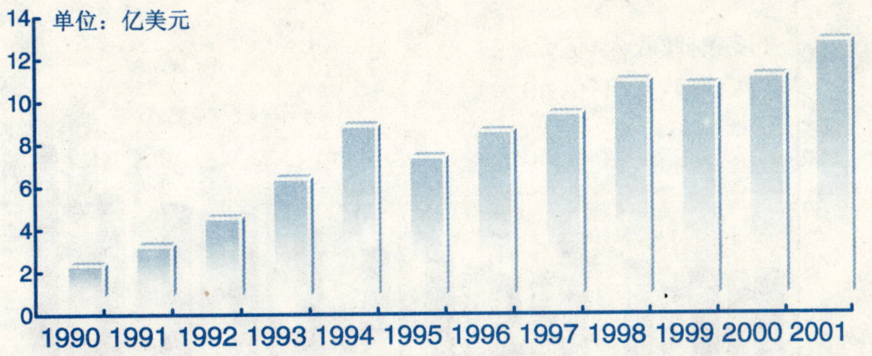

国际旅游业发展情况

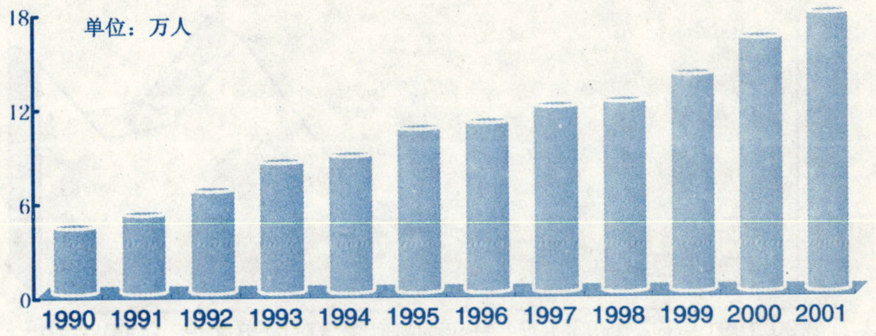

外贸进出口总额

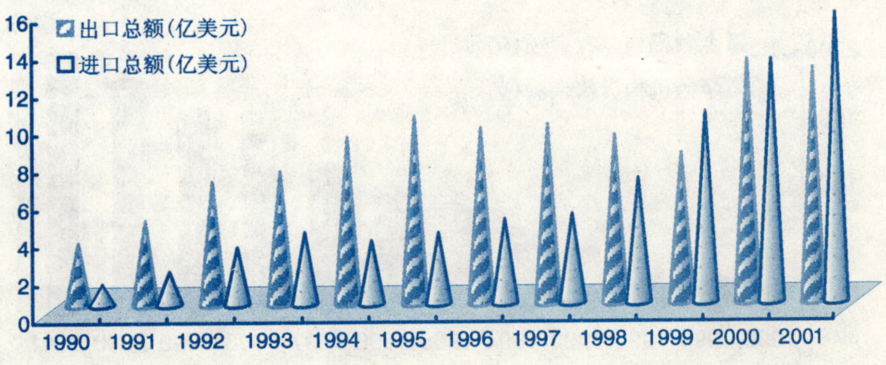

地方财政收支情况

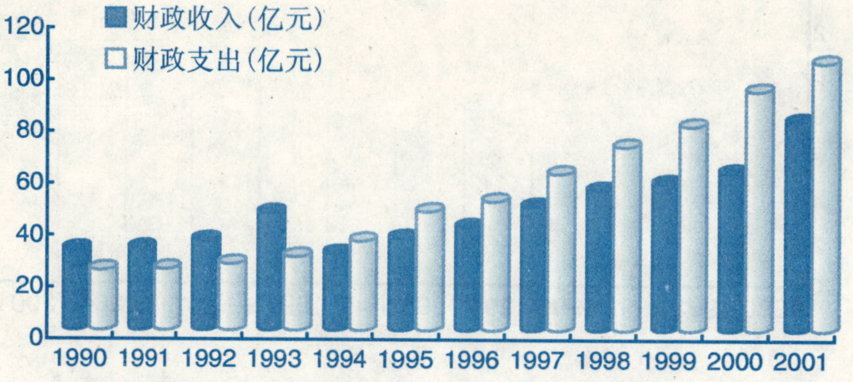

保险业务发展情况

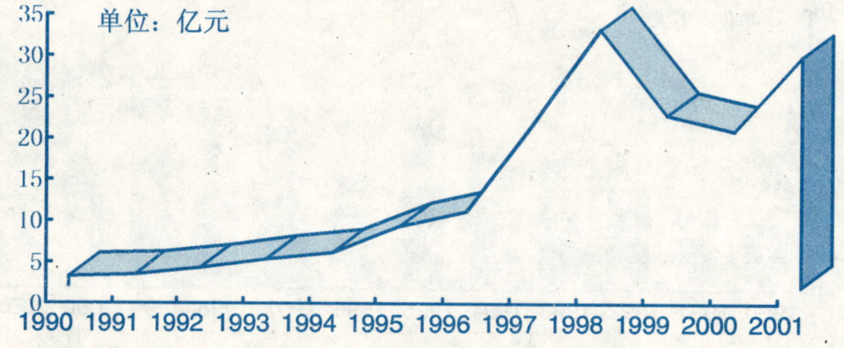

金融机构存贷款完成情况

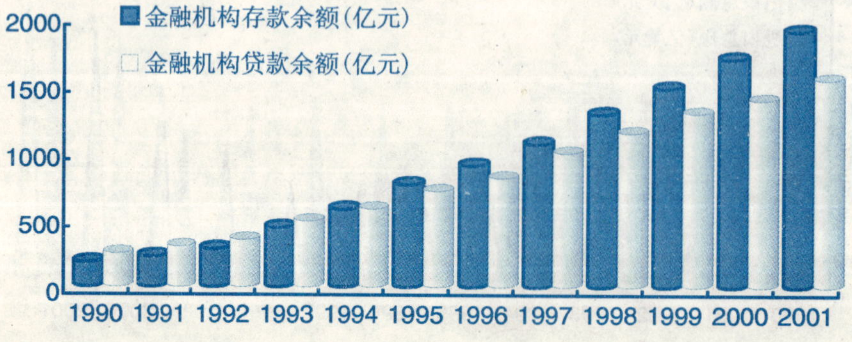

城市居民人均生活费收支情况

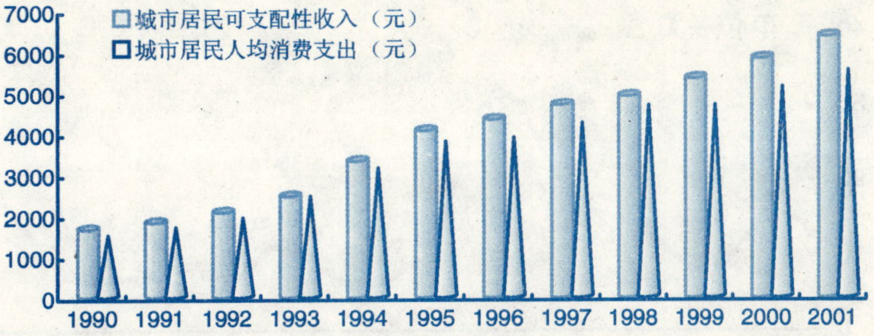

2001年城市居民人均消费支出按水平分组

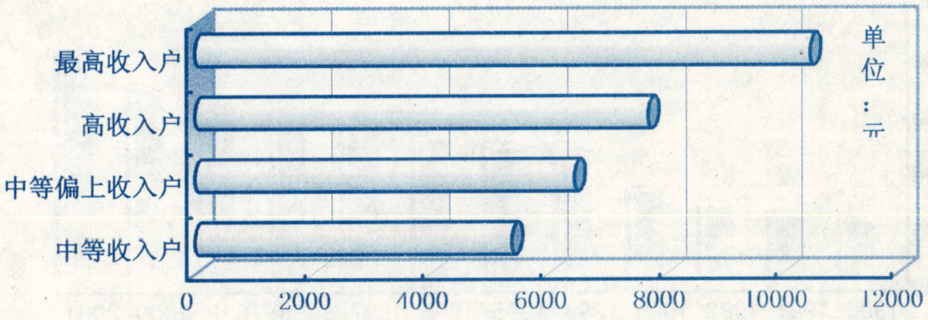

农民人均年纯收入及消费支出

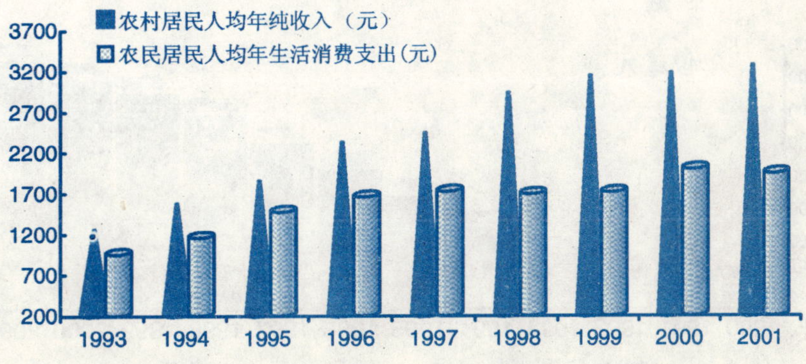

职工年平均工资增长情况

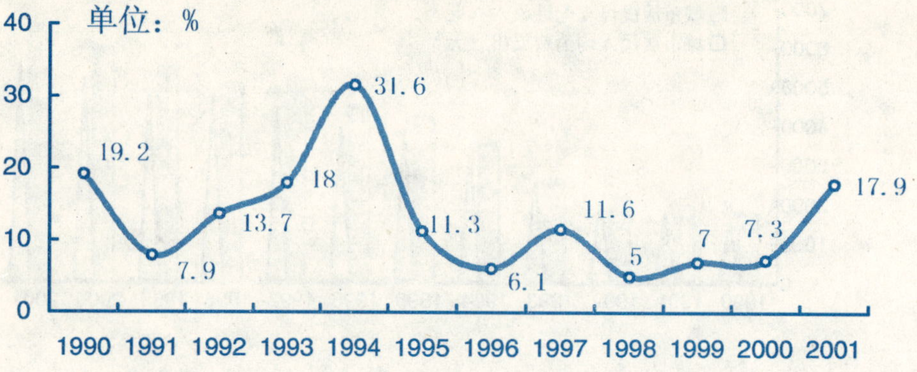

职工平均工资

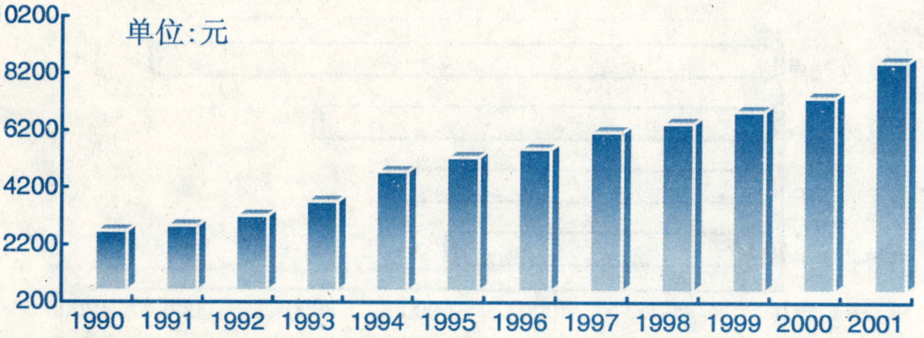

城市居民人均储蓄年末余额

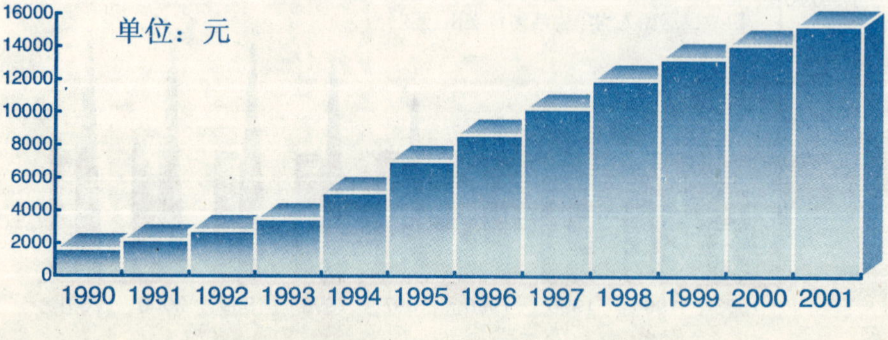

特　　　辑

专　文

与时俱进　奋发有为 以优异成绩迎接 党的十六大胜利召开

——张行湘同志在中共沈阳市委十届三次全体会议上的报告

（2002年1月14日通过）

一、过去一年工作的简要回顾

刚刚过去的2001年，对沈阳来说，是极不寻常的一年。在这一年中，各种矛盾和问题相互交织，使沈阳经受了严峻的考验。面对这一复杂局面，全市各级党政组织按照“统一思想、理顺情绪，增强信心、凝聚力量，振奋精神、扭转局面”的要求，带领全市各族人民，团结一心，迎难而上，排除种种干扰，克服重重困难，全面完成了开局起步之年的各项任务，取得了两个文明建设的新成绩。全市国内生产总值达到1238亿元，增长了10.1%；财政收入达到80.8亿元，增长了34.2%，整个国民经济保持了持续快速健康发展的势头。农业战胜百年不遇的特大旱灾，获得新的发展。农村经济结构调整继续推进，非粮高效种植业和畜牧水产业的比重进一步提高，农业产业化经营的步伐加快，一批龙头企业迅速壮大，现代农业庄园、农业科技园和农业开发园区开始启动，基础设施建设力度加大，农业生产条件和生态环境得到改善。工业克服诸多不利因素，增长速度稳步回升。全市规模以上工业增长了10%，高新技术产业增长了12.8%，装备制造业结束了多年低速运行的被动局面，技术改造投资大幅度增长，一批技改项目竣工投产。服务业继续快速增长，吸纳辐射功能进一步增强。社会消费品零售总额增长了10.2%，货币回笼继续高居全国大城市之首，物流配送、连锁经营和大型超市等新兴业态快速发展，旅游业、会展业和房地产业不断壮大，沈阳作为区域性中心城市的综合服务功能进一步增强。经济体制改革不断深化，对外开放迈出新的步伐。国有企业改革和管理工作得到加强，市属国有大中型企业公司制改造基本完成，企业主辅分离工作和中小企业“双转双放”工作取得重大进展，养老保险制度进一步完善，国有企业下岗职工基本生活保障与失业保险并轨工作顺利实施，医疗保险制度改革全面启动，市直党政机关机构改革的任务基本完成。实际利用外资在连续三年10亿美元的基础上，达到12.8亿美元，增幅超过20%，外贸出口与上年基本持平。城乡建设取得显著成效，人居环境进一步改善。东西快速干道建成通车，桃仙机场二期扩建工程和标准化街路改造工程相继竣工，城市绿化取得新的成果，新增绿地面积226万平方米，供水、供气、供暖和公共交通状况明显改善，城市环境得到综合整治，重点示范村镇建设取得新的进展。精神文明和民主法制建设继续推进，各项社会事业全面发展。全民思想道德教育得到加强，以完善和弘扬“沈阳精神”为重点的群众性精神文明创建活动广泛开展，精神文明建设十件实事如期完成，科技、教育、文化、卫生和体育等各项事业全面发展，民主法制建设不断推进，社会稳定的局面继续得到保持。党的建设明显加强，党组织的创造力、凝聚力和战斗力进一步提高。“三个代表”学习教育活动深入开展，各级领导班子建设得到加强，干部人事制度改革继续深化，党的基层组织建设不断推进，党风廉政建设和反腐败斗争的力度加大，一批大案要案得到严肃查处，党风、政风和社会风气有了明显好转。

总之，在过去的一年中，我们负重前行，取得了两个文明建设的可喜成绩，这是在党中央和省委的正确领导下，全市各级党政组织、广大党员、干部和群众齐心协力、共同奋斗的结果，也是我们在新的一年里继续前进、加快发展的基础和信心所在。回顾过去一年的实践，从市委的工作来说，主要坚持了以下几点：

第一，从统一思想认识入手，理顺情绪，凝聚力量，坚定重新振兴沈阳的信心。去年年初，由于“慕马”等人违法违纪案件造成的恶劣影响，广大党员、干部和群众的积极性受到严重挫伤，党群干群关系受到严重损害，沈阳的开局起步工作面临巨大压力。为了尽快扭转这一局面，我们从统一思想认识入手，一方面，结合总结“慕马”案件的教训，引导党员干部深刻认识反腐败斗争的重要性，深刻剖析这些案件产生的原因，增强拒腐防变的能力；一方面，结合筹备市第十次党代会，引导党员干部重新审视市情，谋划沈阳未来的发展，把思想统一到做好开局起步工作上来。经过各级党政组织卓有成效的工作，全市上下统一了思想，理顺了情绪。我们成功地召开了市第十次党代会，确定了今后五年要把沈阳建设成为区域性的商贸、金融、信息中心和先进装备制造、高新技术产业化、农业产业化基地，力争用15年左右的时间，使沈阳成为现代化区域性中心城市的宏伟目标，并提出了全面实施“开放牵动、科教兴市、中心城市功能拓展和可持续发展”四大战略等若干重大举措。在此基础上，以“2001·中国沈阳新世纪新发展论坛”为开端，在全市广泛开展了以“大发展、快发展”为主题的大讨论，进一步明确了全市各方面工作的思路和措施，从而使广大党员、干部和群众坚定了重新振兴沈阳的信心，在全市形成了围绕共同的目标整体推进、协调发展的新局面。

第二，从长远发展的需要出发，大力培育新的增长点，增强我市经济发展的后劲。实现沈阳经济的大发展、快发展，必须站在全局和战略的高度，培育具有比较优势和巨大发展潜力的经济增长点。为此，市委、市政府在充分研究论证的基础上，首先，作出了全面开发建设浑南新区的重大决策，并在招商引资、税费减免、土地使用和项目审批等方面，推出了一系列重大举措和优惠政策，使浑南新区的大规模开发建设迅速启动，到目前为止，固定资产投资已达10.2亿元，新批项目建筑总面积达60万平方米，全区实现国内生产总值增长30%，财政收入增长99%，呈现出超常发展的强劲势头。与此同时，启动了农业高新技术开发区建设，进一步加快了沈阳经济技术开发区、金融商贸开发区和棋盘山国际风景旅游开发区的发展步伐。其次，大力加强城区和县区工作，先后召开城区和县区工作会议，出台政策，下放权力，进一步释放了城区和县区的发展潜能。再次，以重点项目为龙头，加快发展汽车、装备制造、电子信息和医药化工等支柱产业，迅速形成了一批新的经济增长点。这些举措不仅直接拉动了全市的经济增长，而且进一步优化了经济布局和经济结构，积蓄了发展势能，为沈阳的长远发展奠定了基础。

第三，从解决难点热点问题上突破，努力为群众多办实事，调动全市人民的积极性和创造性。沈阳作为老工业基地，历史遗留的矛盾和问题十分突出，特别是与群众生活密切相关的一些方面欠帐较多，群众对此反映尤为强烈。为切实解决这些问题，去年，在学习贯彻江泽民同志"七一"重要讲话的过程中，市委、市政府决定，集中一段时间，在全市开展"学《讲话》、办实事、送温暖"活动，着力解决直接关系人民群众切身利益的难点热点问题，实实在在地为人民群众办些实事。各级党政组织和领导干部把开展这一活动作为一项重要的政治任务，高度重视，靠前指挥，明确责任，狠抓落实。经过全市上下的共同努力，较好地解决了城市的供水、供气、供暖和公共交通等方面存在的突出问题，明显改善了市民的出行条件和居住环境。同时，动员全社会的力量，关心和救助城镇特困职工和农村贫困人口等弱势群体，对3万多户贫困家庭实行了对口扶贫。这一活动的开展，不仅使多年难以解决的问题在短期内得到解决，城乡贫困群众的基本生活得到保障，而且使各级干部的群众观念进一步增强，工作作风进一步转变，党群干群关系进一步改善。

第四，从提高城市文明程度着眼，积极推进现代都市文化建设，为经济和社会发展提供精神动力。社会主义现代化建设，是物质文明和精神文明相统一的系统工程，必须同步加以推进。在过去的一年中，我们牢牢把握先进文化的前进方向，积极探索和推进具有沈阳特色的现代都市文化建设。适应世纪开局和"十五"起步的需要，开展了以"跨入新世纪，建设新沈阳"为主题的形势任务教育；利用建党80周年和"九一八"事变70周年的有利时机，深化了以"爱党、爱国、爱社会主义"为主要内容的理想信念教育；着眼于人民群众日益增长的文化需求，组织了以"五个一工程"为龙头的文艺精品创作和群众性文化活动；围绕贯彻《公民道德建设实施纲要》，加强了思想道德建设宣传教育，广泛开展了城乡共建精神文明活动以及完善和弘扬"沈阳精神"活动，形成了倡导文明、弘扬正气、树立新风的浓厚氛围，有力地促进了市民文明素质和城市文明程度的提高。尤其是成功地承办了世界杯足球外围赛亚洲区"十强赛"，进一步提升了民气，凝聚了人心，增强了沈阳人勇于拼搏、奋发有为的进取意识，向全国乃至世界展示了沈阳人文明向上的精神风貌。

第五，从党风廉政建设抓起，全面加强和改进党的建设，为开创沈阳工作的新局面提供组织保证。"慕马"案件的发生，暴露出我市在党风廉政建设上存在许多薄弱环节和突出问题。因此，我们把党风廉政建设摆在十分突出的位置，在积极配合中央纪委和省纪委查办案件、惩处腐败分子的同时，充分利用"慕马"案件这一反面教材，在全市党员干部中开展了"三个想一想"学习教育活动和专题警示教育。市委常委带头深入剖析"慕马"案件发生的原因以及应该吸取的教训，并向全市党政领导干部进行通报，使广大党员干部特别是领导干部廉洁从政、拒腐防变的自觉性普遍提高。同时，着眼从源头上防止腐败现象的产生，进一步加强了制度建设。市委先后出台了加强和改进市委工作的若干意见和加强自身建设的决定，并在土地批租、项目招标、资金使用和选人用人等关键环节作出了一系列严格的规定。在此基础上，以贯彻执行民主集中制为重点，进一步加强领导班子建设，按照干部"四化"方针和德才兼备的原则，调整了一批领导干部，使各级领导班子和领导干部的素质明显提高。特别是党的十五届六中全会后，市委就加强和改进党的作风建设又专门进行了部署并认真组织实施，使党的建设得到全面加强，从而保证了开局起步之年各项事业的健康发展。

在充分肯定成绩的同时，必须清醒地看到，我们工作中还存在着一些不容忽视的问题。主要是：经济运行质量和效益不高，结构性矛盾仍很突出，产业资本的集中度较低，企业缺乏规模优势。农业抗灾能力不强，因灾返贫人口增加，农村集体经济薄弱，农民收入增长缓慢。城市建设负债过重，城建资金尚未进入良性循环。社会保障能力较弱，部分群众生活困难，城市就业和农村劳动力转移的压力较大，社会治安形势不容乐观，一些社会难点、热点问题尚未得到根本解决，集体上访、越级上访问题时有发生，影响社会稳定的因素依然存在。一些领导干部的思想观念、精神状态、工作作风和领导水平不适应新形势新任务的要求，特别是面对我国加入世界贸易组织的新形势，思想和工作准备不足。所有这些问题，都应当引起我们的高度重视，在今后的工作中采取有力措施，认真加以解决。

二、新的一年面临的形势和任务

牢牢把握新的一年工作的主动权，首先必须对面临的形势有一个正确的认识，这是确定目标和任务的基本依据，也是统一思想和行动的重要前提。

前不久召开的市经济工作会议已对当前面临的形势作了全面分析。总的看，新的一年我们将面临全新的形势。从去年年初开始，美国经济出现下滑，日本经济进一步衰退，欧盟经济也增长乏力，"9·11"事件更加重了这一趋势。今年世界经济仍将处于低迷状态，而且对我们的影响将进一步加深，特别是对我们的外贸出口形成巨大压力。我国加入世贸组织，固然会给我们带来诸多机遇，但同时也将带来严峻挑战。第一，加入世贸组织有利于我市充分发挥工业基础和劳动力成本等方面的比较优势，吸引更多的外商特别是跨国公司来沈投资，但同时也对我们远未同国际接轨的投资环境特别是软环境提出了严峻挑战。第二，加入世贸组织有利于我市进一步拓展发展空间，加快"走出去"的步伐，但同时也对我们尚不适应市场需求变化的产业结构和企业素质提出了严峻挑战。第三，加入世贸组织有利于我市利用发达国家产业梯度转移的契机，加快经济结构调整和产业技术升级，但同时也对我们那些债务沉重、冗员过多的企业提出了严峻挑战。第四，加入世贸组织有利于我市开拓多元化的国际市场，扩大对外经济贸易，但同时也对我们那些生产成本高、技术含量低的产品特别是农产品提出了严峻挑战。第五，加入世贸组织有利于我市加快建立市场经济体制的进程，为经济和社会发展创造良好的体制条件，但同时也对我们缺乏活力的微观经济基础和以行政手段为主的传统管理方式提出了严峻挑战。我们必须正确认识和把握这一形势，宁可把困难估计得更严重一些，把影响的时间预想得更长一些，把应对预案准备得更充分一些，以便在新的一年中，沉着应对，趋利避害，扎扎实实地做好我们自身的工作。

鉴于面临的形势和我们的工作基础，市委确定，今年全市工作总的指导思想是：以邓小平理论和江泽民同志"三个代表"重要思想为指导，深入贯彻中央、省经济工作会议和市第十次党代会精神，以发展为主题，以结构调整为主线，以改革开放和科技进步为动力，以提高经济效益为中心，以提高人民生活水平为根本出发点，充分利用我国加入世贸组织和继续扩大内需的有利时机，进一步解放思想，与时俱进，加快经济发展，推进文化建设，不断改善人民生活，全面加强和改进党的建设，以两个文明建设的优异成绩迎接党的十六大胜利召开。

根据这一总的指导思想，全年要重点做好以下几个方面的工作：

(一)坚持与时俱进，积极推进新一轮思想解放

解放思想，与时俱进，是一个长期的

历史任务，必须根据形势的变化和实践的发展，不断推进思想解放和观念创新。我国加入世贸组织，不仅使我们的经济发展面临新的机遇和新的挑战，而且也为我们的思想解放注入了新的内涵，提出了新的要求。必须适应这一新形势和新要求，加快推进新一轮思想解放，这对于我们抓住机遇，迎接挑战，具有十分重要的意义。

为加快推进新一轮思想解放，市委决定，在全市开展以“应对入世挑战，谋求跨越发展”为主题的新一轮思想解放学习教育活动。这次活动要以“三个代表”重要思想为指导，全面系统地领会江泽民同志“七一”讲话和党的十五届六中全会精神，以创新思想观念、拓宽发展思路、加强作风建设为主要任务，引导广大党员、干部和群众特别是各级领导干部，进一步转变观念，振奋精神，开拓创新，与时俱进，为沈阳经济和社会的大发展、快发展提供强大的精神动力和思想保证。

针对目前存在的突出思想障碍，要着力在破除“五种思想”，树立“五种意识”上狠下功夫。一是破除茫然无措、消极担忧的思想，树立强烈的机遇意识。要勇敢地面对入世挑战，坚持辩证思维，深刻认识变化中孕育着机遇、困境中潜藏着机遇、危难中包含着机遇，下定背水一战的决心，做到知危奋起，迎难而上，抢抓机遇。二是破除因循传统、按部就班的思想，树立强烈的创新意识。要坚持从入世的要求和沈阳的市情出发，突破陈规旧律的束缚，向思想禁区挑战，对认识误区叫真，在实践盲区探索，不断提高创新本领，拓宽发展思路，开创新的局面。三是破除小进则喜、不富也安的思想，树立强烈的发展意识。要善于用世界眼光和战略思维审视自已，查找差距，进一步增强加快发展的责任感和紧迫感，努力争创一流的业绩。四是破除坐井观天、封闭保守的思想，树立强烈的开放意识。要适应入世的新形势，自觉地把对外开放摆在更加突出的位置，认真学习、掌握世贸规则和我国的入世承诺，采取积极的应对措施，既要大力地“引进来”，又要大胆地“走出去”，加快同国际经济的全面接轨。五是破除恃权管理、随意干预的思想，树立强烈的规则意识。要按照世贸规则和国际惯例的要求，坚持依法行政，转变政府职能，提高办事效率，改进服务质量，尽快把政府工作的着力点，由偏重行政审批和直接管理转到注重运用经济和法律手段加强宏观调控，规范市场秩序，创造良好的发展环境上来。

为了切实组织好新一轮思想解放学习教育活动，市委制定了在全市开展新一轮思想解放学习教育活动的方案，提请全会讨论修改后，下发实施。各级党政组织要按照市委的统一部署，把这次学习教育活动摆到重要议事日程，加强领导，精心组织，切实解决党员干部在思想观念、精神状态和工作作风方面存在的突出问题，推动各项工作的发展。各新闻单位和舆论部门要集中力量，加大力度，搞好学习教育活动的新闻宣传和典型宣传，推动新一轮思想解放不断深入。

（二）加大结构调整力度，促进经济的快速发展

结构问题是制约沈阳发展的一个十分突出的问题。必须按照在发展中进行调整，在调整中加快发展的要求，进一步加大结构调整的力度，积极培育新的经济增长点，促进全市经济持续快速健康发展。

以增加农民收入为中心，推进农业和农村经济结构的战略性调整。适应我国加入世贸组织的要求，加快开发名、优、新、特农产品，大力发展高效特色产业和外向型农业，努力提高农业综合效益。积极培育和扶持一批带动能力强的农产品加工企业和销售实体，进一步加快农业产业化经营的步伐。大力推进小城镇建设，把小城镇的发展与乡镇企业的二次创业结合起来，引导农村剩余劳动力加快向二、三产业转移，不断拓宽农民的就业空间和增收渠道。继续加大农业投入，搞好农业基础设施和农村生态环境建设，促进农业持续稳步发展。认真落实党在农村的各项政策，深入学习贯彻《中共中央关于做好农户承包地使用权流转工作的通知》精神，在稳定家庭承包经营制度的基础上，正确引导和规范农村土地流转工作，保护农民的切身利益。逐步化解村级债务风险，切实减轻农民负担。

按照建设先进装备制造基地的要求，加快工业结构的调整和升级。抓住世界范围内产业加速转移的有利时机，推进重点企业对外整体合资合作和多种形式的利用外资，加速提升企业的国际竞争力。继续加快用高新技术改造传统产业的步伐，大力开发数字化设备、节能与环保设备、新型能源与动力设备等先进装备，努力提高装备制造业的整体水平。要把优化工业结构与深化国有企业改革结合起来，以建立现代企业制度为目标，进一步完善法人治理结构和各项管理制度，逐步建立董事会选聘、市场化配置经理人员的新机制。充分利用“并轨”政策，加速推进主辅分离，切实减轻企业负担。积极推进国有企业的战略性重组，着力扶持和壮大重点企业集团，拓宽劣势企业退出通道，落实中小企业产权制度改革的相关政策，支持城区放开放活中小企业。

适应服务贸易领域扩大开放的新形势，加快发展服务业，进一步完善城市功能。继续推进中央商务区建设，引导金融企业向北站地区集中，积极引进外资金融机构、公司总部、中介组织和大型零售商贸企业。加快中心市场体系建设，调整优化商品市场布局，整顿规范市场经营秩序，努力提高中心市场的吸纳、辐射能力。继续落实城区、县区工作会议精神，研究和完善各区县的功能定位，努力形成特色鲜明、功能互补的区县发展新格局。

推进经济的快速发展，必须突出重点，把工作抓实。今年全市要着力抓好“十大经济增长点”。一是加快以浑南新区为龙头的开发区建设。浑南新区要加大招商引资力度，抓好进区项目和基础设施建设，完成固定资产投资50亿元，基本形成35平方公里的新城区建设框架。沈阳经济技术开发区要按照国际标准，搞好二期规划调整和三期规划设计，进一步加快开发建设步伐。各区县要依托自身优势，高起点地搞好工业园区建设，尽快形成新的产业群体。二是扩大利用外资和外贸出口。进一步改善投资环境，增强吸纳外资能力，大力开拓国际市场，优化出口产品结构，促进对外贸易持续增长。确保实际利用外资13.2亿美元，实现出口创汇14亿美元，外贸依存度达到全省平均水平。三是启动铁西工业区的整体改造。按照调整、改造与开放相结合的要求，采取积极的扶持政策，引导外资投向区内重点改造项目，做大做强沈阳机床、输变电集团等20户重点企业，转移搬迁30户企业，淘汰破产30户劣势企业，引进一批外资企业，加快向现代化的新型工业区目标迈进。四是发展和壮大支柱产业。通过技术改造、合资合作、兼并重组等措施，进一步发展壮大汽车、装备制造、电子信息和医药化工等四大支柱产业，充分发挥其在全市经济发展中的带动作用，力争实现工业总产值比上年增长25%以上。五是大力发展高新技术产业。继续实施“特别快车”计划，全面启动国家级“863”软件产业园、纳米及先进材料产业园和先进制造技术产业园建设，搞好大学城的规划和建设，推动高新技术产业加速发展，实现高新技术产业产值620亿元，比上年增长20%以上。六是抓好重点项目建设。积极争取国家政策支持，认真做好与宝马汽车合资及“中华牌”轿车的开工准备工作，加快推进东药集团VC扩产、西部污水处理厂建设和北市地区整体改造等重大项目建设，力争完成项目投资200亿元。七是促进民

营经济健康发展。继续加大对民营企业支持和服务的力度,努力创造公平的竞争环境,促进民营经济扩大规模、提高水平,力争实现民营经济增加值690亿元,增长13%以上。八是发展旅游业、会展业和房地产业。搞好"一宫两陵"和张氏帅府等重点景观周边环境改造,加快棋盘山国际风景旅游开发区基础设施和旅游景观建设,促进旅游业加快发展,实现旅游收入100亿元;以筹办中国国际装备制造业博览会和中国沈阳商品交易会为契机,逐步做大会展业,实现交易额200亿元;加快培育和发展房地产业,力争使房地产投资达到95亿元,土地出让金收入达到12亿元。九是推进农业产业化经营。按照建立"三园一龙"产业化体系的要求,加快建设农业庄园、农业科技园和农业开发园区,着力培育和壮大龙头企业,全面推进农业高新技术开发区建设。努力建成一批现代农业庄园、市级农业科技示范园,培育一批产值超亿元的龙头企业,力争使40%以上的农户进入产业化经营。十是实施扶贫开发计划。大力推进北部康法地区、西部柳绕地区、东部山区和辽河滩地的农业资源综合开发,突出抓好康平5万吨铝、法库绿色食品生产基地等一批重点建设项目,加快欠发达地区的脱贫步伐,确保14万农户脱贫,脱贫率达到70%以上。

(三)以提高人的素质为核心,大力加强现代都市文化建设

建设现代都市文化,是沈阳现代化建设的重要内容和必然要求。必须始终坚持"两手抓,两手都要硬"的方针,牢牢把握先进文化的前进方向,围绕提高市民思想道德素质和科学文化素质,大力加强思想道德教育,加快实施科教兴市战略,积极发展教育科学文化事业,深入开展群众性精神文明创建活动,进一步加快依法治市的步伐,为经济加速发展和社会全面进步提供强大的精神动力、智力支持和重要保证。今年要重点抓好以下十大工程:

1.公民道德建设工程。按照重在建设、以人为本的方针,坚持从基本规范抓起,从具体问题抓起,从日常养成抓起,认真制定并组织实施《贯彻中央〈公民道德建设实施纲要〉的意见》,在全社会大力倡导"爱国守法、明礼诚信、团结友善、勤俭自强、敬业奉献"的基本道德规范,切实加强社会公德、职业道德和家庭美德建设,努力在全社会形成文明健康、积极向上的道德风尚。

2.沈阳精神弘扬工程。"团结、实干、求知、创新"的沈阳精神,是全市人民思想上的一面旗帜。要广泛开展以"热爱沈阳、建设沈阳、美化沈阳、发展沈阳"为主题的弘扬沈阳精神的宣传教育活动,通过舆论引导、活动熏陶、典型示范、作品鼓舞等形式,深入宣传沈阳精神的深刻内涵,使之真正家喻户晓,深入人心,成为凝聚和鼓舞全市人民的巨大精神力量。

3.城乡文明共建工程。城乡共建精神文明活动,是群众性精神文明建设的一个新的创造,要进一步完善措施,明确责任,狠抓落实,确保年内560个区县级以上文明村与城市(镇)文明单位结成共建对子,通过城乡携手、结对共建,促进城乡之间优势互补,共同发展。

4.人才高地构筑工程。抓紧制定和实施《构建沈阳人才资源高地计划纲要》,在充分利用现有人才资源的基础上,抓住海外学子大量回归的有利时机,加快引进高层次、复合型人才特别是顶尖人才。进一步完善适应人才"柔性流动"的政策,设立人才开发专项基金,鼓励技术、管理等要素参与分配,重奖做出突出贡献的人才,最大限度地调动一切人才和智力为沈阳的发展服务。

5.综合素质教育工程。突出德育的核心地位,以培养学生创新精神和实践能力为重点,深化教育教学改革,加强师资队伍建设,不断提高教育质量,促进学生的全面发展。切实加强德育、科普教育和信息技术教育,提高学生的思想道德素养和科学素养。充分利用社会实践基地,开展各种社会实践活动。大力发展高中阶段教育,规范各级各类教育的办学行为,进一步减轻中小学生的课业负担。

6.全民主题读书工程。以学理论、学知识、学技能为主要内容,广泛开展以"提高素质增才干,与时俱进求发展"为主题的读书活动,通过举办报告会、读书班、知识竞赛等形式和评选读书标兵等措施,在全市普遍树立终身学习的理念,积极营造读书求知的浓厚氛围。按照"科学布局、统一标识、规范管理、优质服务"的要求,在市区主要街道及社区等地,建立1000个标准化书报亭,为广大市民读书学习提供便利条件。

7.文艺精品生产工程。以纪念毛泽东同志在延安文艺座谈会上的讲话发表60周年献礼活动为载体,掀起文学艺术创作新高潮,努力创作一批弘扬中华民族精神和时代进步精神的优秀文艺作品。坚持以"五个一工程"为龙头,实行精品生产的立项和招标制度,落实精品项目的重点扶持和奖励制度,培养和造就一批拔尖文艺人才,努力促进精品生产,繁荣文艺事业。

8.文化产业开发工程。深化文化体制改革,完善文化经济政策,发展壮大沈阳日报报业集团,加快组建沈阳图书发行、电影放映和文艺演出集团,努力提高我市文化产业的集中度和竞争力。充分挖掘、保护和利用历史文化资源,做好"一宫两陵"申报世界文化遗产工作,加快建设一批专题博物馆,发展具有浓郁地方特色的文化旅游业。坚持建设和管理并重,繁荣和规范文化市场,促进文化产业的健康发展。

9.环境综合整治工程。深入开展严打整治斗争,进一步解决社会治安的突出问题,努力维护社会稳定。对市里已经确定的100个重点整治地区(场所)和严重影响群众安全感的突出问题,要层层落实责任和整治措施,集中优势兵力,实行定位、定点整治,确保社会治安秩序明显好转。广泛开展"四五"普法教育,提高全体市民特别是各级领导干部的法律意识和法制观念。继续抓好城市"绿化、美化、净化、亮化"工作,组织开展沈城春季大清扫活动,整治影响市容市貌的小张贴和广告牌匾,使城乡人民生活环境得到明显改善。

10.对外形象重塑工程。按照建设现代化区域性中心城市的要求,全力打造沈阳在国际舞台上经济强市、科技强市、文化强市的崭新形象。精心组织中国沈阳足球周和中国男足冲击世界杯成功纪念日等大型文化节庆活动,借"足球"提升沈阳的知名度和美誉度。继续依托经贸活动,利用友城关系和国际互联网络,拓展宣传渠道,扩大对外宣传,赢得更多的面向世界展示形象的机会,让世界重新认识沈阳,让沈阳以新的形象走向世界。

有关文化建设工作,市委、市政府还将在春节后召开专门会议进行全面部署,请各相关单位深入调查研究,认真做好准备。

(四)加快城乡建设,提高人民群众的生活水平

提高人民群众的生活水平,是"三个代表"要求的根本体现,是我们全部工作的着眼点和落脚点。必须在加快经济发展的同时,把改善人民生活摆在更加突出的位置,认真解决人居环境、劳动就业和社会保障等关系人民群众切身利益的问题。

城乡基础设施建设和生态环境建设直接关系到人民生活质量的改善。要继续加快城市供水管网、燃气管网的改造,做好城市供暖、供水、供气工作,完善城市公交体系,改善市民出行条件。加快浑河公园、科普公园等公益性设施建设,搞好建成区道路的全面整修。按照建设"全国清洁能源示范城市"的要求,拆除一批锅炉烟囱,净化低空烟尘,整治浑河、细河和卫工明渠,进一步改善大气质量。加

快环保设施建设，完成崇山路排水改造工程，开工建设西北部生活垃圾焚烧处理厂，提高垃圾无害化处理水平，逐步向生态型城市迈进。进一步强化城市管理工作，完善土地储备制度，搞好城市资产经营，多渠道筹措城市建设资金。

积极扩大就业，是改善人民生活的根本途径。要继续支持和引导劳动密集型产业的发展，充分发挥中小企业和非公有制经济在吸纳劳动力就业方面的重要作用，进一步拓宽就业渠道。制定和调整扩大就业的优惠政策，完善就业服务体系，为下岗职工和失业人员再就业创造条件。

完善社会保障体系，保障人民群众的基本生活，事关改革发展稳定的大局。要继续搞好社会保障试点工作，规范和完善社会保障体系。进一步扩大养老保险的覆盖面，搞好个人帐户数据库建设，加大养老保险费的征缴力度，巩固养老金社会化发放成果，加快实现企业离退休人员的社会化管理。继续做好国有企业下岗职工基本生活保障与失业保险的并轨工作，解除下岗职工的后顾之忧。大力推进城镇职工基本医疗保险制度改革，加大扩面工作力度，不断提高人民群众的医疗保障水平。关注城乡特困人群的生活，完善最低生活保障制度，大力发展社会救济和慈善事业。

提高人民群众的生活水平，必须着力把与群众日常生活密切相关的事情办好。去年我们举全市之力，集中办了十件实事，受到了广大群众的称赞。今年要在此基础上继续办好十件实事：一是基本解决城市缺水区和无水区供水问题；二是彻底解决煤气拖期开栓问题；三是做好城市供暖工作，确保供暖质量好于上年；四是加快棚户区改造，改善3.5万户棚户区居民的居住条件；五是增加公交车辆，调整公交线路，为市民出行提供方便；六是开展医疗扶贫活动，解决贫困人群就医难的问题；七是搞好扶贫助学工作，解决贫困家庭子女就学难的问题；八是开发11万个就业岗位，基本满足就业需求；九是精心组织好"绿化年"活动，新增1000公顷园林绿地；十是健全社会保障体系，提高社会保障水平，养老保险和失业保险覆盖率达到100%，参加医疗保险的职工达到100万人。

全市各级党政组织和领导干部都要牢固树立群众观念，深怀爱民之心，恪守为民之责，善谋富民之策，多办利民之事。各有关部门和单位要抓紧制定具体的实施方案，认真抓好落实，确保十件实事如期完成。

（五）按照"三个代表"的要求，全面加强和改进党的建设

今年，对党的建设来说，是具有特殊意义的一年。党的十六大将在年内召开，这不仅在我国社会主义现代化建设的进程中具有里程碑意义，同时也标志着党的建设进入了一个整体推进、与时俱进的新阶段。我们要把握这一新的形势，按照"三个代表"的要求，全面推进党的建设新的伟大工程，努力把我市党的建设提高到一个新的水平。

坚持以思想政治建设为重点，切实抓好领导班子和干部队伍建设。深入学习江泽民同志"七一"重要讲话，用马克思主义理论创新的最新成果武装党员干部。认真总结和运用"三讲"教育、"三个代表"和"三个想一想"学习教育活动的成功经验，推进领导班子思想政治建设的经常化、制度化。严格执行民主集中制原则，完善党内政治生活的各项准则，不断增强领导班子的整体合力和解决自身问题的能力。全面贯彻干部队伍"四化"方针和德才兼备原则，加强干部队伍建设，严把干部选拔任用的政治关、品德关、作风关。加大年轻干部的培养选拔力度，采取选派优秀年轻干部到基层或艰苦地区任职等方式，提高他们的政治素质和工作才干，对政绩突出的要及时提拔到重要领导岗位。按照中央和省委关于各级领导班子组成结构的要求，进一步优化各级领导班子年龄结构、知识结构和专业结构，配齐、配好区县及市直单位领导班子，做好市和区县两级人大、政府、政协和法院、检察院换届的准备工作。同时，要以干部考核制度改革试点为契机，深化干部人事制度改革，努力推进干部工作的科学化、民主化和制度化。

坚持以充分发挥战斗堡垒作用为目标，扎实推进党的基层组织建设。继续搞好农村"三个代表"学习教育活动，选好配强乡镇和村级领导班子，切实提高农村基层组织建设的整体水平。围绕国有企业的改革和发展，大力加强和改进企业党建工作，全心全意依靠工人阶级，充分发挥企业党组织的政治核心作用。进一步抓好社区、机关、学校、科研院所等基层党建工作。高度重视并认真抓好在新经济组织中建立党组织的工作，积极开展党的活动，不断扩大党的工作覆盖面。广泛开展"争当时代先锋，向党的十六大献礼"主题活动，引导广大党员自觉实践"三个代表"重要思想，充分发挥先锋模范作用。继续做好在工人、农民、知识分子和干部中发展党员工作，同时，要按照中央的部署，积极稳妥地把新的社会阶层中的优秀分子吸收到党内来，不断提高党在全社会的影响力和凝聚力。

坚持以密切党同人民群众的联系为核心，大力加强党的作风建设。深入贯彻党的十五届六中全会精神，把今年作为转变作风年、调查研究年，在全市各级干部特别是领导干部中，进一步大兴调查研究之风，围绕本地区、本部门和本单位事关全局的重大问题，深入进行调查研究，制定切实可行的对策措施，建立严格的领导责任制，狠抓各项工作的落实，真正以实实在在的作风，求得实实在在的发展，给人民群众带来实实在在的利益。反腐倡廉工作是党的作风建设的重要内容，也是密切党群干群关系的关键环节。要坚持标本兼治、着力治本，认真落实党风廉政建设责任制和责任追究制度，继续做好领导干部廉洁自律、查办违法违纪案件、纠正部门和行业不正之风工作，加大从源头上预防和治理腐败的力度。坚持领导干部个人自查和群众评议相结合，认真搞好领导干部述廉评廉活动，切实解决领导干部在廉洁自律方面存在的突出问题，积极、慎重、稳妥地抓好"慕马"案件一般涉案人员的后期处理工作。继续深化对"慕马"案件的反思，加强对反腐败斗争规律的研究，重点围绕"选好人、用好权、管好钱"三个方面，进一步深化改革，逐步建立起结构合理、配置科学、程序严密、制约有效的权力运行机制，铲除滋生腐败的土壤。

加强和改进党的建设，目的是进一步加强和改善党的领导。各级党委要总揽全局、协调各方，不断改进领导方式和领导方法，充分发挥领导核心作用。要按照与时俱进的要求，适应形势发展的需要，开动脑筋，研究问题，总结经验，不断深化对建设有中国特色社会主义规律的认识，进一步提高驾驭全局和领导经济工作的能力。要注意把握全党工作大局，正确处理好改革、发展、稳定的关系，把稳定作为压倒一切的头等大事来抓，建立健全不稳定因素的排查调处机制，依法做好群体性事件的处置工作。继续深入开展同"法轮功"等邪教组织的斗争，做好"法轮功"痴迷者的教育转化工作。搞好安全生产，防止发生恶性突发事故。要加强对人大、政协工作的领导，支持人大及其常委会搞好地方立法、执法检查和工作监督，支持政协认真履行政治协商、民主监督和参政议政的职能，巩固和发展最广泛的爱国统一战线。要加强对工、青、妇等群团组织的领导，更好地发挥其联系广大人民群众的桥梁、纽带作用。要进一步加强民兵预备役建设，抓好国防教育，增强全民国防意识，深入开展群众性双拥活动，密切军政军民关系。要努力团结一切可以团结的力量，调动一切可以调动的积极因素，在全市形成"万众一心跟党走，齐心协力建设新沈阳"的

良好局面。

同志们！在新世纪的征途上，我们的使命光荣而艰巨，任重而道远。让我们更加紧密地团结在以江泽民同志为核心的党中央周围，高举邓小平理论伟大旗帜，认真实践“三个代表”重要思想，团结和带领全市人民，进一步解放思想，开拓创新，抓住机遇，加快发展，以两个文明建设的优异成绩迎接党的十六大胜利召开！

政府工作报告

——2002年1月23日
沈阳市第十二届人民代表
大会第六次会议通过
市长 陈政高

各位代表：

现在，我代表市人民政府，向大会作工作报告，请予审议，并请市政协各位委员提出意见。

一、2001年政府工作回顾

2001年是沈阳历史上不寻常的一年，我们的各项工作是在极其困难的条件下起步的。在省委、省政府和市委的正确领导下，在市人大、市政协的支持和监督下，我们坚持以改革统揽全局，以经济建设为中心，带领全市人民开拓进取，扎实工作，胜利地渡过了难关，完成了市十二届人大四次会议确定的各项任务。

2001年，全市实现国内生产总值1238亿元，比上年增长10.1%。其中，第一产业实现增加值76.6亿元，增长4.5%；第二产业实现增加值542亿元，增长9.5%；第三产业实现增加值619.4亿元，增长11.3%。财政收入达到80.8亿元，增长34.3%。全社会固定资产投资总额完成303亿元，增长15.6%。城镇居民人均可支配收入6376元，增长9%；农民人均纯收入3230元，增长3%。

——农村经济全面发展。农村二、三产业比重已达到86.9%，粮食和经济作物比例稳定在6∶4，畜牧、水产业占农业的比重达到了45.6%，启动和建设了13个现代农业庄园、101个科技园、2个现代农业开发园区和50个大型龙头企业。抗旱救灾取得胜利，粮食产量达到251.5万吨，增长7.5%。农村扶贫开发工作有了新进展。农业高新技术开发区开始启动。召开了县区工作会议，进一步理清了思路，明确了县区四项经济结构调整任务。

——工业经济稳定增长。全市规模以上工业完成总产值826.6亿元，增长10.3%。中小企业“双转双放”工作取得进展，市属268户中小企业平稳转属到县区，并建立了市、区两级中小企业资金担保中心和中介服务体系。财政筹措1.7亿元，支付主辅分离成本，使全市52户国有大中型企业解决了企业办社会的负担。企业对外整体合资迈出新步伐，沈阳蓄电池厂与德国艾克赛德公司等六个项目已经签约。全市技术改造投资完成70亿元，比上年增长了34.6%。

召开了城区工作会议，下放了城市管理权限，各区设立了工业园区，增加了发展的新空间。

——商贸中心功能明显增强。全年社会消费品零售总额实现623.5亿元，比上年增长10.2%；实现货币回笼310亿元，继续高居全国大城市之首。各类市场成交额达到728亿元，增长3.8%。新型商业业态发展迅速，全市超市、连锁店达1400家。以汽车工业博览会为代表的大型展会活动成交活跃，赴南昌、乌鲁木齐、深圳等地举办展洽活动取得良好成效。

全市金融机构存款余额1880亿元，增长10.6%；贷款余额1546亿元，增长11%；消费信贷余额110亿元，比年初增长57%。房地产交易额210亿元，增长7.7%。全年接待海外游客16.1万人次，旅游外汇收入达到9912万美元。证券、人才、劳动力、技术、产权、信息网络等新兴服务业都得到了较快发展。

——对外开放水平进一步提高。实际利用外资12.1亿美元，增长15.7%，其中直接利用外资达到8.5亿美元；实现进出口总额28亿美元，增长4.5%，其中出口12.5亿美元，基本与去年持平。浑南新区建设全面启动，招商引资工作呈现出良好的态势。全市推出了118个重大招商引资项目，在香港等几个城市举行了项目推介会，一批项目已经谈成签约。

——城市建设取得成果。按照“提高城市品位，贴近市民生活”的城市建设指导思想，全年完成城建投资30亿元，增长50%。南运河、卫工河清淤工程相继竣工，东西快速干道高架桥建成通车，泰山路、北陵大街、三经北街等5条标准化街路改造工程已经完工；全年新建和改造道路达到80公里，面积达到270万平方米。

新建了龙王庙游园、小南天主教堂广场、北陵公园门前广场等5个大型公共绿地和南七等20个街心绿地；环沈阳生态森林圈建设全面展开。

北市场地区综合改造工程开始实施。对全市387个住宅组团进行综合整治，共拆除违章建筑44.7万平方米。完成了三街三路和五个广场亮化工程建设。

深入开展“学讲话、办实事、送温暖”活动，解决了6.1万户居民煤气拖期开栓和90%居民“三峰”供水问题；新增750台公交车辆，缓解了市民乘车难的问题；供暖体制改革成效显著，供暖质量明显提高；新的除运雪措施已见成效。

——社会保障体系逐步完善。全年征收养老保险费23.8亿元，收缴率达到92%。及时足额发放了离退休人员基本养老金，社会化发放率达到100%。完成国有企业下岗职工最低生活保障向失业保险并轨10.5万余人。开发就业岗位11.3万个，已有下岗职工20万人次实现了再就业。完成60.6万人的医疗保险参保工作。在街道、社区建立了社会保障机构，配备了专业人员，全市基本形成了社会保障管理和服务的社会化网络。享受最低生活保障的市民，由年初的3.9万人增加到17.1万人，发放标准由年初的195元增加到205元。

——科技创新步伐加快。全年高新技术产品产值实现520亿元，增长12.8%。先进制造技术产业园、纳米技术产业园和国家“863”软件技术产业园建设开始启动，“沈阳市用高新技术改造传统装备制造业示范工程”项目得到国家批准，开始进入实施阶段。开发新产品1250种，实现产值135亿元。成功举办了“6.29”海外学子创业周活动。

——社会事业全面进步。全面实施了素质教育，教育体制改革取得了新成果。广泛开展了多层次、多形式的群众文化活动，丰富了广大群众的精神文化生活。医药卫生体制改革不断深化，医疗卫生服务质量和水平有了新的提高。成功承办了世界杯足球亚洲区十强赛，向全国乃至全世界展示了沈阳的良好形象。

深入开展“打黑除恶”为重点的严打整治斗争，有力地打击了犯罪分子的嚣张气焰，社会治安形势明显好转。

新闻、出版、广播、电视、计划生育、人事、编制、民族、宗教、侨务、统计、审计、技术监督、民兵、兵役、人防、防震、档案、修志、文史、参事、残联和老龄等项工作也都取得了新的进步。

——机关建设不断加强。汲取“慕、马”案件的沉痛教训，各级政府机关从思想教育和制度建设两个方面入手，坚持从严治党，深入开展反腐败斗争。通过开展“三个想一想”教育和机关集中学习，进一步转变机关作风，增强了干部拒腐防变的能力。通过整顿机关纪律，规范办事程序，机关面貌发生了深刻变化。全年共办理人民代表建议和政协提案1780件。按照中央和省的统一部署，市级政府机关机构改革已经完成，县乡机构改革正在进行。

各位代表，去年各项工作任务的完成，是我们战胜种种压力，克服重重困难而取得的。经过一年的努力，沈阳的形势发展到今天这样一个局面，是非常不容易的，沈阳的经济呈现出这样一个良好的态势，也是十分难能可贵的。现在，我们可以说：沈阳的2001年，不是灾年，也不是平年，而是一个丰年！

在这里，让我代表市政府，向积极投身于沈阳改革和现代化建设的广大工人、农民、知识分子和各界人士，致以亲切的问候和崇高的敬意！向给予我们支持与监督的人大代表、政协委员、各民主党派、工商联和无党派人士、各人民团体，向大力支持和参与沈阳发展建设的中央和省在沈单位、驻沈部队指战员、武警官兵和在沈工作的外籍人士、台港澳同胞、海外侨胞及国际友人致以诚挚的谢意！

总结一年来的工作，我们也清醒地看到，还存在不少困难和问题，主要表现在：全市经济结构调整进度不快，农业抵御自然灾害能力不强，县域经济发展乏力；支柱产业不强，企业规模不大，工业经济运行质量不高，一些企业生产经营还比较困难；城市下岗职工和农村剩余劳动力仍然数量很大，城市就业和农村劳动力转移压力很大；城建资金需求和供给矛盾突出，城市建设投资还没有进入良性循环；面对我国加入WTO后的新形势，我们的思想准备不足，工作还不适应。这些困难和问题，既有经济转轨时期的客观因素和沈阳特殊经济结构的历史因素，也有政府工作思路不宽、开拓不够等主观因素。这些问题都有待于我们在今后的工作中，积极采取措施，认真加以解决。

二、2002年政府工作安排

2002年将是充满机遇和挑战的一年。加入世界贸易组织使我国对外开放事业进入了一个新的发展时期，它既给我们进一步推进全方位、多层次、宽领域的对外开放提供了重要契机，也给我们的经济发展带来新的挑战。我们既要看到做好今年工作的艰巨性，更要看到诸多有利条件。但总体上说，机遇大于挑战。不仅如此，我们还应从更深的层次看到，挑战本身也是机遇。只要我们抓住机遇，应对挑战，上下一心，团结奋斗，就一定能够开创沈阳改革开放和现代化建设事业的新局面。

今年政府工作的指导思想是：以党的十五大、十五届六中全会精神为指导，认真学习和实践江总书记"三个代表"的重要思想，以发展为主题，以结构调整为主线，以改革开放和科技进步为动力，以提高人民生活水平为根本出发点，实施开放牵动、科教兴市、中心城市功能拓展和可持续发展战略，继续提高经济质量，促进国民经济的快速发展和社会事业的全面进步。

今年我市经济和社会发展的主要预期指标是：国内生产总值增长10%，财政收入增长11%，全社会固定资产投资增长12%，实际利用外资增长10%，社会消费品零售总额增长10%，城镇居民和农民人均收入分别增长8%和6%。

（一）以提高农民收入为中心，以推进农村经济结构调整为重点，以对外开放为手段，促进农村经济的快速发展积极调整农业内部结构。年内要开发10个万亩以上农产品出口基地，实现退耕还林面积35万亩，新增草地面积5万亩。养殖业在农业总产值中的比重要达到47%。要建成7个有规模的农业庄园，建成20个市级农业科技园。

积极调整产业结构。大力发展乡镇企业，年内要新上一批投资规模超5000万元的大项目，努力使乡镇企业规模和效益有较大幅度增长。要下狠心发展县区工业园区，务求见到实质性进展。

积极调整城乡结构，加快县城和副城建设。今年市安排4000万元资金，重点支持4个县城建设，扩大县城规模，完善县城功能，改善县城发展环境。继续搞好苏家屯、新城子2个副城建设，带动虎石台等4个中心小城镇的发展。

积极调整县区就业结构，大力开展农村劳动力输出。年内实现5万农村劳动力转向非农产业，其中，劳务输出4万人。

全面实施沈阳北部康、法地区、西部柳绕地区和东部山区的资源开发，改善贫困地区农民的生产和生活条件。

坚持开发式扶贫的方针，逐步实施贫困村屯整体移民计划。继续做好包乡包村包户扶贫工作，年内基本解决农村贫困地区农民温饱问题。继续整治乱收费、乱罚款、乱摊派的行为，切实减轻农民负担。

（二）以发展壮大支柱产业为重点，推进大型企业整体合资，大力发展民营经济，提高工业经济运行质量

汽车是沈阳的第一支柱产业，也是沈阳调整经济结构的关键工程。今年，我们必须下大气力推进金客公司的轿车项目，推进金通公司项目的达产，推进国外汽车零部件企业在沈阳建厂，汽车及零部件产值要达到260亿元，增长30%。只要汽车产业上去了，沈阳经济才能产生飞跃。同时，我们也要做好电子、信息、医药、化工等支柱产业的工作。

充分利用我国加入WTO后，国际资本向中国加速流动的有利时机，全面推进国有大型企业的整体合资，年内要完成10户企业。

以调整结构为手段，以开放为主要途径，全面推进铁西工业区改造。逐步完成30户企业的搬迁工作、30户企业破产关闭工作，把腾出的土地，面向国内外进行招商，发展现代工业项目。要着力做好区内20户企业的改造和做大做强工作。铁西改造，前提是创造环境，要将于洪苗圃改造成公园，清理整治卫工明渠，搞好北部铁路沿线绿化，使铁西工业区更具有吸引力。

要加大企业兼并破产工作力度。结合国有企业职工并轨工作，对一批资不抵债、扭亏无望的企业，坚决依法实施破产。对以前破产企业，也要处理好遗留问题。

要在去年的基础上，继续抓好其余市属企业和中省直企业主辅分离工作。今年政府继续出资承担改革成本，将企业办社会负担分离出去。

要将市属商业、运输、建筑、服务几个行业中的中小企业下放到县区。下放后重点要抓产权制度改革，此项工作年内要基本完成。加快建立和完善中小企业信用担保、人才培训、政策法规咨询和信息服务中心等服务体系，为中小企业发展创造宽松的环境。

创造良好的条件，促进民营经济更快地发展。认真落实支持民营经济发展的各项政策，为民营经济发展提供有效的服务。继续清理"三乱"，减轻民营企业的负担，保护民营企业的合法权益。积极促进民营企业上规模，上档次，上水平，使民营经济成为沈阳经济新的增长点。

狠抓营销工作，提高沈阳产品在国内外市场的占有率。工业产品产销率要达到98%。

要按照建立现代企业制度的要求，加强企业家队伍建设，优化企业法人治理结构。

（三）以发挥中心城市功能为重点，加快服务业对外开放，大力发展新兴服务业，促进区域经济发展。

入世之后，服务业的开放将迅速展开。作为东北地区的中心城市，我们必须抓住这个机遇，发挥好中心城市功能。全年社会消费品零售总额要达到685亿元，增长10%；市场成交额要达到810亿元，增长8%。加大流通领域的对外开放度，年内引进3—5家世界知名零售企业。集中培育2—3家在全省居于龙头地位的大型商业企业集团，发展大型连锁、超市、专卖店和物流配送等新兴业态。加快推进在沈河区建设沈阳中央商务区的步伐。积极促进太原街地区的改造与建设。加大市场规范和整治力度，继续实施主副食品"放心工程"，严厉打击假冒伪劣商品，创造良好的商品流通环境。

努力发展会展业。今年要举办各种展销会、展洽会60个，实现交易额200亿元，使会展业成为新的经济增长点。要全力办好首届中国国际装备制造业博览会。

加快发展房地产业，全年房地产投资要达到110亿元，比上年增长20%。要扩大住房交易量，全年房地产成交额要增长20%；进一步扩大住房消费信贷规模，全年住房信贷要净增50亿元；要规范房地产开发市场秩序，提高和整顿房地产开发队伍，重点引进和培养20家有实

力、有规模的房地产开发商，使之成为沈阳房地产开发的主体。进一步促进家庭装修、物业管理等与房地产相关行业的发展。

树立大旅游的观念，进一步促进旅游业发展。搞好旅游资源和客源市场开发，完成大帅府和“四塔七寺”等旅游景点的环境整治和内部维修任务，建设一批具有浓郁地方特色的博物馆，增加沈阳的城市文化内涵；做好“一宫两陵”申报世界文化遗产工作，全力打造沈阳旅游新品牌；通过举办清文化旅游周和满族风俗风情游等大型旅游活动，提高沈阳旅游产品国内外的知名度。

积极发展现代金融业。积极创造条件，吸纳国内外银行、证券等金融机构进驻我市。进一步整顿金融秩序，防范和化解金融风险，创造良好的信用环境。

大力发展成长性强的网络服务、中介服务等新兴服务业。积极支持社区服务、体育健身、卫生保健等与人民生活密切相关产业的发展。大力发展文化娱乐业、传媒业和教育产业，将中心城市的综合资源优势转化为产业优势。

(四)以浑南新区为龙头，以经济技术开发区、农业高新技术开发区、棋盘山风景区、金融商贸开发区和县区工业开发区为开放群，形成沈阳全面开放的新格局

在浑南树起一面更加开放的旗帜。首先大力推进浑南新区基础设施建设，重点建设浑南新区的道路、桥梁、能源、通讯等基础设施，抓好机场高速公路两侧、沿河景观带绿化工作，为浑南新区大发展创造良好的基础条件。全年要有100家企业开始进区建设。加快建设先进制造技术产业园、纳米产业园、“863”软件产业园和海峡园。建设10个不同类型的孵化器，年内新增孵化面积10万平方米，孵化企业总数量达到240家；孵化高技术项目400个，推进新区大学城建设，年内要引进1—2家外国大学进区。支持现代服务业到浑南新区落户，初步形成浑南新区的现代产业构架。

沈阳经济技术开发区要努力建设成先进装备制造基地、承接外国产业转移基地。

全面启动农业高新技术开发区建设。力争把农业高新技术开发区建成农业高科技人才的创业基地、农业高新技术成果转化基地、农业高新技术项目孵化基地。

棋盘山风景区和金融商贸开发区要进一步理清思路，实现新的发展。

引进资金、技术和人才，加快县区工业开发区建设。县区工业开发区，既是招商引资的载体，也是县城建设的依托，要高水平规划，高标准建设，创新管理体制和运行机制，实现生产要素向开发区集中，使之成为县区对外开放前沿，经济发展新的增长点。

抓好118个重点招商项目的落实，积极组织招商，全年实现利用外资要达到13.2亿美元，力争15亿美元，努力从国外引进20个产业转移项目，构筑承接世界发达国家和地区加工业转移的平台。开通沈阳至日本东京、韩国大邱和釜山三条国际航线。全年实现出口创汇14亿美元。

坚持把对外开放作为第一发展战略，主要领导要把相当的精力集中到对外开放上来，要转变传统的工作方式，努力形成开放的工作思路，开放的工作格局；要全面改善沈阳的投资环境，提高服务水平，尽快形成全方位开放的良好氛围。

(五)树立“经营城市”理念，坚持“提高城市品位、贴近市民生活”的思想，实现城市的可持续发展

现代城市竞争，主要是城市环境的竞争。只有城市建设搞好了，整个城市才能增值。今年城建投资规模要达到50亿元。我们要通过积极的努力，进一步改变沈阳的面貌。

开展城市“绿化年”活动，建成区新增绿地面积10平方公里，增长22%；拆除居民小区、住宅组团、机关、工厂、企事业单位及学校违章建筑100万平方米，并进行绿化。对全市17个公园进行全面整治，提高绿化、美化水平。加大城市道路改造力度，翻建、改造城市道路751万平方米，对未改造的建成区道路的70%整修一遍。继续加强对城市出入口的环境整治。改造棚户区3.5万户。加强市场管理，逐步取缔占道经营。加大连片供暖面积，拆除1000个烟囱。规范整治18条街路、5个广场的户外广告，清理、规范中街、太原街等50条商业街、景观路的牌匾。

建设南部老虎冲垃圾填埋厂、北部和南部粪便无害化处理场。南部10万吨污水处理场和凌空20万吨污水处理场要投入使用。开始建设余粮堡污水处理场。综合整治浑河季度性恶臭问题。解决最后3万户居民煤气拖期开栓问题。解决城市“三峰”供水问题。新增250台公交车辆。巩固供暖、除运雪改革成果，努力为市民办更多的实事。

(六)以建设大财政、强财政为目标，构筑公共财政框架，增强财政对经济的调控能力今年财税工作的重点是培育财政增长点，扩大财政新税源。要综合运用各种手段，支持高新技术产业发展，支持产业结构优化，支持附加值高、税收弹性系数大的产品增长，真正把我市经济规模做大。

挖掘税收潜力，强化税收征管，做到应收尽收。加大对偷税、骗税、抗税等违法犯罪行为的打击力度，减少和杜绝税款流失。

要采取国有股减持、股权出让、产权出让等方式，进一步盘活国有资产。

要加快土地储备中心建设。要按市场化运作的要求，对土地进行集中收购，实行垄断经营。土地出让金收入达到12亿元。

调整优化支出结构，努力构筑公共财政新框架。要通过深化改革和体制创新，逐步减少和压缩财政对公用事业的投资和补贴，把城市公交、供暖进一步推向市场，实行产业化经营；自来水、煤气等公用事业也要探索开放的途径。逐步改革文艺团体、广播电视、职业教育、体育场馆、医疗院所等社会事业单位的预算管理办法，推进社会事业单位的产业化进程。

深化粮食流通管理体制改革，加强粮食企业管理，减轻财政负担。

加强政府债务管理，有计划地将政府债务纳入部门综合预算，做好债务处理工作。

严格控制行政开支，完善政府采购制度，扩大政府采购预算管理范围；按照《预算法》强化财政监督管理工作，规范财政运行秩序。

建立以财政投资为主体的新的城建投资体系，逐步实现城建投资的良性循环。建立建设市场投融资准入办法，鼓励各种利益主体参与投资竞争。搞好城市资本运作，促进城市发展。

(七)坚持“科教兴市”战略，加快科技与经济融合，促进经济和社会事业全面发展

继续坚持“科技是第一生产力”，促进高新技术及其产业的快速发展。抓好20个重大高新技术产业化项目、80个重点项目和10个大学科学园建设。大力发展民营科技企业，抓好5项农业高科技示范工程建设，扶持培育100个农业科技创新实体。

加快用高新技术改造传统产业步伐，推进机床集团等50户装备制造企业的信息化进程。加速34户国有大中型示范企业与国内科研院所、大专院校以及国外知名公司、科研机构的对接，使之成为技术创新的主体。在机床、输变电、冶金等传统产业领域开展重大科技攻关，提高重大装备的成套配套能力。

建立科技投入的新体制，促进科技与资本的融合。建立风险投资基金，落实创业种子基金、国际科技合作基金等配套支持资金，加强科技企业与证券公司的联系，扩大科技融资渠道。筹建沈阳技术产权交易市场，实现科技企业融资多元化。

全面启动人才高地计划，今年要培养和引进各类高级管理人才、高级科技人才3万人。继续抓好海外学子“创业

周”活动。

加快发展教育、文化、卫生、体育等社会事业。扎实推进素质教育，深化教育综合改革，提高教育质量和办学效益。以提高全社会文化生活质量为宗旨，弘扬主旋律，提倡多样化，努力建设具有沈阳特色的现代化都市文化，继续发扬“团结、实干、求知、创新”的沈阳精神。大力发展公共卫生和医疗服务事业，加强预防保健和卫生监督执法，依法加强医疗卫生服务市场管理，使卫生服务水平和我市人民健康主要指标达到全国同类城市先进水平。加强计划生育工作，稳定低生育水平。贯彻落实《全民健身计划纲要》和《奥运争光计划》，广泛开展群众性体育活动，提高全民身体素质和竞技体育水平。重视统计工作，提高对经济运行监测、预测水平。民族、宗教、参事、文史、广播、电视、新闻、出版、档案、老龄、残联、人防、侨务、对台、防震、气象等事业也都要取得新的进展。

（八）进一步建立和完善社会保障体系，积极扩大就业和再就业，强化社会治安综合治理，为沈阳发展创造稳定的社会环境

要继续做好社会保障体系试点工作。要依法扩大养老保险覆盖范围，养老保险参保率要达到100%。个人帐户做实率要达到100%。推进企业退休人员社会化管理服务工作，社区移交率要达到100%。年内参加基本医疗保险的新增人数要确保40万人，力争50万人。年内要实现并轨8万人。加强城镇居民最低生活保障工作，大力推进社会救助体系建设。

年内开发就业岗位11万个，实现就业和再就业17万人次，下岗职工培训就业率达到65%以上，城镇登记失业率控制在5%以下。

积极、稳妥地处置群体性事件，切实增强社会治安防控能力，全力维护社会稳定；坚持“打防结合、预防为主”的方针，依法严厉打击严重刑事犯罪和经济犯罪，扫除黄、赌、毒等社会丑恶现象，净化社会风气；建立和完善各级信访、市民投诉及社区人民调解机制，更主动、更扎实、更有效地化解人民内部矛盾。

（九）加强民主与法制建设，推动政府机关建设，全面提高市民素质和城市文明程度，不断开创社会主义精神文明建设的新局面

坚持依法治市，进一步扩大基层民主。坚持并完善政府向人大及其常委会报告工作、向人民政协通报情况的制度，自觉接受人大、政协的法律监督和民主监督。认真办理人大议案、人大代表建议、政协提案，充分听取民主党派、工商联、无党派人士和人民团体参政议政意见，加强与工会、共青团、妇联组织的联系。

加强社会主义精神文明建设，深入进行党的基本理论、基本路线、基本纲领教育，引导干部群众树立正确的世界观、人生观、价值观，提高市民的文明程度。以职业道德、社会公德、家庭美德为落脚点，认真贯彻落实《公民道德建设实施纲要》，建立与社会主义市场经济体制相适应的市民思想道德体系。加强社区建设，不断提高社区管理的水平。推动群众性双拥工作，争创双拥模范城五连冠。

加强法制建设，全面推进依法行政。充分发挥专家咨询作用，促进重大决策的科学化、民主化。

高举邓小平理论的伟大旗帜，认真学习和实践“三个代表”的重要思想，从理论与实践的结合上，增强政府机关干部的政治意识、大局意识和责任意识。以政府机构改革为契机，改革审批制度，简化审批程序，提高办事效率。清理政府规章和文件，制定与WTO相适应的工作规则。加强政府机关建设，进一步转变机关工作作风。

加大反腐倡廉工作力度，首先做好领导干部的廉洁自律；从制度建设入手，从源头上防止腐败现象的发生；注重实际工作效果，力戒形式主义和官僚主义；大力倡导深入调查研究的工作作风，努力建设廉洁高效、勤政为民、求真务实的政府。

各位代表，回顾过去，沈阳已在新世纪的第一年首战告捷；展望新的一年，我们的前程将更加光明。我们坚信，有省委、省政府和市委的正确领导，有720万沈阳人民的努力拼搏，我们的沈阳一定能再展雄风，再造辉煌！

按照“三个代表”要求全面加强党的建设为实现沈阳社会主义现代化宏伟目标而奋斗

——张行湘同志在中国共产党沈阳市第十次代表大会上的报告

（2001年7月28日）

一、过去六年发展历程的简要回顾

市第九次党代会以来的六年，是沈阳发展历程中极不寻常的六年。这是全市各级党组织带领广大党员、干部和群众，高举邓小平理论伟大旗帜，深入贯彻党的十四大、十五大精神，迎着诸多困难和挑战，继续解放思想，团结拼搏，艰苦奋斗的六年；是逐步深化对市情的认识，加快推进改革开放，着力解决体制性、机制性和结构性矛盾，增创老工业基地和中心城市的新优势，促进经济建设不断发展和人民生活水平不断提高的六年；是全面加强社会主义精神文明和民主法制建设，构筑具有沈阳特色的都市文化，不断提高市民文明素质和城市文明程度的六年。在这期间，党的组织经受了严峻考验，揭露并清除了慕绥新、马向东等腐败毒瘤，纯洁了党的队伍，进一步加强了党的建设。

六年来，我市改革开放和两个文明建设取得了可喜成就。

——经济结构发生显著变化，综合经济实力不断增强。农业结构战略性调整取得明显成效，农业产业化加速推进，农村经济得到全面发展。工业结构优化升级取得新的进展，技术创新步伐加快，优势产业初具规模，高新技术产业产值占工业总产值的比重不断提高。第三产业特别是新兴第三产业快速发展，三次产业结构进一步优化。所有制结构得到改善，民营经济规模迅速壮大，以公有制为主体、多种所有制经济共同发展的局面基本形成。经济发展水平跃上一个新台阶，到2000年，国内生产总值达到1119.1亿元，年均增长10.3%，财政收入达到60.2亿元，年均增长12.5%，提前3年实现了“翻两番”的战略目标。

——经济体制改革取得重大进展，对外开放的规模和领域逐步扩大。国有企业三年改革与脱困的目标基本实现，多数国有大中型企业初步建立起现代企业制度，市场体系和社会保障体系逐步完善，政府职能进一步转变，社会主义市场经济体制初步建立。对外开放取得可喜成果，六年间全市累计实际利用外资达到53.7亿美元，占改革开放以来利用外资总额的70%，年出口额首次突破10亿美元，对外经济技术合作不断发展，开拓国际市场的能力进一步增强。对内开放步伐继续加快，引进域外资金的规模不断扩大，参与西部大开发的工作全面启动。

——城乡面貌有较大改观，中心城市功能进一步拓展。城市建设投资力度不断加大，基础设施进一步完善，高等级公路网基本形成，市区重点道桥工程和景观路改造进展顺利，信息港建设加速推进，一批大型公用设施相继竣工，绿化、美化、净化、亮化工程取得成效，小城镇建设有较大进展，人们期盼的“乡乡通柏油路、村村通广播电视”已经成为现实，城乡面貌发生了显著变化。以要素市场为龙头的区域性中心市场建设步伐加快，与辽宁中部城市群及其他地区的经济技术合作广泛开展，对区域经济的拉动作用明显增强。

——精神文明和民主法制建设全面推进，社会文明程度有较大提高。以“颂中华、爱沈阳、建家乡”为主题的爱国主义、集体主义和社会主义教育不断加强，群众性精神文明创建活动蓬勃开展，民

兵预备役工作和“双拥”工作取得新的成效。各级各类教育得到较大发展，九年义务教育基本普及，文化、卫生、体育等各项事业全面推进。政务公开、村务公开、厂务公开工作逐步深化，基层民主建设普遍加强，社区工作在全国产生积极影响，人民群众当家作主的意识进一步增强。社会治安综合治理的措施得到有效落实，严厉打击各种犯罪和扫除社会丑恶现象的斗争不断深入，与“法轮功”邪教组织的斗争取得重大胜利。立法、执法和普法工作不断加强，依法治市取得新的进展。

——人民生活水平逐年提高，小康生活的目标基本实现。到2000年，城市居民人均可支配收入达到5850元，农民人均纯收入达到3135元，分别比1994年增长75.2%和104.3%，城乡居民人均储蓄达到14152元，比1994年增长176.2%。多数棚户区得到改造，近20万户居民入住新居，城市人均居住面积达到8.37平方米，比1994年增加1.9平方米，人居环境得到较大改善。居民消费结构发生重大变化，家庭食品支出占家庭收入的比重由1994年的50.5%下降到38.8%，文化生活日益丰富，生活质量明显提高。

——党的建设取得新的进展，党组织的战斗力得到增强。邓小平理论和江泽民同志“三个代表”重要思想学习教育活动继续深入，以“讲学习、讲政治、讲正气”为主要内容的党性党风教育全面开展，各级领导班子和广大党员、干部的思想政治素质进一步提高，涌现出以蒋新松、白秀彬、张德山、黄凤珍为代表的一大批先进模范人物。干部制度改革逐步深化，公开选拔、民主评议干部和任前公示工作全面推进，干部队伍的年龄、知识和专业结构明显改善。以农村、企业和社区为重点的基层党组织建设得到加强，党员队伍不断壮大，六年新发展党员102640名。党风廉政建设力度加大，一批大案要案得到严肃查处，反腐败斗争取得阶段性成果。

六年来我们所取得的成就，是在邓小平理论的指导下，在党中央和省委的领导下，全市各级党组织、广大党员、干部和人民群众齐心协力、共同奋斗的结果，也是各民主党派、无党派爱国人士、人民团体、中省直单位、驻沈部队和武警官兵，以及港澳台同胞、海外侨胞、国际友人积极参与、大力支持的结果。在此，我代表中共沈阳市第九届委员会，向为沈阳改革开放和两个文明建设作出贡献的广大党员、干部、群众和各界人士，向所有关心和支持沈阳建设的海内外朋友，表示衷心的感谢和崇高的敬意！

在充分肯定成绩的同时，必须清醒地看到，我们前进的道路上还有许多深层次矛盾和问题。突出的表现是，经济运行机制和国有企业经营机制还不适应社会主义市场经济发展的要求，改革成本和债务风险进一步加大，发展环境亟待改善；产业结构、产品结构和企业组织结构不够合理，经济运行质量和效益不高，牵动力强的大项目较少，发展后劲严重不足；劳动就业任务繁重，社会保障能力较低，部分群众生活比较困难，社会治安秩序不尽人意，司法和执法不公的问题时有发生，信访工作压力较大，影响社会稳定的因素仍很突出。特别是发生了慕绥新、马向东等一批领导干部严重腐败案件，涉案人数之多、涉案金额之大、社会影响之恶劣、造成的后果之严重，在沈阳历史上都是罕见的。对此，市委负有重要领导责任，必须认真总结经验教训，并采取切实有力的措施加以解决。

二、新时期我市党的建设工作的经验教训

改革开放以来，特别是进入90年代以来，国际国内形势发生了深刻变化。某些发达国家利用经济和科技上的优势，推行霸权主义和强权政治，西方敌对势力加紧对我进行“西化”和“分化”，国际政治斗争日趋激烈。国内改革开放和发展社会主义市场经济的步伐不断加快，社会经济成分、利益主体、组织形式和生活方式日趋多样化，经济和社会生活出现许多新的矛盾和问题，反腐败斗争也呈现出更为尖锐复杂的新特点。我们党面临着更加严峻的执政与改革开放的双重考验。在新的历史条件下，如何进一步加强和改进党的建设，提高执政能力和领导水平，提高拒腐防变和抵御风险的能力，成为我们必须认真研究和解决的两大历史性课题。

我市出现的慕绥新、马向东等严重腐败案件，就是在这种复杂的历史条件下，反腐败斗争严峻形势的集中表现。这些腐败分子的所作所为，不仅直接破坏了我市的改革开放和经济建设，而且在国内外造成了极其恶劣的影响，危害十分严重。他们把党和人民赋予的权力作为谋取个人私利的工具，索贿受贿，聚敛钱财，严重损害了党和政府在人民群众中的威信；他们无视党纪国法，大搞官商勾结，采取十分恶劣的手段，侵吞和挥霍国有资产，严重扰乱了我市的经济秩序和投资环境；他们生活奢靡，腐化堕落，拉帮结派，结党营私，诱导和助长了少数人贪图享乐，投机钻营，追逐个人名利，严重败坏了党风、政风和社会风气。我们同他们的斗争是一场严肃的政治斗争。这场斗争的成败，关系到我们能否维护改革、发展、稳定大局，巩固20多年来改革开放的成果，在世纪之初胜利实现跨越式发展。在党中央和省委的领导下，在全市广大党员、干部和群众的大力支持下，这场斗争已经取得了重大胜利。通过这场斗争，清除了严重危害我市经济社会健康发展的毒瘤，消除了前进中的隐患，进一步纯洁了党的组织和干部队伍。通过这场斗争，我市的各级党组织和广大干部群众经受了锻炼和考验，更坚定了按照“三个代表”的要求，把沈阳的改革开放和现代化建设全面推向前进的信心和决心。

江泽民同志关于“三个代表”的重要思想，是在世纪之交国内外形势发生重大变化，我们党面临种种机遇和挑战的情况下，科学地观察当今世界和中国的发展趋势，从历史的发展规律和时代进步的高度对党的先进性作出的新概括，指明了新时期全面加强党的建设的奋斗目标、衡量标准和基本途径，从根本上回答了建设一个什么样的党、怎样建设党的问题。这是我们党的立党之本、执政之基、力量之源。我们必须按照“三个代表”的要求，紧密结合沈阳实际，尤其是联系慕绥新、马向东等严重腐败案件，认真总结和吸取党的建设工作的经验教训，进一步增强在新世纪全面加强党的建设的自觉性。

按照“三个代表”的要求，回顾总结党的建设工作的经验教训，最重要的一条就是要坚定不移地全面贯彻党的基本路线。党的基本路线是建设有中国特色社会主义的总纲。坚持党的基本路线不动摇，就是坚持以经济建设为中心不动摇，坚持改革开放和四项基本原则不动摇。我们进行现代化建设，要有正确的政治方向和坚强的政治保障。四项基本原则就是管政治方向、起政治保障作用的。我们必须始终坚持以马列主义、毛泽东思想、邓小平理论为指导，绝不能在指导思想上搞多元化；必须始终坚持走有中国特色的社会主义道路，绝不能搞私有化，走资本主义道路；必须始终坚持和加强人民民主专政，绝不能削弱人民民主专政；必须始终坚持和加强党的领导，绝不能动摇和削弱党的领导。如果动摇了四项基本原则，就会在政治方向、政治保障上出问题，我们的现代化建设就会出现曲折。这是20多年来我们党最宝贵的历史经验。一个时期以来，我们对坚持以经济建设为中心、坚持改革开放，讲得比较多，抓得也比较实，这固然是正确的，但对坚持四项基本原则，讲得不够，抓得也不力，对党内和社会上的错误思潮缺乏警觉和斗争，致使少数党员干部放松了党性锻炼，世界观、人生观和价值观发生蜕变。慕绥新、马向东等严重腐败案件的发生充分说明了这一点。这就警示我们在任何时候任何情况下，都必须全面贯彻执行党的基本路线，坚持不懈地对党员干部特别是领导干部进行党的基本路线教育，始终把“一个中心、两个基本点”统一于我们整个事业和各项工作实践之中，确保我市改革开放和现代化建设健康发展。

按照“三个代表”的要求，回顾总结党的建设工作的经验教训，就是要牢记党的宗旨，始终代表最广大人民群众的根本利益。全心全意为人民服务历来是我们党的根本宗旨。代表最广大人民群众的根本利益，不断提高人民群众的生活水平，是我们党一切工作的根本出发点和归宿。在任何时候任何情况下，我们与人民群众同呼吸共命运的立场不能变，全心全意为人民服务的宗旨不能忘，坚信群众是真正英雄的历史唯物主义观点不能丢。牢记党的宗旨，实现好、发展好、维护好人民群众的根本利益，这是对每一个共产党员，特别是党员领导干部的根本要求。江泽民同志多次提出，每一个领导干部都应当好好想一想，参加革命是为什么?现在当干部应该做什么?将来身后应该留点什么？我们每个领导干部对这些问题都应该经常想、反复想、深入想，并作出正确的回答。慕绥新、马向东等人的腐化堕落，根本原因在于他们放松了世界观的改造，背离了自己的诺言，背离了党的宗旨，把个人利益置于人民群众利益之上，利用人民群众赋予的权力为个人谋取私利，最终必然被人民群众所唾弃。同时，也反映出我们对党员干部特别是领导干部进行党的宗旨教育不够。因此，我们必须切实加强经常性的党的宗旨教育，使广大党员干部不断增强群众观念，正确行使人民群众赋予的权力，怀着对人民群众的真诚感情，把人民群众的安危冷暖放在心上，关心群众疾苦，努力为群众办实事、办好事。只有把关心群众、服务群众的工作切实做好了，我们才能始终保持与人民群众的血肉联系，才能无往而不胜。

按照“三个代表”的要求，回顾总结党的建设工作的经验教训，就是要坚持党要管党、从严治党。我们党担负着领导全国各族人民加快推进社会主义现代化建设，实现中华民族伟大复兴的历史使命。完成这一伟大使命，关键在于搞好党的建设，不断提高执政能力和领导水平，不断提高拒腐防变和抵御风险的能力。几十年的实践充分证明，治国必先治党，治党必须从严。党执政的时间越长，越要抓紧自身建设，越要从严要求党员和干部。只有把从严治党全面贯彻于党的思想、政治、组织和作风建设，切实体现到对各级党组织、广大党员和干部进行教育、管理、监督的各个环节中去，才能使我们党永葆生机和活力。慕绥新、马向东等严重腐败案件的发生，说明我们在坚持党要管党、从严治党方面存在许多薄弱环节。民主集中制原则贯彻执行得不力，党内正常生活遭到破坏，集体领导的权威被严重削弱；对领导干部管理监督不到位，特别是对党政一把手和重要部门、重要岗位的领导干部缺乏有效制约，使一些腐败分子有了可乘之机。我们必须牢记这一深刻教训，认真贯彻党要管党的原则和从严治党的方针，坚持对党员特别是领导干部严格要求、严格教育、严格管理、严格监督，努力保持党员和干部队伍的先进性和纯洁性，不断增强党组织的创造力、凝聚力和战斗力。

按照“三个代表”的要求，回顾总结党的建设工作的经验教训，就是要坚持“两手抓，两手都要硬”的方针，深入开展反腐败斗争。党风廉政建设和反腐败斗争，是关系党和国家生死存亡的重大问题，也是我们在改革开放和现代化建设整个进程中面临的一项长期而艰巨的任务。江泽民同志深刻指出，反腐败斗争“是关系党心民心，关系党和国家前途命运的严重政治斗争”，“开展反腐败斗争，说到底是要在新形势下巩固和加强同人民群众的联系，巩固我们党的执政地位，使我们党更好地担负起领导改革开放和社会主义现代化建设的历史重任。”越是改革开放，越是发展市场经济，越要坚持加强党风廉政建设，深入开展反腐败斗争。慕绥新、马向东等腐败分子之所以在较长一段时间内，没有被揭露和惩治，其重要原因就是我们对改革开放新形势下腐败问题的严重性和危害性认识不足，对违纪违法案件的查处工作失之于软、失之于宽，预防和治理腐败的制度和措施不够完善，党风廉政建设责任制没有完全落实。因此，我们必须高度重视党风廉政建设，坚持“两手抓，两手都要硬”的方针，旗帜鲜明地同各种腐败现象进行坚决斗争，尤其要认真研究新形势下腐败现象产生的规律，不断加大治本的工作力度，努力从源头上铲除滋生腐败的土壤和条件。

三、世纪之初面临的形势和奋斗目标

从新世纪开始，我们已进入全面建设小康社会，加快推进社会主义现代化建设新的发展阶段。今后五到十五年，是沈阳承前启后、继往开来的重要时期，是我市经济和社会大发展的重要时期。我们必须正确把握国际国内发展的大趋势，全面认识市情，明确奋斗目标，继续推进改革开放和现代化建设，为实现第三步战略目标，实现中华民族的伟大复兴作出新的贡献。

新世纪之初，我们面临着全新的形势。国际上以信息化和高新技术为标志的新经济迅猛发展，经济全球化趋势增强，世界范围内经济结构的调整步伐加快，知识越来越成为经济发展的决定性因素，经济与文化的结合、与生态的统一正在成为世界性潮流。美、日经济出现增速放缓的趋势，将对世界经济产生重要影响。我国加入世界贸易组织，将显著加快经济市场化、国内经济国际化和产业结构高级化的进程，西部大开发战略的实施也将使全国经济布局发生新的变化，特别是随着“十五”计划的全面启动，国内各地区都在加快发展步伐，我国经济和社会发展正进入一个新的增长期。所有这些，既为我们提供了难得的历史机遇，也向我们提出了严峻挑战。

在新的形势面前，要抓住机遇，迎接挑战，把握加快发展的主动权，就必须重新审视和深刻认识沈阳的市情。我们必须看到，沈阳作为老工业基地长期积累的体制性、机制性和结构性矛盾尚未根本解决，特别是经济增长速度不快，运行质量不高，在前一轮竞争中已经处于落后状态，“九五”期间，我市国内生产总值和财政收入等主要指标在全国的位次一再后移，与先进城市和地区的差距进一步拉大。加上慕绥新、马向东等严重腐败案件造成的危害，使我们在新一轮竞争中面临的任务更加繁重。同时，我们也要看到，沈阳作为老工业基地特别是区域性中心城市，具有得天独厚的区位优势和中心市场优势，有利于充分利用区域经济资源，拓展我市的经济发展空间；具有先进的技术装备优势，有利于推进产业技术升级，加快建设先进装备制造基地；具有雄厚的科技和人才优势，有利于促进科技成果向现实生产力转化，推动高新技术产业快速发展。这是我们在新世纪继续前进、加快发展的良好条件和坚实基础。我们既不能无视面临的困难和问题而盲目乐观，更不能忽视自身的优势和潜力而丧失信心，必须从时代的要求和沈阳的市情出发，开拓创新，奋发图强，努力在新世纪之初实现跨越式发展。

审时度势，放眼未来，我们肩负着十分艰巨而光荣的历史使命。全市上下要继续高举邓小平理论伟大旗帜，深入贯彻江泽民同志“三个代表”的重要思想，坚持党的基本路线，解放思想，振奋精神，以发展为主题、结构调整为主线、改革开放和科技进步为动力、提高人民生活水平为根本出发点，实施开放牵动、科教兴市、中心城市功能拓展和可持续发展战略，进一步加强精神文明建设和民主法制建设，全面推进党的建设新的伟大工程，努力把沈阳建成区域性的商贸、金融、信息中心和先进装备制造、高新技术产业化、农业产业化基地。力争用15年左右的时间，把沈阳建设成为综合实力雄厚、经济体制完善、城市功能完备、生态环境良好、社会民主文明、人民生活富庶的现代化区域性中心城市，基本实现现代化的宏伟目标。

按照这一总体要求，今后五年我市

经济和社会发展的奋斗目标是：第一，国民经济保持持续快速健康发展，国内生产总值、财政收入和城乡居民收入年均增长10%以上；第二，经济结构的战略性调整取得重大进展，农业基础地位更加稳固，高新技术产业占全市工业的比重和现代服务业占整个服务业的比重明显提高，国有经济布局和所有制结构更加合理；第三，社会主义市场经济体制进一步完善，国有大中型企业建立起比较完善的现代企业制度，社会保障体系更加健全，基本养老保险和失业保险覆盖面达到100%，基本医疗保险覆盖面达到80%，政府职能转变基本到位；第四，与现代化区域性中心城市相适应的基础设施框架初步形成，城乡生态环境明显改善，中心城市的辐射力和综合服务功能显著增强；第五，精神文明建设和民主法制建设取得长足进步，科技和教育持续快速发展，科技进步对经济增长的贡献率进一步提高，素质教育整体水平达到较高程度；第六，城乡居民衣食住行条件有较大改善，物质文化生活水平和质量显著提高。

以上奋斗目标是沈阳实现跨越式发展的重要标志，是全市720万人民的共同心愿。胜利实现这个目标，沈阳基本实现现代化就有了坚实的基础。全市上下和各行各业，都要把实现今后五年的奋斗目标作为世纪之初的总任务，以强烈的政治责任感和时代紧迫感，全面完成时代赋予我们的神圣使命。尽管目前我们还面临着许多困难，今后前进的道路上还会遇到各种各样的问题，但我们有党中央和省委的正确领导，有广大党员、干部和各族人民的聪明才智，有几代沈阳人积累的雄厚基础，有新经济时代带来的历史性机遇，只要全市人民团结一心，开拓进取，扎实工作，我们的目标就一定能够胜利实现！

四、今后五年改革开放和现代化建设的主要任务

实现我市今后五年的奋斗目标，关键在于加快发展。我们要按照大发展、快发展的要求，继续深化改革，扩大开放，加快经济结构调整和产业技术升级，加强精神文明和民主法制建设，促进经济和社会协调发展。

（一）调整和优化经济结构，保持国民经济持续快速健康发展

农业、农村和农民问题始终是关系改革开放和现代化建设全局的重大问题。要以实现农业现代化为目标，进一步搞好农业和农村经济结构的战略性调整。在稳定粮食综合生产能力的基础上，积极发展优质高产高效种植业和畜牧养殖业，不断提高农业产出效益和农民收入水平。大力推进农业产业化经营和农产品标准化生产，努力提高农产品综合商品率。加快发展粮食、蔬菜等六大主导产业，完善社会化服务体系，不断壮大龙头企业，培育名牌产品，增强牵动作用。切实抓好农业现代化示范区建设，发展节水农业、生态农业，建设绿色食品生产基地。围绕农业产业化，积极推进乡镇企业的改革、调整和发展。继续深化农村改革，稳定和完善以家庭承包经营为基础、统分结合的双层经营体制，健全土地流转机制，适时实行农村税费改革，减轻农民负担，化解村级债务风险，增强农村区、县(市)财政和集体　济实力。切实增加农业投入，不断改善农业生产条件，加快康平、法库和柳绕地区及东部山区的扶贫开发。按照“整体推进、重点突破、依托产业、形成特色”的原则，进一步加快小城镇建设，不断提高农村的城镇化水平。

坚持以信息化带动工业化，加快高新技术产业化和用高新技术、先进适用技术改造传统产业的步伐，推动工业优化升级。积极推进先进装备制造基地建设，抓好先进技术的引进、消化和吸收，加快共性技术和成套技术的开发，努力提升产品档次、技术水平和配套能力。依托重大项目和优势企业，壮大汽车、机械装备、电子信息和医药化工等支柱产业，积极培育拥有自主知识产权的名牌产品，使汽车产业成为我市具有较强竞争力的优势产业，机械装备、电子信息和医药化工产业的综合实力位居全国前列。完善高新技术产业发展政策，强化信息、自动化、生物制药、新材料、节能与环保等高新技术产业，到“十五”末期，使高新技术产业产值突破1000亿元，成为支撑沈阳经济发展的新的增长点。积极培育环保装备和新型燃气动力机械等一批新兴产业，逐步淘汰一批消耗高、效益低、技术落后和污染严重的行业，加快构建以科技进步为基础的具有比较优势的工业体系。

加快发展服务业特别是现代服务业。按照建设区域性商贸中心、金融中心和信息中心的要求，大力发展金融、信息、商务、法律、会计和资信评估等现代服务业，支持有条件的城区搞好中央商务区建设，提升中心城市综合服务功能。以建设数字化城市为目标，大力加强沈阳信息港建设，提高国民经济和社会信息化水平。积极发展物流配送、电子商务和网上购物等新兴业态，提升传统商贸业的现代化水平。加快发展面向居民消费的服务业、房地产业和旅游产业。

（二）加快改革开放步伐，为经济和社会发展提供强大动力

深化改革、扩大开放是振兴沈阳的必由之路。要以建立完善的社会主义市场经济体制为目标，积极推进各项改革。按照“有进有退，有所为有所不为”的方针，调整国有经济布局，引导和鼓励私人资本进入国有企业和新的生产领域，大力发展民营经济和混合所有制经济，进一步优化所有制结构。要继续深化国有企业改革，鼓励国有大中型企业通过规范上市、合资合作和相互参股等多种形式，推进投资主体多元化，完善法人治理结构，加强企业的科学管理，建立完善的现代企业制度。继续抓大放小，择优扶强，形成一批拥有自主知识产权、主业突出、核心能力强的大公司和企业集团，进一步放开搞活中小企业。切实搞好市场体系建设，加快要素市场建设，优化商品市场布局，整顿和规范市场经济秩序，充分发挥市场在资源配置中的基础作用。全面推进社会养老、失业、医疗保险制度改革，完善城市居民最低生活保障线制度，加快建立健全独立于企事业单位之外的社会保障体系，不断提高全社会的保障能力。按照“两级政府、三级管理”的要求，继续下放管理权限，充分发挥区、县(市)在改革发展稳定中的重要作用。进一步转变政府职能，加快政企、政事分开，健全国有资产管理体系，积极稳妥地推进机构改革，建立起办事高效、运转协调、职责分明、公正廉洁、行为规范的行政管理体系，为经济和社会发展创造良好环境。

要适应我国加入世界贸易组织的新形势，进一步加快与国际经济接轨的步伐。继续优化利用外资结构，引导外资重点投向现代农业、优势产业、高新技术产业和现代服务业，推进国有大中型企业同世界知名跨国公司的合资合作，特别是要在引进人才、技术和管理上下功夫。实行鼓励扩大出口的政策，充分调动各种所有制企业出口创汇的积极性，搞好出口商品结构调整，提高高新技术产品出口的比重，大力发展服务贸易。鼓励有条件的企业“走出去”，利用国际市场优化资源配置。在加快对外开放的同时，要进一步扩大对内开放，加强同辽宁中部城市群的合作，增强区域经济的整体竞争力。要抓住西部大开发这一历史性机遇，充分发挥沈阳装备制造业和中心城市的优势，积极参与和推进西部大开发，力求在参与中不断壮大自身的经济实力。

（三）实施科教兴市战略，大力发展科技和教育事业

推进经济的持续快速发展和社会的全面进步，关键在科技，核心在人才，根本在教育。必须把科技和教育事业摆在优先发展的战略地位，努力提高国民经济和全民素质。

大力推进科技进步，全面提高综合科技能力和水平。重点围绕制约我市经济发展的关键性技术、共性技术和前瞻性技术，开展应用研究和创新研究，及时

提供技术支撑和技术储备。继续深化科技体制改革，优化科技资源配置，推进产、学、研结合，鼓励和支持科研机构进入企业，促进应用型科研机构转为科技型企业或科技中介服务组织，努力办好大学科技产业园，大力发展民营科技企业。加强以企业为主体、重点企业技术中心为龙头、大专院校和科研院所为依托、科技型企业为骨干的技术创新体系建设，着力解决好技术开发机制、费用和人才问题，不断增强技术创新能力。建立健全风险投资机制，完善创业孵化体系，加快科技成果向现实生产力转化。

人才是沈阳现代化建设的第一资源。要把培养、吸引和用好人才作为一项重大的战略任务，摆在更加突出的位置认真抓好。充分用好现有人才资源，切实做好人才的培养和引进工作，调整和优化人才结构，加快构建人才高地。要优化创业环境，完善人才政策，努力在全社会形成尊重知识、尊重人才、鼓励创业的浓厚氛围。高度重视并充分发挥在沈高等院校和科研院所的科技及人才优势，积极吸引国内外高级人才来沈讲学、承担课题、参与开发、领办和创办高新技术企业，最大限度地调动一切人才智力为沈阳的发展服务。

继续按照适度超前和重在质量的要求，大力发展教育事业。坚持面向现代化、面向世界、面向未来，着力推进素质教育，促进学生的全面发展。进一步巩固"普九"成果，基本普及高中阶段教育。推进教育资源优化重组，提升沈阳大学的办学规模和水平，加快建设沈阳职业技术学院，鼓励和支持在沈高校创建全国一流大学。积极办好各级各类职业教育，大力发展远程教育和网络教育，完善继续教育制度，逐步形成终身教育体系和终身学习风气。加大教育投人，提高教师队伍素质，推进教育现代化建设，努力把沈阳建设成为教育强市。

(四)把握先进文化的前进方向，建设具有沈阳特色的现代都市文化

社会主义社会是全面发展、全面进步的社会。必须在大力推进物质文明建设的同时，积极推进社会主义精神文明建设。我们要牢牢把握中国先进文化的发展趋势和要求，以提高市民文明素质和城市文明程度为目标，努力建设具有鲜明时代特征、民族风格和沈阳特色的现代都市文化。

加强思想道德建设，是发展先进文化的重要内容。要认真贯彻江泽民同志"以德治国"的重要思想，坚持以科学的理论武装人，以正确的舆论引导人，以高尚的精神塑造人，以优秀的作品鼓舞人。坚持和巩固马克思主义的指导地位，深入开展爱国主义、集体主义、社会主义教育，加强社会公德、职业道德和家庭美德建设，引导人们牢固树立正确的世界观、人生观、价值观，坚定对马克思主义的信仰，坚定对社会主义的信念，增强对改革开放和现代化建设的信心，增强对党和政府的信任。加强和改进思想政治工作，努力在内容、形式、方法、手段和机制上进行创新，使思想政治工作与时俱进，不断增强时代感和针对性。要增强阵地意识，切实加强管理，做到守土有责。充分发挥各类先进典型的示范作用，不断提高市民的文明素质，培育和养成诚实守信的传统美德、崇尚科学的时代风尚、开拓进取的创新意识、和睦友爱的人际关系、遵纪守法的行为素养、文明健康的生活方式和热爱家乡的思想情感，努力塑造21世纪沈阳人的新形象。

发挥历史文化名城的特色和地域文化的优势，构建沈阳文化新格局。加强对历史文化的深度研究和广泛宣传，充分挖掘、保护和利用沈阳文化资源。坚持文艺的"二为"方向和"双百"方针，弘扬主旋律，提倡多样化，大力实施文艺精品战略，造就有影响的名家名品，推动沈阳文化艺术走向全国和世界。进一步加强社会科学研究，积极发展新闻出版、广播电视和文博图书等文化事业，加快兴建沈阳音乐厅、博物馆和美术馆等标志性文化设施，积极办好展示沈阳现代文明形象的重大文化节庆活动，不断丰富和提升城市的文化内涵和文化品位。活跃群众文化活动，发展各具特色的企业文化、校园文化、社区文化、村镇文化和家庭文化，增强市民的文化意识和文化素质。深化文化体制改革，落实文化经济政策，加大文化事业投人，积极开发文化产业。坚持一手抓繁荣，一手抓管理，促进文化市场的健康发展。

扎实推进群众性精神文明创建活动。坚持以"讲文明、树新风"为主题，广泛深入开展创建文明社区、文明村镇、文明行业和文明家庭活动。面对新的形势和新的任务，特别要注意实践和弘扬"团结、实干、求知、创新"的沈阳精神，引导全市人民以更加昂扬的精神风貌投身于现代化建设的伟大实践，开创沈阳美好的未来。

(五)发扬社会主义民主，建设社会主义法治城市

高度的民主和健全的法制，是社会进步的重要标志。要继续贯彻依法治市的方针，加强社会主义民主法制建设，努力营造良好的社会政治环境。

加强民主政治建设。坚持和完善人民代表大会制度、共产党领导的多党合作和政治协商制度，充分发挥人大、政协的职能和作用。加强同各民主党派、工商联和无党派爱国人士的合作，做好民族、宗教、侨务和对台工作，巩固和发展最广泛的爱国统一战线。继续深化政务、司法、厂务和村务公开，完善村民自治，加强社区建设，坚持和完善以职工代表大会为基本形式的企业民主管理制度。

全面加强法制建设。搞好地方立法，提高立法质量。推进政府工作法制化，从严治政，依法行政。深化司法制度改革，加强执法和司法监督，促进严格执法和公正司法。深入开展普法宣传教育，增强全市人民特别是各级领导干部的法制观念。

坚持"稳定压倒一切"的思想，进一步做好社会稳定工作。全面落实维护稳定工作的领导责任制和责任追究制，认真做好信访工作，妥善处理新时期人民内部矛盾。坚持不懈地开展"严打"整治斗争，强化社会治安综合治理，扫除黄赌毒等社会丑恶现象，深入开展同"法轮功"等邪教组织的斗争，确保改革开放和现代化建设的顺利进行。

(六)加快城乡建设，努力提高人民生活水平和质量

完善的城乡基础设施和良好的生态环境，是不断拓展和提升城市功能的基本条件。要按照国务院批准的《沈阳市城市总体规划》，进一步调整城市布局。着力推进浑南新区的开发建设，力争用10年左右的时间将浑南新区建设成为集高新技术产业、教育科研、生活居住、观光旅游于一体的现代化新城区。继续完善城乡基础设施，加快城市交通通讯网、供水排水网、能源供给网、信息传输网和大型公用设施建设。搞好城市环境综合整治，加强生态建设和环境保护，加快实施绿化工程，增强城市绿化的功能性、观赏性和北方特色。坚持城市建设和城市管理并重的方针，充分调动全市各个方面参与城市管理的积极性，全面提高城市的现代化管理水平。

不断提高人民的生活水平，是社会主义的本质要求和发展经济的根本目的。必须坚持贯彻党的富民政策，在发展经济的基础上，不断增加城乡居民的收入。要按照效率优先、兼顾公平的原则，深化分配制度改革，规范社会分配秩序，稳步提高机关、企事业单位职工工资收入，拓宽农民增收渠道，力争实现城乡居民收入翻一番的目标。要千方百计做好就业和再就业工作，重视发展劳动密集型产业，特别是就业容量大的社区服务、商贸流通、旅游餐饮等第三产业，努力提供更多的就业岗位。切实做好城市住宅的供暖、供水、供气、供电工作，完善城市公共交通体系，进一步改善市民居住和出行条件。要特别关心城市特困职工和农村贫困人口的生活，不仅要使他们的基本生活得到保障，而且要帮助他们尽快走上脱贫致富之路。继续做好计划生育工作，保持低生育水平，提高人口素质，实现人口、资源、环境和经济、社会的

可持续发展。

五、大力加强和改进党的建设

实现沈阳社会主义现代化的宏伟目标,关键在于加强和改进党的建设。要以江泽民同志"三个代表"的重要思想为指导,坚持从新的实际出发,以改革的精神研究和解决党的建设面临的重大理论和现实问题,全面推进党的建设新的伟大工程,使各级党组织始终保持先进性和纯洁性,成为富有创造力、凝聚力和战斗力的坚强核心;使党员领导干部不断加强党性修养、开阔世界眼光、增强战略思维、提高理论素养,成为讲政治、懂全局、善于治党治政的领导人才;使广大党员充分发挥先锋模范作用,成为实践"三个代表"的坚定的共产党人。

(一)坚持用邓小平理论和江泽民同志"三个代表"重要思想武装党员干部

加强和改进党的建设,必须始终把思想建设放在首位。要认真组织广大党员干部深入学习马列主义、毛泽东思想、邓小平理论和江泽民同志的一系列重要论述,特别要深入学习江泽民同志在庆祝建党80周年大会上的重要讲话。《讲话》以马列主义、毛泽东思想、邓小平理论为指导,贯彻党的解放思想、实事求是的思想路线,系统总结了我们党80年的奋斗业绩和基本经验,全面阐述了"三个代表"重要思想的科学内涵,深刻回答了新的历史条件下加强和改进党的建设需要解决的重大理论和实践问题,进一步阐明了党在新世纪的历史任务和奋斗目标,开辟了马克思主义建党学说的新境界,是一篇马克思主义的纲领性文献,对于我们适应新形势新任务的要求,进一步加强和改进党的建设,加快改革开放和现代化进程,具有重大而深远的指导意义。各级党组织要把学习贯彻《讲话》精神作为一项长期的政治任务认真抓好。学习要突出重点,着重领会党的基本经验、"三个代表"重要思想的科学内涵、加强和改进新时期党的建设的任务与要求、党在新世纪的历史任务和奋斗目标等重大问题,把握理论上的新发展、新突破和新创造。通过学习,尽快把全体共产党员尤其是党员领导干部的思想和行动统一到《讲话》精神上来,推动广大党员干部进一步增强贯彻执行党的基本理论、基本路线、基本纲领的自觉性和坚定性,提高贯彻"三个代表"重要思想的自觉性和坚定性。

加强党的思想建设,要抓住坚定理想信念这一核心内容,开展经常性的党性党风党纪教育,引导各级领导干部不断加强党性锻炼,增强党的观念、纪律观念、法制观念和群众观念,牢固树立正确的世界观、人生观和价值观,自觉抵制拜金主义、享乐主义和极端个人主义的影响和侵蚀,从思想上筑牢拒腐防变的堤防。要适应新的形势,引导各级领导干部努力学习和掌握反映当代世界发展趋势的各种新知识、新技术和新经验,提高驾驭市场经济和处理复杂问题的能力,把握领导现代化建设的主动权。继续坚持和完善领导干部理论学习制度,充分发挥各级党校理论教育的主渠道作用,努力提高学习教育的针对性和实效性。

(二)进一步加强各级领导班子和干部队伍建设

加强和改进党的建设,核心问题是把各级领导班子建设好。要坚持以思想政治建设为重点,努力把各级领导班子建设成为坚决贯彻党的基本理论、基本路线和基本纲领,全心全意为人民服务,具有领导现代化建设能力的坚强领导集体。认真坚持民主集中制原则,严格执行党委集体领导下的个人分工负责制,任何个人都不能凌驾于集体之上。领导班子成员要坚持党性原则,严守政治纪律,带头执行党的决议和决定,自觉维护党的集中统一和集体领导的权威。要建立健全科学的领导体制和工作机制,完善议事规则,规范决策程序,建立决策失误追究制度,促进决策的科学化、民主化。要充分发扬党内民主,严格党的组织生活,认真开展批评与自我批评,努力增强领导班子解决自身问题的能力。培养和选拔优秀年轻干部,是一项带有根本性和全局性的战略任务。要支持、鼓励和安排年轻干部到艰苦环境中去,到重大斗争的第一线去经受锻炼和考验,并及时把那些思想政治素质好、科学文化水平高、组织领导能力强、政绩突出、群众公认的优秀年轻干部选拔到重要领导岗位,优化领导班子结构,不断增强领导班子的生机与活力。切实做好老干部工作,在政治上、生活上关心和照顾他们,充分发挥他们的作用。

建设一支高素质的、能够担当重任、经得起风浪考验的干部队伍,必须切实加强对党员干部特别是党员领导干部的管理和监督工作。要坚持党管干部的原则,全面贯彻干部队伍"四化"方针和德才兼备标准,深化干部制度改革,改进干部管理方法,严把推荐、考核和任用关,努力推进干部工作的科学化、民主化、制度化。扩大干部工作中的民主,落实群众对干部选拔任用的知情权、参与权、选择权和监督权,完善民主推荐、民意测验、民主评议制度。逐步推行党委任免干部票决制,积极推进公开选拔、竞争上岗和任前公示工作。建立领导干部任期制,加大干部交流和轮岗的力度,健全干部选拔任用工作责任制和用人失察失误追究制度,坚决防止和纠正选人用人上的不正之风。各级领导干部手中的权力都是人民赋予的,必须接受人民和法律的监督。要完善依法行使权力的制约机制和监督机制,坚持对领导干部进行任期经济责任审计和年度考察,严格执行领导干部收入申报和个人重大事项报告制度,坚持和完善对领导干部的谈话和诫勉制度。积极探索对领导干部"八小时之外"监督的有效办法,了解掌握干部"生活圈"、"社交圈"的情况,发现问题及时教育和纠正,努力把不良倾向消除在萌芽状态。在加强党内监督的同时,进一步拓宽监督渠道,充分发挥人大、政协、司法、舆论和群众监督的作用。

(三)全面推进党的基层组织建设

党的基层组织是党的全部工作和战斗力的基础。要坚持整体推进和分类指导相结合的方针,积极探索,大胆实践,努力把基层党组织建设成为能够带领广大干部群众开拓前进的坚强战斗堡垒。农村基层党组织要以党群共同致富为统领,以提高党员干部素质为重点,深入开展"三个代表"学习教育活动,扎实推进争创农村党建工作先进县(区)、"六个好"乡镇党委和"五个好"村党支部工作。国有企业党组织要坚持全心全意依靠工人阶级的方针,适应建立现代企业制度的要求,不断改进活动方式和工作内容,积极参与重大问题决策,充分发挥政治核心作用,为企业改革和发展提供坚强的政治保证。社区党组织要围绕搞好社区自治、完善社区功能、强化社区服务,开展社区共驻共建活动,充分发挥领导核心作用。要进一步抓好各类新经济组织和社会组织中的党组织建设,积极探索党组织发挥作用的有效途径,并认真做好以党建带动群团组织建设的工作。所有党的基层组织,都要切实抓好党员队伍建设,广泛开展党员先进性教育活动,引导党员牢固树立共产主义理想信念,不断增强宗旨意识和组织纪律观念,充分发挥先锋模范作用,脚踏实地地为实现党在现阶段的基本纲领而不懈奋斗。重视加强对流动党员、离退休和下岗职工党员的管理,使每个党员始终置身于党组织的管理、监督之中。要认真做好在工人、农民、知识分子和干部中发展党员的工作,同时也要把承认党的纲领和章程、自觉为党的路线和纲领而奋斗、经过长期考验、符合党员条件的社会其他方面的优秀分子吸收到党内来,不断增强党的阶级基础,扩大党的群众基础,提高党的社会影响力。

(四)深入持久地开展反腐败斗争

加强党风廉政建设和深入开展反腐败斗争,是新形势下加强和改进党的建设的一项十分重要而紧迫的任务,必须常抓不懈,务求实效。当前,要继续配合中央纪委和省纪委查办慕绥新、马向东等严重腐败案件,严惩腐败分子。同时,要注意把握政策界限,积极做好大多数违纪人员的教育工作,使他们认真记取教训，振奋精神，积极工作。要充分认识反腐败斗争的长期性、艰巨性和复杂性，完善反腐败的领导体制和工作机制，切实加强领导，加大工作力度，努力抓好反腐败各项任务的落实。继续做好领导干部廉洁自律工作，进一步规范党员领导干部的从政行为；坚决查处各种违纪违法案件，对任何腐败行为和腐败分子，都要一查到底，决不姑息迁就；深入开展专项治理和纠正部门、行业不正之风工作，切实解决群众反映的突出问题。坚持标本兼治、综合治理的方针，积极推进行政审批制度改革、财政制度改革和干部人事制度改革，强化对重要干部选任、大额资金使用、工程项目招标和土地批租的监督，进一步加强制度建设，建立和完善权力运行的监督制约机制，铲除滋生腐败现象的土壤。严格执行党风廉政建设责任制，党政主要领导要切实承担起第一责任人的责任。从市委一班人做起，各级领导干部都要严格执行《廉政准则》和廉洁自律的各项规定，时刻警省自身，严谨自重，始终保持清正廉洁，一身正气，经得起改革开放和执政的考验，经得起权力、金钱、美色的考验，并切实抓好分管地区、部门和单位的党风廉政建设，教育管理好自己的配偶、子女和身边工作人员，带头同各种腐败现象作坚决斗争。我们一定要以党风廉政建设和反腐败斗争的实际成果取信于全市人民。

（五）切实转变领导作风和工作作风

党的作风，关系党的形象，关系人心向背，关系党的生命。要全面加强党的思想作风、学风、工作作风、领导作风和干部生活作风建设，特别要注意克服不思进取、无所作为的思想状况，克服种种严重脱离群众的现象，坚决反对形式主义和官僚主义的歪风。各级领导干部要大力发扬党的理论联系实际、密切联系群众、批评与自我批评的优良作风，牢固树立"立党为公、执政为民"的思想，想群众之所想，急群众之所急，忠诚地为群众谋利益。要坚持深入群众、深入基层、深入实际，特别要深入到那些困难大、矛盾多的地方进行调查研究，切实解决改革发展稳定中的突出矛盾和关系群众切身利益的热点、难点问题。建立健全领导干部工作联系点、扶贫联系点和群众来访接待日等制度，拓宽同基层群众直接联系的渠道。要大力提倡说实话、办实事、鼓实劲、求实效，进一步强化责任约束和务实导向。对那些勇于开拓进取、真抓实干、迅速打开工作局面的干部要给予表彰、委以重任；对那些只说空话、不干实事，甚至弄虚作假、骗取荣誉的干部要及时进行批评教育和严肃处理；对因严重形式主义和官僚主义造成重大损失和恶劣影响的要依纪、依法追究责任，努力造就一支作风扎实、人民信赖、干事、干净、干练的高素质干部队伍。

加强和改进党的建设，要善于团结一切可以团结的力量，调动一切可以调动的积极因素。我们要在全社会大力弘扬江泽民同志高度概括和倡导的为实现社会主义现代化而不懈奋斗的"五种精神"，即解放思想、实事求是的精神，紧跟时代、勇于创新的精神，知难而进、一往无前的精神，艰苦奋斗、务求实效的精神，淡泊名利、无私奉献的精神。引导全市干部群众树立干大事业、求大发展的雄心壮志，动员社会各方面力量，以一往无前的气魄和勇气，以拼搏向上、争创一流的精神风貌，为实现我们在新世纪的发展目标而奋斗。各级党委要充分发挥总揽全局、协调各方的领导核心作用，进一步加强和改善党对人大、政府和政协工作的领导，支持他们充分发挥各自的职能作用。进一步发挥各民主党派、工商联和无党派爱国人士的民主监督和参政议政作用。充分发挥工、青、妇等群众团体联系广大人民群众的桥梁和纽带作用。加强党对武装工作的领导，推进国防后备力量建设，努力在全市范围内形成共同推进现代化建设的强大合力。

同志们！进入新的世纪，建设新沈阳的重任历史地落在我们的肩上。宏伟的目标鼓舞着我们，艰巨的任务鞭策着我们，崇高的使命激励着我们。尽管前进道路上会遇到各种艰难险阻，但都无法阻挡沈阳人民向社会主义现代化迈进的坚定步伐。让我们更加紧密地团结在以江泽民同志为核心的党中央周围，高举邓小平理论伟大旗帜，团结和带领全市人民，解放思想，振奋精神，同心同德，开拓进取，为实现沈阳社会主义现代化宏伟目标而努力奋斗！

坚持从严治党加大反腐败工作力度为保证实现市第十次党代会提出的宏伟目标而奋斗

——王启文同志代表市纪委在中国共产党沈阳市第十次代表大会上所作的工作报告

（2001年7月28日）

一、六年来的主要工作成效

六年来，市纪委在市委和省纪委的领导下，按照党中央关于反腐败的一系列决策和部署，组织全市各级党组织和纪检监察机关，会同有关执纪执法机关和政府部门，围绕中心，突出重点，结合实际，狠抓落实，推动我市党风廉政建设和反腐败斗争不断取得新的进展。主要抓了以下工作：

——领导干部廉洁自律工作

按照中央关于领导干部廉洁自律方面的要求和制止奢侈浪费的"八条规定"，全市采取自查自纠和专项清理相结合的办法，集中解决发生在领导干部中的某些不良风气问题，先后抓了清车、清房、清理通讯工具等16个方面的专项治理，共清理出领导干部乘坐的超标准小汽车273台，党政机关干部违规自用小汽车206台，已全部做了更换和清退；清理出处级以上领导干部住房超标准的1528人，超面积27017平方米，收缴超面积款4520万元；清理和处理违规移动电话6716部。此外，结合我市实际，针对群众反映强烈的公款吃喝玩乐问题，采取了制定"禁酒令"、实行招待费单独列支、加强对餐饮业票据管理等措施，使工作时间饮酒和非公务活动相互吃请问题得到一定控制；针对近年来连续发生的领导干部私自出国（境）问题，通过清理"两证两照"，对因公、因私护照和赴港澳通行证分别实行集中保管和代为保管制度，加强了对领导干部出国（境）的管理；针对"三讲"教育中群众反映较大的领导干部参与打麻将赌博问题，制定下发了《关于禁止共产党员和国家工作人员以打麻将等各种形式参加赌博的规定》，对顶风违纪的人员进行查处，对违纪典型公开通报，使工作时间打麻将和参与赌博的现象明显减少。

——查办违纪违法案件工作

全市各级纪委始终把案件检查工作摆在突出位置，注意查办有影响有震动的大案要案。六年来，全市纪检监察机关共立案查处各类违纪违法案件6336件，其中查办大案要案1879件。这些案件中，涉及处级干部的747件，局级干部的46件；违纪违法金额10万元至50万元的507件，50万元至100万元的177件，100万元以上的114件。目前已结案5971件，给予党政纪处分5843人。其中撤销党内职务108人，留党察看437人，开除党籍1172人。共挽回经济损失29437万元。

为适应改革开放新形势，确保社会主义市场经济的正常运行，注重研究、查办新领域和重点领域的案件，先后查处了新形势下一些领导干部钻改革和制度不健全、不完善的空子，大搞权钱交易、贪污受贿的案件；查处了几个开发区在建设初期因管理存在漏洞而发生的违纪违法案件；查处了一些企业法定代表人借国有企业改革转制之机转移、隐匿和私分国有资产的案件；查处了在国有企业改革与脱困过程中因失职渎职造成重大损失的案件；查处了在涉外活动中连续发生的私自出国、参与境外赌博以及骗购外汇等案件；查处了借区县换届之机进行贿选的案件；查处了某些司法人员徇私枉法的案件；查处了党员干部违反政治纪律，参与“法轮功”邪教组织活动等方面的案件。特别是查处了市公安局治安警察支队原支队长马世腾、市城建局原局长刘伯良、市经协办原主任张树棠、和平区原区委书记佟正春、沈阳经济技术开发区管委会原副主任栾茂贤、皇姑区原副区长关宏阳、市人口控制办公室原主任王柏侠等人严重违纪违法等一批有影响、有震动的大案要案。慕绥新、马向东等人案件暴露以后，在上级纪委和市委领导下，全市抽调得力人员，参与了中央纪委、省纪委对慕绥新、马向东等人案件的调查。在查获章亚非严重干扰办案的重要证据，制止慕绥新前妻贾桂娥出境等问题上，出色地完成了任务，为案件的突破作出了积极的贡献。在中央纪委专案组领导下，省市联合及市纪委独立查处了市物价局原局长王秀珍、市客运集团原总经理夏任凡等20名局、处级干部的违纪违法案件，其中移送司法机关13人。

——纠正部门和行业不正之风与执法监察工作

我们抓住影响改革开放和经济发展以及涉及群众利益的突出问题，充分发挥各牵头部门的作用，开展纠风治乱，重点抓了五个方面工作：一是减轻企业负担工作，共取消247项不合理收费，为企业减轻负担13478万元；二是减轻农民负担工作，共取消290项不合理涉农收费，为农民减轻负担31144万元；三是治理中小学乱收费工作，退还不合理收费1800万元，没收违纪款487万元；四是纠正医药购销中的不正之风工作，共清理出违纪金额1449万元，清理销毁过期、假劣药品案值1387万元，并集中整治了南六地区非法药品经营活动；五是先后两次在全市范围内开展清理“小金库”工作，共清查违纪金额26083万元。同时，按照中央关于军队、武警部队和政法机关不再从事经商活动的重大决策，撤消政法机关所办各类企业232户，移交183户，解除挂靠关系173户。执法监察工作，围绕“大二环”道桥建设、“九·一八”纪念馆扩建等重点工程，提前介入，抓住重点环节实施同步监察，提出监察建议2430条，帮助建章立制1778项，防止和避免了工程建设中一些腐败问题的发生。结合改善投资环境，查处了一些对合资企业滥施处罚的典型案件；结合调查处理被中央电视台曝光的“南二运输市场”问题，集中对全市执法队伍进行了整顿；结合国有企业生产经营管理中的问题，开展效能监察，共立项1559项，为企业避免和挽回经济损失近5亿元。

——从源头上预防和治理腐败工作

在认真抓好反腐败三项任务的同时，本着关口前移、超前防范的思路，逐步加大了治本工作的力度。在加强党风党纪教育方面，普遍开展了党纪条规知识竞赛活动；举办了建国以来规模最大的反腐败成果展；树立、宣传了张德山等一批勤廉兼优的先进典型；利用近年来发生的重大典型案件深入开展了警示教育活动；对新任职的领导干部进行了岗前廉政教育。在建立健全制度强化监督制约方面，制定出台了《关于领导干部在住房制度改革中的若干纪律规定》等二十多项廉政制度；在全市大力推行了政务公开、村务公开、厂务公开；实行了领导干部“述廉”和廉政情况民主评议制度；在农村基层开展了“民主日”活动；聘请了党风廉政建设监督员和民主党派特邀监察员。在深化改革进行源头治理方面，针对腐败问题易发多发的部位和环节，在全市范围建立健全了有形建筑市场和产权交易市场；实行了政府采购制度；开展了清理预算外资金和落实“收支两条线”工作；从房产、交通系统开始在一些党政机关和企事业单位推行了会计委派制度。此外，还在税务系统实行了“以票管税”，在教育系统实行了“一次收费两公开”，在外商投资服务部门和城建系统实行了“一站式服务”和“一个窗口对外”等一系列改革措施。

过去的六年，全市在开展党风廉政建设和反腐败斗争中做了大量工作，取得了阶段性成果，为保证和促进我市的改革发展稳定起到了积极作用。上述成效的取得，是市委和上级纪委正确领导的结果，是全市各级党政组织、纪检监察机关和有关单位共同努力的结果，是广大人民群众积极支持和参与的结果，这是我市党风廉政建设和反腐败工作的主流。

二、存在的问题和应吸取的教训

在充分肯定过去六年所取得成绩的同时，还必须清醒地看到我市党风廉政建设和反腐败工作中存在的问题，特别是要通过慕绥新、马向东等人严重违纪违法案件，认真总结和吸取教训，并在深刻反思的基础上，进一步统一对我市反腐败斗争形势的认识，增强搞好我市党风廉政建设的信心，抓好今后五年的工作。

要深刻认识慕绥新、马向东等人案件反映出的腐败问题的严重性。慕绥新、马向东等人案件是我市建国以来极其严重的一起腐败案件，其涉及的领导干部人数之多、职级之高、违纪金额之大，在全省乃至全国都极为罕见。他们之中，有的利用职务之便，贪污、挪用、私分公款，用公款注册境外私人公司；有的大搞权钱交易、行贿受贿，拉帮结伙，编织关系网；有的利用土地批租、项目承包、减免税费之机，为个人谋取巨额非法利益；有的纵容配偶、子女利用其职权和职务影响经商办企业，巧取豪夺；有的私设“小金库”，截留国家、集体收入，用公款送礼行贿、跑官买官；有的与黑社会势力相互勾结，走私贩私，参与非法活动；有的严重违反外事纪律，私自出国出境，参与境外赌博；有的徇私枉法，为违纪违法者通风报信，泄露机密，策划翻案；有的弄虚作假，超面积、多处占有住房，借房改之机谋取私利；有的生活腐化糜烂，公款吃喝玩乐赌，包养情妇等。慕绥新、马向东等人案件不仅涉及到“一府两院”原主要领导，还涉及到一些重要部门的主要领导干部；不仅表现为孤立的、个人的腐败问题，还表现为团伙性、集体性的腐败行为；不仅使一些干部走上违纪违法道路，而且带坏了班子，带坏了队伍，带坏了风气。虽然这些问题发生在少数人身上，但影响很坏，危害极大，对此必须要有清醒的认识。

要深刻认识慕绥新、马向东等人腐败案件发生的原因。慕绥新、马向东等人案件的发生，既有客观上的原因，也有主观上的原因。从客观上讲，我国现阶段的反腐败斗争，是在深化改革、扩大开放、转换经济体制过程中，诸多社会矛盾相互交织的历史条件下进行的。特别是在从计划经济体制向社会主义市场经济体制转换的过程中，由于适应市场经济发展要求的管理体制、监督制约机制不可能在短时期内建立和完善，行政行为、企业行为和市场行为不可能在短时期内得到严密规范和有效约束，社会主义民主法制的健全和完善也需要一个长期的过程，这就使得腐败的滋生蔓延有了客观条件，存在易发多发的可能性。慕绥新、马向东等重大案件的接连发生，正是这种可能性的现实体现。从主观上看，慕绥新、马向东等人从领导干部蜕变为腐败分子，根本原因在于他们放弃了世界观改造，不注重思想道德修养，背弃了共产主义理想信念，人生观、价值观发生扭曲，私欲恶性膨胀，置党纪国法于不顾，为所欲为，最终走上违法犯罪的道路，从做官到坐牢，自毁前程。

特别需要深刻认识的是，慕绥新、马向东等人腐败问题发展到如此严重的地步，与其所在党组织反腐败责任意识不强，治党不严，对党员干部特别是领导干部疏于教育、疏于管理、疏于监督有直接关系。从市纪委的工作看，无论是在协助党委抓党风，还是在履行自身职责方面，都存在许多差距和不足，有很多教训需要认真总结和吸取，突出表现在四个方面：一是在实施党内监督方面，对党员领导干部特别是较高层次领导干部的监督缺乏有效的措施和有力的手段。领导干部收入申报、礼品登记、个人重大事项报告等党内监督制度的落实流于形式，不能发挥应有的监督作用。实施监督的视野不宽，特别是对领导干部社交圈、生活圈的监督基本属于空白。在改革开放和发展市场经济条件下，对在实施党内监督中出现的新问题解决办法不多，无法达到对领导干部的活动实施全方位监督的要求，尤其是对各级“一把手”的监督明显薄弱。二是在治理不良风气方面，对解决某些带有普遍性、倾向性的不良风气下功夫不够。在思想认识上，对风气问题的严重性和危害性缺乏足够的重视。在工作上，对中央和省治理某些不良风气的有关规定抓得不实，原则要求多，具体措施少，强调自律多，“他律”办法少。对领导干部廉洁自律规定落实情况监督检查不够，特别是严肃查处不良风气典型案件缺乏力度，致使送礼收礼、公款吃喝玩乐、私自出国等不良风气长期存在而又得不到及时治理。三是在案件查办方面，对某些重点领域和新形势下出现的一些案件未能及时取得有效突破。在查办中央确定的司法、干部人事等重点领域案件中，研究探索发案规律不够，查处的力度不大，突破的办法不多。不善于从查过的案件中发现和总结规律，进而用来指导案件的查处工作。四是在源头治理方面，从机制和体制上遏制腐败滋生蔓延的成效不明显。在某些源头治理工作中，注重表面成果多，研究解决深层次的问题不够，致使一些源头治理工作仍然存在不少漏洞和薄弱环节，尤其是在通过改革办法解决政府领导和某些重权部门滥用权力方面缺乏针对性，尚未形成有效的约束机制。这些都需要引起足够重视并在今后的工作中认真加以解决。

面对当前我市反腐败斗争的形势和反腐败工作中存在的问题，各级党组织和广大党员干部一定要保持清醒头脑。既要充分认识腐败问题的严重性，增强危机感；又不能因为问题严重而丧失信心，无所作为。既要从战略上考虑，树立长期作战的思想，克服期望短期内彻底解决腐败问题的急躁情绪，又要增强紧迫感，扎扎实实从每一项具体工作做起，不断取得阶段性成果，从而积小胜为大胜。既要看到慕绥新、马向东等人案件的发生，损害了我市形象，影响了我市发展，又要看到案件的暴露是反腐败斗争深入发展的结果，相信在市委的领导下，经过全市党员干部和广大群众的团结奋斗，一定会使这些问题得到妥善解决，割除了“毒瘤”，全市党的建设和精神文明建设必将出现一个崭新的局面，改革开放和经济建设一定会迈开更大的步伐。

三、今后五年工作的建议

今后五年，是新世纪开局的五年，是“十五”计划全面实施　五年，也是党风廉政建设和反腐败斗争进入新的发展阶段的五年。我们的主要任务是：在马列主义、毛泽东思想、邓小平理论和党的基本路线指导下，按照江泽民同志“三个代表”重要思想的要求，认真贯彻落实江泽民同志在庆祝中国共产党成立八十周年大会上的讲话精神，坚持从严治党的方针，遵循中央确定的反腐败领导体制和工作格局，围绕中心，服务大局，标本兼治，综合治理，突出重点，狠抓落实，不断加大源头治理力度，通过开展党风廉政建设和反腐败斗争，为我市改革发展稳定创造良好的社会经济环境，保证我市第十次党代会所提出的各项任务顺利完成。

（一）坚持党委统一领导，狠抓责任落实，进一步完善反腐败的领导体制和工作机制

今后五年，要把落实中央关于党风廉政建设责任制的规定作为反腐败工作的“龙头”工程，摆在突出位置，下大气力健全和完善“党委统一领导，党政齐抓共管，部门各负其责，纪委组织协调，依靠群众的参与和支持”的反腐败领导体制和工作机制。

要进一步明确反腐败的责任主体及其责任。在市委的领导下，各级党委是反腐败工作的领导核心，全面领导本地区、本部门、本单位的党风廉政建设和反腐败工作，各级领导班子及其成员是责任主体，党政“一把手”是第一责任人，对管辖内的党风廉政建设负总责，对本级领导班子及其成员和直接分管单位的正职领导干部的党风廉政建设情况负直接领导责任。各级党政领导班子其他成员，对分管单位的党风廉政建设以及分管单位的正职领导干部的党风廉政建设情况负直接领导责任。各级党委和各层次的责任主体特别是第一责任人要切实强化反腐败的政治意识和责任意识。要通过认真吸取慕绥新、马向东等人严重腐败案件的深刻教训，不断增强“党要管党”和“从严治党”的自觉性，坚持“两手抓、两手都要硬”。要把反腐败与党委和政府的各项工作结合起来，对管辖范围内的反腐败工作进行统筹安排和总体把握，对苗头性和倾向性问题，要定期分析研究，适时采取相应的措施，切实加强对反腐败工作的领导。

要进一步发挥反腐败各职能部门的作用。反腐败是全党全社会的大事，必须做到党政齐抓共管。各级政府部门在抓好经济工作和业务工作的同时，要高度重视并认真抓好职责范围内的反腐败工作。特别是反腐败各项任务的牵头主抓部门，要更好地履行工作职责，积极主动、认真负责地抓好反腐败各项工作任务的落实。各级纪委要牢固树立反腐败斗争的整体观和大局观，在党委的统一领导下，通过积极的组织协调，把党委、政府的各项决定变为相关部门和广大党员干部的自觉行动。要通过建立健全必要的联席会议、情况通报、案件线索移送等制度，加强与公安、司法、审计等部门的沟通联系，密切配合，进一步增强反腐败的合力。

要进一步调动人民群众参与和支持反腐败斗争的积极性。人民群众是我们党开展反腐败斗争的依靠力量，要采取有效措施，把人民群众广泛参与和专门机关的工作更有效地结合起来。要进一步强化信访举报工作，通过完善“2244”专线举报系统、健全举报奖励办法、坚持领导接访阅信制度，为群众投诉和举报腐败问题创造条件；要进一步坚持和完善向民主党派和社会各界聘请党风监督员、特邀监察员的工作制度，通过组织他们参加反腐倡廉的有关活动，充分发挥民主监督作用。

要进一步抓好责任追究。各级领导班子及其成员，既是党风廉政建设的责任主体，也是实施责任追究的主体。要从市委、市政府做起，按照“落实责任从上往下一级管一级，追究责任从下往上一级究一级”的原则，对应该追究责任的问题，要切实列入议程，认真分析研究，及时提出处理意见。纪委作为实施责任追究的具体承办部门，要按照有关规定和要求，认真负责地落实好责任追究的具体事项，把责任追究纳入案件检查工作程序，从制度上保证责任追究的落实。今后，凡属对重大责任追究事项不研究、不处理的，应追究党政组织领导的责任；党政组织作出决定后纪检监察机关不检查、不追究、不落实的，要追究纪检监察机关的责任。

（二）坚持反腐败三项工作格局，突出重点，狠抓落实

领导干部廉洁自律工作。在认真落实上级部署的各项任务的同时，要结合我市实际，着重解决违反规定收受现金、有价证券、贵重礼品和利用房改之机以房谋私、党员干部挥霍公款吃喝玩乐、利用婚丧嫁娶之机敛财、公款出国（境）旅游以及领导干部配偶、子女违反规定经商办企业等方面的问题。要结合落实中央纪委、省纪委的有关规定，下决心进行系统、深入的治理，力求有较大的进展和明显的收效。要研究中央早有规定但问题屡禁不止的症结所在，采取有力措施，把工作抓实。一是结合健全领导干部廉政档案，切实抓好收入申报、礼品登记、个人重大事项报告等各项制度的落实。二是全面开展领导干部“述廉”活动。重

点围绕“灰色收入”问题，对哪些收入合理、合法，哪些收入不合理、不合法进行规范，如实申报，并在“述廉”中向群众公开，接受群众的监督与评议。三是通过群众举报和明察暗访等形式，发现和查处新出现的风气方面的典型案件。对无视中央有关规定，有令不行、有禁不止，继续顶风违纪、我行我素的要坚决查处并公开曝光，以儆效尤，确保取得实实在在的治理成效。

查办违纪违法案件工作。要继续坚持重点查办党政领导机关、行政执法机关、司法机关、经济管理部门和县处级以上领导干部的违纪违法案件。查办贪污贿赂、挪用公款、走私贩私、骗税骗汇、失职渎职、违反政治纪律等案件，特别是司法干警贪赃枉法、徇私舞弊，严重违反组织人事纪律以及涉外方面的案件。要重视查办因瞒报浮夸、弄虚作假而造成恶劣影响和严重损失的案件，重视查办发生在基层的严重违纪违法案件。当前，要继续配合和参与中央纪委对慕绥新、马向东等人案件的调查，完成好专案组交办的各项任务。对这次案件涉及到的风气方面的人和事，既要坚持思想教育从严，切实总结和吸取教训，制订整改措施，又要在后期处理上，坚持实事求是，区别对待。从慕绥新、马向东等人案件的启示中，尤其要强化三个方面的案件查办工作：一是通过一些民愤大、长期得不到公正处理的刑事、经济案件，发现和查处司法腐败方面的案件；二是抓住一些干部“带病”提拔的典型，发现和查处吏治腐败方面的问题；三是解剖一些领导干部利用职权和职务的影响，纵容、支持配偶、子女违反规定经商办企业的行为，发现和查处经济违纪违法案件。同时，要注意查办领导干部生活腐化糜烂方面的案件。要继续利用执法监察、专项检查、专项审计等手段，不断拓宽案件线索来源渠道。要注意研究新形势下案件发生的特点和规律，善于从个案中发现带有普遍性的问题，系统查办某些方面的违纪违法案件。要突出抓好市和区、县(市)两级自办案件特别是有影响、有震动的大案要案的查处。要进一步做好案件的审理工作，抓好查结案件处分决定的落实。

纠正部门和行业不正之风工作。要继续把减轻农民负担、企业负担以及其他群众反映强烈的问题作为重点，坚持抓巩固、抓提高，防止已经治理过的不正之风出现反弹；要坚持和完善主管部门牵头、相关部门参与、纪委组织协调，系统地解决某些不正之风的工作套路，力求取得扎实、明显的治理效果。要继续坚持纠建并举的方针，把专项治理与改章建制紧密结合起来，注重解决深层次问题；要进一步落实纠风工作责任制，继续开展民主评议行风和创建文明行业活动。执法监察工作，要深入抓好救灾、扶贫、社保、国债等专项资金管理使用情况和重点工程项目的执法监察；有针对性地开展好行政机关和基层站办所贯彻执行法律、法规、政令情况的行政效能监察；紧密结合企业生产经营活动搞好企业效能监察。纠风治乱和执法监察工作，都要注意围绕中心，为改善我市投资环境提供强有力的服务和保证。

此外，要按照中央纪委对企业的有关规定和要求，进一步抓好国有企业的党风廉政建设。

（三）坚持标本兼治，强化源头治理，不断解决反腐败斗争的深层次问题

今后五年，反腐败斗争将逐步从侧重遏制转到标本兼治，不断加大治本力度的轨道上来。各级纪委要适应新形势，加强理论研究，努力探索从源头上遏制腐败滋生蔓延的新途径。

要进一步加强党性党风党纪教育。按照江泽民同志关于加强社会主义思想道德建设，把依法治国同“以德治国”结合起来的要求，在继续抓好领导干部遵纪守法教育的同时，切实抓好对领导干部的思想道德教育，不断增强其拒腐防变的能力。要把贯彻江泽民同志“七一”讲话精神，克服不思进取、无所作为的思想状况，克服种种严重脱离群众的现象，反对形式主义和官僚主义的歪风，全面加强党的思想作风、学风、工作作风、领导作风和干部生活作风建设，作为党风党纪教育的重要内容。当前要进一步深化“三个想一想”学习教育活动，充分利用慕绥新、马向东等人严重违纪违法案件的反面典型，集中搞好对领导干部的警示教育，同时，还要抓好正面典型的示范教育。要进一步抓好对新任职领导干部的岗前廉政教育，着手开展对在职干部廉洁从政的系统教育。要充分发挥报刊、广播、电视等新闻媒体的作用，大力宣传反腐败斗争的方针、政策、形势、任务，宣传反腐败斗争取得的重大成果，进一步营造反腐倡廉的强大声势和良好氛围。

要进一步强化监督制约机制。针对近年来领导干部违纪违法案件中暴露出的问题和薄弱环节，要把加强对领导干部，尤其是各级党政“一把手”的监督作为重点，研究和建立行之有效的监督机制，并不断加大监督力度，使各级党政“一把手”从思想到行为真正置于党组织的绝对领导和监督之下。要通过严格执行民主集中制、提高民主生活会质量、开展经常性的批评和自我批评等办法，进一步健全和完善党内民主政治生活，充分发挥党委集体领导作用，制止个别人独断专行，把个人凌驾于组织之上的不良行为。要通过深化政务公开、村务公开、厂务公开，不断加大群众监督的力度。要把党内监督与人大依法监督、政协民主监督、群众监督和舆论监督结合起来，强化综合监督效果。要通过认真研究探索和积极实践，努力构建对领导干部全过程、全方位、多角度的监督体系。

要进一步加大改革力度。针对容易产生腐败的部位和环节，努力研究和探索通过改革途径遏制腐败的有效措施。当前和今后一个时期，重点针对权、钱、人等三个方面管理制度上存在的漏洞，改革体制机制制度，铲除滋生腐败的土壤。要改革行政审批制度，规范行政审批行为。凡是可以取消的行政审批项目都要取消；可以用市场机制替代的，要通过市场机制来处理；必须保留的，除涉及保密内容的外，一律实行政务公开。在继续健全和完善有形建筑市场、企业产权交易市场的基础上，建设好土地储备中心和土地交易市场。要通过改革财政资金缴拨方式，加快实施国库集中收付制度。要通过对行政事业性收费和政府性基金实行票款分离、对事业单位一些重大支出实行政府集中采购等改革措施，切实强化对财政资金的监管。继续大力治理和清除“小金库”。要通过改革干部推荐、考核、任免办法，努力提高干部人事工作民主、公开、竞争、择优的程度，坚决遏制选人、用人上的不正之风和腐败现象。同时，还要逐步研究探索机关干部的公务用车、通讯工具、公差费用等方面的改革办法。

（四）坚持改革创新，不断提高纪检监察干部整体素质，适应新形势下反腐败工作的需要

新形势下的党风廉政建设和反腐败工作任务繁重，要求越来越高。广大纪检监察干部处在反腐败斗争第一线，需要付出艰辛的劳动，作出牺牲和奉献；同时也处在反腐蚀的前沿，需要抵御形形色色的诱惑，经受方方面面的考验。过去的实践证明，我们这支队伍总体上是过得硬的，是值得信赖的。今后，要更好地完成党和人民赋予的光荣使命，始终保持党的忠诚卫士的政治本色，必须高度重视并进一步强化纪检监察队伍建设。

要进一步加强队伍的思想政治建设，努力保持政治上的纯洁性和坚定性。要注意结合形势和任务，坚持进行经常性的理想信念教育，不断增强纪检监察干部的党性观念，树立爱岗敬业精神，努力做到：在金钱利益面前，严于律己，无私奉献；在各种威胁恫吓面前，临危不惧，刚直不阿；在繁重的工作任务面前，忠于职守，任劳任怨，始终保持良好的形象。要进一步加强队伍的业务建设，努力

提高综合业务素质。根据形势和任务的需要，不断拓展知识领域和工作空间，强化业务培训，进行实践锻炼，使纪检监察干部的知识更加丰富，业务更加精通，能力更加全面，更加胜任新形势下反腐败工作的需要。要进一步加强队伍的组织建设，努力保持队伍的生机和活力。要结合机构改革和干部人事制度改革，强化各级纪检监察机关及其派驻机构，按规定配齐各级纪检监察人员。要加大纪检监察干部的轮岗、交流力度，改善各级班子和整个队伍的年龄、知识结构，优化队伍的整体素质。要积极创造条件，逐步使中央关于“地方各级纪委书记由同级党委副书记担任”的要求得到落实，暂时不具备条件的区、县(市)及市直各单位，要做到纪检监察工作由党委(党组)“一把手”分管。在现有体制不变的情况下，要研究并试行对部分纪检监察派驻机构实行垂直领导。各级党政组织要支持纪检监察队伍的建设。在政治上要关心纪检监察干部的成长；在工作上要支持纪检监察干部更好地履行职责；在生活上要关心爱护纪检监察干部，切实为他们解决实际问题，以保证纪检监察机关更好地开展工作，在党风廉政建设和反腐败斗争中发挥更大的作用，取得更优异的成绩。

同志们，我市第十次党代会确定的宏伟目标催人奋进，党风廉政建设和反腐败工作任务光荣而艰巨。让我们高举马列主义、毛泽东思想和邓小平理论的伟大旗帜，紧密团结在以江泽民同志为核心的党中央周围，在市委和省纪委的领导下，振奋精神，开拓进取，扎实工作，以党风廉政建设和反腐败斗争的实际成果取信于民，为保证实现我市第十次党代会提出的宏伟目标而努力奋斗！

沈阳市2001—2005年创建文明城市规划

2001年—2005年，是我国全面建设小康社会、加快推进社会主义现代化建设的新的发展阶段，也是我市经济和社会发展承前启后、继往开来的重要时期。把沈阳建设成为国际化、现代化的区域性中心城市，不仅要有高度的物质文明，而且也要有高度的精神文明。大力推进文明城市建设，是跨入新世纪、建设新沈阳的应有之义。为此，特制定本规划。

一、形势分析

1.有利的条件

(1)“九五”期间是计划经济体制向社会主义市场经济体制转变的重要时期，我市经济和社会发展取得了长足的进步。国民经济持续较快增长，全方位对外开放格局基本形成，社会基本保持稳定，经济和社会发展总体水平显著提高，生产力水平迈上新的台阶，提前三年实现了人均国内生产总值比1980年翻两番的目标。“十五”期间，沈阳的经济将继续保持持续快速健康的发展势头，我市将建成全国先进装备制造基地、高新技术产业化基地和农业现代化基地，这为创建文明城市奠定了坚实的物质基础。

(2)“九五”期间，居民生活总体上达到了小康水平，随着物质生活水平的提高，人民群众多层次、多方面的精神文化需求进一步增长，精神文化生活的消费大幅度增加，改善生活，提高生活质量的愿望日益强烈，这为创建文明城市提供了巨大的内在动力和广泛的群众基础。

(3)“九五”期间，我市精神文明建设取得了群众高兴、社会认可、领导满意的显著成效，市民文明素质和城乡文明程度不断提高，特别是形成了以“凝聚人心，提升民气”为主线，以“发展社会生产力，增强干部群众凝聚力，提高领导班子战斗力”为主题，以区县(市)“新风杯”、“窗口”行业“形象杯”、党政机关“公仆杯”竞赛为载体，以“一五一十”(全面实施思想建设、道德修养、智力开发、文化繁荣、环境改造“五大工程”，每年办好精神文明建设十件实事)为内容，以区域共建为依托的文明建设工作格局，我市先后进入了全国“科技兴市”先进市、全国社会治安综合治理先进单位、全国“扫黄打非”先进单位、全国优秀旅游城市的行列，实现了全国双拥模范城“四连冠”，这为创建文明城市奠定了良好的工作基础。

(4)城市建设管理的工作目标明确，措施有力，推动了城市规划、建设、管理水平的提高。“九五”期间，通过实施“三四三”、“六二一”、“六路三桥”等一系列工程，一举摘掉了世界“十大污染城市”的帽子，市容、市貌焕然一新，我市荣获联合国的“人居奖”。“十五”期间，沈阳将成为区域性的商贸、金融、信息中心，城市建设进入新的快速发展时期，这为创建文明城市提供了良好的硬件环境。

2.挑战和问题

(1)新形势下面临着严峻的挑战和激烈的竞争。“十五”期间，随着世界政治多极化、经济全球化、信息网络化的日趋明显和我国加入世贸组织，西方敌对势力精神文化的渗透加剧，“西化”、“分化”的挑战严峻；随着我国经济体制改革向纵深发展，生产方式、生活方式、思维方式多样化趋势更加明显，人们的思想观念、价值观念取向发生积极变化的同时，道德建设、文化建设、价值建设出现了许多新情况、新课题；城市间以创建文明城市为重要标志的综合实力竞争日益激烈，全国已有1/3的省会城市进入了全国精神文明创建工作先进市的行列。

(2)“一手软，一手硬”的问题还没有彻底解决。一些地区、部门、单位还存在着不重视甚至忽视精神文明建设的现象，认识不深入，任务不明确，工作不到位，影响了精神文明建设在基层的落实，导致创建工作发展不够平衡，阻碍了文明城市创建工作的深入。

(3)市民素质与城市建设发展还不够适应。市民思想道德水平参差不齐，一些地方封建迷信、社会丑恶现象沉渣泛起，尤其思想道德文化建设的力度和水平与人民群众日益增长的精神文化需求有较大的差距，其内容、形式、方法、手段、机制等方面的创新还不够，时代性、针对性、实效性、主动性有待于进一步增强。文化基础设施数量不足，质量不高，缺乏足以代表沈阳中心城市文化新形象的标志性的文化设施、品牌，文化建设的总体水平处于全国特大城市中游。

(4)城市建设与管理不协调、依法管理水平不高的问题比较突出。建设与管理不够同步，“重建轻管”。城市管理体制不够健全、完善，责任不清，关系不顺，效能不高。依法治理、依法管理的水平不高，环境卫生、公共秩序、“窗口”服务等方面存在的一些顽症整治还不够到位，往往“久治不愈”，又时常“反弹回升”，影响城市文明形象。

二、总体构想

3.指导思想

高举邓小平理论伟大旗帜，全面落实江泽民同志“三个代表”的要求，坚持“以德治国”，坚持党的基本路线，进一步加强思想道德建设，发展教育科学文化，全面深化群众性精神文明创建活动，努力建设有中国特色的社会主义文化，用科学理论武装人，用正确的舆论引导人，用高尚的精神塑造人，用优秀的作品鼓舞人，着力形成与建设国际化、现代化城市相适应的精神风貌、道德规范、舆论氛围和社会风尚，提高市民思想道德和科学文化素质，培养有理想、有道德、有文化、有纪律的社会主义公民，团结和动员全市人民为实现我市“十五”经济和社会发展的各项目标，把沈阳建设成为富强、民主、文明的全国一流城市而努力奋斗。

4.创建原则

——坚持“围绕中心，服务大局”的原则。把创建工作与城乡经济发展和各行业的业务工作结合起来进行。创建文明城市要同加强城市规划、建设、管理，改善投资环境，树立城市形象相结合；创建文明村镇要同广大农民求发展、奔小康、建设社会主义新农村相结合;创建文明行业要同规范行业行为、倡导行业新风、提高经济效益和社会效益相结合,促进经济与社会协调发展。

——坚持"以人为本,市民第一"的原则。以广大人民群众的根本利益为出发点和落脚点,思民所思,想民所想,急民所急,把暖人心、得人心、稳人心的事办实办好,注重关心人、满足人。同时,把用马列主义、毛泽东思想、邓小平理论和江泽民同志"三个代表"的重要思想武装全党、教育人民作为最基础的工作来抓,坚持和巩固马克思主义在我国意识形态领域的指导地位,注重引导人、提高人,帮助人们树立正确的世界观、人生观和价值观。

——坚持"重心下移,务求实效"的原则。坚持贴近实际,贴近生活,贴近基层,注意形势的判断、目标的确定、重点的把握、时机的选择、措施的保证、过程的跟踪,努力把先进性同广泛性有机地结合起来,把精神文明建设的各项任务落到实处。

——坚持"深化改革,不断创新"的原则。增强改革意识、开放意识、创新意识、发展意识,继承和发扬中华民族的优良传统,吸收和借鉴世界文明的一切成果,适应经济和社会生活的新变化、新情况,立足创新,增强文明创建的时代感、针对性、主动性和实效性。

——坚持"区域共建,城乡一体"的原则。充分发挥驻沈部队多、大专院校和科研院所多、离退休的老干部、老教师、老工人多的优势,大力共建文明单位、文明社区和文明村镇,坚持以城带乡,以乡促城,城乡一体,共同进步,全面提高城乡文明程度。

5.奋斗目标

以"凝聚人心,提升民气"为主线,以"市民教育、环境建设"为重点,继续深入实施思想建设、道德修养、智力开发、文化繁荣、环境改造"五大工程",全面深化群众性精神文明创建活动,通过五年的努力,实现以思想道德修养、科学教育水平、民主法制观念为主要内容的公民素质的显著提高;实现以积极健康、丰富多彩、服务人民为主要要求的文化生活质量的显著提高;实现以社会风气、公共秩序、生活环境为主要标志的城乡文明程度的显著提高,到2002年进入全国精神文明创建工作先进市和国家卫生城市行列,实现全国双拥模范城"五连冠"。到2005年,全市文明社区、文明村镇和文明行业分别达到80%、50%和50%,把沈阳建设成为环境优美、功能完善、秩序优良、经济繁荣,具有较强辐射力、吸引力的现代化的中心城市,成为东北地区具有示范作用的文明城市。

三、主要任务

(一)大力加强思想政治工作,形成团结奋进、昂扬向上的精神风貌

6.坚持用马列主义、毛泽东思想、邓小平理论和江泽民同志"三个代表"重要思想武装全党、教育人民。健全和完善《党委理论学习中心组活动规范》和《沈阳市领导干部理论学习考核办法》以及党校培训制度,坚持发扬理论联系实际的学风,不断提高领导干部理论学习的质量和成效,提高各级领导班子的理论水平和执政水平。积极推进理论学习进工厂、进农村、进学校,坚持理论学习报告会制度,普及理论知识。结合改革开放和社会主义现代化建设以及国际形势变化实际,科学生动地进行理论宣传,引导广大干部群众进一步坚定马克思主义的信仰,坚定建设有中国特色社会主义的信念,增强对改革开放和现代化建设的信心,增强对党和政府的信任,积极投身建设新沈阳的伟大实践。

7.深入开展爱国主义、集体主义、社会主义教育。全面贯彻《沈阳市贯彻落实中央〈爱国主义教育实施纲要〉的意见》(沈委发〔1995〕4号),以广大干部群众特别是青少年学生为重点,以重要纪念日为契机,以爱国主义教育基地为载体,有计划、有组织、有重点地进行系列教育活动,进一步树立民族自尊心,增强民族自豪感。尤其要充分利用改革开放以来特别是"九五"期间两个文明建设所取得的成就,对广大市民进行以"爱沈阳,建家乡"为主题的教育,了解沈阳的昨天,认识沈阳的今天,建设沈阳的明天,进一步激发广大干部群众"进入新世纪,建设新沈阳"的热情,动员全市人民为振兴沈阳老工业基地而共同奋斗。

8.不断加强和改进思想政治工作。全面落实《中共沈阳市委关于贯彻〈中共中央关于加强和改进思想政治工作的若干意见〉的实施意见》(沈委发〔2000〕4号),围绕深化改革、提高经济效益、致富奔小康、建设社会主义新农村、培养社会主义事业建设者和接班人、加强城市管理、服务市民生活和维护社会稳定,着力做好企业、农村、学校、社区等基层思想政治工作,最大限度地保护好、引导好、调动好广大干部群众的积极性、主动性和创造性,大力推进沈阳经济社会的跨世纪发展。结合进一步提炼、丰富"沈阳精神",采取多种形式,继续深入持久地进行新时期创业精神和形势任务教育,引导广大干部群众全面认识国情、省情和市情,增强市场观念、发展观念和创业观念,大力发扬解放思想、实事求是,紧跟时代、勇于创新,知难而进、一往无前,艰苦奋斗、务求实效,淡泊名利、无私奉献的精神,以更加昂扬的精神风貌,进入新世纪,再创新伟业。

9.坚持不懈地普及科学知识、科学思想、科学方法和科学精神。深入开展马克思主义唯物论和无神论的教育,帮助人民群众增强识别唯心主义、封建迷信、各种伪科学和"法轮功"等形形色色邪教组织本质的能力,广泛开展科学文化普及活动,重点普及可持续发展、公共卫生、医疗保健、营养健康、优生优育、防灾减灾等科学知识,引导人民群众自觉抵制和摒弃各种陈规陋习,禁止在公共场所吸烟酗酒,倡导婚事新办,推行殡葬改革,树立科学文明、积极向上的生活观念和生活方式,提高文明程度和精神生活质量。

(二)大力加强道德建设,完善具有沈阳特色的道德规范

10.抓好中央文明委制定的《公民道德建设实施纲要》的贯彻落实。利用3—5年的时间,初步建立起体现社会主义原则方向,符合社会主义初级阶段实际状况,既弘扬中华民族传统美德,又融汇世界现代文明成果的新的社会主义道德规范体系。进一步加强社会公德、职业道德和家庭美德建设,引导广大市民养成良好道德习惯和文明行为,形成市民文明素质与城市文明程度两个提高的良性循环。党员领导干部要作普通党员的表率,共产党员要作广大群众的表率,以人格的力量、榜样的力量、示范的力量,促进和带动团结友爱、奋发向上、遵纪守法、健康文明良好社会道德风尚的形成。

11.抓好社会公德建设。以广大市民特别是青少年和党员领导干部为重点,大力深化以"实践文明公约,争做文明市民"为主要内容的全民文明教育,编写、颁发以《沈阳市市民文明公约》为主要内容的市民文明读本、反映各行各业文明风貌的精神文明建设系列丛书和文明教育进课堂的《文明教育大纲》,按照《沈阳市文明市民学校建设管理办法》,全方位加强文明学校的建设,以开展文明知识竞赛,评选优秀志愿者、社会公益好事、万名文明市民等活动为载体,扎实有效地开展文明教育,提高文明知识知晓率,提高社会公德"八不"规范的遵守率,增强市民公德意识,养成文明习惯,提升全社会的文明水准。

12.抓好职业道德建设。以良好的政风和行风,带动良好民风、社风的形成。以树立行业现代文明新形象为目标,以加强职业理想、职业道德、职业技能、职业纪律、岗位责任教育和纠正行业不正之风为重点,抓住群众反映强烈的"热点"、"难点"问题,从党政机关、行政执法

部门和“窗口”行业入手，开展规范化服务、行风评议、创建文明示范“窗口”，评选行业“十佳”等活动。加强制度和监督机制建设，充分发挥“2211”市民投诉中心的作用，力争1—2年内在文明执法、廉洁服务上有新突破，树立优良秩序、优美环境、优质服务、优化管理和具有安全感、舒适感、亲切感、文明感的新形象。

13.抓好家庭美德建设。以提高家庭成员现代文明素质和家庭生活质量为重点，在全市城乡继续深入开展创建“五好家庭”和“十星级文明户”活动，大力推进“道德、法律、文化、科学、体育”进家庭，倡导文明、健康、科学的生活方式，保护妇女儿童的合法权益。巩固和发展家庭禁赌会、道德议事会、红白理事会、帮教小组等群众自治组织，维护社会稳定。各级妇联组织及城市社区委员会、农村村委会要充分发挥在家庭美德建设中的重要作用。“十五”期末，城镇各级各类文明家庭达到全市家庭总户数的90%。

（三）创建优良秩序，营造良好社会风尚

14.全面加强社会治安综合治理

（1）认真贯彻“打防结合，预防为主”的方针，严厉打击各种刑事犯罪和经济犯罪活动，适时开展严打专项斗争和重点整治活动。进一步完善专群结合及人防、物防、技防为一体的治安防范网络。建成全省、全国一流的社会治安防控体系，增强城市的整体防控能力。严格实行社会治安综合治理领导责任制和目标管理责任制，加大责任查究力度，推动治安综合治理在基层的落实，“十五”期间，社会治安环境明显改善，继续保持全国社会治安综合治理先进单位的荣誉。

（2）切实抓好全民法制教育，大力推进依法治市建设。深入开展全民“四五”普法教育，使依法治国，建设社会主义法治国家的观念深入人心，引导广大市民群众学法、知法、懂法、用法，积极参与依法治市的社会实践。重点加强青少年的法制教育，充分发挥各级各类学校在法制教育中的“主渠道”作用，把法制教育作为素质教育的重要内容，与行为规范、道德规范教育结合起来进行。不断完善“兼职法制副校长”制度，努力营造学校、社会、家庭齐抓共管的工作格局。进一步扩大基层民主，加大依法治村、依法治社区的力度，不断提高城乡民主法制建设的水平。

（3）深化基层“创安”活动，提高人民群众安全感。以让城乡更安全为目标，着力开展安全文明社区（小区）、安全村镇、安全单位的创建工作，特别是通过办实事、办好事，解决影响群众安全感的实际问题。要加强社会治安基层组织建设，依靠社会和全民的参与，完善群防群治网络；依靠加大防范的力度，改善安全防范落后的状态；依靠专群结合的力量，增强城乡基层单位的安全防范能力。“十五”期间，城市智能化安防住宅小区要达到15%，老小区治安综合整治达标率达到80%，安全社区（小区）、安全村和安全单位的达标率达到80%，人民群众的安全感明显增强。

（4）积极开展矛盾纠纷排查调处工作，维护社会稳定。实行“属地管理”、“谁主管谁负责”，坚持“预防为主，教育疏导，依法处理，防止激化”的原则，坚持完善法律服务和援助制度，及时妥善处理各类人民内部矛盾和纠纷，重点是金融债务、征地拆迁、劳资纠纷，把社会稳定工作落实在基层。

（5）加强外来暂住人员和文化娱乐的管理。健全管理法规，以人口管理为基础，以房屋租赁管理为重点，完善“政府领导，公安、劳动部门为主，各方参与，综合管理”的工作机制，落实对流动人口管理、教育、使用、服务措施。全面规范桑拿按摩、电子游艺室、歌舞厅、音像放映室、美容美发室等文化娱乐和服务场所的管理，彻底消除各类安全隐患，遏制黄、赌、毒等丑恶现象的滋长蔓延，加强对出版物市场的管理，为人民群众提供健康、文明、向上的文化娱乐服务。

15.全面实施交通畅通工程

（1）以解决城市交通管理中存在的突出问题为重点，继续普及和实行《沈阳市民交通行为守则》，广泛开展以“遵守法规，崇尚文明，保证安全，塑造形象”为主题的教育活动，增强法制观念，抵制交通违章行为，维护良好交通秩序，形成全社会广泛支持、共同参与的良好局面。

（2）2002年进入全国模范交通管理城市行列。常住人口和流动人口交通法规教育普及率分别达到99%、70%以上；中心城区道路管控范围达到80%以上，机动车全天平均时速保持在30公里以上水平，机动车、非机动车、行人遵章率分别达到98%、95%和90%以上；规范市场管理，完成中心城区全部违章占道市场的“退路进厅”工作，机动车停车入位率和自行车存车入架率分别达到100%和95%。加强道路基础设施建设，提高人均城市道路面积占有率。大力发展公共交通，科学组织公交网络，建成区内每万人拥有公交车达到18台。

（四）搞好优质服务，树立行业文明新形象

16.创建文明行业是创建文明城市的基础工程之一，是各行各业特别是与群众生活关系密切的“窗口”服务行业、行政管理部门、执法部门精神文明建设的主要内容，是规范行业行为，树立行业新风的重要途径。要大力加强领导班子和职工队伍建设，大力加强党风廉政建设和行业作风建设，大力加强法规制度建设，不断改进和提高服务条件和水平，努力塑造行业文明、廉洁、高效的新形象。

17.继续以服务人民、奉献社会为主题，以“优质服务、优美环境、优良秩序”为主要内容，以文明执法和规范服务为重点，以深入推行“三制一公开”为载体，继续深化文明行业创建活动。社会服务“承诺制”由公有制经济领域向非公有制经济领域延伸，在个体私营企业中，广泛开展“争做文明业主”活动；行政执法“公示制”由行政执法部门向所有党政机关延伸，广泛开展争做人民满意公务员活动，促进“四新”建设；生产经营“信誉制”由经营性企业向生产性企业延伸，广泛开展“讲信誉、讲质量、创名牌”活动。政务公开重点向规范执法行为、推进依法行政、搞好依法服务上深化，树立文明执法新形象。坚持“巩固、提高、延伸、辐射”的原则，文明行业建设整体上要向“窗口”行业、“窗口”单位深化，建成一批文明示范“窗口”，提高整体创建水平。

18.继续开展创建“青年文明号”，“巾帼文明示范岗”、“百城万店无假货”、“文明示范商业街”、“行风万人评”等活动，“十五”期间，确定5个文明行业示范点，30%的执法部门和“窗口”单位成为各级文明行业单位，推荐1—2个国家级的文明行业。在与人民群众密切的10个“窗口”服务行业和10个执法部门开展规范服务升级达标活动，实现“形象、服务、管理”“三达标”。加强文明风景旅游区的建设，“十五”末期，全市所有风景旅游区都建成文明风景旅游区。继续以“岗位学雷锋，行业树新风”为主题，深入开展学雷锋、学先进、树新风活动，大力弘扬雷锋精神。继续开展多种形式的扶贫济困活动。每年表彰一批学雷锋先进典型。

（五）建设优美环境，努力提高城市绿化、美化、净化水平

19.实施城市环境综合治理。加大路面卫生保洁力度，“十五”期间，一、二级马路实现16小时保洁率100%；三级马路2005年实现16小时保洁率50%以上。提高机械清扫程度，道路机械化清扫率达到80%以上。卫生保洁覆盖面从主要景观街路向小街小巷、居民生活小区延伸。城区基本消除“六乱”（乱搭建、乱摆卖、乱停放、乱拉挂、乱堆挖、乱张贴）现象。综合改造14个城市进出口，对主要街道沿线的围墙、房屋立面进行整饰。户外广告、橱窗牌匾、标志设施管理达到全国先进水平。建设工地文明施工率达80%以

上。城区除"四害"全面达标。全市食品卫生合格率达85%以上。实施"城乡结合部"的综合改造工程，建成具有现代都市氛围的文明城镇体系。

20.加强工业污染源防治和城市生态环境基础设施建设。到2005年，环境空气质量除铁西区达到三级标准外，其余城区达到二级标准；地表水环境质量达到四类标准；区域环境噪声和交通干线噪声达到功能区标准。废水、废气中重要污染物排放总量比"九五"指标减少10%以上；城市污水处理率达90%以上；工业固体废物综合利用率达75%；生活垃圾无害化处理率达100%。

21.加强城市园林绿化建设。重点加强"二环"沿线、"二环"与"三环"高速公路之间、城市出口路、铁路沿线、浑河南北滩地、南北运河以及中心城区边缘地带的绿地建设，营造城市生态绿网。按照"规划建绿"、"拆迁建绿"方针，加快中心城区公共绿地建设。新建小区应预留占小区总占地面积30%的土地作为绿化用地。到2005年，人均公共绿地面积达到6平方米以上，建成区绿地率达到30%以上，绿化覆盖率达35%以上。

22.完善城市服务功能。推进商业自动化、信息化，推广电子商务应用、电子货币结算和信用消费，满足广大市民生活需要。加强市场管理，打击制售假冒伪劣商品的行为。不断完善与市民群众生活密切相关的电力、自来水、燃气供应、邮政电信、医疗卫生等服务功能。加强城市景观建设，完善城市各项市政和旅游功能，建成食、住、行、游、购、娱六大要素协调发展的城市旅游大环境。到2005年，建成由"一环五射"高速公路和"一横两纵两环"组成的城市干道网，形成"北上南进"的高速铁路交通大通道，增辟通往世界各主要城市的航线，使沈阳成为功能齐全、设施配套的现代化综合运输枢纽。

（六）建设文明社区，努力提高居民素质、生活质量和社区文明程度

23.创建文明社区是创建文明城市活动中蓬勃兴起的新生事物，是人民群众在党的领导下创造美好生活的生动实践，是把精神文明建设任务落实到基层的有效载体。要全面贯彻落实《沈阳市文明社区(标兵)创建管理办法》，以服务人民、造福人民为基本立足点，以提高居民素质和社区文明程度为主要目标，努力建设环境优美、秩序优良、服务优质、管理优化的现代城市社区，形成崇尚先进、团结互助、扶正祛邪、积极向上的社区道德风尚，促进城市两个文明建设协调发展。

24.以提高居民综合素质为重点，加强社区教育。采取多种形式，开展"爱沈阳、爱社区"主题教育，培养社区居民的社区意识，增强认同感和归属感。开展尊老、爱幼、助残、济困等社会道德教育实践活动，建立团结互助、平等友爱的新型社区人际关系。通过市民文明学校、培训班、讲座、相互传授等形式，帮助居民掌握工作和生活所需的实用技术。广泛开展社区文化、楼院文化、楼道文化、家庭文化建设，组织健康有益的文体活动，抵制庸俗低级、封建迷信活动的侵蚀和影响。

25.以改善居民居住环境为重点，整治社区环境。继续深入开展"改善人居环境，美化社区生活"活动，从解决脏、乱、差入手，重点整治卫生死角，拆除违章建筑，增加和改进环境设施，加强日常保洁，动员和组织社区居民大搞花园式社区建设，"十五"期间，旧城区改造中，老居民小区绿地率不低于25%，新建居民小区绿地率不低于30%。预留居民健身用地，并配置相应的户外健身器材。烟尘、噪声和水污染得到控制，环境质量不断改善。"十五"期间，花园式社区达到30%。

26.以提高居民生活质量为重点，发展社区服务。深入开展"三相"(相认、相知、相助)和"四爱"(爱心牵手、爱心承诺、爱心服务、爱心奉献)活动，组织群众性互助服务，发展面向社区残疾人、老年人、优抚对象和困难群众的福利性服务，提供全面、方便、优质的经营性服务，努力为下岗职工和特困群体排忧解难。"十五"期间，建立市、区两级百姓生活服务信息系统，建立市、区、街道、社区四级社会化服务求助系统，形成较完善的社区服务网络，并实现产业化、实体化、网络化。"十五"期间，100%的社区基本做到社区办公室、警务室、医务室、文体活动室和社区求助服务站"四室一站"配套达标。社区内各单位文化体育设施和服务设施有条件对居民开放，实现社区资源共享。

27.以增强居民安全感为重点，优化社区秩序。加强法制教育，建立健全规范居民行为的规章制度，引导社区居民增强遵纪守法意识，养成良好的行为习惯。加强防火、防盗、防自然灾害、防破坏的"四防"宣传，建立专群结合的治安防控体系，落实各项防范和管理措施，有效地减少刑事案件、治安案件、火灾事故，切实保障社区居民人身和财产安全。加强人民调解工作，积极疏导化解各种矛盾纠纷，减少群体上访案件，维护社会稳定。

（七）建设文明村镇，努力提高农民素质、生活质量和农村文明程度

28.创建文明村镇是广大农民移风易俗、改造农村的新创举，是创建文明城市的重要组成部分，是实现农业和农村现代化的有效途径。要立足农业、农村、农民的实际，以提高农民素质、提高农民生活质量、提高农村文明程度为目标，着力培养有理想、有道德、有文化、有纪律的新型农民，努力把我市村镇普遍建成社会风气良好、环境整洁优美、文化生活丰富多彩、医疗条件和教育设施比较先进、村民安居乐业的社会主义新农村。

29.深入开展文明创建活动。继续搞好"十星级文明户"、"十星级文明村镇"和"十星级文明乡镇企业"的"三创建"活动，推进文化、科技、卫生"三下乡"，组织开展科技致富状元赛、田园文化名人赛和农民体育冠军赛"三大赛"活动，切实抓好村屯环境、交通秩序和社会治安"三整治"，到2002年，"一带四区三线"精神文明建设示范点——10个乡镇、30个村(屯)全部达标，以点带面，大面积提高农村文明创建的水平。

30.深入开展城乡文明共建活动。充分发挥城市两个文明建设的辐射作用，通过城乡结对子，促进农村干部群众学理论、学政治、学科技、学文化、学法律和良好村风的形成，建设高标准文明村；促进村屯环境的改善，建设"三化"(净化、绿化、美化)村；促进招商引资和村户经济的发展，建设小康村；促进农村热点、难点问题的解决，多为农村和农民办实事，提高城乡群众思想道德和科学文化素质，提高精神文明创建活动质量，提高城乡经济发展水平。"十五"期间，全市城乡共建村达到30%。

31.加强农村文化阵地建设。完善区县(市)图书馆、影剧院、体育场的建设。"十五"期间，全市村镇"三室一场"(图书室、文化活动室、广播室和文化活动广场)、"三栏一校"(阅报栏、宣传栏、村务公开栏和农民文明学校)建设全部达标。管好、用好文化设施，通过丰富多彩的活动，用健康向上的思想文化占领农村阵地，为农民提供良好的精神食粮。

（八）创建具有沈阳特色的社会主义先进文化体系，努力提高城市文化品位

32.建设有中国特色社会主义文化，是凝聚和激励各族人民的重要力量，是综合国力的重要标志，是现代化建设的重要目标和保证。要立足沈阳的实际，坚持以马列主义、毛泽东思想、邓小平理论和江泽民同志"三个代表"重要思想为指导，以爱国主义、集体主义、社会主义的思想道德为核心，以培育"四有"新人为目标，积极吸收古今中外一切优秀文化成果，大力倡导健康、科学、奋发向上、推动社会前进的文化，坚决抵制颓废、反科

学、消极落后、阻碍社会进步的文化，面向现代化、面向世界、面向未来，努力建设既体现时代精神，又具沈阳特色的先进文化体系。

33. 实施新一轮"十百千"工程。充分挖掘沈阳丰富的近现代史题材，发挥优势，集中攻关，创作、生产一批思想性和艺术性相统一、深受群众欢迎的优秀文艺作品图书精品，"十五"期间重点推出10部在全国有重大影响的精品力作。加强文化艺术工作者队伍建设，重点造就一批在全国有影响的45岁左右的各艺术门类的中青年骨干和学术带头人，培养一批有志奉献文艺事业、具有发展后劲的文艺新秀。发挥沈阳历史文化名城的优势，抢救、保护和恢复具有传统特色的重点建筑、文化街区和历史遗址，大力开发文化旅游，形成关东特色与时代气息交相辉映的城市文化风貌。

34. 加强城市文化设施建设。重点建设沈阳博物馆、沈阳美术馆、沈阳音乐厅、沈阳市图书馆、沈阳市群众艺术馆等一批展示沈阳现代文明形象的文化标志性场馆，建设国际会展中心、科普公园等一批文化设施，开发公共文化场所，开辟文化广场、河畔花园、临街空地等群众文化活动场所。主要交通干道、广场、公园、学校、企业建起展示沈阳形象和时代精神的雕塑、天幕、阅报栏、广告牌和电视墙，营造现代化中心城市良好的人文环境。

35. 大力发展文化产业。确定沈阳文化产业化发展战略，形成现代、开放、多元、高品位的文化发展模式，建立起与沈阳产业结构调整相适应的，以新闻出版、广播电视、广告印刷、演出经营业、文博旅游为支柱，以高新技术为支撑的多元化产业发展格局，培育一批在国内有影响的文化支柱产业，形成强大的事业发展后劲。不断提高文化产业增加值在全市国内生产总值中的比重，使文化生产总量在全国文化市场占有更大份额，到"十五"末期，把沈阳建成东北地区门类齐全、规模较大、辐射较强的文化产业基地。广泛开展文化艺术交流活动，不断扩大沈阳文化艺术在国内外的影响。

36. 丰富活跃群众文化活动。加强群众文化阵地、活动、队伍、服务四大网络建设，积极开展企业文化、社区文化、校园文化、村镇文化、家庭文化等群众文化建设，继续办好周期性的大中专学生艺术节和广场文化节，提高市民文化生活质量。切实加强对影视音像、图书报刊、演出娱乐市场的管理，认真做好保护知识产权工作，严厉打击制黄、贩黄、盗版、走私活动，堵塞非法、盗版出版物生产和流通的漏洞，繁荣文化市场，满足人民群众的精神文化需求。

四、保障措施

37. 完善领导体系。各级党委和政府必须始终坚持"两手抓，两手都要硬"的方针，高度重视文明城市建设，把两个文明作为统一的奋斗目标，一起部署，一起落实，一起检查。市委常委每半年专题研究一次精神文明建设工作，全市每年召开一次精神文明建设工作会议。制定《沈阳市创建文明城市工作目标考评办法》，由各有关部门组成市民思想道德建设、党政机关"四新"建设、政风行风建设、城市建设和管理、科教文体事业发展和宣传舆论六条工作线，各司其职，分工合作，齐抓共建。结合机构改革，进一步健全各级文明委及其办事机构文明办，解决人员编制、经费问题，使其充分履行指导、协调、检查职责。宣传思想文化部门和单位要充分发挥自身优势，在创建工作中作出重大贡献。重视各级人大代表、政协委员以及基层政权组织、群众自治组织在创建工作中的作用，把精神文明建设各项任务落实到基层。

38. 培养和造就一支政治强、业务精、作风正、纪律严，能够肩负起跨世纪精神文明建设重任，适应新形势要求的高素质的宣传思想文化教育工作队伍。宣传工作者、思想工作者、文化艺术工作者、新闻出版工作者、哲学社会学工作者、教育工作者和科技工作者等都是精神文明建设的骨干力量。各级党委和政府要切实关心他们，为他们创造较好的工作条件。要充分认识教育和科技在精神文明建设中的重要地位，充分发挥教育和科技工作者的重要作用。制定《沈阳市2001年—2005年宣传思想文化教育系统干部培训规划纲要》，重点抓好各级宣传思想文化教育部门和理论、新闻、出版、文艺单位中层以上干部、业务骨干及企业、农村基层政工干部的培训。加强宣传思想文化教育战线各部门领导班子建设，使政治坚定、业务过硬、群众信任、富有开拓精神的年轻干部进入各级领导班子。

39. 不断务实创新。适应人们活动方式、思维方式、价值取向的新变化，适应人民群众精神文化生活的新要求，精神文明建设要在继承中加强，在加强中创新，在创新中提高。结合经济发展中人的思想实际，适应现代社会发展的趋势，密切关注与群众利益息息相关的问题，增加群众关心、欢迎的内容。对现有的创建活动载体加以创造性地改造，增强其吸引力和感染力，努力把报刊、电台、电视台变成群众参与活动、展示自身形象、提高综合素质的舞台。加强对"网民"的精神文明建设。切实解决方法手段陈旧、滞后的问题，并注重法律约束、行政监督、经济杠杆等手段的综合运用，提高精神文明建设的针对性、实效性、主动性、创造性。

40. 加快文化产业的发展。深化文化体制改革，打破传统的行业管理方式，建立各种文化中介机构，盘活文化资产存量。成立沈阳市文化产业发展协调领导小组，制定文化产业发展的五年规划，组建若干个文化产业集团，进一步加强沈阳报业集团和出版集团的建设，不断提高沈阳文化名城的地位。

各区县(市)党委和政府要把发展文化产业纳入经济社会发展的总体规划，制定文化产业政策，推动文化内需。加快文化娱乐市场、演出市场、艺术拍卖市场等传统文化市场的产业化。办好具有标志性的大型文化节庆活动。

41. 切实增加精神文明建设的投入。继续认真落实《国务院关于支持文化事业发展若干经济政策的通知》(国发[2000]41号)精神。随着经济的发展，各级政府要增加对精神文明建设的投入，增加幅度不低于财政收入的增长幅度。采取多种形式，积极吸引内外资金兴办教育、科技、出版、文化、卫生、体育事业，举办和支持各种精神文明创建活动。对政府兴办的图书馆、科技馆、博物馆、文化馆等公益性事业，应给予经费保证。加大对重点精神产品、艺术院校、表演团体和国家重点文物单位的扶持力度。加强宣传文化事业的基本建设。

承办"十强赛"中国队主场赛事

【概况】 2001年8月25日至10月13日，世界杯外围赛亚洲赛区"十强赛"中国队的四个主场比赛在沈阳五里河体育场举行。中国队四个主场大获全胜，并提前两轮夺得了世界杯的出线权，圆了中国人44年的足球梦。"十强赛"是沈阳市有史以来承办的最高级别的国际体育赛事，在十强赛期间，韩国前任总理李洪儿，国际足联副主席、韩国足协主席郑梦准，亚足联秘书长维拉潘，阿联酋王子萨义德，以及有关国家驻华大使亲临沈阳五里河体育场观看比赛。李岚清副总理亲自来到五里河体育场视察并慰问国家队教练和全体队员，并做了重要指示。闻世震、薄熙来、张行湘、陈政高等省、市主要领导也先后到五里河体育场检查改建工程，为改建工程做出决策。保证了十强赛各项工作的顺利进行。

“十强赛”期间，有20多个国家和地区5000余人的足球官员、新闻记者、客商和球迷，国内8万余宾客云集沈城，全市旅游接待人次比上年同期大幅增长，由“十强赛”带来的旅游、交通、通讯、商饮服等相关行业的收入达到10亿元以上，其中体育产业开发仅十强赛门票收入一项就达5400余万元。

“十强赛”的成功举办，极大地振奋了沈阳人民的精神，扩大了沈阳市的对外影响，推动了沈阳旅游等相关经济的发展。特别是用商业运作的方式来承办比赛，为加快沈阳市体育产业的发展积累了有益的经验。同时，也让世人看到了沈阳这座古老城市所展现出的新精神、新风貌，使沈阳和中国足球一起走向了世界。

（何　悦）

【争得主场承办权】 沈阳市申办“十强赛”的设想从2000年年初就已经成形并付诸实际准备。在整个申办活动中，沈阳市的申办准备工作全面而细致，并为此付出了相当大的努力。在确定申办城市的前两个月，沈阳市申办工作领导小组就按照世界杯足球赛的有关要求准备了包括场地设施、驻地、交通、气象、通讯、安全保卫、环境保护、组织经验、群众基础等相关方面的资讯资料，并不断充实，以应变可能发生的情况，甚至已经考虑到了可能出现的各种事态，并制订了应急的预备方案。

在2月1日上午的申办陈述会上，沈阳申办代表团副团长隋路向中国足协诚恳阐述了沈阳市主办“十强赛”的五大优势：一是有政府的高度重视和全力支持。这次申办就是以沈阳市政府的名义提出申办要求的。二是在8月和10月间，沈阳市在气候条件方面具有相当的优势。三是沈阳市被誉为中国足球的风水宝地，举办大型比赛组织经验丰富。在1989年世界杯足球预选赛中，中国队曾在沈阳以2：0的相同比分，分别战胜过伊朗队和泰国队，有相对成熟的球市和十分雄厚的群众基础。四是能够保证五里河的比赛场地达到国际足联的规定标准，更换由美国技术栽培的草毯式耐寒高等级草坪，这在目前是全国独一无二的。此外五里河还将增建地热设施，以确保主场比赛草坪在10月下旬以后不发生变化。最后一点是满足中国足协提出的条件，即把确保中国队获得出线权作为沈阳市的申办宗旨。这一点最能体现出沈阳的申办决心和魄力。

这次申办，全国共有九个城市参与竞争，分别是上海、杭州、西安、沈阳、广州、昆明、抚顺、柳州和无锡。经过中国足协的第一轮筛选，抚顺、柳州和无锡被淘汰。全国各大新闻媒体对此事极为关注，对参加申办的各城市从不同角度来分析优势和劣势。从硬件设施上来说，上海是最好的。当时中国队的赞助商和推广商ISL公司考虑到商业利益，也极力推荐把“十强赛”放在上海举办。昆明有着优越的地理位置与气候条件，属于高原气候，海拔近2000米，而中国队的可能对手都不适应高原，一般人都认为昆明的高原对中国队的比赛会有所帮助。广州的商业地位仅次于上海，也富有承办大型国际赛事的组织经验。西安则是近年来中国球市人气最旺的城市之一。每个申办城市都抱定申办必成的信心和决心，竞争极为激烈。

2001年2月1日16时整，中国足协召开新闻发布会，正式对外宣布：经中国足协审定，在入围的六个主要申办城市中，沈阳市最终成为2002年世界杯外围赛亚洲区决赛中国国家队主场比赛的主办城市！

中国足协在表明将“十强赛”主办权选定沈阳的依据时就表示，“十强赛”预定在8月到10月间进行，这段时间是沈阳一年中最好的季节，沈阳气候条件要优于其它城市；其次是沈阳为承办“十强赛”已经对五里河体育场进行了大规模的翻修，4月份即可完工。完工后的五里河体育场的硬件条件将完全能够满足中国队主场比赛的需要；第三，沈阳的足球传统悠久，群众基础雄厚，高水平的足球人才辈出，曾为历届的国家队提供了大量优秀球员，而且沈阳的球迷在全国颇负盛名。再有一个不可忽视的因素是，本届国家队当中大多数的球员都是来自北方，他们对沈阳的气候、水土都较为适应。把中国队的主场放在沈阳，有利于以北方球员为主组成的国家队正常发挥水平。中国足协在考虑世界杯的主场时，虽然顾及到了其它一些因素，但最根本的一点就是：所定主场是否有利于中国队充分发挥出正常的水平。沈阳通过争取，抓住了历史的机遇。

（何　悦）

【五里河体育场改造】 获得主办权之后，沈阳迅即成立了由市委和市政府各相关部门人员组成的“十强赛”组织委员会。到4月中旬，有关中国队比赛主场五里河体育场改造工程的各项招标工作便已宣告完成。整个改造工程分三期进行，一期为场地加温系统、赛场天然草坪、训练场天然草坪、安全监控系统。二期为消防设施、赛场灯光新闻发布厅及设备设施。三期为走廊及功能房间、记者直播席等。

五里河的改造工程共有94项，其中最大的当数内场地的改造。为了保证比赛场地达到国际先进水平，五里河引进了美国的地热系统，同时还铺设了面积7000多平方米的进口草皮。完工后的五里河场地达到国际一流水准，不管是下雨还是下雪，都不会影响比赛的质量。草坪地热系统将保证五里河体育场在11—12月份还能青草如茵，这是国内继上海虹口体育场之后第二家拥有此项先进系统的赛场。组委会花巨资购进了一套日本生产的数字化监控安保系统，这套设备是国内目前最先进的。防火报警和灭火喷淋系统也是全新配置，40套由美国ALAVADO公司生产的门禁安检系统，全部采用最先进的材料制造，这套系统在全国绝无仅有。新改造的新闻发布厅、官员休息室、裁判员休息室、运动员休息室、兴奋剂检测中心、记者直播席、指挥控制中心等都按国际先进标准改建。到7月下旬的时候，五里河体育场的硬件设施便已经全部进入安装检测阶段。到8月中旬五里河体育场的软件，硬件设施全部就绪。

沈阳全市上下为筹备“十强赛”所作出的努力也给中国足协的领导留下了极为深刻的印象。在中国足协对第一阶段沈阳筹备工作进行验收检查时，亚足联副主席张吉龙说：“这次来沈阳进行考察，令我最满意的地方，同时也是给我留下印象最深的就是，上到市委、市政府，下到普通老百姓，都对目前的准备工作充满了信心，他们的热情是我以前从没有见过的。”中国足协专职副主席阎世铎对沈阳主场进行最后一次全面考察后认为：“我们到沈阳来考察感到非常满意。从沈阳市政府和人民到组委会，对十强赛中国队主场的各项筹备工作做了相当多的工作，可以说没有沈阳市人民的支持，没有政府的关心，没有全社会的投入，特别是辛勤劳动的工程技术人员的努力工作，就不会有今天这样一个良好的工作局面。在此向沈阳各界表示感谢。”

（何　悦）

【中国足球走向世界】 2001年10月7日，中国队在沈阳以1：0击败阿曼队，以五胜一平积16分的战绩，在2002年世界杯亚洲区“十强赛”B组中提前两轮出线，从而在七次冲击世界杯的艰苦征战中第一次获得成功。中国队八场比赛成绩如下：8月25日，主场以3：0击败阿联酋队；8月31日，客场以2：0击败阿曼队；9月7日，客场以1：1战平卡塔尔队；9月15日，主场以2：0战胜乌兹别克斯坦队；9月27日，客场以3：0战胜阿联酋队；10月7日，主场以1：0战胜阿曼队；10月13日，以主场以3：0战胜卡塔尔队；10月19日，客场以0：1小负乌兹别克斯坦队。

（何 悦）

【荷兰村之夜——欢迎中国足球队，答谢社会各界晚会暨中国足球“龙之队”特别颁奖典礼】 10月24日晚，沈阳市五里河体育场再一次成为欢乐的海洋，成为全国球迷关注的焦点。为中国足球队庆功的“荷兰村之夜——欢迎中国足球队，答谢社会各界晚会暨中国足球——‘龙之队’特别颁奖典礼”在这里隆重举行。伴随着满场迎风招展的国旗，伴随着观众们的一阵阵欢呼，国足的健儿们同沈城人民一起度过了一个高歌奏凯、万民同庆的夜晚。

当天晚上的活动是由中国足协、沈阳市政府、中央电视台共同主办的。国家体育总局副局长李富荣，副省长、市长陈政高，省长薄熙来先后在晚会上致词。李富荣在致词中代表国家体育总局、中国奥委会、中华全国体育总会对中国男足获得了第17届世界杯的决赛权表示热烈祝贺。他说，我们的足球健儿在这次比赛中发扬了不怕困难、不畏强手、团结奋战、顽强拼搏的精神，实现了足球界几代人和亿万人民心中的宿愿，也圆了中国足球冲出亚洲走向世界的梦。李富荣还代表国家体育总局和中国足球协会感谢全国广大球迷、社会各界、新闻媒体和赞助商们多年来对中国足球事业的大力支持；感谢辽宁省委、省政府，沈阳市委、市政府和广大公安干警、武警官兵对“十强赛”组织工作所作出的努力。李富荣特别强调，沈阳市作为中国队主场的承办城市，为中国足球队在训练、生活、比赛方面创造了良好的条件，为中国足球队在主场取得全胜作出了积极的贡献。李富荣希望中国足球队能够认真总结经验，谦虚谨慎，做好工作，力争在明年的世界杯决赛中取得好的成绩。

薄熙来在致词中说，不久前，我们在沈阳的五里河体育场组织了中国足球史上著名的“辽沈战役”，并且取得了全胜。这是中国足球的光荣。中国的足球队很英勇，球队的教练队伍很高明，中国的球迷很热情。特别是国家体后总局、中国足协很英明，作出了把主场放在沈阳的决策。薄熙来希望国家今后把更多的重大赛事放在辽宁。

陈政高在致词中说，中国足球是在沈阳出线的，这是我们这个城市永远的光荣。中国足球队带给沈阳人民的不仅是欢呼，不仅是荣誉，还有一种强大的精神力量。我们要把这种力量化作建设沈阳的实际行动，向着更加美好的未来前进。

在颁奖典礼上，举行了2002年世界杯预选赛亚洲区决赛特别贡献奖的颁奖仪式。国家体育总局副局长李富荣，辽宁省委书记闻世震，辽宁省委副书记、沈阳市委书记张行湘，中国足协副主席王俊生、南勇、张吉龙向公安部、辽宁省政府、沈阳市政府、辽宁省公安厅、辽宁省体育局、省武警总队、沈阳市体委、市足协、市公安局及中国足球队运动装备赞助商和参与“十强赛”组织接待等工作的省内、省外各有关部门颁奖。

中国足协副主席阎世铎为中国足球队颁发了2001年中国足球“龙之队”特别贡献奖。中国足球代表团团长南勇分别在晚会上讲话。在晚会的间隙中国足协副主席王俊生，老教练员、老运动员年维泗、曾雪麟、高丰文、左树声、唐尧东、董礼强等，已故老运动员姜杰祥的家属分别走上舞台同广大球迷见面。来自全国各地的球迷代表也在晚会上同大家见面。

中国足球队主教练米卢和队员们的出现，把整个晚会引向了高潮。队员们和演员们一起高歌《真心英雄》，并把写有队员签名的足球送给了几个月来一直为中国足球摇旗呐喊的沈阳主场的球迷们。晚会上，那英、姜育恒等著名演员们还表演了精彩的文艺节目。

晚会结束后，荷兰村还举行了盛大的焰火晚会。

（何 悦）

【李岚清、李铁映、荣毅仁电贺中国足球队】 新华社北京10月7日电，中共中央政治局常委、国务院副总理李岚清今天致电祝贺国家体育总局并转中国足球队。

李岚清在贺电中说，欣闻中国足球队在第17届世界杯预选赛亚洲区决赛阶段比赛中，以优异的成绩提前两轮取得了参加第17届世界杯决赛资格。这是你们团结奋斗、顽强拼搏的结果，祖国人民为你们感到骄傲。我代表党中央、国务院向你们表示热烈的祝贺和亲切的慰问。希望你们再接再厉，为我国体育事业做出新的贡献。

新华社北京10月7日电，中国足球协会名誉顾问李铁映今天致电国家体育总局和中国足球协会，祝贺中国足球队取得的佳绩。

李铁映在贺电中说，欣闻中国足球队以5胜1平积16分的成绩，提前两轮获得2002年世界杯足球赛决赛资格，终于实现了“冲出亚洲，走向世界”的誓言，为中国足球运动写下了历史性的新篇章。特此表示由衷的祝贺。他说，希望你们不骄不躁，刻苦训练，打好最后的两场比赛，以实际行动为此次十强赛画上圆满的句号。

新华社北京10月7日电，中国足球协会名誉主席荣毅仁今天致电国家体育总局和中国足球队，对中国足球队表示最热烈的祝贺和亲切的慰问。

荣毅仁在贺电中说，欣悉中国足球健儿主场以1：0战胜阿曼队，从而以积16分的佳绩，提前两轮获得2002年世界杯足球赛决赛资格，终于实现了中国足球“冲出亚洲，走向世界”的梦想，为中国足球运动树立了新的里程碑，为祖国52周年华诞献上了一份特殊的厚礼。

（何 悦）

【境外媒体盛赞中国足球队出线】 中国足球队获得2002年日韩世界杯出线权的消息，不仅极大地振奋了中国人的精神，也给国际体坛带来了极大的震撼，各国和地区媒体纷纷以大篇幅及时报道了这桩盛事。

大多数韩国报纸8日在显著位置报道中国足球队战胜阿曼队，提前两轮获得参加韩日世界杯足球赛决赛阶段参赛资格的消息，并认为中国队挺进世界杯赛的意义“不亚于北京获得2008年奥运会主办权”。

巴西《圣保罗之页》的报道说，世界上人口最多的国家中国终于冲出亚洲，走向世界，进入世界杯决赛。这是历史性的突破，令世界足球界感到振奋。

《环球报》的报道说，中国队的胜利应该归功于主教练米卢蒂诺维奇和全体队员。这将是这位南斯拉夫教练第五次率不同国家的足球队参加世界杯赛，在他的率领下，东方巨龙终于实现了历史性突破。

伊朗权威的波斯文《体育消息报》8日在头版发表了《中国人庆贺足球走向世界》等三篇文章，报道了中国队在十强赛中勇创佳绩，取得进军日、韩世界杯赛的资格。报道说，中国队获得出线权后，整个国家都沸腾了，人们涌向街头以各种方式庆祝这一期待已久的胜利。

德国一些报纸也综合报道了中国队进军世界杯决赛圈的消息，使用的题目是中国队出线。

西班牙三大报纸8日用整版篇幅，显著刊登中国足球队7日战胜阿曼队后提前领到参加世界杯决赛阶段入场券的文章和照片，高度赞扬中国球员的拼搏精神和教练米卢的正确用兵布阵，认为“中国足球正在缓缓崛起”。

《世界报》用一个整版进行了报道。《国家报》的文章认为，中国足球的改革是一个重要原因，比如实行俱乐部制度，国家不再死管，球员可以到国外踢球等。

[法新社]中国今天在世界杯足球赛预选赛亚洲区十强赛B组的比赛中，以1∶0战胜阿曼队，获得了明年参加在日本和韩国举行的世界杯决赛的资格，从而确保了中国有史以来第一次前去参加足球界最负盛名的体育赛事——世界杯足球赛。

[共同社]在2002年世界杯决赛日益增加的客人名单中，中国队今天成为最新的一员。这是世界上这个人口最多的民族在历史上第一次有资格进入世界杯足球赛决赛。作为体育大国的中国终于在足球项目上也走到世界最高舞台。对中国体育而言，继北京申奥成功后，中国又一次实现了历史性的突破。整个中国沉浸在一片欢乐的氛围中。中国队在7日获得的胜利，令全国亿万球迷欣喜若狂。对于中国共产党而言，这也是重新恢复党的凝聚力的大好时机。由于中国的出线，使得包括主办国日本和韩国在内的东亚三支球队都能够在世界杯上同时亮相。

[路透社]中国队今天首次取得了进军世界杯决赛圈的资格，面对着全场约6万名球迷，中国队在阴冷的细雨中表现得有些紧张，但这足以打破了中国队未能进军世界杯的怪圈。这个怪圈可以一直追溯到50年代。沉闷的比赛多少使数以亿计的电视观众有些失望，但比赛的胜利意味着中国队还有两场比赛未打就已获得了参加2002年日韩世界杯的资格。

[美联社]中国队通过精彩的表现保证了自己2002年在日本和韩国举行的决赛中拥有一席之地，从而成为亚洲首个提前出线、进入决赛的国家。比赛的胜利使得中国队在六场赛事中共积得16分，高居B组积分榜榜首。

[德新社]中国今天成为获得2002年世界杯足球赛决赛入场券的第20支球队。

（何　悦）

【市委市政府表彰承办“十强赛”有功之臣】 10月24日，沈阳市在辽宁大剧院一楼大厅隆重表彰了成功承办“十强赛”主场的有功之臣。国家体育总局副局长李富荣，市委书记张行湘，市长陈政高，分别在大会上盛赞沈阳成功举办“十强赛”凸显出的“沈阳精神”。副市长吕亿环主持会议。

陈政高在简要回顾沈阳市承办“十强赛”的过程时说，经过艰苦不懈的努力，主场条件优势并不明显的沈阳终于争得了“十强赛”承办权，而且仅用160天就完成了94个改建项目，使存在诸多问题的五里河体育场焕然一新，达到一流水平。在组织比赛中，沈阳各项接待工作有条不紊，广大公安干警保障有力，热情的球迷火爆文明，为大赛的顺利进行作出了贡献。五里河体育场成为饮誉中外的一块名牌，被誉为中国足球的“福地”。人们在关注、欢呼中国足球队冲出亚洲走向世界的时候，把视线投向沈阳。陈政高说。沈阳成功承办“十强赛”扩大了城市对外的影响，推动了旅游业等相关经济和体育产业的快速发展，改善了城南的整体环境，振奋了人民群众的精神，意义重大。沈阳人由此激发的骄傲和自豪感一定会转化为巨大的物质力量，进一步把沈阳的工作搞上去。

会上，李富荣代表国家体育总局向沈阳市委、市政府，“十强赛”组委会，公安武警官兵，沈阳市人民，广大球迷和新闻工作者致以崇高的敬意和衷心的感谢。他说，中国足球经过半个世纪的不懈努力，终于实现了历史性突破。在沈阳市委、市政府的领导下，沈阳“十强赛”组委会出色的组织工作，以“团结、实干、求知、创新”为内容的“沈阳精神”，为国家足球队取得优异成绩创造了良好的条件。沈阳乃至全国的球迷热烈而又有序的助威呐喊，给国家足球队队员极大的鼓舞和鞭策，特别是辽宁沈阳广大公安干警和武警官兵不辞辛苦，为“十强赛”的顺利进行起到了保驾护航的作用。在最初的情况下，敢于申办“十强赛”主场的承办权，表现了沈阳市委、市政府的魄力和勇气。沈阳在支持中国足球的同时，树立了良好的形象，提高了在全国和世界的知名度，这是一笔巨大的财富。

市委常务副书记崔文信宣读了市委、市政府关于表彰成功承办“十强赛”主场比赛先进单位和个人的决定，与会领导为先进单位和个人颁奖。

张行湘发表了热情洋溢的讲话。他代表市委、市政府向受表彰的先进单位和个人表示热烈的祝贺，并向为沈阳承办这次赛事给予支持和帮助的国家体育总局、中国足协及中国足球队教练员、运动员表示诚挚的感谢。

（何　悦）

【“五里河精神”镌刻沈阳形象】 沈阳记录了“十强赛”的历史，“五里河”见证了中国足球的历史一瞬。

“五里河”其实就是“沈阳精神”伸出的一个触角，是“沈阳精神”质的一种细微量化。最直接的——“五里河精神”是“沈阳精神”衍生出的一个品牌，一个更生活化的、更容易触摸的形象。“十强赛”更像个引子，“五里河精神”才是这座城市真正要发现和寻找的内容，通过“五里河精神”凸现沈阳形象。透过足球看足球，“五里河精神”带来的是中国足球从未有过的欢乐，国足这一个演出集体淋漓尽致地演绎着——不仅团结、实干，更努力求知、创新，完成向新的历史高度的超越。透过足球看沈阳，沈阳的“美”，藏在“五里河精神”，印刻在承办国际大赛中表现出的城市软硬件综合统筹、运作实力；挥洒在沈阳人需要证明自己的时候表现出的上下一心，埋头苦干，凡事求知，创造奇迹的可贵精神。如果说是“十强赛”让沈阳这座城市的形象集中体现在“五里河精神”，那么也是借助“十强赛”，“沈阳精神”下的“五里河精神”把沈阳这座城市形象更直观化地、更具体化地推向世界。

（何　悦）

【沈阳市五里河体育场大事记】 1989年，全国第二届青少年运动会在沈举行。为迎接此次比赛，沈阳市建成了五里河体育中心。

1990年4月29日，辽宁队在这里以2比1战胜日本尼桑队，在客场与对手战成1比1，最终以3比2总比分的成为中国第一支夺得“亚洲足球俱乐部杯赛”冠军的球队。

1991年至1995年，这里作为辽宁足球队的主场，见证了辽宁队从兴盛到衰落的全过程。

1995年辽宁足球队降组，体育场看台上的“星星点灯”伴随着辽足队员们的泪水让人记忆犹新。

2000年，沈阳足球队将这儿定为主场，并在著名外籍教练涅波的带领下取得了历史最好成绩——甲A第七名。

2001年，沈阳市取得了“十强赛”的举办权。各级部门为了办好本次比赛，做了大量工作，这里的各种软、硬件经过整改，现已达到国内先进水平。

2001年8月25日至10月13日，中国足球队在这儿进行了4场主场比赛，大获全胜，第一次闯进世界杯决赛圈。

（何　悦）

沈　阳　概　貌

自然概况

【位置与地貌】 沈阳位于中国东北地区的南部，辽宁省的中部，在东经122度25分9秒—123度48分24秒、北纬41度11分51秒—43度2分13秒之间。东西长115公里，南北长205公里。

沈阳市国土总面积为12980平方公里，其中城区面积185平方公里。沈阳地区以平原为主，地势平坦，平均海拔50米左右，山地丘陵集中在东北、东南部，属辽东丘陵的延伸部分。西部是辽河、浑河冲积平原，地势由东向西缓缓倾斜。全市最高海拔高度为447.2米，在法库县境内；最低海拔高度为5.3米，在辽中县于家房镇。

沈阳的森林面积为14.7万公顷，草场面积为8.24万公顷，水资源总量为32.6亿立方米/年，地下水21.2亿立方米/年，水域13.7万公顷。沈阳的周围有风景秀丽的辉山、天柱山和碧波荡漾的浑河、辽河、北沙河、新开河、南运河等。

（王利明）

【历史沿革】 沈阳市位于浑河北岸，浑河古称沈水，因古代以水北为阳，故称沈阳。沈阳历史悠久，远在7200年前，先民们便在这里农耕渔猎，繁衍生息，创造出新乐文化，经测定属新石器时期。春秋战国时期，秽貊、肃慎、东胡、华夏等各族共同开发着这块土地，据郑家洼子出土的青铜短剑等文物表明，那时沈阳已进入青铜文化时代。公元前300年（燕昭王十二年），燕国名将秦开在此屯兵戍边，设立候城，为沈阳建城之始。秦始皇统一六国后，分天下为36郡，沈阳属辽东郡境。西汉时沈阳是东北的军事重镇，为中部都尉治所，已初具县邑规模。公元前108年（汉武帝元封三年）设玄菟郡。经魏晋至隋唐，沈阳地区部分属辽东郡，部分为玄菟郡所辖。公元668年（唐总章元年）后，隶安东都护府。公元921年（辽神册六年），在沈阳境内设置沈州，筑有土城。1116年金太祖完颜旻攻克沈州后，在境内设驿站多处，扼守交通，并发展了瓷器、铜镜等手工业。13世纪初元金交兵时，沈州土城被毁。1296年（元元贞二年），元改沈州为沈阳路，至此沈阳见于史册，并重筑土城，沈阳已成为关内外交通要冲、商品交易集散地和文化联系纽带，是东北重镇之一。1372年（明洪武五年）明军攻克沈阳，1386年改沈阳路为沈阳中卫。为加强防御，1388年在元代土城基础上新建砖城，设东南西北4门，并在城内修“十”字街通向各门。此时，在沈阳附近有开原、广宁、抚顺3大马市，促进了沈阳商业、手工业发展。1621年（清天命六年），后金汗王努尔哈赤领兵攻占沈阳，1625年把都城从辽阳迁至沈阳，将明代砖城加宽加高，改4门为8门，将城内“十”字街改为“井”字街，并大兴土木，修建了融汉、满、蒙、藏等各族文化艺术特色的宫殿及寺塔。1634年（清天聪八年），皇太极改沈阳为盛京（汉文为天眷盛京、满文音为谋克敦、英译Mukden）。1644年（清顺治元年）迁都北京后，清以沈阳为陪都，并于1657年（清顺治十四年）以“奉天承运”之意在沈阳古城区设奉天府，这便是沈阳又名奉天的由来。19世纪中后期，沈阳城内民族手工业和工商业迅速发展，关内外交往规模不断扩大，沈阳逐渐成为关外政治、经济、文化中心。1911年辛亥革命后，沈阳成为奉系军阀首领张作霖统治东北的中心，修铁路、开矿山、办工厂、建银号，使沈阳近代工业得到长足发展。1923年8月，奉天省划沈阳县城区及商埠地一带为市区，正式设立奉天市政公所，沈阳首次出现市的建制。1928年6月3日，张作霖被日军炸死于皇姑屯三洞桥后，张学良执政，于同年12月29日在沈阳宣布“东北易帜”，并于1929年4月2日将奉天市改名为沈阳市。1931年日本帝国主义发动“九·一八”事变并侵占沈阳，将沈阳市改为奉天市。1945年8月抗日战争胜利，八路军进驻沈阳，奉天市恢复沈阳市名称。10月10日，沈阳市民主联合政府成立，白希清任市长，焦若愚任副市长。1946年3月，国民党军队进驻沈阳并发起内战。1948年11月2日，沈阳获得解放。11月3日，沈阳特别市政府成立，隶属东北行政委员会，朱其文任市长，焦若愚任副市长兼秘书长。同月20日，市政府决定将市内22个区合并为沈河、大东、北关、北市、南市、铁西、皇姑、和平8个区。1949年5月1日，沈阳特别市政府改为沈阳市人民政府，同年8月沈阳市隶属东北人民政府领导。1953年2月，苏家屯镇改为苏家屯区，沈阳市辖区增至9个。1953年3月12日，沈阳市改为中央直辖市。1954年8月11日，沈阳市改为辽宁省辖市。1955年1月21日，沈阳市人民政府改称沈阳市人民委员会。1959年1月1日，辽宁省人民政府决定将原铁岭地区的铁岭、法库、康平、开原、昌图、西丰和原辽阳专区的沈阳、辽中、新民、台安10个县划归沈阳市领导，沈阳市共辖9个市区、10个县。同年2月24日，市人民委员会撤销北市、南市、北关3个区的建制，并入和平、沈河、大东等区。同年12月31日，撤销沈阳县建制，其所辖地区分别划入市内邻近各区，并设立新城子区。1964年3月16日，中共辽宁省委决定设立沈阳专区，将沈阳市所辖的铁岭、法库、康平、昌图、开原、西丰、新民、辽中、台安9县划归沈阳专区领导。1964年3月24日，市人民委员会决定设立东陵、于洪两个郊区。1968年5月10日，沈阳市革命委员会成立。1969年12月26日、1970年1月1日，辽中县、新民县分别划归沈阳市领导。1980年4月19日，沈阳市革命委员会改为沈阳市人民政府。1993年1月1日，经国务院批准，原铁岭市的法库、康平县划归沈阳管辖。同年经国务院批准，新民县撤县设市。至2001年末，沈阳市辖和平、沈河、大东、皇姑、铁西、于洪、苏家屯、东陵、新城子9个市区以及新民、辽中、法库、康平4个县（市）。

（王利明）

【经济地理位置】 沈阳地处东北地区的南部，辽宁省的中心。她背倚长白山麓，面向渤海之滨，是辽东半岛的腹地。在以沈阳为中心的150公里的半径内，有中国著名的钢都鞍山、煤都抚顺、煤铁之城本溪、煤电之城阜新、石油之城盘锦、轻纺之城丹东、化纤之城辽阳和粮食煤炭基地铁岭，这些资源丰富、实力雄厚的辽宁中部工业城市形成了世界上罕见的城市群。沟通世界各大港口的大连港，正在开发的营口新港和锦州港，距沈阳也不超过400公里。

沈阳作为中国东北地区最大的经济中心城市和通往中国长城以南地区的必经之路，长期的经济发展，形成了密如蛛网的航空、铁路、公路运输网络。

中国北方航空公司是直属于国家民用航空总局的六大骨干航空公司之一，主要经营国内外民用客、货、邮航空运输和通用航空业务。总部设在沈阳东塔机场，以沈阳桃仙国际机场为基地。以北京、上海、广州为主要市场，联络各省会城市、经济特区、开放城市和各旅游地区的国内航线，初步形成连结东北地区与日本、韩国、朝鲜、俄罗斯、泰国、香港等周边国家和地区的国际航线。目前已开通14条航线，即北京航线，上海航线，广州航线，深圳航线，海口、三亚航线，温州航线，厦门航线，昆明航线，成都航线，香港航线，汉城航线，大板、富山、新泻航线，伊尔库茨克、海参崴航线，曼谷航线。

沈阳的铁路是东北地区最大的铁路枢纽，沈山线、沈吉线、长大线、苏抚线等铁路干线，沟海线、辽溪线、开本线等支线都交汇在沈阳。

沈阳的公路四通八达。沈阳至大连、沈阳至本溪、沈阳至抚顺、沈阳至铁岭、沈阳至山海关沈阳段，以及沈阳绕城高速公路均已建成通车，形成了全国少有的高速公路网络。

（王利明）

【气候与衣着】 沈阳属北温带受季风影响的半湿润大陆性气候。全年气温、降水分布由南向东北和由东南向西北方向递减。一年四季分明，冬季漫长；春季回暖快，日照充足；夏季热而多雨，空气湿润；秋季短促，天高云淡，凉爽宜人。近年由于世界性气候的变化，沈阳平均气温亦有上升。2001年是沈阳市又一个严重高温干旱年份。4—9月份平均气温达20.2℃，比常年同期高1.2℃。各月平均气温除8月份外均高于常年同期值。日最高气温在30℃和33℃以上的日数分别为39天和5天，比常年多10天和1天。1月11—12日，最低气温达到零下30.9℃，为1951年以来最低值。4—9月平均降水量为406.1mm，比常年同期少2.6成，比2000年同期多1.2成。

在沈阳居住或外地来沈旅游者，穿着通常是冬棉夏单，在春秋两季可穿毛衣。

（王利明）

【人口概况】 1978年以来，沈阳市户籍人口以每年1.1%的递增速度增加，到2001年总人口为689.3万人，比1978年增加了150.4万人；比2000年增加4.2万人，增长0.6%。其中铁西区、皇姑区、新民市、大东区、和平区、沈河区户籍人口均在60万人以上，铁西区人口已达76.4万人，列全市各区人口之首。

总人口中男性人口348万人，占总人口的50.5%；女性人口341.3万元人，占总人口的49.5%；性别比为101.9。

总人口中非农业人口435.7万人，占总人口的63.2%；农业人口252.5万人，占总人口的36.6%；未落常住户口1.1万人，占总人口的0.2%。

1.人口自然增长率下降。2001年沈阳市出生人口4.4万人，出生率为6.4‰；死亡人口3.8万人，死亡率为5.6‰；自然增长率为0.8‰，较2000年降低0.8个千分点。从1996年至2001年，市中心五区连续七年负增长，人口自然增长率：和平区－1.8‰、沈河区－1.7‰、大东区－2.1‰、皇姑区－1.2‰、铁西区－2.8‰。2001年新城子区人口也负增长，自然增长率为－0.1‰。至此，沈阳市人口进入低自然增长的阶段。

2.人口分布不平衡。2001年沈阳市的行政区域面积为12980平方公里，平均每平方公里531人，比2000年增加3人。13个区（市、县）人口分布不均，市中心五区人口密度均超过万人（沈河区34147人、和平区29628人、皇姑区19987人、铁西区19431人、大东区13279人），其余各区县（市）人口密度不超过600人（苏家屯区532人、于洪区491人、东陵区445人、新城子区349人、辽中县314人、新民市206人、法库县200人、康平县158人），人口密度最高的沈河区是人口密度最低的康平县的216倍。

3.人口文化素质。根据第五次人口普查推算，2001年沈阳市现有小学以上文化程度人口630万人，其中：大学及以上（含大学专科）文化程度人口76.0万人，高中（含中专）文化程度人口117.7万人，初中文化程度人口278.2万人，小学文化程度人口158.1万人。

4.家庭户规模缩小。2001年沈阳市家庭户数为221.5万户，总人口689.3万人，户均规模3.11人，比2000年的3.14人减少0.03人。家庭户规模的缩小，其原因是随着人们生产、居住条件的改善，社会家庭观念有所变化，几代同堂居住的大家庭日趋减少，3口之家与2人家庭已很普遍。

5.老龄人口增加，老年程度加深。从1993年沈阳市进入老年型社会以来，人口老化程度逐步加深，老年人口本身也出现老化现象。65岁及以上人口占总人口的比重，由1990年的5.9%上升到2001年的8.7%。老年人口中“老老年”（80岁以上的老年人）人口比“年轻老年”（65—79岁的老年人）人口增长更快，仅百岁老人就由1990年的22人增加到2001年的70余人。

（孙 杰）

【行政区划】 2001年，沈阳市下设和平区、沈河区、大东区、皇姑区、铁西区、苏家屯区、东陵区、新城子区、于洪区9个市区，辽中县、康平县、法库县、新民市4个县（市）。区、县（市）下设街道办事处112个，乡政府73个，镇政府68个。

和平区设20个街道办事处：南站、云集、民主、遂川、胜利、西塔、新兴、南湖、马路湾、砂山、北道口、中华路、新华、北站、集贤、园路、北市、吴淞、八经、十四纬路。

沈河区设16个街道办事处：一经、二经、大西、小西、大南、小南、滨河、万莲、中街、正阳、惠工、朱剪炉、文化路、风雨坛、山东庙、新北站。

大东区设15个街道办事处：万泉、管城、长安、东塔、新东、珠林、小东、小津桥、大北、小北、洮昌、辽沈、东站、二台子、文官。

皇姑区设20个街道办事处：怒江、辽河、向工、黑龙江、太平、昆山、寿泉、三台子、崇山、明廉、泰山、塔湾、克俭、黄河、亚明、陵北、华山、新乐、长江、三洞桥。

铁西区设20个街道办事处：凌空、轻工、卫工、七路、十二路、路官、齐贤、兴工、启工、霁虹、重工、兴华、工人村、贵和、兴顺、艳粉、笃工、兴齐、保工、云峰。

苏家屯区设6个街道办事处、7个乡政府、7个镇政府。街道办事处：解放、铁友、临湖、中兴、湖西、民主。乡政府：城郊、大淑堡、王纲堡、永乐、白清寨、佟沟、大沟。镇政府：陈相屯、十里河、红菱堡、林盛堡、八一、姚千户屯、沙河堡。

东陵区设5个街道办事处、7个乡政府、9个镇政府。街道办事处：南塔、泉园、马关桥、丰乐、辉山。乡政府：五三、长白、前进、王滨沟、东陵、满堂满族、浑河站朝鲜族。镇政府：桃仙、古城子、高坎、祝家屯、深井子、英达、李相、白塔、汪家。

新城子区设2个街道办事处、6个乡政府、6个镇政府。街道办事处：新城子、清水台。乡政府：尹家、新城子、马刚、望宾、黄家锡伯族、石佛寺朝鲜族锡伯族。镇政府：道义、虎石台、清水台、蒲河、兴隆台锡伯族、财落。

于洪区设4个街道办事处、8个乡政府、8个镇政府。街道办事处：迎宾路、沈辽路、陵西、北塔。乡政府：于洪、陵东、北陵、杨士、解放、老边、大青中朝友谊、大兴朝鲜族。镇政府：马三家、平罗、沙岭、大潘、翟家、造化、彰驿站、高花。

新民市设4个街道办事处、15个乡政府、11个镇政府。街道办事处：东城、西城、辽滨、新柳。乡政府：城郊、高台子、金五台子、红旗、卢屯、姚堡、周坨子、于家窝堡、新农村、东蛇山子、陶屯、罗家房子、三道岗子、大喇嘛、张屯。镇政府：大红旗、梁山、大柳屯、公主屯、兴隆、兴隆堡、胡台、法哈牛、前当堡、大民屯、柳河沟。

辽中县设9个乡政府、12个镇政府。乡政府:城郊、六间房、养士堡、乌伯牛、老大房、大黑岗子、牛心坨、潘家堡、老观坨。镇政府:辽中、茨榆坨、朱家房、于家房、满都户、肖寨门、杨士岗、冷子堡、新民屯、长滩、刘二堡、四方台。

康平县设9个乡政府、7个镇政府。乡政府:胜利、两家子、北四家子、山东屯、海洲窝堡、沙金台蒙古族满族、柳树屯蒙古族满族、东升满族蒙古族、西关屯满族蒙古族。镇政府:康平、东关屯、张强、小城子、方家屯、郝官屯、二牛所口。

法库县设12个乡政府、8个镇政府。乡政府:冯贝堡、慈恩寺、双台子、卧牛石、和平、红五月、五台子、十间房、依牛堡子、包家屯、孟家、四家子蒙古族。镇政府:法库、秀水河子、登士堡子、叶茂台、柏家沟、大孤家子、三面船、丁家房。

注:2001年6月4日,经省政府批准,撤销于洪区高花乡,设立高花镇。

(何　平)

国民经济与社会发展

【国民经济运行平稳】 2001年,沈阳市实现国内生产总值1238.0亿元,比上年增长10.1%。其中:第一产业实现增加值76.6亿元,增长4.5%;第二产业实现增加值542.0亿元,增长9.5%;第三产业实现增加值619.4亿元,增长11.3%。一、二、三产业占国内生产总值的比重分别为6.2%、43.8%和50.0%。

(赵思朦)

【农村经济稳定发展】 各级政府积极推进农业结构的调整,大力发展效益农业。2001年实现农业增加值76.6亿元,比上年增长4.5%。其中:种植业增加值47.9亿元,增长3.7%;林牧渔业增加值28.7亿元,增长10.8%。全年实现粮豆总产量251.7万吨,比上年增长7.5%。

全年完成造林面积2.27万公顷。其中经济林面积0.55万公顷,占造林总面积的24.2%,森林覆盖率为13.3%。

畜牧、水产业平稳发展。全年肉类总产量达36.5万吨,比上年增长9.6%;禽蛋产量27.5万吨,比上年增长12.2%。2001年全市水产品产量达11.5万吨,比上年增长15.0%。

农业生产条件进一步改善。2001年末,农业机械总动力达202.96万千瓦,比上年增长15.8%;机耕地面积达52.14万公顷;地膜覆盖面积达到3.3万公顷;全年农用化肥施用量(折纯)15.9万吨,下降2.9%;农田有效灌溉面积24.6万公顷,增长2.5%。农村用电量36.2亿千瓦小时,比上年增长4.0%。

2001年农业现代化示范工程建设共安排项目143项,全年累计完成投资19.9亿元,项目建设带动农户16.5万户,技术辐射面积达13余万公顷。庄园农业、科技示范园建设和高效农业产业带、农产品加工一条龙等特点更加突出,部分项目已开始发挥预期作用,逐渐成为带动区域经济发展、促进农民增收的重要载体,并取得了良好的经济效益和社会效益。

(赵思朦)

【工业经济平稳增长】 2001年,全市积极推进工业经济改革与管理创新,进一步规范现代企业制度,加快企业的主辅分离,强化中小企业的"双转双放",加速劣势企业的破产退出,扩大工业对外开放程度,加大市场开拓力度,使全市工业经济继续保持了较好的发展势头。全市完成工业增加值482.0亿元,增长9.5%。其中全部国有和年产品销售收入在500万元及以上非国有工业企业(以下均简称为规模以上工业企业)完成工业增加值198.5亿元,增长9.5%。其中外商及港澳台投资工业企业实现增加值61.6亿元,增长43.6%。全年规模以上轻工业企业实现增加值60.6亿元,增长9.3%;重工业企业实现增加值137.9亿元,增长9.6%。

新产品开发力度加大。规模以上工业企业实现新产品产值131.0亿元,比上年增长23.3%,占规模以上工业总产值的比重达17.3%。全市工业全年共实施了18项更新改造限额以上项目,投入28.6亿元,比上年增长6.3%。

工业企业经济效益水平有所下滑。2001年规模以上工业企业产品销售率为96.9%,比上年下降0.2个百分点。工业企业实现利税总额55.8亿元,比上年下降8.0%。全市工业经济效益综合指数为89.34%,比上年下降3.93个百分点。

(赵思朦)

【固定资产投资较快增长　城建投资创历史新高】 2001年,全社会完成固定资产投资302.8亿元,比上年增长15.5%。其中:国有经济投资126.1亿元,增长8.5%;非国有经济投资176.7亿元,增长21.0%。

投资结构发生变化。全年城镇固定资产投资额达283.6亿元,比上年增长14.5%。更新改造投资增长明显快于基本建设投资增长,全年更新改造投资达70.6亿元,增长35.6%;基本建设投资122.5亿元,增长3.6%;房地产投资继续增长,全年房地产开发完成投资78.1亿元,比上年增长22%。房地产施工面积888.9万平方米,增长7.3%,其中住宅708.2万平方米,增长11.5%。全年销售商品房192.5万平方米(建筑面积),下降8.6%。

2001年是沈阳市城建史上投资最多的一年,共完成投资额30亿元,比上年增长50%。年内东西快速干道的高架桥建成通车。完成了联合路、北京街、北三经街、北陵大街、泰山路等31条街路的改造及新开河桥工程。新建和改造道路长度79公里,总面积201.3万平方米。铁西工业区、北市地区改造工程已开始启动。

按照市委、市政府的"开发浑南,建设新沈阳,把浑南建设成沈阳的浦东"的战略部署,2001年浑南新区的开发和建设全面启动。新区基础设施建设步伐明显加快,固定资产投资以54.5%的增幅高速增长,投资额达8.5亿元。其中基本建设投资5.6亿元,新建了白塔堡河东区1号桥、西环路雨水暗渠和东西区连接段排水工程等一批建设工程项目。新区创新体系建设得到较快发展,全年新建和改造扩建孵化基地13万平方米,创业中心、海外学子园在孵企业144家,在孵高科技项目300个。2001年新签利用外资项目72个,实际利用外资9069万美元,同比增长18.1%。

公用事业建设全面推进。为提升沈阳市的整体功能,进一步缓解市民乘车难的问题,年内全市投入大量资金,新购置了750台公交车,使年末市内公交车辆达到了2831台。同时全市还新开辟了公交线路16条,使全市公交线路总数达到126条。到2001年末,全市市区道路总长度达1668公里,面积达2866万平方米,永久性桥梁174座。年末全市拥有出租汽车1.7万辆。全市公交线路总长度2676.8公里。

城市供水、供气、供电、供热能力进一步加强。全年新铺设供水管网18.8公里,供水管网改造达15.9公里,综合日供水能力达163.4万吨。全市供热面积达8600万平方米。管道燃气用户达100.9万户。年末煤气管道总长度达1359.6公里。全年实际用电量115.2亿千瓦小时,比上年增长4.4%。其中:工业用电62.7亿千瓦小时,增长3.0%;居民生活用电22.8亿千瓦小时,增长6.5%。煤气公司及有关单位年内解决了6.9万户居民煤气拖期开栓问题。市自来水总公司解决了14万户居民的"三峰"供水问题。

环境保护工作取得明显成效。全市积极推进区域环境和城市整体环境的整治。全市拥有环境保护系统单位42个,其中各级环境监测站15个。全市建成烟尘控制区202平方公里，噪声达标区128.5平方公里。城市污水日处理能力50万吨。全年共完成环境污染治理项目317个，完成环境治理项目投资1.05亿元。南运河、卫工河清淤工程全面竣工，北部粪便无害化处理工程已经完成，老虎冲生活垃圾填埋处理场及中转站工程已全面启动，凌空污水处理厂已形成10万吨的污水处理能力。

2001年沈阳市加强绿化建设，城市园林绿化面积继续扩大。新建了浑河森林公园、龙王庙公园、小南天主教堂广场等5块大型公共绿地和南七等20块街心绿地，环沈阳生态森林圈建设全面展开。全年共植树157万株，铺草坪39.7万平方米，扩大绿化覆盖面积256万平方米，绿化覆盖率达25.1%。全市建成区园林绿地面积4729.4万平方米。人均公共绿地面积4.7平方米，比上年增加0.4平方米。

（赵思朦）

【市场体系进一步完善　居民消费价格指数持平】 2001年末全市有各类市场512个。各类市场商品成交额达728亿元，比上年增长3.8%。全市年成交额超过10亿元的市场13个。2001年，全市实现社会消费品零售额623.5亿元，增长10.2%。其中：市的社会消费品零售额增长10.3%，县及县以下的社会消费品零售额增长7.5%。各种经济类型的消费品零售额普遍增长。其中：国有经济零售额100.9亿元，增长1.9%；集体经济零售额52.8亿元，增长3.4%；私营和个体经济零售额368.6亿元，增长10.4%；股份制经济零售额35.2亿元，增长20.6%；港澳台经济零售额6.4亿元，增长13.9%；外商经济零售额12.9亿元，比上年翻了一番。

居民消费价格指数持平，市场物价水平有升有降。全年居民消费价格总指数为100.0%，其中：服务项目价格指数105.7%，消费品价格指数98.5%。在消费品价格指数中，食品102.1%，烟酒及用品95.9%，衣着98.8%，家庭设备用品及维修服务94.3%，医疗保健和个人用品87.9%，交通和通讯97.0%，娱乐教育文化用品及服务104.2%，居住106.8%。

（赵思朦）

【实际利用外资大幅增长　特色旅游成效显著】 2001年，沈阳市努力改善投资环境，加大招商力度，年内推出了118个重大招商引资项目，并在北京、上海、深圳以及APEC部长级会议期间，举行了卓有成效的项目推介会和新闻发布会，对全市招商引资起到了积极的促进作用。2001年，全市新批利用外资项目569个，合同外资额15.5亿美元。实际利用外资12.08亿美元，增长15.7%。引进外资结构趋向合理，直接投资大幅度增长。全年外商直接投资8.52亿美元，增长19.6%，占实际利用外资比重达70.5%，比上年提高2.3个百分点。外商直接投资额超千万美元的大项目达21个，引进外资5.4亿美元，占全市外商直接投资额的63.7%。截至2001年末，全市注册三资企业3820家，其中投产（开业）1305家。全年新签境外工程劳务合同额5520万美元，完成营业额7622万美元，外派劳务人员8127人次。对外经济合作区域已扩展到140多个国家和地区。沈阳市已同世界上10个国家的11个城市缔结为友好城市。

对外开放水平有所提高。全市进出口总额达到27.9亿美元，增长4.0%。其中：进口总额15.4亿美元，增长11.1%；出口总额12.5亿美元，下降3.6%。全年完成出口商品供货值89.0亿元，下降10.5%。

2001年，沈阳市努力挖掘清代历史文化，创造沈阳旅游名牌产品，通过对气势恢弘的清代宫廷礼仪和多姿多彩的民俗文化展示，高度地体现了沈阳作为历史文化名城的独特风采和艺术魅力。并积极做好“一宫两陵”申报世界文化遗产工作，全力打造沈阳旅游新品牌。通过诸多举措和沈城特有的风采吸引了八方来客，全年共接待海外旅游者17.7万人次，比上年增长9.7%。旅游外汇收入累计达1.1亿美元，增长30.7%。

（赵思朦）

【财政收入快速增长　金融、保险业运行平稳】 全年完成地方财政收入80.8亿元，比上年增长34.3%，其中各项税收收入68.7亿元，增长23.8%。全年地方财政支出达103.5亿元，增长17.7%。在地方财政支出中用于科技方面的支出2.6亿元，增长17.8%；用于农业支出4.4亿元，增长15.9%；用于教育事业支出14亿元，增长16.8%；社会保障支出13.9亿元，增长33.3%（可比口径）。

金融业运行平稳，存贷款稳定增长。年末全市拥有金融机构及网点1441家。金融机构年末存款余额为1907.0亿元，比年初增长12.1%，其中城乡居民储蓄存款余额1058.1亿元，比年初增长10.4%。金融机构贷款余额为1547.3亿元，比年初增长11.2%。其中：短期工业贷款344.6亿元，比年初增长4.8%；短期农业贷款30.1亿元，比年初增长9.2%；短期商业贷款305.1亿元，比年初增长8.3%。全年银行现金累计收入5061.4亿元，累计支出4766.8亿元，分别比上年增长16.8%和17.8%。收支相抵，净回笼货币294.6亿元，比上年增长2.1%。全年证券市场成交额累计1508.2亿元。其中：国家债券成交额140.1亿元，股票成交额1257.4亿元。

到2001年末，全市共有保险公司41家，比上年减少7家。2001年全市保险机构累计承保金额为3872.2亿元，增长96.4%。保费收入28.0亿元，增长48.1%。其中：财产险保费收入8.6亿元，人身险保费收入19.4亿元。财产险赔款金额4.2亿元，人身险赔付金额4.9亿元。

（赵思朦）

【社会事业全面发展】 2001年，全市大力实施科技兴市战略，以增强技术创新能力、加快发展高新技术产业为重点，推动科技发展，取得了新突破。2001年沈阳市先进制造技术产业园、纳米技术及先进材料产业园正式奠基，国家“863”软件技术产业园建设开始启动，大学科技产业园发展势头良好。民营科技企业达到3115家，实现高新技术产值186亿元，同比增长26.8%。沈阳市用高新技术改造传统装备制造业示范工程项目列入国家“十五”科技攻关计划重大专项，并已开始进入实施阶段。年末市以上独立科学研究与技术开发机构有125个。2001年，全市共取得市以上科技成果758项，达到国际水平的226项，其中：国际领先46项，国际先进180项；达到国内水平的231项，其中：国内领先176项，国内先进55项。有591项科技成果得到推广和应用。年末全市新增技术贸易交易机构56个，技术贸易成交额达22.2亿元，同比增长40.3%。全年申请专利3586件，授权1848件。

教育事业不断发展，基础教育继续巩固提高，职业教育、成人教育、高等教育全面发展。全年普通高等教育共招收本、专科（高职）学生5.6万人，比上年增长10%。全市共有21所普通高等学校，在校生达16.8万人，增长20%。全年高等院校本、专科毕业生为2.6万人。全年普通高等院校和科研机构共招收研究生4028人，在校研究生9660人，分别增长31%和34%，毕业研究生1442人。全市共有小学1415所，在校生48.4万人，比上年下降7.8%。拥有中等学校507所，其中：普通中学360所，在校生38.8万人，增长6.2%；中等专业学校40所，在校生3.8万人，增长2.1%；职业中学77所，在校生5.1万人，下降10%；技工学校30所，在校生9104人，下降5.9%。全市学龄儿童入学率达100%，高中阶段升学率达71%。全年成人高等院校共招生3.1万人，在校生8.4万人，毕业生2.3万人。

文化事业取得新进展。全年开展各级各类文化活动1621项，参加活动人数达12万人次，吸引观众60余万人次。开展各种大型广场活动400余场，300多个街道、镇、社区等中小型广场文化活动近万场，参加演出的专业和业余单位近600个，参与活动的群众达400余万人次。全市文艺创作精品叠出，戏剧小品《神偷传奇》在第十一届群星奖评比中获金奖。在第二届蒲公英奖评比中，沈阳市获得了三金、两银、五铜的佳绩。到2001年末，全市拥有市级群众艺术馆2个，文化馆1个，博物馆3个，公共图书馆2个，档案馆1个，艺术表演团体5个。拥有市级广播电台1座，市级电视台1座，沈阳电视台已开播5套电视节目。全年沈阳地区出版各类报纸1.8亿份、各类杂志610万册、图书805种。

卫生事业取得新进展，城镇医药、卫生体制改革全面展开，医疗条件不断改善。2001年末，全市共拥有卫生机构731个(不含门诊所、卫生室、医务室及村级卫生组织)，其中：医院、卫生院362个，卫生防疫防治机构30个，妇幼卫生保健机构14个。各类卫生技术人员4.77万人，其中：医生2.08万人，护师、护士1.68万人。全市平均每千人拥有卫生技术人员6.92人、医院床位5.02张。

竞技体育屡创佳绩，全民健身运动蓬勃开展。在世界级比赛中，体育健儿共夺得6块奖牌，其中：金牌5枚，铜牌1枚。在全国各类比赛中获金牌5枚、铜牌1枚。全市开展了"迎接新世纪全民健身展示活动"、"沈阳市第四届冰雪旅游节体育比赛"等11项大型群众体育活动，年内还举办了声势浩大的沈阳市人民支持北京申奥群体活动。2001年全市体育人口达299万人。在校学生国家体育(锻炼标准)达标率为98.17%，优秀率为32.15%。年内沈阳市成功承办了世界杯足球亚洲区"十强赛"，向全国乃至全世界充分展示了沈阳的风采，使沈阳的知名度和凝聚力有了新的提高。

(赵思朦)

【居民生活质量得到提高　社会保障体系不断完善】 社会保障体系建设取得新进展。年内国有企业下岗职工最低生活保障向失业保险并轨全面铺开。医疗保险制度改革也开始启动，在街道和社区建立了社会保障机构，配备了专业人员，全市基本形成了社会保障管理和服务的社会化网络。全市已有2.5万个城镇企事业单位以及个体工商户共137.1万人参加基本养老保险。63.9万离退休人员参加养老保险社会统筹，离退休人员基本养老金得到及时足额发放，社会发放率达100%。全年征收养老保险金25.5亿元，收缴率达95%。2001年沈阳市积极筹措资金，完成国有企业下岗职工最低生活保障向失业保险并轨，参加并轨人员达10.4万人。失业保险覆盖率达到98%。医疗保险制度改革开始启动，年内完成61万人的参保工作。享受最低生活保障的市民由年初的5万人增加到17.5万人，发放标准由年初的195元增加到205元。年末全市共有养老机构134家，床位6716张。

2001年，全市职工平均工资为8172元，比上年增长16.8%。据抽样调查，2001年城市居民人均可支配性收入达6386元，增长9.2%；农民人均纯收入达到3230元，增长3%。城市居民人均消费性支出5515元，增长8.1%；农村居民人均生活消费支出1944元，下降2.6%。全市城乡居民人均储蓄存款达15350元，比上年增长9.8%。

城镇居民居住条件继续改善。全年住宅建设投资72.1亿元，比上年增长19.6%；竣工住宅面积444.2万平方米，增长5.0%。城镇人均居住面积由上年的8.37平方米增至8.79平方米；农民人均住房面积达22.8平方米，比上年增加1平方米。

(赵思朦)

经济体制改革

【概况】 2001年，沈阳市经济体制改革取得较快进展，主要体现在以下几个方面：

1.股份制改造和上市工作有了新的进展。截至2001年底，全市有股改企业100户，股本总额128.8亿元，股本结构有了进一步调整，国有股由80%下降到39%。"一股独大"局面正在改变，投资主体多元化、股本结构多样化开始形成。上市公司已达18户，共募资金86亿元。2001年，金山热电A股上市募资2.7亿元，惠天热电配股3亿元，长白计算机3300万法人股已在第三交易系统交易，欧亚集团(荷兰村)香港上市募资7亿元，全年共募资金近13亿元。金昌普上市材料已申报中国证监会，隆迪粮食、协合制药、久利塑料、红梅味精、三生制药、网络通信等已在证管办辅导登记。另有30户高科企业已项目人库，待创业板开设进人，并积极寻求海外上市渠道。

2.强化上市公司的监管、重组工作。ST黎明服装与南湖高科集团的重组工作已获中国证监会认可，H股沈发展的重组工作已与北大清鸟谈判成功，环保股份与政府经济关系的处理问题已达成一致意见。

3.企业集团的规范化程度进一步提高。针对全市企业集团数量多、质量差、规模小和多头审批遗留问题较多等情况，对企业集团的体制建设、行业类别、经济性质、经营规模和运行情况等进行了规范。截至2001年底，全市共有企业集团154户，营业收入超亿元的54户，其中80%左右效益较好。

4.要素市场建设有了较大发展。截至2001年底，人才、劳动、科技、房地产、运输、建设、信息、产权、金融、文化等十大要素市场体系基本形成规模。沈阳要素市场网站已在互联网上开通(网址：WWW.SYYS.GOV.CN)。要素市场交易规模不断扩大，管理水平不断提高，在市场经济中的资源配置作用日趋明显，已逐步成为拉动全市经济发展的重要产业。

5.流通体制改革不断深入。以"敞开收购，顺价销售，封闭运行和深化企业内部改革"为主要内容的粮食流通改革稳步推进。销售比同期增长7%，如不考虑并轨自筹部分增加成本，可比上年减亏3000万元。强化了企业用工制度改革，置换职工身份8000人，实现并轨3000人。此外，还积极推进了商业、副食、物资、供销等非工业企业的"双转双放"工作。

6.区县体改工作进一步加强。年初，市体改委下发了《城区经济体制改革指导意见》和《农村经济体制改革指导意见》，加大了区县改革的指导和服务力度。针对中小企业转制后出现的带有普遍性的问题，制定了《关于当前中小企业改革过程中若干问题处理的指导意见》，及时指导企业解决转制后出现的矛盾，促进产权制度改革的健康发展。

7.社会事业改革继续深化。城镇职工基本医疗保险制度、医疗卫生体制和药品生产流通体制改革等"三项改革"工作正式启动。全年完成了60万人投保任务；药品收支两条线、"分开核算、分别管理"已全部到位；药品集中采购健康运行；合理配置卫生资源，区域卫生规划、社区服务网络基本形成；强化药品监管，打击假劣药品(医疗器械)，药品质量进一步得到净化。同时，供暖体制改革方案已经制定，教育体制改革稳步推进。市27中学多元化投资办学的改革已稳妥操作，东北育才学校国有民办的教育改革方案已论证审定。

8.地方金融机构的整顿和改组工作稳步推进。按照国家和省关于清理整顿信托证券业务要求，远东证券已先期关闭，国投撤销工作基本结束，市信托的改制工作按"信证分业"的原则稳步推进。

(张德利)

【城镇职工基本医疗保险制度、医疗卫生体制和药品生产流通体制改革成功启动】 2001年，沈阳市体改、劳动、卫生、社保、药监、财政、地税、物价、计划、经贸、宣传、工会等部门密切配合，保证了城镇职工基本医疗保险制度、医疗卫生体制和药品生产流通体制改革（简称“三项改革”）成功启动。

1.调整完善“三项改革”组织体系。2001年，市政府重新明确，在市体改委设“三项改革”办公室，在劳动局设城镇职工基本医疗保险制度改革办公室，在市卫生局设医疗卫生体制改革办公室，在市药监局设药品生产流通体制改革办公室。“三项改革”办公室综合协调下设的三个专项改革办公室的工作。

2.建立健全医疗保险政策体系。3月份，省政府批复《沈阳市城镇职工基本医疗保险制度改革实施方案》。7月份，市政府5号令向社会公布了《沈阳市城镇职工基本医疗保险规定》。同时，下发了《沈阳市城镇职工大额医疗费用补助保险》等9个配套文件。

3.建立基本医疗保险计算机网络管理系统。由市社会保险总公司成立市城镇职工基本医疗保险管理中心，具体负责基本医疗保险的业务经办工作，于基本医疗保险制度正式实施前完成计算机管理系统的硬件设备安装、软件开发和人员培训工作。

4.确定医疗保险启动目标，强化医疗保险费的征缴工作。按照省政府下达的年内60万人的参保目标，沈阳市通过报纸、电视、电台等媒体大力宣传基本医疗保险制度改革，公告近万户应参保单位名单，连续四次举办应参保单位经办人员培训大会。同时，超强度进行参保人员的信息采集和IC卡制作工作及由地税部门征缴医疗保险费工作。

5.确定首批医疗保险的定点医院和药店。为方便职工就医购药，根据参保人员的数量及分布情况，按照中西医并存，综合与专科结合，一、二、三级医疗兼顾原则，首批确定了21家医院和9家药店作为基本医疗保险制度实施后的定点服务单位。10月1日，沈阳市3万名首批参加基本医疗保险的职工开始就医购药。到年末，全市共有4500个企事业单位、61.3万人参加基本医疗保险，缴纳医疗保险费5100余万元。

6.医药卫生体制改革同步启动。3月份，沈政办发[2001]5号文件印发了《关于城镇医药卫生体制改革实施意见》之后，市有关部门联合下发了12个配套文件。到年底，全市医疗机构分类登记、管理工作基本完成，新的卫生监督和疾病控制体制改革开始运作。制定区域卫生规划，合理配置卫生资源，社区卫生服务网络基本形成，清理整顿药品生产流通秩序等项工作，也取得了明显效果。

（*胡广元*）

【企业集团建设在改革中不断发展】 2001年，沈阳市企业集团建设工作紧密结合全市的经济结构和产业结构的战略性调整，以深化改革为动力，进一步加强企业集团的体制建设，夯实集团基础；以资产重组为手段，进一步做大做强集团规模，加快集团发展，取得了显著成效，为全市新一轮经济发展起到了支撑和牵动作用。

1.深化集团体制建设，促进集团健康发展。继对企业集团实行建立母子公司体制的规范后，2001年，又重点加强了对企业集团的法人治理结构建设，开展了对重点企业集团法人治理结构情况的调查和指导工作。通过加强政策指导和管理，使重点企业集团以法人治理结构为核心的现代企业制度建设进一步深化和规范。全市经政府审批的销售收入达亿元以上的50户企业集团中，完成公司制改造并建立起法人治理结构的40户，其中：国有独资的14户，国有绝对控股的18户，国有相对控股的3户，自然人控股的5户。在这些企业中：董事长与总经理不兼职的24户，设有外部董事的15户，设有外部监事和职工监事的18户。

2.实施战略重组，加快集团发展。2001年，在加强重点企业集团体制建设的同时，结合沈阳市的经济结构和产业结构的战略性调整，进一步加大了支柱产业中龙头企业的资产重组。按市场规则将优良资产迅速向支柱产业和优势企业集中，实施大集团、大公司规模经营战略，以提升重点产业的整体综合实力。2001年，对原沈阳东大阿尔派集团和沈阳公路主枢纽集团进行了资产重组，重新组建为东软集团和沈阳运输集团。通过重组，使上述两个集团的资源配置进一步合理、优化，主业进一步突出、精化，规模进一步壮大，核心竞争能力进一步增强。

（*杜铁滨*）

【要素市场建设再上新台阶】 2001年，沈阳市各要素市场交易活跃，人才市场全年进人市场求职人数20万人次，共举办交流会177场，进场单位提供工作岗位9.3万个；劳动力市场共举办专场招聘洽谈会102次，为22.6万人办理了求职登记；科技市场交易额已达到22.2亿元，签订技术合同3475份，招商引资到位额100万美元；房地产市场交易额达到113.9亿元，人市房屋交易总面积1095万平方米；产权交易中心共为企业办理产权转让手续274户，资产转让额9.7亿元。

（*刘国强*）

【土地股份合作制取得新进展】 2001年，辽中县老观坨乡实行土地股份合作制的调查报告——《承包权转股权》引起市领导的高度重视。辽中县委、县政府于2001年10月召开现场会，进一步总结和推广了老观坨乡实行股份合作制的经验。

老观坨乡位于辽中县东南，地处浑、蒲河平原交汇处。全乡辖7个行政村，耕地面积3333公顷，总人口14800人。为了解决农民增收滞缓、集体经济薄弱、干群关系紧张和种植结构不合理等难题，老观坨乡党委、政府决心改革现行土地制度，在广泛征求广大农民意见基础上，召开乡人民代表大会、村民大会，决定推行土地股份合作制，得到农民拥护。其具体做法是：

1.量化股权。按照“明确所有权、稳定承包权、放活使用权”的原则，以股权分红体现承包权收益。具体量化办法是：把土地分成两部分，即集体股、个人股。集体股指5%的机动地、荒地等；个人股指除人均5分口粮田以外的承包地都作为股份田，股份平均分配，每亩为一股，股权30年不变。

2.组建董事会。各村成立“土地股份合作有限公司”，村民以个人所持土地股份入股，选举产生股东代表，并组建董事会。

3.竞价承包。将土地作为商品，先定底价，然后“叫行”发包。一般一定10年，每两年调整一次地价，但变价不变地，土地价格由董事会确定。

4.红利分配。土地发包实行上打租，红利年初结算。公司扣除经营收益中的农业税、乡统筹、村提留等专项费用后，剩余部分以红利形式给股东分红，一次兑现。

老观坨乡的做法，有利于壮大集体经济，有利于促进农村分工分业，加快农业产业化、集约化经营，促进了农村干部领导方式的转变，为农村实行股份合作制探索了新途径。

（*郝兆国*）

【中介组织在规范中健康发展】 到2001年底，沈阳市已登记注册的中介组织有5892户，经过培训已取得《经纪资格证书》的经纪从业人员有15163人。其中：各类协会、同业公会、商会等中介组织70个；经济鉴证方面的社会中介机构438家，从业人员6000人，具有执业资格人员2963人，其中会计师事务所71家、律师事务所57家、基层法律服务机构141家、公证处15户、资产评估机构34家、房地产评估机构43户、税务代理机构19家、工程造价咨询机构23家、土地评估机构6家、价格鉴证机构15家、专利代理机构6家、商标代理机构1家；信息、咨询机构近500家，广告、策划、市场调查机构700多家，各类技术推广服务机构2000多家。已经初步建成了金融、科技、人才、劳动力、房地产、产权、信息、建筑工程、交通运输、文化等十大要素市场体系，促进了全市社会资源的合理配置。建立了“沈阳信用中心”、“沈阳资信股份有限公司”等从事社会信用服务的企事业单位，为建立沈阳市社会信用制度打下了基础。

（刘国强）

精神文明建设

【制定《沈阳市2001——2005年创建文明城市规划》】 2001—2005年，是我国全面建设小康社会、加快推进社会主义现代化建设的重要时期，也是沈阳市经济和社会发展承前启后、继往开来的重要时期。市文明办根据市委九届十四次全会精神，从2001年9月至12月，历时近4个月时间，通过实地考察、学者论证、走访、座谈，广泛听取社会各界意见要求，认真修改，四易其稿，编制了《沈阳市2001—2005年创建文明城市规划》。

《规划》分为四个部分，即：形势分析、总体构想、主要任务、主要措施，共40条（详见P19）。

（崔　英）

【精神文明建设“十件实事”】 “十件实事”是沈阳市精神文明建设的重点工作之一。2001年是市委、市政府为市民办实事的第五个年头，也是社会影响显著的一年。

为组织好此项工作，市文明办首先发放并收回了近3000份调查问卷，在此基础上，又于2月28日至3月9日，组织了为期10天的“2001年精神文明建设十件实事讨论”。讨论期间，共收到来信（电话）、来访2200件（次），其中：来电话1800多次，来信近300封，来访近百人。经综合社会各界意见，报请市文明委审议、市委常委会通过，最后确定了2001年精神文明建设“十件实事”。具体内容如下：

第一件，在全市层层评选“文明市民”，深入开展“三杯”（“新风杯”、“形象杯”、“公仆杯”）竞赛，进一步加强“三德”（社会公德、职业道德、家庭美德）建设，增强市民文明意识，促进文明习惯形成，树立新世纪沈阳人新形象。

第二件，在主要街路和社区建“爱心书报亭”和科普画廊；在有条件的社区建文化广场，开辟全民健身场地并配备户外健身器材，完善老年人活动室。在农村，启动百乡建设百个书店的“百乡百店”工程，年内完成50%。

第三件，在巩固创建“绿静美安”小区成果的基础上，年内85%的小区实现管理物业化，提高物业管理规范化水平，提高居民生活质量。

第四件，建设浑河森林公园等5块大型公共绿地。在恢复原建水洗公厕功能的基础上，再新建80座水洗公厕。

第五件，除北陵、东陵公园外，市内所有公园免费向市民开放。

第六件，深入实施社会保障工程，实现离退休人员养老金发放社会化；多渠道开发就业岗位，实现16.5万人次再就业。

第七件，在公交线路、出租汽车、旅客列车和客运航班开展“文明号”评选活动，新开辟七条公交线路，新投入265台公交车辆，规范服务，为市民创造良好的出行环境。

第八件，举办以“爱党、爱国、爱家乡”为主题的纪念建党80周年等大型节庆和文体活动，丰富市民的精神文化生活，增强自豪感。

第九件，实施细河改造和南运河、卫工河清淤及凌空、崇山排水系统改造等工程，净化、美化城市环境。

第十件，启动三街三路和五个广场（“三街”：青年大街—北京街—北陵大街、太原街—西塔街—长江街、和平大街；“三路”：中山路—小西路—中央路—小东路、中华路—十一纬路—大西路—沈阳路、市府大路；“五个广场”：沈阳站广场、市府广场、北站广场、中山广场、辽展广场）的亮化工程建设，提高城市亮化的档次。

在落实“十件实事”的过程中，市文明办细化了责任分工，将任务分解到23个责任部门，并先后于4月5日、7月11日、9月20日、12月6日召开四次协调会，收集情况，了解进度，推进落实。在落实难度较大的“爱心书报亭”建设中，市文明委主要领导亲自挂帅，专门召开三次协调会，协调市建委、市邮政局、市市容办、市交警支队等单位，共同合作，取得了显著效果。经过社会各界的共同努力，到2001年底，十件实事已基本完成。

（崔　英）

【市民文明教育】 2001年，市文明办专门下发了《关于在全市广泛开展“爱沈阳，建家乡”全民文明教育实践活动的方案》，以寓教育于活动之中的方式主要开展了“爱沈阳，建家乡‘金点子’征集”、参观《崇尚文明，反对邪教》大型展览等文明教育。

1.开展“爱沈阳，建家乡‘金点子’征集”活动。市文明办以沈阳晚报为载体，在全市广泛开展了“爱沈阳，建家乡‘金点子’征集”活动。从8月下旬起至10月末止，历时两个月时间，得到了社会各界的大力支持，取得了预期效果。一是参与范围广。社会各界人士争相来信、来稿，参与活动，最年长者达84岁。二是市民热情高。活动期间，共收到来信173封，来电百余次，来访50多人次，各类建议近千条。三是建议质量好。先后有11篇建议在《沈阳晚报》刊发。四是基层活动实。市内七区文明办均配合市文明办参与了“金点子征集”活动，扩大了教育的覆盖面。

2.举办《崇尚文明，反对邪教》展览。按照中宣部等五部委的要求，于8月24日至9月7日组织驻沈单位参观了在辽宁科技馆举办的《崇尚文明，反对邪教》大型展览。机关干部，大、中、小学校在校学生，企事业单位职工，离退休老同志等各界人士近5万人参观了展览，其中外地游客、个体业者等近3000人自发参观展览。参展人员在六大本厚厚的留言簿上写下千余条观后感，表达了对“法轮功”的痛恨和对科学文明生活的向往。

3.深化道德教育实践。一是组织市内五区近70万人次，利用50个社会公德教育基地开展了保洁护绿、清理环境卫生、弘扬雷锋精神、义务奉献社会等活动。二是为进一步营造学习优秀志愿者的良好氛围，以市志愿者协会成立3周年为契机，在市属新闻单位统一开设了“志愿者之歌”栏目，刊发了“志愿者之歌”综合通讯，播发了十位优秀志愿者的先进事迹，进一步在全社会倡导了“服务他人，奉献社会”的志愿者精神。三是围绕承办2002年世界杯足球外围赛亚洲区十强赛和36项城建重点工作，以“做文明市民，当友好使者”、“同献一片爱心，共建美好家园”为主题，组织全民志愿者奉献大行动等。通过以上工作，使全市的市民文明素质、社会文明程度都有了进一步的提高。

（崔　英）

【文明社区建设】 2001年，沈阳市的文明社区建设主要做了三个方面工作。

1.夯实工作基础。在517个小区成立了业主委员会，并组织业主签订了《业主公约》，由业主委员会选聘物业公司并签订物业管理委托合同490个，达到85.7%，超过创建目标0.7个百分点。同时，制定了《关于推进住宅小区管理物业化工作的实施方案》和《住宅小区管理物业化标准》。

2.加强创建指导。利用中央文明办调研组来沈阳市调研创建全国文明社区示范点工作的契机，系统总结了沈河区二经街道、沈阳棋盘山国际风景旅游开发区、和平区南湖街道文安路社区、202社区、保安寺社区的创建工作情况。同时，将社区教育、社区秩序、社区服务、社区环境、社区文化、社区设施方面好的做法传达到基层，纳入创建考核指标，使市委的统一领导作用、文明委的组织协调作用、有关部门的职能管理作用、街道办事处的主导作用、社区居委会的依托作用、社会团体动员群众的作用、社区居民的主体作用得到了更好的发挥。

3.示范点建设。根据中央文明办、民政部《关于做好推荐全国创建文明社区示范点工作的通知》，按照“领导重视，组织健全；教育深入，风气良好；秩序优良，社会安定；服务优质，生活便利；环境优美，设施完备；阵地牢固，文化繁荣”的六条标准，在全市1289个社区中进行了层层自检申报，最后，有6个社区被评为全省创建文明社区示范点，它们是：和平区南湖街道文安路社区、沈河区二经街道永环社区、大东区管城街道永丰社区、皇姑区亚明街道鲲鹏社区、铁西区兴工街道九委社区、东陵区泉园街道爱民社区。其中和平区南湖街道文安路社区、沈河区二经街道永环社区被评为全国创建文明社区示范点。农村中“五进农家”的做法得到进一步肯定和推广，结成城乡共建精神文明对子316对，虎石台、白塔镇成为全省创建文明小城镇示范点，辽中县被评为全国创建文明小城镇示范点，文明村镇建设取得了新进展。

（崔　英）

【文明行业（单位）建设】　2001年，沈阳市的文明行业（单位）建设重点抓了三方面工作，取得了较好效果。在公交线路、出租汽车、旅客列车和客运航班等窗口单位相继开展了创建“文明号”活动，在11个服务行业和行政执法部门的服务窗口开展了服务承诺公示，在所有窗口行业开展行业评先评优工作。

以提高职业道德水平为核心，以实行规范服务、树立行业新形象为主要内容，全市在公交线路、出租汽车、旅客列车和客运航班等窗口单位相继开展了创建“文明号”活动。4月16日，在沈阳北站举行了创建“文明号”活动启动仪式。活动的内容是创建“文明车站”、“文明列车”和争当“文明服务标兵”；目的是进一步擦亮沈阳的对外窗口，提高城市的文明程度。4月末，在全市出租汽车行业启动了以“城市文明、出租先行”为主题，以“四大工程”（优质服务、整洁美化、社会监督、创建文明）为载体的新一轮“文明号”创建活动，旨在进一步提高全市出租汽车整体服务质量，塑造沈阳出租汽车行业新形象，大力推进文明城市建设。北方航空公司沈阳客舱部把开通空中“文明通道”作为活动的重点，在21条航线16个乘务大组中开展活动，把“文明号”活动同贯彻ISO9002国际质量管理体系结合起来。全市公交线路也开展了创建“文明号”活动，涌现出一大批新的文明单位和个人典型。

为贯彻中央、国务院纠风办和省文明办“深入开展创建文明行业活动”会议精神，市文明办、市纠风办于6月20日联合召开会议，部署在全市深入开展创建文明行业活动工作，对如何深入开展这项工作提出了具体要求，市煤气总公司、沈阳供电公司、沈阳铁路分局、市卫生事业管理局、市公安局等11家单位向全市人民做出了庄严的服务承诺，并在《沈阳日报》上刊登了承诺内容，公布了监督举报电话。为保证此项工作的扎实开展，市文明办在做好日常指导的同时，还协同省文明办对沈阳市窗口服务承诺单位进行不定期暗访，检查各窗口单位承诺兑现情况，推动创建文明行业工作向纵深发展。为全面检验工作成果，又于7月26日召开会议，交通局、公安局、卫生局、电业局、国税局、地税局、煤气公司、铁路局、电信局、工商局、邮政局等11个部门参加会议并汇报了参加创建文明行业活动的做法、收效、今后的打算及存在的问题。为加大对创建工作的社会监督，还在全市范围内聘请100名精神文明建设监督员。各参赛单位与其它行业结对子，掀起创建文明行业的新高潮。据统计，经过各行业的共同努力，全市的服务满意率同比上升5.6%，服务投诉率下降24.6%，服务质量和服务形象进一步优化。

为鼓励先进，推动文明行业（单位）建设上新台阶，市文明办在2001年里继续开展了评先评优活动。与市总工会联合开展了第四届职业道德建设“十佳单位、十佳集体、十佳标兵”评选；与市卫生局联合表彰了第二批（五家）文明服务示范医院；与市交通局联合表彰了出租汽车管理、服务百日竞赛先进集体、先进个人及模范出租汽车；与市旅游局联合评选出33名文明导游员；与市口岸办联合评选出两个文明乘务组；与市招考办联合评选出119名先进个人和92个先进单位，文明行业（单位）创建取得了新进展。

（崔　英）

【贯彻落实《公民道德建设实施纲要》工作】　2001年，市文明办积极贯彻落实中共中央《公民道德建设实施纲要》（以下简称《纲要》），并结合《纲要》的颁布，在全市主要开展了三项工作，营造了良好的舆论氛围。

1.广泛宣传《纲要》的基本精神。11月5日，在沈阳宾馆举办了由市内七区常委宣传部长、文明办主任以及有关行业宣传部长等60余人参加的学习《纲要》培训班，省文明办主任张仁地做了专题辅导报告，传达了省委副书记、市委书记张行湘的重要批示，并就学习落实《纲要》进行了专门部署，提出了明确要求。11月6日，市文明办召开“社会各界学习《纲要》座谈会”。东北大学、省社会科学院、辽宁大学、沈阳电视大学等院校的专家学者，市委办公厅、市委组织部、市纪委、市纠风办等部门的局级领导以及市属新闻单位的领导、记者近60人参加了会议。市委常委、宣传部长刘迎初主持会议，市委常务副书记崔文信对学习贯彻《纲要》工作提出了具体要求。

2.视察《纲要》落实情况。12月5日，市文明办协助市委办公厅、市委宣传部安排了市领导对大东区宣传落实《纲要》的视察活动。市委常务副书记崔文信，市委常委、宣传部长刘迎初等领导在长安街道办事处活动室观看了由社区居民自编自演的《公民道德歌》，接见了大东区“公民道德建设报告团”成员并进行了座谈，视察了永丰社区，听取了区委书记聂秉孝同志的汇报。12月29日，市文明办又协助市委办公厅、市委宣传部等部门安排了市领导对铁西区贯彻《纲要》情况的视察。当天，崔文信、刘迎初等市领导视察了铁西区兴工九委老年大学，观看了《纲要》宣传图片，看望了铁西区实践《纲要》先进事迹报告团部分成员并与他们进行了座谈。

3.代市委起草贯彻落实《纲要》意见。12月14日，市文明办召开起草《中共沈阳市委关于贯彻落实〈公民道德建设实施纲要〉的意见》协调会，征求与会单位对此项工作的的意见和建议。市总工会、市妇联、市委科教工委等25个部门参加了会议。

（崔　英）

外事往来

【概况】　2001年，沈阳市外事工作取得了一定的成绩。主要体现为：

1.较好地完成了市主要领导同志的出访工作。陈政高市长于3月、9月访问了韩国、日本和香港，广泛接触了当地政要和工商界人士，举办了“中国沈阳2001年重大项目推介会”，先后签约56项，引进外资12亿美元。张行湘书记11月初访问了新加坡、泰国和香港，签订利用外资项目28项，利用外资8.5亿美元。通过市主要领导同志的出访活动，促进和促成了一大批合资合作项目，提高了沈阳市的国际知名度。

2.来访的外宾数量多，层次高。市领导先后会见了重要外宾团组180多批3000余人次，其中比较重要的有日本前首相海部俊树、澳大利亚前总理霍克和卢森堡前首相、欧盟委员会前主席桑特、玻利维亚参院议长费尔南德斯、南非社会保障部部长拉拉纳、日本自民党副总干事长野间起、厄瓜多尔农业部长派勒、波兰国家经济部长布尔斯基、欧洲联盟大使魏根深及韩国三宝电脑公司副会长李洪淳、香港长江建设集团总经理甘庆林、香港华润集团董事长陈新华等政要和重要客商。

3. 参与筹划和组织了"十强赛"、浑南高新区启动仪式、辽宁(广东)商品展销会等大型活动的邀请和接待外宾工作。在时间紧迫的条件下,邀请了19个国家包括5位大使在内的25名外交官来沈参加浑南高新区启动仪式。

4. 友好城市工作稳步深入发展。沈阳市已与10个国家的11个城市结为友好城市关系,并与世界20多个城市建立了友好合作关系。2001年已经基本上完成了与突尼斯斯法克斯市、希腊萨洛尼卡市结为友好城市的前期准备工作。

5. 驻华使领馆为沈阳市经济建设和社会发展服务。韩国将于2002年在沈阳修建一处韩式花园,工程费用3亿韩元(约200万人民币)完全由韩国方面提供。

6. 利用各种宣传方式扩大影响。仅在"十强赛"期间,就接待来访的境外65家新闻媒体的111名记者,为进一步宣传沈阳,提高沈阳市的海外知名度做了许多工作。

7. 组织以美国亚洲医疗服务中心、香港晨星教育基金会等单位赴法库县进行了为期2天的义务医疗活动。共为176名贫困患者诊病,赠送2万多元的药品,受到当地群众的热烈欢迎。

8. 认真贯彻国家的外交方针政策。"9·11"事件以后,市外办及时传达了省委省政府37号会议纪要精神,立即与市有关部门合作,协助省外办做好外国驻沈阳总领事馆的安全工作;按照外交部对外宣传口径接待外国记者的采访;会同市有关部门严格控制敏感国家和热点地区的人员来华和沈阳市因公出国人员赴上述国家访问;与公安、安全、教委等有关部门合作,加强来自敏感地区的外国专家、留学生的保卫工作,并搜集有关动态及时反馈。

9. 加强因公出国审批管理。2001年,市外办共审批各类因公出国团组批件912批次、2928人次;省内及省外确认件258批、715人次;省内及省外通知书31批、61人次;下达对外邀请函件196批,423人次;否决不符合规定的团组16批、48人次,为国家节约出国经费近145万元人民币;共向省政府呈报市级领导出访报告25批,市外办等有关部门积极开展工作,出访申请及时获得批准,保证了领导同志的顺利出访,有力地配合了沈阳市对外开放工作的进行。

10. 召开了第九届"玫瑰奖"颁奖大会,25名为沈阳市经济社会发展做出突出贡献的外国专家受到表彰(迄今为止已有282名外国专家受到表彰)。已有6位在沈阳市工作的外国专家荣获"友谊奖"。

(徐卫华)

【外宾来访】 2001年,沈阳市外事活动频繁,成功地举办了亚洲"十强赛",市主要领导先后率团赴美国、欧洲、东南亚、香港等国家和地区进行招商引资,扩大了沈阳市对外开放的领域,提高了沈阳市知名度。全年共安排副市级以上领导出席各类外事活动300余次,接待外宾4000余人。

重要的党政国宾政务团组有:奥地利萨尔斯堡市代表团、德国拉施塔特市代表团、俄罗斯联邦巴什科尔托斯坦共和国代表团、乌兹别克斯坦驻华大使代表团、加拿大驻华使馆代表团、加拿大BC省教育部代表团、尼日利亚共和国国家电力部代表团、玻利维亚国会参议长代表团、美国驻华大使馆代表团、埃塞俄比亚电力部代表团、匈牙利共和国琼格拉德州代表团、匈牙利共和国名曾特市代表团、亚足联代表团、斐济群岛共和国驻华大使代表团、莱索托国驻华大使代表团、美国加州白德威帕克市政府代表团、日本前首相海部俊树、澳大利亚前总理霍克、卢森堡前首相、欧盟委员会前主席桑特、韩国前总理李洪九、波兰国家经济部代表团、欧盟驻华使节团、马来西亚文化艺术和旅游部代表团、国际足联副主席、韩国足协主席郑梦准、阿曼苏丹驻华大使馆代表团、卡塔尔驻华大使馆代表团、韩国庆尚南道议会代表团、韩国大邱市政府代表团、韩国国会议员代表团、韩国青瓦台国政状况局代表团、韩国文化观光部代表团、日本别府市政府代表团、日本参议院代表团、日本众议院代表团。

重要的外国经贸、著名国际公司和国际组织代表团有:美国沃尔玛、美国国际集团、美国通用汽车公司、美国应用材料公司、美国IBM、美国CA公司、美国麦高集团、联合国粮农组织、世界银行、德国西门子公司、宝马公司、德国BASF公司、法国米其林公司、法国阿尔斯通公司、澳大利亚环球电子商务、英国罗尔斯·罗伊斯、英国怡和集团、英国富地石油控股有限公司、韩国乐天集团、三宝电脑集团、韩国(鲜京)SK集团、现代汽车、日本东芝、三洋空调有限公司、日本丰田汽车、中小企业振兴调查团、新加坡维信集团、新加坡龙署地集团、澳门中法水务、澳门其新(控股)有限公司等。

(田大为)

【三国前政要访问沈阳】 应沈阳市政府的邀请,出席"21世纪的中国与世界"国际论坛会议的日本前首相海部俊树、澳大利亚前总理霍克、卢森堡前首相、欧盟前主席桑特,会后于13—14日来沈阳市参观、访问。

省委副书记、市委书记张行湘,副省长、市长陈政高在市政府会见了三国前政要及随行人员。市领导首先对客人们的来访表示欢迎,并向客人们详细介绍了沈阳市的市情和几年来的经济发展情况。

三国前政要在沈期间参观考察了南湖高科技开发区、东大阿尔派、荷兰村和东北育才学校;游览了故宫、北陵;出席了沈阳清文化国际旅游周开幕式。

(马立新)

【接待来沈参加"十强赛"的贵宾】
1. "十强赛"期间,市外办共接待来沈观看比赛的外宾和外国驻华大使馆官员200余人次。他们分别是:阿联酋驻华大使朱玛先生一行,乌兹别克斯坦驻华大使埃尔加舍夫先生一行,阿曼驻华大使阿卜杜拉·侯斯尼先生一行,卡塔尔驻华大使萨利赫·布埃宁先生一行,亚足联秘书长维拉潘先生一行,阿联酋王子、阿联酋足协主席兼阿布扎比港务局长萨意德先生一行,日本别府市市长井上信幸先生率领的代表团一行,世界足协副主席、韩国足协主席郑梦准博士和韩国前总理李洪久先生率领的韩国代表团一行,卡塔尔足协主席、卡塔尔皇室成员哈利发·阿尔萨尼先生一行。

2. 安排省、市领导拜会、出席活动和机场迎送共20余次。在8月25日中国队和阿联酋的比赛期间,陈政高市长会见阿联酋驻华大使朱玛,阿联酋王子萨意德先生一行;陈政高市长和崔文信副书记会见亚足联秘书长维拉潘先生一行;陈政高市长和崔文信副书记会见日本别府市市长井上信幸先生一行;吕亿环副市长等出席了阿联酋王子萨意德代表阿方在沈举办的展览会和新闻发布会。

在9月15日中国队和乌兹别克斯坦队的比赛期间,陈政高市长会见乌兹别克斯坦驻华大使埃尔加舍夫先生一行;张行湘书记会见乌兹别克斯坦驻华大使埃尔加舍夫先生一行。

在10月7日中国队和阿曼队的比赛期间,省委书记闻世震在张行湘书记的陪同下,省长薄熙来在陈政高市长的陪同下,分别会见了世界足协副主席、韩国足协主席郑梦准博士和韩国前总理李洪久先生率领的韩国会议员代表团；张行湘书记和陈政高市长共同会见了阿曼驻华大使阿卜杜拉·侯斯尼先生一行10人；吕亿环副市长到桃仙机场迎送世界足协副主席，韩国足协主席郑梦准博士和韩国前总理李洪久先生率领的韩国代表团一行。

在10月7日中国队和阿曼队的比赛期间，张行湘书记和陈政高市长共同会见了卡塔尔驻华大使萨利赫先生，卡塔尔皇室成员、卡塔尔足协主席哈利发先生和卡塔尔驻华大使馆参赞阿里先生。

（王政忠）

【玻利维亚国会代表团访问沈阳】 应全国人大常委会的邀请，以参议长费尔南德斯为团长的玻利维亚国会代表团一行23人于2001年6月13日至14日访问沈阳。沈阳市人大常委会主任张荣茂会见了该代表团。张荣茂主任向客人介绍了我国的人民代表大会制度，以及市人大常委会日常工作情况。费尔南德斯先生表示，沈阳地理位置优越，有巨大的发展潜力，望能与沈阳建立文化、经济和贸易等方面的友好合作关系。

代表团在沈阳期间参观矿山机械厂、金杯汽车公司。在参观考察中费尔南德斯详细询问了沈阳合资公司的发展情况，并对沈阳市在汽车、机械等重工业企业的发展给与高度评价。

（王政忠）

【韩国前总理李洪九，国际足联主席、韩国足协主席郑梦准访问沈阳】 应中国足协邀请，韩国前总理李洪九、国际足联副主席、韩国足协主席郑梦准博士于10月7日至8日来沈并观看了世界杯"十强赛"中国队与阿曼队的比赛。省委副书记、市委书记张行湘，副省长、市长陈政高分别陪同省委书记闻世震、省长薄熙来会见了李洪九和郑梦准博士。客人在沈阳期间参观了故宫。

（苏革非）

【第九届"玫瑰奖"颁奖大会】 沈阳市第九届"玫瑰奖"颁奖大会于2001年10月12日在市迎宾馆举行，会上共有25位在沈阳市工作并有突出贡献的外国专家获此殊荣。

"玫瑰奖"是沈阳市授予在沈阳市工作的外国友人的最高荣誉。近年来，随着沈阳市对外开放步伐的加快，越来越多的外国专家和海外华人来沈参与沈阳市的经济和文化建设。目前，有2000余名各类外国专家和海外华人在沈工作。他们对沈阳的经济发展和社会进步起到了重要的推动作用。此次受表彰的25位外国专家，来自全市的各领域和单位，在不同的工作岗位上为沈阳市的发展做出了突出的贡献。截至2001年底，共有282名专家获此殊荣，其中有6位专家还获得了我国政府对在中国工作的外国专家的最高奖励——"友谊奖"。

市长陈政高在颁奖大会上向受表彰的外国专家表示祝贺。市领导崔文信、艾廷隽、王声溢及市有关部门的领导出席大会并向获奖的外国专家颁奖。

（雷　洪）

【外国专家参加义务植树】 4月14日，共有40多名在沈阳长期工作的外国专家来到棋盘山风景区参加义务植树活动。

在一上午的劳动中，这些分别来自俄罗斯、法国、美国、韩国、日本等国家的专家栽下了百余棵树苗。他们表示，能有机会直接参与到绿化沈阳、美化沈阳的活动中来，实现了自己心中的愿望。在米其林沈阳卡车轮胎有限公司工作的法国专家那东先生称，在中国，植树造林是每个公民的义务和责任，我们作为在中国长期工作和生活的外国人也应该尽一份义务，为把沈阳建设得更加美丽作出自己的贡献。

（雷　洪）

【外国医疗队参加贫困农村义诊】 4月26日，一支由美国亚洲医疗服务中心、香港晨星教育基金会和市红十字会医院等单位组成的联合医疗队到法库县包家屯乡进行义诊。

这支由四名中外医生、四名外籍护士组成的医疗队带去了价值2万余元的药品和一些便携式的医疗设备。在两天的义诊活动中，医疗队为当地的176名患病的贫困农民进行了诊治。

（雷　洪）

【市级领导成功出访】 根据市委、市政府的统一部署，张行湘、陈政高等市领导同志分别率团出访韩国、日本、巴西、阿根廷、美国、加拿大、德国、越南、瑞士、新加坡、泰国、香港、澳门等国家和地区，促进和促成了一大批合资合作项目，巩固了老关系，发展了新关系，提高了沈阳市在上述国家和地区的知名度，为沈阳市初步形成全方位、多层次、宽领域的开放格局做出了积极贡献。

张行湘书记一行赴新加坡、泰国、香港访问期间，分别会见了泰国副总理、新加坡贸工部部长、新加坡高级政务部长、新加坡交通及资讯部部长、新加坡贸发局主席、泰国商务委员会主席等当地各界政要，同三地的工商企业界人士进行了广泛的沟通与交流，向外界进一步宣传了沈阳，并签订了一大批合资合作项目。在新加坡访问期间，签订合作项目12项，外资额达4.1亿美元；在港期间，签订合作项目15项，港方投资总额4.4亿美元，访问取得了圆满成功。

2001年，以副省长、沈阳市市长陈政高为团长的沈阳市经贸代表团分别于3月和9月两次出访。在韩国、日本、香港访问期间，代表团与上述国家和地区的政府及工商企业界人士积极进行了接触，推进了汽车、电子、医药化工、轻工和机械等行业的合资合作。9月下旬，代表团在港成功举办了"中国沈阳2001年重大项目推介会"，推出的重大项目涉及8个领域、14个类别，总计118项。代表团的两次访问，分别取得了签约35项、协议引资额7.02亿美元和签约21项、签约外资额5.04亿美元的丰硕成果。

（陈　凯）

【韩国城南市李京花艺术团访问沈阳】 2001年8月，为了纪念中韩建交9周年及沈阳——城南结好3周年，由韩国李京花舞蹈团和韩国民族管弦乐团组成的李京花艺术团一行40余人对沈阳市进行了友好访问。

陈政高市长会见了韩国城南市艺术总会会长金圣泰先生及李京花舞蹈团团长李京花女士、民族管弦乐团李熔卓先生一行。

市委常委崔文信副书记、市委常委宣传部刘迎初部长等领导同志与市民共同观看了演出。凤凰舞、长鼓舞、打击乐——四物游击等富有浓郁民族特色的歌舞节目博得了台下观众阵阵热烈的掌声，晚会在友好和热烈的气氛中结束。

（金　星）

民营经济

【综述】 2001年，沈阳市民营经济得到迅速发展和壮大，其经济总量已占全市近一半，对于拉动经济增长，促进国企改革，增加税收，扩大就业，维护社会稳定发挥了越来越重要的作用，成为全市经济发展的主力军。

1.民营经济总量迅速增大，占全市GDP比重不断上升。截至2001年底，全市民营经济实现增加值612亿元，占全市GDP的49.4%，与1997年相比增长近一倍。全市个体工商户发展到22.8万户，私营企业发展到2.1万户，注册资金超过300亿元，从业人员超过100万人。在全市国内生产总值每年增长的10%中，由民营经济拉动近7个百分点。

2.民营企业规模不断扩大，产业范围逐步拓宽。截至2001年底，全市产值（营业额）在5000万元以上的民营企业已达到100户，超亿元的民营企业达到60户，超10亿元的有3户。已注册的民营企业集团有72户，其中有6户进入全市30个重点工业集团行业。东宇、和光、北泰、远大等14户民营企业已跻身全国民营企业500强行列。民营企业的投资领域也不断拓宽,从传统的餐饮服修业向一、二、三产业全面拓展,在全市注册资本100万元以上的民营企业中,从事工业的已占38.2%,全市民营企业拥有的市级以上名牌产品已达到148项。

3.民营科技企业作用日益突出。截至2001年底,全市民营科技企业的数量已超过3000户,实现技工贸总收入150亿元,上缴税金达到5.1亿元,占全市高新技术产值的31.8%,与1995年相比分别增长5.2倍和6.2倍。在2001年全市33项高新技术产业化“特别快车”计划中,民营科技项目有21项,占63.6%。截至2001年底,民营科技企业共有37个项目获得国家中小型企业创新基金资助,成为沈阳市发展高新技术产业的龙头企业。

4.民营企业积极参与国企改革,盘活了大量国有资产。几年来,全市共有1200多户市属中小型国有和集体企业改制为民营企业,共盘活资产118亿元,解决了20多万人的就业问题。

5.民营企业对国家和社会的贡献不断增大。一是民营经济上缴税金逐年增加。2001年,全市民营经济全口径实现税收59亿元,占全市税收额的48.2%,同1997年相比增长一倍,其中个体私营经济实现税收17.1亿元,占全市税收总额的13.7%,增长180%。全市纳税超千万元的民企业已有15户,其中沈阳东宇集团连续几年纳税名列全省和全市民营企业第一。二是安置就业人数逐年增多。从1998年到2001年,全市个体私营企业从业人员由65万人增加到100多万人,平均每年增加近10万人。目前全市民营企业已建立下岗职工安置基地44个,下岗职工安置点434个,成为全市吸纳就业的一条主要渠道。三是积极参与社会公益事业。1998年以来,全市民营企业在抗洪救灾、抗旱救灾、康法扶贫和慈善事业中,共向社会捐资捐物折合人民币近亿元。

(王德文)

【银企对接活动】 2001年在市政府与人民银行沈阳分行营业管理部联合召开的银企签约大会上,沈阳市有15户民营企业的16个项目获得银行贷款支持,签约额达2.96亿元。

市民营委向百余户重点民营企业下发了《民营企业重点项目资金需求意向表》,共有40户重点民营企业提报了重点项目51项,资金总需求量26亿元,其中需银行贷款16亿元。经过对这些项目进行分类汇总和分析论证,并结合掌握的企业信誉等级、法人代表的素质等综合情况,市民营委最后确定36个项目作为本次银企对接会的重点推介项目,其中具有一定的科技含量的大型生产项目占27项。人民银行和有关商业银行表示,在与民营企业首批签约16个项目的基础上,将继续给予民营企业以信贷支持。

(夏光慧)

【民营企业重点项目建设】 2001年,全市民营经济以抓好“三重工程”(重点企业、重点项目、重点品牌)为突破口,促进全市民营经济上规模、上档次、上水平。特别是在民营企业重点项目建设上取得良好的成效。一是规模大。据对全市100户重点企业调查,2001年共上新项目37项,投资总额15亿元,项目完成后可实现销售收入49.2亿元,实现利税11.5亿元。项目包括工业类、建筑开发类、农业项目、新兴产业类等多个领域。投资额超过5000万元以上达15个。二是起点高。在民营企业的重点项目中,第三产业项目呈逐渐下降趋势,而具有较高技术含量和高附加值产品越来越多,有些重点项目技术水平居国内领先水平,甚至达到国际先进水平,如沈阳大陆集团的激光抢修系统、东宇集团的大气环境监测仪器、协合集团的生物制药等。三是效率佳。民营企业重点项目的实施在扩大企业规模,增强实力,创造经济效益的同时,也创造了良好的社会效益,特别是吸纳就业,增加税收上尤为显著。沈阳明华集团兴建的大型建材超市,可提供就业岗位千人以上,年创利税4000多万元;沈阳远大集团新建的电梯项目(一期)也可提供近千个就业岗位,年利税亿元以上。

(盛　力)

【民营企业协调工作】 2001年,以各区县(市)为主体成立了覆盖市区有关部门的市民营企业协调工作网络,并制定了《沈阳市民营企业协调工作网络成员工作规则》,明确了市、区及各部门的工作职责,制定了从企业投诉、登记、协调、反馈时间、情况通报到责任追究等工作细则,使协调工作有章可循,减少了工作的盲目性,提高了工作效率。2001年全系统为民营企业协调处理各类投诉案件200多件,办复率100%,满意率95%。

(袁忠传)

【14户民营企业进入全国民营企业500强】 从国家工商联获悉,2000年全国民营企业按营收总额前500强座次已排定,沈阳市和光集团等14家民营企业进入500强行列。其排序是:沈阳和光集团以营收总额28.7亿元排名第14位,列辽宁民营企业之首。沈阳远大铝业集团、沈阳东宇集团股份有限公司分别以营收总额10亿元和8亿元,排名第57位和75位,列在全国百强之内。排在百强之外的还有:辽宁祥威建设集团排名第124位,沈阳辽沈铝塑公司排名第187位,沈阳纪颖集团排名第211位,沈阳北泰集团排名第248位,沈阳华新国际实业有限公司排名第253位,沈阳荟华楼黄金珠宝首饰有限公司排名第346位,沈阳凤祥集团排名第406位,沈阳欧亚工贸有限公司排名第414位,沈阳民安企业集团排名第447位,沈阳强风集团排名第478位,辽宁维华集团排名第482位。

全国民营企业500强的评定,主要是全国工商联根据年度规模民营会员企业的营收总额为依据排定的。这次评定的全国民营企业500强中,辽宁25强,占5%,沈阳14强,占2.8%。同1999年相比,全市入围企业在数量上有所增加,从12强上升到14强。在规模上有所扩大,入围14家企业中营收总额都有一定的增长,如和光集团从1999年23亿元上升为2000年的28.7亿元,增长25%;东宇集团从1999年的3.6亿元上升为2000年的8亿元,增长122%;北泰集团从1999年的1.4亿元上升为2000年的3.2亿元,增长128%。

(王德文)

【召开民营企业家座谈会】 2001年1月29日,市政府在沈阳迎宾馆召开沈阳市民营企业家座谈会。副省长、代市长陈政高、副市长赵长义与17位民营企业家进行了座谈。

座谈会由副市长赵长义主持。沈阳东宇企业集团总裁庄宇洋、沈阳北泰企业集团总裁金洪华、沈阳远大企业集团副董事长庄玉光等17位民营企业家在座谈会上发了言。他们介绍了各自企业的发展状况,对民营企业发展的难点以及如何加快发展全市民营经济等问题与市领导进行了交流和沟通,并对发展沈阳市的经济提了很好的建议。副省长、代市长陈政高做了重要讲话,他表示市政府将一如既往地为民营企业创造好的发展环境,沈阳民营企业不仅要发展,还要大发展,全市上下要充分看到促进民营经济大发展的重要性和必要性。他强调指出,民营经济是沈阳经济发展的主体,是国有企业改革的需要,民营经济的发展是实现再就业的需要、是调整沈阳市经济结构的需要。

(夏光慧)

【举办“民营企业体制创新高级论坛”】 2001年6月1日,由沈阳市民营经济发展工作委员会和(中国)中小企业国际合作促进会共同举办的“民营企业体制创新高级论坛”,在沈阳迎宾馆国际会议厅举行。著名社会学家、民盟中央名誉主席、原全国人大副委员长费孝通应邀参加论坛并做了重要讲话。副市长赵长义代表市委、市政府向大会致辞。中国民营经济研究会副会长晓亮、(中国)中小企业国际合作促进会秘书长于彦忠、费孝通学术研究基金会秘书长张荣华、辽宁社会科学院省情研究所所长、副研究员梁启东等四人在会上作了专题发言。他们就民营企业的产权关系、民营企业如何进行第二创业、如何建立现代企业制度,以及民营企业家在企业发展壮大过程中如何把握自己等问题进行了深入的阐述。全市30多家重点民营企业的负责人和抚顺、阜新等城市的代表参加了论坛。民营企业家代表——东宇集团副总裁李炎、凤祥集团董事长孙凤祥也在会上做了发言。

(关　怀)

【沈阳民营投资担保有限公司成立】 经沈阳市人民政府批准(沈政[2001]57号),沈阳民营投资担保有限公司于2001年6月8日正式成立,公司是由沈阳市民营企业发展服务中心等7家企事业单位共同发起设立的有限责任公司,实行自主经营,自负盈亏,自担风险,自我约束,独立承担民事责任,公司注册资本为1500万元人民币。其业务范围是:项目投资、股权投资、投资咨询、按《担保法》担保、担保资金管理及理财服务。

(王曾杰)

【与内蒙古兴安盟地区经贸合作成果显著】 为进一步拓展民营经济的发展空间,引导更多的民营企业参与西部大开发,应内蒙古兴安盟政府的邀请,2001年8月10日至13日,市民营委组织由全市30户民营企业组成的经贸考察团,赴内蒙古兴安盟地区进行了为期4天的经贸考察和洽谈活动,并在乌兰浩特市举行了经贸洽谈会。双方共达成合作协议意向15个,签约额3580万元。

在经贸洽谈会上,兴安盟所属的乌兰浩特市、阿尔山市、科右前旗、中旗等市(旗)向沈阳民营企业介绍了当地的投资环境及各项优惠政策,推出了民营工业园区建设、旅游项目开发、农产品深加工、环保产业等百余个招商项目。经过认真选项、洽谈及现场考察,有15个项目达成了协议,其中辽宁兴华集团投资2000万元在乌兰浩特市建设摩托车城、辽宁益民房地产开发公司投资1000万元在阿尔山市建设旅游度假别墅区等6个项目签订了合作协议。

此次经贸活动期间,沈阳市民营企业昌盛实业公司在乌兰浩特市投资600万元扩建的红城万豪酒店正式开业。9月26日,市民营委与乌兰浩特市在沈阳又召开经贸洽谈会,批定项目26个,双方达成合作意向10个,签约额4206万元。

(关　怀)

【《民营经济的脚步》获辽宁电视新闻特等奖】 2000年度辽宁电视新闻奖社教类经济节目评选在阜新举行。由市民营委与沈阳电视台联合摄制的十二集系列报道《民营经济的脚步》荣获惟一的一个特等奖。专家认为该系列片立足于改革开放的大局,以党的方针、政策为依据,以沈阳市市情为着眼点,选题重大,主题深刻;该片资料详实,以理服人,以情动人,生动地阐述了有关民营经济发展方面的一些问题,在省市电视经济报道中,是一篇不可多得的佳作。该片分政策环境篇、管理创新篇和国企改革篇等12集,每集10分钟,共120分钟。先后采访民营企业家、专家、学者、党政官员等各界人士70多人。

(刘玉明)

经济协作

【概况】 2001年,沈阳市积极扩展中心城市功能,推进跨地区的生产要素合理流动和配置,以国内城市间经济技术合作和服务外埠在沈企业为中心,开展了经济协作活动。一是开展国内城市间经济技术合作。5月,辽宁省在江西省南昌市召开经济技术洽谈暨商品展销会,沈阳市组成代表团参加了此次会议,与南昌市就联合办厂、技术合作、物资销售等方面进行了磋商和洽谈,共达成经济技术合作项目128项,金额35亿元。8月,组织沈阳市30余家企业赴内蒙古锡林浩特盟进行了考察和经贸洽谈。全年先后与福建省厦门市、山西省宝鸡市、青海省西宁市、贵州省黔南州、内蒙古锡林浩特等地代表团,衔接和协调了一批地区的经贸合作项目。二是持续开展对口支援工作。辽宁省与青海省签订了第三期(2001—2002年)无偿援助协议,其中沈阳市无偿援助青海省平安县、民和县450万元。3月,沈阳市接待了青海省平安县代表团,就两市县开展对口支援工作进行了洽谈和落实。4月,沈阳市组成考察小组,前往青海省、西藏自治区,对沈阳市前期无偿支援青海省平安县、民和县资金物资落实情况和援藏项目进行了实地考察,并就下一步开展对口支援工作的方式、方法及扩展两地经济合作等内容进行了洽谈。三是开展对外埠在沈企业的服务工作。6月,对外埠在沈投资企业进行了全面调查。据统计,外埠在沈投资企业399个,累计投资金额34.3亿元。2000年实现总产值243亿元,销售收入211.5亿元,上缴税金12.3亿元。8月,召开了部分外埠在沈投资企业座谈会,就沈阳市投资环境以及外埠企业在沈生产经营中需要解决的问题,征求了意见。全年为外埠在沈企业解决困难17件。全年共审批外地驻沈办事机构90家。四是积极开展对外埠商会的业务指导和服务工作。到2001年底,外埠在沈共组建了温州、福州、闽南、诸暨、磁灶5家商会,共有会员单位1500余家,联系在沈从业外埠人员15万人,主要从事服装、鞋革、低压电器、机械、石材、灯具、眼镜的生产和经营。年实现商品销售额超过60亿元。7月,召开了外埠商会工作会议,对外埠商会规范运作、加强自身发展、自身管理、自身监督提出了指导性意见。

(李树民)

【沈阳、南昌两市缔结全面经济合作协议书】 为进一步密切沈阳市、南昌市的联系,促进全面合作,推动经济和社会共同发展,双方经过友好协商,一致同意在工业、农业、经贸、科技、人才、文化、旅游等领域建立长期、稳定、全面、友好的经济合作关系。并在2001年5月9日缔结了《沈阳、南昌两市全面经济合作协议书》,主要内容如下:

1. 两市主要领导不定期地进行会晤,交流改革开放、经济建设和社会发展等方面的情况和经验,商谈经济合作项目。互相参加对方重大经贸活动,推动经济合作关系持续、健康发展。

2. 工业方面,发挥沈阳市工业基础雄厚、成套设备设计制造能力强的优势;发挥南昌市工业门类齐全、商品集散地的优势,双方共同开发市场并提供优惠政策。

3. 农业方面,沈阳利用农业科技优势,南昌利用天然生态资源和自然资源优势,在生态农业、精品农业、高效农业和出口创汇农产品方面,开展合作与交流。

4. 开展两市间科技合作交流,鼓励双方科研单位、大专院校和有条件的事业单位互相转让科技成果,开展科技交流,联合开发各类资源和科技项目,推动双方科技普及、科技创新和技术进步。

5. 联合发展大流通,建设大市场,采取多种形式和渠道,积极组织工贸、农贸、商贸之间的商品交流,为双方优化资源配置、商品流通提供便利条件。

6. 充分利用两市的旅游资源,积极开发旅游产品,共同拓展两市旅游市场。

7. 充分利用各自的对外关系,对重大项目联合向国外招商引资,联合引进国外先进技术和设备,并互相提供国际商务服务,携手拓展国际市场。

(李树民)

党 政 机 关

中共沈阳市委

【中共沈阳市委九届十五次全会】 中国共产党沈阳市第九届委员会第十五次全体会议于3月30日召开。出席这次会议的市委委员39名、市委候补委员6名。市纪委委员和原市委领导列席会议。

全会分别听取了市委副书记王扬所作的关于市第十次党代会筹备情况的汇报,市委常务副书记崔文信所作的关于九届市委向市第十次党代会工作报告(草案)的起草说明,市委常委、市纪委书记王启文所作的关于市纪委向市第十次党代会工作报告(草案)的起草说明。全会讨论通过了九届市委和市纪委向市第十次党代会提交的工作报告(草案);审议通过了市第十次党代会关于代表资格的审查报告(草案);审议了中共沈阳市第十届委员会委员、候补委员和纪律检查委员会委员候选人预备人选;表决通过了沈阳市出席省第九次党代会代表候选人预备人选。省委常委、市委书记徐文才在会议结束时发表了讲话。市委副书记朱锦和副省长、市委副书记、市长陈政高分别主持了上午和下午的大会。会议确定市第十次党代会于5月下旬召开。

全会要求,为开好市第十次党代会,全市各级党组织要继续做好统一思想的工作,使共产党员和干部群众统一对沈阳工作成绩和存在问题的认识,统一对反腐败与改革发展稳定关系的认识,统一对沈阳干部队伍的认识,统一对沈阳工作大局和发展前途的认识,为党代会的胜利召开做好思想准备。全市各级党组织首先是市委,要进一步认清马向东等人重大违纪违法问题的严重性、危害性,切实提高认识,认真总结反思,深刻吸取教训,制定整改措施。同时,要在全市广大干部群众中做好宣传解释工作,消除模糊认识,进一步增强抓好党风廉政建设的自觉性,坚定不移地开展反腐败斗争,以"两手抓"的实际行动,以经济、政治、思想文化的新成果,迎接市第十次党代会的胜利召开。要做好党代会报告的修改完善工作,使党代会报告真正成为集中全党智慧、指导沈阳改革开放和现代化建设的纲领性文件;做好"两委"委员选举的准备工作,严把政治素质考核关,真正选举出党员信任、人民满意、能够带领全市广大干部群众实现"十五"发展目标的领导集体。要形成浓厚的社会氛围,按照市委的统一部署,切实抓好当前各项工作,努力消除马向东等人重大违纪违法案件对沈阳市工作和形象造成的负面影响,为开局起步年各项工作的顺利完成而积极努力。

全会号召,全市各级党组织和共产党员,要以邓小平理论和江泽民同志"三个代表"重要思想为指导,牢牢把握沈阳改革发展稳定的大局,牢记自己的政治职责,充分发挥战斗堡垒作用和先锋模范作用,进一步增强在群众中的凝聚力和号召力。越是在矛盾比较多、局面比较复杂的情况下,越要坚持"两手抓,两手都要硬"的方针,以对党的事业、对人民的利益、对沈阳发展高度负责的态度,团结、带领广大人民群众,夺取两个文明建设的新胜利。

(*高大为*)

【中共沈阳市委九届十六次全会】 中国共产党沈阳市第九届委员会第十六次全体会议于7月20日在市迎宾馆召开。市委委员、市委候补委员参加了会议,市纪委委员和原市委老领导列席了会议。

全会听取了市委副书记王扬作的关于市第十次党代会筹备情况的报告,市委副书记朱锦作的关于市第十次党代会日程安排的说明,市委常务副书记崔文信作的关于九届市委向市第十次党代会工作报告(草案)的修改说明,市委常委、市纪委书记王启文作的关于市纪委向市第十次党代会工作报告(草案)的修改说明,市委常委、秘书长顾春明作的关于"两委"报告(草案)讨论情况和修改意见的汇报。为进一步修改好这两个报告,今年4月底以来,市委、市纪委领导同志分别召开了有部分区县(市)、市直有关部门、企业(集团)、各民主党派和工商联、专家学者等参加的座谈会,广泛征求意见,还书面征求了省市老领导、市人大、市政府、市政协领导和市委委员、市纪委委员的意见,在此基础上对报告进行了认真修改。全会讨论通过了九届市委和市纪委向市第十次党代会提交的工作报告(草案)。全会确定市第十次党代会于7月27至31日召开。

市委书记张行湘,市委副书记、市长陈政高主持了大会。张行湘在会议结束时作了重要讲话。

全会认为,在市委的统一领导下,全市各级党组织和全体共产党员,以"三个代表"要求为指导,以"三个想一想"为载体,坚决贯彻统一思想、理顺情绪,增强信心、凝聚力量,振奋精神、扭转局面的指导思想,深刻反思慕绥新、马向东案件的危害与教训,全力维护改革发展稳定大局,切实加强和改进党的领导和建设,在思想上、政治上和组织上作了充分的准备,召开市第十次党代会的条件和时机已经成熟。

全会指出,召开市第十次党代会是全市各级党组织、全体共产党员和广大人民群众政治生活中的一件大事。开好这次党代会,关系到我们能否更加自觉地同党中央和省委保持高度一致,关系到能否充分发挥市委总揽全局、协调各方的核心作用,关系到今后五年乃至更长时期沈阳经济社会的发展和进步。要通过这次党代会,总结经验,反思教训,全面贯彻党要管党的原则和从严治党的方针,全面加强和改进党的自身建设,确保沈阳市各级党组织和党员队伍的坚定性、先进性和纯洁性。要通过这次党代会,谋篇布局,绘制蓝图,以"三个代表"重要思想为指导,全面贯彻党的基本理论、基本路线和基本纲领,把全市各级党组织和全体共产党员的思想和行动统一到江总书记提出的"三个代表"要求上来,统一到党中央和省委的各项决策和部署上来。要通过这次党代会,透彻分析形势,深化市情认识,明确发展目标,作出深受党员拥护,深得群众认可的决策和部署;切实把全市党员和人民群众的积极性、主动性和创造性调动好,发挥好,保护好;全面整肃党的作风,以良好的党风带出廉洁的政风,带出优良的行风,带出纯朴的社会风气,切实把民心凝聚起来,把民智集中起来,把民意体现出来,形成精神振奋、团结一心、昂扬向上的良好社会氛围。要通过这次党代会，着眼于建立和形成带领全市人民胜利完成“十五”计划的坚强政治领导核心，坚持德才兼备的用人标准和干部“四化”方针，选举出一个具有科学合理的知识结构、年龄结构、能够承前启后、继往开来的领导班子，团结和带领全市人民向着既定的目标胜利进军。

全会号召，全市各级党组织和全体共产党员要以江总书记“七一”重要讲话为指导，牢固树立党的意识，严格按照党章和党规党纪办事，认真履行自己的职责，全市上下拧成一股绳，会议内外形成一条心，为确保市第十次党代会成功召开，为把党代会开成一个团结、务实、鼓劲的大会作出更大的贡献。

（*高大为*）

【中共沈阳市委十届一次全会】 中共沈阳市第十届委员会第一次全体会议，于7月31日下午在辽宁大厦举行。刚刚当选的中共沈阳市第十届委员会全体委员和候补委员出席了会议，市纪律检查委员会全体委员列席了会议。张行湘同志主持会议。

按照本次全会通过的选举办法，全会选举产生了中共沈阳市第十届委员会常务委员会。十届市委常委依次为：张行湘、陈政高、崔文信、王扬、朱锦、王启文、刘迎初、多静如、李佳、付强、初立生、顾春明。全会选举张行湘为市委书记，陈政高、崔文信、王扬、朱锦、王启文为副书记。

全会通过了市纪委一次全会选举结果：王启文为市纪委书记，连加诚、余新民、陈国强为副书记。

全会通过了《中共沈阳市委关于加强自身建设的决定》。

张行湘在会议结束前作了讲话。他说，我们这届市委受命于沈阳改革开放和经济发展的关键时期，肩负着带领全市人民向社会主义现代化建设第三步战略目标迈进的历史使命，任务极为艰巨，责任十分重大。这就要求我们必须具有强烈的历史使命感、政治责任感和时代紧迫感，带头弘扬“团结、实干、求知、创新”的沈阳精神，坚持以邓小平理论为指导，坚持党的基本路线，坚持“两手抓，两手都要硬”的方针，按照“三个代表”的要求，加快发展生产力，建设具有沈阳特色的都市文化，进一步提高人民群众的生活水平，努力推进沈阳经济的快速发展和社会的全面进步。

张行湘指出，完成党代会确定的各项任务，实现沈阳现代化建设的宏伟目标，必须切实加强市委领导班子的自身建设，努力使新一届市委真正成为政治坚定、思想解放，团结实干、开拓创新，纪律严明、廉洁奉公，富有创造力、凝聚力和战斗力的坚强领导核心。他强调，要加强学习，增强市委领导班子的创造力；要团结协作，增强市委领导班子的凝聚力；要廉洁从政，增强市委领导班子的感召力；要改进作风，增强市委领导班子的战斗力，切实担负起对全市各项工作实行全面领导的重大责任。

张行湘强调，传达贯彻好市第十次党代会精神，是当前一项十分重要的任务。要在全市迅速掀起一个宣传、学习、贯彻党代会精神的热潮，切实把全市党员、干部和群众的思想统一到党代会精神上来，把全市上下的力量凝聚到完成党代会确定的奋斗目标和各项任务上来，努力实现沈阳市在新世纪高起点开局、跨越式发展。

张行湘最后说，党和人民把世纪之初全面振兴沈阳的光荣而艰巨的历史使命交给了我们，我们决不能辜负党中央、省委的重托和全市54万党员及720万人民的期望。一定要高举邓小平理论的伟大旗帜，深入贯彻“三个代表”的重要思想，始终保持饱满的政治热情和旺盛的斗志，团结和带领全市人民，全面完成第十次党代会确定的各项任务，为实现沈阳社会主义现代化的宏伟目标而努力奋斗。

（*高大为*）

【中共沈阳市委十届二次全会】 中共沈阳市委十届二次全体会议于10月22日举行。这次会议的中心议题是学习贯彻党的十五届六中全会精神，结合沈阳实际，讨论研究进一步加强和改进党的作风建设问题。全会审议通过了《中共沈阳市委关于贯彻〈中共中央关于加强和改进党的作风建设的决定〉的意见》。

市委书记张行湘在会上传达了党的十五届六中全会精神并作了重要讲话，市委副书记王扬就《中共沈阳市委关于贯彻〈中共中央关于加强和改进党的作风建设的决定〉的意见》（草案）作了说明。市委副书记、市长陈政高，市委常务副书记崔文信分别主持了上午和下午的大会。

全会认真学习了党的十五届六中全会精神。一致认为，六中全会是在我国进入全面建设小康社会、加快推进社会主义现代化新的发展阶段召开的一次十分重要的会议。六中全会高举邓小平理论伟大旗帜，以“三个代表”重要思想为指导，全面分析了党面临的新形势、新任务和党的作风建设的现状，作出了加强和改进党的作风建设的决定，对当前和今后一个时期，加强和改进党的作风建设的指导思想、总体要求和主要任务进行了全面部署。标志着我们党对在新的历史条件下加强自身建设规律的认识达到了一个新的水平，标志着党的作风建设进入到一个整体推进、与时俱进的新阶段。全市各级党组织和广大党员干部，一定要把学习贯彻党的十五届六中全会精神作为当前和今后一个时期的一项重要政治任务，认真学习、深刻领会精神实质，充分认识加强和改进党的作风建设的极端重要性和紧迫性，进一步明确加强和改进党的作风建设的指导思想和总体要求，全面把握加强和改进党的作风建设的主要任务，切实把思想认识统一到六中全会精神和《决定》的要求上来，不断提高加强和改进党的作风建设的紧迫感和自觉性。

全会指出，贯彻落实六中全会精神，加强和改进沈阳市党的作风建设，首先必须对沈阳市党的作风状况有一个正确的估价和清醒的认识。当前，沈阳市党的作风主流是好的，特别是通过深入开展“三个代表”重要思想和“三个想一想”学习教育活动以及“学《讲话》、办实事、迎国庆”等活动，广大党员干部的作风有了很大的转变，党群、干群关系得到较大的改善，为加快改革开放和现代化建设提供了有力保证。但也必须清醒地看到，沈阳市党的作风建设还远不适应新形势、新任务的要求，在思想作风、学风、工作作风、领导作风和干部生活作风方面都存在着一些亟待解决的问题。特别是由于慕绥新、马向东等腐败分子对全市党风造成的破坏极其严重，恢复和发扬党的优良作风的任务十分艰巨。这就要求我们必须下更大的气力，采取更加有力的措施，加强和改进党的作风建设。

全会提出，当前及今后一个时期，沈阳市党的作风建设的总体要求是，全面贯彻六中全会《决定》和省委贯彻六中全会决定的若干意见，坚持以“三个代表”重要思想为指导，以思想作风建设为先导，以密切联系群众为核心，以保持党的先进性、纯洁性和增强党的创造力、凝聚力、战斗力为目标，以“八个坚持、八个反对”为重点，着力解决思想僵化、观念陈旧，以权谋私、贪图享乐和形式主义、官僚主义等突出问题，力争在较短的时间内使全市党员干部的思想观念明显转变，廉洁自律明显进步，工作作风明显改进，组织纪律明显增强，党群干群关系明显改善。

全会强调指出，贯彻落实六中全会精神，要从全市实际出发，突出抓好以下四个方面的重点工作：第一，坚持解放思想、实事求是，克服僵化思想和陈旧观念。要以贯彻落实六中全会精神为契机，推进新一轮思想解放，进一步破除不适应市场经济发展的僵化、陈旧的思想观念，克服在成绩面前头脑发热、盲目自满的不良心态和在困难面前怨天尤人、无所作为的畏难情绪，使广大党员干部特别是领导干部以全新的思想观念、昂扬的精神状态，投身于沈阳改革开放和现代化建设，为实现市第十次党代会确定的宏伟目标做出应有的贡献。第二，坚持密切联系群众，克服形式主义和官僚主义。要从加强思想教育入手，从领导机关和领导干部做起，牢固树立群众观点，摆正主仆关系，增进对群众的感情，时刻把群众的安危冷暖放在心上，把为群众谋利益作为一切工作的出发点和归宿，诚心诚意地为群众办实事、办好事。各级领导干部要坚持科学态度和求实精神，切实改进领导方式和工作方法，进一步转变工作作风，把狠抓落实作为推进各项工作的关键环节，在干实事、求实效上下功夫，以实实在在的作风，求得实实在在的发展，让群众得到实实在在的利益。第三，坚持民主集中制原则，克服用人上的不正之风。要在全体党员干部特别是领导干部中进一步加强民主集中制教育，建立健全并严格执行民主集中制的各项具体制度，严肃党的纪律，自觉地在政治上与党中央保持高度一致。要坚持任人唯贤，全面贯彻干部队伍“四化”方针和德才兼备的原则，深化干部制度改革，坚持用好的作风选人、选作风好的人，把干部在作风方面的表现作为选拔任用的重要依据，严把选人用人关。第四，坚持清正廉洁、艰苦奋斗，克服干部生活上的不良风气。领导干部的生活作风不是小事。各级党组织要切实抓好经常性的党性党风党纪教育和革命情操、革命气节教育，当前要抓住对慕绥新、马向东等腐败分子公开审判这一契机，充分利用这个反面教材，深入搞好警示教育，引导广大党员干部防微杜渐，警钟长鸣，构筑起牢固的思想道德防线。各级领导干部要带头弘扬艰苦奋斗的革命精神，吃苦在前，享受在后，克己奉公，甘于奉献，始终保持共产党人清正廉洁、艰苦奋斗的政治本色。要切实加大查办各种违纪违法案件工作的力度，进一步完善各项监督制度，建立和健全依法行使权力的制约机制，铲除滋生腐败的土壤，真正以党风廉政建设和反腐败斗争的实际成果取信于全市人民。

全会要求，全市各级党组织要切实把加强和改进党的作风建设摆上重要议事日程，确保六中全会精神的贯彻落实。要坚持领导带头，作出表率，凡是要求基层单位做到的，领导机关首先做到；要求一般党员做到的，领导干部首先做到；要求班子成员做到的，一把手首先做到。要明确目标，落实责任，凡是中央和省、市委明令禁止的，要立即停止；能够做到的，要马上去办；需要统筹兼顾逐步解决的，要创造条件积极推进。要标本兼治，整体推进，坚持就事究理，狠抓治本，切实加强思想教育和制度建设。要抓好结合，形成合力，坚持把贯彻落实党的六中全会精神与贯彻落实中央和省、市委以往有关加强作风建设的决定、意见精神结合起来，与深刻反思“慕马案件”的教训以及制定有关的整改措施结合起来，与制定深化改革措施、完善社会主义市场经济体制结合起来，与贯彻落实江泽民同志“七一”讲话精神、开展“三个想一想”学习教育活动以及办实事、扶贫帮困和述廉评廉等活动结合起来，务求实效。要实行严格的党风建设责任制，加强督促检查，按照“谁主管，谁负责”的原则，一级抓一级，一级带一级，层层抓落实，一直抓到基层，抓出成效。

全会强调，全市各级党政组织一定要以学习贯彻六中全会精神为契机，进一步转变作风，扎扎实实地做好后两个月的工作，确保全年各项任务的全面完成。认真落实县区工作会议精神，继续做好农村经济工作。当前，要特别注意抓好秋收工作和粮食收购工作，大力发展温室蔬菜水果等反季节生产和畜牧业生产，安排好受灾地区群众的生产和生活，积极做好明年春耕准备工作。切实强化对工业生产的组织协调，特别是对那些增长潜力较大的重点行业和重点企业，要重点搞好服务，使其有一个较快的发展。加快发展第三产业，坚持工商联手开拓市场，全面活跃市场消费，进一步改造和提升传统商业，大力发展现代服务业。同时，切实做好全面启动建设浑南新区和辉山农业开发区等具有重大战略意义的工作，为增强全市经济的发展后劲奠定基础。适应新的形势，进一步扩大对外开放，全力做好招商引资和外经外贸工作，确保实际利用外资10亿美元，努力保持外贸出口强劲的增长势头。改善发展环境，进一步营造浓厚的发展氛围。要强化责任约束，进一步落实维护社会稳定工作责任制，认真做好信访工作，加快社会保障体制改革，加强社会治安综合治理，认真落实各项安全防范措施，千方百计维护社会稳定。

全会号召，全市各级党组织和广大共产党员要紧密团结在以江泽民同志为核心的党中央周围，高举邓小平理论伟大旗帜，认真贯彻落实“三个代表”的重要思想，努力把党的作风建设提高到一个新水平，以新的精神风貌，开拓进取，扎实工作，为全面实现沈阳社会主义现代化建设的宏伟目标而努力奋斗！

出席会议的市委委员47名，市委候补委员9名。市委老领导，市人大常委会、市政府、市政协领导同志，市纪委委员，市委、市政府各部委办局和有关方面负责同志列席了会议。各民主党派和工商联负责人应邀参加了大会。

（*高大为*）

【中国共产党沈阳市第十次代表大会】 全市瞩目的中国共产党沈阳市第十次代表大会，7月28日在辽宁人民会堂隆重开幕。来自全市各条战线的569名代表，带着全市各级党组织、54万共产党员和720万人民的重托出席了大会，大会由陈政高同志主持。

这次大会的主要任务是：高举邓小平理论伟大旗帜，深入学习贯彻江泽民同志在庆祝建党80周年大会上的讲话精神，认真回顾和总结过去六年的工作，研究确定世纪之初的奋斗目标和基本任务，选举中共沈阳市第十届委员会和市纪律检查委员会，选举沈阳市出席中国共产党辽宁省第九次代表大会的代表，动员全市党员、干部和群众，同心同德，开拓创新，为实现沈阳社会主义现代化宏伟目标而努力奋斗。

张行湘同志代表中共沈阳市第九届委员会，向大会作了题为《按照“三个代表”要求全面加强党的建设，为实现沈阳社会主义现代化宏伟目标而奋斗》的报告。报告共分五部分：一、过去六年发展历程的简要回顾；二、新时期我市党的建设工作的经验教训；三、世纪之初面临的形势和奋斗目标；四、今后五年改革开放和现代化建设的主要任务；五、大力加强和改进党的建设（报告全文参见P9）。

王启文同志代表中共沈阳市纪律检查委员会，向大会作了题为《坚持从严治党，加大反腐败工作力度，为保证实现市第十次党代会提出的宏伟目标而奋斗》的报告（报告全文参见P15）。

中国共产党沈阳市第十次代表大会，圆满完成了各项议程，于7月31日下午在辽宁人民会堂胜利闭幕。闭幕大会由张行湘同志主持。

会上，首先由大会总监票人宣布了大会选举的计票情况：当选为中国共产党沈阳市第十届委员会委员53人，候补委员10人；当选为市纪律检查委员会委员39人；选举出沈阳市出席中国共产党辽宁省第九次代表大会代表113人。大会一致通过了中共沈阳市第十次代表大会关于第九届委员会工作报告的决议；通过了关于市纪律检查委员会工作报告的决议。

大会认为，过去六年，在党中央和省委的正确领导下，中共沈阳市第九届委员会带领广大党员、干部和群众，高举邓小平理论伟大旗帜，深入贯彻党的十四大、十五大精神，解放思想，团结拼搏，取得了改革开放和两个文明建设的可喜成就，为沈阳在新世纪初加快发展奠定了坚实基础。

大会指出，今后五年是沈阳承前启后、继往开来的重要时期，也是全面实施“十五计划”，推进沈阳经济和社会发展的重要时期，必须坚持以经济建设为中心，坚持发展是硬道理，加快推进两个文明建设，促进经济的快速发展和社会的全面进步。要调整和优化经济结构，保持国民经济持续快速健康发展；加快改革开放步伐，为经济和社会发展提供强大动力；拓展中心城市功能，增强中心市场的辐射力和影响力；实施科教兴市战略，大力发展科技和教育事业；把握先进文化的前进方向，切实加强社会主义精神文明建设；发扬社会主义民主，建设社会主义法治城市；加快城乡建设，努力提高人民生活水平和质量，全面完成党代会确定的各项任务。

大会强调，实现沈阳社会主义现代化宏伟目标，关键在于加强和改进党的建设。要坚持用马列主义、毛泽东思想、邓小平理论和江泽民同志“三个代表”的重要思想武装党员干部，切实加强各级领导班子和干部队伍建设，全面推进党的基层组织建设，大力加强党风廉政建设，深入持久地开展反腐败斗争，进一步密切联系群众，转变工作作风，改进领导方式，提高领导水平，使各级党组织始终保持先进性和纯洁性，成为富有创造力、凝聚力和战斗力的坚强核心；使党员领导干部不断加强党性修养、开阔世界眼光、增进战略思维、提高理论素养，成为讲政治、懂全局、善于治党治政的领导人才；使广大党员充分发挥先锋模范作用，成为实践“三个代表”的坚定的共产党人。

大会号召，全市各级党组织、全体共产党员和各族人民要更加紧密地团结在以江泽民同志为核心的党中央周围，高举邓小平理论伟大旗帜，贯彻江泽民同志“三个代表”的重要思想，在新一届市委的领导下，弘扬“团结、实干、求知、创新”的沈阳精神，同心同德，开拓进取，为实现沈阳社会主义现代化宏伟目标而努力奋斗。

（*高大为*）

【市党政领导干部会议】 4月28日下午，沈阳市召开领导干部会议，传达中央和省委关于对张行湘、徐文才职务变动的决定：张行湘任中共沈阳市市委委员、常委、书记，徐文才不再担任沈阳市委书记，回省委任专职常委。

会议由副省长、市长陈政高主持。会上，省委常委、组织部长骆琳宣布了中央和省委对张行湘、徐文才任职的通知，省委书记闻世震作重要讲话，省委副书记、市委书记张行湘作了讲话。

闻世震在讲话中说，文才同志到沈阳市工作三年多来，带领市委一班人解放思想，开拓进取，提出了符合市情的发展思路，经过各级领导班子和全市人民的奋力拼搏，全市的改革开放和经济建设取得了很大成绩，特别是在社会发展和城市建设方面发生了重大变化。这些成绩的取得与文才同志勤奋敬业、努力工作是分不开的。行湘同志先后担任省委宣传部常务副部长、抚顺市委书记、省委秘书长、省委常委兼秘书长，1997年11月任省委副书记。行湘同志政治上坚定，具有较高的政策理论水平，思维敏捷，作风正派，领导经验丰富，具有较强的组织协调和驾驭全局的能力。由行湘同志兼任沈阳市委书记，是对沈阳市委领导班子的有力加强，是中央和省委为加强沈阳市领导班子建设而采取的一项重要决策，体现了中央和省委对沈阳市的重视和关怀。沈阳是辽宁的省会城市，在全省经济和社会发展中一直占有举足轻重的地位。改革开放以来，特别是“九五”以来，沈阳经济社会发展取得了很大成绩，三次产业都有较大发展，城乡面貌发生了明显变化，为辽宁老工业基地的发展振兴做出了突出贡献。

在谈到沈阳市“十五”加快发展的问题时，闻世震指出，沈阳市的广大干部群众要进一步增强发展的紧迫感和使命感，要有强烈的忧患意识和竞争意识，牢固树立发展观念、市场观念和创新观念，扣紧发展主题，抢抓发展机遇，振奋精神，真抓实干，扬长避短，千方百计加快发展。在全省充分发挥好一个龙头、三个中心、三个基地的作用，即发挥好沈阳作为辽宁中部城市群的龙头作用，建设成为区域性的信息中心、商贸中心和金融中心，建设成为国家重要的先进装备制造业基地、高新技术产业基地和农业现代化示范基地，到2010年率先基本实现现代化，为实现辽宁省第三步战略目标做出新的更大的贡献。

闻世震最后强调，搞好沈阳市的工作，关键在市委，关键在各级领导班子。省委希望调整后的沈阳市委新的领导班子要有新形象、新作为、新业绩，成为一个政治坚强、团结合作、清正廉洁的班子，一个思想解放、精神振作、开拓进取的班子，一个求真务实、真抓实干、高效勤政的班子。要认真学习和贯彻“三个代表”的重要思想，不断加强班子的思想政治建设，不断提高“两个水平”，增强“两个能力”。要严肃党的纪律，严格执行民主集中制。要充分发挥市委的领导核心作用，维护市委权威。市委要坚持党要管党、从严治党，坚持集体领导、分工负责，依靠集体智慧和集体监督，把各方面工作做得更好。要全面贯彻干部队伍“四化”方针和德才兼备原则，选拔政治上坚强、清正廉洁、事业心和责任感强的优秀干部进各级领导班子。各级领导干部要带头转变作风，狠抓落实，树立正确导向，形成良好风气。要多做一些统一思想、统一认识的工作，多做振奋精神、鼓舞士气的工作，多做解疑释惑、凝聚人心的工作，把各方面的积极性最大限度地调动起来，用扎扎实实的工作和实实在在的业绩，和广大干部群众一道，共同开创沈阳市改革与发展的新局面，在新世纪实现新的腾飞。

张行湘在讲话中说，沈阳是辽宁省省会，东北地区的中心城市，战略地位十分重要。沈阳人民有着光荣的革命传统，无论是在革命战争年代还是社会主义建设时期，无论是在物质文明建设还是精神文明建设方面都创造了辉煌的业绩，为全省乃至全国作出重大贡献。中央、省委和广大人民群众对沈阳的期望很高。到沈阳工作深感责任重大，我决心不辜负党中央、省委和全市广大干部群众的厚望，群策群力，与大家一道把沈阳的工作做好。

张行湘指出，当前全市各级党政组织要认真贯彻落实闻世震同志讲话精神，重点抓好以下几方面工作：一是统一思想认识，理顺干部群众情绪。要深入学习江泽民同志的一系列重要论述，把思想统一到中纪委五次全会的精神上来，认真总结沈阳近年来发生的一系列重大案件的教训，破除各种模糊认识，做好统一思想、稳定情绪、振奋精神的工作，在全市上下形成万众一心跟党走、齐心协力建设新沈阳的良好气势。二是牢牢把握机遇，加快沈阳发展。发展是硬道理，是解决沈阳一系列问题和矛盾的根本出路。要正确处理好查处大案要案与发展经济的关系，围绕贯彻全国两会精神，切实抓好开局起步年的各项工作。要切实抓好“十五”计划落实，大力推进经济结构的战略性调整，进一步深化经济体制改革，加大招商引资工作力度，精心安排好当前的春耕生产和农村的各项工作。三是总结经验教训，进一步加强党的建设。加快经济发展，保持社会稳定，关键在党，关键在人。要全面领会、深入贯彻党的基本路线，讲政治，顾大局，切实抓好反腐倡廉工作；加强制度建设，从源头上防范和治理腐败。四是全党团结一心，做好市委换届工作。当前要认真做好党代会的各项筹备工作，加大宣传工作力度，在全社会广泛开展向党代会献礼活动，确保党代会开成一个统一思想、凝聚民心、团结鼓劲的大会。五是排查化解矛盾，维护社会稳定。要深入开展严打整治斗争，认真排查调处人民内部矛盾，广泛开展整顿和规范市场经济秩序活动，进一步完善社会保障工作，防止重大生产事故和突发性事件的发生。六是转变工作作风，关心群众疾苦。各级领导干部要保持良好的精神状态，发扬江泽民同志倡导的“五种精神”，深入实际，深入基层，深入群众，解决实际问题，切实克服官僚主义、形式主义、文牍主义，做到干事、干净、干练，以自身的模范行动自觉实践“三个代表”的要求。

省委有关部门负责人，市委、市纪委、市人大、市政府、市政协领导班子成员，市法院、检察院主要领导，市委、市政府副秘书长，各区县（市）党政主要领导，市委各部委、市政府各委办局主要领导，市直设党委局（公司、集团）党政主要领导，市级群团组织、部分市直企事业、中央驻沈单位主要领导，担任过副市级实职以上老领导，党的关系在沈的大专院校党委书记等400多人参加了会议。

（*高大为*）

【市“三个想一想”学习教育活动动员大会】 5月25日上午，市委在市政府礼堂召开全市领导干部大会，结合全市当前实际情况和干部队伍的思想状况，就在全市领导干部中深入开展“三个想一想”学习教育活动进行动员部署。市委书记张行湘作了动员讲话。

会议由市长陈政高主持。会上，市委副书记崔文信宣读了《中共沈阳市委关于在全市领导班子和党员干部中开展“三个想一想”学习教育活动的方案》。根据中央和省委对沈阳工作的要求，市委决定从现在开始，用一个半月时间，以市直部委办局、区县（市）以上领导班子和领导干部为重点，在全市各级领导班子和党员干部中深入开展以“三个想一想”为主题的学习教育活动。这次活动将以总结反思近年来沈阳发生的严重违纪违法案件为切入点，全面贯彻“党要管党、从严治党”的方针，进一步总结工作中的经验教训，达到统一思想、理顺情绪，增强信心、凝聚力量，振奋精神、扭转局面的目的，为实现沈阳市高起点开局、跨越式发展创造思想保证，为开好沈阳市第十次党代会奠定有效的思想基础。

市委书记张行湘在动员讲话中指出，江泽民同志多次要求全党干部好好想一想，参加革命是为什么？现在当干部应该做什么？将来身后应该留点什么？强调各级领导干部都要经常想，反复想，深入想，只有把这些问题想清楚，想透彻，才能做到一身正气。在沈阳市近年来被揭露出来几次大案要案、人民群众反腐败的呼声强烈，一部分党员干部思想混乱、代表最广大人民群众根本利益的观念淡漠的社会背景下，开展一次“三个想一想”学习教育活动十分必要。这既是党中央的要求，省委的要求，也是广大党员干部、广大人民群众的要求。坚持党要管党、从严治党，是当前复杂的国内外形势向我们提出的严肃课题，也是沈阳市发生的大案要案留给我们的深刻教训。对此，我们必须用党的基本路线武装党员干部头脑，组织广大党员干部深入学习党的基本路线，深刻领会党的基本路线，全面贯彻执行党的基本路线，牢固地坚持“两手抓、两手都要硬”的方针。要维护党的领导和党的纪律的权威性，各级党的组织都必须坚决贯彻执行党的重大原则和方针政策，每个共产党员无论在哪个系统、哪个部门、哪条战线工作，无论担任什么领导职务，都必须坚决维护党的威信，自觉坚持党的统一领导，自觉遵守党的纪律，自觉服从并坚决执行党的决议。要下大力气恢复遭到破坏的民主集中制原则，下大力气巩固党组织的领导核心地位，下大力气整肃党内风气，保证党的路线、方针、政策得到正确理解、认真执行和坚决维护。要坚持宗旨，弘扬正气，通过加强作风建设，把党的三大作风恢复和发扬起来，把各级领导班子建设成为坚决贯彻党的基本路线、深受群众拥护的坚强堡垒，造就一支作风扎实、人民信赖，干事、干净、干练的高素质的党员队伍。使大家从思想上真正弄明白，我们的权力是人民给的，掌权用权的目的是为广大人民群众谋福利，而不是为个人谋私利。要从加强制度建设入手，切实解决对党员领导干部疏于教育、疏于管理、疏于监督的问题。必须按照中央和省委的有关规定，结合沈阳的实际，采取制度化措施，加强对党员领导干部的严格教育和管理，对哪些能做，哪些不能做，什么必须坚持，什么必须反对等要求，明明白白地做出规定，让大家知道这就是“高压线”，谁碰谁触电，谁碰谁就受到查办。要切实严把干部选拔任用关口，认真贯彻干部“四化”方针和德才兼备的原则，充分发扬民主，坚持群众公认原则，让广大群众说话，切实做到多数人不赞成的不提名，未经组织人事部门认真考察的不讨论，集体讨论时多数人不同意提拔任用的不通过。要认真完善和落实选拔任用干部工作的责任制和用人失察责任追究制，坚决惩治用人上的不正之风和腐败现象。要切实强化对领导干部的管理监督，加大监督力度，突出监督重点，加强事前防范，扩大监督范围，延伸监督环节，切实提高监督的水平。

张行湘强调，回答和解决好“三个想一想”问题，是党员干部实践“三个代表”的重要前提条件，是沈阳市完成新世纪的伟大任务，实现宏伟目标的重要保证。全市各级党组织都要把这次学习教育活动作为当前各项工作的统领，从实际出发，迅速对本地区、本部门、本单位的学习教育活动作出安排和部署，精心组织，落实责任，切实做到思想认识到位，组织领导到位，工作措施到位。学习教育活动要突出重点，着力解决世界观、人生观、价值观问题，通过总结回顾、借鉴得失、吸取经验教训，明确今后努力方向。要创新形式，讲求实际效果，把对领导干部的重点教育与对广大党员干部的普遍教育结合起来，把集中教育与经常性教育统一起来，努力探索新形势下加强党的建设的有效途径和办法，把集中教育的经验和成果规范化、制度化。用学习教育活动的丰硕成果，推动党的建设和当前各项工作，真正做到“两不误、两促进”。对关系群众利益、社会稳定、经济发展的深层次矛盾和问题，要积极研究，拿出对策，切实加以解决，真正在各项工作中体现“两手抓、两手都要硬”的方针，在全市上下形成“万众一心跟党走，齐心协力建设新沈阳”的良好气势。

市委、市人大常委会、市政府、市政协领导班子成员，市法院、市检察院主要领导，各区县（市）党政主要领导、主管党建工作的副书记、纪委书记、组织部长、宣传部长，市委各部委、市政府各委办局主要领导，市直设党委局（公司、集团）党政主要领导，市级群团组织、市直企事业单位主要领导，部分中央驻沈单位主要领导，党的关系在沈的高校党委书记参加了会议。市委老领导应邀出席了会议。

（高大为）

【市“学《讲话》、办实事、迎国庆”活动动员大会】 8月18日上午，市委、市政府在市政府礼堂召开全市“学《讲话》、办实事、迎国庆”活动动员大会，号召全市各地区、各部门、各单位，深入学习和贯彻落实江泽民同志“七一”讲话和市第十次党代会精神，按照“三个代表”的要求，进一步转变机关作风和行业作风，切实解决与人民群众切身利益密切相关的突出问题，以解千家忧、造万民福的实际行动，迎接建国52周年。

会议由市委常务副书记崔文信主持。会上，市长陈政高做了动员讲话，市委常委、常务副市长李佳宣读了活动方案，市建委、市自来水总公司、市煤气总公司、沈河区政府先后作了表态发言。最后，市委书记张行湘作了总结讲话。

张行湘在讲话中首先指出，要统一思想，充分认识转变机关作风和行业作风的重大现实意义。他说，加强作风建设，历来是我们党加强自身建设的一项“基本功”，是完成党在各个重要历史时期任务的重要保证。从沈阳市的情况看，当前，适应新的形势和任务要求，进一步加强党的作风建设，切实转变机关作风和行业作风，是贯彻落实江总书记“七一”讲话精神，实现、维护和发展好人民群众根本利益的需要；是贯彻落实市第十次党代会精神，实现新时期奋斗目标的需要，是恢复和再造沈阳良好社会风气的需要。

张行湘指出，最近，通过对慕、马重大腐败案件的深刻反思，深入开展“三个想一想”学教活动，沈阳市的机关作风和行业作风有所改观。但目前全市机关作风和行风建设中还存在着一些滞后于形势发展、不适应“三个代表”要求的问题，主要是有的部门和单位办事拖拉，效率低下，一些群众反映强烈的问题长期得不到解决；有的状态低迷，不思进取，没有把主要精力用在工作上；有的官僚主义、形式主义、文牍主义盛行，不研究实际问题，不在办实事上下功夫；有的大局观念淡薄，本位主义严重，工作上推诿扯皮。对这些问题，必须采取有效措施，切实加以解决。

张行湘强调，要狠抓落实，确保“学《讲话》、办实事、迎国庆”活动收到明显成效。要强化责任意识，切实把这项活动作为实践“三个代表”的重大措施，摆上重要日程。党政主要领导要亲自挂帅，认真负责地把这项活动领导好、组织好。要层层落实责任制，真正做到责任到位、责任到人，并切实加大责任追究力度。要注重实效，把为群众排忧解难作为整个活动的出发点，把让群众满意作为检验活动成效的根本标准，想群众之所虑，急群众之所难，谋群众之所求，扎扎实实解决好影响群众生活的煤气开栓、城市供水、冬季供暖、动回迁和城乡特困人口特别是农村返贫人口的基本生活保障等问题，让群众尝到好事办实、实事办好的甜头。要从全局出发，以大局为重，团结协作，互相配合，形成合力，共同解决好结合部、交叉点的问题，解决好长期遗留和难度较大的问题。要营造氛围。广大党员干部特别是领导干部，要深入基层，深入群众，尤其要深入到困难企业和弱势社会群体中去，倾听群众呼声，体察百姓疾苦，拉近党员干部同人民群众的距离，切实把党和政府的温暖送到千家万户，送到老百姓心坎上，进一步密切党和人民群众的血肉联系，努力形成“解千家忧、造万民福”的浓厚氛围。各新闻媒体要采取多种形式，大张旗鼓地宣传这项活动的重大意义、活动目标和重点内容，为推进活动的健康开展营造浓厚的舆论氛围，并及时总结各地区、各部门、各单位转变工作作风、树立行业新风的经验，集中收集为群众办实事、办好事的成果，在全社会树立起一批先进单位和先进个人的典型。要加强领导，充分发挥领导小组办公室在组织指导、协调调度、督促检查、跟踪落实等方面的作用，及时将市委、市政府的要求贯彻下去，随时将各地区、各部门、各单位的情况反馈上来，确保整个活动顺利开展，有序进行。各区县（市）、市直各部门、各单位都要由党政一把手牵头，成立“学《讲话》、办实事、迎国庆”活动领导小组，切实加强对这项活动的领导。

陈政高在讲话中重点强调了“学《讲话》、办实事、迎国庆”活动中需要着力解决好的十个重点问题：要解决好煤气拖期开栓问题；解决好城市居民“三峰”供水问题；解决好供暖问题，使今冬的供暖明显好于往年；继续加大住宅小区环境综合整治力度，确保在国庆节前完成338个住宅组团的拆违建绿、综合整治工作；改善城市公共交通，年底前新增750辆公交车，新开辟10条公交线，延长18条公交线；搞好城市绿化，建设20块街头绿地，建设克俭大型公共绿地，建设龙王庙游园、浑河公园、科普公园，改造小南天主教堂周边环境，年底前使居民休闲环境有个大的改变；在10月底前完成5条街路的标准化改造和33条街道的维修养护，保证道路平整，提高通行能力；新建80座水洗公厕，争取在国庆节前全部完工；继续搞好城市亮化工程，年底前完成三街、三路和五个广场的亮化工程，美化城市环境；提高城市居民最低生活保障标准，年底前确保15.6万困难户得到政府的救济，保障这部分人的基本生活。

市委、市纪委、市人大、市政府、市政协领导，市法院、市检察院主要领导，市委、市政府副秘书长，各区县（市）、市直各部委办局（公司、集团）主要领导，市级群团组织、市直企事业单位、中央驻沈单位主要领导及驻沈高校党委书记参加了动员大会。

（高大为）

【市党政机构改革动员大会】 11月29日上午，市委、市政府在辽宁人民会堂召开市县乡党政机构改革动员大会。这次会议的内容是贯彻落实省委、省政府关于沈阳市党政机构改革方案的批复意见，宣布改革方案和进行思想动员，使广大机关干部职工进一步提高认识，统一思想，学习政策，掌握步骤，搞好机构改革。省委副书记、市委书记张行湘作重要讲话，副省长、市长陈政高作动员报告，市委副书记王扬主持大会。

张行湘在讲话中指出，要进一步统一思想，充分认识市县乡机构改革的重要意义。坚定不移地推进机构改革，是党的十五大提出的政治体制改革和民主法制建设的一项重要任务。最近，省委、省政府正式批准了沈阳市党政机构改革方案，这标志着沈阳市党政机构改革开始进入了具体实施阶段。为保证机构改革的顺利进行，我们要按照中央精神和省委、省政府关于沈阳市党政机构改革方案的通知精神，进一步统一思想认识，增强做好这项工作的自觉性。推进机构改革，是贯彻落实“三个代表”重要思想，增强党政机关创造力、凝聚力和战斗力的重要举措；是适应经济全球化趋势，应对“入世”考验，建立现代行政管理体制的重要步骤；是搞活机关用人机制，建立高素质干部队伍的重要环节。当前，我市面临着推进机构改革的良好机遇，只要我们把工作做细、做实、做到位，就一定能够顺利完成这次机构改革任务。

张行湘强调，要深刻理解和准确把握机构改革的基本政策精神，切实把市县乡党政机构改革的任务落到实处。搞好这次市县乡党政机构改革，要以邓小平理论和江泽民同志“三个代表”重要思想为指导，按照党中央、国务院关于地方机构改革的精神，根据省委、省政府批复的沈阳市党政机构改革方案，认真落实，扎实工作，推动这项工作的顺利进行。党委的机构改革，要按照有利于加强和改善党的领导，有利于党的路线、方针、政策的贯彻落实，有利于巩固党的执政地位、提高党的执政水平，有利于党委发挥总揽全局、协调各方的领导核心作用，通过改革，建立起各部门横向关系协调、职责清晰、机构和人员编制精干、结构合理、管理科学、工作高效的领导体制和运行机制。政府的机构改革，要适应沈阳市建设现代化区域性中心城市的需要，转变政府职能，理顺工作关系，调整机构设置，精简人员编制，建立廉洁高效、运转协调、行为规范的行政管理体系，完善国家公务员制度，建设高素质、专业化的行政管理干部队伍，逐步建立适应社会主义市场经济发展需要的行政管理体制。

张行湘要求，搞好这次党政机构改革，要按照确定的总体目标和基本原则，进一步突出工作重点。要把转变政府职能作为机构改革的重点，使各部门工作的重心真正转移到经济调节、社会管理和公共服务上来，解决实际工作中存在的错位、越位、缺位的问题，并不断深化城市管理体制改革，大力改革行政审批制度。要按照精简、统一、效能原则，积极做好机构、编制精简和人员分流工作。对于确定撤销的机构，要迅速摘牌，保证撤销工作一步到位，并做好相关职能的移交工作；对于确定为合并的机构，包括合并后允许保留原机构牌子的机构，要真正合在一起，不能明合暗分，半合半分，分灶吃饭；对于市委、市政府确定的各级机关编制精简比例，各地各部门必须坚决执行，抓好落实。要按照“带职分流，定向培训，加强企业，充实基层，优化结构”的原则，切实把分流人员的安置工作放在优先位置加以考虑。在机构改革的过程中，我们既要坚定不移地贯彻相关的原则和政策，又要坚持走群众路线，切实做好扎实细致的思想工作，把解决思想问题同解决实际困难结合起来，使这项改革得到广大干部的理解和支持。要以这次机构改革为契机，加大干部人事制度改革的力度，推进干部工作的科学化、民主化和制度化，努力形成能上能下、能进能出、有效激励、竞争择优、充满活力的用人机制。

张行湘强调，要切实加强领导，确保市县乡党政机构改革顺利进行。机构改革是一项牵涉面广、政策性强的全局性工作。各地、各部门领导班子特别是主要领导同志对此要高度重视，作为一项重要的工作来抓。领导干部既要带头学习、模范执行市委、市政府的机构改革方案，又要做好宣传发动工作，注意研究和妥善处理机构改革过程中出现的新情况、新问题，并及时采取相应的措施加以解决。要强化监督检查，严肃机构改革纪律。对那些借机构变动之机以权谋私、违法乱纪的人，要严厉查处。要认真贯彻江泽民总书记关于机构改革既要积极、又要稳妥的指示精神，妥善处理改革、发展、稳定的关系，避免出现不稳定因素。要认真做好机构改革过程中的各项衔接工作。要把搞好机构改革同做好当前各项工作有机结合起来，做到思想不散，秩序不乱，人员妥善安排，工作正常运转，确保全年各项工作任务的完成。

陈政高在报告中对这次机构改革的主要任务、配套政策和人员分流渠道等方面作了总体部署，并提出了具体的工作要求。

市领导，市老领导，市直党政群机关、部分市直事业单位副局级以上领导及组织人事部门负责人，各区县(市)主要领导及组织人事部门负责人共计1000余人参加了大会。

(*高大为*)

【市委工会工作会议】 9月26日下午，市委召开工会工作会议，贯彻落实江泽民同志“七一”讲话精神，分析研究新世纪之初工会工作面临的形势和任务，进一步加强和改善党对工会工作的领导，深入落实全心全意依靠工人阶级的根本方针，充分调动全市职工的积极性、主动性和创造性，为沈阳市的改革开放和现代化建设贡献力量。

会议由市委常委、常务副市长李佳主持。会上，市人大常委会副主任、市总工会主席李中鲁传达了省委工会工作会议精神，通报了全市工会工作情况。市委副书记朱锦作了题为《认真贯彻“三个代表”重要思想，加强和改善党对工会的领导，努力开创沈阳工人运动和工会工作新局面》的工作报告。市委书记张行湘在会上发表重要讲话。

张行湘在讲话中首先指出，从上次市委工会工作会议到现在，已经历时五年。五年来，全市的改革开放和现代化建设取得了显著成就，老工业基地的面貌发生了巨大变化，为新世纪高起点开局、跨越式发展奠定了良好基础。这些成就的取得，是全市上下共同努力的结果，其中也凝结着全市广大工人阶级和各级工会组织的辛勤汗水和无私奉献。

张行湘说，认真落实“三个代表”要求，坚定不移地贯彻全心全意依靠工人阶级的根本方针，必须重申和明确工人阶级是党的不可动摇的阶级基础，必须切实保障工人阶级和广大职工群众的合法权益，必须对新时期工人阶级的属性和地位有一个科学的认识。他指出，工人阶级始终是推动先进生产力发展的基本力量，是我们党最可靠的阶级基础，工人阶级在国家和社会的领导地位和主人翁地位永远不能变。我们必须从坚持党的全心全意为人民服务宗旨、巩固党的执政地位、维护国家长治久安的高度，始终坚持全心全意依靠工人阶级的根本方针不动摇。

张行湘指出，要认真履行职责，切实维护广大职工群众的合法权益。要完善机制，健全制度，依法加快建立和完善平等协商和签订集体合同制度，继续坚持和发展职工代表大会制度，并注意发挥政府、企业、工会三方协调机制的作用，发挥劳动争议调解委员会和劳动争议仲裁机构的作用。要积极探索，大胆创新，从理论与实践的结合上，积极探索维权的新路子、新办法。要巩固成果，讲求实效，把维护职能真正落到实处。

张行湘要求，全市各级工会组织要充分发挥桥梁和纽带作用，组织和带领广大职工群众积极投身建设新沈阳的伟大实践。要引导广大职工群众投身发展，推进企业不断提高经济效益，增强竞争实力。要引导广大职工群众理解改革、支持改革、参与改革，围绕体制创新、机制转换特别是加快建立现代企业制度，积极推进国有企业改革。要引导广大职工群众增强政治意识、责任意识和大局意识，自觉维护和促进社会稳定。要引导广大职工群众积极推进社会主义精神文明建设，争创文明行业、文明企业、文明班组，争当文明职工。

张行湘强调，要加强和改善党的领导，努力开创工会工作的新局面。要把工会工作纳入党委的重要日程，定期听取工作汇报，及时解决工会工作中的重大问题和实际困难，保证工会工作的正确方向。要完善和加强工会的组织建设，积极推进在外资企业、乡镇企业、私营企业等新经济组织中组建工会工作，最大限度地把广大职工组织到工会中来。要支持工会依照法律和章程独立自主、创造性地开展工作，充分发挥工会在管理国家和社会事务中的民主参与和民主监督作用，并从人力、财力、物力上，为工会工作提供支持，创造条件。要加强工会领导班子建设，稳定工会干部队伍，真正把那些符合“四化”标准、德才兼备、政治坚定、思想解放、群众观念强、敢为职工群众说话办事的优秀干部，充实到工会领导岗位上来。

市领导，各区县（市）、市直各部委办局（公司、集团）、市级群团组织及部分大中型企事业单位负责同志，共400余人参加了会议。（高大为）

【市县区工作会议】 历时两天半的全市县区工作会议于10月10日结束。这次会议的主题是，以“三个代表”重要思想为指导，认真贯彻落实市第十次党代会精神，深入分析沈阳市县区发展中面临的新形势，全面部署明年及“十五”期间的工作任务，动员广大干部群众，进一步解放思想，开拓创新，加速县区经济社会发展，努力开创沈阳农业和农村工作的新局面。

这次会议采取“走着开”的方式进行。在市长陈政高，市委常务副书记崔文信，市委副书记、市纪委书记王启文等市领导的带领下，全市8个区县（市）的党政“一把手”、主管领导、乡镇党委书记、重点项目负责人，市人大农经委、市政协经济委主要领导，市直有关部门负责同志约400人，利用两天时间，先后参观考察了苏家屯、于洪、新民、东陵和新城子的18个典型单位，5个区县（市）党政领导同志在行进的大客车上作了经验介绍。

10日上午，总结会议在市政府礼堂召开。会议由市委副书记王启文主持。会上，市委书记张行湘、市长陈政高作了讲话；市委常委、常务副市长李佳宣读了《中共沈阳市委、沈阳市人民政府关于加快县区经济发展的若干意见》，副市长李宝权作了题为《加快县区经济发展步伐，努力开创农村工作的新局面》的报告。

张行湘在讲话中首先指出，农业、农村和农民问题是关系改革开放和现代化建设全局的重大问题。坚定不移地加强农业的基础地位，切实解决农村面临的突出问题，确保农业发展、农村稳定和农民增收，对于顺利实施“十五”计划，加快实现沈阳社会主义现代化宏伟目标具有极其重要、极为特殊的意义。我们必须认清形势，解放思想，放宽视野。要跳出就粮食抓粮食的思维框架，树立全面向土地要效益、全面发展农林牧副渔的大农业观；跳出就农业抓农业的思维框架，树立一、二、三产业协调发展、各种经济形式共同繁荣的大经济观；跳出就农村抓农村的思维框架，树立以城带乡、城乡一体、富城富乡、城乡共富的大沈阳观。要按照“三个代表”要求，把率先基本实现农业现代化作为定位目标，坚定不移地巩固农业基础地位，坚定不移地推进农业结构战略性调整，坚定不移地深化农村改革和扩大对外开放，千方百计增加农民收入，全面提升沈阳农业和农村经济的整体水平。

张行湘指出，当前和今后一个时期，沈阳市农业和农村经济发展要重点抓好产业化、工业化、城镇化，以此推进农业和农村现代化。要加快结构战略调整，推进农业产业化。以市场为导向，以农民增收为目标，加大种植业结构调整力度，加快发展畜牧业和水产养殖业，进一步优化农业生产布局，大力培育龙头加工企业和龙头销售实体。要加快乡镇企业发展，推进农村工业化。在产业和产品结构上，继续加大“调”的力度，多在“农”字上做文章；在乡镇企业布局上，继续加大“接”的力度，与农业产业化经营对接、与小城镇建设对接；在技术创新上，继续加大“引”的力度，引进技术和人才；在制度创新上，继续加大“股”的力度，实行股份制和股份合作制经营，扩大现代企业制度试点的覆盖面。要科学规划，合理布局，强化管理，推进农村城镇化。突出抓好五个层次的分类规划，加快二、三产业发展和基础设施建设，坚持以产业兴镇、以特色立镇、以功能强镇，实现生产、生活、生态三位一体发展。要把改革开放和科技进步作为推进农业和农村现代化的内在动力。按照省市的统一部署，积极稳妥地推进乡镇机构改革，继续深化农村其它各项改革。继续扩大对内对外开放，不断提高农业的综合生产能力和农村经济发展的外向度。加快农业科技园区建设，真正发挥其示范导向作用。

张行湘要求全市农村各级党政组织和广大干部，要按照中央十五届六中全会《决定》要求，切实改进思想和工作作风，全面贯彻落实党在农村的各项政策，维护好农民的权益。要始终坚持“两手抓，两手都要硬”的方针，切实加强农村基层组织建设、精神文明建设和民主法制建设，做好扶贫解困工作，维护农村社会稳定。

陈政高在讲话中围绕落实好这次会议精神，重点就结构调整、对外开放、形成新的工作思路和工作方法等问题提出了具体要求。

李宝权在报告中分析了形势，提出了沈阳市“十五”期间县区经济发展目标。（高大为）

【市委共青团工作会议】 11月22日上午，市委共青团工作会议在市政府礼堂召开。市委常委、常务副市长李佳主持会议，市委副书记朱锦作了工作报告，市委书记张行湘发表了重要讲话。会上还印发了《中共沈阳市委关于进一步加强和改善党对共青团工作领导的意见》（征求意见稿）。

张行湘在讲话中首先充分肯定了近年来全市各级团组织和广大团员青年在两个文明建设中发挥的重要作用，并要求全市各级团组织，要全面贯彻“三个代表”重要思想，坚持服务大局和服务青年的有机结合，继承传统，改革创新，完善职能，发挥优势，使共青团组织更有活力，活动更有特色，工作更有成效，努力把沈阳共青团工作提高到一个新水平。

张行湘强调，当前全市各级团组织要认真学习、深刻领会和全面贯彻落实江总书记“七一”讲话精神，用邓小平理论和“三个代表”重要思想教育和武装团员青年，帮助青年牢固树立实现中华民族伟大复兴的崇高理想，进一步坚定对马克思主义的信仰，对建设有中国特色社会主义的信念，对改革开放和现代化建设的信心，对党和政府的信任。要加强青年的思想道德教育，切实增强思想政治工作的针对性和时效性。

张行湘要求，共青团组织要充分发挥自身优势，为推动沈阳两个文明建设再立新功。要进一步动员和组织团员青年投身经济建设主战场，深入开展为“十五”建功立业活动，努力在精神文明建设中当好主力军，在维护社会稳定中发挥积极作用。要以培育“四有”新人为根本目标，把培养和造就青年人才作为工作主线，为青年人才在沈阳经济社会发展的各个领域施展才华创造条件。要用“三个代表”的重要思想指导团的自身建设，切实加强团的基层组织建设、团干部队伍建设和团员队伍建设，全面构建教育和服务青少年的组织体系和工作体系，巩固党在青年中的执政基础。张行湘强调，各级党委要履行好对共青团领导的政治职责，高度重视和加强各级团组织的机关建设和领导班子建设，进一步改善共青团组织开展工作的条件和手段，为青少年健康成长创造良好的外部环境。

市领导，各区县（市）、市直各部委办局（公司、集团）、市级群团组织、部分企事业单位主要负责同志及团干部共400余人参加了会议。

（高大为）

【市委妇联工作会议】 11月22日下午，市委妇联工作会议在市政府礼堂召开。市委常委、常务副市长李佳主持会议，市委副书记朱锦作了工作报告，市委书记张行湘发表了重要讲话。会上还印发了《中共沈阳市委关于新形势下进一步加强党对妇联工作领导的意见》（征求意见稿）。

张行湘在讲话中对多年来全市广大妇女和各级妇联组织为沈阳的经济建设和社会发展所作出的重要贡献给予充分肯定，并要求全市各级党政组织，进一步提高认识，切实增强做好妇女工作的责任感和自觉性。他指出，重视和做好妇女工作，是贯彻落实"三个代表"重要思想的必然要求，是坚持马克思主义妇女观和落实男女平等基本国策的迫切需要，是确保顺利推进改革开放和现代化建设的客观需要，必须从巩固党的执政基础和提高党的执政水平的高度，充分认清妇女工作在全市工作大局中的地位和作用，切实增强做好妇女工作的紧迫感和责任感。

张行湘指出，要认真履行职责，切实维护广大妇女的合法权益。要进一步提高妇女受教育的水平，切实保障她们享有平等的就业权利。要落实好妇女在参政、就业、教育、婚姻家庭等方面的法律法规，有效打击和遏制各种侵害妇女权益、残害妇女身心健康的违法犯罪行为。要自觉地把男女平等的基本国策贯彻到各项决策和工作中去，使妇女能够在更广的领域、更高的层次参与全市两个文明建设。

张行湘要求，全市各级妇联组织要充分发挥桥梁纽带作用，组织和带领广大妇女积极投身建设新沈阳的伟大实践。要充分发挥广大妇女在经济建设中的重要作用，全面促进经济社会发展。要充分发挥广大妇女在精神文明建设中的独特作用，促进良好家风和社会风气的形成。要充分发挥广大妇女在维护社会稳定中的积极作用，切实抓好下岗职工就业安置和困难群众基本生活保障工作。要充分发挥妇联在基层政权建设中的协作作用，努力把各界妇女群众团结起来，不断增强妇联的凝聚力、影响力和战斗力。

张行湘强调，要加强和改善党的领导，努力开创妇联工作的新局面。要切实把妇联工作纳入党委的重要日程，充分履行政治职责，保证妇联工作的正确方向。要切实为妇联开展工作创造良好的条件，保证妇联的活动经费，解决好妇联干部政治、生活待遇问题。要切实加强妇联的班子和干部队伍建设，配齐、配强各级妇联领导班子。

市领导，各区县（市）、市直各部委办局（公司、集团）、市级群团组织、部分企事业单位主要负责同志及基层妇联干部代表，共400余人参加了会议。

（高大为）

·组织工作·

【全市国有大中型企业"三讲"学习教育活动】 2001年，按照中央和省委的部署，沈阳市先在32户国有企业开展了"三讲"学习教育活动，按照省委的要求，又在264户国有企业中开展了"三个代表"学习教育活动。

1.思想重视，强化组织领导。省国企"三讲"教育工作会议后，市委成立了市国企"三讲"学习教育活动领导小组，组建了领导小组办公室。各有关企业主管部门和企业也相应成立了领导小组。从市里到企业主管部门乃至到企业，形成了"一把手"亲自抓，分管领导具体抓的上下联动格局。

2.加强指导，把握方向。市委常委及市几大班子主要领导，每人联系指导一户企业，深入进行调查研究，帮助企业领导班子找问题、出思路，具体指导企业"三讲"和"三个代表"学教活动的开展。市委还抽调了一批政治素质好、工作经验丰富的领导干部，组成16个检查指导组，负责督查和指导，严格把关，使学教活动一环紧扣一环，有计划有步骤地进行。

3.合理安排，统筹兼顾。一方面采取措施保证生产经营的正常运行，另一方面在确保"三讲"和"三个代表"学教活动不走过场的前提下，见缝插针地安排好学习、思想交流和整改等工作，使学教活动与企业改革发展稳定有机地结合起来，做到"两不误、两促进"。

4.依靠群众，积极整改。开展"三讲"学教活动的32户国有企业召开座谈会286个，参加人数16258人；检查指导组谈话6321人次；参加征求意见人数14936人，发出征求意见表15555份，收集到群众意见3459条，经梳理归纳后汇总1755条。各企业领导班子针对群众的意见和建议，认真进行反思，坚持做到边学边改、边查边改。

这次国企"三讲"教育，基本达到了预期目的，取得了明显效果。一是各企业领导班子在学习中紧密联系实际，深入进行思考，受到了一次比较全面系统的教育，思想水平和政治素质得到了进一步提高。二是各企业在查找和解决问题的同时，把研究制定企业改革与发展的长远目标、理清工作思路和深入整改结合起来，把研究制订整改方案的过程变成理清工作思路的过程，把落实整改方案的过程变成推动企业改革与发展的过程，进一步明确了当前和今后一个时期的努力方向。三是各企业把影响企业党群干群关系的热点难点问题作为关键内容，深入讨论研究，制定整改措施，转变工作作风，实实在在地为职工群众办好事、办实事，进一步密切和改善了企业的党群干群关系。四是通过开展严肃认真的批评与自我批评，召开高质量的民主生活会，沟通了思想，加深了了解，消除了隔阂，增进了团结，进一步增强了企业党组织的凝聚力和战斗力。有的企业对企业党委参与重大决策的指导思想、目的、原则、范围、责任等进行了规范，进一步明确了党组织参与企业重大决策的途径和方法，从制度上保证了党委行使参与职能和充分发挥政治核心作用。

（宋美忠）

【全市组织工作会议】 3月13日，沈阳市召开全市组织工作会议，总结回顾2000年全市组织工作，贯彻落实中组部和省委组织部有关会议精神，研究部署2001年工作任务。市委副书记王扬到会并讲话；市委常委、组织部长初立生作了题为《总结经验，开拓创新，为实现建设新沈阳的宏伟目标提供坚强的组织保证》的工作报告。

初立生在报告中概括总结了2000年全市组织工作，提出了2001年的工作思路，重点部署了九项工作任务。一是深入学习"三个代表"重要思想，进一步加强领导班子思想政治建设。二是认真做好市第十次党代会筹备和组织工作，保证换届选举工作的圆满成功。三是加强年轻干部的培养选拔工作，进一步优化各级领导班子结构。四是统筹规划，整体推进，进一步深化干部制度改革。五是落实干部监督制度，切实加强对干部的管理监督。六是发挥牵头抓总、综合协调作用，加强对干部工作的宏观管理。七是突出重点，狠抓落实，进一步坚强党的基层组织建设。八是认真组织开展好党内教育活动，大力加强党员队伍建设。九是坚持从严治部，努力提高组织部门自身建设水平。

王扬在讲话中主要讲了三点意见。一是正确分析和判断形势，增强做好组织工作的责任感和紧迫感。二是适应新形势、新任务的需要，进一步加强干部队伍和基层组织建设。三是切实加强自身建设，以良好的精神风貌做好新世纪的组织工作。

（宋美忠）

【党的基层组织建设】 2001年，沈阳市农村党的基层组织建设取得了新的成效。为帮助农村贫困党员抗旱自救，开展了“百万党费扶持农村千名贫困老党员”活动，下拨党费扶贫基金105万元，扶持农村贫困党员1000名。继续推进农村干部培训，共有1000多名乡村干部及后备干部参加中专班、大专班学习。同时，与沈阳工业学院协商，开办了适应农村工作需要的研究生课程班，共有151人参加了学习。深入开展“三创建”工作，做好农村基层组织六年集中整顿的验收工作，表彰了30个“六个好”建设标兵乡镇党委、100个“五个好”建设先进村党支部，树立了15个红旗乡镇党委、20个红旗村党支部。

国企党建工作在研究探索中发展。年初，对贯彻《中共沈阳市委关于加强国有企业党的建设工作的实施意见》情况进行调研，对部分国有大企业党员管理教育情况进行了专题调研。年中，对国有控股企业党组织发挥政治核心作用，处理“新三会”与“老三会”关系，全心全意依靠职工办企业等问题进行了深入研究。“共产党员工程”活动取得了新的成果，全年全市共开展“共产党员工程”3420项，参加党员5.7万名。大力加强非公有制经济组织党组织建设，制定下发了《中共沈阳市委关于加强个体、私营企业等非公有制经济组织党的建设工作意见》。

社区党的建设向纵深发展。从4月份开始，先后拨出党费62万元，在全市39个社区建立了高标准社区党员活动站，配备了彩电、DVD、音响设备、健身器材和大量的图书等，为社区党组织开展工作提供了物质保证。到年底，全市已建成70个高标准社区党员活动站。下拨市管党费21万元，协调各区县财政下拨21万元，各街道从自有资金中下拨21万元，使全市每个社区党组织都有600元的党员活动经费。在“十一”前夕开展了“10万党费扶持100名社区贫困党员活动”。4月12日，全市开展了一次“共产党员社区奉献日”活动，共有15万多名党员参加了这一活动，产生良好的反响。10月中旬，举办首期社区党组织书记培训班，共有51名社区党组织书记参加了培训。12月，在全市社区党组织中开展了评选活动，表彰了11个红旗社区党组织、11名优秀社区党务工作者。

党员教育管理工作得到了新的加强。制定下发了《出国出境党员管理暂行办法》，进一步规范出国出境党员的管理。为防止和杜绝“口袋”党员的出现，做好新形势下党员组织关系接转工作，制作了新的党员组织关系介绍信，并于9月1日起正式启用。印发了《沈阳市民主评议党员、严肃处置不合格党员工作细则（试行）》，并指导基层党组织开展好民主评议党员和严肃处置不合格党员工作。各级党组织对习练“法轮功”的党员进行了耐心细致的帮教，使绝大多数的党员认清了“法轮功”邪教组织的真面目。对31名严重非法滋事和顽固的党员，进行严肃处理，其中开除党籍27名、除名2名、劝退2名。

（宋美忠）

【开展纪念建党80周年活动】 2001年是中国共产党建党80周年，全市各级党组织围绕纪念建党80周年开展了系列活动。筹备召开了“沈阳市纪念建党80周年暨两先两优表彰大会”，6月27日的大会上，表彰先进党委51个、先进党支部（总支）100个，优秀共产党员444名、优秀党务工作者52名，省委副书记、市委书记张行湘在会上发表了重要讲话。沈阳市还有3个基层党组织和1名党务工作者受到了中央的表彰；有32个基层党组织、50名党员和32名党务工作者受到了省委的表彰。召开了优秀共产党员座谈会，全市各条战线党员代表23人参加了座谈会，市委领导王扬、刘迎初、初立生参加了座谈会并讲话。根据中央和省委的部署，由市委组织部、宣传部和党史研究室组成竞赛组委会，先后组织参加了全国党的知识竞赛、全省党的知识竞赛，组织开展了全市党的知识竞赛，全市参加全国竞赛答题的党员有5万多人，参加省级竞赛答题的有3万人，参加市级竞赛答题的有9万多人。沈阳市分别获得中央和省党的知识竞赛优秀组织奖，并在全省党的知识竞赛电视总决赛中，夺得第一名。开展了“优秀共产党员风采”有奖征文和中共沈阳地方党史党建有奖征文活动，大力宣传了5个基层党组织、5名优秀共产党员和20名党代会代表的先进事迹，充分展现了全市共产党员的风采和基层党组织建设取得的成就，营造了良好的氛围。

（宋美忠）

【农村“三个代表”重要思想学习教育活动】 根据中央和省委的部署，从2000年11月到2002年6月，沈阳市农村广泛深入开展了“三个代表”重要思想学习教育活动。全市142个乡镇，2004个村，577个区、县（市）直部门，867个乡镇站所，共5万多人参加了活动。

市委对这项活动高度重视，要求各级领导干部建立学教活动联系点，树立“不抓联系点是失职，抓不好联系点是不称职”的意识，率先垂范，以点带面，推动全市学教活动健康开展。全市23名副市级以上领导干部共到联系点现场办公110次，帮助联系点解决实际问题87件，协调市有关部门向联系点注入资金1500多万元。通过创新活动载体，推动活动深入开展。在学习培训阶段，组织“三个代表”学教活动巡回报告团，到8个农村区、县（市）作巡回报告，听众达1万多人；在对照检查阶段，组织全市2800多名正处级以上领导干部进村入户与农民群众实行“五同”，开展“带学习、帮致富、送温暖”活动；在整改提高阶段，开展“百名专家带千名徒弟帮万家致富”活动，对2.5万多名农民进行了农业科技培训，还组织500多名农村致富骨干到外地学习。

通过学教活动，使广大农村基层干部进一步领会了“三个代表”重要思想，增强了宗旨意识、发展意识、机遇意识、开拓意识和贯彻执行党的路线、方针、政策的自觉性，为做好农村工作奠定了坚实的思想基础；促进了广大农村基层干部作风的转变，解决了农村大量热点、难点问题，特别是有效地解决了乡镇干部“走读”问题；推动了农业和农村经济发展，全市粮经作物种植面积比例达到6:4，近郊地区达到5:5，订单农业达到

40%。同时，在增加农民收入、减轻农民负担、维护广大农民群众根本利益等方面都取得了较大成绩。农村精神文明建设得到新的加强，出现了学文化、学技术、争做文明人的好风气，多数区县实现了村村通公路、通广播、通电视。

（宋美忠）

【沈阳市党政机构改革】 根据中央和省委的有关部署，2001年11月，沈阳市正式启动了市县乡三级党政部门机构改革，市委制定了《沈阳市市直党政部门机构改革领导班子和领导干部调整安排实施意见》，调整涉及干部共651人次，使领导班子建设得到了新的加强。

1.保留年富力强的工作骨干。为了保证机构改革后市直部门特别是市直党政部门领导班子工作的连续性，市委对于德才兼备、年富力强的领导干部予以留任。机构改革后市直党政部门留任的领导干部共199人，占新任干部总数的53%。

2.大力提拔优秀干部。为改善市直领导班子结构，市委充分利用机构改革契机，提拔了一批优秀干部。新提拔的市管领导干部共88人，占新任干部总数的20.1%。新提拔干部的年龄、文化、类别构成趋于优化，对于改善市直领导班子结构起到了明显的促进作用。

3.积极推进干部交流。市委有计划、有重点地交流了一批市管干部，共交流市管领导干部119人。

4.妥善安排退出领导岗位的干部。市委出台了一系列市管干部分流的优惠政策，鼓励临近退休年龄的市管干部退出领导班子，共有89人次的市管干部享受有关政策退出了领导班子。其中：改任非领导职务的48人，提前退休28人，提前离岗11人，个人辞职2人。

5.严肃调整不称职干部。对机构改革民主测评中不信任票超过30%并经考核确实存在问题的市管干部相应作出了处理。其中：免职5人，改任非领导职务3人，诫警4人，警示性谈话1人。

6.不断深化干部制度改革。在确定市委办公厅主任、市政府秘书长、市人事局局长、市委组织部副部长等重要市直部门空缺职位人选时，采取了扩大范围进行民主推荐的做法。坚持和完善干部任前公示制，公示市管干部拟任人选共6批86人。此外，市委在选任部分派驻市直单位纪检组长时，采取了公开推荐、公开选拔的方式，通过笔试、答辩、考核等环节的筛选，最终有4名综合素质突出的年轻干部得到了市委的任用。

到2002年3月，市党政机构改革工作基本结束。市直单位领导班子由原来的140个精简为87个，减少37.9%；领导班子成员由原来的657人减为480人，减少26.9%。其中：市直党政部门领导班子由原来的67个精简为50个，减少25.4%；新确定的局级领导职数为280人，市直党政部门领导班子成员由原来的334人减为280人，减少16.2%。

（宋美忠）

【选派第三批干部援藏】 根据中央第三次西藏工作座谈会精神，按照省委、省政府的统一部署，本着“分片负责、对口支援、定期轮换”的原则，沈阳市选派第三批援藏干部对口支援西藏那曲地区安多县。

在选派工作中，通过公布条件、公开报名、组织考核，确定6名具有较高政策水平和文化程度，较强工作能力和丰富实际工作经验的同志作为第三批援藏干部，分别担任安多县县委书记、县委副书记、常务副县长、副县长、县委办公室主任、县乡企局局长等职务。第三批援藏干部在省、市委组织部领导的陪送下，6月28日从沈阳出发，29日进藏，受到了当地干部群众的热烈欢迎。

（宋美忠）

·宣传工作·

【概况】 2001年，全市宣传思想战线高举邓小平理论伟大旗帜，以“三个代表”重要思想为指导，团结拼搏，开拓奋进，使宣传思想工作各方面都取得了新的进展，为全市统一思想、理顺情绪，增强信心、凝聚力量，振奋精神、扭转局面，提供了理论指导、精神动力、舆论支持和思想保证。

1.理论武装工作。市第十次党代会召开前，在全市领导班子和党员干部“三个想一想”（参加革命是为什么？现在当干部应该做什么？将来身后应该留点什么？）学习教育活动中，按照市委的要求，先后组织起草和发表了8篇评论员文章，编发了9万多字的《学习材料》和《参考资料》，举办了张德山同志先进事迹展，整理编发了张德山日记和言论摘抄，参与了市直和区县班子“三想”述学活动，发动全市各界弘扬和完善沈阳精神，使广大党员干部特别是领导干部受到深刻的反腐败和党风廉政教育。江泽民同志“七一”讲话发表后，又按照“全面覆盖，不留空白”的要求，组织市委宣讲团，培训千名宣讲员队伍，深入开展多层面宣讲活动，全市共组织报告会1000余场，兴起了学习“三个代表”、实践“三个代表”的热潮。

2.新闻宣传工作。围绕全市工作大局，先后组织策划了贯彻市人大、市政协“两会”精神，庆祝建党80周年，“三个想一想”学习教育活动，巩固文明创建成果，迎接市党代会召开，办好足球“十强”赛，学《讲话》、办实事等七大宣传战役和一系列主题宣传活动，唱响了抓住机遇，加快发展的主旋律。针对慕马案件造成的恶劣影响，特别注重从领导干部和领导班子中推出勤政廉政典型，突出宣传了5位领导干部和5个先进集体事迹，推动全市形成崇尚先进、学习先进的良好社会风气。在强化正面宣传的同时，加强对社会热点的引导，对一些负面事件坚持不炒热，不渲染，不添乱，通过公开曝光和内参反映两种形式，及时化解社会矛盾，做到了及时调控，平稳把握，因势利导。

3.思想政治工作。成功组织了大型宣传教育活动。庆祝建党80周年宣传教育，突出“党的光辉照沈阳”这一主题，通过组织“党的光辉照神州”党史展览、“我为党旗添光彩”实践教育和“颂歌献给伟大的党”群众歌咏及党史知识竞赛等一系列活动，引导广大党员干部增强对党的感情。以“十五”计划为主要内容的形势任务宣传教育，突出“跨入新世纪，建设新沈阳”的主题，通过组织发展论坛、形势报告、决策咨询、专家座谈、市民讲座等一系列活动，引导全市方方面面力量聚精会神地做好经济与社会发展这篇大文章。纪念“九·一八”事变70周年宣传教育，突出“勿忘国耻，振兴中华”的主题，通过组织万人参加撞钟鸣警、“十老百人”报告团千场报告和重走英雄路、白山黑水行等一系列活动，引导全市人民特别是广大青少年深刻认识落后就要挨打、国强才能民安的道理。在组织大型宣传教育活动的同时，为增强思想政治工作的针对性，制订了企业、社区、农村、学校、机关、非公有制企业代表人士思想政治工作实施细则，强化了分类指导；为扩大思想政治工作的覆盖面，对理论宣传、新闻宣传、社会宣传、对外宣传和文化娱乐阵地进行了全面、深入、系统的调查研究，提出了相应对策；为增强思想政治工作的实效性，总结推广了东药集团、东软集团、黎明航发集团、沈阳新光集团和沈阳同联集团等单位的思想政治工作经验，突出了示范效应。

4.文艺、出版工作。沈阳市11个艺术门类共创作1700余件作品。出版文学作品30部，杂技《太阳之子》，在法国荣获“法兰西共和国总统”奖和“明日”杂技节惟一金奖，这是我国文艺界进入新世纪获得的首枚国际大奖。歌曲《星星·月亮·太阳》获中宣部“五个一工程”入选作品奖，实现了沈阳市音乐作品在国家奖项评比中零的突破；话剧《北方的湖》、广播剧《金铃的故事》等七部作品获省“五个一工程”入选作品奖，群众文化活动丰富多彩，全市文化广场演出活动达300余场，参与群众达200万人次。特别是举办了首届社区文化月活动，把群众自发的文艺活动集中起来，送进社区千家万户，进一步丰富了人民群众的文化生活。戏剧小品《神偷传奇》获国家文化部群星奖金奖，这是沈阳市第五次获此殊荣。沈阳出版社全年出版图书471种，全年发行总码洋2376万元，近30种图书获省以上优秀图书奖。沈阳电台、沈阳电视台、沈阳日报获省以上奖项的作品数量分别达到69篇、118篇、26篇，均超过了上年。文化经济政策得到进一步落实，市财政正式建立了宣传文化事业建设专项资金和宣传文化发展专项资金，为沈阳市宣传文化事业发展提供了资金保证。

5.精神文明创建活动。在全市普及文明知识，实践文明公约，倡导文明新风，深入开展文明教育活动；在城区，完善服务，强化管理，改造环境，深入开展社区创建活动；在农村，推动知识、文明、文化、科技、卫生“五进农家”，深入开展携手共建活动；在窗口单位和执法部门，促进诚信服务、便民服务、规范服务，深入开展服务达标活动，特别是借“足球”提升人气，靠“出线”鼓舞信心，使“五里河精神”成为再塑沈阳新形象的一面旗帜。中央《公民道德建设实施纲要》印发后，大力宣传“爱国守法、明礼诚信、团结友善、勤俭自强、敬业奉献”的20字基本道德规范，在全市兴起了学习宣传贯彻《纲要》的热潮。

6.对外宣传工作。依托大型经贸、科技、文化和体育活动，借助中央和海外媒体力量，请进来，走出去，比较全面地包装沈阳、宣传沈阳，对促进引资引智，消除“慕马”案件影响，塑造沈阳新形象发挥了积极作用。网上新闻宣传开始从被动走向主动，“北方热线”网成为沈阳市网络新闻宣传的主渠道，利用国内权威新闻网站宣传沈阳，取得了明显效果。外宣品制作质量有较大提高，《沈阳一瞥》系列折页在全国外宣品“金桥奖”评比中获得三等奖，实现了沈阳市外宣品在全国金桥奖中零的突破。

7.宣传文化事业发展。新闻出版业加快结构调整，产业市场竞争能力进一步提高，出版物流通大市场格局初步形成，报业集团很快扭转了不利局面，经营收入达到2.3亿元。广播电视领域适应组建集团的要求，发挥优势，积极寻求新的发展增长点，电视台、电台经营收入分别达到2.3亿元、4000万元。沈阳电台建成自动化播出网络，沈阳电视台建成多通道数字化硬盘播出系统，标志着沈阳市广播电视播出技术实现了一次新的革命。文化艺术领域推广剧目股份制、一团多体制和名家挑班制等多种办团形式，演出场次和经营收入都有较大增长；在完善签约作家制的同时，又推出了签约书画家制，进一步增强了创作活力。

（*孙靖靖*）

【全市宣传思想工作会议】 2001年3月27日，市委召开全市宣传思想工作会议，传达贯彻江泽民同志的重要讲话和全国、全省宣传部长会议精神，总结部署全市宣传思想工作和精神文明建设。会议由市委常务副书记崔文信主持，市委常委、宣传部长刘迎初作了工作报告，省委常委、市委书记徐文才到会讲话。

会议总结回顾了2000年全市宣传思想工作取得的成效，分析了新世纪之初全市宣传思想工作面临的形势，并部署了2001年的宣传思想工作任务。会议要求，2001年全市的宣传思想工作和精神文明建设，要把学习贯彻“三个代表”重要思想和党的十五届五中全会精神以及市委对全市工作的总体部署贯彻始终，结合沈阳实际，着力兴起三个宣传教育热潮，即围绕落实“两会”精神和启动“十五”计划，兴起“跨入新世纪，建设新沈阳”宣传教育热潮；抓住纪念中国共产党成立80周年和适逢“九一八”事变70周年的有利时机，兴起爱党、爱祖国、爱社会主义宣传教育热潮；深入贯彻“以德治国”重要思想和中央思想政治工作会议精神，兴起思想道德建设宣传教育热潮。在兴起三个宣传教育热潮的过程中，理论工作要在增强说服力、战斗力上取得新进展；新闻宣传工作要在增强吸引力、感染力上取得新进展；思想政治工作要在增强针对性、实效性上取得新进展；文艺、出版工作要在繁荣创作、多出精品上取得新进展；对外宣传要在拓宽新渠道、扩大传播力上取得新进展；队伍建设要在提高素质、改进作风上取得新进展。市领导顾春明、艾廷隽、吕亿环、洪建生，市直各部委办局、各区县（市）、市直企事业单位及有关方面负责同志近500人参加了会议。

（*孙靖靖*）

【“党的光辉照沈阳”主题宣传教育活动】 2001年，沈阳市为纪念中国共产党成立80周年，举办了一系列宣传教育活动。围绕“党的光辉照沈阳”这一主题，举办了“党的光辉照神州”——纪念中国共产党成立80周年党史教育展览和美术、书法、摄影、民间工艺系列展览；组织了“世纪回眸话党史”系列纪念座谈活动、“引吭高歌颂党恩”系列歌咏文化活动、“甘洒热血铸党徽”系列影视展映活动、“开天辟地东方红”系列书画创作活动、“我为党旗添光彩”系列实践教育活动、党的知识学习竞赛暨有奖征文活动、“金色向日葵”少儿音乐会、“红船、红旗、红色世纪”诗歌朗诵会等系列纪念活动；召开了“两先两优”表彰大会，开通了“庆祝建党80周年网站”。全市参加活动人数达300多万人次，参加活动党员占党员总数的90％以上。据不完全统计，《沈阳日报》、《沈阳晚报》共刊发通讯、评论、照片等各种新闻稿件1300余篇；沈阳电台、电视台共开辟专栏18个，播发专题717个（集），特别节目3个，文献纪录片1部，播发消息近2000篇。

（*张立福*）

【“九·一八”事变70周年宣传教育活动】 2001年是日本军国主义发动侵华战争、阴谋制造震惊中外的“九·一八”事变70周年。为居安思危，警钟长鸣，深入开展爱国主义教育，市委宣传部组织有关部门以“勿忘国耻，振兴中华”为主题，组织开展了“勿忘‘九·一八’，重走英雄路”纪实行活动、纪念中国人民抗日战争胜利56周年座谈会、“十老百人”勿忘“九·一八”报告团巡回宣讲、“九·一八”事变70周年纪念讲演会、海峡两岸勿忘“九·一八”研讨会、勿忘“九·一八”撞钟鸣警活动等10项系列宣传教育活动，并承办召开辽宁省暨沈阳市勿忘“九·一八”大会。各有关部门开展的各类主题教育活动近3000场次，参加活动人数达400万人次，营造了浓厚的爱国主义教育氛围。全国人大副委员长铁木尔·达瓦买提，国务院台办、中央党史研究室、中国对外友协、中国社会科学院、中央文献出版社、国家外办和省市的有关领导，日本、韩国、朝鲜等国和台湾、港澳地区的来宾百余人参加了活动。中央电视台、东北三省电视台、沈阳电视台、省市电台现场直播了勿忘“九·一八”专题文艺晚会和撞钟鸣警活动，人民日报、新华社等中央媒体以《残历碑前的声讨》、《警示钟声挟怒涛》等文字、图片新闻形式作了报道。广东、四川、北京、上海等省市的新闻单位和台湾、香港及韩国、日本的多家媒体特派记者专程到沈阳市对活动进行采访报道。

由老红军、老八路、老英雄等组成的“十老百人”勿忘“九·一八”爱国主义教育报告团，深入全市的机关、学校、厂矿、部队巡回报告千余场。沈阳、长春、哈尔滨三市共同开展的“勿忘九一八，重走英雄路”活动，行程近万里，参与活动队员50余名，足迹遍布东北三省18个市县的40余处抗战纪念地。在“九·一八”事变70周年纪念演讲会上，中日友协会长伊藤敬一说，日中友协和日本人民都是反对战争、维护世界和平的，他们将和中国人民乃至世界范围内热爱和平的人们一道，同日本右翼势力斗争到底，决不允许军国主义发动侵略战争的历史重演。在“九·一八”事变国际学术研讨会上，来自中国、日本、朝鲜、俄罗斯、韩国的专家学者，在日本军国主义侵华的反动本质、警惕日本军国主义复活、一个民族落后就要挨打、两岸同胞要团结一致反对分裂、推进两岸和平统一进程等问题上达成了广泛的一致。这一系列活动，高扬了爱国主义旗帜，振奋了民族精神；扩大了沈阳的影响，树立了沈阳的新形象；激发起广大人民群众建设家乡、振兴中华的巨大热情。

（张立福）

【“十强赛”沈阳主场宣传工作】 “十强赛”沈阳主场的宣传工作，在市委、市政府的领导下，以营造主场氛围，客观报道赛事，引导球迷情绪，树立沈阳形象为主线，以新闻宣传、社会宣传、文明宣传为载体，以唱响主旋律，打好主动仗为目标，精心组织，积极运作，及时报道，联手联动，完成了各项任务，得到了社会各界的好评。

“十强赛”的宣传工作规模之大、声势之强、氛围之浓、影响之深，在沈阳市体育赛事宣传中尚属首次。主要成果集中表现在以下四个方面：

1.营造了一个隆重热烈而文明有序的主场氛围。在新闻宣传方面，注意组合新闻，动态扫描，强化引导，营造了让市民关注、关心、关爱“十强赛”的舆论强势。在赛前重点报道沈阳市为迎接“十强赛”创造的软、硬件环境，充分展示了沈阳市作为“十强赛”主赛场的良好条件与文明环境；在赛中客观报道赛事状况、沈阳市市民和球迷文明观赛、为国足助威呐喊的感人场面；在赛后重点报道国家队队员的拼搏精神在全社会引起的强烈反响，各行各业向国家队队员学习，做好本职工作的典型事例。整个赛事阶段，仅沈阳地区媒体共刊登各类文字报道1.2万余篇，广播3万余条，图片新闻8000余幅，电视新闻及专题1.6万余部。在社会宣传方面，在市内主要街路、机场、公交车、社区及赛场、球队和官员及记者驻地，采取多种形式进行社会标志化宣传，制作跨街路牌宣传标语42幅，街路路灯标语1万面，彩旗300面；在高速公路上的电子显示屏打出“十强赛”宣传标语；在市内主要路口、报刊亭、阅报栏等随处可见“十强赛”的主题标语，形成了“办好‘十强赛’，友谊在沈阳”的浓厚社会氛围。

2.提升了沈阳在国内外的知名度。“十强赛”期间，沈阳市共接待客队官员、嘉宾300余人，国内外新闻记者2900余人次，以及来自20多个国家10多万中外球迷。为此，开展了“足协官员谈沈阳”、“客队教练话沈阳”、“参赛球员游沈阳”、“新闻记者看沈阳”、“国内球迷侃沈阳”等活动，充分展示了改革开放以来沈阳政治、经济、文化发展所取得的辉煌成就，国内外各界对沈阳的了解程度、关切热度进一步增强，“沈阳热”迅速升温。香港商报记者把“十强赛”、“入世”、“足球梦”、“沈阳精神”合为一体；北京晚报的《“五里河”五百里欢乐的河》、北京青年报的《五里河精神大放光彩》、经济日报的《沈阳抓住五里河商机》等文章都从不同角度高度赞扬了沈阳主场。随着中国足球历史性的跨越，“沈阳、五里河”也成为世界媒体点击率的焦点。

3.积累了重大体育赛事新闻报道经验。由于足球比赛结束较晚，截稿时间空前紧张，出版难度很大。但各新闻单位一把手挂帅，经过编采、制作、出版、印刷、发行等部门通力合作，从未出现过漏报、误报现象。沈阳电台四个系列台立体配合，统配频率资源，优化节目布局，延长播出时间，成功地进行了四场赛事的现场直播。10月7日长达7小时的《沈阳圆梦世界杯》特别节目反响强烈；沈阳日报《一场球赛凝聚民心，一场胜利鼓舞士气》的深度报道，引起了球迷一致好评；“与‘十强赛’的约会”一文被中国足协称之为近年来中国足球新闻报道中难得一见的好文章。沈阳晚报连续出版四期16版的“十强赛”特刊，创辽沈报业新纪录。特别是在10月7日，中国队战胜阿曼队后于第一时间沈阳晚报首张号外就亮相沈城大街小巷，观看完比赛的省市领导刚刚走下主席台就看到了号外，给予了高度赞扬。“十强赛”期间，沈阳还配合中国足协召开新闻发布会50余场，提供各类信息2000余条，整个新闻宣传协调工作得到国内外同行的肯定。

4.创建了民心凝聚，人心思进的文明环境。“十强赛”宣传工作开展以来，以迎接“十强赛”为契机，以“做文明市民，当友好使者”为主题，以实现“优美环境，优良秩序，优质服务”为目标，大力深化市民文明教育、创建文明窗口、净化美化环境等活动，营造了文明环境，展示了文明形象。沈阳电视台及时播发了“太原街201家商业企业开展做文明友好使者活动”、“全市出租汽车行业展示文明服务新形象”等专题报道。同时引导球迷文明观赛事，理智论输赢，争当文明市民，争做文明球迷，有效地组织和调动了广大球迷的热情。赛场看台上球迷热烈有序的表演令米卢先生赞叹不已，称观众和球迷是中国队的第十二个球员。

（刘长清）

【沈阳市第八届精神文明建设“五个一工程”】 2001年，沈阳市各宣传文化部门坚持以邓小平理论和“三个代表”重要思想为指导，坚持为人民服务，为社会主义服务方向，贯彻百花齐放、百家争鸣方针，按照中央、省委要求，提前部署，精心策划，积极组织实施了“五个一工程”的评选工作。从2001年初至4月末，全市共有9个门类153部（篇、首）作品申报，经过层层筛选，严格把关，在中央、省及市第八届精神文明建设“五个一工程”评选中，共有9类47部作品获市“五个一工程”入选作品奖，其中儿童歌曲《星星月亮太阳》（高枫词刘继军曲）获全国“五个一工程”入选作品奖，这是沈阳市音乐作品首次在国家级评比中获奖，实现了沈阳市歌曲创作国家大奖零的突破。此外还有5类7部作品获省“五个一工程”入选作品奖，市委宣传部也连续五次荣获省“五个一工程”组织工作奖。

（李 颖）

附：沈阳市第八届精神文明建设“五个一工程”获奖名单

一、获全国“五个一工程”入选作品名单

1.《星星月亮太阳》

高枫词 刘继军曲

二、获省“五个一工程”入选作品名单

（一）戏剧：

1.话剧《北方的湖》沈阳话剧团

（二）广播剧：

1.《金铃的故事》（上、下集）

沈阳人民广播电台

（三）歌曲：

1.《星星月亮太阳》

高枫词 刘继军曲

（四）图书：

1.《魏书生教育文库——家庭教育》

2.《金扣子》黄世俊著

3.《当代中国大众文化论》

辽宁大学出版社

（五）理论文章：

1.《转轨时期社会保障水平确立的基本立意》（发表在《党政干部学刊》2000年第8期，作者：穆怀中）

三、获市"五个一工程"入选作品名单

（一）戏剧：

1.话剧《北方的湖》沈阳话剧团

2.京剧《乌纱记》沈阳京剧院

3.话剧《白色的罪恶》

沈阳市辽河艺术团

（二）电视剧（片）：

1.纪实电视剧《3·8大案侦破记》

（8集）沈阳电视台

2.电视连续剧《别拿村长不当干部》

（16集）沈阳话剧团

3.电视散文片《国徽的故事》

沈阳电视台

4.电视剧《劳模的河》

（3集）沈阳市妇女儿童电视艺术中心

5.电视专题片《话说沈阳城》

（4集）沈阳电视台

6.电视散文片《冬日看海人》

沈阳电视台

（三）广播剧：

1.《金铃的故事》（上、下集）

沈阳人民广播电台

（四）歌曲：

1.《党旗上有咱一把锤》

胡宏伟词 陶承志曲

2.《金太阳银月亮》

赵阿严词 王义来曲

3.《星星月亮太阳》

高枫词 刘继军曲

4.《劳模之歌》木青词 龚荣光曲

5.《夜空月正圆》覃展、钊邦词曲

6.《老师的故事》翁东词、李抗非曲

7.《感谢红领巾》倪和文词 方明曲

8.《故乡的老屋》

王晓岭、北岸词 王路明曲

（五）图书：

1.《这团火这阵风》张毓茂著

2.《魏书生教育文库——家庭教育》

3.《金扣子》黄世俊著

4.《沈阳建城始源论文集》

刘迎初、吕亿环主编

5.《3·8大案》崔亚斌著

6.《当代中国大众文化论》

辽宁大学出版社

（六）理论文章：

1.《国有企业经营管理者的激励和约束机制》（发表在《企业经济》2000年第10期，作者：赵文祥 张涛）

2.《转轨时期社会保障水平确立的基本立意》（发表在《党政干部学刊》2000年第8期，作者：穆怀中）

3.《辽宁国企改革的路径分析》（发表在《战略与管理》2000年第9期，作者：李平 陈萍）

4.《新世纪高校发展的几个主要问题》（发表在《辽宁工作》2001年3月1日，作者：宫侠．刘铁牛）

5.《破解"东北现象"三题》（发表在《沈阳日报》2000年7月3日，作者：李国忠）

6.《走进民俗的象征世界—民俗符号论》（发表在《江苏社会科学》2000年第3期，作者：乌丙安）

7.《在国际风云变幻中我们党立于不败之地的原因探析》（发表在《求是·内部文稿》1999年第23期，作者：刘工力）

8.《以人民满意为标准，全面加强公安队伍建设》（发表在《党政干部学刊》1998年第10期，作者：杨加林）

9.《论中国行政责任制度体系》（发表在《中国行政管理》2000年第9期，作者：李汪洋 顾爱华 陈静）

10.《落实〈决定〉精神抓住历史机遇在推进老工业基地改造中发展区域经济》（发表在《理论与实践》1999年第24期，作者：崔学贵）

11.《西方社会福利及其可持续发展路径探析》（发表在《社会学研究》2001年第1期，作者：徐延辉）

12.《历史回顾：蓄势待发看辽宁》（发表在《辽宁日报》2000年1月6日，作者：张志强）

（七）理论电视专题片：

1.《战争与和平》（30集）辽宁大学

（八）文学作品：

1.长篇小说《兵临沈阳》刘恩铭著

2.长篇小说《永裕街轶事》木青著

3.中篇小说《小村故事》辛土著

4.组诗《生命的辉煌》魏胜吉著

5.长篇小说《蒲河芙蓉》程天瑞著

（九）群众文艺：

1.少儿单口相声《望子成龙》

沈河区文化局

2.少儿舞蹈《满童乐》和平区少年宫

3.少儿小品《生日》沈阳市青少年宫

4.舞蹈《灯官会》新城子区

5.广场舞蹈《旗人鼓》皇姑区文化馆

（*李 颖*）

【沈阳市第三届市民道德建设电视系列专题片《情暖人间》展播活动】 由市委宣传部、市新闻工作者协会和沈阳电视台联合主办的，以沈阳市各区、县（市）及基层单位为主体，以讲述老百姓自己的故事为主线，以影视独有的艺术张力为手段，集中反映沈阳市市民道德建设与精神文明风貌的第三届市民道德建设电视系列专题片《情暖人间》展播活动，以2001年5月至7月7日，在沈阳电视台两个频道同时展播为标志，宣告结束。

2000年4月，召开沈阳市第三届市民道德建设电视系列专题片《情暖人间》展播活动动员大会。全市有23个单位报名，拍片32部，上播21部。与前两届相比，这届展播上播的片子最多；片头、片尾创意好；播出时间最长。先后展播了两次，每部片子反复播出四次。

2001年10月31日，在市委召开了沈阳市第三届市民道德建设电视系列专题片《情暖人间》展播活动表彰大会。大会宣读了《关于表彰第三届市民道德建设电视系列专题片〈情暖人间〉展播活动先进单位和展播片的决定》，对新民有线台拍摄的《板的大姐》、市委组织部拍摄的《心底的足迹》等获展播活动一等奖、六个二等奖、八个三等奖、苏家屯电视台等六个单位获得展播活动组织奖的单位进行了表彰。

展播活动开始后，受到了社会各界人士的广泛关注。据有关部门统计，首播、重播共进行了六周，其观众收视率均在沈阳电视台自办节目中名列前茅，每周收视率都达到19.2%以上。

（*佟永学*）

【召开沈阳市思想政治工作研究会第九次年会】 9月12日，沈阳市思想政治工作研究会第九次年会召开。年会总结了上届年会以来全市思想政治工作研究的总体情况，表彰了先进，部署了当前和今后一个时期的工作任务，选举产生了市委常务副书记崔文信为名誉会长、市委常委、宣传部长刘迎初为会长的新一届理事会。市委常务副书记、市政研会名誉会长崔文信出席年会并做重要讲话。市委常委、宣传部长、市政研会会长刘迎初做了题为《提高认识，努力探索，推进思想政治工作研究迈上新台阶》的讲话。市政研会副会长刘辉做了题为《围绕大局，务实创新，努力开创政研会工作的新局面》的工作报告。省政研会副会长高德生出席年会并发表讲话。年会重新修改制定了《沈阳市思想政治工作研究会章程》,重新登记153个团体会员单位,聘请了30名沈阳市思想政治工作特约研究员。年会向和平区教育系统政研会等100个单位颁发了"沈阳市先进政研会工作奖",向胡维吉等30名个人颁发"沈阳市思想政治工作优秀成果奖",同时授予朱成斌等100名个人"沈阳市政研会优秀工作者"荣誉称号。年会还总结交流了沈阳黎明航发集团公司政研会等9个单位开展思想政治工作研究的先进经验。各区(县)、市主管书记、宣传部长及全市100个市政研会团体会员单位会长、秘书长出席了年会。 (苏 虹)

·统战工作·

【全市统战工作会议】 9月26日,中共沈阳市委召开全市统战工作会议,总结了1995年全市统战工作会议以来全市统战工作情况,明确了今后一个时期沈阳市统战工作的主要任务。会议由市委副书记王扬主持,省委副书记、市委书记张行湘出席会议并讲话。

市委副书记王扬传达了全国、全省统战工作会议精神。市委统战部长李楷作了题为《继往开来,努力做好新世纪全市统一战线工作》的报告。

张行湘书记在讲话中指出,在新的形势下,要进一步提高对统一战线工作极端重要性的认识,切实增强责任感和自觉性。做好统战工作,是推进沈阳市改革开放和现代化建设、社会主义民主政治建设、保持社会政治稳定的需要。

张行湘强调,要坚持和完善中国共产党领导的多党合作和政治协商制度,充分发挥各民主党派参政议政和政治协商职能。建立健全科学规范的制度和配套措施,把政治协商纳入决策程序。扩大民主党派参与程度和知情范围。完善机制,畅通渠道,逐步实现民主监督的规范化。

张行湘要求,进一步加强和改善党对统一战线工作的领导。要把统战工作纳入各级党委重要议事日程,纳入党建目标责任制。各级党政主要领导要带头做好统战工作,分管领导要具体负责好统战工作。要着力解决党对统战工作领导的工作机制问题,在统战工作方针的贯彻落实、重大问题的协调处理、相关干部的任用管理等方面,建立健全由统战部负责协调的工作机制。要加强统战部门和统战干部队伍建设,配好班子,加强对统战干部的培养和交流,加强基层统战工作。要努力营造全社会关心支持统战工作的良好氛围。

市有关领导,各区县(市)委主管统战工作的副书记及统战部部长、市委各部委主管领导、部分市直委办局(公司、集团)、市级群团组织及有关方面的负责同志共240余人参加了会议。

(李振林 刘朋)

【民主党派换届工作】 沈阳市八个民主党派在充分准备基础上,于2001年8月10日至9月27日,分别召开代表大会,认真总结工作,确定了今后5年的工作任务,圆满地完成了换届工作。

这次换届工作的基本方针是:以邓小平理论为指导,坚持党的基本路线和基本纲领,进一步巩固和发展政治交接的成果,继承和发扬多党合作的优良传统,不断完善和发展共产党领导的多党合作和政治协商制度;进一步改善班子成员的年龄结构和知识结构,提高整体素质;逐步建立健全物色、培养、选拔干部的科学机制,积极稳妥地推进干部人事制度改革;与人大、政协换届,政府的实职安排工作通盘考虑,做好衔接工作。换届后,八个民主党派新一届主副委共有51人,最大62岁,最小37岁,平均年龄由过去的51.2岁下降到47.92岁;具有大学以上学历的46人。实现了新老交替,优化了班子结构,对保证中国共产党领导的多党合作和政治协商制度在新世纪的长期共存和稳固发展,具有极其重要的意义。中共沈阳市委副书记王扬同志出席了各民主党派换届代表大会并讲话。

(汤筠伟)

【经济领域统战工作】 发挥优势,为经济建设服务。其基本经验:一是发挥智力密集优势,参政议政,为经济发展献言献策。积极为统战团体及其成员参政议政创造条件,鼓励他们围绕沈阳产业结构调整、农业产业化、国有企业改革与脱困、发展民营经济等重点工作献言献策。其中一些有前瞻性和可操作性的意见和建议为市委、市政府决策提供了重要参考。二是发挥桥梁助手优势,跟进服务,推进非公有制经济发展。认真贯彻"团结、帮助、引导、教育"的方针,注意把开展非公有制经济人士的思想政治工作融入到经济发展之中。在工作中,注重加强教育,做思想政治上的向导;正确引导,做企业发展的参谋;优化环境,做解决问题的帮手。三是发挥民营经济优势,服务社会,引导非公有制经济人士积极投身改革开放和经济建设。参与国有企业改革和西部大开发。四是发挥联系广泛优势,为对外开放牵线搭桥,营造良好的投资环境。

组织部分民营企业家、县区统战部长赴欧洲十国进行商务考察,宣传沈阳,增进友谊,洽谈项目。组织民营企业家到法库考察投资项目,帮助法库县开展招商引资活动。

推进光彩事业的深入开展。组织非公有制经济代表人士学习江总书记"七一"重要讲话,开展"致富思源、富而思进"教育活动,实践"三个结合":把自身企业的发展与国家的发展结合起来;把个人富裕与全体人民的共同富裕结合起来;把遵守市场法则与发扬社会主义道德结合起来。组织民营企业家赴法库开展扶贫活动。辽宁金田房地产开发有限公司董事长王喜声投资3000元为一贫困户打一口抗旱井,并出资2000元安排一贫困家庭的盲人来沈阳学习按摩技术;邀请技术人员向贫困户传授草鞋编织技术,帮助承揽编织加工业务。同时,把促进民营企业的发展与光彩事业紧密结合起来,引向西部大开发。先后共组织了20余位民营企业家赴内蒙等地考察洽谈项目,签订协议意向15项,协议投资额3580万元,已实施项目3项,到位资金850万元。市委统战部被中央统战部授予光彩事业优秀组织奖。沈阳方圆铝业集团被授予辽宁省十大"民营明星企业"、沈阳远大集团被授予辽宁省十大"乡镇明星企业";孙凤祥、庄宇洋、纪颖被授予辽宁省光彩事业突出贡献奖;石立新等10人被授予辽宁省光彩事业先进个人。

(苗立义)

【统战理论研究】 2001年,市委统战部、市统战理论研究会将1983年以来的理论研究成果和活动情况进行系统整理,在近2000篇论文中筛选出69篇有代表性的研究成果,结集成书,并以此书的印行纪念中共沈阳市委统战部建部50周年。

(黄 山)

【海外统战工作】 2001年统战部在海外工作方面,把加强对海外统战工作的统筹调,拓展协海外统战工作新领域,作为全年的重点,为沈阳的经济发展牵线搭桥、招商引资。

1.加强海外统战工作的统筹协调。年初,提出了加强海外统战工作统筹协调的总体思路,明确工作内容和重点;召开侨联、台联、侨办、台办、民委等有关部门领导会议,统一思想认识,争取理解支持;先后到皇姑、和平、铁西等县区,开展专题调查研究，推动工作开展。

2. 大力加强了海外留学人员工作。一是开展专题调研，分别在辽大、医大、铝镁设计院等召开有17个单位51位同志参加的座谈会，对加强海外归国及留学人员工作，提出了很有价值的意见和建议，并同他们建立了通讯联系。二是走访了归国留学人员创业典型，同和平区统战部领导，一起走访"沈阳市十大杰出青年"、留美博士、沈阳杏林整形医院院长史灵芝，了解归国留学人员的创业情况和问题。三是加强了"沈阳归国留学博士联谊会"工作。统战部作为"博联会"的主要成员单位，推荐了341位具有硕士以上学位的海外归国及留学人员为新的副会长和理事，充实了"博联会"队伍。

3. 邀请和接待了一批海外客商来沈考察洽谈。有香港轩星集团董事长李克让先生、法国凯浪加科技公司代表唐艳春小姐和台湾国民党中常委宋长志之子宋大勇一行等。全年，共接待和拜访了236名海外华侨、华人和港澳台同胞，其中新结识132名。

4. 切实抓好牵线搭桥和跟踪服务。积极协调德国西门子集团与沈变集团洽谈合作生产50万伏大型变压器项目，邀请中美贸易促进总会会长、沈阳市荣誉市民尚摩西先生与沈阳华伦会计事务所、沈阳企业家协会等单位进行洽谈并达成了初步合作意向，协调解决了香港新陆塑胶品有限公司董事长、沈阳市荣誉市民周默予女士，在沈开发大型房地产项目的立项审批、房产纠纷，促成了沈阳绿广纸制品有限公司每年为台湾顶益集团生产供应部分环保型方便面纸餐盒的项目等，全年通过积极工作，共引进资金1.38亿元人民币。

5. 组团参加2001年"第六届世界华商大会"。通过各种途径，广泛接触华商，宣传沈阳，招商引资。先后拜会和结识了欧洲华侨华人联合会会长胡元绍先生，旅法华侨联谊会会长胡克哲先生等150多位有影响的华商，其中新结识120人。与30多个华侨、华人社团建立了新的联系；达成獭兔皮深加工、房地产开发及与沈阳建工学院联合办学意向和协议。

6. 协助铁西、沈河区统战部完成铁西区工业改造国际招商会和沈河建立中心商务区邀请40余名外商，洽谈项目的任务。

7. 举办了海外统战工作学习班。针对沈阳市基层统战干部在引资中遇到的问题，请市招商局同志作了专题讲课，并组织到外地进行实地考察。

8. 拓展了海外统战工作联系网络。为了加强同海外重点人物的密切联系，分地区、国别完善了工作档案，拓展了新的联系渠道，并加强了对海外重点社团的联系。全年共向海外发寄贺卡、信函900多份。

（孙世生）

【统战理论宣传】 为了更好地配合中心工作，宣传党的统一战线理论、路线、方针、政策，市委统战部把办好《沈阳统一战线》（内部资料）作为全市统战宣传工作的长线任务坚持抓好。政治上坚持以邓小平理论和三个代表思想为指导，严把政治关口，严守宣传纪律，严行"守土有责"。坚持以正面宣传为主、大力弘扬时代主旋律，并根据全年各时段的工作热点，着重选登了学习"三个代表"思想的理论文章，贯彻全国统战工作会议、省统战工作会议精神的有关文章，等等，完成了近40万字的编辑出版任务。

积极组织沈阳地区的"全国统战知识竞赛活动"。这是中央统战部在全国统战工作会议之后，大力普及统战知识、加强统一战线社会宣传的一项重大举措。市委统战部精心策划，认真组织，狠抓落实。组成了市委分管统战的副书记为顾问的活动领导小组，制订了活动方案。市级四大班子主要领导带头参与问卷竞赛，全市各级干部和广大市民踊跃参加活动，共计收回2.8万余份问卷。沈阳市委统战部被省委统战部评为优秀组织奖获奖单位。还组织了"统战知识电视竞赛"沈阳代表队，参加辽宁省委统战部组织的电视竞赛，获得优秀奖。

（黄　山）

·政策研究·

【辅政工作】 筹备市委重要会议。一是市第十次党代会文稿的筹备工作。为起草好市第十次党代会的报告，政研室围绕结构调整、体制改革、对外开放、城市建设、党的建设等12个专题，作出了大量的调查研究工作，高质量地完成了党代会报告的起草工作。还较好地完成了《张行湘同志在市委十届一次全会上的讲话》、《中共沈阳市委关于加强自身建设的决定》以及其他有关文稿的起草任务，均得到了市委领导的充分肯定，为市第十次党代会的成功召开作出了应有的贡献。二是市委十届二次全会的筹备工作。为贯彻落实党的十五届六中全会精神，起草了《中共沈阳市委关于贯彻〈中共中央关于加强和改进党的作风建设的决定〉的意见》和张行湘同志在市委十届二次全会上讲话、新闻专稿、社论等重要文稿的起草任务。三是市委十届三次全会的筹备工作。这是新一届市委成立以来，首次全面总结一年来的工作，部署新的一年任务的一次全会，起草小组在较短时间内就完成了全会报告的起草工作，受到市委领导和与会同志的好评。四是"2001中国·沈阳新世纪新发展论坛"的筹备。五是组织开展"弘扬和完善沈阳精神"活动。在广泛征集建议的基础上，进行筛选论证，上报市委4个预选方案，最后经常委会讨论决定确定为"团结、实干、求知、创新"的新的"沈阳精神"。并召开了"弘扬和完善沈阳精神"表彰大会，组织了讲演大赛，增强了广大市民实践"沈阳精神"的自觉性。

（李晓园）

【重点课题调研】 一年来，市委政研室从市委决策的需要出发，紧紧围绕领导关注、事关全局的关键问题，深入开展调查研究，取得了一批重要成果。一是关于加强和改进市委工作的专题研究。起草了《中共沈阳市委关于加强和改进市委工作的若干意见》，并以市委文件印发。二是关于市区事权划分的调查研究。形成了调研报告，为市委、市政府召开城区和县区工作会议，提供了重要决策依据。三是关于完善沈阳市街道管理体制的调查研究。提出了沈阳市街道管理体制改革对策和建议，得到市领导的充分肯定。四是关于加强非公有制经济组织党建工作的调查研究，起草了《关于加强个体、私营等非公有制经济组织党建工作的实施意见（草案）》。五是关于建设中央商务区的调查研究，形成了专题调查研究报告。六是关于沈阳市事业单位经费支出改革的调查，提出了对策意见，为进一步深化事业单位改革提供了重要依据。七是关于辽中县发展订单农业的调查，形成了《订单：农业结构调整的"抓手"》的调查报告。八是关于苏家屯区强化思想政治工作的调查。此外，为适应市委指导基层工作的需要，及时总结了一批典型经验，起到了良好的导向作用。

（李晓园）

【决策咨询体系和调研网络建设】 2001年，市委政研室在全市决策咨询体系和调查研究网络建设上，做了大量工作。一是筹备召开了市委、市政府决策咨询委员会成立大会。系统地总结了过去一个时期全市咨询工作，明确了今后目标，建立了决策咨询体系和组织机构，为今后咨询工作的开展，奠定了良好的基础。二是围绕决策需要积极开展了咨询论证工作。围绕市委、市政府的重大决策，先后组织了20多次咨询论证，同时利用《决策咨询》刊物刊发了30多位专家学者的咨询意见。三是加强了对全市重点课题的协调工作。由原来只协调市级领导牵头的调研课题，扩展到协调全市综合部门的调研课题，并以市委办公厅文件的形式制发了《沈阳市2001年市级重点调研课题计划》。四是组织召开了全市调查研究工作经验交流会。通过总结经验、表彰先进、明确任务，进一步增强了广大调研工作者的责任感和使命感。五是加强了对市管领导干部调研成果的管理工作。先后对142个部门1000多名市管理领导干部的调研成果进行了考评和建档，促进了领导干部深入实际、调查研究的自觉性。六是举办了4期政研干部境内外培训班。组织40名政研骨干和后备干部赴法国和华东、大西北地区学习，对拓宽政研干部视野，丰富知识，发挥了重要作用。

（李晓园）

·对台工作·

【对台经济工作】 2001年，沈阳市对台经济工作保持了较好的发展势头。一是对台招商引资工作保持了较好水平。全年新批台资企业项目30项，总投资额9039万美元。其中合同利用台资8010万美元，基本与上年持平。到2001年底，台资企业项目总数已达686项，总投资额11.8亿美元，其中合同利用台资7.3亿美元。二是积极做好台商投诉的协调处理工作。全年受理台商投诉71件，结案率达94%，并在推动协和、天山福园等涉台纠纷积案解决方面作出了努力，有效地促进了投资环境的改善。三是加强了对台资企业的管理和服务。顶益、统一、旺旺、双福冲压件等一批台资企业越办越好，其中沈阳顶益国际食品有限公司获“2001年沈阳市纳税十佳外商投资企业”荣誉称号，受到市委、市政府表彰。

（郭维诚）

【对台交流交往】 2001年，沈阳市对台交流交往工作保持了较高水平。一是沈台人员往来更加频繁，两地人员往来人数达到11716人次。其中：台胞来沈11108人次，沈阳市各界赴岛608人次。二是沈台两地交流团组来往频繁，总数达到72个，沈阳市的赴台团组比上年提高114%，交流领域和层次不断提高。三是成功举办了“海峡两岸勿忘‘九·一八’研讨会”。在省台办、国台办的支持下，抓住了“九·一八事变”70周年这一机遇，围绕“勿忘国耻、坚持一个中国原则，‘反独’促统”的主题，邀请了两岸及北美华人团体的80余名专家学者，成功举办了“海峡两岸勿忘‘九·一八’研讨会”。这次研讨会是沈阳市第三次承办的海峡两岸大型交流活动，受到了国台办的高度评价。

（郭维诚）

【对台宣传教育】 2001年，沈阳市对台宣传教育工作取得了新进展。一是认真贯彻落实中央和省对台宣传工作会议精神，通过各种形式广泛深入地开展了涉台教育，进一步提高了广大党员干部和群众的对台政策水平和对台工作意识。二是组织三家新闻单位成功地进行了“台商在沈阳”的宣传活动。先后以近20家台商在沈阳经营成功的现身说法，在电台、报纸和电视上集中地宣传了沈阳市的投资环境，取得了良好的社会效果。三是利用“两岸三地”媒体推进入岛宣传方面取得新进展。在“海峡两岸勿忘‘九·一八’研讨会”期间，邀请了台湾、香港与境内有影响的30多家新闻媒体的100多名记者到会采访报道，在境内外媒体刊发介绍沈阳的报道150多篇，对树立沈阳新形象起到了积极的作用。

（郭维诚）

·保密工作·

【加强机构改革中的保密工作】 为确保机构改革中国家秘密的安全，2001年4月，市委保密委员会制发了《关于在机构改革中加强保密工作的通知》，为全市机构改革提早做了准备。下半年，重新制发了《关于在机构改革中加强保密工作的通知（沈保发[2001]5号），并将此文件作为全市机构改革相关配套政策，纳入全市机构改革总体部署中。在机构改革中，市保密局组成专题检查组，对撤并单位的保密工作落实情况进行了重点检查，针对发现的泄密隐患提出了整改意见。

（董志元）

【涉密计算机信息系统审批】 根据国家保密局关于在2002年之前对已运行未经审批的涉密计算机信息系统进行全部审批的要求和《涉及国家秘密的计算机信息系统安全保密测评指南》(BMZ3—2001)，市涉密网络检查组完成了市财政局、410厂、112厂、606研究所、和平区、沈河区等单位涉密计算机信息系统的保密技术检查检测任务。对检查中发现的问题，加强了整改的督办落实。2000年首批试点的市统计局、601研究所、市检察院，在按照国家标准落实整改措施方面，已收到了较为明显的成效。

（董志元）

【规范行业定密】 2001年，市保密局认真贯彻省保密局《国家秘密及其密级确定办法》（试行），加大了规范行业定密工作的力度，重点抓了市级业务主管部门确定行业国家秘密及其密级暂行规定的制定和审核工作。经过系统业务培训和具体指导审核，全市已有29个市级业务主管部门制定了本行业（系统）《国家秘密及其密级暂行规定》，为规范确定密级工作奠定了基础。

（董志元）

【规范依法行政】 根据国家保密局《关于加强保密工作依法行政的意见》，市保密局在行政执法公示制的基础上，制定了《沈阳市保密行政执法责任制实施细则》，进一步明确了保密执法职责权限、规范了执法程序。同时，为适应我国加入WTO的需要，对沈阳市1989—2000年下发的保密法规、规章进行了清理，转发了国家保密局《关于废止部分保密规章和规范性文件的通知》。

（董志元）

【中办、国办[2000]58号文件落实情况的检查】 为认真贯彻落实《中共中央办公厅、国务院办公厅关于转发〈中共中央保密委员会、国家保密局关于国家秘密载体保密管理暂行规定〉的通知》（厅字[2000]58号）精神，年初，市保密局以文件的形式制发了开展检查工作的通知，并在全市保密工作会议上做了专题部署。3至4月份在全市范围内组织开展了对贯彻厅字[2000]58号文件情况的大检查。这次检查以规范秘密载体各环节的管理、确定密级和保密技术防范为重点，采取各单位自查，保密工作活动组互查，市委办公厅、市政府办公厅、市保密局联合抽查的方式进行。市管246个单位上报了自检报告，60多个单位接受重点抽查。检查结束后，市保密局向市委做了专题报告，市委常务副书记崔文信同志做出了重要批示，市保密局对批示进行了有针对性的督办落实。

（董志元）

【保密干部培训】 2001年，市保密局先后组织了区县(市)和市直机关保密干部培训班、全市保密工作通讯员培训班和市级行业主管部门确定密级工作培训班，重点就保密管理、《保密工作》通联及理论研讨、确定密级等业务工作进行了培训，全市有160余名保密工作部门负责同志及专兼职保密干部参加了培训。此外，市科委、市公安局、移动通讯公司等30多个单位还结合本系统业务工作，分别组织了有针对性的保密业务培训班。

(董志元)

【警钟长鸣——窃密泄密案例展】 5月10日至25日，由中央保密委员会办公室、国家保密局主办，最高人民法院、最高人民检察院、公安部、国家安全部、解放军保密委员会协办和辽宁省国家保密局、沈阳市保密局承办的“警钟长鸣——窃密泄密案例展”在沈阳展出。为确保展览各项组织工作的顺利进行，市委常委、秘书长顾春明同志主持召开了由市委办公厅、市委宣传部、市公安局、市财政局、市保密局等部门参加的专题协调会，落实相关的组织工作。省委副书记、市委书记张行湘、市政协主席任殿喜、市委常务副书记崔文信、市委副书记朱锦、王启文等20余位市领导以及部分市委保密委员会委员参加了开幕式并观看了展览。顾春明同志为开幕式揭幕并发表了电视讲话。全市共组织128个专场，有220个市直单位和1100个县处级单位的11000多人参观了展览。市委机关工委、市公安局、国家安全局、城建局、房产局、统计局、法库县等80多个单位的主要领导同志参观后为展览题词，许多单位还以这次展览为契机，组织了专题座谈讨论，提高认识，吸取教训，制定了整改措施。

(董志元)

纪检监察

【沈阳市反腐败工作会议】 2001年2月5日，市委、市政府召开全市反腐败工作会议，传达贯彻中纪委五次全会、省纪委十次全会精神，总结2000年全市党风廉政建设和反腐败工作，全面部署2001年反腐败工作任务。会议由市委副书记王扬主持。市委常委、市纪委书记王启文作了工作报告，省委常委、市委书记徐文才，副省长、代市长陈政高分别作了重要讲话。

会议充分肯定了全市2000年党风廉政建设和反腐败工作所取得的成绩，强调指出，2001年党风廉政建设和反腐败工作，要标本兼治，突出治本，努力从源头上预防和治理腐败。一要依靠体制创新，逐步铲除腐败现象产生的土壤和条件。要抓住工作重点，积极推行行政审批制度改革；抓好财政预算管理改革，继续深化干部人事制度改革。二要依靠健全的民主法制来预防和治理腐败现象。加大政务公开工作力度，强力推进重要人事任免、重大工程项目、重要资金使用和重要事项的公开。要强化党内监督，特别是强化领导班子内部监督，保证领导班子成员依纪依法办事。三要从思想上筑牢反腐倡廉、拒腐防变的堤防。各级领导干部要坚持讲学习、讲政治、讲正气，着力解决世界观、人生观、价值观问题。要以案说法，以案警世，增强党员干部尤其是领导干部的拒腐防变能力。

会议强调，要全面贯彻落实党风廉政建设责任制，各级党政领导特别是“一把手”，要坚持“两手抓”，“一岗双责”，严格责任追究制度。各级领导干部要发挥示范表率作用，自重、自省、自警、自励，慎用权、慎交友。各级纪检监察机关要全面加强自身建设，认真研究新形势下反腐败斗争的新情况、新问题。为进一步加强纪委工作，根据中央精神，逐步做到地方各级纪委书记由同级党委副书记担任。

市人大主任张荣茂、市政协主席任殿喜及市委、市纪委、市人大常委会、市政府、市政协的领导班子成员，省纪委负责同志，市法院、检察院、市直各委办局、各区县(市)、市级群团组织、部分市直企事业单位、中央及省驻沈单位和有关方面负责同志共1300余人出席了会议。

(王秀玲)

【市纪委全委(扩大)会议】 2001年1月16日，中共沈阳市纪律检查委员会召开第十一次全体(扩大)会议。市委常委、市纪委书记王启文做了题为《加大惩腐力度，强化源头治理，扎扎实实推动反腐败斗争向纵深发展》的工作报告。

会议认为，经过全市一年来的努力，党中央从严治党的方针得到深入贯彻落实，中央纪委、省纪委和市委部署的各项反腐败工作任务基本上圆满完成，我市纪检监察机关“3155工程”(3个形象：顽强拼搏打硬仗特别能战斗的形象，适应新形势解决新问题勇于开拓进取的形象，恪尽职守不徇私情公正严明秉公执纪形象。1个目标：全市党风廉政建设在总体水平和对新形势下新问题的探索上要有个较大的进展，努力达到东北前列、全国一流的水平。5个加大、5个突破：加大对反腐败工作的领导力度，在党风廉政责任的追究上取得突破；加大为中心工作的服务力度，在促进投资环境的改善上取得突破；加大对违法违纪案件的惩处力度，在研究发案规律增强办案主动性上取得突破；加大反腐败工作的治本力度，在全面推行和深化“四个公开”上取得突破；加大纪检监察队伍建设的力度，在严格管理和提高素质上取得突破)的各项目标经过两年的努力也已经基本实现。在1999年实现“五个加大、五个突破”的预期设想之后，经过2000年的继续努力，又在树立“三个形象”和实现“一个目标”上取得可喜成果。全市纪检监察队伍顽强拼搏、敢打硬仗，特别能战斗的精神风貌，在查处大案要案，解决反腐败热点、难点问题的过程中得到了充分的展示。

会议分析了当前反腐败工作面临的形势。反腐败工作按照中央的部署不断向纵深发展，并取得了明显的阶段性成果，反腐败斗争的巨大意义和深远影响已经充分体现出来。但是，当前腐败现象依然呈现易发多发态势，现存的某些腐败问题还相当严重，反腐败工作离党和群众的要求还有较大差距。从全国看沈阳市，一些领导干部特别是较高层次的领导干部以权谋私、贪污受贿等违纪违法案件一再发生，许多体制、机制、源头上的深层次问题还没有解决。

会议指出，2001年全市党风廉政建设和反腐败斗争的指导思想是：坚持以邓小平理论和党的基本路线为指导，按照江泽民总书记“三个代表”的要求，认真贯彻党的十五大、十五届五中全会精神，按照中纪委五次全会、省纪委十次全会和市委九届十四次全会的部署，紧紧围绕经济建设这个中心，继续坚持从严治党的方针，在坚持从严治标的同时，进一步加大从源头上预防和治理腐败的力度，深化改革，强化责任，加强领导，狠抓落实，推动全市党风廉政建设和反腐败斗争向纵深发展。

市纪委委员和各区县(市)纪委书记，市直各单位纪委、纪工委(纪检组)负责同志参加了会议。

(王秀玲)

【中纪委监察部通报慕绥新、马向东等严重违纪违法案】 中央纪委监察部于2001年6月15日下午在京召开新闻发布会，通报辽宁省沈阳市原市委副书记、市长慕绥新和原市委常委、常务副市长马向东等严重违纪违法案件。中央纪委、监察部决定并报经党中央、国务院批准，给予慕绥新开除党籍、开除公职处分。辽宁省、沈阳市人大常委会已依法分别罢免其九届全国人大代表及辽宁省、沈阳市人大代表职务，此案已移交司法机关处理。此前，辽宁省委、省政府已开除马向东的党籍和公职，检察机关已依法将其逮捕。

据中央纪委常委、秘书长、新闻发言人吴定富通报，此案是中央纪委、监察部在辽宁省委和江苏省有关单位的配合下查处的。慕绥新在任辽宁省建设厅厅长、副省长、沈阳市市长期间，利用职权，在为请托人审批项目、减免税费、协调贷款、干部的提拔调动等方面提供帮助，大搞权钱交易，收受沈阳市烟草专卖局局长周伟、沈阳市客运集团总经理夏任凡、辽宁高明房地产开发有限公司董事长刘宝印等多人贿赂和礼金，数额特别巨大，情节特别严重。马向东在任沈阳市常务副市长期间，利用职权，收受沈阳市政府副秘书长迟若岩、黑社会性质犯罪集团头目刘涌等多人贿赂，数额特别巨大；伙同沈阳市原建委主任宁先杰、原财政局长李经芳贪污、挪用公款，数额特别巨大。此外，马向东还向他人索要巨额钱款，多次到境外赌博，情节十分恶劣。

中央纪委副书记刘丽英在新闻发布会上指出，慕绥新案是一起高级干部滥用职权、收受巨额贿赂和礼金的典型案件。慕绥新等人明目张胆顶风违纪、大肆敛财，其收受钱财数额之巨大，涉及人数之多，后果之严重，实属罕见。慕绥新等人堕入违纪违法的泥潭，其根本原因是丧失党性，私欲恶性膨胀，目无党纪国法，为所欲为，最终落得个身败名裂的可悲下场。

刘丽英指出，慕绥新等人的所作所为带坏了班子，带坏了队伍，败坏了风气，给沈阳市的经济建设也造成了严重后果。事实再一次说明，腐败削弱战斗力，瓦解凝聚力，破坏生产力。各级党组织和党的领导干部都要从中汲取教训，充分认识腐败问题的严重性和危害性，坚决贯彻“两手抓、两手都要硬”的方针，在抓好经济建设的同时，切实加强党风廉政建设和反腐败斗争，严肃查处各种损害党和人民利益的行为，严厉惩处腐败分子。在改革开放和发展社会主义市场经济的条件下，各级领导干部一定要按照“三个代表”的要求，树立正确的人生观、价值观和权力观、利益观，不断加强党性修养，在思想道德上构筑拒腐防变的坚固防线，经得起权力、金钱、美色的考验，永葆共产党人的本色。要坚决执行中央关于领导干部廉洁自律的各项规定，当前尤其要严格遵守中央关于领导干部不准收受礼金、有价证券的规定和领导干部配偶、子女从业的规定。要采取有效措施，切实加强对领导干部特别是中高级领导干部的教育、管理和监督，坚决防止因他们腐败而引发一个地区、一个部门严重的腐败问题。各级党委、政府和纪检监察机关要严格执行党风廉政建设责任制，党政机关主要领导要切实承担起第一责任人的责任，不仅自己要率先垂范，还要管好领导班子和班子成员。领导干部对职责范围内的党风廉政建设和反腐败工作敷衍塞责、不抓不管，以致屡屡发生严重问题的，必须追究其责任。

（王秀玲）

【慕绥新、马向东等贪污受贿被严惩】 2001年10月10日，辽宁、江苏的审判机关对慕绥新、马向东贪污受贿等案分别作出一审判决。沈阳市原市委副书记、市长慕绥新被依法判处死刑，缓期二年执行，剥夺政治权利终身；沈阳市原市委常委、常务副市长马向东被依法判处死刑，剥夺政治权利终身；其余14名涉案人员也依法受到惩处。

慕绥新、马向东贪污受贿等案件，涉及领导干部人数之多，涉案金额之大，所造成的后果之严重，都是新中国成立以来所罕见的。中央纪委等有关部门，及时查处了他们的严重违纪违法问题，对其中触犯刑法的有关人员依法移交司法机关处理。根据最高人民法院和辽宁省高级人民法院分别依法指定管辖，江苏省南京市、宿迁市和辽宁省抚顺市、大连市、锦州市、营口市、丹东市等7个中级人民法院受理了检察机关的起诉，并于2001年8月14日起陆续开庭，依法进行公开审理。

法庭经公开审理查明，慕绥新、马向东等人置党纪国法于不顾，利用职务上的便利或者本人职权和地位形成的便利条件，大肆收受贿赂，为他人谋取利益。其中，慕绥新于1993年4月至2000年12月，受贿价值人民币661.4万余元的财物，并有人民币269.5万余元巨额财产来源不明。马向东于1986年2月至1999年6月，单独受贿人民币341万余元、美元23万余元、港币11万元和价值人民币10万元的内部职工股，伙同他人共同收受贿赂人民币7.8万元，美元50余万元及其他财物，伙同他人贪污公款美元12万元，分得赃款美元4万元；挪用公款美元39.8万余元；并有价值人民币1068.6万余元的巨额财产不能说明合法来源。沈阳市国有资产管理局原局长郭久嗣，于1992年12月至2000年8月期间，多次索要或收受他人财物价值人民币204.9万余元、美元2.5万元、港币6万元和股票3.4万股，并造成国家巨额贷款不能收回；郭久嗣还利用其受聘于某公司的便利，非法收受他人财物价值人民币67万元；还指使他人挪用公款人民币10万元归个人使用，进行营利活动。沈阳市城乡建设委员会原主任宁先杰，于1997年1月至1999年3月期间，单独受贿人民币115万元、美元9.2万元，与他人共同受贿美元50万元、贪污美元12万元。沈阳市烟草专卖局原局长周伟，于1998年3月至2000年9月期间，收受贿赂价值人民币192万余元，侵吞公款人民币18.6万元，向他人行贿价值人民币31.57万元；非法经营，违法所得人民币20万元。

辽宁省大连市、江苏省南京市等7个中级人民法院根据上述各被告人的犯罪事实和情节，依照我国刑法的有关规定，于10月10日分别对其进行了公开宣判：鉴于慕绥新主动坦白司法机关尚未掌握的涉及人民币320余万元的涉嫌受贿犯罪问题，并积极退清了全部赃款赃物，有悔罪表现，以受贿罪、巨额财产来源不明罪并罚判处慕绥新死刑，缓期二年执行，剥夺政治权利终身，并处没收个人全部财产；以贪污罪、受贿罪、挪用公款罪、巨额财产来源不明罪并罚判处马向东死刑，剥夺政治权利终身，并处没收个人全部财产；以受贿罪、公司人员受贿罪、挪用公款罪并罚判处郭久嗣死刑，剥夺政治权利终身，并处没收个人全部财产；鉴于宁先杰在共同贪污和受贿犯罪中系从犯，且坦白全部犯罪事实，积极退清全部赃款，有悔罪表现，以贪污罪、受贿罪并罚判处宁先杰死刑，缓期二年执行，剥夺政治权利终身，并处没收个人全部财产；鉴于周伟能坦白受贿、贪污犯罪事实，积极退清全部赃款，有悔罪表现，以贪污罪、受贿罪、行贿罪、非法经营罪并罚判处周伟死刑，缓期二年执行，剥夺政治权利终身，并处没收个人全部财产。

此外，沈阳市政府原副秘书长迟若岩因贪污罪、受贿罪、行贿罪并罚被判处无期徒刑，剥夺政治权利终身；沈阳市政府原副秘书长泰明因受贿罪、行贿罪并罚被判处有期徒刑十三年零六个月;沈阳市财政局原局长李经芳因贪污罪、受贿罪、巨额财产来源不明罪并罚被判处有期徒刑二十年;沈阳市国家税务局原局长赵士春因受贿罪、巨额财产来源不明罪并罚被判处有期徒刑十五年零六个月;沈阳市财政局办公室原主任马声因贪污罪、受贿罪并罚被判处有期徒刑十四年零六个月;沈阳市中级人民法院原院长贾永祥因受贿罪、贪污罪、挪用公款罪、巨额财产来源不明罪并罚被判处无期徒刑,剥夺政治权利终身;沈阳市中级人民法院原副院长梁福权因受贿罪、贪污罪、行贿罪、巨额财产来源不明罪并罚被判处无期徒刑,剥夺政治权利终身;沈阳市政协原副主席、沈阳市中级人民法院原副院长焦玫瑰因受贿罪、贪污罪并罚被判处有期徒刑十三年零六个月;沈阳市人民检察院原检察长刘实因故意泄露国家机密罪、贪污罪、受贿罪并罚被判处有期徒刑二十年;沈阳市国有资产经营有限公司原总经理田英杰因贪污罪、单位受贿罪并罚被判处有期徒刑十四年;辽宁高明集团董事长刘宝印因行贿罪,偷税罪并罚被判处有期徒刑四年;以上各犯均被并处没收个人全部或部分财产,或处罚金。

(*王秀玲*)

【省纪委监察厅通报贾永祥等人严重违纪违法案件】 2001年10月10日上午,中共辽宁省纪委、辽宁省监察厅召开新闻发布会,通报慕绥新、马向东严重违纪违法案件中涉及的沈阳市中级人民法院原院长贾永祥等10人被开除党籍、开除公职的处分决定。

据介绍,自1999年以来,在党中央的高度重视和中央纪委、辽宁省委的直接领导下,执纪执法部门紧密配合,共同努力,严肃查处了辽宁省沈阳市原市委副书记、市长慕绥新,原市委常委、常务副市长马向东等人严重违纪违法案件。此前,中央纪委、监察部已经通报了对慕绥新、马向东开除党籍、开除公职的处分决定。

沈阳市中级人民法院原院长贾永祥在任职期间,利用职权,为他人谋取利益,收受贿赂,数额特别巨大,并将应由个人交付的巨额费用在该院帐外帐中报销,且挪用巨额公款给他人进行营利性活动,对其巨额财产,本人不能说明其合法来源,并且生活腐化。经辽宁省纪委常委会讨论决定并报省委批准,给予开除党籍处分;辽宁省高级人民法院决定给予开除公职处分;辽宁省人大常委会已批准撤销其沈阳市中级人民法院院长职务。

沈阳市人民检察院原检察长刘实在任职期间,多次将马向东涉嫌犯罪案件协调会情况,故意泄露给有关人员,严重干扰了马向东案件的正常审理,且在任沈阳市中级人民法院院长期间,利用职务之便,贪污财政拨款及收受贿赂,数额巨大。经辽宁省纪委常委会讨论并报省委批准,给予开除党籍处分;辽宁省人民检察院决定给予开除公职处分;辽宁省人大常委会已批准撤销其沈阳市人民检察院检察长职务。

沈阳市中级人民法院原副院长焦玫瑰在任职期间,利用职权,为他人谋取利益,索取和收受黑社会性质犯罪集团头目刘涌等人财物,数额巨大,且利用职权将本单位公款非法占为己有。经沈阳市中级人民法院决定,给予开除公职处分;沈阳市政协已撤销其市政协副主席职务,沈阳市人大常委会已依法免去其沈阳市中级人民法院副院长职务。

沈阳市烟草专卖局原局长周伟在任职期间,为谋取不正当利益,多次向沈阳市原市长慕绥新行贿,数额巨大,且利用职权为他人谋取利益,收受贿赂,数额特别巨大,并侵吞巨额公款。经辽宁省纪委决定,给予开除党籍处分;经辽宁省烟草专卖局决定,给予开除公职处分。

沈阳市国税局原局长赵士春在任职期间,利用职权和职务上形成的便利条件,为他人谋取利益,收受贿赂,数额巨大,另有巨额财产本人不能说明合法来源,经辽宁省纪委决定,给予开除党籍处分;经国家税务总局决定,给予开除公职处分。

沈阳市中级人民法院原副院长梁福权在任职期间,利用职权,为他人谋取利益,收受贿赂,数额特别巨大,且将应由个人支付的费用在本单位基建小金库中核销,为谋取不正当利益,向原沈阳市市长慕绥新等人行贿,另有巨额财产本人不能说明其合法来源,长期包养情妇。经沈阳市纪委讨论决定并报沈阳市委批准,给予开除党籍处分;沈阳市中级人民法院决定,给予开除公职处分;沈阳市人大常委会已依法免去其沈阳市中级人民法院副院长职务。

沈阳市政府原副秘书长迟若岩在任自来水总公司总经理期间,利用职务上的便利,侵吞巨额公款,数额巨大,且利用职权索取所属单位及个人财物,数额特别巨大,为谋取不正当利益向沈阳市原副市长马向东行贿,情节严重。经沈阳市纪委、监察局决定并报沈阳市委、市政府批准,给予开除党籍、开除公职处分。

沈阳市政府原副秘书长泰明在任职期间,为谋取不正当利益,向沈阳市原副市长马向东单独或与他人共同行贿,数额巨大,且利用职权为他人谋取利益,收受贿赂,数额巨大。经沈阳市纪委、监察局决定并报市委、市政府批准,给予开除党籍、开除公职处分。

沈阳市财政局原副局长、国有资产管理局原局长、巡视员郭久嗣在任职期间,利用职权为他人谋取利益,索要、收受贿赂,数额特别巨大,且与他人共谋,挪用公款进行营利活动,数额较大,并且生活腐化。经沈阳市纪委、监察局决定并报市委、市政府批准,给予开除党籍、开除公职处分。

沈阳市国有资产经营有限公司原董事长兼总经理田英杰在任职期间,利用职务之便,与他人共同侵吞巨额公款,其所在公司在协议转让国家股权过程中,多次向受让方索要财物,数额特别巨大,并为他人谋利,情节严重。经沈阳市纪委、监察局决定,给予开除党籍、开除公职处分。

辽宁省纪委常务副书记许卫国在新闻发布会上指出,慕绥新、马向东、贾永祥、刘实等人的严重违纪违法问题被严肃查处,受到党纪国法的严厉制裁,这一重大反腐败成果的取得,再一次表明了我们党和政府反对腐败的坚强决心,表明了以江泽民同志为核心的党中央所采取的一系列反腐败的重大决策和部署是完全正确的。事实雄辩地证明,我们党完全有能力解决事关党的生死存亡的腐败问题,代表人民群众根本利益的中国共产党在惩治腐败行为和腐败分子的问题上,决不手软,党内不允许有腐败分子的藏身之地。

(*王秀玲*)

【民主评议行风活动成效明显】 为切实加强部门和行业作风建设,市纠风办自2001年10月24日起,对全市30个重点部门和窗口服务行业作风建设情况开展了评议活动。据统计,这次市民评议行风活动通过问卷调查,特邀监察员走访以及市民来信来电等途径,收到市民参与评议55万件(次)。调查问卷的统计结果是:对30个部门和行业作风状况的总体评价满意率为85.72%。

这次市民评议行风活动是由市政府纠风办组织社会各界群众以及在各民主党派、人大代表、政协委员、特邀监察员积极参与下进行的。沈阳日报、沈阳电视台发布了评议票和评议内容以及被评议的30个重点部门和行业名单，营造了浓厚的舆论氛围。为了充分反映市民和企业的意见和建议，准确把握行风状况，市纠风办在人大代表、政协委员、民主党派、社区干部、个体劳动者中组织近百名特邀监察员深入被评议单位以及机关、学校、社区、企业、市场，进行明察暗访，并制定了《关于组织特邀监察员对30个重点部门和行业作风建设情况开展评议活动的实施意见》，授予特邀监察员检查权、督查权和评议权，多方征求群众意见。在2个多月的时间里，特邀监察员走访机关、学校、企业等130多个，社区600个，暗访窗口单位150个，走访群众上万人。市纠风办根据掌握的行风状况，采用归纳、整理、交办、督查、反馈的办法，逐件落实整改，将市民提出的770条意见和建议陆续交办给有关部门和行业。被评议单位都把认真办理群众意见和建议作为履行为人民服务宗旨、改进工作作风的良好契机。市交通局针对市民反映的乘车难问题，积极采取措施，增加营运车辆1000台，使市民乘车难问题得到有效缓解；市煤气总公司上下齐动员，解决了6万户居民十年未开栓的老大难问题。

（王秀玲）

【开展领导干部“述廉”试点活动】 为更好地落实中纪委部署的领导干部不准收受有关单位和个人的现金和有价证券的规定、领导干部住房的有关规定、领导干部配偶子女从业的规定、领导干部出国访问的规定等，市纪委把专项清理列为工作重点，先后选择在铁西区、和平区和苏家屯区集中进行了专项“述廉”的试点工作，取得了明显成效。

各试点单位把开展“述廉”活动作为促进领导干部廉洁自律工作的一项重要举措。一是制定了开展专项“述廉”活动的实施方案。明确了开展专项“述廉”活动的指导思想、对象、方法、内容和重点；二是研究制定了专项“述廉”的有关政策。结合本单位领导干部廉洁自律工作的实际，本着有利于领导干部如实公开廉情，主动自查自纠，体现对多数干部的关心和爱护，对弄虚作假、隐瞒不报的从重处罚的思路，在多方面征求意见的基础上，对“述廉”的有关重点问题分别制定了相应的政策，并在认真研究、反复修改的基础上制定了领导干部专项“述廉”重点问题自查登记表等。

通过专项“述廉”试点，规范了领导干部的合理合法收入，检查通报了违规发售、购买代币卡的典型，公开处理了顶风违纪的典型案件，设立了“廉政帐户”，使收礼受礼之风得到明显遏制。据统计，截至2001年底，专项“述廉”试点单位领导干部上交收受的现金、有价证券和存入全市“廉政帐户”的现金额已达469万元。

（王秀玲）

【公开选拔派驻市直单位纪检组组长】 为认真做好公开选聘市纪委派驻市直单位的纪检组组长工作，2001年12月，市委成立了公开选拔派驻纪检组组长工作领导小组。组长由市委副书记王扬担任，副组长由市委副书记、市纪委书记王启文和市委常委、组织部部长初立生担任。领导小组下设市公开选拔纪检组组长工作办公室，主任由市纪委副书记连加诚担任。

整个选拔竞聘工作经过4个阶段，历史近1个月，最后，根据综合成绩，夏洪祥、张森、韩晓光、唐述奇等4名同志为录用人选，经市委常委会研究，分别被聘任为市纪委派驻市农村经济发展局、市广播电视局、市政府办公厅、市国有土地资源管理局的纪检组组长，试用期一年。

（王秀玲）

【查办案件工作取得新突破】 2001年，全市把配合、参与查办“慕马案件”作为全年案件查办工作的重中之重，集中人力物力财力，在中央纪委“10·18专案组”领导下，不仅出色地完成了专案组交办的协助调查取证任务，为案件突破做出了积极贡献，而且还组织查办了市客运集团原总经理夏任凡、市物价局原局长王秀珍、市建委原专职委员牟振伟等20多名局、处级干部的违纪违法案件，移送司法机关13人。在中纪委、最高法院、最高检察院、监察部、公安部、辽宁省委、辽宁省政府召开的查处慕绥新、马向东等人案件总结表彰大会上，“10·18专案”沈阳市纪委夏任凡案件调查组荣立集体一等功，市纪委12名同志分别荣立个人一、二、三等功，8名同志受到嘉奖。沈阳市纪委参与“10·18专案”做出的成绩，受到了中纪委领导的充分肯定。在集中力量配合、参与查办“慕马案件”的同时，全市纪检监察机关共受理群众信访举报7948件次，初核案件线索1669件，查办各类违纪违法案件1070件，给予党、政纪处分1013人，其中党纪处分576人，政纪处分581人；查办大案要案430件，其中涉案金额万元以上的351件，涉及县处级领导干部的164件，局级干部23件。特别是查办了市黎明服装集团原董事长兼总经理王宏明等人团伙违纪违法案件，沈阳日报报业集团原总裁傅贵余严重腐败案件，以及大东区建委原副主任冯文斌、沈阳机电设备招标公司原副总经理樊凡顶风违法违纪等一批有影响、有震动的大案要案。全市通过查办案件挽回经济损失8775万元，其中仅市纪委直查案件就已上缴市财政3000余万元。

（王秀玲）

【开展“单项业绩”评比活动】 为了更好地鼓励开拓创新，提高工作积极性，市纪委、监察局在机关开展了“单项业绩”评比活动。

单项工作突出业绩评比的基本条件是：落实“3155”工程目标，有新思路、新举措、新成果；工作力度大，措施得力，难点、重点问题有重大突破；单项工作成效显著，受到中央、省市领导的肯定或省以上表奖。经过各室（处）申报、推选、投票，最后经常委会讨论，确定十项单项工作业绩突出，在全委公布表彰。这十项工作是：检查二室的“夏任凡特大贪污、受贿、行贿、挪用公款案件”、检查三室的“王秀珍贪污、受贿案”、检查四室的“查办市规划土地局局长李德森受贿案”、检查一室的“查办沈阳黎明服装集团王宏明案件”、党风一室的“清理小金库工作”、宣教室的“王秀珍案件警示教育片及警示教育活动”、机关党委的“开展农村对口扶贫帮困活动”、办公厅综合处的“参与办公厅起草市纪委第十次党代会纪委工作报告的工作”（与研究室共同申报）、党风二室的“傅贵余贪污、受贿案”（与第三纪检监察室共同申报）、干部室的“机构改革工作取得明显成效”。

（王秀玲）

【深入开展“警示教育”活动】 根据市委关于在全市集中开展“三个想一想”学习教育活动的总体安排，市纪委、市委组织部于2001年6月3日至5日、6月7日至8日，在市委党校分两期承办了市管领导班子党政“一把手”警示教育学习班。参加学习的各单位领导班子党政“一把手”共计204人。

这次学习班采取了领导听课、观看录像、分散自学、集中讨论和大会交流相结合的方式进行。主要内容是：传达省第二期党政领导干部警示教育培训班的有关精神；学习党的三代领导人关于党的建设的有关论述和“三个想一想”学教活动的规定书目；观看慕绥新、马向东等人严重违纪违法案件的录像资料；听取省委副书记、市委书记张行湘所作的警示教育报告。10名同志在大会上交流了学习体会。市委副书记王扬作了学习班的动员讲话，市委常委、市纪委书记王启文作了学习总结。市级五个领导班子成员参加了6月3日下午的学习。

学员们联系各自思想和工作实际，展开了认真的讨论，大家一致认为，市委抓市管领导班子党政“一把手”的警示教育，抓住了重点，时机恰当，切入点选得好，收获很大。一是对新形势下全市反腐败斗争的严峻性、重要性、紧迫性有了更清醒的再认识。二是从腐败问题的严重性进一步认识到反腐败斗争的重要性。三是进一步认识到开展警示教育的必要性。四是进一步提高了对新形势下领导干部廉洁从政重要性的认识。五是一定不辜负市委的期望和重托，通过“三个想一想”学教活动，认真解决好班子和自身存在的问题。

在此基础上，2001年8月16日市委召开了深入开展警示教育动员大会。从8月16日至8月31日，全市近百个单位组织播放《慕绥新、马向东案件警示录》和《做官与坐牢仅一步之遥》两部电教片120多场，4.5万余人观看。大家表示，要以警示教育为契机，深入学习江泽民总书记“七一”重要讲话，落实好市第十次党代会提出的各项任务，加强同人民群众的联系，做到“干事”、“干净”、“干练”，真正为人民掌好权、用好权。

（王秀玲）

市人大常委会

【市十二届人大四次会议】 沈阳市第十二届人民代表大会第四次会议于2001年2月9日至14日举行。

市十二届人大实有代表508名，出席本次会议的有476名。中共沈阳市委、市纪委、市人大常委会、市政府、市政协、沈阳军区的领导同志，原市各方面的老领导，市各有关机关、人民团体及有关部门的负责同志，市政府派出机构、中央和省及外省市驻沈办事机构的主要负责人列席会议。出席政协沈阳市第十一届四次会议的全体政协委员列席了本次会议的开幕式。35名公民旁听了会议期间的3次全体会议。

这次会议的指导思想是：以邓小平理论、党的基本路线和江泽民同志“三个代表”重要思想为指导，深入贯彻党的十五大、十五届五中全会、中央经济工作会议和市委九届十四次全会精神，在市委的领导下，市人大与“一府两院”一道，团结奋进，务实为民，动员和组织全市各族人民，认清形势，统一思想，抓住机遇，加快发展，大力推进社会主义民主法制建设，大力推进社会主义物质文明和精神文明建设，为全面完成我市2001年各项任务，迈好“十五”第一步，实现沈阳跨世纪发展的宏伟目标而努力奋斗。

会议听取审议了市政府工作报告、国民经济和社会发展第十个五年计划纲要（草案）、2000年国民经济和社会发展执行情况及2001年国民经济和社会发展计划（草案）的报告（书面）、2000年财政预算执行情况和2001年财政预算（草案）的报告、市人民代表大会常务委员会工作报告、市中级人民法院工作报告、市人民检察院工作报告。通过了沈阳市第十二届人民代表大会第四次会议关于《政府工作报告》的决议、关于《沈阳市国民经济和社会发展第十个五年计划纲要》的决议、关于沈阳市2000年国民经济和社会发展计划执行情况及2001年计划安排的决议、关于沈阳市2000年财政预算执行情况和2001年财政预算的决议、关于《沈阳市人民代表大会常务委员会工作报告》的决议、关于《沈阳市人民检察院工作报告》的决议。大会对《沈阳市中级人民法院工作报告》进行了审议，经表决，未获通过，大会主席团一致意见，由沈阳市人民代表大会常务委员会继续审议，并将审议结果向沈阳市第十二届人民代表大会第五次会议报告。会议进行了选举事项，选举陈政高为沈阳市人民政府市长，李中鲁为沈阳市人民代表大会常务委员会副主任，尹秀荣为沈阳市人民检察院检察长；通过了关于设立沈阳市第十二届人民代表大会法制委员会的决定及法制委员会组成人员人选；会议还审议通过了《沈阳市制定地方性法规条例》。 *（杨冬梅）*

【市十二届人大五次会议】 沈阳市第十二届人民代表大会第五次会议于2001年8月9日举行。

市十二届人民代表大会实有代表508人，出席会议的代表442人。中共沈阳市委、市纪委、市人大常委会、市政府、市政协、沈阳军区的领导同志，原市各方面的老领导，市各有关机关、人民团体及有关部门的负责同志，市政府派出机构、中央和省及外省市驻沈办事机构的主要负责人列席会议。

这次会议的指导思想是：以邓小平理论、党的基本路线和江泽民同志“三个代表”重要思想为指导，深入贯彻全国、省人代会和沈阳市第十次党代会精神，通过审议市中级人民法院整改情况和2001年工作安排的报告，进一步加强对法院工作的监督，推进法院整改，落实今年任务，提高队伍素质，促进公正司法，使法院为维护和保障沈阳市改革、发展、稳定作出新的、更大的贡献。

会议听取审议了市中级人民法院代院长丁仁恕所作的《关于沈阳市中级人民法院整改情况和2001年工作安排的报告》，经表决（395票赞成，11票反对，17人弃权，16人未按表决器）通过了沈阳市第十二届人民代表大会第五次会议关于《沈阳市中级人民法院整改情况和2001年工作安排的报告》的决议。

会议认为，市中级人民法院积极落实市十二届人大四次会议代表的审议意见，态度端正，认识深刻，认真汲取教训，扎实进行整改，推动了法院队伍建设和各项工作的进展。报告对前一阶段法院整改工作的总结是实事求是的，对2001年工作的安排是切实可行的，体现了中共沈阳市委的要求和市十二届人大四次会议精神。

会议要求，市中级人民法院要以邓小平理论和江泽民同志“三个代表”重要思想为指导，认真贯彻落实市第十次党代会精神，扎实、有效地抓好法院各项工作。要以“一教育三整顿”为主要内容，大力加强法院系统各级领导班子建设，切实提高审判队伍综合素质；要坚持公正与效率的原则，严格执行办案责任制和错案追究制，加强对基层法院工作的监督与指导，进一步推进公正司法；要以人民满意为根本标准，增强接受人民群众监督的自觉性，认真办理代表议案及代表建议、批评和意见。经过坚持不懈的努力，牢固树立人民法院的良好形象。

（杨冬梅）

【市人大常委会会议】 2001年，沈阳市第十二届人民代表大会常务委员会按照法律规定，先后举行了十次会议。

市十二届人大常委会第二十三次会议于2001年1月11日至12日举行。会议听取了市人大常委会副秘书长周庆聚作的《沈阳市制定地方性法规条例（草案）》的说明，审议了《沈阳市制定地方性法规条例（草案）》。会议决定，以市人大常委会立法议案的形式，将这个《条例（草案）》提请市十二届人民代表大会第四次会议审议通过。会议听取了市人大常委会副秘书长孙忠林作的《沈阳市人民代表大会常务委员会讨论决定重大事项的规定（草案）》的说明。审议通过了《沈阳市人民代表大会常务委员会讨论决定重大事项的规定》。会议审议并原则通过了市人大常委会向市十二届人大四次会议所作的工作报告（草稿）。会议要求，办公厅及有关部门要根据组成人员提出的修改意见对报告作进一步的修改和完善，提请市十二届人民代表大会第四次会议审议。会议听取审议并通过了市人大常委会代表资格审查委员会关于补选代表的代表资格审查报告、关于代表变动和补选代表的代表资格审查报告(书面),确认补选的周铭真、鞠秀礼、陈政高、傅柏友、宋殿喜、王希法等6名代表的代表资格有效。会议同意将关于代表变动和补选代表的代表资格审查报告印发市十二届人民代表大会第四次会议。会议听取了市人大常委会副主任艾廷隽作的关于市十二届人大四次会议主席团和秘书长、主席团常务主席、副秘书长及邀请列席人员建议名单的说明,审议通过了市十二届人大四次会议主席团和秘书长、主席团常务主席、副秘书长及邀请列席人员建议名单。同意这个建议名单提交市十二届人民代表大会第四次会议预备会议及主席团会议。

市十二届人大常委会第二十四次会议于2001年3月22日举行。会议审议通过了张铁福等8名委员提出的《关于撤销贾永祥沈阳市中级人民法院院长职务的议案》。依据《中华人民共和国地方各级人民代表大会和地方各级人民政府组织法》、《中华人民共和国法院组织法》的有关规定,决定撤销贾永祥的沈阳市中级人民法院院长职务,并报请辽宁省高级人民法院报经辽宁省人民代表大会常务委员会批准。

市十二届人大常委会第二十五次会议于2001年4月3日至4日举行。会议听取审议了市政府《关于沈阳市2001年农业生产安排和春耕生产准备情况的报告》,通过了市人大常委会《关于〈沈阳市2001年农业生产安排和春耕生产准备情况的报告〉的审议意见》。会议要求,市政府要按照市人大常委会的审议意见,认真组织落实。会议审议并原则通过了《沈阳市人大常委会2001年工作要点》。关于这个要点,在审议过程中,组成人员提出了很好的修改意见和建议,会议要求,办公厅及有关部门要按照组成人员的意见和建议认真组织修改,并及时印发有关部门。会议分别听取审议了市人大财政经济委员会副主任委员祁雨辰、孙玉海及环境与资源保护城乡建设委员会主任委员洪玉良、副主任委员聂金等作的关于对市十二届人大四次会议主席团交付审议的《关于对"沈阳兴冶工贸科技有限责任公司"停产、搬迁的议案》、《关于加强"三不管"人员管理,提高"三不管"人员待遇的议案》、《关于保护水资源已是我市城市建设和管理的当务之急的议案》、《关于制定〈沈阳市城市用水管理条例〉的议案》等四项议案审议结果的报告。决定将上述四项议案中的前三项议案列入市人大常委会会议议程,交市人民政府办理,市人大常委会适时听取市政府办理结果的报告,并将议案办理情况及时反馈给提议案的代表;《关于制定〈沈阳市城市用水管理条例〉的议案》,鉴于目前对水资源管理体制问题争议仍然较大、省人大常委会也已计划制定供水用水条例的实际情况,决定不列入市人大常委会会议议程,待省相关条例出台后,再决定是否制定实施办法。会议审议了《市人大常委会主任会议贯彻落实市十二届人大四次会议主席团关于"由市人大常委会继续审议市法院工作报告"的意见有关情况的汇报(书面)》,听取了市人大常委会副秘书长孙忠林受主任会议委托作的《关于召开沈阳市第十二届人民代表大会第五次会议的决定(草案)的说明》,通过了《关于召开沈阳市第十二届人民代表大会第五次会议的决定》。会议听取了市政府《关于〈沈阳市城市绿化管理条例(草案)〉的说明》,对《沈阳市城市绿化管理条例(草案)》进行了一审。会议听取了市人大常委会副主任艾廷隽代表主任会议作的《关于接受秦文军同志辞去沈阳市第十二届人民代表大会环境与资源保护城乡建设委员会委员职务的决定(草案)的说明》、《关于丁仁恕任职的说明》,任命丁仁恕为沈阳市中级人民法院副院长、代理院长;听取了市政府、市法院、市检察院《关于提请人事任免的说明》,通过了市人大常委会《关于接受秦文军同志辞去沈阳市第十二届人民代表大会环境与资源保护城乡建设委员会委员职务的决定》,会议还进行了人事任免事项。

市十二届人大常委会第二十六次会议于2001年6月4日至6日举行。会议听取审议了市政府关于沈阳市城市管理工作情况的报告;听取审议了市中级人民法院、市人民检察院关于落实市十二届人大四次会议代表提出的审议意见进行整改情况的报告,通过了市人大常委会关于对市法院、市检察院两个报告的审议意见。会议听取审议了市政府关于落实市人大常委会《行政复议法》、《行政监察法》执法检查审议意见整改情况的报告,分别审议了市中级人民法院、市人民检察院关于落实市人大常委会《行政诉讼法》执法检查审议意见整改情况的书面报告;会议听取审议并通过了市人大农业与农村委员会关于对市十二届人大四次会议主席团交付审议的《关于建议市政府实施沈阳市北部大开发的议案》、《关于改善康平生态环境,造福全市人民的议案》审议结果的报告。会议同意将这两件议案合并交市政府办理,列入市人大常委会会议议题,适时听取市政府办理情况的报告。会议听取审议了市人大常委会主任会议关于筹备召开市十二届人大五次会议有关情况的报告。会议听取审议并通过了沈阳市第十二届人民代表大会常务委员会代表资格审查委员会关于补选代表的代表资格审查报告,补选张行湘、崔文信、常明为沈阳市第十二届人民代表大会代表;补充任命傅柏友、曹大中为沈阳市第十二届人民代表大会内务司法委员会委员;审议通过了关于罢免马向东辽宁省第九届人民代表大会代表职务的决定。会议对《沈阳市城市绿化管理条例(草案)》进行了二审,对《沈阳市建设工程监理条例(草案)》和《沈阳市耕地保养条例(草案)》进行了一审。会议还进行了人事任免事项。

市十二届人大常委会第二十七次会议于2001年6月13日举行。会议听取了市人大常委会副主任艾廷隽传达中纪委《关于建议依法罢免慕绥新沈阳市、辽宁省及第九届全国人民代表大会代表职务的通知》;听取了市人大常委会副主任艾廷隽作的《关于罢免慕绥新辽宁省第九届人民代表大会代表职务的说明》;审议了市人大常委会主任会议提出的《关于对慕绥新辽宁省第九届人民代表大会代表职务的罢免案》;作出了关于罢免慕绥新辽宁省第九届人民代表大会代表职务的决定。大东区十四届人大常委会第二十六次会议作出罢免慕绥新沈阳市第十二届人民代表大会代表职务的决定,向市人大常委会本次会议备案。

市十二届人大常委会第二十八次会议于2001年8月2日至3日举行。会议听取审议了市政府关于沈阳市上半年国民经济和社会发展计划执行情况的报告,通过了市人大常委会《〈关于我市上半年国民经济和社会发展计划执行情况的报告〉的审议意见》;听取审议了市政府关于沈阳市2000年本级财政决算和2001年上半年财政预算执行情况的报告、关于沈阳市2000年度本级预算执行和其他财政收支的审计工作报告;听取审议了市人大财经委员会关于对2000年本级财政决算的审查报告;通过了《沈阳市人民代表大会常务委员会关于沈阳市2000年本级财政决算的决议》,批准市人民政府提出的2000年市本级财政决算。会议听取审议并通过了市人大常委会代表资格审查委员会关于代表变动和补选代表的代表资格审查报告,补选胡修华为沈阳市第十二届人民代表大会代表。会议审议通过了市十二届人大五次会议议程、日程，市十二届人大五次会议主席团和秘书长、主席团常务主席、副秘书长及邀请列席人员建议名单。会议审议通过了市人大常委会关于撤销焦玫瑰、梁福权沈阳市中级人民法院副院长、审判委员会委员职务的决定。会议审议通过了《沈阳市城市房产管理条例》。会议听取了市政府副市长李佳所作的关于提请人事任免的说明，决定免去张海川的市国有资产管理局局长职务，林兆春的市机械工业管理局局长职务。

市十二届人大常委会第二十九次会议于2001年9月20日至21日举行。会议听取审议了市政府关于沈阳市贯彻实施《中华人民共和国传染病防治法》和《沈阳市性病防治管理条例》工作情况的报告，听取审议了市政府关于我市贯彻实施国务院《城市民族工作条例》、《民族乡行政工作条例》和《辽宁省散居少数民族权益保障规定》情况的报告，听取审议了市人大常委会执法检查组关于检查《中华人民共和国会计法》实施情况的报告。对上述三个报告，会议分别通过了具体的审议意见，会议要求有关部门要按照常委会会议的审议意见，认真组织落实。会议审议了市政府、市法院、市检察院关于市十二届人大四次会议以来代表建议、批评和意见办理情况的报告(书面)。会议审议通过了《沈阳市城市绿化条例》；审议了《沈阳市建设工程监理条例(草案)》、《沈阳市耕地保养条例(草案)》和《沈阳市劳动力市场管理条例(草案)》。会议进行了人事任免事项。

市十二届人大常委会第三十次会议于2001年10月9日举行。会议听取了市政府关于机构改革有关情况的报告；听取了市政府关于沈阳市第七届村民委员会选举工作情况的报告。会议进行了人事任免事项，决定任命张建华为市人民政府副市长。

市十二届人大常委会第三十一次会议于2001年11月21日至23日举行。会议听取审议了市政府关于沈阳市新的经济增长点发展情况的报告、关于开展"严打"整治斗争情况的报告、关于沈阳市贯彻实施《中华人民共和国土地法》情况的报告；听取审议了市人大常委会执法检查组关于检查《中华人民共和国行政复议法》实施情况的报告；对上述四个报告，会议分别通过了具体的审议意见，会议要求有关部门要按照常委会会议的审议意见，认真组织落实。会议听取审议了市政府《关于对沈阳兴冶工贸科技有限责任公司停产、搬迁的议案》、《关于加强"三不管"人员管理，提高"三不管"人员待遇的议案》和《关于建议市政府实施沈阳市北部大开发的议案》办理情况的报告；会议审议了市人大教科文卫委员会关于教育"五法一例"执法检查三年整改情况的书面报告；审议通过了《关于补充任命沈阳市第十二届人民代表大会财政经济委员会部分委员的决定》，补充任命蔺文斌、陈玉清为沈阳市第十二届人民代表大会财政经济委员会委员。会议审议通过了《沈阳市建设工程监理条例》和《沈阳市耕地保养条例》。会议进行了人事任免事项。

市十二届人大常委会第三十二次会议于2001年12月17日至18日举行。会议听取了市人大常委会秘书长宋普光作的《关于召开沈阳市第十二届人民代表大会第六次会议的决定(草案)》的说明，审议通过了《沈阳市人民代表大会常务委员会关于召开沈阳市第十二届人民代表大会第六次会议的决定》。会议听取了市人大常委会副秘书长孙忠林作的《沈阳市第十二届人民代表大会第六次会议议程(草案)、日程(草案)》的说明，审议通过了《沈阳市第十二届人民代表大会第六次会议议程(草案)、日程(草案)》。会议决定，市十二届人民代表大会第六次会议于2002年1月19日至24日举行，会期5天半。会议听取审议了关于市十二届人大六次会议筹备工作情况的报告。会议审议并原则通过了市人大常委会向市十二届人大六次会议所作的工作报告(草稿)。会议审议通过了市人大有关专门委员会关于市十二届人大四次会议主席团交付审议的《关于制定〈沈阳市城市用水管理条例〉的议案》、《关于改善康平生态环境，造福全市人民的议案》、《关于建议市政府实施沈阳市北部大开发的议案》、《关于加强"三不管"人员管理，提高"三不管"人员待遇的议案》、《关于对"沈阳兴冶工贸科技有限责任公司"停产、搬迁的议案》和《保护水资源已是我市城市建设和管理的当务之急》的议案办理结果的书面报告。会议听取了市人大常委会副主任艾廷隽作的《关于沈阳市乡镇人民代表大会换届选举工作的决定(草案)》的说明，审议通过了《关于沈阳市乡镇人民代表大会换届选举工作的决定》。会议审议通过了《关于接受李兴龙等同志辞去沈阳市第十二届人民代表大会常务委员会委员职务的决定》。会议对《沈阳市民营科技企业条例》进行了一审。会议进行了人事任免事项。

(*杨冬梅*)

【加强立法工作】 2001年，沈阳市人大常委会贯彻落实立法法，进一步加强地方立法工作。

市人大常委会在地方立法中发挥主导作用，在保证立法质量的前提下，加快了立法工作的步伐。2001年，常委会共审议地方性法规草案8件，是十二届人大常委会审议地方性法规数量最多的一年。其中，《沈阳市制定地方性法规条例》、《沈阳市农药经营使用管理规定》、《沈阳市城市房产管理条例》、《沈阳市城市绿化条例》、《沈阳市建设工程监理条例》和《沈阳市耕地保养条例》已经颁布施行；《沈阳市劳动力市场管理条例(草案)》、《沈阳市民营科技企业条例(草案)》经过了一审。常委会和有关专门委员会还根据全国、省人大常委会的要求，对政府采购法、环境影响评价法、计划生育法、文物保护法、科学技术普及法、省电信管理条例、省邮政管理条例等14件法律法规草案，提出了修改意见。此外，对市政府报送的8件规章进行了备案审查。

深入贯彻实施立法法，地方立法体制和机制日臻完善。常委会认真贯彻实施立法法和《沈阳市制定地方性法规条例》，完善立法体制，规范立法活动。调动市人大法制委员会和各专门委员会两个积极性，发挥人大代表和立法顾问的重要作用，严格实行统一审议和三审制度。召开了全市立法工作会议，统一思想认识，明确立法任务，认真解决存在的实际问题。通过召开立法座谈会、论证会、听证会、向社会公布法规草案等多种形式，听取各方面对法规草案的意见，推进了地方立法的民主化和科学化，促进了沈阳市立法工作的顺利开展，提高了法规草案的审议质量。

(*杨冬梅*)

【加强代表工作】 2001年，沈阳市人大常委会坚持不懈抓好代表工作，认真组织代表履行职务。一是加强了对代表工作的指导。围绕深入贯彻执行代表法，认真落实常委会关于代表联系选举单位和人民群众的意见，通过召开工作会议、编发有关资料、举行座谈会和研讨会等形式，深入探索新形势下代表工作的特点和规律，研究制定有关对策和措施，推进代表工作不断发展。二是为代表履行职务创造条件。2001年，共有26名市人大代表列席了常委会会议，120多名市人大代表参加了全市性的视察、检查和调查活动。同时，通过开展代表走访活动，加强了常委会与代表的经常性联系，为代表更好地了解市情、反映民意、履行职责提供了方便条件。三是代表固定联系网络进一步发展和完善。积极组织在沈的全国和省代表视察沈阳市工作，常委会主任、副主任还邀请所联系的各级代表进行座谈，认真听取代表们的意见和建议，密切了各级代表之间的联系，加强了履职活动的有机衔接。四是常委会代表接待室认真搞好接待，主动为代表服务，充分发挥了"代表之家"作用，2001年共接待代表来访300多人次，利用这一渠道受理代表建议、批评和意见300多件。五是常委会组成人员自觉接受代表监督，坚持深入各自选举单位，向代表述职，接受评议，不少代表也主动向选区选民述职并接受评议，对依法履行职务起到促进作用。

认真督办代表议案和建议，促进"一府两院"不断改进工作。对本届人大四次会议主席团交付办理的6件议案，常委会逐一听取和审议了有关专门委员会审议结果的报告，决定将关于沈阳兴冶工贸科技责任有限公司停产搬迁、加强"三不管"人员管理和提高"三不管"人员待遇、建议市政府实施沈阳市北部大开发、改善康平生态环境、制定沈阳市城市用水管理条例和保护水资源等议案，交由市政府办理，各有关专门委员会按照常委会的审议意见和要求，认真加强督办和检查，促进了议案的落实。常委会还与市政府一起，分别在皇姑区、东陵区召开现场办公会，加强代表建议、批评和意见的办理力度。对难度较大的代表议案和建议，常委会主任、有关副主任还亲自召开会议，加强办理工作的协调和督办。2001年，代表共提出建议、批评和意见1034件，现已办复971件，办复率达94％。

（杨冬梅）

【依法行使重大事项决定权和人事任免权】　依法行使重大事项决定权，是本届人大常委会几年来一直研究和探索的问题。2001年初，常委会制定了讨论、决定重大事项的规定，规范了讨论、决定重大事项的内容和程序。这一规定，是针对沈阳市实际情况，特别是针对以往有些重大事项决策出现问题的情况，经市人大常委会与市政府领导班子共同总结经验教训，在统一认识的基础上制定的，并得到市委的同意和肯定。全年，常委会以贯彻这一规定为主线，稳步推进重大事项决定权的行使，建立了一些相关的制度与措施，并统筹安排常委会的审议议题，区分不同情况分别作出处理。对事关经济和社会发展全局的重大事项，认真进行审议和作出相应决议；对需要审议但可不作出决议、决定的重大事项，也通过审议和讨论，及时提出审议意见。

坚持依法决策、民主决策，营造共同对人民负责的决策环境。常委会坚持法定职权原则、人民利益原则、集体行使职权原则和党委总揽协调原则，主动争取市委的领导和支持，加强与政府的工作联系和情况沟通。市委积极支持人大依法行使职权，市政府调整后的领导班子主动加强与人大的沟通和协商，政府主要领导同志坚持每两个月向人大常委会主任会议报告一次全市经济、社会发展情况，希望人大常委会就一些关键性问题进行审议。市人大常委会主任会议对需要讨论、决定的重大事项和问题，认真提出自己的意见和建议。从而，形成了市委重视和支持、人大与政府各负其责的有利格局，为人大常委会依法行使重大事项决定权创造了良好氛围。同时，通过强化督查督办手段和发挥代表监督作用等措施，保证和促进了决议、决定和审议意见的贯彻落实。

在市十二届人大四次会议上，常委会对监督工作存在的不足，特别是对人事监督薄弱的问题，作了认真反思。2001年，常委会深刻总结和汲取经验教训，在人事变动大、涉及人员多、时间要求紧的情况下，积极采取措施，使人事任免和人事监督工作取得了新的进展。全年共依法任命"一府两院"各级国家工作人员57人、免去职务61人、撤销职务7人。其中，根据去年党政机关机构改革需要，任命国家机关工作人员14人，免去职务26人。从而，为全市各项工作顺利进行提供了组织保障。

进一步改进了人事监督工作。一是加强了对拟任命人员的任前考察，拟任命人员在任前须经离任审计、社会公示、法律考试。二是完善干部任后监督机制。为了保证和促进任命人员依法履行职责，常委会对任命干部提出了"四看"要求，即看贯彻执行法律法规是否认真、坚定，看贯彻落实人大及其常委会的决议、决定是否务实、有力，看办理代表议案和建议是否主动、有效，看联系群众、为群众办实事的态度和结果。同时，充分发挥专门委员会和人大代表作用，对依法任命的市管干部进行了述职评议，评议结果向本人如实反馈，坚持严格要求，做到促中有帮，增强了人事监督的针对性与实效性。

（杨冬梅）

【加强工作监督】　2001年，常委会根据面临的新形势、新要求，把监督与支持结合起来，进一步加强工作监督，支持政府依法行政，战胜困难，推进工作。

首先，以加强经济工作监督为重点，及时听取审议政府有关工作情况的报告。常委会抓住事关改革和建设的重大问题，抓住经济运行中的难点问题和人民群众普遍关注的热点问题，进行审议并作出相应决议、决定，全年常委会会议共审议议题60项，主任会议共听取和讨论议题41项。常委会第二十八次会议听取审议了市政府关于2000年本级财政决算和2001年上半年财政预算执行情况的报告，听取和审议了市政府关于2000年度本级预算执行和其他财政收支的审计情况报告，并作出相应的决议，批准了2000年市本级财政决算。听取审议了市政府关于沈阳市上半年国民经济和社会发展计划执行情况的报告，在充分肯定成绩的同时，针对国民经济运行中存在的问题和遭受严重自然灾害的情况，提出了确保全年国民经济和社会发展计划完成的审议意见。此外，常委会还加大了对一些重点工作的审议监督和支持力度，先后听取和审议了农业与农村经济发展、调整工业结构与推进装备制造业基地建设、发展高新技术产业和新经济增长点、城市建设与管理以及开展严打整治斗争等方面的情况报告，逐一地形成常委会审议意见。

其次，围绕全市中心任务和社会稳定，有针对性地开展视察、检查活动。常委会和各专门委员会共组织较大规模视察活动33项，参与视察的常委会组成人员、人大代表及有关方面的人员达560多人次。为了加强农业和农村经济工作，着重对抗旱救灾、春耕生产准备、北部大开发和水利建设等项工作，深入进行视察和检查；为了推动城市建设与管理，对重点工程建设、城市污水治理和冬季供暖等项工作进行了视察和检查；为了保证和促进社会稳定，多次对严打整治斗争开展情况和社会保障体系建设情况进行视察与检查。在视察、检查中，有针对性地提出改进意见和要求，增强了视察、检查活动的针对性和实效性。

（杨冬梅）

【加强法律监督】　2001年，常委会和各专门委员会先后对经济、教育、邮政、土地管理和规范行政行为等方面的19件法律法规执行情况进行了检查。

以会计法和行政复议法为重点，有针对性地开展执法检查。按照突出重点、注重实效的原则，努力增强执法检查的针对性。在检查会计法和行政复议法执行情况时，针对部分单位存在法制观念薄弱、会计资料虚假、内部控制不严、帐目设置不合法，以及一些行政机关对行政复议工作重视不够、行政复议机构和队伍不健全等问题，分别提出改进意见和要求。此外，还配合上级人大常委会，对沈阳市贯彻实施土地法、消防法、台胞投资保护法、食品卫生法等有关法律法规的情况进行了执法检查。

为了强化行政执法力度，进一步加强审议监督。2001年，常委会会议和主任会议共听取审议法律法规执行情况的报告9项。其中，针对当前法律法规贯彻实施中存在的突出问题，集中听取审议了会计法、水法、防洪法、传染病防治法和城市民族工作条例、民族乡行政工作条例等一批法律法规贯彻实施情况的报告，分别提出了审议意见和改进要求。为了巩固和扩大以往执法检查的成果，重点听取审议了行政复议法和教育"五法一例"等一批执法检查整改情况的报告，并强化了审议意见落实情况的督促检查。

（*杨冬梅*）

【人大信访工作】 2001年，沈阳市人大常委会共受理人民群众来信来访12258人件次，其中办理各类来信1110件；接听电话访751件；接待群众来访10397人件次（个人访2198人，集体访218批8199人次，临时接访除外）；组织召开各类案件协调会议20余次；撰写《人大信访》9期，人代会期间《信访信息》6期。妥善办理了一批全国人大、省人大、市人大及领导交办的信访案件，为常委会提供了一批有价值的信息，维护了人大信访的"桥梁"、"窗口"的良好形象，为树立人大在市民中的威望起到了积极作用。

充分准备，精心操作，圆满完成人代会信访工作。人代会期间，共受理人民群众来信来访1093件次，个人访223人次；集体访22批776人次；投诉信件34件；电话访38件。会议期间，除正常办理群众来信来访外，信访组把有影响的重大越级集体上访案件作为工作重点，及时与有关单位沟通情况，研究解决方案，并得到了市有关领导的大力支持。同时，为方便群众反映问题，还设立了群众来访接待站，集中接访，及时处理，既方便了群众上访反映问题，又保证了代表驻地及会场的良好环境和正常秩序，这一措施为畅通人民群众向人代会反映问题的民主渠道，确保大会的顺利进行起到了重要作用。

从维护社会稳定大局出发，高度重视群众集体访。全年市人大常委会积极稳妥地接待和办理了218批8199人次群众集体访，使人大信访在维护人民群众利益，维护人大常委会权威，维护社会稳定工作中起到了应有的作用。

把握信访监督原则，搞好信访个案监督。市人大常委会在开展信访个案监督中，坚持从人大工作的职能特点出发，紧紧把握人大信访监督的基本原则，努力增强个案监督的实效。2001年，重点对290件个案依法进行了监督，为群众解决了一些实际问题，进一步密切了人大同人民群众的联系。

此外，常委会聘请了13名市人大代表担任信访工作顾问，在让人大代表监督信访工作，支持帮助信访工作，反映社情民意的同时，利用代表的特殊身份和在社会上的影响，邀请代表们参与到信访个案监督中来，积极为代表们创造工作条件，在信访这块阵地上发挥人大代表的特殊作用。这一举措赢得了代表们的广泛认可和大力支持。在实践中，确实增强了人大信访监督的实效性。

（*杨冬梅*）

【外事往来】 2001年，沈阳市人大常委会加强了与外国一些城市议会间的友好往来，增进了相互了解，加深了人民之间的友谊，对于扩大对外开放起到了积极作用。

4月16日，市人大常委会主任张荣茂会见了以金钟奎议长为团长的韩国庆尚南道议会代表团，市人大常委会副主任周明录、张瑞昌、艾廷隽、李中鲁、张福礼，市政府副市长孙祥剑参加了会见。5月26日，市人大常委会主任张荣茂会见了以日本参议院议员、自由民主党参议院副干事长野间纠为团长的日本爱媛县代表团一行，日本新任驻沈阳总领事冈崎清参加了会见，市人大常委会副主任李中鲁会见时在座。10月26日，市人大常委会主任张荣茂会见了来沈访问的韩国庆尚南道昌原市议长姜仁镐一行，市人大常委会副主任金明仕，市政府副市长吕亿环参加了会见。（*杨冬梅*）

沈阳市人民政府

【市政府常务会议】 2001年，市政府共召开了28次常务会议，及时对全市各个时期的中心工作作出安排和部署，确保全市各项工作正常运转。

市政府第一次常务会议。2001年1月2日，市政府召开了第一次常务会议。会议听取讨论了市计委关于沈阳市2000年国民经济和社会发展计划执行情况及2001年计划安排意见的汇报。会议认为，2000年，市委、市政府带领全市人民，按照"三年树形象，五年上台阶"的总体要求，坚持"壮三活一，完善载体"的发展思路，加快结构调整，促进产业升级，完善城市功能，发展区域经济，使沈阳市国民经济得到稳步增长，各项社会事业获得较大发展。会议认真分析了沈阳市面临的国际、国内环境及沈阳市自身的情况，提出了沈阳市2001年国民经济和社会发展的主要预期目标和主要任务。会议原则通过并责成市计委根据会议讨论的意见，进一步修改、完善。

会议听取讨论了市财政局关于全市2000年财政收支预计完成和2001年财政收支预算安排情况的汇报。会议要求，全市各部门要进一步强化财政意识，努力开源节流，千方百计搞好财政工作，2001年重点做好以下几方面工作：一要强化税收征管工作；二要抓好土地出让收入；三要盘活国有资产存量；四要深化公用事业、文教卫生事业及粮食企业的改革。会议原则同意市财政局关于全市2000年财政收支预计完成和2001年财政收支预算安排情况的报告，责成市财政局根据会议讨论的意见，适当修改和调整。

会议听取讨论了市编委办关于浑南新区开发建设管理体制设置意见的汇报。同意撤消沈阳市浑河地区开发建设管理委员会，成立沈阳市浑南新区开发建设领导小组，其办事机构与沈阳高新技术产业开发区管委会合一设置。

会议研究讨论了陈政高代市长拟在全市经济工作会议上所作的报告，并责成市政府办公厅根据会议讨论的意见，对报告进一步修改、完善。

市政府第二次常务会议。2001年1月6日，市政府召开了第二次常务会议。会议研究讨论了《沈阳市人民政府工作规则（讨论稿）》，并原则通过。会议指出，进一步建立和完善政府系统各项工作制度和工作程序，是市政府工作法制化、规范化、制度化的需要，是提高行政效能的需要，是实行民主集中制的需要，是依法行政和廉政建设的需要。各部门必须严格按规矩，按程序办事，要保证政府系统每一个决策环节，每一个行政行为，都有章可循，有据可依。

会议研究讨论了2001年政府各部门工作任务分解。会议指出，2001年是新世纪的第一年，是"十五"计划的起步年，开好局，起好步，提早安排好今年市政府的各项工作任务十分重要。

市政府第三次常务会议。2001年2月5日，市政府召开了第三次常务会议。会议听取讨论了市城建局关于全市公园开放及管理体制调整情况的汇报。会议认为，公园实行免费开放是沈阳市城市管理体制的一项重大改革，是市政府着力提高市民生活环境质量，拓展市民娱乐、健身和休闲空间的一个重要举措。会议确定，自2001年5月1日起，除东陵公园、北陵公园作为国家重点文物保护单位目前不宜免费开放外，其余市属和区属公园一律免收第一门票，对封闭围墙，分期逐步拆除，面向广大市民开放。调整公园管理体制，保留北陵公园、东陵公园、南湖公园为市属公园，其余市属公园划归所在区管理。

会议听取讨论了市建委关于建立土地储备制度实行土地招标拍卖出让工作情况的汇报。会议指出，建立土地储备制度，实行土地公开招标、拍卖出让，是进一步规范沈阳市房地产开发建设市场秩序，最大限度地利用城市存量土地资源，增加财政收入，防止腐败的重要举措。实行土地储备制度后，沈阳市核心城区(三环以内)范围内，所有建设用地都进入土地储备库，由政府统一规划设计，按照“总量控制，适度紧缺”的原则，交土地交易市场，通过公开招标、拍卖方式出让土地使用权。会议原则通过《关于建立土地储备制度实行土地公开招标拍卖出让的实施意见》，责成市建委根据会议讨论意见，进一步修改、完善。

会议听取讨论了市财政局关于财政体制调整情况的汇报。会议指出，对沈阳经济技术开发区和浑南新区及各区、县(市)的税收体制进行适当调整，是整顿税收秩序的重大举措，各部门要统一认识，顾全大局，推动沈阳经济技术开发区和浑南新区的快速发展，促进区县做强做大。

会议听取讨论了市财政局关于清理检查“小金库”工作情况的汇报。会议强调，为进一步加强财政资金管理，严肃财经法纪，惩治腐败行为，维护经济秩序，各部门必须积极配合，认真抓好“小金库”的清查工作，要统一思想，下定决心，限定期限，把“小金库”彻底清理干净。

会议听取讨论了董镇广秘书长关于2001年沈阳市利用外资计划指标分解情况的汇报。

会议听取讨论了市教委关于建立沈阳应用技术大学和沈阳大学“十五”发展规划情况的汇报。会议认为，建立沈阳应用技术大学是落实全国教育工作会议精神的需要，是调整和规范职业教育的需要，是沈阳社会发展和人民群众教育需求的需要。

会议听取讨论了市政府法制办关于沈阳市2001年地方性法规立法计划提报项目的汇报，并一致通过。

会议听取讨论了市民政局关于追认于海同志为革命烈士的请示情况的汇报。会议同意追认于海同志为革命烈士，责成市民政局按规定程序办理，报省政府审批。

会议听取讨论了市监察局关于关宏阳所犯错误处理意见的汇报。会议决定给予原皇姑区人民政府副区长关宏阳开除公职处分，收缴其违法违纪款，上缴财政。

市政府第四次常务会议。2001年2月11日，市政府召开了第四次常务会议。会议听取讨论了市政府副秘书长、办公厅主任张福乐关于《政府工作报告》修改意见的汇报。会议认为，参加市十二届人大四次会议的人大代表，以高度的主人翁责任感和严肃认真的态度，对政府“九五”时期及2000年的工作，“十五”时期及2001年的工作安排进行了认真审议，提出了十分中肯的建议和意见。

会议听取讨论了市政府副秘书长王维忠关于沈阳市第十二届人大四次会议议案、建议、批评与意见征集及会议期间办理情况的汇报。会议指出，人民代表、政协委员提出的建议、提案是他们参与管理国家事务，行使国家权利、履行民主监督和参政议政职能的重要方式和途径，是社情民意的集中反映，认真办理这些代表建议和政协提案，是我国政治制度的需要，是政府决策民主化、科学化的需要，是坚持全心全意为人民服务宗旨的需要。会议强调，各区、县(市)政府，市政府各部门的一把手是建议提案办理工作的第一责任人，要亲自抓，亲自办，加强领导，落实责任，扎扎实实办理好人民代表、政协委员提出的建议、提案，让广大代表和委员满意，让人民群众满意。

会议研究讨论了铁西区代表团关于对沈阳兴冶工贸科技有限责任公司停产或搬迁的建议。会议决定采纳代表们的建议，责成有关部门认真研究工作方案，采取搬迁或关闭的措施，解决沈阳兴冶工贸科技有限责任公司污染问题。

会议研究讨论了皇姑区代表团提出的《关于北陵公园(清昭陵)文物保护工作的质询案》和于洪区代表团提出的《关于张士农副产品批发市场启动问题的质询案》的有关情况。会议要求有关部门要对北陵公园进行高标准的规划设计和建设，逐步恢复皇家陵寝的原貌。对007城堡、停车场、花卉中心、海中全酒店等与公园环境风貌极不相称的项目，年内拆除、搬迁或取缔；对乡村俱乐部、高尔夫俱乐部、松园宾馆等几个规模较大的项目，报请市人大常委会审议后，力争在三年内逐步解决。同意张士农副产品批发市场在工商部门核定的经营范围内经营，同意其自主招商，政府不予干预。

会议听取讨论了市计委关于《沈阳市国民经济和社会发展第十个五年计划纲要(草案)》修改意见的汇报。会议责成常务副市长姜宪志牵头，组织市计委等有关部门，对各人大代表团围绕“十五”计划纲要提出的20个问题进行认真研究。

市政府第五次常务会议。2001年2月24日，市政府召开了第五次常务会议。会议听取讨论了市建委关于沈阳市2001年城建项目情况的汇报。会议指出，2001年全市城市建设项目安排的指导思想是紧紧围绕城建“十五”计划确定的发展目标，重点解决全市缺水少绿、污染严重、出行困难等问题。一是贴近广大市民，不断满足老百姓的生活需要，提高人民群众的生活质量。二是着眼未来发展，通过城市环境的改善，环境质量的提高，提升土地价格，为今后发展奠定坚实基础。三是改善投资环境，为经济发展创造良好条件。会议要求全市各部门要统一思想，充分认识搞好今年城市建设的现实意义和政治意义；要顾全大局，勇于牺牲局部利益和部门利益；要密切配合，积极协作，各区政府要进一步加大对城市建设的投入力度。

会议听取讨论了市农工委关于春耕生产准备情况的汇报。会议认为，全市农口部门和各相关区、县(市)政府，围绕备耕春耕生产工作早发动、早安排、早部署，较好地克服了去年特大旱灾给今年春耕生产带来的严重困难，目前全市春耕生产各项准备工作进展顺利。会议要求各相关部门继续努力工作，立足于抗旱夺丰收，立足于提高农民人均收入，千方百计打好世纪之春的农业生产第一仗。

会议听取讨论了市财政局关于市政府系统清查“小金库”情况的汇报。会议指出，清理检查“小金库”工作是市政府严肃财经法纪，深入开展反腐败斗争的重要举措。会议要求各位市长要认真落实主管市长负责制，进一步加强对此项工作的领导，财政、监察、审计、物价等部门要继续加大工作力度，各单位要积极配合，认真抓好清查工作，务求彻底解决“小金库”问题，不留死角。

会议听取讨论了市体委关于停办第二届中国沈阳—亚洲体育节的情况汇报。鉴于原定2001年9月份举行的第二届亚洲体育节，在时间上与东南亚运动会和第21届世界大学生运动会发生冲突，且经费难以落实，会议同意市体委与国家体育总局和省体育局协商的停办意见。

会议听取讨论了市侨办关于授予仰融先生“沈阳市荣誉市民”称号的情况汇报。会议决定，授予仰融先生“沈阳市荣誉市民”称号。

会议听取讨论了市体改委关于沈阳公用发展股份有限公司(以下简称沈发展)有关问题处理意见的汇报。会议原则同意对沈发展进行股权转让和资产置换。

市政府第六次常务会议。2001年2月28日，市政府召开第六次常务会议。会议听取讨论了市公安局关于全市社会治安工作情况的汇报。会议认为，目前全市的社会治安秩序是好的，广大人民群众是充分肯定的，公安系统和各区党委、政府做了大量的工作，功不可没。但是目前社会治安形势依然严峻。会议强调，进一步搞好全市的治安工作，是创造良好的经济发展环境的需要，是维护社会稳定的需要，是保护广大人民群众根本利益的需要，也是各级党委、政府的重要责任。会议要求全市上下要进一步提高对治安工作重要性的认识，大力支持、配合公安部门搞好治安工作。会议提出，要调动一切可以调动的力量，采取一切可以采取的措施，克服一切困难保证公安经费的投入，经过全市上下的共同努力，使沈阳市的社会治安秩序达到全国上游，全省一流的水平。

会议听取讨论了市政府副秘书长、办公厅主任张福乐关于2001年中国沈阳国际友好活动月活动安排情况的汇报。会议指出，沈阳国际友好活动月在宣传沈阳，扩大沈阳在国内外影响方面取得了十分显著的效果，各相关部门要继续密切配合，提前做好2001年友好活动月的各项准备工作，确保友好活动月圆满成功。

市政府第七次常务会议。2001年3月19日，市政府召开了第七次常务会议。会议听取讨论了市政府法制办关于修改《沈阳市生猪屠宰检疫销售管理办法》(以下简称《办法》)情况的汇报。会议指出，为建立开放、竞争、有序的市场，进一步促进屠宰条件、检疫水平、产品质量和市场经营条件的改善与提高，市政府同意对1998年出台的《办法》进行适当修改，变区域性限制为条件性限制，即：不管是哪里的屠宰厂，哪里的白条猪，只要经过省、市商品流通主管部门认定，其屠宰条件、检疫检验水平、生猪产品和运输条件都达到国家规定的标准和要求，就允许其白条猪进入沈阳市城区销售。

会议听取讨论了市房产局关于进一步搞好房地产二、三级市场工作的情况汇报。会议认为，沈阳市房地产市场起步较早，已形成了网络比较健全、服务功能比较完善、交易规模增势强劲、消费结构趋向合理的房地产市场体系，并正在向“东北领先，全国一流”的目标迈进，但是目前在很多方面仍然存在着差距和不足。会议指出，2001年要进一步深化住房制度改革，坚持为拉动沈阳经济增长服务和为沈阳居民改善居住条件服务，提高居民购房支付能力，方便居民住房消费，保护消费者合法权益，提高工作效率和市场运作质量，促进房地产市场持续健康发展。

会议听取讨论了市人事局关于调整机关事业单位工资情况和市直机关公务员出勤补贴实施意见的情况汇报。会议指出，出台这次调资政策，是党中央、国务院根据当前国家宏观经济形势作出的重要决策，是扩大内需、拉动经济增长的重要举措，各有关部门要认真贯彻国务院精神，各项政策必须与中央和省里保持一致，同时要顾全大局，注意收集社会各层面的反映，及时化解矛盾，保证这项工作平稳进行，切实把好事办好。

市政府第八次常务会议。2001年4月2日，市政府召开了第八次常务会议。会议听取讨论了市消防支队关于全市消防安全工作情况的汇报。会议认为，市委、市政府高度重视消防安全工作，近年来加强了对消防安全工作的领导，加大了对消防建设的投入，消防安全责任制得到进一步落实，城市抗御火灾的整体能力有所增强，火灾形势持续平稳。但是目前全市火灾隐患仍然比较多，有些问题还相当严重。会议指出，做好消防安全工作，是促进全市经济发展的需要，是保持社会稳定的需要，是保证人民群众生活安全的需要。会议强调，全市上下要进一步提高对消防安全工作重要性的认识，把消防安全工作摆到重要议事日程，大力支持、密切配合公安消防部门搞好消防工作。公安消防部门要严格执法，依法审批，依法监督，依法管理，依法处罚，不讲情面，不能手软，同时要进一步增强主动服务意识，提高工作效率。

会议听取讨论了市建管局关于沈阳市深化建设市场改革试点工作情况的汇报。会议认为，深化建设市场改革，对于加强施工管理，建立统一开放、规范有序的市场，从根本上促进工程质量和工程建设水平的提高，具有十分重要的意义。

会议听取讨论了市物价局关于调整污水处理费、水资源费的情况汇报。会议指出，调整污水处理费和水资源费是按照省有关文件规定进行的，这次调整，有利于增强全市企业和居民的节水意识和增加循环水的使用量，促进节约用水，保护水资源，同时为全市城市建设筹集资金，支持排水管网和污水处理厂的基础设施建设。

会议听取讨论了市政府法制办关于《沈阳市城市绿化管理条例(草案)》审办情况、关于制定沈阳市2001年政府规章计划的情况汇报。会议原则通过《沈阳市城市绿化管理条例(草案)》，责成市政府法制办根据会议讨论意见，进行调整完善后提请市人大常委会审议。

市政府第九次常务会议。2001年4月16日，市政府召开了第九次常务会议。会议听取讨论了市财政局关于市本级财政支出审批和拨付程序意见的汇报。会议认为，这是市政府进一步规范政府工作程序，坚持依法行政，依法理财的重要举措。会议要求各单位对财政拨付资金要加强管理，提高资金使用效益，纪检、监察、财政、审计等有关部门要加强监督检查，对违反规定以权谋私，挪用专项资金，侵吞国家财产的行为要严肃处理。会议原则通过了市本级财政支出审批和拨付程序的意见，责成市财政局根据会议讨论意见进行适当调整。

会议听取讨论了市畜牧副食局关于生猪屠宰检疫销售管理工作的情况汇报。会议指出，规范生猪屠宰、检疫和销售管理，是确保市民吃上“放心肉”的一件大事，各有关部门要以对人民群众根本利益高度负责的态度，予以高度重视，在认真贯彻省政府《生猪屠宰管理办法》的同时，继续巩固沈阳市在生猪屠宰、检疫和销售管理工作方面取得的成果。

会议听取讨论了市政府法制办关于《沈阳市国有土地使用权招标、拍卖暂行办法》(以下简称《办法》)审办情况的汇报。会议认为，制定《办法》，有利于国有土地资源价值的实现，有利于集约用地、合理用地。《办法》出台后，将大大加快沈阳市国有土地使用制度的改革步伐，用法律手段进一步规范土地使用权招标、拍卖出让行为，建立“公开、公平、公正”的地产秩序，从根本上提高国有土地的利用率，促进和带动经济的发展。会议原则通过《办法》，责成有关部门根据本次常务会议精神，进一步修改完善，尽快下发执行。

会议听取讨论了市乡企局关于全市

乡镇企业工作情况的汇报。会议认为，近年来沈阳市乡镇企业的发展十分迅猛，为沈阳的经济和社会发展做出了很大贡献。不论从历史的发展过程看，还是从今天的现实发展要求看，沈阳市都必须大力促进乡镇企业的发展，在规模上要不断扩大，在质量上要不断提高。会议指出，必须积极探索新形势下发展乡镇企业的新思路和新办法，来推动全市乡镇企业的蓬勃发展。

市政府第十次常务会议。2001年4月28日，市政府召开了第十次常务会议。会议听取讨论了市房产局关于做好全市今冬城市供暖工作意见的汇报。会议指出，城市供暖工作是事关人民群众基本生活的重大社会问题，市政府对此十分重视，在上一个采暖期刚刚结束，就着手研究今年冬季的供暖问题，并下决心把这项牵涉老百姓切身利益的大事抓好。会议要求，各区政府、市政府各相关部门、各供暖单位，要提高认识，统一思想，增强工作责任心，把贯彻“三个代表”思想落实到做好城市冬季供暖工作的实践中去，想群众之所想，急群众之所急，进一步加大工作力度，未雨绸缪，提早做好今年供暖的各项准备工作，确保今年冬季的城市供暖工作提高到一个新水平。

会议听取讨论了市信访办关于当前全市信访工作情况的汇报。会议要求各区、县(市)政府、政府各部门，要从维护社会稳定的大局出发，进一步做好信访工作。一是要增强工作责任感和事业心，力戒官僚主义和形式主义，扎扎实实为老百姓解决实际问题。二是要加强领导，进一步落实信访工作责任制，对各自工作范围内的信访案件，要及时、稳妥地处理好，防止矛盾激化。三是要实行领导责任追究制，对排查、处置工作不力，造成重大影响的，要追究主要领导责任。四是要进一步做好信访宣传工作。

会议对“五一”国际劳动节期间的有关工作进行部署。会议指出，今年“五一”是新世纪的第一个国际劳动节，各部门要高度重视，精心安排，确保全市人民欢欢喜喜、平平安安过“五一”。

会议听取讨论了市体改委关于沈阳公用发展股份有限公司(以下简称沈发展)有关问题处理意见的汇报。会议一致同意将沈发展股权转让给华晨公司。会议特别强调，必须坚持依法运作，依法置换，依法退出，同时要妥善处理好与其他股东的关系。

市政府第十一次常务会议。2001年5月8日，市政府召开了第十一次常务会议。会议听取讨论了市劳动局关于全市就业工作情况的汇报。会议指出，再就业工作的核心和基础是就业岗位的开发，开发好、保护好、利用好就业岗位，就可以使更多的下岗职工实现再就业。会议要求各区县(市)政府、各群团组织、各有关部门要从沈阳的大局出发，站在讲政治的高度，进一步提高对就业工作重要性的认识，把搞好就业工作作为贯彻落实“三个代表”思想的实际行动，各尽其责，为下岗职工创造更多的就业机会，确保全年开发10万个就业岗位目标的完成。

会议听取讨论了市民政局关于进一步完善城市居民最低生活保障制度的情况汇报。会议认为，全市最低生活保障工作进展迅速，保障金发放情况良好，各区县(市)政府、各群团组织、各有关部门做了大量辛苦、细致的基础工作，为保障贫困家庭生活，维护沈阳社会稳定做出了很大贡献，应予以充分肯定。会议指出，让低收入家庭享受最低生活保障是市政府不可推卸的责任，政府工作的指导思想是，有一个人保障一个人，不受数量限制，宁可压缩其他方面的开支，宁可少干一些其他工作，也要保障贫困群众的生活。会议要求各区、县(市)政府认真负责地承担起最低生活保障工作，保证把保障金发放到每一个生活困难家庭中，不落一人。市民政局要认真做好指导、协调和督查工作。

市政府第十二次常务会议。2001年5月19日，市政府召开了第十二次常务会议。会议听取讨论了市建委关于全市城市节水工作和城市供水应急方案的情况汇报。会议认为，经过多年的努力工作，目前沈阳市的城市供水基本满足了生产和生活的需要。但是随着城市规模的不断扩大和人民生活水平的不断提高，城市用水量逐年增加，缺水状况日趋严重。会议要求各有关部门，对全市的供水形势要统一认识，高度重视，认真做好供水和节水工作，保证城市的正常运转，为沈阳实施可持续发展战略营造良好的环境。会议原则同意市建委关于全市城市节水工作方案和城市供水应急方案，责成市建委协调、组织各相关部门认真实施、落实。会议决定成立沈阳市供水节水工作领导小组，进一步加强对全市供水节水工作的领导。

会议听取讨论了市物价局关于调整水资源费情况的汇报。会议原则通过市物价局的汇报意见，责成有关部门认真贯彻执行。

会议听取讨论了市农工委关于扶贫工作形势和任务的汇报。会议认为，自1993年康、法两县划归沈阳后，全市扶贫工作的重点即转向了康平县和法库县，七年以来采取了一系列扶贫开发的政策措施，取得了很大成绩，使贫困地区经济得到了快速发展，人民生活水平有了较大提高，但还没有从根本上解决贫困问题。会议强调，扶贫工作不仅仅是经济任务，也是一项重要的政治任务，是落实“三个代表”思想的重要体现。会议要求，全市上下要义不容辞地承担起扶贫工作的责任，财政要加强对贫困地区的支持，对口帮扶工作要进一步强化。康、法两县的干部群众要进一步振奋精神，自力更生，艰苦奋斗，争取早日改变贫困落后的面貌。

会议听取讨论了市外经贸委关于申办2002年中国沈阳国际制造业博览会暨进出口商品交易会的情况汇报。会议认为，申办中国沈阳国际制造业博览会暨进出口商品交易会，对于沈阳市进一步扩大对外开放，吸引更多的外商来沈阳投资，加快高新技术改造传统产业步伐，把沈阳制造业做强做大，提高沈阳的知名度，具有十分重要的意义。

会议听取讨论了市政府法制办关于《沈阳市献血管理办法》(以下简称《办法》)审办情况的汇报。会议原则同意出台《办法》，责成市政府法制办按规定程序办理。

会议听取讨论了市监察局关于违纪干部处理意见的情况汇报。会议根据赵进所犯错误事实，决定撤消赵进的市物资局副局长及沈阳市建设投资公司副总经理职务。

市政府第十三次常务会议。2001年5月28日，市政府召开了第十三次常务会议。会议听取讨论了市政府法制办关于《沈阳市建设工程监理条例(草案)》、《沈阳市耕地保养条例(草案)》、《沈阳市建设工程抗震设防要求管理办法》审办情况的汇报。会议认为，制定《沈阳市建设工程监理条例(草案)》、《沈阳市耕地保养条例(草案)》，对于进一步提高全市工程建设监理水平和投资效益，确保建设工程质量以及有效防止耕地质量下降，促进农业持续稳定发展，具有十分重要的意义。会议原则通过《沈阳市建设工程监理条例(草案)》、《沈阳市耕地保养条例(草案)》，同意出台《沈阳市建设工程抗震设防要求管理办法》。

会议听取讨论了市水利局关于防汛准备工作情况的汇报。会议指出，沈阳市即将进入汛期，据气象、水文部门分析预测，2001年汛期全省大部分地区降雨量略少于常年，但因降雨量在时空上分布不均，沈阳市局部地区仍有可能出现短时暴雨洪水。会议要求各有关部门要对防汛工作高度重视，千万不能因为春季出现较为严重的旱情而对防汛工作麻痹大意，放松警惕。

会议听取讨论了市体委关于2002世界杯足球外围赛第二阶段中国队主场比赛筹备工作的情况汇报。会议认为，2002世界杯足球外围赛中国队主场比赛是今年沈阳市承办的一项重要的国际体育赛事，也是举国上下热情关注的一件大事，争得这项赛事的举办权不容易，办好这项赛事更不容易。会议要求全市上下要从大局出发，把承办世界杯外围赛作为提升民气，宣传沈阳，展示沈阳城市形象和沈阳人精神风貌的一次难得机遇，同心协力，全力以赴做好各项准备工作。

市政府第十四次常务会议。2001年6月2日，市政府召开了第十四次常务会议。会议分别听取讨论了市计委关于今年以来全市固定资产投资运行情况的汇报、市经贸委关于全市技术改造完成情况的汇报、市建委关于全市城市基础设施建设投资及房地产业对经济增长拉动情况的汇报。会议强调，固定资产投资是一项非常重要的工作，事关沈阳经济的增长，事关沈阳的发展后劲，事关沈阳的城市形象，事关沈阳消费市场的拉动和就业工作，全市上下必须高度重视，深刻认识固定资产投资的重大意义，拿出切实可行的办法和对策，集中精力，齐心协力抓好固定资产投资工作，确保全年290亿元固定资产投资任务的完成。

会议听取讨论了市浑南新区关于“2001中国海外学子辽宁(沈阳)创业周”(以下简称“创业周”)筹备工作情况的汇报。会议认为，举办“创业周”活动，对于吸引高科技项目落户沈阳，引进资金和人才，进一步拓展对外开放渠道，宣传沈阳新形象具有十分重要的意义，在国内外也将产生重要的影响。会议要求各有关部门，要从全局出发，全力以赴办好“创业周”活动。

会议听取讨论了市质量技术监督局关于质量管理和锅炉压力容器特种设备安全监察监督管理职能划转情况的汇报。会议原则通过市质量技术监督局的汇报意见。

会议传达了省抗旱节水紧急电视电话会议精神。会议指出，今年春天以来，辽宁省发生了建国以来最严重的春旱，沈阳市目前的旱情也十分严重，抗旱形势异常严峻，各区、县(市)政府及各有关部门要把抗旱节水工作摆上重要议事日程，举全市之力，采取有效措施，做好抗旱节水工作，千方百计把灾害带来的损失降到最低程度。

市政府第十五次常务会议。2001年6月18日，市政府召开了第十五次常务会议。会议听取讨论了市房产局关于全市房改资金运作情况的汇报。会议要求有关部门要进一步加强房改资金的管理，加大住房资金逾期贷款清理的力度，为改善居民居住条件，促进房地产业发展发挥更大的作用。

会议听取讨论了市体改委关于沈阳正兴供热有限责任公司供暖问题基本情况和处理意见的汇报。

会议听取讨论了市地震局关于全市防震减灾工作情况的汇报。会议指出，沈阳是我国中等强度地震活动的地区之一，随着城市的迅速发展，沈阳市的防震减灾工作也更加艰巨。会议要求全市上下要高度重视防震减灾工作，全面落实全国防震减灾工作会议精神和国务院有关文件要求，动员全市各方面力量，依靠法制和科技，大力加强地震监测预报工作，切实提高沈阳市抗震和应急救助能力，有效减轻可能发生地震带来的灾害损失，保护人民生命安全，维护社会稳定。

市政府第十六次常务会议。2001年7月12日，市政府召开了第十六次常务会议。会议听取讨论了市城建局关于做好除运雪工作有关情况的汇报。会议指出，做好冬季除运雪工作意义十分重大，事关全市人民的生产生活，事关政府工作精力的摆布，事关沈阳的城市环境，也直接反映出市政府和市民的精神状态。市政府对此高度重视，决心把除运雪作为市政府的经常性工作来抓，使之不再成为困扰政府和市民的难题。会议原则通过2001年冬季除运雪工作方案。

沈阳经济技术开发区管委会传达了2001年全国外资工作会议精神。会议认为，进一步加快对外开放工作步伐，做好新形势下利用外资工作，是沈阳未来发展的必然选择，没有对外开放就没有沈阳未来的发展。会议强调，全市要面对经济全球化趋势增强和我国即将加入世贸组织的新形势，坚定不移地推进对外开放，积极引进外资，大力提高利用外资的质量和水平，努力改善投资环境，更加注重引进技术、管理和人才，促进沈阳的可持续发展。

会议听取讨论了市经贸委关于全市短期融资债券情况的汇报。会议指出，沈阳市部分企业拖欠短期债券问题已经成为影响社会稳定的重要因素，必须引起各有关部门的高度重视，尽快想办法予以解决。

市政府第十七次常务会议。2001年7月27日，市政府召开了第十七次常务会议。会议分别听取讨论了市财政局关于全市2000年市本级财政决算和2001年全市上半年财政预算执行情况的报告、市审计局关于全市2000年度本级财政预算执行和其他财政收支情况的审计结果报告。会议指出，目前全市财政收支矛盾仍比较突出，全市各部门一定要牢固树立过“紧日子”的思想，千方百计做好财政工作。要严格控制财政支出，特别是消费性支出，努力开源节流，继续保持上半年财政工作的良好态势。要坚持依法理财，科学管财，合理用财，大力提高财政资金使用效益，为全市经济和社会的发展提供坚强的财力保证。会议同时要求有关部门要进一步加强审计工作，严格执行《预算法》，不断完善和改进预算管理工作，提高预算管理的科学性和预算执行的有效性。会议原则通过市财政局和审计局所作的报告，责成有关部门根据常务会议精神进一步修改完善后，提请市人大常委会审议。

会议听取讨论了市民政局关于王家庄地区行政区划调整情况的汇报。会议认为，王家庄地区区划调整遗留问题，情况比较复杂，应该慎重、稳妥处理。会议决定，此事待进一步研究后确定。

会议听取讨论了市建委关于沈阳长江路桥合营公司股权二次回购情况的汇报。会议原则同意对沈阳长江路桥合营公司港方股权进行二次回购。

市政府第十八次常务会议。2001年7月30日，市政府召开了第十八次常务会议。会议分别听取讨论了市劳动局关于沈阳市社会保障试点准备情况的汇报、市政府法制办关于《沈阳市城镇职工基本医疗保险规定》(草案)审办情况的汇报。会议指出，实施完善城镇社会保障体系试点工作，是一项繁杂的系统工程，政策性强，涉及面广，意义十分重大。各级政府和有关部门要以对国家、对人民高度负责的精神，把试点工作摆上重要议事日程，加强领导，精心组织，周密安排，稳步推进。会议要求各有关部门，在实施社会保障体系试点工作的过程中，要坚持从社会稳定的大局出发，稳妥实施，要对有关政策认真研究清楚，防止今后产生遗留问题。会议原则通过《沈阳市完善城镇社会保障体系试点实施方案》，通过《沈阳市城镇职工基本医疗保险规定》(草案)。

会议听取讨论了市国资局关于沈阳公用发展股份有限公司(以下简称沈发展)股权转让及资产重组工作情况的汇报。会议原则同意与华晨集团签署《沈阳公用集团有限公司股权转让协议》等六个重要法律文件,并责成沈阳发展重组领导小组将沈发展股权转让及资产重组工作的有关情况向市人大、市政协通报。

会议听取讨论了市经贸委关于企业主辅分离工作情况的汇报。会议指出,做好主辅分离工作,对于搞活全市国有企业具有十分重要的意义,各部门要从支持我市国有企业改革和发展的角度出发,进一步统一思想,下定决心,克服困难,在保持稳定的前提下,坚定不移地推进主辅分离工作。会议原则同意沈阳市企业主辅分离工作的基本方案。会议指出,对企业自办医院、自管房产、自供暖和转供水的分离,要坚持实事求是的原则,认真调查研究,摸清情况,分门别类逐个研究,采取多种方式进行分离,不搞一刀切。各部门要克服困难,进一步细化工作方案,积极推进,确保今年年底之前基本完成企业的主辅分离工作。

会议听取讨论了市经贸委关于市属中小企业双转双放工作情况的汇报。会议原则同意市经贸委关于市属中小企业双转双放工作的安排意见,各区、县(市)政府,各有关部门要密切配合,细致工作,平稳推进。不具备生存能力,不符合转属条件的企业,不予转属。

市政府第十九次常务会议。2001年8月6日,市政府召开了第十九次常务会议。会议听取讨论了市民政局关于申报高树森等四位同志为革命烈士的情况汇报。会议认为,高树森、张建华、张家栋、张承维四位同志忠于职守,爱岗敬业,在监督执法工作中,始终坚持党和人民的利益高于一切,特别在"7·12"暴力抗法事件中,将个人安危置之度外,奋不顾身与歹徒进行殊死搏斗,用鲜血和生命维护了人民群众的利益。为表彰高树森等四位同志的先进事迹,激发广大执法干部勇于同犯罪行为做斗争的精神,根据《革命烈士褒扬条例》的有关规定,会议同意追认高树森等四位同志为革命烈士,责成市民政局按规定程序办理,报省政府审批。

会议听取讨论了市交通局关于2001年公共交通发展实施意见的汇报。会议认为,沈阳市人均公交车辆少,线路网密度低,公交水平低于国内其他副省级城市,老百姓乘车难,特别是冬季出行难问题非常突出。会议决定利用今、明两年时间新增1000台公交车,同时调整线网布局,完善服务功能,尽最大努力满足老百姓出行需求。会议原则通过市交通局关于2001年公共交通发展的实施意见。

会议听取讨论了市政府法制办关于《沈阳市城市供暖管理办法》、《沈阳市零工劳务市场管理办法》审办情况的汇报。会议确定,《沈阳市城市供暖管理办法》待进一步修改后,另行研究。会议原则通过《沈阳市零工劳务市场管理办法》,责成市政府法制办按规定程序办理。

市政府第二十次常务会议。2001年8月28日,市政府召开了第二十次常务会议。会议听取讨论了市计委关于国务院三峡工程移民暨对口支援工作会议精神及贯彻落实意见的汇报。会议指出,三峡移民和对口支援工作意义重大,全市各有关部门要提高认识,统一思想,认真贯彻落实国务院三峡工程移民暨对口支援工作会议精神,进一步加大对口支援工作力度,继续坚持"优势互补、互惠互利、长期合作、共同发展"的原则,确保对口支援工作深入健康地发展。会议原则通过市计委的汇报意见,责成市计委近期筹备召开市直有关部门和企业会议,传达国务院三峡工程移民暨对口支援工作会议精神,总结前段沈阳市对口支援三峡工作,安排和部署下一步工作。

会议听取讨论了市棋盘山管委会关于筹建国家森林公园有关情况的汇报。会议认为,建设以棋盘山风景区为依托的国家森林公园,对于进一步改善沈阳的城市环境,提高城市品位,促进沈阳旅游产业的发展,具有非常重要的意义。会议要求各有关部门,要按照省政府的工作要求,认真做好筹建国家森林公园的各项前期准备工作,尽快拿出整体规划方案和分布实施方案,逐步在沈阳东部建设一个高品位的生态旅游区。

会议听取讨论了市畜牧副食局关于"7·12"暴力抗法事件善后工作情况的汇报。会议认为,"7·12"暴力抗法事件发生后,副食局等有关部门在善后处理过程中做了大量细致而有成效的工作,应予以充分肯定。

会议听取讨论了市政府法制办关于《沈阳市城市供暖管理办法》、《沈阳市殡葬管理规定》、《沈阳市促进企业技术进步管理办法》和《沈阳市人民政府关于严禁围堵冲击国家机关和堵塞道路交通的通告》审办情况的汇报。会议原则通过《沈阳市城市供暖管理办法》、《沈阳市殡葬管理规定》和《沈阳市促进企业技术进步管理办法》,责成有关部门根据本次会议讨论意见进一步修改完善后,按规定程序办理。会议责成有关部门对《沈阳市人民政府关于严禁围堵冲击国家机关和堵塞道路交通的通告》中的部分条款进一步推敲、修改,同时对下发时间等问题进行研究、商定。

市政府第二十一次常务会议。2001年9月13日,市政府召开了第二十一次常务会议。会议听取讨论了市政府副秘书长王英、市政府办公厅助理巡视员赵家强关于城区工作会议筹备情况及市委市政府《关于加快城区建设和发展若干意见》(以下简称《意见》)起草情况的汇报。会议指出,为进一步激发城区的经济活力,发挥城区的管理潜能,市委、市政府决定,改革现行城区管理体制,按照属地管理原则、责权利相统一原则,调整市区两级政府的事权、财权和人权,扩大城区政府在经济管理、城市管理、社会事业管理等方面的职能和权限,逐步建立和完善"两级政府,三级管理"的体制。会议强调,城区管理体制改革是一项涉及全市改革、发展、稳定大局,事关沈阳未来发展的一件大事,全市上下要统一思想,转变观念,顾全大局,密切配合,确保这项工作的顺利进行,大力推进城区经济和社会各项事业的发展。会议原则通过《意见》,责成政府办公厅根据本次会议精神进一步修改完善后,向市委常委会汇报。

会议听取讨论了市政府法制办关于《沈阳市劳动力市场管理条例(草案)》(以下简称《条例》)审办情况的汇报。会议认为,出台《条例》,对于加强全市劳动力市场的管理,保护劳动者和用人单位的合法权益,建立统一开放、公平竞争、规范有序的劳动力市场,进一步促进就业,具有十分重要的意义。会议原则通过《条例》,责成有关部门根据本次常务会议讨论意见修改后,提请市人大常委会审议。

会议听取讨论了市监察局关于吕泽民所犯错误处理意见的汇报。会议决定给予吕泽民撤消沈阳市房产局副局长职务处分。

市政府第二十二次常务会议。2001年9月21日,市政府召开了第二十二次常务会议。会议听取讨论了市农工委关于农村区县(市)工作会议安排意见及市政府研究室关于《中共沈阳市委、沈阳市人民政府关于加快县区经济发展的若干意见》起草情况的汇报。会议指出,当前全市农业和农村经济已经发展到了新的阶段,县区经济在全市经济发展和城市建设中的地位和作用日益突出,在继续抓好农业和农村经济的同时,必须以经济结构战略性调整为核心,进一步完备县区政府职能，大力发展二、三产业，突出城市化建设和国际化经济成分，突出区域性经济整体推进，使全市县区工作有一个大的飞跃，形成城乡互补、城乡俱进的整体发展格局。会议强调，农业和农村经济结构的战略性调整及相应的管理体制改革，是一项涉及全市改革、发展、稳定大局的突破性工作，全市上下要统一思想，转变观念，顾全大局，密切配合，确保这项工作的顺利进行。会议原则通过《中共沈阳市委、沈阳市人民政府关于加快县区经济发展的若干意见》，责成市政府研究室根据本次会议精神进一步修改完善后，向市委常委会汇报。

会议听取讨论了市政府研究室关于《中共沈阳市委、沈阳市人民政府关于全面开发浑南新区的若干意见》起草情况的汇报。会议指出，全面开发和建设浑南新区，是新世纪之初全市工作的战略重点，是沈阳市拓展城市空间，加快国际化、现代化大都市建设进程的根本性举措，对于拉动沈阳经济持续、健康、快速发展，促进社会事业全面进步具有十分重要的意义。市委、市政府将采取一系列有力措施，努力把浑南新区建设成为以高新技术产业为依托，集科研、生产、教育、金融、商贸、现代服务业为一体，功能齐备、相对独立的综合性科技新城区。会议原则通过《中共沈阳市委、沈阳市人民政府关于全面开发浑南新区的若干意见》，责成有关部门根据本次常务会议讨论意见修改后，向市委常委会汇报。

会议还研究、讨论了低温核供热项目有关情况。

市政府第二十三次常务会议。2001年10月7日，市政府召开了第二十三次常务会议。会议听取讨论了市编委办关于市政府机构改革有关情况的汇报。会议指出，沈阳市的机构改革是按照党中央、国务院和省委、省政府的统一部署，结合沈阳的实际情况进行的，积极稳妥地推进这次改革，有利于精简机构，提高政府的办事效率；有利于减轻财政负担；有利于落实党的十五届六中全会精神，转变作风，贴近人民群众；有利于统一政府机关干部群众的思想，振奋精神，促进沈阳经济和社会事业的发展。会议强调，全市各部门要从全局出发，大力支持、密切配合这次机构改革，努力做到机构改革和政府工作两不误，确保今年政府各项工作任务的完成，尤其要提前做好明年工作的安排；要认真做好各类人员的思想工作，保持机关稳定，保持人心稳定，保持工作秩序稳定，确保不出现任何问题；要严明纪律，在改革前严格控制人员、资产、财务，对在机构改革中出现的违纪违法行为，市政府要严肃处理，追究责任。会议原则通过了政府机构改革的方案，责成市编委办根据常务会讨论的意见，进一步研究、修订，然后向市人大、市政协通报，并报市委常委会讨论。

会议听取讨论了市政府秘书长王英同志关于转让沈阳金山热电股份有限公司国有股权情况的汇报。会议同意按照公开、公平、公正原则对沈阳金山热电股份有限公司国有股股权进行转让，变现资金进入国库，统一调配使用。

会议听取讨论了市经贸委关于出让华润雪花啤酒、华润啤酒和华润压缩机等企业国有股权情况的汇报。会议原则同意对华润雪花啤酒、华润啤酒和华润压缩机三户企业的国有股股权全部转让。转让资金全部进入国库，专户存储，主要用于国有企业下岗职工并轨工作。

会议听取了副市长赵长义同志关于东北输变电机械制造股份有限公司有关问题处理情况的通报。

会议听取讨论了张富卿副秘书长关于举办2002年中国国际现代制造业博览会有关情况的汇报。会议认为，举办这次博览会，对于进一步加快沈阳对外开放步伐，吸收和引进国外先进技术，促进我市现代制造业的发展具有十分重要的意义。会议指出，承办博览会不容易，办好博览会更不容易，各有关部门一定要抓住我国即将入世这个机遇，抓住招展招商这个重点环节，集中力量在提高博览会的档次和成交额方面下功夫，确保博览会达到预期效果。会议原则通过举办中国国际现代制造业博览会的方案，同意上报省政府。

市政府第二十四次常务会议。2001年12月23日，市政府召开了第二十四次常务会议。会议听取讨论了市政府副秘书长、办公厅主任张福乐关于2001年全市越冬生活安排情况的汇报。会议强调，搞好群众越冬生活安排，事关沈阳的稳定和发展，全市上下要进一步统一思想，提高认识，在群众越冬生活安排上要打一场硬仗，打一场胜仗。

会议听取讨论了市农垦总公司关于沈阳辉山农业高新技术产业开发区规划及实施方案的汇报。会议认为，建设沈阳高科技农业新项目，意义重大，工作难度也相当大，有关部门必须做好充分的思想准备，要继续认真负责地把各项前期工作做深、做细。会议强调，建设辉山农业高新技术产业开发区，一定要组建一个高水平的领导班子；要建立一整套全新的、适应现代开发区发展的体制和机制，打破与旧体制的联系，要面向全市公开招聘人才；要组织专家对开发区进行高水平、现代化的规划设计；要坚持开放式运作，多方筹集资金。会议原则通过市农垦总公司关于沈阳辉山农业高新技术产业开发区规划及实施方案的汇报意见，责成有关部门要做好相关准备工作，近期向市委常委会汇报。会议同意组建沈阳辉山农业高新技术产业开发区管委会及其下属的开发建设总公司。

会议听取讨论了市政府副秘书长张富卿关于承办2002年第七届俄罗斯高新技术展览会工作情况的汇报。会议指出，举办俄罗斯高新技术展览会是中俄两国之间加强合作的一件大事，也是沈阳市进行中俄友好往来、经贸交流的一项重要活动，有关部门一定要高度重视，认真做好前期备工作，竭尽全力办一次有规模、有影响、有实效的展览会。会议原则通过关于举办俄罗斯高新技术展览会的汇报意见。

会议听取讨论了市妇联关于制定2001—2010年《沈阳市妇女发展规划》和《沈阳市儿童发展规划》有关情况的汇报。会议指出，妇女儿童工作是一项非常重要的工作，新制定的这两个《规划》提出了新世纪前十年沈阳市妇女儿童全面进步与发展的主要目标和任务，认真落实这两个《规划》，对于沈阳市实施科教兴市和可持续发展战略，提高全民素质，促进国民经济和社会各项事业的全面发展具有极其重要的意义。会议原则通过《沈阳市妇女发展规划》和《沈阳市儿童发展规划》。会议原则同意增加市妇女儿童工委的编制。

市政府第二十五次常务会议。2001年11月5日，市政府召开了第二十五次常务会议。会议听取讨论了市粮食局关于全市粮食工作情况的汇报。会议传达了省粮食工作会议的主要精神，并结合沈阳市粮食工作的实际，提出了沈阳市的落实意见。会议指出，粮食工作涉及面广，政策性强，事关全市的稳定大局，事关全市农业生产和粮食流通的前途，有关部门应予以高度重视。要以贯彻落实国家和省有关精神为重点，以控亏为中心，继续深化粮食流通体制改革，建立粮食安全体系，确保各项粮食工作目标的完成。

会议听取讨论了市民政局关于王家庄地区区划调整情况的汇报。会议同意将王家庄地区划归和平区管辖，由市民政局按规定程序办理相关手续。

会议听取讨论了市政府法制办关于《沈阳市城市除雪规定》（以下简称《规

定》)审办情况的汇报。会议认为,沈阳市多年来主要依靠发动社会力量进行义务除雪,随着政府职能的转变和社会管理体制的转换,原有的除雪管理体制和运行机制已不适应城市除雪工作的需要。这次新修改的《规定》,将进一步理顺除雪管理体制,强化监督管理,加大处罚力度,确保沈阳市城市的除雪质量有明显的提高,更加方便市民出行。会议原则通过《规定》,责成有关部门根据本次常务会议讨论意见进一步修改完善后,按规定程序办理。

会议听取讨论了市财政局关于提高社区干部待遇情况的汇报。会议指出,进一步加强社区建设,推进社会保障管理服务社会化进程,是市政府的既定方针。针对目前社区工作越来越繁重,社区干部待遇偏低的实际,市政府决定逐步提高我市社区干部的工资待遇,改善办公条件。会议原则通过市财政局的汇报意见,决定利用三年时间把社区干部的工资补贴提高到全市社平工资水平,增量部分以每年35%左右的速度递增,所需资金由市、区两级政府分别承担。

市政府第二十六次常务会议。2001年11月19日,市政府召开了第二十六次常务会议。会议听取讨论了市编委办关于《沈阳市市直党政机关机构改革人员分流实施办法》、《沈阳市市直党政机关机构改革人员定岗实施办法》、《关于清理整顿市直各部门行政执法队伍的若干意见》以及省委、省政府批准沈阳市党政机构改革方案有关情况的汇报。会议原则通过了市直党政机关机构改革人员分流实施办法、人员定岗实施办法、清理整顿市直各部门行政执法队伍的意见以及机构改革方案调整的意见,责成有关部门根据常务会议讨论意见进一步修改完善。

会议听取讨论了市计委关于康法地区扶贫开发规划安排及有关工作情况的汇报。会议认为,进一步加快沈阳市北部经济欠发达地区的综合开发建设,对于保护和改善沈阳市的生态环境,推动地区经济快速、协调发展,实施沈阳可持续发展战略,具有非常重要的现实意义。会议要求,有关部门要根据规划的具体内容,结合市人大《关于建议市政府实施沈阳市北部大开发的议案》的办理,进一步做好康、法两县的扶贫开发工作,尽快改变当地的经济和社会面貌,不断改善和提高人民群众的生活水平。会议原则同意市计委关于加快康、法扶贫开发规划建设的意见,责成计委根据本次常务会议精神进一步修改后,向市人大常委会报告。

会议听取讨论了市人防办关于全市人防工作情况的汇报。会议认为,近年来全市人防工作有了长足的发展,在人防指挥自动化建设、人民防空与应急救援一体化、工程管理及防震减灾等方面取得了可喜成绩。会议要求全市各有关部门要认真贯彻落实第四次全国人民防空会议和省人民防空会议精神,全面加强人民防空建设、人防向民防转制、防震减灾等工作。

会议听取讨论了市政府法制办关于制定沈阳市五年(2001—2005年)立法规划立法项目提报情况和《沈阳市民营科技企业条例》(草案)审办情况的汇报。会议原则通过了沈阳市五年(2001—2005年)立法规划和《沈阳市民营科技企业条例》(草案),责成有关部门根据会议讨论意见进一步修改完善后,提请市人大审议。

市政府第二十七次常务会议。2001年12月6日,市政府召开了第二十七次常务会议。会议分别听取讨论了市建委关于《沈阳市2002年城市园林绿化建设工作实施方案(草)》(以下简称《方案》)和市政府法制办关于《沈阳市人民政府关于城市绿化拆迁的通告》(以下简称《通告》)审办情况的汇报。会议认为,现代城市的竞争主要是环境的竞争,绿化水平是环境竞争的重要内容之一。绿化不仅是沈阳城市建设发展的需要,也是经济发展的需要,更是提高人民群众生活质量的需要。会议指出,目前沈阳的绿地面积、绿化水平在全国省会城市中处于下游水平,市政府近期把绿化作为一项重点工作来研究,并把明年确定为"绿化年",是一种战略性的思考与安排。会议要求全市上下要以对沈阳历史负责、对沈阳市民负责的态度,齐心协力,共同做好明年的城市绿化工作,要在"绿化年"实现沈阳绿化的历史性突破。会议原则通过《方案》,各区政府、市政府各相关部门要认真组织落实。会议原则通过《通告》,责成有关部门根据会议讨论的意见,进一步修改、细化。

会议听取讨论了市计委关于铁西工业区改造调整工作有关意见的汇报。

会议听取讨论了市政府办公厅关于《政府工作报告》(讨论稿)起草情况的汇报。

会议听取讨论了市政府秘书长王英关于2001年政府系统建议提案办理工作及市"两会"有关工作安排情况的汇报。会议指出,明年初将要召开的"两会"是全市政治生活中的一件大事,事关沈阳发展的全局,政府各部门要把"两会"的召开作为市政府接受监督,总结工作,特别是做好明年工作安排的有利契机,高度重视,认真做好"两会"的筹备工作。

会议听取讨论了浑南新区关于修建富民街、三好街跨河桥有关情况的汇报。会议指出,交通建设是浑南基础设施建设的先行项目和重点,也是迅速形成浑南新区开发建设形象的关键,特别是修建浑河跨河桥,对于贯通南北交通,促进浑南开发具有重要意义。会议同意建设富民街跨河桥,原则通过建桥方案。

会议听取讨论了市经贸委关于金杯通用汽车公司汽车产品需要政府采购支持的情况汇报。

会议听取讨论了市外经贸委关于外资调入工作的情况汇报。会议号召全市各部门要坚定信心,继续迎难而上,挖掘潜力,落实任务,千方百计力争完成实际利用外资12亿美元的目标,使全市的经济形势和对外开放形势呈现一个新局面。

市政府第二十八次常务会议。2001年12月29日,市政府召开了第二十八次常务会议。会议听取讨论了市消防支队关于全市消防工作情况的汇报。会议认为,2001年沈阳市消防安全专项整治工作力度大,消防工作成果显著,消防队伍坚强过硬,特别是通过"9.1"大火事件的严峻考验,确实是一支在关键时刻能够冲得上,打得胜的队伍,保持了沈阳的社会稳定,保证了人民群众生命财产的安全,应予以充分肯定。会议同时指出,当前全市的消防安全工作仍然存在一些问题,有些问题还相当突出,全市上下一定要对消防安全工作高度重视,绝不可掉以轻心。

会议听取讨论了市政府副秘书长、办公厅主任张福乐关于经济工作会议报告起草情况及经济工作会议筹备情况的汇报。

会议分别听取讨论了市计委关于沈阳市2001年国民经济和社会发展计划执行情况及2002年计划安排的报告、市财政局关于2001年财政收支预计完成和2002年预算编制有关情况的报告。会议原则通过市计委、市财政局所作的报告,责成有关部门根据会议讨论意见,进一步修改完善。

会议听取讨论了市人事局关于提高企业离休人员养老金和增加离休人员职务补贴问题的汇报。根据国家和省有关政策精神,原则同意提高企业离休人员基本养老金。关于增加离休人员职务补贴问题,报市委常委会讨论决定。

会议听取讨论了市财政局关于全市享受公费医疗单位纳入医改有关问题的汇报。会议认为,将享受公费医疗单位纳入医改,建立较之公费医疗制度更科学合理的医疗保障机制,有利于减少公费医疗支出上的损失浪费,有利于减轻各单位在医疗经费支出上的压力,有利于树立党政机关干部的良好形象。会议原则通过市财政局的汇报意见,责成有关部门要紧密结合沈阳的实际情况,进一步调查研究,制订周密的实施方案,稳妥推进。

会议听取讨论了市财政局关于进一步完善沈阳市国有资产管理体制意见的汇报。会议指出,完善沈阳市的国有资产管理体制,对于进一步盘活沈阳市国有资产具有十分重要的意义,也是从源头上防治腐败的重大举措。会议原则同意市财政局的汇报意见,责成财政局根据会议讨论意见进一步修改完善后,向市委常委会汇报。

会议听取讨论了市计委关于加快启动沈阳市地铁项目有关意见的汇报。会议认为,建设地铁有利于缓解沈阳市交通紧张的状况;有利于提升城市整体形象,拓展中心城市功能;有利于拉动固定资产投资,促进经济增长;也有利于加快沈阳市产业结构的调整。关于地铁项目的具体启动时间,待进一步研究、论证后确定。

会议听取讨论了市计委关于2002年沈阳市实际利用外资计划的汇报。会议原则通过2002年实际利用外资计划,责成有关部门根据会议讨论意见进行适当调整。

会议听取讨论了市监察局关于违纪干部处理意见的汇报。会议决定,给予翟力、夏任凡、王秀珍、章亚非、于海洋行政开除处分,给予倪凤芳撤销其市电子局副局长职务处分。

(*刘彦化　徐阳*)

【沈阳市经济工作会议】 2002年1月7日,市委、市政府召开沈阳市经济工作会议,认真贯彻落实中央和省经济工作会议精神,总结2001年全年的经济工作,研究部署2002年的经济工作。市委、市人大常委会、市政府、市政协的领导,各区、县(市)党政主要领导,市直各部门负责人出席会议。

省委副书记、市委书记张行湘就如何贯彻落实好中央和省经济工作会议精神、做好全市2002年经济工作作了重要讲话。副省长、市长陈政高总结了2001年全市的经济工作,并对2002年的经济工作作出安排部署。市委常务副书记崔文信主持大会。

会议指出,2001年,全市各级党政组织带领全市人民,冲破层层阻力,经受重重考验,完成了各项任务,取得了令人振奋和鼓舞的成绩,经济发展速度稳步提高,扭转了2001年年初经济低速增长的不利局面,从2001年下半年起各项经济指标呈现逐月加快的发展态势,到2001年底,全市国内生产总值增长10.6%;抗经济波动和化解风险能力不断增强,经受住了政治风险、市场风险与自然风险对沈阳的重重考验。财政收人、土地出让收入、实际利用外资、进出口总额、投资规模、社会消费品零售总额等几项重要经济指标有较大幅度增长;发展环境逐步得到优化;按照发展区域经济的要求,让区县在沈阳经济发展中唱主角;以开展“学《讲话》、办实事、迎国庆”活动为载体,进一步转变作风;借助“十强赛”的强劲东风,扩大了沈阳的知名度;适时召开新世纪新发展论坛,全面启动浑南新区开发建设,增强了各方面对沈阳未来的信心。

会议指出,2002年沈阳市经济工作的指导思想是:以党的十五届五中、六中全会和中央、省经济工作会议精神为指导,以发展为主题,以结构调整为主线,以改革开放和科技进步为动力,以提高经济效益为中心,以提高人民生活水平为根本出发点,实施开放牵动、科教兴市、中心城市功能拓展和可持续发展战略,抓住机遇,奋力拼搏,实现沈阳经济的快速发展。

会议指出,2002年全市经济发展的主要目标是:国内生产总值增长10%,财政收入增长11%,全社会固定资产投资增长12%,实际利用外资增长10%,社会消费品零售总额增长10%,城镇居民人均可支配收入和农民人均纯收人分别增长8%。

会议指出,要做好2002年的经济工作,必须解放思想,抢抓机遇,加快发展,从四个方面确保2002年各项经济指标的实现。

——全面准确地分析判断形势,切实增强大发展、快发展的紧迫感和责任感。认清形势,最重要的是善于捕捉难得的发展机遇,充分利用自身的有利条件,同时还必须清醒地看到面临的严峻挑战和突出问题。全市各级党政组织和领导干部,一定要牢固树立与时俱进的发展观,并以新的发展观为指导,树立机遇意识、忧患意识。攻坚意识、大局意识。

——积极主动地采取应对措施,切实保证全市经济大发展、快发展。发展是主题,是解决沈阳所有问题的关键所在。2002年确定经济指标的总的想法是抓住机遇、创造条件、当快则快,力争各项指标都实现两位数增长。在主攻方向上,一是向“三区”(城区、县区、开发区)要速度、要效益,二是向“十强”(综合经济指标列全市前十名的企业)要速度、要效益,三是向“十大经济增长点”要速度、要效益。这十大经济增长点是:加快浑南新区开发建设,扩大利用外资和外贸出口,启动铁西工业区整体改造,发展和壮大支柱产业,大力发展高新技术产业,抓好重点项目建设,促进民营经济健康发展,发展旅游业、会展业和房地产业,推进农业产业化经营,实施“扶贫开发”计划。为保证这些经济重点目标顺利实施,并以此拉动全市经济的发展,需要采取以下应对措施:加快结构调整步伐,不断壮大城市综合竞争力;扩大对外开放,进一步增强全市经济发展活力;继续深化改革,为全市经济发展提供动力;坚持科教兴市,全面提高沈阳市的科技创新力。

——认真清除各种不利因素,努力营造全市经济大发展、快发展的良好环境。营造经济发展的良好环境,需要“软硬兼施”、双管齐下。在抓好城市各项基础设施建设等硬环境建设的同时,尤其要搞好软环境建设。要营造良好的体制环境,坚决改革行政审批制度,进一步推进政企分开、政事分开和政资分开,减少政府对经济事务的行政审批。要营造良好的法制环境,大力推进依法治市工作,要按照世贸组织规则和我国的对外承诺,加紧对法律、法规、规章和政策措施的“立、改、废”上作。要营造良好的政策环境,并且要抓好落实。要营造良好的社会风气环境。

——加强学习,转变作风,努力提高各级干部领导经济工作的能力和水平。各级党政组织和领导干部,一定要适应新形势、新任务的要求,切实增强责任感和使命感,勇敢地肩负起新的历史使命,解放思想、与时俱进,转变作风、真抓实干,尽职尽责、奋发有为,不断增强驾驭全局的能力,切实提高抓发展的水平,努力实现全市经济的大发展、快发展。

会议提出,实现2002年全市经济发展,重点要抓好九个方面的工作:一是以建立大财政、强财政为目标,努力构筑公共财政体系。通过培育财政增长点、强化税收征管、盘活闲置国有资产、搞好土地经营等工作,全年财政收入要实现89亿元。二是以浑南新区建设为龙头,以沈阳开发区、辉山农业开发区、金融商贸开发区、旅游度假区和13个县区工业园为新的产业群，形成整体对外开放的新格局。三是以推进重大项目的实施为主体，拉动固定资产投资的全面增长，全年计划安排固定资产投资340亿元。四是以提高农民收入为中心，继续推进县区和农村经济的结构调整。要积极调整农业内部结构，提高农业集约化、产业化水平；积极调整经济结构，大力发展乡镇企业；积极调整城乡结构，重点抓好县城和副城建设；积极调整农村劳动力结构，大力开展农村劳动力输出。五是以汽车产业、先进装备制造业基地建设和铁西工业区改造为重点，重塑沈阳工业新形象。六是以现代服务业为新领域，进一步拓展中心城市功能。七是以提高城市品位、贴近百姓生活为出发点，进一步抓好城市建设。八是坚持“科教兴市”战略，加快科技与经济融合，促进经济和社会事业全面发展。九是加强社会保障、再就业和社会稳定工作，为经济发展创造良好环境。

（综合一处）

【沈阳与广州缔结友好城市】 2001年12月18日上午，沈阳市与广州缔结友好城市签字仪式在广州举行。

辽宁省副省长、沈阳市市长陈政高与广州市委副书记、市长林树森共同签署了《广州市与沈阳市建立友好城市关系协议书》。辽宁省委副书记、省长薄熙来，辽宁省委副书记、沈阳市委书记张行湘及辽宁省、沈阳市领导夏德仁、高国珠、刘克田、李国忠、任殿喜、李中鲁、李宝权，广东省委副书记、省长卢瑞华，广东省委副书记、广州市委书记、广州市人大常委会主任黄华华及广州市领导陈开枝等为签署协议书监签。

黄华华在签字仪式上致辞。他强调，广州、沈阳都是所在地区的区域性中心城市，经济和社会发展具有较强的互补性。随着两市友好城市关系的缔结，这一南一北两颗“明珠”将携手共进，在经济、科技、人才、文化、体育、旅游等多方面开展全方位的交流与合作，促进共同发展。

张行湘在签字仪式上致辞。他指出，沈阳、广州友好合作和经贸往来的历史源远流长，极大地促进了两市的经济发展和社会进步。特别是近年来，两市的交往不断扩大，双方的合作取得了突破性进展。实践证明，两市经济互补性强，合作潜力巨大，在经济、技术、文化、体育等诸多领域都存在着广泛的合作空间，只要两市本着“优势互补，互惠互利，长期合作，共同发展”的原则，坚持南北联手，不断扩大友好合作，一定会更加有力地推动两市经济发展和社会进步，为我国改革开放和现代化建设作出新的更大的贡献。张行湘强调，沈阳与广州正式结为友好城市，是两市合作交往史上一个新的里程碑。希望我们共同珍惜两市在长期友好合作中建立起来的友谊，并以正式结为友好城市为契机，把这种合作友谊带入一个更高的层次。

陈政高在签字仪式结束后接受了记者的采访。他指出，沈阳市与广州市优势互补，共同发展的领域是很广泛的，下一步，沈阳主要要做好以下几个方面的工作。一是广州市的开放优势是非常大的，沈阳市要借助广州市对外开放的优势，利用广州市这一窗口进行招商引资工作。二是沈阳市的劳务输出任务很重，而广州市吸纳劳动力的能力非常强，每年需要300万至400万人，明年要把沈阳市的劳动力大力向广州输送。三是城市建设、信息交流上，沈阳与广州也有很多方面可以交流互补。

（鉴　闻）

·侨务工作·

【开展社区侨务工作】 2001年，市侨办根据侨务工作的主体、内容及方式都发生了很大变化的情况，将社区侨务工作作为今后侨务工作的主要内容。为此，市侨办在全市选择铁西区兴工九委、兴顺建五、和平区东大、沈河区金生4个社区进行了社区侨务工作试点，积极探索为侨服务的新途径。通过近一年的运作，市、区、街道、社区都成立了该级社区侨务工作试点领导小组，协调指导试点工作。一是各社区全部进行了侨情普查，建立健全了侨界人士资料库。做到了摸清底数，掌握侨情，并将知名人士、鳏寡孤独、年老体弱、生活困难的侨户作为重点建档对象，以便及时有效地提供各种服务。二是建立了侨务工作网络。各社区都成立了若干社区侨务工作联络小组，聘任积极性高、能力强的归侨侨眷担任联络员。三是依托社区，把为侨服务列入到便民家政服务、卫生保健服务、法律咨询服务等项目中。四是建立制度，形成机制。建立学习制度，建立联络、联谊制度，重要节假日走访等制度，规范社区为侨服务行为，巩固社区为侨服务工作成果。五是发挥侨界优势，为社区建设和社会发展做贡献。在社区工作中，侨界人士积极参与社区建设、帮困助学、志愿者服务等，在“营造社区氛围，深化社区服务，改善社区环境，强化社区治安，活跃社区文化”中发挥积极作用。通过开展社区侨务工作，拓展了为侨服务渠道，强化了为侨服务措施，深得广大归侨侨眷的欢迎。

（裴桂荣）

【开展“引荐竞赛”活动】 “引荐竞赛”活动的主要工作内容，就是在全市侨务系统和归侨、侨眷中开展“四个一”活动，即：“书写一封家信，传递一条信息，请进一位客人，促成一个合资合作项目”。

2001年3月，市侨办为沈阳部分企业举办东南非洲投资说明会。东北金城房地产公司、沈阳风翔集团有限公司、沈阳天维经贸有限公司、东北输变电设备集团进出口公司等十几家民营和国有企业的经理和厂长出席了会议。经侨眷引荐，使很多生活在国外的沈阳籍华侨参加了会议，收到了较好的效果。

通过开展“引荐竞赛”和“兴国利侨”活动，侨务事业在全市得到长足发展。一是侨务工作对象显著增加，由原来的海内外工作对象4万余人，增加到10万人，其中新移民2万余人，扩大了招商引资工作的侨务资源。二是海外工作领域越来越宽，在过去主要做好港澳、东南亚、日本等国家和地区的基础上，扩大了欧洲、美加、澳洲等地的工作领域。到2001年底，已同2700多位海外重点人物、100多个重点侨团、商会、协会、同乡会、建立了联系与交流。三是通过认真贯彻《归侨、侨眷权益保护法》，有力地促进了全市归侨、侨眷开展“引荐竞赛”活动的积极性，使招商引资工作取得了较好的成果。全市经侨务系统牵线搭桥，穿针引线，已促成沈阳市企业与海外客商洽谈合作项目682个，合同协议金额13.39亿美元。“引荐竞赛”活动的开展，有力地推动了全市侨务系统招商引资工作的持续开展。

（阎剑君　徐卫华）

【为招商引资服务】 2001年，经市侨办牵线搭桥，跟踪服务，全年共促成签约合同6项，合同利用外资额4715万美元，超额完成了市政府下达的全年引进合同外资3500万美元的任务。

围绕市政府下达3500万美元的招商引资工作任务，市侨办积极开展工作，把为侨服务，为经济建设服务，为祖国统一大业服务作为全市侨务工作的重点来抓。在积极参与本市各种招商引资重大活动的同时，还积极参与“第二届辽宁省暨沈阳海外学子创业周”活动，共邀请45位海外学子来沈参加此次引资、引智活动，促成引资、引智合同5项，协议7项，人才交流协议2项。为浑南新区启动仪式邀请外商36人，为铁西区老工业基地改造研讨会邀请外商33人。2001年3月和9月，市侨办成功组织安排市政府在香港举办的两次重大招商项目推介会。4月份经海外侨商介绍，与市汽车办在桂林成功举办了“沈阳汽车产业合资合作项目介绍会”，期间有100多位来自台湾的汽车商家参加了会议。市侨办全年共邀请接待了香港新世界集团董事局主席郑裕彤、长江基建集团总经理甘庆林等海外华商936人来沈考察访问、洽谈项目和参加沈阳市举办的重大招商引资活动。在招商引资工作中，对香港新华集团、台湾建弘集团与辽宁亚洲红集团合资洽谈农业开发和合资扩建葡萄酒厂项目，香港正大制药集团与第六制药合资项目、香港新陆塑胶品厂有限公司房地产开发等重点项目都责成专人进行协调跟踪服务，及时掌握项目的进展情况，帮助外商解难释疑，增强外商的投资信心。

为使招商引资工作做到实处，市侨办结合沈阳实际，着重做好五方面服务工作，即：抓政策服务，为侨商投资和侨资企业发展提供规范有序的法制环境；抓协调服务，为侨商和投资企业发展实实在在地解决困难和问题；抓跟踪服务，为侨商和投资企业发展创造积极有利的合作条件；抓重点服务，为侨商和投资企业发展做好扎实牢固的稳定工作；抓宣传服务；为侨商和投资企业发展创造良好的社会氛围。

（阎剑君）

【首届世界沈阳人联谊大会】 由沈阳市侨务办公室、沈阳海外交流协会举办的“首届世界沈阳人联谊大会”，于2001年8月16—18日在沈阳隆重举行。来自38个国家和地区的246位沈阳海外儿女相聚沈城，共谋团结合作。这是沈阳市侨办在新的世纪之初，从沈阳的市情、侨情出发，开辟新时期侨务工作新局面的一个创举。

大会以“亲情、合作、发展”为宗旨，通过联谊大会的形式，促进海外沈阳人的团结合作，促进沈阳人在海外的创业与发展，促进海外沈阳人与家乡沈阳的交流与合作。中共辽宁省委副书记、沈阳市委书记张行湘，辽宁省副省长、沈阳市市长陈政高，国务院侨办政研司司长邱苏达，辽宁省侨务办公室主任张汝明，中共沈阳市委常委、秘书长顾春明，市人大副主任艾廷隽、副市长孙祥剑、市政协副主席周勇顺等领导出席了开幕式。开幕式上，省委副书记、市委书记张行湘致辞。国务院侨务办公室政研司司长邱苏达讲了话。会议举办了“走向世界的沈阳人”论坛，与会代表围绕加强合作，共谋发展的主题，从不同角度谈了自己在海外奋斗的经历和成功的经验，并对沈阳人如何走向世界，沈阳市如何进一步扩大对外开放献言献策。

会议举办了主题报告会，市侨办副主任张宁做了题为《团结合作，共谋发展》的工作报告。

（苏晓辰　阎剑君）

【坚持“大侨务”，聚集“新资源”】 2001年，市侨办将侨务工作的视角瞄在国外3000万华人、华侨的身上，开展全方位的侨务工作，聚集侨务资源为我所用。利用全市归侨、侨眷、港澳同胞眷属在国外亲友多、联系广的优势，聚集散居在海外各地的沈阳人。利用走出去，请进来方式巩固老朋友，结识新朋友，特别是注重在第二、第三代华人工作上下功夫。利用国侨办的渠道，通过国外大使馆、领事馆关系，结交当地有影响的重要华侨、华人社团、同乡会、宗亲会、专业人士协会等开展与地区的人士广泛接触和交流。利用国务院侨办1999年在国际互联网上开通的“龙脉网站”，向世界各地的3000万华侨、华人传递信息，介绍沈阳，发布沈阳市招商引资的重大项目。在2001年，选择了沈阳市计委推出的108个重点招商引资项目中的50个项目，通过国侨办“龙脉网”向全球发布。利用“世界沈阳人联谊大会”和“沈阳人论坛”活动形式，吸引更多的在国外学有成就的高层次沈阳人，回沈为经济建设献计出力。利用参与国侨办、兄弟省市侨办的重大招商引资大会，结交新朋友。总之，通过多种形式，多条渠道为拓展侨务工作的领域聚集资源，有效地促进了沈阳市社会经济的快速发展。

（阎剑君）

·编制工作·

【机构编制概况】 截至2001年末，沈阳市、区、县（市）、街、镇、乡党政群机关机构总数859个，人员编制总数20997名（不含政法专项编制，以下同），其中：国家核拨行政编制18547名，地方事业编制2450名；实有在职人数18382名（不含政法专项编制的在职人员）。

1.市级机关机构编制。沈阳市市级党政群机关机构总数88个（机构数不含派出机构，以下同），其中：中共党委工作机构总数11个（含部门管理机构1个），人大常委会工作机构8个，人民政府工作机构41个（含议事协调机构的办事机构1个），政协工作机构7个，人民法院机构1个，人民检察院机构1个，民主党派机构8个，人民团体组织11个。

沈阳市市级党政群机关编制总数6214名（国家核拨行政编制5360名，地方自定事业编制854名），实有在职人数为5233名。其中：中共党委机关编制765名（国家核拨行政编制698名，地方自定事业编制67名），实有在职人数650名；人大常委会机关编制133名，实有在职人数141名；人民政府机关编制4731名（国家核拨行政编制4006名，地方自定事业编制725名），实有在职人数3804名；政协机关编制72名，实有在职人数94名；民主党派编制119名，实有在职人数95名；人民团体组织编制394名（国家核拨行政编制332名，地方自定事业编制62名），实有在职人数449名。

2.区级机关机构编制。沈阳市辖9个区级党政群机构总数357个，其中：中共党委工作机构68个（含部门管理机构9个），人大常委会工作机构45个，人民政府工作机构172个，政协工作机构9个，人民法院机构9个，人民检察院机构9个，人民团体组织45个。

沈阳市9个区级党政群机关编制总数5046名（国家核拨行政编制4612名，地方自定事业编制434名），实有在职人数4863名。其中：中共党委机关编制922名（国家核拨行政编制855名，地方自定事业编制67名），实有在职人数858名；人大常委会机关编制201名（国家核拨行政编制191名，地方自定事业编制10名），实有在职人数209名；人民政府机关编制3566名（国家核拨行政编制3225名，地方自定事业编制341名），实有在职人数3481名；政协机关编制115名（国家核拨行政编制107名，地方自定事业编制8名），实有在职人数114名；人民团体组织编制242名（国家核拨行政编制234名，地方自定事业编制8名），实有在职人数201名。

3.县级机关机构编制。沈阳市辖4个县（市）党政群机构总数161个，其中：中共党委工作机构29个（含部门管理机构4个），人大常委会工作机构20个，人民政府工作机构82个，政协工作机构4个，人民法院机构4个，人民检察院机构4个，人民团体组织18个。

沈阳市辖4个县（市）党政群机关编制总数2362名（国家核拨行政编制2089名，地方自定事业编制273名），实有在职人数2334名。其中：中共党委机关编制504名（国家核拨行政编制441名，地方自定事业编制63名），实有在职人数483名；人大常委会机关编制97名（国家核拨行政编制79名，地方自定事业编制18名），实有在职人数100名；人民政府机关编制1600名（国家核拨行政编制1430名，地方自定事业编制170名），实有在职人数1591名；政协机关编制61名（国家核拨行政编制49名，地方自定事业编制12名），实有在职人数64名；人民团体组织编制100名（国家核拨行政编制90名，地方自定事业编制10名），实有在职人数96名。

4. 沈阳市所辖街、镇、乡机构编制。沈阳市13个区、县（市）所辖街道112个，镇、乡141个。沈阳市街道办事处机关编制3138名（国家核拨行政编制2249名，地方自定事业编制889名），实有在职人数2476名。其中：中共党委机关编制732名（国家核拨行政编制648名，地方自定事业编制84名），实有在职人数608名；人民政府机关编制2156名（国家核拨行政编制1432名，地方自定事业编制724名），实有在职人数1709名；人民团体组织编制250名（国家核拨行政编制169名，地方自定事业编制81名），实有在职人数159名。

沈阳市乡镇机关编制总数4237名，实有在职人数3476名。其中：中共党委机关编制938名，实有在职人数937名；人大常委会机关编制136名，实有在职人数136名；人民政府机关编制2900名，实有在职人数2144名；人民团体组织编制263名，实有在职人数259名。

（刘颖峰）

【党政机构改革】 沈阳市党政机构改革工作于2001年11月29日正式启动，计划到2002年2月结束。市委、市政府机构由87个减为52个，精简35个，精简比例为40%。部门内设机构由884个减为640个，精简244个，精简比例为27.6%。全市共精简行政编制5006名。市级机关编制由6215名减为4682名，精简1533名，精简比例为24.7%；市委、市政府部门局级领导职数由454名减为349名，精简105名，精简比例为23.1%；内设机构领导职数由1908名减为1649名，精简259名，精简比例为13.6%。各区县（市）党政工作部门由573个减为335个，精简238个，精简比例为41.5%。各区县（市）、乡（镇、街）机关行政编制由16540名减为13067名，精简3473名，精简比例为21%。

（刘颖峰）

【转变政府职能】 一是实行了政企分开。撤销了机械、冶金、轻工、纺织、化工等专业经济管理部门，对政府主管部门与所办经济实体和管理的直属企业在人财物方面实行彻底脱钩，解除了行政隶属关系，市政府不再管理市直属企业，归口到有关部门进行行业管理。对现有按行业划分的32家国有资产经营公司进行了清理整顿，重新组建5家以资产为纽带的国有资产投资公司，对政府出资兴办和拥有股权的企业通过出资人代表或机构行使所有者职能，并按投入企业的资本额享有所有者权益，由财政部门负责加强对国有资产的监管，政府不再直接干预企业的生产经营和投资决策。二是推进了政事、政社分开。将一些事业单位承担的行政职能收回机关，将机关的应由事业单位或社会中介组织承担的职能交给事业单位或社会中介组织。如将市计委事业单位承担的国外资金利用、老旧汽车更新改造等行政职能收回机关，将林业局机关承担的森林资源调查、造林检查、定级、估价工作交给市林业资源检测中心。将财政局承担的社会保障的预决算审核、国有企事业单位的年度财务预决算审查，市对外贸易经济合作局承担的组织大型招商会、洽谈会等职能转移给社会中介组织。三是对市直各部门的260项交叉职能进行了梳理，理顺了关系，解决了政出多门问题。四是下放了事权。根据管理重心下移和完善县区政府职能的有关精神，将城市管理、社会事业管理、经济管理和公共服务等方面的22项职能权限下放给区县（市）政府，加强了区县（市）政府管理区域事务的能力。

（刘颖峰）

【调整部分市属机构】 2001年1月18日，沈阳市地震局与沈阳市人民防空办公室（沈阳市民防办公室）合并，实行一套机构、一套领导班子、三个名义，即沈阳市人民防空办公室、沈阳市民防办公室、沈阳市地震局。3月12日，成立沈阳高新技术产业开发区人民法院，其机构规格与市属区人民法院相同，行使区一级人民法院职权。10月15日，沈阳市浑南新区开发建设管理委员会更名为沈阳市浑南新区管理委员会。11月26日，不再保留市委企业工委、市机械局党委、市冶金局党委、市轻工局党委、市纺织局党委、市物资局党委、市畜牧副食局党委、市房产局党委、市石化局党委、市建筑工程管理局党委。组建中共沈阳市教科工作委员会、中共沈阳市民政局委员会、中共沈阳市商业局委员会、中共沈阳市经贸委委员会、中共沈阳市城乡建设委委员会，分别与市教育局、市民政局、市商业局、市经济贸易委员会、市城乡建设委员会合署办公。市委机要局、市委保密委员会办公室（市保密局）并入市委办公厅，保留市委机要局、市委保密委员会办公室（市保密局）牌子。不再保留市农村工作委员会、市委科教工作委员会、市委直属机关委员会、市政府直属机关委员会。市委中直企业工作委员会更名为中省直企业工作委员会；市计划委员会更名为市发展计划委员会；市科学技术委员会更名为市科学技术局；市教育委员会更名为市教育局；市民族宗教事务委员会更名为民族事务委员会（宗教事务局）；市交通运输管理局更名为市交通局；市农业局更名为市农村经济发展局；市商业管理委员会更名为市商业局；市卫生事业管理局更名为市卫生局；市房产管理局更名为市房产局；市体育运动委员会更名为市体育局；市计划生育委员会更名为市人口和计划生育委员会；市乡镇企业管理局更名为市乡镇企业局。组建市劳动和社会保障局、市信息产业局、市规划和国土资源局、市广播电视局、市政府金融工作办公室。不再保留市畜牧副食局、市建筑工程管理局、市经济技术协作办公室、市机械工业管理局、市冶金工业管理局、市轻工业管理局、市纺织工业管理局、市石油化学工业管理局。在市科学技术局加挂市知识产权局牌子；市新闻出版局（版权局）与市文化局合并，市文化局挂市新闻出版局、版权局、文物局牌子；将市政府研究室由部门管理机构调整为市政府工作部门。将市经济体制改革委员会改为市政府的议事协调机构，设立市经济体制改革办公室，作为市经济体制改革委员会的办事机构，与市政府研究室一套机构、两块牌子；市政府法制办公室设在市政府办公厅，对外挂市政府法制办公室牌子；市国有资产管理委员会办公室并入市财政局，实行一套机构、两块牌子，不再保留市国有资产管理局；市物价局与市发展计划委员会合并，实行一套机构、两块牌子；将市旅游局由市政府直属事业单位调整为市政府工作部门；市侨务办公室与市政府外事办公室合并，实行一套机构、两块牌子；市政府外事办公室仍挂市政府口岸办公室牌子；市监狱管理局、市劳动教养管理局并入市司法局后，保留市监狱管理局、市劳动教养管理局牌子；市城市管理综合执法总队更名为市城市管理综合执法局，与市城市建设管理局一套机构、两块牌子。沈阳市工商局机构编制由省垂直管理，其干部管理、人员、经费按现行体制不变；不再保留沈阳市民营委、沈阳市集体办，组建沈阳市中小企业局，设在市经贸委；不再保留沈阳市物资局牌子；不再保留沈阳市广播电视事业管理办公室；将沈阳市市民投诉中心并入沈阳市信访办，保留沈阳市市民投诉中心牌子；将沈阳市招商局、沈阳市外商投资协调服务办公室并入沈阳市对外贸易经济合作局，保留沈阳市招商局、沈阳市外商投资协调服务办公室牌子；组建沈阳市安全生产监督管理局，设在沈阳市经贸委；组建沈阳市外国专家管理局，设在沈阳市人事局；沈阳市人防办（民防办）仍挂沈阳市地震局牌子。12月7日，成立中共沈阳市委农业高新技术开发区工作委员会、沈阳农业高新技术开发区管理委员会，分别为市委、市政府派出机构，实行合署办公，正局级建制。

（刘颖峰）

【行政审批制度改革】　按照市委、市政府关于改革行政审批制度，转变政府职能的要求，根据国家行政审批制度改革电视电话会议精神，结合沈阳市正在进行的“适应入世要求、创造发展环境”调研活动，并借鉴深圳等地的经验做法，对全市市级现有的1229项审批、备案事项进行了改革。

改革的目的是通过取消一些不必要、甚至是对社会经济发展不利的审批事项，转变管理方式，逐渐放松政府对社会经济的管制，促进政府职能的转变，让市场机制更好地发挥配置社会经济资源的基础性作用，努力提高政府行政管理的效率和服务水平，建立更加完善的行政管理体制和运行机制。通过改革审批方式、建立审批监督约束机制，提高审批办事效率、规范审批行为，营造良好的投资发展环境。改革遵循了以下原则，一是合法性原则。保留的事项必须要有法律、行政法规、地方性法规和依照法定职权、程序制定的规章，对法律、行政法规、地方性法规和依照法定职权、程序制定的规章没有规定进行审批的原则上予以取消。二是合理性原则。保留的事项必须符合社会主义市场经济发展和世界贸易组织的要求，对个别虽有法规、规章规定，但不利于经济社会发展的审批事项，原则也应予以取消。三是效能原则。确有必要保留的事项，要按照提高效率的要求，减少审批环节，改革审批方式，简化审批程序。四是责任原则。在赋予行政机关行政审批权时，要规定其相应的责任，对不按规定实施行政审批甚至越权审批、滥用职权的，要追究责任。

按照这个原则，对全市确定的行政审批事项全部予以取消；将一些正常的业务工作不再实行审批管理，作为各部门正常工作；将一些审批事项转移给社会中介组织；将一些审批事项改为备案事项；将需经沈阳市审核，由国家或省审批的事项，改为初审事项。全市政府研究确定，全市取消审批、备案事项926项，保留审批事项303项（其中：审批157项，初审104项，备案42项），减少75%。

对保留的行政审批事项，以市政府规章的形式向社会公布，以接受社会监督。同时市政府设立沈阳市行政审批服务中心管理办公室，并在和平、沈河、铁西、皇姑、大东、东陵、于洪七个行政区设立办事大厅，对市、区两级审批事项实施集中办理。

（刘颖峰）

·档案工作·

【概况】　2001年，沈阳市档案局紧紧围绕市委、市政府的工作部署，强化档案信息服务，使档案工作为全市各项工作提供了一流服务，档案工作整体水平跃上了新台阶，实现了“十五”计划的良好开局，为新世纪沈阳市档案事业的发展奠定了坚实的基础。在2001年度辽宁省档案业务建设目标考核中，市档案局被省档案局评为优胜单位。

1.为全市中心工作服务取得明显成效。一是为纪念建党80周年服务。全市各级档案部门紧紧围绕纪念建党80周年，开展各种纪念活动，充分发挥档案的社会服务功能。二是为机构改革服务。市档案局制发了《关于在机构改革中加强档案管理的通知》，该《通知》被市编委作为机构改革配套文件印发全市，有力地指导了机构改革中的档案工作，确保了档案的完整与安全。三是为城市建设服务。市档案局紧紧围绕全市重点建设项目，如棋盘山城、野生动物园、东西快速干道等，做到同步跟进，及时指导，确保了工程项目档案的齐全、完整。四是为企业改革与发展服务。市档案局与市破产办联合制定了《关于进一步加强国有破产企业档案处置工作的通知》，规范破产企业档案处置工作，确保国有资产不流失。不断深化民营企业档案工作，指导和光集团等一批民营企业通过档案管理等级认定。

2.档案法制建设进一步加强。2001年，为落实省档案局开展的“档案法制年”活动，市档案局结合工作实际，进一步加强了档案法制建设。一是开展档案普法。市档案局会同市依法治市领导小组办公室联合制发了《沈阳市“四五”普法期间〈档案法〉宣传普及方案》，对“四五”期间档案法律知识的宣传普及教育做出了详细部署。为提高全社会的档案意识，针对社会不同层面开展档案法制宣传。为提高各级领导的档案意识和档案法制观念，在市委党校领导干部进修班开设了档案法律知识专题讲座，该讲座已被市委党校列入教学培训计划。在沈阳市第二中学隆重举行了《中小学生档案知识读本》首发式。为提高科技人员的档案意识，市档案局会同市科委在全市联合开展了“科技人员与档案”系列活动。为纪念《档案法》颁布14周年，举办了“李强杯”《档案法》知识竞赛活动。二是完善档案立法。《沈阳市综合档案馆工作管理条例》经市政府法制办公室同意提报市人大常委会，被市人大常委会列入近两年地方立法计划。为适应入世的新形势，对现行的76件档案行政规章和规范性文件进行清理，对其中11件提出修订和废止意见。三是强化档案执法。为规范档案行政执法行为，市档案局重新制定了34种档案执法文书。市及各区县（市）分别对1006个单位开展了档案执法检查，对48家存在问题较多的单位下达了限期整改通知书。市人大教科文卫委员会的领导先后到铁西、沈河、康平、浑南新区等地视察档案法律、法规的贯彻情况。2001年，市档案局被市政府授予沈阳市法制工作先进单位，被辽宁省档案局授予“档案法制年”优秀单位。

3.档案业务建设取得新突破。一是采取一系列有效措施，认真贯彻国家档案局颁发的《归档文件整理规则》，积极推进全市文书立卷改革工作。二是加强档案馆建设，提高档案馆服务水平。沈阳市档案局召开了区县（市）档案局（馆）工作现场经验交流会，促进了档案馆整体水平的提高。市及各区县（市）档案馆大力开展档案资料征集工作，馆藏进一步丰富。仅市档案馆就征集各种档案资料1018件。各级档案馆充分利用馆藏档案为社会服务，2001年，市及各区县（市）档案馆提供利用档案3万余卷，利用人次近万次，取得了较好的经济效益和社会效益。如市档案馆为东陵区英达镇确定地界提供了原始档案材料，使其增收700万元税款。各级档案馆积极开发馆藏档案资源，拓展档案馆的社会服务功能和教育功能。市档案馆与江苏美术出版社合作编辑出版了《老沈阳——盛京流云》一书。新城子区档案馆举办的《张德山事迹展》被中共沈阳市委确定为“三个想一想”学教活动的一项重要内容，在新基火炬大厦面向全市展出，全市有近3万人参观了展览。

4.档案科教工作不断推进。一是档

案科技工作不断进步。各级档案部门加大了档案科技工作的投入，增添现代化设备，改善了管理手段，进一步提高了档案现代化管理水平。开展了电子文件、电子档案管理的研究。国家档案局下达的“电子文件格式转换”科研任务，被市科委列为2001年科研计划项目。市档案馆建立了《沈阳风采》、《领导视察》和《沈城旧影》等专题照片数据库，照片档案开始实现微机存贮与检索。市档案局(馆)研制的档案电子消毒柜获国家档案局优秀科技成果三等奖。研制了底图包边机，解决了企业底图保管的难题。全市共有11项档案科研成果获省档案局档案优秀科研成果奖，其中3项获一等奖。二是全市档案干部队伍的整体素质进一步提高。在全市档案系统广泛开展学习全国档案系统的先进典型——崔新一先进事迹活动。各级档案部门结合学习贯彻江泽民总书记的“七一”讲话和“三个代表”的重要思想，通过座谈会、演讲会、报告会等形式，开展了广泛的学先进活动，树立了各地区档案工作者的先进典型，使档案工作者爱岗敬业、无私奉献的精神进一步发扬光大。加强档案教育培训工作，提高档案干部队伍的业务素质。市档案局积极开展档案人员岗位培训，推进持证上岗工作的不断深化。加强兼职教师队伍建设，对1996年以来取得兼职教师资格的人员重新进行资格复查、考核，有48名兼职教师取得了任教资格。举办了两期档案部门负责人及业务骨干培训班，共有148人参加培训。市档案局与省委党校联合开办了首届文秘档案专业本科班。为使档案工作人员丰富知识，开阔视野，组织了百名档案人员进京考察活动和有400余人参加的回眸“九五”精品、再创“十五”辉煌系列参观活动。

(马凤云)

【沈阳市档案事业发展“十五”计划】 为确保“十五”期间沈阳市档案事业的健康发展，沈阳市档案局编制了《沈阳市档案事业发展“十五”计划》(以下简称“十五”计划)。“十五”计划以市档案局、市计委联合行文，以沈计发[2001]85号文件的形式印发全市。该计划提出了今后五年档案事业的发展目标、发展思路、主要任务、保障措施，是全市“十五”计划体系的重要组成部分，是“十五”时期档案事业发展的指导性文件。沈阳市档案事业被列入了全市国民经济和社会发展“十五”计划中，确保了档案事业与全市国民经济和社会各项事业同步协调发展。

“十五”计划的主要内容共分三部分：第一部分提出了“十五”期间沈阳市档案事业发展的指导思想和奋斗目标；第二部分从档案队伍建设、档案法制建设、档案馆工作、机关档案工作、企业档案工作、城建档案工作、农业和农村档案工作、档案教育工作、档案学会工作、档案科技工作和档案业务对外交流等11个方面，提出了“十五”的主要工作任务；第三部分提出了完成“十五”计划所确定的目标与任务的具体保障措施。

(马凤云)

【“李强杯”《档案法》知识竞赛活动】 2001年是《档案法》颁布14周年。为纪念《档案法》颁布14周年，贯彻辽宁省档案局关于开展“档案法制年”活动的工作部署，加大档案法律知识的普及教育力度，进一步提高全社会的档案意识和档案法制观念，沈阳市档案局于2001年8月至9月在全市开展了“李强杯”《档案法》知识竞赛活动。此次竞赛分试卷答题预赛和决赛两个阶段进行。在试卷答题的基础上，经过预赛和层层选拔，最后在全市产生了于洪区、新城子区、苏家屯区、市城建档案馆、市公安局、东药集团等6个代表队进行决赛。9月27日下午，决赛在沈阳电视台演播厅隆重举行。6个参赛队的18名队员经过激烈的现场角逐，新城子区代表队获第一名夺得“李强杯”；苏家屯区、市公安局代表队获第二名；于洪区、市城建档案馆、东药集团代表队获第三名。

此次《档案法》知识竞赛历时一个多月，全市参赛人员达7000余人。特别是决赛阶段，采取电视大奖赛的形式，面向全社会、面向全市的电视观众宣传《档案法》，普及档案知识，这在沈阳市档案工作历史上还是第一次。此次电视大奖赛，在全社会引起了强烈反响，为沈阳市档案事业的发展营造了良好的社会氛围。

(马凤云)

【文书立卷改革】 2000年12月6日，国家档案局发布了中华人民共和国档案行业标准DA/T22—2000《归档文件整理规则》(以下简称《规则》)。《规则》适应档案管理现代化的需要，对传统立卷方法进行了改革，是新形势下实现归档文件整理规范化、档案管理科学化的一项重要标准。为认真贯彻《规则》，沈阳市档案局采取了一系列措施，确保了文书立卷方法改革工作的顺利进行。一是制定实施方案，明确工作目标。为认真贯彻《规则》，市档案局根据全市档案工作的实际情况，制定了开展文书立卷改革的工作方案，明确了工作目标与操作步骤。同时，下发了《关于在全市推行文书立卷方法改革工作的通知》。二是统一装具标准。为使改革顺利进行，市档案局制定了符合国家标准的档案盒和档案袋，并由市质量技术监督局批准发布了《沈阳市档案装具一般要求》和《沈阳市档案资料目录格式一般要求》两项地方标准，确定了统一的计算机管理档案软件，并举办了档案管理软件培训班，为统一格式，规范管理创造了必备条件。三是开展文书立卷改革的试点工作。在全市选定了沈阳市第二中学、市自来水公司等10家作为试点单位，这些试点单位既有机关、事业单位，又有企业。试点工作包括对2000年形成的文件材料按《规则》整理情况，对按《规则》整理后的档案实行计算机管理问题，按《规则》整理前后的档案装具衔接问题，单位内部归档文件整理分工问题，按《规则》整理后的档案与已进馆档案的衔接问题等5个方面的内容。试点工作为下一步在全市大规模地开展文书立卷改革提供了可行方案，积累了成功经验。市档案局还组织试点单位到广东、深圳等地参观考察，学习其成功经验。四是编辑出版了《归档文件整理指导》。为了积极稳妥和有效配合《归档文件整理规则》的贯彻与实施，市档案局编辑出版了《归档文件整理指导》一书。该书主要以问题解答的方式，阐述了《规则》的意义、原则、实施范围、操作方法、相关的现代化管理知识等一系列档案业务问题，是沈阳市学习、推广、实施《规则》的重要参考材料。五是开展学习贯彻《规则》的档案人员业务培训。市及各区县(市)档案局于2001年10月至12月就学习贯彻《规则》分批分期地开展了全市文书档案人员的业务培训，全市共有1500余人参加了培训。通过培训，提高了档案人员对实施《规则》重要性的认识，掌握了新的归档文件整理方法，为在全市全面实施文书立卷改革打下了坚实的基础。

(马凤云)

【“科技人员与档案”系列活动】 为了在科技人员中进一步普及档案知识，提高科技人员的档案意识，促进全市科技档案工作的深入发展，使科技档案在沈阳市经济建设及各项事业发展中发挥更大的作用，市档案局与市科委于2001年4月至9月在全市联合开展了“科技人员与档案”系列活动。此次活动的主题是：“积累保护好我们身边产生的科技档案。”一是印发了《致全市科技人员的一封信》，全市共印发10万余份。二是组织科技人员学习《科技人员档案知识读本》，并在全市科技人员中开展了“我与档案”有奖征文活动。全市共有200名科技人员参与征文活动，撰写论文的既有高级工程师、教授，也有新毕业的大学生；既有一般工程技术人员，也有主管科技工作的领导。最后评出一等奖1名，二等奖2名，三等奖3名，纪念奖50名。三是在征文的基础上，汇集了部分优秀文章，编辑了《科技人员谈档案》文集。四是为了表彰先进，促进全市科技档案工作的发展，市档案局与市科委联合表彰了“科技人员与档案”系列活动组织工作先进集体15个，先进个人25人，同时表彰了科技文件材料归档工作先进集体37个，先进个人40人。通过开展“科技人员与档案”系列活动，进一步提高了科技人员的档案意识，促进了全市科技档案工作的发展。

（马凤云）

【纪念建党80周年活动】 2001年，全市各级档案部门紧紧围绕纪念建党80周年开展系列活动，取得了很好的效果。一是开展党史档案资料征集活动。以市委办公厅、市政府办公厅的名义在全市下发了《关于在全市开展党史档案资料征集活动的通知》。同时，还在《沈阳日报》、《沈阳晚报》刊登了启事、报道，使许多珍贵的党史资料被征集进馆。福州市的一位老技术工作者，将自己保存多年的有关沈阳市中山广场毛主席塑像及群雕的技术资料捐赠给市档案馆。各区县（市）档案馆也以纪念建党80周年为契机，开展党史档案资料的征集活动，丰富了档案馆馆藏。二是举办了建党80周年成就展。市档案局（馆）作为承办单位之一，参与筹办了全市大规模的《党的光辉照神州——纪念建党80周年展览》。全市共有20万人参观了展览。展览向全市人民展示了建党80年来党的光辉历程和沈阳发生的巨变。市档案局（馆）承担的展品资料的收集、组织布展等项工作，得到市委、市政府的肯定。和平区档案局与区委组织部、区党研室联合举办了大型图片展；新民市档案局与新民市委宣传部、组织部、纪委、党研室联合举办了党史资料展览；康平县档案馆举办了图片展；大东区档案局针对百姓关注的问题，收集了与百姓息息相关的现行法规政策和政府各部门的办事程序，汇编成《百姓办事指南》一书，并于“七一”在永丰社区举办了发放仪式。他们还将制作的《大东区“九五”建设成就展》展板运到社区进行展示。三是充分利用馆藏档案资料，宣传党的光辉历史和伟大成就。在沈阳人民广播电台《今日佳宾》栏目中，播发了市档案局（馆）制作的《无言的记录，永远的丰碑》专题节目，市档案局（馆）的三名同志直播了纪念建党80周年系列访谈；在《沈阳晚报》“党庆”专栏，刊登了市档案局（馆）同志撰写的五篇纪念文章，并配发了馆藏历史照片。在宣传党的丰功伟绩的同时，也向社会宣传了档案和档案工作。四是为纪念活动主动提供档案信息服务。作为协拍单位，市档案馆为大型电视文献片《走向明天》、《与太阳同行》，为沈阳电视台生活频道《珍藏沈阳》栏目的拍摄等提供了大量珍贵的党史档案资料。

（马凤云）

【民国档案整理】 为了建立全国统一的民国档案检索体系，促进民国档案信息的交流，实现全国民国档案资源共享，按照国家、省档案局关于在“十五”期间建立全国民国档案目录中心的要求，沈阳市档案局组织开展了全市民国档案案卷级目录的数据采集工作。

2001年4月，辽宁省档案局召开了全省民国档案目录数据采集工作会议，对此项工作任务进行了具体的安排和部署。为更好地开展此项工作，市档案局对全市民国档案情况进行了调查。经过调查，市及各区县（市）综合档案馆共保存民国档案45060卷。其中：沈阳市档案馆44588卷，新民市档案馆323卷，法库县档案馆35卷，康平县档案馆114卷。在调查的基础上，对全市民国档案目录数据采集工作进行了专门的安排和具体部署，明确了完成任务的标准和时间，同时对有关人员进行了相关知识的培训。

民国档案目录数据采集工作主要使用由中国第二历史档案馆研制、由国家档案局作为推荐性行业标准批准发布的DA/T20—1999《民国档案目录中心数据采集标准》，此标准包括：DA/T20.1—1999《民国档案著录细则》、DA/T20.2—1999《民国档案主题标引细则》、DA/T20.3—1999《民国档案分类标引细则》、DA/T20.4—1999《民国档案机读目录软磁盘数据交换格式》。《中国档案分类法》中的《民国档案分类法》、《民国档案分类主题词表》作为工具与《民国档案目录中心数据采集标准》配套使用。

全市各有关区县（市）档案局（馆）都成立了专门的工作班子，配备了专门的业务技术人员，制定了具体的工作计划和方案，并且按时完成了目录数据上报任务。沈阳市档案馆馆藏民国档案数量较大，为了按时完成任务，沈阳市档案局（馆）采取集中力量打歼灭战的办法，以一个部门为主，从其他部门抽调专人，添置设备，全力以赴，确保了民国档案目录数据采集和报送任务的完成。

（马凤云）

政协沈阳市委员会

【概况】 2001年，市政协以邓小平理论和江泽民总书记“三个代表”的重要思想为指导，认真贯彻中共十五届五中全会和中共沈阳市第十次代表大会精神，认真执行市政协十一届四次会议决议，紧紧依靠参加政协的党派、团体和广大政协委员，围绕全市中心工作，深入开展调查研究，积极履行主要职能，不断增强工作实效。一年来，委员对沈阳市“十五”计划起步年工作目标，开展了多种形式的调查研究。进行的推动工、农业结构调整、企业信息化建设、城市资源环境开发利用和保护、经济和社会发展软环境建设、基础教育优先发展战略等专题调研工作，提出了许多有针对性的意见建议，为市委、市政府提供了科学决策的参考意见。委员们在调查、视察活动中，积极反映群众的呼声。进行的城镇居民社会保障、公共交通事业发展、控制农村中小学生辍学等专项视察活动，客观反映社情民意，提出了改进工作的意见建议，做了许多协调关系，化解矛盾的工作。协助市委、市政府解决群众关心的热点问题，维护了社会的稳定和繁荣。进一步密切了同港澳台侨人士的联系，扩大了对外交往。提案工作和学习宣传文史工作得到进一步加强。在履行政协主要职能，推动规范化、制度化建设方面又有许多新的探索，工作效率进一步提高，为推动全市经济发展和社会进步做出了新的贡献。

（李平璋）

【政协第十一届四次全体会议】 市政协十一届四次全体会议于2001年2月8日至13日在八一剧场举行。会议期间，委员以高度的政治热情和历史责任感，围绕全市新世纪起步年的主要任务，以加速沈阳振兴和发展为己任，坦诚相见，畅所欲言，提出了许多有价值的意见和建议，取得了丰硕的成果。

会议期间，委员们审议了任殿喜主席代表市政协常委会所作的《政协沈阳市委员会常务委员会工作报告》和金厚家副主席代表政协常委会所作的《政协沈阳市委员会常务委员会关于十一届三次会议以来的提案工作情况的报告》；列席了市人大十一届四次会议，听取并协商讨论了副省长、代市长陈政高代表市政府所作的《市政府工作报告》及其他各项报告；会议同意政协的两份报告并赞同《市政府工作报告》。委员们针对《沈阳市国民经济和社会发展第十个五年计划纲要》(草案),对我市调整经济结构、发展支柱产业、深化改革、扩大开放、科教兴市、体制创新、提高人民生活水平等问题,提出了许多意见和建议。

会议通过无记名投票,选举赵金城、王洁纯、汪宙为市政协副主席。省委副书记、沈阳市委书记徐文才在开幕大会上作了重要讲话。会议通过了全会决议。会议号召参加政协的各民主党派、工商联、各人民团体和各族各界人士,高举爱国主义和社会主义旗帜,坚定信心,奋发图强,履行好职能,为实现"十五"计划目标、加快沈阳现代化建设步伐而努力奋斗。

(李平璋)

【市政协常委会议】 市政协十一届十七次常委会议。2001年1月15日,市政协召开十一届十七次常委会议。会议讨论通过了召开市政协十一届四次会议的决定;讨论并原则通过了市政协常委会工作报告和市政协常委会提案工作报告,同意修改完善后,提交市政协十一届四次会议审议;讨论通过了市政协十一届四次会议议程(草)、日程(草),市政协十一届四次会议执行主席名单和秘书长、副秘书长名单。

市政协十一届十八次常委会议。2001年2月12日,市政协召开十一届十八次常委会议。会议听取了委员协商讨论政协两份报告和《政府工作报告》情况的汇报;听取了市委统战部关于增补市政协委员的说明,通过了增补市政协委员名单;听取了市委组织部关于增补市级领导人事安排情况的说明,协商提出了增补市政协副主席候选人建议名单;协商提出了市政协十一届四次会议的选举办法(草)和总监票人、监票人建议名单;讨论提出了市政协十一届四次会议决议(草)。

市政协十一届十九次常委会议。2001年2月12日,市政协召开十一届十九次常委会议。会议通过了增补市政协副主席候选人名单;通过了市政协十一届四次会议的选举办法(草)和总监票人、监票人建议名单;通过了市政协十一届四次会议决议(草)。

市政协十一届二十次常委会议。2001年2月13日,市政协召开十一届二十次常委会议。会议讨论通过了2001年市政协工作要点;通过了调整市政协提案委员会主任的决定。

市政协十一届二十一次常委会议。2001年4月27日,市政协召开十一届二十一次常委会议。会议有五项议程:一是协商讨论全市工业经济结构调整问题;二是讨论通过《关于加快培育和发展创业投资市场的建议案》;三是讨论通过《关于政协沈阳市委员会城乡建设环保委员会更名的决定》;五是人事任免事项。会议通过了《关于在我市培育和发展创业投资市场的建议案》、《关于加快发展我市纳米技术和相关产业的建议案》;作出了《关于政协沈阳市委员会城乡建设环保委员会更名为政协沈阳市委员会人口资源环境与城乡建设委员会》和《关于撤消焦玫瑰市政协委员资格的决定》。

市政协十一届二十二次常委会议。2001年8月16日,市政协召开十一届二十二次常委会议。会议协商讨论了沈阳市经济和社会发展软环境建设问题,提出了提高认识,切实加大解决存在问题的工作力度;建立良好的软环境,解决领导干部正确运用权力问题;坚持科学决策,把反腐败当作改善软环境的大事来抓;加强干部队伍建设,整顿执法队伍,加强治安管理,简化工程项目审批手续等几十条建议。会议还通过了调整部分政协委员的决定,调整后市政协委员总数为584人。

市政协十一届二十三次常委会议。2001年10月18日,市政协召开十一届二十三次常委会议。会议协商讨论了发展农村经济,增加农民收入问题。提出了抓好龙头企业,促进产业调整,推进土地股份合作制;加快小城镇建设,加强村集体经济管理等建议。会议还决定了人事任免事项。

市政协十一届二十四次常委会议。2001年12月18日,市政协召开十一届二十四次常委会议。会议讨论通过了关于召开政协沈阳市第十一届委员会第五次会议的决定;讨论通过了政协沈阳市第十一届委员会第五次会议议程(草)、日程(草);讨论并原则通过了市政协第十一届常委会工作报告和常委会提案工作报告,同意修改完善后,提交市政协十一届五次会议审议;协商决定了政协沈阳市第十一届委员会第五次会议执行主席名单和秘书长、副秘书长名单;协商通过了调整部分市政协委员名单。调整后,市政协委员总数为577名,常委会组成人员109人。

(李平璋)

【履行主要职能】 2001年市政协积极履行政治协商、民主监督、参政议政的主要职能,推进全市经济和社会发展。

1.发挥委员智力优势,围绕沈阳市"十五"计划的制定与实施,积极协商议政。一是在年初召开的市政协十一届四次会议上,与会委员对《沈阳市国民经济和社会发展第十个五年计划(草案)》,进行了充分的协商讨论,提出了许多意见建议,对完善"十五"计划(草案)起到了积极作用。二是为推动全市工、农业结构调整献计出力。围绕工业结构调整,形成了《关于加快我市纳米技术产业化、推动相关产业发展》和《关于我市培育和发展创业投资市场》两份建议案。市政府常务会议专题研究了市政协的建议案,采纳了政协的建议,纳米产业园项目已经启动。政协委员还积极牵线搭桥,从深圳引进800万元中小企业创业投资基金,新组建的创业投资公司已经正式启动。十月中旬,市政协就调整农业结构,增加农民收入问题召开常委会议协商讨论。会前,进行了深入的调查研究,提出了加快科技兴农步伐、大力发展非农产业、推进土地股份合作制、大力发展节水农业、促进农民增收等100多条意见建议,对于推进沈阳市加入世贸组织后调整农业发展战略起到了积极的促进作用。三是开展专题协商,为解决发展中的突出问题出谋划策。先后召开了"推进我市企业信息化"、"推进我市基础教育的改革和发展"、"坚持可持续发展战略,推动城市资源环境的开发、利用和保护"等三个专题的主席(扩大)会议,提出了意见建议。

2.强化民主监督,促进全市经济和社会发展软环境的进一步改善。一是市政协各专委会联合各民主党派、工商联,围绕我市的政策和法规、司法和行政执法、管理和服务三个方面开展调研,区县(市)政协也结合各自情况开展了专题调研。此次调研历时5个多月,召开各种调研座谈会100多次,发出调查问卷2800多份,形成29件综合材料,提出意见建议220多条。市政协常委会议对此进行了专题研究,就沈阳市软环境中存在的问题和成因进行了深刻的剖析,并提出了加快政府机构改革、清理现有的法规、创造良好的政策环境、完善和强化监督机制、加强对公务员的管理、建设高素质的干部队伍等建议。调研过程中,市政协坚持边了解边反映、边调研边推进,把调研中了解到的132个"个案"迅速报送到市委、市政府领导以及相关部门,许多问题得以解决。对于政协提出的意见建议,市政府专题召开常务会议进行研究,并提出了由市长和常务副市长主抓,制定软环境两年根本好转的计划等九项措施。二是大力推进反腐倡廉工作。沈阳慕、马等腐败分子被揭露以后,政协委员和各界人士对中央和省委所采取的果断措施坚决拥护。市政协两次召开主席(扩大)会议,专题协商推进反腐败抓源头工作问题,听取并协商讨论了市法院工作整改情况和2001年工作安排报告。就在反腐败抓源头工作中充分发挥民主党派、工商联作用,从完善规章制度入手,对权力部门开展有效监督,加大依法打击贪污受贿和渎职犯罪力度,解决案件"执行难"等问题提出了建议。三是开展对口协商,发挥民主监督的作用。一年来,市政协就加强文物古迹保护、开发、利用,恢复"一宫两陵"的历史风貌;加强对文化市场和文化产业的宣传,建立文化市场管理保障机制;搞好冬季除雪;实施城镇职工基本医疗保险等问题提出了意见建议，并被吸纳到相关政府部门的工作措施中。

3.积极反映社情民意，推进为民办实事措施的落实。一年来，市政协组织委员对交通事业发展、冬季供暖、农村中小学教育、“十强赛”筹备工作、城市环境综合整治、风景区开发建设、维护青少年合法权益、创建安全社区(小区)、放心食品工程建设情况等，开展视察活动，反映人民群众的呼声，指出工作中存在的不足并提出改进的意见建议，推动了政府部门为民办实事不断取得新成果。

(隋吉行)

【学习宣传文史工作】 2001年市政协加强了学习宣传文史工作。

1.加强理论学习与研究。坚持并改进中心组的学习，围绕加强精神文明建设、我国加入WTO面临的机遇与挑战及加强科普工作等问题，组织了一系列的学习讲座和辅导报告会，邀请有关专家学者作了题为“网络经济与经济治理若干问题”、“迎接信息革命的挑战”、“崇尚科学，反对邪教”等报告，收到较好效果。配合委员的学习，通过《学习参考资料》编发了“把思想和行动统一到江总书记‘七一’重要讲话精神上来”、“从十五计划看经济发展”、“中国经济发展战略的几个问题”、“走有中国特色的城市化道路”、“总结党的历史，推进党的建设”、“按照三个代表要求加强和改进党的建设”等文章，使广大委员活跃了思想，开阔了眼界。

2.加强政协宣传工作。一年来，市政协与沈阳日报、广播电台、电视台合作开设的“委员论坛”、“委员视点”、“提案关注”等专题节目质量不断提高，刊登、播报的“增加农民收入”、“工业结构调整”、“推进软环境建设”、“运河清淤市民瞩目”、“让绿色蔬菜永驻沈城”等文章和节目，受到社会各方面和市民的好评。加大了对政协全体会议、常委会议、主席会议及委员参政议政活动的宣传报道力度，全年组织各新闻媒体共编发有关政协工作的宣传稿件670余篇(条)，扩大了政协的影响。内部刊物《沈阳政协》积极反映委员参政议政、建言立论成果。

3.加强文史工作。在“九·一八”事变70周年之际，开展了“勿忘历史，警钟长鸣，维护和平，加快发展”为主题的爱国主义教育系列活动。政协委员提出的关于在“九·一八”历史博物馆建立国歌墙的提案得到落实。组织了纪念辛亥革命90周年座谈会。编撰了《抗日义勇军在沈阳地区的活动》文史资料。组织了文物古迹保护开发利用情况调研，提出的关于文物管理部门机构设置级别和申报世界历史文化遗产等建议得到采纳。在伟大的爱国者张学良将军逝世之际，与省市15家群众团体联合举行了悼念活动，表达了家乡人民对张学良将军的深切怀念和盼望祖国完全统一的心情。

(隋吉行)

【提案工作】 自2001年2月市政协十一届四次会议以来，截至2001年11月30日，市政协共收到提案865件，经审查，立案833件。截至2001年12月30日，提案办复824件，占提案总数的98.9%。在办复的824件提案中，提案建议已经得到了采纳、落实和解决的有427件，占提案总数的51.3%；提案建议已经列入计划正在解决或逐步解决的有275件，占提案总数的33%；提案建议因条件不具备或还需要进一步研究论证，暂不能解决但已经留作工作参考的有65件，占提案总数的7.8%；提案建议因各种因素不能解决的有57件，占提案总数的6.8%。

1.积极运用提案参政议政，为全市经济和社会发展建言献策。提出了种植业由“二元”向“三元”结构转变、加速企业产权多元化、加强浑南新区建设、开发利用文化资源、从源头遏制腐败等许多意见建议，成为领导层进行战略决策的重要参考。特别是针对如何落实“十五”计划，如何面对加入WTO后加强政府宏观调控职能，提出了一些具有宏观性、前瞻性、全局性的提案。

2.完善规章制度，提高提案办理质量。组织相关人员对已办复的提案进行“后评议”，取得了显著的效果。如委员提出治理南运河污染的提案四年没有落实。委员们在“后评议”会议上再次呼吁尽快治理。市政府认真听取了委员意见，及时召开了政府常务会议，决定把南运河全线清淤作为新世纪初年的第一个利民工程。从2001年3月开始，投资700多万，历时一个多月，清淤48万立方米，还市民一个清澈的运河，受到全市人民的普遍称赞。又如委员提出的从严治理小招贴、完善社会保险制度、延长公交线路等提案，经过“后评议”，都采取了有效措施，使问题得到及时解决。2001年，市政协重新制定了《政协沈阳市委员会关于重点提案办理的暂行办法》、《政协沈阳市提案委员会提案审查的实施细则》，进一步完善了规章制度。

3.加强同新闻媒体的联系，加大宣传政协提案工作成果的力度。通过中央、省、市多家新闻单位发稿72篇次，《人民日报》两次对沈阳市政协提案办理的“后评议”情况进行了报道。还同沈阳电视台在《信息早班车》栏目中，合办了《提案关注》节目，全年播出31期。采访了40余位政协委员和30多家提案承办单位，报道了提案及其办理情况，把提案工作同政协的民主监督、新闻单位的舆论监督有机地结合起来，为扩大市民和政协委员关注全市工作开辟了一个快速、直观的窗口，扩大了政协和政协提案工作的社会影响。

(佟永明)

【海外联谊工作】 2001年，市政协围绕中共中央提出的继续推进现代化建设、完成祖国统一、维护世界和平与促进共同发展三大任务，积极开展台港澳侨联络工作。

1.加强学习，积极推进政协港澳台侨工作。为使委员及时了解我国对台政策及台湾形势，有针对性地开展工作，请访台归来的市台办和市台联领导为委员会全体委员、部分区县政协委员及区县政协相关委员会的同志作了关于当前台湾形势和对台政策的报告。组织了区县(市)政协相关委员会工作经验交流，使基层政协及时了解了新世纪政协台港澳侨工作的主要任务，明确了工作方向；并组织委员参加了全国及省政协组织的各类学习和培训。

2.开展联谊，积极促进经贸合作。2001年，市政协会同和配合有关方面举办“世界沈阳人联谊大会”、“沈阳市港澳台侨各界迎春茶话会”、“贺中秋、庆国庆茶话会”等活动，共有400多人次参加了相关活动。一年来，共接待台港澳侨朋友192人次。2001年港澳委员在沈阳市高新技术产业、房地产开发、城市基础设施改造等领域投资2.82亿元人民币，引资2.08亿元人民币。

3.突出特色，积极开展对外友好交往。组织部分政协委员和区县政协主席出访美国，分别拜会了蒙特利公园市政府和总商会，与该市市长、商会会长及相关部门进行了交流和洽谈，访问团全体成员被聘为该市“荣誉市民”。接待了朝鲜祖国战线代表团和澳大利亚澳中工商会企业家代表团来沈参观考察，代表团与12家企业进行了项目洽谈，达成了合作意向。一年来，共接待了8个国家和地区的15个团组的来访。

4.围绕中心，积极为改善外商投资企业软环境建言献策。2001年，市政协根据沈阳市的实际情况，就推进沈阳市外商投资企业软环境建设进行了专题调研，形成了《关于我市外商投资企业软环境情况的调查报告》。调查报告分别从政策和法规、司法和行政执法、管理和服务三个方面提出了外商投资企业软环境存在的34个问题，并就改善外商投资企业软环境提出了8条建议。市政府有关部门和法院对《调查报告》中涉及的问题和案例十分重视，认真研究解决，并专程到市政协反馈整改落实情况。2001年5月，专题召开了3次港澳委员座谈会，市委、市政府、市政协领导认真听取港澳委员对加快沈阳发展的意见建议，充分肯定他们为促进祖国统一和沈阳市经济建设所做出的贡献。

(佟永明)

【国家领导人来沈视察考察】　2001年4月28日，全国政协副主席、台盟中央主席张克辉一行6人来沈参观考察。市政协副主席周勇顺陪同了考察。

2001年9月10—11日，全国政协副主席陈锦华率全国政协常委视察团一行31人，来沈就振兴装备制造业情况进行视察和考察。视察团先后视察了东北输变电集团、沈阳鼓风机厂、黎明航空发动机公司，并听取了情况介绍。省委副书记、市委书记张行湘，副省长、市长陈政高在沈阳宾馆会见了陈锦华和视察团全体成员。市政协主席任殿喜陪同了视察。

（佟永明）

民主党派

【中国国民党革命委员会沈阳市委员会】

2001年，民革沈阳市委员会认真履行参政党的参政议政、民主监督职能，为沈阳市的经济建设和社会发展做出了贡献。

1.积极推进参政议政、民主监督工作。市民革主委闻大中在全国政协九届四次大会上提交了《关于进一步搞好农业结构调整的建议》的书面发言，还提出了《关于搞好国家粮食生产宏观调控的建议》、《关于请国家进一步支持老工业基地养老保险工作的建议》等4份提案，与其他委员共同提交10份提案，受到了国家有关部委的重视，并接受了多家新闻媒体的专访和采访。副主委董文在省政协第八届四次全会上提出了《关于治理主要商业街、区噪音污染的建议》等4份提案。副主委刘福昌在市政协十一届四次全会上作了《关于对我市“一带四区”建设中有关问题的建议》的大会发言。市民革向大会提交书面发言材料5份，集体提案6份，个人提案41份。有3份建议被中共沈阳市委统战部《党外人士建议》采用，其中民革党员孙淑华撰写的《对实行“沈阳市初中升学体育考试工作实施方案”的几点建议》得到中共沈阳市委、市政府、市政协领导的批示，并得到落实。市民革还完成了《关于摆正初级中等教育中民办公助学校位置的几点建议》和《树立经营城市的思想，促进城市建设大发展》两份调研报告，受到市政府有关部门的重视。2001年12月14日，市民革召开了参政议政工作总结表奖会，奖励和表扬了20名在参政议政、民主监督工作中做出突出成绩的民革党员。

2.召开民革沈阳市第十次代表大会。2001年9月13日至15日，中国国民党革命委员会沈阳市第十次代表大会在沈阳金城宾馆隆重召开，有120名代表出席了会议。辽宁省人大副主任、省民革主委龚世萍、中共沈阳市委副书记王扬、市人大副主任张富礼、市政协副主席洪建生到会祝贺。省民革主委龚世萍和中共沈阳市委副书记王扬分别作了重要讲话。市政协副主席、市民革主委闻大中代表民革沈阳市第九届委员会作了题为《高举邓小平理论伟大旗帜、发挥优势、团结进取、为实现新世纪的宏伟目标而努力奋斗》的工作报告。与会代表经过充分讨论通过了工作报告。民主选举了由27人组成的民革沈阳市第十届委员会。在民革沈阳市第十届一次全会上选举产生11名常委。闻大中当选民革沈阳市第十届委员会主任委员，董文、刘福昌、王垂杰、卢成孝当选为副主任委员，刘福昌兼秘书长。

3.组织建设工作有新进展。2001年，市民革把加强基层组织建设作为工作重点，及时举办了基层工作研讨会和党员骨干培训班等，使基层组织建设得到了加强。帮助9个基层支部完成了换届工作。

4.积极开展思想政治工作。一是抓好政治学习，学习中共十五届六中全会精神，针对慕绥新、马向东等腐败案件，组织民革党员和机关干部座谈，提高防腐防变的自觉性。学习中共沈阳市第十次党代会精神，学习公民道德建设实施纲要，提高民革党员的政治思想素质。二是举办报告会、座谈会。为纪念辛亥革命90周年，举办了题为《辛亥革命与中国现代化进程》报告会。举办“迎中秋、庆国庆”座谈会，增强了民革党员的爱国主义激情。三是开展各种有益活动。举办《勿忘“九·一八”事变》书画展，组织参加“反对邪教、崇尚科学”签名活动，参观张德山事迹展，观看《宇宙与人》、《走进西柏坡》影片等。全年共编发《沈阳民革》简报6期，编印了《民革沈阳市第十次代表大会专辑》。记者站在《团结报》等报刊发表文章30篇。宣传处在各类报刊发表文章35篇。

（汪胜平）

【中国民主同盟沈阳市委员会】　2001年，民盟市委主要领导多次参加中共市委、市政府召开的协商会、座谈会、通报会及视察、调研活动，认真提出建设性意见和建议。在参政议政和民主监督工作中发挥了积极作用。在市政协十一届四次全会上，以民盟市委名义提出提案13件，已全部得到市政府有关部门的正式答复。其中《加快信息产业发展，以信息化带动工业化》的提案，被评为市政协2001年优秀提案，此提案作为民盟辽宁省委提案在省政协会上提出后，中共辽宁省委书记闻世震作了重要批示。担任各级人大代表和政协委员的盟员积极参加人大、政协组织的调研、视察、座谈等活动，围绕沈阳市经济建设和社会发展中的重大问题，人民关心的热点问题，坦诚直言，反映群众的意愿和要求。民盟市委充分发挥各专门委员会参政议政的基础性作用，在广泛调查研究的基础上，撰写了《以人为本，科学规划，营造绿色沈阳》等多篇调研材料，内容包含城市建设、爱国主义教育、促进对外开放、发展文化产业等诸多方面，为政府决策提供参考。

2001年，民盟市委下发了《关于认真学习江泽民总书记“七一”重要讲话的通知》和《关于认真学习中共十五届六中全会精神，大力加强盟的自身建设的通知》，并适时召开座谈会，交流学习体会和经验。以纪念中国共产党成立80周年和民盟成立60周年为契机，民盟市委在盟内广泛开展中国共产党领导的多党合作的优良传统教育。4月份，民盟市委与民盟辽宁省委联合举行纪念中国民主同盟成立60周年大会，徐德同志和王扬同志分别代表中共辽宁省委和中共沈阳市委到会祝贺并发表讲话。在民盟中央纪念中国民主同盟成立60周年暨表彰先进集体、先进个人大会上，民盟市委和民盟东北大学委员会被评为先进集体，受到表彰。

2001年，民盟市委以改选换届工作为中心，全面推进各项工作。2001年9月15日至17日，民盟沈阳市第十次代表大会召开，会议选举产生了由51人组成的民盟沈阳市第十一届委员会。主任委员，金厚家，副主任委员：王玉新、陈宝智、陈温福、王立群、崔日明、于龙、李三喜、张英、杨凯宁、王国正、孙广贵、孙红。

2001年，民盟市委发展新盟员99名，平均年龄36岁，到2001年末，盟员总数为2144人。民盟沈阳工业学院支部于11月成立。

2001年，民盟市委积极开展为两个文明建设服务活动。“六一”儿童节和教师节组织盟员医疗专家为儿童和教师进行义诊和医疗咨询，民盟沈阳艺术家演出团应抚顺市民盟邀请，为抚顺市民盟庆祝建盟60周年活动演出，民盟第四医院支部继续坚持在辉山畜牧场的义诊活动，民盟省肿瘤医院支部远赴丹东凤城市进行义诊等，这些活动都受到各方面的高度评价。民盟市委妇委会继续在高校举办《女大学生成长、成才指导》系列专题讲座活动，2001年妇委会被评为沈阳市优秀妇女组织。

（高　慧）

【中国民主建国会沈阳市委员会】　民建沈阳市第十一次代表大会于2001年9月20日在金城宾馆召开，会期3天，出席会议代表151人。会议审议通过了姜克让主委代表民建沈阳市第十届委员会所做的工作报告。会议期间召开了民建沈阳市第十一届一次全体会议,选举产生了民建沈阳市第十一届委员会,李峰为主任委员,于克力、刘金群为副主任委员,齐心等13人为常务委员,王岇等32人为委员,并一致推举林强为新一届委员会名誉副主委。2001年5月至9月,沈阳市5个民建区级委员会先后召开了8次会员代表大会,选举产生了新一届区委员会。

在市政协十一届四次会议上,民建会员提交提案79件,市委会提交集体提案6件。这6件提案是:关于将铁西区向南拓至浑河北岸的建议,关于强化交通管理的建议,关于解决入世后沈阳市劳动就业问题的建议、关于成立沈阳市中小学营养午餐配送中心的建议、关于建立统一的司法鉴定体系的建议、关于冬季城市街路除运雪问题的提案。还积极参与市政协组织的推进沈阳市经济和社会发展软环境建设的调研,并形成了《关于我市民营经济软环境情况的调查报告》。

2001年共发展民建会员38名,平均年龄36岁,全部为大专以上文化。

(苏荣玉)

【中国民主促进会沈阳市委员会】 参政议政。2001年,市民进成员中有省人大代表2人,省政协委员4人,市人大代表7人,市政协委员19人,区人大代表13人,区政协委员65人,在市、区政府有关部门担任领导职务11人,特邀参政人员38人。他们在不同层次、不同领域积极参政议政。市民进领导人多次参加中共沈阳市委、市人大、市政府、市政协召开的各类协商会、通报会及各项视察活动。在市政协十一届四次会议上,市民进作了题为《关于保护、开发、利用我市文化资源的建议》的大会发言,并向大会提交提案16件,得到有关部门的高度重视,16件提案全部得到有关部门的办复。2001年,市民进积极参与市政协组织的联合调研活动,针对沈阳市基础教育中的收费、择校、师资待遇等问题,走访了市教委等十几个政府有关部门,并召开座谈会。在此基础上,会同市政协有关部门,起草了《遏制"择校热",推进素质教育》一文,作为联合提案提交市政协十一届五次会议。

自身建设。市民进把自身建设作为重要工作常抓不懈。一年来,市民进结合当前形势开展各种形式的活动,对会员进行思想教育,狠抓民进领导班子建设、基层组织建设、后备干部队伍建设和机关建设。全国统战工作会议召开后,组织广大会员认真学习贯彻全国统战工作会议精神,组织机关干部和基层会员参加全国统一战线知识竞赛答题活动,并在民进辽宁省委举办的统战知识竞赛擂台赛中荣获优秀奖。江泽民同志"七一"重要讲话发表后,市民进及时召开座谈会,认真学习、理解江泽民同志关于"三个代表"的科学内涵。《公民道德建设实施纲要》刚刚颁布,市民进向全市会员发出通知,要求全市会员认真学习贯彻,并召开座谈会,在全市基层组织中掀起实践《公民道德建设实施纲要》的热潮。在我国加入世界贸易组织前夕,市委会举办了专题讲座。

组织建设。2001年底,全市共有会员1493人。发展新会员70人,完成了区工委班子的调整及区工委所属支部的换届工作。举办了基层干部培训班、新会员培训班,并有20名后备干部参加了会中央、中共省委、市委举办的民主党派后备干部理论学习班。12月,市民进召开了民进沈阳市2000—2001年度"一先一优"表彰大会,共有29个基层组织、166名会员受到表彰。

换届工作。2001年9月25日至27日,民进沈阳市第十次代表大会在金城宾馆召开。会议听取并审议了侯华祥同志代表民进沈阳市第十届委员会所作的《继往开来,团结奋进,在履行参政党职责中做出新贡献》的工作报告。选举产生了由47人组成的民进沈阳市第十一届委员会,选举35名同志为沈阳市出席中国民主促进会辽宁省第九次代表大会的代表。在民进沈阳市第十一届一次全委会上,梅冬当选为民进沈阳市第十一届委员会主任委员,张新清、孙仲本、王滨、罗光祥、王玲、刘明国当选为副主任委员。大会决定李学盈同志继续担任民进沈阳市委名誉主委。

积极发挥自身优势,为两个文明建设服务。"七一"前夕,市民进组织会内文艺骨干到法库县慰问演出,受到当地政府和群众的热烈欢迎。在"大手牵小手、爱心1+1"助学活动中,市民进与法库县大孤家子中心小学的8名贫困学生结成帮扶对子。广大会员为扶贫帮困踊跃捐款,全年达1.5万元。市民进还组织会内的教育、法律等方面的专家到新城子区山城子小学及法库县等地举办了教学公开课和法律咨询活动。

(刘庆国)

【中国农工民主党沈阳市委员会】 2001年,农工党沈阳市委会将参政议政与加强自身建设紧密结合起来,增强多党合作意识,参政议政工作取得了丰硕成果。市委会领导先后26次积极参加中共沈阳市委、市政府、市政协及有关部门举行的情况通报会、座谈会和协商会等,就全市工作和重大问题、重要人事安排发表意见、提出建议,并积极建言献策,发挥了参政议政的作用。市委会和广大党员在两级政协、人大共提交各种提案144件,在市政协十一届四次会议上,市委会提交了《提高沈阳市垃圾处理质量的意见和建议》、《加强我市农村卫生网建设的几点建议》、《加强社区卫生医疗服务工作的几点建议》、《"依法治市"整顿和有效监督执法队伍应为当务之急》和《改进批发市场建设和管理的建议》等5件提案。

以深入推动全体党员开展"两个一"活动为切入点,切实发挥参政议政作用。"人人提供一条有价值的信息,人人提出一条高质量的提案或建议"为主题的"两个一"活动开展以来,已有100多人次的党员参与到这项活动中来。2001年,有31个支部的80名党员提出了66条信息、60条建议和11件提案,涵盖了社会生活的诸多方面,有些甚至是具有超前性的意见或建议。

本着调查研究服务于参政议政的指导思想,坚持开展多种形式的调查研究活动。一是市委会参政议政工作委员会的专题调研。以中小学生身体素质状况和城市社区医疗卫生服务现状为主题,开展2001年调研工作,形成了《加强校医队伍建设,促进学校卫生保健工作、保障学生身心健康的建议》的调研报告,并作为市委会提案提交给市政协十一届五次全会。二是与市政协文教体卫委员会联合开展调研活动。5月至7月,与市政协文教体卫委员会和民进市委会,联合开展了近3个月的关于社会发展软环境的专题调研,完成了《关于我市社会事业软环境情况的调查报告》,就进一步完善沈阳市社会事业软环境建设、促进经济发展和社会进步提出了五项建议,得到市政府的采纳和市政协的肯定。三是结合基层组织开展"三下乡"活动,对农民就医保健现状开展调研。完成了《沈阳市农村社区居民就医保健需求现状调查分析及扶贫对策研究探讨》和《沈阳市农村社区居民亟待解决的主要卫生服务问题》等调查报告,上报给农工党中央、省委会和市政协。

认真做好市委会换届工作，进一步推进政治交接。农工民主党沈阳市第四次代表大会于8月30日至9月1日在金城宾馆召开，出席会议的107名代表，代表全市40个基层组织、970名党员。中共沈阳市委副书记王扬代表中共沈阳市委到会祝贺。大会民主选举产生了由31人组成的农工民主党沈阳市第五届委员会和沈阳市出席农工民主党辽宁省第四次代表大会的代表。在农工党沈阳市五届一次全委会上，刘国良当选农工党沈阳市第五届委员会主任委员，隋路、赵午、陈新兰、李铁男、夏云梅、张立德当选为副主任委员，陈新兰兼秘书长。

切实加强组织建设，做好组织发展和后备干部队伍建设。在组织发展中，严格人党程序，坚持发展高素质、有代表性的中青年优秀知识分子人党，为搞好政治交接提供了组织保障。2001年，共发展新党员49人，其中：男党员19人，女党员20人。副高职以上的23人，占总数的47%；中级职称26人，占53%；平均年龄39岁，具有硕士以上学历的7人。年底，举行了第十八期新党员学习班，对49名新党员进行了党史教育。同时，对全市96名后备干部进行了认真选拔和积极推荐，有12名后备干部被充实到基层领导班子中，10名后备干部当选为第五届委员会委员，先后向市政协、市妇联和农工党辽宁省委推荐后备干部38人。较好地完成了农工党中央对党员人才的普查工作，为中央组织部提供各类人才198名。推荐10人参加各类培训班，为后备干部的成长创造条件。在基层组织建设中，先后完成了市胸科医院、辽宁中医学院、新城子区、沈医中心医院、沈河区、东陵区、沈铁和沈阳药科大学等支部的换届工作；根据党章规定，批准成立了市第九医院小组和辽宁中医学院职业技术学院支部。中国医大一院支部出席了农工党全国基层组织建设工作经验交流会，并获了“中国农工民主党基层组织建设优秀奖”，辽宁省疾病控制中心支部在会上被授予“中国农工民主党基层组织建设先进单位”。

发挥医药卫生优势，面向社会广泛开展咨询服务活动。6月6日是全国爱眼日，市委会组织眼科专家在沈阳中兴商业大厦门前开展了大型义诊咨询活动，受到了广大群众的欢迎。第十三届“国际科学与和平周”前夕，在中街沈阳商业城门前，与农工党辽宁省委联合举行了以“发展科学，维护和平”为主题的纪念活动，收到了较好的效果。在农工党中央召开的“咨询服务与同心建业工程”交流会上，市委会被授予“智力支边扶贫先进单位”和“国际科学与和平周活动先进单位”。

（王　勇）

【中国致公党沈阳市委员会】 2001年，致公党沈阳市委在参政议政、自身建设、开展海外联谊、经济建设服务等方面取得了一定的成绩，圆满地完成了全年的工作任务。

1.围绕中心，服务大局，提高参政议政工作的质量和水平。在“两会”期间，参加会议的政协委员和人大代表就围绕沈阳市的城市建设、浑南开发、城市绿化、法制建设、对外开放、文教卫生等方面提出提案、建议、议案82项，以本党市委会名义的提案4项。其中：陈曦的《建设浑河带状森林公园，造福子孙后代》，尉建成的《关于提高城市雕塑品位加强城市雕塑管理》等提案被评为重点提案，得到有关方面的重视和好评，沈阳电视台进行了专访并播出。驻会副主委代表市委会提出的《并于在全市开展爱我家乡、建我沈阳活动》集体提案还被市委、市政府开展的十大活动采纳。马今在市人大会上提出的《关于新闻传媒应加强正面宣传的建议》被中共沈阳市委宣传部采纳，并作为2002年全市开展马列主义新闻观教育的重要内容。傅秋帆在市政协全会上的提案数量仍然最多，受到好评。韩德仁在区政协全会上的大会发言《关于对我区强力招商引资的几点建议》被列为1号提案并被采纳。滕卫平、冯世良在全国“两会”期间分别提出的《关于警察标识的重新认定》和《关于加强军车管理》等议案、提案，分别得到有关部门的重视和好评。一年来，各级政协委员、人大代表就沈阳市的软环境的治理整顿、产业结构调整、城镇居民社会保障制度的完善、城市交通事业的发展、冬季供暖、医疗卫生、文化教育、对外开放等热点问题共提出各类提案、议案和建议120多件，多数得到了政府有关部门的采纳和答复。为了加强参政议政工作，市委会除每年设立专项调研经费，保证调研、参政议政工作的进行外，还制定并下发了《致公党沈阳市调研、提案工作实施方案及奖励办法》，在制度上为参政议政工作提供了保证。2001年致公党沈阳市委有2项提案被市政协评为优秀，市委会被评为优秀提案集体。

2.搞好自身建设，提高整体素质。2001年，致公党市委重点抓了党的思想建设、组织建设。一是加强了思想建设。2001年，市委会以学习贯彻江泽民同志“三个代表”重要思想、十五届五中、六中全会和中央、省、市三级统战工作会议精神为重点，通过多种形式的学习活动，加强了对广大党员的思想教育。同时，市委会还充分利用《沈阳致公》、《沈阳致公简报》来宣传中共的路线、方针政策，反映本党的工作。在重大节日和纪念日举办不同形式的有奖征文和出版各类专刊等活动，全年共出版《沈阳致公》4期，《沈阳致公简报》13期，对外采写各种稿件36篇，有关文章分别在《中国致公》、《沈阳政协》、沈阳电视台、沈阳人民广播电台等新闻媒体上发表，扩大了致公党沈阳市委的影响。二是加强了组织建设。8月9日至11日在沈阳金城宾馆召开了致公党沈阳市第四次代表大会。中共沈阳市委、市纪委、市人大、市政府、市政协、沈阳市七个民主党派、有关群团、大专院校党委、区委统战部的领导近150人参加了大会。与会代表听取和审议了滕卫平同志代表致公党在沈阳市第三届委员会所做的《坚持中国共产党的领导发挥参政党作用同心同德开拓进取为实现我市新世纪的宏伟目标而努力奋斗》的工作报告。选举生产了致公党沈阳市第四届委员会。新一届市委会由20人组成，常务委员会由7人组成，滕卫平任主任委员，尉建新、陈曦、裴达树任副主任委员，刘哲丽、韩德仁、陈慧任常委。经四届一次常委会研究决定成立参政议政、对外联络、科技文化、妇女工作等四个委员会，并确定了各委员会的主任委员、副主任委员。为规范组织发展程序，市委会制定了“中国致公党党员发展程序”（草案）。全年共发展新党员17名。全市致公党员中担任全国人大代表1人、省级1人、市级1人、区级常委1人、区级代表2人。担任全国政协委员1人、省级常委2人、省级委员1人、市级委员12人、区级副主席1人、区级常委6人、区级委员25人。在各级政府部门担任副处级实职的3人。

（李玉明）

【九三学社沈阳市委员会】 2001年8月27日至29日，九三学社沈阳市委第十次代表大会在沈阳金城宾馆召开。出席大会的代表97名，代表全市31个基层组织、1178名社员。九三学社辽宁省委主委高继中到会并讲话；中共沈阳市委副书记王扬参加了开幕式并讲话；中国民主同盟沈阳市委员会主委金厚家代表沈阳市各民主党派、工商联在大会上致贺词；九三学社沈阳市委主委刘祁涛代表社市委第九届委员会作工作报告，大会选举产生了由39人组成的九三学社沈阳市第十届委员会和出席九三学社辽宁省委第五次代表大会的代表。九三学社沈阳市十届一次全委会议选举李林为九三学社沈阳市委第十届委员会主任委员，庄严、王青、成会明、陈捷、李力、焦润明、初良广为副主任委员，庄严兼秘书长。

积极参政议政。社市委领导积极参加中共沈阳市委、市政府召开的政治协商会、情况通报会、专题座谈会、联席会等。以认真负责的态度反映社情民意，积极坦诚地提出意见和建议。为了更深入地搞好调研和参政议政工作，社市委主动地同市政协和政府相关部门联合，利用他们在行政方面的有利条件，发挥九三学社的人才优势，解决了调研中的一些实际问题，在一定程度上提高了九三学社参政议政的深度和水平。组织成员参加市政协的"关于我市工业企业信息化建设情况"的专题调研。同市政协科技委联合开展"实行外向牵动战略，进一步搞好国有大中型企业，与国外500百强对接"和"关于推进我市经济和社会发展软环境建设"的调研，并写出了调研报告。2001年向政协大会提交大会发言材料3篇，党派提案10件，其中"关于采取有效措施，让市民吃上放心肉的建议"就是在调研后完成的。

加强思想建设。在庆祝中国共产党建党八十周年之际，召开了部分市委委员和基层干部座谈会，在学习"七一"讲话精神的同时，畅谈中共建党八十年所取得的成绩和多党合作的优良传统。中共中央十五届六中全会召开和《中共中央关于加强和改进党的作风建设的决定》发表后，社市委及时地组织学习讨论，部署基层单位认真组织社员学习。破除迷信，捍卫科学尊严是九三学社的光荣传统，针对"法轮功"练习者天安门自焚事件，社市委及时组织机关干部、市委委员和部分基层干部收听收看反对"法轮功"电视教育片，召开揭批"法轮功"座谈会。在纪念辛亥革命90周年和"九·一八"事变70周年之际，安排部分成员参加了沈阳市历史学会召开的座谈会、报告会，以历史事件为载体进行爱国主义教育。

搞好组织建设。2001年，共发展社员35名，其中：博士2名，硕士15名，高级职称24名，平均年龄37.5岁。截至2001年底，全社共有社员1200人，其中：高级职称814人，博士学位的有110人，硕士学位的有135人，平均年龄49.7岁。全市共有基层组织31个。

立足本职，建功立业。九三学社社员中国科学院金属研究所所长、博士生导师卢柯因在纳米材料研究方面有卓越成就，曾多次在国际国内获奖，2001年又获得"中国青年五四奖章"；社市委副主委、中国科学院金属研究所副所长、博士生导师成会明因其在纳米碳管材料研究领域取得世界瞩目的成就，也多次在国际国内获奖，2001年又获得中国青年科技奖；辽宁大学副教授赵琛，曾为中国历史博物馆设计馆徽，并在国内广告创意上很有影响，2001年被评为沈阳市劳动模范；沈阳师范学院的陈金玉教授2001年被评为沈阳市劳动模范。

（朱　微）

【台湾民主自治同盟沈阳市委员会】 参政议政工作。盟市委的主要领导参加中共沈阳市委、市政府、市人大、市政协召开的座谈会、协商会、通报会、论证会等40余次，并就中共沈阳市委、市政府重要会议的工作报告、市级领导班子人选、地方法规的制定、投资软环境的改善、大气环境质量的整治、揭批"法轮功"、反腐败工作等发表意见，提出建议。年初，盟员中的省、市政协委员和市人大代表11人，以台盟市委会名义递交集体提案4件，大会发言材料3篇，分别是《关于发展城市中水事业的构想与建议》、《发展节水灌溉，实现农业可持续发展》、《关于大力推广建筑节能的建议》。9名市政协委员递交提案18件，内容涉及城建、环保、农业、节水、养老、交通、供暖以及精神文明建设等方面问题。其中柯英明委员撰写的《对我市重大工程项目实行事前论证，事后公开发布审计报告》的提案，被市政协评为优秀个人提案。在大会发言中，针对发展沈阳市中水事业，盟市委提出了建议，得到市建委的高度重视，认为提案具有前瞻性，此提案被市政协评为优秀集体提案。副主委王光华与市民政部门负责同志就沈阳市养老服务体系建设及相关问题提出四点建议，并就此问题接受了沈阳经济广播电台的录音专访。杨宗泰主任委员年初在市人大十二届四次代表大会上提出的《关于严防国有资产流失，请依法加大解决原抗生素厂债务的建议案》、《要求拆除和平大街76号南侧的违章建筑的建议案》、《关于将居民楼外治安巡逻列入物业公司职责的建议案》、《关于煤气开栓的许诺不要落空的建议案》等5件均得到落实。上半年，台盟市委会组织了5位政协委员、机关干部去康、法两县调研，起草了《加速农村经济结构调整是促进农民增收的根本途径》的调研报告，作为省政协八届十五次常委会上的发言材料。4—6月间，市台盟参与了市政协组织的对沈阳市的软环境调查，走访了台资、外资企业十余家，听取报告十余场，形成了《关于外商投资企业涉及法律、法规、司法、执法方面情况》的调研报告，并递交市政协参考，同时完成了市政协组织的"关于对我市投资软环境"问答卷22份。吴庆元主委撰写的《关于整治沈阳大气环境质量的几点建议》材料，在市政协十一届三十五次主席会上作了发言。10—11月台盟市委会组织了两个调研组，赴西北和东南沿海调研，调研组的同志带着课题分别与当地台盟组织进行了座谈交流，形成了4件大会发言和5件集体提案。

对台工作。一是学习贯彻市对台工作会议精神，起草了《2001年市台盟对台工作要点》。二是以江泽民"八项主张"发表6周年为契机，通过委员扩大会进行座谈。三是参加市政协台情报告会，及时了解岛内政局动态。四是走访台资企业，因"慕马案件"的负面影响，以《留住台商，刻不容缓》的信息形式反映了来沈投资的部分台商心态，提出了三条相关建议，有关部门以第1号《党外人士》递交市委、市政府，受到有关部门肯定、重视和采纳。全年接待了台胞8批24人次。利用座谈、参观考察、项目交流、协助解决困难等方式进行了交流，并为台商扩大投资牵线搭桥。

自身建设。坚持市委会委员和机关中层干部参加的中心组学习制度。学习座谈了江泽民在纪念中国共产党建党80周年大会上的讲话；座谈讨论了中共十五届六中全会和《公民道德建设实施纲要》精神；学习领会了中央对台宣传工作会议精神和中央、省、市统战工作会议精神。9月10—12日，市台盟召开了第六次盟员大会，选举产生了新一届市委会班子，吴庆元当选为主委，王光华、柯英明、赵文江当选为副主委。盟市委全年编发《沈阳台盟》4期；换届大会专刊一期；对外宣传报导稿5篇；为盟员发放学习材料11种1000余册。全年发展盟员5名，有4人次参加中央社会主义学院和省社会主义学院培训班。

（董　宇）

社 会 团 体

市总工会

【概况】 2001年,市总工会坚持以"三个代表"重要思想为指导,认真履行工会基本职责和各项职能,为推进沈阳市改革发展稳定作出了积极贡献。

1.大力实施职工经济技术创新工程。2001年,全市职工经济技术创新工程共立项5.7万余项,提合理化建议24.4万余条,实现技术革新成果3万余项,参加岗位练兵比武活动达50万人次。市总工会组织10个项目参加全国发明展览会,获金奖2项、银奖4项、铜奖2项,还有2项分别获中国技术协会和共青团中央颁发的"技协杯"、"青春杯"大奖。推荐评选全国"五一"奖章获得者8人、全国"五一"奖状1个、省"五一"奖章34人、省"五一"奖状6个。积极开展"知识武装工程"活动,会同市委宣传部等部门开展了评选职业道德建设"三十佳"活动,选树了一批职业道德建设先进典型。

2.不断完善两个机制建设,职代会制度和厂务公开工作得到进一步加强。全市2055户国有、集体企业及其控股企业中有98.5%的企业建立了职代会制度。在4800户私营企业中有38.3%的企业初步建立了民主管理制度。全市有1973户企业建立了厂务公开制度,1085户事业单位实行了内部事务管理制度,教育、科研、卫生系统全部实行了院(校所)务公开制度。平等协商、签订集体合同制度进一步得到落实,有6720户企业建立了平等协商制度,6563户企业签订了集体合同。

3.大力实施送温暖工程和协助政府完善保障体系,维护困难职工群体利益取得新进展。一年来,全市各级工会组织帮助5万多名符合低保政策的困难职工家庭办理了最低生活保障金手续。共筹集温暖工程资金2046万元,发放救济款2035万元,救济重病职工1792人次,帮助困难职工子女就学1455人次,全年走访救济困难职工9.5万余人次。以扶持双下岗职工为重点,深入实施再就业工程,一年来共安置8637名"双扶持"对象实现了再就业。

4.努力加大工会组建工作力度。一年来,全市新建企业组建工会3823户,新发展工会会员6.2万人,超额完成了工会建会目标。

5.认真履行工会各项职能,工会其他各项工作也迈出了新步伐。修改后的《工会法》颁布之后,市总工会和各级工会抓住机遇,开展了宣传活动,取得了较好的效果。各级工会积极开展工会劳动保护和群众性安全监督工作。各级工会女工组织在维护女职工合法权益上取得了新进展。工会信息工作、职工来信来访工作,在维护职工队伍稳定和社会稳定中发挥了重要作用。

(吴建民)

【送温暖工程】 2001年,沈阳市总工会送温暖工程继续向纵深发展。一是完善领导干部包户扶贫写实制度,加大解困工作力度。组织了领导干部与特困职工结对子活动。在市、区县局工会建立了领导干部包户扶贫工作档案,由区县局工会制定了领导干部包户写实手册,对走访救助活动做详细记录,由工会和党委组织定期检查,并作为考核领导干部的一项重要内容。二是健全帮扶小组制度,广泛开展群众互助互济活动。要求有一户特困职工必须建立一个帮扶小组,定期走访特困职工,帮助他们解决工作、生活中存在的各种困难,切实保障特困职工的基本生活。同时,依靠帮扶小组,广泛开展群众性的互助互济活动,千方百计为特困职工排忧解难。三是深入开展扶贫解困送温暖活动。组织全市干部、职工开展了两项送温暖大型活动:一是新年春节期间开展了"迎接新世纪、解困送温暖"活动;二是国庆节前开展的"学《讲话》,迎国庆,为困难职工办实事活动"。全市各级工会组织和广大工会干部切实把开展这些活动作为实践"三个代表"的重要措施,精心组织,全力投入。努力扩大温暖工程资金的筹集渠道,在组织全市干部捐款946.8万元的同时,面向社会各界广泛开展捐赠活动。共筹集温暖工程资金2000多万元,组织捐赠衣物2.4万件,发放救济款2035万元,发放米面油1191吨(其中市总工会购买面粉350吨),救济重病职工1792人次,资助职工子女就学1455人次,扶助困难职工再就业1931人。全市走访救济困难职工9.5万余人次,参加走访活动的干部、职工9.1万人次,为困难职工做好事5.6万余次,使全市特困职工的基本生活得到了切实保证。

(李锦生)

【再就业工作】 2001年,市总工会继续加大再就业工作力度,取得明显成效。一是以扶持双下岗职工和困难职工及其家属再就业(双扶持)为重点,实现工会再就业工作重点的转移。建立健全了有就业要求的双下岗职工、困难职工及家属的区、街、社区管理档案,对扶持对象实行动态管理,跟踪服务,加大了管理力度。通过区街结合抓培训,远近结合抓岗位,街道社区结合抓资源的"三个结合",开展内部上岗、结队帮扶、基地安置、家政服务、组织就业等五种安置途径,一年来共安置8637名双扶持对象实行再就业。二是在社区深入开展创建下岗职工之家活动,把"双扶持"活动落实到基层。把"创建下岗职工之家"活动的主阵地转移到街道和社区,把下岗职工组织起来,管理起来,有组织地对下岗职工开展教育培训,为下岗职工提供就业信息,帮助下岗职工排忧解难。全市已有60多个社区达到了市总工会确定的先进下岗职工之家的标准。全市选树了十名"再就业明星"、十名"模范下岗职工之友"和"十名模范下岗职工之家"。三是深化再就业连心桥活动,加大再就业安置力度。继续实施"再就业连心桥"创业工程,组织个体、私营业户创办前店后厂,引导下岗职工进入个体私营经济行列,再创新业。一年来,新建示范基地26个,创业培训基地23个,安置基地28个,结帮扶对子3179个,安置下岗职工4.7万人次。

(李锦生)

【新建企业工会组织建设】 2001年,新建企业工会组建工作取得了突破性进展。新建企业组建工会3823户,新发展工会会员6.2万人，超额完成了年初确定的建会工作目标。

1.动员部署，明确重点。召开了沈阳市基层工会组织整顿建设总结表彰大会。会上大东区总工会介绍了抓新建企业组建工作的经验，表彰了建会先进单位和先进个人，确定了抓大型企业集团建会、量大面广的小企业建会"一手抓大、一手抓小"的工作方略。

2.明确目标任务，明确责任分工。市总工会下发了2001年沈阳市区县(市)开发区建会任务的通知，明确了建会目标。下发了关于新建企业工会组建工作实行责任分工的通知，明确了市总工会机关各部门在建会中的责任。

3.探索新体制，拓宽新领域。成立了沈阳市私营企业工会联合会、沈阳市外商投资企业工会联合会，一些区县市也相继成立了外企、私企工会联合会，街道、社区、乡镇及工业较发达的村也成立了工会联合会，组织网络更加健全。在业户相对集中的市场、商业一条街建起了联合会，有力地促进了建会目标的实现。

4.加强规范，促进新建企业工会发挥作用。2001年全市培训新建企业工会干部4040人，促进新建企业工会干部提高素质。建立平等协商制度、签订集体合同的企业有1810户，建立劳动争议调解委员会1081户，新建企业工会在协调劳动关系促进企业发展上发挥了不可替代的作用。

(李荣桓)

【职工技协工作】 2001年，沈阳市职工技协工作蓬勃开展。

1.开通沈阳市职工技术协会因特网站，向全省、全国发布职工技协信息。已向全国各地技协发布人才信息800多条，收到反馈和咨询信息100多条，与各地沟通技术项目50余项。

2.展示职工技术创新成果。在辽宁省庆祝职工技协活动兴起40周年举办的职工技术创新成果展暨交流会上，沈阳市有40个系统208个企业448项技术成果参展，有70项名、优、特、新产品参加展销，占全省参展项目的1/4，其中有84个项目签订了意向转让合同。沈阳鼓风机厂与抚顺石油二厂签订的新产品销售合同，产值达到240万元。

3.组织职工优秀技术创新成果参加全国第十三届发明展览。10个参展项目中获金奖2项、银奖4项、铜奖2项，两项金奖还分获中国职工技术协会和共青团中央颁发的"技协杯"和"青春杯"大奖。

4.树立典型，表彰先进。授予沈阳第一机床厂高级工程师周振华等10名职工"技协勋章"；授予沈阳鼓风机厂杨建华等10名职工"技协奖章"。

5.沈阳市职工"两项攻关"活动取得丰硕成果。全市职工完成攻关成果2万项，创经济价值3亿元。

(孙先荣)

【厂务公开工作】 2001年，经过各级党、政、纪、工组织和广大干部群众的不懈努力，沈阳市厂务公开工作得到了巩固，并取得了进一步发展。全市2055户国有、集体及其控股企业中，除82户多年停产企业外，都实行了厂务公开制度；1279户事业单位中，有1085户实行了内部事务管理公开制度，较上一年增加12.8%；非公有制企业中，有13%对厂务公开制度进行了积极探索。

在1973户建立厂务公开制度的企业中，100%的企业建立了职代会制度，49.6%的企业建立了民主议事会制度；84.7%的企业建立了业务招待费向职代会报告制度；81.8%的企业建立了民主评议干部制度；56.8%的企业建立了物资采购公开招投标制度；55.8%的企业建立了厂级领导干部住房、收入公开制度；66%的企业建立了二级或三级公开制度，并将公开深入到车间、班组。

一年来，厂务公开进一步促进了企业民主决策和科学管理，保证了企业改革和调整的顺利实施，加强了企业领导班子建设和党风廉政建设，完善了企业内部的监督制约机制，增强了职工参与意识和主人翁责任感，调动了职工群众的积极性，有效地提高了企业的经济效益。对6个区县和9个局(公司)的调查显示，这些单位年内通过厂务公开节约资金和创造效益1.02亿元。

(杨兴立)

【职工宣教工作】 2001年，市总工会继续加强职工宣传教育工作，全市职工的思想道德素质进一步提高。

1.组织职工学习贯彻"七一"讲话精神，统一职工的思想。于6月23日和26日，先后举办了全市宣教文体部长培训班和理论骨干、小先生培训班，培训了1000余人。又采取滚雪球的办法，层层培训了一大批骨干，使全市学讲话活动普及开来，取得了良好的效果。并对全市职工学讲话活动进行调查，写出了调查报告。

2.加强职业道德建设，全面提高职工队伍素质。市总工会会同市委宣传部、经贸委、文明办、纠风办开展第四届职工职业道德建设评选活动，总结推广了沈飞集团公司深入开展职业道德建设的经验和中兴沈阳商业大厦开展"周一早会"的经验；撰写了长篇通讯"雷锋式的好工人"，宣传新民市热力公司汽车队长刘仁山的先进事迹，3月5日在《沈阳日报》头版头条刊登，并配发评论员文章；向全国总工会推荐了沈飞集团公司和于洪区工商局王凤云参加全国职业道德建设"双十佳"评选，分别被评为先进单位和先进个人。党中央印发《公民道德建设纲要》以后，及时下发贯彻落实的意见。拟定了关于在全市职工中实施知识武装工程的意见。

3.以庆祝建党80周年为契机，以"颂歌献给伟大的党"为主题，开展爱党、爱国教育活动。在全市广泛开展的基础上，于6月27日在辽展广场举办了"沈阳市职工庆祝建党80周年歌咏大会"，

4.积极组织职工群众开展与"法轮功"邪教组织的斗争。组织了万名职工"反对邪教，保障人权"签名活动，有力地配合了全市的专项斗争，在斗争中发挥了工会组织和工人阶级的作用。

(何春祥)

共青团沈阳市委

【"沈阳市五四奖章"、"沈阳市五四奖状"评选表彰活动】 团市委于2001年2月至3月间，在全市开展了"沈阳市五四奖章"、"沈阳市五四奖状"评选活动。经评选组委会评选，报请市委、市政府批准，授予王铁军等60名同志"沈阳市五四奖章"，共青团新民市委等10个集体"沈阳市五四奖状"。4月26日，市委、市政府命名王铁军等10名同志为"沈阳十大杰出青年厂长(经理)"，李岩等10名同志为"沈阳十大杰出青年知识分子"，刘威等10名同志为"沈阳市青年岗位能手标兵"，赵桂军等10名同志为"沈阳市青年星火带头人标兵"，王强等10名同志为"沈阳市优秀青少年工作者"；同日，沈阳市各界青年纪念"五四"运动82周年大会在辽宁人民会堂隆重举行，会上表彰了"沈阳市五四奖章"、"沈阳市五四奖状"获得者。

(郭 巍)

【开展庆祝建党80周年系列活动】 2001年，团市委围绕庆祝建党八十周

年，组织全市各级团组织隆重热烈地开展了纪念中国共产党成立80周年系列活动，在全市广大青年中大力宣传党的丰功伟绩，进一步加强了对青少年热爱党、热爱祖国、热爱社会主义等方面的教育工作，取得良好的效果。

"七一"前夕，团市委以沈阳市青少年纪念建党80周年"党在我心中、青年立新功"主题纪念活动启动仪式为牵动，在全市各级团组织中，全面动员部署了各项工作。全市广大团员青年广泛参与了"沈阳市青年思想状况问卷调查"、"沈阳市青年文明号新世纪巡礼活动"、"沈阳市青少年志愿者卫生清洁活动"、"沈阳市老中青三代团干部共话党旗下成长座谈会"以及"创建英雄中队"等活动。全市各级团组织在落实好团市委的有关要求的同时，紧密结合本单位的实际情况，先后开展了丰富多采的各种纪念活动，受到广大团员青年的欢迎。

（许　震）

【沈阳市第二届十八岁成人节】 按照市人大立法，每年的4月18日为沈阳市十八岁成人节，每年的4月份作为成人教育活动月。2001年4月18日是沈阳市第二个十八岁成人节，确定了爱国主义、集体主义和社会主义主题教育以及道德品质教育、法律意识教育、公民意识教育、科普知识教育等五个系列的常规教育。4月18日在"九·一八"历史博物馆举行了千人宣誓仪式，开展了以明确责任、认清使命、奉献社会为主题的新世纪沈阳青年"勿忘国耻，振兴中华"主题签名、志愿者义务献血、志愿者身后角膜捐赠承诺等三项主体活动，市领导王声溢、张福礼出席宣誓仪式。同时，各级团组织积极参与，取得了良好的效果，社会反响强烈。

（李振福）

【大中专学生志愿者科技文化卫生"三下乡"暑期社会实践活动】 2001年7月25—26日，团市委组织辽宁大学、沈阳农业大学、沈阳音乐学院、辽宁中医学院、中国医科大学、沈阳建筑工程学院、沈阳医学院等七所高校，深入辽中县以"播科学圣火、扬理想风帆"为主题，广泛开展了"三个代表"宣讲、医疗服务、科技传播、法律知识讲座、捐赠电脑书籍、结对救助失学儿童、文艺演出等服务活动，取得了良好的效果。暑假期间，各高校结合自身特点，开展了主题鲜明、丰富多采的科技文化卫生"三下乡"社会实践活动，达到了预期目的。全市22所高校共动员组织了市级博士团3个，文化服务队32个，科技服务队26个，卫生服务队12个，同时各高校还结合各自实际组织了各类团队近300支。全市参与"三下乡"学生人数近10万人，"三下乡"活动规模之大、内容之丰富，成为近年来之最。团市委荣获中宣部、教育部、团中央和全国学联授予的2001年全国大中学生志愿者暑期"三下乡"社会实践活动优秀组织工作奖，辽宁大学、沈阳农业大学、沈阳工业大学、沈阳音乐学院、沈阳建筑工程学院等五所院校荣获社会实践先进单位光荣称号。

（李振福）

【沈阳市首届大学生社团节】 为检验大学生社团建设的成果，总结推广社团建设的成功经验，促进校际间的社团交流，加强校园文化与社会文化的融合，强化对高校社团发展的正确引导，同时，在完善社团管理、规范社团建设的基础上，逐步形成规范的市、校、系（院）三级社团组织体系，11月至12月，团市委、市学联举办了沈阳市首届大学生社团节，成立了沈阳市大学生邓小平理论学习研究会、音乐爱好者协会、"三个代表"理论学习研究会、球迷协会、影视爱好者协会、绿色环保协会、书画协会、大学生剧社、鸿翔圣火汽车爱好者协会、大学生社会实践服务中心等十个市级学生社团。并由社团主席单位牵头开展了"三个代表"理论研讨、中外乐曲欣赏、大学生书画作品展评、汽车文化宣传、话剧演出、"保护家园、保护自己"环保宣传、大学生足球友谊赛等十余项内容丰富、形式活泼的主体活动，有效地推动了全市高校学生社团工作健康、稳定、高水平的发展。

（李振福）

【相约新世纪沈阳市青年鹊桥联谊会】 2001年11月15日，团市委与市青年婚姻服务中心在沈阳体育学院文化活动中心共同举办了"相约新世纪沈阳市青年鹊桥联谊会"，来自全市企业、机关、文教卫生等各行各业的1000余名35岁以下未婚青年参加了鹊桥联谊会。

举办此次活动，旨在帮助企业青年解决婚恋中的实际困难，为企业青年相知、相恋提供机会，创造条件，营造关注、关心青年婚恋问题的良好氛围。此次活动受到了广大青年的热烈欢迎，中兴商业大厦、沈阳重型机械集团公司等27个单位的青年踊跃报名。

鹊桥会场面热闹非凡，青年们通过歌舞、才艺表演等形式展示了各自的风采。通过现场展示和工作人员的帮助，很多青年初步了解了自己所中意对象的自然情况。

（宋志平）

【青年职工创新创效"3+X"工程】 为推动创新创效活动的深入实施，2001年3月，团市委联合市经贸委、市科委、市劳动局、市科协在全市实施了沈阳市青年职工创新创效"3+X"工程。以此为标志，沈阳市青年职工创新创效活动进入全面深化阶段。

创新创效"3+X"工程主要围绕技术、管理、营销、服务四个方面，主要包括10项内容，具体是：确立一项攻关项目，组建一支技术攻关小组，开发一项新产品，创造一项新工艺，推广一项新技术，转化一项新成果，组建一支青年营销服务队，成立一个青年管理协会，组织一个青年创新创效工作研究会，培养一批青年人才。"3+X"中的"3"是指必须从以上十个方面中确定3个重点工作项目，在其余7个项目中选择若干项工作项目（或自创若干项工作项目）。创新创效"3+X"工程实施一年来，全市70%以上的企业团委开展了此项活动，参与创新创效活动的青工累计达到15万余人。举办各种创新创效培训班30余期，结成师徒对子2000余对，开展技能竞赛达30余个工种，近5万名青工参加了竞赛。全年共成立企业青年管理研究会10余个，青年营销服务队20余支，完成各种攻关项目150余项，创造价值近300万元。

（宋志平）

【沈阳市青年职业技能大赛】 为培育青年学习知识武装头脑、掌握技能增长本领的科学理念，倡导学技能、爱技能、用技能的积极向上的新风尚，创造立足岗位运用现代基本技能为企业发展做贡献的良好氛围，培养和选拔一批技术过硬、素质全面，适应现代企业发展的新型青年人才，2001年8月至12月，团市委在全市开展了青年职业技能大赛活动。本次竞赛活动，采取团市委与行业主管部门联合主办，相关单位承办的方式进行。市卫生局、房产局、煤气公司、公安局等8家单位先后与团市委联合举办了沈阳青年医师医疗急救知识大赛、沈阳市青年物业管理知识大赛、沈阳市青年煤气管道工技能竞赛、沈阳市公安户籍外勤民警技能竞赛等15个工种的市级职业技能竞赛。此外，沈飞公司、黎明公司等30余家单位组织开展了车、钳、铣、刨等30余个工种的比赛。参赛的青年职工达到5

万余人，230余人获得沈阳市青年岗位能手称号。

（宋志平）

【沈阳市青年文明号新世纪巡礼活动】 2001年，团市委以沈阳市青年文明号新世纪巡礼活动为工作主线，全面深化了青年文明号的建设和管理工作。活动以江泽民总书记"以德治国"的重要思想为指导，以"面向新世纪，创造新业绩，展示新形象"为主题，通过开展形式多样的主题性、昭示性活动，进一步完善了活动机制，拓展了活动空间，丰富了活动载体，实现了新的发展。一是以青年文明号新世纪承诺用语征集活动为牵动，青年文明号的管理和建设实现了规范化运作。各级青年文明号通过举办座谈会、发放征集问卷、向顾客征求意见等形式，开展了青年文明号承诺用语征集活动，体现了行业特点和集体特色。二是以"党在我心中，青年立新功"为主题，全市近千个青年文明号集体的万余名团员青年有组织地深入到全市近万个社区居民家庭和广场街路，为群众提供了30余项内容的服务。三是以举办沈阳市青年文明号先进事迹报告会和出版《沈阳共青团》青年文明号专刊为牵动，集中展示了沈阳市青年文明号的群体风范。

（谢　辉）

【"新世纪沈阳青年形象设计"系列活动】 2000年12月至2001年4月，团市委、沈阳日报、沈阳人民广播电台、沈阳电视台、时代商报等5家单位共同主办了"与新世纪同行——沈阳青年形象设计"活动。活动主要包括"与新世纪同行——沈阳青年形象设计"大讨论、征文、网上论坛、演讲赛、沈阳青年关注的职业调查和"时代与青年"专家论坛等6项活动。此次活动提高了青少年的思想道德素质，坚定了理想信念，陶冶了青少年的情操，同时，调动了广大青少年学习和工作的积极性，激发了青年的创造力。

（李　烨）

【领办科技推广项目】 为使全市农村青年增收增效、成长成才，2001年，团市委在领办科技推广项目工作中，积极推行项目化运作方式，有效调动社会资源，实现了新的突破。3月初，与各县区就62个种植品种，举行了领办科技推广项目目标责任书签字仪式，免费发放各类良种1320袋（可播种面积100公顷），为历年来最多的一次，受到基层单位的热烈欢迎。各县区团委也积极运作，多渠道开展领办活动。全年全市共领办科技推广项目6大类125项，栽种面积197公顷，创经济效益200.5万元，有力地促进了县区经济的发展，为沈阳市农村产业结构调整，加速农村产业现代化进程做出了积极的贡献。

（李颂东）

【市青联对外交流活动成效显著】 2001年，市青联加大了对外交流的工作力度，接待了部分国家和地区友好青年组织3批27人的来访，同时组织青联委员出访国外进行考察2次。

全年，市青联先后接待了英国查尔斯王子青年创业基金计划代表团、台湾青年友好交流团和韩国青少年友好代表团来沈访问。同时，组织部分青联委员应韩国大邱市政府的邀请赴韩国进行回访考察；应美中基金会的邀请组织部分青联委员赴美参加美中论坛。这些活动极大地调动了青联委员的热情，开阔了青联委员的视野，促进了文化传播和国际间的交流与合作。

（刘晓妍）

【第三届沈阳市青少年书法大赛】 2001年3月至9月，市青联与市书协、市美协联合举办了第三届沈阳市青年书法大赛活动。这次活动得到了书法爱好者的广泛欢迎和积极响应，累计收到送评作品460多幅。经专家组成的评委会的认真评选，王逸等10人获第三届沈阳市青年书法十佳，王振筠等10人获沈阳市青年书法十优，黄研清等260人分获沈阳新世纪青少年书法大赛一、二、三等奖。这次活动挖掘了一批书法新秀，促进了青少年书法活动的进一步活跃。

（刘晓妍）

【沈阳市青年抗旱救灾特别行动】 为动员和组织广大团员青年积极投身全市抗旱救灾工作，团市委适时开展了"沈阳市青年抗旱救灾特别行动"，并于2001年6月18日在法库县红五月乡举行了启动仪式。在启动仪式上，团市委紧急动员全市团员青年积极投身抗旱救灾工作，组织青年志愿者抗旱服务队、青年抗旱突击队，开展抗旱生产自救，充分发挥了团组织的生力军和突击队作用。同时，组织沈阳农业大学与法库县红五月乡签订了"扶贫帮困协议书"，捐赠了优质抗旱早熟大豆种子2.5吨，捐助了20名贫困儿童。

（王晓菊）

【沈阳市第三届杰出（优秀）青年卫士表彰大会】 2001年11月16日，由团市委等19家单位联合召开的第三届沈阳市杰出（优秀）青年卫士表彰大会在省公安厅俱乐部隆重举行，会上对市公安局皇姑分局王勇等10名杰出青年卫士与和平区检察院水岩等60名优秀青年卫士进行了命名表彰。市委副书记朱锦同志出席会议并讲话。市人大副主任张福礼、市政协副主席王声溢、有关委（办）局领导及政法、执法战线青年代表800余人参加了会议。

（吴　迪）

【沈阳市青少年网络文明公约宣传活动】 为落实《公民道德建设实施纲要》中关于"要引导网络机构和广大网民增强网络道德意识，共同建设网络文明"的有关精神，增强青少年文明上网的意识，在团中央的统一部署下，团市委于11月22日在和平区爵士乐网吧组织部分青少年代表举行了沈阳市"青少年网络文明公约"宣传启动仪式，通过互联网收看了北京举行的全国青少年网络文明公约发布大会。在启动仪式之前，沈阳广播电视大学等高校举行了大规模的签名活动，近千名大学生代表郑重承诺：要善于网上学习，不浏览不良信息；要诚实友好交流，不侮辱欺诈他人；要增强自护意识，不随意约会网友；要维护网络安全，不破坏网络秩序；要有益身心健康，不沉溺虚拟时空。

（吴　迪）

【青年文明社区反邪教行动】 为进一步动员和组织广大青少年积极投身揭批邪教"法轮功"的专题斗争，团市委开展了沈阳青年文明社区反邪教行动，主要包括反邪教宣传、大家乐文体活动、青年志愿者"一助一"、"多助一"帮教、"小手拉大手、亲情换真情"感化、青少年主题读书活动等内容，并于2月6日在市内五区和新城子区的十余个社区开展了集中活动。

（孙　莹）

【青少年权益保护法律知识进万家活动】 2001年，团市委开展了"青少年权益保护法律知识进万家活动"。一是组织印制了《青少年权益保护法律知识手册》，并组织"青年志愿者"进学校、进社区、进家庭，把青少年权益保护法律知识广泛宣传下去。二是通过模拟法庭、防害避害讲座、自护小品等形式，依托中小学校和社区开展了青少年自护教育活动。青少年权益保护法律知识进万家活动使广大青少年进一步了解了青少年权益保护法律知识，并通过活动掌握了一些自护的基本知识，深刻地认识到具备自护能力的重要性和必要性，营造了良好的社会氛围。

（孙　莹）

【青少年自护教育进社区活动】 为宣传《预防法》、《未成年人保护法》，团市委在市内五城区开展了青少年自护教育社区行活动。通过举办青少年家长座谈会、发放调查问卷、开展心理生理咨询和自救常识宣传培训工作，营造了青少年自护教育的良好社会氛围。全市60%的社区开展了此项活动，10万余名青少年在活动中得到了教育。在此项活动中，大东团区委荣获全国优秀组织奖。

（吴　迪）

【少先队“创新杯”活动竞赛】 2001年3月至6月，沈阳市少工委组织全市各级少先队组织参加由全国少工委办公室、中国少年报社、《辅导员》杂志社举办的少先队“创新杯”活动竞赛。此活动是全国少工委开展的“新世纪我能行”体验教育活动的重要内容，活动要求少先队员自主设计、开展少先队活动，旨在使广大少先队员通过实践体验获得做人、做事的感受。活动开展以来，全市各级少先队组织及60万名少先队员积极行动，设计开展了多种形式的活动。经全国少工委评选，沈阳市共获“全国优秀创新活动奖”203个，“最佳创新活动奖”1个，市少工委同时荣获“全国优秀组织奖”。

（王嘉斌）

【少先队“英雄中队”创建活动】 为纪念建党80周年，市机关工委、市教委、团市委、市少工委等单位联合开展了少先队“英雄中队”创建活动，用英雄的名字为少先队中队命名。通过对建党以来，著名英雄人物事迹的了解和学习，引导少年儿童回顾党的光辉历程，追寻党的光辉足迹，发扬党的优良传统，学习英雄模范人物的先进业绩，使少年儿童知党、爱党，做永远跟党走的新世纪合格接班人。中队成员小学毕业后，要将“英雄中队”的队旗交给下一个优秀中队，继续发扬英雄中队的光荣传统，使英雄精神代代相传。6月11日，在沈阳市启工二校举行了“沈阳市英雄中队命名授旗仪式”，为沈阳市以启工二校五年二中队（王伟中队）为代表的8个英雄中队授旗。

（王嘉斌）

【沈阳市十佳少先队员评选活动】 2001年10月，团市委、市教委、市少工委联合开展了沈阳市十佳少先队员评选活动。本次活动旨在全面展示当代少先队员的精神风貌，引导广大少先队员成为品德高尚、学习优秀、体魄健壮、理想远大的合格社会主义事业建设者和接班人。各级少先队组织首先推举出18名候选人，市少工委印制了候选人事迹海报并向全市少先队发放了15万张选票，由少先队员亲身参与评选。经评审委员会最终审核认定，评选出大东区大东二校孙雨舒等10名同学为“沈阳市十佳少先队员”。沈阳电视台等有关媒体对十佳少先队员的事迹进行了宣传。

（王嘉斌）

市妇女联合会

【“巾帼建功”活动】 2001年，“巾帼建功”活动以提高城镇妇女素质为目的，以“巾帼文明示范岗”创建活动为载体，以做好下岗女工培训和安置工作为重点，开展了各具特色的“巾帼建功”活动，取得了可喜的成果。

1. 精心设计，开展创建活动有声有色。一年来，市妇联组织各区和各行各业妇女开展了内容丰富、各具特色的“巾帼建功”活动。市妇联以“巾帼奉献在沈城”为主题开展了“城乡联手送科技”活动，组织城市“巾帼文明示范岗”出资购买科技图书1.5万册、科技光盘350盘，送到农村妇女的手中，市妇联与市经贸委、市总工会联合在国有大中型企业、集团开展了以“学技术，强素质，攻难关，作贡献”为主要内容的立功竞赛活动，进一步激发了女职工爱岗敬业、无私奉献的积极性，涌现了方玉英等50名“巾帼文明示范岗明星”和沈铁分局沈阳客运段T11/12次列车“三八”青年包乘组等50个“巾帼文明示范岗”。同时，毕彤等8名同志被评为省“巾帼建功”标兵；国税大东分局、沈阳市动物卫生监督检验所铁西“三八”动检站被评为全国“巾帼文明示范岗”。

2. 深入调查，做好下岗女工再就业的培训和安置工作。配合市政府落实10万个再就业岗位的目标，市妇联对妇联系统空岗情况进行了调查，组织妇女会馆及和平、铁西等7个区、县（市）妇联，举办了家庭服务员、编织、小工艺制作、服装裁剪等32个专业培训班，培训下岗女工2000余名，80%的下岗女工实现了再就业。为拓宽下岗女工再就业的渠道，市妇联继续实施“三八”社区服务工程，开展了创建社区服务示范岗和示范岗明星活动，在原有“五小五站”的基础上，发展了多项社区家政服务，形成了以下岗女工为主的多支家政服务队，帮助下岗女工在社区实现再就业。市妇联还组织了近60名下岗女工到农村学习柳编技术和棚菜生产，活跃了下岗女工的思想，开阔了视野，为她们到农村去创业开辟了一条渠道。

（刘志娟）

【组建沈阳市“中华巾帼志愿者”队伍】 按照全国妇联提出开展“中华巾帼志愿者”活动的总体部署，7月27日，市妇联在东陵区泉园街道爱民社区举行了沈阳市“中华巾帼志愿者”授旗暨“优质服务进万家”活动月启动仪式。400多名志愿者和13个区县（市）妇联主席、城乡部长参加了启动仪式。全国、省、市妇联以及市民政局、劳动局、国税局、环保局、市农工委的领导出席了会议，并向全市13个区县（市）“中华巾帼志愿者”授旗，“中华巾帼志愿者”代表向全市妇女发出了倡议。市妇联制发了《关于建立“中华巾帼志愿者”队伍的通知》，各区、县（市）妇联纷纷成立了“中华巾帼志愿者”分队，市妇联还成立了沈阳市“女创业带头人志愿者分队”，扶助下岗姐妹创新业。全市“中华巾帼志愿者”服务分队分布在城乡各个角落，她们发扬“奉献、互助、进步”的志愿者精神，为社区居民群众服务，深受居民群众的欢迎，收到了可喜的成效。沈河区康壮社区百余人的“中华巾帼志愿者”服务分队，被全国妇联评为“中国优秀志愿者服务集体”。

（刘志娟）

【“双学双比”活动】 为进一步深化“双学双比”活动，帮助引导农村妇女依靠科技增收致富，市妇联在全市农村妇女中开展了以“学科技、用科技、科技致富”为主题的系列活动。开展了“巾帼科技世纪行”活动。市妇联针对农村妇女渴求新技术，寻找致富门路的实际，先后组织300余名农村女专业户、妇女干部到北京、山东寿光等地学习特种种植、养殖技术。通过学习，开阔了视野，增长了知识。已有500余名妇女养起了獭兔，已产仔兔近1.5万余只。举办了适用技术培训班。为提高农村妇女的科学文化素质，适应农业产业结构调整的要求，市妇联举办了3期农村妇女适用技术示范培训班；各级妇联组织也相应地举办了各类适用技术培训班200期，培训农村妇女10万余人次。组织“科技顾问团”开展送科技下乡活动。市妇联以科技服务和信息服务为重点，开展了“科技顾问团”送科技下乡活动，先后组织“科技顾问团”的50余名农业专家、教授深入基层，深入到农村妇女中开展咨询活动，解决了农业生产中的难题。做好小额扶贫贷款工作。为了扶持农村贫困妇女脱贫致富，2001年，市妇联通过全国妇联，争取到中国妇女发展基金会香港回归资金10万元，贷给了康平县三个村，使300名贫困妇女通过饲养大白鹅脱贫致富。

（刘志娟）

【“与世纪同行——沈阳女性形象设计”活动】 为教育引导妇女树立与时代相适应的女性新形象，市妇联在全市城乡妇女中开展了“与世纪同行—沈阳女性形象设计”活动，制定并下发了活动通知、活动方案，在全市各行各业妇女中开展了大讨论、有奖征文、网上论坛、优秀女性角色评比、创最佳女性形象大赛等活动，取得了显著成效。

1.深化了“四自”精神教育。各区、县(市)妇联结合实际开展了“新世纪女性岗位新形象”设计、女性形象设计演讲、征文等活动，使广大妇女面对新世纪，积极思考，开拓进取，岗位建功。

2.扩大活动的参与面，提升活动的层次。在女性集中的教育、卫生、客运等行业和党政机关、大中型企业中广泛开展了集思想性、知识性、艺术性于一体的女性形象设计活动。市科技、教育、企业等行业的女学者、女典型，还参与了在沈阳电视台举办的“新世纪新女性”论坛，在社会引起较大反响。

3.策划活动形式新颖。在城区组织开展了“最佳女性形象大赛”，通过自我介绍、才艺展示、机智问答、家人推荐，展示新世纪女性内外结合的美。在纪念“三八”节大会上，举办了“与世纪同行——展巾帼风采”文艺演出；在纪念建党80周年时，举办了“树女性形象，为党旗增辉”讲演大赛，充分展示了各界妇女精神风貌，激励全市广大妇女坚定共产主义信念，为党旗增辉。

4.确立新的行业行为规范。各级妇女组织围绕新世纪妇女的思想观念、职业道德、科学精神、人格心理、行为模式、生活方式等问题开展大讨论。确立了税务、教育、卫生工作者等各行业的行为规范，为新世纪女性发展和成长奠定了基础。

（杨玉梅）

【文明家庭创建活动】 2001年，市妇联继续深化“五好文明家庭”创建活动，不断研究新情况，探索新路子，深化文明家庭创建活动，取得了丰硕成果。

1.制定活动《规划》。市妇联制定并下发了《沈阳市2001－2005年深化文明家庭创建活动规划》，召开了全市深化文明家庭创建活动总结表彰大会，总结五年来全市各级妇联开展创建活动的经验。《规划》明确提出“五好文明家庭”创建活动要贯彻“以德治家”的方针，以爱国守法、科技信息、绿静美安、爱心奉献精神、文化体育五进家庭为主要内容，重点实施家庭读书、依法治家等五项工程。市妇联按照《规划》的要求，将“科技信息进家庭”和“爱心助万家”作为工作重点，在全市开展创建“科技之家”、“学习之家”活动，涌现出一大批文明家庭典型和文明家庭角色。

2.创新活动方式。市妇联积极探索新的活动方式，借助社会力量开展创建活动。与大天力壮骨粉公司共同开展评选优秀家庭角色活动，在全市评选树立了32名新世纪优秀母亲；与云南曲靖卷烟厂合作开展了“福牌杯”文明家庭有奖征文、文明家庭热线直播、文明家庭标兵游云南及各种文化艺术活动等创建文明家庭系列活动，收到良好的社会效果。

3.精心设计活动载体。市妇联与市纪委联合在全市开展了“家庭助廉”活动，制订并下发了活动实施方案，向全市各级领导干部妻子发出了“当好廉内助，树立好家风”的倡议，开展了如何做好廉洁文明家庭和当好廉内助的专题讨论和征集家庭助廉格言活动，召开了警示教育大会，观看了警示教育录像。通过多种形式进行廉政教育，增强了党员领导干部家属反腐保廉的自觉意识及“看好自家门，管好自家人”的责任感。各级妇联把家庭助廉活动与创文明社区、文明家庭结合起来，在全市党员干部家庭筑起反腐保廉的第一道防线。

（杨玉梅）

【宣传贯彻落实新《婚姻法》】 新《婚姻法》自2001年4月28日修改颁布实施后，市妇联开展了一系列宣传活动，推动新《婚姻法》的贯彻落实。

1.举办妇联干部新《婚姻法》培训班。市妇联在市妇女会馆举办了基层妇联干部新《婚姻法》培训班，来自省、市研究《婚姻法》方面的专家围绕婚姻法的基本原则、基本原理、修改的背景、重点及在审判实践中的具体应用等方面做了专题讲座。全市县区、乡镇街、社区、村及妇委会的妇联干部60余人参加培训。市妇联还组织了部分妇女干部和女法律工作者参加全国妇联举办的新《婚姻法》培训班。

2.举办司法人员新《婚姻法》讲座。10月23日，市妇联与市人大联合举行了司法人员新《婚姻法》讲座，市、区两级法院、检察院、公安局、司法局、民政局的工作人员80余人参加了讲座，省委党校法学教授、省婚姻法学会副总干事长党志全就新《婚姻法》的基本知识、如何正确运用新《婚姻法》来处理婚姻家庭案件等问题作了专题讲座。从而加强了司法人员对新《婚姻法》的理解，强化了司法人员将性别意识纳入到司法实践的主动性，为《婚姻法》的贯彻实施营造了良好的执法环境。

3.开展了新《婚姻法》有奖答题活动。为了扩大新《婚姻法》的普及范围，11月20日至12月10日，市妇联与沈阳晚报、郑州百消丹公司联合开展了“百消丹”杯新《婚姻法》有奖答题活动，将新《婚姻法》方面的20道问题登在沈阳晚报上，共有2000余人参加了这次活动，其中年龄最大的76岁，最小的18岁，通过这次活动，进一步扩大了新《婚姻法》的宣传普及范围。

（张　爽）

【依法维护妇女儿童合法权益】 2001年，维权工作以构筑咨询投诉、司法保护、普法宣传、综合治理等网络体系为重点，注重创新，讲求实效，努力构筑社会化的维权工作格局。

1.为妇女儿童提供全面的维权服务。2001年，市妇联建立完善了女法律工作者和市妇联机关干部全员接待制度，发挥市女法律工作者、市妇联机关干部的优势，为来访妇女服务。全年共接待来信来访783件，结案率达99%。单亲家庭俱乐部坚持每月一次组织会员开展形式多样的活动。积极参与社会治安综合治理工作，开展“亲情”帮教工程，组织动员广大妇女参与严打、扫除黄赌毒等工作，促进了家庭和社会的稳定。

2.创新社会化维权工作载体。推动市公安局成立了沈阳市“110”家庭暴力报警中心，履行救助危难妇女儿童、遏制家庭暴力的职能，已接警200多人次。成立了由市政法委牵头，人大、法院、检察院、公安局、劳动局、民政局等部门组成的沈阳市维护妇女儿童合法权益联席会，形成了维权工作的合力，为加强维权工作提供了组织保障。

3.做好对妇女的法律援助工作。市

妇联充分利用法律援助中心这个渠道，切实为妇女提供法律帮助，建立了妇女维权的“绿色通道”。在沈阳市首届法律援助工作经验交流会上，市妇联作了《发挥优势，注重实效，切实做好妇女法律援助工作》的经验介绍。

4.努力提高妇女依法维权的能力。举行“148”维护妇女儿童合法权益宣传周活动、反家庭暴力大型宣传咨询日活动，在东北大学等高校女大学生中开展“自我安全与防范”讲座。继续开展送法下乡、送法到社区活动，将法律普及到基层妇女群众中，通过普法宣传，提高了广大妇女的法律意识和依法维护自身权益的能力。

（张　爽）

【制定颁布2001—2010年沈阳市妇女、儿童规划】 根据全国和省妇儿工委的要求，结合《沈阳市国民经济和社会事业发展“十五”计划》的制定，沈阳市妇儿工委办公室起草了2001－2010年《沈阳市妇女发展规划》和《沈阳市儿童发展规划》。2001年4月提交沈阳市妇儿工委工作会议讨论通过后，报请市政府常务会议讨论。10月23日，沈阳市政府第24次常务会议讨论通过了《沈阳市妇女发展规划（2001—2010）》和《沈阳市儿童发展规划（2001—2010）》，并以沈政发〔2001〕10号文件颁布实施。

新制定的两个《规划》，提出了新世纪前十年沈阳市妇女儿童全面发展的主要目标和任务。《妇女规划》的主要内容分6个领域：妇女与经济、妇女与政治、妇女与教育、科技、妇女与健康、妇女与法律、妇女与环境。设定主要目标26项，策略措施59项。《儿童规划》主要内容分4个领域：儿童与健康、儿童与教育、儿童与法律保护、儿童与环境。设定54项主要目标，51项策略措施。

（穆爱华）

【“代理妈妈”活动】 “代理妈妈”活动开展五年来，全市已经为8000余名贫困儿童聘请了“代理妈妈”。得到“代理妈妈”关爱和资助的孩了健康成长，有的升入高中，有的考上大学，有的进入军营。2001年“代理妈妈”活动又有了新的进展。

1.沈阳“代理妈妈”爱献阜新贫困儿童。为了响应省、市委扶贫帮困的号召，让阜新的贫困孩子得到帮助，完成学业，市妇联开展了“沈阳代理妈妈爱献阜新贫困儿童”活动，发动部分单位和个人资助阜新市的贫困儿童，做他们的“代理妈妈”，活动得到许多单位和个人的响应。3月1日，市妇联副主席王晖率沈阳市“代理妈妈”代表一行15人赴阜新，参加沈阳“代理妈妈”爱献阜新贫困儿童活动启动仪式，送去学习用品和捐助资金3万元。

2.开展了“大手牵小手、爱心1＋1”助学帮困活动。2001年11月，为响应市委、市政府的号召，市妇联开展了千户家庭与千名特困儿童手拉手、助学帮困活动。发动社会每个家庭少置一件物，每个成人少买一件衣，把节省下来的钱为贫困儿童交学费，资助他们继续学习。本次活动得到新闻媒体的积极关注和充分报道。市妇联与沈阳晚报联合开展了“大手牵小手、爱心1＋1”活动，并设立了热线电话，在社会引起广泛关注。时代商报、沈阳日报、沈阳电台、电视台等许多新闻单位都主动积极参与报道，有力地扩大了活动的影响力和覆盖面。社会各界共认助1300名农村贫困儿童。

3.开展“爱献社区为贫困儿童赠送眼镜”活动。2001年8月28日，沈阳市妇联、沈河区妇联与市老精华钟表眼镜公司联合开展了“爱献社区为贫困儿童赠送眼镜”活动。老精华钟表眼镜公司总经理翟武斌拿出价值30万元的眼镜3000副，免费送给全市13个区县（市）需要眼镜的贫困学生。

（穆爱华）

【市委召开妇联工作会议】 2001年，市委进一步加大了对妇联工作领导的力度，于11月22日，召开了市委妇联工作会议。市委书记张行湘作了重要讲话，朱锦副书记作了工作报告。会议交流了大东区委等3个单位党委重视妇联工作的经验，形成了《中共沈阳市委关于在新形势下进一步加强党对妇联工作领导的意见》。这是改革开放以来第一次以市委的名义召开妇联工作会议，表明了市委对妇联工作的重视和支持，为妇女工作开展创造了良好的外部环境。

市委妇联工作会议对妇联组织和广大妇女的作用给予了高度的评价。各级妇联组织在夯实党的群众基础，保证党的政治优势和组织优势，增强党在群众中的凝聚力方面发挥了不可替代的作用；广大妇女在加快沈阳的改革和发展，全面推进沈阳市的改革开放和经济建设，维护社会稳定方面发挥了重要的“半边天”作用。

会议要求各级党委要进一步加大宣传贯彻落实马克思主义妇女观、男女平等基本国策的力度，特别是领导干部必须带头学习和掌握马克思主义妇女观，强化国策意识，努力将性别意识纳入决策主流，在制定政策时贯彻男女平等、儿童优先的原则，高度重视并切实做好妇女工作，努力将男女平等基本国策落到实处。

市委妇联工作会议确定了加强党对妇联工作领导的具体措施。每5年召开一次市委妇联工作会议，市委常委每年听取妇联工作汇报并作专题研究；各级党委专门研究妇联工作每年不少于两次，及时转发妇联重要文件，党委的有关会议吸收妇联的主要负责人参加或列席；在机构改革中，保证妇联组织机构的独立性；把妇联干部的培训、交流纳入领导班子和干部队伍建设的总体规划；对妇联组织的行政、业务活动所需经费予以支持，并根据具体情况列入地方财政预算；妇儿工委的编制经费、妇女儿童数据库等问题也基本得到了解决。市委妇联工作会议的召开，为妇联充分履行职能提供了保障。

（张靖　梁宏语）

【加强妇联自身建设】 2001年，市妇联进一步加强了妇联组织自身建设。在全面加强调查研究的基础上，召开了沈阳市妇联自身建设工作会议，全面分析妇联组织面临的新形势、新任务，总结妇联自身建设的新特点和成功经验，推广了辽中县妇联等8个单位立足改革、加强自身建设的一整套经验，下发了《沈阳市妇联关于加强自身建设的决定》。这次会议为切实加强妇联组织自身建设，推进妇联各项工作的全面开展奠定了坚实的基础。

进一步加强了基层组织建设，夯实组织基础。市妇联抓住全市村委会换届的有利契机，制定下发了《关于做好我市村妇代会换届选举工作的通知》，及时指导、推动村妇代会换届与村委会换届同步进行，全市1964个行政村，有1913个建立了妇代会。市妇联关注基层妇联干部遇到的困难，在调研的基础上，下发了《关于解决村妇代会主任待遇问题的意见》，解除了村妇代会主任的后顾之忧。召开了基层组织建设工作会议，总结交流了经验，进一步加强了对基层妇女组织规范化、科学化的管理，夯实了妇联基层组织建设的基础。

制定了培训规划，深入开展多种形式的培训工作。市妇联制定下发了《2001—2005年沈阳市妇联干部培训规划》。市妇联举办妇联干部岗位培训班，培训学员近300名，组织部分学员到南京、上海等地参观学习妇联工作的经验；各级妇联广泛开展了妇联干部培训，共举办各种培训班48期，培训率达76%以上，提高了妇联干部的综合素质。

（王铁立　梁宏语）

市文学艺术界联合会

【组织创作活动】 2001年，沈阳市文联围绕市委的中心工作，服务大局，奉献社会，开展了以迎接新世纪为起点、以庆祝建党80周年为重点的主旋律创作展示活动。2000年12月31日，市文联与市委宣传部在市政府广场，共同举办了“沈阳·新世纪第一天”摄影采风活动。来自社会各界的5000多人和摄影爱好者冒着凛冽的寒风，举行了隆重、热烈、壮观的启动仪式。此次活动历时20多天，有300多人拍摄了2000多幅作品。此后还相继开展了“沈阳·新世纪之春”、“沈阳·新世纪之夏”、“沈阳·新世纪之秋”即统称为“新世纪·沈阳四日”的摄影采风活动。在纪念建党80周年的日子里，又开展了系列献礼活动，主要有：以中青年画家为主体的汇集152件绘画精品的“沈阳市美术作品展”；以自撰诗词联语为主、汇集187件书法精品的“沈阳市书法献礼作品展”；以展示辽沈地域风情为主要内容的、汇集35个民间工艺种类1000多件作品的“民间工艺博览会”；以校园生活为主题的、采取无扩声伴奏形式的“‘金色的向日葵’少儿音乐会”；以展示专业书画家创作水平为主的、汇集120多幅艺术精品的“沈阳书画院作品展”等。此外，《诗潮》杂志社和市戏剧家协会等单位还主办了有20多位辽沈表演艺术家参加的“红船·红旗·红色世纪诗歌朗诵会”；《芒种》、《诗潮》两刊分别推出了“纪念建党80周年专号专辑”，组织作家、诗人以文学作品歌颂党的丰功伟绩。沈阳市有159幅作品入选“省庆祝建党80周年美术精品展”，占整个展览的“半壁江山”，其中有2幅作品获金奖，9幅获银奖，14幅获铜奖。在纪念“九·一八”事变70周年活动中，沈阳市书画家还开展了大型书画收藏展的创作活动，创作展出了近200幅书画作品，并将这些作品全部无偿交给“九·一八”博物馆收藏。

（刘煜昌）

【开展文艺评论】 2001年，市文联组织召开了“木青长篇小说《五爱人》座谈会”，邀请省市领导和辽沈地区的著名作家、评论家对木青小说的创作选题、表现手法和艺术特色进行深入探讨，为进一步推动沈阳市主旋律题材的创作摸索经验；参与组织了青年作家何琼中短篇小说集《欲望之都》和王振才中篇小说集《山那边是海》的研讨会。鉴于加强对文艺作品创作和出版前的指导，市文联成立了由资深编辑和评论家组成的“阅评组”，并首批对6位作家未出版的作品进行了评阅，提出了修改意见。此外，与中国舞蹈家协会研究部共同举办了“孙玉秋满族少儿舞蹈作品研讨会”，邀请中国舞协的负责人贾作光、史大里及我国舞蹈界的专家、学者对沈阳市少儿舞蹈创作进行理论评价和艺术指导。此外，还相继召开了“徐炽、王贺良书法研讨会”、“马学鹏中国画研讨会”、“邹毅‘冰雪摄影’讲座及周海翔、路红军作品观摩会”、“李宏林电视剧本《师表》创作研讨会”、“著名东北大鼓表演艺术家霍树棠诞辰纪念活动”等十几次作品研讨会。作为沈阳市文艺评论阵地的《沈阳文艺界》进一步加重了评论的份量，先后共编发评论文章80多篇。

（刘煜昌）

【文化交流】 2001年8月28日至9月4日，沈阳市文联与中国文联组联部共同举办了为期一周的“全国第十一届历史文化名城会议”，邀请了21个省、自治区、40个城市的文联领导来沈研讨如何坚持先进文化的前进方向，发挥历史文化名城优势和作用的对策。会议交流了经验，达成了共识，形成了《沈阳纪要》。此外，沈阳市文联还注意利用各种条件和机会，向省内外乃至全国推出沈阳的艺术家，9月底在北京中国美术馆先后举办了“徐炽、王贺良书法展”和“马学鹏中国画展”，中央政治局常委、全国政协主席李瑞环接见了画家马学鹏，并对他的作品给予充分肯定。全国政协副主席杨汝岱、赵南起、王兆国、王文元等国家领导及省、市领导出席了展览的开幕式并参观了展览。2001年，市文联先后举办了“沈阳市青年书法‘十佳’作品评选及青少年书法大赛获奖作品展”、“佟力辉百幅油画展”、“王耀华书画展”、“宫云湘个人独唱音乐会”、“崔红岩、李玉庆个人独唱音乐会”等，为艺术家展示艺术才华提供了舞台。2001年7月，中央电视台“建党80周年”专辑介绍了沈阳市民间工艺创作——中华结等艺术品；10月，中央电视台又对沈阳市摄影家周海翔拍摄以“鸟”为主题的作品进行专访，并在央视“瞬间世界”播出。在开展对外文化交流方面，沈阳市艺术家自觉走出国门，向世界展示沈阳艺术，主要活动有：市文联在新加坡与新加坡狮城扶轮社联合主办了“中新书画交流展”；张要武的油画作品赴美参加了“纽约大都会艺术博览会”展出；么喜龙先后两次赴日本神户市举办“么喜龙书法展”；么喜江应美国洛杉矶天普美术学院和日本神户名古美术馆的邀请举办个人画展和讲学；李仲元、董文、么喜龙等十几位书法家参加了在沈举行的“中、日、韩第十四回名家书画交流展”；王宁、王玉斌、臧立君参加了在汉城举行的“第五回中、韩、新书法展”；李正中赴加拿大温哥华举办“求索书法展”；肖祖臻赴美国洛杉矶举办了个人书画展等。《诗潮》杂志社派人随团参加了第21届世界诗人大会，并在大会上介绍了沈阳市诗歌创作的经验。此外，市文联还接待了韩国江源道艺总访华团，协助举办“台湾画家王农画马展”。这些活动展示了沈阳市创作的成就，扩大了与海外的文化交流，在国外引起了很好的反响。

（刘煜昌）

【文艺队伍建设】 2001年，沈阳市文联党组重视加强对文艺队伍的思想教育，先后两次召开合同制作家和两次青年作家研讨会。先后三次组织近100多位作家、艺术家赴驻军某部和东药集团深入生活，了解部队官兵刻苦训练和国企改革脱困的历程，并进行慰问演出和集体采风。市书协还组织书法家到省武警总队后勤部慰问官兵。为了培养人才，沈阳市书法家协会先后选送7人到首都师范大学书法研究生班深造。沈阳市摄影家协会为了扩大影视评论队伍，还从“沈阳市大学生影视爱好者协会”中，挑选了100名优秀者加入影视家协会。2001年，沈阳市作家协会、摄影家协会、曲艺家协会、影视家协会等发展新会员160多人，调整协会主席、副主席10人，新增理事8人。

（刘煜昌）

【全国第十一届历史文化名城文联会议在沈阳召开】 由中国文联组联部和沈阳市文联联合主办的全国第十一届历史文化名城文联会议于2001年8月28日至31日在沈阳市举行。出席这次会议有21个省、自治区、40个城市的102名代表。在会议的开幕式上，中共沈阳市委常务副书记崔文信代表市委、市政府致词，中国文联副主席罗扬和组联部主任王均作了重要讲话，沈阳、济南、西安、杭州、广州、天水、宜宾、宁波等市文联的代表相继发了言。会议还特别邀请了全国著名文物专家罗哲文教授作了有关历史文化名城建设的学术讲座；举办了"全国历史文化名城文化摄影作品展"，展出了24座历史文化名城的270幅摄影作品；会上有24个城市做了书面交流。与会代表还参观了故宫、北陵、大帅府、"九·一八"纪念馆等历史文化古迹，并赴俄海参崴采风。

这次会议深入学习贯彻了江泽民总书记"三个代表"的重要思想，围绕代表先进文化的前进方向，推动历史文化名城文联工作这一主题，总结工作，交流经验，寻求共识，研讨问题。

会议讨论并确定广州市文联为2002年全国第十二届历史文化名城文联联谊会的主办城市。沈阳市文联为联谊会制作了新会旗，并举行了会旗交接仪式。

（刘煜昌）

【市文联成立创作审读小组】 2001年5月9日，沈阳市文联召开了文学创作审读小组成立会议，旨在加强创作工作力度，提高文学创作质量。市文联副主席周永诗在会上代表文联党组对审读小组提出了审读对象、内容、任务及要求。创作审读小组是由沈阳市部分老作家和资深编辑组成的，主要成员有：原市文联副主席邵振棠、原《芒种》主编唐耀华、原市作家协会秘书长沈秉春、《芒种》副编审原昌。他们主要审读沈阳市专业作家、签约作家及业余作者即将出版的长篇小说、报告文学、散文集、诗集及未出版的书稿，并提出评定意见，指导和推动沈阳的文学创作。

（刘煜昌）

市科学技术协会

【沈阳市科学技术协会第六次代表大会】

沈阳市科协第六次代表大会于2001年10月18日在辽宁人民会堂举行。市科协主席、党组书记商向东代表市科协第五届委员会向大会作了题为《团结广大科技工作者，积极投身科教兴市伟大事业，为实现我市"十五"计划宏伟目标作出新的贡献》的工作报告。参加大会的549名代表来自各行各业，代表了全市62万科技工作者和18万科协会员。

沈阳市科协第六次代表大会圆满完成会议的各项议题后，10月19日闭幕。在当天的会议上，代表们选举产生了市科协第六届委员会。在第六届委员会第一次会议上，委员们选举产生了常委、副主席、主席。商向东当选为主席，才庆魁、王天然、卢柯、左良、田维实、刘长江、朱英浩、邢春景、何钦成、李力、陈钢、孟庆文、徐延豪、黄其励、黄宝铮、程伟当选为副主席，张丽茹被聘任为第六届委员会秘书长。大会审议通过了市科协"六大"关于工作报告的决议和关于市科协修改章程的决议；通过了授予王尔智、刘祁涛、孙开来、李黎达、徐人瑞为市科协资深委员的决定；通过了聘请曹振家、高占文、王庆礼、沈文波、谷春立、李梦玲、王勇、吴景峰、张金兰为市科协顾问的决定；通过并宣读了市科协"六大"代表向全市科技工作者发出的《努力实践"三个代表"的重要思想，积极投身科教兴市的伟大事业》的倡议书。大会还宣读了市委、市政府关于表彰第五届沈阳市优秀科技工作者的决定，市煤气总公司副总经理、教授级高级工程师于力等84名同志被授予第五届市优秀科技工作者称号。

（孔庆华）

【《专家建议》编报工作】 2001年，沈阳市科协认真听取、搜集整理和及时编报各方面专家对沈阳市工作的意见与建议，全年共编报《专家建议》8篇。市科协在《专家建议》编报工作中坚持及时性、超前性、关键性和有效性的原则，在2001年沈阳南运河清淤工程即将完工时，适时提出了《关于在沈阳市南运河安装喷水曝气装置的建议》，得到市领导的重视和批示；《关于沈阳市森林病虫害控制对策的建议》，科学分析了历年来沈阳森林病虫害发生发展的情况，预测了2001年的发展趋势，提出了森林病虫害的预防治理措施，得到有关市领导的高度重视，批转市林业局，要求根据建议加大此项工作的力度。

（孔庆华）

【沈阳市建立第一家民营企业科协】 2001年9月3日，沈阳凤祥集团科协举行成立大会，这是沈阳市科协与沈阳市民营委联合下发"关于在民营企业建立和发展科协组织的通知"后，沈阳市建立的第一家民营企业科协组织。在成立大会上，沈阳凤祥集团董事长孙凤祥当选为科协名誉主席，集团执行总裁刘济时当选为科协主席，集团办公室主任徐继昌当选为秘书长。沈阳凤祥集团科协的建立，为沈阳市在民营企业建立和发展科协组织，促进民营经济的发展，起到了示范作用。

（孔庆华）

【开展"扶贫帮困办实事"活动】 沈阳市科协发挥人才和知识的优势，于2001年11月，组织在沈的中国医科大学等38家高校院所，对康平县和法库县19个贫困乡镇广泛开展扶贫帮困办实事活动。

2001年12月25日，10台大货车满载着捐赠的物资，驶向康平、法库两县，这是由市科协组织的沈阳市部分大专院校和科研院所下乡扶贫帮困的一次集中行动。参加这次集中行动的单位有东北大学、沈阳铝镁设计研究院、沈阳工业大学、中国建筑东北设计研究院、沈阳大学、沈阳市勘察测绘研究院、沈阳医学院、沈阳煤气热力研究院和沈阳化工学院等高校院所。捐赠的物资计有95台微机，500多套学生桌椅和一些体育器材及教学设施，6000多件套过冬衣物等，总价值达40余万元，此外还带去了1.4万元扶贫款。这些钱物已直接分别送到法库县的叶茂台镇、康平县的两家子乡、沙金台乡、张强镇和东升乡等贫困乡镇。

（孔庆华）

【沈阳市反邪教协会成立】 沈阳市反邪教协会成立大会于2001年4月4日在沈阳市科协举行。成立大会由沈阳市科协副主席、发起人之一黄宝铮主持。大会首先宣读了由刘祁涛、黄其励、黄宝铮、金吉媛等19位沈阳科技界、社科界、法律界、宗教界和新闻界著名人士关于发起成立"沈阳市反邪教协会"的倡议书。

倡议书热切希望，社会各界有志于反邪教斗争的有识之士，加入到沈阳市反邪教协会的行列中来，高举"崇尚科学、反对邪教"的大旗，并肩作战，为彻底铲除"法轮功"邪教组织这一毒瘤，取得反邪教斗争的全面胜利，为保证我们的国家长治久安、人民群众的身心健康，作出群众组织的贡献。

大会宣读了《沈阳市反邪教协会章程（草案）》。章程规定沈阳市反邪教协会是由科学技术界、社会科学界、宗教界、法律界、新闻界等社会各界有志于反邪教斗争的人士自愿组成，并依法登记成立的公益性、非营利性法人社会团体。宗旨是宣传马列主义、毛泽东思想、邓小平理论；弘扬科学精神和人文精神，普及科学知识，传播科学思想和科学方法；维护法律尊严，尊重宗教信仰自由，团结和联络社会各界人士，反对一切危害人民生命财产安全、扰乱社会公共秩序、破坏法律实施和社会稳定的邪教组织，努力提高公众对邪教组织的警惕性、鉴别力和防范能力。

大会讨论并通过了《沈阳市反邪教协会章程》，选举产生了第一届理事会和常务理事会。辽宁大学原校长刘祁涛任名誉理事长，中国工程院院士、东北电力集团总工程师黄其励为理事长，市科协副主席黄宝铮为常务副理事长，金吉媛、马思、柴德信、正伟等为副理事长，黄宝铮兼任秘书长。

（孔庆华）

市社会科学界联合会

【立项课题管理】 2001年初，市社科联在全市所属57家学会（协会、研究会）和党校、大专院校、科研院所、党政机关的部分专家学者中进行科研课题的广泛征集，经专家筛选，在涉及经济、政治、历史、教育、金融、文化、心理、法律等八大类的百余项课题中，确定事关沈阳市城市建设、国企改革、劳动保障、社会稳定、教育、司法等内容的51项课题为2001年度立项管理课题。经多方征求意见，又精选出对全市的改革开放、经济建设和社会稳定具有重大理论指导意义和实践应用价值的15项课题为重点研究课题。一年来，通过召开课题成果完成情况调度会、参与重点课题研究与策划等方式的跟踪服务，截至12月20日，立项管理课题已结题40项，占年度立项管理课题的80%，其中重点课题完成13项，占年度重点课题的90%。年末，根据对课题的立项原则和管理程序，组织专家评审组对已结题的立项管理课题进行评审，评出一等奖6项，二等奖15项，三等奖14项。有16项课题研究成果进入国家、省、市领导决策，并已经或正在进入成果转化和应用期。如：荣获本年度课题研究成果一等奖的由市心理研究所所长王树茂教授完成的《"法轮功"痴迷者的心理轨迹》在新华社《国内动态清样》（2001年3月23日）第5591期发表后，引起中央有关部门领导的重视，责成中国科协通知作者在北京召开的"捍卫科学尊严，破除愚昧迷信，反对伪科学"论坛第五次研讨会上作报告，中央电视台6月4日当晚在全国新闻联播节目中作了报道；政策学研究会结题的《关于中心城市现代化发展战略研究》中的部分成果，已写入沈阳市第十次党代会报告之中；经济学会完成的《中心城市两级政府管理体制研究报告》中的60项意见已被市政府采纳并付诸实施；东北大学文法学院赵兴宏教授负责完成的近2万字的《网络伦理问题研究》报告，以网络社会的网络道德这一崭新命题为切入点，提出了建立网络道德规范、对网络管理者进行依法管理的超前举措，为当前教育大学生和广大青少年正确利用网络及建立良好的网络文化体系，提供了很有价值的决策参考；统计学会完成的《"十五"时期拓展我市基础设施建设融资渠道的对策研究》在沈阳日报刊发后，被市财政局全文引用。另外还有24项课题成果在全国、省、市级会议上交流、获奖或在刊物上发表，如：税务学会的《论我国企业所得税》与《关于完善我国增值税的思考和对策》，人寿保险学会的《中国人寿公司文化建设要解决的几个问题》，胡移山、姚志敏教授完成的《关于中国社会主义文化建设理论的研究》等等。

学会在2001年课题研究中，也根据自身特点，完成了本部门、本系统在国家、省级立项的重点课题，成果显著。如：教育学会承担的中国教育学会"九五"立项课题《家庭教育与中小学素质教育衔接研究》已顺利通过验收结题，并由中国教育学会推广实施；价格学会完成了国家计委下达的《不正当价格行为表现形式与规范对策研究》课题任务，并代国家计委起草了《反价格歧视条例》；广播电视教育学会完成的《当代远程开放教育》受到中国电化教育学会的高度评价；审计学会组织的20余项课题参加省级评选的获奖篇数和级次连续三年在省内居首位。

（白晶华）

【开展各种纪念活动】 6月22日，市社科联与市委讲师团在市电大图书馆会议室召开了"沈阳市社科界庆祝建党80周年座谈会"。来自东北大学、辽宁大学、省社科院等高校和科研院所的十余位专家学者参加了座谈。与会者回顾我党80年来走过的光辉历程，总结沈阳社科界近年来取得的可喜成绩，结合"三个想一想"学教活动，提出要用"三个代表"的思想指导开展社会科学工作，用党的历史经验教育广大党员干部，把事业干好。

7月3日，市社科联与市委讲师团、党建学会在市委党校图书馆会议室召开了"沈阳市社科界学习江泽民同志'七一'重要讲话座谈会"。与会者认真学习讲话精神，总结我党80周年的历史经验，提出要不断提高加强党的思想建设和组织建设重要性的认识，以"三个代表"的重要思想为指导，紧紧围绕经济建设这个中心和改革发展稳定大局，坚持从严治党，永远保持党的先进性、纯洁性，增强创造力、凝聚力、战斗力。

9月18—20日，市社科联与台办、历史学会共同策划并配合国台办和省台办组织辽沈地区史学界的20余名著名专家学者在沈阳迎宾馆召开"海峡两岸'勿忘九·一八'研讨会"。以"九·一八"事变发生70周年为契机，对全市人民进行一次爱国主义的宣传教育，并与来自北京、吉林的著名史学界专家学者和台湾南部地区的学者共同研讨。通过小组座谈、大会发言、撰写文章、出版专辑、实地考察等活动，使人们进一步认识到日本帝国主义给包括台湾在内的全国人民带来的灾难，进一步增强了海峡两岸同胞"勿忘国耻、振兴中华"和实现祖国统一的历史责任感和使命感。会议期间，辽宁日报、辽宁电视台、沈阳日报、沈阳电视台、沈阳电台等新闻媒体到会进行了现场采访，并做了相关报道。

9月28日，市社科联与市委讲师团在市委党校图书馆会议室召开了"沈阳市社科界学习贯彻党的十五届六中全会精神座谈会"。来自党史、党建、哲学、社会学等学科的十余位专家学者就党的十五届六中全会提出的加强党的作风建设的问题，联系沈阳市党建和党员队伍的实际进行了座谈。与会者一致认为：十五届六中全会中提出加强党的作风建设的问题是我党在新时期的一项重要任务，每个党员干部都要加强思想作风、学习作风、工作作风、领导作风和干部生活作风，要坚决做好八个坚持、八个反对，全心全意为人民服务，做人民公仆。

（白晶华）

【揭批"法轮功"活动】 针对"法轮功"邪教组织策划的天安门广场自焚事件及"法轮功"组织的新动向，社科联党组研究制订了《揭批"法轮功"邪教组织系列活动方案》，从不同的角度和层面，采取不同的形式和办法，重点组织实施了"一、十、百、千、万"计划。在组织召开辽沈地区相关学科的20余名专家学者参加的"沈阳市社科界'弘扬科学精神铲除反动邪教'座谈会"基础上，组成由政治、经济、哲学、历史、教育、法律、社会学、心理学等10个学科10位专家学者参加的揭批报告团，下工厂、进机关，到社区、进学校，去农村、进军营，做揭批报告30余场，培训了负责做"法轮功"痴迷者转化工作的骨干千余人，近3万人听取了揭批报告团的报告。组织百名社科专家参加了沈阳市各界"反对邪教、保障人权"的签名活动，与市科协共同发起并成立了"沈阳市反邪教协会"。

（白晶华）

【科普宣传、咨询服务活动】 2001年9月22日，社科联与和平区南湖街道办事处在保安寺社区开展了以"社区与社会科学"为主题的科普宣传日活动。参加这次科普宣传、咨询服务活动的16个学术团体的60多位专家学者，通过图板展示、资料发放、疑难问题解答、相关政策咨询等方式，着重就社区居民关心的法律、劳动政策、老年人医疗保健、房地产法规、保险险种、家庭理财、价格政策、家庭教育、成人教育、图书阅览、集邮、电子商务、教育心理、公共关系、地域文化等内容，进行现场咨询服务。共发放宣传资料5575份，接待咨询人数647人（次），现场解答问题936个。沈阳日报、沈阳电台对活动情况进行了报道。

社科联所属学会结合自身特点适时开展咨询服务活动。招生考试研究会利用招考前的最佳时间，开展招生咨询服务活动，受益考生和家长达8万余人（次）；妇运理论研究会以世界反家庭暴力日为契机，在商业城门前开展咨询服务，近千人接受了反家庭暴力、法律常识、婚姻家庭等方面的咨询服务；劳动学会围绕国有企业下岗职工基本生活保障向失业保险并轨及医疗制度改革的新政策，举办两期劳资干部、厂长、经理等500余人参加的劳动政策法规培训班；城市金融学会开展了以汽车消费贷款、住房贷款、网上银行为重点的业务咨询服务，并以文艺演出形式进行宣传；家庭教育研究会在沈阳日报、沈阳电台、沈阳电视台开办了家教栏目，宣传普及家教知识；新闻摄影家协会配合有关部门，举办了中国沈阳（国际）汽车工业博览会新闻摄影大赛；时事学会就中国加入世贸组织、中美关系、反恐怖、台湾局势等问题分别举办专题报告会等等。

（白晶华）

【开展评先活动】 市社科联开展了"2001年度先进学术团体、优秀学会工作者"的评选活动，经学会自报、社科联审核、主席办公会通过，共评出2001年度先进学术团体22个，优秀学会工作者31名。根据近两年来全市社会科学学术团体的工作情况，经社科联推荐，历史学会等5个学术团体和戴文英等11名学会工作者分别被评为"辽宁省1999—2001年度先进学术团体"和"辽宁省1999—2001年度优秀学会工作者"。同时在与市委讲师团共同组织开展的"百名专家、百条建议"的"双百"活动中，为充分发挥社会科学工作者在全市经济社会发展中的参谋和智囊作用，确保市第十次党代会和"十五"规划奋斗目标的实现，经对300余位专家学者提出的涉及农业、教育、金融、文艺等方面的234条建议进行归纳整理筛选和评审，对30位专家学者提出的80条建议以及在活动中做出富有成效组织工作的学会分别给予"优秀建议特别奖"、"优秀建议奖"和"优秀组织奖"奖励。（白晶华）

市台湾同胞联谊会

【做好台胞事务工作】 2001年，市台联广泛团结全市台胞，积极开展联谊活动，扎扎实实地做好台胞事务工作，努力为台胞办实事，解决实际问题。共组织台胞联谊活动7次。举行迎新春联欢团拜会，台胞们进行了丰富多采的文娱活动，台胞们进一步认清了沈阳形势，激发了立足本职，建功立业的热情。与市台盟联合组织女台胞、台胞女家属开展国际劳动妇女节纪念活动，就新世纪如何发挥广大妇女作用、自强自立进行热烈讨论。举行全市台胞"迎中秋、庆国庆"座谈会和大型联谊活动，畅谈祖国统一的美好前景和伟大祖国的光辉未来。在重阳节前夕，市台联、市台盟联合为市内60岁以上的老台胞、老台胞配偶、台胞遗孀进行了身体检查。春节前夕，市台联领导走访慰问台胞20户37人。每到一户台胞家中，都详细了解他们的身体状况、生活情况等，并把油、面粉等慰问品发到台胞手中。市台联还热情帮助协调解决台胞的工作、生活等方面的问题或困难，其中有台胞遗孀孤寡老人的生活困难，有老台胞民事纠纷案判决不公正及久拖不执行问题，有台胞住房动迁问题，市台联都积极与有关部门联系，在维护台胞合法权益的前提下，力争使问题得到妥善解决。全年共主动为台胞办实事30余件，接待台胞来访70余人次。

（蔡鸿文）

【参政议政】 2001年，市台联通过政协团体提案、委员个人提案，共向政协递交人民团体提案4件，个人提案9件，其中《对外商投资企业"一站式"服务的意见》被市政协评为优秀提案。市台联还通过与市委领导座谈和以《专报》等方式，积极给市委提出建议。全年，市台联领导参加市委主要领导组织的座谈会4次，按市委督查室提纲要求向市委报督查专报5份，内容涉及沈阳的改革、开放、反腐败等。

（蔡鸿文）

【加强对台交流与交往】 全年共接待及联络台商20余人次。元旦前夕，市台联向台湾、日本、美国、香港及国内各地发贺卡700余件，加强了与各地台商的联系。2001年市台联还组织以市台联副会长孙桂芬为团长的"沈阳市妇女赴台交流访问团"，赴台参加了"新世纪两岸两性平权研讨会"。这次赴台交流访问，无论在政治、经济、文化和学术上，都富有一定成果。台湾企业界人士表示了对沈阳的兴趣，欲来沈阳进行经贸考察，为沈阳与台湾的经济合作创造了后发优势。妇女团回沈阳不久，台湾就有4个团组应邀先后来沈考察。

2001年由市台联协助，达成了投资额100万美元合资意向书一个，计划投资100万美元的委托投资协议一个，农业机械出口南美的意向一个。

（蔡鸿文）

市工商业联合会

【参政议政】 2001年，市工商联紧紧围绕全市中心工作，认真履行参政议政职能，在深入调查研究的基础上，利用各种渠道向市委、市政府及有关部门建言献策，反映民营企业的意见和要求，对推动全市民营经济快速健康发展产生了积极的影响。在2001年市、区两级人大、政协会议上，工商联界的人大代表、政协委员围绕经济和社会发展中的热点和难点问题，积极献计献策，共提交提案267件。在市政协十一届四次全会上提交发言材料3份，提案15份。其中"关于理顺非公有制经济管理体制的建议"、"关于抓紧理顺我市客运交通管理体制"两项提案，在市政府机构改革过程中均被采纳。针对全市民营经济在发展中出现的新情况，与市政协共同开展了两次调研活动，先后深入8个区、县走访调查，10次听取市政府以及金融系统22个单位通报情况，多次召开民营企业家座谈会，发出调查问卷350余份，最后形成了“改善环境，促进中小企业发展”和“关于我市民营经济软环境情况调查报告”两份调研材料，在市政协十一届二十二次常委会上作了书面发言。参加市政协组织的调整经济结构调研组，赴深圳、武汉两地调研后形成了“培育和建设创业投资市场，促进中小企业发展”的提案。先后完成了“沈阳市首次私营企业抽样调查数据及分析”和向全联报送的关于增加农民收入的调研报告。各区、县(市)工商联坚持深入企业，开展了广泛的调研活动。大东区就企业办理营业执照难的问题，提出了改革审批制度的建议。区政府采纳了建议，拨款建立了公开办事大厅，实行了一站式服务，企业非常满意。和平区从解决制约民营经济发展的“三乱”等问题入手，组织会员献计献策，共提出意见和建议32条。新城子区档案装具厂厂长李强在市长民营企业家调研会上提出的“拓宽道义开发区公路和开辟通往市内公交汽车”的建议，受到重视，并被采纳。

围绕做好非公有制经济代表人士思想政治工作，促进两个文明建设共同进步这一主题，以加强民营企业思想政治工作和企业文化建设作为切入点，与市委宣传部、统战部联合印发了《沈阳市非公有制经济代表人士思想政治工作实施细则》。为进一步提高非公有制经济代表人士思想道德素质，开展了“致富思源，富而思进”教育活动，组织代表人士学习江泽民总书记“七一”重要讲话。通过这些活动，使广大非公有制经济人士认识到，作为党的富民政策的最大受益者，同时也是有中国特色社会主义事业的建设者，个人命运、企业发展与国家、社会、人民的前途是紧密相联、密不可分的。把企业办好、办实，做大、做强，以更好的业绩报效祖国、回报社会，已成为非公有制经济人士的共同心声。11月，市工商联成功组织部分会员企业参加了弘扬“沈阳精神”电视演讲大赛，获得优秀组织奖。

（肖世威）

【组织建设】 按照加快组织建设步伐，高质量发展会员的总体要求，2001年会员队伍继续壮大，基层组织建设不断加强。主要体现在三个方面：一是会员整体素质有所提高。各区、县(市)工商联利用换届有利时机，大力发展新会员，一批实力强、效益好、影响大、信誉佳的民营企业加入商会组织。新会员中从事信息技术、生物制药等高科技产业的民营企业比例明显增加，会员结构得到改善，整体素质有了进一步提高。2001年发展新会员1018名，会员总数达到14058名。二是代表人士、执委和企业概况数据库初具规模，录入数据的重点会员已达2483户。三是基层商会组织建设步伐加快。为探索企业家办会的新路子，新组建了市总商会直属商会。对领导机构产生办法进行了改革，引入了公平竞争机制，民主选举产生了会长、副会长。近100家经济实力强、发展有后劲、社会影响好的民营企业加入了直属商会。为推动基层组织建设，召开了行业商会经验交流会。直属商会、出租车商会、五金工具商会和温州、闽南两个外埠商会的代表介绍了工作经验，为基层商会组织建设工作提供了宝贵的经验。以提高基层商会领导集体及企业家素质为目的，全年举办基层商会会长培训班3次，收到良好效果。

（肖世威）

【光彩事业】 2001年，市工商联以实施项目推进战略为中心，大力发展光彩事业。结合市委提出的调整农业产业结构战略目标，以推动农业产业结构调整为切入点，进一步加大了科技扶贫力度。在民安集团、宝禄集团、欧亚工贸集团和铁通物资公司的积极参与下，经过近两年的努力，“沈阳市光彩事业农业科技示范园”已初具规模。园内共种植棚桃4000多棵、葡萄1400多棵。在资助特困大学生活动中，共有90多位民营企业家资助205名特困优秀大学生。会员企业—辽宁科翔医药有限公司向全市2万个特困户捐助了200万元的药品。和平区工商联开展了“伸出你的双手，资助贫困大学生”活动，收到了较好的效果。组织会员企业参与再就业工程，与市劳动局联合举办了“第三届民营企业人才招聘会”和“首届餐饮行业用工招聘会”，62家企业参加大会，提供就业岗位800多个。和平区、大东区工商联配合有关部门共安排下岗职工1.4万余名。在辽宁省民营经济工作会议上，市工商联获得“辽宁省光彩事业最佳组织奖”；会员企业——沈阳方圆铝业集团获得“辽宁省民营明星企业”称号；远大企业集团获得“辽宁省乡镇明星企业”称号；庄宇洋、纪颖、陈巨余、刘希贵、孙凤祥、王宝禄、张永财、何守城、王秀芹、石立新、刘昌清等获得先进个人称号。

（肖世威）

【对外联络】 按照市委、市政府提出的大开放战略要求，市工商联充分发挥民间商会对外联络优势，扩大“沈阳商会国际友好交流协会”影响，不断挖掘和利用新的对外联络资源，联络网络进一步完善，联络渠道进一步拓展。为了加强辽宁中部城市群商会间的协作，促进资源共享，扩大联络渠道，更好地发挥区域辐射优势，市工商联发起成立了“辽宁中部城市对外联络协会”，鞍山、抚顺等辽宁中部八城市成为协会成员。协会的成立，对进一步密切地区商会之间的联系，推动区域经济发展将发挥积极作用。全国政协副主席马万祺先生愉快地接受担任沈阳市总商会名誉会长的聘请。组织了全国工商联“中德合作项目”研讨会，推荐两名会员到德国进行培训。一年来，“沈阳商会国际友好交流协会”发展新成员5家，会员达到27家。共接待海外来访团组16个80多人次。

（肖世威）

【会员服务】 市工商联坚持以服务为立会之本，以推动企业发展、提高经济效益为重点，为会员服务工作更富有成效。一是强化基础，建立会员企业项目库，为招商引资服务。二是着眼于长远发展，以提高企业在国际市场上的竞争力为目标，为企业提供培训服务。举办了“应对入世企业管理人才培训班”，邀请辽大经济学院院长林木西等四位著名经济专家授课。三是以推动企业开拓市场，提高效益为宗旨，为会员企业参加各种经贸和招商活动服务。组织企业赴日本参加了“中国企业商品展示会”；组织协合、民安、希贵、大陆集团和铁通公司等5家企业的代表参加了“第六届世界华商大会”，向大会推荐30个投资项目和沈阳对外招商有关资料，刊登在发给3000多位华商的“中国投资指南”上；先后组织100多家企业赴南昌、唐山、内蒙、鞍山、葫芦岛等地参加各种经贸合作活动；组织和光、东宇、协合、大陆和东方医疗等企业参加了“中国首届民营企业科技创业创新成果会展”，展示了民营企业产品在高科技领域的发展成果与巨大的潜力。四是从营造良好外部环境、促进企业健康发展入手，开展形式多样的维权服务。和平区工商联针对企业在改造设备、更新产品、生产经营中遇到的问题，与区检察院多次召开“为民营经济服务联席会”，切实维护企业的合法权益，受到好评。五是以增强企业的知名度和品牌效应为目标，做好企业宣传服务。在全联评选的2000年度全国上规模民营企业500强中，市工商联推荐的和光集团、远大铝业集团、东宇集团、祥威集团、辽沈铝塑公司、纪颖集团、北泰集团、华新国际、荟华楼公司、凤祥集团、欧亚工贸公司、民安集团、强风集团、维华集团(公司)等14家企业榜上有名。利用新闻媒体对部分非公有制经济人士和民营企业进行了宣传。一年来，在各种报刊刊登文章49篇，电视台报道27次，电台报道19次。六是充分发挥商会的桥梁助手作用，做好协调服务。组织部分非公有制经济人士与政府有关部门直接对话，有关部门领导当场答复和解决问题，受到企业家的欢迎。

（肖世威）

市华侨联合会

【加强基层组织建设】 2001年，沈阳市各级侨联在巩固"2000年基层组织建设年"工作成果基础上，不断研究和探索新时期侨联发展新思路。一年来，市侨联深入基层调研和指导工作，协商了于洪区、新城子区、沈阳大学、沈阳建工学院组建侨联工作，完成了铁西区、沈河区侨联换届任务，成立了沈阳音乐学院侨联和沈阳药科大学留学归国人员联谊会。中国医大侨联建立了以院、系为单位的三个侨联分会，形成了"三级"组织形式，创办了"侨联信息"简报。大东区侨联建立每月定期开展委员活动日制度等，逐步完善了侨联组织建设。

针对新时期侨务工作社会化特点，市侨联与市侨办、市民政局联合开展社区侨务工作试点，先后深入铁西区兴工街道、兴顺街道和兴工九委社区、建工社区进行调研，与和平区南湖街道、东大社区和东北大学统战部、侨联进行现场办公，具体指导社区侨务工作。同时，市侨联着重抓好铁西区侨联以社区为依托开展工作的经验，积极向中国侨联推荐。在上海召开的全国大中城市侨联工作经验交流会上，铁西区侨联代表东北地区作了经验交流。

结合沈阳市高校侨联组织发展较快和工作共性强等特点，进一步拓展高校侨联之间的交流与合作。市侨联在辽宁大学召开了2001年全市高校侨联工作研讨会，从理论和实践上交流和探讨了新时期高校侨联的工作。各高校侨联对此次会议给予充分肯定，并决定今后每年召开一次，由各高校侨联轮流主办，以促进沈阳市高校侨联的横向合作。各高校侨联还着重抓好改革开放后出国留学和定居人员的调查，基本掌握了他们归国工作和国内亲属情况，东北大学为11名新移民眷属办理了《归侨侨眷身份证》，沈阳农业大学、沈阳师范学院向沈阳市海外留学人员联谊会推荐52名会员。

为加强基层侨联干部队伍建设，市侨联举办了全市侨联干部培训班，组织学习了党的十五届六中全会和全国及省市统战工作会议精神，学习《归侨侨眷权益保护法》修正案和《中国侨联章程》等。

（傅晨松）

【依法护侨】 2001年，沈阳市各级侨联认真做好为侨服务工作。一是加大《中华人民共和国归侨侨眷权益保护法》学习和宣传力度，组织归侨、侨眷和侨联干部学法用法，提高依法护侨的意识。市侨联权益保护委员会组织参加了省"五侨"单位召开的《保护法》学习研讨会，认真学习和掌握修改后的《保护法》及辽宁省实施办法。市侨联组织参加了中国侨联举办的"冠城园杯"《中华人民共和国归侨侨眷权益保护法》有奖知识竞赛答题活动，收到较好的效果。二是围绕市委、市政府开展"学讲话，迎国庆，办实事"活动，加强归侨、侨眷信访工作，一年来共接待来信来访40多人次，解决落实28件次，走访慰问归侨、侨眷50多人次，协助政府扶贫帮困捐款6.4万多元。三是积极参政议政，反映侨情民意，发挥民主监督作用。沈阳市侨界人大代表、政协委员，为维护归侨、侨眷利益和促进社会发展，提供了许多有价值的议案和提案。市政协委员傅秋帆提出的《应高度重视老归侨医疗费的落实》提案，受到市政府及有关部门的重视和落实。辽宁大学侨联的政协委员提出7件提案，落实了7件，其中《中学教学如何适应大学扩招的要求》提案，市教委专门开会作了研讨。马来西亚归侨严子聪提出加强市政府机关自身建设的十条意见和建议，受到陈政高市长高度重视并作了重要批示，责成市政府办公厅和机关工委认真研究和改进。

（傅晨松）

【拓展海外联谊】 2001年，沈阳市各级侨联充分发挥"侨"的优势，进一步实施"请进来，走出去"战略，积极开展海外联谊活动。一年来，在"请进来"方面，共接待海外侨胞、港澳同胞300多人次。协办了首届世界沈阳人联谊大会，围绕大会"亲情为纽带，合作为主题，发展为目的"的宗旨，积极开展对外宣传和邀请工作。辽宁大学、沈阳师范学院、东北大学和大东区侨联等邀请了美国华盛顿大学教授、人类基因组研究中心创始人于军、南非辽宁工商会会长谢雪莉等一批海外知名人士，参与大会的有关联谊活动。市侨联举办了海外沈阳人联谊恳谈会，使沈河区文艺路第二小学与新西兰一所小学建立了友好学校关系。"两会"期间，组织了侨界与市政协港澳委员联谊。市侨联领导随市委统战部组团参加了在南京召开的第六届世界华商大会活动，会议期间会见了一批亚欧侨团、商社人物，并建立了联系。与市体育总会共同邀请美国中华体育联谊会创办人龚树森、理事长高启正来沈参观考察，进一步推动沈阳市申办全球华人城市篮球邀请赛工作。在"走出去"方面，共组团和随团出访了日本、香港、澳门等国家和地区20多人次。应澳门归侨总会的邀请，组织了包括铁西区、新城子区有关部门负责人在内的15人代表团，代表辽宁省和沈阳市侨界，出席了为纪念澳门回归两周年而举办的华侨华人聚濠江联谊大会，会见了澳门归侨总会会长罗少荣、常务副会长梁仲虬，澳门贸易投资促进局主席李炳康等，与澳门及海外侨团增进了友谊，建立了联系。在香港期间，先后拜访了香港华侨华人总会及会长古宣辉、香港侨友社及会长王钦贤等，还看望了市侨联名誉主席周昆等老朋友。此次出访，不仅主动联络了港澳及海内外侨界人士，也为沈阳市区域经济发展招商引资发挥了作用，促成了铁西区政府、沈阳航技公司与香港企业的经济合作项目。

（傅晨松）

市黄埔军校同学会

【概况】 2001年，沈阳市黄埔军校同学会按照"发扬黄埔精神，联络同学感情，促进祖国统一，致力振兴中华"的宗旨，紧密团结全市黄埔同学，广泛联络台湾岛内和海外的黄埔同学，努力推进祖国和平统一事业，较好地发挥了爱国群众团体的应有的作用。

1.开展形式多样的活动，用健康向

上的活动激励人，增强黄埔同学会的凝聚力。举行“迎新春，话统一”联欢会；召开声讨揭批“法轮功”座谈会，揭批李洪志反人类、反社会、反科学、残害人民的滔天罪行；召开“纪念中国共产党建党80周年”座谈会，畅谈中国共产党80年来的丰功伟绩；组织全市黄埔同学参加全国统战知识竞赛活动；邀请市老龄委员健康长寿服务站做健康知识讲座；召开“纪念黄埔军校建校77周年大会”；组织黄埔同学和家属游览植物园；召开“欢度重阳日，喜迎老年节”茶话会；召开勿忘“九·一八”座谈会，愤怒声讨日本侵略者的滔天罪行；举行“台湾形势报告会”；举行“庆国庆，迎中秋，促统一”联欢会，庆祝中华人民共和国成立52周年。2001年，市黄埔同学会共组织召开纪念会、座谈会、报告会、参观活动等12次，参加人数达1000人次。

2.发挥自身优势，积极开展对台宣传联络接待工作。一是发动广大会员，利用亲情、友情、同学情，通过各种途径，广泛深入地开展入岛宣传，利用书信和撰写文章宣传“和平统一、一国两制”的方针，宣传中华民族的优秀历史文化，宣传祖国大陆改革开放和经济建设取得的成就，消除疑虑，扩大共识，争取人心。二是接待工作中注意分析和把握台湾黄埔同学、亲友的心态，针对他们关心的问题，采取他们易于接受的方式，易于理解的语言，深入浅出、入情入理地开展工作，使中央对台方针政策能够逐步为来沈的台湾黄埔同学理解和接受。会员陶坚撰写的“与马鹤凌学长谈统一”一文，在台湾《远望》杂志上发表，在台湾岛内引起反响。

2001年，市黄埔军校同学会先后接待了台湾来沈的23期同学、台湾退役少将、现任台湾陆校校友会23期同学会会长姜凤鸣和夫人，22期同学、台湾原金门防守副司令徐经伦中将和夫人，38期同学、大中华团圆促进会台湾会长、中华黄埔四海同心会常务监事乐可铭，40期同学、中华黄埔四海同心会理事王和平，接待了旅美黄埔校友会副会长、23期同学高文俊和夫人。 （高余强）

市残疾人联合会

【打造辽宁省残疾人工作“先行示范市”品牌】 经辽宁省政府残工委批准，沈阳市于2001年7月25日以市政府残工委文件形式下发了《关于创建全省残疾人工作“先行示范市”的实施方案》。全市残疾人工作以“高起点开局、高标准工作、高质量服务、高速度发展”为动力机制，在不断深化对残疾人工作10年实践理性思考的基础上，大胆探索新领域和新途径，努力开创残疾人工作的崭新局面。全市城镇享受“低保”待遇的残疾人由原来的2万人扩展到近5万人；市残联制定了《社区残疾人工作示范标准》，共评出“优秀残疾人之家”100户，“优秀残疾人之友”100名，“两无”（无失业、无障碍）标准社区正在逐步扩展；残疾人康复工作的新格局基本建立，全部完成了各项康复指标；残疾人需求、培训、就业服务体系初步形成；法律援助工作全面启动；残疾人文化体育生活比较丰富，市新华书店和市图书馆在市残联康复活动中心举办了赠书600册、藏书300册的“赠书建点”活动；市残联在东北大学举行了纪念《残疾人保障法》颁布实施10周年文艺演出，举办了沈阳市首届残疾人书画集邮展览，组织了残疾人象棋比赛，成立了“沈阳市残疾人球迷协会”等，打牢了残疾人工作“先行示范市”的基础。 （柴 冰）

【“就业促进日”活动】 2001年9月1日是辽宁省第一个残疾人就业促进日。沈阳市以此为契机，动员各级残联组织先后举办盲人保健按摩、家电维修、手工编织、家庭养殖、果树栽培等残疾人培训班50多期，共培训残疾人12744名（农村8651名、城镇4093名）。在省残疾人计算机技能竞赛中，沈阳市参加比赛的6名选手获得办公自动化金、银奖，获得数据库设计金奖和网页设计银奖，并获得团体总分第一名。全年采取“实物投放”、按比例安置、集中就业等形式，共安置3261名残疾人就业，为年任务数的210%。沈河区残联成立近50个盲人按摩诊所安置残疾人就业；皇姑区残联举办了“残疾人就业招工洽谈会”，当场有4名残疾人被录用；辽中县残联主动与沈阳星河有色金属加工厂协商，在该厂一次性安置全县15个乡（镇）46名有劳动能力的残疾人就业，保证每人每月工资不低于480元；和平区残联还举办了“首届残疾人技能竞赛”，有170名残疾人选手参加了服装剪裁、美容美发、家电维修、电脑打字、自行车装配、按摩等7个竞技项目和5个表演项目的比赛，收到较好效果。 （柴 冰）

【社区康复网络建设】 2001年，沈阳市社区康复网络建设取得了较大进展。一是完善了社区康复指导网络。二是下发了社区康复工作制度和档案资料。三是举办了社区康复培训班，共培训社区管理和技术指导人员60名。四是在沈河区召开了社区康复工作现场会，统一了标准，完善了网络。全年有50个社区成为康复达标社区。市残联先后5次组织医疗队赴法库、康平和辽中县，开展“视觉第一中国行动”活动，共为102名患者实施了白内障复明手术。全年完成肢体康复训练238例，白内障复明手术1962例，智残康复训练149人，聋儿康复训练和家长培训152人，配戴助视器159人，矫形手术140例，假肢和矫形器装配320人。 （柴 冰）

【社会公益救助残疾人】 2001年，通过社会公益救助残疾人工作收到良好成效。一是政策优惠救助。为全市622户聋人和盲人免初装费、减收视费安装有线电视；为4430名残疾人发放了安装电话优惠卡。二是资金救助。全市共救助382名特困残疾学生就学，为年任务数的294%。于洪区残联设立助学基金，全年共资助40名贫困残疾儿童就学。三是法律救助。一年来共接待残疾人法律咨询468人（次），电话咨询323人（次），代写法律文书14份，刑、民事案件代理3件，残疾人依法自我保护和参与意识得到了提高。四是实物救助。全市残联系统以“实物投放”形式扶持1100多名有劳动能力的残疾人就业，全市共捐赠电脑245台（市本级117台）。这些电脑除大部分经维修后用于残疾人培训外，还把一些较好的电脑赠送给部分残疾人自强标兵、个体从业者、大学生等，深受残疾人的欢迎。 （柴 冰）

【无障碍设施建设上台阶】 全市残疾人无障碍设施建设又有新的发展，在新改造的北陵大街等4个街路实现了无障碍。全年共铺设盲道17500米，缘石坡道近500处，公共场所无障碍设施23处。部分社区无障碍设施建设初具规模。沈阳桃仙机场成为国际标准化无障碍机场。国家建设部和中国残联检查组对沈阳市无障碍设施建设给予了充分肯定。 （柴 冰）

地 方 军 事

沈阳军分区

【征兵工作】 沈阳市2001年冬季征兵工作，经相关部门密切配合，兵役机关严密组织，圆满完成了征兵任务。

1.增强责任意识。各级领导坚持把征兵作为第四季度地方党委、政府的重要工作和兵役机关的中心任务来抓。一是健全了组织，成立了由军地领导参加的市征兵工作领导小组，对全市征兵工作实施统一领导。二是召开了征兵工作动员大会，专门部署了征兵工作。三是市和各区县(市)党政主要领导亲自抓，主管领导始终工作在征兵第一线，并在人、财、物上给予了大力支持，切实做到了领导到位、组织到位、措施到位、管理到位、人员到位。

2.加强宣传工作力度。2001年征兵宣传工作，注重了宣传的针对性和实效性，突出重点。采取了“十个一”的宣传形式(即：在《沈阳日报》刊登《致适龄青年及家长的一封信》；全市组织一次大规模征兵宣传日活动；市领导或军分区领导在电视台发表一次电视讲话，做征兵动员；电视台就征兵工作有关问题，组织一次专访；在《沈阳日报》发表军分区领导答记者问；散发一份征兵宣传提纲；沈阳电视台每天在新闻节目之后播出一条征兵工作公益广告；拍摄一组反映征兵工作的专访，在沈阳电视台播出；电视台播放一部与军营生活有关的电视剧；沈阳广播电台每周播放一首歌颂军队的歌曲)，把宣传工作做到每个适龄青年家中。沈阳日报、沈阳晚报、辽沈晚报等主要报纸开辟了征兵宣传专栏。重点宣传了大学生投笔从戎、百万富翁支持儿子参军、祖孙三代从军报国等先进典型，调动了广大适龄青年的应征热情。

3.严把新兵质量关。2001年征兵工作，各级兵役机关与公安、卫生、教育、民政等有关部门，紧紧围绕影响兵员质量的关键环节，坚持领导挂帅，严格工作制度，规范工作程序，强化责任意识，加强组织领导，确保了新兵征集的质量。共抽调了311名体检医生，其中：具有高级技术职称的有98人，中级以上职称的182人；“老手”占92.5%，党员占60.5%。自上而下地建立了主检负责制和体检医生岗位责任制，签订了责任书，并实现了“封闭式”体检管理模式，体检质量得到了保证。抽调9700多人参加政审工作，严格落实“初审”、“复审”制度，加大了“交叉联审”、“综合审定”的力度，对重要情况一时无法搞清的，坚决不予批准入伍，确保了新兵政治合格和纯洁可靠。

4.严格纪律。为保证廉洁征兵的各项要求在工作中真正落实，各级征兵办公室都建立了由纪检、监察部门和兵役机关人员参加的纪检办公室，下发了“八不准”、“六不征”的规定，聘请廉洁征兵监督员、建立《廉洁征兵监督卡》制度。针对过去在廉洁征兵工作中出现的一些问题，加大了廉洁征兵工作的舆论监督力度和对违纪行为的查处力度。做到“五个公开”即：征兵条件公开、征兵政策公开、体检(政审)合格人员公开、定兵公开、举报电话公开，确保整个征兵工作公平、公正。在群众中树立起了兵役机关的良好社会形象，赢得了人民群众的赞誉和好评。

5.抓好试点。2001年，总部和省政府赋予沈阳市两项征兵试点任务。一是探索在全日制高等学校在校生中征集新兵的政策和方法。二是在沈阳市皇姑区组织第三次应征青年进行适龄青年身体状况调查工作。为完成好试点任务，主要从组织、措施、责任等三个方面入手，开展工作。一是加强组织领导。分别成立了沈阳市大学生入伍工作领导小组和体检试点工作领导小组，军分区参谋长任组长。由市征兵办牵头，分别组织召开了由驻沈22所全日制高等院校的主管校长、教务处长、保卫处(科)长、武装部长参加的大学生征集工作会议和由市、区两级卫生部门参加的体检试点工作会议，对试点进行部署，明确分工，规范程序，统一标准。二是强化政策支持。制定下发了《关于做好高等学校在校生入伍试点有关问题的暂行规定》，对全日制高等院校在校生的征集范围和对象、程序和办法以及优惠政策进行了明确。三是严格政审标准。为确保征集在校大学生兵员的政治质量，加大了对在校大学生应征对象的政治审查力度。由市征兵办与市公安局联合下发了《关于征兵高等学校在校学生入伍试点政审工作程序的规定》。实行了“双政审、两头包”，即：“应征大学生入学前户口所在地乡(镇)街道、派出所和现就读学校所在地街道、派出所都要出具相关政审手续，就读学校出具其现实表现情况，就读学校所在区征兵办公室政审组负责最终政审结论”，做到政审无死角，无漏洞。

(卜万成)

【民兵应急分队综合演练】 2001年，沈阳市的民兵应急分队经受了严峻的考验和锻炼，整体战备、训练和全面建设水平得到了进一步提高。

从4月底至6月底，采取统一计划、分散组织、普遍验收、逐级考评的方法，分别组织全市各人武部所属的民兵应急分队进行了综合训练和拉动。总计参训人员1680人。训练时间15天。一些人武部还组织民兵应急分队进行针对性的训练和拉动，使之“拉得出、用得上、听指挥、起作用”能力进一步得到增强。目前，全市数十个一类应急民兵连均保持着较高的战备训练水平。

9月上旬，由省军区和沈阳市、沈阳军分区共同组织的“沈阳2102”活动，是一次锻炼民兵应急分队的难得机遇。这次活动主要演练了五个科目，即：组织城市人口临战疏散；机动占领阵地；伪装和预先设障；抗击敌空袭；消除空袭后果和快速机动设障。包括民兵高炮、高机、伪装、通信、工兵等专业分队和民兵应急分队、人防专业队共22支分队参加了演练，总兵力近1400人。沈阳成为继北京、上海后第三个由军、地协同组织大规模城市反空袭作战实兵演练的城市。

(孟宪聪)

【指挥自动化工作】 一年来，军分区及所属各人武部共投资151万元用于指挥自动化建设，相继完成了军分区指挥自动化网二期工程建设、远程网络可视会议系统建设和“联合99”分布交互式网上指挥作业系统建设，更新了一批网络设备，全面提升了军分区指挥自动化网的技术水平和工作效能。

军分区先后组织了分布交互式作战指挥模拟系统业务骨干培训和现役干部网上单方集团编组作业，培养并储备了一批会管理网络、会维修设备、会编写软件的指挥自动化业务骨干，涌现出了一批能运用指挥自动化设备在网上完成日常工作和战时指挥的参谋业务尖子，有力地促进了军分区各级首长机关的指挥自动化业务建设。

（张小丁）

【武器装备管理】 2001年沈阳市民兵武器装备管理工作，认真贯彻上级关于做好民兵武器安全管理的指示精神，以安全管理工作为重点，狠抓各项制度的落实。主要工作：一是对全市民兵武器装备特别是轻武器的数量和质量情况进行了全面的调查，摸清了底数，掌握了基本情况和技术状况。二是对装备保障资源潜力进行了调查，并对各单位辖区的装备保障情况进行调查和分类整理，实行了规范化管理。三是把地爆器材的安全管理作为重中之重，完善安全管理机制，健全安全管理组织。分区还加大了检查指导力度，重点加强了技术检查和安全检查，及时解决在管理中遇到的问题，确保地爆器材的安全。四是重点抓了市民兵装备仓库的库区改造工作，按先技术区、后生活区，先库房、后附属设施的步骤，有计划有步骤地进行了维修改造。年底，沈阳市民兵武器装备仓库被沈阳军区评为“红旗仓库”。

（王 珏）

【民兵参建情况】 2001年，军分区先后组织民兵参加“三北”防护林、交通干道绿化、农田水利设施等公益工程建设。针对春季发生的旱情，郊区、县（市）共投人兵力31万人次参加抗旱自救。于洪区民兵应急分队在“9·1”大火扑救中发挥了重要作用，受到省市领导的高度赞扬。辽宁省电力股份有限公司送变电第五分公司民兵连实行“准军事化”管理，带动了企业效益的快速增长。康平县在组织民兵防风治沙、改善生态环境中做出了积极贡献。在组织民兵参加物质文明建设的同时，积极参加精神文明建设。为了做好“亚洲足球十强赛亚洲赛区”在沈主场比赛期间的稳定工作，积极组织民兵配合公安机关参加执勤、疏通交通、维护秩序，为比赛顺利进行提供了保障。

（楚德军）

武装警察

【概况】 中国人民武装警察部队沈阳市支队是武警部队在沈阳市设立的一支打击犯罪、维护社会稳定的武装力量，隶属于武警辽宁省总队，在执行公安任务和相关业务建设方面，接受沈阳市公安局领导。支队主要担负看守、警卫、守卫、城市武装巡逻、堵卡等任务，主要特点是点多、线长、面广、高度分散。

2001年，武警沈阳市支队在省武警总队党委和沈阳市委、市政府的正确领导下，坚持以江主席“三个代表”重要思想和“五句话”总要求统揽部队建设全局，认真贯彻江主席“七一”重要讲话和党的十五届六中全会精神，不断巩固和深化“三讲”教育成果。紧紧围绕“打得赢”和“不变质”两个时代性课题，把思想政治建设摆在首位，认真贯彻落实《军队基层建设纲要》，认真抓好以“永远做党和人民的忠诚卫士”为主题的思想政治教育，确保了部队建设的正确方向，圆满完成了以执勤和处置突发事件为中心的各项任务，树立了“人民忠诚卫士”的良好形象。

（李 静）

【执勤训练工作】 2001年，沈阳市支队各级党组织和武警广大官兵认真贯彻党中央、国务院、中央军委关于加强部队建设、进一步做好执勤战备工作的一系列重要指示，进一步端正工作指导思想，突出对执勤战备工作的领导。认真贯彻落实《正规化执勤验收标准细则》，加强执勤设施建设，加大“三级网”的查勤力度，严格规范执勤秩序，勤务质量明显提高。狠抓难点、险点勤务的组织领导，尤其在担负刘涌犯罪团伙、“10·18”案件的看押，“十强赛”安全保卫，严打整治斗争，以及中美撞机事件、“9·11”事件后的领馆警卫任务中，各级高度重视，领导靠前指挥，全体官兵恪尽职守，确保了固定目标的绝对安全和临时勤务的圆满完成。全年完成等级警卫勤务3次；押解勤务350次，押解人犯200人，出动兵力1420人次；担负各种临时勤务35次，出动兵力6017人次；担负城市武装巡逻勤务，出动兵力1.2万余人次；担负交通堵卡任务，出动兵力2万余人次；处置群体上访353次，制止上访人数1.3万余人次，出动兵力1.2万余人次；协助公安机关抓获各种犯罪嫌疑人484名，缴获管制刀具889把和大批违禁物品。

2001年，沈阳市支队的军事训练工作，针对大型临时勤务多、社会影响大、质量要求高的实际，坚持把军事训练摆在重要位置，广泛开展了比武汇操和专勤专训、评比竞赛活动。先后组织四期基层干部集训和强化素质训练，组织了队列汇操、五公里越野等活动，进一步促进了训练工作的落实和训练水平的提高，半年和年度军事训练考核成绩比往年有较大进步。在总队举行的参谋业务比武、侦察兵比武中，获得团体第三、第四和个人前四名的好成绩。针对遂行任务特点，侧重了应急训练和模拟演练，有力推动了部队战斗力的提高。

（李 静）

【后勤保障工作】 2001年，沈阳市支队的后勤保障工作，以“保障有力”为目标，积极适应改革开放和发展社会主义市场经济的新形势，认真落实军队后勤改革的各项政策，以保生活、保训练、保战备、保执勤为重点，狠抓工作落实，提高综合保障能力。

支队党委注重后勤建设和管理，始终把生产生活这一事关全局的工作作为后勤工作的重中之重来抓，坚持标准化、规范化管理，突出表现在三个方面：一是抓好后勤人员素质的提高，举办司务长、军械员、卫生员培训班，提高后勤专业人员的业务素质。二是认真贯彻党中央关于军队、武警部队不准经商的指示，牢固树立过紧日子的思想，加强后勤管理，使标准经费发挥最大效益。三是抓好各项经费的管理和使用，对基层中队经费使用情况进行全面检查，同时做好审计监督工作。广泛开展了“三家”评比活动，支队被总队评为“财务管理先进单位”，代表总队参加总部会审并受到好评。共投资55万元，用于基层营房建设、维修、维护，较好解决了部队装备、水、电、营房、取暖费的缺口问题。

2001年，沈阳市支队后勤整体训练水平进一步提高，训练秩序步入正轨。针对新形势下，完成“处突”保障任务的特点，调整补充“筹措快速、供应及时、携运方便、保障高效”的训练内容，在科技兴训、科技兴改、科技兴保上下功夫，重点对处置突发事件的饮食保障、财务保障、运输保障、军械保障、卫勤保障等课目进行演练，使训练贴近实战要求，增强训练的实际效果和综合保障能力。

（李 静）

人民防空

【人防工程建设】 2001年人民防空工作根据国家对人防工程战术技术的要求，坚持以建为主，收费为辅的原则，严把工程审批关，审批结建工程49项，是“九五”以来最好水平；认真监督人防工程的施工质量，竣工验收人防工程33项，合格率达100%；完成应建率达到85%、应收率达到86%，两项指标均超额完成了省人防办下达的目标；清理漏建工程6项，共14810平方米，其中3项依法办理了补建手续；年内共审批拆除工程17项，收取补偿金额181.6万元。

按照《辽宁省人防工程维护管理考核标准》对全市人防工程进行两次维护管理大检查。重点加强了以安全防火为主的工程管理，市与区、区与人防工程使用单位层层签订了消防安全责任状。市人防办投资近600万元，对沈阳地下商业城建城十年来存在的消防安全隐患进行全面整改。铁西区中国家具城投资130万元，对地下经营区进行了消防改造，达到了防火要求。市区两级人防部门对人防工程进行防火检查、抽查和夜查共384项，及时排除了各种不安全隐患。

（田继良）

【沈阳“2102”演习活动】 根据省、市国防动员委员会“沈阳2102”演习活动的部署，以人防办承担了组织、协调各有关委办局、总公司等单位参加救援演习任务。从6月份起，演习准备工作全面展开。8月16日召开了落实演习任务工作会议，传达了上级精神。市政府各有关部门及所属参演队伍在完成平时工作的同时，根据现代战争特点及本系统抢险救灾的实际情况，精心策划，严密组织，刻苦训练，力求真实。经过几次合练、预演，9月7日，市消防局、电信局、自来水、煤气总公司等10多个部门的专业队伍参加了演习。各队伍之间相互配合，密切合作，圆满完成了演习工作。全市共投入资金200余万元，出动车辆68台，参加演练人数550人。在市国防动员委员会召开的总结表彰大会上，市人防办获得“最佳组织奖”，大东区、铁西区人防办获得“特殊贡献奖”。

（田继良）

【人防指挥通信建设】 2001年初，市人防办（民防办）向各区县（市）人防办下达了进行人防基础数据、资料调查的通知，并把它作为修订防空袭预案、完善各种应急救援方案、建立人防指挥自动化数据库系统的基础工作来抓。中心城区各人防办和东陵、法库等区县人防办高度重视，积极运作，保质保量按时完成了任务，全市共汇总各类资料数据5000多个。

人防通信建设有所加强。以市政府的名义下发了《加强防空警报建设的通知》，警报覆盖率、统控率各提高了6个百分点。此外，对原安装在停工、停产企业的11部防空警报器进行了迁移，保证了一年两次警报试鸣的鸣响率和完好率。对全市警报器进行了全面检修，建立健全了各项制度，保证了“9·18”之夜警报鸣响率100%。

（田继良）

【民防建设】 第四次全国人民防空会议对辽宁省防空防灾工作给予了充分的肯定，沈阳市被评为全省惟一一个人防工作先进城市。2001年初，市编委《关于市地震局与市人防办（民防办）合并的通知》（沈编发[2001]1号）下发后，人防办进行了积极运作，在2000年人防办增挂民防办公室牌子的基础上，2001年在全国又率先完成了市人防办与地震局机构合并工作，全面实现了优势互补、资源共享，进一步拓宽了民防职能。年底前，市人防办全面完成了机构调整和人员配备，实行一个机构三块牌子，即：人民防空办公室、民防办公室、地震局。内部机构设置为八处一委，市人防办60%机关人员进行了岗位轮换，进一步实现了年轻化、专业化，处长平均年龄下降了8岁。各区县（市）机构改革将于2002年开始。

应急救援工作逐步走向规范化。制定了各项职责与救援制度，坚持训练与施救相结合，救援能力明显增强。全年共接警73次，现场施救47次，解救人员30人次。省内新闻单位23次报道了救援情况，受到社会各界好评。11月份参与了鞍山市地震灾害救援演习，应急救援人员在较短的时间内，完成了全套演练动作，省民防办给予充分肯定。铁西区率先在区县级人防部门中开展了应急救援工作，针对区内化工企业多的特点，组织修订了化学事故应急救援预案。

（田继良）

【人防宣传工作】 民防宣传教育继续推广大东区占领工厂、占领学校、占领社区的经验，利用各种宣传方式，普及民防知识和技能，宣传民防工作改革开放的成果，有力地促进了民防宣传健康发展。市区共设置固定画廊5处，刊出50期。其中：报刊、杂志、电视台、电台采用的稿件70余篇，国家、省、市采用的信息22条。上报学术论文14篇，获得一等奖1篇，二等奖4篇，三等奖4篇，优秀奖5篇，获奖率100%。继续在全市116所学校开展“三防”（民防）知识教育，普及率为95%以上。大东区扩大了民防宣传试点单位，铁西、沈河、皇姑、和平、于洪、法库五区一县也推广了大东区民防宣传试点的做法，于洪区人防办组织印制了民防常识手册7500本，使广大社区居民、学生和企业职工学习了解了民防知识，掌握了一定的灾害防救技能，增强了他们的民防意识，提高了参与民防建设的自觉性。

（田继良）

小资料：

人民解放军誓词的回顾

1927年8月1日，南昌起义时，起义军将领就举行了宣誓就职，其誓词是：“余等誓以至诚恪守总理遗训，根据本党主义及政策及各次大会决议，履行革命职责。为全国大多数民众利益奋斗到底，绝不妥协，以完成国民革命工作。如违背誓言，愿受本党最严厉之处罚。此誓。”这是人民军队建立后最早的军人誓词。

1933年7月28日，中华苏维埃共和国中央革命军事委员会颁发了《中国工农红军誓词》，其内容是：“（一）我们是工农的儿子，愿来当红军，完成苏维埃给我们的光荣的任务，为着工农解放奋斗到底。（二）我们是红色军人，要保证自己和同志们绝对遵守和服从苏维埃的一切法令，以自己的思想和行动做模范，努力学习政治、军事，爱护工农的利益和自己的武装，使它不遭损失和窃夺。（三）我们是苏维埃的柱石，誓以我们的血与肉发展民族革命战争，实行土地革命，推翻国民党，保障苏维埃，打倒帝国主义，争取中国解放，武装保护苏维埃完成革命，为社会主义前途斗争。（四）现在敌人正大举进攻，我们要团结一致，拿着刺刀和枪炮与敌决一死战，拿我们的头颅和热血，换得苏维埃新中国。（五）我们为着阶级利益，遵守革命纪律，服从上级命令。如若违犯不遵守，甘受革命纪律制裁，愿听同志指斥。谨誓。”这是人民军队历史上第一次正式颁发的军人誓词。

1933年8月5日，“少共国际师”在江西中央根据地——宁都成立。1934年5月1日，苏维埃人民委员会专门颁布了《赤卫军（少先队）誓词》，其内容是：“（一）我们都是工农，自愿武装自己，加入赤卫军（少先队）。为土地、为自由、为民族解放、为苏维埃政权，我们要奋斗到底。（二）我们是赤卫军（少先队），要保证自己思想和行动作模范，努力学习军事、政治，武装自己头脑和手足，参加革命战争与苏维埃建设。（三）我们是工农群众的武装，誓以我们血与肉参加民族革命战争，开展土地革命，推翻国民党，消灭法西斯蒂，保护苏维埃，打倒帝国主义，争取中国解放，武装保卫苏联——完成民族革命，为社会主义前途斗争。（四）现在敌人正大举进攻，我们要团结一致，拿我们的梭镖和枪炮，配合红军作战，发展游击战争，保卫苏区，推广领土，消灭敌人，争取苏维埃新中国的胜利。（五）我们为着阶级利益，遵守革命纪律，服从上级命令，爱护武器，爱护同伴，如若违犯和不忠实，甘受革命纪律制裁，愿听同志指斥。谨誓。”这是人民军队最早的以红军少年战士为特定对象的军人誓词。

抗日战争时期，八路军、新四军各部

队在挺进敌后开展游击战争和打击敌伪顽时，都颁布了军人誓词，并举行了庄严隆重的宣誓活动。抗战初期，八路军总部颁布了《八路军出师抗日誓词》，其内容是："日本帝国主义，是中华民族的死敌，它要亡我国家，灭我种族，杀害我们父母兄弟，奸淫我们母妻姊妹，烧我们的庄稼房屋，毁我们的耕具牲口。为了民族，为了国家，为了同胞，为了子孙，我们只有抗战到底！为了抗日救国，我们已经奋斗了六年，现在，民族统一战线已经成功，我们改名为国民革命军，上前线去杀敌。我们拥护国民政府及蒋委员长领导全国抗日，服从军事委员会统一指挥，严守纪律勇敢作战，不把日本强盗赶出中国，不把汉奸完全肃清，誓不回家。我们是工农出身，不侵犯群众一针一线，替民众谋利益，对革命要忠实，如果违反民族利益，愿意受革命的制裁，同志的指责。谨此宣誓。"1939年3月，八路军各部队在纪念"三一八惨案"誓师大会上宣读的誓词是："我们是黄帝子孙，我们是民族革命战士。我们要坚持持久抗战，坚持统一战线，克服困难，渡过难关，停止敌人进攻，准备反攻力量，驱逐日寇，收复失地。我们要拥护领袖，拥护政府，团结友军，铲除汉奸，誓为中华民族独立自由而奋斗！我们要服从命令，严守纪律，保护群众利益，保护武器公物，提高军事技术、战术，提高政治文化水平，发扬我们的优良传统，养成模范军人。倘违誓言，愿受纪律制裁，同志指责。谨此宣誓。"这是国共两党实现第二次合作，红军改编为国民革命军第八路军后，在挺进敌后开展游击战争时宣誓的誓词。

在抗日战争最困难的时刻，人民军队为鼓舞士气，克服困难，战胜敌人，各部队根据自己所处的环境和肩负的任务，举行了形式多样的战前宣誓活动。1939年9月，新四军游击支队出征前召开了誓师大会，誓词是："日寇侵境，大敌当前，我新四军游击支队全体指战员，誓在中国共产党的领导下，开赴前线，英勇杀敌，开展游击战争。遵守三大纪律八项注意，团结友军，唤起民众，不收复失地，誓不生还！"1940年10月黄桥决战时，新四军苏北指挥部召开誓师大会的誓词是："依据天理，依据人情，胜利都属于我们而失败属于韩德勤，同志们努力吧！为抗日而战！为自己而战！为苏北抗日民主根据地而战！"这是江南8省红军游击队改编为国民革命军新编第4军后，各支队挺进敌后打击敌伪顽时宣读的誓词。

解放战争时期，人民军队各部队的宣誓活动更加普及，其中军人誓词发挥了很好的作用。例如，为突破敌人封锁，把战争引向敌占区，1947年8月，陈赓、谢富治南征大军出征前，举行了隆重的宣誓活动，某旅第12连还向中共中央、毛泽东主席递交了《宣誓书》。官兵在宣誓中说："我们向党中央宣誓"，"坚决战斗到底"，"决不偷生"，"保证为人民服务到底"，"不实现土地改革，不解放全国农民，不回家；不彻底消灭蒋介石，不回家；不为人民立大功，不回家"。"保证不向困难低头"，"行军不怕走夜路和爬山，不怕刮风下大雨；生活不怕困难；遇到困难不埋怨上级，想办法来克服"。"保证遵守群众纪律"，"实现'三不走'，做到'三不拿'，宣传我党我军政策，密切军民关系"。"保证全连情绪圆满打出去，丢掉家庭包袱，上级叫到哪里就到哪里；爱护自己身体，不喝冷水，不发生病号，轻病不掉队，互相帮助；打通思想，团结友爱，互相学习"。"只待上级一道命令，打出去，报我们的仇，雪国家之耻！我们号召全体同志起来，为和平、民主、独立、土地而斗争！讨伐卖国贼蒋介石！"

新中国成立后，全军各部队继承这一优良传统，更加重视运用宣誓这种形式和方法。1956年2月，中国人民解放军总参谋部、总政治部下发了《关于新兵入营后的工作和入伍宣誓的规定》，要求各部队的新兵检疫后，立即组织入伍宣誓。这是解放以后人民解放军正式颁发的第一部《军人誓词》，其内容为："我是中华人民共和国的公民，为参加人民解放军，负起革命军人的光荣职责，特郑重宣誓：一、我要在毛主席的领导下，成为忠勇机智，严守纪律，遵守命令、条例，服从命令的军人；为了保卫祖国，不惜牺牲一切；二、努力学习现代化的军事科学，提高政治、文化水平，熟练手中武器，时刻准备战斗，克服一切困难，坚决消灭敌人；三、拥护人民政府，热爱人民，爱护武器和国家财产，严守国家和军事机密，永远忠于祖国和人民；四、我如违背誓言，愿受国法和军纪的严厉制裁。"

在"文化大革命"中，军人宣誓活动遭到了破坏和扭曲。为了恢复和发扬人民军队的优良传统，1981年2月，中国人民解放军总参谋部、总政治部联合颁发了《军人誓词》，其内容是："我是中华人民共和国的公民，依照法律服兵役是我应尽的义务，为了负起革命军人的神圣职责，我宣誓：(1)坚决拥护中国共产党和中华人民共和国政府的领导，热爱社会主义祖国，全心全意为人民服务。(2)坚决执行党的路线、方针、政策，遵守国家法律、法令，严格执行军队的条令、条例和规章制度，服从命令，听从指挥，爱护人民，积极参加社会主义建设。(3)努力学习军事、政治、文化，苦练杀敌本领，爱护武器装备，保守军事机密，团结同志，艰苦奋斗，发扬我军优良传统，讲究社会主义精神文明。(4)为了保卫祖国、保卫社会主义建设，不惜牺牲自己的一切，英勇善战，争取胜利。以上誓词，我坚决履行，决不违背。"

1984年9月，人民解放军颁布了第8部《内务条令》。《条令》第8条规定："中国人民解放军军人，必须恪守军人誓词，全心全意为人民服务"。"军人誓词"为："我是中华人民共和国的公民，依照法律服兵役是我应尽的光荣义务，为了负起革命军人的神圣职责，我宣誓：热爱中国共产党，热爱社会主义祖国，热爱中国人民解放军，执行军队的条令、条例和规章制度，服从命令，听从指挥。努力学习军事、政治、科学文化，苦练杀敌本领，爱护武器装备，保守军事机密，发扬优良传统，参加社会主义物质文明和精神文明建设。英勇战斗，不怕牺牲，保卫祖国，保卫社会主义建设。以上誓词，我坚决履行，决不违背。"这是人民解放军首次将"军人誓词"正式列入《内务条令》。

为适应新时期人民解放军建设的客观要求，1990年6月9日，中央军委又颁布了第9部《内务条令》。《条令》首次将"军人誓词"专门列为一条，并对"军人誓词"做了修改，增加了"勇于同违法乱纪行为作斗争"、"保卫人民的和平劳动"、"在任何情况下，决不背叛祖国"的内容。

1997年10月，人民解放军颁布了第10部《内务条令》，新《条令》第12条规定：人民解放军军人誓词是："我是中国人民解放军军人，我宣誓：服从中国共产党的领导，全心全意为人民服务，服从命令，严守纪律，英勇战斗，不怕牺牲，忠于职守，努力工作，苦练杀敌本领，坚决完成任务，在任何情况下，绝不背叛祖国，绝不叛离军队。"

法　　　　制

政府法制

【提报地方性法规】 2001年，沈阳市政府严格按照《立法法》的规定，加强政府立法，圆满完成了地方性法规草案的提报任务。按照年初制定的地方法规立法计划，《沈阳市城市绿化管理条例》、《沈阳市建筑工程监理条例》、《沈阳市耕地保养条例》、《沈阳市劳动力市场管理条例》等4件地方法规为正式项目，《沈阳市民营科技企业条例》为预备项目。到年末，上述5件地方性法规草案的审办工作全部完成，并已经市政府常务会议讨论通过，报市人大常委会审议。根据法制统一的原则和中国入世的要求，完成《沈阳高新技术产业开发区条例》等3件地方法规废止议案，全年共完成8件地方性法规审办提报任务。

（于　洋）

【出台政府规章】 在审办政府规章工作中，坚持围绕市委、市政府中心工作，着力解决广大市民普遍关心的热点、难点问题，收到了良好的社会效果。为进一步提高立法质量，在严格依法定程序审办政府规章的同时，认真开展调研论证工作，使政府规章更具操作性。年初以来，市政府法制办受理市政府各部门提报的政府规章草案28件，完成审办工作17件，其中，《沈阳市国有土地使用权招标拍卖暂行办法》（市政府第2号令）、《沈阳市献血管理办法》（市政府第3号令）、《沈阳市建设工程抗震防震要求管理办法》（市政府第4号令）、《沈阳市城镇职工基本医疗保险规定》（市政府第5号令）、《沈阳市零工劳务市场管理办法》（市政府第6号令）、《沈阳市城市供暖管理办法》（市政府第7号令）、《沈阳市殡葬管理规定》（市政府第8号令）、《沈阳市城市除雪规定》（市政府第9号令）等8件政府规章已经市政府常务会讨论通过，发布实施。受理以市政府名义发布的通告12件，经审办，《沈阳市人民政府关于加强卷烟市场管理的通告》等10件政府通告已发布实施。

（于　洋）

【规范性文件审查备案】 依据《沈阳市政府系统规范性文件送审备案试行办法》，区、县（市）政府和市政府各部门制定的规范性文件，发布之前必须报市政府法制办审查，未经事先审核同意的规范性文件不得发布实施。经审查批准发布实施的规范性文件，发布后必须备案。2001年，市政府法制办严格按规定对区、县（市）政府和市政府各部门报审的规范性文件进行合法性审查，共受理规范性文件33件，经审核，《沈阳市禁止向未成年人出售烟酒等商品的暂行规定》等28件规范性文件同意发布实施。因规范性文件与上位法重复和越权设定审批、收费事项等原因，未被审查通过的5件。按照《立法法》的规定，年初以来，共向国务院、省政府、市人大备案政府规章8件。此外，还承办国家、省有关法律、法规征询意见草案10件，为国家立法提出了诸多可行性意见。

（于　洋）

【清理地方性法规、政府规章和其他政策措施文件】 根据《中共中央办公厅国务院办公厅关于适应加入世界贸易组织进程，清理地方性法规、地方政府规章和其他政策措施的意见》（中办发［2001］22号）和《省委办公厅、省政府办公厅关于清理地方性法规、规章和其他政策性措施的通知》（辽委办发［2001］41号）的要求，为企业参与全球化经济提供良好的法制环境，沈阳市开展了新中国成立以来现行地方性法规、政府规章和其他政策措施的全面清理工作。为确保清理工作的顺利进行，2001年11月12日，经市编委批准成立了沈阳市WTO法律工作领导小组。领导小组办公室设在市政府法制办公室，具体负责清理地方性法规、地方政府规章和其他政策措施，组织WTO规则的学习培训及与WTO规则相关的具体工作。各区、县（市）政府及市政府各部门均成立了相应的WTO法律工作领导小组。为切实做好清理工作，领导小组办公室于10月30日举办了沈阳市学习WTO规则及清理工作培训班，下发了《沈阳市关于适应我国加入WTO进程清理地方性法规、规章和其他政策措施文件的实施方案》、《实施WTO协定资料汇编》和《关于清理地方性法规、规章和其他政策措施的通知》，组织召开区、县（市）政府和市政府有关部门清理工作座谈会，进一步明确清理工作中的有关问题。

截至2001年底，全市65个政府部门及13个区、县（市）政府已将清理结果上报市WTO法律工作领导小组办公室。经审核，全市共清理地方性法规49件，其中：确定废止的有3件，修改的有10件，继续有效的有36件；清理政府规章517件，通告106件，其中：确定废止的规章有272件，通告90件，确定修改的规章有116件，继续有效的政府规章有129件，通告有16件。其中：与WTO规则不一致的，拟废止21件，修改14件；与上位法或其他政府规章相抵触或不一致的，拟废止46件，修改19件；与当前工作实际不符或不适应市场经济发展的，拟废止93件，修改44件；被新颁布的法规、规章替代的，拟废止36件，修改19件；时效已过或因机构改革部门职能转变，调整对象消失的，拟废止76件，修改20件。全市各区、县（市）和市直各部门共清理规范性文件10万余件，其中拟提出继续有效的规范性文件934件，正在审核确定中；清理其他政策措施性文件4.1万件，其中对1979年以来发布的536件进行了重点清理，拟废止344件，拟修改38件，继续有效的有154件。这些文件所规定的内容与WTO规则和我国政府承诺不相一致，主要表现是，给予国内企业补贴、出口奖励、减免税费及招商引资优惠政策和开发区优惠政策超出了国家规定，违反了国民待遇原则。

（于　洋）

【政府规章执行情况检查】 2001年，行政执法监督检查工作重点之一就是政府规章执行情况的检查。为确保政府规章的贯彻实施，年初，市政府法制办对2000年发布实施的14件政府规章的贯彻实施情况进行了认真分析，从中选择了《沈阳市政府采购管理办法》（市政府第43号令）、《沈阳市出租汽车市场管理若干规定》（市政府第42号令）、《沈阳市房地产开发经营管理办法》（市政府第49号令）、《沈阳市农村五保供养办法》（市政府第54号令）等四件政府规章作为检查对象。检查中，对贯彻实施政府规章较好的部门的做法给予充分肯定，对存在的问题提出具体整改意见。

（于　洋）

【城市管理综合执法】　为解决长期存在的执法队伍混乱，多头执法，重复执法现象，市政府法制办加大了城市管理综合执法试点工作力度，城市管理综合执法体制逐步理顺。在2001年机构改革中，沈阳市城市管理综合执法总队更名为沈阳市城市管理综合执法局，由行政事业单位变为行政机关。在改革现行执法体制的同时，市法制办坚持以人为本的思想，把提高行政执法人员的业务素质，作为改善行政执法，推进依法行政工作的重要环节，常抓不懈。近年来，为进一步规范行政执法，逐步建立了行政执法人员培训、考核和持证上岗等一系列配套管理措施，收到了明显效果。2001年，市法制办结合部分新上岗需申领行政执法证件的行政执法人员和全市城市管理综合执法人员，集中举办了13期行政执法人员培训班，系统学习了《行政处罚法》、《行政复议法》和《国家赔偿法》，全市2127名行政执法人员参加了培训。经市城建局和各区提报，对培训合格的800名城管人员颁发了临时综合执法证件，解决了城市管理行政执法体制改革过渡期间，城管执法工作的衔接问题。

（于　洋）

【行政执法责任制和评议考核制的贯彻实施】　为确保法律、法规、规章的正确实施，促进全市各级行政机关依法行政，根据党的十五大提出的“一切行政机关都必须依法行政，切实保障公民权利，实行执法责任制和评议考核制”精神和省政府《关于建立和推行行政执法责任制的通知》要求，市政府决定从2000年10月1日起，在全市各级行政机关实行行政执法责任制，并以市政府办公厅文件的形式下发了《沈阳市行政执法责任制实施方案》（沈政办发［2000］15号）。至此，沈阳市行政执法责任制工作，开始由部门行政执法责任制向市政府统一考核标准的行政执法责任制过渡。2001年8月，市政府法制办下发了《关于检查行政执法责任制贯彻落实情况的通知》（沈政法发［2001］8号）、《关于印发〈沈阳市行政执法责任制评议考核办法〉的通知》（沈政法发［2001］9号）、《关于印发〈沈阳市行政执法责任制检查考核标准〉的通知》（沈政法发［2001］10号）。这次检查采取互检的方式，抽调了皇姑区政府等12个单位的法制机构负责人，组成了6个互检组，对全市13个区、县（市）政府和52个市政府部门行政执法责任制和评议考核制贯彻落实情况进行了检查。通过听取情况汇报、查阅相关制度性文件、抽查行政处罚案卷、抽考行政执法人员、召开行政管理相对人座谈会等方式，按照统一的评议考核标准，对各单位行政执法责任制贯彻落实情况进行了评议考核。

（于　洋）

【行政执法机构审批和行政执法证件管理】　加强行政执法机构的确认工作，确保行政执法主体资格合法。2001年，针对部分行政执法机构职能调整、名称变更、设立和撤销等具体情况，及时开展了清理、确认工作，先后在《沈阳日报》上发布了第八号、第九号《沈阳市行政执法机构公告》。至此，确定市属具备行政执法主体资格的机构344个，其中：行政机关183个，法律法规授权组织92个，行政委托组织69个；区、县（市）属具备行政执法主体资格的机构1087个，其中：行政机关548个，法律法规授权组织165个，行政委托组织374个。为保证行政执法机构的合法性，加强对行政执法机构的管理，市政府法制办将各级行政执法机构的机构名称、主体类别及执法依据等内容，汇编成《沈阳市行政执法机构及其依据总汇》。配合机构改革，市政府法制办制定下发了《关于在机构改革中政府法制工作有关问题的处理意见》（沈政法发［200］］12号）。要求各区、县（市）政府及市政府各部门，凡新组建、变更名称及机构、职能合并的市政府部门具备行政执法职能的，应按照国务院和省、市政府的有关规定，持市机构编制部门的批准文件或三定方案、执法依据等资料向市政府申请认定其行政执法主体资格。自市政府批准、市政府法制办公室向社会公告之日起，以新机构的名义履行行政执法职能；被撤销、合并的市政府部门自被撤销、合并之日起，应立即停止其行政执法行为，由市政府法制办公室向社会公告，撤销其行政执法主体资格；对新组建机构的委托执法、行政执法人员执法证件的申领等方面问题，也提出了具体处理意见。

加强行政执法证件管理，保证行政执法人员身份合法。按照省政府法制办的要求，2001年3月5日，市政府法制办印发了《关于进行2000年度行政执法证件审验的通知》（沈政法发［2001］2号），对行政执法证件审验工作进行了部署。在具体审验工作中，市法制办采取由区、县（市）政府和市政府各部门法制机构初审后，将审验报告、人员名册及执法证件报市政府法制办。经审验合格的加贴省统一印制的年检合格标识，证件丢失的需登报声明后予以补发，证件到期的换发新的行政执法证件。2001年共报检行政执法证件5638个，对符合检证条件的3779个行政执法证件加贴了年检标识，因证件有效期满、丢失、损坏、执法类别调整、岗位调换等情况换发行政执法证件1788个，新办行政执法证件419个。至此，全市共有7310名行政执法人员具有合格证件。

（于　洋）

【行政复议应诉】　2001年，全市各级行政复议机关共受理行政复议申请630件，审结541件，占受理案件总数的85.9%。在已审结的复议案件中，维持原具体行政行为的260件，占审结案件总数48.1%；撤销原具体行政行为的116件，占审结案件总数的21.4%；变更原具体行政行为的15件，占审结案件总数的2.8%；申请人撤回申请的138件，占审结案件总数的25.5%；作出其他处理的案件7件，占审结案件总数的2.2%。其中，市政府受理行政复议案件27件，经审理撤销和变更原具体行政行为的11件。全市各级行政机关作为被告参加各级人民法院行政诉讼的案件984件，在已审结的778件行政诉讼案件中，法院判决维持原具体行政行为的案件421件，占审结案件总数的54.1%；撤销原具体行政行为的案件179件，占审结案件总数的23%；原告撤诉的案件137件，占审结案件总数的18%；作出其他处理的案件41件，占审结案件总数的4.9%。

（于　洋）

公　安

【精心组织严打整治斗争】　按照中央和省、市的统一部署，市公安局于2001年4月18日召开了严打整治斗争动员大会，迅速把全局干部和民警的思想认识统一到党中央的战略决策上来，精心组织，周密部署，全警动员，全员参战，迅速掀起严打整治斗争高潮。成立了以局长为组长的严打整治斗争领导小组，制定了《严打整治斗争实施方案》。层层落实责任制，加强对严打整治斗争的领导。召开了全局严打整治斗争思想政治工作会议，出台了《严打整治斗争奖励办法》，并组织了严打整治斗争先进事迹报告团进行巡回报告，激励广大民警在严打整治斗争中建功立业。严打整治斗争以来，共破获各类刑事案件26150起，抓获各类犯罪嫌疑人8533名。特别是成功侦破了公安部督办的“4.8”特大杀人抢劫案和轰动全国的贵州“德江帮”特大盗窃集团案等一批大、要案。

（调研一科）

【开展"打黑除恶"专项斗争】 市公安局在严打整治斗争中，始终以"打黑除恶"为龙头，深入排查各类涉黑、涉恶线索，坚持"打早、打小、露头就打"的原则，坚决铲除为害一方，群众深恶痛绝的黑恶势力。各级公安机关对全市涉黑涉恶情况进行了调查，线索进行了重新梳理。按照省公安厅的要求，专门组建了打黑专业队伍，各单位主要领导为本地区"打黑除恶"第一责任人，分级挂牌督办，层层落实领导责任制。共打掉"洪星帮"、望花木材市场等恶势力团伙14个，处理各种"棍"、"霸"42个。

（闵铁犁）

【开展"治爆缉枪"专项行动】 市公安局从2001年4月至9月在全市范围内开展了为期6个月的"治爆缉枪"专项行动。在这次行动中，全市各级公安机关以舆论宣传为先导，深入相关企事业单位和居民社区，开展了多渠道、全方位的宣传发动和法制教育活动。在此基础上，严格进行安全检查，切实落实管理责任，了解掌握涉枪、涉爆单位的底数，印发《涉枪、涉爆单位安全检查登记表》，逐一对涉枪、涉爆单位进行检查，及时整改了125件隐患问题。对全市烟花爆竹生产企业进行了整顿，重新核发了《爆炸物品储存许可证》、《爆炸物品销售许可证》，制定了爆炸危险物品出入库审核登记制度，组织全市治安部门开展"治爆缉枪"统一清查行动。全市共收缴各类子弹85446发、炸药3036.5公斤、雷管6627枚、导火索275.3米，集中销毁非法枪支4942支。查处涉爆案件19起，查破涉枪案件37起，处理违法犯罪人员88人。

（赵士维）

【严厉打击经济犯罪活动】 根据公安部、省公安厅的统一部署，市公安局以整顿和规范市场经济秩序为主要内容，开展"百日会战"和"朔风攻势"，严厉打击各种经济犯罪活动。共立案侦查经济犯罪案件1322起，侦破1212起，抓获犯罪嫌疑人427人，涉案金额5.12亿元，追缴赃款赃物总价值达2.4亿元，有效地遏制了沈阳市经济犯罪活动上升的势头，取得了明显的阶段性成果。

组织"百日会战"。市公安局从6月上旬至9月底，开展了历时百余天以打击涉税和金融犯罪为重点的统一专项行动。共立案799起，侦破726起，刑拘146人，逮捕103人，追缴赃款赃物价值1.3亿元。特别是成功侦破了省、市级重点案件23起，抓获省、市级重点逃犯27人。

组织"朔风攻势"。市公安局从10月至12月全面展开"朔风攻势"，整顿、取缔了3个非法买卖外汇黑市场，查扣外汇11万美元；开展打击银行信用卡恶意透支专项斗争，追回信用卡透支款77万余元；严厉打击传销及变相传销活动，抓获犯罪嫌疑人11人，遣送参与传销人员120余人次；继续加大对涉税犯罪活动的打击力度，追回税款3211万元；积极开展追逃专项行动，抓获在逃经济犯罪嫌疑人31人。"朔风攻势"共侦破经济案件312起，抓获犯罪嫌疑人176人，依法逮捕154人，起诉103人，追回赃款赃物总价值达9864万元，进一步维护和规范了沈阳市的市场经济秩序。

（蒋成智）

【开展打击制售假冒伪劣商品犯罪活动】 市公安局积极配合工商、技术监督等行政执法部门，协同作战，以查处假冒伪劣农药、复合肥、种子、建筑钢材、汽车配件、药品等10类商品为重点，组织开展严打统一行动，有效遏制了制售假冒伪劣商品违法犯罪活动的高发势头。全年共受理此类案件609起，立案侦查22起，刑事拘留32人，逮捕22人，捣毁各类制假售假黑窝点264个。特别是成功侦破了沈阳建国以来最大的涉案金额达1000余万元拼装假金杯客车案。倍受中央领导及公安部重视和关注的"5·17"特大制售假药案侦破工作也取得了重大进展，5名涉案犯罪嫌疑人被逮捕。

（王　刚）

【开展追逃专项行动】 根据公安部的统一部署和省公安厅的具体要求，市公安局从9月20日至11月30日开展了追逃专项行动。充分运用已经建立起来的"破案追逃"新机制和公安信息网络，实行领导包案，层层落实责任制。采取了专案攻坚、网上比对、架网布控、适时集中清查等多种抓捕措施。为充分调动广大参战民警的积极性，制订了《竞赛评比方案》。局领导还会同检、法、司领导深入监所直面在押人员，召开在逃人员家属座谈会，开展"坦检"攻势，全力追逃。印发了2.2万份省公、检、法、司联合《通告》，加大宣传力度，公开举报电话，在全社会营造追捕逃犯的严紧声势，使追逃专项行动取得了突出战果。共抓获各类逃犯3626名，其中：部级重点督捕逃犯2名，省级重点逃犯57名，市级重点逃犯178名；抓捕外地逃犯637名；有418名在逃人员在政策的感召下主动到公安机关投案自首。市公安局被公安部和省公安厅评为严打整治斗争追逃专项行动先进单位。

（调研一科）

【开展专项整治行动】 市公安局在深入调查摸底的基础上，按照治安问题混乱、犯罪问题突出、群众反映强烈三条标准，确定了五爱市场、北站等5个市级重点整治地区，明确责任，加大整治力度。组织多警种联合行动，对易发案地区、复杂场所，开展了一系列专项整治行动，使一些欺行霸市、强买强卖等各类"棍"、"霸"和恶势力团伙受到打击，一些治安混乱地区、场所、部位的治安面貌有了改观。组织了10余次以"四防两保"（防抢、防盗、防火、防破坏，保安全、保稳定）为主要内容的安全大检查，着力整顿国有企业周边秩序。对全市82家被列为整治重点的金融网点周边治安环境进行了清理整顿。还组织开展了学校及周边地区治安秩序整治工作，收到了明显的成效。

（刘　滨）

【开展同"法轮功"邪教组织的斗争】 全市公安机关在市委、市政府和上级公安机关的正确领导下，全方位开展同"法轮功"邪教组织的斗争，严厉打击"法轮功"顽固分子的各种违法犯罪活动，共侦破此类案件245起，抓获"法轮功"人员470名，打掉团伙52个，摧毁黑窝点46个，收缴非法宣传品44万余份。特别是成功地破获了公安部重点督办的"12·25"恶意攻击党和国家领导人案件及"5·10"系列案件。

1.加强基础工作，落实控制措施。市公安局立足长期斗争，专门成立了处置"法轮功"问题领导小组，下设办公室（简称"6·10"办公室），主要负责组织、协调、指导、监督处置"法轮功"工作。组织各单位重新对全市的"法轮功"人员进行摸底排查。因地制宜落实对"法轮功"人员的控制措施，建立和加强信息联系制度，加强重点人员管理。依靠社会力量共同搞好控制工作，充分发挥单位、街道、亲属及公安机关"四位一体"包保责任制的作用。坚持条块结合、以块为主的控制原则，不让一个"法轮功"人员进京滋事。在全市主要公路、铁路要道设置堵卡点，加大对各种可疑车辆和人员的审查力度，共截获进京和拟进京的"法轮功"人员58名。

2.根据形势需要，开展统一行动。1月17日至3月27日开展了严防"法轮功"顽固分子进京滋事攻坚战役；4月17日至7月27日开展了为期100天的巩固攻坚战役成果，全力围剿"法轮功"残余势力百日会战；7月20日起开展了全国范围内的为期四个月打击"法轮功"违法犯罪活动专项斗争；9月5日至10月15日结合市委、市政府部署的"四个严防"专项斗争开展了全力侦破"法轮功"违法犯罪案件，遏制"法轮功"反弹势头攻坚战役。此外，还紧紧围绕"4·25"、"7·22"等"法轮功"活动敏感日期及重大节日、"十强赛"和省、市重要会议等，有针对性地开展专项统一行动。通过清查出租房屋及巡逻堵卡布控，打掉一大批“法轮功”非法活动团伙，端掉一批地下窝点。

3.着眼长期斗争，坚持多策并举。开展为期1个月的追缉“法轮功”下落不明人员专项行动。共抓获部级逃犯11名、省级逃犯13名、市级逃犯15名，其他下落不明人员20余人，取得了显著的战果。针对全市“法轮功”宣传品案件高发的势头，开展打击“法轮功”现行非法活动专项行动，通过巡逻布控、群众举报、走访了解等多种形式，共现行侦破92起“法轮功”宣传品案件，抓获“法轮功”顽固分子135人，缴获了一大批非法宣传品和作案工具。

4.严格执行政策，依法严厉打击。针对全市秘密从事制作、散发、张贴“法轮功”宣传品及煽动串联聚集滋事的“法轮功”顽固分子活动猖獗的实际，市公安局严格按照“两院三部”的有关规定，对“法轮功”顽固分子该逮捕的依法逮捕，该劳动教养的实行劳动教养，严厉打击“法轮功”顽固分子的各种违法犯罪活动。对“5·10”、“8·25”等案件的首要分子姜秀英等38人依据司法解释予以逮捕；对234名从事“法轮功”邪教组织活动的犯罪嫌疑人予以刑事拘留；对组织非法聚会、多次进京上访滋事，制作、散发、张贴“法轮功”宣传品的308名“法轮功”分子予以劳动教养；对其他进行非法活动的224名“法轮功”分子予以行政拘留。

（高晓天）

【开展清理控申积案“百日会战”活动】 为解决控申工作存在的突出问题，市公安局从6月20日至9月30日集中开展清理控申积案的“百日会战”活动。为加强领导，专门成立了由局长杨加林为组长，副局长张庆明、康健、于凌舜、徐德洪为副组长的“百日会战”活动领导小组，并拨款50万元用于奖励办案有功人员。经过艰苦努力，“百日会战”活动取得了明显成效：共审结案件185起，审结率达到99.5%；息访上访群众113人，息访率达到61%。其中：一类案件结案息访24起，二类案件结案息访47起，三类案件结案息访17起。一批长期悬而未决的“老大难”问题得到解决，许多矛盾得到化解，一些不稳定隐患被消除。有6个先进集体和9名先进个人分别被市公安局荣记三等功，23名同志受嘉奖。

（郭巨洲）

【组建防暴专业队伍】 为认真贯彻落实公安部有关精神，市公安局扩充了防暴警力和建制，明确防暴队的职责任务，提高了防暴工作的保障水平。巡警支队直属两个大队主要负责处置一般群体性事件和处置骚乱、暴乱、流氓滋扰、群众械斗等暴力性案件。刑警支队反暴大队主要负责处置劫持人质、飞机、汽车和持枪作案、爆炸等暴力恐怖活动，缉捕严重暴力犯罪分子。各分、县（市）局也拥有一定的防暴警力。全市防暴队伍实行分级管理、以块为主的管理体制，紧急状态下由市公安局统一指挥。平时坚持基础训练与应用训练相结合，合成训练与单兵训练相结合，突出实战性和针对性，着力提高防暴队伍在各种复杂情况下的紧急应变能力和处置技能。在全省巡警防暴警比武考核中获得团体总分第一名，在全国11个城市巡警协作交流年会PPC射击比赛中，获得团体总分第五名。

（王　刚）

【110警务体制改革】 市公安局从2001年5月1日全面启动110新的警务体制。即取消原巡警部门设定的41个警务区，市内五区公安分局的110接处警工作直接由公安派出所承担，实现了一个派出所、一个警务区、一台110警务车的工作运行机制，较好地解决了巡警和派出所在110接处警工作中存在的警区过大、接处警分离、重复待警、职责交叉和巡警警区巡察与派出所社区防控相脱节等突出问题。110警务车有警接警，无警开展巡逻盘查，采取车巡与步巡相结合的方式，有针对性地加强管区内的巡逻防范工作。实行新的警务体制半年来，共破获各类刑事案件2500余起，抓获各类犯罪嫌疑人1500余名。

（田　骥）

【着手实施社区警务战略】 实施社区警务战略是新形势下公安工作贯彻群众路线的客观要求。按照省公安厅的统一部署，市公安局从2001年4月开始，着手实施社区警务战略，认真贯彻“打防结合，预防为主”的方针。首先，在大东分局开展了社区警务战略试点工作。以珠林、小北、东山3个派出所作为先期试点单位，以广岩等10个责任区作为社区警务建设示范区，确定了四项原则：一是着眼于维护社会稳定，有利于辖区一方平安的原则；二是着眼于打防管建并举，有利于体现派出所是治安当局的原则；三是着眼于警种协调运作，有利于形成合力的原则；四是着眼于长远，有利于建立长效机制的原则。以社区为地域范围，确保一区（社区）一警，专司社区警务。同时，出台了《社区警务工作规范》，制定了考核办法，建立了“倒查”制度，规范了管片民警的工作职责。逐步建立新型的警民关系和警务运行机制，使派出所的工作真正扎根社区，贴近群众，把主要精力用于管理、防范和服务群众上。

（何　杰）

【开展整顿和规范歌舞娱乐服务场所专项行动】 按照公安部、文化部、监察部、工商总局的统一部署，市公安局从2001年9月末至12月底组织开展整顿和规范歌舞娱乐服务场所秩序专项行动。在认真调查摸底的基础上，确定市级重点地区6个、重点场所18家；区、县（市）级重点地区18个、重点场所30家。将治安问题较多、群众反映较大、投诉举报次数较多的娱乐场所作为重点，集中力量进行整治。连续开展了3次全市性的集中检查和清查行动，共出动警力12600人（次），检查场所11025家（次）。对存在格局违反规定、无证经营和营利性陪侍等问题的519家场所进行了打击处理。查处黄、赌、毒、娼案件154起，处理违法犯罪人员681人。查处各类违法经营场所946家，其中：取缔无证经营场所443家，吊销证照16家，停业整顿123家，限期整改281家。还会同有关部门组成4个检查组，对全市各区、县（市）专项整治工作进行检查验收，在抽查的177家娱乐服务场所中，符合要求的165家，占验收场所总数的93.3%，专项整治行动达到了预期的工作目标。

（赵士维）

【开展打击冰毒、摇头丸毒品犯罪专项活动】 2001年，市公安局将打击冰毒、摇头丸等苯丙胺类毒品违法犯罪活动作为禁毒工作的重点，强化阵地控制，加大对歌舞厅、迪厅、迪吧等易涉毒场所的查控力度。通过开展专项整治活动，有力地打击了公共娱乐场所内吸食、贩卖摇头丸等违法犯罪活动。共查处贩卖、服用冰毒、摇头丸违法犯罪人员500余名，缴获冰毒5千克、摇头丸9716粒。有效地遏制了冰毒、摇头丸等苯丙胺类毒品违法犯罪活动在全市蔓延的势头。

（万柏君）

【开展“畅通工程”和创建“平安大道”活动】 在2001年的城市道路交通管理工作中，深入开展“畅通工程”和创建“平安大道”活动。以解决影响城市交通畅通和安全的突出问题为重点，促进了城市交通管理水平的不断提高。沈阳市在全国“畅通工程”考核评比中，再次跨入全国优秀交通管理城市的行列，名列各省会市优秀交通管理城市之首。

1.加大投资力度，完善城市交通基础设施建设。沈阳市专门拨出近16亿元用于交通基础设施建设、交通管理科技建设以及发展公交事业。全年改造道路总长90公里，总面积达305万平方米。完成了市交通指挥中心二期工程改造任务，为“畅通工程”的深入开展打下了坚实基础。

2. 实施科技强警，提高交通智能化管理水平。建立了全市公安交通信息综合管理网络系统，基本实现了信号控制、信息查询、监控、通讯、交通诱导、接警、指挥和勤务管理8项功能。组织专人对全市的交通流量、交通设施、交通基础数据进行了全面的摸底调查，并与清华大学交通研究所合作，制定了全市的交通管理规划。

3. 开展综合治理，确保交通秩序再上新台阶。在动态交通秩序治理上，采取巡逻管理与定点管理相结合、日常管理与集中整顿相结合的方式，对自行车、行人和机动车违章从严整治，使自行车、行人遵章率分别达到92.92%和88.8%，市区主干道机动车遵章率达到98.49%，机动车平均时速达到30.25公里。在静态交通秩序管理上，在有停车需求且具备条件的二、三级街路，增设了机动车停车泊位和自行车存车架，使机动车停车入位率、自行车存车入架率分别达到98.79%和98.24%。同时，加大了对占道市场的清理取缔力度，完成了22条街路占道市场的退路进厅工作。

4. 强化宣传教育，增强交通参与者的遵章自觉性。以《沈阳市民交通行为守则》为主要内容，在百万中小学生、百万妇女、百万职工以及驻沈部队中，广泛开展交通法制宣传教育活动。利用各种媒体开办专题栏目、组织跟踪报道、播发相关公益广告、宣传交通法规，使交通安全宣传教育工作既具有特色，又富有实效。

与此同时，提高路面管控能力，完善治安防控网络，使创建“平安大道”活动基本实现了“交通安全畅通、治安秩序良好、执法公正文明、人民群众满意”的工作目标。

（王勋哲）

【开展消防安全专项整治活动】 2001年，沈阳市开展了卓有成效的消防安全专项整治活动，为全市的经济发展和社会进步营造了良好的消防安全环境。

1. 开展全市公众聚集场所消防安全专项整治活动。为认真吸取2000年“12·25”洛阳大火教训，全面排查公众聚集场所存在的不安全隐患，按照公安部等11部、委、局《关于开展公众聚集场所消防安全专项治理的实施意见》的要求，市公安局从年初开始，组织开展了以市场、商场（店）、超市等经营场所和大（中）专院校、中小学、幼儿园、医院等人员聚集场所为整治重点的公众聚集场所消防安全专项整治活动。共检查整治各类公众聚集场所22071家，发现火灾隐患30596处，消除火灾隐患22754处，下发责令当场改正通知书11470份，责令限期改正通知书12877份，重大火灾隐患限期整改通知书58份，责令“三停”（停产停业、停止施工、停止使用）355家。同时，对299个严重火灾隐患的场所进行集中跟踪整治。经过努力，市里负责的50个重点整治单位大部分整改完毕，各区、县（市）负责整改的249个单位，基本整改完毕。

2. 开展易燃易爆场所消防安全专项整治活动。从2001年8月26日开始，市公安局组织公安消防部门针对全市液化气站、加油站、油库、化工厂、气体经销单位、各类化工商店等单位存在的消防隐患，开展专项整治活动。共检查易燃易爆单位（场所）1344家，责令停止销售、生产、储存557家，申请吊销营业执照39家，行政拘留28人。特别是“9·01”沈阳大龙洋石油有限公司油罐火灾发生后，进一步加大了查处力度。对存在重大火灾隐患的单位立即予以查封，并督促968家火锅店，将原先由液化气钢瓶、胶管直接供气改为设置单独的液化气钢瓶间，通过金属管道分配供气，消除了长期存在的易泄漏着火爆炸的隐患问题。

（范树华）

【“十强赛”安全保卫工作】 2001年8月25日至10月13日，第十七届世界杯足球预选赛亚洲“十强赛”四个主场比赛在沈阳举办。市公安局精心组织，周密部署，强化措施，全力以赴，使这次赛事安全保卫工作成为多年来大型体育比赛中组织得最好、成效最显著、影响最深远的一次。受到了省市领导、中国足协和亚足联的称赞，受到了公安部的通令嘉奖，赢得了社会各界的广泛赞誉。

1. 把大赛安全保卫工作作为严肃的政治任务，切实加强组织领导。市公安局党组多次开会进行专题研究，要求全市各级公安机关站在讲政治、讲大局的高度，充分认识这项赛事及安全保卫工作的极端重要性，牢固树立“为国家荣誉争光，为公安形象增辉”的意识，把这次赛事安全保卫工作当作一项极其严肃的政治任务。为了做好各方面的准备工作，市公安局从3月份就开始进行研究部署，责成有关部门分赴北京、上海等举办过大型比赛的城市，实地进行学习考察。同时派出专人对体育场的安全条件和安全设施反复检查，全程依法监督整改，使39项问题隐患得到妥善解决。8月7日，市公安局专门召开了各执勤单位主要领导参加的动员部署大会，提出了明确的要求，确定了“全力以赴、万无一失”的工作目标，研究制定了10个工作方案和预案。成立了安全保卫工作总指挥部，实行局长分工负责制，下设18个工作组，具体负责协调指挥、场地安全、外围秩序维护、安检防爆、随行警卫、消防安全等工作，自上而下形成了完善的指挥系统。

2. 把“全力以赴、万无一失”作为安全保卫工作标准，确保各项措施落实。这次“十强赛”安全保卫工作任务量大，涉及部门多、动用警力多、工作环节多，市公安局细化分工，层层落实责任制。实行人机结合，对数万名入场观众认真进行安全检查，对体育场所有设施及使用车辆进行防爆检查，对“十强赛”票证的安全管理进行全程依法监管。针对“9·11”恐怖事件可能产生的负面影响及比赛形势变化，及时调整部署，将每场警力由8000余人增加到1万余人。7个主客场比赛，累计出动警力5.3万人次，动用车辆4000余台次。为了牢牢把握工作的主动权，市公安局组织召开球迷代表座谈会，发放了4万份《致球迷朋友的一封信》。通过与球迷交朋友、建关系等方式，全面掌握球迷的动态，获取了100多条重要信息，有效地预防和阻止了一些球迷赢球后欲采取不理智举动现象的发生。4个主场比赛，累计接待境内外观众达18万人次，没有发生一例伤人事件，没有发生一起向场内抛掷物品的现象。比赛现场气氛热烈、文明有序。针对比赛期间人流、车流猛增的实际，组织交警部门开展摩托车专项整治行动，采取“人车分流”的疏导方式，保证了大赛期间交通秩序良好。还连续组织了3次专项斗争，对200处重点部位连续开展了27次清查行动。

3. 把“严格执法、热情服务”贯穿安全保卫工作始终，树立公安机关良好形象。广大民警在执勤中，以强烈的政治责任感，依法履行职责，坚持严格管理，一丝不苟，恪尽职守，文明执法，视形象如生命，自觉保持警容严整。面对一些过激行为，执勤民警坚持教育疏导，做过细的思想工作，以极大的耐心争取群众的理解和支持。在执勤中，满腔热情地为广大球迷和观众排忧解难，做了大量的好事，树立了公安机关的良好形象。

（何　杰）

【成功扑灭“9·01”沈阳大龙洋石油有限公司油罐大火】 9月1日凌晨4时许，沈阳大龙洋石油有限公司职工在倒油过程中，由于油罐内汽油外溢而产生大量的挥发气体，该单位司机发动汽车产生的电火花，引燃了挥发气体，导致8个容积3200立方米的油罐先后爆燃起火。毗邻油库和液化气站的71个油罐23572立方米的油、气受到火势的严重威胁，一旦发生连锁爆炸，火场周围几十平方公里将变成一片火海，后果不堪设想。市公安消防部门迅速调集了17个消防中队、2个企业消防队和桃仙机场消防支队等部门84台消防车、580名消防官兵投入灭火战斗。辽宁省消防总队也调集了抚顺、辽阳、辽化3个专业消防支队的12台消防车、60名消防官兵前来增援。市公安局局长杨加林等领导迅速赶到现场，成立了灭火指挥部。立即从有关单位调集500多名民警担负疏散周围群众和警戒任务。在这场罕见的油罐大火扑救过程中，广大消防官兵和公安民警处惊不乱，面对死神，毫不退缩，正确运用多年在实战中总结的战略、战术，全力拼搏，经历3次油罐大爆炸的严峻考验，奋战9个多小时，终于将油罐大火成功扑灭。创造了消防官兵、公安民警无一伤亡的奇迹，在沈阳市乃至全国公安消防史上留下了重重的一笔。专程飞赴现场指挥灭火战斗的公安部消防局局长陈家强深有感触地说："这场恶仗打得漂亮，是近年来全国油罐群火灾扑救的成功范例，在全国恐怕也只有几个像沈阳这样的大城市才有能力扑灭。沈阳消防官兵经受住了考验，他们是一支政治合格、技术过硬、作风优良、特别能战斗的队伍。"事后，市委、市政府及辽宁省公安厅分别召开表彰大会，隆重表彰消防参战官兵并颁发奖金120万元。有12名官兵荣立一等功、46名官兵荣立二等功、112名官兵荣立三等功，市消防支队被公安部荣记集体二等功。

（范树华）

【开展打击制售假证件和恶意骚扰"120"等急用电话违法犯罪专项行动】 从2001年11月6日开始，沈阳市集中开展打击制售假证件和恶意骚扰"120"等急用电话违法犯罪专项行动。各级公安机关集中力量，全面出击，查获制售假证件窝点3个，处理违法犯罪人员37名。为推动专项行动的深入开展，2001年12月12日，市公安局在北站和铁西区凌空广场对7起典型案件、24名犯罪嫌疑人进行了公开处理，既教育了广大人民群众，又震慑了此类违法犯罪，取得了良好的社会效果。

（赵士维）

【开展"三项教育"活动】 按照公安部和省公安厅的要求，市公安局继上年第一批"三项教育"之后，组织全局38个单位近13000名民警开展了以"全心全意为人民服务的宗旨教育，实事求是的思想路线教育，严格、公正、文明执法的法制教育"为主要内容的第二、三批"三项教育"活动。各级公安机关正确处理集中学习和日常工作的关系，紧密结合实际，扎扎实实地抓好每一个阶段、每一个环节的工作。全局共有1100余名民警参加了素质教育培训班。通过强化理论学习，联系实际查摆剖析和民主评议，制定落实整改措施，特别是通过对软弱涣散的基层领导班子和领导干部进行调整，对重点单位进行集中整治，对后进民警进行分离、集中强化培训，进一步增强了公安机关的整体战斗力，基本实现了"打牢思想基础，解决突出问题，纯洁民警队伍，取得建设成果"的总体目标。

（李俊良）

【开展"服务质量年"活动】 自2001年2月起，市公安局深入开展了以"争创人民满意单位、争当人民满意民警"为主要内容的"服务质量年"活动。各级公安机关以解决"冷硬横推"等突出问题为突破口，以"窗口"单位为重点，以深化警务公开为手段，强化宗旨意识，提高服务质量，使广大民警"以民为本，善待百姓"的思想树立得更加牢固，警务行为更加规范，服务作风进一步好转，队伍的整体形象有了新的改观。

切实加强对"服务质量年"活动的组织领导。市公安局专门成立了"服务质量年"活动领导小组，下设办公室，具体负责组织、协调、检查、宣传等方面的工作。制定了《沈阳市公安局开展"服务质量年"活动实施办法》。确定了20个派出所、10个机关科室"窗口"单位和2个分局及1个警种作为"优质服务示范单位"，并及时推广了他们的经验和做法。

继续深化警务公开。建立了警务公开部门群众投诉接待制度，规范了举报、投诉处置程序，设置了举报登记簿、违示呈办单，使群众来电、来信、来访的投诉答复率达100%。紧紧围绕保障公正执法和落实热情服务，市、区两级警务公开部门对公示的程序、时限和内容进行了调整，重点加强对案件审理、审批环节方面的警务公开，加强对警务公开工作的监督检查力度。并组织有关部门对出入境管理处和交警驾驶员办证大厅、消防审批大厅、基层机关科室、派出所进行明查暗访。通过《警务公开工作通报》，对存在问题的单位和违反规定的民警进行了通报批评。

拓宽社会监督渠道。设立服务监督意见箱325个、专人值守的投诉电话32部，聘请657名服务质量监督员，对"服务质量年"活动实行全程动态监督。依据群众投诉、信访案件、违法违纪、明察暗访等情况，对受检单位打分，对排名末位的单位进行挂牌整治；对连续3个月挂牌的单位，对其领导班子作出调整，并取消单位评优资格。

全面推行文明用语。下发了《关于在全局民警中开展推行文明用语活动的实施方案》，开展了"学习领会、熟知熟记《服务规范》比武打擂竞赛活动"，培养树立了一批先进典型。全局有27个集体被省公安厅授予"人民满意单位"，有52名民警被省公安厅授予"人民满意民警"，市公安局被省公安厅授予"'双争'活动优秀组织单位"。

（王　刚）

【公安行政改革推出新举措】 为进一步转变职能，拓宽服务领域，市公安局以强化出入境管理为重点，坚持急事急办，特事特办，主动服务，送证上门。把所有境外人员的签证统一转到市外商投资服务中心去办理，最大限度地方便外商投资人员。2001年2月6日专门召开新闻发布会，授予沈阳经济技术开发区公安分局户籍管理职能、办理境外人员居留证职权和因私出国审批权限，并取消收缴外来人口城市建设增容费。凡符合开发区招商引资、招聘人才规定的人员落户，一律由开发区分局批准；凡在开发区居留、从业、就学等境外人员办理居留证、签证、签注等手续，一律由开发区分局审批；凡是开发区内的机关、团体、企事业单位员工和居民，因私需要出国的，一律由开发区分局审批办理护照；凡是到开发区内务工、经商的外来人口，一律停止缴纳城市建设增容费。这些改革措施，使开发区成为沈阳市第一个"无费区"。

（刘　滨）

【组建高新技术产业开发区分局】 开发、建设浑南是市委、市政府作出的一项重大战略决策。为适应"新世纪、新沈阳、新浑南、新机遇"的发展要求，市公安局决定组建高新技术产业开发区分局。2001年7月1日正式履行刑事案件侦破、治安管理、外事管理等各项公安管理职能。该分局下设3个科（秘书科、治安科、户政科）、2个队（刑警大队、巡警大队）和4个所（长白公安派出所、孤家子公安派出所、浑南公安派出所和科技商城治安派出所），核定人员编制78名，管辖面积为120.6平方公里，包括浑南新区、南塔产业区和三好街科技商城。

（刘　滨）

【进行军人身份编码】 按照《国务院关于实行公民身份号码制度的决定》和中央军委的有关决定，沈阳市从2001年9月开始为军队和武警部队人员（简称军人）编制公民身份号码工作。市公安局本着既有利于对军人实行社会化、标准化、信息化管理，也有利于军人以公民身份参加社会活动，更好地维护和保障军人合法权益的原则，制订了《工作实施方案》，组织各分、县(市)局进行军人公民身份号码的编制工作。全市共接收《军人身份号码登记表》32783人(份)，为17655人新编制了公民身份号码，核对了15128人的原编码，较好地完成了军人编制公民身份号码任务。

(路庆和)

【2001年十大刑事案例】 1.**“4·8”特大持枪抢劫杀人案**。2001年4月8日20时许，铁西区启工街北一西路23－2号楼322室发生一起特大抢劫杀人案，3名浙江省来沈经商人员唐永沛、唐庆富、王洪春被人用铁丝、尼龙绳勒死在室内，部分财物被抢走。严打整治斗争开展以后，因案情重大，此案被公安部列为重点挂牌督办案件，由省、市、区三级刑侦部门联合组织侦办。侦查中发现一可疑手机，案发前与被害人联系较多。随后，专案组对死者接触关系进行了摸排，对案发地附近宾馆、旅店、桑拿浴等场所的登记进行逐一排查，最终锁定北票市人魏铁宝(男，36岁)具有重大作案嫌疑。4月19日晚，专案人员前往北票市实施抓捕行动。在当地警方的配合下，经周密部署于4月21日将魏铁宝抓获，并缴获其作案用“六·四”式手枪一支。经突审，魏供认因赌博欠下巨额赌债，遂伙同其侄魏国彪、魏国发、魏国伟(均系北票市农民)来沈持枪抢劫杀人的作案事实。专案组不顾疲劳连续奋战，在24小时内又连续抓获了另外三名犯罪嫌疑人。据交待，4名犯罪嫌疑人携带枪支及其他作案工具驱车来沈，4月8日早4时许，窜至发案地持枪威逼被害人喝下氢化钾，随后用铁丝将3名被害人勒死，抢走16万元存折一本、现金800元、手机2部。经深挖，2000年震惊全省的北票杀人爆炸毁尸案也是他们所为。至此，公安部督办的“4·8”特大持枪抢劫杀人案告破。

2.**“德江帮”特大盗窃集团案**。2001年2、3月间，沈阳市铁西、沈河等地区接连发生多起夜间攀爬阳台入室盗窃案，严重威胁人民群众的生命财产安全，造成当地居民心理恐慌。对此，市、区公安机关高度重视，认真分析研究发案规律特点，进一步加强巡逻防控，并抽调精干警力组成专案组全力侦破。经数日工作，于3月28日凌晨，将犯罪嫌疑人张毛松(贵州省德江县人)抓获。经审查，他与同乡张进国刚到沈阳，住在北站附近一旅店。专案人员遂找到该旅店，得知近期有几十名贵州人在附近旅店住宿，均是昼伏夜出，每天早晨归来带回各种物品，十分可疑。据此，专案人员认为上述人员具有重大盗窃犯罪嫌疑。在市公安局的统一部署下，迅速调集了50余名警力，对该地区进行地毯式搜捕。经过一天一夜的奋战，将贵州省德江县54名可疑人员带回审查。通过核对随身物品和查询银行、邮局汇单，从中发现了大量犯罪证据和线索。在上级公安机关的大力协助下，专案人员克服重重困难，远赴贵州省德江县起获大量赃款、赃物。一举打掉了这个作案足迹几乎遍布全国的特大入室盗窃集团。先后抓获58名涉案犯罪嫌疑人，破获案件数百起，涉案价值近百万元。

3.**“97·9·21”特大持枪杀人案**。1997年9月21日凌晨，在铁西区北二路卫工街的弘扬酒店内，两名男子因结帐问题与该酒店服务员发生口角，遂持枪打死1人、打伤1人，后挟持出租车逃跑。经现场勘察及询问获悉，两人操大连口音，谈话内容涉及空军有关情况。在现场提取了两枚指纹，通过鉴定确定了犯罪嫌疑人使用的是“五·四”式或“五·一”式军用制式手枪。由于案情重大，公安机关随即成立了以市刑警支队为主的专案组，全力组织侦破工作。三年来，专案人员根据线索先后对沈阳、大连、锦州、丹东和营口等地50余所单位进行了认真排查。在严打整治斗争中，此案被列为全省一号挂牌督办案件。在省公安厅有关部门的大力配合下，通过指纹比对，发现杨涛(男，33岁，大连人，曾在沈空某部服役)具有重大犯罪嫌疑，但因涉嫌盗窃机动车而外逃，下落不明。专案组通过对其社会关系的排查和指纹比对，发现正在监狱服刑的于峰为另一犯罪嫌疑人。在有关警方的配合下，先后将杨涛抓获，于峰也被押解回沈。经审讯，杨涛和于峰对“97·9·21”持枪杀人案件供认不讳，作案枪支系从广西购得。同时，还交待了流窜4省杀死2人、伤害2人疯狂进行抢劫、盗窃等犯罪事实。

4.**“9·4”特大系列杀人碎尸案**。2001年9月4日上午8时许，经群众举报，于洪区于洪乡北李官小区西侧垃圾场发现数块新鲜的人体尸块。市、区公安机关派人迅速赶赴现场，进行现场勘查工作。经调查走访得知，尸块是由小区保洁工从15号楼下的两个垃圾桶内发现的，还曾在数日前运走过一些尸骨。按其指引的地点，侦察员找到了一堆已腐败的人体尸骨。通过勘察认定，这是一起系列杀人碎尸案件，应并案侦察，并将此案定为“9·4”特大系列杀人碎尸案。专案组根据现场的环境和条件，将该小区四栋楼作为摸排工作重点，逐户逐人走访。当侦察员走访15号楼某单元时，发现在此租房的一男子举止神态非常可疑，随即将该人控制住。在其卫生间和厨房橱柜内发现大量被切割下来的人皮和尸骨。经审查，该人叫刘广金(男，47岁，于洪区杨士街道羊吉二委居民，曾两次强奸犯罪)，自2001年6月份以来，先后从铁西区工人文化宫舞厅骗出7名陪舞小姐，在其租房处用锤子将她们打死后碎尸。

5.**“7·12”特大暴力抗法报复杀人案**。2001年7月12日，在市公安局的统一指挥部署下，多警种密切配合，历经14个小时的连续奋战，一举破获“7·12”恶性暴力抗法报复杀人案件。7月12日8时许，市动物检疫所与有关部门组成联合执法队，对大东区新东三街裕隆农贸市场3号摊床经营的违禁猪肉进行依法罚没时，与该摊床业主关家东(男，35岁)发生冲突，关乘执法人员不备手持尖刀突然对执法人员行凶，当场刺死4人、刺伤3人，随后驾驶一辆摩托车逃跑。市公安局接报案后，立即部署警力对车站及交通要道开展严密的堵卡盘查。通过调查访问得知，犯罪嫌疑人极有可能前往观音阁村山上其母的坟地。市公安局迅速抽调警力搜山。17时许，由于天黑并突降暴雨，搜山工作一度被阻。晚10时15分，关家东在满堂乡上木村的食杂店内露面，被民警抓获，当场缴获作案用尖刀一把。经审讯，关家东对暴力抗法杀死4人、杀伤3人的犯罪事实供认不讳。

6.**“12·17”特大杀人抢劫案**。2001年12月27日早8时许，辽中县茨榆坨镇发生一起入室杀人抢劫案件，被害人孙彬一家三口分别死于不同的房间内，均系被尼龙绳捆绑、口眼被胶带纸缠绕封住，家中两件裘皮大衣、十余件贵重手饰及1.8万元现金被抢走。案发后，公安刑侦部门迅速抽调精干力量，组成联合专案组全力侦破。在调查走访中，获得重要线索：当晚，一出租车司机曾看见4个形迹可疑的陌生人走进案发现场的楼区；被害人与一个叫何守振的亲属发生过矛盾，曾扬言报复，且该人生活拮据，具有作案动机。当晚，通过指纹比对，认定孙继友(男，34岁，鞍山市铁东区人，曾因抢劫和吸毒被劳改劳教)具有重大犯罪嫌疑。经走访了解，其在解除劳教后，仍恶习不改，继续吸毒，并因涉嫌抢劫在逃，现下落不明。专案组遂决定从控制毒源入手，实施对孙的抓捕工作。12月29日下午4时许，在鞍山警方积极配合下，顺利将犯罪嫌疑人孙继友抓获。经突审，犯罪嫌疑人孙继友交待了于27日晚，伙同其舅舅杨文义和2个不知姓名的人，在茨榆坨镇共同实施抢劫杀人的犯罪事实。根据线索，专案组连夜赶赴吉林，将犯罪嫌疑人杨文义(男,56岁,吉林省梅河口市人)及同伙唐国富(男,45岁,吉林省梅河口市人)抓获。经审讯得知,另一名犯罪嫌疑人正是被害人的亲属何守振,现负案在逃。

7."2000·11·23"东北大药房胜利分店特大入室抢劫案。2000年11月23日凌晨,沈阳市东北大药房胜利分店发生一起特大入室抢劫案,6名犯罪嫌疑人从药房后窗钻入室内,将三名更夫捆绑,用撬棍等工具将金柜及铁皮柜撬开,抢走人民币13.4万元。案发后,市、区刑侦部门迅速组成了专案组。经过对现场认真勘查,获取了有价值的指纹和足迹,并从现场访问中得知,犯罪嫌疑人操外地口音,极可能系外地来沈打工人员。不久,据外地警方提供的线索,此案系重庆来沈打工人员所为。专案组随即着重对四川、重庆来沈打工人员进行了大规模摸底排查。3月30日,一名自称叫"李静"的女子向公安机关电话举报称,"11·23"抢劫案是李海强、邓仕均等7人所为。严打整治斗争启动不久,在大规模的坦检攻势中,在押劳教人员田某交代,一个叫李启祥的男子曾两次约他一起盗窃东北大药房胜利分店。与此同时,专案组接到沈铁公安处发来一份协查通报,沈阳铁路中心医院发生一起盗窃金柜案,经指纹比对,认定犯罪嫌疑人名叫李启祥(男,25岁,重庆市开县龙安乡人),又名李海强、周明江。至此,"11·23"特大抢劫案件已经基本明朗。2001年11月,专案组经工作,将与李启祥关系密切、并有重大犯罪嫌疑的同乡周国庆抓获,其检举同乡谭林(男,汉族,32岁,重庆市开县岳溪镇铁林村人)和李启祥、邓仕均、黄秀林等人在沈阳抢劫过一家药店。2001年11月21日晚,专案组几经周折,终将化名谭文平的犯罪嫌疑人谭林抓获。同日,一名持李启祥身份证的男子在湖南岳阳火车站被公安机关抓获。经审讯证实,"2000·11·23"东北大药房胜利分店特大入室抢劫案系李启祥、谭林伙同邓仕均、李作勤、黄秀林、谭德成等人所为。

8.摧毁以吴海为首的带有黑社会性质犯罪集团案。2001年6月间,市、区两级刑侦部门历经三个月的艰苦侦查,一举打掉了东陵区前进乡望花木材市场以吴海为首的带有黑社会性质的犯罪集团,抓获涉案成员30余人。该集团于1992年至2001年间,为垄断望花木材市场的木材中介生意,纠集"两劳"释放人员,在"724"地区和望花木材市场手持左轮手枪、猎枪、砍刀等凶器,对无辜群众进行打击报复,疯狂作案10余起,致伤、致残20余人,严重影响了该地区的社会治安秩序。严打整治斗争开展以来,公安机关将整治望花木材市场社会治安秩序作为重点地区整治的一项重要内容。以查获一起伤害案件为突破口,顺藤摸瓜,将犯罪嫌疑人吴海抓获。经多次审讯,犯罪嫌疑人吴海对其犯罪事实供认不讳,并交待涉案人员主要分布在铁岭、本溪、沈阳等地。据此,公安机关连续奋战,将该犯罪集团成员缉拿归案,破获各类案件10余起,收缴左轮手枪1支、猎枪2支、砍刀7把、子弹8发。

9."3·26"特大跨国走私冰毒案。2001年6月17日,市公安局禁毒支队经过近三个月的缜密侦查,成功破获了"3·26"跨国走私冰毒案,抓获两名犯罪嫌疑人,缴获"冰毒"4千克。3月26日,市禁毒支队获悉,邻国一个自称"朴社长"的人手中有大量"冰毒"欲在沈出售。此情况立即引起省公安厅和市公安局领导的高度重视,并迅速成立了"3·26"专案组,布控力量与毒贩保持联系。5月3日、12日,犯罪嫌疑人先后在西塔与我方人员会面,双方商定好毒品价格和交易时间、地点。随后,警方筹款200万元,并于13日上午在金都饭店再次与毒犯会面,约好4日后交易。6月17日下午1时,两名犯罪嫌疑人携毒品到某宾馆欲与我方交易"冰毒"时,被公安机关现行抓获。经审查,犯罪嫌疑人名叫金龙华(男,42岁,吉林省延吉市人)、金永梅(女,30岁,吉林省延吉市人),"冰毒"是从邻国走私到吉林省延吉市后,再到沈阳贩卖的。

10.佟树林集团虚开增值税发票案。2001年2月,市公安局经侦部门侦破一起特大虚开增值税发票案,犯罪集团涉案7人,虚开的增值税发票价税合计1600余万元,严重危害了沈阳市税收征管秩序。该犯罪集团成员固定、分工明确,相互虚开发票,这在沈阳市打击虚开增值税发票案件中,较为罕见。2001年1月,公安经侦部门接群众举报,称沈阳奇昌有色金属加工厂佟树林有虚开增值税发票的行为。为及时获取重要证据,公安机关先发制人,立即传讯了佟树林,并依法查扣了该厂的有关帐目。经审查,在1999年至2001年间,犯罪嫌疑人佟树林(男,55岁)在任沈阳奇昌金属加工厂厂长期间,为了谋取非法利益,伙同其集团成员,多次实施为自己虚开、为他人虚开或代开、让他人为自己虚开增值税发票的犯罪行为。该犯罪集团中,佟的会计孙永章负责从中介绍,其女婿尤海(男,32岁)负责非法购买进项发票,而郭桂娟(女,45岁)、朱宝芝(女,46岁)、胡进国(男,46岁)、郭凤兰(女,49岁)则与佟树林相互虚开增值税发票。经过大量工作,公安机关将该犯罪集团成员全部抓捕归案,并移送检察机关予以起诉。

(蒋　茁)

检　察

【查办和预防职务犯罪】 2001年,沈阳市两级检察院与纪检、监察机关密切配合,以中纪委移交的"10·18"案件为重点,进一步加大侦查工作力度。在"10·18"案件侦破过程中,参战人员严格执法,文明办案,顽强拼搏,工作卓有成效。经过艰苦细致的侦查,使一批重大案件迅速得以突破。先后查办了市物价局原局长王秀珍、市客运集团原总经理夏任凡、市规划土地局原局长李德森、辽宁省国际信托投资公司原副总经理凌康元以及挪用公款1010万元的大连证券有限责任公司沈阳营业部原财务部经理王洪强等一批贪污贿赂犯罪大案要案。全年共立案228件,其中:贪污案83件,贿赂案67件,挪用公款案76件。在这些案件中,万元以上大案114件,比上年上升7%;县处级以上要案58件,比上年上升9%。查办滥用职权、玩忽职守、徇私舞弊、刑讯逼供、非法拘禁等渎职侵权案21件。还与公安机关密切配合,积极开展追捕在逃职务犯罪嫌疑人工作,抓获22名上网追逃的犯罪嫌疑人。

两级检察院充分发挥职能优势,积极开展预防职务犯罪工作。通过办案,为国家挽回经济损失9200余万元;推广了"检察提示"制度,针对易发、多发职务犯罪环节和部位提出检察建议144条,帮助发案单位堵塞漏洞,健全管理制度,组织预防宣传活动19次,上法制课224次,受教育人数达3.1万人;为18家企业集团的纪检监察人员举办了预防职务犯罪培训班;通过召开联席会议、预防职务犯罪研讨会等形式,加强与有关部门的联系,开展行业和系统预防,构筑预防网络;通过热线服务电话接受咨询500余人次,为企业和群众解答问题,提供法律服务。

(郑　郁)

【履行法律监督职能】 2001年,沈阳市两级检察院始终把法律监督作为开展各项检察工作的主线,在工作部署上突出监督重点,在工作方式上拓宽监督渠道。通过向市委、市人大常委会汇报工作,取得领导机关的支持;通过举办检察长专题研讨会,研究解决监督工作中遇到的问题；通过与公安局、法院、司法局建立联席会议等制度，加强与有关部门的联系，不断强化法律监督工作。

在立案监督方面，全市两级检察院共向公安机关发出《说明不立案理由通知书》303件416人，发出《通知立案书》72件87人，公安机关立案258件352人。

在侦查监督方面，严格审查提请逮捕和移送审查起诉的案件，对不构成犯罪的，依法作出不批准逮捕和不起诉决定，其中不批捕227人、不起诉21人。依法纠正刑事案件侦查过程中的违法问题，发出纠正违法通知书192份，追捕犯罪嫌疑人44人，追诉92人。通过文证审查和技术复核，改变鉴定结论5件。

在审判监督方面，市检察院在刑事审判监督中，支持基层院抗诉14件，法院已改判4件，发回更审1件，市检察院提出抗诉9件，省检察院支持抗诉6件。在民事行政检察方面，共受理不服法院已生效判决裁定的民事行政申诉689件，立案417件，提出抗诉105件，提请抗诉182件，法院已改判47件(其中当事人提出上诉6件)，撤销原判发回重审9件，再审调解7件。

在刑罚执行监督方面，重点加强了对羁押期限、罪犯留所服刑、减刑、假释以及办理保外就医、暂予监外执行的监督。提出纠正意见203次，依法纠正发生在监管改造场所的违法行为168次。通过安全检查，消除事故隐患61处，维护了监管场所的安全稳定。

在控告申诉检察方面，共受理群众来信来访4153件，其中控告举报3361件，均按照管辖范围及时移送有关部门处理。受理刑事赔偿案11件，经立案复查，已决定赔偿4件，维护了当事人的合法权益。

(曹志斌)

【“严打”整治斗争】 2001年，沈阳市两级检察院与公安机关、人民法院通力合作，积极参加“严打”整治斗争。共批准逮捕犯罪嫌疑人7894人，向人民法院提起公诉8238人。对重点打击的犯罪，特别是黑社会性质的犯罪，坚持快捕快诉，依法严惩。共批捕带有黑社会性质的犯罪嫌疑人11人，起诉37人；批捕抢劫、杀人、爆炸、涉毒、走私等严重犯罪嫌疑人1273人，起诉1110人。

1.加强“严打”工作的组织领导。市检察院成立以党组书记、检察长尹秀荣为组长、主管刑事检察工作的副检察长李峰、梁建勇、检察委员会专职委员曲新光为副组长，市检察院审查批捕处、审查起诉处、监所检察处、控告申诉检察处、渎职侵权检察处、反贪局、宣传处、研究室、办公室负责人为成员的“严打”整治工作领导小组，负责对全市检察系统“严打”整治工作的组织、指导、协调、政策研究、信息收集反馈和后勤保障等工作。各基层检察院也相应地成立了由检察长任组长的“严打”工作领导小组。

2.坚持依法从重从快原则，“稳、准、狠”地打击严重刑事犯罪。建立了检察机关“严打”快速反应系 ，值班干警实行24小时待命，对“严打”案件及时审查，确保在法定时限内审结。积极参加全市开展的“打黑除恶”、缴枪防暴、打击多发性侵财犯罪、打击破坏经济秩序犯罪和追逃等专项斗争，依法做到快捕、快诉。在沈阳市造成恶劣影响的关家东杀人案只用了6天时间就完成了批捕起诉工作。并对刘涌、李俊岩、“洪星帮”等涉嫌黑社会性质的犯罪案件提起公诉，交付审判。

3.加强与公安机关、法院等部门的协调配合，形成“严打”合力。对“严打”整治的三类重点案件，尤其是带有黑社会组织性质的犯罪案件及时介入，参与重大案件的现场勘查。与公安机关、法院建立联席会议制度，共同研究、解决工作中遇到的问题。对执法中遇到的适用法律问题，在充分协商的基础上，联合提出规范性的指导意见，以指导和规范执法工作。

4.强化执法监督，保证案件质量。为了加强内部监督制约，恢复了审查批捕、审查起诉部门分设、互相制约的做法。制定了《审查逮捕案件质量评估办法》、《疑难案件请示制度》等一系列工作制度，并对因证据不足不批准逮捕、公安机关补充侦查后再提请逮捕的，实行更换办案人制度。制定了《加强刑事检察监督协调工作的规定》，实行重大疑难案件集体讨论、跟踪监督、特殊案件处理通报等办法，发挥检察机关内部制约作用。与此同时，两级检察院通过开展立案监督、侦查活动监督、刑事审判监督和刑罚执行监督，坚决防止和纠正该立案不立案、该捕不捕、有罪判无罪、重罪轻判，以及对罪犯违法减刑、假释、保外就医等打击不力问题。

5.坚持打防结合，落实检察环节和社会治安综合治理措施。在打击犯罪的同时，注意发现社会治安隐患，先后向有关部门发出检察建议74份。利用建立的综合治理联系点积极开展法制宣传教育，做好群众来信来访工作，妥善处理“告急访”、“集体访”，及时化解矛盾，维护社会稳定。

(孙永利)

【大力加强检察队伍建设】 按照省院和市委的部署，针对检察队伍中存在的问题，沈阳市检察机关在全市开展了以“三个代表”思想为指导，以人民满意为目标，以班子建设为重点的“四个教育”、“四个整顿”活动。即开展组织原则教育，整顿领导班子；开展公正执法教育，整顿办案纪律；开展公仆意识教育，整顿工作作风；开展责任意识教育，整顿领导作风。

一是抓好领导班子建设。两级院领导班子结合“三个想一想”学习教育活动，认真落实党组会、检察委员会、检察长办公会制度，充分发挥领导班子民主决策作用；坚持领导班子成员参加双重组织生活制度，主动接受党组织和党员的监督。制定了《沈阳市检察院领导干部廉洁自律的若干规定》、《关于进一步加强沈阳市检察机关调查研究工作的决定》和贯彻《中共中央关于加强和改进党的作风建设的决定》等十项措施。市院领导班子转变作风，深入实际，为部分基层院争取了办案经费补贴和业务用房专项资金。

二是大力宣传先进典型。举行了“沈阳市检察系统先进典型事迹报告会”，努力营造学习先进，争当先进的良好氛围。通过组织参观先进人物事迹展览以及扶贫帮困等活动，进一步增强检察人员的宗旨意识和责任意识。

三是狠抓业务培训。制定了《沈阳市检察系统教育培训管理制度》，先后举办了“主诉检察官培训班”、“计算机应用技能培训班”和“业务骨干师资培训班”等11期，670人接受了培训。组织全市检察人员参加了基本素质考试。开展了评选“十佳公诉人”活动，推动岗位练兵，提高公诉水平。

四是严格管理队伍。制定了《沈阳市检察机关确保公正执法、严格执法的补充规定》，构筑确保公正执法的第二道防线。对基层院进行了明查暗访，发现问题及时纠正。全市检察系统共处理违纪人员10人，对典型违纪案件在内部进行了通报，起到了警示作用。

在“四个教育”、“四个整顿”过程中，各基层院结合实际，开展了形式多样的教育活动。铁西区院针对青年干警多、求知欲望强的特点，创办了检察网苑活动室，制作了“思想政治建设网页”，交流学习体会；大东区院采取建立党员责任区的方式，机关党委成员包支部，支部书记包“重点人”，党员包非党群众，思想工作责任到人，使教育整顿落到实处。

教育整顿的深入开展，推动了争创“五好检察院”和“人民满意检察院”活动，截至2001年底，全市18个基层检察院中已有15个院被省检察院授予"五好检察院"称号。其中,铁西、和平、大东、于洪、苏家屯、经济技术开发区等6个基层院被授予"人民满意检察院"称号。大东区院还被最高人民检察院授予"人民满意检察院"称号,铁西区院被最高人民检察院授予"模范检察院"称号。

(林蜀东)

审 判

【刑事审判】 2001年,两级法院共审结一审刑事案件7063件,对8109名罪犯判处刑罚。

1.深入开展"严打"整治斗争,严厉打击严重刑事犯罪。全市两级法院切实把"严打"斗争作为审判工作的重中之重,贯彻依法从重从快的方针,突出打击重点。对杀人、抢劫、强奸、重大盗窃、绑架等严重危害社会治安的暴力犯罪和黑社会性质组织犯罪,坚决在法定量刑幅度内从重,在法定期限内从快。对一些社会影响大,受到新闻舆论和广大市民普遍关注的典型案件,提前了解案情,把事实和证据方面存在的问题解决在起诉之前,使案件起诉后15天内审结,对重点打击的案件一般在20天内审结,其他案件也在30天内审结。同时严格执行法律和政策,重视案件质量,切实把好事实关、证据关和适用法律关。市法院审理了沈阳市首例涉嫌组织、领导、参加黑社会性质组织犯罪案件,一审分别判处李俊岩等9名被告人死刑、无期徒刑和有期徒刑。两级法院审理并集中宣判了流窜到沈阳市大肆进行盗窃犯罪的贵州省"德江帮"中冯景平等28名犯罪分子,快审快判了被告人关家东暴力抗法案件,震慑了犯罪,维护了社会稳定。

2.开展专项打击制假贩假、金融诈骗、偷税漏税等严重破坏市场经济秩序的犯罪活动。全年共审理此类案件165件。从严打击经济犯罪和职务犯罪,全年审结贪污、贿赂、挪用公款等犯罪案件175件。两级法院高度重视"10·18"系列案件的审判,周密部署,严明纪律,调集精兵强将,圆满完成了审判任务。重视运用财产刑这一经济惩罚手段,剥夺其重新犯罪的条件。全年共单处或并处罚金刑146人,金额达1917万元,为国家挽回经济损失416.5万元。

3.参与社会治安综合治理。全市两级法院通过法制宣传、公开宣判等形式,增强公民的法制意识。全年共在各级新闻媒体上发表法制宣传文章6000余篇;组织公判大会24场,对247名罪犯进行了公开宣判;进一步加强少年法庭工作,共判处未成年人犯罪429人;通过有关部门发出司法建议,协助有关单位完善内部管理,堵塞漏洞;认真做好罪犯的减刑、假释工作,全年共对监管改造中确有悔改或立功表现的3318名罪犯,依法裁定减刑和假释。

(史明箭)

【民事审判】 2001年,全市两级法院共审结一审普通民事案件35743件,其中与人民群众切身利益密切相关的婚姻家庭、继承、人身损害赔偿、劳动争议、房地产等案件24937件。

在民事审判工作中,坚持公开审判原则,做到了开庭时间、地点公开,当事人争议公开,举证、质证、辩论公开,认证、评判和宣判公开,增加了民事审判工作的透明度,最大限度地保护了人民群众的合法权益。

提高审判效率,实现收、结案的基本平衡。两级法院民事审判提出了"一高两低"的奋斗目标,即提高案件调解率,降低上诉率和发改率。围绕这一目标,两级法院民事审判人员转变观念,变重判轻调为依法着重调解,并采取将调解结案率作为业务考核指标之一等措施,鼓励调解,做好当事人的服判息诉工作。同时严格把关,强调调解的内容和方式要合法,调解不成,及时判决。提高审判效率,并加大对久拖不决案件的办结力度,消灭超审限案件。

提高民事案件质量。两级法院加强了对审判人员的业务培训,认真学习修改后的婚姻法及其它法律法规,提高业务素质。同时加强合议庭的建设,科学界定审判长和合议庭权限,使责、权、利相统一。加强业务指导和疑难案件研讨,通过庭务会、听证会等制度,提高案件质量。

做好当事人的服判息诉工作。两级法院的民事审判人员克服特权思想,正确对待上访群众,宁可多说十句话,把当事人想要解决的问题,想要说的问题,通过审判人员的解释,讲明白,说清楚,尽量使当事人息诉、服判。

(史明箭)

【商事审判】 全市两级法院充分发挥人民法院调节、保护、规范经济活动的职能,不断提高商事审判水平。一是认真审理企业破产等涉及企业改制的案件。全年共审理企业破产案件10件,涉及破产债务3.8亿元。二是认真贯彻执行《合同法》,认真审理涉及购销、借贷、农业和农村经济发展、金融等纠纷案件。全年共审结流通领域的合同纠纷案件11456件,促进市场经济活动健康有序地进行和市场信用的建立。三是高度重视涉外和涉港、澳、台案件。全年共审结涉及美、英、日、韩等13个国家和港澳台地区的案件86件,在涉外审判中,注重维护中外当事人的合法权益,为外商投资创造良好的环境,为对外开放提供司法保障。四是加强知识产权案件的审判。全年共审结此类案件15件,保护了智力成果。

(史明箭)

【行政审判】 2001年,全市两级法院共受理一审行政案件1197件,比上年上升63%。审结1006件。

在审判过程中,力求审理案件的法律效果与社会效果的统一。对行政机关作出的具体行政行为违法、部分违法或作出的行政处罚决定畸轻畸重的,依法判决撤销、部分撤销或变更以及判决行政机关履行法定职责;对于违法行政行为给行政相对方造成损失的,判决行政机关赔偿损失。对于不具备受理条件的案件,通过裁判活动使行政相对方懂得,哪一些行政行为可诉,哪一些行政行为不可诉,让当事人明白如何依法维护自己的合法权益。通过行政审判,不仅保护行政机关的合法行政行为,也促进行政执法人员法律意识的提高,同时也促进公民法律意识的增强。

为了提高行政审判水平,行政审判人员认真学习《行政诉讼法》、《关于执行〈中华人民共和国行政诉讼法〉若干问题的解释》、行政复议法、行政处罚法、行政立法法等相关法律法规。进一步规范庭审行为,规范裁判文书的制作,突出行政诉讼的特点和庭审重点,简化不必要的庭审程序,提高开庭率,提高庭审效果。

全市两级法院加强对国家赔偿案件的审理工作,共审结此类案件115件。

(史明箭)

【执行工作】 2001年,全市两级法院共执结案件20768件(含旧存案件),执结标的额45亿元,第一次实现了多年来收结案的基本平衡。

"执行工作缺乏力度,许多案件迟迟不能执结"是十二届人大四次会议提出的四个方面问题之一,两级法院以此作为整改的重点,加大了工作力度。

1.改革执行方式。两级法院按照分权制的原则,试行了执行审查权、决定权和实施权的"三权分立"。实行了执行案件合议、听证、超期换人和奖励线索举报人等制度,对拒不履行义务的被执行人予以曝光,并率先在全省实行了债权凭证制度。邀请人大代表、政协委员参加执行活动,召开案件当事人座谈会,把封闭化、孤立式的执行方式转变为社会化、开放式的执行方式。

2.创新执行方法。为使债权人权益得以实现,对确有困难、暂时交不起执行费的企业,采取先执后补的方法;对虽偿债能力较差但享有其他公司股份或有到期债权的企业,采取债权转股权、执行到期债权、劳务抵债等方法偿债;对多个债权人申请执行同一债务人的,采取并案执行的方法;对有重大影响的案件,实行庭长和主管院长包案责任制,强化执行力度;对由于地方保护主义导致的长期未能执行的案件,市法院实行了"提级执行"或由基层法院交叉执行。

3.组织集中执行和专项执行。两级法院在"百日奋战"执行活动中,加强领导,周密部署,对长期未能执结的案件进行摸底排查,分析原因,制定措施。尤其是对那些有履行能力而拒不履行义务的被执行人,依法采取强制措施。此次集中执行共提级和交叉执行案件219件,对117名"赖帐者"依法采取了强制措施。组织金融案件专项执行,为沈阳商业银行等金融机构收回不良贷款4.5亿元。

(史明箭)

【开展"一教育三整顿"活动】 针对法院工作存在的问题,深入开展"法官职业道德教育,整顿领导班子、整顿审判纪律、整顿工作作风"的"一教育三整顿"活动。

1.深入开展职业道德教育,提高法官队伍精神境界。队伍建设中存在的种种问题,其症结之一在于以公正司法、全心全意为人民服务为核心的法官职业道德还没有内化为法官的自觉行为。为此,确定了32字的法官职业道德标准,即"忠于祖国,热爱人民,尊重事实,忠于法律,公正高效,廉洁文明,严守纪律,保守秘密"。通过演讲会、座谈会、报告会等形式深化理解,自觉实践。

2.深入开展警示教育,加强领导班子建设。针对法院尤其是市法院原班子存在的严重问题,组织两级法院领导干部参加警示教育培训班,召开两级法院全体法官大会,收看警示教育片,学习中纪委和省、市委关于慕、马案件的通报,开展"三个想一想"学教活动,召开述学述廉民主生活会,举办两级法院领导干部学习研讨班,深刻剖析和汲取贾永祥等人严重违法违纪的教训,统一思想,带头整改。针对法院领导干部既有管理权又有审判权的特殊性,市法院先后制定了议事规则、廉政勤政规定等一系列制度,严防权力滥用;班子成员经常深入到基层法院调研指导,倾听代表和当事人的意见,亲自接待和处理群众来信来访,坚持自己动手撰写专业会议讲话稿,主持起草重要文件,有的还担任审判长审理重大、疑难案件和主持听证会。

3.以追究违法审判为重点,整顿审判纪律。市法院制定了《严肃纪律的七条禁令》和《违法审判责任追究办法实施细则》,对违纪违法的人,严肃处理。全市法院有26人受到党、政纪处分。针对群众反映强烈的裁判不公、久拖不决问题,严格错案追究。市法院审判委员会纠正两级法院裁判错误案件68件,依据违法审判责任追究办法,对责任者分别予以开除、调离审判岗位、撤职、罚款和通报批评等处罚。

4.加强管理,规范行为,整顿工作作风。从清理"小金库"入手,全面加强行政管理和财务管理,堵塞漏洞,建立新的工作秩序。从小事人手规范日常行为,改善法官和法院的公众形象。针对少数干警迟到早退,工作时间办私事等问题,制定了《市法院考勤制度》;针对个别法官接待当事人语言粗鲁、形象不佳等问题,狠抓了法官文明用语和形象仪表教育;针对干警工作时间着装不统一,制定了《两级法院着装规定》,要求干警工作时间必须按规定统一着法(警)官制服,以增强法官的职业责任感和自我约束力。

(史明箭)

【政务公开和审务公开】 1.审判实行流程管理。市法院在封闭分案的基础上,对案件从立案、审理到结案、评查、归档等7个环节都做了明确的时限要求和程序、责任规定,由立案庭统一管理,实行全过程跟踪,增加案件审理过程中各个环节的透明度。

2.司法鉴定实行统一管理。过去对证据鉴定和标的物评估、拍卖没有统一规定,办案人员随意委托,影响司法公正。为有效解决这一问题,从11月1日开始,实行统一管理,按照公开、平等、竞争、择优的原则,确定了社会鉴定机构和鉴定人,由双方当事人协商选择,协商不成的,随机选定,法官不得介入和干预。

3.规范庭审活动,落实公开审判。市法院从规范庭审活动入手,推进审务公开。一是推进了庭审活动的透明与公开。对依法应当公开开庭审理的一审案件一律公开开庭审理,提高二审案件开庭率,对事实和法律关系争议大的二审民事案件及二审行政案件,一律开庭审理,并在判决书中写明举证、质证、认证的全部过程,确保实体裁判公正。二是实行公民自由旁听制度,并设立人大代表、政协委员旁听席。三是实行申诉听证制度。制订了《关于申诉听证的暂行规定》,规定民事、经济、行政案件当事人对已经发生法律效力的判决、裁定,认为有错误申请再审的,除明显符合再审条件的,一般要经过公开听证决定是否启动审判监督程序。听证活动在法官主持下,案件双方当事人围绕申诉的事实和理由举证、质证、辩论,充分体现公正与公开的原则。对于生效判决确有错误的,及时通过审判监督程序予以纠正;没有错误的,突出说理,多做疏导工作,促进服判息诉。听证活动根据需要,要求人大代表、政协委员和新闻记者旁听,听证结果公开宣布。四是试行了重大疑难案件专家论证制度。五是在办公楼公共区设立了公示板,把纪律规定、收费标准、办案时限、诉讼程序等内容,向群众公开。

4.扩大政务公开。首先制定完善了院党组会、院长办公会、院务会的议事规则,重新修改了审判委员会的工作规则,建立了院长每周一碰头会制度,作到集体领导、民主集中、分别酝酿、会议决定;坚持按规则办事,会前有通知,会上各抒己见,议而有决,会后有督促检查,落实反馈。其次,设立了公示板和四个电子公示屏,出刊《每日动态》,通报院领导班子成员和各部门的重要工作和重要活动。

(史明箭)

【《沈阳市法院系统严肃纪律的七条禁令》】 为推进公正司法和党风廉政建设,重塑沈阳法官的良好形象,2001年4月20日,沈阳市中级人民法院将重新修订的《沈阳市法院系统严肃纪律的七条禁令》向全系统法院印发,同时向社会公布,接受人民群众的监督。具体内容如下:

1.严禁私自承办案件,私自会见当事人及其代理人,违者给予行政警告处分或辞退。

2.严禁为案件当事人说情、泄露案情、插手干涉他人或下级法院办案,违者给予行政记大过以上处分或辞退。

3.严禁接受当事人及其委托代理人的宴请、财物或受邀请进行娱乐、健身活动。违者视情节给予行政警告以上处分或辞退。

4.严禁到当事人单位报销应由个人支付的各种费用或假借单位名义私拉和接受赞助。违者给予行政记大过以上处分。

5.严禁与当事人吵架,违者给予行政警告处分,打骂当事人的,给予撤职以上处分或辞退。

6.严禁在工作和午休时间饮酒,不准着法(警)服在公共场所饮酒,不准酗酒滋事。违者视情节给予行政警告以上处分或辞退。

7.严禁在机关内部打麻将或参与赌博活动。违者给予行政记过以上处分。凡因酗酒滋事、赌博、色情活动等被公安机关处罚的，一律辞退。凡违反以上禁令，除给予相应的纪律处罚外，视情节予以经济处罚。

（史明箭）

【颁布并试行《人民法院违法审判责任追究办法》和《人民法院审判纪律处分办法》实施细则】　根据最高人民法院《人民法院违法审判责任追究办法》和《人民法院审判纪律处分办法》的规定，市法院针对自身的实际，制定实施了《〈人民法院审判人员违法审判责任追究办法〉（试行）和〈人民法院审判纪律处分办法〉（试行）的实施细则》。规定监察室是违法审判责任追究工作的职能部门，对审判人员违法审判责任追究实行分级管理，并在两级法院间建立责任追究的报告、催办、检查等制度。此外，对违法审判线索的收集和处理也做了规定，监察部门应从以下渠道收集违法审判的线索：1.控告、举报以及院长接待中反映的违法审判问题；2.督查部门评查案件时发现的违法审判问题；3.执法执纪检查中发现的违法审判问题；4.上级或同级党委、人大常委会及领导批示交办、上级法院及其领导以及本院领导批示交办的案件；5.广播、电视、报刊等新闻媒体报道的有问题的案件；6.廉政监督员反映的违法审判问题；7.其他可能发现违法审判的线索。该细则还对违法审判的界定以及违法审判的处理和责任追究及相应处分作出了具体规定。同时还向社会公布了两级法院干警违法违纪举报电话。按照两个办法实施细则全年共对错误裁判的68起案件的责任人进行了追究。

（史明箭）

【推出“审判监督卡”制度】　以往对法官的监督主要靠司法机关内部的监督渠道，缺少当事人的参与，监督方式单一。对此，市法院经过认真研究，推出了审判监督卡制度。该制度以外部监督的形式，在立案和送达时发给原、被告双方当事人，案件审理或执结后，当事人如有意见直接寄给监察室。监督事项包括：对案件审（执）结果的满意程度；对办案人的工作作风、办案态度的满意程度；对案件适用法律和审限的满意程度；办案人有无指定或介绍律师的行为；有无接受或要求当事人出资吃请和娱乐行为；有无接受或索取当事人钱、物和报销个人费用以及其他违反审判纪律的行为。对监督结果的反馈，由监察室负责调查，并建立法官、个人监督档案，在法官与当事人之间建立起一道防止司法不公的“隔离带”。

（史明箭）

【推出债权凭证制度】　2001年，全市两级法院在全省法院系统率先实行执行案件债权凭证制度，开始向债权人发放债权凭证。这是沈阳市两级法院在改革传统执行体制的基础上，实施的又一项旨在有效解决执行难的具体措施。

实施债权凭证制度，即由执行法院向那些被执行人无财产可供执行或现有财产经强制执行仍不足清偿债务，执行法院通知申请执行人于两个月内查报被执行人财产，申请执行人到期不报告或报告无财产的，在法定执行期限届满后，在申请执行人自愿申领的情况下，向申请执行人发放的用以证明其对被执行人尚享有债权的权利证书即债权凭证。申请执行人领受债权凭证后，其再次申请执行不受申请执行期限的限制，依债权凭证申请恢复执行的，由执行法院的执行机构登记，无需另行立案，并免收申请执行费。而且，如果持有债权凭证的公民死亡、法人或其他组织终止，依法取得继承权的继承人或权利承受人可凭有关证明文件到执行法院办理债权凭证变更登记手续。以后，债权人一经发现债务人有财产可供执行，即可凭此证在不受时间限制、无需重复交纳诉讼费的情况下随时申请执行法院再执行。这样不仅有利于债权人合法权益的保护与实现，而且由于债权凭证可依法继承，这就对债务人特别是自然债务人造成“一辈子负债”的心理震慑。

（史明箭）

【首次实行注射执行死刑】　2001年11月20日，沈阳市中级人民法院首次成功采用注射方法对2名故意杀人犯执行死刑。这也是全省法院系统采用注射方法执行死刑的第一例。

根据最高法院昆明工作会议提出的2001年年底前各省会城市人民法院要尽快创造条件实行注射执行死刑的精神，市法院积极推进死刑执行方式的改革，在中院法警基地投资修建了注射执行死刑的执行室，并对法警进行了培训。还制定了《沈阳市中级人民法院注射执行死刑工作细则》，对注射执行死刑工作加以规范。

（史明箭）

【沈阳市人民法庭全部配电脑】　“力争经过三年的努力，使人民法庭真正成为展示全市法院和法官良好形象的‘窗口’、宣传法制的阵地、密切联系群众的桥梁”是2001年全市法庭工作会议提出的奋斗目标。为真正夯实法院的基础，市法院加强了法庭工作的指导力度和工作力量，把人民法庭的建设，纳入全市和各地区社会发展和建设的总体规划之中，按照市、区、乡镇“三家抬”和积极争取省法院支持的原则，申请立项，多方筹集经费，实现每庭一台微机。对康平、法库困难地区的法庭采取“一院对一庭”的方式予以援助。市法院和市中心五区开展了“院庭对口，手拉手共建”活动，为法庭提供电脑和打印机，实现了法庭司法文书打印不出门。

（史明箭）

司法行政

【律师工作】　2001年，全市律师共办理刑事案件1330件，比上年减少2.4%；民事案件2103件，比上年增长6.8%；经济案件1207件，比上年减少24.7%；行政案件264件，比上年增长111.2%；解答法律咨询18880人次，比上年增长49.4%；代写法律文书4958份，比上年增长15.6%；业务收费2696.5万元，比上年增长38.2%；办理法律援助案件375件；法律顾问906个；仅经济案件就挽回损失2.98亿元。

1.针对新形势，组织学习培训，提高律师业务素质。为加强入世法律方面的知识学习，市律师协会涉外法律事务委员会与沈阳日报社共同组织了“中国加入WTO后律师服务业如何抓住机遇迎接挑战”研讨，并将研讨内容在《沈阳日报》上刊登。各律师所结合各自实际，采取了多种形式的学习，均收到了较好效果。

2.整顿机构，净化法律服务市场。撤销了3个非法设立的分支机构，查处了一名跨所办案的律师。

3.开展了律师职业道德执业纪律教育评查活动，查处违法违纪律师。通过开展此项活动，全市律师普遍受到了一次再教育，对检查中发现的问题，进行了及时处理，达到了处理少数人、教育一大片的目的。

4.为建立健全内部管理制度，适时总结推广了申扬律师所三级管理机制的经验，促进律师所的管理走向制度化和规范化。目前，全市多数律师事务所都建立健全了必要的规章制度。

5.引进人才、壮大队伍，推动律师所向规模化方向发展。年初，召开了律师人才交流会，全市40余家律师所、200余名符合条件的个人参加了会议，有50余人被各律师所聘用。全市律师人数目前已达550多人，比上年增长15%。律师事务所从57家发展到62家（其中3家是外地来沈设分所），注销1家不合格所；规模化律师所的数量从3家增加到5家，同方律师所被评为首届“辽宁十大杰出青年创业集体”。

6.充分发挥政府法律顾问组作用，当好政府的参谋和助手。顾问组的成员较好地完成了“北陵公园拆迁项目、刘涌集团资产处置案、沈阳与澳大利亚合资兴建海洋宫纠纷案、PIW公司与声龙公司经济纠纷案、沈阳国际信托投资公司破产清算案”等法律服务工作。

7.按照中央要求，抓好律师参与“严打”斗争工作。全市共有322名律师参与了“严打”刑事辩护工作，共办理刑事案件961件，其中受到从轻处理的280人，减轻处理的157人。特别是26名给“慕、马”案件辩护的律师，认真贯彻各级司法行政机关的指示精神，依法办案，维护了法律尊严和被告人的合法权益，收到较好的社会效果。

8.于上半年召开了律协大会，进行了换届选举，明确了市司法局、市律师协会对律师的管理职责。以司法行政机关指导、监督、管理为核心，以协会行业管理为主体，以法律服务机构自律性管理为基础的管理体系已初步形成。

（石华锋）

【公证工作】　2001年，全市各公证处共办理各类公证19.52万件，实现收费2582.3万元，与上年同期基本持平。具体抓了以下五个方面工作：

1.深入开展执业教育，强化公证质量意识。要求各公证处组织公证人员认真学习司法部6号令《公证人员清廉服务若干规定》和《关于切实提高公证质量预防错证假证问题的通知》，办证时必须做到“三负责、四不准”，即对国家负责、对当事人负责、对法律负责，不准利用办证谋取私利、不准违法违规办证、不准压价竞争、不准支付介绍费，发现问题从严查处，严惩不怠。全年出现错假证12件，错假证率仅为0.06‰。

2.进一步完善质量管理制度。重新印发了《沈阳市司法局关于公证员办理错、假证处理办法》，实行重大疑难公证事项集体讨论制度、请示制度、公证员月自检、公证处季自检、市局半年抽检、全市年终互检制度；定期组织公证人员进行业务质量自查自纠，及时发现问题，制定改进措施。同时把公证质量同分配挂钩，出现质量问题给予一定的经济处罚。

3.加强培训，提高公证员的整体素质。3月份，组织全市公证员在注册前统一参加了注册考试，规定考试不合格的延缓注册，经补考仍不合格的不予注册，下岗培训，从制度上督促和约束公证员自觉学习业务。8月份分两期对全市执业公证员进行了轮训，参训率达100%。

4.推行要素式公证书格式。在2000年试点的基础上，年初开始，全市各公证处在经济协议、现场监督、证据保全三类公证事项中全面推行了要素式格式，并于6月份对各处推行情况进行了检查和小结，结合实际制定了要素式公证书的适用范围和基本格式。

5.完成了合作制公证处试点工作。按照司法部、省厅的要求，结合沈阳市公证处的实际，把试点方向确定为现有公证处整体转制为合作制公证处，不再重新组建，并制订了试点方案。在对符合条件公证处人员结构、收费情况、办证质量等多方面因素综合比较的基础上，确定沈河区公证处作为试点单位，并于5月份整体转制成功，正式更名为沈阳恒信公证处。

（石华锋）

【监狱、教养院工作】　2001年，沈阳市监狱、劳教工作坚持一手抓安全稳定，一手抓文明创建工作。坚持依法治监、院，全面推行规范化管理，取得了历史性的好成绩。

1.安全稳定工作。主要体现为“五个加强”：一是加强领导和组织，进一步做好“四防”工作。二是加强管理，狠抓规章制度的落实。三是加强对罪犯、劳教人员的动态分析，努力克服静态分析的弊端。四是加强外役劳务现场管理，防止各种隐患的发生。五是加强对外地市籍劳教人员的排查，做到摸清底数。截至2001年4月末，康家山监狱已连续六年、东陵监狱连续五年实现“四无”。四所教养院未发生非正常死亡、重大恶性事故，劳教人员逃跑率为0.3‰，为历年最低。

2.教育改造工作。各监院能够全面完成“三课”教育指标。罪犯文化教育方面，开设小学、初中班4个，大专班1个，累计完成300课时。有114人获得教育部门颁发的结业证书和毕业证书，获证率达98%。本期大专班学员报考科目40科，获结业证书21科，获毕业证书9人。有1000余人次参加学习，完成1200课时。通过岗前培训，提高了罪犯生产加工水平，有的罪犯能熟练掌握两门以上生产技术。康家山监狱针对在押罪犯农民多，文化程度低等特点，与苏家屯区广播电视大学农业中专联办一个农业实用技术班，开设了家禽饲养、家畜饲养、家禽家畜疾病防治等课程，34名罪犯参加了学习并全部获得结业证书。劳教人员的“三课”教育课时按计　圆满完成，劳教人员入学率达到100%。

3.积极参加“严打”整治斗争。在做好收押收教新增罪犯、劳教人员的各项准备工作的同时，开展了大规模的敦促“坦检”活动。据统计，在押在教人员的开口率达98%；提供“坦检”案件线索近2000件，其中有8人提供了一起重大案件的线索；共收缴各类枪支管制刀具及摩托车、电视机等物品1000件。

4.“法轮功”人员教育转化工作。张士教养院在教育转化工作中，坚持让已转化人员在“三书”、“五敢”、“两个讲清楚”的基础上进一步落实日写实、周讲评、月考核，针对不同转化情况，采取不同的教育方法和措施。坚持以正面教育为主，办好四个班，做到了转化一个巩固一个，转化率达到98%。市司法局派出四支帮教团计144名已转化的“法轮功”劳教人员分赴沈河、铁西、于洪、法库等县区，帮助教育转化“法轮功”人员，取得了较好的成效。龙山教养院作为最早承担女“法轮功”劳教人员管教任务的场所，通过成立联合帮教小组，开展联合攻坚会战，深挖痴迷根源，探索转化之路，帮助“法轮功’劳教人员一步步识破骗局，跳出“法轮功”邪教圈。

5.联合帮教工作。2001年在两监押犯中，属本市籍的867人，全部签订了联合帮教协议书，签订率达100%，东陵监狱还与120名外地籍的罪犯签订了联合帮教协议书。东陵监狱发挥法制教育基地的特殊优势，先后为市体校、抚顺石化公司、六五一一一部队等单位做警示报告三场。两监针对罪犯释放后回归社会前关心的热点、难点问题，开展了“罪犯回归社会指导月活动”，邀请专家和社会人士为罪犯做报告，稳定罪犯思想。

（石华锋）

【普法依法治理工作】　以依法治市为载体，突出重点，强化监督，向全面展开、整体推进、规范建设和深入发展的方向前进，形成了良好的发展态势。

1.“三五”普法总结表彰工作。2001年评选出“三五”普法先进集体129个、先进个人207名；拟受市依法治市办表奖的先进集体128个和先进个人181名。

2.制定“四五”普法规划。市依法治市办参照国家“四五”普法规划，结合沈阳市实际情况，起草了《市委宣传部、市司法局关于在全市公民中开展法制宣传教育的第四个五年规划》。

3.举办各种层次的普法骨干培训班。为了做好“四五”普法的启动工作，市依法治市办与市委宣传部、市经贸委、市教育局等有关部门联合制定下发了文件，对全市党政机关、文教系统、大中型企业人员的普法作出了具体规划。全市共举办各种普法骨干培训班58期，培训骨干4000余人。

4.开展“送法下乡”活动，把法律送到农民手中。年初，市委在全市开展了“三下乡”活动，市司法局抓住这一有利契机在全市农村中广泛开展了“送法下乡”活动。印制农村实用法律读本5万册，印制各种宣传单30万份，无偿发放到农民手中。各区县(市)都配有普法下乡宣传车，深入到农村设置普法宣传站，切实为农民解决发生在他们身边的法律问题。开展“送法下乡”活动以来，在乡村共设立普法宣传站65个，解答法律咨询万余人次，深受广大农民群众的欢迎。

5.围绕社会难点、热点问题开展普法活动。在市司法局的统一指导和部署下，各区县(市)在坚持经常有序的普法活动的同时，还就社会热点、难点问题有针对性的开展了法制宣传教育活动。在农村土地第二轮承包过程中，各区县(市)司法局及时深入到各乡镇，与其他部门共同配合，宣传与土地承包相关的法律法规，现场解答土地承包方面的法律问题，解决农民与政府之间，农民与农民之间的各种纠纷，保证了第二轮土地承包的顺利进行。虎石台镇为全镇各村配备了由公、检、法、司优秀人员担任的法制副村长，每周两次到村委会进行现场办公，发生法律问题，随时解决，做到解决法律问题不出村，有效维护了农村的社会稳定。

6.抓好各层次依法治理的典型示范工作，为召开专门工作会议做好准备。在全省率先制定了《关于在全市开展民主法制示范社区、示范村活动的意见》，并以市委办公厅文件形式予以转发。从2001年开始，用5年时间在全市社区和农村开展以民主选举、民主决策、民主管理、民主监督为主要内容的民主法制示范社区、示范村活动。市依法治市办还根据市委意见制定并下发了《民主法制示范社区、示范村活动考核标准》，作为全市示范社区、示范村评比考核的依据。

(石华锋)

【基层人民调解工作】 人民调解工作以维护社会稳定为目的，以建立新的调解机制为手段，以调处重大疑难纠纷为重点，收到了显著效果。

1.建立了司法调解庭。随着司法调解中心的成立，2001年初，全市开展了建立司法调解庭的试点工作，6月份，市司法局总结了试点经验，并在全市推广。2001年，全市共建立司法调解庭104个，共开庭调处了重大疑难纠纷198件。

2.开展民事纠纷大排查活动。市司法局专门下发了《沈阳市开展民事纠纷大排查活动方案》，动员全市广大调解组织和调解人员，以由社会“热点”、“难点”问题引发的纠纷、群体性纠纷、久调不决的纠纷和困扰党委、政府的纠纷为重点，对民事纠纷进行一次全面排查。全市共有3516个调解组织、23155人，参加了大排查活动，共排查出各类民事纠纷8034件，调解成功7552件，调解成功率达到94%以上，其中：各司法调解中心成功调处重大疑难纠纷1871件。排查出“法轮功”人员9516人，有8069人改过自新，重点监控1230人，占仍痴迷“法轮功”人员总数的86%。全市防止民转刑案件65件、112人次，制止群众性械斗101起、270人次。

3.加强了司法所建设。于洪区、大东区、法库县以新民市胡台镇司法所为样板，纷纷在本县区开展试点，于洪区司法局投资1万元，为大青乡司法所购买了电脑和桌椅。许多乡镇、街道对司法所建设舍得投入，积极出场地、配人员、购设备。截至2001年底，全市标准化司法所达到40%。

(石华锋)

【安置帮教工作】 以减少重新违法犯罪、提高就业安置率为基本目标，推动安置帮教工作的全面开展。一是以就业安置为重点，深入开展帮教工作。各级帮教组织围绕防止释解人员重新违法犯罪这一中心课题，认真开展调研，制定相应的对策。同时加强摸底排查工作，及时发现和认真解决可能导致违法犯罪的倾向性、苗头性问题，将问题解决在萌芽状态。截至2001年底，全市共有在押在教人员5174人，其中在押3358人，在教1816人；三年内刑释解教人员7028人，其中刑满释放4032人，解除教养2996人；三年内安置就业6312人，安置率为90%；三年内重新违法犯罪167人，重新违法犯罪率为2.4%。二是建立了安置实体，安置工作体系初步形成。全年，一些县区司法局在巩固和发展原有的安置基地和安置点、充分发挥技能培训、中介介绍、帮一带二等安置手段作用的基础上，把工作精力放在建立安置实体上，并取得了突破性进展。于洪区司法局投资30万元承包了占地2.67公顷的30座大棚，种植十几种蔬菜，发展无公害农业，前景十分可观。铁西区司法局利用动迁的时机，购买了一座2000平方米的两层门市房，准备建立超级市场和摩托车维修中心，优先安置刑释解教人员。和平区、皇姑区、康平县也制定了建立实体的计划。

(石华锋)

【法学教育工作】 2001年，市司法局共接待考生报名3200余人次，专本科考试及格率分别为48%和88.3%。

1.接受检查，完成对政法大学成人教育学院沈阳函授站的评估。2001年6月7日，代表国家教育部及中国政法大学成人教育学院评估团检查评估了沈阳函授站社会法学教育工作。评估小组听取了函授站的评估报告，并组织了各界学生代表结合法学教育的实际进行了座谈和实地考察。评估小组一致认为，沈阳函授站的法学教育工作具有领导重视，教育体系完善，办学条件精良，教学设备齐全，人员分工合理，办学形式灵活，考试及格率高，上下关系理顺，财务帐目清楚等九大特点。达到并超过了评估标准，具备办学条件，予以扶植保留。

2.拓宽办学渠道，建立多层次的办学格局。市司法局始终把法学教育工作的重心放在拓宽办学主渠道上，多层次、多形式的服务格局逐步形成。法学教育工作已实现了向政法系统延伸，向基层延伸，向农村延伸，向部队延伸，向大中专院校延伸，并积极探索了开设全日制班工作的新途径。同时，与中国政法大学和吉林大学联办的研究生课程进修班的学生已经毕业。

(石华锋)

【法律援助、“148”法律服务热线】 2001年，全市两级法律援助中心共办理、指派法律援助案件208件，其中：刑事案件27件，民事案件124件，行政诉讼案件4件，非诉讼案件27件；接待当事人7905人次，为群众挽回经济损失762万元，为企业避免经济损失34万元。全市“148”法律服务，共接受电话咨询8427次，接待来访2359人次，受托办理法律事务198件，提供上门服务30件，提供法律服务45件，解决各类纠纷76件，与有关部门联动27次，避免经济损失351万元。法律援助和“148”法律服务工作已成为连接政府与市民的连心桥，成为基层群众解决法律问题的开心锁。

两级法律援助中心和“148”法律服务，重点抓了机构建设、网络建设，逐步形成规模，为全市建立法律援助体系打下良好的基础。“148”法律服务与“2211”“110”建立了相应的业务联系，并创造性地开通了网上“148”，扩大了服务范围和领域。截至2001年底，全市共有专职法律援助和“148”法律服务工作人员108人，兼职96人，其中8名同志有律师执业证书。

(石华锋)

开 发 区 建 设

沈阳经济技术开发区

【概况】 沈阳经济技术开发区创建于1988年6月22日，1993年4月经中华人民共和国国务院批准为国家级经济技术开发区。开发区位于母城沈阳西南部，规划总面积32平方公里，其中：一期4.48平方公里，二期7.7平方公里，三期6平方公里，四期为13.82平方公里。到2001年底，已开发了20平方公里，其中一、二期13平方公里已基本摆满项目，余下地块为预留用地和已出让待建工程用地，三期6平方公里地块，2002年6月份即可达到承接项目水平。截止到2001年底，已有40个国家和地区的外商在沈阳开发区投资兴业。共有43家跨国公司入主沈阳开发区，其中世界500强企业有19家。累计批准进区项目1283个，协议投资总额739亿元，合同外资额26亿美元，实际利用外资额12.8亿美元，实现国内生产总值395亿元，工业总产值838亿元，利税总额108亿元，税费收入56亿元，项目平均投资规模达到5649万元，投资在1000万美元以上的外资项目和投资在5000万元人民币以上的内资项目分别为162个和90个。

（*赵志维*）

【综合经济发展】 2001年是沈阳开发区为迎接中国"入世"，加速自身发展的一年。年内实现国内生产总值85亿元，同比增长20%；工业总产值完成248亿元，同比增长30%；固定资产投资完成24亿元，同比增长32%；实现利税总额30亿元，同比增长15%；税费收入13.7亿元，同比增长18%；协议投资总额140亿元，同比增长27%；合同利用外资额5.2亿美元，同比增长26%；直管实际利用外资额1.11亿美元，同比增长9%；出口创汇2.4亿美元，同比增长5%。

在主要指标快速增长的同时，开发区的经济发展出现了几个明显的变化，标志着沈阳开发区开始走上了快速发展和繁荣的轨道。

固定资产投资结构发生明显变化，生活服务设施建设力度加大。一是生产性投资和非生产性投资协调推进。生产性投资同比增长18%，非生产性投资同比增长4倍。二是生活服务设施建设日臻完善。2001年由社会投资近5亿元建成的生活服务区，使开发区的人居环境提升了一个档次。投资2.4亿元建设的沈阳化工学院新校园已初具规模，为开发区建立"产、学、研基地"创造了有利条件。三是基础设施、公用服务设施投入较大。全年管委会财政投资1.4亿元，为进区企业生产建设配套的水、电、气、路、通讯等能力进一步增强，有力配合了进区项目的建设和开工的进度。四是区内建设项目增多。以"日野"项目为标志，区内生产型项目建设全面铺开，项目建设新开工面积30万平方米，是上年的2.5倍。

区域发展空间和创业环境发生明显变化，开发区发展后劲明显增强。一是抓住有利时机，强力推进三期6平方公里的开发建设，不仅大幅度地降低了征地成本，也为今后大项目进区创造了条件。二是精心组织，科学施工，三期开发的进度和质量令人满意，2002年6月份将具备承接项目的水平。三是规划先行，科学规划，三期规划和建设水准将明显高于一期和二期，达到一个新的水平。

引进项目结构发生明显变化，招商引资形成了新的格局。一是跨国公司及世界知名企业追加投资明显增多。2001年先后有统一、华润三洋、西科石英、可口可乐等10家跨国公司和其他6家企业追加投资4277万美元，同比增长3.5倍，占全区实际利用外资的34%。二是项目推进和建设速度明显加快。当年签约实现当年调资的比重加大，在2001年实调外资总额中，新批项目调资额占44%，比上年提高36个百分点。三是引进项目中在区内购地建厂的项目明显增多，共有56个项目在区内购地建厂，是上年的1.6倍。

投资软环境发生明显变化，区域创新能力明显增强。在巩固完善"三个一"工程的基础上，从2000年4月1日起对区内企业停收行政事业性收费，开发区至此成为无行政事业性收费区。"三个一"工程的实施，无费区的启动，ISO14000管理体系的全面深化，以及开发区2001年底被正式命名为省级模范卫生城区，使得开发区的软环境建设上了一个新台阶。

（*赵志维*）

【社会事业】 2001年，开发区各项社会事业得到全面发展。工会、共青团在维护职工权益、开展各项活动、丰富职工生活、稳定职工队伍方面做了大量的工作。城管中心在除雪和卫生保洁工作等方面，走在全市的前列。公、检、法积极为经济建设保驾护航。开发区公安局在扑救"9·1"大火中被市公安局授予"集体二等功"，检察院被辽宁省评为"五好检察院"，法院被授予全省法院系统"人民满意的法院"称号。扶贫帮困工作又取得新的工作成果，沈阳开发区被推荐为省扶贫帮困先进单位。计划生育、社会保险、海关、商检、交通、运输、审计等各项事业都得到长足的发展。

（*赵志维*）

浑南新区

【概况】 2001年是浑南新区全面开发建设的起始之年，全区经济保持了高增长态势。全年实现国内生产总值58亿元，比上年增长30%；技工贸总收入315亿元，比上年增长50%；工业总产值225亿元，比上年增长8.9%；高新技术产品销售收入157.5亿元，比上年增长40%；财政收入3.8亿元，比上年增长52%；实际利用外资9069万美元，比上年增长18.1%。

高新技术产业得到较快发展。通过采取建立产业项目库、建立重点企业档案、编制重点产业项目计划、对区内企业实施分类梯级管理、提高质量、强化服务等措施，促进高新技术主导产业不断壮大、走强，主导产业地位日益凸显。全年选择30个高新技术优势项目，进行了重点扶持。这30个重点项目全年实现产值115.5亿元，占全区的51.3%，实现利税16.7亿元。

（*孙力佳*）

【创新体系建设】 全年新建和改造扩建

孵化基地13万平方米，创业中心、海外学子园在孵高科技项目300个，在孵企业144家，其中海外学子创办的企业46家，已成为新区重要的、具有自主知识产权的高新技术项目源。沈阳海外学子创业园成为国家级示范基地和全国第二个国家级留学人员创业园。“6·29”海外学子创业周活动期间，共接待来自28个国家和地区的1080名海外学子，完成项目录入279项，其中合同112项，合同投资总额22.7亿元，引进外资1.85亿美元。

（孙力佳）

【规划和基础设施建设】 借鉴国内外成功经验和国际惯例，分别在2001年5月、6月、10月，组织召开了由国内外著名专家、学者参加的新区规划纲要咨询论证会、由美国、日本、澳大利亚、德国以及国内和台湾地区规划设计部门参加的新区规划国际咨询发布会、由上述国家、地区专家、学者参加的新区规划方案国际咨询评审会，基本完成了总体规划国际咨询方案的制定和深化工作。加大了征地和土地管理工作力度，完成了产业区1.7平方公里土地的征地拆迁，腾迁出1.6平方公里土地接纳项目建设，起步区4.56平方公里的征地拆迁同时推进。全年基本建设共投入5.6亿元，新建了浑河公园一期、白塔堡河东区1号桥、西环路雨水暗渠、东西区连接段排水、浑河护岸二期建设、新区绿化、亮化等建设工程项目；新批准浑南产业区产业项目建设总面积60万平方米，开工20万平方米，比上年增长235.4%；完成了富民街跨河桥、浑南大道项目的筹建准备工作。

（孙力佳）

【招商引资】 在实际招商工作中，注重加强对大项目和世界500强、台湾百大等大企业的工作力度，从信息收集、联系接触、考察洽谈，到协调政策、协调关系、办理手续，再到运行反馈、后续服务，实行全过程、全方位、持续性的跟踪和服务，引进了一批重点外资项目和一批内资大项目，并且使新区的招商引资工作始终围绕培育、壮大主导产业，加速形成主导产业链来展开，增强了新区实力。全年新签利用外资项目72个，实际利用外资9069万美元，比上年增长18.1%。12月15日，新区在深圳成功举办了“沈阳市浑南新区投资项目推介会”，有300多位台商港商参加，签约16个项目，投资总额5.3亿美元，其中外资4.2亿美元，在省内外、国内外都产生了积极影响。

（孙力佳）

【“两委”合并】 2001年1月，市委、市政府做出了“两委”（沈阳高新技术产业开发区管委会、沈阳市浑河开发建设管理委员会）合并成立浑南新区和“三乡两镇”（东陵区五三乡、长白乡、浑河站乡、汪家镇、古城子镇）划归新区的重要决策。2001年2月，“两委”合并完成，各项工作顺利衔接，有效展开。2001年6月，三乡两镇”交接工作顺利完成，基本维持了交接后乡镇工作的正常运转。各乡镇划归新区之后，认真作好百姓的思想工作，积极配合新区的各项建设事业，积极发展农业生产和乡镇经济，完成和超额完成了各项经济指标，顺利完成了村乡两级换届选举，保持了乡镇各项工作的连续性和稳定性。

（孙力佳）

【浑南新区开发全面启动】 2001年10月14日，市委、市政府《关于全面开发浑南新区的若干意见》发布实施。10月16日全面开发浑南新区启动仪式隆重举行，浑南开发正式拉开帷幕。11月浑南新区新的领导班子组建完成，管委会机关迁入浑南办公。新区坚持稳定思想、解放思想和统一思想同步推进，以市委、市政府《关于全面开发浑南新区的若干意见》为指针，不断深化对开发浑南重大战略意义的认识，深化对浑南“三区一城一带”（高新技术产业区、高档次的中央商务区、高质量的生活居住区、大学城、浑河观光旅游带）的定位、到2005年发展目标（到2005年浑南新区建成区面积将达到35平方公里，当年国内生产总值实现220亿元，财政收入达到34.3亿元，引进外资额达到8亿美元，技工贸总收入实现800亿元，其中高新技术产品销售收入占技工贸总收入的比重达到70%）的认识，确定了新区重点发展电子信息、生物制药、先进装备制造和新材料四大主导高新技术产业，提出了推进新区发展的“五大战略”（大资本投入战略，主导高新技术产业战略，名牌战略，国际化战略，人才高地战略），树立了“为投资者创造价值”的理念。

（孙力佳）

【机构改革】 按照市委、市政府《关于全面开发浑南新区的若干意见》的有关精神，新区进行了机关机构改革和干部人事制度改革。围绕建立“小政府、大社会；少审批，多服务；小决策、大执行；高效率，法制化”行政管理体制的总体目标，新区内设管理机构由19个精简为12个，中层干部由41名调整到30名，人员总数由194人精简为120人，并设立了10个支撑服务机构，初步理顺了管委会决策、执行、监督和创新体系，并按照“公平、公正、公开”的原则，通过双向选择，确定了工作人员，为新区适应入世形势，全面与国际接轨奠定了基础。

（孙力佳）

沈阳棋盘山国际风景旅游开发区

【概况】 2001年，市委、市政府从发展沈阳大旅游的战略高度，进一步充实了棋盘山国际风景旅游开发区的领导班子，新一届领导班子结合开发区建设与发展实际，确立了以开发建设旅游项目、完善基础配套设施为重点，以加快开发区建设与发展为主线，以促进各项经济指标增长为目标，抢抓机遇、真抓实干、开拓创新、加快发展，全面开创了棋盘山国际风景旅游开发区的新局面。较好地完成了各项工作，尤其是有些主要经济指标实现了历史性的突破。全区实现国内生产总值（GDP）8800万元，比上年增长28.1%；财政收入及融资3903万元；固定资产投资5516万元；三产业增加值6100万元，比上年增长33.2%；利用外资额242万美元；申报900万元国债资金已运作到位。

（冯荣成）

【旅游环境建设】 在国家宏观经济偏紧，自有资金严重紧缺的情况下，开发区超常思维、勇于创新、挖掘内部潜力、拓宽企业经营，在调整经济结构中实行投资主体多元化，筹集资金改造旅游环境，新建游乐项目，进一步增强了景区的综合功能。改造旅游环境，主要完成了奥林匹克体育休闲广场一期工程；完成二期供水管线3000米；铺设沥青砼面3.6万平方米，加固环湖路东南段路基2400米；改建装修红叶宾馆1800平方米；铺植草坪2.4万平方米；完成了大洋山森林公园登山步道工程900米；新建了滑雪具库房，换鞋长廊等。新建游乐项目主要有太空蹦极1个、时空转椅2个、空中动力伞1个、越野卡丁车6台、沙滩越野摩托车10台、旋风赛车10台、水战船10只、风船3只、脚踏船20只、水上摩托2只、太阳能游船1只；修建了“诺亚方舟”水上俱乐部一个；扩建高山滑雪道两条、大拖牵索道3条；新建别墅5栋。与此同时，国际友人俱乐部建设项目已奠基。

改善旅游环境和新建游乐项目，不但美化了环境，而且丰富了游乐项目，拉动了旅游市场，促进了景区环境效益、社会效益和经济效益的同步增长。

（冯荣成）

【管理工作】 2001年，开发区坚持依法行政，全面加强各项管理。

1. 加强人的管理，进一步加大了干部人事制度改革力度，制定落实了《机关中层干部任用暂行办法》，明确了干部任用标准、考核程序，落实了干部任前公示、干部任职期限，尤其在机构改革中，对副处级以上中层领导干部实行全面竞聘上岗，建立了公平、公开、公正、有为、有才、有位的用人竞争激励机制。

2. 严格财政管理。根据实际工作需要，成立了开发区财务结算中心，加大了资金统管力度，增强了财政调控能力，严格了审批程序，提高了聚财理财水平，后勤保障明显加强，干部职工的福利待遇有了相应提高。

3. 进一步强化了山、水、林、地管理。一是保护管理山林资源，调整充实了景区扩林防火指挥部的工作机构，切实加大了领导和宣传力度，真正做到了组织机构、人员配备、制度措施、责任追究"四落实"；在夏季少雨干旱、冬季无雪的不利条件下，强化森林防火和防治病虫害，有效地实现了森林无火灾、有虫不成灾的工作目标。二是切实加强水资源管理，依法加强水土保持及水资源的综合开发与利用，采取有力措施，保证了水上交通安全责任与防汛工作的落实，尤其在雨少干旱造成秀湖库容水位急剧下降的情况下，先后三次向下游灌区放水900万立方米，保证了下游灌区农田的灌溉，确保了社会稳定。三是加强规划管理，依法取缔、拆除了开发区直控区内的违章建筑，全面清理了违法占地，在整顿规划秩序的同时，强化了环境保护工作，在上级对开发区区域环境评价中，新码头排污设施均通过省、市环保部门检查验收。四是进一步加强旅游经济管理，结合开发区建设实际，认真编制投资项目建设计划，申报的900万元国债资金，分别列入国家、省、市三级财政计划，有效地缓解了开发区建设资金紧缺的困难，与此同时，严格按照国家评定4A级旅游开发区的具体标准，加强整改工作，促进了开发区的全面提高与进步。五是加强卫生事业管理，扎实有效地开展了以"清洁卫生、美化环境、消除四害、爱我景区"为主题的卫生清洁月活动，以景容景貌、落实门前三包责任制、建筑工地、室内外卫生及除"四害"等工作为重点，全面清理，随时整改，依据《国家食品卫生法》、《公共场所卫生管理条例》和《生活饮用水管理条例》，对景区宾馆、饭店、娱乐场所进行年度审查换证、卫生监测检查有效地杜绝了食物中毒及传染病的发生。落实了节日救援工作，及时有效地为游客提供了医疗服务，深受社会各界的好评。六是加强社会事业管理，进一步规范了物价和文化市场，健全了机构，明确了职责，尤其加大了旅游"黄金周"期间旅游市场的管理力度，严肃查处了坑、蒙、拐、骗游客行为，极大地净化了开发区的旅游环境。七是规范建设项目管理，建立健全了建设项目档案，规范了资质审查、项目报建、收缴相关费用及施工现场管理。八是切实加强了企业经营管理，及时调整了棋盘山集团公司的领导班子，大胆改革、勇于创新、强化管理、创收增效，整体工作呈强劲势头，各项任务指标较以前相比均有较大幅度的提高，全面实现了三年见规模的工作目标。九是加强招商引资管理工作，围绕工作目标，盯住在谈项目、拓宽领域、注重成效，实际利用外资额242万美元，建设项目到位资金6500万元。十是加强工商、税务、消防及社会治安管理工作，工商管理以整顿和规范旅游市场经济秩序为重点，以发展旅游经济为目标，新登记企业31户；税务管理坚持依法治税、强化服务、引资协税，实现税收996万元；消防管理坚持以防为主、加强防范、经常检查、消除隐患，景区消防安全无事故；治安管理工作以开展严打、追逃、禁毒扫黄专项斗争为重点，措施有力，工作到位，维护了开发区的改革、发展和稳定。

（冯荣成）

【精神文明建设】 2001年，开发区党工委按照"抓班子、带队伍、保稳定、促发展"的工作思路，扎实推进精神文明建设。一是坚持以人为本，全面加强党的思想、组织和作风建设。在思想建设方面，制订下发了《党工委中心组理论学习制度》、《基层领导班子理论学习制度》、《党员干部理论学习制度》，对各层次的理论学习提出具体要求，明确学习内容，重点学习邓小平理论和江泽民总书记"三个代表"的重要思想，切实做到"四个结合"：学理论与个人思想工作实际相结合、学理论与景区建设需要相结合、学理论与贯彻落实上级文件精神相结合、个人学与集中学相结合，进一步提高了各级领导、党员干部的政治理论水平和执政水平。在组织建设方面，根据工作党员分布情况，健全了党的各级基层组织，积极慎重地做好组织发展工作，增强了党组织的生机与活力。为充分发挥工会、共青团的作用，按照市总工会的批复，在广泛调查、充分筹备的基础上，年初正式成立了景区总工会，并召开了首届劳动模范、先进工作者表奖大会，进一步激发了干部职工爱岗敬业、争创佳绩的竞争意识。在作风建设方面，坚持理论联系实际，副处级以上党员领导干部认真撰写体会文章，对各项具体工作明确分工、落实责任，组织人事部门依据年初签订的《工作目标责任状》进行考核，有效增强了各级领导干部的竞争意识。二是坚持稳定是大局。首先，为缓解政府就业压力，开发区安置了部分下岗职工就业，圆满完成了市政府分配的下岗职工再就业安置任务，受到市委、市政府的高度赞扬。其次，根据市政府的工作部署，进一步加大了扶贫工作力度，落实了处级以上领导干部每人包一户的责任制。再次，积极做好本单位离退休干部职工中特困户的帮扶工作。全年党员干部共募捐扶贫款近10万元。此外，始终坚持预防为主，切实开展与"法轮功"的政治斗争，防范措施有力，转化工作到位，确保景区无人参与违法活动。三是坚持综合治理，实行防打结合、标本兼治，调整充实社会治安综合治理工作机构，层层签订工作责任状，形成目标化管理的新格局，开发区被评为社会综合治理工作省级先进单位。四是坚持整改，全面达到国家4A级旅游区标准。在被国家旅游局首批评定为4A级旅游区的基础上，坚持逐项整改，完善综合功能，加快了景区的全面提高与进步。五是坚持高标准、严要求，按照省级精神文明先进单位的具体标准，积极争取、扎实工作，经省、市有关部门评定，棋盘山风景区被评定为辽宁省文明风景区。

（冯荣成）

沈阳金融商贸开发区

【概况】 沈阳金融商贸开发区始建于1992年4月，1996年列为省级开发区管理序列，2001年2月被辽宁省对外开放办公室评选为"辽宁省发展最快开发区"。

2001年，沈阳金融商贸开发区按照市委九届十四次全会报告关于"着眼于提升中心城市的综合服务功能，加快发展服务业特别是现代服务业，大力发展金融、信息、法律、会计和评估等现代服务业，强化沈阳金融商贸开发区的功能"的要求，以"十五"规划实施为新起点，努力夯实开局年基础；以招商引资为核心，寻求金融机构引进工作的新突破；以发展现代服务业为主体，着力扩大服务业规模；以区域规划为导向，全力推进项目建设；以国际惯例为标准，进一步优化投资环境，全面完成了年度计划。全年新发展内资企业19户，发展私营企业75户，发展个体工商户77户，新批外资企业1户。完成本级税收3339万元，上缴中央和市级财政1.34亿元，比上年增长37.6%。截至2001年底，开发区累计发展内资企业278户，私营企业366户，个体工商户291户，外资企业10户。累计完成税收6.35亿元，累计上缴中央和市级财政3.55亿元。

（孙　静）

【招商引资】 2001年，开发区应对入世，在招商引资工作中突出了四个加强：一是加强了招商引资策划工作。调整招商思路，进行全方位招商策划。在对外宣传上，以网上宣传为主，加快了网页更新速度，完成了中英文网站建设，开发区局域网正式启动，在报刊、电台、电视台等媒体上宣传达20余次。在项目包装上，依据规划优选地块和项目，聘请国际知名经济咨询机构进行项目评估。在此基础上，推出了东北世贸中心、北方金融中心等8个大型招商项目，其中东北世贸中心被列为沈阳市重大招商项目。加强了信息收集与采编，全年编辑信息文摘19期。制作了多媒体光盘，在宣传手段上真正实现了与国际接轨。聘请了13名招商代理，实现了网上招商与代理招商的有效结合，开发区的对外宣传水平和招商层次有了明显提高。二是加强了与沈阳金融机构的联系与合作。主动了解沈阳金融业的发展动态，建立了与沈阳金融机构相互沟通的渠道。年初，开发区承办了市委、市政府主持召开的驻沈金融机构负责人座谈会，与会专家就沈阳市的金融业和开发区金融产业的发展进行了座谈。开发区领导与沈阳金融界人士就推动辽宁乃至东北金融中心区域的建设与发展达成了共识。三是加强了与国家金融监管部门的联系与沟通。利用全国召开“两会”的时机，邀请了国家金融监管部门领导与市主要领导会面会谈。为深入了解国家金融市场的开放政策，由管委会领导带队相继三次赴京分别拜会了中央金融工委、中国人民银行、国务院发展研究中心、国务院金融研究中心、国家保监会有关部门负责人及金融界相关人士，就外资金融机构进入沈阳事宜进行了探讨与磋商，就外资金融机构设立的政策及程序等进行了咨询与沟通。四是加强了与外资服务贸易机构的接触与联系。在全国“两会”期间，开发区派员赴京承办了市领导与香港东亚银行、泰国盘古银行、英国渣打银行、新加坡发展银行、加拿大帝国银行等世界著名银行的首席代表及驻北京分行行长的会谈工作，增进了国外金融界对沈阳和开发区的了解。开发区还主动与美国友邦公司、韩国海上保险公司、英国保诚保险公司等进行了接触，与国外著名金融机构代表处、驻华使领馆以及律师和会计师事务所等建立了联系。同时，注重调研，广泛收集国内外知名服务贸易机构的资料，对驻北京、上海及沈阳的跨国公司办事处等进行了走访调查，掌握了信息，为外资金融、会计师事务所等服务机构进区经营奠定了基础。由于实行了四个加强，招商引资工作取得了新进展。全年共组织境内外招商团组16个，接待外商考察洽谈100余人次，引进大型内资企业集团3家，签约项目3个，新批外资企业1户，完成外资调入3000万美元。截至2001年底，开发区累计引进大型建设项目42个，规划建筑面积148.9万平方米，计划投资总额72亿元人民币，合同利用外资4.6亿美元，实际利用外资2亿美元。

（孙　静）

【规划建设】 2001年，为确保区域总体规划的全面实施，开发区委托规划部门编制了道路交通专项规划方案；完成了文化广场用地功能的规划调整；完成了区域西部用地的管网规划和4个项目土地证办理工作；完成了中韩交流中心、地下停车场等4个项目的规划审批和3个项目的设计方案审查。为保证国有土地价值的实现，加强了区域土地资源管理，加大了闲置土地处理力度。召开了闲置土地和停缓建工程建设单位负责人会议，提出了开发区对闲置土地和半截子工程的处理意见，并深入停缓建项目单位了解情况，对5个停工较长的半截子工程进行了重点督促。积极为项目单位做好协调工作排除建设中的困难，指派专人对项目跟踪落实，促成了2个项目复工建设。积极做好项目服务工作，为项目开工提供条件，投入资金3113万元搬迁了4个企业，动迁了58户居民。对在建项目实行了规范化、制度化、目标化管理。按照“强化服务，实现工程建设与管理工作优质化”的目标，加强了对施工现场文明施工与安全生产的监管力度，配合有关部门对施工现场进行了多次专项检查。对检查中发现的施工手续不全、施工现场“脏、乱、差”和违章施工等问题进行了及时处理，项目建设的安全生产和文明施工水平有了明显提高。通过了建设部、省建设厅、东北三省互检、绿叶杯等项综合检查，其中3个项目获得优秀奖。全年批复项目3个，在建项目15个，在建工程面积49.8万平方米，其中竣工项目3个，竣工面积8.8万平方米，全年完成投资3.2亿元。截至2001年底，开发区累计竣工并投入使用的大型项目达22个，竣工建筑面积65.8万平方米，累计完成项目投资52亿元。

（孙　静）

【改善投资环境】 2001年，开发区积极营造适应“入世”环境，继续完善基础配套设施，加大综合环境整治力度，规范行政服务行为。全年投资1322万元用于硬环境建设，新建了金融街、团结路、北站二路、北站一路4条道路，面积为2.7万平方米，铺设排水管线1900延长米，给水管线554延长米，电信电缆1100延长米，供热管线1000延长米，架设路灯43盏，改造站前路路灯54盏，修建绿地面积达4万平方米，其中花坛450平方米，大型水腊磨纹2500平方米。开展了区域景观绿地规划方案的征集工作，选择5家知名设计公司完成了绿化部分的设计，完成了区域艺术景观灯光规划方案的设计与审查，完成了工商银行大厦、凯莱大酒店等21座楼体的亮化工程，开发区的夜晚已成为沈阳市一道亮丽的景观。在拆违建绿中，清理占道经营摊位115个，拆除违建临建房2800平方米，清运残土垃圾1.5万立方米。开展了综合环境整治，对站前中小旅店诈骗钱财、无证经营、流动照相、拉客宰客等群众反映强烈的问题进行了重点整治，取得了明显成果。为提高行政效率和服务质量，以规范行政办公秩序、规范行政服务行为为重点，加强内部制度建设。先后制定了《沈阳金融商贸开发区规范办公秩序的若干规定》、《沈阳金融商贸开发区管委会工作规则》、《沈阳金融商贸开发区内外事活动制度》等办公制度，规范了工作人员的行政行为，保证了行政服务的秩序化和规范化。适应入世的需要，积极开展政策法规清理，取消了9项收费。适应区域服务业发展的需求，拓宽渠道开发就业岗位，安置下岗人员。全年开发就业岗位1867个，安置下岗人员1099人。人才中心重点为酒店、超市、物业管理等服务行业提供服务。全年人才入库6278人，推荐用人岗位574个。主动与28所大中专学校和65家用人单位建立了联系，初步形成了以人才中心为核心，各大中专院校为终端的人力资源供应网，满足了区域企业对人力资源的需求。

（孙　静）

铁西工业区

【概况】　沈阳市铁西工业区是国家“一五”、“二五”时期重点建设起来的以机电工业为主体、国有大中型企业为骨干，涵盖化工、制药、冶金、纺织、轻工、建材等行业的综合性工业生产基地。该区规划总面积65平方公里（铁西行政区39.3平方公里、于洪工业带25.5平方公里）。其工业主要集中在铁西区建设大路以北20.1平方公里的工业核心区内。现有规模以上工业企业343户，从业职工15.8万人，其中国有及国有控股企业186户，占全市的31.8%。全区年工业总产值、工业增加值、利税等主要经济指标，均占全市工业的25%左右。其主要产品与技术代表着国家水平，是沈阳工业的核心。

（王向东）

【铁西工业区改造工程全面启动】　2001年，铁西工业区重点开展了老工业基地的调研工作。在广泛征求社会各界意见，吸纳各方面建议的基础上，经过多次研究论证，2001年12月6日市政府第二十七次常务会议决定，加速铁西工业区的整体改造，重新确定铁西工业区的功能定位、产业结构、空间布局、环境建设、土地利用及管理体制，全面启动铁西工业区调整改造工程。调整沈阳市铁西工业区改造调整工作领导小组，领导小组由市长陈政高任组长，常务副市长李佳、副市长赵长义、邢凯任副组长，市计委、经贸委、建委、规划国土局、铁西区政府等有关单位为成员单位。为加强铁西工业区改造调整工作的实施力度，市政府成立沈阳市铁西工业区改造指挥部，由铁西区政府主要领导任总指挥。2001年12月11日，市政府召开全面启动铁西工业区改造新闻发布会，并于当日启动了原沈阳冶炼厂厂区建筑物拆除工作，铁西工业区改造调整工程正式拉开序幕。全面启动铁西工业区改造调整工程标志着铁改工作将由过去的侧重单个企业问题的解决转变为整体环境创造；由过去侧重技术改造转变为经济结构的大调整；由过去侧重企业自我改造转变为整个工业区开放式改造；由过去全市统一组织领导转变为市里决策、区里落实推进。全面启动铁西工业区改造是铁改工作由过去的适应性调整向战略性调整的转变，是沈阳市实施整体运作城市战略、完善区域性中心城市功能，推进沈阳从一个工业大市走向工业强市，进而提高城市综合竞争力的重要举措。

铁西工业区发展功能定位为：建设以装备制造业为核心，集研发、制造、商贸、居住为一体的现代工业园区。按照该区域人口集聚规模和未来城市发展走势，铁西工业区将建成沈阳市一个具有综合发展功能的区域。既有居住生活服务功能，又有流通集散功能和研发创新功能，还要体现出现代装备制造业核心基地的特征。

（王向东）

【产业结构调整有了新突破】　2001年，铁西工业区加大了产业结构调整力度，按照“有进有退”、“扶优扶强”、“腾笼换鸟”三大调整方针，使工业区产业结构、企业组织结构和生产力空间布局结构得到调整优化。本着“妥善安置职工、先易后难、成熟一户退出一户”的原则，加快了劣势企业的破产退出、国有资本减持和退出步伐。2001年5月，由市铁改办、市规划局、市统计局、铁西区政府联合对铁西建设大路以北工业核心区进行了土地普查。据统计，在工业核心区20.1平方公里范围内，工业企业生产、仓储用地12.6平方公里，住宅用地1.5平方公里，绿地1.1平方公里，商业用地0.2平方公里，道路及其他用地4平方公里。全年工业区完成国有企业土地转换41万平方米，盘活国有资产6.2亿元，新增固定资产5.96亿元。沈阳锅炉总厂、沈阳实业电机厂、沈阳电工铸铁厂已完成场地腾迁工作。完成企业转属65户，产权整体转让48户。

大力发展第三产业。到2001底，铁西工业区利用闲置场地累计兴办大市场19处，其中占地21万平方米的沈阳钢材中心批发市场被列为国家级重点市场。总投资3亿元的沈阳水上娱乐中心一期工程已完工。投资2亿多元的工贸大厦续建工程已全面竣工，即将投入运营。

以沈阳工业大学科技园区的建设为契机，大力发展高新技术产业。在沈阳工业大学周边1平方公里区域内规划建设了1个孵化区和4个产业区，基本形成了科学园、创业园、产业园。完成了1.6万平方米的工大科技城一期主体工程。装备工业科技一条街工程开始启动。到2001年底，工大科技园已有企业56户，产值达2.3亿元。

（王向东）

【企业改革与发展取得新进展】　2001年，全区工业经济保持了平稳的发展态势。规模以上工业企业完成工业总产值192.8亿元（现价），实现工业增加值44.9亿元，完成产品销售收入183.9亿元，完成利税9.8亿元，实现利润总额0.1亿元。国有及国有控股企业全年实现产品销售收入111.9亿元。

国有企业改制、合资合作步伐加快。2001年，铁西工业区紧紧围绕建设重大成套设备制造、数控机床制造、输变电设备制造三大基地和医药化工高科技产业园区目标，大胆创新招商引资方式，以整体合资合作为重点，全面加快工业区一批重点企业对外合资合作步伐。沈阳蓄电池厂与德国埃克赛德公司合资生产工业蓄电池项目已正式签订合同，总投资达2395.4万美元；沈阳变压器厂与法国阿尔斯通公司已签订合同，合资生产互感器，总投资1445.5万美元；沈阳凿岩机厂与日本古河公司合资生产液压破碎机项目，总投资300万美元；沈阳高压开关厂与法国阿尔斯通已签订合资生产GIS项目的协议；沈阳味精厂与日本味之素整体合资、沈阳电机厂与法马通合资生产风力发电机、阿尔斯通与沈阳凿岩机厂整体合资项目已签订协议。

民营经济发展有了新突破。2001年，民营经济实现增加值24.5亿元，同比增长12%。民营企业拥有资产总额30亿元，资产超亿元企业有10户，纳税超百万元的企业有26户。民营企业积极参与国有企业的改革和土地转换，全年民营企业开发利用国有企业闲置场地22万平方米，投资1.2亿元。其中利用中国储运公司铁西一库闲置场地新建的世星国际饭店一期工程已竣工，并开始对外营业。利用沈阳低压开关厂1万平方米闲置场地新建的沈阳凯大汽车服务中心已投入运营。

（王向东）

【城市基础设施建设步伐加快】　2001年，铁西工业区以旧区改造为重点，加快了城市基础设施的建设步伐。全年基本建设投资7.6亿元，在建住宅工程总面积230万平方米，竣工面积51万平方米。利用沈阳第二纺织机械厂等企业的闲置土地新建住宅20余万平方米，盘活闲置土地资源11万平方米。道路改造步伐加快。完成了东西快速干道北一路工程的拆迁、清理和居民安置工作，推进了公和桥等重点工程的建设。新建、翻建道路2.4万平方米，改造管线1000余延长米，新增绿化面积11万平方米。

（王向东）

【举办中国·沈阳铁西工业区改造调整（论坛）国际投资洽谈会】 由沈阳市铁西工业区改造办公室、铁西区人民政府和沈阳工业大学联合举办的“2001年中国沈阳铁西工业区改造调整（论坛）国际投资洽谈会”于2001年8月31日—9月4日在沈阳成功举办。国家计委发展规划司司长杨伟民、沈阳市市长陈政高、市委常委初立生、市人大常委会副主任张瑞昌、副市长孙祥剑、市政协副主席王声溢等领导出席了开幕式。本次洽谈会共有来自世界各地30多个国家和地区的300多位客商参加。约旦王国驻华大使、斐济驻华大使、墨西哥驻华使馆公使、美国驻沈总领事经济领事、欧盟——沈阳城市规划项目专家、新加坡时报集团驻华首席代表、德国麦德龙公司、美国麦高公司的代表等国际友人和外商应邀出席了会议。铁改领导小组成员单位的负责人和驻区50余家重点企业的代表参加了会议。

会议期间，分别举行了铁西工业区改造调整论坛、项目推介会及项目签约仪式。东北大学、沈阳工业大学、市铁改办、欧盟——沈阳城市规划组、新西兰教育集团的专家和代表就老工业基地振兴、高科技园区建设及重大投资项目向海内外来宾作了演讲和推介。洽谈会期间，工业区合同利用外资3896万美元，签订协议项目28个，协议外资额1.8亿美元。会议期间，外商们还参观考察了沈阳鼓风机厂、沈阳变压器厂、东方家园、城建花园等，增强了投资信心。此次会议对提高铁西工业区装备制造业的知名度，推动工业区招商引资起到积极的促进作用。（王向东）

铁西工业改造区主要经济指标

指　标	单位	1996	1997	1998	1999	2000	2001
企业单位数	个	1810	1551	1268	296	339	343
#国有企业	个	222	193	163	141	145	134
集体企业	个	1467	1248	815	59	54	47
其他经济类型	个	121	110	290	96	140	162
#轻工业	个	534	464	347	76	92	96
重工业	个	1276	1087	921	220	247	247
工业总产值（1990年不变价）	亿元	179.7	143.5	184.3	150.4	192.3	210.1
#轻工业	亿元	37.0	37.2	60.4	38.7	68.7	76.9
#重工业	亿元	142.7	106.3	123.8	111.7	124.5	133.2
工业增加值	亿元	45.1	36.4	52.2	36.0	46.8	44.9
固定资产原值	亿元	235.2	195.1	260.6	235.6	263.9	272.8
资产合计	亿元	400.3	316.9	528.4	449.4	530.8	536.8
利税总额	亿元	11.4	8.8	9.6	6.2	15.5	9.7
从业人员平均人数	万人	45.4	36.7	30.8	20.7	19.5	15.8

注：1999年及以后为规模以上口径。

农 村 经 济

综 述

【农村经济概况】 2001年，沈阳市在遭受百年不遇特大旱灾的情况下，紧紧围绕农民增收，以优化区域布局、品种结构为主攻方向，以发展高效特色农业为重点，以科技为支撑，大力推进结构调整、产业化经营，实现了全市农村经济持续稳定健康发展，一些主要经济指标实现了历史性突破。

1.农村综合经济实力显著增强。全市农村实现国内生产总值583.7亿元，比上年增长10.4%，占全市国内生产总值的比重由上年的47.1%上升到47.2%，增加0.1个百分点，一、二、三产业增加值分别实现76.63亿元、272.92亿元及234.2亿元，比上年分别增长4.5%、9.7%、13.4%；粮食产量实现251.5万吨，比上年增长7.5%；肉类、禽蛋、奶类、水产品产量分别达到36.5万吨、27.5万吨、6.7万吨和11.5万吨，比上年分别增长9.6%、12.2%、17.3%、15%；地方财政收入实现10.53亿元，比上年增长26%，是历史上增长最快的一年；农民人均纯收入达到3230元，净增加95元，同比增长3%。

2.农业生产条件进一步改善。农业机械总动力达203万千瓦，机耕地面积达55.2万公顷；新发展蔬菜保护地1.3万公顷；修建方塘100座，新打各类机电井9141眼，新增节水灌溉面积642.7公顷，农田有效灌溉面积24.6万公顷，比上年增长2.5%。农村用电量36.2亿千瓦小时，比上年增长4%。

3.农业科技水平进一步提高。一带四区三线建设共安排132项，全年累计完成投资198.9亿元，项目建设带动农户16.5万户，技术辐射面积达13.3万公顷。通过在乡镇企业中实施科技兴企战略，打造出省级名牌产品11项、市级名牌产品87项，进一步提高了经济运行质量。

4.农业对外开放水平取得突破性进展。全市引进内资90亿元，外资1.9亿美元。完成出口供货值5.6亿元，出口创汇0.9亿美元。

5.农业产业化水平进一步提高。适应产业化升级的需要，“三园一龙”项目建设向纵深推进，做强做大；现代化水平不断提高，展示、培训、带动、辐射等功能明显增强，已成为新阶段调整结构、发展高效农业、提高农民收入的组织模式。订单面积达到15万公顷，涉及40多个种类、200多个品种。

（王先禹）

【抗旱救灾夺丰收】 2001年，沈阳市遭受了1904年有气象记录以来最严重的干旱。面对严重的旱灾，全市农村广大干部群众在各级党委和政府的领导下，振奋精神，群策群力，奋起抗旱救灾，力争将灾害损失减少到最低程度。

1.领导高度重视。市政府成立了抗旱节水工作领导小组，负责全市抗旱工作，围绕2001年的抗旱救灾工作先后召开6次专门会议，并组织了8个工作组，分别负责8个区县（市）的抗旱救灾工作。

2.大力推广节水抗旱农业技术。市政府组成抗旱救灾工作组，深入全市8个农业区、县（市）开展技术指导与服务。围绕严重干旱的特殊情况，大力推广以抗旱节水为重点的各项农艺措施。一是广泛采用耐旱良种，加拌抗旱剂，实行种子包衣，增强种子的抗旱性，玉米种子包衣率达90%以上。二是扩大地膜覆盖面积，防止地表水蒸发，起到保墒增墒的作用。全市旱田地膜覆盖面积达到7.7万公顷。三是坐水播种。全市近5.3万公顷旱田作物实施了坐水播种。四是采取抗旱耕作方法，深开沟、多投种、踩底格、浅覆土、重镇压，以确保出苗率。五是大力推广法库县营养钵育苗经验，对严重缺苗地块，进行雨后带土移栽，全市营养钵育苗1900万株。节水抗旱农业技术的推广应用，有效地减轻了旱灾造成的危害。

3.在旱情严重阶段，市政府领导多次带队深入基层调研，检查指导抗旱救灾工作，并现场办公协调解决基层的困难，在市财政非常困难的情况下，市政府共投入7700万元用于抗旱救灾，对夺取全市抗旱救灾夺丰收的伟大胜利提供巨大的资金保障。

4.把握农时，抓好中早熟玉米种子下摆工作。由于持续严重干旱的影响，到6月初，全市仍有4.8万公顷农田无法播种，播种未出苗，需要毁种、补种面积9.3万公顷，其中玉米占有很大比重。这些地块如果继续播种晚熟品种已不能正常成熟。市农业局提出改种中早熟玉米品种，保证安全成熟。全市共调剂下摆早熟玉米杂交种1750吨，保证了雨后农民改种和补种需要。

5.掀起补种、毁种的高潮。进入6月中旬以后，各地陆续迎来了渴望已久的透雨，6月份平均降水量为100.7mm，是常年同期的1.2倍。6月15日以后，全市掀起补种、毁种的高潮，至6月末，除个别地区外，全市播种工作基本结束，抗旱救灾工作取得阶段性成果，雨后补种、毁种的各类作物苗全苗壮，长势良好。

6.充分发挥农艺措施优势，分类指导，科学抗旱。采取人、畜、机三力结合，农艺措施与井浇灌设施相结合等多种措施抗旱救灾，其中地膜覆盖7.7万公顷，补、改、毁种14.1万公顷、喷施植物生长调节剂8.7万公顷，综合防治病虫害133.3万公顷，有效地克服了灾害对农作物生长不利的影响。

2001年全市粮豆总产量达到251.7万吨，比上年增加17.9万吨，增长了7.7%，基本保证了全市经济发展和人民群众生活对粮食的需求，确保了农业、农村经济的持续发展和社会的稳定。

（王先禹）

【土地流转】 近年来，沈阳市加快了农业产业化的步伐，加大了农业和农村经济结构战略性调整的力度，农户土地使用权流转开始呈现出较强劲的发展势头。到2001年末，全市农户承包地使用权流转面积已达7.5万公顷，占全市农村耕地面积的11%，比全国土地流转面积率5%高出6个百分点，比流转速度最快的浙江省13.5%仅低2.5个百分点，沈阳市农户承包地使用权的流转速度在全国居于前列。

沈阳市农户土地使用权流转主要有三种形式：一是土地股份合作经营。全市已有172个村组建了土地股份合作制公司，采取股份合作形式经营的土地面积已达4.3万公顷，占全市土地流转面积58%。二是租赁经营。全市农村实行租赁经营的有192个村，经营面积1.7万公顷，占全市流转面积的22%。三是农户间自行流转。现全市农户间流转面积有1.5万公顷，占全市流转面积的20%。

全市农户土地使用权流转的实践表明，土地使用权流转的速度、规模、形式，完全是由农村生产力发展水平决定的，同时，土地使用权的流转又进一步解放了生产力，推动了农村经济的发展。一是加速了土地向种田能手集中，实现了土地归方连片，推进了适度规模的集约化经营。全市经营3.3公顷以上的种田大户有2万多个。二是促进了分工分业，推进了农业和农村经济结构的战略性调整。沈阳市粮食和非农作物比已稳定在6∶4，畜牧业占农业的比重达到了38.7%，水产养殖业占农业的比重也达到了6.9%。二、三产业在农村经济结构中的比例不断提高，2001年，全市投入了30亿元资金，新上农副产品加工项目67项。三是推进了农业产业化经营，实现了土地增值、农业增效、农民增收。租赁和股份合作制经营，优化组合了土地、劳动力、资金、技术、信息等各种生产要素，在农村建立专业生产基地，培育和发展经济产业带，引进新技术、新品种，发展名优特农产品，并采取公司加农户、园区加农工、企业加股东和订单农业等方式，将农业生产、农产品深加工、储存、运输、销售等各生产环节联结成产加销一体化的产业链条，拉动和推进了农业产业化经营，既提高了土地产出率和资源利用率，又实现了土地增值、农业增效和农民增收。四是加快了“农业园区”的建设步伐，为发展现代农业探索了一条新路。沈阳市较有形象的农业庄园已发展到12个，不同规模的农业示范园有103个。这些项目都以承租农户承包地使用权为前提投资开发农业，实行高投入、高产出、高效益。仅荷兰村、佳地、菲菲、樱桃谷、亚洲红等五个农业庄园总投资达57亿元。五是拓展了农村劳动力就业空间。全市农村一产业的劳动力比1997年减少了10万人，二、三产业和外地就业的劳动力占农村劳动力的比重由1997年的25.5%上升到40%。六是提高了农业生产组织化程度，增强了农业参与市场竞争的能力。通过土地流转，实现了农业生产由千家万户粗放管理、分散经营向企业化管理、公司化经营方式的转变，这就极大地提高了农业生产组织化程度，增强了沈阳市农业应对入世挑战、抢占国内、国际市场的竞争能力。

（马永生）

【减轻农民负担】　2001年，沈阳市定项限额内农民负担总额为2.4亿元，人均负担98元，占上年人均纯收入的3.2%，没有突破1997年预算总额，而且比上年决算总额的2.5亿元略有降低。农民义务工决算总额为538万个，劳动积累工871万个，两工合计1409万个，劳均14个工日，没有超过国家规定的标准。

2001年，沈阳市减轻农民负担工作继续贯彻执行中央“一项制度、八个禁止”，即提留统筹费一定三年不变的制度；禁止平摊农业特产税、屠宰税；禁止一切要农民出钱出物出工的达标升级活动；禁止一切没有法律、法规依据的行政事业性收费；禁止面向农民的集资；禁止各种摊派行为；禁止强行以资代劳；禁止在村里招待下乡干部，取消村组招待费；禁止用非法手段向农民收款收物的规定，一如既往地做好减轻农民负担工作，做到思想不松懈，政策不松动，采取切实措施，进一步做好全市“减负”工作。

1.领导重视，常抓不懈。落实减轻农民负担工作责任制，实行党政一把手亲自抓、负总责的工作制度，一级抓一级，一级对一级负责。同时把减负工作作为考核和任用各级领导干部特别是县乡两级领导干部的一项重要指标，实行减负“一票否决”制度，违反减负政策的有关责任单位和人员一律不得评为先进，责任人不得提拔重用。

2.逐步建立、健全减轻农民负担的各项规章制度，按章办事，使减轻农民负担工作走上制度化、规范化和法制化管理轨道。一是坚持实行农民负担“预决算”制度，从总量上控制农民负担。每年第一季度，县乡两级农经管理部门，对预算额进行审核把关，经区、县（市）审核批准后的预算方案必须严格执行，做到“三不准”，即不准层层加码，不准乱塞项目，不准乱分比例。年终决算时对乡村两级的预算执行情况进行核查，对违反政策规定不合理的开支限期改正。二是认真落实农民负担“监督卡”制度。每年3月末前，村集体经济组织按照“预算”方案认真填写省农业厅统一印制的农民负担监督卡，并及时发放到户。凡是农民应缴纳的钱物工都要通过农民负担监督卡确定下来，明确应负担的项目和数量，不得在卡外加重农民负担，对“监督卡”以外的不合理收费，农民有权拒付，坚决杜绝负担监督卡只到村不到户的现象。凡未将监督卡发放到户的，农民有权拒交钱物和拒绝出工。三是认真执行农民负担专项审计制度，确保提留统筹费的合理开支与使用。各区、县（市）按照农业部《关于开展农民负担专项审计工作的通知》精神，做好农民负担专项审计工作。一般能达到县对乡镇每季度审计一次，乡对村每月审计一次，严禁各种不合理的开支入帐，对违反规定的追究有关人员的责任，并逐级上报审计结果，定期向社会公布。四是坚持民主监督制度。各村普遍成立了民主理财小组，小组成员由村民或村民代表选举产生，对提留统筹费的提取和使用情况进行监督。五是坚持村务公开制度。各村定期对农民关心的财务帐目进行多种形式的公开，包括村提留、乡统筹费的提取使用、“两工”的管理使用等，努力做到公开时间及时、内容详细、数据真实可靠，广大农民比较满意。

3.加强检查监督，保证中央政策得到贯彻落实。市及各区、县（市）每年组织两次农民负担执法检查，切实解决一些群众反映强烈的问题，纠正违反中央规定的错误做法，推动中央关于减轻农民负担各项政策的落实。对加重农民负担的违法违纪案件，发现一起，查处一起，并将检查情况逐级上报。2001年，全市共查处违反“减负”规定的案件14起，涉及违纪金额300多万元，11名党员干部受到了党纪、政纪处分。

4.加强农民来信来访的处理工作。对因农民负担问题进行上访的案件，各区、县（市）必须在一个月内办理完结，并向上访人出具《上访意见书》，不得瞒案、压案或知而不查，及时把矛盾解决在萌芽状态，解决在基层。坚决杜绝因农民负担重引起死人和殴打致伤致残案件发生。

（马永生）

【扶贫开发工作】　2001年，扶贫开发工作基本体现了以救济性扶贫为主，向开发性扶贫为主的转变。一是开展了党政机关定点包村包户扶贫开发工作。在上年的基础上，2001年全市派了90个市直党政机关和中直驻沈单位定点包村包户扶贫开发工作队。总共帮扶了216个贫困村、3000多个贫困户。其中：康平县180个村、2800户，法库县36个村、400户，基本将康平和法库两县的贫困村全部覆盖。各单位的扶贫开发工作队基本做到了帮扶规划、开发项目、扶持资金、服务措施、帮扶责任落实到每个贫困户，以项目的开发来支撑贫困户家庭人均纯收入的增长。90个帮扶单位全年为贫困户解决扶贫开发生产项目资金以及捐赠生产物资折款总计1000万元。二是开展了科教扶贫开发工作。2001年秋季，按照市委、市政府和市扶贫开发领导小组的总体安排，市科协组织动员了19家在沈高校和19家科研院所，组成了19个科教扶贫开发小分队，定点帮扶康平县、法库县的贫困乡镇，一校一所帮扶一乡，在乡镇内开展科教扶贫开发活动。在帮扶工作中，形成中长期的科教扶贫开发规划，开展科教进村进户普及和先进实用技术的推广活动，为贫困户提供科教咨询和实际服务，并捐赠了包括130台电脑在内的价值60万元的生产与生活物资。三是开展工业企业定点帮扶贫困村活动。2001年，由市经贸委牵头，动员组织300家工业企业，定点帮扶近两年因灾返贫的100个贫困村。按照互利互惠、优势互补、利益兼顾、共同发展的原则，首先帮助100个贫困村解决灾后困难，捐赠了100车物资，帮助安排好生产和生活；然后再寻找互利互惠经济合作点，建立联合农场、股份制农场、合作农场等等。四是开展了资助农村贫困儿童学业活动。由市妇联牵头，在城区家庭、个人和企事业单位中开展了认领和资助农村特困、失学儿童学业活动。两个月之中，共动员了社会各界人士1300人，做“代理妈妈”和“代理家长”，总共资助了1300多名儿童，直到学业结束。五是开展了医疗下乡扶贫活动。2001年以市卫生部门为主，共组织了医疗扶贫服务队102支，有698名卫生服务人员深入到83个贫困村和151个街道为1609人免费、半免费诊疗，其中常年下乡巡回医疗服务队有33个。

(郭文翰)

【农业结构调整】 2001年，农业结构调整坚持以质量效益为中心，结构调整重点放在调整区域布局、作物结构、品种品质结构、发展优质高效农业上来。全市粮食与非粮比例稳定在60∶40。

1. 围绕主导产业合理布局，重点开发。一是突出区域开发。根据农业现代化基础条件和区域特点确定近郊东陵、于洪、苏家屯、新城子四个区为开发重点：近郊东陵、于洪、苏家屯、新城子四个区大力减少粮食作物种植面积，特别是减少玉米、裸地菜面积，扩大花卉、温室蔬菜生产，集中发展高标准的优质稻、菜、果等商品化生产基地，形成主导产业规模；依托中心城市优势，面向市场，大力发展工厂化高效农业、设施农业、园林花卉农业，重点建设了一批集一流设施、一流品种、一流管理等为一体的农业庄园。中部辽中、新民两县(市)突出抓好优质稻、优质麦、专用玉米开发，大力发展有机粮豆生产，集中建设高标准的优质稻、菜、果、两瓜、菜籽等标准化无公害生产基地，发展精品农业、出口创汇农业。远郊康平、法库两县增加饲料玉米、饲草生产面积，扩大薯类、花生、小杂粮、食用菌、玉米制种，集中发展以绿色食品为主导的生态农业。二是突出路域开发。充分发挥一环三线(外三环及102国道、新盘线、新康线)两侧的路边、城边、场边经济边缘效益。重点发展一批高效优质蔬菜、瓜果、花卉等农产品生产基地。以科技园区、科技长廊(示范带)为载体向外扩展，与农产品加工企业和销售市场相衔接，形成产加销一体化。三是突出特色开发。科工贸一条龙高科技密集带推动结构调整。大力开发具有沈阳区域资源优势的“江雪”大豆、“北霸”牌优质稻米、原野“绿农”牌无公害蔬菜、“粱山”西瓜、“海洲”花生等传统产品、名牌产品。通过广告、农博会、展销会，大力进行品牌展示、宣传，扩大对外影响，扩大品牌生产规模，逐步形成名牌效应。产品生产规模发展到4万公顷，有31个产品在首届中国(沈阳)国际农业博览会上获得金银奖。

2. 优化作物结构，大力发展高效作物。在种植业内部，适当调减粮食面积，为积极发展高效经济作物和饲料饲草作物腾出了巨大的空间。种植业的基本格局开始向粮、经、饲“三元结构”转化，农业的资源配置更加合理。优质、专用农产品迅速发展，推广高油、高赖氨酸、角质玉米和鲜食玉米及专用、特用玉米品种2万公顷，辽春10优质小麦1.5万公顷，高效生产田达到11.3万公顷。

3. 优化品种结构，大力提高农产品质量。市场日益呈现出多层次、多样化、优质化需求。大力引进、推广粮食、蔬菜、瓜果、花卉、饲料作物生产的新技术、新品种，加快新品种的更新换代。发挥“三园”(科技示范园、现代庄园、高新技术开发园区)的带头作用，以品种立产业，以产业建基地，促产业升级。辽粳294－4、盐粳48、辽盐系列等优质稻生产面积超过6.7万公顷，新增冷暖棚7.8万个。

4. 优化耕作模式。通过采取发展设施农业、反季节农业、稻田综合开发抓品牌、产精品等多种措施，提高亩效益，扩大高效生产田的面积，大力推广“一水多用，一地多种”多元种植模式，加速由单一种植向立体开发、间套复种转变，稻田综合开发面积达到1.1万公顷。

(王先禹)

【农业科技示范园区建设】 2001年，沈阳市农业科技示范园区建设不断向纵深发展，现代化水平不断提高，展示、培训、带动、辐射等功能增强，已成为新阶段调整结构、发展高效农业、提高农民收入的组织模式。全市现有科技示范园101个，其中已初步形成规模的有60个；部门领办或创办科技示范园的有39个，企业投资或私营企业投资创办的18个，由多户农民承包经营共同组成的科技示范园43个，由外商投资创办的1个。园区建设取得了阶段性成果：一是园区的科技示范带动作用得到加强。苏家屯区的亚洲红庄园，通过与农户签订单销售形式，引进新品种，请专家做技术指导，在苏家屯东部山区，已发展裸地葡萄、棚葡萄400多公顷。辽中县杨士岗镇的草莓科技示范园初具规模，占地面积已达10公顷，园区功能较齐全，与沈阳农业大学建立了密切的技术依托关系，标准高，技术先进，示范内容丰富，带动全镇发展草莓达260多公顷。新民市大柳蔬菜种籽科技示范园占地13公顷，通过专家指导，引进新技术、新品种、上新设施，带动了全镇菜籽基地的发展。二是园区建设加快了农业高新技术推广速度。农业科技示范园的建设使大量高新技术成果成为农民“看得见、摸得着、学得起、用得上”的实用技术，产生了巨大的经济效益。东陵区浑河乡建立的草莓科技示范园，从国外引进20多个新品种，并以此为龙头形成草莓、葡萄为主的浆果基地，成为该地区农业的龙头产业，仅此一项每年增加农业产值近5000万元。原野公司兴建的科技示范园，以蔬菜名优特品种为主导产业，通过统一标准、包装、品牌等措施，采取订单销售的方式，加速名优特新品种的推广，带动了精品蔬菜产业化的发展。三是园区逐渐成为工厂化育苗集散地。辽中县四方台农业科技示范园从当地农业和产业结构调整出发，引进400多个农作物新品种进行试验示范，为了引导农民以蔬菜为主导产业，科技园集中育苗，为农民提供优良种苗。每年育绿菜花苗30万棵以上，能带动20多农户，建立绿色蔬菜出口创汇生产基地，取得了良好的经济和社会效益。苏家屯区林盛镇建的苏盛农业高新技术示范园占地33.3公顷，其中：26.7公顷栽葡萄，6.6公顷为苗木繁育区；有6个大棚，还建有组培室，培育脱毒苗。辽中县杨士岗镇的草莓科技示范园占地10公顷，其中：大棚9栋，冷棚2栋，种苗繁育区5.3公顷，引进草莓新品种26个。年繁育草莓苗200万株，可供应本镇260多公顷生产田的用苗。四是园区逐渐成为农产品精品生产基地。沈阳市部分农业科技示范园由于投入和科技含量都很高，逐渐成为精品农业的生产基地。如原野公司建的绿色无公害科技示范园、于洪区农林局建的蔬菜种苗繁育中心、五三乡的农业科技示范园等都生产新、奇、特精品菜，销往市内各大宾馆和超市，既丰富了市场又提高了人民生活的质量。另外，沈阳市农业高科技发展中心乐农庄园、荷兰村、大潘现代化农业园区、菲菲澳家庄园、孟家现代农业园区等13个项目已申报省级农业园区。沈阳市农业高科技发展中心同时申报国家级农业现代化园区，其3000平方米的科研楼已经竣工，配套工程及园艺设施正在建设中。

（王先禹）

【农业新品种新技术推广】 围绕结构调整加快新品种引进和推广，全市共引进22个类别244个新品种进行试种示范，其中国外品种125个，占51%。在市农业新品种引进中心科技园、苏家屯区等9处示范展示基地，重点安排了优质稻、优质玉米、大豆等各类高效经济作物和名优花木等试验示范。从近年来引进的新品种中筛选出18个种类178个有推广价值的品种安排在海南基地进行扩繁，以进一步扩大生产面积。

加强技术推广体系建设。加快区域性中心服务站和综合站建设，坚持立足推广搞经营，搞好经营促推广，立足服务办实体，办好实体促服务的方针，积极构建产业化经营（服务）公司，走公司加基地加农户的科工贸一体化。

大力推广以抗旱节水为重点的水稻高产栽培等十大骨干实用技术。其中以高效低毒为主攻方向的病虫害防治技术13.3万公顷；培肥地力为目标的平衡施肥技术20多万公顷；以花生为重点的油料作物栽培技术3.2万公顷。

深入开展科技培训。充分利用现代传播手段和市区乡多层教育体系，加大对农民培训力度，围绕先进技术的推广应用，在培训上突出计算机使用知识，辽中、苏家屯等地上百个乡村的农业大户成为网上农民。苏家屯区“跨世纪青年农民科技培训工程”试点工作取得明显成绩，全区有3000多名学员全部完成了专业课、理论课、实践课的学习，不仅提高了科学种田水平，也增长了经营管理能力，为农村二次创业提供了强有力的智力支持和人才保障。全市多层培训体系采取各种形式开展了先进农业技术的培训，为适应农业入世需要，对千余名乡村干部和专业大户进行了农业标准化和计算机上网知识的培训。

围绕新品种、新技术的推广，根据广大农民的要求，《农业科普热线》进行了80多次农业技术讲座，使上百万农民了解农业科技知识、政策法规知识和市场信息。《110—农业技术免费咨询热线》也为近千名农民群众提供了咨询服务，及时地解答了他们关心的疑难问题。

（王先禹）

【农业标准化】 2001年，沈阳市把推行农业标准化，全面提高农产品质量，作为推进农业结构调整，提高农业综合效益，增加农民收入的一项关键措施来抓，从粮食、蔬菜标准化生产入手，全面推广农业标准化生产技术，取得了初步成效。

1.抓好基础工作，推动农业标准化稳妥起步。一是制定完善标准。紧紧围绕农业结构战略性调整，以发展农业产业化经营和农业增效、农民增收为目的，立足本地实际，以质量为中心、以市场为导向、以科技为动力、以生产为基础，制订和实施农业标准，为推进农村科技进步，全面提高农产品质量，促进农产品市场流通，增加农民收入发挥了基础保障作用。制订和发布了《无公害蔬菜生产基地条件》、《无公害蔬菜有毒有害物质残留限量标准》等20多个标准规范。二是提高农民组织化程度。为了保证各项标准化措施落到实处，增强农民自我约束、自我保护、自我发展的能力，引导农民与龙头企业、专业协会、科研单位、中介组织按标准化要求组织生产经营。

2.抓示范树样板，把农业标准化引向深入。一是通过园区搞示范。“三园”示范园区把推行农业标准化作为重要示范内容，全市的示范园都设立了标准化示范项目，示范工作初见成效。农业标准化生产示范基地初步落实，包括本地区农业标准化生产的示范面积、作物种类、栽培地点、组织领导、生产环境检测、技术标准规范、农产品质量监测、市场销售运作、信息服务、技术培训等事项。2001年，全市初步落实农业标准化生产涉及9个作物种类、8个区、县（市）、30多个乡镇。覆盖了粮食、蔬菜、花卉等生产领域，贯穿产前、产中、产后的全过程。二是通过龙头企业搞示范。各龙头企业、出口创汇生产基地按标准化组织生产。全市标准化生产面积达到2.9万公顷，其中：粮食面积为1.7万公顷，蔬菜7333公顷，大豆3333公顷，水果2000公顷。以保障农产品食用安全和提高农产品市场竞争力为目标，大力促进发展无公害农产品和绿色食品、有机食品生产，加大农业标准的推广实施力度，全面提高农产品的质量安全水平。

3.健全机构，加强监督。建立了市级农业质量检测机构，建成了市农业检测中心，对农药、种子、化肥、农业环保等开展检测工作，不断强化监测职能。2001年，全市加大对农药市场的管理力度，市人大通过了《沈阳市农药经营管理使用规定》，从源头上控制高毒、高残留农药的施用，明令禁止16种高毒、高残留农药的使用，坚决杜绝高毒、高残留农药用于瓜菜果生产，集中查处了一批经营违禁农药案件，净化了农药市场，为实施农业标准化创造了条件。

（王先禹）

【订单农业】 2001年，沈阳市龙型经济发展优势增强，以“订单”为纽带促进产销对接，推动龙型经济的发展。各级政府把发展订单生产作为推动本地区农村经济发展的根本措施和工作的突破口。充分发挥政府在订单农业发展中的作用，搞好规范、引导服务和监督工作，提供市场信息、政策法规咨询、合同纠纷处理等服务，促进订单农业发展。年初在辽宁大厦召开了全市千人、百家龙头企业参加的“订单农业”农企产销衔接订单洽谈大会，内引外联，为企业和农民牵线搭桥，极大地鼓舞了人心，有力地促进了全市订单农业的快速发展。

根据本地的资源优势和农业发展特点，积极培育各种专业合作组织，发展壮大中介服务组织和经纪人队伍。发挥他们在发展订单农业，促进农产品销售，提供生产服务方面的作用，组织更多的农民进入流通领域跑订单，找市场。全市有农民专业协会153个，农民中介合作组织7658个，其中：种养销型农民中介组织5800个，运销型农民中介组织1858个，囊括了20557个各类经纪人，对推动订单农业生产起到了不可替代的作用。

沈阳市订单农业生产概括起来有五种类型：龙头企业拉动型、外贸企业带动型、项目合作型、农事企业产销一体型和批发市场牵动型。订单农业是引导农业结构战略性调整的切实渠道，沈阳市把发展绿色食品、无公害农产品、有机农产品，作为提高订单农业生产水平的发展目标，实现农业标准化生产。

2001年沈阳市订单农业生产落实15万公顷，比上年增加1.7万公顷，增长12.5%，占当年播种计划面积68.3公顷的22%。由27万多户农民承包组织生产，其中包括了40多个种类、200多个品种，其中优质稻订单生产超2.7万公顷，玉米制种、花生、小麦订单生产近1.3万公顷，甜菜、玉米、大豆、蔬菜制种和辣椒订单生产等667公顷左右，计7个大宗品种订单，连接27万多个农户，订单农业的稳步发展为沈阳市农业产业化经营打下了坚实的基础，帮助解决了农民销售难的当务之急，也为全市农民带来了丰厚的利润。

（王先禹）

【农作物病虫害防治】 近年来，随着农业结构调整的推进、耕作制度的变革，以及作物种类的多样化，新的病虫害不断发生。2001年病虫害防治面积122.1万公顷，挽回粮食损失19.4万吨。5月份以来，苗期害虫、地下害虫、稻水象甲、玉米螟、二代粘虫等多种病虫害在大部分地区相继发生。全市苗期害虫发生面积11.7万公顷，平均株被害率为29.6%，其中株被害率达到80%以上的有2000公顷；50—80%的2万公顷；30—50%的3.6万公顷；30%以下的5.9万公顷。苗期害虫危害的作物有玉米、大豆、蔬菜、西甜瓜等，苗期害虫的种类主要有：蒙古灰象甲、黑绒金龟子，个别地区金针虫发生较重。稻水象甲作为一种检疫性害虫，在全市水田发生面积4.7万公顷，严重地块达2万公顷，同时出现了稻水象甲成虫略过秋田取食阶段，直接迁飞到水稻本田为害的情况。8月中旬以来，在水稻抽穗开花期间，各地陆续发生稻瘟病危害，受害植株表现为穗颈瘟、枝梗瘟、粒瘟等多种症状，全市稻瘟病发生面积合计5.7万公顷。

为迅速有效地控制苗期害虫的危害，将虫害损失减少到最低限度，全市各级政府及农业部门结合抗旱救灾，积极采取多种措施，组织发动群众防治病虫害。一是领导重视，市政府、市财政在资金困难的情况下，下拨防治经费用于防虫救灾补贴，有力地支持了病虫害的防治工作。二是市、区（县）农业行政主管部门加大病虫害防治工作力度。一边抓抗旱保苗，一边抓病虫害防治，以巩固抗旱取得的成果。首先加强宣传，及时准确地为农民提供虫情预报，组织发动群众防治。其次采取农艺措施综合防治提高防效；加强田间管理，提高小苗素质，增强抗逆性，同时及时采取药剂防治措施早防早治。第三对于发生面积大或危险性害虫的防治实行统防统治。对稻水象甲实行全市统一测报、统一供药、统一检查的防治方法，防治面积2.7万公顷，取得了较好的防治效果，最大限度地延缓了稻水象甲的蔓延速度。三是抓紧病虫害测报工作，科学指导病虫害防治。对于病虫害防治工作出现的新情况，植保部门高度重视，突破了以大田常规病虫测报为主的情况，加强了蔬菜病虫害、稻水象甲的系统测报，同时规范了对突发性病虫害和新病虫害的监测工作。为提高测报质量，增强测报员的业务素质，加大监测工作力度，对测报员统一进行了技术培训，规范了工作内容，统一了调查办法。全市共有测报点25个，平均每县区3个。四是开展病虫害综合防治。飞防作业的县区有苏家屯1.7万公顷、于洪1.7万公顷、辽中2万公顷，重点防治玉米螟、二化螟、稻螟蛉、稻蝗、水稻纹枯病、稻曲病等主要病虫害。飞防药剂有杀虫双粉剂、植物生长调节剂（氮、磷、钾叶面肥、云大120）、病虫兼治剂（水稻病虫灵）等。大力推广高效、无毒高压汞灯防治玉米螟，防治面积达到11.3万公顷，繁放赤眼蜂防治面积1.3万公顷。

（王先禹）

【冬季生产】 为增强抗旱救灾能力，发展设施农业，沈阳市把保护地建设作为增加农民收入的重要措施来抓。2001年，沈阳市新建冷暖棚7.8万个，其中：暖棚2.3万个，冷棚5.5万个。通过制定优惠政策，层层落实责任制，有利地推动了冬季生产任务的落实。

1.认识程度高，工作力度大。从领导到群众，从县区到乡、村都把冬季生产作为抗灾自救、增加农民收入的重要措施，领导认真抓，群众认真干，大部分县区都成立了工作领导小组，主要领导亲自抓，有些乡镇领导干部还亲自承包土地建大棚做给农民看，领着农民干，起到了带头作用。

2.起动早，稳步推进。由于认识明确，把棚菜生产摆在了突出位置。做到了思想早发动，技术早培训，计划早下达，措施早安排。新民市为把冬季生产落到实处，从6月份起就组织千名干部看棚菜，万名农民看调整。使广大基层干部看到了出路，调动了农民参与的自觉性。

3.出台优惠政策，按项目进行落实。各县区都把冬季棚菜基地建设当作农业开发项目去抓。出台优惠政策，在资金、用地、配套设施建设、技术辅导等方面给予大力支持。也涌现出一批有形象、有规模的棚菜开发区，如法库县的孟家乡、四家子镇等，新民市的胡台和柳河沟等乡镇，都通过土地调整将开发的棚菜区集中连片，做到了通电、通水、通路，农民和开发商进驻就可以生产，解决了农户和开发商自己解决不了，协调不好的问题，调动了群众积极性。

4.千方百计筹措资金，扶持棚菜建设。各县区在资金紧张的情况下，都出台了资金扶持政策。新民市根据不同区域的不同条件，确定了300—500元不等的补贴标准；法库县对发展保护地3.3公顷和建棚50栋以上的小区，给予资金补助，按照4：3：3的比例进行投资，即：农民自投30%，银行贷款40%，政府补贴30%；辽中县也对建暖棚的农户给予贷款500元的优惠政策；康平县也提出对每个新建大棚补助1000元的优惠政策。

（王先禹）

【农业综合执法】 2001年，沈阳市农业综合执法工作取得了显著成果。

1.重视宣传，提高法制意识。利用会议、广播、电视等各种形式，加大宣传力度。通过科技大集、“3·15”消费者权益日出动宣传、检查力量1700人次，印发各种宣传《种子法》、《农药管理条例》等法律法规的资料1.5万余份。

2.突出重点，确定执法范围内容。确定了以种子、农药、肥料等农资商品为打假重点，并分别确定了重点检查范围和内容。

3.严格执法，加大查处力度。一是加强培训，提高执法人员的业务素质和执法水平。全市举办从事种子、农药、肥料执法人员培训班，培训人员达1100人次，为依法行政起到了保障作用。二是严格执法，加大案件的查处力度。对1550家种子、农药、肥料经营业户进行了检查，对东陵马官桥等5个农资一条街进行了集中整改。

4.协调联动，形成整体合力。在打假联合行动中，各级农业行政主管部门和种子、农药、肥料管理机构及农业综合执法队，主动与当地的工商、质量技术监督、公安等部门协调配合，共同开展打假工作。加强与新闻宣传单位协作，曝光典型案件，指导农民消费。同时发动广大人民群众和合法生产、经营企业积极参与农资打假联合行动，在全市营造了一个打假护农、净化农资市场的氛围。

农业综合执法工作在与相关部门的互相支持、通力合作下，2001年共查处违法经营业户159家，其中：立案36起，制售假劣产品即时案件68起，罚没款12.3万元；查处非法制种面积150公顷，对240公顷玉米制种田予以报废转商，转商假劣种子600多吨；端掉制假窝点11个，取缔无证经营业户25个；封存不合格种子655吨，封存农药3000余件（折14吨），封存肥料27吨，总案值280余万元，其中假劣产品总标值90余万元；挽回经济损失1000多万元。受理举报投诉310起，接待来访、投诉1000多人次，化解农民集体到市政府上访事件15起。

（王先禹）

【2001中国沈阳麻类及韧皮类纤维作物国际会议】　2001年9月19——22日，作为沈阳市友好活动月的四项大型活动之一的“2001中国沈阳麻类及韧皮类纤维作物国际会议”在沈阳隆重召开。这次会议以“麻类、环境、人类、新世纪”为主题，针对近年来工业化发展、环境污染和资源浪费日趋严重，危害社会经济发展的问题而提出的。这次会议对推动麻类作物作为可再生资源在环保领域的应用，对麻类扩大种植推广，调整沈阳市种植结构，增加农民收入以及促进农业对外开放，促进农业国际交流和贸易具有重要意义。本次会议内容丰富，成果显著。大会以国际学术研讨会为主要内容，交流发表了麻类作物种植及其产业论文50余篇，论文集、书面交流论文67篇，图片、文字展示论文及其成果30余项。会议期间，成功地举办了麻类种植及加工产业项目洽谈会，麻类成果展示会，中、波联合麻类服装展演会以及厄瓜多尔麻纺艺术画展，进行了沈阳市大麻生产基地实地考察，洽谈、签订合同意向20余项。充分展示了麻类作物种植及其产业化的广阔前景，也充分展示了中国作为世界上栽培利用麻类作物历史最悠久的国家之一，在今后全国以至沈阳市在麻类作物种植及其产业化生产上的成果及其广阔前景，实现了“交流、合作、创新、发展”的大会宗旨，对进一步促进我国农业种植结构调整，加强麻类产业的开发和可持续发展，加强国际开放交流，推动经济发展将起到启动和推动作用。来自波兰、德国、英国、加拿大、俄罗斯、巴西、法国、印度、荷兰、美国、日本等20多个国家和地区的80余位官员、学者参加了会议。

（王先禹）

种植业

【概况】　2001年，沈阳市种植业生产继续坚持以市场为导向，充分发挥资源优势和市场优势，依靠政策、科技、投入，在严重的自然灾害面前，群策群力，把灾害造成的损失降低到最低的水平。2001年粮食总产量达251.7万吨。在稳定粮食作物的基础上，扩大了经济作物的面积，对种植业结构进行了较大的调整，取得了较好的经济效益。

1. 调整粮食播种面积，更新品种结构。2001年全市农作物播种面积为58.3万公顷，比上年减少1.6万公顷，下降幅度达2.7%。粮食作物播种面积为43.7万公顷，比上年减少1.2万公顷，下降幅度达2.7%。其中，水稻播种面积10.8万公顷，比上年减少5347公顷，下降幅度达4.7%；玉米播种面积22.2万公顷，比上年减少6060公顷，下降幅度达2.7%；小麦播种面积2.3万公顷，比上年减少3661公顷，下降幅度达13.8%；高粱播种面积1.1万公顷，比上年减少170公顷，下降幅度达1.5%。豆类播种面积有所增加。其中大豆播种面积4.0万公顷，比上年增加3062公顷，增长8.4%。薯类播种面积1.9万公顷，比上年减少154公顷，下降0.8%。其中：地瓜面积8366公顷，比上年增加869公顷，增长11.6%；土豆面积1.1万公顷，比上年减少1023公顷，下降8.8%。

2. 经济作物播种面积总体增加。在市政府增加经济作物的方针指导和市场经济规律的作用下，经济作物播种面积在前几年持续略增的基础上，2001年总体增幅较大，总面积达到5.4万公顷，比上年增加6482公顷，增幅为13.6%。受市场销售渠道的影响，各品种增减变化幅度较大。其中：棉花面积829公顷，增幅为50.2%；甜菜面积6651公顷，增长4倍；药材面积827公顷，增幅18.1%；花卉面积633公顷，增幅4.6%；油料作物3.8万公顷，比上年增加5270公顷，增幅15.9%；花生面积3.2万公顷，比上年增加6037公顷，增幅22.9%。

3. 调整蔬菜品种，瓜类面积稳中有升。2001年，沈阳市从加强蔬菜基地建设入手，继续强化蔬菜品种结构调整，增加生产投入，提高生产水平，使全市蔬菜品种由单一型向多元化发展。2001年，全市蔬菜播种面积6.5万公顷，减少9970公顷，下降13.2%。总产量达272.2万吨，比上年下降4.2%。总产量虽有所减少，但品种数量和反季节产品产量却大幅度增加，既丰富了居民的生活，又增加了农民的收入。如，西甜瓜播种面积达8851公顷，增加429公顷，增长5.1%。

（李　巍）

【粮食生产】　2001年，沈阳农业生产再次遭受历史罕见的旱灾。全市人民全力抗灾自救，粮食产量虽有所损失，但与2000年相比有较大幅度增产。

全市粮食总产量为251.7万吨，比上年增产17.9万吨，增长7.5%。其中：玉米总产量为144.45万吨，比上年增长28.6%；大豆8.8万吨，比上年增长20.5%；高粱谷子等其它杂粮品种产量为16.5万吨，增长10.7%；水稻产量80.2万吨，比上年下降14.5%；小麦产量1.6万吨，比上年下降70.9%。在六大主要粮食作物中，除玉米和大豆外，单产水平普遍有所下降。其中：小麦单产为713公斤，下降65.6%；水稻单产为7395公斤，比上年下降10.2%；玉米单产为3256公斤，增长32.2%；大豆单产为2220公斤，增长35.2%；杂粮单产为3785公斤，下降2.4%。

2001年，影响粮食生产的因素较多。一是旱灾影响。2001年春季（3—5月），全市平均降水量只有25.9毫米，不足常年的3成，为近百年有记录以来的最小值。严重旱灾使4万多公顷夏粮作物遭受严重损失，每公顷单产2578.5公斤，不足上年产量的一半，只相当于正常年1/3的水平。全市补种或晚种的旱田粮食作物面积达14万公顷。二是病害影响。9月份，已渐黄熟的水稻大范围发生穗茎瘟，在辽中、于洪和新民等水稻主产区都出现了绝收地块，全市共有5万多公顷水稻遭灾。三是早霜影响。9月21、22日，法库、康平、新民霜期比常年提前半个月降临，未成熟的作物受冻害普遍减产。此外，种植结构调整也减少了粮食产量。2001年，全市粮豆作物播种面积比上年下降4%，其中玉米播种面积比上年下降2.7%，按上年单产水平计算减少产量3万吨。

面对严重的旱灾，沈阳市采取了一系列抗灾措施。在基础设施建设方面，进一步加大了水利工程设施的建设力度。为缓解农田供水紧张的矛盾，在对30多万公顷秋翻地进行早春保墒整耙和对12万公顷已耕翻水田采取悬耕平整的同时，全市投入5000万元资金用于抗旱，新打各种口径水井1.2万眼；抢修浑、蒲河道上拦水坝30余座，截取桃花水；抢修石佛寺、陶屯灌区等6处潜水坝和浑北灌区等24项蓄水工程，有效加强了抗灾能力，为抗灾夺丰收奠定了基础。采取各项补救措施抗旱自救，共改、毁、补种旱田面积达14万公顷；全市坐水播种面积3万多公顷；全市共筹集以"吉单159"、"郑单8"等早熟杂交种1700多吨，送种下乡保证了播种需要；大力推广先进技术，采用耐旱良种并加拌抗旱剂，扩大种子包衣覆盖面，全市种子包衣达90%以上，全市旱田地膜覆盖面积近8万公顷，改善保墒增墒状况；采取药剂灭草、配方施肥和飞防等技术措施，增强了农作物的抗灾能力，降低灾害造成的损失；生产所需化肥、农药、农膜、柴油等农资都有充足的货源，有效保证了春耕生产的顺利进行。

(*陈兆林*)

【蔬菜生产】 2001年，沈阳市大力发展高效农业，调整蔬菜种植和品种结构，大力实施无公害生产和"放心菜"工程，狠抓新技术、新品种推广与应用，克服了严重干旱、气候反常以及市场疲软、资金缺乏等不利条件影响，采取积极有效措施，使蔬菜产销工作取得了较好的成果。全市实现耕地面积8.8万公顷，比上年增长7.8%；播种面积达13.4万公顷，其中：春菜1.3万公顷，夏菜4.4万公顷，晚夏菜1.6万公顷，秋菜4.5万公顷，冬菜1.5万公顷。蔬菜总产量415万吨，总产值28亿元，分别比上年增长10.2%和14.8%。保护地耕地面积2.5万公顷，总产量163万吨，总产值18亿元。

一、积极采取有效措施，抗御自然灾害，确保蔬菜生产

1.冬季低温寡照，影响冬季蔬菜生产和供应。连续大雪天气，光照不足，造成蔬菜生产期延晚，采收期推迟15—20天，造成上市量减少。同时，大雪封路，运输困难，外运量减少。受其影响，蔬菜价格波动较大。对此状况，在做好草帘、纸被等防寒设备准备工作的同时，引进并应用增温措施，推广瓦房店产的固体"大棚增温剂"，每温室放10块，可使温度增加3—5℃度，同时释放二氧化碳。在东陵区、苏家屯区应用面积40公顷。由于采取措施得力，冬季蔬菜生产冻害损失减少到最低程度。在市场供应方面，政府拿出价格基金，平抑菜价，稳定了市场供应。

2.高温干旱严重影响夏菜晚夏菜及种子田生产。夏菜、晚夏菜面积预计在6万公顷左右，实际播种5.3万公顷，其中有水浇设施面积2.3万公顷，占计划面积的46.5%。从夏菜长势看，西南部地区如辽中、于洪、苏家屯区较好，出苗率能达到80%以上。而北部地区如康、法两县受旱情影响严重，水浇条件不足，出苗率不齐，长势不一，八成苗占60%，三至七成苗占30%，其它占10%。旱灾影响土豆、芸豆等蔬菜生产，辽中、新民、法库、康平土豆减产在50%以上，芸豆减产在30%以上。旱灾严重影响繁育种子田生产，计划面积为1.4万公顷，截至6月中旬，已播种面积为5600公顷，占计划的30%，其中有水浇设施面积2600公顷，只占总面积的18%。

二、巩固完善原有基地建设，大力发展新开发保护地和各种基地建设

1.保护地建设。在巩固完善原有保护地生产面积的同时，大力发展蔬菜保护地建设。为了完成好新开发保护地建设，各县区采取了政府补贴和农民自筹等多种办法。如东陵区建设一亩大棚补1000元，小棚补500元；新民市按标准不同亩补100到350元不等；法库县补助1000—4000元不等。县、区(市)已补贴建设保护地奖金达到1000万元，新发展保护地面积5267公顷。

2.种子繁育基地建设。到2001年底，蔬菜种子繁育基地面积达1.9万公顷，其中：新民市8333公顷，法库9333公顷，康平1000公顷；主要品种及面积：豇豆8000公顷，芸豆1333公顷，白菜、萝卜3333公顷，黄瓜1333公顷，胡萝卜1333公顷，芹菜667公顷，其它2667公顷。

3.名牌品种基地建设。2001年，开发注册商标的5个名牌品种分别是大地黄瓜、绿特番茄、大庄科韭菜、夏卜西芹和绿杯胡萝卜。开发基地建设达到1333公顷，形成商品量4万吨，在市内、外成为畅销的蔬菜品牌。

4.出口基地建设。已建出口基地1000公顷，生产品种有三樱椒、白萝卜、白菜、黄瓜、番茄、芸豆，出口到韩国、俄罗斯等国家，主要出口企业有苏家屯原野绿色食品有限公司、辽中春利公司和东陵榆园食品公司等。

三、搞好市场布局，提高经营档次，培育市场体系建设，发挥市场体系的带动作用

1.种子市场建设。抓好新民市大柳种籽批发市场建设。2001年，批发市场交易量达到1万吨，交易额2000万元，交易品种主要有豆类、胡萝卜、十字花科、芹菜等。

2.市蔬菜中心批发市场(十二线)的超市建设。中心批发市场位于市中心，不再以经营初级产品的批发零售为主，逐步转向档次高、产品质量高、现代化设施齐全的批发市场。2001年，批发市场交易量将达到30万吨，产值3亿元。

3.张士农副产品批发市场建设。2001年建成万米蔬菜交易大棚、副食品交易大厅、铁路专用线、农资交易大厅、肉蛋禽水产大厅、水产品交易大棚、新世纪加工示范区，实现交易量20万吨，交易额2亿元。

四、采用标准化生产，促进蔬菜产品质量提高

制定了《沈阳无公害蔬菜生产标准规范汇编》，规范中包括基地环境标准，化肥农药使用准则，蔬菜产品内在质量和商品质量标准及标准化生产技术规范标准。全市检测基地环境并达标的有法库县，康平县，东陵区李相、汪家镇，苏家屯区八一镇，辽中县四方台等地。检测并合格的品种15种以上，并投放市场。

五、抓好龙头企业，拉动蔬菜生产发展

发展农副产品深加工，实行农副产品的产业化生产，引导农民以需种植，延长农副产品消费时间，解决农副产品集中上市，变初级产品为高附加值的农副产品具有重要意义。作为沈阳市副食品加工龙头企业的市速冻公司，2001年计划投资450万元，实际投入资金950万元，用于冷库改造，加工车间建设及配套设施，且已全部完成。建成后的市速冻公司加工条件一流，其加工量在万吨以上，必将拉动全市农副产品深加工的发展，起到龙头带动作用。此外，榆园食品工业公司在原有加工酸菜单一品种的基础上，加以技术改造，增加品种，新投资200万元，增加酱香茹、酸芸豆、酱平茹、泡菜等新品种。辽中县城郊乡腌渍菜白萝卜生产基地由上年的200公顷增加到333公顷。

六、提高蔬菜生产的科技水平

为加快设施农业、园艺农业和现代化农业发展，提高生产的科技含量。一是要抓好科技示范基地建设，重点抓好市蔬菜技术推广站现代化蔬菜育苗中心建设和于洪区种苗繁育中心建设，中心建成后，解决原有一家一户分散且小而全的生产方式，实行规模化、专业化生产。市推广站新建温室10栋及催芽室、组培室、播种车间等设施，新增全钢可移动式育苗床400平方米、吸附式精量播种机一台、可移动式自动喷水机一台。二是抓好全市新品种和新技术引进和推广工作。全市共引进荷兰蕃茄、茄子、彩椒、黄瓜、体芽菜、香味香菜等30个品种，引进基质配方栽培、滴灌技术等新技术推广6项，提高了生产科技含量，促进了产品结构调整，推进农业向"两高一优"现代化发展。

（李　晔）

林　业

【林业生产】 2001年由于受特大干旱的影响，给全市林业生产带来了一定的困难。通过采取整地、苗木、抢墒、保水等措施，提前做了充分准备，全市实际完成人工造林2.27万公顷，是2000年的近两倍，植树总株树4100万株，平均成活率87.3%。

在造林面积中，防沙治沙工程1.11万公顷，三北防护林工程1.02万公顷。绿色通道、辽河流域防护林、平原绿化等重点工程均完成了计划任务。

2001年全市新发展果树5333公顷，果树总面积达到2.87万公顷，水果总产量13万吨。育苗4200公顷，城乡累计育苗6667公顷，千亩苗圃达到15个，苗木繁育在品种、数量、质量、经营模式等方面有了突破性进展。

（杨　阳）

【水果生产】 2001年，沈阳市遭受了严重的旱灾，水果生产（除红富士苹果、南国梨及巨丰葡萄外）在种植面积和产量较上年均有下降。种植面积为1.28万公顷，比上年下降了8.5%；产量8.3万吨，比上年下降了8.9%。水果品种结构呈以下特点：

1.苹果生产不容乐观。2001年沈阳市苹果生产从种植面积和产量较上年都呈下降趋势。种植面积比上年下降了18.3%，产量比上年下降了2.8%。从种植品种来看，国光苹果种植面积228公顷，比上年下降了38.0%，该品种在质量、价格、产量上与外地苹果有相当大的差距，没有竞争力，是沈阳市苹果生产逐年减少的主要原因；仅有红富士苹果种植面积123公顷，比上年增长15.0%。

2.梨业生产略有下降。由于受上年冬天冻灾影响，梨园的种植面积较上年减少了826公顷，比上年下降了5.5%。其中苏家屯区和康平县受灾尤为严重，仅苏家屯区白清乡受灾面积就达216公顷，主要原因是这些果园都处在低洼地带，积水较多，由于天气的寒冷造成果树大面积冻死。同样原因也使康平县苹果梨面积减少了364公顷。全市梨树株数减少了23万株，比上年下降了22.2%，产量减少了2430吨，比上年下降了13.3%。南国梨种植面积395公顷，比上年增长4.8%，产量1.4万吨，比上年增长15.1%。

3.葡萄生产稳步发展。种植面积达4544公顷，比上年增长了11.7%，果树株数1161万株，比上年增长了12.5%，结果株数650万株，比上年增长了19.0%。其中：巨丰葡萄的种植面积和产量比去年同期分别增长12.5%和19.0%；而马奶葡萄种植面积和产量分别下降了44.9%和49.3%。

4.山楂生产继续下降。山楂种植面积1225公顷，比上年下降了30.6%；果树株数56万株，比上年下降了35.9%；产量比上年下降29.2%。

（赵忠敏）

【森林保护】 护林防火工作是森林保护工程的重要组成部分。在人均占有绿地面积273平方米的沈阳地区尤为重要。2001年，沈阳市气候异常干燥，防火形势十分严峻。全市加大了森林防火基础设施建设的资金投入，800兆通讯网络覆盖了八个区、县（市）106个乡镇，防火远程监控系统分别在法库、康平、新城子、苏家屯等森林资源丰富地区设置了5个监控点，并充实了防火器具。加强火源管理，实现全年无火灾。

深入开展林业严打斗争，共破获各类林业案件72起，其中：刑事案件2起；治安案件2起；林业行政案件68起。处理各类违法犯罪人员90人。

（杨　阳）

【病虫害防治】 2001年春季倒春寒，加之全年干旱少雨，造成树木生理机能破坏，树势衰弱，病虫害严重发生，全市发生面积1.57万公顷。通过采取有效措施，防治率占发生面积的93%，监测面积达100%，防治效果90%。其中：美国白蛾采取了药物喷洒防治，防治面积3333公顷；日本松干蚧采用打孔注药方法，防治面积2000公顷；油松巢蛾采取药物喷雾法，防治面积2000公顷；采用氧化乐果、BT等对松毛虫进行防治，面积2666公顷；杨树蛀干害虫采取点涂、环涂、化学农药防治，面积3333公顷；底下害虫采取撒毒土、苗根注药、套袋等多种方法防治，防治面积2333公顷。

（杨　阳）

【新品种引进】 2001年，全市引进速生抗逆性强的我国第五代杨树新品种5个，柳树新品种3个，绿化与用材兼用的白杨派新品种3个，刺槐新品种1个，观赏灌木新品种4个，果树新品种3个。设置了区域化试验地，进行了"适地适树"生长观察试验，取得了初步成果，并结合新品种扩繁育苗研究，将新型抗物生长调节剂ABT技术、一条鞭嫁接技术、炮捻接换根育苗、全光照喷雾扦插育苗等技术成果推广、应用积累了一定的科技物质基础。同时推广了9401锦绣香、锦丰、早酥等新品种梨苗5万余株。

（杨　阳）

【康法治沙】 2001年全市防沙治沙工程计划造林1.09万公顷，实际完成造林1.11万公顷，超额完成计划指标。其中康法治沙工程完成8333公顷。市政府投资治理面积2467公顷，营造边界林带1600公顷，治理风口867公顷。

1.完善风口造林867公顷。主要有康平县的后刘风口、杨家风口、刘财风口、马架子风口、薄音花风口和法库县的石桩子风口。

2.营造边界林带1600公顷，长度40公里。主要在康平县的山东屯乡、二牛乡、沙金乡，法库县的包家屯乡和叶茂台镇。主要以杨树、沙棘、樟子松为主。

通过治沙项目的建设，不仅使沙区粮食实现增产，人民生活得到了明显提高，而且改善了当地的生活环境，促进了农村经济的发展和社会进步。

（杨　阳）

【三北防护林建设】 三北防护林建设是一项具有长久的经济效益和深远的社会效益的重大工程。此项工程主要包括辽河流域防护林和平原绿化等工程，建设内容为农田林网改造更新、四旁植树和村屯绿化等。

2001年实际造林1.02万公顷，其中辽河流域防护林1133公顷，平原绿化面积2000公顷。

（杨　阳）

【绿色通道】 2001年全市完成绿色通道绿化49条，总长1460公里，完成造林面积3200公顷。主要建设内容为：康新线50公里，面积167公顷；明沈线20公里，面积100公顷；新民沈环线65公里，绿化面积200公顷；完成沈大、沈本、沈山线高速公路两翼绿化112公里，面积267公顷；继续完善巩固辽河、浑河及中小河流的绿化。

（杨　阳）

【速生丰产林】 2001年是沈阳市林业产业发展具有特殊意义的一年。通过制定优惠政策，鼓励居民、机关、团体、企事业单位、个体经营者等采取承包、租赁、股份制等多种经营形式造林，广泛调动了社会各界的积极性。

全年营造速生丰产林5333公顷，主要分布在辽河、秀水河及柳绕地区，以荷兰64、3930、中林46、107、2001等速生杨树品种为主。

速生丰产林的快速发展，不但加速了林业发展的步伐，而且促进了农村产业结构调整、实现农民增收。

（杨　阳）

畜 牧 业

【畜牧业生产稳步发展】 2001年，沈阳市在种植业遭受严重旱灾情况下，坚持种植业损失牧业补的原则，以增加农民收入为重点，大力发展畜牧业，使全市的畜牧业生产稳步发展。

1.生猪生产稳中有升。全市生猪年末存栏175.8万头，比上年增长11.1%；生猪出栏量215.9万头，比上年增长5.5%；肉产量18.4万吨，比上年增长了2.6%。

2.奶牛生产迅猛发展。随着生活水平的提高，人们对牛奶的需求日益增长，在发展奶牛生产上，各级政府加大了投入力度，促使全年奶牛在存栏上增长强劲，全市奶牛饲养量达到2.58万头。特别是康、法两县看准这一有利时机，大力发展奶牛饲养，使两县的奶牛饲养量成倍增长。

3.家禽生产逐渐升温。由于种植业受旱灾，各区县对畜牧业生产十分重视，及时地进行结构调整，大力发展家禽饲养。全市家禽年末存栏总量达到4322.2万只，比上年增长15.2%。其中：肉鸡存栏1634.0万只，比上年增长10.5%；蛋鸡存栏2303.1万只，比上年增长18.9%；鸭存栏197.2万只，比上年增长7.9%；鹅存栏187.9万只，比上年增长25.1%。

4.肉蛋奶产量增加。随着生活水平的不断提高，人们的饮食观念、膳食结构发生了重大的改变，由原来的吃饱变为现在的吃好，讲究的是高蛋白、低脂肪食品，对营养丰富的牛羊肉、禽肉及兔肉、鱼等的需求明显增长，从而促进了养殖业的发展。全年肉类总产量达36.5万吨，比上年增长9.4%。截至2001年末，全市肉牛存栏16.2万头，比上年增长11.3%，肉牛年内出栏10万头，比上年增长13.5%，牛肉产量2.2万吨，比上年增长37.3%；羊存栏25.9万只，比上年增长13.0%，羊年内出栏18万只，比上年增长18.2%，羊肉产量2518吨，比上年增长29.0%；禽肉产量15.1万吨，比上年增长15.2%；兔肉生产高速增长，年末兔存栏13.0万只，比上年增长2.6倍，兔肉产量432吨，比上年增长5.5倍。饲养品种的增加既调整了人们的饮食又增加了农民的经济收入。全市禽蛋产量27.5万吨，比上年增长12.0%；鸭、鹅饲养迅猛增长，鸭蛋、鹅蛋产量比上年分别增长127.6%和86.2%。全年奶产量6.6万吨，比上年增长15.7%。

（赵忠敏）

饲 料 业

【饲料加工工业走上现代化发展道路】 沈阳市现有饲料加工企业160余个，年双班生产能力达200万吨，2001年饲料总产量65万吨，实现产值18亿元，利税8000万元。其中年单班产量万吨以上的大中型饲料加工企业50余家，其生产能力占全市饲料生产能力的60%，产量占70%以上。以辽宁大成农牧实业有限公司为代表的一批合资、民营等大中型企业，具有上世纪九十年代末期国际先进水平的生产设备，实现了微机控制生产过程，随时调整产品配方；具有精密的检化验仪器设备，对产品质量有严格保证；具有一批由高级技术人才组成的管理、科研和销售等队伍，承担着企业的现代化管理，新产品开发及优良的售后服务任务。现代化的生产设备保证了沈阳市饲料工业的蓬勃发展。

（王明英　李延凤）

【饲料添加剂工业发展迅速】 饲料添加剂是现代饲料生产的核心。近年来，随着改革开放的深入和社会主义市场经济体制的确立，为饲料添加剂工业的发展提供了良好的外部环境和机遇。凭借医药、化工的强劲优势，使饲料添加剂的生产有了飞速的发展。全市已有饲料添加剂和添加剂预混料生产企业30多家，年产饲料添加剂和添加剂预混料3.2万吨，其中添加剂预混料1.4万吨。饲料添加剂的生产已由单一的分装，发展到既有饲料添加原料生产的大型骨干企业又有一批以分装为主的精干的小型企业。他们生产的各种维生素类添加剂和其他营养型添加剂，接近国际先进水平，在国内市场占有很大份额。以巴斯夫维生素有限公司和沈阳禾丰牧业有限公司为代表的集饲料添加剂的开发研制和生产为一体的高科技企业的饲料添加剂产品不仅满足了本市饲料生产的需要，而且还销往全国各地，有的产品甚至远销到国外。近年来，沈阳市有5项科研项目获各类科技进步奖。沈阳波音牧业有限公司的D28断奶仔猪人工乳被列入国家农业科技成果转化项目；沈阳禾丰公司被市科委列为农业科技特快列车项目攻关企业，该公司的预混料、波尔莱特公司的猪浓缩料、天蔚来饲料公司的味精菌体蛋白的饲料、省饲料新技术研究所的SEM科隆粉等分别获得省市科技进步二等奖。饲料添加剂的快速发展，为饲料工业的大发展提供了坚实的物质基础。

（王明英　李延凤）

【饲料原料、非粮饲料资源得到了充分利用和开发】 沈阳市在发展饲料工业的一段时期里，除玉米外一直处于饲料原料尤其是蛋白饲料原料短缺状态。近年来，由于大力开发推广非粮饲料资源，一些饲料原料生产厂家纷纷建立起来。全市已有原料生产企业18家，除能生产传统的饼粕、糠麸之外，还能生产出菌体蛋白、生物活性蛋白、SEM科隆粉、酒精蛋白粉、玉米蛋白粉、酵母粉、骨粉、血粉、羽毛粉等十几个品种，年产10余万吨。在目前进口鱼粉极为昂贵的情况下，为节省粮食、降低饲料生产成本，弥补蛋白饲料原料的不足起到了十分重要的作用。

（王明英　李延凤）

【饲料工业发展日趋产业化】 随着农业产业化的推进，加快了沈阳市饲料工业集团化、产业化的步伐。一些大型企业如大成、禾丰、正大、巨能、耘垦等，中小型企业如苏家屯区伟峰养鸡场、来胜种鸡场、辽中县冷子堡一带的饲料厂等，以饲料为龙头，带动发展畜禽饲养，水产养殖，向种、养、加一条龙方向发展。全市已有近20家集饲料生产、畜禽饲养于一体的农业产业化企业。辽宁大成公司以公司加农户的形式，为800多家养鸡户实行五项服务（提供饲料、鸡雏、防疫技术和肉鸡收购），同饲养户结成经济共同体。禾丰公司通过兼并、参股等形式逐渐发展成为以饲料为龙头，养殖、屠宰、肉制品加工、兽药、销售一条龙的产业链。以上两个公司被市政府列为农业产业化龙头企业，这些企业为促进饲养业发展，增加农民收入，发挥了重要作用。

（王明英　李延凤）

【饲料市场在不断培育和发展】 近年来，随着养殖业的不断发展，沈阳市饲料市场也迅速地发展起来，专业市场和经销商店已形成网络。其中两个较大型的饲料专业市场——于洪区的沈阳兽药饲料市场和张士饲料原料批发市场，已成为东北地区饲料原料的交易中心和集散地。8个郊区县的饲料一条街已有十几处，遍布县区乡镇的饲料经销商店近千家，经销饲料总量达50多万吨。饲料市场的建立和发展，面向农村，方便用户，服务于农民，深受欢迎，同时为饲料工业和养殖业的发展提供了广阔的市场。

（王明英　李延凤）

【加强饲料行业管理】 2001年，为促进饲料行业健康发展，饲料行业管理部门认真贯彻落实《饲料和饲料添加剂管理条例》，坚持全面实施监督管理，实施饲料安全工程。一是狠抓饲料质量监督抽查，加大质量监督管理力度。6月至8月对全市行政区域内的108家饲料生产企业和近百家经销商店进行了产品质量抽查，共抽检样品166批次，合格率为87.4%。对生产和经销不合格饲料产品、侵害消费者利益的行为进行了处罚，并于12月份召开了饲料产品质量监督抽查总结大会。质量监督抽查结果表明，饲料产品质量有了较大幅度提高。二是组织饲料产品专项打假活动，在“3·15”消费者权益日期间，对经销饲料比较集中的地方进行专项检查，并接受消费者的投诉。三是组织行业自律活动。由信誉好的企业联合向社会发出倡议，坚决抵制滥用饲料添加剂、药物和劣质饲料原料生产饲料产品，维护养殖业利益，保护广大人民的身体健康。并在辽宁农民报刊登了20家企业保证生产安全饲料倡议书和2001年沈阳饲料行业优质产品展示，对生产不合格产品的企业予以曝光。

（王明英　李延凤）

淡水渔业

【概况】 2001年，沈阳市的渔业生产克服了春旱少雨、养鱼成本上涨等不利因素，积极开发和引进养殖新品种，优化和调整养殖新品种和养殖品种结构，大力推广池塘养殖新技术和稻田养鱼（蟹）技术，依靠科技进步提高池塘养殖生产质量和效益水平，积极开发利用大水面养殖，从整体上促进了全市农业结构调整的步伐。2001年，全市淡水养殖总面积2万公顷，其中：池塘面积1万公顷，水库面积1万公顷；养殖成鱼池塘8667公顷，鱼种塘1333公顷。全年完成淡水鱼产量11.4万吨，产值9.1亿元，分别比上年增长14%和11%。其中名优新优质鱼的产量达到4.6万吨，占当年水产品总产量的40.4%，比上年的4万吨净增0.6万吨，增长了15%。优质鱼在上年的基础上又引进了美国大口胭脂、湘云鲫、金鳞鲫、德国镜鲤等六七个品种，新品种的总数已从20余个发展到近30个。

2001年，沈阳市继续保持了东北地区最大的淡水鱼生产、集散和出口基地的地位。全市淡水鱼产量占全省淡水鱼总产量的51.8%；池塘养鱼水平有新的提高，平均亩产由上一年的695千克，提高到2001年的845千克，提高了21.6%。全年实现淡水鱼出口韩国4500吨。

2001年，全市养殖成鱼塘和水库共投放鲤、草、鲢、鳙、鲫、武昌、泥鳅等大规格鱼种23945万尾，全市人工繁育孵化淡水鱼苗52200万尾，培育淡水鱼种16345万吨，为沈阳渔业的可持续发展打下了坚实的基础。

为全方位推动水产养殖业的发展，全市加大了培训工作力度。2001年，全市共举办各种类型、各层次的养鱼技术培训班74期，培训养鱼人员3444人。培训主要内容有“新品种养殖技术”、“稻田养鱼养蟹技术”、“池塘主养鲫鱼80:20技术”、“鱼病综合防治实用技术”等。

强化行业管理，推动依法治渔的步伐。为了向广大渔农提供优质、高产、健康、适应本地环境特点的苗种，对全市的苗种养殖场进行了整顿和规范。在1999年试点工作取得成功经验的基础上，2001年，经检查和验收，共对32个苗种养殖场下发了苗种生产许可证。同时对这些养殖场定期进行复检，并提供技术上的指导和支持，为全市渔业生产的健康发展提供了的保障。

（刘淑云）

【养殖品种结构调整得到优化】 2001年，沈阳市坚持以国际、国内市场为导向，以提高产品质量和经济效益为中心，以增加渔农收入为目的，大力发展名优新特水产品养殖，加大了水产品养殖品种结构调整的步伐。

1.提高了良种覆盖率，加快了品种更新速度。一是重点增加优质鱼养殖面积。全年鲫、武昌、黑、鲶、加州鲈等优质鱼的养殖面积增加到3524公顷，占成鱼养殖面积的40.4%，优质鱼产量4.6万吨，占总产量的40.4%。二是调整鱼种的放养结构，使养殖结构趋于合理。全市共放养鱼种23945万尾，其中鲫鱼种14195万尾，占总放养量的59.3%，比上年增加1161万尾，增长了8.9%。其它优质鱼鱼种的放养量也都有较大比例的增长。三是加大名优新特苗种的引进，使养殖品种向多元化、优质化方向发展。2001年，全市从江西、上海、北京、天津、四川、湖北等省市继续大量引进鲫鱼、南方大口鲶、加州鲈、黄桑鱼、建鲤、罗非鱼等各种名优新品种16513万尾，其中：鲫鱼（彭泽鲫和异育银鲫）12527万尾，占引进总量75.9%；武昌鱼1725万尾。同时，2001年又新引进美国大口胭脂、湘云鲫、金鳞鲫、德国镜鲤等近10个新品种。

2.通过技术进步和加强管理，大力推广健康养殖新技术。从提高养殖生产质量和效益入手，推广池塘养殖先进实用技术。全年主要推广两项实用技术：一是池塘“三混”养殖技术，即在养鲤池塘中搭配混养黑鱼、鲶鱼、鲫鱼三种优质鱼的增产增收的技术。2001年，养殖总面积为3820公顷，比上年增加48公顷，其中：混养鲫鱼2514公顷，混养鲶鱼807公顷，混养黑鱼499公顷。另外，辽中县在养鲤池塘中混养武昌鱼220公顷。四种混养鱼池塘面积占全市成鱼塘总面积的77.8%。二是池塘主养鲫鱼80:20技术。全市养殖面积达3169公顷，比上年增加1822公顷，增长6.1%。主养鲫鱼池塘面积占全市成鱼塘面积的34.1%。另外，池塘两茬养鱼面积1033公顷。这些池塘养殖先进实用技术给广大养鱼户带来了切实的经济效益。凡是实现混养优质鱼的池塘，平均每亩增产优质鱼70千克，亩增利润540元。由于采用先进实用技术，2001年全市共增产优质鱼6000吨，增加利润6500万元。

（刘淑云）

【渔业高产养殖示范区建设取得新进展】 沈阳作为淡水渔业较为发达的内陆城市，一直非常重视商品鱼基地建设。2001年，在继续巩固商品鱼基地乡镇、村和渔业大场、大户建设的同时，重点加强了辽中县冷子卜、刘二卜和新民市前当卜——“三卜”市级渔业高产养殖示范区的建设。

1.进一步提高养殖水平。“三卜”总放养池塘面积2333公顷，占全市成鱼塘面积30.2%。投放鱼种8647万尾，占全市放养鱼种量36%。

2.渔业机械化水平进一步提高。“三卜”高产养殖示范区配备叶轮增氧机4720台，配有渔用电井631眼，机械增氧、机械排灌池塘面积达100%；配备机械自动投饵机1750台，机械自动投饵池塘普及率达80%。各种渔机配备均比上年增加。

3.进一步改善生产条件。“三卜”高产养殖示范区上半年共改造新建池塘500公顷，占“三卜”池塘总面积的21.4%，其中：清淤改造池塘367公顷，新建133公顷。

4.新品种养殖结构进一步调整。“三卜”高产养殖示范区是沈阳市乃至东北地区池塘养鱼高产地区，2001年加大了养殖品种结构调整。池塘主养鲫鱼、武昌鱼、鲶鱼等新品种面积达1750公顷，比上年1313公顷增加437公顷，增长33.3%，占“三卜”养殖池塘总面积75%，占全市新品种池塘面积的49.3%。辽中县在冷子卜、刘二卜建成1000公顷池塘规模优质鲫鱼养殖出口基地，鲫鱼已出口韩国4000吨，交易额5000万元，“三卜”渔业示范区给全市渔业生产发展做出了应有的示范作用。

5.无公害标准化养殖开始起步。建立了667公顷无公害标准化养殖示范区，制定了水产养殖无公害养殖标准(试行)，在水质管理、饲料使用、鱼病用药等环节，严格按照标准要求，使产品质量达到了无污染、无药物残留的国际食品标准，得到了韩国进口商的认可。

（刘淑云）

【稻田养殖业迅猛发展】 2001年，沈阳市把发展稻田养殖作为调整水产养殖业结构，调整农业和农村经济结构，增加农民收入的一个重要举措。全市稻田养鱼养蟹总面积4690公顷，比上年增加522公顷，增长11.1%。其中：稻田养鱼3975公顷，比上年增加221公顷，增长5.9%；稻田养蟹715公顷，比上年增加301公顷，增长72.7%。全市稻田养鱼养蟹总产鱼蟹2643吨，总产值4155万元，总利润2055万元。其中：稻田养鱼产量2471吨，平均亩产41.4千克；稻田养成蟹产量172吨，平均亩产17.5千克。特别是新民市，稻田养鱼养蟹总面积达4000公顷，占全市稻田养鱼(蟹)面积85.2%，其中：稻田养鱼3700公顷，稻田养蟹300公顷。

（刘淑云）

【积极开发利用大水面养殖】 2001年，沈阳市的大水面养殖占养殖总面积的50%。为充分利用大水面资源，使之成为渔业生产新的经济增长点，在大水面重点地区康平县开展了以下工作：一是在卧龙湖重点进行河蟹养殖，在卧龙湖6000公顷水面中投放扣蟹240万只。二是在三台子水库进行大银鱼移植工作。全年共向水库投放大银鱼受精卵1000万粒，平均每亩投放770粒；同时加强了渔政管理，避免资源的人为破坏；采取网箔等捕捞方式清除危害大银鱼生长的野杂鱼，为大银鱼的生长提供适宜的生态环境；适度捕捞，使其资源得以延续。

（刘淑云）

水　利

【农田基本建设】 2001年，全市农田基本建设以发展节水农业为核心，以发展设施农业、改善生产和生态环境为重点，以经济结构调整、发展规模经济为主线，以技术创新为动力，以农民增收为目标。认真抓好产业化基地和“三园一龙”建设配套的节水灌溉工程，以库、塘、井、窖建设为主要内容的小型水源工程，以“三区一滩”建设为重点的水土保持工程，以高标准、高质量为基本要求的常规农建工程。

2001年全市累计完成土方7790.8万立方米，投入人工1819.5万个工日，机械车工17.54万台班，改善涝区面积4.47万公顷，新增灌溉面积3.3万公顷，改善灌溉面积4.41万公顷，完成节水灌溉面积2.35万公顷，其中喷灌1.36万公顷。完成骨干工程279项，精品工程107项，投入资金7.84亿元，其中：省以上投入资金3848万元，市级投入资金7781万元，县级投入资金5434万元，乡级投入资金6239万元，村及群众投入资金5.29亿元。

1.涝区治理工程。全年完成土方2057万立方米。配套桥涵闸1894座，其中万亩大桥17座，中小桥320座，涵闸1557座。新建及改扩建排水站25座。各区县(市)组织人力、机械对所属部分排水沟进行了清淤，并大量动用机械车工进行了完善、整形。治涝工程投入资金4936万元。

2.农田灌溉工程。全市共完成土方3309万立方米。新增灌溉面积3.3万公顷。其中：水田1100公顷；麦田4500公顷，果树2500公顷，菜田8900公顷，其它1.6万公顷。改善灌溉面积4.41万公顷。新增节水灌溉面积2.35万公顷；其中：喷滴灌面积1.36万公顷；渠系防渗面积4200公顷；其它5700公顷，节水量7560万立方米。灌溉工程投入资金5.31亿元。

3.库塘井窖工程。全市共完成土石方153.52万立方米，新修蓄水方塘100座，挖大口井205眼，打小井500眼，拦河坝8处，新增拦蓄地表水能力368.8万立方米，新增提水能力1037.4万立方米，新增改善灌溉面积5800公顷，库塘井窖工程投入资金2209.35万元。

4.治河工程。全市完成土石方441万立方米。重点实施了新修堤防5.5公里，加固堤防101公里，疏通河道63.6公里，绿化河道107公里。治河工程投入资金8097万元。

5.水土保持工程。全市完成土石方1935.7万立方米。新增治理面积2.04万公顷。其中：农业梯田66.7公顷，果树梯田1533公顷，造林整地1.43万公顷，造林、封禁、种草4600公顷。水土保持工程投入资金2339万元。

6.水库工程。全市累计完成土石方36万立方米，除险加固水库5座，水库工程投入资金168万元。

7.人畜饮水工程。全市累计完成土石方7.74万立方米，新建工程83处，解决了7.75万人的生活用水和2.68万头大牲畜的饮水困难。人畜饮水工程投入资金776.5万元。

8.其它工程。造地工程完成土方33.42万立方米，新造耕地面积146.7公顷；全年种植水果面积3373公顷，造林面积1.85万公顷。

（刘伯超）

【抗旱工作】 2001年，沈阳地区汛期降雨主要是受高空低窝和4、5、8号台风影响，降雨量少于常年，春旱严重。2001年降雨特点是：雨量在时空上分布不均，局部降雨和阵性降雨较多。全市汛期(6月1日—9月21日)降雨日数36天。最大点日雨量103毫米，平均降雨343.6毫米，比正常年同期少25%，春夏之间降雨量很少。2001年汛期流经沈阳市的各河水情均属枯水年份。除浑河出现760秒立方米洪峰且无断流外，其他大、中、小河流均出现时间不等的断流现象。汛前水库严重缺水，5月10日大伙房水库蓄水量只有3.83亿立方米，全市中小型水库蓄水量很少。2001年沈阳出现的春夏连旱的严重程度是50年来所没有的。6月11日以前全市降雨次数少，降雨量小，特别是康、法两县降雨量就更少，每次只有8—10毫米，土壤墒情不佳，土壤含水率在4.7%—11.3%之间。由于春夏连旱，时间长、旱情严重，给农业生产造成严重损失，到5月末，水田有1.33万公顷没有插上秧，大田有5.33万公顷未能播种。2001年全市农业实际播种面积61.6万公顷，受灾面积达39.4万公顷，占63.9%，其中绝收面积达4.5万公顷，有57个乡(镇)、540个村屯、31.22万人口，11.92万头大牲畜饮水困难，造成直接经济损失4.04亿元。

面对严重的旱灾，市委、市政府号召全市上紧急行动起来，采取一系列积极有效的措施，把旱灾造成的损失降到了最低点。

1.确保抗旱资金到位。面对严重的旱灾，市委、市政府号召全市上下紧急行动起来，采取一系列积极有效的措施，把旱灾造成的损失降到了最低点。市财政先期投入2550万元用于水田抗旱，又拨出4000万元用于大田抗旱，同时区县(市)财政投入2341万元，群众自筹1.23亿元。全市总投入抗旱资金达2.12亿元，对抗旱救灾起了重要作用。

2.调整种植结构。发展水浇麦，扩大保护地面积，发展日光温室、冷棚及地膜覆盖面积，扩大经济作物种植面积，发展地膜花生、地瓜、香瓜、草莓等经济作物。

3.抗旱打井。全市2001年新打抗旱机电井5万余眼，维修机电井1925眼，充分利用回归水，维修36项蓄水工程，蓄水4000万立方米。

4.推广抗旱技术，应用优质抗旱品种，水稻推广辽梗294和454等品种，玉米推广辽丹413—2，沈9729，小麦全部采用辽春10品种，应用种子包衣剂和抗旱剂。

5.市气象部门紧密配合抗旱工作，气象预报及时准确，为人工增雨工作的组织和准备提供保证，人工增雨取得了突破性进展。2001年，在连续干旱的情况下，市政府投入人工增雨资金270万元，购置了4台套火箭发射车及相关设备，全年共开展飞机增雨作业5架次，火箭人工增雨作业30余次，共发射火箭420枚，纯增雨总量10.28亿立方米，对缓解局部地区的旱情起到了重要作用。

6.加强领导，县、乡、村干部深入生产一线，发动群众进行抗旱。新民市西北部地区13个乡镇，群众自行投入，共打了2万多眼小井，扩大水浇地1万公顷。2001年全市投入各类抗旱机电井9.98万眼，提水设备1.62万台套，运水车辆3.38万辆。抗旱高峰全市日出工人数达到83.6万人，抗旱浇灌面积23.81万公顷，抗旱挽回粮食31.25万吨。

(刘伯超)

【河流整治】 2001年，沈阳市河流整治工作取得了较好的成绩。全年市级以上用于河道工程建设资金到位2030万元，其中市投防汛补助资金250万元，中央水利建设基金180万元，市投蒲河整治资金1000万元，市投绕阳河整治工程资金600万元。经市水利部门统筹兼顾、精心安排，合理组织，在施工中严格执行“三制”等国家基本建设程序，真正做到了专款专用和资金的合理使用。2001年，市级及以上投资河道主要工程建设项目，一是辽河重点险工抢修。全年共投入辽河险工治理资金430万元，市投防汛补助河道资金250万元，完成了龙王庙、西章台、高坎、三道岗子、王坨子、新发堡等6处辽河险工治理，共修建石笼丁坝10座，护岸850米，潜坝2座；此外，国家还分二期投入沈阳市中央水利建设基金180万元，其中：一期投入130万元，二期投入50万元。一期工程项目的辽河龙王庙、门家网2处河道险工治理和浑河妈妈街穿堤涵海漫维修工程已全部完成，共修建丁坝9座，方笼护坡180米；二期项目计划对法库县辽河赵家滩险工和康平县王坨子险工进行治理。二是蒲河整治应急工程。2001年蒲河整治工程全市共投入资金1000万元，其中一期投入590万元，二期投入410万元。一期全部工程建设项目的腰荒地护岸、刘二堡险段、陈家地险工、集贤护岸、马家套、望海堡6处险工、小邦牛穿堤涵和吴三堤防所建设已全部完成。二期工程的10项建设项目已通过审批，土方工程施工和旧涵洞拆除工作已完成。三是浑河整治工程收尾。作为浑河整治工程的最后一年，沈阳市完成沙基防渗工程2处，辽中县动迁房屋477间，于洪区也完成了2769间动迁新村建设任务。至此，沈阳市的浑河整治工程收尾任务基本结束。四是绕阳河整治工程。按辽宁省下达的工程计划，沈阳市共完成筑堤土方78万立方米，清基土方34.7万立方米，填沟16.5万立方米，林台土方16万立方米，毁林15.7公顷，占全年计划的80%(其中新民已完成90%，辽中完成60%)，完成资金964.07万元，实际到位资金600万元。五是中小河流治理。各区县在没有市级投资的情况下，结合农田基本建设“大禹杯”竞赛，对王河、拉马河、马莲河等9条河流进行了部分治理，堤防加固27公里，土方78万立方米，石方2.5万立方米，区县自筹资金470万元。以上工程的全部完成，使沈阳市河道堤防的防洪能力得到进一步加强，随着整治工程的全部完成，将使浑河、绕阳河的防洪标准达50年一遇，蒲河防洪标准达20年一遇。使全市八个县(市)区的32个乡镇、66个村庄、10多万人口，8.5万间房屋，两个矿区及15条主要公路、3条铁路和3.71万公顷耕地得到不同程度的保护，为全市的社会稳定和经济持续发展提供了必要保障。

(刘伯超)

【水土保持】 2001年全市水土保持工作，在组织实施、综合防治、执法监督、建立法规章程和法制宣传方面取得了一定成效。一是加大治理力度，加快治理步伐。全市结合农田基本建设“大禹杯”，开展了以小流域为单元的山、水、田、林、路综合治理和综合开发，全市共治理水土流失1.07万公顷。建成农业梯田719.7公顷，栽植水土保持林5905.3公顷，经济林果1653.5公顷，种草1911公顷，闸沟造地4公顷，恢复治理27公顷，改善面积3332公顷。共完成土石方409万立方米，修建塘坝25座，谷坊96座，小河道治理47公里，投工106万工日。二是加大执法力度，严抓监督管护工作，保护治理成果。全市收缴水土流失补偿费近200万元，制止和处理多起水保违法行为和案件，完善了申请登记、审批、收费检查、验收等水土保持的监督执法程序。对重点治理成果进行管护，并建立健全了管理责任制。三是积极组织开展了《水土保持法》颁布实施十周年的宣传纪念活动。活动中紧紧围绕“搞好水土保持，促进可持续发展”的宣传主题充分利用新闻媒介和群众喜闻乐见的形式开展宣传活动。通过一系列的宣传活动，增强了全民的水土保持意识。四是完成了水土保持恢复治理试点建设和信息数字化管理系统建设工作。

(刘伯超)

【灌溉工作】 沈阳市水田灌溉面积总计14.29万公顷。省属库灌面积7.65万公顷，其中：浑河水系库灌区6.48万公顷，辽河水系库灌区1.17万公顷；蒲河水系5050公顷；纯井灌面积5.59万公顷；其它水源(小型水库、塘、闸等)灌溉面积

5400公顷。

1.库灌区供水情况。截至2001年8月末,全市库灌区共引河水2.63亿立方米,其中:大伙房水库供水6000万立方米,市属各中型水库供水3000万立方米;提井水5.37亿立方米;利用其它水源7600万立方米。

2.水田抗旱措施。为保持2001年水田生产的稳定性和连续性,市水利部门制定了7点抗旱措施:一是加大维修二、三类补水井的投入力度。全市库灌区共有补水井1.09万眼。共维修二、三类补水井1435眼,二是实施拦河截潜改造工程。全市辽、浑河流域共有径流拦蓄工程36处,2001年水田灌溉初期,完成5处截潜改造工程和30处小型拦河工程,增加拦蓄水量2440万立方米。三是积极开发蓄水工程项目。全市共新建蓄水方塘100座,解决了部分地区水资源季节性分配不均的矛盾,真正做到"闲水忙用"。四是进一步搞好灌溉渠系的岁修工程。2001年的灌溉渠系岁修任务主要是设备检测、渠道清淤和小桥涵闸站维护。五是因势利导适当压缩水田面积,将6667公顷水源无保障的水田改种旱田。六是推行节水农艺措施。推广旱育苗、旱整地、旱耙压和"潜、湿、晒"灌溉以及喷施抗旱保水剂等节水农艺措施,节约灌溉用水。七是气象措施,适时进行了人工降雨。

(刘伯超)

【水资源管理】 2001年主要完成了以下几项工作:一是认真执行《取水许可制度实施办法》。全年发放取水许可证4686个,批准取水量19.34亿立方米,年审取水许可证2895个。使取水单位的取水工程分布合理化,水资源的开采利用科学化。用水信息已初步实现微机管理,并做到立卷登记。二是宣传政策严把关,做好水资源费的征收工作。为保护水资源,促进节约用水,加快偿还水资源建设贷款,经省政府同意,2000年10月,辽宁省对现有的水资源费征收标准进行了调整,按照辽宁省物价局、财政厅、水利厅、建设厅四家联合下发《关于调整水资源费征收标准的通知》(辽价发[2000]113号)文件要求,沈阳市于2001年4月出台了相应的新的水资源费征收标准。工业、服务业、牧渔业用地下水由原来的每立方米0.04元提高到0.15元(地下水超采区0.2元);生活用水由原来的每立方米0.02元提高到现在的0.08元(地下水超采区0.1元)。三是转变工作作风,做好开发区水资源管理的服务工作。由于经济技术开发区未设水行政主管部门,根据2001年1月27日在沈阳经济技术开发区召开的市长办公会议精神,市水利局将开发区规划控制范围内的地下水资源开采权委托开发区管理。2001年沈阳市全面展开了第二次水资源评价工作,布设观测井,全面收集水文、水利、气象、地质、卫生、环保、市政建设等专业领域的基本资料。对全市13个区、县(市)63个水量调查单元20年的各行业用水情况、水资源开发利用程度进行详细调查。深入研究沈阳地表水、地下水之间的相互转化关系,建立水资源评价模型。五是认真开展地下水监测管理工作。2001年,全市8个区县(市)共布设地下水长观井310眼,年度内各县区观测资料实报274眼,上报率为90%。所报观测数据均已整理计算完毕,并已装订成册存档保管。六是完成沈阳市行业用水定额编制的前期工作。

(刘伯超)

【水政工作】 2001年,水政工作坚持依法行政、依法治水,做到公正执法、文明执法、严格执法,在加强水法规宣传教育的同时,推行行政执法责任制,全面提高水利执法人员自身的法律素质。一是组织开展全市水法宣传工作,为全市依法治水营造舆论环境。据统计,仅在2001年"水法宣传周"期间,全市就出动宣传车100余台次,印发宣传单、宣传材料30000余份,悬挂横幅和标语160余幅,发表电台和电视讲话28次,设置咨询站、画廊124处,在报纸发表文章60篇,收到了良好的社会效果。二是加强水政监察队伍建设,为依法治水奠定坚实的物质基础。积极开展执法人员培训工作,不断提高水利执法水平。组织部分执法人员参加了省水利厅举办的两期执法水平培训班,8个区、县(市)还分别举办了一至两期的执法培训。经过近一年的工作,全市八个区、县(市)的水政监察队伍车辆、微机、通讯、录音、录像设备及勘验工具配置齐全,执法经费有了固定来源渠道。三是落实行政执法责任制,依法查处水事违法案件。2001年全市共立案查处水事违法案件241件,无一引起行政复议或行政败诉,通过办案追缴各种规费及罚款291.2万元,树立了水法的权威,维护了社会的利益。

(刘伯超)

【防洪工程维护费征收】 2001年沈阳市继续深入宣传贯彻《辽宁省河道工程修建维护费使用管理办法》(省政府55号令)文件精神,努力增强纳费人的纳费意识,加大征收力度,截至2001年末,全市河道工程修建维护费共征收6000余万元。

(刘伯超)

【水利科技】 2001年,沈阳市水利局在水利科技方面主要进行了以下几项科研课题的试验研究和技术推广工作。一是针对沈阳地区水资源短缺的现状,结合沈阳农业产业化和现代化建设,立项并实施了《节水农业水源改造工程技术研究》、《康法地区集雨节水灌溉研究与开发》两项专项课题和研究课题《综合高效节水技术的研究与应用》。二是推广各种节水灌溉先进技术,《智能IC卡在农田灌溉系统中的应用与推广》、《节水灌溉水处理技术研究与推广》,受到农民的欢迎。三是应对沈阳的干旱问题,沈阳市政协组织专家委员开展了《沈阳市发展节水农业》的课题研究。沈阳市水利科学研究所承担了"大力推广节水灌溉技术,采用渠道衬砌输水大大降低损耗"的专题研究,受到了专家组的好评。四是积极推广利用世界银行贷款发展节水灌溉项目《不同农作物节水灌溉制度及其预报技术》,并取得实效。五是组织对所完成的科研课题进行鉴定和报奖。经过两年的试验观测和不断总结完善,完成了《水库土坝护坡结构抗冻试验研究》相应的研究报告、测试报告、检索报告等有关鉴定材料,对课题进行了鉴定,并申报奖项。已完成的两项课题《FA旱地龙试验研究与推广》和《低压管道灌排一体化技术研究》在东北四省区水利科技协作年会上分别获得一等奖和二等奖。六是加强了技术人员的培训工作。2001年组织了局机关公务员计算机、英语培训和全局30余名专业技术人员的计算机培训以及37名技术工人的专业技术岗位知识培训。

(刘伯超)

【利用世行贷款发展节水灌溉项目】 沈阳市利用世行贷款发展节水灌溉项目于2001年2月9日正式签字,5月3日正式生效,5月11日至13日世行检查团第一次来沈阳检查,对沈阳的工作表示满意。主要完成的工作:

1.进行项目调整。由于2001年沈阳市遭遇百年不遇的干旱多风天气,大田小机组喷灌节水效果并不显著,当地农民承贷积极性不高。因此,部分县区将第一期项目作一些适当的调整,减少喷灌面积,适当增加果树、苗圃及棚菜微灌面积。调整后第一期计划发展节水灌溉面积由原来的7790公顷调整为6310公顷,其中渠道防渗面积780公顷,喷灌面积2570公顷,管灌面积1180公顷,微灌面积1900公顷。同时沈阳市各区、县(市)的承贷额度也有所变化:市本级承贷88万美元(软件);辽中县增加180万美元(冷暖棚)和法库县增加200万美元。

2.年度计划与子项目设计。一是采购计划的修改。修改后的沈阳市年度计划改动较大，总投资由原来的1.25亿元增加为2.49亿元。二是子项目设计。各有关县区都重新按照中央项目办下发的提纲重新编写了2001年度设计报告，并上报中央项目办。三是项目监理与质量监督工作走人正轨。四是2002年年度计划与子项目设计。

3.项目采购与管理。修改后的年度计划总投资为2.49亿元，根据MIS报表的统计数字显示，投资进度已达到81%，当年完成金额已达到1.53亿元人民币。全年进行了三次提款报帐，申请金额1527万元，报帐回补金额184万美元。

4.软件建设。根据世界银行检查团第一次备忘录及中央项目办的要求，沈阳市利用世行贷款发展节水灌溉项目加强了软件建设的各项工作。一是监测与评价，聘请有经验的专家负责编写了苏家屯、新城子、辽中等典型监测区实施计划，并上报中央项目办。建立了辽中大黑、新城子区五五、苏家屯区大淑三个典型监测小区，安排了观测员，安装了监测设备并对观测员进行了培训。二是科学灌溉，聘请流动专家现场指导培训项目区的农民，制定了科学灌溉制度，装订成小册子。三是SIDD试点情况，辽中县、法库县、康平县及新民市、新城子区正式成立了农民用水者协会、分会。组织编写了《沈阳市辽中县SIDD典型建设》的小册子，发放到农户手中。四是科研、培训与考察，根据PIP报告，沈阳市计划开展节水科研课题10项，2001年完成前期准备工作。全年共开展采购、监测、MIS系统的应用、水资源平衡计算、财务、SIDD等培训61次，培训人次达2000余人。五是财务管理方面。积极安排和办理提款报帐工作。沈阳市项目办共完成三次提款申请，金额184万美元，2001年末全部到位。制定了《沈阳市利用世界银行贷款发展节水灌溉项目财务管理与会计核算实施细则》。六是MIS系统管理。MIS系统已与各县区连成局域网，达到了资源共享，时刻监控项目工程进度，并提高了报帐速度。

（刘伯超）

农业机械化

【概况】 至2001年底，全市农机总动力达到202.96万千瓦，比上一年增加了27.68万千瓦；拖拉机34430台，比上一年增加了1985台，其中：大中型拖拉机增加374台；机引农机具79189台套，比上一年增加了7766台套；各种联合收割机达193台，比上一年增加了19台；农用运输机械36025辆，比上一年增加了6244辆；农副产品加工机械达11.81万千瓦；农用排灌机械81564台，动力64.21万千瓦比上一年分别增加了29520台和16.56万千瓦。全市亩均占有农机固定资产96元；百亩耕地占有农机动力达到23千瓦，比上一年增加了3.08千瓦；机具配套比达到1：2.3。全市农机化水平达67%，比上一年提高了2个百分点。

2001年，通过采取用国家资金引导、政策扶持的方式，积极吸纳集体、个人资金投入到农机事业。2001年，各级部门共投入专项资金1798万元，各类集体、个人用于购买农机设备的投入资金金额近4000万元。国家、集体、个人三方共同投资发展农机事业的新机制已经形成。

（魏绍民）

【农机服务中心站、农用航空站建设】 2001年，市农机办按照规范化要求对已建成的9个农机服务中心站进行股份制改造，使之真正建成产权明晰、权责明确、政企分开、管理科学的经济实体。在充分调研的基础上，市农机办会同市产权评估部门对现有的9个农机服务中心站逐一进行了产权评估，核实、明确了国家股、集体股、个人股股本和所占的比例份额，确定了分红办法。此外，在加强内部管理、健全组织机构、建立规章制度等方面进一步加大了工作力度。各中心站通过完善机制、自主经营、科学管理、规范运作，提高了发展的能力。全年，9个农机服务中心站在农田作业、抗旱救灾、跨区作业等方面发挥了积极作用，取得了良好的经济效益和社会效益，仅跨区作业一项就实现总收入60多万元。

2001年，农用航空站建设也取得了长足发展。“辽宁北方农用航空股份有限公司”的成立，标志着沈阳市农用航空事业向产业化、规模化发展提高到一个新的水平。该农用航空站被列为国家农业部三个全国重点农用航空站之一，负责辽、吉、黑三省及内蒙古部分地区病虫害防治等项目的飞防任务。农业部计划投资2500万元，2001年已到位800万元，省、市财政也将给予一定比例的配套资金。该农用航空站现有各种类型农用飞机7架，机场设施齐备，固定资本达2000余万元。其规模及飞防能力均居全国领先地位。

2001年，国家农业部、辽宁省农机局先后就农机中心站建设、农用航空站建设等在苏家屯区召开现场会，介绍和推广了沈阳市的经验。

（魏绍民）

【农机科教与推广】 按照2001年新技术、新机具推广计划，市农机办在全市推广农机化新技术15项。其中《免耕(保护性)种植机械化技术试验》、《秸秆气化技术试验示范》、《设施农业机械化技术试验示范》三项，通过市科协组织的专家论证，被列为市科技计划。2001年完成各项推广累计新增各类农机具3758台(套)。

1.完成了农机科技重点试验项目。在开展《免耕(保护性)种植机械化技术试验》项目实施过程中，市农机办经过优选，分区域地在康平、法库等5个县、区各选择一个试验点，试验总面积达67公顷。还编印了《免耕(保护性)种植机械化技术试验方案》等技术资料下发给参试的有关单位和人员进行指导。为解决机械问题，经农机办研究决定自行试制机械，市农机化所及时试制出3台免耕播种机。4月份，农机办两次召开机具使用示范会，组织技术人员进行机械调试、使用培训，为保证每个试验点免耕播种的质量和效果奠定了基础。4月下旬，各实验点经过实施秸秆还田、免耕播种等试验及分阶段进行田间查定，取得了第一手的实验资料。经测定各实验点平均亩产476.2—618.8千克，亩产比对照田增产25—74千克。此外，这一项目由于简化了作业程序，还降低了成本，平均每亩地节支30元，是一项很有价值的推广项目。

水稻直播试验示范面积228公顷，其中：旱种200.7公顷，水直播0.7公顷，芽播26.7公顷(其中机械芽播3.3公顷)。经主要实验点的直播试验田测定，亩产已达到或接近该品种(早熟早稻)的正常产量，但亩成本降低了近百元，试验项目取得较好的效果。

2.科技下乡活动成果显著。2001年，市农机办通过开展“科技下乡”活动，把一些新技术、新知识送到农民手中。全市农机系统专业技术人员参加科技下乡活动人数达203人次；组织、参与科技大集27次；发放技术资料6900余份；办技术科普培训班52期。“三下乡”活动受益农民达2.27万人次。市农机办被评为沈阳市“三下乡”活动先进集体。

3.培训工作取得新进展。2001年，全市各县、区农机学校共完成各类农用车、汽车、拖拉机驾驶员培训3850人次，计23.1万人天，超额完成计划任务。

国家农业部、财政部、团中央组织实

施的“跨世纪青年农民科技培训工程”项目落户法库县。该项目拨款30万元，计划在两年内培训3000名青年农民。招生报名、师资、教材等准备工作已经完成，计划2002年年初开始实施。

(魏绍民)

【机械化收获与作业】 2001年，全市完成机翻整地、灭茬55.2万公顷，完成机械化播种37.6万公顷，完成机械化收获4.1万公顷，完成农、林化飞防作业8万公顷。各项指标均完成或超过辽宁省下达的农机作业指标。

2001年上半年，沈阳市农村发生严重旱情，并引发了较为严重的病虫害。全市农机系统共投入农业机械22.0万台套、88.45万千瓦动力，其中出动大中型拖拉机4840台，开动柴油机5.9万台，水泵管带12.2万套，田园管理机170台，节水灌溉设备1.3万台套。农机系统3.3万名干部职工全力奋战在抗旱第一线，共完成机械化播种37.6万公顷，较好地完成了抗旱任务。此外，还参加了全国范围内的小麦、水稻跨区收获作业，组织联合收获机32台，足迹遍及山东、河南、河北、天津以及辽宁南部等地，完成收获小麦、水稻800公顷，实现收入60万元。农业机械化在农业生产中发挥了重要作用。

(魏绍民)

【作物秸秆气化站建设】 在2000年两个秸秆气化站建设试点取得成功的基础上，2001年，全市计划再建设6个气化站。市农机办经过申报、审核、筛选，及时完成了6个建站村的选址工作，并会同有关部门组成考察组赴哈尔滨、山东等地进行了实地考察，全面了解了秸秆气化技术开发及推广工作的现状、特点、经验及相关设备，并与沈阳市情况结合起来，提出气化站建设的工作方案；之后，又进行认真的调研、论证，完成了设备选型工作。经过近一年时间的建设，新城子区兴隆台镇兴光村气化站已经点火试运行；于洪区开隆村、高家村、苏家屯区文成堡村等气化站建设也已进入最后阶段。

(魏绍民)

【农机化示范园、示范户建设】 2001年，根据“三园一龙”建设战略，沈阳市进行了农业机械化示范园区的规划建设工作。围绕农业和农村经济发展目标，适应农业结构调整的需要，坚持因地制宜、分类指导、突出重点、梯次推进和出成果、出效益、出经验的原则，建立了多种类型的示范园。重点发展粮食、棚菜、经济作物、果树生产机械化，探索节本增效的农机耕作模式和发展山区农业机械化的新路子。示范园建设遵循与主要交通干道延线经济带建设相结合，与农业现代化建设相结合。全市建设以水稻、经济作物、玉米和旱田保护性耕作4种类型农机示范园9个，其中：省级1个，市级2个，县级8个(省、市与县两级重复)。农机示范园的建设，较好地发挥示范引导作用。

近年来，全市农机经营机制已经发生了较大变化，以农业机械为经营资本的个体农机户已成为农机作业的主力军。为适应这一形势的变化，市农机办开展了建立农机示范户网络体系的有关工作。2001年，经过筛选，重新确认全市农机科技示范户共137户。年初，结合春播生产，又就如何发挥农机科技示范户作用下发了有关通知，要求各县(市)区有计划地安排农机示范户工作，通过及时提供信息、提供技术指导、定期组织培训等适时服务和政策上适当倾斜、引进设备优先配给等有力措施给予农机科技示范户以扶持、帮助，加强对他们的管理。全市不仅水田、旱田、菜田都有了农机示范户，而且其中资产规模几十万元、上百万元者也不乏其数。2001年全市农机示范户拥有农机具数量有了较大增加，共有拖拉机246台，配套农机具632台，联合收获机20多台。2001年完成机整地1.8万公顷、复式整地2400公顷、精少量播种8233公顷、深施肥6533公顷、药剂灭草1533公顷、机械收获1467公顷；完成秸秆还田640公顷、灭茬2967公顷、平整土地733公顷。农机示范户不仅在农机农田建设、农业生产、跨区作业、支援抗旱等方面发挥作用，而且在新技术推广、生产经营、农机机务管理等方面也发挥了较好的示范作用，对沈阳市农机化的发展起到了一定的推动作用。

(魏绍民)

【加强行业管理】 2001年，农机行业管理工作加大了对农机经销网点和修配网点完善和规范的力度，两个网点建设工作又有了新的发展。网点数量也由上一年的1056个增加到1116个，其中：经销网点增加35个，修理网点增加25个。同时，对一些修理工进行了培训，颁发了技术合格证书。

为了确保春播生产的顺利进行，市农机办和市技术监督局组织联合执法队，开展了四次较大规模的农机打假保春耕行动。深入到各县区及乡镇农机公司、农机配件商店检查假冒伪劣的农机产品和配件，打掉各种伪劣农机产品10余种、200余件。在加大查处力度的同时，还利用各种形式向农民进行法制教育，向农民传授识别假冒伪劣农机产品的知识和方法，提高农民依法维护自身合法权益的意识和能力。

3月下旬，结合省农机总站就中央电视台“焦点访谈”栏目报道辽宁省某市劣质农机坑农事件下发的通知，下发了《关于进一步加强农业机械推广许可证执法检查的通知》(沈农机办[2001]15号)，部署检查工作。通过两个月的检查，共查出无证农机具29种。就此又制定和下发了《关于制发“责令停止推广(生产、销售)限期办理农机推广许可证通知书”的通知》(沈农机办[2001]26号)，还编制了《农机推广许可证核发操作规程》，为农机行业管理实现法制化、规范化奠定了坚实的基础。

(魏绍民)

农垦事业

【概况】 2001年，市农垦系统共有10个国有农牧场，7个公司，2个事业单位，分布在沈阳市9个区和辽中、康平两县，占地116平方公里，年末拥有固定职工9097人。2001年，全系统实现国内生产总值1.63亿元，比上年增长36%；实现销售收入5.8亿元，比上年增长24%；实现利润总额4036万元，比上年增长64.5%；完成税金总额2123万元，比上年增长33%；职工人均收入3552元，比上年增长11%。

(孙宏伟)

【集团经济运行情况】 龙头企业崛起，推动了农垦经济的快速发展。一是沈阳乳业有限责任公司继续保持了快速发展的态势，乳制品的产量、质量和经济效益同步大幅度提高。牛奶上市量由上年平均每天170吨增加到200吨；乳制品品种由上年32个增加到39个；实现利润3678万元，比上年增长81.9%。新建日加工量300吨的现代乳品加工厂即将竣工，该厂全部引进国际最先进的设备和技术。二是沈阳肉禽(集团)公司，坚持立足国内市场、开拓国际市场，提高产品质量和档次，提高精深加工水平，克服了饲料涨价和日本封关及沈阳有气象记录以来罕见严冬等不利因素的影响，取得了明显的经营成果。2001年实现营业收入1亿元，比上年增长18%；实现利润283万元，比上年增长450%；实现出口创汇692万美元，比上年增长42.3%。三是沈阳农垦建设(集团)公司保持了稳步发展。2001年实现营业收入5148万元，实现利税261万元，完成建筑工程21项，施工面积7万余平方米，合格品率达100%，其中有三项工程创“沈阳市优质样板工程”。四是沈阳农垦种子集团筹建工作有所发展。2001年种子栽培面积达到800公顷，生产水稻良种5000吨，玉米种子500万吨，为种子集团向经济实体过渡进行了积极的探索和准备。四个集团的发展壮大，为农垦企业改革脱困做出了重要贡献。

(孙宏伟)

【抗旱救灾与农业结构调整】 2001年，沈阳农垦农业生产战胜了严重旱灾，保持了稳步发展。一是采取强有力的措施抗旱保苗促丰收。加大抗旱资金投入，共筹集资金260万元，打大、小电井近200眼，购进抽水设备60多套。通过抢种、抢补、抢毁工作，全系统没撂荒一亩地，2001年，全系统粮食总产量1.9万吨。二是狠抓农业种植结构调整，大力发展高效农业。围绕乳业的发展，扩大了青贮饲料的种植面积，对引进的高产高效新饲料——鲁梅克斯，进行了大面积推广试验。围绕市场引进的泗洪大枣、“情人果”、“长寿果”等一批林果新品种已栽培成功，并取得经济效益。围绕市政建设，引进的紫杉、云杉、云南桧柏、桧柏球、丹东桧、油松等树种已超过60万株。2001年，农垦各种经济作物种植面积占耕地面积36%，初步形成了各具特色的农业园区和生产基地。北陵农场的科技示范园，浑河农场的水稻种子基地，辉山畜牧场的玉米种子基地，光辉畜牧场的水稻良种基地，三台子畜牧场药材基地已初具规模，为农垦经济的发展和经济效益的提高探索了新的途径。

(孙宏伟)

【企业改革和改制】 2001年农垦国有企业改革和转换经营机制工作有了新的进展。一是沈阳乳业有限责任公司、沈阳肉禽(集团)公司、沈阳农垦建设(集团)公司初步建立了比较规范的企业制度，实现了企业经营机制的转换，全面提高了企业适应市场经济的能力。二是完善了农垦总公司与各直属企业的目标管理办法。所属的绝大多数二级企业实行了公有民营，从体制上为农垦经济的发展提供了保证。三是农垦总公司强化了对国有资产的运营和管理，对涉及到国有资产的转让和长期出租，都进行严格把关，并按比例收取国有资产出让金。四是强化了企业内部三项制度改革。全系统职工全部实行了养老金统筹，部分单位启动了医疗保险。

(孙宏伟)

【出口创汇与招商引资】 外贸出口继续增长，农垦外向度有所提高。一是以利用外资为重点，加大招商引资力度。年初把引资指标分解到各基层单位，纳入目标管理之中，调动了各级领导干部的积极性，2001年引进外资60万美元。海兰祖代鸡引进项目进展顺利。由海兰国际公司(美国)独资兴建的海兰(沈阳)禽业有限公司已完成主体工程建设任务，2002年即可形成生产能力，届时可年产祖代海兰种鸡80万套。二是加大外贸工作力度，出口创汇继续增长。2001年，农垦系统实际出口创汇848.8万美元，比上年增长72.6%。肉禽产品出口达到1068吨，比上年增长40%。

(孙宏伟)

乡镇企业

【概况】 2001年，全市乡镇企业实现总产值1313亿元，比上年增长15.4%；实现增加值334亿元，增长15%；营业收入1051亿元，增长15%；实缴税金10.2亿元，增长29.1%；固定资产投入52.5亿元；乡镇企业增加值占全市GDP比重达到26.9%，比上年提高了1.2个百分点。

(王大江)

【推进乡镇企业对外开放】 在对外开放工作中，坚持了以项目为纲，以招商为路，以发展为本的对外开放思路，继续大力开展“百团招商”活动，通过利用展洽会招商、组团走出去招商、以商招商等多种方式，加快了乡镇企业对外开放工作的步伐。全年乡镇企业实际利用外资1.3亿美元，比上年增长20%；实际引进内资90亿元，比上年增长7.1%；新办三资企业145个，累计达到了553家；完成出口交货值18.6亿元；引进投资规模超500万元以上的项目366个，其中“百团招商”引进投资规模超5000万元的大项目80项，其中超亿元的有20项。

(王大江)

【推进乡镇企业开发园区建设】 围绕乡镇企业上规模、上水平、上效益的发展目标，加大了乡镇企业开发园区建设的力度。对市、县级开发园区进行了重新规划，重新定位，并制定了一系列的扶持政策，促进了乡镇企业园区建设的快速发展。全市18个开发园区共新办企业118家，新增固定资产投入20.8亿元；全年实现总产值79.4亿元，增加值21.7亿元，调入内资11.1亿元，调入外资6252万美元，实现出口交货值7亿元，实现利润2.5亿元，实缴税金1.8亿元。

(王大江)

【推进农业产业化经营】 全年在乡镇企业发展中，坚持把推进农业产业化经营作为新一轮发展的契机，依托资源优势培育了一批辐射面广、带动力强的龙头企业。全市新增投资规模300万元以上的农副产品深加工企业67个，投资总额30亿元，新增加产值50亿元，新增利税7.1亿元；全市年产值超300万元的龙头企业达到了201个，其中超千万元的17个，超亿元的8个。

(王大江)

【推进乡镇企业科技进步】 全年开发新产品95项，进行技术改造132项，打造出省级以上名牌11项，市级以上名牌产品160项。新增ISO9000、ISO14000和GMP国际药典认证企业40家，总数达到了140家。

(王大江)

【推进企业改革】 在乡镇企业基本完成转制的基础上，加快推进乡镇企业机制创新，为乡镇企业的发展注入了新的活力。全年建立现代企业制度的乡镇企业达到了50家，当年新增企业23家。荷兰村、金德、北泰等3家企业分别通过重组、借壳、海外上市等途径实现了上市融资，进一步拓宽了企业的融资渠道与发展空间。

(王大江)

【存在问题】 一是结构性矛盾突出，受计划经济体制影响深。许多企业是在“横向联合”时起步的，老设备、老产品的传统产业还占较大比重，产业、产品结构不合理。二是规模企业少。在全市7000多户乡镇企业中，规模企业不足300户。三是外资企业少，外向度不高。三资企业只有553家，仅占全市乡镇企业总数的7%。四是大项目少，发展后劲不足。投资规模500万元以上的大项目只有366个，占全市乡镇企业的比重只有5.2%。五是发挥区位优势不够，利用资源优势不足。依托城市大工业资源配套加工企业不多，依托地方资源企业发展速度缓慢。六是名牌产品少，市场份额不大。市级以上的名牌产品只有160项，在国际、国内市场上叫得响的名牌产品更少。七是资金支撑力不够，乡镇企业投入不足。还没有建立起完善的信用体系、担保体系。

(王大江)

工 业

综 述

【工业经济保持平稳增长】 2001年,沈阳市规模以上工业完成工业总产值757.2亿元,同比增长7%;实现工业增加值199.1亿元,同比增长4.8%;实现产销率96.8%;实现销售收入768.0亿元,同比增长8.9%;实现税金总额38.7亿元,同比增长10.4%。

一、工业经济运行的主要特点

1.工业生产稳步攀升。一是生产速度逐步加快。一季度末增长5.5%,二季度末增长6.2%,到三季度末增长8.2%,全年增长7%,呈稳步攀升的局面。二是轻工业的生产增长快于重工业。轻工业生产增长13.9%,增幅高于重工业9.1个百分点。三是港澳台及外商投资企业高速增长。港澳台及外商投资企业累计完成产值224.8亿元,同比增长32.3%,占全市规模以上工业总量的29.7%。四是骨干企业和主要产品增产增收。华丽企业集团、机床集团、沈飞集团、黎明航发集团、卷烟厂、东方软件公司、米其林轮胎公司、中光电子公司、鼓风机厂、方圆铝业等一批骨干企业生产增幅均在20%以上。从产品产量看,三洋空调器36.2万台,同比增长56.9%;空调压缩机200.8万台,同比增长33.3%;金切机床10375台,同比增长36.7%,其中数控机床完成产量1400台,同比增长17.9%;卷烟15万箱,同比增长87.5%;轮胎外胎190万套,同比增长14.9%;风机4925台,同比增长18.6%。

2.市场销售状况不断趋好。从产销衔接情况看,产销增幅保持同步增长。全市规模以上工业累计完成现价工业总产值同比增长6.0%,累计完成工业销售产值同比增长5.0%。从外销看,市场开拓取得明显成效。全年实现产品销售收入768.0亿元,同比增长8.9%,其中省外销售收入302.3亿元,占销售收入的40%。从产品销售情况看,产销率逐步提高。由一季度末和上半年的94.8%,提高到三季度末的95.4%和全年的96.8%。

3.经济运行质量有所提高。一是工业对财政的贡献度提高。2001年,全市规模以上工业实现工业增加值199.1亿元,同比增长4.8%。实现税金38.7亿元,同比增长10.4%,高于工业总产值增幅3.4个百分点。二是工业企业主营业务的盈利水平有所提高。全市工业产品销售利润为100.2亿元,同比增长8.3%。

二、拉动工业经济增长的主要因素

1.扩大内需等宏观经济政策的拉动。尽管世界经济全面不景气,但我国经济依然保持着7%以上的较高的增长速度。特别是国家继续实施扩大内需的宏观经济政策,采取积极的财政政策和较高的投资拉动措施,使沈阳市一些传统的优势行业、企业获得了较大的市场和发展空间,如机械、输变电、机床、农机、轻工和中省直企业等经济发展速度明显加快。

2.实施对外开放战略的牵动。全市港澳台及外商投资企业不仅发展速度加快,而且经济效益明显提高。全市规模以上外商和港澳台投资企业工业生产比上年增长32.3%;实现销售收入214.8亿元,同比增长21.4%,占全市比重由上年的25.1%提高到28.09%;实现利税27.0亿元,同比增长36.0%,占全市比重由上年的31.09%提高到45.9%;实现利润17.8亿元,同比增长53.3%,占全市比重由上年的39.8%提高到87.0%。外商及港澳台投资企业已成为全市工业盈利的主体。

3.加强经济运行宏观调控力度。一是加大了生产组织调度力度,定期召开不同层次的调度会,了解工业经济运行中的动态情况,制定阶段性目标,精心组织生产。二是坚持经济运行分析报告制度,认真分析各月工业生产和经济效益情况、发展趋势、存在问题。三是坚持经济运行情况通报制度,每月对各单位运行情况进行通报,以督促各单位加快生产进度。四是深入重点单位调查研究,着力解决经济运行中的难点和热点问题。

(*刘 爽*)

【政府管理国企的创新之路】 为切实推进政府部门转变职能,实现政企分开,2001年,沈阳市提出了由企业管理向管理企业转变的思想,确定了强化管理企业的基本思路,以此实现管理内涵和管理方式的创新。核心内容是实施"六大管理":即企业"头部"管理;国有资产的管理;企业厂务公开和企业依法治理;改制后企业领导层运行机制的管理;外派财务总监的管理;模拟"三资"和管理机制创新的管理。

1.以抓好企业"头部"管理为重点,建立国企领导层监管新机制。主要是强化对企业经营者行为的管理和企业"三会一层"的内部管理,搞好对企业经营者的组织监督和民主监督,从项目、投资、采购等方面加强对企业"头部"的监督与审计。

2.以抓好国有资产管理为中心,加大国企资产管理的工作力度。按照"国有资产上一级管理"的原则。由各行业国有资产营运机构代表政府行使国有出资者职能,强化对国有企业资产的监督和管理,重点是资产评估、产权转让、资产处置、承包租赁、经济担保等方面,特别是对国企易地搬迁和企业资产出租、出售等方面获得资金的管理。

3.突出加强企业厂务公开和依法治企工作,建立国企内部严格的民主监督新机制。所有列入厂务公开的内容,都要以提案和报告的方式在企业内部进行全部公开。其中企业生产经营和改革、物资采购、关系职工切身利益、业务招待费使用以及党风廉政建设等五个方面情况被列为必须公开的内容。

4.认真抓好改制后企业"三会一层"运行机制的管理。董事长、总经理实行分设,董事长具有人事任免和财务管理方面的决策权,总经理具有具体经营管理的执行权限,执行层在董事会中的重合度少于50%,监事会中的外派监事不低于50%。

5.积极抓好外派财务总监工作,建立国企财务监管的新机制。外派财务总监代表出资者入驻重点国有企业,参与企业重大财务决策与经营管理活动的监督,并负责对该企业财务工作进行稽查审计。

6.深入抓好模拟"三资"、管理机制创新工作,加快国企经营管理机制的转换。通过实行模拟"三资"、多元化投资主体、个人风险责任承包、国有民营、股份制租赁、股份合作制、先售后股等多种方式，不断建立企业内部新机制，同时通过深化企业内部人事、用工、分配制度改革，转换企业经营机制，推进企业管理信息化，实施管理创新。

2001年，通过实施以强化“六大管理”为核心内容的管理企业工作，全市建立了市、行业和企业三级管理工作责任体系，初步实现了从微观的企业管理向宏观的管理企业转变，从直接管理企业向间接管理企业过渡，全市各行业对所属企业加强企业监管的检查率达到100%。全市培育了20户加强监管工作的典型企业，市属国有大中型企业实行管理机制创新的达到90%以上，全市向60户国有企业派驻了财务总监。通过强化管理企业工作，全市工业企业产品可比成本比上年下降5%以上，累计降低12亿元，其中通过推行比价采购降低成本6.8亿元。

（朱　宣）

【国企改革进入新阶段】　2001年，沈阳市国企改革向纵深推进，一些长期制约国有企业改革和发展的深层次矛盾开始得到有效解决，国有企业改革和发展亮点纷呈，成效显著。其主要体现在“五个突破”上：

1. 全面实施“两个规范”，在全力解决法人资本结构不合理问题上取得了新突破。出台了《沈阳市2001年深化国有企业改革的实施意见（试行）》，一方面，坚持按照合资的办法和“三优”（优良资产、优秀人员、优精品牌）原则，对工厂制企业实施了规范化改制，使国有资本过于集中的状况得到改善，有效资产与无效资产得以分离。另一方面，对已改制企业实施了规范化转制，使投资主体多元化和投资成分多样化得到较好推进。到2001年底，沈阳市属国有大中型企业已100%建立了现代企业制度，其中按照国家有关标准实现规范改制的占72.6%。

2. 按照“三会一层”模式规范运作，在全力解决法人治理结构运行不规范问题上取得了新突破。按照完善股东会、做实董事会、强化监事会、优化经理层的要求，重点在工业局（集团）所属企业实行了董事长和总经理分设。坚持了监事会和财务总监“下派一级”制度，开展了外派监事、独立董事和会计委派工作。到2001年底，全市国有大中型企业已有43户实行了董事长和总经理分设，24户设立了独立董事，分别占已改制企业的60.5%和33.8%；监事会成员中外派监事超过50%的企业已达23户，占已改制企业的32.4%；全市已向60户国有企业派驻了39名财务总监。

3. 实施“六个监管”，在全力解决治理法人结构不到位问题上取得了新突破。制定了《沈阳市2001年强化管理企业工作指导意见（试行）》，按照“国有资产上一级管理”的原则，重点对全市国有企业实施了“头部”管理、国有资产管理、厂务公开和依法治企、“三会一层”运行机制、外派财务总监、模拟“三资”管理等“六个监管”，使国有资产管理和企业管理不断加强。

4. 强力推进主辅分离，在全力解决企业办社会负担问题上取得了新突破。制定了《沈阳市市属国有大中型企业主辅分离工作实施意见》，对全市国有大中型企业辅线单位，按照划转、转属、改制、出售、退出等五种方式，依次对企业承担的转供水、自管房产、自办医院和自供暖等社会职能逐项实施分离，使企业主辅分离工作取得了突破性进展。到2001年底，全市已累计分离企业辅线单位417个，涉及资产29.4亿元，职工3.5万人，分别占辅线单位总数的70.7%、71.8%和68.1%。特别是由政府支付1.7亿元巨资的改革成本，将市属大中型企业的17所自办医院、405万平方米自管房产、94处自供暖锅炉房和132个转供水泵房等四项社会职能全部从企业中分离出去，实施社会化的行业归口管理，在全国率先解决了企业办社会职能的问题。同时，紧紧抓住国家在辽宁进行社保体制改革试点的有利时机，充分利用“并轨”政策，由国家财政、市财政和企业各出资2.4亿元，总计筹集资金7.2亿元，使全市国有企业10万名下岗职工完成了向失业并轨工作，国有企业职工长期依附于企业、无法流动的问题开始得到解决。

5. 积极推进中小企业“双转双放”，在全力解决中小企业放开放活和加快劣势企业破产退出问题上取得了新突破。出台了《关于市属中小企业转属工作的实施意见》，本着进而有为、退而有序、抓大要强、放小要活的原则，对市属中小企业实施转属转制、放开放活，全市已有268户市属中小企业下放到各区县实行属地管理，并由市政府出资支持县区筹建了中小企业担保中心，初步形成了市区一体化两级管理的中小企业服务体系。同时，加快劣势企业破产退出，盘活国有企业有效资产。制定了《沈阳市企业公有产权退出通道实施意见》和《沈阳市企业退出市场通道建设实施意见》。按照妥善安置职工、先易后难、成熟一户退出一户的原则，加快了劣势企业破产退出、国有资本减持和退出步伐。全年共完成企业产权整体转让51户，股权转让77户，盘活资产6.8亿元，对沈阳黎明摩托车厂等9户企业依法实施了破产。

（宫兆军）

【制造业综述】　沈阳市是国家“一五”、“二五”期间重点建设的老工业基地，经过几十年的建设与发展，已基本形成了以机械、电子信息、医药、化工、汽车制造、环保为支柱产业，包括航空、军工、建材、冶金、轻工、纺织、煤炭、服装等在内的门类齐全的工业体系，特别是机械工业规模宏大，素有“国民经济装备部”之称。在国家统一规定的544个制造业小类中，行业覆盖面达56.1%。2001年，全市规模以上制造业工业企业（全部国有和年产品销售收入500万元及以上非国有工业，下同）为1110户，拥有职工42.4万人。

2001年是“十五”计划的第一年，全市在以扩大内需、加快结构调整和改革、进一步扩大开放为基本取向的宏观政策引导下，抓住宏观经济运行势头良好的有利机遇，克服了诸多不利因素的影响，使全市工业经济保持了稳定的增长，整体实力有所提高。全年制造业呈现的主要特点是：

1. 工业生产总量稳步攀升。2001年全市规模以上制造工业完成工业总产值663.6亿元，按可比价计算，比上年增长8.1%；完成工业增加值165.7亿元，比上年增长2.9%。

2. 市场开拓成效明显，产销衔接趋好。2001年，全市工业企业积极研究市场发展变化趋势，结合市场需求，加快适销对路产品的生产，使全市工业产销总体上保持协调增长态势。全年制造业完成销售产值639.8亿元，比上年增长5.7%；工业产品产销率96.4%；全年实现产品销售收入643亿元，比上年增长5.8%。

3. 企业改革进一步深化，投资主体向多元化发展。2001年，沈阳市全面推进国有企业的对外开放工作，努力争取重点企业集团与国际大公司的整体性合资合作，并加快对国有大中型企业建立现代企业制度的步伐，大力吸引国外资本、国内资本，实现投资主体多元化。按照“双转双放”的要求，加快对市属中小企业的改制步伐，努力探索国有企业退出机制，使资本结构进一步优化。2001年，全市规模以上制造业实收资本375.1亿元，比上年增加23.3亿元，增长6.6%。其中：国家资本130.7亿元，减少1.2亿元，下降0.9%；集体资本8.8亿元，减少

3.8亿元，下降30.2%；法人资本116.6亿元，增加11.8亿元，增长11.2%；个人资本34.1亿元，增加9亿元，增长35.7%；港澳台资本27.1亿元，增加1.2亿元，增长4.5%；外商资本57.8亿元，增加6.4亿元，增长12.3%。

4.结构调整初见成效。从沈阳市传统优势行业看，2001年机械工业完成工业总产值175.4亿元，同比增长13.6%，占全市工业总产值的21.2%。其中：普通机械制造业和电气机械及器材制造业分别完成工业总产值41.3亿元和98.7亿元，分别比上年同期增长18.2%和19.8%；汽车制造业完成工业总产值145.8亿元，同比增长10.7%，占全市工业总产值的17.6%；医药化工工业完成工业总产值116.2亿元，同比增长17%，占全市工业总量的14.1%，其中化学原料及化学制品制造业、医药制造业和橡胶制品业分别完成工业总产值25.7亿元、58.7亿元和20.1亿元，分别比上年同期增长17.5%、16.5%和14%；食品工业完成工业总产值53.6亿元，同比增长8.3%，占全市工业总产值的6.5%，其中食品制造业和饮料制造业分别完成工业总产值26亿元和15.5亿元，分别比上年同期增长12.2%和13.7%。从主要产品产量看，空调器产量36.2万台，同比增长57%；空调压缩机产量200.8万台，同比增长33.3%；金属切削机床产量10375台，同比增长36.7%；风机4925台，同比增长18.6%；轮胎外胎产量189.8万条，同比增长14.9%。上述行业和主要产品产量的增产增收，促进了全市工业生产稳步增长。

尽管2001年全市制造业经济总体运行态势良好，但也存在一些不容忽视的问题。主要是经济效益下滑，亏损企业户数和亏损额增加。2001年，全市规模以上工业实现利润总额13.1亿元，比上年下降40.8%；亏损企业亏损额20.4亿元，比上年上升59.9%；亏损企业单位数440户，比上年增加97户；亏损面39.6%，比上年提高9.5个百分点。

（郧　新）

【推进国有工业企业整体合资合作步伐】 2001年，沈阳市改变了以往"一厂一角"式的或就单个产品与工艺进行合资的传统招商引资方式，重点突出了大企业、大集团与国际跨国公司的整体合资，通过强化组织调度、组团出访、重大项目推介、切实解决制约整体合资合作的"诸难"问题等多种方式，全力推进了东北蓄电池与美国埃克赛德、沈阳变压器厂与法国阿尔斯通、德国西门子公司等十户国有工业企业整体合资合作步伐。

东北蓄电池厂与美国埃克塞德公司整体合资项目。2001年6月1日，双方签订了工业蓄电池项目合资合同，项目总投资2395.4万美元，注册资本958.1万美元，其中：中方占35%，外方占65%。合资期限28年，投资回收期5.1年。2001年底已调入外资173.5万美元，将于2002年、2003年分两次全部调入其余外资。沈阳变压器厂与法国阿尔斯通公司、德国西门子公司整体合资项目。1998年，沈阳变压器厂与法国阿尔斯通公司互感器合资项目签署合同协议，2001年9月28日正式签订合同，项目总投资1445.4万美元，注册资本1163.1万美元，其中：中方占49%，外方占51%。沈阳变压器厂与德国西门子公司电力变压器合资项目，于2001年4月签署合同协议，双方正在编制项目可行性研究报告。这两个整体合资项目的实施，将使蓄电池厂成为我国重要的工业蓄电池和汽车蓄电池生产企业，并使我国成为世界上生产550KV互感器的三大基地之一。

与此同时，东药集团与德国巴斯夫公司、红梅集团与日本味之素公司、鼓风机厂与美国GE公司、机床集团与意大利菲迪亚公司、电机厂与台湾东源公司等整体合资合作项目陆续谈成或正在积极推进之中，而且都是与世界500强或国际大公司合资合作的项目，整体合资合作项目取得良好进展。

（王林祥）

【268户市属中小企业平稳转属】 2001年，沈阳市在全市开展了中小企业转属转制放开放活工作。全市共有268户市属工业中小企业顺利转属到县区，涉及占地面积657万平方米，建筑面积291万平方米，资产总额105.4亿元，负债总额92.1亿元，职工总数15.2万人。

为使转属工作平稳进行，市政府成立了沈阳市双转双放工作领导小组，在市经贸委设立办公室。各工业局、集团公司和接收县区，分别成立了由一把手任组长的领导小组。

市经贸委用了近半年的时间，共组织了普遍、抽样、现场、座谈和专题五个层次的调查研究。同时，在大东区先行试点，摸索经验。在此基础上，制定了《关于市属工业中小企业转属工作的实施意见》，并经市政府第十八次常务会议讨论通过。

操作上坚持积极稳妥，稳步推进。转属前，及时冻结转属企业资产和人员，做到"四清一稳"，即：资产财务清、职工人员清、技术产品清、存在问题清、企业保持稳定。转属中，先在大东区进行试点，然后，以县区为单位，一个县区一个县区地进行转属。转属后，切实做好对转属企业的管理和服务工作，严格做到"四个不准"，即：不准将转属企业转到街道办事处管理；不准对转属企业收缴管理费等费用；不准随意调整企业领导班子；不准一卖了之，一改了之。

（张升义）

【中央、省在沈企业改革与发展取得突破性进展】 2001年，中省直工业企业经济呈现出生产持续、快速增长，产销衔接较好，经济运行质量进一步改善，合资合作取得明显成效，技术创新、主辅分离、市场开拓工作有突破性进展的良好局面。

1.经济指标全面增长，占全市比重逐步增加。2001年，中省直规模以上企业累计完成工业总产值88.4亿元，同比增长14.4%，高于全市规模以上工业平均水平4.1个百分点；净增产值11.12亿元，占全市增产总量的14.5%，拉动全市工业生产增幅1.5个百分点；占全市工业生产总量的比重由2000年的9.6%提高到2001年的10.7%，同比提高了1.1个百分点；完成现价工业总产值107.7亿元，同比增长10.4%，高于全市平均增幅1.1个百分点；实现销售产值106.1亿元，同比增长9.3%，高于全市平均增幅0.3个百分点；完成工业增加值26.9亿元，同比增长12%，高于全市平均增幅2.5个百分点；实现产销率98.5%，高于全市平均水平1.6个百分点；实现利税5.4亿元，占全市总量的比重由2000年的9.2%提高到9.6%，同比增加了0.4个百分点。

2.利用外资工作成效显著，一批新的经济增长点逐步形成。沈飞与日野合资生产大客车项目，外资调入额1781.47万美元，该项目引进日野自动车株式会社最新开发的四种型号的客车及底盘，同时引进世界上先进的生产、销售及经营管理模式。新车将于2002年7月投入生产，项目达产后将实现年产3500辆整车及5000台底盘的生产能力。沈阳新华印刷厂和辽宁美术印刷厂以现有部分资产进行重组后，与新加坡时报出版有限公司合资组建沈阳时代包装印刷有限公司，项目总投资1.1亿元，投资比例为中外双方各占50%。该项目建成达产后，年创产值4600万元，利税2298万元。世界最大的半导体工艺设备公司——美国应用材料公司也与沈阳铁路信号工厂就双方共同生产集成电路板达成了合作意向。

3.技术创新步伐加快，产品竞争力有所增强。中省直企业全年开发新产品

31项,新产品产值4.6亿元。航天新光集团研制开发的491Q汽油发动机等6个高水平的技术创新项目分别列入了国家科学技术部、国家经贸委等火炬计划项目。沈阳航天新光集团依托军工技术,开展技术创新,加速产品的升级换代和结构调整。集团引进意大利MM公司单点电子控制燃油喷射系统和美国德尔福公司的多点电子控制燃油喷射系统,研制开发了491QE和491QM汽油机,与江苏悦达集团和韩国现代汽车集团共同开发了1.3L排量的发动机。沈阳卷烟厂引进德国、意大利、英国的先进卷烟设备,对制丝生产线、卷接包生产线进行了大规模的技术改造。同时,以"蓝翎"品牌为龙头,从云南、福建、贵州以及津巴布韦、巴西等国家引进高档烟丝,相继改造开发了"珍品蓝翎"、"双色沈阳"、"新一代全包生产"等几个品牌。

4.国有企业改革与管理工作进一步加强,工作进展明显加快。一是对国有企业实施了规范化改制和转制。按照合资的办法和"三优"原则,对国有企业进行了规范化改制。沈阳矿务局已改制成立沈阳煤业有限公司,新华印刷厂、辽宁美术印刷厂已与新加坡时报出版有限公司合资组建沈阳时代包装印刷有限公司,中省直企业已改制的大中型企业达到12户,占可改制企业的60%。二是企业主辅分离工作取得了新进展。按照"四个明确"即:明确界定辅线资产基本范围、分离方式、分离标准和相关政策,强力推进了辅线单位实施产权制度改革。截至2001年底,中省直企业已分离各类辅助单位202户,涉及资产13.1亿元,涉及职工2.8万人,降低企业费用支出1.56亿元。其中黎明航发集团坚持"整体剥离,带资分流,职工持股,内需扶持"的分离方式,实行产权和劳动关系双转变,已完成对集团新叶服装有限公司、印刷厂、245医院等辅线部门的分离。

(李志国)

【技术改造"增长点工程"项目建设】 2001年,沈阳市技术改造工作紧紧围绕支柱产业、重点企业,积极推进合资合作,加大技术改造投入,加快技改"增长点工程"重点项目建设步伐,为全市经济发展培育了一批新的经济增长点,有力地支撑了工业经济的快速发展。

1.拉动作用明显,技改完成投资达到历史最好水平。2001年,全市共完成技术改造投资70.6亿元,比上年同期增长35.6%。其中技术改造"增长点工程"项目开工建设21个,完成投资29.9亿元,占全市技改完成投资的42.4%,显示了技改"增长点工程"项目对全市技改完成投资的巨大拉动作用。

2.支柱产业、重点企业改造步伐加快,行业形象更加突出。2001年,沈阳市汽车、机械装备、电子信息、医药化工等四大支柱行业完成投资37.8亿元,占全市总额的53.5%。其中汽车行业的金客公司的M1项目、金通公司S10项目、沈飞日野汽车合资,机械行业的机床公司世行项目和气压机厂、沈变厂、水泵厂、电机厂等企业的国债项目,以及重点企业华润三洋压缩机有限公司三期改造等一批重点项目加快了建设步伐,并相继建成投产,正逐渐成为全市新的经济增长点。

3.合资合作步伐进一步加快,利用外资已成为全市技术改造的重要渠道。2001年,沈阳市技术改造项目到位资金80.3亿元,其中外资到位11.4亿元,同比增长50.9%,所占比重比上年上升2.2个百分点。东北蓄电池厂与德国埃克塞德公司合资、沈阳变压器厂与法国阿尔斯通公司合资、沈阳化工集团与日本埃申公司合资、沈飞日野大客车等一批整体合资及重大利用外资项目已经签约并相继开工建设,拉动了全市技术改造投资的快速增长。

4.国债技改项目建设进度加快,初步实现标志性目标。全市共有9个项目列入国家前四批国债技术改造专项计划,2001年在建的国债项目共9项,总投资30.1亿元。其中:航天三菱汽车发动机项目已于2000年3月竣工投产;气体压缩机厂、水泵厂、黎明发动机公司等5个项目部分设备已完成安装调试并投入使用,其余国债项目正按进度要求加快建设步伐。

5.培育了一批新的经济增长点,拉动了全市经济的快速增长。自1999年组织实施技术改造"增长点工程"项目以来,已有沈阳都瑞轮毂合资项目、米其林轮胎合资项目、三宝电脑、LG大屏幕彩电、4G6汽车发动机等17个项目竣工投产。据测算,2001年已经竣工或投产的技改"增长点工程"项目新增产值100亿元以上,占全市规模以上工业新增产值的2/3以上,有力地拉动了全市工业经济的快速发展。

6.加快工业园区规划与建设,县区经济发展迅速。2001年各县区、开发区都把工业园区建设作为工业经济发展的重要载体并启动建设。两大国家级开发区发展迅速,城区工业企业退城到边工作开始启动,铁西工业区综合改造的实施等为全市工业经济发展注入了新的活力。2001年,沈阳市县(市)、区和开发区共完成投资10.9亿元,比上年增长102.1%,占全市技改完成投资的15.4%,县区经济成为全市工业经济的另一支重要力量。

(王　雷)

【10户企业破产】 2001年,沈阳市共对10户企业进行了破产处理,即:沈阳黎明摩托车厂、沈阳辽工汽车销售公司、沈阳市液化石油气公司、沈阳市煤气仪表厂、辽中化工总厂、沈阳市袜厂、沈阳市现代办公设备配件厂、沈阳市高等级公路建设总公司第三工程公司、沈阳市皇姑区物资总公司、沈阳市新民织布厂。10户企业涉及职工5203人,其中:在职职工4592人,离退休职工611人;资产总额1.92亿元;债务总额4.63亿元,其中银行贷款2.23亿元;占地面积21.4万平方米。

至2001年底,沈阳市已累计对135户劣势企业实施了破产退出。涉及职工15.27万人,其中:在职职工10.84万人,离退休职工4.43万人;资产总额61.1亿元;债务总额108.9亿元,其中银行贷款64.4亿元;占地面积620.9万平方米。

(于长富)

【沈阳市企业技术创新服务中心成立】 2000年11月24日,沈阳市企业技术创新服务中心正式成立,同时开通了中国技术创新沈阳信息网。

沈阳市企业技术创新服务中心是中小企业技术创新服务体系的核心,是沈阳市技术创新体系的重要组成部分,是政府指导、联系和推动中小企业技术创新工作的纽带和桥梁,是加快科技成果向现实生产力转化的服务站。其主要任务是:

1.信息服务。通过信息网络和各种媒体为企业提供国家、省、市政策法规、行业发展趋势、投融资渠道、科技成果、技术需求、企业管理、市场营销、人力资源等信息服务,帮助企业提高市场预测和快速反应能力,提高管理水平。

2.技术开发与推广。结合产业结构调整,有效地组织和利用各种社会资源,帮助中小企业研究开发新技术和新产品,并开展多种形式的新技术推广活动,传播和推广先进、成熟、适用技术,推动市场前景好、技术含量高、附加值高、产业关联度强、经济社会效益显著的技术向企业转移和扩散。

3.新技术交易服务。通过技术交易市场,提供交易过程中的政策咨询、专利代理、合同登记、交易合同认定以及知识产权变更登记等配套服务,形成一个高效和具有良好信誉的新技术交易服务体系。

4.资金服务。为中小企业的技术创新多渠道筹资提供服务。

5.组织创新政策、专业技术咨询和培训及其它专业化服务等。

6.完成政府部门和其它机构委托的工作。

（孟祥波）

【安全生产与国际职业安全卫生认证体系】 “职业安全卫生管理体系”是近年来继质量管理体系和环境管理体系之后，又一个被世界各国广泛采用的现代化安全生产管理体系。由于该体系要求企业承诺遵守各项法律法规和持续改进，能有力地保障企业安全生产和员工健康，提高企业竞争力，所以被称为我国企业“入世”的第三张通行证。由于发达国家和发展中国家存在重大分歧，到目前为止，该体系没有由国际标准化组织颁布实施，而是形成了多种版本在特定的国家和经济区施行，如挪威船级社等13个组织提出的《职业安全卫生管理体系——规范/实施指南》，即OHSAS18000等。

1999年10月，国家经贸委颁布了《职业安全卫生管理体系试行标准》。2001年12月，国家经贸委发布第30号公告，正式发布《职业安全健康管理体系指导意见》和《职业安全健康管理体系审核规范》。

沈阳市于2001年初邀请国家安全科学技术研究中心来沈举办沈阳市首期“安全认证内审员培训班”。当年，东北金城建筑公司即获得职业安全卫生管理体系认证，谷轮冷冻机公司也已完成了体系策划、准备、实施、试运行、内部审核等程序。

为了将来在全市推行职业安全卫生管理体系认证工作，沈阳市本着“企业自愿，政府指导，务求实效，全面推进”的原则，结合企业的具体情况，在部分企业中开展了“企业安全性评价”工作。全市已有11家企业通过“安评”，其中沈阳热电厂、电机厂等六家企业被评为“特级安全级企业”。

（陈小平 王胜伦）

食品制造业

【概况】 2001年，沈阳市食品制造业规模以上企业共有33户，比2000年减少6户。其中：糕点、糖果制造业15户，减少2户；乳制品制造业1户；发酵制品业1户，减少1户；调味品制造业5户，减少1户；其他食品制造业11户，减少2户。从登记注册类型看，国有企业15户，集体企业1户，国有独资公司1户，其他有限责任公司1户，私营独资企业3户，私营有限责任公司4户，与港澳台商合资经营企业1户，港澳台独资企业3户，中外合资经营企业3户，外资企业1户。全市食品制造业资产总计达27.6亿元，从业人员年平均人数达9286人。

2001年，食品制造业工业总产值为23.4亿元，同比增长14.9%，其中：糕点、糖果制造业完成工业总产值14.7亿元，所占比重为62.8%；工业销售产值23.1亿元，其中糕点、糖果制造业完成工业销售产值14.7亿元，所占比重为63.6%；出口交货值为238万元；新产品产值为1218万元。

2001年食品制造业生产饼干9200吨，增长5.3倍；糕点1915.2吨，增加46.7吨；冷冻饮品1.1万吨，增加347吨；食醋5919吨，增加24吨；豆制品1042吨，增加283吨；方便面主食品12.6万吨，减少2.2万吨，其中方便面11.9万吨，减少2.3万吨；味精3.3万吨，减少0.1万吨；淀粉5.7万吨，减少1.3万吨；酱油2.1万吨，减少0.7万吨；酱5024吨，减少39吨；食品添加剂447吨，减少3吨。

2001年，全行业产品销售收入达23.2亿元，同比增长6.4%；实现利润总额为2.1亿元，同比增长25.7%，占全市全部利润总额的10.3%，其中糕点、糖果制造业实现利润额为1.7亿元，占食品制造业比重为81.0%；利税总额为3.2亿元，同比增长13.3%；亏损面为18.2%，同比下降12.6个百分点，亏损额为2481万元。

资本结构逐步优化，港澳台投资资本所占比重几近一半。2001年，食品制造业的资本结构发生变化，港澳台投资资本占全部资本的比重为47.3%，比2000年上升7.7个百分点；个人资本占全部资本的比重为8.4%，比2000年上升5.0个百分点；外商投资资本占全部资本的比重为20.8%；国有资本占全部资本的比重为15.0%；法人资本占全部资本的比重为7.2%；集体资本占全部资本的比重仅为1.2%。

（刘 巍）

饮料制造业

【概况】 沈阳市饮料制造业由酒精及饮料制造业、软饮料制造业和其它饮料制造业组成。2001年，该行业共有规模以上工业企业20户，有从业人员7112人，比2000年减少了1253人，下降15%。

2001年，该行业的资产总值为27.4亿元，比上年增长了1.5%。流动资产平均余额为10.6亿元，比上年增长了16.4%。固定资产净值平均余额为12.8亿元，比上年下降4.8%。所有者权益为14.8亿元，资本保值增值率为103.1%。

2001年该行业共完成现价工业总产值16.7亿元，按可比价格计算，比上年增长20.2%；实现工业增加值7.4亿元。主要产品产量：白酒1.33万吨，比上年增长4.7%；啤酒42.02万吨，比上年下降2.2%；软饮料21.9万吨，比上年下降6.8%；瓶（罐）装饮用水13.6万吨，比上年下降9.1%。

2001年该行业产品销售收入为17.0亿元，比上年同期增长了8.3%。其中：产品销售成本为10.4亿元，比上年上升了7.7%；产品销售税金及附加为1.1亿元，比上年下降了1.6%。全行业2001年实现利润总额2.2亿元，比上年增长4.9%。实现利税4.6亿元，比上年增长0.1%。该行业2001年上缴国家增值税1.4亿元，比上年增长10.4%。

该行业2001年负债总额为12.6亿元，比上年下降0.4%。到2001年末，全行业有7户企业亏损，亏损企业比上年减少1户；亏损企业的亏损额为1273万元，比上年同期增加281万元，增长了28.3%。

沈阳华润雪花啤酒有限公司、沈阳可口可乐饮料有限公司、沈阳娃哈哈饮料有限公司为沈阳市饮料行业的骨干企业。2001年，骨干企业实现的产品销售收入、利润、利税分别占全行业的72.9%、85.6%和85.3%。其中沈阳华润雪花啤酒有限公司几年来实现利润、利税总额均超过亿元，为沈阳市的利税大户。

（贾 唯）

家具制造业

【概况】 随着我国加入WTO，家具市场进一步对外开放，一批国外企业纷纷看好我国家具市场而大举进入，加剧了日益激烈的市场竞争。应对挑战，沈阳市一些家具制造企业积极实施名牌战略、走品牌经营之路，提高了产品竞争力，但也有少部分企业陷入困境甚至被淘汰。

2001年沈阳市家具制造业呈现的主要特点是：

1.外资投入加大。2001年，全市规模以上家具制造企业实收外商资本2822.5万元，比上年增加528.8万元，增长23.1%；实收港澳台商资本2738.2万元，比上年增加415.9万元，增长17.9%。二者合计占全行业实收资本的比重达到22.1%，比上年提高8.9个百分点。投资的境外企业主要来自新加坡、日本、美国、韩国、英国、香港等。

2.走品牌发展道路。以沈阳市舒丽雅家私有限公司、沈阳宏发家具有限公司、沈阳昌兴企业集团木业有限公司等为代表的一批家具制造企业坚持走品牌发展的道路，以上乘的质量、新颖的设计，赢得了社会各界的广泛赞誉。产品先后荣获中国专利新技术、新产品博览会金奖等数十项国内外大奖，并远销到日本、俄罗斯、韩国等国家。为沈阳市赢得了荣誉，为加速沈阳市经济发展做出了贡献。

3.发展面临挑战。入世后各种国民待遇的实施，掀起了新一轮国外家具企业来我国办厂的热潮，国外先进国家凭其发达的家具制造技术、管理水平、"绿色产品"等占领了越来越大的市场份额，对沈阳市家具制造企业形成了一定的冲击。2001年，全市家具制造行业实收资本2.5亿元，比上年减少1亿元，主要是受集体资本和法人资本分别比上年减少9560万元和1609.5万元所致。实现产品销售收入3.3亿元，与上年持平；但实现利润总额却大幅下降，由上年盈利1182万元转为亏损908.5万元，比上年减少盈利2090.5万元；创利税615万元，比上年减少1999.6万元。

（郧　新）

日用电器制造业

【概况】 2001年，沈阳市日用电器制造业拥有沈阳华丽空调股份有限公司、沈阳三洋空调有限公司、沈阳华润三洋压缩机有限公司、沈阳东宇电气有限公司等8户规模以上工业企业，其中国有企业1户、股份制企业2户、三资企业4户、集体企业1户；大型企业3户，小型企业5户。拥有全部从业人员年平均人数3216人，比2000年增加598人。实收资本10.8亿元，其中：国家资本2.4亿元，占22.2%；港澳台资本4.9亿元，占45.4%；外商资本2.5亿元，占25.9%。所有者权益12.2亿元，比2000年增长14.0%。生产的主要产品有房间空气调节器、家用电冰箱、电风扇、吸尘器、家用电冰箱压缩机等。

2001年，沈阳市日用电器制造业不断开发新产品，强化企业内部管理，实现了生产与效益的同步增长。2001年末，该行业拥有资产总额26.3亿元，同比增长21.2%；固定资产原值13.3亿元，其中生产经营用固定资产13.1亿元，分别比上年同期增长34.3%和35.1%。该行业完成工业总产值17.7亿元，按可比价格计算，比上年同期增长34.1%；实现销售产值15.2亿元，同比增长19.7%；实现工业增加值5.8亿元，同比增长61.1%。其中空调器制造业完成工业总产值17.4亿元，实现销售产值15.1亿元，实现工业增加值5.7亿元，分别占整个行业的98.3%、99.3%、98.3%，成为拉动日用电器制造业增长的主力。全年实现产品销售收入14.9亿元，同比增长16.4%，其中空调器制造业实现产品销售收入14.8亿元，是2000年的1.2倍。实现利润总额2.6亿元，是2000年的1.4倍，其中空调器制造业实现利润总额2.64亿元。实现利税总额2.82亿元，是2000年的1.3倍；人均创利税8.77万元，同比增长2.9%，其中空调器制造业实现利税2.8亿元，同比增长30.2%；人均创利税8.89万元，高出该行业平均水平0.12万元。2001年，该行业完成新产品产值7.9亿元，同比增长27.4%；实现出口交货值4.37亿元，同比增长98.6%。

2001年该行业生产的主要产品产量：房间空气调节器36.2万台，同比增长57.0%；吸尘器9.0万台，同比增长7.9%。

（周　颖）

【沈阳华丽企业集团有限责任公司】 沈阳华丽企业集团是沈阳市重点国有企业集团之一，2001年集团各项主要经济指标实现了快速发展。全年实现利润总额2.2亿元，同比增长28%；完成工业总产值（现价）17.3亿元，同比增长45%；工业增加值5亿元，同比增长35%；实现产品产销率89%，同比降低8个百分点；销售收入16亿元，同比增长23%；出口创汇5792万美元，同比增长129%；利税总额2.9亿元，同比增长15%；主要产品产量：空调36万台，同比增长57%；空调器用压缩机202万台，同比增长34%。

1.合资企业迅速发展，成为全集团支柱企业。华润三洋压缩机公司完成工业增加值4.2亿元，同比增长54%，占集团的84%；销售收入8亿元，同比增长24%，占集团的50%；利税总额2.7亿元，同比增长37%，占集团的93%。三洋空调公司完成销售收入6.5亿元，同比增长10%，占集团的41%；工业增加值1.2亿元，同比增长42%，占集团的24%。

2.加大招商引资工作力度，完成了压缩机三期改造项目。该项目自1994年2月27日投入商业性生产以来，各项经营业务稳步前进，目前已成为国内压缩机行业知名企业，1999年进入全国家电行业前20强，位居东北第一位。2000年同行业按利税总额排，列全国第8位；按产量规模排，列全国第4位。一、二、三期工程，引进外资总额6147万美元，总投资1.36亿美元。四期工程计划引进外资3819万美元，总投资7360万美元。该项目自1994年投产至今8年间，累计生产压缩机突破700万台，累计上缴各种税金突破4亿元。

3.完成了燃气空调器项目的各种前期准备，组建了沈阳华丽克丽斯空调有限公司，并于2001年7月25日正式注册成立。该公司年生产能力5万台，总投资710万元人民币。公司成立后，流动资金及时到位，按时完成生产线改造和技术文件转化，编制了产品标准及产品工艺。11月份由韩方投入的CKD、SKD散件到厂并试产成功，11月28日第一台燃气空调器下线。

4.完成汽车空调器项目。2001年1月10日，沈阳华丽汽车空调有限公司成立，产品质量通过了金杯公司的认可，进入金杯公司直接配套网络，实现了当年建厂，当年生产，当年销售的预期目标。完成工业总产值557万元，工业增加值91万元，实现销售收入408万元，实现产品下线率小于100PPM。

5."并轨"工作有很大进展。根据沈政办发（2001）25号文件精神，集团组织相关企业，开展了国有企业下岗职工基本生活保障向失业保险并轨的工作，并轨总人数为2276人。

（肖振国）

照明器具制造业

【概况】 沈阳市照明器具制造业是由电光源制造业和灯具制造业两个行业组成的。灯具和灯泡为该行业生产的主导产品。2001年底，该行业拥有规模以上工业企业6户，其中国有企业1户、集体企业2户、股份有限公司1户、私营企业1户、外商投资企业1户。拥有全部从业人员年平均人数2943人，比上年减少167人；实收资本7070万元，比上年增加1996万元，其中国家资本4024万元，占实收资本的56.9%，比上年增长60.8%。资产总额5.03亿元，比上年增长83.8%；固定资产原值3.18亿元，比上年增长76.2%，其中生产经营用2.29亿元，是上年的2.3倍。2001年沈阳市照明器具制造业生产灯具0.52万只，灯泡1.19亿只，其生产的“佳生”牌护眼灯畅销全国。

2001年该行业积极调整产品结构，大力开发新产品，各项指标均比上年有不同程度的提高。完成工业总产值1.99亿元，按可比价格计算，同比增长20.3%，其中电光源制造业为该行业的主导产业，2001年完成工业总产值1.65亿元，占该行业的82.6%，同比增长27.0%，高出该行业平均水平6.7个百分点；实现工业销售产值1.92亿元，同比增长12.3%，其中电光源制造业实现工业销售产值1.57亿元，同比增长17.1%，高出该行业平均水平4.8个百分点；实现工业增加值6812万元，同比下降13.0%，其中电光源制造业实现工业增加值5044万元，占该行业的74.0%，同比下降23.3%。

2001年沈阳市照明器具制造业实现产品销售收入1.71万元，比上年增长40.7%；实现利润总额1026万元，比上年下降9.9%；实现利税总额1793万元，比上年下降3.1%，人均创利税6092元，比上年多141元。其中电光源制造业实现产品销售收入1.37亿元，占该行业的80.4%，同比增长71.3%，高出该行业平均水平30.6个百分点；实现利润总额425万元，占该行业的41.4%，同比下降35.5%；实现利税总额912万元，占该行业的50.9%，同比下降19.5%，人均创利税3346元，低于该行业平均水平。

（周　颖）

烟草加工业

【沈阳卷烟厂】　作为全国最早的烟草骨干企业之一，沈阳卷烟厂在新世纪之初即制定了大品牌、大发展的工作思路，企业在“十五”开局之年，各项经济指标较上年均成倍增长，实现工业总产值3.97亿元，比上年增长102.3%，利税总额完成1.9亿元，同比增长134%，为实现“十五”跨越式发展目标奠定了良好的基础。

企业以市场需求为导向，加大产品开发力度，加快产品结构调整，先后开发了“珍品蓝翎”、“新一代大生产”、“佳品沈阳”、“8mg低焦油古瓷”等新产品，形成了以“蓝翎”为主导，包括“沈阳”、“大生产”、“古瓷”在内的四大骨干产品，产品行销哈尔滨、宁夏、深圳等地。企业同时积极拓展国际空间，先后与韩国、蒙古等国家签订出口合同，全年出口烟丝900吨，创利200万美元。

以质量管理为中心的企业基础管理得到不断加强。2001年沈阳卷烟厂实现了ISO9000:2000版转换工作，增强了全员质量意识，强化了过程质量控制，实现了全国市场抽检和一、二级站质量抽检合格率100%。为抓好技术改造，强化基础管理，增强企业的市场竞争能力，2001年沈阳卷烟厂投人技术改造资金1700万元，先后改造和完善了制丝线和车间工艺环境，提高了生产工艺水平和高档烟生产能力，适应了调整产品结构，增加一、二类烟产量的需要。

企业坚持“以人为本”，深化企业内部改革，思想政治工作和精神文明建设取得较好成绩。企业再次荣获辽宁省和沈阳市思想政治工作先进单位，精神文明建设先进单位、标兵单位，省、市模范职工之家等多项荣誉称号。两个文明建设水平同步提高，塑造了沈阳卷烟厂良好的企业形象。

2001年，企业加大品牌文化建设力度，先后与省委宣传部、省文化厅、市文化局、市体委联合举办了庆祝申奥成功500人欢乐大游行，“蓝翎杯”辽宁省第五届艺术节，“蓝翎之夏”文化广场等社会性活动，这些影响面广、引起轰动的社会性公益活动的相继举办，有利提升了企业形象和品牌形象。

纺织工业

【概况】　沈阳市的纺织工业主要包括棉纺织业、毛纺织业、针织品业等工业企业。截至2001年末，沈阳市共有规模以上纺织工业企业33户，比上年减少5户。其中：大型企业4户，即沈阳华岳纺织集团有限责任公司、沈阳华岳印染有限责任公司、沈阳华岳绒织有限责任公司和沈阳黎明服装集团黎明毛纺织厂；中型企业2户，即新民市纺织集团和沈阳第四纺织厂；小型企业27户。

2001年末，全行业规模以上工业企业拥有资产总计23.2亿元，比上年减少9.2亿元。其中：流动资产9.3亿元，比上年减少3.8亿元；固定资产12.1亿元，比上年减少4.0亿元。在流动资产中存货为3.2亿元，产成品1.7亿元。企业的负债为16.9亿元，比上年减少8.9亿元。其中：流动负债13.8亿元，减少4.9亿元；长期负债3.0亿元，减少4.1亿元。负债率高达73%。所有者权益为6.4亿元。全行业规模以上工业企业实收资本为7.6亿元，其中：国家资本5.0亿元；集体资本2955万元；法人资本7175万元；个人资本3620万元；港澳台资本387万元；外商资本1.1亿元。该行业全部从业人员年平均人数为2.3万人。

2001年，该行业规模以上工业企业完成工业总产值9.9亿元，比上年增长16%；工业销售产值9.6亿元，比上年增长14.3%；工业增加值3.0亿元，比上年增长67%。主要工业产品产量为：纱3.6亿吨，下降4%；布5593万米，下降3%；呢绒33万米，下降78%，绒线997吨，增长6%。

全行业规模以上工业企业实现产品销售收入8.2亿元，比上年增长6%。在33户工业企业中，有13户亏损，亏损面为39%，亏损额为3724万元，比上年增亏3057万元。利润总额－3391万元，利税总额148万元。

（王文和）

【沈阳华岳纺织集团】　沈阳华岳纺织集团是1998年按照现代企业制度建立起来的国有控股集团公司。现有成员企业35户，其中：27户为工业生产企业，8户为经营性公司，是一个集纺织、服装、印染、机械、科研、房地产开发、外贸出口等多功能经营为一体的大型企业集团。有职工22437人，资产总额35.2亿元，主要有棉纱锭14.6亿锭，布机4187台，棉印染能力2100万米。其主导产品为纯棉纱、化纤纱、混纺纱，以及纯棉坯布、平绒、条绒、针织复制品、巾被、服装、毛纺、纺织机械等。主要产品产量为纱1.9万吨，坯布4426万米，巾被316万条，针织、梭织服装及各类服装181万件，纺织机械776吨。

2001年沈阳华岳纺织集团坚持以实现沈阳华岳纺织跨越式发展为主题，以进行产业结构调整为主线，以技术创新为先导，坚持“深化改革、资产重组、技术创新、产业升级、招商引资、强化管理”工作方针，较好地完成了各项工作任务。

1.经济运行态势平稳。全年实现工业总产值6.32亿元；完成工业增加值1.9亿元；产品销售率97.6%；出口交货值2.16亿元；产品销售收入5.33亿元。

2.改革发展循序渐进。全集团已初步建立起了现代企业制度，合理确定和完善了资本结构，转换了企业经营机制。

按照市政府和经贸委的改革发展部署，实施了集团和行业办的分立；完成了沈阳绒线厂等8户中小企业的转属；完成了沈阳纺织厂等2户大型企业的辅线分离；组织华岳机械、华岳海燕等2户企业开展了投资主体多元化改革的探索；完成了1699名下岗职工的并轨安置，妥善解决了原黎明集团的资产重组。

3.三大工程有所推进。印染工业园是沈阳市重点建设项目之一，薄织物印染区已投产，厚织物作业区开始试车；产业用纺织品是“十五”期间国家确定的行业经济增长点，重点进行了汽车产业用布项目的开发，并成功试制出了样品，在2001年8月国际汽车博览会上展出，受到商家欢迎；毛纺基地建设属国债支持的重点技改项目，基本完成了主体工程、配套工程和辅助设施建设项目。

4.审计监督力度加大。集团对市国资局授权的12户企业进行了资产、土地及闲置固定资产的清查。同时对华岳沈纺、华岳海燕巾被、小北铝材城等14家公司展开财务督察，并对集团内部分企业的离任厂长进行了离任审计。经过上述工作，进一步规范了企业和经营者的经营行为，维护了国有资产的完整和保值增值。

5.合资合作初见成效。2001年集团把招商引资、合资合作作为第一发展战略，沈阳华岳机械与俄罗斯舒亚公司签订了合作生产离心式细纱机的合同，并分别在两国注册了生产企业。

（王文铮）

电力工业

·电力生产·

【概况】 2001年，沈阳市电力生产行业在国家政策的大力支持下，进一步扩大投资规模，加快建立现代企业制度，加大科技投入，努力提高自动化水平，同时大力推行清洁生产，实现节约、降耗、增效、减污，使生产获得高速发展，效益得到显著提高。该行业全年呈现的几个主要特点是：

1.规模不断扩大。2001年全市规模以上电力生产企业仍为7户，且全部为火力发电企业。企业户数与上年比虽然没有增加，但资产却成倍增长。2001年末，全行业资产总计为61.1亿元，比上年增加33.3亿元，增长1.2倍。其中：固定资产原值72.6亿元，比上年增加46.7亿元，增长1.8倍；流动资产年平均余额23.6亿元，比上年增加12.6亿元，增长1.1倍；无形及递延资产1.8亿元，比上年增加0.2亿元，增长12.5%。全行业实收资本14.4亿元，比上年增加8.2亿元，增长1.3倍，其中国家资本和法人资本分别比上年增加7亿元和0.8亿元，增长2.7倍和50%。在全部实收资本中，国家资本为9.6亿元，占66.7%；法人资本为2.4亿元，占16.7%；个人资本为0.5亿元，占3.4%；港澳台资本为1.9亿元，占13.2%。全行业全部从业人员年平均人数1.19万人，比上年增加5913人。

2.生产高速增长。2001年，全行业规模以上企业共完成现价工业总产值35.3亿元，按可比价计算比上年增长2.1倍，高出全市工业平均水平2倍。

3.效益显著提高。2001年，全行业规模以上企业共实现产品销售收入32.4亿元，比上年增长75%，高出全市工业平均水平66.1个百分点；实现利润总额2.9亿元，比上年增长7.4%，高出全市工业平均水平37.3个百分点；实现利税额5.2亿元，比上年增长26.8%，高出全市工业平均水平34.8个百分点。

（邸　新）

·电力供应·

【概况】 沈阳地区电网主动力主要通过浑河、大成、虎石台等16座500千伏、220千伏变电所及胜利、南湖、肇工等192座66千伏变电所的承上启下，将东北电网主网架的电能源源不断地送往沈阳城乡的千家万户。

担任沈阳地区9区4县(市)1.3万平方公里供电任务的沈阳供电公司(沈阳电业局)，系国家电力公司所属的国有大一型供电企业。截至2001年末，沈阳地区电网直接电力计量用户已达145.9万户，居全国大型供电企业前列。2001年，沈阳地区电网供电量110.5亿千瓦时，售电量为102.2亿千瓦时，分别比上年增长4.4%、4.2%，最大电力194.4万千瓦。

沈阳地区电网建有沈阳热电厂、沈海热电有限公司、金山热电有限公司、华泰热电股份公司等18座国有、地方及合资电厂(站)。截至2001年底，沈阳所属7座电厂(站)装机总容量63.8万千瓦，年发电量34.1亿千瓦时。

2001年，沈阳地区电网重点供电设备有：500千伏变电所1座，变压器总容量75万千伏安；220千伏变电所16座，变压器总容量340.6万千伏安；66千伏变电所192座，变压器总容量484.7万千伏安；10千伏小区变电站1152座，变压器总容量92.9万千伏安；输电线路3519公里，配电线路3.99万公里，其中10千伏以上电缆线路3111公里。

2001年沈阳供电公司以优异的成绩通过国家电力公司的严格考核验收，晋升为“国家电力公司一流供电企业”，电网计量管理通过“国家实验室”资格认可，电网档案管理通过“国家一级标准”认定。

2001年，沈阳市拥有路灯6.1万盏，比上年增长22%。全年投人工程费2800万元，维护费3500万元。为配合沈阳市城市总体改造规划的实施，先后完成北陵大街、北京街、东西高架桥、青年大街等新建、改建、网改、小区及3、4级马路等路灯工程318项，新立灯杆2600多基，安装新式路灯4500多盏，安装路灯变压器57台，建成厢式变电站6座，敷设电缆70多公里、架空绝缘线路854米，新建电缆井535座。2001年，沈阳市平均路灯亮灯率为97.82%，列全国大城市路灯亮灯率之首。

（向　前）

【电网建设改造】 2001年，沈阳地区电网共完成电力基本建设项目投资1.5亿元。其中：大中型电力基本建设项目投资9100万元，小型电力基本建设项目投资5900万元。

主要重点电力基本建设项目有：220千伏“哈大”电气化铁路电力配套工程的220千伏虎石台(3.24千米)、大成(6.5千米)、繁荣(1.9千米)变电所变电出口改造工程，分别于2001年8月12日、8月27日、10月20日竣工，投入运行；新建的220千伏顺城变电所，于2001年末一次性通过验收，投入运行；新建220千伏北陵变电所，于2001年5月破土动工，到2001年末，已完成道路、土建施工，进入紧张的电力设备安装、调试阶段；新建的220千伏平安变电所工程，已完成前期工作及初步设计审核，已投入施工；完成500千伏沙岭变电所扩建工程，新增2条变电线路出口，增强了网架对外联络的紧密性，提高了电网供电可靠性，该工程于2001年5月投入运行；完成66千伏齐贤变电所新建工程，新增变压器容量6.3万千伏安，于2001年5月投入运行；新立项的66千伏欧亚变电所工程于2001年10月破土动工，现已完成变电所框架混凝土浇制；新建的66千伏施官变电所(变压器容量3.15万千伏安)，于2001年7月8日投入运行；完成220千伏“热顺线”输电线路新建工程，新建输电线路4.9千米，并于2001年末竣工投入运行；全长

5.96千伏的齐贤10千伏联网工程，66千伏施官变电所进线工程，6.3千米的“于劝线”改造工程，全部按期竣工投入运行。

（向　前）

【电力科技进步】 2001年，为了继续提高、增强沈阳地区电网的科技含量，先后新立科技项目35项（其中：辽宁省电力有限公司立项12项，沈阳供电公司立项23项），投入科技资金2148.6万元（其中：辽宁省电力有限公司投资345万元，沈阳供电公司自筹资金1803.6万元；用于科技开发资金1447.3元，用于科技推广项目资金701.3万元）。2001年，完成电力网科技项目34项，其中：9项荣获辽宁省电力有限公司科技进步奖，1项荣获沈阳市科技进步奖。科技投入产出比为1∶5.86，产出直接经济效益为6863万元，科技进步贡献率达到36.3％。

新落实的34项科技项目，现已全部推广应用于电力网的建设、发行与管理之中，并获得了显著的效果。如：新开发的招商银行“一卡通”代缴电费系统。该系统实现了用电客户电话缴费、上网缴费、自动查询终端缴费等多种自动缴纳电费的方式，提供24小时不间断服务，保证电力客户全天候的自动缴费，不受时间、地点的限制，缴费数据实时传送，当时缴费，当时入帐。电力客户可自由选择在电力销售服务窗口或招商银行服务窗口查询打印电费发票，售电过程快速、准确、灵活。

2001年，沈阳供电公司继2000年连续两年荣获“全国质量管理小组优秀企业”荣誉称号，荣获沈阳市质量协会颁发的“质量管理小组活动优秀企业”荣誉称号。荣获国家级优秀QC成果2项、全国电力系统优秀QC成果1项、辽宁省质量科技成果一等奖2项、沈阳市优秀QC成果奖5项、辽宁省电力有限公司优秀QC成果奖12项。QC小组成立率、成果发布率分别以66.3％、65.7％超过了国家电力公司“一流供电企业”的有关指标。

（向　前）

【安全文明生产】 沈阳供电公司针对2001年城网改造力度大、供电设备更新多、进网作业人员明显增加、施工周期长、项目多等问题，在坚定不移贯彻落实“安全第一，预防为主”的前提下，严把安全关口，吸取兄弟单位事故教训，做到警钟长鸣、居安思危，进一步完善安全文明生产机制，确保安全文明生产的稳定局面。重新修订了《安全生产责任制》和《安全生产奖惩办法》，下发了《工作票填写标准》、《安全工器具使用管理制度》等相关规定，下发至进网作业的生产单位实施。同时，还对电网中运行的电力设备标志的准确性进行了认真核对，并开展“反事故”演习活动，提高了进网作业人员“反事故”的应对能力。

加强电网安全生产的监察，把反习惯性违章操作列为安全的重中之重，常抓不懈，重奖重惩。全年，共检查进网作业施工现场460处、1.07万人次作业人员。对违反安全文明生产的人员，按有关制度处罚。同时，将建国52年以来，沈阳地区电网发生的74起人身重伤及以上事故案例进行整改，从事故类别、事故原因、发生时间、人员状况、暴露的问题做了统计分析，形成了3万字汇编材料，印发到进网作业施工单位。

针对2001年沈阳电网改造工程多，进网作业施工队伍复杂，个别进网作业人员安全素质较低的状况，采取了对进网施工队伍进行安全资格审查及安全规则培训及考试措施。50多个进网作业施工队伍获得了安全资格审查证，3252名进网作业人员接受了各种安全作业培训。

2001年，沈阳地区电网实现连续安全运行293天，无人身重伤及以上事故3536天。60％以上的66千伏变电所安全运行超过4000天，220千伏浑河变电所实现安全运行8295天，继续保持东北电网同类型变电所安全运行的最高纪录。

（向　前）

【提高优质服务水平】 2001年，沈阳供电公司（沈阳电业局）以国家电力公司提出的开展“电力市场整顿和优质服务年”活动为主旋律，紧紧围绕“优质、方便、规范、真诚”的服务理念，演奏了一曲“真诚奉献、无私为民”的交响乐章。

1.组织开展“电力市场整顿和优质服务年”宣传活动。在中兴大厦组织了文艺演出，广泛宣传“电力市场整顿和优质服务年”的重大意义。全市设立72个宣传点，百余辆宣传车穿梭于大街小巷、田间地头，发放了7种76万份宣传材料，现场解答咨询2168人次，现场解决用电难题26件，还走访了2106户电力客户。郑重向全市公布了《2001年沈阳供电公司（沈阳电业局）供电服务承诺》。

2.深入电力客户中，虚心征求电力客户意见。先后走访了市委、市政府、市人大、市政协、市消费者协会等单位45次，走访乡镇68个、行政村88个、客户2322户，征求客户意见146条。对征集的意见经整理后，及时上报有关主管领导及部门，制订了切实可行的措施，全面进行了落实与改进，并向电力客户进行信息反馈。

3.增强抢修手段，确保及时排除供电故障。设立、开通17部投诉举报电话，设专人值守。投入运行投诉举报电话微机管理系统，加强了投诉举报的管理及客户信息采集和转化工作。2001年共受理电力客户投诉、举报1508件，反馈率100％。为了实现“45分钟到事故现场”的承诺，先后统一为事故抢修部门配备了发电车、带电作业车、事故抢修车，同时配备了新式通讯工具，及时收取、反馈事故抢修信息。2001年共受理一般故障修理票4.2万张，100％在规定时间内及时处理。特别是2001年沈阳市举办的“十强赛”、“建党80周年”、“海外学子创业周”、“艺术节”、“中、高考”、“文化广场”、“同一首歌”等重大活动期间，先后制定了保供电方案、反事故紧急供电方案，加强对相关线路及设备的试验检修，并配备了相应的抢修人员、抢修车辆，看守各重点供电点，确保了上述重大活动的安全供电。

4.开展以“优良管理，优质服务”为主题的创建“双优”修理班活动。印刷了《职工职业道德规范》、《开展电力市场整顿和优质服务年活动手册》、《“双优”修理班标准》，下发每名职工手中。命名大东、苏家屯、和平、开发区供电分公司（供电局）4个修理班为第一批“双优”修理班，为全面实现《供电承诺》奠定了坚实的基础。

2001年，沈阳供电公司荣获辽宁省电力有限公司“电力市场整顿和优质服务年先进单位”、“沈阳市纠正不正之风先进单位”等荣誉称号。

（向　前）

【依法打击窃电行为】 2001年，沈阳供电公司组织用电检查专业人员，深入沈城各个电力客户之中，开展全方位、大面积、深层次的用电检查。全年共检查电力客户38万户，共查处违章、窃电1.17万户。其中：检查居民电力客户19万户，查处窃电9309户，窃电率为4.9％；检查商业个体电力客户11.7万户，查处窃电2095户，窃电率为1.8％；检查机关事业电力客户3.1万户，查处窃电304户，窃电率为1％。全年减少电量损失5700万千瓦时，回收追补电费2800万元，追补违约用电电费3250万元。

（向　前）

【沈阳市农电局】 2001年是辽宁省第一批农村电网建设与改造工程收尾的关键一年，沈阳市农电系统以促进全市农村经济发展为目的，因地制宜，挖掘潜力，埋头苦干，进取创新，围绕电力消费的热点、难点，打造农电的服务名牌，各项工作取得了显著成效。

1.农村电网安全运行。通过对农村电网的改造，应用了新技术、新产品、新设备(应用了低耗变压器、架空绝缘线)、新工艺，解决了电网线径小、供电半径大、线路及设备老化和网络结构不合理等问题。降低了电能的损耗，提高了供电的可靠性，供电能力明显提高，农电企业和全市农民双受益。

2.电网供电能力得到提高。全年系统完成购电量17.46亿千瓦时，同比增长4.31%；完成售电量16.73亿千瓦时，同比增长4.42%；购售损失率4.20%，同比增长0.1个百分点。购电单价完成375.32元/千瓦时，同比增长21.5%；售电单价完成478.05元/千千瓦时，同比增长17.6%。

3.农村电价得到降低。电网改造后，全市农村低压线损率由原来的40%降低到12%以下；农村照明电价平均由0.747元/千瓦时降低到0.665元/千瓦时，降低了0.082元/千瓦时，降价幅度10.92%，全年减轻农民电费支出401万元。

4.赢得了民心。农网改造后，实行了电量、电费、电价"三公开"，抄表、收费、发票、检修、考核"五统一"，应用了透明的电度表计量装置，农民拿着发票可以到表箱前面核对，然后根据自己家的经济情况，合理调整家庭用电结构，合理支出。全系统共受理投诉咨询119件，件件得到落实，使受益农民享受到"优质电"，用上了明白电、放心电、便宜电、舒心电，赢得了民心。

5.农村用电管理得到规范，用电秩序得到理顺。沈阳市基本完成了乡站农电体制改革的目标，全市137个乡(镇)已有95个实现了站所合一。实行了收支两条线，对农村电工定岗、定编、考核、择优聘用，全市共精简了814人，全年减轻农民负担565万元。

(柳秀琴)

化工原料及化学制品制造业

【概况】 化工原料及化学制品制造业作为沈阳市的支柱产业之一，主要由基本化学原料制造业、化学农药制造业、有机化工产品制造业、专用化学产品制造业及日用化学产品制造业组成。

2001年末，沈阳市共有规模以上化工原料及化学制品制造业企业65户，其中亏损企业33户，亏损面达一半以上。全行业资产总计为69.9亿元，从业人员年平均人数1.54万人。有大中型企业9户，即沈阳香皂厂、沈阳东北助剂总厂、沈阳农药厂、沈阳气体制造厂、沈阳油漆厂、沈阳化工股份有限公司、沈阳三威实业有限公司等，资产合计为49.5亿元，占该行业规模以上企业的71%，从业人员年平均人数8436人，占该行业规模以上企业的55%。

几年来，通过改制和重组，全行业已形成以股份有限公司为主导，其他各种经济类型为辅，多种经济类型并存的格局。从经济结构上看，国有企业占32%，集体企业占8%，股份有限公司占6%，三资企业占22%；从资产上看，国有企业占27%，集体企业占1%，股份有限公司占47%，三资企业占6%；从工业总产值上看，国有企业占9%，集体企业占2%，股份有限公司占55%，三资企业占11%。由此可见，经济结构仅占6%的股份有限公司，无论是资产总量，还是生产规模，都在整个行业中居于主导地位。

2001年全行业实现工业总产值34.6亿元，比上年增长22%，其中：国有企业为3.0亿元，比上年下降3%；集体企业为0.8亿元，比上年下降19%；股份有限公司为19.0亿元，比上年增长6%；三资企业为3.8亿元，比上年增长30%。大中型企业实现工业总产值24.1亿元，比上年增长27%。

2001年全行业实现销售收入34.0亿元，比上年增长4%，其中：国有企业为2.8亿元，比上年下降11%；集体企业为0.8亿元，比上年下降28%；股份有限公司为19.1亿元，比上年下降9%；三资企业为3.8亿元，比上年增长29%。大中型企业实现销售收入23.8亿元，比上年增长1.3%。

2001年全行业实现利税总额2.3亿元，比上年下降53%，其中：集体企业为1263万元，比上年增长6.6%；股份有限公司为1.8亿元，比上年下降48%；三资企业为6340万元，比上年增长61%。大中型企业实现利税1.6亿元，比上年增长1.3%。

2001年全行业实现工业增加值4.0亿元，比上年下降42%；实现利润总额4363万元，比上年下降84%；亏损总额6921万元，比上年增长1.5倍。

2001年主要产品产量：合成洗衣粉2.8万吨，氢氧化钠13.7万吨，化肥1.1万吨，化学农药1601吨。

(王文和)

橡胶制品业

【概况】 2001年，沈阳市橡胶制品业共有规模以上企业24户，比上年增加2户。从行业分布看，轮胎制造业4户，力车胎制造业1户，橡胶板管带制造业9户，橡胶零件制品业2户，再生橡胶制造业1户，橡胶靴鞋制造业4户，日用橡胶制品业1户，橡胶制品翻修业1户，其他橡胶制品业1户。从登记注册类型看，国有企业10户，集体企业1户，国有独资公司1户，股份有限公司1户，私营有限责任公司1户，与港澳台商合资经营企业2户，中外合资经营企业6户，外资企业2户。全市橡胶制品业全部资产总计达37.8亿元，比上年增长3.3%。从业人员年平均人数为1.5万人。

2001年，橡胶制品业完成工业总产值22.5亿元，同比增长14.2%；工业销售产值21.2亿元，同比增长12.8%；出口交货值3.6亿元，新产品产值1.2亿元，占全行业工业总产值(现价)的比重达5.4%。

2001年生产轮胎外胎190万条，比上年增加25万条，其中子午线轮胎外胎175万条，增加22万条；输送带328万平方米，增加89万平方米；橡胶零件138吨，增加14吨；轮胎内胎19万条，增加5万条；橡胶胶管394万标米，增加61万标米；三角带724万A米，减少66万A米；胶鞋503万双，减少22万双；胶辊17.6吨，减少6.4吨；再生胶3810吨，减少1510吨。

2001年，橡胶制品业实现产品销售收入21.4亿元，同比增长17.6%；利税总额2.6亿元，同比增长79.9%；盈亏相抵后实现利润1.5亿元，与上年相比，实现亏转盈。轮胎制造业盈亏相抵后实现利润为1.5亿元，在整个橡胶制品业中占有绝对优势；亏损企业亏损额为2279万元，亏损企业主要集中在其他橡胶制造业，所占比重为69.5%。

资本结构进一步优化，外商投资资本已占"半壁江山"。2001年，外商投资资本占全部资本的比重为52.1%，比上年增加3.1个百分点，外商投资资本主要集中在轮胎制造业，所占比重为80.7%；国有资本占全部资本的比重为42.9%，比上年减少0.7个百分点；法人资本占全部资本的比重为1.7%；港澳台资本占全部资本的比重为1.6%，主要集中在橡胶板管带制造业；个人资本占全部资本的比重为1.4%；集体资本占全部资本的比重仅为0.3%。

(刘　巍)

医药制造业

【概况】 医药制造业作为沈阳市的支柱产业之一，主要由化学药品原药制造业、化学药品制剂制造业、中药材及中成药加工业、动物药品制造业、生物制品业组成。截至2001年底，全行业拥有规模以上工业企业44户，比上年减少5户。拥有资产总计88.8亿元，其中：固定资产合计27.4亿元，流动资产合计46.6亿元。实收资本23.5亿元，其中国家资本、集体资本、法人资本、个人资本、港澳台资本、外商资本分别为6.9亿元、0.4亿元、4.4亿元、5.1亿元、2.0亿元、4.7亿元。全部从业人员年平均人数为1.8万人。

2001年，沈阳医药制造业承受了巨大的压力，面对国内外激烈的医药市场竞争，药品价格大战，全行业主动出击抢占市场，按照市场要求及时调整产品价格、产品结构。2001年，全行业累计实现工业总产值35.2亿元，按可比口径计算，比上年增长14.7%；实现工业销售产值31.5亿元、工业增加值11.6亿元、出口交货值6.4亿元，分别下降5.7%、21.1%、14.7%；完成产品销售收入30.7亿元，下降4.4%；实现产品销售利润5.3亿元，下降23.2%；实现利税总额2.6亿元，下降31.6%。

面对加入WTO对医药制造业的冲击，全行业进一步强化管理，开源节流，增收节支，降低产品成本，增强市场竞争力，狠抓财务管理，制定和健全管理制度，建立以资金管理为核心的预算体系，控制应收帐款和库存等。2001年，全行业财务费用为1.8亿元，比上年下降10.0%；应收帐款为13.9亿元，比上年下降9.7%；存货为8.3亿元，比上年下降11.7%；负债合计56.5亿元，比上年下降5.7%。

作为高科技行业的沈阳医药制造业，2001年突出技术创新，加强营销管理，完善产品结构，大力拓展国际国内市场。东北制药集团沈阳第一制药厂、诺维信沈阳生物加工有限公司、沈阳三生制品股份有限公司、沈阳山之内制药有限公司等行业骨干企业，在2001年生产经营中取得良好的经济效益和社会效益，其产品以高质量、高技术含量赢得了消费者的信赖，树立了良好的沈阳企业形象。

（*崔国良*）

黑色金属冶炼及压延加工业

【概况】 沈阳市黑色金属冶炼及压延加工业主要包括钢压延加工业、炼钢业。2001年，全行业拥有规模以上工业企业21户，比上年减少1户，资产总计43.1亿元，比上年减少了1.4%，其中钢压延加工业17户企业，比上年增加1户，资产总计26.0亿元，比上年上升4.4%。全年实现钢产量18.4万吨，成品钢材17.1万吨，分别比2000年增加11.0万吨和5429吨。

2001年，全行业共完成现价工业总产值6.8亿元，按可比价计算，比上年下降30.2%；实现销售产值7.5亿元，同比下降32.6%，产销率为110.7%；利润由上年盈利437万元转为亏损1445万元。

从行业内部的具体分布看，钢压延加工业占有主导地位，现价工业总产值占全行业的65.5%；炼钢业占全行业的34.5%；钢压延加工业在行业中所占比重下降17.9个百分点。炼钢业规模呈上升之势。

从行业的企业规模看，绝大多数企业为小型企业，其生产规模及生产能力相对较差，特别是主导产业钢压延加工业新产品产值明显萎缩，占全行业新产品产值的比重为2.0%，严重阻碍了全行业的发展。

（*赵宏君*）

有色金属冶炼及压延加工业

【沈阳造币厂】 2001年，沈阳造币厂全面完成国家下达的货币生产任务，完成工业增加值2.66亿元，实现利润1.03亿元。

1.安全质量管理稳中有进。2001年，沈阳造币厂被评为沈阳市、中国印钞造币总公司特安级企业，成为沈阳市仅有的2家、行业内首家通过特安级企业验收的单位。

质量管理以全面质量管理为核心，不断改进和完善质量管理手段和运行机制，加强过程控制和质量监督保证措施，强化质量体系运行的有效性，努力使ISO9000标准与全厂管理工作相融合，并逐步发挥科学管理效用。顺利通过东北质量监督审核中心的第三方审核，继续保持注册资格。在产品质量上，一是改进961品表面质量，在解决酸洗质量、透影等问题方面有了突破。二是完善精品币工艺。作为新型普通纪念币，Y011和Y012品在规格和技术上采用了新标准，质量上按照精品币要求生产。全年质量指标有了进一步提高，961品一般废品率为0.85/万，852品一般废品率为0.96/万，严重废品率两个品种都为0/百万，这是该厂首次实现全年严重废品抽检率为零的目标，为历史最好水平。

2.深化改革，培育机制，推动企业管理进步。一是完善了承包责任制，对目标管理体系进行细化、量化、优化，明确责任，增加激励措施，建立监督检查手段和保证措施，使综合管理承包责任制真正发挥作用。二是调整计划管理体系，使计划管理逐步适应形势变化需要。三是进一步完善休工待岗制度。采取集中生产与集体待岗、休工待岗与竞争上岗相结合的管理方式，有效地解决了任务不足和人员富余问题。四是进一步完善ABC管理。全厂实行奖金捆绑分配，增加活量部分，弱化固定比例。五是调整工资结构，进行岗位等级工资改革。六是进一步开展“三降一提高”活动，努力降低管理成本和消耗指标，提高企业经营效益。七是开展了自办经济实体清理整顿工作。本着建立产权清晰、权责分明、自主经营、自负盈亏、服务主业的要求，对自办经济实体实行“关、停、并、转”整顿，撤销发展前景不好、经营不善的单位，保留了沈阳泉银实业总公司和中钞沈阳证券印制公司两个实体。八是强化依法治企工作。成立法律顾问办公室，依法处理生产经营中各类经济和劳务纠纷，维护企业的合法权益。

3.以职业技能鉴定为核心的职工教育培训工作取得显著成效。全厂共有1954人次参加培训，其中：干部培训1021人次，工人培训933人次。一是加强了现代化管理知识培训，组织开展了工商管理知识、计算机知识、营销知识、现代管理科学和领导科学等培训，进一步提高了管理人员的管理水平。二是紧紧围绕岗位技能鉴定组织开展了技术工种理论和实际操作技能培训。三是结合ERP项目和OHSAS18000认证试点工作开展相关业务培训。

4.科研开发项目取得突破，技术创新能力有所增强。项目研究进展顺利，硬币边部印凹字、边部印凸字、边部凹槽滚凸字、复合材料、荧光材料、复合防伪技术、丝齿滚字及异形币等项目取得初步成果，在北京钱币博览会上推出新产品，展示出百年老厂独特的企业文化和技术实力。其中边部滚凸字、凹槽滚凸字、银币表面抗变色及异形币研制等科研项目通过中国印钞造币总公司项目鉴定。厂内评选出科技开发项目特等奖1项,一等奖6项,二等奖11项,三等奖7项,为历年来取得科技项目成果最多的一年。

(王 和)

机械工业

【概况】 截至2001年末,沈阳市机械局共有工业企业157户,其中:国有企业37户,集体企业90户,国有与集体合营企业5户,中外及港、台合资企业29户。全局共有职工12万人,其中工程技术人员6723人,占职工总数的5.6%。资产总计150亿元,其中固定资产原值76.3亿元,净值率为64.8%。全局共有主要生产设备10403台(套),并引进了数控龙门铣加工中心、五坐标加工中心等一批关键工艺装备。全局拥有70大类1000余个系列9000多种产品,应用于石化、电力、冶金、煤炭、环保、建材、交通、军工等诸多领域。全局有15种市级以上名牌产品,50%以上的主导产品达到国际80年代末和90年代初水平。全局共有博士后工作站1个,国家、省、市三级技术中心11个,国家产品质量监督检测中心3个,行业研究所4个。

2001年,全局共实现工业总产值39.3亿元,同比增长10%;销售收入27.3亿元,同比增长10%;工业增加值9.1亿元,同比增长8.5%;实现利润2001万元,同比增长10.2%;外资调入1129万美元,同比增长10.4%;出口创汇4080万美元,同比增长13%。全局共开发新产品250种,实现新产品产值12.4亿元,占总产值的31%,高新技术产品产值12.5亿元,占总产值的32%。

全局共有14户国有大中型企业,其中:鼓风、水泵、气压等为全国同行业排头兵,技术力量雄厚。大型离心压缩机(如70万吨乙烯装置用裂解气压缩机)、往复式压缩机、大型斗轮挖掘机、300MW核主泵等主导产品达到或接近国际先进水平,并且远销美国、德国、日本、俄罗斯、东南亚、澳大利亚等50多个国家和地区。

(金红智)

【实施外向牵动战略】 2001年,沈阳市机械局坚持把对外开放作为第一战略,加大对外合资合作力度,实施积极的外向型牵动战略,推动所属企业与国际知名企业的全面、整体合资。一是在重点合资项目上取得了新成果,加快了一批重点合资项目的签约。①沈矿与加拿大瑞威环保公司合资建设垃圾焚烧发电项目,总投资3856万美元,外资288万美元;②沈鼓与加拿大格林迪欧生物工程公司合资生产环保工程用品,总投资300万美元,外资95万美元;③沈重与加拿大IBT公司合资的银诺森工程建筑项目,总投资100万美元,外资60万美元;④沈起与日本JRC株式会社合资生产输送设备,总投资1000万美元,外资375万美元;⑤沈重福茂木业项目总投资24万美元,外资12万美元;⑥沈低与台湾合资生产装饰材料项目,总投资36万美元,外资15万美元。二是走出国门,境外办厂,在跨国经营上实现新的突破。沈重与俄罗斯合资组建年产3万立方米中密度板项目,总投资1850万美元,其中设备投入1268万美元,全部由沈重提供,同时沈重又以600万美元设备形式投资入股。此项目的签约,不仅为企业增加效益,又带动外贸出口1268万美元。此外,沈重与加拿大OIE公司合资组建破碎机组装厂项目,已获得国家经贸部批准,并与越南合资建立了密度板生产线。沈重与泰国RNC集团共同投资在泰国组建年产30万吨水泥项目已在泰国签订合资意向书,中方以生产线设备总成套投资入股。三是明确责任,严格考核,在招商引资形式上出现新的变化。加大互联网的招商,沈重、矿山、鼓风、213等企业都开通了互联网并拓展了信息渠道。钢球厂通过互联网与12个经贸公司建立了联系,当年成交出口50万元,实现了零的突破。在拓宽合作领域争取扩资的同时,全局还积极争取国际金融组织机构和国家给予的出口信贷款项。沈阳松下蓄电池公司利用境外借款440万美元,沈重与俄罗斯联合办厂,获得了国家给予的600万美元的出口信贷。

(金红智)

【推进科技创新】 2001年,全局以技术创新为突破口,进一步完善企业技术中心建设,推进科技体制改革,全力抓好产品结构调整,以技术进步带动全局经济效益的提高。一是完善技术中心建设。通过对技术开发队伍的重组,吸纳社会科技资源,投入必要的资金和仪器、设备,加快完善技术中心建设,为企业的结构调整和产业升级提供强有力的技术支撑。全局在原有鼓风、气压、蓄电池等9户企业技术中心的基础上,又争取凿岩机和213厂两户企业进入市级企业技术中心行列。同时,对原认定的技术中心进行全面评价,实行动态管理。二是积极推动各种形式的产学研联合,促进科技与经济的结合。以课题为纽带,组织产学研共同攻关,解决企业重大技术难题。组织科研院所和高等院校的专家和科技人员进入企业,进行技术咨询、技术诊断。引进国外智力为企业提供技术服务,会同有关部门围绕企业发展中的一些重大技术难题,有针对性地引进外国专家和工程技术人员,为企业服务。全局大型企业均与国内知名院校如清华、西安交大、哈工大等保持着密切的技术合作,较好地攻克了制约产品发展的技术难题。三是全力抓好产品结构调整工作,促进产品结构升级。围绕改进质量、增加品种,提高效益和替代进口,重点支持一批对行业发展和产品升级起重要作用的关键技术,促进了一批重点产品的开发研制。如鼓风机厂为上海金山石化提供的70万吨裂解气压缩机,为国内首创,其技术含量、制造难度都是国产化压缩机之最;沈阳水泵厂开发研制的09Ⅲ核主泵,沈阳电机厂与沈阳工业大学联合开发的大型铷铁硼稀土永磁电机及风力发电机等均通过鉴定,并且部分已填补了国内空白。四是科技体制改革工作不断深入,全局科技战线呈现出体制创新、机制搞活、科技人员积极性提高的良好局面。鼓风机、213、水泵厂、电机厂等企业分别针对本企业情况,制定了一系列改革措施,实行管理股、技术股,调动了科技人员积极性,为企业的技术工作带来了生机与活力。建立科技特区,制定科技管理办法,深化用人、分配制度改革,建立竞争机制,实行末位淘汰制,使人才得以正常流动。五是加大技术开发投入,使企业的技术开发有可靠的资金保证。建立以企业为主体,多渠道、全方位的投入体系,把技术开发投入作为对企业经营者考核的重要指标之一,促使企业主动增加技术投入,促进全局技术创新能力的提高。大型骨干企业技术开发费提取比例达到3.3%以上,全局平均提取比例为2.2%左右。

(金红智)

【坚持科学管理】 2001年,全局以规范现代企业制度为主题,强化企业管理,坚持以科学管理树企业形象,以管理带动企业效益提高,通过扎实工作,取得了较好的效果。第一,在全局范围内开展创建花园式工厂和模拟“三资”企业管理活动,涌现出一批如沈阳电机股份有限公司、沈阳东北蓄电池股份有限公司、沈阳凿岩机股份有限公司、沈阳鼓风机股份有限公司、沈阳恒星实业有限公司等强化管理工作的先进典型。这些企业在困难的条件下，靠深化改革和强化管理，再现企业生机，企业的向心力、凝聚力和管理水平不断提高。第二，企业管理的进档达标工作取得了实效。13户大中型企业达到了二档以上水平，占大中型企业的65%，并达到了机械部制定的企业基础管理工作规范化要求，沈阳鼓风机股份有限公司申报了国家级管理进步示范企业。第三，模拟“三资”企业管理扎扎实实推进。一是试点单位不断增加，由上年的30户达到108户。二是系统企业推广模拟“三资”企业管理面在增加，大中型企业达100%，中小国有企业和集体企业推广面达到31%。三是模拟“三资”企业管理工作取得实质性突破。全系统机构减少285个，减少幅度为39%。用工方面实行了动态管理，仅中层干部比原来减少26%，工人实行优化组合和合理组合，减员幅度达22.4%。在分配方面，有20户企业实行了岗位工资，有17户企业实行了经营者年薪制，14户企业内部实行了年薪制，有8户企业实行了科技津贴制，有26户企业实行了销售大承包，有28户企业实行了质量效益工资，有5户企业实行期股期权，10户企业实行承债式期股。长城电缆有限责任公司实行了管理股、技术股试点，实现了分配形式上的多样化和多元化。第四，学邯钢降成本活动深入展开。全系统围绕成本控制目标，推行了目标责任制，20户企业实行成本否决制。并紧紧抓住大宗材料物资采购、大额配套产品实行公开化招标式管理等关键环节，强化了物资采购督察工作。沈阳矿山集团公司仅靠物资采购就实现节约额600多万元。

（金红智）

【推进经营机制转换】 2001年，全局以企业改革改制为契机，大力推进企业经营机制的转换。第一，围绕建立现代企业制度的要求，突出主线，分离辅线，实行主辅分离。全局13户大中型企业通过划转、销号、出售等多种形式将转供水、自管房产、自办医院等社会职能分离到社会专业管理公司，使政企职能错位得以复位。2001年，全局共完成主辅分离92户，占可分离总户数的70%，分离资产7.71亿元、分离负债5.27亿元、分离人员1.89万人。通过主辅分离，进一步精干了主线，减轻了企业负担。第二，企业改革改制工作成绩突出，全局市属国有中小企业改革改制面达到90%以上，市属集体企业达到50%以上。完成市属国有中小企业改革改制25户，占市属国有中小企业28户的90%；市属集体企业改革改制12户，占市属集体企业20户的60%。完成承债式转股试点企业12户，完成管理股、技术股试点实质性运作的企业2户。同时，以产权转让、合资合作、股份合作制、破产为重点，积极推进中小企业产权制度改革向纵深发展，放活一批中小企业。全局共推出29户产权转让企业，并向社会进行公开招标。29户企业中，16户企业已有不同程度的推进，占29户企业的55.2%。其中：6户企业进入产权交割阶段，10户企业进入买断程序。通过改革，逐步改变了原有的企业经营模式，从根本上解决国有股“一股独大”的问题，逐步实现投资主体多元化经营。第三，按照中小企业“双转双放”的要求，机械局分别与10个区签订了转属协议书，共有122户中小企业转属。其中：国有及国有控股企业31户，集体企业17户，厂办集体企业56户，非国有控股企业18户。通过转属，减轻了全局负担，为沈阳机电装备集团的发展创造了宽松的条件。

（金红智）

普通机械制造业

【概况】 普通机械制造业作为沈阳市工业的骨干行业，主要包括锅炉及原动机制造业、金属加工机械制造业、通用设备制造业、轴承阀门制造业、其他通用零部件制造业、铸锻件制造业和其他普通机械制造业等7个中类25个小类。

截至2001年底，该行业拥有规模以上独立核算的工业企业122户，其中：大中型企业23户，主要包括沈阳机床股份有限公司、沈阳鼓风机厂、沈阳气体压缩机股份有限公司、沈阳水泵股份有限公司等国内外著名企业；小型企业99户。该行业生产的数控机床、普通机床、透平压缩机、透平鼓风机、往复式压缩机等产品畅销全国大部分省市，并享誉海内外。

2001年末，全行业拥有资产总计159.2亿元，比上年增长16.4%；固定资产原值74.5亿元，比上年增长22.7%，其中生产经营用固定资产61.4亿元，比上年增长31.5%；全部实收资本为33.2亿元，比上年增长25.3%，其中：国有资本15.8亿元，占全部实收资本的47.6%，所占比重比上年下降21.5个百分点；法人、个人和外商资本分别为6.5亿元、4.0亿元和5.9亿元，分别占全部实收资本的19.6%、12.0%和17.8%，分别比上年提高13.2个百分点、2.2个百分点、7.6个百分点，大量吸纳社会资本及外资效果显著；全部从业人员年平均人数为49746人，比上年减少4527人，降幅为8.3%。

2001年，在国家扩大内需，采取积极财政政策的宏观政策调控下，在市委、市政府全力扶持发展机械装备制造业的政策导向下，企业注重挖掘内部潜力，强化管理，加强成本核算，努力开拓市场，全行业得到长足发展。全年完成工业总产值（当年价）47.6亿元，按可比价计算，比上年同期增长47.0%；实现销售产值46.1亿元，产品销售率达96.8%；产品销售收入实现44.3亿元，比上年同期增长37.2%；利税总额实现1.61亿元。总资产贡献率为2.69%，资本保值增值率为112.8%，资产负债率为70.6%，全员劳动生产率为2.5万元/人。金属加工机械制造业和通用设备制造业作为该行业的骨干力量，拥有企业57户，占全行业的46.7%；拥有资产102.6亿元，占全行业的64.4%；实现工业总产值达27.1亿元，占全行业的56.9%；实现利税1.56亿元，占全行业的96.9%。

2001年全行业主要产品生产量为：工业锅炉641台，比上年下降14.9%；金属切削机床1.05万台，比上年增长35.6%（其中：高精度机床13台；数控机床1424台；大型机床386台；分别比上年增长116.7%、14.4%和85.6%）；升降移动机械1406台，比上年增长28.8%；泵生产量1.52万台，制冷空调设备2.01万台（套），分别比上年增长9.8%和23.5%。

（朱式娟）

金属加工机械制造业

【概况】 沈阳市金属加工机械制造业共有规模以上工业企业22户，比上年减少了2户。主要由金属切削机床制造业、锻压设备制造业、铸造机械制造业、机床附件制造业和其他金属加工机械制造业组成。该行业主要以金属切削机床制造业为主体，占12户。在22户企业中，有1户国家特大型工业企业——沈阳机床股份有限公司，其他21户企业均为小型工业企业。2001年，该行业全部从业人员年平均人数为11560人，比上年减少了2669人，下降18.8%。

2001年，该行业的资产总计为46.3亿元，比上年增长了0.4%。流动资产为18.4亿元，比上年下降了28.1%。固定资产为21.7亿元，比上年增长了47%。全部负债总额为34.9亿元，比上年增长了6.7%，所有者权益为11.4亿元，资产保值增值率为85.1%。

2001年，沈阳市金属加工机械制造业共完成现价工业总产值10.1亿元，按可比口径计算，比上年增长了33%，实现销售产值10.2亿元，工业产品产销率达101%。主要产品产量：金属切削机床1.05万台，比上年增长34.9%，其中：数控机床1424台，比上年增长9.5%；大型机床386台，增长85.6%。

2001年该行业产品销售收入为9.7亿元，比上年增长了14.1%。其中：产品销售成本为7.2亿元，比上年增长了9.6%；产品销售税金及附加为640万元，比上年增长了25.5%。全行业2001年实现利润总额1765万元，比上年大幅度下降，降幅达55.7%。实现利税8395万元，比上年下降了11.3%。该行业2001年上缴国家增值税5990万元，比上年增长20.6%。

2001年全行业有1户企业处于停产状态，13户企业生产经营呈现亏损，亏损面高达59.1%，亏损企业亏损额为4676万元，比上年增长了3.4倍。

沈阳市金属切削机床制造业在全行业中占主导地位，其中国家特大型工业企业——沈阳机床股份有限公司是我国最大的机床制造商。2001年，沈阳机床股份有限公司搭上了"上海磁悬浮高速列车"，拿到国内最大的机床市场订单——"上海磁悬浮高速列车项目"的数控机床项目。2001年，沈阳机床股份有限公司还积极向企业电子化迈进，组建了"沈阳机床"网站，利用沈阳机床现有资源，形成产供销与信息流整合，企业销售渠道从实际空间向网络空间发展，使企业与市场的联系更加密切。2001年，沈阳机床股份有限公司完成工业总产值8.0亿元，销售收入7.9亿元，利润6075万元。

（贾 唯）

【沈阳机床（集团）有限责任公司】 截至2001年末，沈阳机床（集团）有限责任公司资产总额53.2亿元，职工为18368人。下属2个控股子公司、12个全资子公司。其控股子公司——沈阳机床股份有限公司，是国家520户重点企业和百户建立现代企业制度试点企业之一，是世界银行贷款沈阳工业改革主体项目单位。公司主导产品有数控机床和普通机床两大类，共300多个品种，千余种规格。2001年，沈阳机床集团加速实施建设中国数控机床开发制造基地、全球发展和机制创新三大发展战略，主要经营指标工业总产值、销售收入、利润总额和自营出口，分别比上年同期增长44.2%、26.1%、15.3%和28.9%。

2001年，公司在承揽大型成套项目方面取得重大突破。其下属企业中捷友谊厂在上海磁悬浮列车轨道梁加工设备项目招标中，战胜国内外众多竞争对手一举中标。该项目由四条生产线八台五座标三联动数控专机组成，合同总金额6400万元。2001年8月29日举行了项目竣工典礼仪式，省长薄熙来，副省长、沈阳市市长陈政高，副省长刘国强，中国工具工业协会总干事长于成廷等到会祝贺。10月15日，第一条生产线（2台主机）交检验收合格；12月22日，四条线（8台主机）全部一次交检验收合格，各项精度均达到设计要求。中国机床工具工业协会总干事长于成廷对项目给予高度评价，他说："这个项目金额之大、速度之快、水平之高，创我国机床行业之最。它比国外设备有较大的价格优势，比进口机床有更短的交货期"。同时，中捷摇臂钻床厂与河南安阳彩色薄壳有限公司签订的总金额1200万元的屏压机项目，标志着"沈阳机床"已成功打入电子信息产业。另外，沈阳第一机床、沈阳数控机床有限责任公司还分别与长春第一汽车集团公司、陕西汽车制造总厂签订了总金额达2640万元和3200万元的汽车装备重大成套项目。这是公司的数控机床产品继1999年批量打入上海汽车制造业后，又于2001年成功地打入国内最大的汽车制造企业和具有发展潜力的西部汽车制造企业。2001年4月，公司还参加了第七届中国国际机床展览会，在展览会上签订内销合同2.1亿元，外销合同210万美元。

2001年，科技创新工作取得了突出成果。一是沈阳机床股份有限公司继2000年被认定为省市高新技术企业后，于2001年被国家科技部认定为国家重点高新技术企业。二是在国家"十五"科技攻关计划公开招标中，公司一举夺得CHH6125高速高效车削中心、大型镗铣数控机床及关键技术开发、多功能复合加工数控机床三个课题项目，标志着"沈阳机床"夺取了国内机床行业科技创新的制高点。在创产品品牌工作中，沈阳第一机床厂承担的"普及型数控车床产业化工程开发研究"项目，被评为"九五"国家重点科技攻关计划优秀科技成果奖；中捷友谊厂生产的TH5940立式加工中心，荣获"九五"技术创新优秀新产品奖和国家级火炬计划项目；中捷摇臂钻床厂的"中捷"牌摇钻数控机床，荣获"中国市场同行业十大品牌"称号。在质量体系认证方面，中捷摇臂钻床厂通过2000新版ISO9001认证。

2001年，公司在产品开发方面又迈出了新步伐。一是完成了CK516数控立车、CKS6163数控车床、S2—237磁悬浮列车轨道梁专用机床生产线等40种产品的开发任务。二是完成了CKS6167数控车床、TH5425X250龙门式加工中心和SSCKZ40车铣中心等35种产品的试制任务。三是ZK74系列数控钻床、ZK3332滑座式钻削中心四种产品通过了市级鉴定；SSCK3280/2500获2001年市优秀新产品特等奖；SSCK—U6034、SSCKZ63分别获市科技进步二、三等奖。

2001年，公司在深化改革、改制，建立现代企业制度方面也做了大量的工作。原沈阳机床股份有限公司所属的中捷友谊厂事业部，改制为"中捷机床有限公司"；原沈阳机床（集团）有限责任公司下属的沈阳数控机床厂，改制为"沈阳数控机床有限责任公司"。同时，公司建立社保体系工作取得历史性突破，履行"并轨"手续职工总计3781人。通过这次并轨，加之前两年通过各种渠道解除劳动关系所分流的人员，全公司已累计分流下岗职工6000余人。

（黄德威）

汽车产业

【汽车整车继续充当产业发展的"领头羊"】 中华轿车生产线已基本调试完毕，具备了批量生产的条件；与德国宝马汽车公司合资项目的谈判取得突破性进展，合资企业有望落户沈阳；金杯客车公司与日本丰田公司签订了引进新一代海狮车——戈兰维亚生产技术的协议，以保持轻型车在全国的领先水平；沈飞日野大客车合资项目的建设如期进行。

（张宏涛）

【合资合作继续深入】 沈阳市汽车产业的发展前景，吸引了日本、韩国和台湾地区的汽车企业前来考察、洽谈，沈阳市企业也走出国门寻求合资合作的机会。特别是通过在韩国、日本和台湾地区组织汽车零部件专业招商会，以及举办沈阳市汽车工业合资合作洽谈会，沈阳市企业与韩国汽车工业协同组合、日本汽车零部件工业协会、台湾车辆同业工会等专业机构建立了较紧密的联系，拓宽了对外招商引资的渠道。汽车行业企业全年共签订合资合作合同或协议25项，项目投资额1.1亿美元，有5个项目当年已开始实施。

（张宏涛）

【为主机厂配套产品竞争激烈】 一是围绕全市已经形成的金杯海狮、中华、雪佛兰、4G6发动机等主机产品的配套为核心，吸引了国内外一批较高水平的配套企业进入沈阳，如台湾伍享公司（车架）、韩国广振商工（玻璃升降器）、上海德尔福（汽车空调）、深圳华集（真空助力器）等。二是全市现有配套企业千方百计提高产品水平，在市场竞争日益激烈的情况下，保持住了为沈阳市主机厂的配套额，全年配套额达到16亿元。三是与汽车关联度强的行业，注意力逐步向汽车产业集中，汽车装饰布、汽车玻璃、车用橡胶制品等产品都在寻求发展的机遇。

（张宏涛）

【汽车制造业概况】 2001年末，沈阳市规模以上工业企业中有汽车制造企业39户，比2000年减少11户，大中型企业有沈阳市轻型汽车车桥制造厂、金杯汽车股份有限公司、沈阳双福冲压件有限公司、沈阳曲轴厂4户企业。汽车整车以轻型车为主导产品，有轻型客车、豪华客车、载重卡车、越野汽车、轿车及特种车辆，已成为全国轻汽车生产基地之一。2001年该行业生产汽车75022辆，其中：载货汽车11088辆，客车60970辆，改装汽车1882辆，越野汽车2658辆。汽车零部件及相关产业已形成了以发动机为龙头，以汽车车桥、制动器总成、底盘、离合器、内饰件、车架、车轮等产品为骨架，具有一定配套能力的生产体系。

沈阳市汽车制造业作为第一支柱产业对全市工业增长起到强劲拉动作用，总量规模持续攀升。2001年末，全行业实现工业总产值118.2亿元（现价），按可比价计算，比2000年增长4.5%，工业增加值22.5亿元，分别占全市的15.6%和11.3%。全行业资产总计170.5亿元，与上年相比减少1.7亿元，其中：流动资产102.9亿元，增加17.2亿元；固定资产58.0亿元，增加8.0亿元；无形及递延资产5.9亿元，减少6.5亿元。年末负债合计144.9亿元，其中：流动负债124.8亿元，长期负债20.0亿元。全年实现产品销售收入118.3亿元，利润6.3亿元，利税总额13.7亿元，分别占全市的15.4%、30.7%和23.3%。截至2001年底，全行业实收资本合计39.7亿元，其中：国家资本7.1亿元，集体资本0.3亿元，法人资本15.2亿元，个人资本1.5亿元，港澳台资本1.0亿元，外商资本14.7亿元。2001年行业资本构成发生较大变化，尤其是国有资本退出幅度较大，与上年相比减少3.3亿元，国有资本占全行业资本的比重由2000年的25.1%降至17.8%。全行业全部从业人员35346人。

作为加入WTO后受到影响和冲击最大的行业之一，2001年沈阳汽车行业积极进行行业整合，促进生产资源和生产要素的合理配置和流动，迅速实现"与巨人同行"战略，直接融人国际汽车行业。2001年沈阳市汽车制造业效益仍保持上升之势，实现总资产贡献率9.5%；资产保值增值率99.3%；资产负债率85.0%；流动资产周转率1.2次；成本费用利润率5.8%；全员劳动生产率63758元/人；产品销售率101.2%；实现经济效益综合指数123.4%，比2000年上涨29.8个百分点。

（赵宏君）

【第二届中国沈阳国际汽车工业博览会】 第二届中国沈阳国际汽车工业博览会于2001年8月15—19日，在沈阳（国际）会展中心（中国汽车城）举行。博览会以"加强合作交流、提升产业水平、拉动经济发展、展示城市形象"为主题。本届汽车博览会由中国汽车工业总公司主办，沈阳市人民政府支持，中汽对外经济技术合作公司、沈阳市经济贸易委员会和沈阳市汽车产业发展办公室承办。

本届汽车博览会共有211家厂家参展，其中整车厂商57家，汽车零部件、汽车配套、汽车保养、汽车美容等产品的厂商共154家。参展车辆达到216辆，其中包括宝马、福特、克莱斯勒、奔驰、大众、现代、大宇、丰田、日产、沃尔沃、三菱、本田等国外展车70辆，国内品牌主要有别克、帕萨特、桑塔纳、奥迪、雪佛兰、本田雅阁、中华、金杯海狮等。零部件及相关产品参展的厂商主要来自台湾、广东、天津、山东、上海、北京、浙江、香港以及辽宁省内的大连、锦州、营口、鞍山、沈阳等。本届博览会展出面积超过3万平方米，参观人数累计达到18万人；签订汽车销售协议540辆，交易额2.2亿元；签订零部件销售协议83项，协议金额588万元。在同时举办的沈阳汽车工业合资合作洽谈会上，共签订合资合作合同和协议18项，签约额达8000万美元。

在沈阳汽车工业合资合作洽谈会期间，有120余名来自韩国、日本、欧美和我国台湾地区的外商参加了洽谈会并参观汽车博览会，同时到金杯通用、金杯客车、航天三菱发动机公司等主机厂及重点零部件企业进行了参观考察。

（张宏涛）

【金杯汽车股份有限公司】 金杯汽车股份有限公司成立于1988年，于1992年在上海证券交易所上市。公司现拥有员工14655人，所属单位有10家：沈阳金杯客车制造有限公司、金杯通用汽车制造有限公司、沈阳汽车制造厂、沈阳金亚汽车传动轴有限公司、沈阳都瑞轮毂有限公司、沈阳金杯江森内饰件有限公司、金杯汽车物资总公司、金杯产业开发总公司、沈阳金杯房屋开发有限公司、沈阳汽车座椅厂。其中金客、金通、金亚、都瑞、金杯江森为合资企业。

公司现生产的主要整车产品有：中华牌SY7200轿车系列；轻型客车系列，分别为SY6480系列经济型、SY6480系列普通型、SY6480系列豪华型；SY5031系列变型车，戈兰维亚系列产品；金杯雪佛兰6460系列；轻型卡车系列，分别为SY1020系列1吨车、SY1041、SY1042、SY1043系列2吨车和SY1060系列3吨车。主要零部件产品有汽车座椅、汽车轮毂、汽车传动轴等。

1.主要经济指标完成情况。2001年，公司完成工业总产值（现价）75.1亿元，比上年增长4.1%；完成工业增加值15.9亿元，下降0.6个百分点；实现产品销售收入75.1亿元，增长7.4%。完成产品产量7.4万辆，其中：轻型客车6.1万辆，轻型货车（含底盘）1.1万辆，雪佛兰2752辆。完成销售量7.6万辆，其中：轻型客车6.3万辆，轻型货车（含底盘）1.1万辆，雪佛兰1808辆。

2.以市场为导向，以销定产，积极进行新产品开发。根据市场销售情况，在下半年对生产计划进行了适当的调整，降低了部分车型的产量，同时加大了库存车销售。全年轻型客车生产6.1万辆，销售6.3万辆，分别为上年同期的99.4%和104.9%。海狮轻型客车虽然受到一些挑战，但通过强化销售管理，仍然在全国轻型车市场占领先地位，同类车市场占有率为65%。轻型卡车则全面进行新产品的开发，完成了20、41、42等五个系列13个品种的以高档内饰为重点的改进；以及43系列和大柴498V系列6个产品改进等，全年开发改进18个系列47个品种。下半年轻型卡车产销两旺，年产10603辆（含底盘），销售10551辆（含底盘）。

3.自主开发新产品和对外合作相结合，取得了很大进展，保证了公司可持续发展。全年新开发整车及零部件产品共计31个品种。中华轿车项目进展顺利，并将在2002年推向市场。与德国宝马公司的合资项目按计划顺利进行，项目建议书已上报国家计委。与日本丰田公司的合作进一步加强，12月份已经同丰田公司签署了技术转让协议，海狮轻型客车的下一代产品戈兰维亚系列已落实，将在2002年投产。轻型货车新一轮改进（大灯、前脸、手制动）计划正在落实，同时把产品按不同配置构造出高、中、低三个系列，以满足不同用户的多种需求。

4.推进公司信息化、科学化发展。加入"中国汽车信息网"，建立了"质量例会"制度、"市场信息/产品改进"例会制度、"市场分析/产品改进开发"专项例会制度。实施企业文化发展战略，公司被评为全国用户满意企业，"金杯"牌轻型客车和"金杯"牌系列轻型货车完成了省名牌产品确认工作，金客公司被评为全国质量效益型企业。

5.零部件企业及子公司经营业绩明显提升。金杯江森通过严抓产品质量关和积极开发新产品，合资后第二年即实现了为公司三个主机厂的绝对配套，实现销售收入1.76亿元，实现利润2200多万元。都瑞轮毂扩大国内市场，对内确保金客、金通的独家配套，对外实现为江苏悦达、安徽奇瑞、吉轻汽车的配套，全年完成生产数量10.8万只，实现利润同比减亏60.5%。金亚公司恢复同郑州日产供货180万元，2001年实现销售收入5219万元，同比增长16.3%。产业公司所属机电、轮胎两公司减亏工作显著，当年扭亏400万元，同比减亏近80%。物资公司实现利润比上年同期减亏了429万元。

（赵晓军）

【沈阳航天三菱汽车发动机制造有限公司】 沈阳航天三菱汽车发动机制造有

限公司是由中国航天华晨汽车有限责任公司、日本三菱自动车株式会社、沈阳建华汽车发动机有限公司、马来西亚马中投资控股有限公司、日本三菱商事株式会社共同出资设立的中外合资企业。公司注册资本7.4亿元，投资总额21.9亿元。

公司实行一次规划分两期建设，设计能力年产发动机及变速器各15万台，2000年3月28日正式投产，已形成年产发动机10万台、变速器5万台的生产能力，实现了一期建设预定目标。

公司引进日本三菱自动车工业株式会社4G6系列汽车用发动机生产技术，生产4G63(2.0升)、4G64(2.4升)汽油发动机及配套变速器。4G6系列发动机采用直列4缸、16气门、顶置凸轮轴、电子控制多点顺序燃油喷射方式，具有结构紧凑、低振动、低噪声、燃油消耗低的特点。发动机应用双平衡轴、液压挺柱、带滚针轴承摇臂、一体型主轴承盖等多项独特技术，各项性能指标优于国内现有同排量发动机，排放达到欧洲Ⅱ号标准。4G6系列发动机适应前置后驱动及前置前驱动各类轻型车需要，广泛适用于轿车、轻型客车，吉普车、皮卡车、多用途车等。

公司生产的4G6系列发动机已批量供应国内多家汽车制造厂，配装车型有福建东南汽车的得力卡轻型客车、富利卡MPV车；湖南长丰的猎豹吉普车、沈阳金杯的海狮轻型客车、一汽吉林轻型的小解放轻型客车；武汉万通汽车的万通轻型客车；柳州汽车的风行MPV车等。

公司主要生产设备及检测试验设备通过国际国内招标方式由日本、德国、法国、美国、意大利以及国内著名设备制造厂家提供，拥有2条铸造生产线、7条机械加工线，融合了最新数控柔性加工技术，实现多品种混流生产。

公司建有完善的质量管理体系，拥有三坐标测量机、圆度仪、曲轴凸轮轴综合检查仪、轮廓检查仪、光谱分析仪、金柜显微镜等多台国外引进质检设备，通过在线自主检查、工序检查、抽检试验等方式，实施从材料进厂到产品出厂的全过程质量控制，确保每一台出厂发动机、变速箱的质量。

电气机械及器材制造业

【概况】　沈阳市电气机械及器材制造业主要由电机制造业、输配电及控制设备制造业、电工器材制造业、日用电器制造业、照明器具制造业和其他电气机械制造业等6个中类、19个小类行业构成。其主要产品有电线电缆、变压器、压缩机、蓄电池、空调器、照明灯具等工业生产用品及居民日常生活用品，是与工业生产和人民生活密切相关的行业。

截至2001年底，全行业共有规模以上企业113户，并以重工业为主(轻工业15户，重工业98户)。包括沈阳电缆有限公司、沈阳变压器有限责任公司、沈阳东北蓄电池股份有限公司、沈阳华润三洋压缩机有限公司、沈阳华丽空调股份有限公司等19户大中型企业和94户小型企业。全部从业人员年平均人数39056人，比上年减少4378人，降幅为10.1%。2001年末，全行业拥有资产总计140.4亿元，比上年增长3.9%；固定资产原值69.8亿元，比上年增长6.6%，其中生产经营用固定资产57.8亿元，比上年增长12.5%，占全部固定资产原值的82.8%；全部实收资本34.2亿元，比上年同期增长4.0%，其中：国有资本16.2亿元，占全部实收资本的47.4%，集体、法人、个人和外商资本分别为1.2亿元、2.2亿元、2.8亿元和6.4亿元，分别占全部实收资本的3.5%、6.4%、8.2%和18.7%。

2001年，全行业共完成工业总产值(当年价)60.3亿元，按可比价计算，比上年同期增长20.7%；实现工业产品销售率93.9%；全年实现产品销售收入55.6亿元，比上年略有下降；实现利税总额2.1亿元，其中利润总额6066.6万元，人均创利税5276.7元/人，对外取得投资收益1013.3万元。总资产贡献率为3.7%，资产保值增值率为95.3%，资产负债率为74.3%，流动资产周转率为0.71次，成本费用利润率为1.1%，全员劳动生产率为3.3万元/人，经济效益综合指数为73.1%。日用电器制造业、照明器具制造业在整个行业中虽然只有14户，仅占12.4%，但在全行业中却起着举足轻重的作用。2001年拥有资产合计31.3亿元，占全行业的22.3%；完成工业总产值19.7亿元，占全行业的近三分之一；实现利润2.7亿元，高出全行业利润总额3.4倍；人均创利税4.9万元/人，高出全行业8.2倍。

2001年全行业主要产品生产量为：交流电动机2136台，比上年同期增长9.1%；变压器1843.9万千伏安，同比下降11.1%；电力电缆2.4万公里，同比下降4.7%；蓄电池141.4万千伏安时，同比增长5.1%；房间空调器36.2万台，比上年增长56.7%。

(朱式娟)

电子及通信设备制造业

【概况】　电子及通信设备制造业作为沈阳市支柱产业之一，具有广阔的发展空间和潜力，主要由通信设备制造业、电子计算机制造业、电子元件制造业、日用电子器具制造业和其他电子设备制造业组成。作为朝阳产业，拥有沈阳东软软件有限公司、长白计算机集团公司、三宝电脑(沈阳)有限公司和沈阳华为通信技术有限公司等众多的国内外知名的大企业集团公司。

2001年，沈阳市电子及通信设备制造业发展遇到了前所未有的挑战，生产规模及其运行状况都受到不同程度的冲击。截至2001年末，全行业拥有规模以上工业企业39户，比上年减少3户。拥有资产总计98.2亿元，比上年下降5.3%，其中：固定资产合计17.0亿元，同比下降13.3%；流动资产合计70.2亿元，同比增长6.7%；所有者权益35.1亿元，同比下降17.0%；实收资本20.3亿元，同比增长3.6%；全部从业人员年平均人数15576人，比上年下降23.5%。

2001年，全行业累计完成工业总产值84.2亿元，按可比口径计算，比上年下降7.3%；实现工业销售产值80.8亿元、工业增加值20.3亿元、出口交货值30.6亿元，分别比上年下降7.7%、5.1%、26.1%；实现产销率96.0%，同比下降5.3个百分点；实现产品销售收入82.7亿元，同比下降9.4%；实现利润总额3.4亿元，同比下降6.6%，；实现利税总额4.6亿元，同比增长2.2%。全行业有9户企业亏损，亏损面为23.1%，比上年下降7.9个百分点。

2001年，虽然全行业总体表现不佳，但以东软、长白等为首的骨干企业在沈阳工业发展中仍有诸多亮点，长白计算机集团公司名列全市工业企业产品销售收入第三名，另有几户企业分别进入全市销售收入、利润、利税前50名。

随着我国加入WTO，为电子及通信设备制造业带来无限的商机与挑战，经过新一轮资产并购和整合后，该行业所属计算机、智能IC卡电话、网络设备、电子防盗器等高科技、高技术含量、高附加值产品必将树立沈阳工业的崭新形象。

(崔国良)

【沈阳和光集团股份有限公司】　沈阳和光集团股份有限公司是上市公司——沈阳和光现代商务股份有限公司的控股公司，成立于1991年。十年来，和光集团的经营领域涉及IT产品制造、营销与服务、系统集成、电子商务、通信产品生产及应用软件开发等业务。以涵盖IT产品硬件、软件、外部设备、网络产品等全线产品为客户提供IT技术整体解决方案。

2000年11月，和光集团通过收购沈阳北方商用技术设备股份有限公司(股票代码0863)进入资本市场，2001年4月，上市公司更名为沈阳和光现代商务股份有限公司。2001年12月17日，和光商务董事会发出公告：和光现代商务股份有限公司迁址深圳。

经过十年的发展，和光集团已经成为当前中国IT行业规模最大的企业集团之一，和光所倾力建构的覆盖全国的分销网络与联想、英迈名列中国信息行业分销领域的三甲，其代理的IBM全线产品长期雄踞中国区市场份额第一，和光的维修体系荣获康柏中国区服务第一名的殊荣。在国家信息产业部公布的2001年电子信息百强企业名单中，和光名列第43位。在全国工商联公布的2000年民营企业500强评比中，和光名列第14位。

通过多年的努力，和光已将销售网络、物流网络、客户服务网络、信息网络四网叠加为一个有机的整体，借助覆盖广域的INTERNET技术，以为各级分销商量身定制的和光在线电子商务网站，将以上四种网络集成在一起，形成独具特色的"五网合一"的现代供应链管理能力，构成商业运作服务平台(Business Service Platform)。

商业运作服务平台(BSP)就是面向厂商、分销商等流通业销售主体，使用现代IT、物流和网络技术，提供高效、可靠、快速反应，全过程透明可跟踪、覆盖全国的一体化第三方营销支持服务，改进目前信息不透明、反应慢、非增值多环节低效流通链条，推进渠道的革新，形成由客户需求拉动的一体化高效供应链。

和光BSP业务为客户提供一体化的物流、客服和信息系统服务，以及为客户提供智能化的营销平台服务，支持客户对集成的物流、信息流、资金流，即商流的运营和管理。公共、中立、先进的特点使和光BSP具备标准化、智能化、数字化、集成化和网络化等特性。和光将利用雄厚的BSP基础条件及先发优势，始终保持在这一领域的领先地位。

环保产业

【概况】 2001年，沈阳市环保产业共有企事业单位总数99户，固定资产20.9亿元，职工总数12489人，其中：高级职称628人，中级职称1607人。2001年完成工业总产值22.5亿元，其中产值在2000万元以上企业21户，完成产值20.3亿元，占总产值的90%；实现销售收入15.1亿元，利润1.85亿元，出口创汇1789万美元。2001年完成环保产品总产值14.9亿元，占环保产业总产值的66%；环保服务业总产值2.25亿元，占10%；资源综合利用产值3.15亿元，占14%；生态保护产值4500万元，占2%；低公害产品产值1.8亿元，占8%。

1.产业规模迅速扩大。从1997年(产值5.23亿元)到2001年，四年间总产值年平均递增44%，远高于全市经济平均增长速度，环保产业已成为沈阳市新的经济增长点。2000年全国环保产业统计数据显示，沈阳市环保产业产值占全国1.9%，占辽宁省23.8%。

2.规模化和集约化程度不断提高，竞争实力不断增强。产值2000万元以上企业已达21户，而完成的产值却占全市环保产业产值的90%以上。一批骨干企业，如特环、东宇、鼓风、矿山、ITT飞力等，在国内同行业中已具有很高的知名度。

3.以环保产品的开发生产为主导的格局仍在持续。在环保产业的主要领域——环保技术服务，包括环保技术咨询、环保设施的建设、运营、提供环境污染治理的专业化、市场化服务等，其产值只占很小的比重，这是现阶段沈阳市环保产业的一个重要特征。而真正具有高技术含量、高附加值、占据主要市场份额的是环保服务业，因此，沈阳市环保产业规模逐年扩大，利润率却呈下降的趋势。

(王纯利)

航空航天器制造业

【沈阳飞机工业集团有限公司】 2001年6月29日，是沈飞集团公司成立50周年纪念日。沈飞集团公司以此为动力，并采取有力措施，在科研生产任务异常繁重的情况下，经过全体员工团结拼搏，克服了重重困难，提前10天完成了重点工程任务，创造了该工程研制生产史上的奇迹。各主要经济指标增幅较大。实现产品销售收入比上年增长17.9%；工业总产值比上年增长29.7%；工业增加值比上年增长37.1%；全年利润总额比上年增长63.2%。

1.出色地完成了国家重点工程任务。2001年，沈飞集团公司在重点工程任务异常繁重，科研生产任务高度交叉，大量技术、质量问题需要攻关，协调处理难度很大的情况下，向全体员工发出"为国家利益而战，为沈飞荣誉而战，为企业效益而战，为沈飞人尊严而战"的号召，并与有关生产厂签订了"军令状"，将任务和责任落实到各生产单位和个人，进行科学细化管理，实行每天考核制度。公司全体员工不畏艰难，全力以赴，有的员工挑战体能极限，6天6夜不休息，抢出了原来20多天才能完成的任务。经过全体员工的共同努力，重点工程和某科研任务分别提前10天、70天完成，其他各项科研工作也取得了突出成绩。为此，公司荣立了中航一集团集体功。

2.积极开拓国际市场。2001年，由于多方面的原因，波音737项目由原来生产尾段调整为制造波音737尾段的散组件。全年按合同要求提前交付了首架头两个组件。其它民机转包项目保持了稳定增长势头，ECD应急舱门完成546架份，波音757货舱门完成27架份，交付量总计已超过300架份。全年出口创汇完成1602万美元，比上年增长7.7%。其中：一般机电产品完成1021万美元，比上年增长5.3%；民机零部件完成581万美元，比上年增长12.2%。

3.民品和第三产业走向独立。民品销售收入完成3.6亿元，其中沈飞日野汽车有限公司销售收入完成1.5亿元。各品种中，通路地板出口39.2万块；烟机整机销售12组，销售收入首次突破4000万元，比上年增长33%；民品开发有新的进展，印刷机械完成了2台国产化样机的制造及调试，并参加了5月份的北京国际印刷技术展览会和第七届世界印刷大会。高机动性越野车民用车型完成了上目录工作。第三产业扩大经营，服务社会，取得了较好成绩，全年完成销售收入2.6亿元。

4.深化改革，加强管理，逐步建立起现代企业制度。一是按照"规范公司法人治理结构、大力推进领导干部特别是领导班子年轻化、建立科学合理的工作流程"的原则，重组公司决策层和经营管理层组织结构，对顶层行政机构进行了调整。使公司领导班子和干部队伍的"四化"程度有了新的提高，调整后的机构运作比较顺畅，在完成全年任务中经受了考验。二是通过债转股的方式，将华融资产管理公司吸收进来，于12月28日成立了新公司。并重新制订了《沈阳飞机工业(集团)有限公司章程》，原沈飞集团公司董事会先后召开了董事会议、股东预备会议及股东大会。三是进行了技术职务改革。对工程系列专业技术职务实行内部评聘制度，下发了《沈飞集团公司工程系列专业技术职务评聘实施细则》，新聘正高级工程师7名，其中：首席专家2名，专家5名。试行了《关于特殊贡献人员奖励办法》，经推荐、评选、考核，对56名有突出贡献人员进行了特殊奖励。四是沈飞集团公司的管理工作向规范化、程序化和制度化迈出了实质性步伐。按照现代企业科学管理的要求，确立了相应的规章制度。制定了《加强生产组织管理的方案》和《规范技术管理的方案》。制定下发了《建立完善公司制度体系方案》、《沈飞集团公司生产单位经营成果综合评价暂行办法》等。狠抓质量管理，使主要质量指标继续保持在较高水平。质保体系运转正常有效，在第二方、第三方质量体系审核中均取得较好的结果。军品质量水平稳中有升，无重大质量问题发生；多余物控制创近年来最好水平。民品质量总体上稳定并有所提高，顾客较为满意。民机质量体系运行基本处于稳定状态，民机实物质量有较好的改善。公司质量文化建设取得了较大进展。

5.网络信息化建设不断推进。完成了二期光缆的敷设工作,实现了厂、所之间的设计制造数据的互传,以及行业网络(金航网)的接入。开通了沈飞内、外网站,完成了办公自动化系统、供应资源规划系统、企业设施地理信息管理系统的开发,引进了计算机辅助设计CATIAV5软件系统,实现了技术计算机辅助工艺规划系统的推广和生产管理系统的全面应用。在工艺系统、生产管理系统、公司设施管理应用方面取得了一定的成绩。公司荣获了"国家CIMS应用示范企业"称号,公司自行开发的设施管理系统和旋转沟槽类CAD系统通过了国家科委专家鉴定,评价为国内首创。

6.大力推进企业文化建设。制定并完善了《沈飞集团公司推进企业文化建设三年规划》,初步建立了企业文化的考评机制,下发了《企业文化建设工作内容及考评标准》和《关于沈飞集团公司员工使用文明用语的规定》,按照《物质文化建设标准分册》要求,开展了贯标工作。建成了沈飞航空博览园和沈飞文化广场,开展了6S管理、创一流环境活动,绿化、美化、亮化了厂区环境。厂区环境建设成绩显著,9月29日,顺利通过中航一集团对沈飞集团公司"一流环境"工作的检查验收。并被国家人事部、林业局、绿化委员会联合授予"全国绿化先进集体"称号。沈飞集团公司荣获了中国企业文化建设实践创新奖。

2001年沈飞集团公司获得国家、部、省、市授予的各种荣誉称号12项,并再次荣获"全国质量效益型先进企业"称号。

(吴加舜)

【沈阳黎明航空发动机(集团)有限责任公司】 2001年,公司广大干部职工知难而进、拼搏实干,实现了"三年上台阶"的战略目标。

1.调整经营战略,新机研制和重点项目经营上台阶。2001年,公司军品批生产取得丰硕成果,新机研制取得重大进展。完成工业总产值(不变价)14.3亿元,同比增长43.29%;完成工业增加值3.9亿元,同比增长51.01%。实现出口交付额1748万美元,同比增长15.23%;实现销售收入13.6亿元,同比增长42.79%;实现利润679万元,同比增长336.14%。职工年人均收入达到1.36万元,同比增长24.57%。

2.加大投入力度,技术改造和技术进步上台阶。2001年公司投入2.03亿元,实施了14个技术改造项目,其中4套设施属国内第一、世界一流的现代化工业厂房。建立了开放实验室;编写了《透平机械制造技术丛书》;与大连理工大学合作,建立了技术中心大连分中心,为公司技术发展和产品开发拓宽了一条新路。

3.依托核心技术专长,产品和市场开发上台阶。2001年,公司不断扩大国际市场,加强国内市场,还对许多民用产品如烟气轮机、大流量轴流风机、风力发电机组等进行了大量的开发准备工作,并成为沈阳市惟一具有资格和能力担负核承压核心设备制造任务的企业。

4.深化三项制度改革,机制转换上台阶。突出重点岗位、高层管理岗位和技术骨干的工资收入,以岗位技术含量确定工资差距;建立竞聘制度,让德才兼备者走上领导岗位,同时开门纳贤,以年薪10万元向社会招聘GE转包项目经理;推行了新的劳动合同管理办法,规范劳动关系;保持5%的职工末位调整比例。

5.加强企业内部管理制度建设,企业管理上台阶。加强成本核算工作,实行预算管理,统一物资采购,实行采、购分离;确定了科学工时定额方法;改善和优化了售后服务,质量管理再上新台阶;全面修订了公司各项工作标准和管理制度,初步建立了公司制度管理体系;启动了"双6"工程,全面推进新"6S"和"6σ"管理方法。

6.加强培训,职工素质教育上台阶。依托现有的教育和培训条件,重点加强了对职工专业技能的训练;举办技能大赛,鼓励工人努力学习技术、钻研业务;对工作人员进行各种岗位培训;举办了8期干部培训班,为管理干部拓宽了知识面。通过培训,公司上下形成了一种持续不断的再教育气氛,激发了广大干部职工的主动性和创造性。

7.实施主辅分离,结构调整上台阶。2001年,公司把破产和改制作为重点,成功地对摩托车厂依法实施破产;对印刷厂、铝门窗工程公司七厂、运输处实施改制,通过改制剥离近1100人(按在册计),且改制后3个企业的经济效益比改制前都有较大幅度的提高,开创了一条具有黎明特色的通过改制实施主辅分离的道路;经过两年多的努力,原沈阳黎明航空发动机集团公司与中国华融资产管理公司两家合资,注册的新公司名称是沈阳黎明航空发动机(集团)有限责任公司,顺应新公司要求,公司规范了法人治理结构,成立了董事会、监事会,聘任了经理层。

(马越群)

【沈阳航天新光集团有限公司】 被誉为"中国航空航天动力装置的摇篮"的沈阳航天新光集团有限公司是中国航天科工集团直属的大型一类企业,是中国中、小型航天动力装置的科研生产基地。经过50年的发展壮大,公司已发展成为占地面积220万平方米,现有在册员工4100余人,总资产14亿元的大型国有独资企业。

2001年,公司各项工作取得了喜人的成绩。实现工业总产值7.1亿元,为上年同期的112%;实现营业总收入7.5亿元,为上年同期的109%;实现利税总额3382万元,其中实现利润628万元。

狠抓科研,拼搏创新,确立了军品的核心地位。2001年,公司在连续几年军品任务锐减的情况下,根据国家加强国防实力的宏观环境,积极与上级主管部门进行广泛接触,各项军品技术改造、技术开发工作全面展开,军品科研开发工作取得了明显的效果,重点型号产品的研制取得突破性进展,使公司军品研制、生产进入良性循环。

技术改造、科技创新进展有序,公司主导民品汽油机的地位得到加强。2001年,公司大力加强了民品的开发力度,加速原有产品的科技创新,居主导地位的491Q系列汽油机销售33529台。在491QE汽油机的基础上,又引进美国德尔副多点电喷系统,率先开发了居国内领先水平的491QME多点电喷汽油机,通过了新产品鉴定,并被列为2001年国家火炬计划项目。471QE汽油机的研制成功,成为公司又一个新的经济增长点。2001年本着边建线边生产的路子,不仅当年设计、改造、建成了一条年产5万台的先进装配工艺流水线,而且当年实现生产销售6010台,收入7175万元,成为公司民品中的又一支柱产品。

2001年,公司按照"面向市场、盘活存量、优化结构、增强实力、规范运作、提高效率、制度创新、持续发展"的总体思路,深化内部改革,进行结构调整和资产重组,组建了军品事业部、市场开发部;对民品结构进行了调整和重组,形成整合效应;对后勤系统加速实施了主辅分离工作,公司承诺为职工办的五件实事全部兑现。

2001年,公司顺利通过了中国新时代质量认证中心对军品质量体系第二、三次认证后的监督审核和民品汽油机配件的增项认证。为使各项管理工作再上新台阶,公司实施了专业系统考核与进行量化考核相结合的管理模式;推行以岗位管理为主要内容,以岗位系数工资制为基本形式的分配制度;在财务管理上实行了"四统一"的管理。

随着现代企业制度建设工作的不断深入,公司的企业文化建设工作也在向更深层次发展。2001年,公司举行了热烈隆重的建厂50周年庆典活动,开展了以"知新光,爱新光,一体同心建新光"为主题的系列教育活动;推出了十大企业理念和视觉识别系统;采取"走出去,请进来"的方式,推动了公司学习海尔企业文化和企业形象设计活动的深入开展;全方位、多角度创建新光文化,树立航天企业新形象。

交 通 · 邮 电

铁路运输

【概况】 沈阳铁路分局管辖铁路位于中国东北地区东南部中心地带，松辽平原南端，在东经122度59分至124度55分，北纬40度38分至42度32分之间。铁路纵横贯穿着沈阳、鞍山、抚顺、本溪、丹东、辽阳、铁岭、海城等大中城市。沈阳铁路枢纽是全国铁路较大的枢纽之一，是连通关内与东北各地的咽喉，是长大、沈山、沈吉、沈丹与苏抚5条铁路干线的交汇地区，连接着沟海线、辽溪线、开丰线等支线。铁路运输通往大连、长春、山海关、吉林、丹东、抚顺6个方向，连接大连、营口、丹东、秦皇岛等港口，是国际联运通往朝鲜、俄罗斯的必经之地。四通八达的铁路成为沈阳对外联系的桥梁和纽带。

2001年末，沈阳铁路分局管辖的范围为：长大线南至大石桥站（不含）240公里处，与大连铁道有限责任公司相接，北至四平站（不含）577公里处，与长春分局临界，管辖337公里；沈山线至马三家站（含）26.338公里处，与锦州分局毗连，管辖26.338公里；沈吉线至清原站（含）141.300公里处，与通化分局接壤，管辖141.300公里；沈丹线北起沈阳南站，南至丹东鸭绿江铁路大桥国境分界线止，同朝鲜民主主义人民共和国铁路接轨，全长254.387公里；苏抚线从沈阳南站起，到抚顺站，全长54.234公里，由分局管辖；沟海线从海城站起，到西柳站（含），与锦州分局分界，管辖7.868公里；辽溪线西起辽阳站，东至本溪站，全长110.244公里，由分局管辖；铁法线从铁岭站起，至大青站（含），管辖22.588公里；开丰线从开原站起，至西丰站（含），管辖81.600公里；凤上线从凤凰城站起，到上河口鸭绿江大桥国境分界线止，同朝鲜民主主义人民共和国铁路接轨，全长155.273公里，由分局管辖；溪田线从本溪站起到田师府站，全长75.358公里，由分局管辖；丹大线从丹东站起到大东港，管辖30.421公里。分局营业里程1384.4公里。

2001年末，沈阳铁路分局共有基层单位95个，直属单位2个，分局派出机构2个：丹东地区办事处、本溪地区办事处。分别在沈阳、丹东设沈阳铁路公安处、丹东铁路公安处、沈阳铁路运输检察院、丹东铁路运输检察院、沈阳铁路运输法院、丹东铁路运输法院。分局职工总数85858人。

2001年末，分局固定资产总额为142亿元。主要行车设备有：客运站128个，客运房屋总使用面积13.9万平方米；货物仓库144座，建筑面积11.5万平方米；机车配属445台，其中：内燃机车325台，电力机车67台；配属客车1053辆，其中空调客车467辆；线路总延长为3879.742公里。

2001年，沈阳铁路分局客运发送量计划6925万人，实际完成6830万人，为计划的98.6%；货物发送量计划7150万吨，实际完成7287万吨，为计划的101.9%。

（索明杰）

【旅客运输】 2001年，沈阳开往各方向的旅客列车有：开往北京的T11/12次、K53/54次、K95/96次；开往广州东的T93/94次；开往上海的K189/190次；开往金华西的1035/1036次；开往大连的T451/452次；开往丹东的K671/672次；开往哈尔滨的2509/2510次等，共42对旅客列车。全年，沈阳铁路分局旅客发送6830万人，完成年计划的98.6%，比上年增加58万人。

2001年，沈阳铁路分局的旅客运输以客车扭亏和增运增收为重点，合理调整客运产品结构，实现了最佳经济效益和社会效益。根据客流变化及时调整列车编组，对利用率不高的行李车实行减编调整。针对假日流、学生流、旅游流、民工流等客流变化，灵活采取加开加挂列车、车辆的措施，努力增运增收。充分利用分局管内旅游资源，积极开行旅游列车，开发新的效益增长点。强化客票管理，逐步扩大微机联网售票范围，至年底，分局管内日售票超过200张的34个车站，全部实现微机售票。加大客车设备硬件投资力度，对直通旅客列车配置高质量的卧具、餐具、窗帘、地毯、卫生备品等。实行列车等级管理，推行客运承诺服务，全面提高客运服务质量。T11/12次，K53/54次列车坚持强化职业道德、职业纪律和日常规范用语的培训，抓好示范班组、示范列车长和示范列车员的示范引导作用，掌握服务技能，参照宾馆服务的规范，使乘车旅客真正感受到乘坐火车是“铁路的票价，宾馆的感受，飞机的时间”。

2001年，沈阳客运段K53/54次第一包乘组被铁道部授予全路先进女职工集体；T11/12次“三八”青年乘务组被辽宁省妇联命名为“巾帼文明示范岗”；11月，在全路红旗列车评比活动中，T11/12次列车、K53/54次列车继续保持“红旗列车”的光荣称号。

（王淑芬）

【货物运输】 2001年，沈阳铁路分局货物发送7287万吨，完成年计划的101.9%。

2001年，沈阳市一些大中型企业生产形势仍然不佳，货运量下滑，尤其是金杯汽车、粮食等一些大宗货源的锐减，货物运输形势异常严峻。为了完成全年货物发送任务，分局采取了积极有效的措施，着力巩固大宗货源。对运距长、高费率及重点企业的货源，在运输组织上，采取政策倾斜，稳住“常量”。对改为其他方式运输的货物，研究流失的原因，有针对性地制定政策，努力夺回流失的运量。各大货运车站组织人员深入到市内及周边地区的企业争取货源。沈阳站充分发挥集装箱箱源多、方向多、发货快的特点优势，扩大集装箱运输，与到达站联手开展运输全程代理一条龙服务。到年底已和20个单位签订了运输合同，争得了2754个标箱的货源，增加收入568万元。沈阳东站领导充分发挥职工群众的智慧和创造力，开展以“增运增收”为目的的“三个一”活动，即：多揽一车货源，多装一车货物，多增一分收入。全体干部职工投入到营销氛围中去，走访调查，捕捉收集运输信息，保持大宗货源，不放过零散货源。同时以保价市场为依托，增大清欠力度，加强堵漏增收的管理，全年完成运输收入5600万元。管内各大站货场，实行“四个一”制度，即“一个窗口、一张支票、一次收费、一票到底”的一条龙服务，取消重复作业环节，方便企业货主。加快货运保价事故理赔速度，简化理赔手续。在较大车站营业室设立赔付窗口，直接为货主办理赔付事宜，树立良好的铁路信誉和形象。

（王淑芬）

【路风建设】 2001年,沈阳铁路分局消灭了一般以上路风事件,发生路风不良反映5件,旅客货主批评投诉举报比上年同期下降了31%,实现了年初制定的路风工作目标。

1.深入开展路风教育,增强干部职工路风意识。紧紧围绕铁路客货营销这个中心开展教育活动,组织铁路窗口单位的干部职工开展增强路风意识的讨论活动。每个干部职工对照路局管内发生的路风问题,联系本职工作及个人的思想实际,从中找教训、找差距,增强了干部职工的路风意识,促进了路风形势的好转。

2.大力整治内部职工以票谋私及私带旅客等不正之风。分局先后对3名涉及私带无票旅客乘车、办卧铺收好处费、送无票旅客出站的有关人员给予了经济处罚,并给予调离现职和记过处分。

3.整顿客货运输乱收费问题,规范收费标准。分局按照铁道部、路局的统一部署,利用4个月的时间集中对边远和日常检查较少的车站客货运输乱收费和运输代理行为进行整顿和规范。通过整顿,较好地解决了个别单位收费不服务、服务不到位及有的收费标准揭挂不规范和个别超标准收费等问题,为分局客货营销打下了良好的基础。

4.加大路风检查力度,控制路风问题发生。分局全年共进行了13次路风专项检查,并把节假日检查与日常检查紧密结合起来,共检查了57个车站,87趟次列车,纠正了个别职工服务态度不好、乱收费、私带无票旅客和违反"三项制度、四条纪律"等突出路风问题。同时,对进京、进沪、进穗的20对旅客列车和分局管内较大车站建立了路风考核档案。

5.认真处理旅客货主来信来访问题。全年分局共受理路风来信投诉54件,比上年同期下降了31%。同时,分局和站段都非常重视新闻媒介的曝光批评,及时组织人员对曝光问题进行调查处理,认真整改。积极参加地方政府组织的民主评议行风活动,主动向地方政府汇报工作,征求意见和建议。在年度评定中,沈阳分局参加评定的7个窗口单位有4个被评为前三名。

(王淑芬)

【安全生产】 到2001年末,沈阳铁路分局连续实现第13个行车安全年和第7个人身安全年,实现无责任行车重大、大事故4765天;无责任货运行包重大事故5994天;无责任旅客死亡事故6093天;无责任路外重大事故7293天;无责任重大火灾事故4743天;无责任险性事故1114天。

(索明杰)

【哈大电气化铁路全线开通】 2001年11月30日9时30分,国家"九五"重点工程,哈尔滨—大连电气化铁路全线开通典礼在沈阳北站举行。在欢庆的锣鼓声中,韶山4型电力机车牵引着旅客列车缓缓驶出沈阳北站第一站台。哈大电气化铁路的全线开通,从此结束了东北地区无电气化铁路的历史。

全长946.5公里的哈大铁路始建于1898年,北起哈尔滨,南到大连,途经长春、沈阳、鞍山等108个大中城市,并与沈山、沈吉、沈丹等铁路干线相连接,是国际联运通往俄罗斯、朝鲜等国家和陆海联运的重要通道,是东北路网运输最繁忙的干线,其中沈阳铁路分局管辖337公里。

1990年12月,哈大铁路电气化改造工程被确定为国家"九五"重点工程。1994年,哈大铁路电气化改造工程正式动工,1999年5月全线开始牵引工程施工。8月18日,沈阳北—哈尔滨段开通;2001年11月30日,哈大电气化铁路全线开通。

哈大电气化铁路是我国第一条系统引进德国牵引供电先进技术和设备的电气化铁路,是铁道部利用德国政府银行贷款投资建设的,具有世界90年代先进水平。哈大电气化铁路开通后,客车时速为每小时140公里至160公里,货车时速为每小时120公里。采用韶山4型和韶山9型电力机车,牵引能力由原来的4000吨提高到5000吨。

(索明杰)

公路运输

【概况】 2001年,沈阳市交通局坚持以发展为主题,以结构调整为主线,着力解决交通行业中存在的结构性、机制性、素质性等深层次矛盾,实现了全行业的快速发展。公路建设步伐进一步加快,全年完成建设投资3.8亿元,比上年增长30%;公交发展实现历史性突破,新增公交车750台,新开公交线路9条,延伸调整9条,市民出行条件明显改善;道路运输市场经过大规模集中清理整顿,市场中存在的突出问题得到有效解决,秩序明显好转;全局物流业全面起步,物流业产值实现2亿元,物流信息平台和基础设施平台功能进一步完善,物流营销网络不断扩大,物流服务能力进一步增强;局属企业产权制度改革稳步推进,经济效益大幅度增长。完成了沈阳运输集团的组建工作。局属14家企业实现收入9.59亿元,比上年增长12.9%,实现利润4297万元,比上年增长35%,创历史最好水平。全市客货运量稳步攀升,货运量达到1.47亿吨,比上年增长0.2%;货运周转量达到47.84亿吨,比上年增长2%;客运量达到3431万人,比上年增长3%;客运周转量达到28.02亿人,比上年增长3%。

(吕兴宇)

【实现创建省公路文明市"六连冠"】 2001年,全市完成公路路基改造182.9公里,黑色路面281.7公里,桥梁工程22座490.2米。黑大线和沈营线改造工程实现了当年开工当年竣工,为沈大高速公路改扩建工程的开工建设提供了重要保证。完成了康平、法库两县22个行政村通油路工程,使全市村通油路的比重达到77%。利用贷款改造了明沈线康平南出口,提升了康平县道路交通整体形象。开工建设了沈山、长大铁路"平改立"工程5项,竣工1项,完成投资1470万元。全市公路工程质量创历史最好水平,普通公路工程优良品率达到88.8%,合格品率达到100%。其中:干线工程优良品率达到100%,县级工程优良品率达到66.7%。在交通部开展的"公路建设质量年"活动中,沈阳市排名全省第一。养护和路政工作进一步加强,完成路面病害处治752万元,恢复率达到100%;绿化新植里程205.3公里,成活率达到95.7%,重点完成了"三环"高速公路两侧27.5公里林带建设,栽植苗木26.7万株。全市公路综合好路率达到75.4%,比上年提高3个百分点,路政案件破案率、结案率和路产恢复率均达到100%。在2001年度省公路文明评比中,沈阳市公路建设、管理、养护等项工作均排名全省第一,连续六年被省政府评为公路文明市。

(陈千城)

【黑大线公路改扩建工程】 黑大线改扩建工程是2001年4月份省政府召开的沈大高速公路改扩建工程专题办公会议确定的项目,其目的是为了保证沈大高速公路改造工程在2001年9月份开工后,沈阳至大连公路交通的畅通。省政府要求黑大线改建工程必须在2001年竣工通车。

为此,沈阳市成立了黑大线改建工程项目管理办公室,由市公路处、公路质监站、省公路设计公司等单位有关人员组成。该工程采用邀标方式,对全线路基及桥涵工程划分为五个标段,分别由于洪区公路公司、新城子区公路公司、东陵区公路公司、苏家屯区公路公司和市高等级公路建设总公司四分公司建设施工。

该项工程全长34公里,工程总投资7000余万元。技术标准为12米GBM工程,路基宽15m,设计车速80km/h。面层结构为2.5cm+4cm沥青砼,其中2.5cm为改性沥青砼。该工程土方量为压实方70余万立方米,占地约43公顷,拆迁房屋等共计7000平方米。

黑大线改建工程自2001年4月下旬开工,于9月15日顺利完工。

(卢 扬)

【沈阳市清理整顿交通运输市场秩序】 2001年,沈阳市对交通运输秩序进行了全面清理整顿。清理整顿由市交通局联合公安、工商、城建、物价、财政、质量技术监督等7个部门合力进行。清理整顿工作共分成客、货、修、驾以及城市公交5条线,采取了"大兵团集中整治与区域性专项治理相结合"、"统一行动与分散出击相结合"、"白天整顿与夜间稽查相结合"等灵活多样的形式。一是重点围绕群众反映最强烈、活动最猖獗、现象最普遍的"客运市场黑车、克隆车、黑站点地下经营","货运市场马路交易、货车载客、厢货无证运营","维修市场占道修车、超范围经营","驾培市场私设分校、挂靠经营"等行为进行了专项打击。二是解决公交服务质量问题,重点查处了运营秩序混乱的6字头联营公交车,使全市公共交通秩序得到初步规范。三是对危险货物运输进行了专项整治。对车辆技术等级达不到一级的220台车辆收回营运证,暂时停止营运;对278台车取消经营资格,将44台车辆改为普通货物运输车辆。清理整顿期间,全市累计出动执法人员3.2万人次,集中开展了300余次整顿活动;检查营运车辆20余万台次,查处违章车辆1万余台;清理马路市场11个;查处维修违章经营业户289户;取缔驾培市场"黑驾校"3所、挂靠分校11所、非法招生点16个。通过清理整顿,群众反映强烈的各种问题得到有效解决,运输市场综合违章率明显下降,市场秩序明显好转。

(卢 扬)

【沈阳公路主枢纽建设】 按照沈阳公路主枢纽总体规划和市场发展需求,2001年,沈阳市交通局开工建设了沈阳公路主枢纽南塔货运站。该站的建设,不仅是为了适应南塔地区各类大型批发市场发展的需要,而且也是为了规范南塔地区交通运输市场秩序的需要。由于南塔地区一直没有配套的大型交通基础设施,交通拥挤,运营秩序混乱,一直是业户投诉的热点,新闻媒体关注的焦点,行业管理的难点。为了从根本上解决这一问题,市交通局把南塔客货联运站的建设确定为全局2001年十件实事之一。上半年,市交通局下属的沈阳运输集团通过与南塔农工商公司多次谈判,最终达成了联合建站的协议,解决了建设南塔客货联运站征地费用过高、建设资金不足的难题。从2001年6月底,工程正式施工,经过4个月的紧张建设,完成了1.2万平方米停车场、2.2万平方米到、发货区和仓储库房、3300平方米综合楼建设工程,货运站于12月18日正式投入运营。

(卢 扬)

【沈阳货运迈向现代物流业】 2001年是沈阳市交通局物流业全面启动的一年,也是沈阳货运向现代物流业转型的重要一年。市交通局在总结10年来沈阳公路主枢纽场站建设和功能拓展的经验教训的基础上,确立了以货源信息为龙头,以公路主枢纽场站为依托,以局属企业为主体,以运输代理为切入点,大力发展现代物流业,实现传统运输向现代物流转型的战略思路。根据这一总的思路,市交通局加大了对物流信息平台、基础设施平台建设的投资力度,完善了由交通部公路科研所与沈阳运输集团联合开发的中国交通运输信息网的功能。目前,该网已拥有会员1400户,日信息量达到2000条,成交率达到50%以上,发挥了信息在配置物流资源中的重要作用。为了填补沈阳东南部地区物流基础设施的空白,沈阳运输集团与南塔农工商总公司联合建设了沈阳公路主枢纽南塔货运站,提高了沈阳南部物流的集散能力。为了普及物流知识,市交通局与国际知名物流企业马斯基公司联合举办了物流知识国际研讨会,组织物流企业的经理到国内外知名物流企业学习考察。作为沈阳市物流骨干企业的沈阳运输集团,目前已建成覆盖全国14个省、市的物流营销网络,拥有稳定的客户群168家,开展物流项目247个,成为东北地区具有较强实力的现代物流企业。

(陈千城)

【组建沈阳运输集团】 2001年1月8日,沈阳运输集团正式宣告成立。沈阳运输集团以原沈阳公路主枢纽集团有限公司为核心企业,按照自愿结合的原则,由沈阳一运实业有限责任公司、沈阳兴运集团、沈阳公路主枢纽五爱客货联运总站、沈阳公路主枢纽浑河客货联运中心、沈阳市公路主枢纽信息调度指挥中心等六家单位进行资产重组与整合,组成大型企业集团。集团所辖企业近300个,在职员工(含从业人员)1.8万人,占地面积120万平方米,国家一级货运场站8个,高标准仓储库房12万平方米,货运车辆1.2万台,出租车2000部,长途客运车辆300辆,长途客运线路520条(辐射东北、华北、华东15个省),以及150兆、800兆集群通讯网、600门程控交换机和布局合理、功能齐全的中国交通信息网络,中外合资、国内合资企业10个,集团总资产12亿元。2001年集团实现营业收入3.1亿元,创利5000万元。沈阳运输集团的成立使沈阳公路主枢纽体系的规模得到了空前的扩大,资源互补能力得到提高,也为大规模推进资本经营开辟了新路。

(卢 扬)

【行管部门实行"一站式"服务】 2001年1月,沈阳市交通局为了更好创建交通运输管理新形象,率先在客管处推行出租汽车准驾证申报"一站式"服务,将申请报名、培训考核、公安审查、证件制作等多个环节集中在一个办公场所完成。从培训结束后领取合格证到制证,两个工作日即可完成。这种做法不仅方便了业主,提高了办事效率,并且能够实现政务公开,提高办事透明度,便于管理监督,抑制不正之风,受到了广大出租汽车司机的普遍赞誉。"一站式"服务已在市、区交通系统两级行政执法机关相继推行。

(卢 扬)

【全市新增750台公交车】 2001年8月6日,市政府常务会议确定到年底前全市新增750台公交车,并列为市委、市政府开展的"学讲话、办实事、送温暖"活动十件实事之一。到12月25日止,市交通局完成了新增750台公交车的任务。新开辟了249等16条线路,配车461台;延伸了324等9条线路,增加车辆118台;更新了6条线路的车辆,增车60台;在原有的14条线路上增车111台。使全市大公交车总量由2107台增加到2857台,大公交线路由72条增至88条。每万人拥有公交车数量,由原来的9.38台增加到了11.52台,线网密度由原来的2.2公里/平方公里,增加到2.5公里/平方公里。增车任务的完成使全市城市公交出现三个方面的新变化:一是市民在乘车出行的方便程度上感到明显变化。通过开通206路、236路、255路等开往大专院校、经济开发区和新建居民小区的线路,不但填补了部分区域公交线路的空白,同时使原有客量较大线路乘车难的现象也有所缓解,缩短了市民乘车出行时间。二是新增车辆成为沈城一道亮丽的风景线。2001年新增和更新的车辆达到898台,占全市公交车总量的1/3,同时还对428台旧车进行了整容维修,使全市公交车辆老、旧、破损的形象得到显著改善。三是公交票款收入明显提高。随着新线路的开辟和新车的上线运营,公交客流量随之增大。据统计,2001年11、12两月总客量同比增加10%,其中12月份月票达到51万张,比11月份增加8万张,月票收入比11月份增加240万元,普票收入也有较大提高。

(陈千城)

【沈城第一条环保公交线开通】 2001年9月，沈城第一条环保公交车800路正式开通，该线路由沈阳安运集团公司与香港丰城有限公司合资经营。线路全长13.7公里，由金山小区始发，途经陵东街、泰山路、北陵大街、北站路、奉天街、五爱街、青年大街、文体路、三好街至新世界花园。线路配车25台，全部为新型环保高档空调客车，车体发动机采用达到欧二标准的美国康明斯发动机。车内安装有负离子空气净化器，全车玻璃一律采用无窗框粘接固定。考虑到乘客乘车时的不同需要，车内还备有环保清洁袋、急救箱等物品供乘客随时利用。800路还设有18个半封闭绿洲式环保候车廊，候车廊设有绿化带、分类回收箱、盲道等。该线路的开通，提升了沈阳公交的档次，为今后沈阳公交的发展起到了示范和导向作用。

（陈千城）

【沈阳丰城公共交通有限公司开业】 2001年底，由沈阳客运集团公司与丰城有限公司（香港）合资组建的沈阳丰城公共交通有限公司正式成立。在新公司的合作组建中，沈阳客运集团以原南湖分公司所属的5条线路及即将开辟的7条线路的经营权、东塔分公司办公楼、线路所属停车场及其配套设施作为投入，香港丰城公司以车辆及流动资金共1亿元人民币作为投入。合作公司中沈阳与香港双方股份比例分别为48%和52%，签约期限为16年。新公司采用香港先进管理体制及运行机制，为沈城市民提供优质的客运服务。公司拥有员工1460人，运营车辆365台，运营线路总长158公里。运行线路12条，包括环一、环二、244、246、247五条主干线和250、253、255、256、273、274、275七条新开线，途经各级交通干道和各繁华商业区，横跨市内五区及东陵、于洪区，形成市内重要的公交线路网。

（吕兴宇）

【沈阳康利巴士有限公司成立】 2001年12月21日，由沈阳客运集团与香港康利发展有限公司合作组建的公交企业—沈阳康利巴士有限公司成立。沈阳客运集团以原重工分公司所属的4条线路及新开辟的4条线路的经营权、重工分公司办公楼、停车场及其配套设施作为投入，香港康利发展有限公司以车辆及流动资金作为投入，合作公司投资总额为7000万元人民币，合作期限为20年。新成立的沈阳康利拥有员工1080人，运营车辆270台，运营线路总长99.5公里，运营线路8条。

（吕兴宇　卢扬）

【铲融雪车研制成功】 由沈阳安运集团交通机械厂引进美国先进技术生产的铲融雪车亮相沈城进行除雪，并实现了本地化生产。铲融雪车由推雪板、主车、载液罐、喷洒设备及其附属的融雪液制造器和储液罐等组成。此车作业时速为每小时10—15公里，每小时可除雪10万平方米。由于喷洒的是浓度23%的融雪液，与抛撒固体除雪剂相比，可降低3/4的成本。融雪液以低污染的氯化钙为主，可以减少对道路的腐蚀及对绿化带的污染。与进口同类产品相比，可节省2/3的费用。

（卢扬）

民用航空

【概况】 中国北方航空公司是直属于国家民用航空总局的六大骨干航空公司之一，主要经营国内外民用客、货、邮航空运输和通用航空业务。公司总部设在沈阳东塔机场，以沈阳桃仙国际机场为基地机场。公司下属大连分公司和吉林分公司，并拥有两家控股子公司，即北航天鹅航空有限责任公司和北方航空三亚有限公司，此外还拥有朝阳飞行大队和黑龙江通用航空公司两个直属单位。截至2001年底，公司在沈阳市内共设有17个直属售票处和约150个代理销售点，在国内北京、上海、广州等主要城市设有9个营业部，在日本、韩国、俄罗斯、香港、朝鲜等国家和地区设有11个国外办事处。

（佟强）

【航空客货邮运输】 2001年，北方航空公司共完成运输总周转量8.4亿吨公里，同比增长7.7%；旅客运输量548.9万人，同比增长5.8%；货邮运输量8.5万吨，同比增长0.8%；实现运输总收入52.2亿元，同比增长4.7%；实现盈利6698万元。

（佟强）

【通用航空】 全年通用航空共飞行4056架次，2823.33小时。其中：农化飞行886架次，516.33小时；灭蝗飞行270架次，432.26小时；灭蚊飞行74架次，50.38小时；飞播造林285架次，271.21小时；飞播种草189架次，209.51小时；林业防治虫害422架次，301.15小时；航空护林359架次，611.29小时；航测38架次，128.49小时；缉毒飞行37架次，39.23小时；电力巡线飞行2架次，8.30小时；航摄飞行2架次，5小时；包机飞行2架次，3小时。

（佟强）

【航线网络化】 截至2001年底，北方航空公司建立了以东北地区为基地，以北京、上海、广州为主要市场，联络各省会城市、经济特区、开放城市和各旅游地区的国内航线网络，初步形成连结东北地区与日本、韩国、朝鲜、俄罗斯、泰国、香港等周边国家地区的国际航线网络。具体包括14个航线网络：北京航线网络；上海航线网络；广州航线网络；深圳航线网络；海口、三亚航线网络；温州航线网络；厦门航线网络；昆明航线网络；成都航线网络；香港航线网络；汉城航线网络；大阪、富山、新泻航线网络；伊尔库茨克、海参崴航线网络；曼谷航线网络。

（佟强）

【优化飞机布局】 北方航空公司现已在沈阳、长春、大连、三亚、哈尔滨建立飞行基地。截至2001年底，北方航空公司拥有各类干线飞机45架。其中：沈阳放有A300－600型飞机6架、A321型飞机2架、MD90型飞机9架；长春放有MD—82型飞机9架；大连放有MD82型飞机7架；哈尔滨放有MD90型飞机4架、MD82型飞机4架；三亚放有MD82型飞机4架。

（佟强）

【市场营销体系】 2001年，北方航空公司在运力分散的特殊情况下，围绕“挖掘潜力，争取效益最大化”目标，在用好用活运力上下功夫，打破了旧有的运力分布格局，统一调配全公司运力，进一步加强了销售系统的统筹管理，积极推进统一市场体系的建设；从运力投入、航班时刻、收入水平等方面加强了航线经营情况的定量分析，增强了市场预测的科学性，保证了运力安排的及时性和有效性；结合市场季节性特点和具体航班的销售情况，适时调整机型和舱位结构，最大限度地减少了运力虚耗。利用“春节”、“五一”和“十一”黄金周的契机，科学调整航班时刻，积极与旅行社合作，适时执行加班、包机和夜航航班，有效提高了飞机的三率水平，较好地获得了边际收益。加强销售，通过深入开展SPA业务，新增了244个国际联程航线产品，确保了国际产品收入的增加，国际航线收入水平居于骨干航空公司前列；利用BSP代理人分销网络，通过与国内400多家旅行社合作和加大国内中间点销售力度，提高了航线的整体收入水平；常旅客销售的改进与推广，实现了运送常旅客28万人次，使常旅客收入达到2.66亿元，同比增长22.4%。在货运管理上，采取了“整体规划、分区管理”的模式，改进了货运价格调配机制，确保货运收入实现3.06亿元。抓航班正点率的提高和服务品牌建设，全面提升了公司服务水准，更好地为旅客服务。

（佟强）

【航空安全】 2001年,北方航空公司围绕“实施规范运行,推进科学管理”,认真落实《运行手册》,以强化运行管理总控能力为重点,理顺了运行管理机制,逐步建立起“指挥统一、管理顺畅”的运行指挥管理体系;突出重点单位,重点部门,重点环节,以点带面,全面落实《运行手册》,并编写完成了A321运行手册,成功进行了A321飞机应急撤离演示和验证飞行,顺利通过了A321运行合格审定。以“改善飞行品质,规范飞行运行”为重点,细化了QAR项目和标准,依靠科学手段,强化安全监控力度,使飞行监控和分析能力达到了全国民航先进水平。突出“严字当头,严密放飞”审批制度,严格择优带飞,严格管理,加强了飞行技术管理和飞行队伍建设。对于发生的安全问题,坚持“四不放过”的原则进行认真处理。依靠科技进步,成功完成了首架MD82飞机2D检,被民航总局授予科技进步一等奖;完成了3架MD90飞机4C检,实现了机务维修能力的再次飞跃;建立了故障处理决策系统、故障支援系统和异地维修技术支持体系,杜绝了发动机空中停车事故,顺利通过了ISO9002质量认证及FAA适航许可复审,进一步提高了机务维修整体实力。

(佟　强)

【首架A321飞机落户沈阳】 2001年10月24日,北方航空公司引进的首架空中客车A321飞机飞抵沈阳。这架新加盟北航机队的空中客车A321飞机使用的是国际航空发动机公司生产的V2500发动机,座位数为185座,单通道两级布局,内部宽敞,并有先进舒适的娱乐设施,它基本上具有覆盖北航航线网络的航程能力。

此前,北方航空公司已有6架270座的A300—600型飞机。引进A321飞机,可以作为宽体机辅助机型来适时替代现在的MD90及MD82机型,以满足市场容量扩大和旅客对机型的更高需求。

根据2000年3月签署的一项协议,空中客车公司将向北方航空公司交付10架A321飞机。从2002年开始至2005年,每年交付2架。

(佟　强)

【首架大篷车飞机落户沈阳】 2001年12月4日,首架大篷车飞机交付北方航空公司使用。此次北方航空公司向美国赛斯纳飞机公司订购三架大篷车208B通用飞机,购机总额为500万美元。大篷车208B飞机可载客14人,巡航速度每小时341公里,最大航程1900公里,最大飞行高度7620米,起飞滑跑距离416米,降落滑行距离290米。该机型对起降场要求低,土地、草地、水面、冰面、沙石路面均可,也可适用于3600米以上高原机场。适用灭火、护林、飞播、农化、绿化、救护、空中游览、人工降雨、公安、探矿、航测、海监、护渔、短途支线客(货)运输等多种用途。大篷车飞机的引进进一步提高了北方航空公司的运输能力。

(佟　强)

【桃仙国际机场新航站楼正式启用】 沈阳桃仙国际机场新航站楼启用仪式于2001年12月1日举行。国家民航总局局长刘剑锋,省长薄熙来,副省长赵新良,副省长、沈阳市市长陈政高,副市长孙祥剑,沈阳军区空军参谋长李金山等国家有关部门、省、市及驻沈部队领导参加了新航站楼的启用仪式。

沈阳桃仙国际机场扩建工程是国家、省、市重点工程,由国家民航总局、辽宁省和沈阳市共同投资建设。工程批准总概算10.8亿元,其中:民航总局投入资金5.5亿元,占投资总额的51%;辽宁省政府投入资金4.4亿元,沈阳市政府投入8591万元,省市政府合计投入5.29亿元,占投资总额的49%。

新航站楼是二期扩建工程中的核心部分,于1999年4月8日奠基,经过两年半的建设,于2001年12月29日通过国家竣工验收。新航站楼面积6.68万平方米,年旅客吞吐量为606万人次,高峰小时接待旅客能力为2670人次。

(陈　斌)

邮　政

【概况】 2001年,沈阳市邮政局完成业务收入51335万元,比上年增长10.27%;全员劳动生产率达到13.3万元,比上年增长4.7%;收支差额实现8630万元。在取得经营效益的同时,通信质量不断提高。建立了以质量为核心的经营机制,并结合企业特点,进一步健全和完善了质量目标责任制及其考核办法,认真实施质量否决权,使质量稳定提高率达到94.4%。为增强通信能力,全年共完成了9处总面积达4528平方米局、所的改造和装修;建立了242处邮政社区服务处;一级分拣配送中心7月20日正式投入使用,加快了邮件的传递速度;“两网”建设取得新进展,完成了“绿卡网”二期建设,实现了A网并B网,全市有86处邮政储蓄网点与全国联网,在全地区取消了手工网点,实现了金融网质的飞跃。新增ATM机7台,新建自助营业厅一处,增加了电话银行功能,进一步提高了业务处理能力。“综合网”实现了150M光纤的升级,全年上网运行的业务应用系统已达10个,进一步提高了对外服务水平。服务工作质量稳步提高,继续保持了全国用户满意企业、全国实施用户满意工程先进单位等荣誉称号。

(郎静华)

【邮政业务】 2001年,沈阳市邮政局根据业务发展实际,制定了“四业(寄递类、金融类、集邮类、电子信息类)并举,其他业务梯次推进”的业务发展策略,重点发展金融类,突出发展寄递类,积极发展集邮类、物流配送类,加快发展电子信息类等综合性业务,全年业务平均增长率为10.27%。邮政储蓄以“绿卡”二期完善为契机,加大储蓄中间业务的开发力度。同时,拓展农村储蓄市场,加强对农村储蓄业务指导,促进农村储蓄余额的快速增长。邮政速递通过开发同城速递业务,发展中速快件业务,开办大、中专院校录取通知书专递业务等,形成了速递业务新的增长点。集邮业务以定向包销的方式,实现了邮品开发零库存。为发展邮政电子信息业务,沈阳市邮政局的183网站于5月16日正式开通使用,任何一个能用计算机上互联网的地方均可登录到沈阳邮政局的183网站浏览信息。沈阳邮政183网站设置了邮政知识、用邮指南、邮政法规、邮政资费、集邮天地、邮政储蓄、邮编查询、投诉中心等传统业务栏目网页,还开办EMS上门收寄、网上订报、网上商城等网上增值业务。

(郎静华)

【邮政服务】 2001年邮政服务工作以解决服务工作中的“热点”和“难点”问题为突破口,重点在服务的广度和深度上下功夫。主要解决群众关心的几个热点问题,如:通邮妥投、缺报少刊、邮件查询等。进一步深化“树创”活动,内强素质抓队伍,外树形象抓窗口。投递工作坚持开展“树创”活动,通过对日常工作的监督检查,强化管理,使投递工作的妥投率明显提高。为提高邮政进户能力,全年共建成242处邮政社区服务处。窗口服务通过实行规范服务达标制度,对营业员实行《黄红卡下岗制度》、班组开展“评优评差”活动等,实行规范化服务。

(郎静华)

电　信

【概况】 2001年是沈阳电信公司化重组后经历的第一个完整运营周期。一年里,企业从计划走进市场,从垄断转向竞争,告别了电信独家经营、大上快上的超速发展阶段,踏上了在多元化竞争格局中稳步扩大市场份额、努力提高经济效益的历史新进程。

1.电信业务持续发展。全年发展电话用户26.6万户，基础数据用户901户，因特网用户24.5万户，ISDN 10503户，宽带用户5195户，无线寻呼用户11万户；完成本地通话78亿次，上网时长27.93亿分钟，电话信息时长8702万分钟。

2.通信质量和服务水平明显改善。全网网路接通率达到97.37%，数字/数据电路接通率达到100%，163/169网接通率达到95.35%/96.18%；大客户服务满意率达到83.72%，客户投诉一次处理满意率达到98.17%，用户综合满意率达到96.7%。

3.电信网络实力明显增强。到2001年底，全地区本地网交换机总容量为265.6万门，固定电话用户总数194.7万户，长途交换机总容量9万门，无线寻呼用户21.8万户，数据用户45.1万户；中继光缆13.4万芯公里，用户光缆4.2万芯公里。 (孟亚南)

【电信服务】 坚持以用户满意为标准，通过一系列措施，努力解决服务工作中存在的约束机制、人员素质、服务态度、后台支撑以及社会反映强烈的热点问题，用严格的服务管理提升服务水平。

1.进一步深化"一把手"抓服务工作责任制，建立起了层层抓服务的工作体系。

2.进一步深入贯彻落实"首问负责制"，广泛开展了"有问题请找我"形象服务工程、前台对后台测评、向用户征询服务意见、建议和"五个一工程"等系列活动。在营业窗口和特服人员中落实规范服务用语，努力培育"我就是沈阳电信"的形象观；在电话装(移、修)等入户服务人员中，实行用户联系卡制度和入户修障预约制度；在后台技术支撑工作人员中实行前台对后台测评制度，增强后台支撑部门为前台窗口服务的意识，推动了企业服务形象、服务质量和服务态度的改善。入户人员规范化服务实现率达到96%，新装移机客户电话回访率达到100%。

3.进一步加大服务监督检查力度，提高了全员抓服务的自觉性和紧迫感。认真落实《服务质量监督检查制度》和《服务问题责任追究制度》，实施三级检查。公司领导带领相关部门，对资费调整、营业窗口、接入网点和郊县支局的服务和管理情况多次进行检查，基层单位也加强了对本单位服务工作的检查与整改，营造了全员抓服务的良好氛围。

4.建立并不断完善"绿色通道"，努力为大客户提供高品位、规范化的主动服务。本着"区别对待，特事特办，重点保障"的原则，在实践中不断理顺工作关系，简化业务流程，加强组织协调。对全市集团客户逐一建立了完整的服务档案，并在落实定期走访、大用户综合业务接待日以及《工作协调单》、《工作调度单》两单制度等服务承诺的同时，主动上门代办全部电信业务，宣传电信业务。帮助解决通信疑难问题，构筑了"一点接触，全面服务"的端对端服务格局，确保大客户在业务受理、障碍处理、技术咨询和解决疑难问题等各个方面都享受到优质服务。

在2001年中国电信集团公司委托社会中介机构对全国电信客户满意度的调查中，沈阳电信公司代表辽宁省荣获全国第一名，在全国省会城市的同类评比中也是全国第一。

(孟亚南)

【经营发展】 2001年，沈阳市电信业务持续快速发展。

1.采取上门推销、电话受理、优惠促销等多种主动措施加快发展电话用户，提高城市电话普及率。对于普通用户，赠送话机和程控业务，并充分利用189台电话受理台为市民提供方便快捷的服务，促进了业务发展，189台全年受理装机量已达到市内电话安装总量的80%；对于学校、酒店等集团客户，重点采用集中式用户交换机和宽带技术对原有小交换机进行整体改造，使其在通信设施技术层次上达到了与国际接轨的水平。

2.按照市委、市政府发出"向浑南进军"的战略部署，加快了浑南新区通信基础设施建设。为适应新区发展，配合新区建设，2001年8月与浑南新区(高新区)管委会签订了"浑南新区通信网建设合作协议"，重新规划了新区电信管网建设方案，提升了新区电信业务与电信服务的管理规格，由原来的农村支局管辖转为市公司直辖，并设置了浑南电信分局，专司服务和配合新区开发建设。2001年，已在新区建有三个市话端局，2—4个农话支局或模块，另有21世纪大厦、亚泰花园若干个光纤接入网局点。其中：浑南局5ESS程控交换机1万门，并带有长白、浑河、后榆和满融4个5ESS模块1.8万门；营盘局5ESS交换机1.5万门，局间中继从工农桥、青年桥和长青桥三个方向敷设7条24—96芯光缆连至市内386局和389，区内有12孔/24孔/6孔管道18公里，基本形成覆盖浑南一期和营盘地区的管道网；另外，在浑南开发区内建有一个96芯光缆环，接入ONU光节点6个共5700线，可为新区提供全方位的通信服务。

3.根据城市信息化建设的迫切需求，进一步加快了宽带业务发展。2001年3月22日，沈河区人民政府与沈阳电信基于以信息技术促进城区现代化建设的共识，正式签署了沈河社区宽带网络建设工程合作协议。该工程与近年来一些小城区的智能化建设相比，建设规模之大，涉及范围之广，网络层次之高，业务性能之全，是辽宁省行政区域建设社区宽带网的首创。

此外，在东大智慧园、孔雀花园、现代家园等已开通IP宽带网业务，建设了中国电信宽带示范社区。2001年5月份以来，与沈阳工业大学、沈阳工业学院等十多所大学签署了电话通信及宽带网协议，并与沈阳工业学院签署了浑南新校区的通信网建设协议。对于没有实施综合布线的小区，充分利用市内电话户线覆盖率已经达到98%的优势，使用户能够通过普通电话线以ADSL方式实现宽带高速上网。几经扩容的端口容量已达1.4万线，可向市内全面开放ADSL业务。

4.积极配合市内主要街路改造，加快放装IC卡公用电话。按照市政府统一规划，重点保障广覆盖、高密度的地区和街路，并向学校、社区、医院等方向延伸。市内繁华街道以及人流密集和话务量大的公共场所，布放密度基本达到1部/50米，县(市)区主要街路两侧基本达到1部/100米。服务功能上，增加了拨打200B类IC卡功能，同时增装了无障碍公用电话，方便老人、儿童和残疾人使用。全年共安装IC卡公用电话1万部。

(孟亚南)

【网络建设】 作为服务用户的物理支撑，2001年网络建设突出了骨干传输网、宽带接入网和高速互联网。全年完成固定资产投资16.96亿元，实施了交换、SDH传输、用户光纤环路、IP城域骨干网以及ADSL扩容和小区宽带综合布线等基础工程，不仅大幅度提高了网络技术层次，而且为网络元素出租和业务发展提供了能力保障。

(孟亚南)

【主辅分离】 沈阳电信实业公司于2001年5月18日正式挂牌成立。原市公司所属培训中心、门诊部、车辆管理处、电信工程局、规划设计院、器材公司、物业管理公司和工程监理公司划归实业公司，并逐步建立起资本关系。 (孟亚南)

城 乡 建 设

综 述

【城市建设概述】 2001年，沈阳市城市规划建设管理工作得到了全面加强。

1. 城市规划设计水平和施工质量明显提高。按照城市高起点规划、高标准设计、出精品、出形象的总体要求，市规划部门全年完成了包括分区规划、专项规划、控详规划、基础设施规划等193项省市重点工程的规划编制和设计任务。采取规划建审合一措施，全年共办理规划审批件595件，审批土地534万平方米。同时从高水平、高起点规划设计着手，加强了工程项目的事前控制。对浑河公园、小南天主教堂、北陵大街等18个重点城建项目的设计方案全部实行国、内外公开招标，一些重点项目设计水平和工程质量达到国内先进水平并向国际水平接轨。与此同时，严格执行国家强制性标准，实行了工程施工图审查和工程验收备案制度。采取一系列硬性措施，确保了工程地基基础和主体结构安全，解决了住宅工程质量问题，工程建设水平得到了较大提高。全市有20项工程获得省世纪杯工程，有21项工程被评为省优质主体结构工程，有20项工程获得东北三市工程观摩金、银杯。

2. 完成了城市建设重点工程任务。全年完成城建投资45.31亿元，比上年增长38%。道路改造工程按计划完成，东西快速干道建成通车，完成了泰山路、北陵大街、北三经街等5条标准化街路改造工程，全年新建和改造道路达90公里，面积达到305万平方米，是历史上最多的一年。城市绿化水平有了很大提高，新建了浑河公园、龙王庙公园、小南天主教堂广场、北陵公园门前广场等5块大型公共绿地和南七等20块街心绿地，环沈阳生态森林圈建设全面展开，新增绿地面积226万平方米，植树151.6万株。北市地区综合改造工程启动实施，南运河、卫工河清淤工程相继竣工，老虎冲垃圾填埋场和凌空污水处理厂全面启动，城市环境综合整治成果显著。在对全市387个住宅组团综合整治中，共拆除违章建筑44.7万平方米。完成了三街三路和五个广场亮化工程建设，城市档次和文化品位有了新的提高。以中心镇和示范村为重点的村镇改造全面实施，虎石台、佟沟乡等示范村镇建设标准达到省级先进水平，大批村镇环境面貌得到进一步改善。

3. 住宅建设和房地产开发持续健康发展。有效地规范了房地产开发秩序，严把项目审批关，相继出台了土地储备制度及土地公开招标、拍卖出让等相关政策，建立了土地一级市场，使土地收益取得较大突破，全年实现土地收益金10亿元，创历史最好水平。对1998年以来审批房地产开发建设项目开展了"三清一查"，共清查926个建设项目，规划面积达2245.2万平方米。对39家存在违法违规行为的项目开发单位进行了公开处理，追加欠费及超规模建设配套费1.05亿元，追收超期贷款6100万元。启动了7项停缓建工程，拆除了2个违法建设项目。房地产开发建设继续保持健康发展的态势，全年累计房地产开发项目602项，完成建设投资85亿元，建设规模达到2300万平方米。全年归集房改资金15.5亿元，比上年增长7%，其中：公积金8.4亿元，出售公有住房559万平方米，回收售房款7.13亿元。房地产二、三级市场呈现新亮点，商品房销售面积216.2万平方米，销售总额63.9亿元，比上年增长6%。全市房地产市场房屋入市成交面积1860.7万平方米，成交额218.8亿元，分别比上年增长5.3%和2.6%。

4. 环境保护和环境建设工作取得新成效。"一控双达标"工作顺利通过了省政府的验收，全市1350家工业企业基本实现初步达标，皇姑区和东陵区被评为省"一控双达标"先进单位。积极开展污染源治理、清洁生产和环境管理体系认证工作，对117家餐饮服务企业实施了限期治理，对全市271家工业源进行了613次执法检查，达标企业污染反弹趋势得到遏制。大气环境综合整治逐步深入，新建3个大气感观质量监控系统，污染控制初见成效。建筑施工现场环境管理进一步规范，主要街路已部分实行湿式清扫作业，限期治理了95家大气重点污染源。和平区东北大学等125个锅炉房达到环保标准化要求，铁西区等7个区推广洁净煤和低硫煤200万吨。抽检车辆5000台，促进了城市环境空气质量的改善。与此同时，在全市范围内组织开展了严肃查处环境违法行为专项活动，共查处违法案件506件，加大对污染扰民查处力度，查处扰民案件2883件次，处理率100%。

5. 整顿规范建筑市场秩序工作不断深入。全面开展了以资质改革为龙头的深化建设市场改革试点工作，严格市场准入制度，强化招投标管理，推出了14项重大改革举措。重点开展了查处和纠正规避招标和在招标中弄虚作假、违法转包、分包工程和无证或越级承接工程，违反法定建设程序，违反工程建设强制性标准等行为的专项整治工作。全市共查出各种违法违规项目47项，对这些项目全部给予了行政警告、停止施工的处罚，其中对36项工程给予了经济处罚。通过专项整治，违法违规行为得到遏制，有形市场运作得到进一步规范，市工程交易中心市场全年共办理建设项目交易额49亿元，比上年增长7.7%，应招标工程的招标率和应公开招标工程的公开招标率分别达到97.4%和98.6%。

6. 城市交通和公用事业的服务能力不断增强。全市交通行业实现了快速发展，整体水平再上新台阶。全年公路建设完成总投资3.8亿元，比上年增长30%。全市公路工程质量创历史最好水平，工程优良率达到92.3%，在交通部开展的"公路建设质量年"活动中，沈阳市排名全省第一。全市公路综合好路率达到75.4%，比上年提高3个百分点，在省公路文明市评比中，沈阳市公路建设、管理、养护等项工作均排名全省第一。公交发展实现了历史性突破，市民乘车出行条件明显改善。新增公交车750台，全年新开辟线路16条，延伸线路9条。全市大公交车辆总数由2107台增加到2857台，市内公交线路由72条增至88条，每万人拥有公交车数量由9.38台增加到11.52台，线网密度由2.2公里/平方公里，增加到2.5公里/平方公里。

城市供水、供气企业不断深化改革，加快经营市场化进程。在确保全市供水、供气需要，塑造企业新形象方面迈出了新步伐。自来水总公司全年完成购水总量4.81亿立方米，售水总量3.34亿立方米，实现销售收入4.8亿元，完成工程产值3.8亿元，较好完成了预定的各项指标。煤气公司全年盈利1300万元，纳税4200万元，彻底结束了长达十年连续巨额亏损的历史。此外，人防指挥通信建设也取得新进展。全年人防工程建设竣工工程33项、6.8万平方米，合格率达100%。

7.在经营城市和多元化投资方面迈出了新步伐。在城建资金筹措上突破了传统的筹资模式，更多地利用市场机制。加强了对城市土地的垄断管理，从而实现土地效益的最大化；通过建立政府财政贴息、以土地收益为偿债来源的城建融资机制，先后从各银行贷款15.2亿元；采取区投入、市补贴和"以奖代投"的办法，市区联动共同搞好城市绿化建设和村镇建设；对经营性项目，实行多元化投资，通过集中建设和有偿售卖等方式，实现了城市道路地下综合管网的市场化、规范化运作。另外，利用世界银行贷款，改造建设了一环路、公和桥等工程。与丰城巴士公司合资合作，不用政府投资，引进790台大客车，缓解了市民乘车难的问题。对政府投资的有盈利性项目，如新建陵东公交运营场进行了有偿使用，在"经营城市"的方面进行了有益的尝试，取得了初步成果。

8.全市十件实事涉及建设系统的工作任务全部落实。提前并超额完成了市委、市政府向市民承诺的全年解决煤气拖期开栓6万户的目标；圆满完成了城市绿化、道路改造、小区环境整治等任务；"三峰"供水完成改造单体泵房279处，比原计划超额16%，接收泵站399处，改造完成208处；新建和改建公厕80座。

（石国琦）

【村镇改造建设】《沈阳市2001—2003年村镇环境整治实施方案》实施以来，各区、县都按照市政府的统一部署，相继开始了村镇环境整治工作。全市确定的2001年88个重点整治村镇相继启动。新城子区选定了32个重点村实行区直部门与村结对共建，责任落实，措施到位，整治效果比较明显。法库县实行任务层层分解，落实责任人和完成时限，重点对203国道、沈环线沿线的三堆、残墙、违章建筑、看护房等进行了集中清理整顿。苏家屯区拟定了村镇环境整治对口包扶办法，其他县、区把村镇环境整治工作纳入重要议事日程。同时，进一步加大了村镇投资力度，重点支持了虎石台、白塔堡、佟沟乡等6个示范村镇的建设，并在康、法两县进行了小城镇扶贫开发示范，首次实行了"以奖代补"的做法，进一步调动了区县村镇建设的积极性。

（石国琦）

【城市管理综合执法】 2001年11月15日，根据《沈阳市党政机构改革方案》确定，沈阳市城市管理综合执法总队更名为沈阳市城市管理综合执法局，与市城市建设管理局一套机构、两块牌子。各区综合执法大队相应更名为综合执法分局，与区城市管理局一套机构、两块牌子。方案还就综合执法局、执法分局的建制、主要职责、机构设置、人员编制等相关事宜做出了规定和调整。

2001年实施了清理占道、净化环境、保护绿地、拆除违建四大战役，通过一系列专项整治活动，取得了明显的效果。全市共拆除违章建筑、商亭（一、二级街路）9000余处、12万平方米；清理占道商贩1.7万余人次，罚没经营工具4000余件；取缔露天烧烤2000余处，罚没工具1900余件；清理马路洗车、修车、作业（铝材加工）等500余处；整治经营扰校500余处，噪声扰校100余处；拆除和扣罚违章广告牌匾、条幅3100余条，信息板5000余块，落地灯箱1700余个；对非法制造假广告、假文凭、乱涂乱贴的不法行为进行了打击，捣毁制售窝点8个，抓获不法分子20余人，收缴销毁各种小招贴150余万份；接听群众投诉电话1900余个，投诉信件160余件，处理率达97%，解决了大量社会热点、难点问题。

（刘英田）

【绿叶杯竞赛活动】 2001年沈阳市的绿叶杯竞赛活动，重点放在提高城市生态环境、城市的人居环境、城市的基础设施建设上，不断提高城市功能，改善城市投资环境，促进沈阳市现代化建设。

1.城市园林绿化建设取得新进展。完成了沈阳市中心城区绿地系统规划，确立了沈阳市的城市园林绿化建设的目标是创建国家园林城市。相继采取了"规划建绿"、"拆迁建绿"、"拆违建绿"、"拆墙透绿"、"密植增绿"等措施，扩大绿化面积，提高绿地水平。全年实际植树157万株，新增绿地201万平方米，新增公共绿地面积125.9万平方米。全民义务植树103.3万人次，完成植树310万株。重点实施了黄河大街等街路的中心城区绿地建设，三环绿地带建设一期工程已经完成，二环绿化带建设已全面启动。2001年全市公园管理实施了改革。除北陵公园和东陵公园外，其它市内17座公园一律免费向市民开放。

2.城市环境保护工作取得可喜成绩。全市淘汰落后燃烧设备100余台，推广分层燃烧装置142台，对城区1000个在建单体工程实行了遮挡。13个区县取缔和处罚城市出入口两侧及城区严重冒黑烟炉窑359台。对二环路以内1755台1吨以下小型锅炉和2626个各类炉灶取消了原煤散烧，改用清洗能源。全市取缔了含铅汽油，机动车尾气中铅污染物排放量削减了393.6%，城市气化率达97.7%，集中供热率达到60%。凌空污水处理厂已形成10万吨处理能力。

3.市容环境卫生面貌有很大改观。全市共清理各种违章占道经营13.1万人次，取缔露天烧烤19.7万人次。拆除各类违章建筑5.5万余处、34.6万平方米。对各类落地灯箱牌匾进行取缔，共清除劣质广告108处。全市清洁月活动期间共清除乱堆杂物、卫生死角1.1万处，出动车辆4193台次，清理垃圾残土残冰积雪5万余吨。清洁月期间受理群众的投诉问题450件，其中90%的问题已得到了解决。

4.住宅建设取得新成果，人居环境质量有明显提高。住宅建设投资完成63.44亿元，竣工460万平方米，人均居住面积8.79平方米，计划回迁7239户，完成2770户，占回迁总户数的38%。新建的住宅小区100%实行物业化管理，原有的住宅小区管理物业化率达到85%。旧有住宅分户供暖改造，开工800万平方米，完成分户改造600万平方米，占开工面积的75%。

5.城市供水与节水工作取得新成

果。完成了100公里供水管网改造，其中：市街管网33公里，小区内网67公里。管网维修及时率达到97%以上。推广节水器具5.4万套。污水费收费6000万元。

6.加强城市基础设施建设，全面实施交通畅通工程。完成了1个铁路道口改造任务和新建道路90万平方米的任务。调整了市道路交通管理委员会成员。确定了进入模范交通管理城市的目标，采取五项措施：一是加大宣传力度，增强交通参与者的遵章自觉性。二是加快道路改造，扩大交通流量。三是从严整治交通，确保动静秩序全面好转。四是实施科技强警，提高交通智能化管理水平。五是完善交通设施，提升国际化建设水平。

（徐建湘）

市政建设

【市政设施维护管理】 2001年，沈阳市市政设施维护总投资为8435万元，其中：道桥维护费5064万元，排水维护费3371万元。在总投资中，用于市级管理的设施维修养护投资为5901万元，其中：道路、桥梁费用3190万元，排水设施费用2711万元；用于九区一镇设施维修养护投资2534万元，其中：道路设施费用1874万元，排水设施费用660万元。在九区一镇维护投资中，用于沈河、和平、铁西、皇姑、大东、东陵、于洪7个区级管理的设施维护费为1955万元，其中：道路设施费用1494万元，排水设施费用461万元。

城市道路维护。共完成路面补坑30.79万平方米，处理翻浆等1.81万平方米，翻建、盖被、补强等43.57万平方米，路面局部更新5.85万平方米，道路表面处置11.51万平方米。调整、补修、更新人行步道砖10.44万平方米，翻建、调整、补修道路边石长度88.10公里。

市管部门还利用招投标改造资金，按照《国务院办公厅转发公安部建设部关于实施全国城市道路交通管理"畅通工程"意见的通知》精神，完成了北京街、北三经街、文化东路、文体路、泰山路、西顺城、德增街、文化路、万柳塘路、保工街等路面的整体改造和关键部位的路口渠化调整任务；同时，对文化路立交桥、大成桥出现的伸缩逢进行了改造和维修。

桥梁设施维护。全年维修、粉饰城市桥梁156座。结合城市规划建设的实施和城市道路桥梁工程建设、拓宽改造的需要，拆除了建于1902年，具有连接、沟通和平区、铁西区、皇姑区重要交通功能的钢结构公和桥（俗称老道口天桥）和跨青年大街位于省委党校附近的人行过街天桥。

排水设施维护。结合城市防汛、渡汛，共完成排水管渠清扫870.03公里，清掏检查井34.61万个次，清掏雨水井39.84万个次；翻修检查井475座，翻修雨水井462座，翻修管道3.80公里；维修检查井1889座，维修雨水井1271座。完成了污、雨水抽升3.4亿立方米。完成了城市排水出口的胜利明渠、一明渠、艳粉明渠、西南部明渠、辉山明渠、七二四明渠、五里河明渠、三明渠等八条明渠的清淤、排阻工作，总计34.46公里，清除淤泥、垃圾1.7万立方米。市排水处于汛前完成各种机泵维修104台，电器设备259台套，机动车30台；完成了五爱、文化路、北陵、联合路等8个泵站的机泵、拦洪栅等设施改造；完成了五爱、重工、联合路等6座泵站进水沉淀井的落淤清掏计3000立方米。

根据市人大、政协议案和市政府"经费政府适当补贴，责任部门组织协调，发动社会广泛参与"的原则，由市城建局具体负责，组织、协调了沈河区、和平区、铁西区、皇姑区、大东区、东陵区、于洪区、交通局、建工局、房产局、环保局、自来水总公司、煤气总公司、城建局所属企事业单位，于2月28日始，实施了南运河自1984年、卫工河自1985年综合改造建设后的第3次全面清淤。至4月9日凌晨，以超过原设计挖深标准的实际效果圆满地完成了"两河"清淤任务。此次"两河"清淤总量为48.2万立方米，其中南运河清淤量为46.3万立方米，卫工河清淤量为1.9万立方米。清淤后的运河不仅极大地改善了水质条件和其周边人文景观环境的质量，同时为强化"两河"调蓄城市汛期防洪排涝功能创造了良好的基础条件。

设施管理。全年市、区市政设施管理部门通过巡视发现、反馈报修信息4906件次。全年受理道路挖掘审批643件，完成挖掘道路恢复面积16.69万平方米；受理排水接设审批60件。全年共补修、更换检查井1782个/1406套，补修、更换雨水井箅5089个/952套。处理各类水患事故2594处。完成了富民街、北海街煤建二营、北四马路、文化路、北三经街等相关区域的排水增设配套1.29公里，解决了低洼易积水地区的排水难问题。入冬前，市排水管理部门对主、次干道上的雨水井积极采取了以防尘、防雪、防冻与保温相结合为目的的蒙罩遮盖保护措施，共遮盖蒙罩雨水井体22068个。

2001年底，沈阳市城市道路总条数已达2410条，长度1667.78公里。车行道面积2064.89万平方米，其中：铺装面积1965.67万平方米，非铺装面积99.22万平方米。人行道面积824.84万平方米，其中：铺装面积437.38万平方米，非铺装面积387.46万平方米。边石2435.43公里。城市桥梁达174座。沈阳市城市排水管渠总长度达1954.57公里，排水明渠70.56公里。检查井46480座，雨水井57817座。涵洞42座，闸门24孔/座，泵站50座，堤坝39.10公里。

（朱志刚）

【东西快速干道建设】 东西快速干道工程是沈阳市城市总体规划"三环一横两竖"快速干道系统中的"一横"。2001年建设了东段高架桥工程，西起公和桥东引桥，东至沈海立交桥东侧，全长7.8公里，跨越太原北街、皇寺路、黄河大街、北京街、惠工街、友好街（规划）、小北关街、小北街、大北街、大北关街、东边城街等11个主要交叉路口，形成桥上四车道、地面不少于四车道的交通走廊。高架桥宽18米，面积为15万平方米，设计时速80km/h，通过主要交叉口时采用大跨径一次跨越，共设7处大跨度钢结构叠和梁，跨径为45米。沿线共设置6对上、下匝道，匝道宽7米，设计时速30km/h。工程投资10.4亿元，其中：工程主体投资4.9亿元，房屋拆迁4.2亿元，地下管线排迁1.3亿元。通过全国招标，共有中建总公司、湖南路桥公司、北方建设集团、沈阳市政集团、沈阳市政公司和沈阳市政二公司等6家单位中标实施工程主体施工，并实行总监和驻地分监管理。

工程共分9个标段，于2000年3月开工，于2001年11月竣工通车。施工中首次采用旋挖钻机成孔新工艺和大跨径钢叠和梁新结构，推动了施工技术进步，保证了工程质量，整个工程共浇注混凝土20.3万立方米，铺沥青混凝土3.7万平方米，完成桩基础1293根及7.4公里地面道路。工程拆迁涉及4个行政区，共搬迁居民3990户，搬迁企事业单位85家，排迁各种地下管线18.5公里。

东西快速干道东段高架桥建成后，明显地减轻了市府大路交通压力，缓解了城区中部区域路网交通流量饱和状况，进一步优化了路网结构，为城市经济建设和市民出行提供快捷、安全、高效优良的交通环境。

（石国琦）

【小南天主教堂周边改造工程】 小南天主教堂位于小南街与南乐郊路交汇处，工程改造内容包括新建教堂前下沉广场、教堂院内广场及广场周边建筑立面装饰改造，工程总投资8780万元。下沉广场占地总面积2.23万平方米，其中：硬质材料铺装1.8万平方米，绿地4300平方米。为了结合现有地势的变化并突出教堂主体，在广场设计上采用了下沉式的广场，广场的周边设置了观景台，沿观景台设置了12个景观灯柱，下沉式广场地面采用了高档石材铺装，设计图案精美，观景台内外侧的草坪配以模文图案的灌木，与广场周边装饰改造后的建筑立面相呼应，使建成后的广场与教堂的风格相统一。

（石国琦）

【长江公铁地道桥建设工程】 长江公铁地道桥是联系和平区和皇姑区的重要通道，道路宽30米，包括五个地道箱涵，总投资8130万元，于8月25日竣工。该地道桥的开通有效地缓解了黄河地道桥的交通压力，实现了和平区太原街和皇姑区北行两大商业地区的直接连接。

（石国琦）

【5条标准化道路改造工程】 2001年，沈阳市对泰山路、北陵大街、北京街、联合路、北三经街五条街路按景观街路标准进行了改造，新建机动车八车道，路面铺装材料采用了改性沥青、彩色沥青、花岗岩石板、火烧板、北京砖、机加边石等高档材料，重点工程路段总长度11公里，总面积44万平方米，总投资3.3亿元。

泰山路：黄河大街至北陵大街，长740米，宽50米，道路面积3.2万平方米。实施标准化改造，现状道路拓宽，改造泰山桥，形成机动车八车道，更换边石，非机动车彩色沥青路面，翻建人行道（花岗岩石板）。工程投资1.2亿元，于6月20日开工，8月28日竣工。

泰山路/黄河大街、北陵大街/泰山路街角广场：泰山路/黄河大街广场位于泰山路新开河桥至黄河大街道路北侧，由两个方形广场组成，东侧广场面积3620.6平方米，西侧广场面积7822.2平方米；北陵大街/泰山路街角广场位于北陵大街新开河至北陵公园西侧，由1、2、3、4号路及圆形广场组成，道路长433米，绿化面积2万平方米，道路和广场面积5500平方米。工程投资700万元，于2001年9月1日开工，9月30日竣工。

北陵大街：北陵公园至昆山路，长2200米，宽50米，道路面积7.5万平方米，标准化改造，将现状非机动车道调整为机动车道，建成八车道，更换边石，非机动车彩色沥青路面，翻建人行道（崇山路以南火烧板，崇山路以北花岗石板）。工程总投资2260万元，于6月20日开工，8月15日竣工。

北京街：北陵桥至府前巷，长1200米，宽50米，道路面积4.7万平方米，标准化改造，机动车路面盖被，建成八车道，更换边石，非机动车彩色沥青路面，翻建人行道（火烧板），建设地下综合管沟。工程总投资1260万元，于6月20日开工，8月15日竣工。

三经北街：市府大路至北京街，长734米，宽32米，道路面积2.3万平方米，道路打通工程，新建标准化街路，同步建设地下管网。工程总投资9090万元，于6月20日开工，9月30日竣工。

（石国琦）

【38条道路养护工程】 2001年，沈阳市对一环路、文艺路、砂阳路等38条街路进行重点改造和维修养护，改造道路总长度90公里，道路面积305万平方米，更换路灯及交警设施，对路面各种窨井盖进行综合治理，并同步改造自来水管线8.7公里、煤气管线51.5公里，新建了电讯综合管沟。其中一环路改造包括文化路、万柳塘路、北海街、塔湾街、保工北街，改造道路长12880米，面积82万平方米，工程投资6677万元，于9月15日开工，10月30日竣工。文艺路改造范围为方型广场至万柳塘路，道路长4696米，宽30～36米，面积13.1万平方米，工程投资1259.87万元，于5月15日开工，7月31日竣工。联合路改造范围为惠工广场至合作街，道路长2808米，宽48～60米，面积11.7万平方米，工程投资5844万元，工程包括一座公铁地道桥、一座跨河桥和2.8公里的新建道路，于6月10日开工，9月30日竣工。青年大街改造范围为文化路立交桥至老收费口，道路长2968米，宽41米，道路面积9.4万平方米，工程投资1750万元，新建机动车八车道，花岗岩自行车与行人混行路面，工程于7月13日开工，8月15日竣工。文体路改造范围为和平大街至南运河、青年大街至三好街，道路长600米，面积2.6万平方米，工程投资295.79万元，于6月15日开工，8月1日竣工。砂阳路由凌空一街至宁波路，道路长2668.5米，宽25～34米，道路面积5.88万平方米，工程投资700万元，于9月15日开工，10月15日竣工。宁波路由方型广场至南湖公园，道路长800米，宽40米，面积1.3万平方米，工程投资368万元，于5月15日开工，7月5日竣工。文化东路由中国鞋城至长青街，道路长2500米，宽22米，道路面积5.5万平方米，工程投资882万元，于6月28日开工，8月30日竣工。

（石国琦）

公用事业

【煤气生产与供应】 2001年，沈阳市燃气供应总量为1.54亿立方米，其中：天然气为1.34亿立方米，比上年增长19.47%；人工气为0.2亿立方米，比上年增长0.1%。主要气源构成是：辽河油田天然气，沈阳西部煤层气，炼焦煤气厂的人工煤气，抚顺煤矿的矿井瓦斯气，以及备用气源液化气混空气。在炼焦煤气厂新建一套焦炉气增富装置，使全市燃气增富装置增加到3座，有效增强了气质稳定性。通过技术改造及设备改进，可以保证全市24小时不间断供气，市街管线压力由最低0.3公斤提高到0.5公斤，可以满足不同用户的需要，同时对重点用户实行了双路供气。在技术进步方面，地下管网微机化管理实现了网络版运作，该项目属国内首创。

2001年底，全市市街管网总长度达1400公里，其中新敷设28.3公里。全年投资7934万元，改造陈旧、腐蚀漏气严重燃气管线93公里。有调压站214座，调压器289台，干式储罐2座，湿式储罐2座，日储气能力35万立方米。伴随浑南大开发，完成了长青桥、青年大街两条穿越浑河煤气管线敷设工程，使浑南新用户可以及时使用管道燃气。

2001年共发展管道燃气用户12万户，使全市管道燃气用户突破100万，达到102万户。有效解决了被市委、市政府列为“十件实事”之首的煤气拖期开栓工作，使6.1万拖期用户使用上管道燃气。“96177”(原“2277”)服务专线电话使越来越多的用户享受到方便快捷的燃气售后服务，以“一站式”服务为核心的发展服务中心大大简便了新用户办理手续的环节和时间。2001年，沈阳市煤气总公司被评为全国建设系统精神文明建设单位。

(王　丹)

【解决煤气拖期开栓工作】　按照市委、市政府“学《讲话》、办实事、迎国庆”活动的总体部署，2001年全市各有关部门采取积极措施，有效地解决了被市委、市政府列为“十件实事”之首的煤气拖期开栓工作，使6.9万户拖期开栓用户使用上管道燃气。一是对有经营活动但不采取积极措施解决煤气拖期开栓问题的开发建设单位，不予审批新的开发建设项目，停止其在建项目建设和商品房销售，情节严重的，吊销其房地产开发资质证书，责令停止经营，并对其予以查封。二是对于无能力解决煤气拖期开栓问题的开发建设单位，由审计部门委托审计单位进行审计，经审计确无能力解决煤气拖期开栓问题的，其煤气拖期开栓项目所需工程款由煤气总公司贷款，市政府贴息解决，煤气集资费予以减免。三是对于挪用、占用煤气集资费的开发建设单位法人代表，由公安司法机关立案，按诈骗罪追究其法律责任。四是出台了《沈阳市建筑工程综合验收备案暂行管理办法》，防止形成新的拖期开栓问题。

(石国琦)

【煤气系统企业改革】　按照投资主体多元化原则，以管道燃气储配、输配、供应服务为主体的沈阳燃气股份有限公司于2001年7月18日正式成立，从此步入市场经济运行轨道，标志着煤气总公司主业改革已经拉开序幕。改制后的企业焕发勃勃生机，当年盈利1300万元，纳税4200万元，还银行贷款1亿元，彻底结束了长达10年的连续巨额亏损局面。

国有液化气公司及集体所有制企业煤气仪表厂因连年亏损，资不抵债，均按规范宣告破产。国有市炼焦煤气厂通过深化内部改革，在历史上首次实现盈利，与上一年同期亏损1383万元比，减亏增效1613万元。

(王　丹)

【自来水服务与供应】　2001年，沈阳市自来水总公司累计完成购水总量4.8亿立方米；完成售水总量3.34亿立方米；市街水压合格率52.74%；管网水质综合合格率达到99.19%；全年实现销售收入4.48亿元；实现工程施工总产值1.33亿元；完成节水总量5958万立方米，其中市政节水量4013万立方米；水资源费、增容费、加价水费三项收费总计完成3276万元。

2001年，沈阳市自来水总公司加大了经济体制改革力度，以供水特许经营为主要内容，加快供水经营市场化步伐。打破传统的计划经济模式，坚持以销定产，以压调量的经营模式。对8个区营业处实行了特许经营，按10个人/万吨水核定工资总额，实行分区计量，分片管理，分灶吃饭，责任落实到人。

夯实基础，提高企业管理水平。对用户发展工作实行集中审批制度，堵塞用户发展工作中的漏洞，全年共受理用户发展工程143件，创工程产值3800万元。提高依表计量比重，清理埋、压、占水表和消火栓269件，更换超期水表12万块。科技进步工作有了新进展，对祥林、群芳等9个高能耗泵站进行节能改造试点，进行了荷兰村水文地质勘察、翟家水源增水研究、地下水除锰工艺小试，在互联网建立沈阳市自来水总公司网站，组织编写了《总公司“十五”技术进步发展纲要》。开展行政、效能监察，向所属部分单位派驻特派监察员，完成立项成果18项，提出监察建议11项，取得经济效益246万元。

建立文明、高效的服务体系，树立水行业新形象。沈阳市自来水总公司把2001年定为服务质量年。确立了“供水胜于救火，责任重于泰山”的服务理念，实行了主动服务、超前服务、延伸服务，开展了为用户办好“十件实事”活动。聘请供水服务义务监督员279名，向社会公布了《举报窃水奖励制度》。24辆市民用水服务“招手停”专用车上线服务，自来水服务热线电话号码由“223666”变更为“22702270”，建立联动服务网络，服务热线每天24小时受理用户投诉、咨询，为用户解决实际困难，受到市民的欢迎。2001年共受理用户各类反映22875件，解决落实22829件，解决率为99.8%。对“十件实事”服务承诺的内容逐一进行落实。对市民反映强烈的三峰供水泵站和供暖锅炉争水的小区进行优先改造，到年底，全部完成服务质量年确定的泵站接收、三峰供水改造、锅炉分线、管网改造、解决沈河、皇姑低压区吃水难问题等任务，向全市人民兑现了服务承诺。2001年，自来水总公司在全市窗口行业建设评比活动中获群众满意率第一名。

加强基础设施建设。2001年共完成住宅配套工程项目6项，管径DN500—DN300，管线长度3480米；同步工程7项，管径DN1000—DN150，管线长度7749米；外网改造31项，管径DN500—DN75，管线长度20031米；管道移位12项，管径DN800—DN100，管线长度3484米。

(黄贵忠)

【自来水二次加压泵站接收与改造】　沈阳市自来水二次加压泵站改造工程于1999年开始实施，到2001年已历时3年。2001年，二次加压泵站改造工程被市政府列为为市民办好“十件实事”之一。截至2001年底，泵站改造工程计划项目基本完工。工程总投资1亿元，共新建泵站28座，扩建泵站7座，并网改造泵站279座，接收泵站658座，涉及供水面积1289万平方米，供水人口75万人。完成内网、外网工程103公里。通过改造“三峰”供水泵站，改善“三峰”供水面积300多万平方米，圆满完成了市政府下达的为市民办实事，全市改善“三峰”供水面积90%的任务。为解决冬季供暖锅炉与泵站供应居民用水争水问题，对72处居民小区供暖锅炉进行分线改造，实现当年改造，当年见效，使全市的二次加压设施不合理的落后状况得到了明显改观。

二次加压泵站的管理工作呈现出专业化、科学化管理的崭新格局，全市已接管的二次加压泵站基本实现24小时供水，改善了城市居民用水状况，提高了居民用水质量和服务水平。

(黄贵忠)

园林绿化

【概　况】　2001年，全市共完成植树290.1万株，其中：城市规划区内完成157万株，公路、铁路沿线完成133.1万株。完成植绿篱62.2万平方米，植藤本植物28.6万株，铺植草坪46.7万平方米，栽摆花卉147.7万株(盆)。建成区内新增绿地面积201万平方米，新增绿地率0.93%，年末建成区绿地率达到21.8%。建成区内新增绿化覆盖面积256万平方米，绿化覆盖率新增1.18%，年末建成区覆盖率达到25.1%。

全年完成新增公共绿地面积125.9万平方米，人均公共绿地面积年末达到3.85平方米(注：由于建设部2001年12月《城市、县城建设统计报表制度》中将道路绿地从公共绿地中划出，单列为道路附属绿地，因此，公共绿地面积、人均公共绿地面积比上年减少)。

城区绿化以“11212”工程(即：一个花园式工程；一个中心城区绿化建设；两条绿化带建设；一条浑河沿线景观绿化带建设；二座公园建设)为核心，通过实施“规划建绿”、“拆迁建绿”、“拆违建绿”、“拆墙透绿”、“先绿后建”、“密植增绿”等方式，多植树、多增绿地面积和提高绿化水平。深入开展百万市民绿化沈城活动，通过加大中心城区街路绿化、建设大型公共绿地、普及庭院绿化，努力构建城市的生态绿网。

(刘肖欢)

【花园式工程建设】 2001年，花园式工程建设以拆迁建绿、拆违建绿为重点，全年完成植树44.8万株，扩大绿地面积93.2万平方米。

通过开展花园式工程建设，中国医科大学等20个单位被评为省花园式单位；鲁迅美术学院等71个单位被评为省绿化先进单位；和平大街第二小学等69个单位被评为市花园式单位；辽宁体育馆等92个单位被评为市绿化先进单位；万科紫金苑小区等24个居住区被评为市花园式居住区；西塔小区等54个居住区被评为市绿化先进居住区；并有75个街道办事处、社区和86个绿化达标单位受到了全市通报表彰。

(刘肖欢)

【中心城区绿化建设】 市区街路绿化改造中，实施了栽植珍贵树种、栽植大树苗和“一街一树一景”的景观工程建设：文萃路栽植梧桐181株，黄河大街栽植国槐784株、水腊10余万株，长江街栽植皂角190株，南五马路栽植白皮松116株、梓树82株、垂榆264株和水腊绿篱1.6万株，和平大街栽植臭椿708株，文体路栽植新疆圆冠榆167株，北二马路栽植水曲柳2085株。在其他街路上还引进栽植了包头的串杨等新树种。

完成20处拆迁建设街头绿地工作，建绿地5.31万平方米。克俭绿地、小南教堂广场等重点工程也按计划完成。

拆违建绿工作全市共拆除违建30余万平方米，实施绿化近10万平方米。

(刘肖欢)

【环城路绿化带建设】 完成三环绿化带一期工程。拆迁住户169户，拆除地上物275处，涉及单位46个，租地534公顷，打井22眼，挖排水沟10.5万延长米，完成作业路17.8万平方米。全市七城区组织1000余个单位50万余人次参加义务植树，共栽植树木55.1万株。

二环绿化带建设完成植树30万株，扩大绿地13万平方米。

(刘肖欢)

【浑河公园建设】 浑河公园东起长青桥，西至浑河桥，南临浑河，北至二环路，占地总面积为126公顷(其中河心岛为12公顷)，是沈阳市集文化、休闲、娱乐功能为一体的最大的城市滨河公园。公园建设以植物造园为主，分为自然景观区、文化休闲区、娱乐服务区、异禽生态区、沿道路景观区、湿地生态区、主入口区等几个主要区域。公园建设总投资为3.5亿元人民币，2001年完成投资2.7亿元。年初开始征地动迁工作，4月20日到5月10日完成背景林及植树工程，7月末完成西部水利和基础设施及排迁工程，8月初开始全面绿化和植被工程。公园东部服务性设施等其他工程将于2002年完成。

(石国琦)

【龙王庙公园建设】 龙王庙公园位于南二环路路北、和平南大街南端的两侧，公园规划总面积11.6公顷。公园内主要设置了广场、园路、喷泉、座凳、园灯等设施，园内绿化主要栽植了油松、云杉、华山松、冷杉、国槐、黄菠萝、水曲柳、刺槐、黄刺梅、连翘、红瑞木、海棠、锦带等34个品种7000余株树木，铺草坪7.2万平方米。公园设计形式上采用了开放式，设置了4个活动广场。

(石国琦)

【北陵公园整治和改造】 2001年2月，根据市人大十二届四次会议代表提出的《关于保护北陵公园原始风貌，加强文物保护的质询案》的意见，市政府作出了关于“整治北陵公园环境、恢复昭陵原貌”的决定。

到三月底全部拆除了各类占建项目134项，其中：007城堡、停车场、清城、隆业酒店等占地建筑项目23项，高空观览、滑翔飞翼、碰碰车、攀岩等游乐项目69项，餐饮亭、电话亭、照相点42个。共恢复绿地8万余平方米，清除残土2万多立方米，更换新土1.4万立方米。园内共完成植树4449株，其中：油松2602株，其他乔木1847株。

北陵公园的正门改造，采用了沈阳故宫建筑公司的设计与施工方案。在原来位置上向北平移30米，东西各拓宽25米。正门主楼高13米，采用三洞穹宇琉璃顶歇山式，正门的两侧摆放一对石狮，最底层的台基采用灰白花岗岩，上面的须弥座和门券则采用雪花白石材，精雕细刻，彩画为清式金龙和玺彩画，一字影壁为琉璃制成。新建售票室东西对称各一个，与正门之间用黄琉璃瓦大红墙相连，保持清代风格。围墙为通透式，栏杆采用传统宝剑图案。正门新建广场面积为8000平方米，由灰白花岗岩铺制，四周设地灯，东西两侧各设一组广场灯。广场与正门相衬，古今相融，气势恢宏。

(刘肖欢　李健)

【《沈阳市城市绿化条例》颁布实施】 《沈阳市城市绿化条例》由市第十二届人民代表大会常务委员会第二十九次会议于2001年9月21日通过，并由辽宁省第九届人民代表大会常务委员会第二十七次会议于2001年11月30日批准，自2002年1月1日起施行。这部法规的实施，对于加强城市绿化规划、建设和管理，保障和促进城市绿化事业的健康发展，美化城市环境，加速沈阳城市现代化、国际化建设步伐具有十分重要的意义。

(刘肖欢)

【实施5座公园转属和17座市区公园免费开放】 3月初，原市属中山、青年、劳动、长青和原动物园五座公园转属下放区管，除北陵、东陵公园外，市内其他17所公园从5月1日起免费向市民开放。

公园实行免费开放，是沈阳市城市管理体制的一项重大改革，是市政府着力提高市民生活环境质量，拓展市民娱乐、健身和休闲空间的一个重要举措。据统计，在实行城市公园免费开放的第一个节假日黄金周里，全市公园游人量超过百万。

（刘肖欢）

市容环卫

【清理违章占道经营】 2001年，沈阳市对占道经营、乱摆乱放等影响市容环境的现象进行了多次专项整治，全市200多条主要街路和重要的广场的面貌有了明显的改观。全年共教育占道经营者6万多人，清理商贩占道1.5万余处。组织露天烧烤专项整治30余次。拆除违章设置12万平方米，拆除违章商亭9000余处，约1.2万平方米。

（洪俊海）

【城市环境卫生】 2001年，沈阳市环境卫生工作水平和质量有了新提高，冬季除运雪工作取得了显著成果，固体废弃物管理工作达到了历史最好水平。

1.环卫管理体制进行了改革，实行政事分开、管干分离。打破原有建制，组建了环境卫生管理所和“三清”作业公司。各管理所履行环境卫生的管理、监督、检查和考核职能，各作业公司负责三清工作的作业任务。在改革管理体制的基础上对“三清“作业的运行机制进行了改革，到2001年6月末，全市环卫专业队伍负责的1603条一、二、三级街路的清扫保洁全部实行了招投标承包，334座水厕也相继进行了承包。并完善检查考核机制，从各区环卫局抽调人员组成专业检查组，对环境卫生进行日检查，对存在的问题实行扣分制。还解决了城乡结合部、城市出口路及四级街路的管属体制问题。

2.除运雪工作成效显著。市政府第16次常务会议通过了除运雪工作的改革方案。根据改革方案重新制定了《沈阳市城市除运雪规定》，并由市长签发，从而将运雪工作纳入专业化、社会化、机械化、法制化的轨道。按着除雪改革方案，组织、协调和发动各区，组织对各区除雪情况进行街路等级检查，并将每次检查结果，通过除雪简报和新闻媒体予以公布。对排名末位的区罚款2万元，对拒不除雪和除雪质量不好的单位通过新闻媒体进行曝光和处罚，确保了除雪质量的提高。

3.加大管理力度，提高环境卫生质量。为加强固体废弃物管理工作，制定了《沈阳市城市出口路及其他区域无主残土管理办法》。组织各区管理队伍开展了环境卫生综合整治工作，共整治出入口路14条，清理无主残土8万多立方米。组织全市执法人员对二次污染问题进行了集中整治，有效地减少了乱排乱卸残土造成二次污染环境的现象。此外，为保证两河清淤任务，全市环卫职工8000余人及时进行跟踪清理，并在清淤工作结束后，马上对运泥街路进行水洗，在较短的时间内使受污染的街路恢复了原貌。3月份对全市19座被占用水洗公厕情况进行调研，勒令问题单位限期整改，直至恢复原使用功能。针对公厕管理存在的问题，补充修订了《沈阳市公厕管理办法》。本着既治标又治本的方针，对群众反映较大、存在问题较多的市场摊区、住宅小区、小街小巷、城市出口路、城乡结合部、建筑工地等地区进行了集中整治，使这些地区的环境卫生问题得到了有效解决。

4.环境卫生基础设施得到加强。推行垃圾压缩车、垃圾积液箱的改制，全市又购置了21台装载机式的除雪车、8台多功能大型除雪机械设备。完成了80座水洗公厕的建设任务。同时，较好地完成了浑南转运站和老虎冲垃圾场的建设任务。

（李　茜）

【户外广告管理】 2001年，沈阳市加大了户外广告橱窗牌匾的综合整治力度，户外广告管理步入规范化轨道。

1.制定总体规划，以规划管理户外广告。年初，市容管理部门与上海同济大学合作，对全市的户外广告、商业牌匾进行总体规划，并制定了户外广告牌匾设置技术规范。这次规划共涉及18条街路和5个广场。

2.对现有的户外广告设施进行整顿。对路牌广告进行规划，把样式陈旧的广告牌改造成形式新颖、高档材质的户外广告牌，杜绝铁皮裸露广告设施，对空白广告书写市容管理部门指定的宣传口号。

3.加强户外广告的清理整治工作。对陈旧破损的户外广告和掉字漏字的牌匾进行了整治，对一些违章设置的户外广告按照有关规定予以拆除和处罚。

4.强化检查监督机制。指定专人在街路上巡视，发现不符合规定的责令广告经营单位限期整改。一年来，全市共拆除和扣罚违章广告条幅5.3万余条，拆除青年大街、北京街及部分不符合规划要求的户外广告180处、1万余平方米，取缔落地灯箱1180个。

（洪俊海）

【“门前三包”管理】 2001年，沈阳市的“门前三包”工作随着市场经济的发展和城市管理的强化，地位更加突出，为提高城市环境质量发挥了积极作用。

1.责任落实。沈阳市的“门前三包”主要采取了两种形式，一种是联包（联包是街道办事处组织专门队伍雇用“门前三包”监督员进行管理），另一种是自包。其中：联包占55%，自包占45%。全市一、二级街路100%落实了门前三包责任制，三级以下街巷路落实率为95%。全市有近8万个单位与主管部门签订了“门前三包”责任协议书，有“门前三包”监督员近万人。

2.管理到位。一是对“门前三包”推行规范化管理。确定全市100条街路为规范化管理街路，要求这些街路达到两个100%，即责任覆盖率100%，管理到位率100%。二是强化对“门前三包”的监督。全市每季进行一次公开考核，同时还进行不定期的暗查。市内五区都专门设“门前三包”办公室，配备了人员和车辆。三是注意培养和宣传典型。大力宣传了中街、太原街、大西路、北陵大街、兴华街、文化东路等好的典型街路和单位。年内全市评选出大东区环卫监察队、中街地区管理办公室、和平区市容办等“门前三包”管理先进单位。

（李树志）

【清理整治小招贴】 针对小招贴广告泛滥成灾，严重破坏和影响城市市容景观的状况，沈阳市从2001年11月12日起，在全市范围内，对涂写、刻画、张贴、悬挂非法广告、标识和骚扰“119”、“120”等公共急用专线电话等违法违规行为，实施专项整治。全市各级领导对专项整治亲自抓，实行“一把手”工程。市委宣传部、市城建局、综合执法局、公安局、卫生局、教育局等部门，按职负责，互相配合，协同作战，专项整治取得显著效果。从2001年11月6日至年底，全市在专项整治中，共抓获散发、张贴、涂写、刻画各类非法小招贴、小广告人员260多名，抓获制作、贩卖假证人员37名，处理违法犯罪人员37人（其中：逮捕16人，刑事拘留8人，行政拘留13人），查处非法广告和制售假证窝点15个，处罚违法违规单位150多家，清除涂写、刻画张贴在各种物体上的非法广告150多万个，收缴各类非法广告逾百万份。

（徐建湘）

【灯饰建设】　灯饰建设以“三街、四路、四个广场”为重点：即青年大街——北京街——北陵大街、和平大街、太原街——西塔街——长江街、中华路——十一纬路、沈阳路、中街路、泰山路、市府广场、中山广场、北站广场、沈阳站广场。沿街、环广场200余栋楼设置了泛光照明，景点、广场、立交桥、人行桥配置了各种灯饰。入夜之后，全市的主要街路、广场、商业街的各类灯饰高低错落，动静相间。春节前夕，市城建局为配合中央电视台春节晚会制作节目，昼夜连班作业，不到10天就完成了五里河体育场的亮化任务。

（韩寿庆）

城市规划

【城市规划编制和设计】　2001年，市规划和国土资源局共完成重点工程建设的规划编制和设计任务193项，其中省重点工程建设的规划编制和设计任务11项，市重点工程建设的规划编制和设计任务182项，包括分区规划、专项规划、控详规划、基础设施规划等。一、二、三环路两侧等绿化规划和北陵大街及泰山路景观等详细规划，分别受到省、市领导及有关人士的好评。为保证这些项目的实施，市规划和国土资源局做了大量的基础工作，完成省、市重点工程测绘任务87项，其中省重点建设项目勘测9项，市重点建设项目勘测70项。这些规划的完成，深化了城市总体规划，拓展了城市功能，为城市总体规划的实施和改善城市环境奠定了良好的基础。

（邓颂　王翀鑫）

【城市规划实施管理】　2001年初，筹备成立了沈阳市城市规划委员会，办公室设在市规划和国土资源局。规委成立后召开了三次规委专家组会议，评审了60个大型建筑设计方案；召开了五次规委主任会议，审查了51个方案，为领导科学决策提供了有价值的意见。下半年，市规划和国土资源局采取了规划建审合一的措施，简化了审批程序，提高了工作效率，满足了建设单位的需要。2001年，全市共办理规划审批件595件，面积500多万平方米。

（邓颂　王翀鑫）

国土资源管理

【土地资产管理】　严格实行土地有偿使用制度。全年实现土地收益金10.03亿元，有偿出让土地348万平方米；催缴了历年拖欠的出让金、租金合计1.49亿元；支持国企改革，积极协助企业转制，处置土地资产44.3万平方米，合同金额1.43亿元。

积极开拓土地交易市场。以市政府令形式出台了《沈阳市国有土地使用权招标、拍卖暂行办法》，建立了土地一级交易市场，使国有土地有偿使用工作纳入法制化管理轨道。土地储备交易中心对储备的土地进行前期开发整理后，公开招标土地两块，获土地收益800万元；拍卖一块，获土地收益7000万元。

在全市范围内开展了“三清一查”工作，加大对闲置土地的处置力度。对已批准享受优惠政策、尚未开工建设的项目进行重新审查，取消了33个不应享受政策的项目，废止建设项目用地99公顷。

（邓颂　王翀鑫）

【耕地占补平衡工作】　进一步落实《土地利用总体规划》，加强县、乡两级土地利用总体规划的调整和完善工作，使各级规划都具有比较完备的图形和文字资料，为城乡土地统一管理奠定了良好的基础，为规划的实施提供了科学的依据。

严格建设用地审批管理制度，全年共办理各类用地审批77件，总面积814.78公顷，其中：征地审批55件，面积737.50公顷，耕地面积494.63公顷；占地审批22件，面积77.28公顷，耕地面积66.47公顷。

在保持耕地总量不变的前提下，对基本农田进行了小范围的局部调整。建立和完善了“后备资源项目库”和“补充耕地储备库”，上报了3批土地开发整理项目，开发整理土地1666.7公顷。2001年沈阳市建设占用耕地477公顷，补充耕地480.8公顷，连续三年保持了全市耕地的占补平衡。

（邓颂　王翀鑫）

【土地管理基础工作】　对城区三环路以内（不含浑南新区）近期可开发利用的土地开展了城区存量土地调查工作，进一步掌握了全市城区存量土地的现状。

利用卫星遥感技术，结合卫星图片，对全市8个县、市进行了土地变更登记调查，取得了现势的土地数据。

办理租赁用地及登记发证30件，面积88万平方米；办理出让土地登记290件，面积416万平方米；办理土地他项权利登记15件；土地权属审核60件，换发土地证书187本，收取土地登记费690万元。发放城镇共用宗地的土地使用权证书1000余件，为今后进一步扩大发证范围奠定了基础。

（邓颂　王翀鑫）

【规划土地监察】　2001年，全市共进行建筑工程验线109件，发放《建设工程规划许可证》正本107件，在工程验线中发现违法建设18件，均依法进行了处理。同时试行了《建设工程规划许可证》附图公示制度，便于群众监督，杜绝违法行为的发生。

2001年，全市共查处违法建设案件1838件，涉及面积87.9万平方米，其中拆除违法建设624件，涉及面积9.53万平方米，罚没金额3152万元；查处违法用地209宗，涉及面积188.6公顷，收回土地31.7公顷，罚没金额428万元。

（邓颂　王翀鑫）

【矿产资源管理】　矿产资源管理是2001年底政府机构改革后新并入国土资源管理中的一项重要工作。原矿管办在市计委的直接领导下，取得了很大的工作成绩。建立了采矿权管理信息系统及强化了采矿权市场的管理；完成了矿山企业年检和矿产资源开发利用情况年报工作，为矿产资源的动态管理奠定了基础；积极进行了地质灾害预防和地质灾害发生后的治理工作，保证了地质环境管理工作的顺利开展，减少可能发生的地质灾害对人民生命财产的损害；为400余家矿产企业办理了占用储量登记，为减少矿产资源损失和浪费，改变矿产资源不合理开发奠定了扎实的工作基础；初步开展了矿山企业出租和转让管理工作，为300多家矿山企业补办了出租和转让手续，严格规范了今后矿山企业出租转让的行为，使沈阳市初步建立了矿产资源开发的市场运行机制；修改完善了《沈阳市矿产资源2001—2015年勘察开发及保护规划》，为管理好全市矿产资源提供了科学、准确、详实的依据。

（邓颂　王翀鑫）

环境保护

【概况】 2001年，沈阳市两级环保部门以改善环境质量和巩固"一控双达标"成果为中心，全面加强环境污染防治。据统计，全年环境空气污染指数（API）二级（良好）以上天数为251天，占全年的三分之二以上；辽河干流沈阳段自1997年以来，连续五年保持出境水质好于入境水质；棋盘山水库和卧龙湖水库水质均达到国家城市环境综合整治定量考核的相应标准；通过对南运河及卫工明渠的清淤疏浚，景观河水质状况有所改善；城区环境噪声平均等效声级为55.3分贝，达到国家城市环境综合整治定量考核标准；生态环境保护与建设逐步深入，截至2001年底，全市建城区绿化覆盖率达25.2%；此外，环境的国际合作、科研、监测、执法与宣传教育等各项工作均取得了一定的进展。在2001年6月5日公布的全国35个重点城市环境综合整治定量考核结果中，沈阳市由1999年的第12位上升到第8位。

（崔涤尘）

【"治辽"和"一控双达标"工作】 截至2000年底，沈阳市顺利完成了"治辽"和"一控双达标"工作任务，并于2001年率先通过了省政府的考核验收，实现工业污染源档案合格率100%，现场抽查、抽测合格率均达100%，皇姑区、东陵区还被评为省"一控双达标"先进单位。从1996年至2000年五年间，沈阳市用于"治辽"和"一控双达标"工作的投入近18亿元，全市1350家工业污染源全部实现达标排放；主要污染物排放总量实现大幅削减，其中COD排放量削减11万吨、烟尘削减6.5万吨、二氧化硫削减10.7万吨；建成沈阳市北部污水处理厂和南部污水处理示范厂，并全部投入运行；凌空污水处理厂已开工建设。经过不懈努力，实现了辽河沈阳段自1997年以来连续保持出境水质好于入境水质的目标。

（崔涤尘）

【工业污染防治】 为巩固"一控双达标"工作所取得的成果，2001年市区两级环保管理、监理、监测部门逐渐加大对工业污染源的监管力度，对出现问题的企业提出整改意见，并监督整改情况，有效遏制了达标企业污染反弹现象；同时组织开展了对"十五小"、"新五小"企业的监督检查；对卧龙湖等自然保护区进行了执法检查；对117家宾馆、饭店和大中型畜牧饲养厂及定点屠宰场进行限期治理；完成了向沈抚灌渠及环城水系排污企业的污染调查；开展了全市各级医院污染调查；补充、完善工业污染源档案；审核全市70家污染大户的污染排放物；并对沈阳华润雪花啤酒有限公司等12家企业进行了清洁生产审计；对340家企业进行危险废物排放申报统计，确认危险废物共计33种，约4.6万吨；组织2659吨危险废物进入填埋厂进行安全处置，确保填埋场式运行；通过引进新技术，成功解决包括东北制药总厂万吨Vc高浓度废液在内的多家重点企业的环境污染问题；全面开展"禁磷"工作，对全市46个洗涤用品销售单位进行了抽检，结果表明销售无磷洗涤用品的占95%以上，到年底已有44家企业198个品牌的洗涤用品取得了《沈阳市无磷洗涤用品审核登记证》。

2001年全市共安排污染治理项目262项，总投资8402万元，环保专项资金3664万元，形成COD年削减能力2304吨、烟尘2766吨、二氧化硫617吨。

（崔涤尘）

【大气环境综合整治】 2001年，环保部门积极落实市政府《关于严格控制大气污染的通告》，大气污染综合整治工作逐步深入，环境空气质量有所好转，环境空气主要污染指标总悬浮颗粒物与上年基本持平，二氧化硫指标较上年下降了1.6%，达到国家三级标准。

1.强化执法，确保大气污染源达标排放。全年对1060个锅炉房和1647台燃烧设备进行检查，对154个存在违法现象的单位进行了处罚；全市103家大气污染严重单位得到了限期治理；111个锅炉房达到环保标准化要求；"十强赛"期间，环保部门对全市9个区的大气感观环境进行了检查，并对存在的问题进行了及时的处理。

2.深化管理，全面加强能源管制。为落实煤炭管制要求，全年在市区范围内推广洁净配煤和低硫煤205.3万吨；对低灰、低硫煤经营单位进行抽检，对新申请纳入低灰、低硫煤经营范围的单位进行严格审定，确保燃煤达标率达到85%；创建了九个高污染燃料禁燃区；对蜂窝型煤及型煤锅炉的市场开展了调查，审定并公布了九家型煤锅炉生产单位和六家蜂窝型煤生产单位；采暖期间，在大东区毛君屯社区进行了民用型煤推广试点，成效显著。

3.控制扬尘污染。2001年对有关委、办、局扬尘污染控制工作进行督察督办，并组织有关部门对扬尘污染源进行了检查，扬尘污染控制工作初见成效；年内落实新型真空洒水吸尘清扫车20余台，实现了全市主要街道的湿式清扫作业；组织抽查施工现场30余个，对扬尘污染现象提出整改措施，建筑施工现场环境管理得到进一步规范。

4.加强机动车尾气管理和监控。2001年，对沈阳市现有7条车检线的机动车尾气检测工作进行了检查；全年抽检车辆5000台，合格率为72%；年检机动车尾气车辆12万辆，首检合格率为50%；协调市交警支队和客运集团对374台公交车发动机进行了整修，并对2000余名公交车驾驶员进行了再培训，对部分长途客运、货运及水泥搅拌运输等单位进行了检查，其中共抽检柴油车379台，合格率为69.7%；并对机动车尾气检测中发现的问题及时提出了限期整改意见。

（崔涤尘）

【环境生态保护】 2001年，是沈阳市"十五"生态环境保护工作的起步年，沈阳市生态保护工作，紧紧围绕贯彻《全国生态环境保护工作纲要》要求，开展了各项工作。以生态示范区建设、无公害生产基地环境管理、自然环境保护区建设和小城镇环境规划为主的农村生态环境保护工作顺利开展。年内东陵区国家生态示范区规划基本完成，康平县被正式批准为国家生态示范区试点，卧龙湖自然保护区被省政府批准为省级自然保护区；制定出台了《沈阳市无公害生产基地环境管理办法》和《沈阳市无公害生产基地环境质量监测技术规范》，对基本符合条件的法库县孟家乡等4家无公害蔬菜生产基地进行了认证；在辽中镇、虎石台镇、大孤家子镇和白塔堡镇开展试点，以点带面，推动全市小城镇环保工作；率先在皇姑区开展了创建环保模范小区、学校、宾馆和家庭活动，并着手开展皇姑区生态型城区创建活动。

（崔涤尘）

【环境科研】 2001年，由市环保局负责编制完成了《沈阳市"十五"环境保护计划》，在生态保护、大气污染防治、污水处理技术、环境监测、"白色污染"防治等方面，通过广泛调查、研究，取得了丰硕科研成果，为"十五"环境保护工作提供依据。2001年，沈阳市被国家科技部和环保总局批准为国家清洁能源试点示范城市，完成了清洁能源推广实施方案，部分示范项目已按计划启动；东陵区、苏家屯区和康平县依据国家生态示范区指标体系要求，逐步掌握了各生态保护试点区的环境现状及存在的主要问题，并在此基础上全面开展生态示范区建设规划研究；沈阳市环境监测中心站建成了沈阳市环保系统的第一个国家级实验室，并通过了"中国国家实验室认可委员会"的现场评审，与南开大学合作，开展沈阳市环境空气颗粒物源解析研究，深入了解环境空气颗粒物的主要来源和组成元素浓度分布状况，重点研究全年及各季节烟尘、自然尘和扬尘对大气污染的贡献率，完成的《沈阳市突发性污染事故应急监测地理信息系统》课题获沈阳市科技进步二等奖，开辟了环境监测工作新的领域。编制的《沈阳市"九五"环境质量报告书》获得国家环保总局和省环保局一等奖；沈阳市环境科学研究所利用微生物修复技术和植物修复技术开展沈抚灌区土壤生态恢复研究工作，筛选出适应在该地区生长的高效微生物菌株和植被，建立污染物降解动力模型，现场实验成效显著，实验规模逐步扩大，并积极争取国家专项资金的投入，用以巩固沈抚灌区土壤生态恢复示范区建设；沈阳市环境科学研究所还通过对国内养猪业污染情况、治理现状的调查分析，理论上初步建立了养猪场清洁生产体系。

（崔涤尘）

【环境执法】 按照WTO规则和适应新时期环境保护工作发展的需要，2001年，沈阳市不断加强了环境法制建设，大力推行依法行政和政务公开；规范排污收费，统一行政处罚和排污收费标准；强化行政执法的监督检查，杜绝执法过程中的"暗箱操作"；逐步完善地方性环保法规和政府规章，环境执法力度逐步加大。在全市范围内组织开展了严肃查处环境违法行为等专项执法，全年查处违法案件1169起，处罚金额达267.4万元；对全市271家工业源进行了613次检查，并组织有关部门对全市40余家工业源进行了70余次抽查，对发现的问题进行了限期治理；加大对重点和敏感地区的大气污染源的监管力度，对全市重点地区发放《锅炉房现场执法检查记录本》3000多个，对1141个锅炉房的1647个燃烧设备进行了检查，对154个存在违法现象的单位进行了处罚；加大污染扰民案件查处力度，设立环保投诉电话，对发现的问题及时给予妥善解决，全年共查处污染扰民案件2883件次，处理率达100%，结案率达98%；2001年，中、高考期间，在全市范围内开展噪声专项整治活动，二十四小时受理市民投诉，并做到及时到现场查处，得到市民好评。

（崔涤尘）

【环境领域国际交流与合作】 2001年，欧盟——中国辽宁综合环境项目沈阳城市规划子项目取得阶段性成果。该项目借鉴欧洲国家的先进经验，成立并运行六个跨部门的联合工作组，在城市规划领域的土地利用与交通建设、住房开发与住房管理、基础设施与城市服务、自然环境、人为环境、城市营销和投资等方面进行了深入的研究和实践，并以此为基础于2001年10月3日至5日成功召开了沈阳可持续城市规划国际研讨会，促进了内外交流、经验共享。欧盟项目已开始研究铁西区整体改造规划；为浑南新区的规划设计提供了专家咨询和服务；同时，为了利用现有文化遗产促进城市发展，欧盟项目与有关部门积极合作，并与世界银行和联合国教科文组织进行联系，起草相关报告，推动了沈阳市"一宫两陵"申请世行贷款和申报世界文化遗产的进程。此外，沈阳市政府与联合国人居中心城市管理计划合作的"城市发展战略"项目，于2001年底递交了项目的最终报告，并获得通过；与联合国开发计划署合作的"城市良政"项目进展顺利，以社区为基础的城市管理和城市活动信息系统正在建设之中；世界银行贷款的"沈阳市工业改革"项目正在按计划进度加紧实施。2001年，日中科学技术协会等十余个国外代表团就全市大气污染、节能技术、生物型煤、塑料回收、人员交流等方面进行了广泛的交流与合作。

（崔涤尘）

【环境空气质量预报】 沈阳市环保局组织沈阳市环境监测中心站在进一步完善环境空气质量日报系统的基础上，于2001年6月5日正式开展环境空气质量预报工作。每日的预报结果均在中央电视台和沈阳电视台（5频道）重要时段播出，成为全国48个重点城市中首批开展环境空气质量预报的城市之一。

空气质量预报模型包括气温、降水、风速等10个重要预报参数，采用逐步回归的计算方法建立了一年四季的预报方程。每天，通过环境空气样品采集、数值计算、网络传输，将城区内5个大气自动监测点位实测的PM_{10}（可吸入颗粒物）、SO_2（二氧化硫）、NO_2（二氧化氮）浓度值的预报数据及时、准确地上报国家环保总局和国家气象总局。

（崔涤尘）

【沈阳环境保护网站建设】 市环保局主办的"沈阳环境保护网"（www.syepb.gov.cn），是沈阳市在国际互联网上独立的环境保护官方网站。2001年登录该网站的网民达4万多人次。"沈阳环境保护网"的建站宗旨是：宣传政府在环境保护工作方面的方针政策及相关法律法规，反映当前环境的热点、难点问题，提高社会各界的环保意识，市民反映环保问题的一个重要窗口，促进环保国际交流与合作。2001年，经过不断完善，该网站已初具规模，目前设立的主要栏目有：环保机构、政务公开、工作动态、环境管理、法规标准、环境状况、环保宣教、国际合作、环保百科、沈阳空气质量日报和预报、全国主要城市空气质量日报和预报、环境热点新闻等。2001年"沈阳环境保护网"建设工作，不但注重信息发布和宣传教育，更着眼于网站的"交互性"建设，积极争取全社会的广泛参与和支持。通过设立环保论坛、网上调查、局长信箱等栏目，了解民意，不断拓宽市民参与的渠道，增进社会各界对全市环境保护工作的理解与支持。

（崔涤尘）

建筑房地产业

建筑业

【概况】 2001年,沈阳市建筑业累计开工项目4827个,施工面积2228.6万平方米,其中新开工工程3266项,施工面积1284.6万平方米;竣工工程2812项,竣工面积1102.2万平方米,比上年增长7.4%;实现施工总产值170.3亿元,比上年增长2.8%,达到历史最高水平。建筑业在自身快速发展的同时,也拉动了相关产业的产出,拉动值高达303亿元。

(石国琦)

【建筑市场整治】 2001年以整顿规范建筑市场秩序为契机,以加快推进公平竞争、规范运作的市场秩序为目标,加大了对建筑市场的综合整治力度,严格市场准入制度,强化招投标管理,完善有形市场建设,推行政务公开,开展综合执法检查,依法查处违法违纪行为,使建筑市场秩序得到有效规范和明显好转。全年在市场行为方面共抽查项目379项,其中规避招投标、招投标不规范、无施工许可证、转包挂靠等各种违法违规项目共47项,对这些项目全部给予了行政警告、停止施工的处罚。其中对36项工程处以经济处罚,罚款额达102万元。工程质量方面从装饰公用安装和土建工程两条线共分三次对全市工程进行逐项监督检查,其中针对不同程度质量问题下发整改通知单529份,依法对问题较严重的22项工程进行了处罚和纠正,其中2项是未办理质量监督手续擅自开工,其余20项是违反了工程建设强制性标准施工。

(石国琦)

【工程质量管理】 2001年工程质量工作的重点是严格实行国家强制性标准,实行工程质量竣工验收备案制度,采取一系列硬性措施,确保工程地基基础、主体结构安全,解决住宅工程质量通病问题,各项指标均比上年有较大幅度提高。全市有20项工程获得省世纪杯工程,有21项工程被评为省优质主体结构工程,有20项工程获得东北三省省会城市工程观摩金、银杯。深入开展创百栋优质精品住宅活动,有254项工程参加评选,并通过新闻媒体向社会公布。省文化艺术中心博物馆、市房产大厦等工程的质量水平达到全国一流水平。工程建设监理全面实施,全市监理队伍已发展到78家,监理从业人员2300余人,有力地促进了全市工程质量水平的提高。

(石国琦)

【施工现场管理】 通过综合治理,全市施工现场达标率达95%以上,优秀率达30%以上,城区内主要街路现场景观化、标准化率达98%以上。城区内施工现场全部实现封闭式管理,彩色装配式钢围挡全面普及,铺设硬覆盖10万平方米,架设满遮挡密目网5万平方米,拆除小烟囱2000多个,清除建筑残土垃圾140多万立方米。另外,在二环路以内400多条街路现场推广使用了商品混凝土作业,配送使用率达85%以上。文明施工促进了安全生产,全年重大事故比率明显下降。在国家和省多次文明施工与安全生产的检查中,沈阳市均名列前茅。深入开展了“创百个优秀施工现场活动”,165个参评现场全部达到入围标准。

(石国琦)

【深化建设市场改革试点工作】 2001年以来,沈阳市推出14项重大改革举措,以资质改革为龙头的深化建设市场改革工作已全面展开。一是加快资质重新就位工作,确保全市建筑业结构调整尽快到位。二是实行无标底招标,开创公平竞争的市场环境。三是实行监理招标制度,提高工程建设管理水平。四是实行工程担保制度,确保工程建设顺利进行,2001年全市所有招标项目均实行了投标担保。五是实行竣工验收备案制度,完善质量监督管理体制,2001年所有竣工工程全部实行竣工验收备案制度。

(石国琦)

【国有建筑企业改革】 2001年,沈阳市国有建筑企业坚持以经济快速发展为主题,以全面减负为主线,以资质重新就位为关键,加快了国有企业的改革与发展。全年各国有企业共分流职工10316人,其中:下岗职工基本生活保障向失业保险并轨人数达6364人,出再就业服务中心、与企业脱离关系3575人,特殊工种提前退休118人,因病提前退休259人,另外还有6793名职工因不适合于继续工作办理了离岗休养。国有建筑企业仅剩在岗职工8675人,冗员包袱已大大减轻。同时,国有企业较好地完成了职工医疗保险工作,35家企业累计参保职工达21893人,其中离退休职工7172人,参保率达到99%。在减轻债务负担方面,各企业累计减掉各种债务近3亿元,卸去了企业发展的沉重包袱。各国有施工企业全年总计完成总产值73.6亿元,比上年提高了18.7%,其中东北金城公司施工产值突破15亿元,成为沈阳市建筑施工企业新的“龙头”;北方建设集团实现总产值13.1亿元,并成功地打进了上海市场。各企业考核利润9000万元,比上年提高了14%,在岗职工人均年收入达到1.17万元,比上年增加了19.4%。2001年,国有企业累计施工项目1794个,施工面积1163万平方米,比上年增长16.3%。

(石国琦)

【国际甲级写字楼——金厦广场开盘】 沈阳首座国际甲级写字楼——金厦广场于2001年11月18日开盘。金厦广场是沈阳市重点工程项目之一,由沈阳房产投资发展有限公司投资开发建设,特聘台湾国际级设计大师李祖原设计。

金厦广场坐落在由大西路、沈州路、奉天街三条主要交通干道围合成的独立地域。总占地面积1.7万平方米,由市民休闲广场和主题建筑两部分构成,总建筑面积7.4万平方米,楼高92米,共21层,其中:地下2层,地上19层。建筑物外观似双手捧朝阳,寓意迎接未来,光明无限,具有强烈的时代气息。

金厦广场内部先进的智能化保安监控系统、门禁系统、智能化消防系统、自动化楼宇系统、卫星接收系统、地下停车系统、综合布线系统、会议系统等八大智能化配置，奠定了国际五A标准。楼内还有高40米的空中花园、仿真自然环境、2800平方米幽雅的业主会所。

（鉴　闻）

房地产业

【房地产开发投资快速增长】　2001年，沈阳市实施了一系列措施和政策，加大了对房地产市场的管理和规范，有效地促进了房地产开发业的发展，房地产开发投资快速增长。

1.投资加快，比重扩大。全年完成投资78.1亿元，同比增加14.1亿元，增长22.0%；占全市固定资产投资的比重达25.8%，同比提高了1.4个百分点。房屋施工面积888.9万平方米，同比增长7.3%，已成为拉动固定资产投资增长的主要因素。

2.住宅投资依然居主导地位。2001年，沈阳市房地产开发业用于商品住宅投资59.9亿元，同比增长30.6%，增幅高于房地产开发总投资8.6个百分点，占房地产开发投资的比重由71.7%上升到76.7%；完成商品住宅施工面积708.2万平方米，同比增长11.5%，占房屋施工面积的比重由上年的76.7%提高到79.7%；商品住宅竣工面积302.4万平方米，占商品房竣工面积的86.7%，较上年提高了3.8个百分点，成为主导全市房地产开发投资最活跃、最积极的因素。

3.开发土地面积成倍增长。2001年，沈阳市房地产开发企业开发土地面积513.0万平方米，同比增长1.3倍。其中：已完成开发土地面积181.1万平方米，同比增长67.8%；正在开发土地面积197.1万平方米，同比增长3.7倍；待开发土地面积134.7万平方米，同比增长90.4%。

4.到位资金结构有所调整，贷款比重增加。2001年，到位资金116.6亿元，同比增长36.8%。除上年结余资金外，当年到位资金95.3亿元。其中：国内贷款占25.6%，比上年提高了8.7个百分点；利用外资占1.5%，下降了0.9个百分点；开发企业自筹资金占29.9%，下降了7.1百分点；其他资金占43.0%。

（张旭萍）

【住宅建设继续沿着上升通道运行】
2001年，沈阳市继续加大住宅投资力度，住宅建设投资、竣工面积、人均居住面积等指标均创历史最好水平，成为沈阳市住宅建设史上投资最多、成果最大的一年。

1.投资总量再上新台阶，商品住宅比重继续扩大。2001年，沈阳市共完成住宅建设投资72.1亿元，同比增长19.6%。其中商品住宅投资59.9亿元，同比增长30.6%，占全市住宅建设投资的比重由上年76.1%提高到83.1%。住宅施工面积908.2万平方米，同比增长7.3%。其中商品住宅施工面积708.2万平方米，同比增长11.5%，占住宅施工面积的比重由上年的75.1%提高到78.0%。

2.投资效果显著，人均居住面积进一步提高。2001年，沈阳市住宅竣工面积再创历史新高，达444.2万平方米，同比增长5.0%。其中商品住宅竣工面积302.4万平方米，比上年增长4.3%，全年共拆除危险破旧住房26.9万平方米，回迁居民1.6万户。人均居住面积由上年的8.37平方米提高到8.79平方米，城镇居民的居住条件进一步得到改善。到2001年末，沈阳市市区实有住宅建筑面积达7271.1万平方米，同比增长5.6%。

3.住房二级市场全面开放，存量住房销售首次高于增量住房。为进一步激活住房消费市场，解决城镇居民买得起房的问题，沈阳市金融部门继续加大住房贷款发放工作力度，2001年共发放居民个人住房贷款19744件、面积265万平方米、贷款44亿元。2001年，沈阳市共销售商品住宅（增量房）165.1万平方米，其中销售给个人145.4万平方米，占商品住宅销售面积的比重由上年的81.9%上升到88.1%。随着住宅二级市场的全面开放，2001年，沈阳市存量住房（二手房）销售大幅提高，销售量首次高于增量房（商品房）。2001年，沈阳市存量住房转让共计37384件，同比增长66.1%；建筑面积达266万平方米，同比增长60%；成交额达35.5亿元，同比增长56%。

4.住宅组团、工矿宿舍区综合整治及管理工作初战告捷。2001年，为提高居民生活质量，提升城市总体功能，市政府决定用3年的时间对沈阳市核心区1995年以前建成的住宅组团、工矿宿舍进行综合整治。市、区及产权单位共投资3600万元，完成组团整治379个，建筑面积560万平方米，超额完成全市住宅组团综合整治计划。通过综合整治基本消除了违章建筑，城市居民的居住环境得到一定的改善。

（李儒成）

【房地产市场持续健康发展】　2001年，沈阳市坚持“政策和措施双重驱动”，努力提高房地产市场配套服务水平，促进了房地产市场的繁荣和发展。全年房地产市场房屋入市成交面积1860.7万平方米，成交额218.8亿元，分别比上年增长5.3%和2.6%。

1.进一步完善相关配套政策。下发了《关于进一步搞活房地产二、三级市场的若干措施的通知》（沈政发[2001]5号），降低了入市“门槛”，稳定了增量，激活了存量。全市商品房销（预）售建筑面积达到266.5万平方米，销（预）售总额72.9亿元，与上年基本持平；存量房转让建筑面积266.3万平方米，成交额35.3亿元，分别比上年增长60%和56%。

2.进一步完善市场服务体系。积极推行了房产交易和产权登记“一体化”办公新机制，简化了办事程序，方便了居民买房卖房；建立了“沈房指数”定期发布制度，全年发布“沈房指数月报”10期，为促进住房消费和政府决策提供了依据；组建了房屋租赁管理中心，理顺了市、区两级租赁管理体制，规范了房屋租赁管理行为。房屋租赁登记面积192万平方米、租赁额10.5亿元，分别比上年增长51%和25%。置业担保公司通过建立担保与保全互动工作机制，严格审批程序，提高办事效率，使住房金融服务工作得到了进一步规范。全年审核抵押贷款金额143.1亿元，比上年增长43%。其中个人购房贷款额达46亿元，直接带动相关产业增加产出300多亿元。

3.积极营造活跃市场的氛围。以凝聚人气、提升内涵、丰富内容、方便群众为宗旨，成功地举办了春、秋两届房地产交易展示会。会议期间，通过实施优惠政策，提供方便快捷的服务，大大地激发了居民住房消费的热情。据统计，约近80万人次的市民光临了展会，成交房屋建筑面积达119.1万平方米，成交额达24.5亿元，实现了沈阳市房展会的历史性突破。

（杨　剑）

【住房制度改革】　2001年，沈阳市住房制度改革工作继续保持全国领先的水平。全年共发放住房分配货币化补贴资金1.33亿元,补贴职工3713人,补贴面积15.56万平方米;归集房改资金15.5亿元,其中:住房公积金归集8.4亿元,出售公有住房回收售房款7.13亿元;发放住房公积金个人贷款8.5亿元。

1.住房分配货币化工作稳步推进。市政府共安排市本级财政拨款单位购房补贴指标资金5000万元,共补贴职工1474人,补贴面积5.86万平方米;无指标资金的机关事业单位实行购房补贴操作121个单位,补贴金额5324万元,补贴人数1315人,补贴面积6万平方米,同比增长了15%;企业补贴操作28个单位,补贴金额1680万元,补贴人数424人,补贴面积达2.07万平方米;大东、和平、沈河等9个城区共落实货币化补贴资金3200万元,其中和平区、大东区、新城子区、于洪区、东陵区5城区进行了实际操作,发放补贴92个单位,补贴金额1558万元,补贴人数500人,补贴面积1.72万平方米。四县(市)制订了住房分配货币化方案,康平、法库两县可以进入操作;下发了《关于新人实行高比例缴存住房公积金核查备案的通知》,全市有47个单位143人实施了高比例缴存公积金政策,缴存金额66万元。2001年,住房分配货币化带动职工购房款总额4.25亿元,带动职工个人购房支出2.92亿元,对活跃住房市场,促进住房消费,拉动经济增长发挥了重要作用。

2.公房出售工作力度加大。为促进公有住房出售工作,及时调整政策,下发了《沈阳市关于调整出售公有住房价格和政策的通知》、《关于办理出售公有住房认证的通知》;结合"学《讲话》、办实事、迎国庆"活动,在"十一"前夕,为近4万户参加房改但未办理房屋所有权证的职工办理了办证前的清册审核手续;成立了由市纪委、市监察局、市财政局、市房产局和市房改办共同组成的房改工作督查组,对全市房改工作进行督查,并加大了房改投诉和信访工作的力度;3次召开房改自行运转单位的售房工作会议,对清册审核、办证等工作进行具体协调和落实。2001年,全市共出售公有住房558.97万平方米、10.4万户。其中:出售自管公有住房452.67万平方米,出售直管公房99.07万平方米。审批用拖欠工资转为职工购房款69个单位、4930人,工资转为购房款总额3162.5万元。

3.强化房改资金的规范化管理。认真落实《关于调整住房公积金缴存基数和缴存比例的通知》精神,做好住房公积金单位和个人缴存基数和缴存比例的调整工作。全年共归集住房公积金8.4亿元,同比增长27%。调整了售房款的使用方向,目前已有5000万元售房款纳人转化为职工购房补贴资金计划,其中3180万元已转化完毕。贯彻落实沈阳市《关于进一步搞活房地产二、三级市场若干措施的通知》(沈政发[2001]5号)精神,加大住房公积金的放贷力度,住房公积金个人贷款首付款比例由30%调整为不低于20%,个人住房公积金贷款最高额度调整为30万元。全年共发放住房公积金个人住房贷款8.5亿元,同比增长64%。同时,采取积极有效的措施,加大对逾期贷款的清收力度,清收逾期贷款3.8亿元。

4.积极做好搭建住房供应体系制度平台的准备工作。为加快全市住房供应体系的建立与完善,拟制了《沈阳市廉租住房管理办法》,设计编制了廉租住房协议书和申请表、审批表;拟制了《沈阳市经济适用住房建设管理暂行办法》,对经济适用住房的建设标准、出售对象等进行了深入研究。

(高国志　郭丽秀)

【住房公积金管理】 2001年,沈阳市归集住房公积金8.41亿元,投放个人住房公积金贷款8.54亿元,回收贷款4.1亿元,其中:单位贷款3亿元,个人贷款1.1亿元。

1.依法行政,公积金归集额度创历史新高。市住房公积金管理中心严格按照国务院颁布的《住房公积金管理条例》,依法归集住房公积金。成立了以中心为主,驻区办事处专人负责的行政执法网络。对长期欠缴单位进行曝光并申请法院强制执行,全年通过行政执法补缴住房公积金2430万元。严把"三关"健全"五制","三关"即严把工资手册认证关、公积金存储认证关、售房支取审批认证关,"五制"即住房公积金缴存登记制度、注销登记制度、变更登记制度、缓存审批制度、公积金支取制度,敦促单位为职工补缴住房公积金1309万元,通过公积金执法,维护了职工的合法权益,当年实现归集公积金8.4亿元,创历史最好水平。

2.逾期贷款清收取得重大突破。市住房公积金管理中心按照国家、省有关工作要求,一方面积极寻求政府的大力支持;另一方面不等不靠采取超常措施,继续采取分户责任到人、法律诉讼等工作措施,清收贷款达4.1亿元,取得了中心成立以来清贷最好成绩。

3.强化服务意识,促进个人住房贷款消费。沈阳市住房公积金管理中心在完善各项服务规章制度基础上,积极借助"沈阳通"公众信息网、因特网等为百姓解答公积金有关政策,增设"168"个人身份证自动输入语音查询系统,开办了建行"以卡还贷"业务,方便公积金存储用户。同时,深入企事业单位现场办公,宣传个贷政策,办理公积金贷款业务;调整贷款政策,拓宽贷款渠道,加强贷前贷后管理等,缩短了办事时限,方便了百姓。

(徐光田)

【住宅小区建设与管理】 2001年,市委、市政府把住宅小区物业化、标准化列为全市精神文明建设十件实事之一。截至2001年底,沈阳市住宅小区总数572个。其中:1995年之前建成的455个,1996年之后建成的117个。累计全市有54个住宅小区达到了"全国示范"标准;有123个住宅小区达到规范化标准,规范化率达到25%;有517个小区通过物业管理招投标方式实施了物业化管理,并成立了业主委员会,签订了《业主公约》;有490个小区业主委员会与选聘的物业公司签订了《物业管理委托合同》,物业化率达到了85.7%。

为认真贯彻市政府《关于住宅组团、工矿区宿舍区综合整治及管理工作的方案》的要求,市房产局积极组织动员全市,启动了住宅组团综合整治工程,对住宅组团综合整治计划内庭院里的违章建筑进行了全面的清理,实施了绿化、美化工程,改善了小区"脏、乱、差"环境,完善了小区功能,取得了明显的工作成效。全年完成了379个住宅组团总建筑面积为560万平方米的整治任务,住宅组团新增绿地面积58万平方米,为居民创造了良好的生活环境,提升了城市总体形象。

按照《沈阳市2001年花园式工程建设实施方案》要求,经市绿办的统一安排,市房产局对部分绿化标准低、植物配置不合理的住宅小区进行了统一规划。全市有73个普通住宅小区在2000年花园式工程建设基础上,提高了绿化档次、扩大了绿地面积、增加了植物容量，共栽植乔木0.8万株，花灌木9万株，绿篱11万株。

（孟庆来）

【房屋拆迁安置管理】　2001年，沈阳市城区审批拆迁项目73项，拆迁居民2.16万户，其中棚户区改造拆迁项目6项，居民1.30万户，占拆迁总量的60%；全市审批货币安置项目33项，货币安置拆迁居民7355户，占拆迁总量的34.1%，发放货币安置资金4.7亿元；全年城区回迁项目24项6283户，计划外提前回迁1.25万户。

1.加大货币安置及计划安置力度。从全市稳定工作的大局出发，认真贯彻市政府关于"凡在一环路内原则上实行货币安置"的工作精神，全力做好货币拆迁安置工作。全年商业开发项目拆迁居民8589户，货币安置拆迁居民7355户，占商业开发项目拆迁居民的86%，较好地完成了货币安置计划。

2.不断强化拆迁管理。市房产局认真贯彻执行市政府《关于加快房地产建设项目审批制度的会议纪要》精神，本着监督、管理、协调指导的原则，实行了拆迁审批例会制度，组织开发建设单位及被委托拆迁人，共同研究可能出现问题的解决办法，交待执行政策和实施过程中的具体要求；组织开展了跨区域委托拆迁试点工作；对拆迁项目从收件到回迁安置的全过程实施了跟踪管理，取得了良好的工作成效。

3.依法做好拆迁诉讼、调解及拆迁监察工作。全年立案、裁决案件达2718件，参加各级法院诉讼案件320件次，参加开庭审理、审判、质证690次，接待来访群众3700余人次，办信53件，召开协调会30余次。全年对19家违章开发项目实施了调查处理。其中立案查处5家，涉及到对外资企业的查处与市外企处进行沟通会签后，再进行处罚，效果较好。全年收缴行政罚款2万多元，追缴拆迁管理费近30万元。

（李友忱）

【冬季供暖工作】　2001年冬季，全市供暖热源按时开栓率达到了100%，同比提高了3个百分点；全市采暖综合收费率达到了95%，比预定的90%的采暖收费率目标提高了5个百分点，同比提高了25个百分点；冬季供暖运行效果明显好于往年；供暖信访投诉率同比下降了29%。

1.实施区域管理，供暖管理体制调整取得了显著成效。市政府颁发了《关于做好2001～2002年度城市供暖工作的通知》和《沈阳市城市供暖管理办法》，提出了城市供暖实行"统一政策，区域管理"原则，明确各区政府全面负责辖区内供暖管理的责任。在新体制下，通过管理工作重心下移，明确责任主体，充分调动各区的积极性，使供暖责任得到落实。

2.加大收费力度，采暖收费率明显提高。市政府结合现阶段全市的社会、经济环境，坚持"顾大局，保稳定"循序渐进的原则，从完善政策法规入手，调整收费和补贴方式，加大了采暖收费管理力度，营造良好社会氛围，取得了非常明显的效果，超额完成90%的预定目标，创下了1995年以来最高的采暖收费率。一是市政府调整了机关事业单位采暖交费时间，由"下打租"改为"上打租"。二是对实行"分户控制"改造区域内的住户直接向供暖单位交费或垫付，回单位报销的办法。三是市政府组织开展供暖督查工作，积极营造交费的社会氛围。

3.加强协调配合，保障了供暖工作得到落实。市政府高度重视城市供暖工作，各区政府及相关部门密切配合，充分发挥行业管理作用，妥善地解决了一些跨系统、跨区域供暖矛盾。市财政局、经贸委、电业局和自来水公司、市司法及监察部门从大局出发，在供暖缴费督查、督促所属企业缴费、垫付采暖费及供暖案件的办理执行、保证供暖按时开栓等方面做了大量工作。新闻单位配合政府加强了依法交费及正、反典型的宣传，为确保供暖开栓、促进采暖收费和提高供暖服务水平营造了良好的社会氛围。各供暖企业积极承担责任，认真做好供暖"三修"工作，努力提高供暖开栓运行质量，全力保证了严寒期及"两节、两会"期间的供暖运行。

市、区两级供暖管理部门制定了服务质量考核评比细则，多数供暖单位按竞赛活动要求，提高运行参数，坚持服务至上，落实服务规则，为广大用户排忧解难，提供了良好的供暖服务，为"确保供暖效果好于往年"做出了贡献。市、区两级供暖办携手解决了大量的"难点、热点"问题。协调市财政从供暖保障金中列支860万元专项资金，使困扰几年的铁西区建业小区等9处（涉及供暖面积80.1万平方米，1.3万余户）居民的问题得到较好解决。另外，市政府还针对原正兴供暖公司管理水平低、服务质量差、群众意见大的状况，责成市房产国资公司组建了惠盛供暖公司，并主动拆借资金1800万元，对原正兴供暖公司68处锅炉房及供暖设施进行设备"三修"。在冬季运行期间，惠盛供暖公司强化管理，树立品牌意识，狠抓服务质量，使供暖效果明显提高，用户反映良好。

（李亚兵）

国 内 贸 易

综 述

【商品市场发展综述】 2001年，沈阳市积极贯彻国家扩大内需的方针，应对国际国内形势的新变化，努力促进商品销售，保持市场繁荣，商品市场流通规模进一步扩大，消费对经济增长的拉动作用进一步增强。

一、商品市场运行情况

1. 消费品市场运行良好，居民消费稳中有升。2001年全市实现社会消费品零售总额623.5亿元，比上年增长10.2%，国家一系列扩大内需政策的效应正逐步显现。

2. 生产资料销售增速放缓，买方市场已经全面形成。限额以上贸易企业的统计结果显示，十大类生产资料中，金属材料类、建筑及装潢材料类、石油制品类、机电产品及设备类与上年相比销售上升，而其他几类生产资料销售都有不同程度的下降。此外，进度统计显示各类生产资料销售的淡旺季差别已不大。

3. 城市市场发展快于农村。城市全年实现零售额590.3亿元，同比增长10.3%，县及县以下零售额为33.2亿元，增长7.5%，城市高于农村2.8个百分点。

二、商品市场运行特点

1. 假日经济是拉动消费增长的重要因素。全年零售额的近三成是在黄金周所在的月份实现的，而大商场、大超市是其中的主角。大众对洋节关注程度也越来越高，圣诞节、情人节形成了新的消费热潮。约占全年三分之一的节假日已成为消费市场的黄金时间。

假日经济也带动了旅游消费和餐饮业的发展。全市餐饮业充分利用假日经济这一有利时机，加快调整经营结构，以特色和服务吸引消费者，使餐饮业保持了高速增长的势头。2001年沈阳市餐饮业实现零售额76.4亿元，比上年增长12.3%。

2. 各种经济成分逐鹿消费品市场，抢占市场份额。2001年10月，全球最大的零售商沃尔玛落户沈城，年末普尔斯马特又带来了国际上流行的会员制仓储式购物方式。全年全市外商和港澳台商投资企业零售额合计实现19.3亿元，占全市社会消费品零售总额比重为3.0%，比2000年增长了1个百分点，其中外商投资企业零售额同比增长1.1倍，其增长速度为各经济类型之首。

2001年个体私营经济以其经营方式灵活、品种多样，继续活跃于商品市场，占据着主要市场份额，全年实现零售额368.6亿元。

2001年8月，以低价位为主要经营策略的外埠企业——国美电器在沈阳的第一家连锁店开业，到年末已开3家分店。该企业与国企间展开家电商品价格大战，抢占市场份额。在价格战中，国有大店联手巩固市场份额，积极应战，使消费者从中受益，商家销售额上升，甚至出现了难得一见的淡季旺销、排队购货的现象。

3. 消费结构处于重要转型期。2001年沈阳市城镇居民已进入消费升级的资金积累期。从千元级的电视、冰箱、洗衣机向万元、十万元级的电脑、住房、轿车消费逐步发展。住房制度改革的深化促使居民住房需求不断扩大，推动了建材、装饰装潢、家具、家电等商品的销售。IT业的发展使电子信息类产品需求大幅增加，计算机、数字化家电日渐走俏。2001年入世前后，国内汽车生产商推出十万元左右的经济型轿车，使汽车销售逐渐升温。手机、家电等消费品价格下降以及商家降价促销都加速了居民消费的升级换代。据对限额以上贸易企业的统计，2001年全市文化办公用品类、建筑及装潢材料类、汽车类销售分别增长了127.4%、80.5%、13.0%。通讯器材类、电子出版物及音像制品类、化妆品类、书报杂志类等销售增幅均在20%——35%之间。

4. 流通领域多业态共同发展，新型流通形式涌现。近几年，沈阳市流通业态日新月异，目前已形成了大型百货商店、专业店、专卖店、超市、便利店等多业态共同竞争，连锁、代理、物流配送、特许经营、电子商务等多种营销方式共同发展的商贸流通格局。外商投资企业多以超级市场这种业态进入零售市场，发挥其本身已具备的经营管理方面的经验优势。

作为现代流通革命标志之一的连锁经营在沈阳市的发展也比较迅速，在药品零售市场上这一现象尤其明显。东北大药房、天益堂、成大、维康等均采用连锁经营，其中东北大药房、天益堂已发展了三、四十家连锁店，遍布沈城大街小巷。

（张 博）

【深化流通改革】 2001年，沈阳市按照多种经济成份共同发展的方针，努力调整国有资本布局，大力发展非公有制流通企业，促进实现流通领域投资主体多元化。外资和私营、个体经济发展较快，占全市商业的比重分别为3%和59%，分别比上年提高了1个和5个百分点；国有商业企业通过改组改造、转换经营机制，现代企业制度建设和资本运营能力得到加强和提高，39个中小企业退出国有，6000多名职工与企业彻底脱离劳动关系。多种经济成份商业根据市场需求组织商品货源，活跃了流通，强化了市场信号传递功能，对市场资源配置起到了重要的促进作用。

（商 鉴）

【推进流通结构战略性调整】 对商品市场布局和商业经济组织结构进行战略性调整，引导批发功能由城内向城市周边转移。召开连锁工作会议，推进新兴业态规范发展，组织到上海、大连学习先进经验，取得初步成效。新建专业批发市场和大型超市18个，取缔占道市场19处，退出道路22条，建成4个市级景观夜市。连锁企业经营额实现41.8亿元，占全市社会消费品零售总额7.4%，比上年提高了2个百分点。电子商务、网上销售、网上交易得到应用和推广，“邮政185放心食品配送专线”、粮食市场批发交易综合平台等运行良好，商业现代化建设稳步推进。

（商 鉴）

【推进“走出去”战略】 以商业会展为载体，把“走出去”作为一个战役来打，进行巡回的商品对接销售和商品展示、商品订货，把沈阳的产品分战线、分类别、有目标、有方向地推展出去，收效明显。成功地举办了第三届中国沈阳商品交易会、第87届中国文化用品交易会等各类展会50余个，实现交易额170亿元；组织参加“天交会”，辽宁省“南昌、乌鲁木齐、深圳展洽会”等，实现交易额120亿元。“走出去”战略有效地拓展了全国市场，促进了地方工农业生产，成功地打造了会展经济这一新的亮点。

（商　鉴）

【限额以上贸易企业经济效益状况】 2001年，沈阳市限额以上批发零售贸易企业商品销售形势较好，但整体经济效益不够理想。全年盈利企业利润总额为6.5亿元，亏损企业利润总额为－26.4亿元，盈亏相抵净亏19.9亿元。中石化东北公司受石油价格因素影响造成巨额亏损是影响整体经济效益大幅度下滑的主要因素。

1.商品销售收入继续保持增长。2001年全市限额以上批发零售贸易企业实现商品销售收入890.2亿元，比上年增长9.4%。从登记注册类型上看，除占全部商品销售收入2.6%的集体经济销售收入下降13.8%外，其他经济类型呈现出蓬勃发展的局面。占全部商品销售收入83.3%的国有及国有控股企业仍然处于绝对优势，商品销售收入为742.3亿元，比上年增长6.5%；占全部商品销售收入为2.1%的私营经济发展较好，比上年增长50.3%；占全部商品销售收入2.6%、3.4%的港澳台经济、外商投资经济发展迅猛，分别比上年增长2倍、1倍。从行业来看，批发行业商品销售收入占全部商品销售收入92.5%，比上年增长8.1%。其中：能源批发业商品销售收入544.9亿元，比上年增长6.6%，食品、饮料、烟草批发业商品销售收入80.1亿元，比上年增加1.1倍，日用百货、五金交电、药品及医疗器械等批发业商品销售收入也有较大幅度的增长。值得注意的是煤炭及制品、建筑材料、化工材料、矿产品等批发业销售出现了不同程度的下降。零售业商品销售收入占全部商品销售收入7.5%，比上年增长29.0%。在零售行业中日用百货零售业增幅最高，食品、饮料、烟草、五金交电化工、药品及医疗器械、图书报刊等零售业的销售也都有不同程度的增长。

2.商品销售毛利率仍然偏低。2001年，沈阳市商品市场竞争日趋激烈，各商家不得不经常采取打折、让利等手段来吸引消费者，使得商品销售的毛利率持续下降。全年限额以上批发零售贸易企业综合毛利率4.0%，比上年低了1个百分点。其中批发企业的毛利率为3.1%，比上年低1.28个百分点；零售企业的毛利率为14.8%，比上年低0.81个百分点。毛利率过低是导致全市批发零售贸易企业经济效益下滑的主要因素。

3.综合费用率有所上升。2001年全市限额以上批发零售贸易企业综合费用率为6.9%，比上年高出1.2个百分点。其中：经营费用率为4.5%，比上年增加1.12个百分点；财务费用率0.55%，比上年减少0.03个百分点；管理费用率1.81%，比上年增加0.11个百分点。从行业上看，零售企业综合费用率高于批发企业综合费用率。零售企业综合费用率17.6%，比上年减少0.58个百分点，批发企业综合费用率6.07%，比上年增加1.27个百分点。

4.一批骨干企业保持了稳定的盈利能力。全市一些限额以上批发零售贸易企业在国内外知名度很高的企业如家乐福、沃尔玛、海尔集团等冲击下，在以市场为中心，转换企业经营机制，推行现代科学管理，全面提高企业的活力和竞争力等方面都有很大的改观。从1999年开始，已经出现向好的方面转化的积极因素，到2000年整体经济效益出现转亏为盈局面。2001年，剔除中石化东北公司的影响因素，全市限额以上批发零售贸易企业利润总额与上年相差不多，说明限额以上批发零售贸易企业具有稳定的盈利水平。

5.资产负债率持高不下。2001年全市限额以上批发零售贸易企业资产负债率为86.1%，比上年高出1.5个百分点，而国有及国有控股贸易企业、集体经济贸易企业情况更为严重。国有及国有控股贸易企业资产负债率为89.6%，比平均值高出3.5个百分点，集体经济贸易企业资产负债率为91.1%，比平均值高出5个百分点。除国有及国有控股贸易企业和集体经济贸易企业以外的其他贸易企业资产负债率平均达79.7%，比平均值低6.4个百分点，其中外商投资经济贸易企业资产负债率为65.0%，比平均值低21.1个百分点。

（赵宝海）

【第三届中国沈阳商品交易会】 2001年9月2日至6日，第三届中国沈阳商品交易会（以下称“沈交会”）在沈阳举行。本届“沈交会”共实现商品成交额48.2亿元，签订合同（协议、意向书）2897份，实现商品零售额1159万元。“沈交会”期间，使用国际标准展位1200个，设置10个专业展会和2个综合展区。共有国内28个省（市）、自治区的经贸代表团参展参会，参展商品万余种，参会客商近10万人次。“沈交会”具有如下特点：

1.参展参会范围广泛，展示展销效果良好。本届“沈交会”共有全国的1200多家企业参展，天津、哈尔滨、武汉、长春、杭州、南昌、贵州、遵义、包头、佳木斯等兄弟城市政府组团参加了“沈交会”，省内大连、鞍山、抚顺、营口等十几个兄弟市也都组织了政府代表团和众多企业参展参会。本届“沈交会”参展产品档次高，名优产品占80%以上。海尔、长虹、康佳、科龙、飞利浦、LG、TCL王牌、小鸭等众多全国知名家电生产厂家悉数参展，景德镇陶瓷、贵州酒业、天津麻花等名品和沈阳地产名牌产品再度闪亮登场，并呈现出销售火爆的场面，使“沈交会”的专业化水平和档次有了较大的提高，也使参展企业取得了良好的展示展销效果。

2.展会结构日趋合理，行业专业特点突出。本届“沈交会”在继续巩固综合展团的基础上，为突出行业特色和专业特点，保留了上届“沈交会”效果较好的专业展会，如名优家电展览会、美容美发用品博览会等，又重点推出一些新的、有发展潜力的专业展会作为“沈交会”的会中会，体现了“沈交会”从综合型展会向综合展与专业展相结合的特色展会风格。

3.服务领域不断拓展，展会功能逐步完善。为了更好的发挥“沈交会”的商品展销、经贸洽谈、信息交流等作用，丰富“沈交会”的内涵，本届“沈交会”同时开展了多种形式的商贸文化活动。展销会期间，组委会邀请国家经贸委贸易市场局局长黄海作了“加入WTO对我国商业的影响及对策”专题报告；举办了“2001中国沈阳商业论坛——加入WTO与国内商业发展”研讨会；展会现场进行了美容美发演示和模特表演，提升了展会质量和品位，完善了展会功能。

（柳树林）

供销社商业

【概况】 沈阳市供销社下属市物资回收总公司、北方贸易大厦、玫瑰大酒店、市农资总公司、市棉麻公司、市日用杂品总公司、市土产总公司、市果品集团公司等8个大专业公司、8个区、县（市）供销社及133个基层社。2001年是市供销社系统改革、发展、稳定任务十分繁重的一年,在为农服务、企业改革、开拓经营、减负脱困等方面取得了一定的成效。

(侯景林　珞珂玫)

【为农服务】 在推进农业产业化上,注重发挥供销社的桥梁纽带作用,专业合作社、综合服务站的建设有了新进展。各级供销社坚持为"三农"服务的办社宗旨,围绕农业结构调整这条主线,继续把兴办各类专业合作社和村级综合服务站作为参与和推进农业产业化经营的重要载体,不断加以强化。到2001年底,专业合作社数量已达到335个,入社农户6万户,入社股金达400多万元,带动8.2万户农户;村级服务站达到1100多个,全市有50%的行政村建立了村级综合服务站。在不断扩大数量的同时,通过制定示范社、示范站标准,开展创"三个十佳"活动,有效地提高了专业合作社、村级综合服务站的质量,有60个专业合作社和300多个服务站达到了示范社、示范站的标准。各区县社积极探索为农服务的新路子,辽中县供销社在当地政府的大力支持下,组建了省内第一家经纪人协会,促进了供销社桥梁纽带作用的发挥。

(侯景林　珞珂玫)

【深化改革】 积极探索社企分开和开放办社的新路子,推进了体制创新和机制转换。一年来,各级供销社通过股份制、股份合作制等形式对社有企业产权制度改革进行了积极的探索,改制后的企业在一定程度上明晰了投资主体,在市场经济大环境下显示了较强的生命力。市日杂公司积极探索以资抵债的新路子,解决了长期困扰和制约供销社企业发展的债务链。苏家屯区社走开放办社的路子,吸纳新社员、新股东,与农民结成利益共同体,使供销社成为农村合作经济的组织者。

(侯景林　珞珂玫)

【开拓经营】 坚持有进有退的方针,通过结构调整,强化优势业务,巩固了阵地。农资部门积极协助政府做好总量平衡和市场调控工作,通过增设网点,扩大联合,自身经营优势也得到了强化,化肥经营量达到30万标吨,占全市市场份额的70%。加大了棉制品生产和市场的开发力度,全年销售额超1500万元。烟花鞭炮、报废汽车等经营业务不断得到巩固,年销售烟花鞭炮1500万元,回收报废汽车1500多台。市场建设不断巩固发展。经过几年的建设,沈阳市供销社系统已兴办各类市场50多处,年交易额超过16.3亿元,初步形成了以农贸市场为基础、批发市场为骨干、综合市场与专业市场相结合的市场体系。

(侯景林　珞珂玫)

粮食市场

【粮食收购】 辽宁省人民政府《关于做好2001年度粮食购销工作的通知》出台了秋粮收购新政策。主要内容:

1.保护价收购范围确定为玉米二等和二等以上,水稻三等和三等以上,其它品种以及玉米三等以下,水稻四等以下实行放开,退出保护价,按市场价运行。

2.2001年的秋粮收购保护价定为:玉米标准品(二等,水分14%)每公斤0.95元,水稻标准品(三等,水分14%)每公斤1.22元。如市场价高于保护价时,按市场价格随行就市收购,对品质好、消费者认可、市场销路好的粮食品种继续实行优质优价政策。

3.2001年秋粮收购执行国务院颁发的新的粮油检验质量标准,调整了验质定等方法和粮食收购质量标准。

4.按照"统一定价、据差补贴、补后核算、商业经营"的原则,实行保护价收购补贴,企业按减去补贴后的收购成本进行商业经营,自负盈亏。保护价收购补贴标准为:玉米每公斤补贴0.08元,水稻每公斤补贴0.06元。

5.对现有的粮食老库存,实行两年内消化的政策。对2001年9月30日全省国有粮食购销企业按保护价收购的商品库存(不含各种储备粮)锁定总量,实行库存销售补贴。库存成本加上当期合理费用与市场价的差价由财政给予补贴,补贴额度由省下达,补贴额度不足部分由市财政向商业银行借款,三年后由省级粮食风险金偿还本金,利息由各市承担,借款额度由省批准,即"锁定库存、两年消化、以销定补、差额申贷"。

6.加强市场管理。粮食收购资格认定权下放到市县级以上,按照"粮食局认定、工商局发证"的程序执行。对入市经营性企业的资金、能力、资格等各方面要认真审查。全国范围内的成品粮运输不再实行运输凭证制度,对省内原粮运输和进出辽宁省的原粮也不再实行粮食运输凭证制度。

2001年度全市粮食总产量为251.7万吨,下达保护价收购计划105万吨,其中:水稻41万吨,玉米64万吨。截至2002年3月末,全市累计收购入库粮食90.4万吨,完成计划的86.17%,其中:水稻37.4万吨,完成计划的91.47%,玉米53万吨,完成计划82.79%。

(赵　璐)

【清仓查库】 按照国务院办公厅国发[2001]7号和省政府办公厅辽政办传[2001]24号文件精神,全市开展了建国以来规模最大、范围最广的清仓查库工作。为此,市政府成立了以主管副市长为组长和有关部门参加的清仓查库领导小组,各区、县(市)和粮油集团也组成工作班子,积极配合省检查组对全市105个国有粮食购销企业的粮食库存进行了彻底清查,做到了有仓必到、有粮必查、查必彻底。通过清查,查清了统计帐、保管帐和库存实物;查清了委托储粮和受委托储粮;查清了各种性质粮食的损失、损耗情况;查清了各种性质粮食超期储存数、陈化粮数与入库时间等。截至2001年3月31日24时,全市粮食库存统计帐面贸易粮为199.2万吨,清查实际数为195.9万吨,差异数为32822吨,差异率为1.65%。从清查结果看,全市粮食库存管理比较好,基本做到了帐实相符。

(赵　璐)

【粮食销售】 为认真贯彻执行国家"敞开收购、顺价销售、封闭运行"政策,市粮食局和财政局联合制定和下发了《粮食销售两级核审的管理规定》。各粮食购销企业抓住机遇,积极扩大粮食出口,以出口促内销,规模经营,顺价销售。2001年1—12月,全市粮食购销企业销售粮食总量为116.1万吨,其中粮食出口9.3万吨。

(赵　璐)

【深化粮食企业内部改革】 实行减员分流,大力推进社保"并轨",截至2001年底,全市粮食企业在册职工32478人(含离退休8797人),比1997年62413人(含离退休13105人)减少29935人,其中脱离劳动关系的10274人。

实施企业转制。市第一饲料厂实施了破产,沈阳宝船面粉公司等企业的转制工作也在运作中。

为强化国有粮食购销企业管理,进一步调整、规划全市粮食经营布局。市财政局和粮食局在法库县进行了"撤库并点"试点工作,取消基层粮库法人资格,改为报帐制的粮食收储库。全县原来的19个平行的粮食购销企业变为由6个中心库对报帐制收储库进行管理。法库试点工作的顺利进行,为2002年在全市推进这项工作提供了有益的经验。

此外,根据市政府《关于沈阳粮油集

团有限公司归口管理的通知》(沈政[2001]157号)文件精神,沈阳粮油集团有限公司由市政府直属变为由粮食局管理,所属企业按调整后的新体制运行。

(赵 璐)

【控亏工作】 2001年,全市粮食系统亏损总额3.1亿元,比上年减亏7143万元,减幅18.65%,减亏幅度为历年来最好水平。主要措施是:

1.突出工作中心,加大领导力度。在年初粮食工作会议上,主管副市长与各区县(市)政府、粮油集团领导签订了控亏责任状,并进一步明确了行政主要领导为控亏第一责任人。各单位主要领导亲自挂帅,层层分解控亏目标,有力促进了控亏目标的落实。

2.强化工作重点,组织法人代表培训。对115名购销企业法人代表及后备干部进行了培训,规范了法人代表的经营行为,提高了法人代表的经营管理能力。

3.认真执行政策,提高资金运作水平。加强财务管理,严格控制费用支出,杜绝资金体外循环。同农发行配合,搞好清资核贷,收回挤占挪用资金859万元。

4.加强基础工作,降低经营成本。加强"一符四无"工作,千方百计降低企业的自主可控费用。开展科学保粮工作,确保粮食安全。推进集中采购资材办法,降低资材采购成本,提高了资材质量和使用效率。

5.狠抓清欠工作,加大控亏力度。从清欠入手,查处违法违纪案件,指定专人负责,明确办案时限,提供办案经费,截至年底,全系统收回外欠款1.8亿元。

(赵 璐)

副食品市场

【主副食品"放心工程"实现创新发展】 2001年沈阳市主副食品"放心工程"建设,紧密同"米袋子"、"菜篮子"工程建设有机结合,突出重点,稳步推进,实现创新发展。

1."放心豆制品工程"取得明显成效。年初以来,以沈阳福来食品实业有限公司为代表的20余家新建、改建的现代化、工厂化豆制品生产线项目相继上马,成为沈阳市豆制品市场的主体,放心豆制品的市场占有率达到90%。全年市区共组织执法检查400多次,共取缔黑加工点400多个,持续多年的传统木制豆板,逐步被无毒无味的塑料豆箱所取代。

2."放心熟食工程"、"放心菜工程"基础建设进一步夯实。全年先后又有市食品公司、北方大厨房、玫瑰大酒店、张久礼烧鸡店新建和改扩建的酱肉、熟食加工车间建成投产。原野、佳园、维康、大地等无公害蔬菜示范企业和生产基地初具规模;全市4个蔬菜生产基地、1个蔬菜批发市场和1个蔬菜深加工企业新购置了无公害蔬菜检测仪。在大东副、满客隆、广副、铁副四个副食超市和邮政"185"开展了"放心菜"试销和配送工作,为构建全市无公害蔬菜生产、检测、市场、保障四大体系奠定扎实的基础。

3.开展创"放心店"活动取得新进展。完成了《沈阳市粮油、食品零售业、餐饮业开展"放心店"活动实施方案》和《沈阳市粮油、食品零售业、餐饮业评定"放心店"验收标准》。在全市筛选30余家具有一定规模、符合标准要求的粮店作为首批"放心店",改变全市粮店脏、乱、差的形象,使其成为广大市民购买放心粮油的主要场所。发乐食品公司在全市建立了40余家放心面食连锁店,鹏顺食品公司将市内五区的销售亭全部转为了以经营省市放心食品为主的销售网络。

4.放心食品经营实现创新发展。全年以大东副食超市构建百姓大厨房为切入点,大力推进家务劳动社会化,使超市现场加工制作面积增加到2000多平方米,仅面食制品就达200多个品种,获利达200余万元。发乐食品公司投资200余万元,先后承包了炮兵学院、沈阳军区司务长培训大队两个餐饮中心,安置下岗职工100多人,实现利润近50万元。

5.放心食品宣传更加深入。成功举办了沈阳市第二届放心食品展销会,全市有40余家放心食品企业200多种放心食品参加了展销。在全市开展了组织市民看"放心工程"活动,每周为市民免费提供交通工具,让老百姓亲自到放心食品企业参观考察,全年共接待60余次,5000多人。与沈阳电视台联合举办放心食品宣传活动,在每天早6点30分前黄金时间《市民您早》节目中,开办了《放心食品》、《消费警示》等栏目,全年为60多家放心食品企业,近百个品种进行了宣传。

6.放心食品动态管理进一步完善。完成了《沈阳市放心食品标识管理办法》的制定工作,为整顿和规范放心食品的使用与管理提供了依据。进一步加大了对放心食品企业动态管理,坚持标准,严格审查,对因产品卫生、质量出现问题以及停产、转产等原因的19家企业,20个品牌,26个品种取消其市放心食品荣誉称号。开展了第五批放心食品的评定工作,全年又有33家企业、34个品牌、40个品种被评定为沈阳市放心食品,其中来自山东、河北、大连等11家面粉生产加工企业的产品被首次评为沈阳市放心食品。截至2001年底,全市共有放心食品企业134个,品牌139个,品种226个。

(王吉顺)

【饮食服务业从业人员职业技能培训】 为进一步提高沈阳市饮食服务业从业人员的服务质量,规范饮食服务行业职业技能培训的管理,落实国家《关于招用技术工种从业人员规定》的指示精神,沈阳市商业管理委员会、沈阳市劳动局决定从2001年起在全市饮食服务业从业人员中全面推行职业资格证书制度,开展职业技能培训。培训是在饮食服务业的十三个工种中进行,包括:中式烹调、中式面点、西式烹调、西式面点、调酒、营养配餐、餐厅服务、前厅服务、客房服务、保健按摩、美容、美发、摄影等。培训使用国家统编教材,内容包括理论培训和实际操作两部分,采用半脱产的形式。共设立六个培训站,按区划分,滚动培训。首批培训于2001年8月开始,首先在中式烹饪、美发、美容、摄影四个工种中进行,先后培训了三批人员,参训人员达210人。通过培训,改变了沈阳市饮食服务行业的服务质量,提高了饮食服务行业从业人员的整体素质。

(李 晶)

物资供应

【概况】 2001年,沈阳市物资局销售额实现11.2亿元,净利润亏损1267万元,比上年同期减亏18%,较好地完成了省市下达的控亏任务。市场交易额实现60亿元,比上年同期增长13.7%,其中沈阳钢材中心批发市场实现交易额45.9亿元,比上年同期增长3.6%,实现交易量140万吨,比上年同期增长8%。

1.集团新体制初步形成,各项改革有序推进。按照建立现代企业制度的要求,全局整体转制工作稳步进行。进一步理顺了以资产为纽带的母子公司关系,合理划分了母子公司各自的权力、义务和责任,完成了集团和集团母公司工商注册,集团新体制开始启动运行。按照子公司改造计划,列入集团母子公司体系的10户企业,有8户已完成初步改造,建立完善了法人治理结构，实行了投资主体多元化。

从有利于企业稳定和发展出发，对局属新老企业内部资产、人员和组织结构进行了整合重组。对机电股份公司下属部分资产、人员进行拨离，组建了沈阳物资集团储运有限公司。先后对综合市场、有色、燃料节约办等单位实行了新的整合。

中小企业产权制度改革继续深入。按照“三个有利于”的原则，针对各中小企业的不同情况，实行了租赁、承包、转让、股份合作等多种转制形式，推动这些企业逐步摆脱旧体制的束缚，重新焕发生机与活力。

2.各类市场运营平稳，重点市场建设成效显著。2001年，全局在市场建设中，突出重点，努力在提高市场品位，树立市场形象上下功夫。东北旧机动车交易市场通过自身和社会等多渠道筹集资金，改造市场环境，铺设沥青路面，建设新车展卖档口，扩大了市场功能。水暖器材市场注重加强对业户的管理，与市产品质检所和区技术监督局联系，实行《产品验货进场准入证》制度，保证了进场商品质量，树立了良好的市场信誉。东北不锈钢市场、东北煤炭市场、旧家电市场、旧物拆迁市场等各类市场，全年一直保持着良好的发展态势。

作为全局市场建设的龙头，沈阳钢材中心批发市场新址建设，先后累计投资近3000万元，2万多平方米的业务洽谈综合楼和仓储基础设施、场区规划等建设项目按计划如期完工。四季度投入试运营以来，鞍钢、宝钢、本钢等20余户全国重点钢铁生产企业进驻市场，业户招商与经营交易都呈现出了良好的发展势头。

3.企业管理得到进一步改善和加强。2001年，集团公司先后制定出台了资产、资金和企业领导干部管理等六项制度；强化约束，对各子公司派驻了财务总监；明确管理程序，在资产的投资处置上实行了报批制和立项审核制；对各子公司土地、房产有效证件上收集团统一管理。

4.妥善安置富余职工，再就业“并轨”工作取得了明显突破。全年全局各企业共筹集资金500余万元，保证了1000余名富余人员顺利“并轨”，有效地减轻了企业过重的人员负担。

（李宝俊）

【新型经营业态开发】 2001年，市物资局坚持以市场为导向，积极调整经营结构，抓主业，促新业，全力开辟新项目，发展新业态，形成了一些新的经营亮点。

金属炉料总公司抓住建筑施工租赁市场前景广阔的商机，扩展钢模板租赁业务。先后投资1400万元，组建了沈阳市东凯建筑机械租赁有限公司和沈阳联兴建筑机械有限公司，购进钢模板4000吨，扩大了经营规模，提高了竞争能力，及时抢占了沈阳市场，取得了良好的经济效益。同时，又集中力量，在主业的延伸上下功夫，强化木材深加工业务。利用天立拼板厂的良好外部环境和产品的市场前景，购进了价值120多万元的国内先进淋漆生产线，提高了产品质量档次，日产高档实木地板1000多平方米。经过积极争取，又获得了进出口经营权，将实木地板销售业务拓展到国际市场，出口到韩国、美国。

金属材料供销总公司根据市场的需求，与一汽大众公司密切配合，全力开拓沈阳地区汽车置换市场。一是充分利用广告和新闻媒体等形式，加大社会宣传力度，同时，又发动全体员工深入全市各汽车出租公司宣传介绍汽车置换业务。二是建立销售网络，制定奖励政策，激励全体员工全力以赴开展汽车置换业务。2001年实现汽车置换880台，二手车经营380台。

燃料公司在全力抓好洁净煤生产和销售的同时，又充分挖掘企业现有优势，大力发展以化工、水泥和油品为主的综合经营，取得了明显突破。其中燃料油全年销售4.6万吨，比上年同期增长68%。供储公司依托创办的东北不锈钢市场，带动自身业务，发展不锈钢和有色经营，促进了主业发展。

积极发展代理、配送。抓住沈丹高速公路、秦皇岛电气化铁路等重点工程项目和有信誉有实力的重点企业，开展煤炭、水泥、钢材、化工产品、油品、机电产品等各类商品的全方位配送。全年发展代理企业48户，实现代理额2.72亿元，发展配送户481户，实现配送额4.29亿元。

（李宝俊）

【沈阳钢材中心批发市场新址建设】 按照市委、市政府提出的中心城市中心市场战略，2001年，市物资局把沈阳钢材中心批发市场新址建设作为全局市场建设的龙头，努力克服资金少、时间紧、任务重等诸多困难，集中财力、物力、人力，全力抓好沈阳钢材中心批发市场的迁建工作。累计投资近3000万元，经过一年多的紧张建设，两座共计21500平方米的业务洽谈综合服务楼按计划如期竣工，并正式投入使用。先后安装了5台大型龙门吊车，平整出10余万平方米钢材存放货场，新建一座3600平方米的现代化库房，安装了三台10吨梁式吊车。场区规划建设全面展开，新铺柏油路面9000余平方米，人行通道铺设了彩色釉面砖，场内马路两侧安装了彩色新型路灯，新建了80个车位的停车场，营业室、保管科办公室、职工食堂等配套项目都已建成投入使用。一个仓储能力大、服务功能齐全，集物流、商流、信息流、资金流为一体的大型钢材现货批发市场已初具规模。

在全力抓好市场新址基本建设的同时，从2001年初开始，不断加大招商力度。一是充分利用广播电台、电视台、报纸等进行宣传招商，先后投入近10万元做广告宣传，进一步扩大了市场的知名度。二是采取走出去请进来的方式，组织有关人员深入冶金生产企业和钢材经营企业，通过召开企业座谈会等形式，大力宣传市场的优势。三是制定优惠政策，利用让利降低席位费、仓储费、进出库费、吊装费等政策来吸引用户。经过不懈的努力，先后有鞍钢、本钢、新抚钢、通钢、凌钢、宝钢等全国大型冶金企业和中国铁路物资、天津物资集团、省金属、乌钢工贸等经营大户进住市场。从四季度新址投入运营以来，一直保持着强劲的发展势头，已签订仓储合同10万吨，进场钢材2万吨。2001年沈阳钢材中心批发市场实现交易额45.9亿元，比上年同期增长3.6%，实现交易量140万吨，比上年同期增长8%。

（李宝俊）

集市贸易

【集贸市场及生产资料市场概况】 截至2001年底，沈阳市已有各类市场485处，其中年交易额超亿元的53处，超10亿元的10处。商品总交易额694.7亿元，与上年持平，具体表现为消费品市场商品交易额有所增长，生产资料市场大幅度下降。

1.消费品交易市场商品成交额有所上升。2001年沈阳市消费品交易市场（即集贸市场）面临前所未有的挑战。以连锁超市为代表的新型业态以其品种全、价格廉、商品保真及其购物环境好等集贸市场无法比拟的优势，越来越显示出超强的市场竞争能力。而老国有商业的进一步改造，以及周边城市批发市场的不断崛起，也在一定程度上挤占了全市集贸市场的份额。

截至2001年末，全市集贸市场共有

400处，全年商品交易额实现501.6亿元，同比增长6.2%。全部市场中，按地域划分：城市331处，农村69处；按市场性质划分：综合消费品市场185处，专业及其它市场215处；按经营方式划分：批发市场49处，零售市场351处；按规模划分：年成交额超亿元的40处，其中超10亿元的7处。在较著名的市场中，沈阳五爱小商品批发市场商品年交易额186.2亿元，同比增长20.1%；中国家具城年交易额39亿元，同比增长2.6%；沈阳九路市场年交易额16亿元，同比增长6.7%；沈阳东行市场年交易额15.1亿元，同比增长6.3%；沈阳小商品大世界市场年交易额10.4亿元，同比增长4%。

在集贸市场中，工业品批发市场商品交易额增长较快，主要是由于沈阳五爱小商品批发市场的拉动，而农副产品交易额却有所下降。交易额21.6亿元，同比下降接近30%，其中北行农贸市场商品交易额仅为6.5亿元，同比下降20%。据统计，全年消费品市场为城乡居民提供的9种农副产品中除食用植物油和水产品两个品种同比上升外，其他品种均有不同程度上的下降，其中：鲜菜成交量135.4万吨，同比下降16.5%；干鲜果成交量52.6万吨，同比下降14.7%；猪肉年成交量14.5万吨，同比下降13.7%；家禽4.3万吨，同比下降13.8%。

2.生产资料交易市场成交额出现大幅度下滑。2001年，沈阳市的生产资料交易市场出现了自1998年以来首次负增长，全年生产资料交易额193.1亿元，同比下降15.5%。其中：水泥和煤炭的交易额大幅度增长，增幅分别为17.5倍和3.4倍；机动车与上年持平；钢材交易额仅为76.9亿元，比同期减少36亿元，下降31.9%；木材交易额10.4亿元，同比减少11亿元，下降接近10%。

在85处各类生产资料市场中，交易额超亿元的13处，超10亿元的有3处。其中：全市最大的生产资料市场——沈阳钢材中心批发市场全年成交45.9亿元，同比增长3.6%；沈阳东北通讯市场全年成交额37.4亿元，同比增长55.8%；沈阳东北摩托车市场全年成交额10亿元，同比下降18%。在85个市场中，工业生产资料市场有75处，农业生产资料市场有5处，生产资料综合市场有5处。从主要商品品种来看，钢材的成交量达217.8万吨；机动车成交量接近7万辆；煤炭成交量23.7万吨。

(王忠敏)

【小北纸品市场】 小北纸品市场是经沈阳市商品市场规划委员会批准，由沈阳市文化钟表公司创办的大型纸品交易市场，是各种纸张、纸制品、纸浆及其连带产品的交易中心。该市场的建立，填补了沈阳乃至东北地区大型纸品市场的空白。

规模大：市场占地2.9万平方米。首期建成并交付使用的交易大厅建筑面积1.1万平方米，可搭建6至10平方米的档口500多个。为市场配套使用的库房1.5万平方米，年库存商品吞吐量为8.5万吨，规模为全国同类市场之最。

专业强：市场以经营纸张为主，包罗纸制品及其全部连带产品，汇集了国内外造纸业最具影响力的厂家品牌，是纸张、纸品经销商买卖双方共同的市场，使纸品经营一步到位。

功能全：市场备有铁路专用线，使大宗货物直接进出市场，同时建有100个泊位的停车场。市场四层以上为标准写字间，供进场业户办公和商住，市场商务中心和货物转运中心为进场业户提供打字、传真、复印、货物保管、仓储、包装发运等一条龙服务。

市场地处沈阳市大东区联合路64号，距沈阳北站1.4公里，距繁华的中街商业区1.5公里，距大二环高速公路4公里，市场内通市区，外通沈大、沈哈、沈抚高速公路，交通极为方便。

(谢向东)

【沈阳五爱市场】 沈阳五爱市场坐落于沈阳市沈河区风雨坛街与热闹路交叉路口处，始建于1983年6月，因当时市场地处沈河区五爱街而得名。1990年10月迁入现址正式营业。

市场从创建到今天，已由一个原20多户业户的马路市场发展成为占地13.9万平方米，营业面积25万平方米，经营摊位(档口)1.5万余个，从业人员6万余人，业户注册资金253.85万元，日均客流量达30万人次，节假日可达40万人次，2001年成交额达186亿元人民币，享誉海内外的我国北方最大的小商品集散地。

市场由东区、西区、南区和服装城四个大部分组成。市场主营服装、鞋帽、小百货、针织品、布料、箱包、家用电器、礼品、日用杂品、美容美发用品、小食品、床上用品等14大类、2万余个品种。商品来源于山东、江苏、浙江、上海、福建、广东、湖北、北京、沈阳等省市，流向东北三省、河北省、内蒙古等地，部分商品流入东欧地区和独联体各国。

市场坚持“树立规模形象，发展经营特色，完善配套功能，实施滚动开发”，既抓改造建设，又抓服务治理，实现了由“集”到“市”的转变。1998年以后，对市场实行地域性管理，加大了对内外环境整治的力度，先后改造了东区部分简易棚式摊区，建成楼厅式与格楼式封闭档口为一体的新档口摊区；新开辟两处停车场，组建了五爱地区交通警务区，成立了五爱市场地区交通中队；成立了80人的市场保安大队，配备了10台监控器对市场实行24小时电视监控管理等。

市场服务配套设施完善，有12条线路公共汽车经达市场；有地上地下停车场4个，面积约1万平方米，可停放200辆客货车；设有客货联运总站，开通全国100余条线路。有供业户使用的万米仓储中心，铁路、民航客货运办理处、邮电所、信息中心等。市场内还设有工商、税务、公安、消费者协会、个体劳动者协会等管理机构。市场以业户恪守信用、商品款式新颖、物美价廉、交易灵活、信息灵通、服务周到、管理有序、高中低档商品齐备而日益繁荣兴旺，并被国家工商行政管理局授予全国文明市场称号。2001年市场安置下岗职工2061人，结扶贫对子120对，扶持特困职工152人，为发展经济、安置再就业人员做出显著贡献。

(谢向东)

【中国家具城】 中国家具城是全国最大的家具装饰材料市场，坐落在沈阳市铁西区繁华的商业中心——兴顺街南八马路两侧。一期装饰材料商场于1992年4月1日兴建，同年12月落成开业。二期家具商场在1995年底投入使用。三期装饰材料、家具市场于1998年3月动工，次年3月投入使用。2001年3月在北楼北侧接一层销售油漆大厅，配备了现代化消防安全设备，占地面积1000余平方米，同年5月竣工并投入使用。全城总占地面积4万平方米，建筑面积16万平方米，有5000余个摊位，3000余户经营者。

中国家具城经营50多类万余种商品。家具商场主要经营不同特色的办公、卧室、客厅、书房、餐厅等系列家具。装饰材料商场经营合成板、地板、铝型材、不锈钢材、五金材料、油漆、粘合剂、玻璃、日用卫生陶瓷、建筑陶瓷、地毯、装饰面料、工艺美术品、床上用品、浴室设备、厨房用品、电动工具、家用电器、灯具等装饰装修材料、家具材料及家庭装饰品。

中国家具城设有地上、地下停车场，能同时停放机动车辆400台。设有内外自动扶梯、大型货运电梯、自动消防、闭路电视监控系统、银行、电信等现代化服务设施。中国家具城的经营宗旨是：规模大、品种全、样式新、档次高、价格廉，满足不同层次消费者的需要，为装饰和美化家庭、办公场所，提供全方位的服务。

中国家具城开业9年来，迅速发展壮大，年创税额达3500余万元，年销售额达40亿元。商品辐射东北三省、内蒙古、晋、浙、闽等地，成为东北地区装饰材料和家具的集散地。以中国家具城为依托，带动了周边经济的发展，已有各类家具、五金生产加工企业1000余家，装修、装饰及餐饮服务等商业网点2000余家。

(谢向东)

【中国鞋城】 中国鞋城位于沈阳市东陵区文化东路1—1号，于1989年10月25日建成开业。当时名称为“沈阳鞋市”，设有6个摊区，720个摊位。1991年进行扩建，增加了5个摊区。1992年8月，“沈阳鞋市”改名为“沈阳鞋城”。1993年再次投资扩建，又增加了5个摊区。同年，经东陵区编委和国家工商局批准，正式更名为“中国鞋城”。1997年第三次对中国鞋城进行扩建。至此，中国鞋城占地5.5万平方米，经营面积4.1万平方米，有25个经营摊区，2582个摊位，2313户经营业户。2001年4月将原来的棚户市场改造为楼厅式市场，10月28日改造完成，业户进驻市场。目前，中国鞋城建筑面积7万平方米，经营面积5万平方米，摊位2778个。市场鞋类商品齐全，品种繁多，温州、广州、福建、上海、浙江等厂家的知名品牌大多汇聚于此。近几年，本地制鞋业不断发展壮大，地产鞋已占到40%的市场份额。作为东陵地区市场的龙头，不仅带动了周边商、饮、服和运输等行业的发展，而且还在东陵区衍生出8个制鞋专业村，有力地促进了地区经济发展。

中国鞋城自创建以来，不断发展壮大，市场年成交额由1990年的200万元，发展到2001年的30亿元，日客流量达5万多人。随着市场的发展，其管理机构和配套设施也在不断完善。2000年7月，为适应市场发展的需要，加强对市场的监督管理，经市编办批准，中国鞋城市场工商管理所由正科级调整为副处级。

几年来，工商部门不断加强监管力度，严厉打击市场中的销售假冒伪劣商品、牵驴作戏和发布虚假广告等违法违章行为，有效地维护了市场的经营秩序，促进了市场的健康发展。1992年被国家工商总局评为创卫先进集贸市场；1994年至今连续被国家、省、市、区评为“文明市场”；1997年被评为“辽宁省优秀示范窗口行业”。

(谢向东)

【中国小食品城】 沈阳中国小食品城始建于1992年。由沈阳市和平区工商局、辽宁省农业厅农经贸易公司、沈阳铁路分局经济开发总公司共同投资1.2亿元建成。市场总占地面积为2.7万平方米，经营面积为3.1万平方米，设有摊位、门市房等2400余个，安排企业及个体工商户从业人员6000余人。市场分为三个交易大厅：农贸厅主要经营干调、干水产及土特产品的批发；小食品厅主要经营小食品、糖酒、饮料、干果等食品的批发；轻工厅主要经营布料批发、眼镜批发、服装、鞋帽、小百货等。中国小食品城不仅以小食品批发在全国享有盛誉，同时还包揽了全国各地名优小食品、糖酒、饮料、调料、布料等品种在东北地区的总经销权、总代理权，是东北地区最大的小商品集散地。

中国小食品城的前身是原设在南二马路上的南二小食品批发市场，距今已有20余年的历史。1992年全封闭钢架结构厅棚市场建成并投入使用后，经国家工商总局批准更名为沈阳中国小食品城。市场年成交额突破30亿元，年上交税金1400余万元。中国小食品城安置了大批人员就业，特别是通过建立再就业摊区，安置了大批下岗职工再就业，成为沈阳市下岗职工再就业基地。中国小食品城连续多年被评为省文明市场、省窗口行业公众形象最佳单位、沈阳市文明市场。

(谢向东)

【沈阳浑河商品交易市场】 沈阳浑河商品交易市场位于沈阳浑河南岸5公里，苏家屯区东部1公里，计划总投资23.06亿元，规划占地面积1.85平方公里，现已完成投资额18.96亿元，占地面积1平方公里，建筑面积77万平方米。

沈阳浑河商品交易市场由6个营业大厅和1个博览中心组成。1号大厅为“服装总汇”，营业面积8.2万平方米，有档口4509个。2号大厅为“纺织天地”，营业面积7.5万平方米，有档口3708个。3号大厅为“美食世界”，营业面积5.8平方米，可容纳万人同时就餐。4号大厅为“家居广场”，营业面积8.4万平方米，第一届、第二届“沈交会”曾在此厅设主会场。5号大厅为“中国小食品城”，营业面积7.8万平方米，有档口4501个。6号大厅为“五金大全”，营业面积5.6万平方米。博览中心建筑面积23万平方米，可容纳3.7万人。

沈阳浑河商品交易市场，有设计日客流量3万人次，年仓储中转和零担运输量126万吨的沈阳市公路运输枢纽站——浑河客货联运总部；通讯设备先进，全部采用最新型超宽带光缆，能容纳10万门数字程控交换设备并具图文传输功能的电信支局；66千伏的变电所和日供水能力5万吨的自来水厂；完善的道路排水系统、污水处理系统，有线电视和集中供热系统。615万平方米的住宅小区已经建成，高档商用住房、别墅群、公共建筑等正在规划建设中。此外，邮政、保险、银行、公安、工商、税务等机构已经设立。

沈阳浑河商品交易市场北与沈阳环城高速公路接壤，西与沈大高速公路、沈大、沈丹铁路毗邻，东与沈辽公路连通，南与桃仙国际机场遥望，沈苏高速干道从市场中央贯穿，市场作为辽宁中部地区的陆地港，将成为沈阳经济腾飞的助推器。

(谢向东)

【沈阳张士农副产品批发市场】 沈阳张士农副产品批发市场是根据国家跨世纪菜篮子工程总体规划，在国家体改委、农业部将沈阳市列为全国批发市场体系建设试点城市基础上，经辽宁省计委批准，沈阳市政府组织实施的国家级区域性农产品市场。市场位于沈阳市于洪区沈大路99号，在沈阳经济技术开发区和沈阳农业综合开发现代化产业带内，地理位置优越。市场五大出口分别与绕城高速公路和沈大、沈山、沈丹、沈抚、沈哈高速公路连接，交通十分便利。

市场规划占地面积57.6万平方米，总投资6.7亿元。目前市场已完成建设投资3.5亿元，工程总面积15.7万平方米。沈阳张士农副产品批发市场由四大市场组成，即糖酒饮料食品市场、果品市场、蔬菜市场和冷冻食品市场。糖酒饮料食品市场位于沈阳张士农副产品批发市场西部，由西区、东区、北区三座营业大厅组成：西区建筑面积3.6万平方米，东区建筑面积1万平方米，北区建筑面积1.5万平方米；市场可容纳业户2300户，已吸纳业户2193户。果品市场位于市场中心，铁路专用线南侧，营业面积为5万平方米，设三个营业区：果品交易区营业面积2万平方米，分为A、B两区，每区设58个经营区位，每个区位174平方米；仓储交易区位于果品交易区东部，北临铁路专用线，营业面积1.4万平方米，其中保温库房面积为4400平方米，单元库房面积400平方米，设4个独立库房及办公间、宿舍；精品果交易区营业面积400平方米。蔬菜市场位于果品市场北侧，营业面积2.7万平方米，其中：保温站台1万平方米，蔬菜仓储库房4000平方米。冷冻食品市场经营面积1.6万平方米，配套设施冷库占地2.5万平方米，库容2万吨。

(谢向东)

零售贸易企业销售总额30强

万元

名次	企业名称	销售总额
1	中兴——沈阳商业大厦(集团)股份有限公司	139232
2	沈阳商业城(集团)	127299
3	沈阳市联营公司	71761
4	沈阳家乐福超市有限公司	47412
5	安利(中国)日用品有限公司辽宁分公司	46432
6	沈阳新世界百货有限公司	35687
7	沈阳乐购超市有限公司	30976
8	沈阳萃华楼黄金珠宝首饰有限公司	27786
9	沈阳春天百货有限公司	20800
10	沈阳银泰百货有限公司	16789
11	沈阳爱客家超市有限公司	15231
12	辽宁客来多购物广场有限公司	11520
13	沈阳市新华书店	11480
14	东方家园有限公司沈阳分公司	11393
15	辽中县商业大厦	10800
16	沈阳市报刊销售公司	10068
17	沈阳国美电器有限公司	9007
18	沈阳爱施德电讯有限公司	8899
19	沈阳每家玛超市有限公司	8574
20	沈阳医药股份有限公司	8554
21	沈阳医药股份公司太原分公司	8545
22	新华书店北方图书城有限公司	8202
23	沈阳满客隆超市有限公司	7429
24	北京金色快车计算机技术有限责任公司沈阳分公司	7413
25	沈阳市时代商贸有限公司	6487
26	沈阳鹏利广场房产开发有限公司	6280
27	沈阳沃尔玛百货有限公司	5568
28	沈阳东副商业有限公司	5522
29	沈阳市铁西副食有限公司	5420
30	沈阳文化钟表股份有限公司	5194

旅 游

综 述

【概况】 2001年，沈阳市接待海外旅游者总人数17.7万人次，比上年增长9.7%；旅游外汇收入1.06亿美元，增长30.7%；国内旅游收入85亿元，增长18.2%；旅游业总收入为93.8亿元，增长19.3%。

1.旅游市场促销再上台阶。为提高沈阳市旅游资源在国内外的知名度，促进旅游业快速发展，市旅游局组织了十余次旅游促销团，南下北上，行程万里，共发放旅游宣传资料50余万份，接待旅游咨询10余万人次，与17个城市签订了旅游合作协议，与旅游企业签订合同1000余份。

2.旅游产品开发稳步发展。进一步丰富沈阳冬季旅游产品，成功地举办了“沈阳市第四届冰雪旅游节”，主要项目有第四届冰雪旅游节北陵公园雪雕游园会、第二届雪雕赛、棋盘山冰雪项目等。

在特色旅游产品的开发方面，主要是建成了沈阳航空博览园一期工程，被国家旅游局列为“工业特色旅游试点单位”。

特色文化旅游产品的开发也取得了较大进展。开发出了“大清神韵”特色清文化旅游产品，树立了沈阳清文化旅游品牌，扩大了沈阳在海内外的影响。

3.旅游行业管理健康有序。根据国家旅游局的要求，重点对全市国际、国内旅行社进行了2000年度业务年检及审计工作，加强了对全市新开旅行社的审批工作，全市旅行社共增加25家，总数达到132家。对全市2000年9月1日前评定的星级饭店进行了复核，加快了星级评定步伐，新评星级饭店9家，其中：三星级3家，二星级1家，一星级5家；全市星级饭店总数已达83家。加强了对旅游市场清理整顿工作，对全市旅游市场进行检查，整顿和规范旅游市场经营秩序。依据有关法律、法规，组织各种检查50余次，查处非法经营旅游业务的单位和个人17起，超范围经营3起，外省市在沈违规设立办事处14起，纠正违规广告56起。同时，针对入世后我国旅游市场的新形势，积极开展了旅行社的转制工作，并取得了阶段性成果。

4.从业人员素质进一步提高。围绕旅游业发展的主线先后举办了导游员培训班、导游员年审培训班、旅游涉外饭店高级管理人员培训班、旅行社部门经理以上人员培训班等，全市旅游经营单位约1000余人接受了培训，人员的素质和水平有了较大提高。

沈阳市取得了组织全国导游员资格考试的权力。为了加快导游员队伍的建设，新增东北大学、辽宁大学为定点旅游培训学校，对于进一步提高旅游从业人员的素质具有重要的作用。

（佟文刚）

【市旅游局进入政府序列】 为了适应旅游业的不断发展，在2001年机构改革中，市旅游局由事业单位进入政府序列，成为主管全市旅游业的政府行政部门。

根据沈编办函(2001)16号文件规定，进入政府序列的市旅游局核定行政编25名，工勤编3名。设置5个职能处室和机关党委，即：办公室(财务室)、旅游促进与国际联络处、规划发展与政策法规处、质量规范与管理处、人事教育处、机关党委。主要职责是：贯彻落实国家、省、市有关发展旅游业的方针、政策、法律、规章，起草本市旅游业地方性法规、规章草案；拟定本市旅游业战略目标和发展对策，编制全市旅游业中、长期及远景规划。负责旅游资源的开发、建设、保护、普查和统计工作，管理旅游涉外事务，组织全市旅游整体形象的宣传和重大促销活动，促进和引导旅游行业利用外资和社会投资。负责旅行社的报批及管理，组织指导旅游涉外饭店的星级评定，监督、检查旅游市场秩序和服务质量。受理旅游者投诉，维护旅游者合法权利。管理和指导全市旅游行业教育及培训工作。指导全行业的精神文明建设。

（周建亚）

【开展旅游“黄金周”假日经济统计】 2001年，沈阳市旅游局、沈阳市统计局联合下发文件，在“春节”、“五一”、“十一”三个“黄金周”开展有关统计工作。

统计范围是：航空、铁路、公路(长途)的发送、抵达班(车)次、客流量、票务预定情况；住宿设施的接待人数、客房(床位)出租率；旅行社组织、接待国内外旅游团队数和人数；主要旅游景点接待人数、门票收入；主要商饮娱乐服务业单位的经营(收入)情况等。

此次调查结果用于汇总反映全市相关行业在“黄金周”期间的基本情况，一般不对外公布各单位的具体数据，以保护商业秘密。市旅游局、市统计局要求各有关部门、单位按照《中华人民共和国统计法》等法律的规定，及时、准确、全面地提供相关数据，否则，将按“拒报”依法严肃处理。

此次全市“黄金周”期间，各项有关统计数据全面、准确、及时，切实反映了假日经济对沈阳市经济和旅游业的促进作用。

（田 毅）

【计算机网络“金旅工程”建设】 2001年，国家旅游局决定大力开展全国旅游行业计算机网络建设，简称“金旅工程”。

沈阳市虽然不是国家旅游局“金旅工程”首批三个试点城市之一，但在几年前就建立了“沈阳旅游资讯网”，主页地址：www.sytour.com，内容包括沈阳市旅游业各方面的情况。

6月11日，“金旅工程”组成部分之一，电子商务网——金旅雅途网的东北地区负责人来沈，介绍了“雅途网”在各地的推进情况，并与沈阳市旅游局草签合作协议。随后，市旅游局柳秀芝副局长前往成都，参加正式合作签约仪式，沈阳市在“金旅工程”内有了新域名(www.shenyang.yahtour.com)。沈阳市旅游局随即下发了“沈阳市旅游住宿设施、旅行社计算机配置情况调查单”，由各有关单位提供现有的计算机配置(中央处理器、内存、硬盘、光驱、核算软件名称等)、上网情况等，为以后逐步实施计算机网络化建设，摸清底数。

根据“金旅工程”的计划，在2001年初步建立全国旅游行业的“国家——省(自治区、直辖市)——重点旅游城市——旅游企业”四级计算机网络，同时建立一个旅游电子商务的标准平台，支持国内旅游企业发展电子化。

（田 毅）

旅游促销

【对外宣传促销】 2001年，为提高沈阳旅游资源在国内外知名度，促进沈阳市旅游业快速发展，市旅游局改变过去旅游宣传促销只停留在参加旅游交易会的单一促销形式，共组织10次旅游促销团，行程10万余里，先后赴北京、上海、天津、江西、安徽、浙江、新疆、济南、青岛、南京、杭州、南昌、长春、苏州等城市以及美国、加拿大开展了一系列宣传促销活动。沈阳旅游促销团成员乘坐包装好的旅游大篷车沿途进行宣传，所到之处受到人们的热烈欢迎。促销团在主要城市召开沈阳旅游说明会，并选择城市的主要广场和商业区面向市民举办沈阳旅游咨询日活动，收效明显。共发放宣传资料50余万份，接待旅游咨询10万余人，与17个城市签订旅游合作协议，与旅游企业签订合同1000余份，在促销形式、旅游合作、客源开发工作上取得了较大的成绩。

（关　军）

【第四届沈阳冰雪旅游节】 第四届沈阳冰雪旅游节从2000年12月28日至2001年2月20日在沈阳隆重举行，主体活动包括：棋盘山冰雪活动、北陵公园雪雕游园会、盛京城文化旅游庙会、南湖公园彩灯游园会。本届沈阳冰雪旅游节不论在内容上、形式上还是在规模、质量上都超过前三届，为继续深入开发沈阳冬季冰雪旅游资源打下良好的基础。

第四届沈阳冰雪旅游节规模大，内容丰富，活动场面生动、壮观、火爆。棋盘山冰雪世界增加投资106万元，用于购置滑雪设备和完善基础设施，新增设了高山滑道、单板滑雪、雪上卡丁车等6个项目，使活动项目由原来的20个增加到26个，扩展了游客的活动空间，增加了日接待能力。北陵公园的人工造雪量达到2万立方米，雪像规模大，精品艺术气氛浓厚，趣味性更强，体现了大手笔、大制作、新创意的思路，真正体现了群众的参与性，充分展示了全市人民对美好生活的追求和对家庭美满和睦、平安幸福的祝福。盛京城文化旅游庙会期间组织了盛世春联大义卖、旅游精品线路展示、民间艺术绝活表演、辽宁美食节、象棋百台车轮赛、迎春民间秧歌大会串等十项大型活动。南湖公园春节游园灯会以趣味、欢乐、祥和为主题，以景、灯、声相融合的形式，认真组织设计施工，为沈城人民提供了欢度春节、喜闹元宵的好去处。

（张　珣）

【沈阳清文化国际旅游周活动】 围绕打造清文化旅游品牌而举行的沈阳清文化国际旅游周活动，是结合沈阳旅游资源的实际情况开展的一项大型节庆活动。为办好此次活动，沈阳市旅游局与有关部门一同邀请沈阳知名清史学家、学者参加研讨会，研究确定了清文化旅游周活动突出清代民风民俗特色、富有清朝宫廷韵味的主题，并初步确定了清文化周的框架方案，为进一步细化各项工作奠定基础。

2001年9月14日至20日，沈阳清文化国际旅游周活动在沈阳举办，开幕式《大清神韵》的演出得到了海内外来宾的一致好评，突出了地域特色，展示了沈阳清文化风采。活动期间，共接待国内来宾8万人次，海外来宾2万人次，有50余万人参加了此次活动。

（关　军）

【签订互换游客协议】 2001年，市旅游局充分利用赴各地开展促销时机，与各地旅游部门进行广泛交流，探讨合作领域。先后与上海、天津、南京、济南、青岛、南昌、烟台、苏州、威海等17个城市签订旅游合作协议。协议规定双方每年互换游客1万人次。通过签订协议，利用沈阳客源多的优势，换回大量客源，使双方城市达到双赢目的。客源互换采取以旅游局牵头、旅行社承办形式为主，充分发挥政府对旅游业的主导作用，推动两地旅游业共同发展。

（关　军）

【以对开旅游专列、包机及旅游大篷车形式开拓客源市场】 为落实沈阳与各城市签订的旅游合作协议的互换游客内容，开拓新的旅游客源市场，2001年，市旅游局与各城市以对开旅游专列、对飞包机及旅游大篷车形式开展促销活动，取得良好效果。8月份，市旅游局与上海市旅游委、上海市春秋旅行社、沈阳铁路分局联合举办“沈阳、上海对开旅游专列互换游客活动”，成功完成互换游客1000人次，取得了良好的社会效益和经济效益。两个城市在同一时间利用专列进行大规模的客源互换，在国内来说是罕见的，国内媒体进行了大量报道。10月份，市旅游局又与乌鲁木齐旅游局联合举办沈阳、新疆旅游包机互换游客活动，也取得了较大的成绩，双方互换游客200人。另外，还组织6次沈阳旅游大篷车促销团，南下北上，行程10万余里，到30多个城市进行促销。以上活动的成功举办，为旅游促销工作开创了一个新模式，达到了走出去、请进来了目的，拓宽了客源市场，扩大了沈阳旅游业的知名度，为招徕更多的旅游客源奠定良好的基础。

（关　军）

【宣传品编制】 为配合沈阳市各项国内外旅游宣传促销活动，提高宣传品档次，2001年，市旅游局精心策划编制了一系列旅游宣传品。编制了《沈阳旅游图》中文版和中英文版2套；沈阳旅游食、住、行、游、购、娱单本小册子6种；沈阳旅游精品线路、旅游资源宣传画5种；沈阳旅游宣传册1种；沈阳旅游商品宣传册1种。共印制宣传品近0万份，其中：沈阳旅游图中文版2万册，中英文版4万册，沈阳旅游商品宣传册1万册。以上宣传品全部采用进口铜版纸印制，在形式、内容、编排、印刷上均上一个档次，有了新的突破，达到了预期的目的。

（关　军）

【接待国内外促销团体】 至2001年10月底，市旅游局共接待了来自北京、海南、吉林、烟台、武汉、马来西亚等21个国内外宣传促销团体。为能抓住宣传时机，向这些来自国内外的旅游界人士宣传介绍沈阳旅游业情况，市旅游局认真落实、详细安排各促销团在沈阳的食、住、行、游、购、娱各项活动，安排景点考察，赠送沈阳旅游宣传品，尽量让客人多了解沈阳旅游资源情况，并组织沈阳旅游经营单位1000余人次与他们进行业务洽谈、交流合作。各促销团对沈阳的安排工作比较满意，对沈阳旅游业的印象加深了，达到了不出家门宣传沈阳的目的。

（关　军）

旅游行业管理

【星级饭店行业管理】 2001年，市旅游局进一步加强了对全市星级饭店行业的管理，在提高服务质量和提高饭店经营管理水平等方面取得了进展。

按照国家和省旅游局的要求，从2000年底到2001年2月底，对全市2000年9月1日前评定星级的57家饭店进行了复核，其中五星级2家、四星级5家、三星级20家、二星级20家、一星级10家。通过复核，可以看出全市各星级饭店受竞争激烈的大环境影响，星级意识明显增强，尽最大努力改善服务设施和经营环境，大力加强软件管理，提高管理水平，整体上比上年有所提高。80%的饭店在2000年都投入了改造资金。各星级饭店服务设施和功能得到了提高，在服务特色和个性化产品上有了明显改善，很多饭店还在建设绿色饭店方面做出了积极努力。在复核中也发现个别饭店设施设备老化严重，对于存在的问题，要求各个饭店拿出措施积极进行整改。

2001年，市旅游局加快了星级评定工作的步伐。全市星级饭店达到84家，其中新评星级饭店9家（三星级3家，二星级1家，一星级5家），还有3家一、二星级饭店经过改造晋升为三星级饭店。此外，还对申报四星级和五星级的3家饭店进行了初审，并已报省旅游局。

为了提高旅游饭店管理人员的星级意识，使全市星级饭店的管理水平更加规范和标准，市旅游局于2001年9月20日举办了全市饭店业的“星级饭店标准培训班”,来自全市饭店的总经理和部门经理参加了学习,其中152名学员经过考核颁发了结业证书。

市旅游局在星级饭店行业各级青年文明号集体中开展青年文明号新世纪巡礼活动,广泛征集承诺用语,组织参加青年文明号事迹巡回展示和演讲比赛,辽宁凤凰饭店客房部青年集体的事迹得到了宣传和推广。为纪念建党80周年,在星级饭店行业中开展了以“党在我心中,青年立新功”为主题的青年文明号为党的生日献礼活动,并组织1个国家级、12个市级星级饭店的青年集体参加了在太原街中兴大厦门前开展的青年文明号集中宣传活动。

(秦 岩)

【旅行社行业管理】 截至2001年底,全市共有123家旅行社,其中:国际旅行社18家,国内旅行社105家。2001年新成立旅行社14家。

2001年,国际旅行社旅游收入3.4亿元,利润总额727.2万元,旅游结汇817.5万元,实缴税金387.5万元,外联组织3.7万人次、20.2万人天,入境接待7.2万人次、15.2万人天,国内组织12.6万人次、47.4万人天,国内接待4.9万人次、7.0万人天,出国游2.7万人次、22.1万人天,港澳游4308人次、2.3万人天。

2001年,国内旅行社旅游收入1.2亿元,利润总额111.5万元,实缴税金63.2万元,国内组织30.9万人次、94.5万人天,接待13.3万人次、23.0万人天。

2001年,全市旅行社改制工作取得了较大进展,已形成了国有企业、事业单位、集体企业和有限责任公司等多种经济类型。有限责任公司共有61家,其中:国际旅行社5家,国内旅行社56家。除了加快旅行社改制的步伐外,还引进了全国名牌旅行社进入沈阳旅游市场,形成了新的竞争机制,并将其较为先进的管理模式引进来,推动沈阳市旅行社加强管理,改进经营模式,提高竞争能力。

根据国家旅游局和省旅游局的要求,市旅游局对全市旅行社门市部进行了全面检查和整顿,取得了良好的社会效应。各旅行社也逐步理顺了管理制度,加强了管理工作,杜绝了挂靠承包等不规范操作。各旅行社不断强化导游人员整体素质,认真执行导游员持证上岗的规定与要求。为保障旅行社利益,杜绝因意外责任事故的发生给旅行社造成大的损失,还根据国家旅游局和省旅游局的指示精神,部署了投保旅行社责任险的具体实施工作,全市旅行社按照要求投保了旅行社责任险。

在旅游市场竞争日趋激烈的情况下,各旅行社不等不靠,积极开发特色旅游。“冰雪旅游”、“夕阳红”、“金色晚霞”、“探亲旅游”、“生态游”、“红色之旅”、“新马邮轮”等旅游项目的开发与发展,激活了旅游市场。通过包机、专列等多样化的旅游形式,改变各旅行社无序竞争的局面,并利用这种形式,逐步实现了与国内其他旅游城市优势互补,游客互换的良好局面。通过多样化的旅游产品,基本形成了以几家有实力的旅行社牵头,其他旅行社联合宣传招徕,互惠互利的良好局面。

(邵 林)

【整顿和规范旅游市场秩序】 为贯彻国家旅游局、省旅游局等部门关于开展整顿出境游市场和旅游市场工作的部署,从2000年8月下旬起,全市集中开展了以出境游市场为重点的旅游市场规范整治工作。

根据举报,市旅游局对非法开展旅游业务的单位和个人进行了检查。对擅自以泰国航空公司和境内、外多家旅行社驻东北办事处的名义,开展旅游包机及组织旅游团队等行为,在掌握了大量确凿证据后,当即予以取缔。同时,集中开展了对外地在沈违规设立的办事处、联络处的清理整顿,要求其立即停止非法经营活动,对情节严重的两家驻沈办事处没收非法所得,并处以罚金1万元。

在整顿期间对《沈阳日报》、《沈阳晚报》、《时代商报》、《辽沈晚报》、《都市青年报》等多家新闻媒体所登各类旅游广告进行了检查。共检查旅游广告525份,发现违规广告56份,占总数的10.6%,涉及沈阳市各类旅行社近80家;违法、违规广告5份,涉及到非法经营的单位2家。市观光旅行社在7月份对外散发“东南亚游”传真,接到举报后,市旅游局立即对其进行了查处,并依据有关规定对其做出没收非法所得并处以5000元罚金的处罚决定,后经对该社的全面经营情况进行审查,决定吊销其经营许可证。

2001年,市旅游局依据《旅行社管理条例》等法规,组织各种检查50余次,参检人员70余人次。查处的案件有:非法经营旅游业务的单位和个人17起,超范围经营旅游业务3起,外省市在沈违规设立办事处、联络处14起,纠正违规广告56起,其他4起。在开展旅游市场整顿工作中,还结合调查出来的问题,促使旅行社建立健全各项管理制度,为进一步提高旅行社管理水平打下坚实的基础。

(刘 洋)

【旅游行业培训】 2001年,沈阳市旅游局举办了旅游行业各类培训班。

1.举办了导游员培训班。分别于5月和9月举办了两期导游员资格培训班,有282人参加;为192名导游员进行了初级报评工作,使他们获得了初级导游员资格证书;分期分批对景点(区)导游员进行了培训;于6月在省军区招待所举办了导游员年审培训班,有167人参加;对“一日游”导游员进行了培训,共120人参加;对新城子区马刚乡“农家乐一日游”进行了专业培训,有100余人参加。

2.举办了旅行社部门经理以上管理人员培训班,有180余人参加了培训。

3.举办了第五期宾馆饭店服务员英语培训班,共100余名服务员接受了外语培训。

4.为提高星级宾馆饭店服务水平,逐步向目标化、规范化迈进,对紫薇仙庄、格林大饭店、友谊宾馆、邮政大厦等饭店进行了全员培训。

(郭艳凤)

【组织2001年全国导游员资格考试沈阳考区的考试工作】 按照国家旅游局旅人教发[2001]5号《关于转发〈全国旅游考试与培训工作调研座谈会纪要〉的通知》文件精神,沈阳市首次组织了全国导游员资格考试。

1.健全组织机构。成立了沈阳市导游员考试管理委员会和沈阳市导游员考试管理委员会办公室。

2.制定有关导游人员考试及评卷工作管理规定;考察并确定了2001年全国导游员资格考试沈阳考区的笔试和现场导游考试考场;成立了导游员考试评卷领导小组并落实了工作职责;确定了笔试监考和现场导游考试主考人员及评卷教师和场所;设计了严密的评卷流程;落实完成了评卷的后勤服务和安全保卫等准备工作。

此次考试,全市共有2186人报名参加,有418人取得了全国导游员资格。

(郭艳凤)

【旅游投诉受理情况】 2001年,沈阳市旅游质量监督管理所共受理投诉73起,调解赔付金额达15.6万元,涉及投诉者近500人。其中:投诉旅行社42起,占总数58%;投诉宾馆、酒店8起,占总数11%;投诉景点(景区)19起,占总数26%;其他投诉4起,占总数5%。对旅行社的投诉,集中在不履行合同、降低服务质量、侵占游客权益等方面;对宾馆、酒店的投诉,集中在服务人员态度、服务质量、酒店设施等方面;对景区(点)的投诉集中在门票构成及服务人员态度方面。

(李 锦)

旅馆业

【概况】 2001年,沈阳市限额以上旅馆业营业收入实现10.39亿元,比上年下降

1.5%，实现利润总额—2.14亿元，比上年增亏0.37亿元。

1.企业资产与上年持平，客房出租率依然偏低。据统计，全市限额以上旅馆企业有82家，2001年年末资产总计45.24亿元，与上年末持平，其中固定资产原价为43.45亿元，增长3.6%。从登记注册类型(所有制)的构成情况看，国有、集体、港澳台投资经济的资产分别比上年下降1.7%、16.7%、15.6%；私营经济、外商投资经济的资产分别比上年增长45.9%、39.8%。限额以上旅馆企业共有客房10648间，床位19104张，由于部分宾馆正值装修，改、扩建，导致客房、床位数分别比上年下降3.88%和10.66%。全市涉外饭店的客房出租率为55%，比上年下降1.8个百分点，有近一半的资产闲置。

2.营业收入微降。2001年，全市限额以上旅馆企业共实现营业收入10.39亿元，比上年下降1.5%。从全年情况看，相对于有限的客源，旅馆企业的客房和床位数略有过剩。由于经营理念、管理方式的差异，不同的企业经营效果也不尽相同。其中，外商投资、私营经济增幅较大，分别比上年增长35.9%、96.2%，而国有、港澳台投资经济经营状况不佳，分别比上年下降达10.9%、16.1%。

3.亏损额进一步加大。2001年，全市限额以上旅馆企业实现利润总额—2.14亿元，比上年增亏0.37亿元。亏损企业达54家，比上年增加7家，亏损面为65.9%，比上年增加6.9个百分点。每百元营业收入亏损额为20.6元，比上年增加2.7元。从经济类型来看，外资企业有8户亏损，亏损总额达1.6亿元，占全市亏损总额的74.4%，比上年增亏3631万元，每百元营业收入亏损额也由上年的24.7元上升为30.3元；国有企业33家亏损，亏损总额为6052万元，比上年增亏1896万元，每百元营业收入亏损额为17.5元，比上年增加6.8元。

4.费用支出居高不下。2001年，全市限额以上旅馆企业经济效益下滑的主要原因在于一些新建的星级宾馆资产折旧大、费用高。全市限额以上旅馆企业三项费用合计达10.1亿元，占总营业收入的97.1%，比上年增长4.8%。其中，经营费用支出3.5亿元，占总营业收入的33.7%；管理费用支出5.8亿元，占总营业收入的55.8%；财务费用支出0.8亿元，占总营业收入的7.6%。外资旅馆企业三项费用合计达5.6亿元，占全部限额以上旅馆企业总费用的55.4%，比上年增长7.8%。

5.资产负债率仍然偏高，所有者权益有所增长。2001年，全市限额以上旅馆企业的资产负债率为59.9%，比上年下降0.1个百分点。其中：国有企业资产负债率为35.5%，比上年下降5.9个百分点；外资企业资产负债率为76.6%，比上年增长3.9个百分点。企业所有者权益为18.2亿元，比上年增长1.7%，其中国有企业所有者权益为10.8亿元，比上年增长8%。 (*柳东升*)

旅游景点

【概况】 沈阳市是全国著名的历史文化名城和首批中国优秀旅游城市，旅游资源丰富多彩，有人文景观、自然景观及社会旅游资源200余项。

名胜古迹有故宫、福陵、昭陵、新乐遗址博物馆等。沈阳故宫是除北京故宫外我国仅存的一座皇宫建筑群，具有较高的历史和艺术价值，是清太祖努尔哈赤和清太宗皇太极营造和使用的宫殿，是国家4A级旅游区(点)。近期将对沈阳故宫和周边环境进行维修和整治。福陵和昭陵是闻名遐迩的“关外三陵”中的两个，是具有中国古代建筑特色和浓郁民族风格的帝王陵寝。福陵是清太祖努尔哈赤和孝慈高皇后的陵墓；昭陵是清太宗皇太极和孝瑞文皇后的陵墓，而且是清入关前留下的三个陵寝中规模最大的一个，每年的沈阳冰雪旅游节的雪雕比赛也在此举行。目前，“两陵”正在进行着申报世界遗产的工作。新乐遗址是我国北方新石器时代较早的一处母系氏族公社聚落遗址，距今已有7200多年。

宗教建筑是沈阳人文景观的重要组成部分。南关天主教堂位于沈河区南乐郊路40号，始建于1878年，是典型的哥德式建筑，为东北地区教堂之冠。伊斯兰教清真寺是一座伊斯兰教建筑群体，是东北地区最大最有名望的伊斯兰教清真寺。慈恩寺是沈阳市现存最大的佛教寺院，有“十方丛林”之称。实胜寺又名皇寺，是沈阳市规模较大、历史较早的喇嘛寺。太清宫又名太清丛林，是清代道教建筑，有重要的历史、艺术价值。清初四塔是清太宗敕建的四座喇嘛塔，四塔旁同时建有四寺，分别坐落于沈阳旧城外东南西北四个方向，称东塔、南塔、西塔、北塔，其中西塔延寿寺已重建并复原，已对游人开放，北塔法轮寺保存较为完整，并在寺内新建了碑林。近期，沈阳市政府将以前所未有的力度对文物古迹周边环境进行重新规划和整治。

近代在沈阳发生过许多重大事件，因此，纪念性景观建筑很多。著名的景观建筑有“张氏帅府”、“九·一八”历史博物馆、周恩来少年读书旧址、中共满洲省委旧址、抗美援朝烈士陵园、蒸汽机车博物馆等。“张氏帅府”是“大帅府”和“少帅府”的合称，是奉系军阀张作霖及其子张学良将军的官邸和寓所，是一座由青砖素面墙围成的中西混合建筑群。“赵四小姐楼”也已对外开放。“九·一八”历史博物馆是为了让子孙后代铭记中华民族的国耻、激发民族强大的精神力量和民族尊严，在“九·一八”事变发生地建起的一座国家级的大型纪念馆。

除人文景观外，沈阳市还有多种自然旅游景观。棋盘山国际风景旅游开发区位于沈阳东部，其自然景观由“三山一水”——辉山、棋盘山、大洋山和秀湖构成风景区主体，加上奇石、山洞和丰富多彩的森林植物，形成引人入胜的自然风光，是集游览观光、休闲度假、文化娱乐为一体的综合性风景名胜区。同时它也是沈阳冰雪旅游节的主会场之一。沈阳植物园处于市区至棋盘山国际风景旅游开发区干道的东侧，园内引种我国北温带地区和国外有观赏价值的植物1000余种，每年接待游客百余万人次，是沈城及周边城市人们十分喜爱的游览胜地。这两个景点都是国家4A级旅游景区(点)。沈阳水洞坐落于苏家屯区白清寨乡，风景区内山清水秀、人文景观久负盛名，为市内旅游的一个好去处。还有沈阳怪坡、沈阳国家森林公园、沈阳陨石山森林公园、沈阳卧龙湖风景区、沈阳仙子湖风景旅游度假区以及位于法库县的五龙山风景区、塞北湖风景区、雨亭湖风景区等景点。

另外，荷兰村累计投入20亿元进行项目建设，包括海洋沙滩、热带雨林等项目；于2000年12月9日营业的沈阳森林野生动物园，二期工程即将启动。

沈阳航空博览园是沈阳市新增加的一个旅游景点，将于2002年5月1日试营业。

(*刘旭方*)

【五大重点旅游设施建设项目】 2001年，沈阳市确定沈阳棋盘山国际俱乐部等为沈阳市五大重点旅游设施建设项目。

1.沈阳棋盘山国际俱乐部。该项目为五星级宾馆及游乐项目。总投资额2980万美元。投资方：香港华信贸易有限公司、沈阳金星企业集团股份有限公司。占地面积85万平方米。项目内容：宾馆、国际会议中心、游泳馆、高尔夫球场、矿泉浴等20多个项目；游乐部分有梦幻乐园、宇宙广场、动物世界、双环过山车等8个项目。项目进度：2001—2003年。

2.沈阳森林野生动物园二期工程。该项目为游乐项目，总投资额1000万美元。项目单位：沈阳森林野生动物园有限公司。项目内容:步行游览区,占地7.5公顷,投放动物50余种1000余只;游乐场,占地5公顷。项目进度:2002—2003年。

3.沈阳欧亚高新农业示范区海洋沙滩项目。该项目为大型室内游乐场馆项目,总投资额2.47亿美元。项目单位:沈阳欧亚实业公司。占地面积4.8万平方米,建筑面积8.9万平方米。项目内容:家庭游乐区、冲浪区、海洋世界区等。项目进度:2001—2003年。

4.沈阳欧亚高新农业示范区热带雨林项目。该项目为大型室内观赏游乐场馆项目,总投资额2.48亿美元。项目单位:沈阳欧亚实业公司。占地面积17.3万平方米,建筑面积14.8万平方米。项目内容:雨林园、水景园、非洲园、美洲园等。项目进度:2001—2003年。

5.沈阳仙子湖风景旅游度假区。该项目为风景旅游度假及农业示范观光园项目,总投资额7亿。项目单位:辽宁汇宝商贸集团公司。占地面积15.7平方公里。项目内容:环湖景观路、珍禽园、会议中心等。项目进度:2001—2003年。

(刘旭方)

【沈阳航空博览园】 沈阳航空博览园是一个以航空科普为主体的展馆(一期),占地2.5万平方米,主楼建筑面积4500平方米。博览园位于沈阳北陵公园北侧,与大二环接壤,环境优美,交通方便。博览园广场展示了沈飞公司生产的各型歼击机,供游人参观,还设有"序厅"、"志在冲天"、"碧空雄风"、"驰骋疆场"、"走向世界"、"世纪展望"等7个展馆,精选600多幅珍贵图片、200多件实物,融我国歼击机发展历程与航空科普知识于一体。馆内设置200余个科普板面与景观,充分利用声光电等现代化手段,展示了爱国主义教育,航空科普知识及国防教育等方面的内容。

沈阳航空博览园集科技、教育、旅游于一体,使参观者了解航空工业是高科技产业,是国家力量的象征之一,了解航空科技的快速发展对国防现代化建设具有的重要作用,了解世界航空工业发展趋势。

(刘旭方)

【"赵四小姐楼"对外开放】 赵一荻故居,俗称"赵四小姐楼",位于张氏帅府大院的东墙外,为一座二层中西合璧式建筑,因1928—1931年间,张学良和赵一荻女士(人称赵四小姐)曾在此居住而得名。

赵一荻故居占地547平方米,建筑面积428平方米,独立成院,清幽雅致。整幢小楼装饰精美,既有中国传统建筑风格的描金彩绘,又有鲜明欧式建筑特色的雕刻廊柱,是中西文化的融合之作。

2001年,张学良旧居陈列馆将赵一荻故居进行全面修缮后,正式对外开放。内设的会客厅、舞厅、琴房、起居室、书房、办公室等多个房间的复原陈列,如实再现了赵一荻与张学良将军共同生活的真实场景,讲述着他们伟大、动人的爱情故事。

(刘旭方)

【中华国宝——翡翠大佛落户沈城】 中华国宝——翡翠大佛于2001年12月22日落户沈城。它坐落于辽宁省沈阳市古老的中街商业街内,大佛高2.04米,宽1.7米,厚0.86米,重7吨,是用近18吨的缅甸天然翡翠雕琢而成,是目前世界上最大的翡翠佛,已列入中国"国宝"行列,同时也载入了《大世界基尼斯之最》。

沈阳翡翠大佛以人们耳熟能详的大肚弥勒佛的形象昭示世人。大佛采用紫罗兰色彩翡翠塑其金身,其紫春浓艳、质地细腻、水头十足,并由十余位国家级工艺美术大师历经一年时间精雕细琢而成,其雕工细腻,工艺精湛,堪称绝世之作。

沈阳翡翠大佛以其举世无双的惟一性,成为世人游览的一道靓丽的景观。

(刘旭方)

沈阳市星级饭店一览表

五星级饭店(2家)

单位名称	负责人	电话	传真	地址	邮编
沈阳绿岛森林公园	徐伟皓	89579797	89579500	苏家屯区(通信地址:沈河区青年大街215号23B)	110015
沈阳皇朝万豪酒店	托马斯·毕纳	23883456	23907337	和平区青年大街388号	110003

四星级饭店(6家)

单位名称	负责人	电话	传真	地址	邮编
新世界酒店	郑越东	23869888	23860018	和平区南京南街2号	110001
凯莱大酒店	李荣辉	22528855	22528533	沈河区北站迎宾街32号	110013
商贸饭店	倪达勉	23412288	23411988	和平区中华路68号	110001
格林大饭店	王文荣	22576688	22522288	沈河区北站路72号	110013
沈阳金都饭店	杨时光	23510888	23856888	和平区太原南街189号	110001
沈阳高登大酒店	张志东	22818888	22818866	沈河区青年大街52号	110014

三星级饭店(34家)

单　位　名　称	负责人	电　话	传　真	地　址	邮　编
辽宁凤凰饭店	王清华	86105858	86105340	皇姑区黄河南大街109号	110031
沈阳玫瑰大酒店	付西津	24898188	24898060	沈河区中街路201号	110011
辽宁宾馆	李树铭	23839166	23839103	和平区中山路97号	110001
辽宁天都饭店	李春生	23866939	23867615	和平区南五马路238号	110006
沈阳鸿翔宾馆	王作坤	24820818	24821531	沈河区万柳塘路53号	110015
沈阳金城大酒店	侯玉杰	22936888	22936666	沈河区风雨坛街68—70号	110014
辽宁丽晶大酒店	马振富	23298888	23298899	和平区同泽北街5号	110001
辽宁省华峰宾馆	徐福林	86895775	86897979	皇姑区崇山东路32号	110032
沈阳迎宾馆	孟　超	22805588	22805603	沈河区北三经街9号	110013
沈阳大民族饭店	银士琨	83959898	83959848	和平区南三好街112号	110003
沈阳皇城商务酒店	万　革	22853838	22856366	和平区十一纬路82号	110003
沈阳房地产大厦	王云生	22906688	22916872	沈河区大西路289号	110014
沈阳亚泰大酒店	赵恩成	24865688	24865404	沈河区沈阳路265号	110011
辽宁大厦	于红军	86809502	86809355	皇姑区黄河南大街105号	110031
空港来登饭店	顾　杰	89398866	89398948	沈阳桃仙国际机场	110169
鸿宇山庄	徐　强	88055051	88055000	棋盘山(通信地址:沈河区北站路111号)	110013
沈阳市紫薇仙庄	许绍文	89591567	89591712	苏家屯区(通信地址:和平区八经街94号)	110003
沈阳市彩欢宾馆	高　祥	88559288	88554651	沈河区敬宾街3—3号	110013
沈阳七宝山饭店	黄明周	23228877	23219459	和平区十一纬路79—81号	110003
沈阳金海岸大酒店	邢玉民	25300688	25305688	于洪区黄海路35号	110141
沈阳雍伦大酒店	蔡丰年	24128888	24142828	沈河区热闹路58号甲	110011
辽展饭店	张树平	23893511	23896899	和平区文化路58号	110003
荣达饭店	刘秉荣	24011422	24011620	沈河区南关路118号	110015
假日俱乐部	刘晓兵	86216666	86243922	皇姑区崇山中路101号	110036
荣利达大厦	吴作君	89126001	89126001—8203	苏家屯区雪松路21号	110101
沈阳华苑大酒店	韩　晶	89135632	89135647	苏家屯区海棠街39号	110101
辽宁工会大厦	郝　薇	62235999	62234828	皇姑区崇山东路40号	110032
辽宁泰利阳光酒店	张　帆	22808888	22808555	和平区市府大路157号	110002
沈阳东盛大厦	高岩松	62236666	62236565	沈河区北京街9号	110013
东方大厦	李长根	22527388	22524520	沈河区北站路112号	110013
沈阳民航宾馆	赵作林	88291888	88291333	大东区小河沿路3号	110043
沈阳邮政大厦	郭　伟	62238888	22522369	沈河区北站路78号	110013
辽宁科技宾馆	张英群	62129095	62129095	沈河区文艺路44号	110016
人民大厦	姜春峰	86230686	86223148	于洪区崇山东路41号	110032

二星级饭店(21 家)

单　位　名　称	负责人	电　话	传　真	地　　址	邮　编
沈阳中兴大酒店	冼浩祥	23838188	23831972	和平区太原北街 86 号	110001
沈后金辉宾馆	马宏亮	25861168	25862486	铁西区沈辽东路 34 号	110021
沈阳金杯大厦	邢丽娜	23868888	23879582	和平区中华路 57 号	110001
沈阳兰亭宾馆	耿延龙	86890598	86890601	皇姑区北陵大街 37 号	110032
沈阳七月宾馆	黄　强	23500668	23500626	和平区南京南街 100 号	110005
南湖大酒店	李和志	23843939	23841392	和平区文化路 63 号	110003
汉城宾馆	朱维宇	62102288	23404326	和平区市府大路 31 号	110001
正昌大厦	高香顺	23444455	23444000	和平区市府大路 25 号	110001
沈阳宾馆	李曙光	22726440	22726787	沈河区市府大路 256 号	110013
沈阳金龙宾馆	林亚力	86246688	86221222	皇姑区黄河南大街 88 号	110031
沈阳科隆酒店	白秋生	24850085	24847139	沈河区朝阳街 238 号	110011
天源宾馆	黄晓辉	88559988	88530899	沈河区惠工街 235 号	110013
沈阳北辰大酒店	姜　平	88522425	88556428	沈河区惠工街 169 号	110013
三盛源大酒店	胡英杰	22713838	22831313	沈河区十一纬路 286 号	110014
沈阳宁大宾馆	王　峰	62101188	23837728	和平区市府大路 45 号	110001
富林酒店	董彦海	86853129	86850138	皇姑区长江街 126 号	110036
和平宾馆	孙海树	23498888	23498000	和平区胜利北街 104 号	110001
东湖度假村	范达方	88050209	88050333	棋盘山风景区	110163
玉龙山庄	柯　巍	88058008	88058005	棋盘山风景区秀湖北岸	110164
虹桥宾馆	山长轩	87805688		辽中县迎宾路 65 号	110200
榭园宾馆	黄晓辉	88056088	89787177	棋盘山国际旅游风景区秀湖北岸	110003

一星级饭店(21 家)

单 位 名 称	负责人	电 话	传 真	地 址	邮 编
沈阳耀福酒店	刘 鑫	23222888	23242162	和平区和平南大街中兴二巷三号	110005
辽宁农垦大厦	白 谦	23864507	23866105	和平区和平北大街176号	110001
沈阳天涯宾馆	桔壮一	22521688	22525702	沈河区友好大街7号	110013
东北饭店	张兴贵	23838120	23404972	和平区天津北街100号	110001
沈阳北方宾馆	李昌耀	23265731	23268639	和平区中华路124号	110001
花园国际酒店(原松园宾馆)	崔景亮	86612369	86613162	皇姑区泰山路二号八门	110032
沈阳玲珑山庄	刘长林	88055007	88055008	棋盘山风景区	110161
泉银宾馆	刘 安	24839800	24314148	大东区小河沿路68号	110042
翰皇国际商务酒店	杨仁寿	88524168	88501502	大东区北顺城路188号	110041
新民市电业宾馆	张国军	27624254	27621890	新民市辽河大街73号	110300
法库宾馆	张长生	87125466		法库镇兴法路庙东街	110400
梅杉宾馆	蔡若林	22735548	22735548	沈河区小西路48号	110013
沈阳铁建宾馆	石俊清	88530560		沈河区敬宾街3—1号	110013
市政府招待所	李 彦	24861636	24849764	沈河区正阳街212号	110011
得鹿园大酒店	刘 岑	62079999	62079977	苏家屯区金钱松路25号	110102
北海大厦	翟为民	86248286	86247877	皇姑区昆山东路25号	110032
庄之合大酒店	沈国辉	25280999	25281999	于洪区沈辽中路35号	110041
站前宾馆	魏耀东	23832406	23402307	和平区胜利北街55号	110001
红霞宾馆	江登云	23231099	23225503	和平区光荣街26号甲	110003
柳湖酒店	李泉石	86894430	86895756	于洪区崇山东路30号	110032

对外经济贸易

对外贸易

【概况】 2001年,沈阳市对外贸易继续保持着较大的规模,进出口总额平稳增长。全年实现进出口总额27.9亿美元,比上年增长4.0%。其中:出口12.5亿美元,为上年的96.4%;进口15.4亿美元,为上年的111.1%。进口大于出口的格局仍未改变。在全国15个副省级城市中,沈阳市的进出口总额、出口额、进口额均居第9位。

1.外商投资企业进出口占较大比重,民营企业进出口高速增长。2001年,沈阳市外商投资企业实现进出口18.4亿美元,同上年相比持平,占全市进出口总额的比重高达65.9%。其中:出口8.24亿美元,进口10.16亿美元。进出口额较大的有三宝电脑(沈阳)有限公司、乐金电子(沈阳)有限公司、沈阳金杯客车制造有限公司等。2001年,沈阳市民营企业进出口总额实现2196万美元,增长73.1%。其中:出口1104万美元,增长60.5%;进口1093万美元,增长88.0%。在民营企业中进出口额较大的有沈阳北鹏集团有限公司、沈阳东华制铁有限公司、沈阳恒屹实业有限公司、沈阳和光集团、苏家屯区皮鞋二厂。

2.一般贸易保持增长,加工贸易仍占主要地位。2001年沈阳市一般贸易实现进出口总额12.8亿美元,比上年增长21.3%。其中:出口实现4.86亿美元,增长6.7%;进口实现7.94亿美元,增长32.5%。加工贸易进出口额为11.47亿美元,虽下降17.0%,但仍占全市进出口总额的41.1%。其中:出口额7.37亿美元,占全市出口总额的58.9%;进口4.1亿美元,占全市进口总额的26.6%。

3.出口产品品种数量增加,进口产品品种数量减少。2001年,沈阳市出口品种达到2491个,增加45种。出口额超千万美元的品种20个,出口额为6.32亿美元。出口的主要品种有:电子计算机、微型数字式自动数据处理机、彩色电视机、独立窗式或壁式空气调节器、未混合的维生素C及其衍生物等。进口品种为2681个,减少60种。进口额超千万美元的品种29个,进口额为6.98亿美元。进口的主要品种有:客机、汽车发动机、电子计算机组件、通讯设备等。

4.贸易伙伴进一步增加。2001年,沈阳市同147个国家和地区开展贸易活动,比2000年增加12个。贸易额超亿美元的有韩国(5.28亿美元)、日本(4.99亿美元)、美国(4.91亿美元)德国(2.59亿美元)。出口额超千万美元的有18个国家(地区),出口额为10.7亿美元,减少7.7%;进口额超千万美元有17个国家(地区),进口额达14.4亿美元,增长9.9%。

(白 纯)

【出口商品供货】 2001年,全市共有出口供货企业518家,完成出口商品供货值88.97亿元。其中:粮油食品2.8亿元,土畜产品1.2亿元,轻工产品18.9亿元,工艺品2.8亿元,纺织品5.6亿元,服装产品4.0亿元,医药产品6.3亿元,化工产品4.0亿元,机、电、汽产品33.5亿元,五矿冶金产品4.3亿元。2001年出口供货的主要特点是:

1.出口供货大户的作用十分显著。2001年,全市出口供货值超亿元的企业共有14家,占出口供货企业总数的2.7%,而这14家企业完成的出口供货值达54.6亿元,占全市出口供货值的61.4%。出口供货值超亿元的企业有:三宝电脑(沈阳)有限公司、乐金电子(沈阳)有限公司、东北制药总厂、沈阳三洋空调有限公司、沈阳中光电子有限公司、沈阳松下蓄电池有限公司、沈阳东方纺织有限公司、沈阳鸿本机械有限公司、沈阳机床(集团)有限责任公司、沈阳现进缝制有限公司、沈阳黎富服装有限公司、米其林沈阳卡车轮胎有限公司、先讯美资电子(沈阳)有限公司、沈阳飞机工业集团有限公司。

2.外商投资企业是出口供货的主要力量。2001年,全市外商投资企业完成出口供货值64.9亿元,占全市出口供货总值的73.0%。在外商投资企业中,合资企业供货值为33.0亿元,占出口供货总值的37.1%;独资企业供货值为31.3亿元,占35.1%;合作企业出口供货值为6299.8万元,占0.7%。

3.机电产品是出口供货的主要产品。2001年全市机电产品出口供货值为50.9亿元,占出口供货总值的57.2%。全市出口供货商品中具有代表性的机电产品是:计算机设备及部件(17.3亿元)、电视机及配件(9.7亿元)、空调器(4.4亿元)、蓄电池(2.6亿元)、电子元器件(2.5亿元)、飞机零件(1.4亿元)、金属切削机床(1.4亿元)。在机电产品出口供货总值中,开发区为21.7亿元,占24.3%;市直各局(公司)、集团为21.6亿元,占24.3%;各区、县(市)为5.5亿元,占6.2%。

(邓 巍)

【对外工程承包与劳务合作】 2001年,全市对外工程承包与劳务合作保持较快发展。全年共签订对外工程承包与劳务合作合同134份,合同额为5522万美元,完成营业额7622万美元,比上年增长11.83%,外派劳务8127人次,增长23.06%。年末在外劳务人员为8497人,劳务人员分布在韩国、新加坡、塞舌尔、俄罗斯等75个国家和地区。主要对外工程项目有:柬埔寨纺织厂厂房建设项目、喀麦隆杜阿拉大学校舍建设项目、南斯拉夫电力工程项目和塞舌尔莱蒙斯住宅项目等。2001年,对外工程承包与劳务合作的主要特点:一是境外投资工作出现新起色。全年新批4家境外企业,其中沈阳重型集团在俄罗斯生产中密度板项目,是迄今为止全省最大的境外投资项目。东大阿尔派与日本NEC合资成立的软件开发公司,科技含量高,很有发展前途。二是出现了外经促进外贸、外资发展的良好局面。沈阳重型集团通过境外投资带动成套设备出口1850万美元;沈阳国际公司通过与日本楠桥服装有限公司劳务合作,吸引对方在沈投资近百万美元建立合资企业,年出口服装可达500万美元。三是重点地区和国家的劳务市场进一步巩固。日本、新加坡、俄罗斯等劳务市场都呈现良好发展势头,外派劳务分别比上年增长61%、53.8%和22.8%。

2001年,外经工作的重点是抓外经责任制的落实、境外投资的开展、外经队伍的壮大和外派劳务的管理。一是狠抓外经责任制的落实。年初,按照省厅下达的外经指标,分批下达了全年外经计划,并组织各外经"窗口"公司和有关县区局签订了境外就业目标责任状,加强了检查和调度。对重大项目进行跟踪落实,协调解决企业在外经工作中遇到的困难和问题。二是积极落实“走出去”发展战略，推动企业开展境外投资。首先是认真做好境外投资的基础工作。在全市范围内开展了境外投资项目的调查与摸底，初步掌握一些企业拟在境外投资建厂的意向；编印了“境外投资政策汇编”，为企业提供政策上的咨询服务。其次是组织企业参加国内外投资洽谈会，推动企业开展境外投资工作。先后组织企业参加了南非投资与银行服务介绍会，俄罗斯巴什科尔托斯坦共和国与辽宁投资洽谈会，组织召开了“境外投资政策说明会暨项目推介会”等。再次是加强了对企业签约重点项目的跟踪协调和落实工作。截至2001年底，全市已有9个项目获外经贸部颁发的“境外企业批准证书”，投资总额2759万美元，中方投资为1180万美元。三是加强外经队伍建设，拓宽经营渠道。截至2001年底，全市具有外经权的企业已达15家，其中，工业安装公司、远大铝业集团、金城建筑、北方建设集团等有建筑资质的实体型的大型企业，为全市外经工作发展注入了活力。外经企业自主开发新市场取得一定成绩。沈阳国际公司承建在喀麦隆首都市政府广场改造项目后，又独立承揽了该国杜阿拉大学扩建工程项目。沈阳外建公司通过努力，进入日本研修生市场，独立签订选派50名建筑劳务合同。四是加强外派劳务的管理。根据国家关于清理整顿境外中介机构的文件精神，加强对外派劳务中介机构的清理整顿，对全市11家中介机构进行了检查和整顿，同时，对外经企业派出劳务的后期管理，对“窗口”公司为社会各方面提供代理服务、外派劳务中出现的各种纠纷进行协调并妥善处理。

（韩玉春）

利用外资

【概况】　2001年，沈阳市完成实际利用外资额12.08亿美元，比上年增长15.7％，其中：外商直接投资8.52亿美元，增长19.6％；间接投资3.56亿美元，增长7.4％。全市共有调资项目510个。

一、主要成绩

1.大项目引资打造外商直接投资的“航母”。2001年外商投资1000万美元以上的项目21个，累计投资5.4亿美元，占外商直接投资总额的63.7％。大项目涉及的行业主要普通机械制造业、交通运输设备制造业和房地产开发业。其中沈阳金杯客车制造有限公司外方—华晨中国汽车股份有限公司投资1.6亿美元，且已连续两年投入外资用于扩大生产，2001年，金客公司实现总产值59.8亿元，生产“海狮”牌面包车6万余台。荷兰欧亚集团在沈兴办的荷兰村6个系列项目累计投资1.2亿美元，项目涉及农业、房地产开发、餐饮、咨询服务等领域。

2.外商直接投资呈现“两升一平”。从不同的投资方式看，年有实际出资的外商独资经营和中外合作经营项目（含港澳台投资）分别为275个和29个，比上年增加34个和7个，实际利用外资分别为2.67亿美元和1.46亿美元，比上年增长67.9％和32.9％。而中外合资经营（含港澳台投资）投资项目数205个，比上年减少36个，实际利用外资4.39亿美元，与上年基本持平。实际利用外商直接投资方式主体的变化，尤其是独资企业吸引外资比率的增大，一方面反映了近年来沈阳市加大力度维护市场经济秩序和改善投资环境，外商（含港澳台商）对独资经营方式越来越有信心。另一方面从长远看，投资形态中独资形式的存在和发展，更有利于沈阳市对外开放并按照国际惯例和国际规则运作。

3.外商投资企业增资扩股明显上升，形式多样。2001年，全市共有137个中外合资企业或独资企业增资扩股，合同外资增资额累计2.7亿美元。同时，增资扩股中的新增外资占外商直接投资的比重逐步提高，外资实际到位1.9亿元，增长35.7％，占外商直接投资22.9％。新世界（沈阳）房地产发展有限公司继2000年累计增资5554万美元后，2001年又增资4000万美元用于工程基础建设；沈阳东大阿尔派软件股份有限公司作为沈阳惟一外商投资股份制形式的企业，也增加其外资法人股347万美元，实际到位196万美元。

4.间接利用外资平稳发展。2001年，全市间接利用外资3.56亿美元，其中：对外借款2.16亿美元，国际租赁1.40亿美元。包括利用世界银行贷款的城建三期项目用款712万美元，用于城市交通改造。另外，利用世界银行分期贷款的节水灌溉项目、松辽平原农业开发项目、粮库项目等也都能够按照项目用款计划循序进行。北方航空公司签约租赁了2架空中客机，总投资额1.4亿美元，促进了沈阳市航空运输业的发展。

二、存在不足

1.新签外商直接项目水平低。2001年，新签外商直接项目564个，平均项目水平为216.1万美元，比上年下降了5.4％。其中合同外资额在100万美元以下的项目446个，占新签项目总数的79.1％。新签小项目居多，直接影响了今后的引资规模。

2.高新科技引资项目偏少。从国民经济行业流向看，2001年全市投向房地产业、批发零售贸易餐饮业和娱乐服务业的外资调入额2.6亿美元，占外商直接投资总数的30.4％。而新材料技术、电子信息、生物制药等新兴产业引资项目数和外资额比重不过5％左右。

3.引资项目源出现匮乏趋势。2001年，全市新签合同项目数569个，合同外资额15.5亿美元，分别比上年减少11.9％和12.6％。项目数的下降，合同外资额有效存量不足将影响2002年实际利用外资额的继续增长。

（张　滨）

【外商投资企业生产经营情况】　2001年，外商投资企业规模扩大，效益提高。截至年末，全市实有外商投资企业3820个，比上年增加146个；企业资产总额达799.3亿元，增长5.9％；从业人员达12.7万人，增长2.4％；全年实现主营业务收入362.5亿元，增长15.9％；实缴税金25.7亿元，增长4.1％；实现利润总额21.2亿元，增长30.5％。

1.外商投资企业规模进一步扩大。截至2001年末，全市资产总额达799.3亿元，增长5.9％，创历史最好水平。从国民经济行业看，制造业的资产总额居首位，达537.5亿元。其次是农、林、牧、渔业，增长26.4％。从投资方式看，合资企业资产总额571.0亿元，合作企业90.7亿元，独资企业123.4亿元，比上年增长86.4％。年末资产总额超过亿元的企业169个，增长27.1％；超过十亿元的企业10个，增长42.8％。由于企业规模扩大，外商投资企业的生产能力进一步增强，全年完成总产值达334.6亿元，增长17.5％，其中制造业产值305.0亿元，增长32.5％。外商投资企业的主营业务收入大幅度增长，全年实现主营业务收入362.5亿元，增长9.7％。

2.利税总额大幅度提高。全市外商投资企业实现利税总额43.7亿元，净增5亿元。利税大户增加，全年利税总额超过千万元的企业67个，超过1亿元的11个，分别比上年增加11个和1个。利税大户的增加对全市外商投资企业利税的增长起到关键的作用。这67户企业全年实现利税总额达47.6亿元，其中沈阳金杯客车制造有限公司利税总额达12.9亿元，占全市外商投资企业利税总额的27.1％。从国民经济行业看，制造业利税居首位，实现利税总额达39.2亿元，占89.7％。利税大户主要集中在制造业，在67个利税总额超千万元的企业中，制造业企业55个，占82.1％。批发零售贸易餐饮业利税总额增幅较高，全市批发零售贸易餐饮业的外商投资企业实现主营业务收入14.2亿元，增长57.6%；利税总额近2.0亿元，增长1.8倍。其中零售业实现主营业务收入7.2亿元，增长39.7%；利税总额近1.0亿元，增长90%。增幅较高的是“家乐福”和“乐购”大型超市，它们的发展带动了零售业效益大增，同时也改变了商业企业的经营方式，并逐步与国际接轨。

（汪英家）

【改善外商投资环境】 2001年，沈阳市以消除“慕、马”腐败案件影响、处理历史遗留案件为重点，改善外商投资软环境，取得了新成效。

1.召开外商投资企业代表座谈会，表明沈阳改善投资环境的决心。年初，市政府召开了在沈的外商投资企业代表座谈会，邀请了包括米其林、新世界、三洋、东芝等在内的30余家外商投资企业代表参加。市政府主要领导及各有关委办局的负责人出席了会议。会上，市领导认真听取了外商对改善投资环境方面的意见和建议，并当场解决了一些外商提出的问题。

2.做好历史遗留外商投诉案件的处理工作。随着外商投资企业经营期限陆续到期，一些深层次的矛盾逐渐显露出来。为此，全市进一步加大了处理外商历史遗留投诉案件的力度，把解决好历史遗留问题作为“依商引商”重点工作来抓，加大了为外商服务的工作力度。先后解决了新世界集团房地产开发公司、长江集团、新华集团、嘉里集团等企业的问题，使一大批已在沈投资的外商投资企业恢复了在沈扩大投资的信心。2001年共有66家增资企业发生调资，调资总额2.53亿美元。

3.做好受理外商投诉和执法会签工作。2001年加大了处理外商投诉的力度，重点处理了问题较大的新世界王家庄投资、嘉豪商厦股权纠纷及汇津水务中外双方纠纷等投诉案件。全年共处理外商投诉150件，受理执法部门对外商投资企业的执法会签件90个。另外，全市对多年遗留的新世界房地产、嘉里集团、中宜度锡板、天山福园、五爱天地等29件历年未解决的投诉案件进行调研，制订了解决这些案件的方案及计划，一些案件在全市各级领导的重视下得到妥善处理。

4.抓涉外法律法规建设，为外商投资企业创造更加宽松的投资环境。市外经贸局在深入调查研究的基础上，组织起草了《关于对沈阳市重点外商投资企业提供非减税让利支持政策的意见》及其实施办法（讨论稿），并征求了重点出口企业、部分涉外执法部门、外经贸二级管理部门和市级涉外部门的意见，准备在2002年出台实施。

5.抓执法检查工作。为了确保有关改善投资环境的法规落到实处，市纪委、监察局、物价局和市外经贸局等有关部门开展了投资软环境建设执法大检查，在检查中，处理了执法不公的事件，对个别违规人员进行了严肃处理。并协调解决了米其林、新世界生物用电等一些问题，对规范有关部门的执法行为起到了重要作用。

6.加强外商投资服务中心“一站式”服务工作。首先是强化管理，提高效率。对年检工作实现网上操作，提高了年检效率。其次是增加了服务职能。如市公安局将境外人员的签证、签注等接待工作全部转移到服务中心，并在中心设立了为外商代表机构刻制印章的柜台。

（韩玉春）

【加大招商引资力度】 2001年，沈阳市积极实施外向牵动战略，加大招商引资力度，利用外资继续保持了较高的增长速度。全年实际利用外资12.08亿美元，比上年增长15.7%，其中直接利用外资8.52亿美元，同比增长19.6%。

1.市委、市政府高度重视招商引资工作。在年初召开的全市经济工作会议上，陈政高市长提出要把对外开放作为经济发展的第一战略来抓，加大招商引资力度，把更多的国有企业推向国际市场，让外资更多地进入城市公用事业，支持现有的外商投资企业扩大规模，增加投资。全市各部门认真落实会议精神，积极开展工作，形成了全力以赴抓利用外资工作的大好局面。

2.把招商引资工作摆在突出位置来抓。全市各部门把利用外资纳入重要日程，许多单位成立了由一把手牵头的利用外资工作领导小组，加强了利用外资工作的统一领导，并层层建立责任制，将任务落到实处。建立了重点外资项目主要领导责任制，全力推进项目实施。一些单位的主要领导亲自深入项目单位，推进项目洽谈和外资调入，涌现出了一批完成或超额完成任务的先进单位。如金杯公司、于洪区、皇姑区、铁西区、和轻工局，分别完成全年计划的822.1%、514.9%、280.8%、206.4%和309.5%。

3.构建招商引资载体，拓展利用外资空间。一是举全市之力开发了118个重大招商项目。这些项目的总投资达126亿美元，其中1亿美元以上的项目22个，占全部项目投资额的78%。围绕这118个重点招商项目，市政府分别在大连、上海、厦门、深圳和香港等地举办了大型项目推介会，引起了国内外客商的广泛关注。二是全面启动浑南新区建设。从2001年10月开始，市政府全面启动浑南新区的开发。大规模开发建设浑南，不仅为沈阳经济提供了新的发展空间，而且在全市树起了一面更加开放的旗帜。浑南大道、富民桥等基础设施已经开始建设，亨通光缆等一批产业项目正在实施。三是吸引外资发展沈阳的公用事业。2001年来，沈阳市与外商兴办了丰城巴士、康利巴士等合资合作项目，通过利用外资新增750台公交车，改善了全市公共交通状况，缓解了市民乘车难的问题。同时，推出了城市污水处理等合资合作项目，引起了一些外商的浓厚兴趣。

4.务实、高效地开展重大项目的招商活动。一是坚持以项目为中心开展招商活动。每个招商团组出访前，都对出访事项做充分准备，对拟签约、推进项目做详细论证和接触。访问期间，代表团对签约、推进项目都做到内容清楚、责任到位，促成了一批大项目签约。二是市领导亲自组织和调度项目，及时解决一些项目出现的问题，推进了项目进展。在陈政高市长的过问和支持下，解决了铁西滑翔小区改造、皇姑三洞桥地区改造以及新世界、长江、嘉里和新华集团等重大招商项目遇到的问题，为出访中促进有关项目成功签约打下了基础。三是认真做好出访项目的跟踪推进工作。市里重要招商团组出访回来后，市外经贸局等部门按照签约项目涉及的行业和部门建立了项目跟踪责任制，并责成专人对重大项目进行跟踪推进，使一批项目实现了当年谈判、当年签约、当年调资。

5.摸清底数，强化调度，确保完成调资任务。一是摸清底数抓增资。针对年初前几个月外资调入连续下降，完成全年任务面临巨大难度的严峻形势，市外经贸局组织人员采取分片包干负责的办法，对历年审批的项目和2001年可能发生增资的项目进行调查摸底，跟踪服务，并在市领导的过问和大力支持下，帮助外商解决困难，促使金杯、新世界等一批企业增资。二是强化调度保进度。面对利用外资一度出现下滑的困难局面，市领导多次主持召开全市利用外资调度会，对完成任务进度提出要求，市外经贸局、统计局等有关部门认真做好外资调度的有关工作，为完成全年利用外资目标奠定了基础。

（韩玉春）

商品检验检疫

【概况】 2001年，沈阳出入境检验检疫局共检验检疫进出口商品9909批，货值5.69亿美元。其中：出境8097批，货值

3.85亿美元；进境1812批，货值1.84亿美元；出具各类证单17198份；检出不合格进出境商品85批，货值74万美元，其中，入境83批，出境2批。

沈阳国际机场办事处查验进出境货物7486批。其中：进境3834批，出境3652批；检验检疫货包机116架次，查验进境货物392吨；旅检查验出入境飞机2685架次，对入境航空器实施消毒157架次；检疫查验出入境旅客35万人次；截获入境管制物品61批；口岸卫生监督采样406份，合格率为93.3%；完成桃仙国际机场9个单位从业人员570人的体检工作，对检出浸润性肺结核1人、乙型肝炎可疑者4人调离餐饮服务岗位；对口岸辖区内13家涉外单位进行卫生监督和换证。沈阳国际旅行卫生保健中心体检出入境人员38204人，预防接种44017人，其中：艾滋病监测39709人，初筛HIV抗体阳性者8人，经实验室确认HIV—I抗体阳性1人。综合技术中心检测各种样品3960批次，检测项目16396项次，检测活鸡4700只，检出、鉴定有害生物1000多头，新开验项目22项。

(李颖娟)

【狠抓出口产品质量】 一是抓出口肉类产品质量。派驻厂兽医对16个出口肉畜禽加工厂进行全程监管，做到“五统一”，即统一供雏、统一饲养、统一供料、统一供药、统一屠宰。针对供港活牛复杂的检验检疫方式，把好收牛关、隔离关、防疫关、检疫关等，坚持批批到现场监装，及时了解口岸反馈信息，保证出口活牛61批1220头顺利到港，没有出现疫病问题。从繁育、饲养等关键环节狠抓出口肉鸡药残的监控，2001年出口肉鸡700批2万余吨，没有检出二氯化钾吡啶酚药残。抓疾病监测。2001年对1万余只鸡进行疾病监测，并做病毒分离，确保出口禽肉不带有疫病。二是对出口企业实行质量体系认证。ISO9000质量管理体系认证企业累计达30余家，ISO14000环境管理体系认证企业1家，提高了企业产品质量和档次，增强了企业市场竞争力。沈阳出入境检验检疫局将出口企业的5项重点检验品种列入“局长工程”，按照急事急办、特事特办、方便快捷的办事原则，成立专项检验检疫工作组进驻厂家，开展出口检验与车间生产线检验相结合，从生产源头抓好产品质量。

(李颖娟)

【严检严防疫病传入】 一是把住进境商品质量关，对不合格和违法入境商品严格按有关法律处理。2001年检验检疫不合格入境货物61批，货物总值74万美元。二是把住航空进境物品和旅客携带有害生物、疾病关。7月，沈阳桃仙机场办事处对截获的非法入境水果等进行了销毁处理。8月，又从入境旅客携带的鲜花中，查获大量活长蝽害虫，并进行了销毁处理。全年对651名外籍人员进行传染病监测。三是把住进境邮寄物检疫关，防止有害生物、疫病传入我国。2001年7月，从进境集装箱中检出大量活虫，经鉴定有8种害虫，其中：2种为国内首次截获，3种为辽宁省内无分布记载。10月，沈阳检验检疫局与邮政、海关等部门沟通配合，增加邮件现场检验检疫人员，配备橡胶手套、口罩、防护服等。11月26日，对美领馆发现可疑邮件进行紧急处理，另外，还对全局业务人员进行了炭疽检测、防护、护理等知识培训。

(李颖娟)

【提高检测水平】 沈阳检验检疫局针对中国加入WTO的实际情况，加快实验室建设和检测水平的提高。一是综合技术中心、国际旅行卫生保健中心、电子电器产品检测实验室两年共投入300多万资金购置设备。二是加强管理，积极完善各种规章制度，并将其落到实处，强化软件建设。三是利用一切机会培养技术人才，提高检测能力和检测水平。沈阳检验检疫局电子电器实验室进入转换ISO/IEC17025认证阶段。沈阳国际旅行卫生保健中心艾滋病初筛实验室经评审获全系统优秀艾滋病初筛实验室称号。沈阳检验检疫局目前有科研制标项目12项，重点是为解决实验室检测中的一些难点、重点问题。 (李颖娟)

海　关

【概况】 2001年，沈阳海关监管进出口货物454.86万吨，总值20.05亿美元，其中：进口货物253.71万吨，价值14.12亿美元；出口201.15万吨，价值5.93亿美元。监管集装箱9782标箱，进出境飞机3222架次，船舶480艘次；进出境人员43.81万人次；邮递物品31万件；印刷品及音像制品2.26万件(盘)；实际缴库税款16.86亿元人民币，其中：关税5.34亿元人民币，进口环节增值税11.52亿元人民币；审批减免税项目2500项，减免税货物总值7.59亿美元，减免税款总计16.92亿元人民币；查处走私、违规案件51起，走私违规货物总值5517万元人民币，缴库罚没收款1390万元人民币。

(高殿恒)

【全面深化业务改革】 一是初步建立了新的通关作业模式。沈阳海关围绕作业改革指导方案，初步建立了新的通关作业模式，调整了内设机构，更新了操作系统，修订了与通关作业改革相配套的规章制度和操作规程。各业务岗位进行了H883业务应用系统授权，建立了风险管理机制和物流监控系统。二是推广了“口岸电子执法系统”。为落实海关总署“口岸电子执法系统”要求，沈阳海关主动与省、市各行政执法系统协商，召开了“中国电子口岸(沈阳地区)推介会”，成立了制卡中心，对关区千余家企业进行了资格审查，制发IC卡3000余张，保证了8月1日“口岸电子执法系统”正式启用。三是积极做好便捷通关措施的实施工作。为方便大型高新技术企业便捷通关，沈阳海关成立了专门领导小组，制定了便捷通关操作办法，完成了H883/EDI 5.1版本的试运行工作，东北制药总厂、乐金电子(沈阳)有限公司两家企业列入首批便捷通关企业名单。四是开展了跨关区快速转关业务。沈阳海关积极与口岸海关协商，探索“两水两陆”快速通关模式，简化转关监管手续，先后与大连海关、哈尔滨海关及铁路部门签订了海铁联运协议，有效地加快了转关运输监管工作。 (高殿恒)

【税收征管】 为确保税收应收尽收，沈阳海关首先实行了税收工作综合考评和动态管理。其次，以“关税分析监控系统”的应用为契机，探索了税收质量评估办法。第三，在进一步提高归类水平的基础上，加强了对重点企业的税收监控和核查，确保超额完成年度税收任务。

(高殿恒)

【加大打击走私工作力度】 一是建立并完善了侦察、调查、稽查相互协调的工作机制，转变调查工作思路，变被动个案处理为主动规范企业行为。二是有重点地开展打击汽车、化工原料、机电设备等商品走私专项斗争，全面开展了网上“追逃”专项行动和打击中朝边境汽车走私专项行动。三是调整完善了情报工作机制，加强了对加工贸易、减免税和审价环节案件线索的查缉。四是加大了对文物、毒品、禁止和限制进出境物品的查缉，侦破一起象牙走私案，查获象牙26公斤。

(高殿恒)

宏观经济管理

计划

【经济结构调整】 2001年，沈阳市国民经济保持稳定健康发展，经济结构调整取得了明显成效。由于加大结构调整的力度，使全市的经济结构逐步优化，三次产业比例由2000年的6.4∶44.2∶49.4调整为6.2∶43.9∶49.9。

一、第一产业

2001年实现农业增加值76.6亿元，比上年增长6.4%，其中：种植业增加值47.9亿元，增长5.1%；林牧渔业增加值28.7亿元，增长8.8%。全年实现粮豆总产量251.7万吨，比上年增长7.5%。农业结构调整的主要特点是：

1.种植业结构得到有效调整。2001年区、县(市)按照农业发展新阶段的要求，坚持以市场为导向，加大种植业结构调整力度，减少玉米种植面积，增加了优质玉米、蔬菜和经济作物播种面积。粮食作物与经济作物比例稳定在6∶4，高效经济作物面积达到12万公顷。

2.结构调整中科学技术得到广泛应用。2001年重点扶持了一批具有一定优势的科技主体，建设一批农业科技园区，大量应用了国内、国际同行业中领先的新成果、新技术。加快了新品种、新技术、新成果的引进、试验、示范、推广应用，进一步提高了农产品质量。

3."三园一龙"现代农业积极推进。围绕农业产业化经营和农业现代化建设，全市启动和续建了13个现代农业庄园、101个农业科技园、2个现代农业开发园区，开创了农业资本运作与资源有机结合的新天地。培育出以农产品深加工为主的大型龙头企业50家，实现"订单农业"面积15万公顷。进入产业化经营的农户达20多万户。

4.农业对外开放步伐加快。应对入世，全市农业在对外开放工作中坚持了以项目为纲，以招商为路，以发展为本的农村对外开放的新思路，积极改进招商方式，通过利用展洽会招商、组团走出去招商、以商招商等多种方式，加快了农村对外开放步伐。全市农村实际调入外资1.7亿美元，实际调入内资90亿元，同比分别增长30.8%、12.5%，新上超5000万元以上大项目80项，已成为农村经济发展新的增长点。

5.农业产业化经营有了新发展。一年来，乡镇企业在发展中，坚持把推进农业产业化经营作为新一轮发展的契机，依托资源优势培育了一批辐射面广、带动力强的龙头企业，投入资金达30亿元，新上农副产品加工项目67项。对带动结构调整，促进农民增收起了重要作用。

二、第二产业

2001年第二产业实现增加值542.3亿元，比上年增长10.2%，其中：工业完成增加值为482.1亿元，比上年增长10.0%；建筑业完成增加值60.2亿元，比上年增长11.9%。二产业结构调整主要特点是：

1.产品结构调整加快。2001年围绕技术密集型、高附加值的产品实施合资合作或技术改造，加快调整产品结构。轻型客车国产化率和国内市场占有率分别达到80%和25%；500Kv变压器、数控机床、普通机床、摇臂钻床国内市场占有率均有较大提高；电站、石化用泵、大型风机、透平压缩机产量占全国30%以上；Vc市场占有率达到30%；环保装备形成了一批代表性产品。全市重点产品增幅在20%左右。重点产品产量继续增长。金属切削机床增长36.7%；通讯电缆增长25.2%；风机增长18.6%；水泥设备增长38.7%；轮胎外贴增长14.9%；房间空气调节器增长57%；电子元件增长111.1%；冶炼设备增长122.6%。

2.工业外向度显著提高。2001年，工业招商引资力度不断加大，重点推进了华润三洋压缩机四期扩建等一批实际调资项目，新签了沈阳风动工具与瑞典阿特拉斯等一批合同外资项目，实现了沈飞日野大客车等143个工业合资项目的外资调人。全市工业领域实际利用外资额达到7.8亿美元，比上年增长30.4%，占全市实际利用外资总额的65%，其中工业局(集团)实际利用外资2.37亿美元，比上年增长63%。

3.非公有制经济比重提高。不断培育和扶持外商、私营等非国有经济的发展，其产值占全市工业经济的比重已达到50%以上。东软集团、沈阳兴远东汽车零部件有限公司、北电通信有限公司、久大化纤有限公司、华龙农业膜制造公司等已成为发展快、有代表性的民营企业集团。

4.企业主辅分离成果显著。在全面调查的基础上，制定了《沈阳市市属国有大中型企业主辅分离工作实施意见》，对全市国有大中型企业辅线单位，按照划转、转属、改制、出售、退出等五种方式，依次对企业承担的转供水、自管房产、自办医院和自供暖等社会职能逐项实施分离，使企业主辅分离工作取得了突破性进展。全市已累计分离企业辅线单位417个，涉及资产29.4亿元，职工3.5万人，分别占辅线单位总数的70.7%、71.8%和68.1%。特别是由政府支出1.7亿元巨资，将市属大中型企业的132个转供水泵房等四项社会职能全部从企业中分离出去，实施社会化的行业归口管理，在全国率先解决了企业办社会职能的问题。

5.中小企业"双转双放"步伐加快。对市属中小企业实施转属转制、放开放活，是对全市国有经济实施战略性调整的一项重要举措。本着进而有为、退而有序、抓大要强、放小要活的原则，重点推进了中小企业转属和建立中小企业服务体系工作。全市已有268户市属中小企业下放到各区县实行属地管理，并由市政府出资支持县区筹建了中小企业担保中心，初步形成了市区一体化两级管理的中小企业服务体系。按照妥善安置职工、先易后难、成熟一户退出一户的原则，加快了劣势企业破产退出、国有资本减持和退出步伐。全年共完成企业产权整体转让51户，股权转让77户，盘活资产6.8亿元，对沈阳黎明摩托车厂等10户企业依法实施了破产。

6.重点项目建设加快。通过采取抓好国债技改项目建设和监管、强化重大项目协调服务、有效减持国有股份(权)、加快合资项目增资扩股、技改基金导向性投放、多渠道争取资金支持等一系列措施，突出抓好一批投产项目、一批开工建设项目、一批前期准备项目，有力地推动了重大项目建设。金客公司M1工程、金通S10系列厢式车、华润压缩机三期改造等7个项目竣工投产，沈飞日野大客车、黎明发动机零部件转包生产线等19个项目开工建设。

三、第三产业

2001年第三产业增加值实现617.6

亿元，比上年增长10.5%，快于“十五”计划预期年均增长9.6%的目标，占国内生产总值的比重达49.9%，为完成“十五”计划的主要任务奠定了良好基础。第三产业结构调整特点是：

1.新兴服务业比重提高。随着服务业服务领域不断拓宽和信息服务业的发展，住房消费、旅游及金融保险业以及适应城乡居民生活需求的新兴服务业又有了长足发展。新兴服务业的快速发展，使沈阳市产业结构日趋优化。全年电信业务总量82亿元，增长28%；上网用户52万户，增长126%；房地产交易额210亿元，增长7.7%；旅游总收入95亿元，增长18.5%。新兴服务业的比重达到42%，比上年提高4个百分点。会展业和国际体育赛事对经济的拉动作用突出，商品市场活跃。成功举办了全国文化用品展销会、第二届沈阳国际汽车工业博览会、第三届中国沈阳商品交易会，并赴省外举办大型展洽会，成效显著。世界杯亚洲区足球十强赛给沈阳市带来了极大商机，推动了商贸、餐饮、娱乐、交通、电信等行业发展。

2.传统服务业在改革中发展。积极运用现代经营方式、服务技术和管理手段，改造提高商贸流通、交通运输、社会服务等传统服务业。全年商贸餐饮业实现增加值207.2亿元，商贸餐饮业占服务业比重为33.5%，区域商贸中心地位不断巩固。全年社会消费品零售额达623.5亿元，年增长10.2%。现代经营方式发展很快，比较规范的大型连锁企业已有22家。

3.服务业改革开放程度不断提高。随着经济体制、运行机制的改革不断向纵深发展，90%以上的中小国有商业企业已经转为民营经济；市属科研院所在全国率先实现转制，步伐较大的机构已实现高新技术产业化。高等院校后勤管理逐步走上产业化、社会化的路子。大力发展了面向国际国内市场，具有外向辐射功能的服务业，拓展现代服务业的发展空间，重点发展国际贸易、现代物流等行业。利用外资步伐加快，进一步提升了沈阳市服务业总体水平和开放程度。

（金　锷）

【第三产业发展综述】 2001年，沈阳市第三产业发展明显加快，实现了“十五”计划的良好开局。

1.第三产业总量持续增长，对经济的拉动作用明显增强。2001年第三产业增加值实现617.6亿元，比上年增长10.5%，高于全年GDP增幅0.4个百分点，第三产业增加值占全市GDP比重几乎趋近50%，第三产业对全市经济增长的贡献率达到51.2%，直接拉动GDP增长5.2个百分点，对全市经济增长的拉动作用明显增强。

2.新兴第三产业保持了较快发展，产业结构日趋优化。2001年，新兴服务业发展势头强劲，电信业改革继续深化，电话费、上网费等电信资费继续下调，促进了电信消费，网络服务需求增长很快。电信业务总量81.3亿元，比上年增长27.7%；电话用户达到193万户，增长18.7%；上网用户45万户，增长123%。房地产开发力度加大，全年完成投资78亿元，增长22%，其中住宅60亿元，增长31%；房地产市场交易活跃，全市出台了促进房地产市场交易的鼓励政策，全市房地产交易额实现210亿元，增长7.7%。旅游业发展加速，旅游环境进一步优化，除北陵、东陵外，其余各大公园均免费对游人开放，北陵公园、小南天主教堂、皇寺广场等一批重点人文景观得到改造、扩建。假日旅游继续走强，全年旅客周转量比上年增长41%，全市接待国内外游客1718.5万人次，增长10.4%，其中外国游客17.7万人次，旅游总收入95亿元，增长18.5%。社会服务业方兴未艾，社会服务业增加值实现104.5亿元，增长33.3%；会计、咨询、评估、审计、律师等中介服务业发展很快，全市中介组织达到5800多户，增长5%。2001年，沈阳市新兴服务业的比重已达到42%，比上年提高4个百分点，第三产业结构进一步优化。

3.会展业和国际体育赛事对经济的拉动作用突出，商品市场活跃。成功举办了全国文化用品展销会、第二届沈阳国际汽车工业博览会、第三届中国沈阳商品交易会，并赴南昌、乌鲁木齐举办大型展洽会，成效显著。世界杯亚洲区足球十强赛给沈阳市带来了极大商机，推动了商贸、餐饮、娱乐、交通、电信等服务行业发展，直接拉动各项收入10多亿元。商贸餐饮业实现较快发展，预计实现增加值207.2亿元，增长10.7%。全年社会消费品零售总额623.5亿元，增长10.2%。商品交易市场成交额实现720亿元，增长7.5%。新建专业批发市场和大型超市18个。

4.第三产业吸纳就业能力进一步增强。2001年，全市第三产业就业人数达到161万人，占全市就业总人数的42%，仍然是容纳就业量最大的产业。通过大力发展社区服务业、中介服务业及商贸餐饮业等劳动密集型产业，进一步拓宽了就业渠道，缓解了社会就业压力。成立了社区就业组织协会，新建社区就业服务组织468个，安置基地54个，在社区开展家政服务业，使6.75万人实现了再就业。积极开展有针对性的再就业培训，制定了《沈阳市再就业培训2001—2003年的计划》，并从市财政拿出1048万元作为培训补助经费，培训就业率达到82.5%。对下岗失业人员职业认证资格考试，考试合格率为92.7%。

（李新忠）

【能源发展概述】 2001年沈阳市能源供应充足，满足了全市人民生活和社会生产用能的需要。能源消费结构向着多元化、优质化的方面发展，能源消费与城市发展、资源环境的关系愈加密切。能源基础设施建设取得很大成效。

2001年，全市能源消费量约1220万吨标准煤，其中，煤炭1150万吨，电力115亿千瓦时，燃气消费中：天然气为11996.8万立方米，矿井瓦斯气及焦炉煤气为2301.8万立方米，液化气混空气110.0万立方米。全市集中供热面积4500万平方米，集中供热普及率达56%。

2001年，沈阳市能源消费呈现出以下特点：一是能源供求形势继续承接1999年以来的趋势，买方市场格局进一步确定。二是能源消费结构发生很大变化。城乡居民生活、三产行业用能需求，尤其是对清洁能源的需求有较大增长，而工业企业用能需求下降。三是能源与环境的关系越来越密切，许多能源项目的开发和建设赋予了较深的环境保护内涵，能源与环保的关系得到有机统一和提升。四是能源工作重点有所转移，由解决供需矛盾向调整和优化能源消费结构上转移，通过改善和调整能源消费结构，使能源消费与城市发展、资源环境相协调，全面贯彻可持续发展战略。

2001年，在我国扩大内需，实施积极财政政策的形势下，沈阳市抓住国家继续加大对基础设施投入的机遇，以提高居民生活质量为基点，加强基础设施建设，能源基础设施建设及前期准备工作取得了较大的进展。

沈阳市历时三年的农村电网改造一期工程全面竣工，八个县区改造总规模为6.6亿元，2001年底完成了对苏屯区、新城子区、辽中、康平、法库五个县区的农网验收。改造后，低压网线损率由网改前的40%下降到网改后的20%，每年可减轻农民电费负担1768万元，农村电网供电质量有较大改观，农网建设促进了农村经济的发展和农民生活水平的提高。

为扩大沈海热网供热能力，解决沈海热网超负荷矛盾，沈东热源厂开工建设。沈东热源厂设计总规模6台90吨/小时锅炉，可增加供热能力645万平方米，2001年完成一期工程投资9798万元，建成3台锅炉。工程全部竣工后，对取缔全市分散小锅炉，提高环境质量将起到积极作用。

热电厂建设项目进展顺利。沈阳热电厂顺利完成三期工程建设，新建2台220吨/小时锅炉，配1台50MW机组，总投资5.96亿元。皇姑热电厂二期扩建工程正在紧张建设之中，2002年将实现供热并网发电。这些项目的建设，将增强全市供热能力，缓解冬季供热矛盾。

燃气汽车推广工作又取得新的进展。到2001年底，沈阳市已建成液化气汽车加气站10座，在建3座，定点安装维护厂6个，发展液化气汽车2500辆，其中新安装公交车500多辆。沈阳市组织有关企业参加了在北京举办的全国清洁燃料汽车研讨暨展示展销会，与其他城市交流了经验，充分展示了沈阳燃气汽车的形象。

（*郑大治*）

【重点项目建设与管理】 2001年全市重点项目建设与管理工作，在继续实施“起飞项目”工作的基础上，推出了118个重大招商项目。

——118个重大招商项目工作取得了重大进展。一是以沈政发[2001]72号文件《关于印发沈阳市重大招商项目任务分解表的通知》下达了指标，分解了任务，使全市各部门对这项工作给予高度重视。二是召开了由市委、市人大、市政府、市政协主要领导参加的项目新闻发布会，向国内外客商推出了沈阳市118个重大招商项目及相关招商信息，引起了强烈的反响。三是市委、市政府多次组织了境内境外项目招商会、推介会。四是加大了对项目的宣传力度。五是加强了对项目的协调服务及管理工作，多次召开调度会、协调会，帮助项目单位解决实际问题，为项目招商创造了宽松条件。经过一年的工作，118个重大招商项目已有50多个项目与外商进行了洽谈，有20个项目与外商洽谈成功，引进外资8.3亿元；有10个项目与外商达成协议或意向。开工建设的项目58个，总投资41.3亿美元，累计完成投资37.1亿元。2002年将有沈阳仙子湖农业庄园、21世纪家私批发广场、森林野生动物园等项目陆续投入使用。

——60个重点建设项目工作进展良好。2001年，全市加强了60个重点建设项目的跟踪服务，不但定期召开项目调度会，随时掌握项目进度，逐月汇总数据，而且逐个项目单位进行深入调研，及时发现和解决问题。60个重点项共完成投资50.2亿元，占年计划投资的60%。60个项目中，竣工投入使用项目26个。主要包括东药集团年产100吨黄连素及年产600吨维生素B1项目、沈阳航天606所垃圾转运站设备国产化项目、华丽集团60万台空调器用压缩机项目、桃仙国际机场扩建工程、东西快速干道、电信网改造、沃尔玛超市、中国鞋城改造、农村电网改造等。另外，还有34个项目取得了阶段性成果。

（*杨仕礼*）

【固定资产投资再创历史新高】 2001年，沈阳市继续贯彻实施积极的财政政策，加大投资力度，调整投资结构，全市固定资产投资规模再创历史新高，首次突破300亿元大关。

一、总量创记录，投资见成效

2001年，沈阳市共完成固定资产投资302.8亿元，同比增长15.5%，增幅比2000年高6.3个百分点。其中：城镇投资283.6亿元，同比增长14.5%；农村投资19.3亿元，同比增长32.5%。

1.重点项目带动投资高速增长。2001年，沈阳市确定了60个“起飞项目”和45个“增长点工程”。“起飞项目”完成投资50.2亿元，完成年计划的60%，占全社会固定资产投资的16.6%；“增长点工程”中，有19个项目开工建设，完成投资29.1亿元，占全市技术改造投资的41.2%。其中沈阳菲菲澳家农业综合开发项目、金杯客车制造有限公司“二期增资扩建”项目、金杯通用汽车有限公司“S10系列厢式车”项目、沈阳机床股份有限公司利用世行贷款工业改革项目、沈阳华润三洋压缩机有限公司增资扩产60万台环保节能变频压缩机项目、桃仙机场扩建项目、东西快速干道项目及交换网新增及扩容工程当年完成投资均在3亿元以上，有力地带动了全市投资的增长。

2.浑南建设开始启动，新区投资大幅增加。从2001年下半年开始，浑南新区的开发建设迅速启动。浑南防洪南堤、浑河森林公园、浑河防护林、起步区道路排水配套工程等项目相继开工建设。当年完成投资6.5亿元，同比增长一倍以上，其中基础设施建设投入达2.4亿元，占1/3以上。

3.住宅建设发展迅速，百姓居住条件进一步改善。2001年，沈阳市城镇住宅建设有了较快的发展，共完成投资72.1亿元，同比增长19.6%。施工面积908.2万平方米，其中商品住宅708.2万平方米，同比增长11.5%。竣工面积444.2万平方米，占全市竣工房屋面积的比重由2000年的64.5%上升到80.9%，其中商品住宅302.4万平方米，同比增长4.3%。全年共拆迁危险破旧住宅26.9万平方米，回迁居民1.6万户。人均居住面积由2000年的8.37平方米提高到8.79平方米。

4.城建投入继续加大，城市面貌大为改观。全市共完成城建投资58.9亿元，同比增长6.3%。其中投入1.7亿元用于车辆更新改造，购置了公交车750台，新开辟公交线路16条；横贯沈城的东西快速干道的高架桥工程全线贯通；完成了联合路、北京街、北三经街、北陵大街、泰山路等31条街路的改造，新建和改造道路长度79公里，总面积201.3万平方米；建成永久性桥梁12座。

5.项目投产率提高，生产能力扩大。2001年，沈阳市固定资产投资施工项目1427个，竣工969个，项目投产率为67.9%，同比增加5.3个百分点。新增固定资产215亿元，固定资产交付使用率达71%。新增的生产能力主要有：炼钢2.5万吨/年、输电线路长度（11万伏及以上）49公里、变电设备能力（11万伏及以上）39万千伏安、化学原料药1400吨/年、轿车制造20000辆/年、啤酒4.6万吨/年、塑料制品21.3万吨/年、灯泡400万只/年、程控交换机26万线/年。

二、投资结构进一步调整

1.中央投资增速高于地方投资。2001年，沈阳市中央单位完成投资47.3亿元，同比增长38.8%，增速比市及市以下单位投资增速高24.6个百分点。市及市以下单位完成投资193.2亿元，同比增长14.2%，占全部投资的比重下降了0.7个百分点，为63.8%。

2.非国有经济逐步壮大，民间投资大幅增长。2001年，沈阳市国有经济完成投资126.1亿元，同比增长8.5%。非国有经济投资逐步壮大，共完成投资176.7亿元，同比增长21%，比国有经济投资增速高12.5个百分点，占全部投资的比重上升了2.7个百分点，为58.4%。其中：“三资”单位完成投资54.4亿元，与2000年基本持平；民间投资122.4亿元，同比增长33.6%，增幅高于全市固定资产投资18.1个百分点。

3.基建投资比重下降，技改、房地产投资双增长。2001年，沈阳市基本建设投资始终处于低迷状态，全年共完成投资122.5亿元，同比增长3.6%；增幅比2000年低1.5个百分点，比全市固定资产投资低11.9个百分点；所占比重为40.4%，同比下降了4.7个百分点。

技术改造投资实现1995年以来增幅之最。共完成投资70.6亿元，同比增长35.6%，增幅比2000年高12.5个百分点，比基本建设投资和房地产开发投资分别高32个和13.6个百分点，所占比重亦上升了3.5个百分点，达23.3%。其中生产性投资为62.7亿元，投资比重进一步加大，由2000年的86.7%上升到88.8%。

随着住房制度改革的进一步推进和

住房金融的改善，房地产开发投资增势强劲，成为拉动投资增长的主要力量。全年共完成投资78.1亿元，同比增长22%，增速与2000年相比基本持平。占全部固定资产投资的比重比2000年上升了1.6个百分点，达25.8%。

4.第三产业投资增长快于一、二产业。2001年，沈阳市第一产业完成投资8.4亿元，同比增长10.1%；第二产业完成投资85.8亿元，同比增长13%；第三产业完成投资208.6亿元，同比增长16.7%，增幅分别比一、二产业高6.6个和3.7个百分点。其中交通运输、仓储及邮电通讯业和卫生、体育和社会福利业投资增幅较大，分别完成50.8亿元和3.4亿元，同比增长59.9%和1.05倍；交通运输、仓储及邮电通讯业投资所占比重由2000年的12.1%上升到16.8%。

三、资金到位较好

2001年，沈阳市固定资产投资全年资金来源合计341.4亿元，同比增长20.2%，快于实际投资增速4.7个百分点，其中本年到位资金291.9亿元，同比增长20.1%。

1.国家预算内资金及利用外资到位额同比下降，国内贷款到位资金增幅巨大。从资金来源看，国内贷款到位84.5亿元，同比增长53%；自筹资金到位120.2亿元，同比增长13.4%。国家预算内资金和利用外资到位额，分别为84.5亿元和17.1亿元，比2000年分别下降了5.3%和15.4%。

2.各项应付款增幅较大。2001年，沈阳市固定资产投资项目当年应付款合计达64.4亿元，同比增长29.9%，远远高于2000年13.6%的增幅。其中应付工程款35.2亿元，同比增长38.5%。

（姚　宁）

【技术改造投资完成情况】 2001年，沈阳市技术改造投资力度继续加大，实现“十五”计划的良好开局。

1.速度与规模再创历史最好水平。2001年，沈阳市技术改造投资大力“提速”，完成技术改造投资70.6亿元，增长速度达35.6%，高于全市固定资产投资增幅20.1个百分点，并高于全省技改投资增幅19.2个百分点，再创历史最好水平。

——中央投资项目增长1.4倍。2001年，沈阳市中央直属单位完成技术改造投资12.3亿元，同比增长1.4倍，投资比重由2000年的9.9%上升到17.4%。市及市以下单位完成技改投资56.3亿元，同比增长32.5%，投资比重由2000年的81.6%下降到79.7%。

——第三产业投资项目增长93.1%。2001年，沈阳市第三产业完成投资21.8亿元，同比增长93.1%，其中商业、运输邮电业完成投资18.6亿元，同比增长70%；第二产业完成投资48.6亿元，同比增长19.3%，其中制造业完成投资48亿元，同比增长21.8%。二、三产业投资比例由2000年的3.6：1调整到2001的2.2：1。

——内资经济投资项目增长57.6%。2001年，沈阳市内资经济完成投资40.9亿元，同比增长57.6%，投资额占全市技改投资的比重由上年的50%上升到58%。其中国有经济完成技术改造投资25.7亿元，同比增长47.7%。

——改、扩建项目增长35.4%。2001年，沈阳市改、扩建项目当年完成投资62.7亿元，同比增长35.4%，占全市技术改造投资的88.9%；新建项目完成投资2.2亿元，同比下降49.6%，所占比重已由2000年的8.1%下降到3.1%。

2.结构调整稳步推进，生产性投资力度加大。

——生产性投资力度加大。在全部投资中生产性投资62.7亿元，投资比重由2000年的86.7%上升到88.8%；非生产性投资7.9亿元，投资比重由2000年的13.3%下降到11.2%。其中市及市以下单位完成的生产性投资52.8亿元，占总投资比重达93.4%，好于全市总体水平。

——增加品种，提高产品质量，三废治理投资增速明显。在生产性投资中，用于增加品种、提高产品质量、三废治理投资12.8亿元，占18.2%，同比增长60%。

3.重大项目点突出，牵动效应增强。2001年，沈阳市共有28个重点技术改造项目开工建设，累计完成投资31.4亿元，占全市技术改造投资的比重达44.5%。其中：限额以上技术改造项目18项，完成投资28.6亿元；“增长点工程”项目19项，完成投资29.1亿元，显示了重点技术改造投资对全市技术改造投资的巨大拉动作用。特别是金杯客车制造有限公司“二期增资扩建”项目（完成投资12.1亿元）、金杯通用汽车有限公司“S10系列厢式车”项目（完成投资5.3亿元）、机床集团“世行项目”（完成投资3.5亿元）、华润三洋压缩机有限公司“60万环保节能变频压缩机”（完成投资3.3亿元）等项目，有力地带动了全市投资的高速增长。

4.优化配置，区、县（市）投资有所加强。2001年，区、县（市）属单位共实施技改项目157个，比上年净增12个，累计完成投资10.9亿元，同比增长70.8%。占全市技改投资的比重由上年的9.2%上升到11.6%，上升2.4个百分点。其中东陵、于洪、新城子区当年完成投资都超过7000万元。

5.资金到位良好，融资能力加大。2001年，沈阳市企事业单位通过各种渠道共筹集技术改造建设资金80.3亿元，同比增长26%。其中：上年结余资金16.4亿元，占全年到位资金的20.5%；本年到位资金63.8亿元，占全年到位资金的79.5%。在当年到位资金中，国家预算内资金1.5亿元，增长1.7倍；国内贷款15.8亿元，同比增长53%；自筹资金33.6亿元，同比增长18.1%。

6.投资效果突出，经济活力增强。2001年，全市共有427个技术改造建设项目，当年建成投产274个，建设项目投产率由2000年的57.8%上升到64.2%，新增固定资产39亿元。其中沈阳华润创业酿酒有限公司年产10万吨啤酒项目、沈阳虎石台玻璃有限公司彩色镀膜玻璃生产线等重点建设项目的建成及沈阳华润三洋压缩机有限公司环保节能变频压缩机项目、沈阳航天三菱汽车发动机制造有限公司4G6系列发动机等项目的部分投产为全市的经济注入了新的活力，并形成了一批主要产品生产能力或效益：炼钢2.5万吨、冷加工钢材3万吨、电气焊钢管3万吨、钢丝0.45万吨、铝加工150吨、铝管材150吨、平板玻璃177.1万重量箱、纤维板1万立方米、合成橡胶5吨、化学原料药1400吨、粉针剂36000万瓶、输液300万瓶、电力电缆1万公里、轿车制造2万辆、其它汽车制造6000辆、棉布织机20台、啤酒4.6万吨、塑料制品21.3万吨、灯泡400万只、程控交换机26万线。

（张立国）

统　计

【提高统计数据质量】 2001年，沈阳市各级统计部门继续把统计数据质量这一统计工作命脉放在首要位置来抓，为防止弄虚作假行为的发生，多策并举，收到了较好的效果。一是注重提高统计执法质量，为依法统计创造良好的外部环境。按照国家和省的统一部署，在全市范围内开展了统计执法大检查。全年全市共查处各类统计违法案件460件，对违法统计者起到了教育、震慑的作用，全社会依法统计的气氛愈加浓厚。二是夯实基础，把住数据质量源头关。强化统计报表管理、名录库建设和统计登记等工作；坚持统计人员持证上岗；疏通报送渠道，协调指导东陵划归浑南新区的几个乡镇的统计衔接工作；不断完善统计台帐、原始凭证等工作制度；继续执行统计报表报送双签字制度，工交统计将统计台帐由传统的“开口式”改为“封口式”；多数专业开始实施网上报送，客观上避免了抄数、录数时可能发生的差错。三是加强对统计数据质量的审核评估，把住上报关。对于基层数据，尤其是综合部门的数据不是照抄、照用，而是采用趋势分析、因素分析等科学方法加以评估审定。特别是对国内生产总值、工业增长速度、固定资产投资、实际利用外资等敏感性指标严格把关，有效地遏制了弄虚作假行为的发生。在人口普查中，数据审核设置了三道防线，即人工单表审核、人工跨表审核、程序审核，保证了数据质量。

在全省进行的2000年年报工作评比中，沈阳市获一等奖。

（孟昭霞）

【统计咨询服务】 一是服务决策，努力发挥参谋助手作用。贴紧党委、政府中心工作和经济生活中的重大问题，如推进经济结构和战略性调整、增加农民收入、有效利用外资、加入世贸组织后的形势等问题，积极开展专题调查研究，提出一批具有较高质量对策建议的统计分析报告，受到了各方面的重视。特别是市第十次党代会闭幕后，及时组织撰写贯彻党代会精神的系列专题分析报告，受到了广泛好评。同时，还密切监测经济形势和各项政策措施的实施情况，定期对经济走势和国债项目、“一带四区三线”建设、30户企业集团、企业景气、重点企业建立现代企业制度，以及省政府考核的部分指标，及时跟踪监测和预警，为市领导和宏观调控部门把握形势、进行决策，起到了重要的参谋作用。二是瞄准需求，多领域开展社会调查。相继开展了区域GDP调查、外埠企业调查、“分户供暖”民意调查、旅游“黄金周”调查、农业特产税源调查等，并形成调查报告，直抒民意，服务政府，得到了市领导和市民的赞扬。三是统计宣传工作再上新台阶。统计新闻形式多样，已成为经济新闻的重要内容；统计资料编辑出版工作取得新成果，对常规的统计资料、书刊扩大了信息量，改进了装帧设计，受到了用户的好评；各专业“九五”资料陆续出版，进一步满足了社会各界对统计信息的需求。

（孟昭霞）

【统计信息自动化建设】 历时三年的沈阳信息港重要工程——沈阳市电子数据仓库工程于2001年底前建成完工。在软件开发应用方面，工程的核心系统——统计数据在线处理系统（命名为“SDOP”）满足了目前地市级统计数据处理的迫切需求，攻克了全国统计信息化进程中长期未能解决的一大难题，受到省乃至国家统计局领导的高度赞扬；地理信息系统开发完成，外经、贸易、工业、投资4个专业的数据可通过电子地图对外公布；利用OA系统，市局实现了政务办公自动化；网上报送系统趋于成熟，业务拓展到工业、贸易、外经、社会、投资5个专业处，上网用户达1000户；OCR光电录入系统试用成功，为大型普查数据的汇总积累了经验；领导决策统计信息支持系统开发完成；区县领导统计信息查询系统已在部分区县安装运行。在软件顺利开发的同时，网络及硬件建设齐头并进。市局一、二部之间铺设光纤通道，使网络传输速度成倍提高；成功建设防病毒体系，确保网络系统安全运行；网络服务器的数据实现周期备份，各大系统的后台维护规范有序。根据专业统计需要，还分别建成开通了旅游统计信息监测网和市级农村统计数据库。

（孟昭霞）

【统计制度方法改革】 一是进一步完善GDP核算的工作。从GDP中的薄弱环节——第三产业增加值入手，通过调整测算点的分布，加强业务指导和对外围资料的搜集，提高核算质量。满足地方领导指导经济的需要，对GDP核算进一步细化，增添了区域GDP的核算，取得成功。增强GDP核算的时效性，灵活运用核算技术，进行月度预计、季度调整，对市领导急需的全年预计完成情况实行倒推逆算，有理有据地提供优质服务。二是大力推进统计调查方法、统计资料汇总方式及统计指标计算方法的改革。各专业进一步大胆探索抽样调查技术，为抽样调查取代全面调查做准备。在2001年小型批发零售贸易、餐饮业及个体商业定期报表中，实现抽样调查与全面报表的数据对接。圆满完成用工业品价格指数测算工业发展速度方法的试用工作，实现重点房地产企业联网直报，完成了住户、农产量调查点的样本轮换。三是逐步完善统计指标体系。本着兼顾国家和地方双重需要的原则，在按国家制度要求建立和完善相应的指标体系的基础上，根据沈阳市需要，建立了外埠在沈投资情况统计、保险机构统计、证券、股票、债券交易统计。全面启动市民信心指数系统，填补了统计指标体系的空白。

（孟昭霞）

【第五次全国人口普查数据处理】 2001年是第五次全国人口普查的第三个工作年头，工作任务主要是数据处理，是决定整个普查质量的重要环节。全市各级普查机构高度重视，努力工作，克服了时间紧、任务重、经费不足等困难，按时完成编码、手工汇总、发布公报、光电录入、图像存储等各阶段工作。全市共处理普查表280万张，上报数据已通过省普查办验收。

（孟昭霞）

【开展第二次全国基本单位普查】 第二次全国基本单位普查工作进展顺利。各区县组建了普查机构，同时完成了普查员的选调、人员培训、试点、宣传等工作，普查所需计算机设备基本到位，为普查登记做好了一切准备。

（孟昭霞）

审　计

【概况】 2001年，沈阳市的审计工作紧紧围绕全市经济工作中心和改革、发展、稳定的大局，加速实施审计观念和审计方式的转变，坚持依法审计，突出重点，监督保障，促进发展，取得了显著成效。全市两级审计机关共审计各类单位（项目）677户，查出违规行为金额26.38亿元，应上缴财政1.05亿元，已上缴财政1.04亿元。查处百万元以上违纪单位25个，为严肃财经法纪、维护经济秩序和促进党风廉政建设的健康发展发挥了积极作用。

1.着眼宏观，服务决策。2001年，沈阳市两级审计机关向市委、市政府等上级机关报送报告、要情、信息等595篇，被上级机关和新闻单位采用440篇（次），其中被省、市领导批示的41篇（次），对揭示宏观经济运行中存在的深层次问题，为各级领导的科学决策提供了翔实可靠的依据。反映“黎明服装”等8户企业集团在近3年资产运营中，存在不良资产数额巨大、资金使用效益低下等问题的信息先后被薄熙来等3位省领导批示5次。沈阳市审计局还根据市长办公会议关于对40个长期煤气拖延开栓单位的资金状况进行审计的指示精神，组织人员对开发建设单位进行了审计，并及时反馈审计当中发现的问题和情况，为有关部门解决问题提供了决策依据。

2.重拳出击，查处大案。沈阳市审计局为加大反腐败工作力度，于2001年下半年选调一批政治素质高、业务能力强的骨干人员组建了案件审计处。成立伊始，立即围绕违纪违法案件开展工作，与市纪委监察等部门协同办案，形成了反腐败合力。此外，沈阳市两级审计机关先后派出审计人员近百人次，独立或配合协助有关部门完成了“10·18专案”、“远东证券案”等50余项审计任务及案件的查证工作，为一些大案要案的突破和扩大案件查办成果提供了不少有价值的线索，充分发挥了审计监督的职能和审计先行作用。

3.抓住关键，履行职责。围绕促进财税部门依法理财、依法治税，财政预算执行审计取得了新的突破。2001年,全市两级审计机关依法开展了本级财政预算执行情况和其他财政收支情况的审计。审计后,分别向本级政府和受本级政府委托向人大作了《审计结果报告》和《审计工作报告》。在市本级财政预算执行审计中,除对市财政部门直接经办的各项预算执行和预算收支进行审计外,还对160余个与预算执行相关的一、二级预算单位进行了审计和审计调查,审计预算内、外资金总额140余亿元。通过审计,查出预算拨款滞后且进度不均衡,政府采购工作有待完善,采购计划执行率较低等方面的问题,并首次将有关方面对上年财政预算执行审计意见的落实整改情况予以公布,为规范预算管理行为,提高财政资金的使用效益发挥了积极作用,提出的审计建议受到市人大、市政府领导的肯定与好评。

4.强化力度,整顿秩序。围绕整顿和规范市场经济秩序,会同财政、税务机关等对全市非法减免税收和纠正税收先征后返行为进行了检查,及时纠正非法减免税等行为,促进了财税征管工作的有序进行。此外,对116个行政事业性收费单位的217项行政事业性收费情况进行了审计和审计调查,查处了截留、隐瞒、坐收坐支等违纪违规问题。

(余　宏)

【规范发展经济责任审计】 2001年,沈阳市两级审计机关以《沈阳市党政领导干部任期经济责任审计暂行规定》出台为契机,相继建立了市和区、县经济责任审计联席会制度,扎扎实实地开展了领导干部经济责任审计。通过召开新闻发布会,印发《沈阳市经济责任审计工作联席会议制度》,出台《经济责任审计评价指南》等4个规范,举办经济责任审计操作方法培训班等多种方式和途径,使全市经济责任审计工作步入了制度化、法制化、规范化的轨道。同时,还根据两级组织部门的委托,先后对198名市和区、县领导干部实施了经济责任审计。通过审计,有8人被提升,9人被免职,有2人受到党政纪处分。相关审计结果报告和审计要情等先后6次被市委、市政府领导批示。2001年12月,中央五部委(中纪委、中组部、人事部、监察部、审计署)经济责任审计工作联席会议检查组到沈阳市检查指导工作。检查组认为沈阳市各级党委、政府非常重视经济责任审计工作,各有关部门能够通力合作,全市经济责任审计工作开展得很有成效。工作力度比较大,起步早、抓得实。工作扎实、有序,有探索、有突破、有思路。特别是市、县级党政领导干部的经济责任审计工作走在了全国的前列,所取得的经验对全国的党政领导干部经济责任审计工作有很大的指导作用。

(余　宏)

【服务"十强赛"成果突出】 为确保沈阳市承办"十强赛"的成功,沈阳市审计局对五里河体育场总投资为5200万元的北门艺术喷泉、体育场内伸缩座椅等7个改造项目的结算进行了跟踪审计,在各有关方面精打细算的基础上,又削减工程造价73万元,节约了开支。沈阳市审计局被中共沈阳市委、沈阳市政府授予"沈阳市成功承办十强赛主场比赛嘉奖单位"。

(余　宏)

【行业审计成效明显】 2001年,沈阳市两级审计机关对8个郊区、县和市农业综合开发办2000年财政支农资金的管理、使用情况进行了审计,促进了资金使用效益的提高;对全市普教经费的审计,提出了加大预算内普教投入力度、合理调整农村中小学网点分布等审计建议,促进了教育经费的合理使用;对市公安系统的财务收支审计,促进了公安系统财务收支活动的规范化;对人民保险公司沈阳分公司及所属28个支公司(部)1999年至2000年度资产、负债、损益情况的审计,纠正了"小金库"等问题;对粮食流通、城市改造等10个项目和60多个执行单位进行了审计,促进了项目配套资金的落实。

(余　宏)

【指导内审工作有力】 沈阳市两级审计机关不断加强对全市内部审计机构的指导监督工作,使内审工作紧紧围绕全市经济工作中心,以审计观念和审计方式方法"两个转变"为先导,以深化为加强企业管理献计献策,为提高企业经济效益多做贡献,为促进企业深化改革保驾护航的"三为"活动为载体,开展审计监督工作。截至2001年末,在近三年的时间内,全市内部审计机构共审计10136个单位,纠正违纪问题金额4839万元,查出损失浪费金额1.01亿元,促进企业提高经济效益1.4亿元,为强化内部监督,加强经营管理,服务国企改革与发展等发挥了重要作用。

1.指导内审强化内控制度审计,推进企业规范管理。各内审机构广泛开展了内控制度审计。通过对资金、物资、设备、采购、销售、成本、费用等内控制度的调查、测试、评价,促进企业减支增效3000余万元。

2.指导内审强化经济效益审计,促进企业开源节流。各内审机构普遍开展了经济效益审计,为企业节约资金3000余万元,清回应收帐款9000余万元,为盘活企业资金、增强造血功能发挥了重要作用。

3.指导内审强化固定资产投资审计,维护企业合法权益。各内审机构抓住企业改建、扩建和技术改造这一环节,广泛开展了固定资产投资审计。两年来,共开展基建工程预、决算审计205项。为企业节约工程投资2000余万元,维护了企业的合法经济权益。

4.指导内审开展经济责任审计,为加强经营者队伍建设服务。两年来,各内审机构开展厂长(经理)离任、承包经营兑现以及企业内部二级法人的经济责任审计200余项,重点审计资产、负债、损益的真实性及厂长(经理)应负的直接经济责任,查出呆帐和损失浪费金额1500余万元,潜亏4000余万元,少转成本、利息5400余万元,并分别作了处理。

5.指导内审抓违纪案件,促进廉政建设。两年来,全市各内审机构主动配合全市反腐败工作,严肃处理违纪案件。两年来,共向纪检、监察部门和司法机关移交案件25件,先后有67人受到党纪、政纪和刑事处理。

(余　宏)

质量技术监督

【质量技术监督体制改革基本完成】 自2001年6月15日起,市、区、县(市)经贸委承担的质量管理职能和市、区、县(市)劳动局承担的锅炉压力容器以及特种设备安全监察监督管理职能相应划入市、区、县(市)质量技术监督局。除法库质量技术监督局未实行垂直管理和新民市劳动局锅炉检验所未予接收外,截至年底基本完成了质量管理和锅炉压力容器以及特种设备安全监察监督职能、机构、编制人员和资产及经费的转划交接工作。

市级共交接部门处室3个,行政编制20名,交接人员19名。其中:市经贸委质量管理处整建制划入市质量技术监督局,交接行政编制5名,交接人员4名;市劳动局锅炉压力容器安全监察处整建制划入市质量技术监督局,交接行政编制9名,交接人员9名;市劳动局职业安全卫生监察处承担的特种设备安全监察职能及人员编制划入市质量技术监督局,设特种设备安全监察处,交接行政编制6名,交接人员6名。

区、县(市)劳动局承担的锅炉压力容器和特种设备安全监察监督职能及人员编制划入市质量技术监督局所属分局、直属局,交接行政编制18名,交接人员15名。

市、县两级检验机构共交接自收自

支全民事业编256名，交接在岗人员233名，退休人员44名。其中：市劳动局所属的市锅炉压力容器检验研究所、锅炉压力容器事务所、无损检测技术开发中心整建制划转到市质量技术监督局。同时将沈阳市锅炉压力容器检验研究所更名为沈阳市锅炉压力容器监督检验所，交接自收自支全民事业编制168名，交接在岗人员148名，交接退休人员37名。市劳动局所属的市劳动保护技术检测所（市防雷安全技术检测中心）整建制划转到市质量技术监督局。同时将沈阳市劳动保护技术检验所更名为沈阳市特种设备监督检验所，交接自收自支全民事业编制64名，交接在岗人员63名，交接退休人员7名。辽中县劳动局所属的锅炉检验所整建制划转到沈阳市辽中质量技术监督局，交接自收自支全民事业编制9名，交接在岗人员7名。康平县劳动局所属的锅炉检验所整建制划转到沈阳市康平质量技术监督局，交接自收自支全民事业编制15名，交接人员15名。

上划的固定资产共计639.39万元，其中：经市国资部门签字盖章认可633.39万元；由所在县国资局牵头，县劳动局、技术监督局参加，共同确认移交资产5.86万元。

在2001年底进行的市直党政机关机构改革中，市质量技术监督局机关设置11个职能处室和机关党委、纪检组（监察处）。九个区质量技术监督分局为处级，增挂质量技术监督稽查队牌子；四个县（市）质量技术监督局为科级，增挂质量技术监督稽查队牌子。内部分别设4个科（股），即：办公室、管理科（股）、监督科（股）、特种设备安全监察科（股）。

核定沈阳市质量技术监督局机关行政编制74名；市质量监督稽查大队行政编制16名。核定沈阳市新民质量技术监督局行政编制14名；辽中质量技术监督局行政编制13名；康平质量技术监督局行政编制12名；法库质量技术监督局行政编制12名。核定沈阳市质量技术监督局和平、沈河、铁西、皇姑、大东分局行政编制各15名；东陵分局行政编制14名；于洪分局行政编制14名；苏家屯分局行政编制13名；新城子分局行政编制12名。

随着市直党政机关机构改革的进行，沈阳市质量技术监督体制改革基本完成，质量技术监督系统整体实力得到加强。

（*赵树君*）

【质量管理与实施名牌产品战略】 2001年，沈阳市的质量管理工作以入世为契机，以“质量兴市”为中心，紧紧围绕从源头抓质量，进一步加大实施名牌产品战略工程工作力度，狠抓提高名牌产品含金量，促进了全市质量管理工作的新发展。

1. 名牌战略取得佳绩。全市116种名牌产品实现产值236.8亿元，比上年增长13%，高于全市规模以上企业2.7个百分点；实现销售收入231.3亿元，比上年同期增长16%，高于全市规模以上企业6.7个百分点；实现利税26.9亿元，比上年增长4%。根据《中国名牌产品评价管理办法》的规定，国家质量技术监督局组织确认了首批“中国名牌产品”，沈阳市的“红梅”牌味精被确认为“中国名牌产品”，也是东北地区惟一一家企业获此殊荣。沈阳市有28种产品被确认为辽宁名牌产品，位居全省各市之首。

2. 大力开展“质量兴市”活动。确定了苏家屯和东陵区为沈阳市“质量兴市”的试点区，两区制定了《质量兴区规划》和《质量兴区实施方案》。确定了产品质量、工程质量和服务质量的总体目标，明确了实现目标的工作步骤和对策措施，并将工作目标分解到有关部门和企业。

3. 做好质量专业技术人员职业资格培训考试工作。一是对参加考试的400余名人员，进行资格审查和质量工作经历的审查。二是对参试人员进行培训。通过培训，提高了学员质量管理工作的能力。三是积极配合市人事考试中心，做好考务工作，使全市第一批质量工程师培训、考试工作达到了预期的效果，有41人获得了首批质量专业技术人员职业资格。

4. 开展“全民质量月活动”。为进一步强化全民质量意识，促进产品质量、工程质量和服务质量的全面提高，9月份在全市范围内开展2001年“全民质量月活动”。9月7日，省、市质量技术监督局会同有关部门共同组织了“质量宣传咨询活动日”活动，重点宣传质量法规和消费者权益保护知识，现场解答消费者提出的问题，处理用户投诉。有200余名省市质量技术监督局系统干部参加了现场服务活动，展示了以宣传《质量法》为主要内容的宣传板50块，共接待咨询1208人次，发放宣传单3000份，受理投诉3件。

（*王国泽*）

【质量监督】 2001年，市质量技术监督部门高度重视产品质量监督抽查工作，尤其是对涉及人身财产安全的产品进行了重点的监督抽查。

1. 2001年春节期间，分别对化妆品、肉灌制品、燃气灶具进行了突击监督抽查，其中：化妆品抽检36批次，合格率86%；肉灌制品抽检31批次，合格率77.4%；燃气灶具抽检合格率为74%。

2. 根据国家局、省局部署，对全市23家星级宾馆及10家大型洗浴场所的洗涤用品及茶叶进行了抽查。洗涤用品抽查33批次，合格20批次，平均合格率为60.6%。茶叶抽检20批次，合格18批次，合格率为90%。茶叶不合格因素主要是农药残留超标。

3. 根据国家局要求，市质量技术监督部门对全市的小麦粉、大米等5类产品质量进行了专项监督抽查。抽查结果是：大米41批次，合格25批次，合格率60.9%；小麦粉3批次，合格2批次，合格率66.7%；食用植物油8批次，合格7批次，合格率87.5%；酱油14批次，合格6批次，合格率42.8%；食醋5批次，合格1批次，合格率20%。

4. 对涉及人身财产安全等13种产品进行监督抽查，对50种重点产品进行了专项监督抽查，共监督抽查1603家企业，抽样检验2221批次，合格1779批次，平均合格率为80%。

5. 发挥各分局、直属局的作用，整顿和规范各类专业市场。共对40种产品进行专项监督抽查，共抽样检验763批次，合格641批次，平均合格率为84%。

6. 全市工业生产企业定期检验4701批次，合格4616批次，平均合格率为98%。

7. 对放心食品进行了复查，复查153家企业，对出现严重质量问题以及停产、转产等19家企业取消了称号。对放心馒头生产企业进行了全面复查，经考核增加了一批放心面食生产企业，达到33家，保证了放心食品让老百姓放心。

（*唐　军*）

【计量工作】 2001年，沈阳市质量技术监督局分别对全市13个分局、直属局所属的计量检定机构的近百项社会公用计量标准进行了到期复查的考核工作，换发了新的计量标准证书和社会公用标准证书，为11个区、县建立了电话计费器的检定标准，完成了电话计费器检定工作的下放。同时按照省局要求，对现存的10个专业计量站或专项计量授权站进行了全面调查整顿，撤消了4个专业站，对保留的专业站进行了机构考核验收，并对全市社会公正行（站）实行了归口管理，由省局统一计量认证。此外，为了进一步强化监督，打破行业垄断，更好体现公正、权威的作用，市局决定收回全市民用“三表”的首检权，并已做好准备工作。

继续开展企业计量合格确认工作和医疗卫生单位的计量合格确认工作，2001年共帮助、指导22家企业通过《辽宁省企业计量合格确认评定标准》评审。21家医疗卫生单位通过了计量合格确认，截至2001年底，全市共有125家医疗卫生单位通过了计量合格确认，使全市医疗卫生单位在用计量器具的周期受检率由过去的30%提高到95%。同时，对58家企业210项计量标准进行了考核，帮助10家企业新建立了14项计量标准，对授权的10家企业的13个项目进行了考核复查，确保了企业工作计量器具的周期受检率及合格率。

组织制造修理计量器具许可证互查整顿验收，全年对142家企业进行了互查验收，一次合格90家，经整顿达到要求的44家。开展了与人民生活密切相关的粮食、洗涤用品等16类定量包装商品净含量监督抽查，共抽查149家企业生产的278批次的商品，合格率为55.4%。对不合格企业进行了处罚、规范，提高了定量包装商品的计量合格率。对全市77家企业生产或经销的129种衡器、压力表等国家重点管理和强制检定的计量器具产品进行了抽查，合格率为82.2%。

为贯彻《关于认真检查粮食清仓查库所用计量器具的通知》精神，全市组织力量，集中对82家粮库进行了检查，共检查地中衡67台、台秤169台、天平156台、谷物容重器36件、皮尺15把、秤砣108个。通过检查，保证了粮食检查用计量器具的准确可靠，维护了国家和广大农民的利益。

对全市200余家餐饮娱乐企业的计量器具配备、检定、投料标准及采用法定计量单位情况进行了检查。同时，对19家市场进行了重点整治，使市场的计量器具受检率和一次检定合格率都达到95%以上。并分别在东陵区、于洪区、大东区等地做了试点，取得了较好的效果。全年查处计量违法案件66件，现场处罚45件，立案21件。受理计量仲裁调解10件，为用户和消费者挽回经济损失89万元，有力地打击了计量违法行为，维护了市场秩序。

（刘文立）

【标准化工作】 2001年，沈阳市的标准化工作坚持以标准的“四化”(即：农业标准体系化、工业标准国际化、服务标准规范化、信息标准网络化)来提高全市的产品水平和服务水平，以适应经济结构调整的需要，促进地方经济的发展。

1. 农业标准体系化。一是建立健全沈阳市无公害农产品标准体系和检验检测体系。完成粮食、蔬菜、水果、畜产品、鱼产品、特产品六个系列40余项标准的制定工作。其中有机大米、有机大豆系列标准通过市科委成果鉴定，被评为科技成果三等奖。《沈阳市花卉系列标准》不仅填补了省内空白，也使荷兰村6公顷的百合、菊花远销韩国、日本等国家，获得了可观的经济效益。首次实现了农产品采标，“江雪牌”有机大豆产品通过采标，还被评为国家级重点新产品。二是建立无公害农产品生产基地，申报国家级农业标准化示范区。已有苏家屯、东陵、辽中、新城子、法库等七处确立了市无公害农产品生产基地，其中苏家屯的食用菌标准化国家示范区项目，经国家批准已正式启动。

2. 工业标准国际化。为了加速全市工业产品水平与国际先进水平的对接，在2000年消灭无标生产的基础上，又提出了加速采标步伐，提升标准水平的要求。一是制定全市采标工作三年规划，完成了沈阳市2001年—2003年采标工作实施方案。2001年全市采标125项(全省近200项)，使用标志35项(全省44项)。二是召开WTO/TBT与企业标准化报告会。为使全市企业能进一步深入了解和学习有关世贸组织和技术贸易壁垒协议的内容，邀请国家标准化问题资深专家讲解WTO/TBT有关内容，全市国有大中型企业、区县重点企业、企业主管部门、技术监督分局、直属局共有160多人参加会议。

3. 服务标准规范化。针对第三产业管理工作薄弱，质量水平、服务水平不高的情况，制定了市场、洗染业等行业服务标准，并修订了《餐饮服务标准》，经省局批准为地方标准，现已开始实施。同时，该项标准被市科委评为科技成果三等奖。

4. 信息标准网络化。随着我国入世的追近和新经济的到来，信息标准化工作与网络的结合日趋紧密。为了尽快适应这一要求，市质量技术监督局在信息标准化方面突出强调和重点抓了以下几项工作。一是构建标准信息服务网络。根据沈阳企业的需要选购上海标准研究院的欧盟标准光盘和食品等行业的标准光盘，不断充实标准资料库。二是与国家标准研究中心、深圳、上海、福建等单位搭建信息网，并根据形势发展的需要，筹建WTO/TBT咨询点，现已挂牌试运营。三是完善全市质量技术监督系统信息网实施方案。

（黄志勇）

【质量认证】 面对加入WTO后的紧迫形势，2001年，市质量技术监督局进一步加强了质量认证工作。

1. 首先加大了对认证工作的宣传力度，除召开全市相关部门的会议外，多次在行业会议和区县工作会议上宣传并介绍ISO9000标准内容和开展认证工作的意义及方法。

2. 根据市、区重点企业采用国际标准的实际情况，编制了2002—2004年全市重点企业的质量体系和产品认证规划。

3. 全年与有关部门联合举办了6期质量体系内审员培训班，培训了270名内审员并办理了注册手续，提高了全市内审员总体水平。举办了6期质量体系审核员和ISO9000标准94版向2000版转换培训班，共培训、转换了194名审核员，为全市下一步认证工作的发展储备了必要的人力资源。

4. 为加强对认证市场的监督管理，保证全市认证工作健康发展。2001年，市质量技术监督局组织国家注册审核员对汽车、化工、食品、建筑等不同行业的21户企业进行了监督检查。通过检查，促进了认证企业的质量体系有效运行。

5. 2001年正式成立了沈阳市质量认证协会并发展了部分会员。

6. 对全市认证企业进行了调查统计。到2001年底，全市共有600户企业通过了质量体系认证、产品质量认证或安全认证。

（赵振彭）

【生产许可证管理】 2001年，在生产许可证管理工作中，市质量技术监督部门重点抓了以下工作：

1. 在国家工业产品生产许可证管理方面开创了新局面。2001年，在积极协调国家、省生产许可证办公室的工作关系后，在省工业产品生产许可证办公室的授权下，首先颁发了36个白酒生产企业许可证，同时完成了全市26个建筑门窗生产企业许可证的审查、申报工作，完成铝型材4个企业、压缩机20个企业、白酒4个企业的申报工作。

2. 坚持监督与服务相结合，积极为企业走向市场做好准备。依据《辽宁省工业产品临时生产许可证管理办法》，为82个企业85个产品办理了辽宁省工业产品临时生产许可证，受到了取证企业的好评。同时在组织实施调味品、肉灌制品地方生产许可证管理工作中，完成了5个调味品、5个肉灌制品企业申办省生产许可证的工作，还完成了沈阳市107个生产高、低压开关成套设备的企业取得省生产许可证的调查、细则宣贯、申报工作。

3. 积极稳妥地进行无证查处工作。2001年组织对生产、销售铜管的16个企业、建筑幕墙的14个企业、化学试剂的28个企业的无证产品进行了查处，全年共完成罚款12万元。同时组织了区、县对无证化妆品、汽车配件、建筑材料、化肥、化学试剂等无证生产销售行为进行了查处，提高了生产许可证管理工作的有效性。

（林桂芬）

【打假工作】 2001年，沈阳市共立案查处各类制假售假违法案件12400件，查获假冒伪劣商品标值1.22亿元，集中销毁假冒伪劣商品标值1000余万元，捣毁制假售假黑窝点1800余个，依法追究刑事责任32人，其中逮捕23人，极大地震慑了制假售假违法分子的嚣张气焰，使全市的制假售假违法犯罪活动得到了有效遏制。

市质量技术监督系统按照国家质检总局和省局的要求，制订了整顿和规范市场经济秩序深入打假工作方案。13个分局直属局全面出击，查获了包括水泥、钢材、农资、电线电缆、食品、化妆品、汽车配件、插头插座、一次性医疗用品等一批制假售假违法案件。全年共出动执法人员2.3万余人次，查处制假售假违法案件5700余件，端掉制假窝点595个，查获假冒伪劣商品案值金额达5000余万元。

沈阳市工商行政管理系统进一步加大市场整治工作的力度，积极组织打假维权、打假保名优活动，大力维护公平竞争秩序，保护广大生产经营者和消费者的合法权益，取得了明显成效。全年共查处制假售假案件4500余件，端掉制假售假黑窝点713个，查获假冒伪劣商品50余个品种，价值4300余万元。

沈阳市公安系统认真贯彻落实省公安厅和市政府关于继续深入开展打假联合行动的工作部署，结合实际，在有关部门的配合下，充分发挥职能优势，严厉打击制售假冒伪劣商品的违法行为。全年共受理案件600余起，立(破)刑事案件22起，端掉制假黑窝点260余个，刑拘32人，批捕23人，极大地震慑了违法犯罪分子。

沈阳市卫生监督系统把打假工作作为卫生工作的重点内容，取得了明显的成效。全市卫生系统全年共出动卫生监督人员1.4万人次，车辆1982台次，捣毁各类食品黑窝点486个，查获伪劣食品70多吨，价值近120万元，罚款87.6万元，先后组织销毁伪劣食品活动4次，销毁物品货值59万余元。

沈阳市药品监督管理局加大药品监督执法力度，治理整顿医药市场，规范药品生产、经营、使用行为，严厉打击制售假劣药品和假冒医疗器械的违法行为，确保人民群众用药安全有效。全年共查处各类药品违法案件142件，没收违法药品1700余件，价值2200多万元，罚没款290多万元。

沈阳市酒类专卖管理办公室全年出动检查人员2200人次，立案查处12起，罚没款10.2万元，办理酒类经营许可证2000个，取缔无照经营11家，使全市酒类市场环境得到明显改善。

沈阳市烟草专卖局按照国家、省“关于开展卷烟打假专项工作的意见”精神，在全市范围内组织开展了大规模的卷烟打假专项工作。一年来，共查缴各类假冒品牌卷烟30余种，计1258件，总标值300余万元。先后出动2000余人次，对全市24个集贸大厅、31个马路市场、2个火车站、8个早市、150多个商业网点、80余家餐饮娱乐场所和所有经营卷烟的摊点进行检查，使全市的卷烟市场环境得到了明显改观。

沈阳市农业局为规范全市农资市场秩序，严厉打击假劣农资产品坑农害农的违法行为。全年共出动执法检查人员1700人次，印发各种宣传资料1.5万余份，对1550家种子、农药、肥料经营业户进行检查，共查处违法经营业户159家，罚没款12.3万元，端掉制假窝点11个，取缔无证经营业户25个，封存假劣种子、农药、肥料总标值90余万元，受理举报投诉310起，接待来访、投诉1000多人次，为消费者挽回经济损失1000多万元。

沈阳市文化市场管理办公室加大对音像书刊市场的监管力度，严厉查处经营盗版、非法出版的音像制品、书刊的违法行为。共组织各类文化市场检查行动860余次，出动执法人员8640人次，检查经营场所7200余家，受理群众举报930起，查处各类违法案件780起，取缔非法经营430家，收缴非法音像制品35万余盘，电子游戏机328台，电路板620块，电脑主机1100台，罚款83万元。

(李浩罡)

【法制宣传】 2001年，质量技术监督法制宣传工作取得了突破性进展。

1.抓法制管理，强化行政执法基础性建设。一是组织编写了有关行政执法法律法规、制度规定、执法程序、文书范本、业务知识在内的《行政执法手册》，并作为行政执法的教材和工具书。二是印发了《沈阳市质量技术监督局关于推进依法行政工作的实施意见》，将其作为今后一个时期指导全系统依法行政工作的指导性文件。三是在全系统开展了行政执法案卷“零缺陷”活动和适用ISO9000系列标准模式对行政执法进行全程标准化、规范化管理的尝试。

2.抓案卷质量，加强行政执法的规范化管理。一是在全系统普遍推行了案件审理前和处罚决定生效前的审核程序。二是对案情复杂、涉案金额较大的大案要案进行全程跟踪服务和监督。三是不间断地开展以提高案件质量为目的的案卷检查、抽查和通报，以确保案件质量。四是自行开发并在全省率先使用了行政执法微机管理软件系统。

3.抓执法监督，推进全系统依法行政。一是通过坚持不懈地开展行政执法监督检查，使全系统行政执法案卷优秀率达90%以上。二是通过问卷调查、召开行政执法和行风建设义务监督员座谈会等形式，在加强自我约束和自我监督同时，强化社会监督。三是抓行风建设，塑造“科学、公正、廉洁、高效”的行业形象，涌现出了铁西分局等7个行政执法和行风建设先进单位、4个先进集体及和平分局局长张凤琴同志等19名先进个人。

4.抓社会面宣传，扩大质量技术监督社会影响力。一是在“3·15”期间，组织开展大型主题宣传和现场咨询服务活动，举办专题文艺演出，为广大消费者服务。二是配合全国打假“一号工程”和整顿市场经济秩序，先后5次召开新闻发布会，向社会公布典型案件和监督抽查结果，打击和震慑制假售假违法行为。三是针对投诉热点，中国质量万里行沈阳投诉站先后3次组织十余家省、市和中央驻沈新闻单位对11个行业共百余家单位进行售后服务、服务质量新闻暗访，并在全国率先开设舆论法庭，将21起典型质量投诉案件公开接受舆论监督。上述做法受到了中国质量万里行促进会的积极肯定，并在全国推行。在年底中国质量万里行促进会对哈尔滨、长春、沈阳市三市进行的服务质量暗访活动中，沈阳市的工作名列前茅。

法制宣传工作推动了行政执法和各项工作。全系统共查处各类行政案件7532件，收缴罚没款2800多万元，无一件行政败诉和被上级复议机关撤销的案件。在全市行政执法责任制贯彻情况大检查中，市质量技术监督局被市政府授予先进单位；在全省质量技术监督行政执法、行风建设表彰会上被评为先进单位。此外，还被市政府评为政府法制工作先进单位，被市纠风办评为全市纠风工作先进单位。

(刘廷桓)

【锅炉压力容器安全监察】 2001年，沈阳市发生小型和常压热水锅炉爆炸事故2起；压力容器爆炸事故1起，伤3人。事故发生率和伤亡情况基本与上年持平，呈平稳状态。

1.开展了锅炉压力容器普查登记工作。全年共普查了锅炉8007台，压力容器1.17万台；锅炉发放使用证6183台，压力容器发放使用证6478台。

2.狠抓了锅炉压力容器定期检验工作。全年共检锅炉近8000台，压力容器2480台。通过解决定期检验工作中发现的不安全设备，消除了事故隐患，避免了重大恶性事故的发生。

3.开展了锅炉压力容器压力管道安装监察工作。对5家整装锅炉安装单位进行了审查换证，对9家新申请的整装锅炉安装单位进行了审查发证。全年共办理锅炉安装备案手续654台，锅炉修理改造备案手续139台，压力容器安装备案手续617台，压力管道安装备案手续3.17万延长米。

4.积极开展锅炉水处理监督管理工作。全年共测查锅炉水样4000台，普及率和合格率分别为65%和40%。

5.强化了气体市场和高压氧舱的安全监察工作。召开了液化气充装站站长会议，严格了新建站的审批手续，全年共验收新建站点9家。开展了对在用氧舱的检查验收工作，保证了氧舱的安全使用。

6.开展了锅炉压力容器有关人员的培训工作。全年共培训司炉工6200人，焊工400人次，充气工57人，无损检测151人，容器操作工716人，水处理化验员349人。

7.开展了锅炉压力容器安全大检查。全年共组织5次安全大检查，市、区两级共检查了锅炉压力容器使用单位900多家次，发出监察意见书93份，处罚23家。在市质量技术监督稽查大队组建了锅炉稽查科，增强了使用环节现场监察力度。

8.开展了锅炉压力容器制造单位资格认证工作。完成了4家锅炉制造厂、5家压力容器制造厂的资格审查，取得了省质量技术监督局颁发的制造许可证。

9.完成了机构划转工作。2001年6月下旬，沈阳市锅炉压力容器安全监察机构正式由沈阳市劳动局整体划转到了沈阳市质量技术监督局。

（杨长治）

【特种设备安全监察】　2001年6月，特种设备安全监察职能由市劳动局划归市质量技术监督局，市质量技术监督局负责对全市电梯、起重机械、厂内机动车辆、游艺机和游乐设施、客运索道、防爆电器等特种设备实行全过程安全监察。

全面开展特种设备普查注册登记工作。为确保在用特种设备的安全运行，消除事故隐患，有效控制和降低事故率，国家质量技术监督局决定在全国开展特种设备普查注册登记工作。全市共普查特种设备16481台（电梯3562台，起重机械7380台，厂内机动车辆4297台，游艺机和游乐设施1242台），普查率达97%。

加强特种设备安全监察和专项整治工作。在对特种设备实行全过程安全监察中，还加大了对使用环节的安全监察和专项整治。

电梯：主要对全市宾馆、商厦等进行监察，通过监察发现隐患27处，下发整改指令书21份，查封电梯14台。起重机械：共检查施工现场53处，发现53家安装单位不进行安装前备案，下发整改指令书53份。被检单位接到指令书后，基本上都前来备案并进行了验收检验。游艺机和游乐设施：对全市凡有游艺机和游乐设施的场所进行了全面安全监察，共查出隐患26项，下发整改指令书15份，查封游艺机4台，已整改隐患24项。

开展特种设备管理和作业人员培训，提高安全意识。全市特种设备管理、安装、维保、操作人员共有9000余人，执法主体变更后，这些人员急需换证，另外也需要更新知识，提高安全意识和业务素质。通过开展各种培训，新办证4032人，到期复审4974人，培训、复审率分别为100%和98%

（刁树成）

国有资产管理

【国有资产产权、股权管理】　为了进一步深化沈阳市国有产权制度改革，2001年国有资产的产权、股权管理工作主要有以下几方面：

1.授权经营。对商业城（集团）、建材、南湖高技术开发集团和中兴——沈阳商业大厦等4家公司授予国有资产经营权。通过授权经营，明晰了商业国资公司同商业城集团、中兴——沈阳商业大厦之间的产权关系，明确了国有资产的出资人，增强了他们的资本运营能力。对南湖高技术开发集团的授权经营则为黎明服装股份公司的资产重组转变经营方向创造了有利条件。为了提高全市国有企业的招商引资水平，增强与外方的合资的能力，2001年还调整了沈阳化工集团公司的授权范围。

2.国有产权、股权管理。一是积极参与沈阳市上市公司的重组。参与黎明服装、输变电及沈阳发展股份公司重组和长白股份公司上市的论证工作，而且高效率办理相关股权划转、资产评估等工作。二是加强了产权界定工作的力度，把好产（股）权转让的界定关，确保国有资产不流失。2001年共完成了12项产权界定，界定的国有资产总额为1.98亿元，其中产（股）权出售产权界定5项，界定的数额为9672万元。三是继续开展管理股、技术股的设立和调整工作。管理股、技术股在激发国有控股企业的经营管理人员和技术人员的主观能动性和创造力方面发挥了重要作用。2001年共受理2项，其中调整沈阳味精股份公司管理股、技术股732万元，在沈阳第一阀门厂设立管理股、技术股1项，金额为53万元。

3.评估管理。2001年共受理评估立项362项，审核评估报告367项，确认资产帐面价值150亿元。审核报告比上年增加105项，确认资产金额比上年增加81亿元。一是强化市资产评估专家评审委员会在评估确认中的作用，减少国有资产评估中的损失。2001年在补充了新的专家评委、组织专家评委培训的同时，共召开评审会56次，完成评审项目72项。二是加强了评估培训工作。2001年邀请了国内评估权威专家就新发布的无形资产评估准则对市评估协会的全体会员进行了专题培训。三是组织和指导完成沈阳市“一宫两陵”申报世界文化遗产涉及的评估工作，为政策决策提供科学依据。同时，在审核评估报告中，严格把关，为市政府节约了资金。四是按照国家规定，认真完成了全市经济鉴证类中介评估事务所的脱钩改制和从业人员调查情况。圆满完成2001年注册评估师的报名、培训和考试工作。

（刘新文）

【国有资产运营管理】　2001年是进入新世纪、实施“十五”计划的第一年，也是沈阳市国有资本运营管理工作取得长足发展的一年。

1.积极推进出资人制度的建立与完善，构建灵活高效的国有资本营运主体。在授权经营上，打破国有资本的固化格局，逐步构建灵活高效的国有资本营运主体。截至2001年底，已对30户企业集团、国有资产经营公司实行授权经营，逐步实现由传统的行政管理模式向产权管理模式的转变。

2.以资本运营为核心，大力提高资本运营效益。充分发挥国有资本营运功能，利用存量吸纳增量，通过增量盘活存量，提高国有资本的质量和效益。充分发挥证券市场的筹融资功能，努力争取在国内和海外股票市场上市，截至2001年底，全市国有及国有控股企业共有11家上市公司。拓宽国有资本退出通道，对市属中小企业划归各县区（市）经营。加大资产重组工作力度，按照效益最大化原则，推进国有资本的合理流动和重组，解决国有资本效率低下的问题，先后对黎明集团、输变电、沈发展等几家上市公司重组方案进行论证并组织实施。

3.推动国有资本保值增值考核工作。以放大国有资本的功能，提高国有资本的控制力、影响力和带动力为原则，通过提高国有资本质量和效益，实现保值增值目标。按照财政部等三部委颁发的《国有资本保值增值结果计算与确认办法》中的有关规定，并与企业效绩评价相结合，对考核办法做了进一步修改，使之更为完善、科学、合理。初步建立起风险奖罚、股权奖励、行政奖惩的保值增值考核评价体系。

（刘延辉）

【国有资产监督管理】　为了健全、完善监事会组织体系，2001年先后调整、充实了沈阳农垦国有资产经营公司等9个单位的内部及外派监事11名，组建了北方生物药业集团公司监事会。截至2001年底，全市已组建17家国有资产营运机构监事会，共派出监事74名，其中：内部监事31名，外派监事43名。初步形成了以监事会监督为主体的国有资产监管网络。

对营运机构年度经营业绩进行综合评价，是国有资产监督管理的主要形式。本着突出重点，力求实效的原则，2001年对原实施办法进行了修改，确立了财务状况、资产运营状况、偿债能力、发展潜力四个方面及12项指标为重点，使业绩综合评价更具针对性、实效性，充分体现了客观、准确、公正，达到了预期目的。

按照国务院《国有企业监事会暂行条例》规定，市财政局组织各营运机构监事会对25户国有企业进行了财务抽查，发现有六个亟待解决的问题：一是经营成果不实，有潜亏趋势。二是多头开设帐户，货币资金不实，未达帐款较多。三是存货不实，库存商品呆滞、减值挂帐现象严重。四是债权债务不实，三年以上的呆死帐比重较大。五是实收资本不实，虚设股本或职工内部股。六是财务基础工作不实，存在白条抵帐、资金体外循环现象。对上述问题，各监事会均向董事会通报，并提出了整改建议，震动大，效果佳。

在国有资产监管方式上还进行了大胆探索，在全市推广试行了四种监督方式：一是向所属企业、子公司委派总会计师或财务负责人（房产国有资产经营公司）。二是向所属企业、子公司派驻国有资产监护员（纺织国有资产经营公司）。三是向所属企业、子公司委派稽查特派员（机械、轻工等国有资产经营公司）。四是向所属企业、子公司委派财务总监（机床集团）。从实践看，效果好，可推广。

（韩孝谦）

工商行政管理

【概况】 2001年，沈阳市工商行政管理局以整顿和规范市场经济秩序为重点，进一步加大行政执法力度，不断提高管理服务水平，全面完成各项任务，开创了工商行政管理工作新局面。

一、加大行政执法力度，整顿和规范市场经济秩序工作取得明显成绩

1.规范了市场主体资格。对涉及公安、卫生、环保、医药、建筑、矿业开采等前置审批手续的企业，进行清理规范。对新办企业，采取企业承诺、书面审查和实地审查相结合等办法审查把关。对无照经营全面清理和疏导办照，清理无照经营业户1万多户，疏导办照6300余户，有的工商所辖区杜绝了无照经营，全市经营门点有照率达98%。严厉打击了无照营运“黑车”，运输市场准入秩序有明显好转。认真组织了企业年检工作，内外资企业年检率分别为98.2%和80.8%，个体工商户验照率为96%。通过年检，注销企业3170多户，吊销7800多户，清理“三无”和“离散”企业6700多户。

2.加强了对市场的监管。在商品市场管理方面，加强了对集贸市场的管理，在商品质量、商标、广告、合同管理等方面取得新成绩；实行商品展销会、展览会审批制度，并把街办市场纳入监管范围；落实粮食市场管理制度，组织了粮食市场执法大检查。在“双生”市场管理方面，加强了对金融、证券、科技市场和中介企业的监管，并对出入境、房地产、劳务以及会计师事务所、审计事务所、资产评估等中介组织开展了专项清理整顿。清理出入境中介机构184家，取缔报废机动车拆解市场1处。加强了对新兴行业的监督管理，受理网站登记备案申请120多个，核准并在其网站投放电子标识50个，对1200多个网站进行了检查。对全市99%的社区服务业进行了登记管理。对全市70多个大型商场的4000多个出租柜台进行了登记管理。

3.大力开展了打假维权活动。组织了打假保农业、打假保健康、打假保安全战役和“红盾打假大会战”，集中对生产和流通领域的制假售假行为进行查处，共查处假冒伪劣案件1500多件，捣毁制假窝点710多个。认真治理了商标侵权行为。对全市商标印制企业进行检查，规范了企业的印制行为；制定地方名牌的保护措施，加大了对驰名、著名商标的保护力度；对全市专营、专卖店进行了清查和整治。严厉打击了发布虚假广告的违法行为。实行了广告三级监管体制，加强了对发布广告的监管。全市店堂广告登记率达85%。开展了“红盾维权咨询服务周”和创建“消费者满意一条街”活动，中街被国家工商总局命名为国家级“消费者满意一条街”。受理消费者投诉13240件，解决率达98%，为消费者挽回经济损失860多万元。

4.严厉查处了违法违章案件。对保险、电力、铁路、邮政、电信、殡葬等公用企业，依法开展专项执法检查，严厉查处了公用企业的不正当竞争行为。大力查禁非法传销，驱散非法传销活动154起，端掉传销窝点500多个，查处传销案件14件，驱散传销人员1万多人次。在加强合同鉴证和管理的同时，对利用给予高额回扣、代理费等不正当手段进行商业销售、拉保拉储等商业贿赂行为、有奖销售行为，以及利用合同进行商业欺诈等行为进行了查处。共查处各类经济违法案件3.4万多件，同比增长9.5%，其中查处大案要案882件，同比增长49%。

二、狠抓监管方式的改革和基础建设，提高了监管执法水平

1.深化了监管体制和监管方式的改革。按照“小机关、大基层”的格局，大力精简机关，不断充实基层力量，并通过下放事权，充分发挥了基层工商所在综合地域管理中的作用。建立了日常巡管、专项巡管、交叉巡管的巡管模式，确立了管理示范户、示范街路、示范社区。进一步完善了协管制，建立了由4100多人组成的协管组织280个。

2.完善了监管执法手段。以市局为中心，上到国家工商总局，下至基层工商所全面联网。完成了对办公自动化系统的升级改革。对20多万户各类企业和全市个体工商户管理数据进行了补充录入。在“12315”投诉举报中心的基础上，建立了协调办案、处理消费投诉及电子商务监管于一体的执法指挥调度中心。

3.狠抓了基础建设。投入大量人力、物力，加强了对“经济户口”的研究论证和开发工作，初步建立了以工商所为依托，以企业实体为单位，通过系统计算机联网，实现企业管理数据资源共享的“经济户口”模式。开发了软件系统，制定了“经济户口”管理办法和实施细则并投入使用。投入2600多万元，新建联建工商所办公用房28处，改建、扩建26处，所有工商所全部配备了2台以上微机并且实现了远程联网，配备了办案车辆。

4.加强了法制建设。制定了《执法管辖权划分规定》、《行政处罚简易程序规定》，编印了执法行为规定（续编），完成了13件政府法规、规章的起草和会签工作。在完善《行政执法综合考评系统》的基础上，建立《行政处罚动态监督系统》，加强了对执法人员在日常监管、立案查处、自由裁量、处罚执行以及申诉复议等各环节的全程监督，得到市人大常委会检查组的肯定。推行了《典型案例示范文本》和《行政处罚文书填写及示范文本》，进一步完善了案件审批、案件执行制度。

三、坚持服务与执法并举，促进了地区经济的发展

1.认真抓了服务作风的改进。制定《关于进一步擦亮“窗口”，不断提高服务水平的措施》和《登记“窗口”工作规范》，开展了以“形象杯”竞赛为载体的服务创优活动，评比出27个“文明服务窗口”和38名优质服务标兵。举办企业法人、合同法讲座等各类培训班56个，培训各类人

员8200多人次。开展了“重合同、守信用”评比活动，评出市级以上先进企业900多户。加强了对合同纠纷的行政调解，帮助企业追缴外欠款400多万元。

2. 为国有企业深化改革热情服务。领导带队深入600多家企业进行现场办公，走访企业5500多户，帮助企业解决难题近千个。对外分局被市政府授予“利用外资服务奖”和“先进单位奖”。制定出台了《关于发挥职能作用，加大扶持力度，促进地方经济发展的若干规定》和《关于进一步促进高新技术企业发展的若干意见》。帮助大中型国有企业改组、改制，支持企业主辅分离，为700余户外贸企业进行了工商认定。配合市场主办单位，在帮助市场启动和繁荣市场方面做了大量工作。运用广告管理、商标注册、商标管理职能，帮助企业强化产品宣传和形象宣传，补充认定了4件沈阳市著名商标和7件辽宁省著名商标，为企业注册商标1400多件，累计注册商标1.4万多件。举办了公益广告大赛和第五届国际广告“四新”展示会。

3. 大力扶持了个体私营经济的发展。成立了私营企业法律服务室和沈阳市私营经济发展研究中心、沈阳市私营企业经理人培训中心，开展了沈阳市私营企业“十百千万”管理培训工作。发展私营企业2.1万户，从业人员37万多人；发展个体工商户22.9万户，从业人员63万人。

4. 大力开展了扶贫解困工作。落实市委、市政府“学讲话、办实事”的要求，投资520多万元，走访慰问了41个贫困村、450多个大中型企业的4500多个特困户和特困职工，对4个贫困村进行了救助。新建创业基地26个，安置基地28个，安置失业下岗人员3万人次，培训下岗人员1.4万人次，给从事个体经营的国有企业下岗人员减免管理费390多万元。

（谢向东）

【合同管理工作】 2001年，沈阳市合同管理部门加大了对合同的监管力度。查结违法违章案件1465件，比上年增长222.8%，其中违法案件275件。加强了鉴证和动产抵押工作。鉴证36416份，鉴证标的额55.0亿元。其中市工商局合同处办理鉴证34055份，鉴证标的额33.1亿元。动产抵押登记333份，抵押额33.3亿元。继续开展重合同守信用活动。考核评比“重合同守信用”企业726户，其中省级“重合同守信用”企业100户。坚持公平、公正、公开的原则，热情为企业服务，依法进行行政调解。行政调解合同争议85件，争议额256万元。继续加强了合同法培训工作。分别对工作人员进行了500人次的培训和对企业进行了1500人次的培训。进一步完善自动化办公系统，提高了工作效率，在全系统范围内建立了动产抵押网络系统。

（谢向东）

【内资企业登记管理】 2001年，全市内资企业登记部门运用登记职能，积极支持企业改革，为发展经济创造了良好的环境。全市内资企业总数达61752户，其中：国有企业10773户，集体所有制企业17871户，联营企业294户，股份合作制企业4008户，其他类型企业（含公司）7806户，私营企业21000户。

（谢向东）

【外商投资企业登记管理】 2001年，沈阳市外商投资企业登记管理部门努力改进作风，完善监管方式，提高服务质量，促进了招商引资工作的开展。

全市外商投资企业达3820户，企业发展的特点是：上半年发展速度较快，下半年发展速度趋缓，但质量比上年有较大提高，运作也比较规范。主要表现在企业投资到位率较高，经营状况较好，市场占有率也比往年有提高。对外商投资企业继续实行联合年检制度，重点核审外商投资企业的出资筹建、开业和生产经营的基本情况，并严格按照登记事项清理了企业档案，使年检成为强化监管的重要手段。应检企业为2706户，实际受理年检1987户，占应检总数的80%，比上年提高9.3个百分点。对没有参加年检的企业，按规定程序做了吊销处理。在整顿和规范市场经济秩序的过程中，开展了清理“三无”企业工作，查处和纠正了擅自设立分公司、擅自变更经营场所、超项经营的企业。认真清理整顿了出入境中介机构，对违反国家法律的中介企业进行了处罚。积极为外商投资企业服务，树立了良好形象，使许多外商投资企业对在沈阳投资充满信心。

（谢向东）

【广告管理】 2001年，沈阳市各级广告监管部门在巩固和完善广告监管职能到位的基础上，扫除盲区和死角，实行全方位、全职能监管，使广告监管向深层次、高标准方向发展。依法规范广告市场秩序，促进了地区经济繁荣和社会稳定。全市广告经营额达8.5亿元，各类媒体发布公益广告3010件次，户外广告登记1849件，店堂（牌匾）广告登记1.72万件，印刷品广告登记621件。

全年查处处罚额万元以上各类违法广告案件50余起，对沈阳地区10家主要新闻媒体发布的药品、保健品、医疗、美容、房地产、劳务中介、电视直销广告实行了重点监管，依据法律、法规对违法当事人进行处罚。

（谢向东）

【商标管理】 2001年，沈阳市商标管理部门认真履行商标管理职能，采取积极有效的措施，加强商标监督管理工作，保护商标专用权，充分发挥了商标在经济发展中的作用。

1. 面对我国加入世贸组织的机遇和挑战，各级商标管理部门深入企业、社区，通过各种宣传媒体，开展形式多样的商标知识宣传，使社会各界增强了商标专用权的保护意识。受理商标注册申请1557件，注册1120件。全市已累计注册商标1.38万件，“好利来”等7件商标被认定为“辽宁省著名商标”，使沈阳市的省著名商标增至52件，占全省著名商标的31.7%。“沐秀”、“大青花”两件商标被补充认定为“沈阳市著名商标”，市著名商标增至92件。

2. 以“整顿和规范市场经济秩序”为契机，针对商标管理的特点，把商标管理与市场执法有机地相结合，有效地遏制了流通领域中商标侵权活动。查处商标违法案件1074件；集中清理专营、专卖店986户，对其中15户销售假“登喜路”、“阿迪达斯”、“圣罗兰”、“金利来”等商标侵权案件分别做了行政处罚。

3. 市工商局依据《沈阳市商标管理工作评价体系》，对全市各级商标管理机构进行全面检查和综合评价，规范了商标日常管理工作。全市有532户具有商标印制资格的定点企业和4162件注册商标通过了年度审验，对定点商标印制企业中的2300多名商标印制管理审查员进行了业务培训。通过考试，有1800多人取得了专业印制资格证书。

（谢向东）

【“双生”市场管理与发展】 2001年，沈阳市工商局“双生”市场管理分局以整顿和规范市场经济秩序为重点，立足工商行政管理职能，强化监管力度，在拓宽监管领域，创新监管方式等方面积极进行探索，促进了沈阳市“双生”市场的规范和发展。

在拓宽监管领域方面，将电子商务和保险代理市场作为突破的重点。一是开通了“网站登记与经营行为监管网”，开展了网上登记和网上巡查，通过受理经营性网站登记及对互联网上120余个沈阳地区网站的巡查，发现和处理各类问题517件，为全市工商行政管理机关实现网上经营行为的监管积累了经验。二是把整顿保险代理市场作为介入保险市场监管的突破口，制定并印发了《关于加强沈阳市保险代理业监督管理有关问题的通知》和《关于加强沈阳市保险代理单位监督管理有关问题的通告》，对全市582户保险兼业代理单位进行了整顿。办理增项登记144户、减项登记9户、注销

17户，自行撤销保险代理项目的52户。

开展了“双生”市场的专项整顿工作。一是根据国务院《关于加强出入境中介活动管理的通知》和省、市关于清理整顿出入境中介机构的文件精神，对全市184家出入境中介机构进行检查，对擅自从事出国留学和移民活动的中介机构进行了全面整顿，立案查处违法案件146件。二是对农资市场进行整顿。查处假种子72吨，无产地、无生产日期、无保质期的进口化肥100多吨，取缔无照经营105户，办理案件61件。三是对全市950多个房地产中介机构进行整顿。疏导办照100户，补办《经纪资格证书》110户、165人，吊销营业执照12户，取缔无照经营39户，处罚了67户违法经营者。四是与劳动局联合对职业介绍机构和户外招工广告进行整顿。取缔非法职业介绍机构72个，查处有私招乱雇行为的经营单位4962个。五是对全市汽车配件市场和报废汽车回收拆解市场进行整顿。收回沈阳废旧机动车辆拆解市场的《市场登记证》及市场内从事旧车配件经营的个体工商户营业执照。

（谢向东）

【查处经济违法违章情况】 2001年，沈阳市工商局查处经济违法违章案件34570件。

1. 拓展了监管领域。对铁路、殡葬、证券、保险、农电、银行、邮政等公用企业，开展了积极有效的监督工作，拓展了对这些新领域的监管，查处公用企业垄断行为20多起。

2. 严厉查处了大要案件。全系统注重了大案要案的查处工作，取得明显成效。查处大案要案882起。

3. 加大了打击假冒伪劣的力度。开展了“红盾百日打假行动”和市场经济秩序整顿行动。与有关部门密切配合，端掉制假窝点676个，查封物品价值3000多万元。

4. 打击非法传销。根据国务院、国家工商总局《关于查禁传销及变相传销活动的紧急通知》精神，对传销活动进行了有效打击。驱散非法传销活动154起，端掉传销窝点500多个，查处传销案件14起，驱散传销人员1万多人。

5. 打击走私贩私工作取得明显成效。

（谢向东）

物价管理

【改善物价调控工作】 2001年，沈阳市居民消费价格指数实现100%，在全国36个大中城市中与上海同列第20位，比省内14个城市的平均水平高0.1个百分点，列第6位，比大连高0.5个百分点，保持了物价的基本稳定。在物价调控工作中，主要采取了以下四个方面的措施：

1. 进一步实行政府调控物价例会制度。通过召开调控物价例会，分析物价走势，预先研究调控措施。2001年二季度之后，受旱灾影响，沈阳市粮价明显回升。为及时把握市场价格动态，于7月初由主管市长主持召开了市政府调控物价例会，重点分析了粮价波动的原因、走势及影响，明确了监测粮价变化、抓好“菜篮子”生产、保证饲养业发展等调控工作重点。

2. 继续实行调控物价目标责任制。将统计居民消费价格指数的600多个品种测算出具体价格水平，分解下达到各区、县(市)和市直有关部门，明确了物价调控工作的目标和责任，形成了条块结合的调控工作格局。

3. 加强市场物价监测分析和预警预报工作。为了保证物价调控目标落到实处，市物价局专门印发了《关于加强2001年物价调控目标管理的通知》，对落实日监测报告、月综合分析、季考核调度、异常情况预警预报制度提出了具体要求。做到每天有市场监测报告，每月有物价形势分析预测，经常性地对各责任部门进行调度。这些制度促进了物价调控工作的落实，把握了物价调控工作的主动权。

4. 对重要时段和重要商品进行了重点调控。2001年物价调控的总体目标是促进价格总水平合理回升，但同时也要防止与群众生活关系密切的个别商品价格出现大的反弹，以安定群众生活。每逢重大节假日等重要时段，切实做到对市场价格波动情况超前进行分析、预测。针对问题，及时研究对策，制定预案。2001年春节前，沈阳市连降大雪，菜价明显上涨。为了增加货源，抑制节日菜价过快上涨，市物价局运用价调基金在批发环节采取了奖励措施。批发市场每进一车菜给予50—200元的奖励，鼓励多进菜，以量稳价，对稳定节日市场菜价发挥了积极有效的调控作用。

（黄文超）

【深化价格改革】 2001年，沈阳市物价部门在促进全市经济结构调整中充分发挥价格杠杆作用，深化价格管理体制和价格体系改革，积极促进价格总水平合理回升。

1. 积极推进水价改革。为了保护水资源，促进节约用水，根据省市有关要求，经过深入调查研究，着眼于运用价格杠杆调节水资源利用，提出了调整自来水公司以外的水资源费和实行阶梯式水价方案。调整水资源费方案经市政府常务会议审议通过，于2001年5月1日开始实施。据测算，水资源费调整后，全市每年可征收水资源费3275万元，将对保护水资源和改善水源建设发挥重要作用。阶梯式水价方案将在广泛听取社会各方面意见后，提报市政府常务会议讨论通过，待必要时出台。

2. 积极推进住房价格改革。2001年，全市尚存未出售的公有住房面积为1497万平方米。为促进公有住房销售，加快住房制度改革，市物价局会同有关部门，对公有住房出售价格提出了调整方案，召开了价格决策听证会，听取了社会各方面意见，经市政府同意，并报省局批准，于8月1日出台实施。出售公有住房成本价格由每平方米924元上调到950元，同时取消一次性交款折扣，将工龄折扣由每年4.8元上调到6元，综合计算公有住房出售价格上调幅度为10%。

3. 积极实施公益服务价格改革。配合医疗体制改革，制定了《沈阳市医疗服务价格管理办法》，区分非营利性和营利性医疗单位，医疗服务价格分别实行政府指导价和市场调节价两种价格形式，对医疗服务价格申报、调整和明码标价等都做了具体规定。为解决医疗收费不规范，以及医疗技术劳动价值未得到充分体现的问题，市物价局按国家和省的要求，组织全市医疗单位开展了归并医疗项目工作，组织部分医疗单位对部分医疗项目开展成本测算工作，为全国、全省的医疗价格改革做出了贡献。根据省、市积极支持普及高中教育工作的要求，落实了提高高中自费生收费标准的精神；按照合理比价，适当提高了一些职业高中自费生收费标准，促进了教育事业的改革和发展。

（黄文超）

【实行政府调定价公告制度】 2001年，沈阳市物价局为了增强政府调定商品价格和收费标准的透明度，进一步推行政务公开，强化社会监督，实行了政府调定价公告制度。依据《中华人民共和国价格法》第二十四条“政府指导价、政府定价制定后，由制定价格的部门向消费者、经营者公布”的要求，沈阳市物价局规定，在沈阳市行政管理区域内，所有政府调定价项目或重要的价格管理措施出台时，都要在《沈阳日报》或沈阳市价格信息网上发布《政府调定价公告》，向社会公布。这项制度出台以来,已先后有落实明码标价规定、调整水资源费等重要的价格管理措施和重大调价项目,在《沈阳日报》上公告。个别公交线路票价和医疗单位制剂价格等一些小的调定价品种也已经在价格信息网上公告。政府调定价公告制度实施后,不少市民来电话对这个举措表示欢迎和赞赏。

(黄文超)

【规范价格秩序 促进经济发展】 2001年,沈阳市物价局在面临"入世"新形势下,适时转变职能,切实履行"定规则、当裁判"的职责,在治理整顿经济秩序、创造良好的经济发展环境上狠下功夫,主要做了以下几方面的工作。

一、实行新的明码标价制度

1.对商品明码标价进行规范化管理。为适应"入世"规则,维护和促进公平竞争,按照国家计委《关于商品和服务实行明码标价的规定》,市物价管理部门制订了《关于落实明码标价规定的实施方案》,确定按两种颜色价签实行标价,即政府定价、政府指导价为红色,市场调节价为绿色,并设置了降价商品标价签,使近年来一度出现混乱的标价形式有了统一的规范。并按《价格法》有关规定,对明码标价落实情况进行专项检查,使全市经济环境和市场秩序得到了明显的改善。

2.保护农民的合法权益,推行了涉农收费和价格公示制度。涉农价格和收费问题,直接牵扯到农民的切身利益,一直是各方面关注的焦点。对这些热点、难点问题,市价格管理部门以高度的责任心和使命感,以全心全意为人民服务的精神,全身心地投入到稳定社会、造福人民的工作中去。为了做到让收费部门清清楚楚标价,让农民明明白白交费,根据国家、省的要求,并在全市8个涉农区县(市)推行了涉农收费和价格公示制度。完成了国家和省要求的明码标价"五个一"示范工程。在全面推行商品明码标价工作的同时,对婚姻登记服务、税务代理服务和旅游景点等特殊行业和场所的明码标价逐行业进行了规范,树立了示范点,并召开现场会向全市推广。

二、开展清费治乱工作

1.专项清理涉农收费。2001年共清理涉农收费34项,年收费额2652万元,初步摸清了底数,为进一步整治规费以外的乱收费奠定了基础。

2.加大整顿教育收费力度。2001年,市物价局针对农村中小学收费负担重的问题,结合每个学期审核一次性收费标准工作,进行了严格的清理整顿。春秋季两个学期开学前,先后取消了农村中小学统一学生服装费、课余班管理费等14项收费,全市每学期减轻农村中小学生缴费负担3200万元。同时,按国家和省的要求,在康平县农村中小学实行"一费制",确保9年义务教育政策在贫困地区的落实。

3.为了加强《收费许可证》管理,按照国家计委《收费许可证管理办法》的规定,对《收费许可证》办理和审验等工作重新进行了规范。

4.加强了价格监督检查。2001年,市物价局加大了价格执法力度,先后对涉企、涉农、涉外收费和教育、医疗收费等进行了专项检查,维护了企业和群众的利益;对行政机关和垄断行业收费进行检查,创造良好的社会环境;对价格垄断、价格歧视、价格欺诈、低价倾销等不正当价格行为进行检查,维护正常的市场价格秩序;对中介收费进行检查,培育新的消费热点;对居民生活必需品价格和重大节日市场价格进行检查,安定群众生活。全年全市各级物价管理部门共查处各类价格违法案件1072件,查出价格违法金额1.6亿元,实现经济制裁额6594.3万元。按照国家和省的统一部署,于2001年4月20日开通了"12358"价格投诉电话,共受理群众价格投诉和咨询882件,都及时给予了答复办理。

(魏　君)

【沈阳价格信息网有新发展】 沈阳价格信息网经过多年的运作,规模稳步扩大,结构不断优化,内容逐渐丰富,2001年访问人数超过了10万人次,在外延网络方面有了较大的突破。

1.加强价格信息监测工作,提高了服务工作水平。按照物价工作会议要求,市价格信息中心下发了《沈阳市价格信息监测报告制度》,召开了全市价格监测人员工作会议,明确了工作目标。全年编发《每日价格》240期、《网络资料》46期、《监测报告》12期、《国际市场价格》24期。在此基础上又加强了日常监测分析和专题分析工作,全年撰写专题分析报告25份。

2.加大医药卫生价格信息网开发力度。重点筹建医药卫生信息服务系统。正式出台了价格监测管理办法,完成了价格监测系统的软件开发。除及时刊登国家下达的药品价格外,收集了国家药品局历次下发的GMP企业名单和品种价格,在网络上和网刊上发布,受到广大网员户的欢迎。

3.东北机动车及配件价格信息网取得新进展。一是扩大信息资源。通过走访调查确定了80余家信誉好、产品质量高的企业作为信息资源户,从而保障了信息的准确性。二是把信息源扩展到北京、长春、天津,以品牌车为源头,逐步搜集信息为企业提供第一手资料。三是调整主页和数据库结构,让用户登陆便利快捷。四是加大维修保养知识的导入,并通过展示讲解和培训的方式,为企业提供直接服务。出版《价格与供求》(汽配版)24期,发布机动车整车和配件信息10万余条,修理技术介绍10万余字。为上百家企业进行了形象宣传和信息发布,受到网员的普遍欢迎。长年网员户已达300多家。

4.完善了农产品四级网络建设工作。通过一年多的努力,农产品四级网络投入运行,人员培训、微机配置多数到位。上半年完成了水产品市场大屏幕和网络建设,水果市场网络建设也基本完成,将于2002年正式运行。种子市场网络已着手建设,预计2002年二季度完成,将为农产品的信息发布发挥应有的作用。

5.开发了全省车损评估信息系统软件。为加大网络外延的服务功能,年初市物价局会同省、市认证中心,召开了全省十余家价格认证中心领导的座谈会,研究开发全省车损评估服务系统。系统包括评估工作的办公现代化和信息化及评估系统数据管理,实现与机动车和配件信息库挂接。按车损评估系统的要求,现已完成了软件的开发,全省已有十多个城市联网使用。

(李淑芬)

【价格认证工作成绩显著】 2001年,沈阳市价格认证中心价格鉴证工作成绩显著。全年共受理各种案件7463台(件),其中:刑事376件,民事138件,其他案件35件;评估肇事车辆6973台。总鉴证额为2.2亿元,比上年增加2倍多。同时,鉴证水平也有很大提高。按时、准确地完成了中纪委"10·18"专案组、市公安局等委托的多起大案要案涉及的鉴证工作,有7000万美元诈骗案、沈阳市首例商业秘密盗窃案,仅交通肇事车辆鉴证额10万元以上的就有10台次。上述工作的开展,积极地配合了公安、司法、纪检部门的工作,取得了较好的社会效益。

(苑光临)

财 政 · 税 收

财 政

【财政收支完成情况】 2001年，沈阳市各级财税部门积极组织财政收入，不断优化支出结构，努力保证全市经济和社会各项事业发展，实现了财政收支当年平衡。

一、财政收入

2001年沈阳市财政收入80.82亿元，完成年度预算的113%，比上年增长34.25%。其中：市本级收入51.51亿元(含张士、北站、南湖开发区，下同)，完成年度预算的116.62%，比上年增长43.42%；区、县(市)级收入29.31亿元，完成年度预算的107.16%，比上年增长20.68%。主要收入项目完成情况是：

1.增值税(地方25%部分)11.6亿元，完成年度预算的92.08%，比上年增长13.63%。

2.营业税20.77亿元，完成年度预算的104.52%，比上年增长15.47%。

3.企业所得税15.56亿元，完成年度预算的143.62%，比上年增长46.32%。

4.个人所得税6.66亿元，完成年度预算的121.27%，比上年增长37.03%。

5.城市维护建设税3.12亿元，完成年度预算的100.22%，比上年增长10.25%。

6.房产税4.39亿元，完成年度预算的111.16%，比上年增长21.27%。

7.契税2.61亿元，完成年度预算的137.49%，比上年增长94.88%。

8.农业税7703万元，完成年度预算的96.29%，比上年下降2.53%。

9.固定资产投资方向调节税、城镇土地使用税、农业特产税等其他地方税收3.23亿元，完成年度预算的123.35%，比上年下降2.76%。

10.国有企业亏损补贴1.08亿元，完成年度预算的150.13%，比上年减少退库1.47亿元。

11.罚没、行政性收费等收入6.33亿元，完成年度预算的92.1%，比上年增长92.22%。

12.排污费、水资源费、教育附加等专项收入2.69亿元，完成年度预算的119.65%，比上年增长30.48%。

13.基金收入4.17亿元，完成年度预算的214.21%，比上年增长121.9%。

二、财政支出

2001年全市财政支出103.48亿元，比上年增长17.66%。主要支出项目完成情况是：

1.基本建设支出2.42亿元，比上年增长10.51%。

2.企业挖潜改造支出6.81亿元，比上年增长22.25%。

3.农业支出4.42亿元，比上年增长15.88%。

4.科技支出2.63亿元，比上年增长17.87%。

5.教育事业费支出13.97亿元，比上年增长16.77%。

6.社会保障补助支出13.84亿元，按可比口径比上年增长33.3%。

7.文体广播事业费支出1.75亿元，比上年增长5%。

8.卫生事业费支出3.7亿元，比上年增长4.4%。

9.税务统计等部门支出8.3亿元，比上年增长29.96%。

10.抚恤和社会救济支出2.61亿元，比上年增长9.89%。

11.城市维护费支出13.93亿元，比上年增长35.32%。

12.行政管理费支出5.97亿元，比上年增长18.14%。

13.公检法支出9.09亿元，比上年增长22.64%。

14.政策性补贴支出2.91亿元，比上年增长38.84%。

15.专项支出2.23亿元，比上年增长13.02%。

16.国防、消防、武警、工交及流通等支出1.46亿元，比上年增长0.12%。

17.其他支出3.26亿元，比上年下降8.63%。

18.基金支出4.18亿元，比上年增长35.57%。

(邱立全)

【建立大财政和强财政】 2001年，沈阳市以规模要大、领域要宽、功能要强、基础要牢为大财政、强财政的“四个标志”，深化财政改革，加强财政管理，建立和完善公共财政体制，努力做大、做强沈阳市财政。

1.扩大财政规模。通过建立横纵向均衡入库考核制度、入库税款监控系统、重点税源跟踪服务体系、整顿税收秩序、强化财政监督和执法检查、清理税收优惠政策等9项措施抓收入，打牢收入增长基础。2001年全市地方财政收入完成80.82亿元，比上年增长34.25%，远高于GDP增长幅度。地方级财政收入占GDP比重为6.5%，比上年提高1.14个百分点。土地出让金收入10亿元，是上年的16倍。预算外收入在取消21项收费项目，减收因素较多情况下，完成30.6亿元，比上年增长22.7%，有效增加了政府财力。

2.拓宽财政领域。财政管理要包括所有政府财力范围。收入上，坚持税与非税并重，预算内外统筹，中央税源与地方税源两不偏废，现实税源与潜在税源兼顾的原则，保证了收入完整，应收尽收。支出上，强化预算编制、执行、监督“三个环节”管理。全面编制综合预算、预算外财力预算、政府采购预算、社会保障预算、政府债务预算等，试行部门预算、零基预算。实行国库集中支付制度改革，建立县、乡两级会计核算中心，实行区县行政事业经费财政统管。制定《沈阳市本级财政支出审批和拨付程序实施办法》和《沈阳市规范市直单位业务招待费用支出管理的暂行规定》等管理办法，提高了预算约束力和透明度。开展两次全市性“小金库”清理检查，涉及96个主管部门839个单位。对全市1862个执收、执罚单位1998——2000年度非税收支情况实施检查，对4376个基层单位进行了《会计法》执行情况检查。开展零基预算、社会保障资金、民政救济资金、国债专项资金等专项监督检查，进一步强化了财政管理职能。

3.强化财政功能，保障法定增长。农业、科技、教育支出比上年分别增长15.9%、17.9%、16.8%，达到法定要求。完善社会保障功能。积极做好社会保障体系改革试点，做实个人养老金帐户，积极推进“并轨”工作，率先成立了15个市、县两级财政社会保障资金管理中心，实行了最低生活保障金银行发放。2001年，社会保障支出13.84亿元，按可比口径增长33.3%。落实积极财政政策。运用财税金融手段，宏观调控经济；争取国债转贷资金，引导个人消费，促进房地产、旅游、教育市场发育；落实国家出口补贴政策，积极促进外贸出口。构建公共财政体系。支持全民健身、群众广场文化、科普教育、抗旱救灾、居民供水供气、城市交通、环境治理等公益事业，以及公共服务和公共工程建设，支持重点企业技术改造和国企战略重组，促进经济建设发展。

4.打牢财政基础。大力开展财政调研分析。开展税源、税基税负调查，全年完成调研课题101个，完成2000年度财务分析报告48篇，2001年季度、半年、全年财政分析报告103篇。《2000年区县属地财政收入占属地GDP比重研究》、《产业结构变化对税源的影响研究》、《2000年预算外财力管理情况研究》、《“小金库”成因及对策探讨》、《完善社会保障体系中的社区建设问题研究》等调研成果，已应用于财政改革实践之中。广泛运用信息技术。完成办公自动化升级软件研发，在14个区县建立局域网并与市局专线联网，市本级与9个区县实行了网上政府采购。完善财政快报、预决算、帐务、预算单位、税收入库、经济指标、项目数据等9个子系统的财政业务数据综合查询系统，开发入库税款监控及分析管理系统、沈阳市城市居民最低生活保障管理系统等42个财政管理软件。

（刘西景）

【社会保障改革】　2001年，沈阳市各级财政部门依据《关于同意沈阳市完善城镇社会保障体系试点实施方案的批复》（辽政[2001]227号），按照建立独立于企业事业单位之外、资金来源多元化、保障制度规范化、管理服务社会化的社会保障体系总目标，围绕调整和完善城镇企业职工养老保险制度，加快建立城镇职工基本医疗保险制度，推动国有企业下岗职工基本生活保障向失业保险并轨，加强和完善城市居民最低生活保障制度，实现社会保障管理和服务的社会化，加强社会保障资金的筹集和管理等“试点”工作任务，坚持“开源、开放、开明”的理财思想，加大市和区县（市）财政部门工作的联动效应，完成了“试点”第一年各项社会保障改革的启动和运行。

1.城镇企业职工养老保险制度实行了“做实个人帐户”的改革。市财政局在调查研究的基础上，与有关部门联合制定下发了《城镇企业职工基本养老保险个人帐户基金管理暂行办法》，保证了职工个人帐户基金及时足额入帐、上划、做实。自2001年7月1日到年底，共做实个人帐户83.27万人，个人帐户结存额1.51亿元。

2.实行了国有企业下岗职工基本生活保障向失业保险并轨。为保证沈阳市“并轨”方案的科学性和可操作性。市财政局在调查研究基础上，制定了《沈阳市国有企业下岗职工基本生活保障向失业保险并轨实施方案》、《沈阳市经济补偿金筹集与使用管理办法》和《关于通过变现国有资产筹集“并轨”资金的有关规定》等配套措施，为382户企业8.4万人办理了解除劳动关系并发放了经济补偿金，完成了2001年国有企业下岗职工基本生活保障向失业保险并轨的工作目标。

3.建立了城镇职工基本医疗保险制度。市财政局除配合相关部门对全市医改情况进行测算制订方案外，还对全市行政事业单位在职职工和离退休人数、工资总额及医疗费支出情况进行了调查，建立了公费医疗单位、非公费医疗单位和离休干部数据库管理系统。并按缴费能力、抚养比等不同情况，确定了机关事业单位实施基本医疗保险的进度安排和先期启动的单位名单，保证了全市在2001年9月1日正式启动城镇职工基本医疗保险制度。另外，市财政局还制定了《关于基本医疗保险基金纳入财政专户，实行收支两条线管理的通知》和《沈阳市国家公务员医疗补助暂行办法》，对医疗保险基金的征缴和公务员医疗补助进行了规范。

4.城市居民最低生活保障金实行了委托银行发放改革。为了使各类享受最低生活保障的对象得到便捷的服务，实现社会保障管理和服务的社会化，市财政局与和平区财政局在深入街道、社区调查研究的基础上，制订了变过去由街道、社区发放最低生活保障金为委托银行发放的改革方案，研制开发了“银行发放城市居民最低生活保障金”计算机管理软件，在全省率先实行了城市居民最低生活保障金银行社会化发放。

5.大胆改革社会保障资金的筹集和管理模式。2001年市财政局编制了事业单位综合预算、社会保障部门预算和“企业养老保险、失业保险、城市居民最低生活保障及国有企业下岗职工基本生活保障”四项资金预算，增强了财政对社会保障补助支出的强制性、严肃性和科学性。在资金管理模式上，在全省率先成立了市和区县（市）两级财政社会保障资金管理中心，制定下发了《沈阳市社会保障基金财政专户管理暂行办法》，完善了财政专户核算办法。按照“单险种分帐号核算”的原则，分设专户、分立帐目、分别核算，保证了各险种收支信息独立披露，实现了社会保障资金财政管理由被动向主动、由事后监督向事前控制的重大转变。

6.完成了社会保障其他各项改革的调研和实施工作。一是苏家屯区财政局对区属事业单位养老保险参保范围、缴费基数、缴费能力及养老金收缴、发放情况进行了详细分析，对存在问题进行了解剖，提出了完善事业单位养老保险政策的建议。二是市财政局依据不同社区的工作量、工作难度、地理位置、改革程度，将全市划分为三类地区，依据社区干部工作岗位和个人现实工资状况，将全市社区干部工资补助分为四种类型，建立了比较科学完整的社区干部个人待遇补助标准体系。三是2001年市财政局从预算外资金中调剂1056万元，为市本级离休干部解决了2000年以前拖欠的医药费问题。四是2001年全市各级财政部门共筹集832万元，为524户优抚对象、345户贫困户改建了住房，并将17所敬老院改建为省级高标准敬老院。五是完善了农村救灾资金和贫困户救助管理方式，制定了村、乡镇民主核灾，救灾资金落实到户、到人的救灾资金发放管理办法。市财政局和于洪区财政局还共同组织开发了贫困户数据库管理软件，实现对贫困户的动态管理，保证了对贫困户的科学管理和及时救助。

（吴　玲）

【加强预算外收支管理】　2001年，沈阳市预算外收支管理工作紧紧围绕推进预算管理制度改革，建立综合预算体系的工作重点，加强和完善预算外资金管理。

1.预算外资金收支完成情况。2001年全市预算外资金收入为30.6亿元，完成年度预算的128.4%，比上年增加5.7亿元，增长22.71%；预算外资金支出29亿元，完成年度预算的123.69%，比上年增加4.7亿元，增长19.37%。

2.坚持依法理财，依法治费，强化预算外资金管理的制度化、法制化建设。2001年以《沈阳市预算外资金管理规定》（市长令50号）为依据，起草了《沈阳市预算外资金管理规定实施细则》，并予以颁布。

3.扩大“票款分离”工作实施范围，推行“以票管费”新举措，构建预算外资金征管体系。在推广“票款分离”办法基础上，实行“以票管费”新措施。以市政府办公厅名义印发了《转发关于实行预算外资金票款分离管理意见的通知》，确定了市技术监督局、市民政局、市司法局3个主管部门作为试点，在6月1日正式实行票款分离新办法。还制定印发了《关于强化票据源头管理，全面推行“以票管费”工作实施意见》，推行票据管理台帐，采取验票核算的稽查方式，实行票据分次限量发放、验旧换新的管理模式，强化了票据管理工作。

4.研究预算外资金的分配政策，推

进预算改革，强化综合预算管理。按照综合预算要求，统一范围，统一标准，统一编制。编制综合预算，拟定预算外财力收支预算编制的政策规定及预算编制依据。为掌握预算外资金总体情况，实行对全市预算外资金季度分析制度，进行动态分析。根据收入进度控制支出，做好资金调度工作。

5.加强预算执行的监督检查，构建预算外资金管理财政监督体系。配合专门监督稽查机构，对重大收支项目，进行追踪监督，发现问题，及时查处。扩大预算外资金理财视野，将捐资助学、捐赠收入、社团会费等资金纳入管理范围。全年组织了全市非税收入检查、市本级教育系统票款分离执行情况检查、专项资金检查。在非税收入检查中，以市政府名义下发了《关于在全市全面开展非税收入检查工作的通知》。检查分自查、重点检查两个阶段，单位自查面达到100%，重点检查面达到42.7%，对检查出的问题及时提出处罚意见和整改措施。

（*冯耀良　李贤红*）

【财政管理改革】 2001年，沈阳市财政局坚持公共财政理论，不断转变理财观念，创新理财制度，更新理财方式，充分发挥财政在宏观调控中的作用，有效地促进了沈阳的经济发展。

1.全面实施预算改革。一是在市本级1650个单位实行综合预算，涉及数据4万个。二是在农业、教育、科技和社会保障等23个单位进行了部门预算试点。三是在15个部门20个单位进行零基预算试点。四是实行政府采购预算，全年完成政府采购项目1891个。五是实行社会保障预算，保证增量财力主要用于社会保障。六是实行政府债务预算，年初向19个项目单位下达债务预算，按期偿还水平超过往年。

2.实行国库集中支付制度。制订《沈阳市党政机关和预算单位工资统一支付实施方案》，建立工资统一发放专户，法库县、新城子区、和平区、铁西区、大东区、辽中县等已全面实行了工资统一支付制度。建立工资统发专户，实行行政事业单位经费统管，将13个区县（市）和开发区1250户单位的621户纳入统管单位帐户，削减财会人员1291人。

3.强化政府采购管理。建立政府采购网站，市与区县（市）两级财政部门积极开展网上采购业务，扩大网上采购规模。实行会议服务采购，对市劳模大会等实行政府采购，有效节约财政资金。开展大型集中采购业务，对教学用计算机实行政府采购，节支率达到22.72%。实现了教学设备集中采购、单项采购金额、网上采购直播的“三个突破”。

4.完善区、县（市）财政管理体制。落实市委、市政府加强城区、区县（市）和浑南新区建设意见，创新财政体制，实行增值税1：0.3返还，确定新兴工业园税收分成办法。将部分原属市本级的财政收入划为区县（市）、浑南新区的财政收入。坚持分区而治，下放城市公园等事权，相应将财权赋予有关区县（市）。

5.做好社会保障改革工作。重点把握筹资与审核两个环节，积极推进“并轨”工作，做实基本养老金个人帐户，筹措“并轨”资金，强化企业筹资责任，落实筹资渠道，完善财务核算办法，实行委托银行直接发放。率先成立15个市与区县（市）两级社保资金管理中心，扩大低保覆盖面，实现低保资金银行发放。积极推进医疗保险制度改革，积极参与政策制定及公务员医改补助测算，确保医疗保险改革如期进行。

6.推进事业单位改革。制订实施《沈阳市事业单位经费支出改革方案》，对教育、文化、卫生、体育等37个单位进行改革试点，调整科研经费结构，推动事业单位走向市场。积极推进区县（市）环卫体制改革，实行政事分开、管干分离，逐步实现环卫管理市场化、专业化。

7.支持国有企业改革。对全市99户国有大中型企业的辅线单位实行主辅分离，使国有企业自管房产、供水、医院、供暖等逐步从主线中分离出来。

8.改革供暖保障体制。实行“统一政策，区域管理”，改变供暖保障金补贴对象和补贴方式，为保证按时开栓，解决特困户供暖提供了保障。

9.实行粮食企业报帐制改革。采取市、县分级管理，下达三项费用控制指标，按月报帐、通报控亏情况，不执行市规定标准不准销售等措施，降低了粮食企业亏损数额。制定粮食企业报帐制改革办法，在法库县进行报帐制试点，为全面开展此项工作积累了经验。

10.进行全方位的会计委派制。在市直部门89个委办局中建立了14户集中核算中心；向全市229户国有大中型企业委派了财务总监；完成了开发区在内的17个区县（市）集中核算中心的组建，在全市8个郊区县（市）的116个乡镇的1614个行政村建立了不同形式的乡镇会计核算中心。

（*殷建通*）

【实行会计委派制度】 沈阳市实行会计委派制度始于1998年，到2001年底，全市各种形式的会计委派工作已初见规模。会计委派工作主要有以下四种形式：

1.会计集中核算形式。即在市直行政事业单位和区、县（市）政府建立会计核算中心，取消各单位银行帐户，归口核算中心统一核算，各单位只设一名报帐员。到2001年底，市直行政事业单位有8个部门成立了会计核算中心，全市包括开发区在内的17个区、县（市）都成立了会计核算中心。在成立会计核算中心，撤销各单位帐户过程中，采取与四个方面工作相结合的原则，即与清查“小金库”相结合，与审计财务收支是否合法相结合，与清产核资摸清家底相结合，与考核会计人员业务素质相结合的原则，以确保会计信息的真实、准确、完整。

2.乡镇会计集中核算形式。即对村级财务实行乡镇会计集中核算，取消各行政村帐户，各村只设一名报帐员。到2001年底，全市8个郊区、县、（市）138个乡镇、1958个行政村，已有116个乡镇、1614个行政村实行了集中核算，分别占全市乡镇和行政村总数的84%和82%。其中：苏家屯区、东陵区、法库县的所有行政村均已全面实行了乡镇集中核算，新城子区除财落乡外均实行了乡镇集中核算。

3.委派财务总监或总会计师形式。即对国家控股企业或国有大中型企业委派财务总监或总会计师。到2001年底，在全市56户国有及国有控股企业中，已委派了总会计师和财务总监39人。此外，还实行了部门内部委派，如市房产系统、市交通局所属沈阳兴运集团等，向其所属各单位实行内部委派会计人员。被委派会计人员的人事、工资、福利关系集中到集团公司统一管理，从而解决了会计工作中存在的“顶得住，站不住；站得住，顶不住”的问题。

4.实行代理记帐形式。即对不具备设置会计机构和配备专职会计人员条件的企事业单位、小型经济组织和个体工商业户，委托会计师事务所或代理记帐公司实行代理记帐。到2001年底，已有436户小型经济组织和个体工商业户实行了代理记帐。

（*王颖坤*）

国　税

【税收计划执行情况】 2001年，沈阳市国税局税收工作取得可喜成绩，提前25天超额完成全年任务，创下了建局以来的最好水平，实现了历史性的突破。

一、全面超额完成全年的各项税收任务

1.完成计划口径税收收入66.5亿元，比上年增长12.56%，完成全年计划的107.80%。其中：中央级收入完成49.5亿元，增长14.13%；地方级收入完成

17.1亿元，增长8.98%；市本级收入完成9.2亿元，增长4.57%。

2.国内两税完成53.5亿元，比上年增长16.22%，增收7.5亿元，完成年计划103.36%。其中：国内增值税完成47.2亿元，增长12.76%；国内消费税完成6.3亿元，增长50.73%。

3.中央营业税完成2.0亿元，比上年下降32.03%。

4.企业所得税完成4.9亿元，比上年增长4.76%。

5.外商外企所得税完成6.2亿元，比上年增长12.98%。

二、组织收入工作中的主要特点

1.从税种看。考核范围内的五个税种中，除营业税因税率下调的政策性因素而减收外，其他税种均呈现增长。其中：增长幅度最高的是国内两税，为16.22%；最低的是企业所得税，为4.76%。变化较大的税种增减的主要原因：一是国内两税增长16.22%，元通发电、国电发展东北公司、沈阳金通的不可比增收，中石油等企业的政策性增收，还有中兴、联营、卷烟厂等企业的生产效益提高的因素。二是涉外所得税增长12.99%，直接原因为省移动通讯的巨额增收。

2.从收入级次看。中央级收入的增长幅度均高于地方级和市本级收入。中央级收入增长幅度为14.13%，比地方级收入的增幅高出5.15个百分点，比市本级收入的增幅高出9.56个百分点。主要原因是上年兴远东汽车零部件公司有外商企业所得税查补税款2.0亿元，为市本级收入，使得上年的地方级及本级收入基数过高。

3.从经济性质看。2001年，在各经济类型的税收中，增长幅度最高的为股份公司税收，完成15.0亿元，比上年增长101.65%，占总收入比重为22.45%。其次为涉外税收，完成24.6亿元，增长19.19%，占总收入比重为36.92%。再次为集体企业税收，完成4.2亿元，增长12.35%，占总收入比重为6.29%。国有企业税收和民营税收为负增长，其中：国有企业税收完成15.5亿元，比上年下降20.30%，占总收入比重为23.34%；民营税收完成7.3亿元，同比下降0.50%，占总收入比重为10.99%。

4.从产业看。税收收入全部分布在第二产业和第三产业，比重分别占到了64.25%、35.75%。在第二产业中，电力、煤气及水的生产和供应业及制造业所占份额比较大，比重分别为20.21%、79.20%；第三产业税源主要体现在商业和金融保险业上，比重分别为50.59%、15.27%。

5.从征收单位看。全市各征收单位的增长幅度整体上明显好于上年。从统计情况看，有13个单位实现了增长，增长面占全市18个单位的72.22%，增长最高的为82.61%，有5个单位为负增长。

6.从重点行业看。国内增值税15个重点行业的收入中，有8个增收，7个减收，增收最多的是电力行业，增收额达到2.2亿元，占增值税总增收额的41.12%。

7.从重点企业看。在全市纳入重点监控的年纳税能力在1000万元以上的57户企业中，增收的有29户，减收的有28户，57户重点企业总共入库31.3亿元，同比增长21.59%，高于全局总收入的增长幅度，占全局税收收入的46.96%，比上年增收5.5亿元，占全局总增收额的74.76%。

（曲东凯）

【整顿规范税收秩序】 2001年，沈阳市国税局召开了全市整顿和规范税收秩序工作会议，在全市范围内开展了严厉打击涉税违法犯罪、整顿和规范税收秩序的专项斗争。

本着标本兼治、内外兼治的原则，市国税局以加强征管工作、规范执法行业为基础，以打击虚开增值税专用发票、骗取出口退税等涉税违法行为为重点，先后开展了一系列专项整治行动，为净化全市税收环境，起到了积极的作用。加快税收工作科技化、信息化进程。全市国税系统成功运行了中国税收征管系统(CTAIS)，继续完善和发挥金税工程在税收工作中“生命线”的作用，自行研制开发了税收征管地理信息系统和执法监察软件。强化内部监督机制，规范执法行为。加强了对干部的思想道德教育，树立服务理念，建立健全“两权”监督机制。认真贯彻落实新《征管法》，按照新《征管法》的要求全面清理税收违规文件，并向市政府形成了《关于清理沈阳市部分企业违规缴(退)税的请示》。开展对税务代理中介机构脱钩改制情况的检查，对沈阳市国税局所属的沈阳盛达税务师事务所及所下属17个分所进行了全方面的脱钩改制。加大宣传力度，使专项整治活动深入人心。深入各辖区开展税法宣传活动；在各级新闻媒体上对涉税违法案件予以曝光；与公安机关联合召开新闻发布会，公告专项整治情况，营造了良好的社会氛围，震慑犯罪分子。

在整顿和规范税收秩序行动中，市国税局重拳严厉打击涉税违法活动。开展了对商贸企业增值税一般纳税人的专项检查；对乡镇企业、民政企业、金融保险企业、铁路企业的专项检查；个人利息所得税的专项检查；涉外税种审计工作；出口退税企业清查工作；漏征漏管户的清查工作。查处了一批比较典型的案件：全国首例“洗发票”案；隆莹公司偷税案；天星计算机公司接受虚开增值税发票案等，有力地打击了涉税违法犯罪活动。

在整顿和规范税收秩序行动中，全市国税系统共查处各类案件3.3万件，查补税款1.9亿元，罚款3272万元，课征滞纳金2407万元。

（张永祥）

【征管改革】 2001年，市国税局进一步深化征管改革。

1.强化依法治税，认真推广运行CTAIS。2001年，沈阳市国税局有计划地进行市局级各个模块的熟悉应用，按照规定期限实施文书审批、税务登记、非正常户稽核和结果反馈等日常业务。审批延期缴纳税款文书无差错，全市非正常户稽核和结果反馈1100余户。结合CTAIS强化稽核评税工作，出台了《征管质量考核三率、非正常户认定操作规程》，撰写了《以CTAIS为载体，强化税收征收管理，全面提高征管水平》的经验材料，在全省及全国税收征管工作会上作了介绍。

2.注重对管户的监控，加强税源管理。一是强化税源监控，分析管户下降的原因，及时提出了强化管理的措施，并运用CTAIS中的非正常户稽核模块进行全面稽核，在全市范围内找出了非正常户中的法定代表人还在正常经营中的1117户，使567户非正常户办理了注销税务登记，使112户恢复了正常的纳税申报。二是认真组织漏征漏管户清理工作。2001年7月和11月全市组织了两次大规模的漏征漏管户清理工作。全系统共清理漏征漏管户5496户，补税罚款及征收滞纳金734万元，补办税务登记877户。

3.开展稽核评税工作。为了加强全市稽核评税工作，起草了沈阳市国家税务局稽核评税工作管理办法及工作规程。应用CTAIS开展稽核评税工作，全市共稽核评税6600户，其中：一般纳税人5692户，小规模纳税人908户。转稽查选案424户，补税1281万元，罚款14.6万元。

4.建立征管基础数据体系。根据税收征管工作的实践，印发了《建立运用税收征管基础数据体系的通知》，对税收征管工作中经常运用的主要数据名称、计算、使用范围、解释口径等，依据法律法规做了统一规定，并将这些基本数据分类归口，按照职责分工管住管准，实现数据管理“三个一致”，即：统计口径一致，纸文件和计算机数据一致，分局掌握的数据和企业的一致。

5.从强化管票入手，完善普通发票管理工作。在做好税收征管工作的同时，重视抓好普通发票的管理，下发了《沈阳市普通发票管理办法》，推行剪贴发票工作。从2001年8月1日起先在全市范围内的机动车修理修配行业和经营医药的纳税人启用剪贴发票。为顺利推行剪贴发票工作，制定了《关于贯彻辽宁省国家税务局推行使用剪贴式普通发票实施办法的通知》，决定从2002年1月1日起，在全市商业销售、机动车修理修配、加工修理行业启用剪贴发票。

(王　伟)

【个体税收征管工作】 2001年，沈阳市国税局以个体市场征管为重点，规范个体税收征管，提高征管质量。

1.大力贯彻依法治税，抓规范管理。对个体户的征收管理从税务登记、发票管理、申报征收到纳税资料归档按法定规程进行全面统一规范，并收集整理了“关于加强个体征管解决疑难问题”的30条办法，在全系统交流，得到基层所的好评。

2.调整定额。对个体业户采取减一增二、减一增三的办法调整定额，即淡季时将定额下调一，旺季时增加定额二或三，保证了整体税收的增长。同时确定同行业不同类型的最低定额。在调整定额的工作中，对全市177个市场、33个行业进行了税负调查。各税务所还增强了业户定额的透明度，把业户已调的定额通过大屏幕滚动播放，让全体业户互相监督。

3.查仓储。对柜台、摊位确定定额，同时个体户按月申报仓储地址、面积、存放货物种类及数量，并将其纳入日常管理检查的内容之中，使其成为调整定额的重要依据。

4.在五爱市场试运行税费统缴“一卡制”。“一卡制”是将国税、地税、工商管理费由分头征收改为统一征收。由国税、地税、工商部门建立联合“收费中心”，业户统一使用“建行龙卡”，在规定时间到收费中心一次性交纳完毕当月税、费。

5.加强个体、市场建帐工作。全市个体市场建立简易帐簿16382户，复式帐簿1135户，建帐面达35%。

6.对个体零散税收代征工作进行了规范。全市统一了代征协议书，制定了代征工作程序，明确工作权限、责任。上半年还对全市代征工作进行了全面检查清理，及时纠正了存在的问题，使全市委托代征的38个市场均有委托协议。2001年，沈阳市国税局完成个体、私企税收收入6.0亿元，比上年增长14.8%。

(刘　彬)

【税务执法监察】 2001年，沈阳市国税局按照省国税局、市纪委、监察局的有关部署，紧紧围绕税收中心，强化税务执法监察工作，有效地促进了税务干部队伍的勤政廉政建设，为完成税收任务起到了积极的作用。

1.强化“两权”监督，推进源头治理。围绕税收执法权和行政管理权开展税务执法监察。制定了《关于税收执法权和行政管理权监督制约及责任追究的暂行规定》。内含税收执法工作和行政管理工作全程，明确了税政责任追究、征收管理责任追究、行政、稽查责任追究等十条规定，对850多名干部的执法行为和行政管理行为进行监察，发现有问题的行为10项，涉及人员10人，及时进行了责任分析、追究与处理，视情节轻重分别给予了通报批评。

2.针对税收工作重点，开展专项执法监察。围绕税收审批权、一般纳税人认定、税务稽查、税务所税款征收等重点环节，进行专项执法监察。对系统内100名涉外工作执法人员的执法行为进行了全面监察，组织召开了12次涉外企业座谈会，征求意见，研究对策，改正不足。制定了涉外税收工作量化考核制度，有效地约束了执法人员的执法行为，加强了队伍廉政建设，保护了外商投资企业的合法权益。

3.充分发挥计算机网络优势，推进税务执法监察软件应用进程。积极研究执法监察软件与新征管软件的接轨，召开现场会，在全省新征管软件试点单位普遍进行推广。执法监察软件在原有的基础上，逐步完成了升级换代，并被列为全国金税工程系统的重要组成部分，在税收工作中发挥了应有的作用。

(栾迅之)

【大力推进金税工程】 金税工程是国家重点信息工程，对于搞好增值税管理，提高税收征管质量，加强税务干部队伍建设具有十分重要的意义。2001年1月1日，沈阳市作为全国金税工程首批试点地区之一，率先进行金税工程运行工作。一年来，通过全系统上下的共同努力，成绩卓著。1至5月份，沈阳市在先期试点的全国四个试点省会城市中排名第一，从6月份起一直名列全省第一，综合采集率达到100%。11月份国务院总理朱镕基在网上检查金税工程运行情况时，对沈阳市的工作给予充分肯定。

(周建军)

地　税

【税费收入】 2001年，沈阳市地税系统共征收各种税费70亿元，税收收入连续突破了40亿、50亿两个大关，创历史最好水平。全年共组织各项税收收入50.09亿元，比上年增长26.64%，其中：市级收入完成22.19亿元，增长13.07%；区级收入完成27.9亿元，增长40%。2001年，征收企业所得税10.2亿元，比上年增长83.7%；征收个人所得税6.66亿元，增长36.81%。征收河道工程维护费8060万元。征收文化事业建设费1662万元。全年共征收社会保险费28.33亿元(含上半年社保经办机构征收8.43亿元)，其中：征收养老保险费25.5亿元，增收2.05亿元；征收失业保险费2.11亿元，增收50万元；征收医疗保险费5760万元；征收工伤保险费1431万元。

2001年沈阳市地税局在组织收入工作中做到了五个强化：一是强化计划调度，确保税款均衡入库。全系统继续坚持“七不”(不短收，不借探，不“造税”，不串库、混税种，不拉管户，不损害地税形象，不激化矛盾)原则。围绕实现阶段性目标，实行了严格的收入计划目标责任制，促进了收入任务的落实，实现了按时间进度、按入库级次全面完成任务。二是强化税源管理，完善税源监控体系。对重点税源、重点行业、重点企业实行分层次跟踪管理，形成了较为健全的税源监控网络。同时，采取多种措施支持非公有制经济发展，全年非公有制经济企业税收入库12.26亿元，占全年税收收入的25%。三是强化税政管理，挖掘新的税收增长点。加强了个人所得税征管，严格了代扣代缴制度。在全省地税系统首创了房产税纳税核定办法，按时完成了车船使用税代征部门的转换。加强了转让土地使用权营业税的管理，增加了税收。四是强化清欠力度，确保税款应收尽收。开展了全市性的清理欠税工作，特别加大了对建筑安装、房地产开发、上市公司等重点企业、重点行业和重点税种的清欠力度。全年全系统共清缴欠税4.07亿元，占地方税收的8%。五是强化催报催缴，促进社保费征收。将社会保险费征收任务与税收任务一同下达，一同考核，实行严格的收入计划目标责任制，并进一步强化了征收责任人对重点费源户的催缴力度。

(王　猛)

【征管改革】 2001年，沈阳市地税局不断深化改革，强化征管，税收征管质量和水平不断提高，征管改革实现突破性进展。

1.建立和落实了征管目标管理责任制度，把户籍管理、税源监控、催报催缴、税款征收、政策辅导、资料管理等各项工作纳入目标责任管理，进一步提高了税收征管质量。强化了税务登记管理，有效地解决了拉管户、抢税源、干扰税收秩序的问题。加大了“以票管税”工作力度，严厉打击发票违法行为。通过开展发票调检、受理发票举报、发票专项检查以及发票有奖查询活动，进一步提高了发票管理质量。规范了征管资料管理。全系统投入千余人，历时4个月，对全市6万户企业类和10万户个体类征管资料进行了清理归档，实现了征管资料规范化管理。实行了纳税人信誉等级制度。制定并实行了纳税信誉等级管理办法，全系统18个基层局都开展了等级评定工作。评出A级纳税人141户，颁发了A级证，实行当年免检。对277户C级纳税人加强了管理监控。加强了税收征管质量考核。对各征收单位进行了7项征管指标的考核，促进了征管质量全面提高。进行了IC卡和OCR电子申报试点工作。结合纳税信誉等级管理，使用了能区分ABC类企业的OCR纳税申报表。

2.强化功能，明确责任，全面加强了税务所征管基础工作。发挥管理职能，清理漏征漏管。充分发挥了税务所区域化管理职能，加强责任区内户籍、税源的有效监控，开展经常性的清理漏征漏管户工作，责任到人，奖惩分明，初步解决了责任不清、户籍不准等问题，全年共清理出9950户漏登户，及时补办了登记，补缴了税款。在部分税务所试行了扣分制度。根据征管质量考核指标，按人考核，充分调动了税务所人员的积极性，促进了征管质量的提高。加强了定期定额纳税核定工作。制定了全市统一的定期定额最低标准，平衡统一税负，进一步解决了纳税核定标准或低或高、税负畸轻畸重以及人情税问题。

（王 猛）

【全面实行稽查三制】 2001年，沈阳市地税局在全系统全面实行稽查员等级制、积分制和执法过错责任追究制，即稽查“三制”，其中稽查积分制在全国属首创。积分制就是将稽查人员日常工作用分值进行量化，并将工作业绩用分值累加的形式体现出来。把稽查户型、查补税（费）、滞纳金和罚款、入库税（费）额、滞纳金入库额、罚款入库额和复查扣分等6项稽查工作指标列入积分项目，确定不同的分值，积分结果与奖金分配、评选先进及下年度等级评定挂钩。积分制把稽查工作的各项指标进行了具体量化，使稽查人员的德、能、勤、绩得到了客观反映。稽查员等级制，就是按工作所承担的责任，将稽查员分为主查员、协查员和见习稽查员3个等级，明确责任，量能使用，定期考核，有升有降，不同级别承担不同的责任、权力和义务，享受不同的待遇。主查员、协查员和见习稽查员的评定以稽查积分、税收业务岗位资格考试成绩和民主测评为依据。执法过错追究责任制，就是对在执法检查、案件审理和复查中发现的稽查错案及执法过错进行责任追究，对稽查人员在行使职责时因故意或过失行为致使国家利益或公民、法人代表合法权益受到侵害的，给予必要的处理、处分。通过实行稽查“三制”，明确了稽查人员的责任、权力和利益，对稽查人员的工作业绩进行科学量化和严格考核，较好地解决了稽查工作中普遍存在的执法责任不清、检查质量不高、对涉税违法犯罪打击不力的问题。实行稽查工作积分制度，极大地激发了稽查人员查办案件的积极性和依法行政的自觉性，促进了稽查人员业务素质的提高。3月底前，全系统19个基层局全部完成了稽查员等级评定工作，共评定主查员223名，协查员100名，见习稽查员168名。对所有稽查人员以职定岗，以岗定责，责任到人。把实施稽查“三制”同组织收入、规范执法、奖金分配等紧密结合起来，效果非常明显。全系统稽查9924户次，查补入库税款、滞纳金、罚款3.6亿元。对百信鞋业等21起较大涉税案件进行查处，打击了涉税违法行为。

（王 猛）

【税收电子化】 2001年，沈阳市地税局全面推进税收信息化进程，税收信息化体系进一步完善。沈阳地税信息内网、外网全面开通运行，办公自动化软件得到全面应用，信息化装备水平进一步提高。全系统建成122个局域网和1个广域网，实现了数据共享，基本保证了业务需要。一是制定了信息化建设“十五”规划，确定了信息化建设的中长期目标、阶段性任务以及实现各项目标的保证措施。二是强化了信息化管理工作。出台了十多项信息化管理的制度、规程、职责和考评办法，明确目标，分解责任，初步建立起信息化管理的良好运行机制。三是优化完善了网络建设。对全局的小型机、服务器进行了扩容升级，扩充完善了市局机关局域网，实现了市局与基层局、基层局同税务所之间的数据传输和网上办公。进行了省局公文处理软件的应用试点和全面推广工作，为实行网上公文处理奠定了基础。四是大力开展计算机应用技术培训和岗位练兵活动，提高了全系统的计算机管理维护能力和应用水平。五是在全省地税系统率先开发了《沈阳地税信息网》和《沈阳市地方税务局》内、外两个网站。《沈阳地税信息网》开通以来，已经发布各类信息1569篇。《沈阳市地方税务局》是该局面向社会、面向世界的信息窗口，开通以来，已经发布各种稿件771篇。

（王 猛）

【打击涉税违法犯罪 整顿规范税收秩序】 2001年，全市地税系统共组织对7560户企业进行了重点检查，查补税款、滞纳金、罚款3.2亿元。查处偷税案件1380起，处理暴力抗税案件1起，向公安机关移送案件13起，公开曝光13起。一是强化案件审理工作，确保案件查处质量。严格执行稽查案件三级审理制度，促进了稽查办案质量的提高。充分发挥审理工作的监督制约作用，保证稽查办案的准确性。提前介入审理，保证涉税大要案查处工作及时结案。开展延伸审理，对一些事实不清、证据不足的案件开展延伸审理，保证案件定性准确，避免错案的发生。二是不断加强举报中心全面建设，努力提高举报受理工作质量。积极向广大群众广泛宣传税务违法案件举报政策，通过各种宣传形式鼓励和动员人民群众积极举报涉税违法案件。不断完善举报受理、档案管理和督办反馈等工作制度，使举报受理工作进一步规范化和制度化。充分利用信息化、自动化受理手段做好举报受理工作。举报中心共受理举报案件965起，比上年增长26.9%，其中署名举报536起，增长75.74%。奖励举报21人次，支付举报奖金19.2万元。三是加大清理欠税和执行工作的力度。对长期欠税不缴、多次催缴无效的企业采取公开曝光、查封拍卖等措施，使欠税问题得到解决。各基层局共扣押车辆10台，价值116万元；查封房产34套，价值1682.2万元；扣押其他物品12户次，价值106.1万元；查封帐号135户次，扣缴入库税款366.4万元；实施拍卖7户次，拍卖车辆房产所得341.5万元用以抵缴欠税。四是全面清理漏征漏管户，提高税收征管质量。全市共清理出漏征漏管户4178户，补办税务登记1530户，下发税务登记表1204户，下达限期改正通知书585户。为加大清理检查力度，全系统普遍加强了与工商、公安等有关部门以及街道办事处、协税护税网络的配合，开展“拉网式”的清理检查。五是严厉打击无证经营和发票违法行为。对全市发票违法行为进行了严格清理整顿，共查处倒买倒卖和使用假发票、开白条子、串用发票、重复使用、拒付发票等发票违法行为720起，面额592.4万元，罚款82.2万元。六是广泛进行新闻宣传和税案曝光，积极创造专项整治的舆论氛围。在中央及省、市主要新闻媒体发表税收宣传稿件380余篇。 （王 猛）

金融·保险

金　融

·人民银行·

【信贷收支情况】 2001年,沈阳市金融机构认真贯彻执行总行制定的各项货币信贷政策和分行年初召开的货币信贷工作会议精神,结合沈阳市经济发展的实际情况,不断加大金融对经济的支持力度,并通过信贷资金的优化配置带动经济结构的合理调整,全年金融运行平稳,金融机构存、贷款保持增长,为支持沈阳经济建设和社会发展发挥了积极的作用。

1.金融机构存款保持增长,企业存款波动较大,储蓄存款稳步增加。2001年末,全市金融机构各项存款余额1907亿元,比年初增加206.3亿元,增长12.1%,同比少增2.8亿元。其中企业存款651.4亿元,比年初增加49.8亿元,增长8.31%;居民储蓄存款1058.1亿元,比年初增加100亿元,增长10.4%。①企业存款波动较大,定期存款增速下降。年末,企业定期存款余额146.9亿元,比年初下降3.71%;企业活期存款余额504.5亿元,比年初增长12.3%。从时间上看,企业存款季末比季初增加较快。主要原因:一是部分企业在季末集中回款;二是商业银行管理方式所致,季末加大揽存力度。②居民储蓄存款稳步增长,定期储蓄占比增加。年末,定期储蓄存款余额766亿元,比年初增加58.9亿元,增长8.3%,增量占比58.8%,高于同期67.6个百分点;活期储蓄存款余额292亿元,比年初增加41.2亿元,增长16.4%。居民储蓄存款从7月份开始迅速增长的主要原因:一是沪、深股市长期低迷,股市资金回流储蓄;二是各金融机构以信用卡为龙头的中间业务发展迅速,带动了储蓄存款快速增加。

2.金融机构贷款增势平稳,增长速度适当。2001年末,沈阳市金融机构各项贷款余额1547.3亿元,比年初增加155.9亿元,增长11.1%,贷款增长速度高于经济增长速度0.5个百分点,与经济发展速度基本适应,但增幅比上年有所回落。主要原因:一是一些商业银行上收贷款权限,减少了沈阳地区贷款规模;二是企业经营效益及信用环境不尽人意,使得部分贷款需求不能得到满足。从贷款种类看,短期贷款余额1052.7亿元,比年初增加69.3亿元,增长7.01%;中期流动资金贷款余额54.4亿元,比年初增加1.8亿元,增长30%;中长期贷款余额389.2亿元,比年初增加90.1亿元,增长30.1%,其中,基本建设贷款比年初增加43.2亿元,增长38.6%。基本建设贷款增长较快,主要是今年加大了对高速公路、农村电网改造和城市基础设施的投入。

（姜淑华）

【城乡居民储蓄】 2001年沈阳市城乡居民人民币储蓄存款余额首次突破千亿元大关。年末余额达1058.1亿元,比年初增加100亿元,增长10.4%,同比增加47.8亿元,是近几年存款增加较多的一年。其中城镇居民储蓄存款余额为967.5亿元,比年初增加95.6亿元,增长11%;农村居民储蓄存款90.6亿元,比年初增加4.6亿元,增长5.4%。在全市城乡居民储蓄存款总量中,定期存款766亿元,占72.4%,比上年下降1.6个百分点;活期存款292.1亿元,占27.6%,比上年增加了1.6个百分点。全市人均储蓄存款1.54万元,比上年增加1276元,增长9%。

2001年沈阳市城乡居民人民币储蓄存款余额增势较强,存款余额以平均每月8.3亿元的额度递增,这种增势一方面显示了以往分流资金的回归;另一方面也反映出居民收入呈多元化且非工资性收入不断增加。从金融机构现金统计情况看,沈阳市2001年全年工资性支出227.5亿元,仅比2000年增加4.8亿元,增长2.2%。

2001年城乡居民人民币储蓄存款增速加快的原因有以下几个方面,一是投资渠道狭窄,国债等深受老百姓欢迎且利率相对高、风险小的金融品种不能满足市场需求;二是受沪、深两地股市低迷的影响,前两年投入大量资金的股民纷纷撤回资金,通过银证转款存入储蓄帐户;三是各金融机构不断加强和改善金融服务,不断加大对信用卡(包括储蓄卡)的多功能开发及推广力度,使以信用卡为龙头的中间业务发展迅速,从而带动了储蓄存款的不断增加;四是居民风险意识逐渐增强,投资更趋谨慎。储蓄以其无风险,收益稳定而备受老百姓青睐;五是我国加入WTO后,汽车、住房等大件商品价格呈下降趋势,助长了居民储蓄待购的心理;六是居民对自己未来收入预期信心不足;七是外币利率连续下调,一定程度上减少了本外币兑换造成的分流,从金融机构外汇统计情况看,截至2001年末,全市城乡居民外币储蓄存款余额为18.3亿元,比年初增加1.7亿元,同比少增3亿元。

（庞宇飞）

【货币政策】 2001年中国人民银行沈阳分行营业管理部认真贯彻执行稳健的货币政策和扩大内需的方针,充分发挥货币政策的宏观调控作用,紧紧围绕沈阳市经济结构调整,灵活运用货币政策,适度增加货币供应量,加强窗口指导,理顺货币政策传导机制,引导商业银行扩大信贷投放,进一步加大金融对沈阳市经济发展和经济结构调整的支持力度。

进一步扩大银企签约范围,引导商业银行扩大信贷投放。2001年沈阳市11家商业银行同53户重点行业的重点企业签订银企合作金额47.45亿元,签约范围进一步扩大,同时加强了同民营企业的合作,11家商业银行同16户民营企业签订银企合作金额2.95亿元。截至12月末,履约贷款85.96亿元,完成签约计划的181.15%。

加大金融与科技结合的力度,支持高新区和高新技术企业发展。全年11家商业银行同186个科技贷款项目达成贷款意向17.63亿元,截至12月末,共对78个科技贷款项目发放科技贷款13.5亿元,完成合作意向额的76%。下半年对市科委提出的28个重点民营科技贷款项目采取一户一策给予了重点落实,共落实贷款2.3亿元,有力地推进了沈阳市民营经济快速发展。

同政府及相关部门密切协作,推动个人住房消费信贷业务的开展。为进一步扩大沈阳的消费需求,大力推动个人住房消费信贷业务的开展,引导商业银行实行一站式服务,为消费者办理信贷业务提供了方便条件。截至12月末,个人住房贷款余额93亿元,比年初增加38

亿元。

实施科教兴国战略，积极推进助学贷款业务的开展。2001年营业管理部组织人员深入大专院校、教委、财政等有关部门调查研究，督促商业银行加速助学贷款的运作。截至12月末，助学贷款余额8563万元，比年初增加5138万元，其中国家助学贷款余额5027万元，比上年末增加3874万元，增长3倍。

加大支农再贷款的投放，做好支农再贷款的管理工作。引导农村信用社加大对农业的资金投入，全力满足农村农户备春耕生产、抗旱救灾的合理资金需求。针对农村信用社信贷资金不足的状况，累计发放支农再贷款5.05亿元，为沈阳市的农业发展和农村经济结构调整提供了有力的资金支持。

规范票据市场和票据业务，充分发挥了再贴现的引导信贷资金投向的作用。积极引导商业银行办理承兑、贴现业务，同时有目的地引导再贴现资金投向沈阳市重点企业和重点项目。截至12月末，全市各商业银行累计开出承兑汇票366.7亿元，累计办理贴现397.2亿元，分别比上年增长69.4%和46.5%，人民银行累计办理再贴现59.5亿元。

采取多种措施，增加对中小企业的贷款投放。营业管理部经过深入调查研究，制订并下发了《进一步加强和改进对中小企业金融服务的指导意见》，引导商业银行适时调整信贷结构，改进对中小企业金融服务方式，创新金融产品。截至12月末，全市商业银行中小企业贷款余额665.7亿元，比年初增加38亿元，占全市各项贷款新增额的39%。

（焦　石）

【会计结算管理】 2001年，中国人民银行沈阳分行营业管理部进一步加强了会计结算工作，会计结算服务和监管水平不断提高。

1.加强和规范会计核算管理。制定了《中国人民银行沈阳分行营业管理部会计检查工作实施细则》、《营业管理部会计人员操作手册》等规章制度，对各个会计岗位职责和操作规程做了必要修改和完善。为进一步强化内部管理，对全辖会计工作进行了突击检查。为确保联行资金安全，对全辖联行制度及内部控制制度执行情况进行检查，取得了良好的效果。

2.制定并下发《沈阳市同城特约委托收款管理方法实施细则》。为规范同城特约委托收款结算行为，根据分行制定的《同城特约委托收款的管理办法》要求，结合沈阳市的实际情况，制定了《沈阳市同城特约委托收款管理办法实施细则》，于6月25日正式下发，并于10月1日起正式实施。截至年底，共有中国电信沈阳分公司等35家企业取得使用同城特约委托收款结算资格，并根据部分企业的实际需要，批准了中国电信沈阳分公司等7家企业使用特定格式结算凭证。

3.为进一步加强全市结算管理，规范支付结算行为，于5、6月份对全市各商业银行的13家营业机构2000年以来支付结算纪律执行情况及银行帐户管理情况进行了检查。对检查中发现的违规开立使用银行帐户、放弃结算制裁等问题及时提出整改意见，对违规性质严重的进行了经济处罚，总计罚款26.8万元。维护了全市的结算秩序。

4.开展打击信用卡透支犯罪行动。根据公安部和人总行文件精神，营业管理部与沈阳市公安局经济案件侦察处联合开展打击信用卡恶意透支犯罪的专项活动。制定了切实可行的行动方案，在《沈阳日报》和《沈阳晚报》上刊登了公告和催收名单，通过各商业银行积极配合，仅在一个月内为各行追回恶意透支款60多万元，净化了全市银行卡使用环境。

5.积极配合市政府做好加强行政事业单位帐户管理工作。配合沈阳市政府对全市各机关、行政事业单位的银行帐户进行了全面整顿，下发了《允许保留行政事业单位银行帐户的政策规定及违反规定的处罚意见》。截至年底共清理市本级不合规行政事业单位银行帐户468个，规范了行政事业单位银行帐户的开立和使用。

（张晓霞）

【纪检监察工作】 1.党风廉政建设工作。2001年，沈阳市金融系统各级纪检监察部门认真贯彻中央纪委五、六次会议和上级行司纪检监察工作会议精神，落实党风廉政建设责任制规定。一是重教育，先后组织观看了“慕、马”腐败案件警示录，进行法制教育讲座，参观监狱，举行了沈阳金融系统党风廉政教育报告会，听取中央金融纪工委副书记赵凤祥同志作的警示教育报告。通过各种形式，采取多种手段，加大反腐败宣传教育力度和推进了党风廉政建设，收到良好效果。二是重检查，进一步落实了党风廉政建设责任制的考核检查和责任追究。全市金融系统在2001年各项检查中，共对205名违纪违规违章的责任人及有关领导进行了追究，分别给予党政纪处分和经济处罚。

2.银行承兑汇票专项治理。按照中央金融纪工委部署，在各金融机构自查基础上，沈阳市金融系统监察室集中力量，抽调专人组成两个检查组于2001年8月6日至9月14日，对沈阳市国有独资商业银行和交通银行沈阳分行辖区的57个城区支行2001年5月31日现存银行承兑汇票业务进行逐笔检查；对1999年1月1日至2001年5月31日所形成的银行垫款问题进行逐笔检查。通过此次专项治理工作，共处理相关责任人42人，有效防范票据案件和票据风险的发生。

3.大要案呈上升趋势。2001年，沈阳市金融系统立案查处各类违法违纪案件7件，涉案金额为4117.13万元；案件数量比上年下降12.5%；涉案金额则上升441.26%，涉案人数为10人。7件案件中百万元以上案件3件，其中贪污案1件，挪用公款案6件。有5人被开除公职，1人受刑事处罚。在立案查处的案件中，追究领导责任14人，追究有关责任人11人。

4.纠正行业不正之风。2001年，全市各行司社围绕金融改革、防范风险和提高服务质量等项工作任务，抓好纠风工作措施的落实。一是突出了“纠建并重，综合治理”的方针，将纠风工作任务和目标纳入行长（经理）经营责任目标考核之中。二是进一步健全了各项制约机制，规范了领导干部的“用权、管钱、用人”行为，有效防范了弄虚作假、铺张浪费、腐化堕落等不正之风的发生。三是重视对行风建设的监督检查，加大查处力度。市各行司社都设有专门机构，负责对行业作风的监督检查。

5.金融执法监察。2001年，全市各行司社紧紧围绕金融工作中心，深入开展执法监察工作。全年选题立项29个，投入人力100多人次。通过执法监察发现各类问题近百个，提出整改建议49条。通过2001年金融执法监察工作，促进了党风廉政建设责任制在金融系统的贯彻落实，进一步建立和完善了内控制度，较好地履行了纪检监察为金融中心工作保驾护航的职责。

（刘海涛）

【银行卡网络稳定运行】 2001年，沈阳市各金融系统认真贯彻全国银行卡会议精神，按照人民银行颁布的统一的业务规范和技术标准，进行网络系统标准化改造，推动了银行卡联网联合再上新台阶。

1.联网规模不断扩大。2001年全市12家发卡银行的ATM/POS系统全部实现了计算机联网，做到了资源共享，机具通用。联网的自动柜员机已增加到599台，比上年增长27%，其中穿墙式自动柜员机360台，自助银行57处，每天24小时为持卡人提供取款服务。POS机增加到3961台，增长3%。同时还实现了与全国总中心的联网，沈阳市的持卡人可以在沈阳以及16个金卡工程试点城市的ATM/POS机上异地跨行取款和购物消费，方便了广大持卡人。

用卡环境不断改善，发卡量大幅增长。截至2001年底，沈阳市发卡量已达到788万张，存款余额248亿元，比上年分别增长40%和33%。全年同城跨行清算交易424.5万笔，交易额为28.9亿元，比上年分别增长84%和93%。异地跨行交易2.96万笔，金额2472万元，分别比上年增长207%和189%。

2. 银行卡交换系统标准化改造工作。全国银行卡工作会议提出了从2004年1月1日起，在全国300个大中城市实现银行卡全国联网通用的目标。人民银行总行颁布了全国统一的业务规范和技术标准，要求各商业银行和各区域中心按照新的技术标准对应用系统进行标准化改造。经过认真细致的工作，沈阳银行卡网络服务中心已完成了新旧系统转换以及与总中心之间接口软件的测试、清算处理和直连POS功能的测试，通过了全国银行卡办公室的测试验收，具备了生产运行条件。

各成员行也在积极进行标准化改造工作，中信银行沈阳分行已顺利完成了与市中心的联网测试。

3. 基本实现"一柜一机"目标。由于历史原因，在商户重复摆放POS现象比较突出。在人民银行协调下，经各成员行反复协商讨论，制订下发了《清理整顿POS实施方案》，并抽调12家成员行的业务人员一起对全市268家重复摆放POS的商户逐户进行清理和规范，经过三个月的集中工作，各行共撤回重复摆放的POS891台，基本上实现了"一柜一机，一机多卡"通用的目标，不仅节省了设备资源，改善了有序竞争的良好市场环境，也为沈阳市POS由间连改为直连打下了良好的基础。

（李晓峰）

·工商银行·

【存款业务】 2001年末，中国工商银行辽宁省分行营业部各项存款余额502.9亿元，比年初增加39亿元，同比多增27.1亿元。其中储蓄存款余额304.7亿元，比年初增加11.6亿元，同比多增7亿元；累计代理发行凭证式国债5.1亿元，兑付国债9.2亿元；对公存款余额158.3亿元，比年初增加16.6亿元，同比多增7.8亿元；同业存款余额40亿元，比年初增加10.8亿元，同比多增12.4亿元。

2001年，针对国债发行、楼市活跃、存款市场竞争激烈等相关市场因素对增存工作影响较大的情况，中国工商银行辽宁省分行营业部不断强化改革措施，完善服务手段，实现了储蓄、对公和同业存款同步大幅增长的良好态势。个人金融业务工作重点放在稳存和增储上，一是推出系列揽储手段，促进增加储蓄存款。抓住元旦、春节揽储黄金时机，推出"首季开门红"增储竞赛和"关注未来，自助教育"有奖读书及牡丹卡有奖消费等形式多样、内容新颖的活动。在国债到期推出国债兑付存"一站式"服务，提高了国债到期转存率。这些服务的及时推出，有效地促进了储蓄存款的快速增长。2月21日全行储蓄存款余额突破300亿元，成为全国工行系统第5个储蓄存款突破300亿元的城市行。同时还推出教育储蓄、留学贷款、代缴学费、出国存款证明、一卡一折异地通兑等助学助教系列产品，成效明显。教育储蓄较年初增加1.1万户，1.1亿元。二是实施大所战略，加速网点业务整合。装修改造12个储蓄所，全行理财网点达到20个，同时撤并25个低于保本点的储蓄所。根据客户需要，改造和调整了辽沈一所的业务格局，实现了综合经营。新增外币储蓄所63个，28个具备综合服务功能的储蓄所升格为分理处。同时，39个储蓄所取消复核制，柜员制储蓄所达到170个，占全行网点总量的83.3%；三是改革储蓄考核办法。实行储蓄存款增加额与业务增长量双向考核，调动了全员发展个人金融业务的积极性，促进了储蓄存款稳步发展。

对公存款工作的重点是在非信贷优质客户中推行客户经理制，选择存款余额较大的优质客户，派驻客户经理组，提供全面的金融服务，效果显著。到年末，18个客户经理组对公存款比年初增加4.3亿元，占全行新增对公存款的25.9%；同业存款增加12.5亿元，强化龙头客户服务，促进系统行业存款增长。抓住财政系统支出管理体制改革、劳动及社保系统的建立及电业局收费改革的良机，积极参与代理收付业务，扩大了收费代理业务量，带动了存款的增长。同时，有针对性地开展流失客户回归工程，建立中小客户现金流量档案，强化派生存款监测，实现了对公存款均衡增长。

同业存款工作重点放在争取证券公司、财务公司及商业银行的活期存款上，将同业存款纳入支行行长目标考核体系，极大地调动了各支行开展同业存款的积极性。同时，不断强化全行内部职能处室的业务分工和协作，有效地促进了同业存款快速增长。

（于立军）

【贷款业务】 2001年末，中国工商银行辽宁省分行营业部各项贷款余额497.3亿元，比年初增加48.6亿元。其中流动资金贷款余额319.2亿元，比年初增加0.64亿元；项目贷款余额131.1亿元，比年初增加23.8亿元；住房开发贷款余额25.8亿元，比年初增加7.9亿元；个人住房消费贷款余额19.4亿元，比年初增加12.6亿元；其他个人消费贷款余额1.8亿元，比年初增加0.13亿元。

2001年，贷款工作重点放在集中资金支持优质项目和住房建设上。项目贷款重点投向了丹本高速公路项目、省电力公司鞍山城网、省联通公司GSM移动通讯网、沈阳铁路局购置机车客车、沈阳电信公司本地交换网讯、沈阳飞机制造公司飞机零部件转包生产等基础设施、重点基础产业、高新技术产业和非生产流通四大领域，增投的项目贷款总量的89.9%投向这些领域。住房贷款着力点放在支持重点工程、培育客户资源上。集中资金重点支持荷兰村花园、玛莉蓝成龙花园等经济实力强、业绩优良、知名度高且具有优质项目的大型房地产开发企业，并有选择地支持了沈阳工业大学、沈阳大学学生公寓等高校基础设施建设。截至年末，住房开发贷款增加7.9亿元，同比多增6.3亿元，增长4倍多；个人住房消费贷款增加12.6亿元，同比多增7.1亿元，增长1.3倍，贷款增量占比位居沈阳市同业之首，贷款余额占比也由年初的第3位提高到第2位。为进一步拓展最终消费信贷业务市场，还增加了对个人综合消费贷款、汽车消费贷款等消费贷款的投放。流动资金贷款重点支持了沈阳高压开关有限公司、蓄电池股份公司、第一制药厂、水泵股份公司、雪花集团等一大批重点项目和国家重点企业的资金需要，有效地促进了这些项目和企业生产经营的顺利进行。

（于立军）

【中间业务】 2001年，按照市场需求及降低成本的经营思路，积极开拓中间业务和新业务。全年共实现中间业务收入3299万元，比上年增加977万元。全年主要作了以下工作，一是充分依托结算业务优势，推进中间业务发展。已与国家开发银行、招商银行、华夏银行等39家金融机构建立了代理兑付银行汇票业务关系，增加了同业存款和兑付手续费收入，全年共代理他行银行汇票9.6亿元。二是网络结算业务不断拓展。为76家券商营业部办理资金结算业务，为全国30多家集团客户办理了网络结算业务，累计办理网络结算341亿元。三是电子银行业务取得快速发展。网上银行全年新开18户，实现转账付款23.8亿元，企业银行经过前期论证、测试、安装，目前系统投入运营的基本条件已经具备。电话银行全面启动，注册质量不断提升。全年共完成对公电话银行客户注册1.1万户，个人电话银行客户注册5.4万户。四是采取有效措施，全面推动牡丹卡业务发展。通过开展“牡丹卡百日有奖消费活动”，推动了牡丹卡的销量。全年新增发卡4万张，牡丹卡消费额6.1亿元，交易额51亿元。五是整合中间代理业务，提高了收益水平。中间业务工作重点放在对原有品种整合及新业务的拓展上。目前开办的中间代理业务有代发工资、代收电话费、移动话费、煤气费等5类11项。六是发挥本行优势，推进外汇业务发展。全行开办外汇业务的支行数量由10个增加到19个，已有14个网点开办了个人外汇存款证明业务，形成了全行办外汇的经营格局。全年累计办理国际结算3.24亿美元，同比增加4264万美元。

（于立军）

·建设银行·

【经营效益】 2001年，建设银行沈阳市分行大力增收节支，经营效益稳步提高。效益观念在全年经营中充分得以体现。以综合经营计划为核心，有效控制了费用总量。积极调整资产负债结构，集中管理统一调剂贷款规模和财务资源。大力压缩低效和无效资产。完善了绩效挂钩的激励约束机制，各项费用向经营好、发展快的支行倾斜，促进了业务的发展。加强了财务管理，提高了资源配置效率，资本性支出规模和进度控制在计划之中，资产收益率创近几年最好水平。实现考核帐面利润2.37亿元，完成计划的125%。在总收入中，全部贷款利息实收为6.69亿元，占营业总收入的39.83%，比上年上长了3.58%；中间业务收支净额占全部经营净收入的9.19%，同比增长1.72%。全年营业费用支出3.35亿元，同比减少0.5亿元，控制在年度预算之内。

（丁传强）

【存贷款业务】 进一步加大筹资工作力度，存款稳步快速增长。全年把筹资增存作为快速发展的关键来抓，克服了社会资金分流严重、市场竞争激烈等不利因素，紧紧抓住有资金潜力的大项目和优质大客户不放。上下联动，加大了市场营销力度；多次召开存款调度会，分析形势，研究对策，完善考核办法；依据网络，大力开拓证券转款、代收代付业务，开发新的金融品种；努力优化网点布局和设施，提高服务质量。由于措施得力，保持了存款的稳步增长。截至2001年末，本外币全口径存款时点余额为311.79亿元，比年初增加30.43亿元。一般性存款余额为298.61亿元，新增27.09亿元，其中公司业务和房地产金融业务类存款余额为99.61亿元，新增5.75亿元；个人银行业务类存款余额199亿元，新增21.33亿元；同业存款余额为13.18亿元，新增3.35亿元。

贷款投放重点突出，信贷管理得到加强。截至2001年末，各项贷款余额为132.26亿元，比年初增加5.34亿元（未含剥离的3.03亿元），同比少增32.73亿元。贷款余额中：个人住房贷款25.5亿元，新增2.1亿元；个人消费类贷款3.53亿元，新增54万元。新增贷款主要投向发展快、效益好的行业、企业及风险小的个人贷款领域，贷款结构得到优化。按照总行信贷管理体制改革的要求，规范了贷款审批程序，改善了信贷业务审批质量。经三级审批的信贷业务金额162亿元，综合授信金额23.16亿元。

（丁传强）

【压缩和盘活不良资产】 2001年，建行沈阳分行把压缩不良贷款作为生存和发展的重中之重来抓，齐心合力打好攻坚战。制定并实施了压逾、盘活的“五项制度”和“十二项措施”，认真策划，精心组织。在“收”、“核”、“盘”、“转”这四个方面狠下功夫。全面落实以控制压缩不良贷款计划为核心的各项组织措施，加大了检查考核的力度；把不良额和新增不良额高的支行以及1000万元以上不良贷款大户作为重点，采取有效措施，一抓到底；坚持了领导包行包户制度；建立了区域客户资信监控系统。每五日监测一次不良贷款变化情况，每月预测一次支行当月预计新增不良贷款情况，并及时协调与调度；建立了重点客户不良贷款台帐及企业联络备忘录，加强了贷后检查；对不良贷款项目及年内到期贷款认真梳理、排队，把监管和盘活责任落实到部门和个人；积极推进贷款退出机制，完成了所有客户的分类。退出百万元以下“双呆”贷款319户；在绩效考核中加大了不良贷款的回收比重，严格落实责任追究制度；对符合转贷条件的贷款，准确认定，提前办好转贷申报材料，避免人为产生不良贷款。2001年末，不良贷款额压缩到31.1亿元，比年初减少3562万元；不良率为23.57%，下降了1.27个百分点，实现了不良额和不良率“双降”的目标。

（丁传强）

【各项业务全面发展】 房地产金融业务继续巩固了传统优势。截至2001年底，累计归集住房公积金22.42亿元，2001年归集6.18亿元，完成计划的142%，市场占比为69%。累计归集售房款27.05亿元，2001年归集3.25亿元，市场占比58.8%。全口径政策性存款余额为36.6亿元，新增4.6亿元，增幅为14.4%。回收政策性大委托贷款1.8亿元。个人住房贷款余额为25.5亿元，2001年投放6.6亿元，新增2.1亿元，平均收益率为5.46%，市场占比为42.3%，在全市11家开办本业务的金融机构中仍居首位。

中间业务得到拓展，新产品开发和市场营销成效明显。2001年共办理中央财政基建拨款10.69亿元，办理基建资金转资本金4185万元。继续做好银行资金清算工作，与25家证券营业部签订了资金存管协议。开办了18家证券营业部的“银证转款”业务。对已开办的BSP业务建立了台帐管理。开办了社保、医保、养老统筹保险、市财政工资等代理业务，以卡收费已拓展到辽宁大学和五爱市场。工程审价咨询业务得到发展。

努力推进国际业务。克服美联储连续9次降息及国内一度B股市场火爆等因素的影响，注重促进贸易融资业务，积极扩大国际结算市场份额，改善国际结算户结构，增加经办业务网点，实现了稳步发展。2001年末外币存款余额为1.50亿美元。累计完成国际结算量4.81亿美元。累计完成结售汇1.66亿美元。

（丁传强）

【强化内部管理】 2001年，建行沈阳分行通过强化内部管理，提高了集约化经营和防范风险的能力。一是抓好人事和机构改革。调整了营业部机关部门职能，明确职责，理顺关系。支行普遍进行了机构压缩和调整，精简了行政管理部门和人员，充实市场营销队伍和一线岗位。实施了大后勤管理，组建了物业公司，通过改革使后勤服务与保障能力有了明显提高。二是以效益为取舍原则，进一步优化了网点布局。一级储蓄所达到21个，所均单产达到1.0亿元，亿元所达到74个。沈中支行储蓄专柜存款超9亿元，被总、省行评为优质客户服务集体，皇姑一所被评为省“三八红旗集体”。三是加强了对各项业务的监督、检查指导工作。先后对信贷、会计、出纳、储蓄、科技、警卫等高风险岗位等进行了多次专项大检查，特别注重了会计出纳管理工作。全年共组织200人用近300个工作日，对85个会计机构进行了全面检查；先后举办16期共2000人参加的会计业务和风险防范培训班；会计机构100%纳入了集中稽核；深入开展了会计基础管理工作。经过省行检查验收，有4个支行达到总行一级单位，11个支行达到总行二级单位，68个会计机构达到规范化单位标准。

（丁传强）

【提高科技保障和服务水平】 加快了计算机网络的改造与优化工作。推出了网上银行、存折炒股等新的金融服务；开发完成了移动电话收费、网通IP卡收费系统；综合柜员系统的优化、试点工作取得成功；辽宁大学新生入学代收费系统已开发上线；协助市医保中心建立了医保收费计算机网络；首家推出了五爱市场工商、税务联合收费系统；完成了储蓄事后监督系统的改造、房改系统的优化、电子汇兑系统二期升级、资金清算主机的更新及系统的切换工作；按照总行的要求，完成了会计修改的系统改造工作。

银行卡业务得到较快发展。用卡环境进一步改善，开拓行业性龙卡市场有了突破，社会信誉大大提高。全年新增发卡34.3万张，发卡量达到157.7万张。银行卡存款新增12.65亿元，余额达43.62亿元；交易总金额达883亿元，同比增加152亿元。资金清算业务保持了稳定高效、安全运行。全年共发生电子汇兑业务44万笔，金额820.2亿元，同比分别上升了14.6%和5.9%，其中个人电子汇兑业务16万笔，总金额36.8亿元。

（丁传强）

·中国银行·

【概况】 2001年，中国银行沈阳市分行以“深化改革、加快发展、强化管理、提高效益”为工作指导思想，积极推进各项改革，坚持以效益为中心、有效发展的原则，大力拓展各项业务，狠抓清收抓降工作，规范各项业务的经营与管理，努力实现效益目标，各方面工作取得了显著的成绩。截至2001年末，全行本外币资产达243.2亿元，负债达243.3亿元。各项人民币贷款余额为92.3亿元，比年初增长25.79%；各项外币贷款余额为3.09亿美元，下降12.41%。各项人民币存款余额为139.2亿元，增长11.17%。各项外币存款余额为11.4亿美元，增长11.62%。本外币全部授信资产余额为117.8亿元，全行共清收本外币不良资产2.8亿元，清收抓降工作成绩显著，不良率比年初下降7.98个百分点。2001年，全行本外币合计实际利润1.5亿元。

（汪守林）

【资产业务】 严把贷款投向关，积极调整客户结构。严格筛选公司客户，按授信级别掌握贷款投向。2001年灵活调度资金，累计发放30亿元贷款支持重点客户的生产经营。其中为重点客户辽宁电力公司、北方航空公司发放贷款共10余亿元，改善了信贷资产结构，增加了贷款利息收入。并对B级以下企业采取了坚决退出措施，只收不贷。

积极推进消费信贷业务的发展。先后组织各单位消费信贷人员参加了省政府主办的消费信贷宣传周、市政府春、秋两届房地产交易大会、沈阳市国际汽车博览会等活动，宣传推介消费信贷产品。到2001年底，已开办了小额质押贷款、住房按揭贷款、商铺贷款、汽车消费贷款、家居装修贷款、留学助学贷款等多个消贷品种。中山支行与保险公司、世纪亚飞汽车贸易公司推出的汽车信用消费贷款业务，开创了沈阳市信用消费的先例。截至2001年底，消费信贷余额已达到8.5亿元，比年初增加4.99亿元，增长142.17%，消费信贷业务新增额市场占有率达到11.57%，余额占有率由年初的6%上升到7.36%。同时遵照总行“统一授信、审贷分离、分级审批、责权分明”的原则，制定了《消费信贷管理实施细则》，加强了消贷业务下放后的监控管理。2001年底消费信贷不良率为0.02%，收息率为99%。

全力以赴做好清收抓降工作，努力改善资产质量。将清收抓降工作作为2001年各项工作的重中之重，采取组织措施，建立专职清收队伍，正式组建了专司不良资产接收和清收工作的资产保全部门。全行按照三条清收主线抓清收进度，坚持对不良资产按旬监控、按月分析，逐企业研究清收措施。抓住重点企业进行强力攻关，重点突破。先后选定10个重点企业进行诉讼。同时将核呆工作作为改善授信资产质量的重要途径之一，到2001年核销入帐1.42亿元。加大了抵债资产处置变现力度，规范了全行抵债资产的管理和处置工作。2001年先后举行3次大型拍卖会，收到较好的效果。全年抵债资产变现达1815万元。

（汪守林）

【负债业务】 加强与金融机构之间的合作。2001年2月末，B股市场开放后，各支行、分行营业部和有关部门抽调专人积极展开对证券公司的营销活动，争取证券公司在本行开立B股帐户，稳定外币存款。

以“三卡”为载体，促进储蓄存款稳定增长。2001年各项储蓄存款一直保持稳定的增长势头，储蓄存款净增8.26亿元，比年初增长11%，同比多增6.4亿元。除了政策性因素外，与积极改善服务，扩大宣传，加强“三卡”促销有着直接的关系。制定了重点客户管理办法，对重点客户实行倾斜服务和优惠政策，使民航、电业、石油、海关等重点行业成为稳定的客户群。通过形式多样的宣传活动，增进了广大市民对储蓄品种的认识和了解。

（汪守林）

【中间业务】 国际结算业务市场份额稳步上升。2001年国际结算业务总额实现16.2亿美元，比上年增长3.65%，国际结算业务市场占有率由年初的31%上升到35.27%，上升了4.27个百分点。充分发挥自身结算业务优势，通过加大营销力度，初步改善了客户结构，增加了跨国公司、三资企业、民营企业的结算新客户，实现了业务量和市场份额的上升。目前沈阳市年进出口结算量在1000万美元以上的客户近30家，其中50%的客户与中行建立了业务关系。

外汇买卖业务总量持续增长。2001年，外汇买卖交易总额为4.3亿美元，实现收益47.77万美元。

银行卡业务发展态势良好。长城信用卡比年初增加1.4万张，存款余额为5.7亿元，增长7.73%。交易额为56.9亿元，增长39.79%；直消额为2.9亿元，增长9.93%。长城国际卡比年初增加1893张，存款余额为428万美元。长城电子借记卡比年初新增发卡16.7万张，本年新增存款1.1亿元。

代理业务平稳发展。代发工资户在企业户中的比重有所增加，截至2001年末，全行代发工资户已达570户，较年初增加277户，占比由年初的11%上升到19%。同时在代理保险业务方面，推出平安“千禧红”两全保险，全年共售出保单3.8万份，代收保费3700万元。

（汪守林）

【业务创新】 增加业务品种，广开业务渠道。中山支行成功取得中国进出口银行向沈阳黎明航空发动机集团公司5000万元委托贷款卖方信贷项目的代理，增加了企业存款和中间业务收入。年内结算业务处成功续做了两笔国际保理业务，实现了保理业务零的突破。

大力发展票据业务。2001年与同业建立了业务合作关系，开办银行承兑汇票互换业务。办理了转贴现业务，填补了省中行在此项业务上的空白。中山支行在中行系统内首家试办了商业承兑汇票贴现业务，取得了可观的经济效益。

（汪守林）

【经营管理】 认真推行新的授信决策体制。3月份起开始推行尽职调查和风险管理委员会新的授信决策机制，从源头上控制授信资产风险。通过调整风险管理委员会的职能，重新明确了工作条例，并成立了尽职调查小组，制定了尽职调查小组工作规程以及授信业务审批程序，授信体制逐步完善。2001年风险管理委员会共例会20次，审议项目47个，其中否决项目7个，否决项目数量占比14.9%。

抓好整章建制工作。组织业务主管部门制定年度业务检查计划，及时进行了多项业务检查，推动了各项业务的健康发展。制定了《财务管理委员会条例》、《集中采购管理暂行办法》，规定分行凡重大经营事项，均需经分行领导班子或财管会集体讨论决定。于年底审定出版了《规章制度汇编》一书，收录了全行2000—2001年上半年制定的各项规章制度，完善了内控制度建设。

接受内外审单位检查，规范经营秩序。2001年，先后接受了审计署、人民银行、总省行的多项检查，针对检查中发现的问题，组织各支行和有关业务部门进行了认真的整改。密切联系本行实际，在全辖开展了整顿经营秩序、端正经营思想的教育活动。

加强三防一保工作，确保安全经营无案件。落实了防范案件责任制，加大物防、技防建设，对营业场所的物防、技防设备进行了检查、安装和维护。加强了对职工的安全教育，并坚持对重点部位、要害部位进行巡查。

机构网点管理实现规范化、科学化。年内顺利完成了24家储蓄所升格分理处的工作，提升了网点的功能水平。并新批中山支行、皇姑支行开办对私售汇业务，巩固加强了外汇业务的主体地位。初步解决了10年来一直未解决的5家支行外汇业务市场准入问题。并逐步建立健全了机构网点档案、分析报表制度。

加快电子化进程。在全辖投产了新一代信贷系统和消费信贷系统，完成了电子公文传输系统等10个系统的投产应用，同时对一些正在使用的应用系统做及时地调整、更换和系统升级。加强了计算机安全工作，积极做好2002年3月末主机数据“大集中”前的各项准备工作。

深化干部人事制度改革。2001年，在干部选拔上实行公开竞聘，全年共有160多名员工参加了处、科级干部职位的公开竞聘。对拟聘干部试行了公示制，提高了干部聘任的透明度。

提高文明优质服务水平。分行营业部率先开展晨曲迎宾和晨训活动；南湖支行为适应桃仙机场国际化要求和业务发展需要，将机场外币兑换点搬迁至新候机楼，并首次做到确保24小时全天候对外营业。实行了上门服务，为客户办理取现、取单、送单业务，多角度、全方位地延伸服务柜台和服务领域。

（汪守林）

·交通银行·

【概况】 截至2001年末，交通银行沈阳分行有在册员工950人。营业机构网点46个。其中：营业部、支行14个；分理处16个；储蓄所16个。

（夏炳成）

【业务经营】 1.私人金融业务稳健发展。全年增加6.7亿元。主要措施：一是以优化用“卡”环境为突破口，不断扩大市场份额。根据“太平洋卡”的特点，在扩大“全国通”功能推广的基础上，发挥基层支行的积极性，分行私金处组织大型活动，各经营单位全面出动，不失时机地抢占市场。在特约商户的管理和开发中，积极配合金卡工程清理、整顿。并在清理整顿的基础上开发拓展业务范围。先后与万豪、商贸、高登、格林等星级酒店签订了受理“太平洋卡”业务协议。增签了POS商户及协议商户200余家。同时，在开拓“卡”市场上先后在20多家高校、10余个社区及企事业单位现场开卡10余万张。取得了良好的效果。二是调整机制，把私金业务的指标纳入全行的考核体系之中，合理制定计划，激发了支行领导和一线员工的积极性。三是加大电子化投入力度，确保“卡”业务的发展后劲。增加自助设备20多台，在提高服务效率上发挥了重要的作用。

2.加大国际业务营销力度，国际结算量显著增加。在总行关于“面向新兴市场、综合功能领先、国际业务占优”的发展战略指导下，加大了工作力度，收到一定的效果。采取了以下措施：一是加快外汇业务体制改革，大力推行“全行办外汇”的经营格局。改变已往分行将国际结算业务全部下达到国际业务部的做法，重新将国际结算任务分解落实到市内各经营单位后，充分利用全行整体资源开展外汇业务。如大东支行在调整体制后，积极性得到调动，成功营销了国际结算大户，其国际结算量始终保持在4000万美元左右。二是建立稳定的、高质量的国际结算客户群体。一方面对现有客户进行认真分析、排队，优胜劣汰，并尽可能挖掘那些有潜力的客户；另一方面发挥全行整体优势，实行联动策略，积极发展资信状况好、能带来结算、存款等综合效益的客户，并向那些业务风险度低、结算量大、可带来综合效益的客户倾斜，收到了明显的成效。三是增加对国际结算客户的授信额度，支持贸易项下融资业务的开展。根据国际结算客户情况调整授信政策，适当向外汇业务倾斜，通过优秀客户增加授信额度支持国际结算业务的开展。

3.坚持多元化经营，继续抢占中间业务市场。一是扎扎实实开展了“华安基金”发行工作。为此分行成立了领导小组，反复召开专题会议研究部署，在组织机构、人员配备、设备安装、系统测试、网点确定等方面精心组织、精心安排。连续接待了辽宁电视台、辽宁北方电视台、沈阳人民广播电台、辽宁电台“都市之声”、沈阳交通台、《沈阳日报》、《华商晨报》等媒体的采访。不仅促销了“基金”，又扩大了社会影响，使基金如期实现了按期发行，取得了较好的效果，对私发售完成2亿多元。二是积极开发市场，增加代理业务种类。中间业务已逐步成为各行竞争的重点，分行抓住时机主动营销。在代发工资业务中，针对大的、效益好的企事业单位已被抢走的实际，在一些中、小企业大做文章，积少成多。用服务赢得企业，赢得业务。使工资转存户增加100多户，月转发工资增加2000多万元。三是个人外汇买卖业务发展势头较好。个人外汇买卖业务于2000年10月份正式对外营业。在黄河支行和分行本部分别设立了两处交易厅。开业当初即吸引了市民的广泛关注，以每月交易量3000万美元以上的业绩打开了市场。为便于集中管理和操作，成立了个人外汇买卖科。在业务不断发展壮大的同时，狠抓内部管理，将防范风险放在业务操作和管理的首位，严格贯彻落实总行各项规章制度和权限控制，规范运作，使外汇宝业务在安全的前提下稳步发展。

（夏炳成）

【不良资产压缩】 1.理顺机制、规范管理。一是理顺管理机制，将三个部门“合三为一”。改变了原来的多头管，多头不管的弊端。在此基础上，除第三业风险资产继续留在支行管理外，将四五类及其他不良资产全部集中到风险处统一管理，集中清收。二是规范了业务操作程序。重点对授信业务的程序进行了必要的规范。为贯彻落实总行《关于进一步加强分支行和信贷管理工作的若干规定》，加强信贷“三查”工作，重新划分了工作职责，明确了要求。同时，严格了新增贷款和重组的条件。取消了违规的“绿色通道”。所有贷款均需按规范的程序审核、发放。先后制定并实施了《贷审会工作规则》、《授信业务“三查”规定》、《客户分类管理办法》和《信贷员管理办法》等。通过以上做法，使投放的贷款质量有了明显的提高。

2.集中时间开展清理、清收活动。为了切实压缩不良资产,力求在短时间内收到实质效果,分行利用两个月时间重点开展了以压缩不良贷款为主题的清理、清收“活动月”活动。主要采取了“对企业虽然经营正常、不欠息,但偿还本金难度较大的贷款,实行转期降低风险、逐步收回”以及“对具备重组条件的贷款,实行更换债务主体规范重组、弱化风险”等八个方面的措施,收到较好的效果。在“活动月”中,累计化解不良贷款近3亿元。

3.加强了逃废银行债务的防范工作。根据辽宁省银行同业协会抵制逃废银行债务试行办法,分行向省银行同业协会申报本部及辖属鞍山分行和抚顺分行逃废债企业14户,贷款金额1.3亿多元。通过此项工作,落实债权2户,总额5000多万元。

(夏炳成)

【内控管理】 1.综合业务系统取得一次上线成功。因综合业务系统滞后,分行未被总行列为2001年综合业务系统上线单位,为了发展业务,分行决心要在年度内上线成功。8月初抽调精兵强将,开始了加班加点、夜以继日地工作;组织骨干专程到大连分行学习取经;从“上线工作”出色的长春分行请来专业人员进行现场指导,收到事半功倍的效果。经过“数据移植模拟”、“网点数据移植模拟”、“模拟跟账双机并行”、“正式切换上线”四个阶段,至12月初上线成功,运行良好。

2.开展了新增支行筹建工作,调整、升格了营业网点。一是开展了南塔支行的报批和筹建工作。经中国人民银行沈阳分行的批复。筹建了南塔支行,开业前的各项准备工作已经就绪;二是调整了网点布局,经多方研究、论证,对长发所等5个储蓄所进行了调整;三是提高网点档次,将杏林所等4个储蓄所升格为分理处。

3.采取多种方式,加强培训工作。一是全年共举办各类培训班20期,培训会计、信贷、储蓄、外汇、保卫等各专业人员近2000人次;二是选派干部到总行参加培训。全年累计选派70多名本科以上、35岁以下的年轻干部参加总行培训。三是组织重要岗位、工作业务突出的中层干部到境外学习考察,接受先进的经营理念和管理方法。

4.强化了安全保卫工作。一是全行实施安全保卫责任状,落实责任。二是针对安全保卫薄弱环节制定了20多项重点部位安全措施。三是开展安全教育与培训,组织储蓄员工“三防一保”演练,四是加大技防投入。完成了分行监控室监控设备数字化改造和自助银行远程监控设施,对8家离行式自助银行实施远程监控。

5.加大了稽核检查工作力度。全行共进行各类现场稽核20次,发现问题100多个,提出整改建议近100条,已整改70多条,为各项业务的稳健发展提供了有力保障。

(夏炳成)

·农业银行·

【概况】 2001年,中国农业银行沈阳市分行狠抓业务经营,强化基础管理,深化内部改革,加强队伍建设,各项工作取得了良好进展。截至2001年底,全行各项存款余额267.5亿元,比年初增加30.4亿元;各项贷款余额233.9亿元,当年实际增加15.9亿元,不良贷款比年初下降1.93个百分点;实收利息10.5亿元,表内收息率达到95.24%;中间业务收入1410万元,国际结算量1.8亿美元;帐面利润实现1.9亿元,位居东北地区各家银行之首。

内部改革取得突破。一是全面推行支行管理模式改革,建立了6个中心支行、8个本部经营支行、9个特色支行,保留了6个县郊支行,实现了全行资源的优化配置,发挥了各类模式支行的积极性和自身优势,提高了全行的经营效益,有力地推进了各项业务的发展。二是率先在全省农行系统组建清贷中心,集中清理城市支行不良资产,取得明显效果,半年时间实现不良资产清收1.05亿元,盘活6971万元,保全6.56亿元。三是建立票据贴现中心,集中开展全系统票据贴现业务,开办的票据贴现业务受到人民银行沈阳分行营业管理部的表扬。四是组建稽查大队,先后对9个本部经营支行182个岗位进行整体顶岗稽核,及时纠正基层单位经营管理中存在的问题和隐患,强化了内部控制机制,有效地杜绝了各类业务核算差错和事故。五是建立现金中心库,对部分城市支行现金实行集中管理,降低了无息资金占用,节省了费用,减少了银行风险点,消除了安全隐患。六是坚持面向市场、面向客户和优化、精简、高效的原则,重新设置了分行和支行机关的内部机构;引入竞争机制,实行两级行中层干部岗位竞聘和一般干部双向选择,机构调整和“三定”工作取得预期成果。七是按照以效益为中心和突出业务经营的原则,由本部经营行和特色支行向中心支行划转分理处7个、储蓄所32个、员工298名,精简93名机关人员充实到基层;根据经营需要将8个储蓄所升格为分理处,对不能达到经营保本点、没有发展前途的28个低效网点予以调整撤并。

内部管理明显加强。一是强化信贷管理,进一步落实贷款新规则。认真组织全行信贷人员学习贯彻信贷管理新规则,加强对执行新规则情况的检查,及时处理违规经营行为。规范贷款审查委员会工作程序,进一步理顺贷款审查流程,严格贯彻审贷分离原则,提高了贷款审查工作的质量。二是加强财务管理,严格执行财经纪律。按照以收定支的原则,制定下发了2001年费用管理办法。对全行现有和新增租赁项目进行了全面清理。全面推行大宗物品集中采购制,规范购买行为。认真清理在建工程和撤并机构的固定资产,合理有效地配置财务资源。在支行自查的基础上,分行派出4个检查组,对所属39个支行和直属单位进行联合检查,有效地贯彻落实了国家财经法规及有关规定,全系统没有发现截留或虚列收入、私设“小金库”问题。三是加强业务规范化管理,不断提高经营管理水平。认真开展会计规范化基础管理,提高核算质量,两个支行被评为农业银行总行“三铁”先进单位,11个支行被评为农业银行总行二级标准单位,4个支行被评为辽宁省分行二级标准单位。积极开展档案达标晋级活动,先后有6个支行晋升为省一级档案管理先进单位。四是强化内控职能部门的作用,抓好监督再监督。加强法制宣传教育,增强了员工的法纪意识;进一步加强特别转授权管理,对各支行实行业务特别转授权的动态调控;认真贯彻实施总、省行法律意见书制度,促进了经济纠纷案件妥善解决;成立了经济纠纷案件管理委员会,加强对经济案件和公证强制执行案件的管理。开展全行内控制度综合评价工作,落实内控制度;围绕业务重点对13个支行开办的中间业务进行稽核调查;开展了对2000年经营考核指标和2000年以来贷款质量的稽核,为做好经营决策提供可靠依据。围绕业务实际开展执法监察,全面推行行务公开制度,落实安全防范工作责任制;确保实现“安全年”;下大力气纠正经营中的违规违纪问题,从严查处违规违纪责任人,有效地防范了各种案件。全年无经济、刑事案件和责任事故,实现了全行员工无一人掉队的目标。

干部员工素质不断提高。一是贯彻“团结、务实、管理、廉洁”八字方针,加强领导班子建设。组织分行和支行两级班子,努力学习和实践“三个代表”的重要思想;结合典型案例开展警示教育,制定加强领导班子建设的若干意见，建立健全领导干部廉政档案，加强两级班子的思想、组织、作风建设，提高了领导班子的凝聚力和战斗力。二是以庆祝建党80周年为契机，积极开展系统党建活动。开“三个代表”学教活动，“创先争优”活动，召开纪念建党80周年暨“一先两优”表彰大会；举办了“三个代表”重要思想辅导讲座，组织了全行纪念建党80周年文艺汇演和沈阳市分行第九届职工田径运动会，活跃了职工业余文化生活。三是在全系统开办文明学校，加强对广大员工的教育与培训。各支行成立了组织机构，落实办学各项措施，结合实际对职工开展思想政治教育、业务技术培训和文体活动，收到了明显效果。四是加强分行机关建设，塑造机关服务基层、服务经营的良好形象。分行成立机关建设领导小组，确定了加强机关建设的指导思想、总体目标、工作措施和考核办法，转变了工作作风，提高了工作效率；积极组织机关干部吸储揽存竞赛活动，两次竞赛吸收存款2500万元，所有处室全部完成任务；大兴调查研究之风，实行分行领导、机关处室联系支行和机关干部联系储蓄大所、重点企业及淘汰限制类企业制度，切实帮助基层解决工作中存在的实际问题，对全行的业务发展起到了推动作用。五是深入开展窗口优质文明服务活动，加强精神文明建设。在全辖营业单位推行了晨训、晚训制度，组织开展了星级单位和星级员工业务技能测试和综合考试，评出四、五级星级单位和星级员工，举办营业窗口员工基础业务知识竞赛和职业道德大家谈系列活动；开展创建文明单位和创建青年文明号、青年岗位能手活动，分行被评为沈阳市文化科技卫生“三下乡”活动先进集体；砂山支行被评为全国农行系统文明单位和中央金融工委先进单位。

（李朝军）

【存款业务】 2001年，市农行系统以储蓄大所建设为载体，实行承包经营、工效挂钩、优化组合、目标管理，实现了梯次发展、整体推进。全年，实现超亿元储蓄所47个，增加储蓄存款7.1亿元，占全行储蓄存款总增量的67.48%。制定下发了存款与费用挂钩办法，开展争创最佳储蓄所、最佳储蓄员和公关揽存能手活动。积极拓展存款市场，抓住时机与36家券商建立业务合作关系，在全辖推出B股转帐业务和外币活期储蓄通存通兑业务，增强了市场竞争能力。注重对系统性大客户的市场营销，大力拓展行业性客户，进一步做好存款客户结构调整工作，积极开发效益好、稳定性强的机构类客户，取得明显效果。大力开展政策性住房资金归集业务，加强对公积金存款客户的服务，全行政策性资金存款较年初增加4亿元。积极组织存款竞赛活动，切实改进服务，提高工作质量，推动了存款工作的开展。到9月末，全行各项存款比年初增加27.61亿元，提前三个月完成了省分行下达的增加25.2亿元的任务。

（李朝军）

【贷款管理】 一是坚持总量控制、优化配置、分类指导、结构调整和有保有压的原则，按照标准对全辖客户进行评信、授信，并通过授信控制信贷资金流向，把好增量贷款投放关，积极支持企事业法人优良客户。面向市场，以客户为中心，重点支持了沈阳隆迪粮食制品有限公司等农业产业化龙头企业，促进了农业信贷业务稳步发展。积极调整信贷结构，以个人消费信贷为重点，积极开发个人住房、汽车消费、农户综合消费、留学贷款等低风险业务品种，加大投放力度，抢占市场份额，实现了消费信贷业务的高速增长，优化了资产结构。截至年末，全行个人消费贷款余额达到20.09亿元，比年初增加9.29亿元，其中个人住房贷款比年初增加5.77亿元，居全市同行业第二位。二是收息水平明显提高。实行收息责任制，建立收息专户，开展收息工作竞赛，按月收息，加大表外利息的回收力度，落实收息计划和收息责任制，促进了收息工作的开展。三是不良贷款清收管理工作取得进展。召开不良贷款清收管理动员大会和不良贷款清收、盘活、保全百日攻坚动员大会，把控制不良资产上升、清收、盘活、保全不良资产作为全年经营工作的头等大事来抓。组建了不良资产新的管理组织体系，确定目标，落实任务，层层签订责任状，实行不良贷款工作“黄牌”警告和末位引咎辞职制度。加大不良资产清收盘活保全力度，采取责任清收、挂职清收、招标清收、依法清收、处置清收等有效方法，多策并举，多法并用，在全行全面清理不良贷款，收到了明显效果。

（李朝军）

【中间业务】 2001年，市农行按照效益性的原则，优化个人代理业务，清理淘汰了代售沈阳北站火车票、代收住宅电话通话费等低效项目，缓解了一线营业窗口工作压力，合理配置了全辖资源。在此基础上，积极拓展代收法院诉讼费、代理保险业务，全面开通和启动银证合作、银保合作，促进了中间业务的发展。到年底，已有15个支行为法院系统开立了收支2个帐户，累计代收诉讼费3.5万笔，代收余额2.8亿元，帐面存款9000万元；15个支行与53家证券公司建立了业务合作关系，其中8个支行与16家证券公司签订法人存管、全面合作协议；开办出国证明贷款，通过资产业务带动负债业务，拉动收益的增长；积极运作福利彩票资金归集、证券转款、校园卡等重点公关项目，并取得了成功，在金融产品创新上实现了突破。不断扩充银行卡功能，积极改善用卡环境，加强银行卡营销，以校园卡为突破口，努力实现金穗借记卡批量发卡的目标，促进银行卡迅猛发展。截至年末，发卡量达120万张，比上年增加26万张，卡内存款余额比年初增加4.66亿元，持卡消费额累计达到3.8亿元。树立优先发展国际业务的指导思想，坚持本外币一体化经营，实行国际业务按专业归口管理，有针对性地发展新客户，积极支持优良客户，大力开展非贸易业务，外汇业务出现了快速发展的好势头。2001年全行各项外汇存款9248万美元，比上年增加890万美元；办理国际结算1.8亿美元，超出上年全年结算量6216万美元，增幅达51.49%。

（李朝军）

·商业银行·

【概况】 沈阳市商业银行下辖37家支行、营业部，92个储蓄网点，有员工2266名。截至2001年末，全行各项存款余额116.7亿元，贷款余额72.5亿元。

（刘　阳）

【经营】 2001年，沈阳市商业银行在筹资业务，资产业务和中间业务的经营工作中成绩显著。

1.拓展了筹资渠道，各项存款实现了持续稳定增长。截至2001年末，全行当年存款增长24.1亿元。在吸收对公存款工作中，注重抓了对大行业、大企业和省、市有关单位部门大宗存款源的开发。同时，配套进行管理体制改革，在部分支行进行了客户经理制试点，着力提高员工客户营销意识的同时，将信贷和筹资工作结合起来，为客户提供“一站式”服务。在储蓄工作中，一方面全面开展形式多样、内容新颖的宣传活动，扩大社会影响，树立形象；另一方面，扩大玫瑰卡的市场份额，增加发卡量和卡均余额。截至2001年末，全行共发行玫瑰卡50余万张，比年初增加15.3万张，增加存款2.7亿元。

2.调整资产结构，优化资产质量。一是加大信贷投放力度，对市政重点建设项目，如沈阳有线电视宽带网改造工程、煤气、自来水等累计投放贷款15亿元。并对新增贷款实行“一挂钩、二优先、三倾斜”的信贷政策，建立起银科合作、银企合作、银行与信用担保中心合作的信贷管理框架。进一步完善信贷登记咨询系统,做好贷款的"三查"制度,落实贷款投放行长责任制,改进贷款决策方法,对大宗贷款由市行审贷委员会投票决定。在新体制、新制度的保障下,当年新增贷款利息回收率达100%。二是积极盘活不良资产,在清收工作中大胆采用新方式、新手段,积极配合公、检、法等有关部门依法收贷,对有诈骗、恶意逃债行为的企业移交公安机关立案侦查,强行追缴。着手筹建了资产经营中心,集中力量办理不良资产的清收、转化和抵债物资处置、案件诉讼等业务,为自身资产经营开辟了新路子。三是加强资金管理,采取集中运营方式,通过拆借、票据贴现等业务,提高资金利用率和收益率。全年办理拆借资金和回购债券累计金额达127亿元,在全国拆借市场成员网上交易排名提前了24位。

3.开发中间业务、完善服务功能。2001年,沈阳市商业银行对中间业务、电话银行等综合业务系统工程通过公开招标方式,在短时间里开发、搭建了新的中间业务平台,为开发中间业务的新品种提供了技术保障。随后,在代收房屋维修基金、193长话费、铁路电话费的基础上,又相继开发了代收煤气费、住宅电话费和手机话费等多项中间业务。使全行的中间业务种类逐步完善,服务功能得到加强,业务量明显上升。代发工资业务发展迅速,2001年代发工资户净增160户,代发工资人数增加了2.1万人。

(刘 阳)

【管理】 一是完善管理机制,提高管理水平。2001年,沈阳市商业银行在全行范围全面启动了2001——2003年三年滚动发展规划,制订了《超常发展奖励方案》。通过对支行经营业绩的综合考核,进一步完善目标责任制考核体系,强化了市行在经营工作中对经营环节的政策导向和调控。

二是健全信贷资产管理制度,做好管理资料的收集整理工作。对每笔贷款都建立了台帐,严格掌握贷款转化条件。结合信贷登记咨询系统的升级,及时跟进,完善企业的基础资料,掌握企业信用等级等情况的变化。在资产管理中先后出台了《沈阳市商业银行审贷委员会实施细则》、《沈阳市商业银行贷款分类指导意见》、《沈阳市商业银行企业信用等级评定管理办法》等规章制度,规范业务操作规程,严格信贷工作管理。

三是进行人事分配制度改革。率先在市行机关实行业务技能考核,对支行员工开展"星级行员制"的试点,将员工的业绩与收入挂钩。同时加强干部管理考核,对各支行领导班子和中层干部,根据工作业绩建立了相应的考核档案,为干部末位淘汰制的实施提供依据。

(刘 阳)

【基础建设】 一是加强制度建设。在整理原有规章制度的基础上,制订、修改了34项规章制度。围绕全行的经营中心工作,结合各个阶段业务运行的特点,制订了《信贷稽核操作规程》、《结算制度操作规程》、《损益稽核操作规程》等规章制度,强化内控体系建设,消除隐患。

二是完善基础设施,改善经营条件。2001年,沈阳市商业银行投入数千万元资金,用于基础设施建设。更新改造了部分电子设备,调整了一批网点,优化资源配置。对机构网点的迁移、撤并和新建实行统一标准,统一管理,将位置偏僻、存款增长乏力的低产所改造成为高产所。

三是加强员工培训,提高员工素质。针对新业务开发进度较快的实际情况,集中举办了4期代收费业务操作及核算办法培训。结合贷款五级分类,适时举办了6期《信贷业务知识》培训。全年共开展各类培训144期,培训员工4834人次。

四是搞好安全防范工作。2001年共组织安全防范检查21次,发现问题110余个,使安全隐患得到及时整改。

(刘 阳)

·中信实业银行·

【概况】 2001年,中信实业银行沈阳分行在"重塑经营理念,争创精品银行;构建刚性机制,确保快速发展"的基本工作方针指导下,坚持"争一流经营、创精品银行"的经营理念,实现了业务经营的跳跃式发展。到2001年末,总资产达69.9亿元,比上年增长13.2%,利润总额为4741.4万元,增长40.8%,其他经营指标也均创历史最好水平。

(张 立)

【存款业务】 2001年,中信实业银行沈阳分行把扩大经营规模作为全行的中心工作来抓,取得了快速进展。在对公业务方面,全行重点实施六大战略:一是坚持老客户的稳固战略,对老客户进行梳理、排队,确定稳定的重点,以替企业理财为切入,扩大银企合作新领域。二是实施新客户开发战略,全行坚持客户至上的理念,以灵活的票据业务及其优化组合,替企业降低财务成本,开发了城投公司、鞍钢新轧、联营公司等一批优质客户。三是实施客户牵动战略,全行以业务合作良好的大企业、大集团作为基础,进行上下游产品企业的关联开发,形成业务开发链,扩大业务的增长点。同时,全行以中信理财宝营销为重点,全面拉动零售业务。在进行各种大型的中信理财宝宣传活动中,各支行深入社区、企业、机关,面对面的进行产品营销。全行还集中力量开发中信卡衍生品,推出了中信北方证券联合卡、中信泰康人寿联名卡,并加大了中信联营联名卡的发行力度,从而带动了储蓄业务的快速发展。

2001年,全行人民币一般性存款50.4亿元,比上年增加19.5亿元,增幅为63.2%;储蓄存款6.6亿元,比上年增加2.8亿元,新发卡12.4万张。

(张 立)

【贷款业务】 2001年,随着业务经营规模的扩大,中信实业银行沈阳分行将信贷资金重点投向规模大、市场前景好的国有大中企业、上市公司、高科技企业,主要有沈阳汽车制造厂、东软公司、东宇集团等。同时,按照国家政策导向和市政府的指导意见,积极支持沈阳城投公司、省公路公司等一批基础建设项目,加大中长期信贷投入,调整、优化信贷结构。针对优良大客户的业务需求,全行大力开展灵活多样的银行承兑汇票和商业承兑汇票贴现业务,支持了汽车、钢铁、通讯等一批本外地重点企业,尤其是沈阳机床等出口创汇企业的业务开展。为了提高授信业务档次,全行实现授信业务审查、审批环节的自动化,规范了业务操作。另一方面,为满足居民消费需求,不断扩大住房、购车及助学等8种个人消费信贷业务。

2001年末,全行人民币贷款余额为36.1亿元,比上年增加12.3亿元,增幅为51.7%,其中:贴现贷款3.3亿元,个人消费贷款1.8亿元。

(张 立)

【国际结算业务】 根据本外币联动、全行联动的原则,2001年,中信实业银行沈阳分行发挥合力优势,大力推进国际结算业务开展。一是全行联动,重点开发大户。对有潜力、有影响、有业务往来的大户,支行和分行各业务部门发挥各自的优势,制订一厂一策的服务方案,进行业务切入,以真诚服务开发了LG电子、抚顺特钢、日野汽车等一批重点客户。二是开发潜质好的中小客户,向一批重点中小客户推出出口押汇、出口结汇、上门取送单等服务,与企业进行业务联系,以超值服务扩大来往,稳定和开发了巴斯夫、中汽进出口、金碧化工等一批业务量在100万美元以上的中小客户。三是推出客户需求的新服务项目,对一些客户提出的业务需求,全行多方协调,努力运作,支持客户业务发展。上半年,为东大阿尔派的深圳合作伙伴——三九集团，成功地开办了首例异地开证业务。

2001年，全行国际业务结算量大幅上升，达2.5亿美元，比上年增加1.0亿美元，增幅为67.3%。

（张　立）

【强化资产质量管理】　为了保证资产质量，2001年，中信实业银行沈阳分行“抓两头、带中间”，不断强化资产质量管理。一是抓好授信源头，分行认真执行授信业务流程，严把授信关，对不具备条件的授信提出否决意见，对把握不准的进行重新联合调查。二是抓好不良贷款清收，全行上下密切配合，采取业务联动、运用转授信、加大诉讼、依法收贷等方式，共收回不良资产6770万元，使全行资产不良率由上年的12.5%下降到2001年的6.12%；三是抓好资产存量管理，全行加强对经营单位执行授信制度、贷后管理进行检查和监督，提出整改意见，跟踪反馈；对授信大户，实行经营景气分析及预警制度，统一监控，及时发现和化解了潜在风险。

（张　立）

【加强金融电子化建设】　围绕着业务创新和管理上台阶，2001年，中信实业银行沈阳分行以有效的金融电子化技术支撑业务开发和管理进步。围绕业务经营的需求，先后开发了银证通、银证转帐、国际业务系统等30个新产品。根据经营管理工作的需要，开发了天地对接、网上授信等十多个管理上水平的项目，尤其是天地对接的开通，使该行的会计清算工作居于全市领先水平，增强了中信实业银行沈阳分行金融产品的外在竞争力。

（张　立）

·信托投资·

【沈阳市信托投资公司】　2001年是沈阳市信托投资公司改制的关键年。面对复杂多变的局面，公司全体干部职工，坚持以“思想不散、队伍不乱、管理不懈、标准不变、干劲不减”的方针为指导，按照人民银行总行对公司保留的批复精神和市政府的具体要求，积极做好改制募股工作和公司的日常经营管理工作。

1.经营管理工作。一是从提高员工素质入手，加强对证券营业部的管理工作，根据市场变化，不断加强证券营业部的软环境建设，努力提高服务质量和服务手段，吸引不同客户群，不断拓展客户来源。二是针对一些发债企业不能偿还到期债券，引起了债民集体上访情况。公司领导、员工耐心细致地向债民做解释工作，并积极向市政府及有关部门反映，以大局为重，做好债券兑付工作。三是面对不利形势，强化责任，认真做好贷款本息回收和债权保全工作，优化公司资产结构。四是针对委托贷款增量不多、存量为主的特点及贷款企业经济效益下滑、信用观念淡薄、资产质量低下等情况，采取有效措施，密切与委托方配合，努力提高手续费收入。五是合理调整支出，向日常管理要效益。一方面，加强财务核算，合理配置资金，努力降低费用；另一方面，加强管理，坚决压缩不合理开支。

2.公司改制工作。随着金融监管的要求以及信托环境的不断成熟，全国的信托公司将从原来的239家削减至50余家。按总行和辽宁省政府办公厅下发的文件精神，公司被正式确定可通过股份制改造保留。7月17日，市政府与国泰君安证券公司签订了合作协议，引进中介机构作为公司改制的顾问，公司将严格按照上市公司的体制运作，改制成规范的股份制企业，并在全国范围内招募有实力的新股东，最终使注册资本金达到5亿元左右，逐步发展成为全国性的信托公司。公司聘请了上海上会会计师事务所和普华永道会计师事务所两家审计机构对公司资产进行资产评估。政府将以2001年6月30日为评估基准日，按评估的净资产额全部退出，原有人员本着人随机构走的原则，由新公司全部接收，并根据实际情况进行妥善安排。公司按照“信证分离”的要求，将按证券类净资产，以发起人名义折股注入新的证券公司。

3.强化公司的基础工作建设。一是从实际出发，广泛深入地开展思想政治工作和作风建设。严格执行中央及省、市的有关规定，积极开展反腐倡廉工作，各项工作得到稳步推进。二是强化风险意识，把防范和化解金融风险的工作充分落到实处。首先，建立有效的防范措施，狠抓各项规章制度的落实，以防为主，把问题解决在萌芽状态；其次，强化内外部的监督，增强稽核手段，严格金融法规和公司内部制度的贯彻执行，重点对风险易发部门进行稽核检查，及时发现问题，及时解决，有效抑制了风险的发生。同时，提高员工风险防范意识，把风险防范贯穿到日常工作当中。三是证券部门根据证监会的统一部署，加大了对股民证券基础知识、证券法律法规的宣传教育力度，使股民的风险和投资意识得到增强。四是根据国家新颁布的各项法律法规，修订和完善了相关的内控制度。五是积极作好社保和医疗保险工作，及时、足额交纳所需款项，解除职工的后顾之忧。

（宋明山）

保　险

·中国人民保险公司沈阳市分公司·

【概况】　中国人民保险公司沈阳市分公司是沈阳市规模最大、人才最多、实力最强的国有财产保险公司，总部设在北京，成立于1949年。中国人民保险公司沈阳市分公司在沈阳设有19个分支机构，现有员工789人，大专以上学历占90%以上，开办险种200余个。2001年，公司经营成果创历史最好水平，承保各类风险1366亿元，全年实现保费收入6.9亿元，赔款支出3.7亿元，结案率达到90%，上缴各种税金5520万元。机构改革取得重大突破，推行减员增效，深化三项制度改革。在全国同类城市中率先建立了以客户服务中心、业务处理中心和财务中心为核心的新型经营管理模式。市场领域拓展取得显著成效，承保了举世瞩目的“十强赛”沈阳主场的赛场责任保险和辽宁省艺术节、九运会体育代表团等责任保险，开办了汽车消费信贷保证保险项目。内部管理得到进一步加强，全面推行收付费管理软件，实行财务预算管理制度。服务水平明显提高，设立95518保险服务专线电话，向社会公开推出八项服务承诺，积极探索差异化服务和超值服务。

（高　研）

【主要险种、理赔及防灾防损】　经监管机构批准，现已开设了机动车辆险、企业财产险、家庭财产险、责任险、航空运输险、货物运输险、建筑安装工程险、信用保证保险和农业险等200余个险种。

2001年共承担保险风险1366亿元，处理赔偿案件41979件，赔偿金额3.7亿元。

2001年防灾防损工作结合沈阳的实际情况，主要从社会化防灾和保险系统防灾两个方面开展。在社会化防灾方面，配合沈阳市政府开展安全检查、教育培训、隐患整改等活动；同时继续开展了“沈阳市保险安全责任承包工作”，与市政府所属27个委办局（公司）签订了承包协议。在保险系统防灾方面，利用全市各区县（市）的营业网点，作好展业、理赔工作的同时，协助保户搞好安全预防工作。

（高　研）

·中国人寿保险公司沈阳市分公司·

【寿险业务管理】 2001年中国人寿保险公司沈阳市分公司本着规范管理、优质服务的原则，实现了全市新单业务集中处理，推广了新版《寿险实务》，综合业务处理系统得以顺利升级。这些业务管理工作为沈阳市分公司全年业务的健康有序发展打下了坚实基础。

1.彻底实现了全市新单业务集中处理。为落实总公司规范业务管理、防范经营风险的指导方针，沈阳市分公司在对市区新单业务集中处理的基础上，实现了全市新契约业务核保确认、保单缮制的统一处理，最终实现了全市新单业务的同步管理。

2.圆满完成了分红保险的引入和推广工作。2001年沈阳市分公司按照保监会、总公司、省公司的统一要求，完善业务流程和管理手段，大力申办分红保险，积极地进行了各方面的组织筹备，在沈阳市场上成功地引进分红保险。同时，为保证分红保险业务的顺利开办，为展业人员和广大客户编写了《分红业务百题问答》等业务资料，为开辟新的保源市场，增强公司的市场竞争力打下了坚实的基础。

3.全面推广《寿险实务》和CBPS7.0版程序。总公司在2001年先后下发了《寿险实务》和CBPS7.0版程序，对实务流程和程序操作进行了明确地规定。市公司在认真执行总公司各项管理规定的同时，结合工作实际制定了方便营销员展业及内勤业务管理的《业务手册》，并进行了范围广泛的培训推广工作，最终在2001年11月份全面实现了新老业务流程的顺利衔接。

4.业务档案和业务单证集中管理。2001年市内五区的营、直销业务档案已基本实现集中管理。档案管理制度业已出台，为日后业务档案的查询、管理工作奠定了良好的基础。同时根据省公司的有关规定，对全市业务单证的发放管理工作进行集中管理。

5.进一步加强保单清理工作，提高数据库信息质量。维护老保单信息的准确性和完整性，向老客户提供更好、更完善的售后服务。

（赵　芳）

【寿险客户服务】 2001年，中国人寿保险公司沈阳市分公司不断加强客户服务管理，提高员工服务意识，在客户服务工作中取得了一些成效。

1.建设并开通了“95519”客户服务专线电话，制定了《“95519”专线管理办法》、《“95519”文明服务公约》及《“95519”工作流程》等16项制度和方法。全年共受理咨询、查询28074件，受理客户投诉案件660件，进行新单回访12886件，处理2211、消协、保监办转来的投诉件19件，处理诉讼案件22件。

2.完善组织构架，减员增效。一是实行了岗位竞聘，共有42人参加竞聘，22人竞聘成功，真正做到能者上庸者下；二是实行减员增效，从组建初期的410人，精简到270人，精简比例达35%，甩掉了沉重的人员包袱，提高了工作效率。

3.规范业务管理，提高业务质量。一是启动了CBPS失复效管理系统，使复效管理彻底摆脱了人工控制，实现了微机控制；二是实行了理赔案卷三级审议制，重点审议疑难案卷。全年，通过合议组讨论的案卷有318人次，通过审议组审议的案卷有75人次，三级审议制度使理赔的管理工作走向正规化、规范化，做到了从实理赔，确保理赔给（拒）付案卷的准确性。

3.开发了《续期保费管理系统》、《理赔管理查询系统》及《综合业务查询系统》，大大方便了业务员、客户、收展员及基层公司的查询，规范了业务管理。

4.强化培训，提高员工整体素质。一是在总公司两次推出分红险种之际，进行分红险种培训；二是对保全、理赔人员进行了终端版操作培训；三是对初级核保人员及电脑人员进行了岗位强化培训；四是对全员进行了“七版”操作培训；五是对“95519”座席代表进行了岗位培训。全年，利用双休日举办各类培训达10余次，培训人数1500余人次，使员工的整体素质得到了一个质的提高。

（梁福新）

【个人寿险营销业务】 2001年中国人寿保险公司沈阳市分公司深化改革，规范管理，使营销业务得到突飞猛进地发展。全年寿险营销保费收入6.3亿元，完成计划的126%，比2000年增加2.36亿元。2001年寿险营销业务的特点是：

1.业务发展由规模型向效益型转化。随着分红保险的推出，险种种类由传统保障型向分红型转化，使险种结构逐步趋向合理，提高了业务质量，促进了业务发展。

2.建立规范的管理体系。采用科学化、系统化、规范化管理手段，初步形成以销售管理为中心，以人员管理为基础，以培训教育为保障的三大营销管理体系。

3.加强团队建设，提高全员素质。营销组织构架日趋合理，高、特级业务员和主管系列人员比例上升，人员素质的提高促进了团队建设，弘扬了团队精神，凝聚了团队力量。

4.建立培训体系，完善培训制度。建立了精干的培训队伍，定期举办各级各类专业培训，随时满足一线需求，推动了寿险销售。

5.农村代理网点建设稳步发展。对农村代理网点初步实现三个层次、两级管理，使其成为保费的重要增长点。

6.加强营销督查，查处违纪、违规案件。对营销队伍中出现的违纪违规案件及时查处，果断处理，确保了业务持续健康发展。

7.发展队伍，造福社会。在广纳人才、发展队伍的同时，不仅为人们提供了施展才华的舞台，还扩大了就业渠道，帮助社会解决了再就业问题。公司获得了沈阳市再就业先进单位称号。

（姜　颖）

【团体人身保险业务】 2001年，中国人寿保险公司沈阳市分公司实现团体保费收入3.69亿元，比2000年增加1.9亿元。承保人次约有730万，累计支付死亡、伤残、医疗、生存金等各类保险金约1.66亿元。对稳定社会经济、保障市民生活发挥了积极的作用。

团体人身保险业务是以团体成员的身体和健康为保险对象的保险业务，具有费率低、手续简便、保险计划灵活等特点，为被保险人提供了必要的生活保障。公司现有团体保险险种55个，其中包括养老保险、团体年金（分红型）保险、意外险、健康（医疗）保险等，充分满足了社会各个阶层、各个行业的保险需求，尤其是2001年推出的分红保险，更加受到投资者的青睐，具有良好的市场前景。

经过十几年的发展，中国人寿保险公司沈阳市分公司保险范围越来越广，保险保障作用也日益增强。其中补充养老保险、养老年金保险、中小学生健康平安保险、团体人身意外伤害保险以其良好的社会效益和经济效益深受社会各界的欢迎。

2001年，随着中国加入世贸组织，沈阳市分公司与时俱进，以制度创新提高管理水平，以强化培训提高整体素质，突出发展，扩大规模，为沈城人民的生活安康、家庭幸福奉献一份爱的保障。

（杨　亮）

【电子计算机网络化建设】 2001年，中国人寿保险公司沈阳分公司以建立与实现业务处理电子化、办公管理自动化、信息传输网络化、决策支持科学化为一体的保险信息系统为目标，以网络为基础，以应用为重点，以信息管理和利用为核心，大力加强信息技术应用工作，信息技术工作取得较快进展，有利地支持了全公司的业务发展和经营管理工作。

2001年，中国人寿保险公司沈阳分公司根据总公司业务综合处理系统升级的统一要求，积极开展升级的数据清理和组织培训工作。针对版本变化大、流程复杂的特殊情况，信息技术中心等相关部门夜以继日的工作，随时处理升级中发生的各种技术问题，使CBPS系统在指定日期顺利升级到7.0版，使公司的电子化应用水平迈上了一个新的台阶。

同时，业管、财务、电脑三方对账程序的开发与应用，完全杜绝了手工改动电脑数据和财务出手工收据的现象，保证了电脑、财务、业管数据的一致性；完善了财务接口程序，使财务人员从繁重的手工录入凭证中解脱出来，实现了统计报表由电脑自动生成；解决了异地收费问题，方便了营销员和保户交费；同时启用了出单中心系统，提高了保单质量。

公司的办公自动化水平得到进一步提高，公司员工基本做到人手一台电脑，公司收发文系统和全国范围内系统电子邮件的使用，提高了公司的办公效率和经济效益。

（沙　勇）

·中国太平洋人寿保险股份有限公司沈阳分公司·

【概况】 中国太平洋人寿保险股份有限公司沈阳分公司是中国太平洋保险(集团)股份有限公司设在辽宁省的管辖公司，全省共设市、县级分支机构29家，共有管理人员537人。

2001年是太平洋保险公司产、寿险分业经营后，寿险公司独立经营的第一年。在这一年里，沈阳分公司紧紧抓住分业经营体制改革的契机，与时俱进，通过加强队伍、机构和管理制度等基础性建设，提升公司的整体管理水平，公司业务已呈现出良性发展的势头。截至12月底，太平洋寿险沈阳分公司共实现保费收入2.37亿元，完成全年计划的104%，比上年增长37.8%，其中，传统个人寿险保费收入1.68亿元，传统团体寿险保费收入3075万元。全年累积赔付1874.96万元。

2001年，中国太平洋保险(集团)公司被国际权威资信评估机构——标准普尔公司评为世界大型保险公司200强之一，名列第45位，是进入全球200强惟一的一家中资保险公司。在2001年度中国质量万里行“明察暗访”活动中，沈阳分公司被评为优秀单位，在辽沈地区拥有良好的信誉。

（穆锡如）

【人身险业务】 为满足广大客户对保险产品多样化的要求，在巩固原有优势险种的基础上，2001年太平洋寿险公司在沈阳地区不仅独家推出了集保障与投资功能于一体、可以不定期不定额缴费的“万能寿险”以及附加终身住院医疗补助保险，还针对不同阶层客户的需求推出了“世纪太平如意卡”、“公出人员如意卡”、“家庭太平吉祥卡”及“长虹两全”、“康健一生”两款分红保险。公司把个人营销业务作为发展的龙头，按照“一年打基础、二年上规模、三年求发展”的总体发展目标，把全年营销工作按季度划分为营销预备期、管理强化期、业务扩张期和任务达成期四个阶段。全辖各机构全面推进目标管理，对下达的新保任务指标进行分解，努力提高业务经营水平。在根据目标阶段分解的过程中，既充分考虑任务指标的均衡性，又照顾到团队规模的现状，积极研究业务的整体推进策略，在市场细分的基础上，找准目标市场，集中优势资源，实现局部的规模化经营。多种形式的竞赛活动也有力地推动了业务的发展。9月份，公司开展业务翻番、增员翻番业务竞赛，组织了全辖第四季度倍增“百名服务明星”全省授奖表彰业务竞赛。在团险业务发展方面，公司下半年引入竞争机制，将原团险部一分为四，形成了各部门之间比学赶帮超的局面，在较短时间内实现了乘客人身意外伤害保险、学生平安险等方面的重大突破。

（穆锡如）

【健康险业务】 2001年，沈阳市政府、市劳动局、市社会保险公司经过联合招标，确定太平洋寿险沈阳分公司为沈阳市“大额医疗费用补助保险”的惟一承办单位，这是辽宁省范围内社会保险与商业保险最大规模的一次携手共办，作为社会保险制度必要补充部分的商业保险再次体现其不可替代性。公司将本着“让政府满意、让人民放心”的宗旨，为广大参保市民提供完善的就医指导、现场查勘、理赔咨询等项服务。

（穆锡如）

【内部管理】 2001年，太平洋保险沈阳分公司积极完善各项内控制度建设，进一步完善核保核赔流程、资金和费用管理、单证管理、车辆管理、印章管理等方面的规章制度，认真贯彻执行总公司《关于加强内部控制制度建设的暂行规定》。为满足业务发展的需要公司还加强了信息化建设和电子化建设，年初公司制定并下发了《2001年信息化建设工作计划》，提出要加强信息化的基础建设，提高管理和业务的技术含量。全年，总公司下发的财务及营销员管理等系统软件得到了良好的应用，实现了全省数据的集中管理。全辖各机构还把提高服务质量，增强企业竞争力作为一项重要工作来抓，通过执行《关于加强客户服务工作的意见》和《关于增强95500客户服务电话效用的意见》，努力把管理和发展融入到服务之中。加强服务工作贯穿于全年工作的始终，通过在员工中树立“管理部门为业务部门服务、二线为一线服务、全员为客户服务”的思想，在工作中加强了各部门之间的沟通与协调，共同为促进公司的发展做好工作。

（穆锡如）

·中国太平洋财产保险股份有限公司沈阳分公司·

【概况】 中国太平洋财产保险股份有限公司沈阳分公司是中国太平洋财产保险股份有限公司设在辽宁地区(大连除外)的省级管辖公司，在全省下设鞍山、抚顺、锦州、丹东、营口、辽阳、盘锦、本溪、阜新、朝阳、葫芦岛等11家分支公司，公司总部位于上海。

2001年度公司被“商业创新方向”国际组织分别授予“国际质量金星奖”和“国际质量白金奖”。

（李　鹏）

【业务发展】 2001年，中国太平洋财产保险股份有限公司沈阳分公司坚持“以效益为中心、以市场为导向、以客户为基础”，调整优化业务结构，完善管理监控体系，努力降低成本费用，圆满完成了总公司下达的各项经营指标，出现了多年来少有的良性发展态势。全辖共完成保费收入2.93亿元，同比增长32.3%，其中车险保费收入1.94亿元，非水险完成保费5977万元，水险完成保费3894万元，累计赔款支出1.44亿元，共实现利润1456万元。

（李　鹏）

【业务管理】　2001年沈阳分公司在全辖全方位重建业务、财务、行政、人事、稽核、监察等各项管理体系和监控体系，将业务的管理、指导、考核、监控四位融为一体，对全辖财务、资金和核算的管理监控及考核全部纳入管辖范围，坚持“巡警”式的稽核监管体系，把问题消灭在萌芽之中。人事、行政、监察等部门围绕中心工作重新定位管理职能，保证了业务健康稳定发展。

（李　鹏）

【客户服务】　沈阳分公司依法稳健经营，坚持走规范化的商业保险公司之路，积极为客户提供完善的保险服务，以“一流的服务质量，一流的工作效率，一流的公司信誉”为宗旨，强化“诚信、敬业、创新、奋进”的企业精神，坚持“主动、及时、准确、合理”的理赔宗旨，2001年公司又推出了“理赔十二项新承诺”，狠抓客户服务，建立快速理赔服务制度、差别服务制度、大客户回访制度，以保户为上帝，以信誉为生命。“平时注入一滴水，难时拥有太平洋”是公司对客户的承诺。在2001年中国质量万里行“明察暗访”活动中，沈阳分公司被评为优秀单位，在辽沈地区树立了良好的社会形象。

（李　鹏）

【企业文化建设】　沈阳分公司坚持“以人为本”，注重凝聚人心，适时地对员工进行爱国、爱党、爱司教育。2001年，举办了庆祝建司十周年演讲比赛和庆祝建党80周年大会；在全省扶贫帮困活动中，沈阳分公司员工踊跃捐款捐物；三八节临近，公司组织全体女职工体检；建军节来临之际，公司为退伍和转业人员赠送精美礼品；为丰富员工文化生活，公司购置了各种文体活动设施，并组建了太保足球队；7月份组织全体员工到北戴河旅游，这些活动都大大提升了公司的“人气”，实现了物质文明和精神文明建设的双丰收。

（李　鹏）

·中国平安保险股份有限公司沈阳分公司·

【概况】　截至2001年12月31日，中国平安保险股份有限公司沈阳分公司寿险累计实现保费总收入17.57亿元，完成计划的112%，比上年增长52.5%；其中：个险保费收入14.60亿元，完成年计划的105%，比上年增长33.85%；团险保费收入2.15亿元，完成年计划的179%，比上年增长248.68%；银行代理实现保费收入8427万元，完成年计划的127.68%

2001年，沈阳平安的团险业务提前7个月完成了全年计划，多次受到了总公司的表扬。同时，分公司的银行代理工作异军突起，三次突破总公司下达的调整追加计划，受到了全国各分支机构和当地金融保险界的关注。在2001年整顿和规范保险市场秩序工作中，沈阳平安顺利通过了中国保监会和沈阳保监办的检查验收，受到了中国保监会专项检查小组的高度赞扬。并且沈阳平安在全省的50个营销网点顺利通过沈阳保监办的备案审查，有37个四级机构、23个五级机构得到中国保监会的认可并经过总公司批准开始正式设立，目前正处于紧张的报批过程之中。

（郝红梅）

【组织队伍】　2001年，沈阳平安共有员工650人。优化人力资源，打造员工队伍，是2001年沈阳平安进行的一项涉及面广、影响力大、成果比较显著的工作。通过对分公司人力资源状况的分析、访谈、问卷调查，分阶段开展了人力资源优化工作。对三级机构负责人、营业区经理、分公司部分中层干部进行了调整；对分公司各职能部门进行架构重组，流程改造，对分公司各部门的全体员工实行聘任上岗，实现人力优化配置。同时，沈阳平安加大了对年轻干部的培养和锻炼，大胆起用了一批年富力强、积极向上的同志担当重要角色，增加了员工和干部队伍的活力与创新精神。

（郝红梅）

【业务管理】　2001年，沈阳平安寿险继续实行市内和外围的版块管理，外围三级机构分片追踪，对个险销售负责人和营业区经理实行指标考核，并在业务推展和新险种启动过程中，适时开展业务竞赛和激励宣导。另外，沈阳平安还成立了多个项目功能小组，全方位抓好业务推动工作。组建增员战斗营，建立准主任培养工程，扩大组织发展；开发了拜访量工具，以此带动客户管理，提高业务员的活动率；在营业区实施指纹考勤，提高出勤率；为提高员工的展业技能，分公司先后统一举办了95期、近11000人次的制式与非制式业务培训，同时采取走出去、请进来的办法，请林俊杉、蹇宏、赵小东、王翌聪、史蒂芬·迈尔、陈达希、张见等来沈阳传经送宝，组织不同层级的员工到广州、上海、南京、青岛、北京等地参观学习，丰富了业务管理人员的视野，拓宽工作思路。

（郝红梅）

【行政管理】　2001年，沈阳平安行政部门贴近业务一线，本着一切以业务为主的原则，在企业文化推展工作中发挥了积极的作用。在宣传工作方面，2001年在系统内外媒体上播发宣传公司的信息共计555篇（次），以663.9分的成绩，列全系统第8位。在财务管理方面，对12个支公司的全年预算进行全面重组，把资源投向业务发展最需要的地方。在全年预算管理过程中，以较为科学的“费用预算签报单”为主线，形成了以预算管理为中心、符合国际惯例的工作模式。2001年，沈阳寿险预算执行率为87.77%，比上年下降了19.83个百分点。在规范物流管理上，坚持正本清源，规范透明的原则，对单证印刷实行公开招标办法，确定签约厂家，以印刷通知单的形式实行印刷品的统一管理。对车辆维修，选择定点厂家，实行自检、抽检、互检等办法，杜绝了费用变通。对办公用品、电脑耗材等，实行透明采购，实行签约供货商上门服务的做法，降低了采购成本。对会议、培训的场租、票务管理，坚持权限集中、统一对外的原则，减少各部门的事务压力，节约了公司的运营成本，收到了良好的经济效益。

（郝红梅）

【品质管理】　本着保证业务品质，促进业务发展的指导思想，通过分公司上下共同努力，建立了比较完善的风险管控体系，开发了一系列风险管控管理系统。同时，出台了沈阳寿险业务品质管理办法，坚持开展“业评会”制度，设立品质稽核专岗，形成了以客服、保费、契约、理赔、营销等部门为主的立体的风险管控网络。客户服务上强化对一线的服务功能，在后线的各部门中，倡导不说“不行”，要说“怎样做才行”。围绕公司的中心工作，重点在契约核保、案件理赔、定点医院、保全咨询等工作方面加大了工作力度，并使之呈现了健康的发展态势。改造了分公司客户服务中心，装修了服务大厅，一次投入14台液晶显示器电脑，7台便携式柜面复印机，上了6条22935160中继线，缓解了电话咨询中心的工作压力，树立了公司良好的现代化品牌服务形象。结合公司业务发展实际，在基础设施方面做了较大的投入，如投影仪、复印机、办公桌椅、形象广告等，使各营业单位的经营环境得到了较大的改善。此外，1—12月份全省共处理理赔案件28795件，赔付金额6243万元，最大限度地保证了客户利益。

（郝红梅）

·新华人寿保险股份有限公司沈阳分公司·

【概况】 新华人寿保险公司是经国务院同意、中国人民银行批准，于1996年8月成立的全国性股份制专业寿险公司，由十五家大型国有或股份制企业发起设立，注册资本金为5亿元人民币。经营包括各类人寿保险、健康保险和意外伤害保险等业务。2000年8月，公司向瑞士苏黎世保险公司、国际金融公司、日本明治生命保险公司、荷兰金融发展公司四家国外保险公司和金融集团转让了占总股本24.9%的股份，并于2000年底实现入股资金全额到帐，资本金增至12亿元人民币。

目前，新华公司已在北京、上海、广州、杭州、武汉、济南、沈阳等十九个主要城市设立省级分支机构，2002年底将完成全国除西藏外35家分公司的机构网络布局，建成近百家中心支公司，实现作业全国化。截至2001年底，新华人寿保险公司累计实现保费收入76.8亿元，累计实现投资收益12.5亿元，连续六年保持赢利；公司总资产达56.7亿元，负债42.5亿元，净资产14.2亿元，偿付能力大大超过了监管部门规定标准。

新华人寿保险公司出资组建了国内首家以保险企业命名的“新华金融保险学院”，是国内首家获得客户服务体系ISO9002国际质量认证的中资寿险公司。开发了“创世之约”投资连结保险、“吉庆有余”分红保险、裕祥团体年金保险(分红型)和红双喜两全保险(分红型)产品，在北京、南京地区第一家推出新千年养老团体投资连结产品、推出国内第一款分红型健康产品“健乐增额终身重大疾病保险”，全方位构建了包括传统产品及新型产品在内的团体、个人、代理保险产品体系。同时，与亚洲国际急难救助集团(AEA)签署合作协议，为客户提供急难救助服务；从1998年开始在北京市场上建立“新华保险客户之家”，在业内首创了网点营销模式。

新华公司“以人为本，服务社会”，先后为公益事业投入近千万元。2000年，新华公司“热心公益事业，承担社会责任”系列公益活动，获得“首都精神文明最佳活动奖”，这是首都金融企业首次获此殊荣。2001年，公司向北京奥申委赴莫斯科代表团捐赠近1.5亿元人身意外保险，为北京知名企业民间声援团提供了价值6000万元的人身意外保险，为远赴莫斯科助威的文化使者国宝大熊猫承保意外伤害保险，并派出20名员工代表赴莫斯科为北京申奥助威，充分表达了“心系奥运、心系祖国”的赤子情怀。中国消费者协会2000年底调查显示，新华人寿保险公司社会认可度在国内保险公司中列第五位，在寿险公司中排名第四。

新华人寿保险公司沈阳分公司位于沈阳市沈河区大西路325号甲，地处市内繁华地段，占地面积1681平方米。经中国保监会批准，从2002年4月30日起开始运营。沈阳分公司本着“精干、高效”的原则开展员工队伍建设。现有内勤员工45人，81%具有金融保险工作经验，95.2%具有大专以上学历，45.2%具有本科学历，11.9%为研究生；现有外勤员工近800人。沈阳分公司高度重视培训工作，认真对员工开展全面、严格的岗前培训和衔接教育，使员工队伍具备了较高的业务素质和能力。沈阳分公司把客户服务工作放在首位。专门设立了客户服务中心和咨查询、理赔电话，实行客户免费体检，实行“一站式”客户服务和提供语音咨询服务，尽可能为客户提供方便；推行分红产品100%客户回访并定期向分红保险产品客户送交分红产品业绩报告，防止营销人员误导欺诈客户，最大程度保证客户利益。现拥有包括《健乐增额终身重大疾病保险》和《红双喜两全保险》等在内的深受保险消费者欢迎的个人、团体和代理三个系列近三十项产品，全方位、多层次地向社会及广大消费者提供独具新华特色的优质保险产品。

目前，沈阳分公司各项工作稳步开展，外部合作日益扩大。先后与辽宁省农行、建行和沈阳招商银行等多家单位签订银保合作协议，与中国医科大学附属第二医院、省人民医院等十二家医院签订了定点医疗合作协议，并与其他有关方面开展合作。

本着“积极稳妥，循序渐进”的机构建设原则，沈阳分公司进一步铺设市内网点，逐步向全省拓展机构。现已在辽中、苏家屯开设营销服务部，还将于两年内完成鞍山、抚顺、本溪、丹东、锦州、营口、盘锦、辽阳八个城市的中心支公司建设并逐渐扩展到全省，进而为全省广大人民提供服务。

新华人寿沈阳分公司将奉行“以人为本，服务社会”的经营理念，严格遵守各项法律法规及政策，恪守诚信原则，切实保证客户利益，以独具特色的保险产品和优质的保险服务为沈阳人民服务，为推动沈阳和辽宁经济发展做出自己的贡献。

(袁晓波)

科　学　技　术

科学研究与发展

【综述】 2001年沈阳市科技战线紧紧围绕全市中心任务，积极实施“科教兴市”战略，加快发展高新技术产业，用高新技术改造传统产业。

1.高新技术产业发展态势良好。全市高新技术产值达到520亿元，同比增长12.8%，其中规模以上工业及农业领域高新技术产业产值470亿元。其中：信息产业实现产值135亿元，自动化产业75亿元，生物技术与制药产业65亿元，新材料产业73亿元，节能与环保产业87亿元，现代农业产业60亿元，其它25亿元。产值超过10亿元的高新技术项目有9个，超过亿元的有76个，超过5000万元的有87个。33个特别快车计划项目实现总产值14.8亿元，同比增长35%，纳税7500万元，利润2.3亿元。先进制造技术产业园、纳米技术与先进材料产业园和国家级“863”软件园都已奠基。大学科技园发展势头良好，开发高新技术项目154项，实现技工贸收入25.8亿元，利税4.2亿元。全市民营科技企业3115家，实现高新技术产值186亿元，同比增长26.8%；实现利税20.5亿元，同比增长31.4%。

2.先进装备制造基地建设试点工作进展顺利。“沈阳市用高新技术改造传统装备制造业示范工程”项目通过国家级技术论证，列入国家“十五”科技攻关计划重大专项，获支持经费1800万元。首批启动实施的机器人、数字化医疗、磁悬浮列车轨道数控加工生产线等16个重点项目呈现良好发展态势，与中科院沈阳分院、中国机械科学院、上海交通大学、清华大学签订了科技合作协议。20户装备制造领域“双创新”企业通过技术创新和机制创新取得明显成效。开展数控立式车床等科技攻关53项，开发生产超临界火电机组用泵等高新技术产品65项，20户示范企业全部进行了股份制改造，建设了22个科技特区，与34家科研院所、大专院校建立了科技合作关系，有17户示范企业制定了有关科技人员的特殊奖励分配政策。

3.科技兴农工作有效展开。围绕种子、农业工厂化、农业生物、农业信息、农产品深加工与转化、农业资源保护与利用技术等六大重点技术领域，组织实施了30项重点产业化项目。农业科研院所、推广机构、农事企业开展科技下乡活动，向农民推广、提供一大批农业新品种、新技术、新成果，举办大规模的农业科技大集、推广会等8场次。科研院所与农业科技园区签订合作协议34个。实施星火计划53项，命名星火科技创新企业23家，6个星火技术密集区已经成为农村经济发展的重要增长点。全市农村科技大会出台了《沈阳市农业科技发展纲要》和《关于加强农业科技创新的若干意见》，为全市农业科技发展创造了良好环境。

4.科技对外开放工作取得显著成果。举办了“2001中国海外学子辽宁创业周”，沈阳市共签约对接项目合同209项。其中100个重点项目逐项落实，部分项目开始启动。2001年召开了两次全市科技对外开放工作会议，明确了“十五”期间沈阳市科技对外开放工作的主要任务和目标，推出了沈阳市的国际科技合作计划。筛选沈阳新松机器人股份有限公司等8家1000万美元以上的国际科技合作项目，签订了招商引资目标责任状。组织10个重点科技团组出国开展招商引资活动，18个科技项目实际利用外资2803.6万美元。

5.科技发展环境建设进一步改善。召开了科技金融对接会，有186个科技项目与银行达成科技贷款协议，意向金额17.4亿元。到12月底，已到位科技贷款13.52亿元。科技与资本对接形势良好，有1家高新技术企业可望近期在主板市场上市，有5家企业在做上市准备，有3家企业正与上市公司重组。科技政策法规建设有了进一步推进，《沈阳市民营科技企业条例》已通过市人大一审，《关于进一步扶持高新技术产业化发展的若干规定》正在制定之中。科技体制改革进一步推进，沈阳市公益类院所改革成为国家试点，开发型院所的科技创新积极性和产业化能力不断提高。2001年全市实现技术贸易成交额22.17亿元，同比增长40.3%；取得市级以上科技成果758项，推广应用率达78%；申报专利3586件，同比增长19.5%；获得授权专利1848件。

（刘　斌）

【高新技术产业产业化发展】 2001年沈阳市高新技术产业继续保持较快增长速度，全年实现高新技术产值520亿元，同比增长12.8%，占全市同期工业总产值的27.8%。产值超过10亿元的有东软集团的系列软件产品等9个项目，超亿元的项目有新松公司的工业机器人等76个项目。六大高新技术产业发展势头强劲。信息产业、自动化产业、生物制药产业、新材料产业、节能环保产业以及现代农业产业规模均超过了60亿元。

特别快车计划项目实现了超常规发展速度。禾丰牧业、昊诚电气、金昌普公司、东宇集团等企业的一批项目年增长率达到或超过100%，其中东宇集团的心脑血管药物从2000年的产值400万元增长到2001年的1.2亿元，产业规模增长了30倍。

涌现出一批初具高新技术企业集团雏形的企业。除了东软、东宇、远大、特环等一批10亿元规模以上的企业集团之外，禾丰牧业、昊诚电气、都市通、大陆激光、金昌普公司、隆迪公司、辽宁卫星、浩普科技等一批企业已经初步具备了高新技术企业集团的雏形。其中，禾丰牧业通过收购、兼并、重组等多种手段在几年内拥有15家分支企业，成为辽宁省乃至东北三省饲料龙头企业，“十五”期间将形成20亿元以上的产业规模。

（马忠胜）

【三园奠基及建设】 2001年为深入推进高新技术产业上规模、上水平，在浑南产业开发区全面启动了沈阳先进制造技术产业园（简称AMT园）、沈阳纳米及先进材料产业园（简称纳米园）和中国沈阳“863”软件园（简称软件园）的园区建设。6月30日AMT园和纳米园的纳米研发中心奠基，10月16日软件园奠基。“三园”的奠基，标志着沈阳市高新技术产业发展将进入新的阶段。

三个园区规划总占地面积371公顷，总建筑面积约140万平方米，预计总投资52亿元，建设周期为5年。其中，一期工程规划占地面积132公顷，建筑面积40万平方米，预计总投资20亿元，建设周期为2年。经过5—10年的建设，“三园”将实现高新技术产值320亿元，利税100亿元，产品出口率超过25%。

AMT园规划占地面积100公顷，总建筑面积50万平方米。经过5年要建成“一座大厦和六个产业区”，成为具有一定国际影响力的产业园区，树立起沈阳制造业的新风貌，建成后，将实现产值180亿元，利税55亿元。

纳米园规划占地面积187公顷，总建筑面积70万平方米。经过5年要建成“四个中心、两个基地”，形成纳米材料原创性技术发源地；开放的、国际性的研发平台；人才培训基地；大型企业的研发部、小型高技术企业的孵化器。最终形成一系列纳米材料的产业群，成为中国新材料高技术产业的“硅谷”。建成后，将实现产值100亿元，利税30亿元。

软件园规划占地面积84公顷，总建筑面积26.6万平方米。要建成一个孵化器，形成一个产业群。根据沈阳地区的产业优势，将以嵌入式软件开发为主攻方向，培育一批软件产业高科技人才，孵化一批中小软件高科技企业，推动数字化装备产业的快速发展，进而形成一个庞大的软件开发产业群体。建成后，在园内孵化的企业将达到500家，年培养软件人才千人以上，实现年产值40亿元，利税15亿元。

(马忠胜)

【高新技术产品普查】 2001年，沈阳市科委与统计局密切合作，开展了沈阳市高新技术产品普查工作，掌握了全市高新技术产品的总体情况。

通过对全市1183家规模以上工业企业的3096种产品进行彻底调查，对照国家和辽宁省的《高新技术产品目录》，确定了沈阳市规模以上高新技术产品总计1484种，并编制了《沈阳市高新技术产品名录》。这1484种高新技术产品2001年实现高新技术产值450亿元，占全市规模以上工业总产值的54.5%，重点分布在装备制造、石油化工、轻型汽车、电子信息、自动化等产业。

沈阳市1183家规模以上工业企业中，省直企业198家，各区、县(市)所属企业505家，市直各工业局所属企业480家。其中，从事高新技术产品生产的企业有438家，占总数的37%。

在1484种高新技术产品中，信息领域95项，自动化领域295项，生物制药领域206项，新材料领域183项，节能与环保领域145项，其它领域560项；属国际领先的32项，国际先进的200项，国内领先的603项，国内先进的649项。

调查显示，沈阳市现有高新技术产品的数量较多、水平较高。规模以上高新技术产品占全部规模以上工业产品总量的47.9%；国内领先水平以上的高新技术产品占高新技术产品总数的56.1%，特别是机械加工、石油化工、汽车、信息、自动化、新材料等行业集中了232项具有国际先进水平以上的工业产品。

(马忠胜)

【先进装备制造基地建设试点工作】 2001年，沈阳市用高新技术改造传统装备制造业，推进装备制造基地建设试点工作(简称试点工作)取得较大突破。1月21日科技部确定将沈阳市用高新技术改造传统装备制造业示范工程(简称示范工程)项目列入国家“十五”重大科技攻关计划，获国家科技部1800万元的经费支持。

为进一步做好“试点工作”，市委将“把沈阳市建设成为国家重大先进装备制造基地”作为全市经济发展的重大战略，列入《“十五”沈阳市国民经济和社会发展计划》；市政府成立了以市长为组长的“试点工作”领导小组，协调组织全市各方力量，共同推进先进装备制造基地建设；市人大、政协审议通过了《试点方案》，运用法律手段和参政议政的权力，保障“试点工作”的开展；市科技、经济、计划等有关部门密切合作，协同作战，全力推进；全市百余家科研院所、大专院校、装备制造业几十万职工积极参与，形成了做好“试点工作”的良好氛围。年内，沈阳市先后与北大、清华、中科院等单位签订了合作协议，组织机床、输变电、机电装备等集团与日本、法国、美国、瑞典等国进行科技经济技术合作，为沈阳市推进先进装备制造基地建设创造了条件。“示范工程”中的传统装备产业改造战略与对策研究、现代装备研究设计中心建设、装备企业信息化示范、装备产业中介服务体系建设等四个课题已全面启动。

(付永忠)

【重大软科学项目招标】 2001年，沈阳市科委对软科学课题制度进行了改革，实行重大软科学课题招标制度。围绕沈阳市经济、科技和社会发展领域事关全局性、方向性、战略性的重大问题，确定8个招标课题：1.用高新技术改造传统装备制造业的战略与对策研究；2.新经济与沈阳新产业发展的战略与对策研究；3.沈阳城市生态环境与可持续发展战略研究；4.“十五”期间沈阳市科技对外开放的环境与对策研究；5.沈阳建设数字化城市研究；6.沈阳市科技发展环境研究；7.沈阳市建立纳米产业基地推动相关产业发展的研究；8.沈阳市如何激活科技人员发挥科技人才优势研究。

全市的高等院校、科研院所、政府研究机构、企业研究机构组成的26个课题组参加了竞标，招标采取了公开答辩、专家评审的形式。经过激烈竞争，来自市政府研究室、东北大学、市科技情报研究所等8个单位的课题组中标。市科委从软科学计划中投入50万元支持这些课题组及其合作单位开展相关课题研究。

(赵　宇)

【高新技术产品出口工作】 2001年沈阳市高新技术产品出口5.2亿美元，占全市外贸出口的比重为37%，同比增长13%，高新技术产品出口已成为带动全市外贸出口的主要力量。

市科委会同外经贸委等单位出台了《关于鼓励我市高新技术产品出口的意见》，对高新技术产品出口企业在项目选定、信贷支持和关税减免等方面给予了政策倾斜，调动出口企业的积极性；起草了《沈阳市高新技术产品出口“十五”发展纲要》，明确了出口企业工作方向。

重点培育东北制药总厂等15家高新技术产品出口基地，在资金、政策上给予优先支持。2001年沈阳市科技计划共安排200多万元的科技三项费用用于高新技术产品出口基地项目。

市科委组织高新技术企业参加深圳中国国际高新技术成果交易会、广州商品交易会、上海国际工业博览会等博览会，推动沈阳市高新技术企业“走出去”；在泰国为安信集团推荐了30余种产品，将沈阳新峰冷轧公司的近160万元设备出口到泰国；与马来西亚必得控股有限公司互设办事处。

举办了“沈阳市高新技术产品出口系列培训班”，先后邀请国家科技部、外经贸部科技司、辽宁大学等专家教授分别就高新技术产品出口形势政策、入世后企业面临的机遇与挑战、国际贸易实务等内容进行了四期专题讲座。建立了东北高新技术产品出口信息网络。通过网络连接国内外有关接口，为出口企业提供产品需求、市场价格及有关进出口政策等信息。

(朴　熠)

【全市农村科技大会】 2001年6月7日，市政府召开全市农村科学技术大会。会议由副市长李宝权主持，市委常委、副市长李佳作大会工作报告，市委常务副书记崔文信出席会议并作重要讲话。

会议提出，今后五到十年沈阳市农业科技工作的基本思路是：加强农业科技创新，大力发展现代农业科技，积极推广普及先进适用技术，全面提高广大农民的科学文化素质，为沈阳市农业由注重追求数量向数量、质量、效益并重的方向转变提供坚实的技术支撑，为推进沈阳市传统农业向现代农业转变提供强大的动力。总体目标是：大幅度提高沈阳市农业科技创新能力，力争用10年左右的时间，初步解决沈阳市农业提质增效、优化结构、实现农业可持续发展等方面的重大科技问题；建立与区域性中心城市相适应的新型农业科技创新体系；到2010年，使全市农业新品种覆盖率达到100%，全市农业科技进步贡献率达到60%以上。“十五”期间，沈阳市要进一步建立完善农业科技创新体系，积极营造良好的创新环境，重点实施良种科技示范工程、农产品加工转化科技示范工程、工厂化农业科技示范工程、农业资源环境科技示范工程、农业高新技术产业化科技示范工程等五项科技示范工程。

会议期间，市政府出台了《沈阳市农业科技发展纲要》(2001—2010)，转发了市科委《关于加强农业科技创新工作的意见》，表彰(命名)了沈阳市农业科学院等107个先进集体和张书芳等118位先进个人，并有36个先进集体及个人进行了书面经验交流。会议要求，各级党委和政府要认清形势，增强依靠科技进步和创新、加快农村经济发展的责任感和紧迫感，结合本地区、本部门制定《纲要》实施方案，切实加强领导，保证《纲要》的顺利实施。

省科技厅、市人大、市政府、市政协等部门的领导，市直有关部门主管领导，各区、县（市）党委、政府主管领导，科委、科协及农口部门的负责人参加了会议。

（阮　兵）

【万名青少年科技技能大赛】 根据2001年沈阳市科普工作安排，市科委、市委宣传部、团市委、市教委于2001年5月至10月在全市城乡中、小学生中开展了青少年科技技能竞赛活动。

科技技能系列大赛共分10个项目，即科幻画现场绘制，植物标本制作，航空、航天、车辆模型制作，珠脑速算，速读速记，未来人居环境创新方案设计，科普影片观后感，中小学生科普知识竞赛。全市有五区10万多名学生参加了比赛。经过了预赛、复赛、决赛，共有50名同学获单项竞赛一等奖，86名同学获单项竞赛二等奖，109名同学获单项竞赛三等奖，1243名同学获单项竞赛纪念奖，16个学校和班级获团体奖，3个区获组织奖。11月16日，在沈阳市电视台召开了“沈阳市万名青少年科技技能系列大赛总结颁奖仪式”暨“中小学生科普知识大赛现场决赛”大会。

（贾栩鹏）

【沈阳技术市场】 2001年沈阳技术市场技术合同成交额实现22.17亿元，比上年提高39.7%，签订技术合同3475份，全市技贸机构累计达7500家。

完善了技术市场政策体系，促进了技术贸易额稳步增长。根据国家税务总局273号文件精神，与市地税局协调，在沈阳全面贯彻执行“技术开发、技术转让合同免征营业税”政策，出台了《关于从事技术贸易提取酬金征收个人所得税问题的通知》、《关于研制开发新产品、新技术、新工艺有关费用支出税前扣除问题的通知》等一系列优惠政策，调动了广大科研人员的积极性，保证了技术市场的稳定发展，促进了技术贸易额的稳步增长。加大政策宣传和技术经纪人培训力度，开展三期技术贸易人员培训班，接受培训人员900人，全市技术经纪人员达到2300人。组织沈阳地区科研院所、高科技企业参加“辽宁（南昌）展览洽谈会”、“辽宁（乌鲁木齐）商品展洽会”、“辽宁（广东）商品展销暨外引内联会”及“深圳高交会”、“上海工博会”等大型展洽活动十余次，签约项目372项，签约额达16.3亿元。积极进行技术产权交易探索，通过赴上海、北京、深圳调研，确定了沈阳市开展技术产权交易发展方向，制定了技术产权交易相关办法、规则，包装整理了一批适用于技术成果及技术产权交易的科技项目，为沈阳开展技术产权交易业务，推进技术成果资本化和高新技术产业化进程奠定了良好基础。

（张　勇）

【专利工作】 2001年，沈阳市被国家知识产权局正式确定为专利工作试点城市。全市专利申请量3582件，其中：职务申请638件，非职务申请2573件。在三种专利申请中，发明申请534件，实用新型申请2573件，外观设计申请475件。专利授权量1848件，其中：职务专利344件，非职务专利1505件。在三种专利中，发明专利96件，实用新型专利1472件，外观设计专利280件。专利局受理专利纠纷案件13件，结案10件。专利技术合同额840万元，专利技术实现产值19.5亿元。列入国家和辽宁省专利技术产业化工程项目8个，获得资金支持110万元。沈阳化工研究院的专利项目“含氟二苯基丙烯酰胺类杀菌剂”被国家知识产权局和世界知识产权组织评为中国专利金奖。

为迎接第一个“世界知识产权日”，举办了“WTO与知识产权保护”专题报告会、“专利法”培训班，宣传《专利法》和专利知识，对咨询专利申请、专利纠纷等专利问题进行解答。

沈阳市专利事务所完成了脱钩转制工作，实现了人员、业务、名称和财务等4个方面的脱钩，组建了沈阳科威专利代理有限责任公司。

开展科技计划项目专利查新检索工作。对申报沈阳市第三批特别快车计划的50个项目和市科学技术计划的529个项目进行了专利查新检索，提供了413份专利参考文献报告。

（于　胜）

科技成果

【综述】 2001年沈阳市科技人员研制开发了一批技术含量高、创新性强的科技成果，推动了全市科技和经济的发展。

2001年沈阳市获国家科技奖励6项，省科技奖励158项。

根据《沈阳市科学技术进步奖励条例》的规定，经市科技进步奖评审委员会评审，市政府决定，授予沈阳鼓风机股份有限公司研制的“年产48万吨乙烯装置用裂解气压缩机”等140项科技成果为2001年市科技进步奖。其中：中国科学院沈阳自动化研究所“沈飞公司计算机集成制造系统（SAC－CIMS工程）”等13项科技成果为一等奖；沈阳华利能源设备制造有限公司“KGN4－12(Z)/T4000－63型铠装固定式交流金属封闭开关设备”等44项科技成果为二等奖；沈阳大学“机械设备故障无损检测技术的开发研究”等83项科技成果为三等奖。

同时，评定了2000年度沈阳市科技振兴奖9项及先进个人3名。

（郭　伟）

2001年沈阳市获国家科技进步奖项目

二等奖6项

项目名称	完成单位
1、北方旱农区域治理与综合发展研究	中科院沈阳生态所
2、铝土矿选矿—拜尔法生产氧化铝新工艺	沈阳铝镁设计研究院
3、高效高起动转矩钕铁硼永磁同步电动机及其共性关键技术	沈阳工业大学
4、水轮机转换制造工艺模拟及质量控制研究	沈阳铸造研究所
5、金矿企业综合自动化系统	东北大学
6、66种常用中药材质量标准及其对照品的研究	沈阳药科大学

（姜国维）

2001年沈阳市科技进步奖获奖项目

一等奖13项

项目名称	完成单位
1、年产48万吨乙烯装置用裂解气压缩机	沈阳鼓风机股份有限公司
2、沈飞公司计算机集成制造系统（SAC－CIMS工程）	中国科学院沈阳自动化研究所
3、沈阳市CAD应用工程技术开发与应用示范	市生产力促进中心
4、磷霉素钠（中性）的研制与工业化生产	东北制药总厂

5、鼻翼基部衬里组织瓣修复单侧完全性唇裂的应用	市口腔医院
6、窒息后新生儿胃肠道变化及其病理生理的临床与基础研究	中国医科大学第二临床学院
7、在胚胎植入前遗传学诊断中应用荧光原位杂交技术检测21—三体的研究	市妇婴医院
8、高产、多抗、优质玉米新品种沈单10号选育	市农业科学院
9、年产48万吨乙烯装置用丙烯压缩机	沈阳鼓风机股份有限公司
10、长期失喉者的喉再造术	中国人民解放军第463医院
11、金属尾矿建筑微晶玻璃	沈阳建筑工程学院
12、YCHX系列抽油机专用高效三相异步电机	沈阳工业大学
13、沈阳市城市建设地理信息系统一期工程	市建设信息中心

二等奖44项

项目名称	完成单位
1、KGN4－12(Z)/T4000—63型铠装固定式交流金属封闭开关设备	沈阳华利能源设备制造有限公司
2、生活饮用水水质二次污染控制技术研究	沈阳建筑工程学院
3、血清软胶囊的研发与应用	沈阳东宇天然药物研究院
4、东软智能表格数据录入及档案自动化管理系统	东软集团有限公司
5、BBD4062双进双出磨煤机	沈阳重型机械集团有限责任公司
6、SSK—U6034卡钳体柔性线	沈阳数控机床厂
7、ZK74系列数控铣钻床	沈阳机床股份有限公司中捷摇臂钻床厂
8、120Kg点焊机器人系统	沈阳新松机器人自动化股份有限公司
9、航发捷德热计量表	沈阳航发热计量技术有限公司
10、“环球使者”系列软件—多文种输入助理	沈阳格微软件有限责任公司
11、推链式可控气氛钎焊炉	沈阳重型机械集团有限责任公司
12、SY6480A型轻型客车车桥	沈阳汽车车桥厂
13、SL膏状钎料及其应用的研究	沈阳工业大学
14、NN型输送带浸胶防撕裂网眼布研制	市产品质量监督检验所
15、GSTμ及CYP450IA1基因遗传特性与肺癌发生易感性关系的研究	中国医科大学公共卫生学院
16、头孢噻肟钠合成工艺攻关及规模化生产	东北制药总厂
17、基于模糊神经网络机器人顺应运动自适应控制研究	沈阳建筑工程学院
18、沈阳市企业国有资本金绩效评价研究	沈阳工业大学
19、延更丹对更年期妇女临床应用的研究	沈阳盛鹏保健品有限公司
20、全位置自动焊接机	沈阳大学
21、高热导高精度热解氮化硼夹持杆的研制	中国科学院金属研究所
22、禾丰高科技预混料的研制与应用	沈阳禾丰牧业有限公司
23、充型过程对铸件凝固质量影响及充型凝固冷却三维综合模拟商品化软件包研究	沈阳铸造研究所
24、医院信息系统	中国医科大学第二临床学院
25、等点—离子交换法提取谷氨酸	沈阳红梅企业集团有限责任公司
26、一吨精密电磁天平	沈阳计量研究所
27、JPLBM－1型母线保护装置	沈阳电业局
28、螺旋槽干运行非接触气体密封	沈阳工业学院
29、塔式起重机安全状态在线模糊识别理论及监测系统的研究	沈阳建筑工程学院
30、精密光学带通干涉滤光片	沈阳仪器仪表工艺研究所
31、《视力伤残程度电脑检测及标定的研究》	市伤害法医鉴定所
32、企业改组、兼并、资产重组中的财务与会计问题研究	市财政局
33、CHTCS/6型高压锅炉给水泵	沈阳水泵股份有限公司
34、乙酰麦迪霉素干混悬剂的研制及总体开发	东北制药集团公司沈阳第一制药厂
35、沈阳市0—6岁儿童亚临床维生素A缺乏病流行病学调查	市儿童医院
36、SYR－AE远程终端装置	沈阳长白工控科技有限公司
37、原发性肝癌患者血浆中PIVKA－Ⅱ检测的意义	市红十字会医院
38、沈阳近代建筑调查及历史建筑保护原则和措施的研究	沈阳建筑工程学院
39、东宇血平康胶囊	沈阳东宇生物制品有限公司
40、沈阳市锅炉压力容器监察与检验质控系统	市锅炉压力容器检验研究所
41、非占位涂料精密制芯法工艺、材料及设备研究	沈阳铸造研究所
42、沈阳市大二环路桥收费营运管理系统	中国科学院沈阳自动化研究所
43、“十五”期间沈阳市城建投融资体制改革研究报告	市城建经济研究所
44、沈阳市突发性环境污染事故应急监测地理信息系统	市环境监测中心站

2001年省科技进步奖获奖项目

一等奖12项

项目名称	完成单位
1、抑癌基因的定位、鉴定和克隆研究	中国医科大学基础医学院
2、流动注射—石墨炉原子吸收光谱联用技术研究	东北大学、中国科学院沈阳应用生态研究所
3、材料的晶粒取向分布(COD)和晶界特征分布(GBCD)的研究	东北大学
4、优质米水稻新品种辽粳294	辽宁省稻作研究所

5、草莓脱毒苗工厂化生产及立体栽培新技术	沈阳农业大学
6、万吨VC工业化技术	东北制药总厂
7、辽宁东岗风电场开发与建设	沈阳工业大学风能技术研究所
8、基于PC机的机器人控制器开发与应用	中国科学院沈阳自动化研究所
9、胃癌高发现场高危人群综合防治研究	中国医科大学附属第一医院
10、现代医学教育资源库	中国医科大学教育技术中心
11、高校、科研院所与企业联合开发机制的研究	辽宁省经济贸易委员会科学技术处
12、辽宁省CAD应用工程技术开发与应用	东北大学

二等奖4项

项目名称	完成单位
1、微分代数系统的结构分析及控制理论	东北大学
2、氧化铝纳米粉及其先进陶瓷复合材料	东北大学
3、岩石结构系统非线性变形破坏演化特性的智能识别研究	东北大学
4、高精度轧制工艺技术研究	东北大学、抚顺特殊钢有限公司
5、杂交粳稻育种的理论与方法及其骨干亲本的选育与应用	北方杂交粳稻工程技术中心、辽宁省稻作研究所
6、结缕草资源生态学及草业开发技术的研究	辽宁大学、辽宁中医学院
7、新型微孔膜过滤材料及其袋式除尘器的应用	辽宁电力科学研究院
8、海城——岫岩5.6级地震成功预报	辽宁省地震局
9、辽宁省脊髓灰质炎监测系统的建立和应用研究	辽宁省疾病预防控制中心、辽宁省卫生厅、沈阳市卫生防疫站
10、林木菌根真菌应用技术的研究	辽宁省林业科学研究院
11、海城市持续高效农业技术研究与示范	沈阳农业大学、海城市人民政府
12、葫芦岛地区高效农业综合技术示范与推广	辽宁省农业科学院、
13、高粱病菌种群动态及防治策略研究	辽宁省农业科学院植物保护研究所
14、重大农业气候灾害检测评价及气候资源分析	辽宁省气象科学研究所、辽宁省气候中心、辽宁省气象学会
15、辽西地区松毛虫持续控灾技术研究与推广	辽宁省森林病虫害防治检疫站等
16、辽宁农业地下水源合理利用与节水增产技术研究	辽宁省水利水电科学研究院
17、浑河流域防洪预警预报系统	辽宁省水文水资源勘测局
18、微量生物物证个体认定技术	辽宁省刑事科学技术研究所
19、非血管性空腔脏器狭窄阻塞介入治疗应用研究	辽宁省肿瘤医院
20、腹膜外平坦型人工肛门造设术	辽宁省肿瘤医院
21、前、中、侧颅底恶性肿瘤手术和综合治疗的研究	辽宁省肿瘤医院、辽宁省人民医院
22、全位置自动焊接机	沈阳大学
23、炼油装置配套用2MCL806离心压缩机	沈阳鼓风机厂
24、500吨/年气相法白炭黑及国产化工业装置	沈阳化工股份有限公司
25、非水介质DSD酸节水减污清洁生产工艺	沈阳化工研究院
26、金属尾矿建筑微晶玻璃	沈阳建筑工程学院
27、工业灰渣高性能水泥基复合材料研究	沈阳建筑工程学院
28、KAII基因在胰腺癌中的表达及与转移关系的研究	沈阳军区总医院
29、辽宁首次从腹泻便及动物体内分离出携带耶氏菌HPI毒力岛的大肠杆菌研究	沈阳市卫生防疫站
30、无农药残留的人参、当归中药材	沈阳药科大学、国家中成药工程技术研究中心
31、西洋参活性成分的化学、药理创新研究及其制剂(产品)的开发应用	沈阳药科大学、辽宁省中药新药研制开发中心、沈阳金龙保健品有限公司
32、年产3万立方米中密度纤维板生产线	沈阳重型机械集团有限责任公司
33、用于制作战术火箭发动机复合壳体的超高强非晶态合金带	中国科学院金属研究所
34、CIMS技术研究与工程应用	中国科学院沈阳自动化研究所
35、自动导航车跟踪定位检测装置	中国科学院沈阳自动化研究所
36、人类消化系恶性肿瘤裸鼠原位移植高转移模型建立及生物学特性研究	中国人民解放军第二〇二医院
37、饮水型地方性氟中毒流行规律、病区成因和防氟改水效果的研究	中国医科大学、赤峰市卫生防疫站、中国医科大学附属第二医院、辽宁省理化测试研究中心
38、先天性胆总管囊肿病因、诊断及治疗的系列研究	中国医科大学第二临床学院
39、内皮素、一氧化氮与动脉硬化闭塞症关系的探讨及其临床应用研究	中国医科大学第一临床学院
40、胃癌转移的基础与临床应用研究	中国医科大学第一临床学院
41、增殖性玻璃体视网膜病变发生机制及调控的研究	中国医科大学附属第一医院
42、声门上型喉癌的基础与临床治疗的研究	中国医科大学附属第一医院
43、主要果菜立体栽培技术研究	沈阳农业大学
44、直立穗型水稻生理生态特性与遗传规律及其利用的研究	沈阳农业大学、辽宁省农业科学院水稻研究所
45、辽宁省玉米主要病害发生规律、抗性生理及生态控制技术研究	沈阳农业大学、瓦房店市植保站、丹东市农科院、锦州市植保站、丹东市植保站
46、玉米多基因矮杆系5003选育及应用	沈阳市农业科学院

三等奖100项

项目名称	完成单位
1、基因传感器的研究	中国医科大学
2、药物抑制肺动脉高压与肺血管平滑肌增殖作用机制探讨	中国医科大学

3、刚塑型有限元可压缩法的若干理论问题	东北大学
4、辽宁林地资产评估动态价位数表研制	辽宁省林业厅资源处
5、辽宁省家畜寄生虫病综合防治技术推广	辽宁省动物防疫站、沈阳农业大学畜牧兽医学院、新宾满族自治县兽医站
6、可重复粘贴的压敏胶制品	沈阳工业学院
7、多元素复合硅肥	沈阳化工学院
8、非织造布应用于农业水稻育苗大棚膜的研究	纺织工业非织造布技术开发中心
9、盘锦生态示范区生态示范建设研究	辽宁省环境保护科学研究所
10、区域性大气污染扩散影响数值剖析理论方法研究	辽宁省环境保护科学研究所
11、电厂锅炉大型热管空气预热器研制	辽宁省环境保护科学研究所
12、新型屏蔽材料高硼铸钢研制	沈阳铸造研究所、中国核动力研究设计院
13、防潮活性石灰粉剂的研制与应用	沈阳东北大学冶金技术研究所
14、ZK3350型滑座式数控钻床	沈阳机床股份有限公司
15、基于遗传算法的机械方案设计系统	沈阳工业学院
16、电信客户综合服务中心系统	辽宁省电信公司沈阳市分公司
17、微型足球机器人研究与开发	东北大学
18、建设工程质量监督管理系统	辽宁大学
19、长龄期混凝土无损检测技术研究	辽宁省建设科学研究院
20、SBS改性沥青的研制及应用	沈阳三鑫公路工程有限公司
21、辽宁省干线公路路面桥梁养护管理系统	辽宁省交通厅公路管理局
22、加筋沥青混凝土薄层罩面技术研究	辽宁省交通厅公路管理局
23、辽宁数字遥测地震台网建设	辽宁省地震局辽宁数字遥测地震台网
24、麻醉监测自动记录多媒体伺服系统	沈阳军区总医院分院（北方医院）
25、无功能肾上腺肿瘤的临床分类及其诊断和治疗	中国医科大附属第一医院
26、功能性T淋巴细胞亚群在肺癌患者体内变化特点及其临床意义的研究	中国医科大学附属第一医院
27、分子生物学技术在判断胃肠道平滑肌肿瘤良恶性、恶性程度及预后中的应用	中国医科大学第二临床学院
28、应用荧光原位杂交技术对胚胎植入前行21—三体检查的研究	沈阳市妇婴医院
29、抗凝疗法在妊高症治疗中的价值	中国医科大学第二临床医院
30、新生儿冷伤肺出血的基础与临床研究	中国医科大学第二临床学院
31、计算机辅助立体定向术治疗高血压深部脑出血的临床实验研究	沈阳市第一人民医院
32、复方安康胶囊1000例戒毒临床研究	沈阳市公安局安康医院戒毒所
33、大肠癌自体肿瘤细胞疫苗主动特异性免疫疗法的临床应用	辽宁省肿瘤研究所、辽宁省肿瘤医院
34、影响淋巴结阴性乳腺癌预后的生物学指标的研究	辽宁省肿瘤医院
35、直肠癌病人术前淋巴管造影与放射性核素淋巴显像研究	辽宁省肿瘤医院
36、卫生标准、法规及相关信息管理系统	辽宁省卫生监督所
37、儿童单纯性肥胖症防治措施的研究	辽宁省卫生监督所
38、有机粉尘对工人健康的危害及其预防措施的研究	中国医科大学
39、中药降低胆固醇结石胆汁粘度的实验研究	中国医科大学附属第一医院
40、沈阳市人口、资源、环境与经济协调发展研究	沈阳市国土区划办公室
41、信贷消费理论与实务研究	辽宁省人民政府
42、三种唑仑类药物中毒检验方法的研究	辽宁省刑事科学技术研究所
43、高热导高精度热解氮化硼夹持杆的研制	中国科学院金属研究所
44、不定度量曲面与中心仿射几何	东北大学
45、氯铝酸稀土气态配合物的研究	东北大学
46、椎前神经节内腹盆腔器官代表区的实验研究	中国医科大学基础医学院
47、栓塞性疾病中脂蛋白(a)和血小板、蛋白激酶C作用的临床与基础研究	中国医科大学第一临床医院
48、诱导性一氧化氮合酶抑制药对感染性休克治疗的理论研究	中国医科大学附属第一医院
49、激光技术在纳米材料制备与表面改性中的应用基础研究	东北大学
50、新型二次电池材料的基础研究	东北大学
51、光合细菌在河蟹养殖中的应用研究	沈阳农业大学
52、辽宁省农机化生产工艺及机械配套技术研究	沈阳农业大学
53、辽宁省小麦主要病虫害综合治理工程研究	沈阳农业大学
54、绿丰一号大白菜	沈阳市农业科学院
55、辣椒杂交种沈椒4号选育及开发利用研究	沈阳市农业科学院
56、优质、抗病、高产绿茄杂交种—辽茄五号	辽宁省农业科学院园艺研究所
57、蔬菜保护地土壤调理技术研究	辽宁省农业区划研究所
58、背负式喷雾机均衡供药系统的研制	国家林业局森林病虫害防治总站
59、CCH—9801型自动灰熔融性测定仪研制	辽宁电力科学研究院、辽宁省电力燃料有限公司
60、左卡尼汀	东北制药总厂
61、油田含油废水处理技术及设备	沈阳大学
62、沈阳电机股份有限公司计算机集成制造系统（SD—CIMS）	沈阳电机股份有限公司、东北大学
63、管片（带）式换热器清洗机	辽宁省机械研究院
64、合成氨装置配套用MCL457＋BCL408离心压缩机	沈阳鼓风机厂
65、DDYZ—55型电子式电液执行机构	中国石油管道公司沈阳调度中心、上海（无锡）三信公司
66、火力发电厂储氢罐氢致损伤机理研究与寿命预测	辽宁省电机工程学会、大连理工大学、大连发电总厂
67、“环球使者”系列软件	沈阳格微软件有限责任公司、沈阳航空工业学院
68、沈阳市大二环路桥收费营运管理系统	中国科学院沈阳自动化研究所
69、沈阳开发区配电网自动化系统	沈阳供电公司、辽宁省电力公司
70、辽宁电力调度通信中心管理信息系统	辽宁电力调度通信中心、中国科学院沈阳计算技术研究所

71、用于局域网的ATM交换机的研究与开发	中国科学院沈阳计算技术研究所、东北大学
72、支持先进应用的工作流管理系统ScopeWork	东北大学
73、采用摩擦和消能装置对加层后结构的减震控制	沈阳建筑工程学院
74、混凝土工程“无模板”施工综合技术	沈阳建筑工程学院
75、居住区生活饮用水水质二次污染控制理论与技术研究	沈阳建筑工程学院、中国医科大学第一临床医院、沈阳大学
76、沈阳市城市排水管网非恒定流模拟技术研究与应用	沈阳建筑工程学院、沈阳市排水管理处、东北大学
77、L型砼空心砌块组合墙结构研究	辽宁省建筑设计研究院、大连理工大学、本溪市建委科技设计处
78、沥青玛蹄脂碎石混合料(SMA)应用技术的研究	辽宁省交通科学研究所
79、沈阳区域气象中心信息网络系统	辽宁省气象通信台
80、辽西地区中低产田水利综合治理技术研究	辽宁省水利水电科学研究院、朝阳市水务局、朝阳市水利水电科学研究所
81、通过优化调度提高多泥沙水库兴利效益研究	辽宁省水利水电科学研究院、辽宁省闹德海水库管理局
82、阻塞性睡眠呼吸暂停患者睡眠中体、肺高血压的发生机制及对策	中国医科大学附属第一医院
83、乙肝基因疫苗阻断母婴传播免疫原性及免疫效果的研究	中国医科大学第二临床学院
84、血红素氧合酶1在哮喘中的作用与调节机制系列研究	解放军第四六三医院、解放军第三军医大学附属大坪医院、国家濒危物种管理办公室沈阳办事处
85、特殊性断肢断指再植的临床研究	沈阳医学院附属中心医院
86、真皮下血管网皮肤游离移植的实验及临床研究	沈阳军区总医院、武警总医院
87、肌桥与其桥接神经再生间变化关系及长红肌桥的神经再生效果	沈阳医学院
88、婴儿期先天性髋脱位(CDH)病理形态影像学研究	中国医科大学第二临床学院
89、酸化离子水生成器开发应用	辽宁省疾病预防控制中心、沈阳东宇医药设备有限公司
90、辽宁省麻疹病毒流行株基因型分析及控制消除麻疹措施的研究	辽宁省疾病预防控制中心
91、辽宁近海海域及其海产品甲型肝炎病毒污染状况的调查研究	辽宁省疾病预防控制中心
92、沈阳地区基本控制碘缺乏病效果长期追踪研究	沈阳市卫生防疫站
93、前康宁冲剂治疗慢性前列腺炎临床及对前列腺超微结构影响的实验研究	辽宁中医学院
94、中国古代针灸处方配穴原则及规律的探讨	辽宁中医学院
95、紫癜冲剂对免疫性血小板减少性紫癜的临床与实验研究	辽宁中医院
96、高效液相色谱法对20种中药材及成药鉴定和定量方法研究	辽宁中医学院、沈阳市药检所
97、人用纯化Vero细胞(CTN—1毒株)狂犬疫苗的研制	沈阳安迪生物高科技公司、中国药品生物制品检定所
98、我国先进制造技术发展对策研究	中国科学院沈阳自动化研究所
99、辽宁技术出口发展战略	辽宁省对外贸易经济合作厅、辽宁省人民政府发展研究中心
100、HJ—73T电视测角仪、二级检测仪及模拟训练器	中国科学院沈阳自动化所、中国北方公司

2001年沈阳市科技振兴奖获奖项目和个人

获奖的9个项目

项目名称	完成单位
1、磷霉素纳(中性)的研制与工业化生产	东北制药总厂
2、计算机集成制造系统的应用示范	中国科学院沈阳自动化研究所
3、智能(在线)IC卡公用电话系统及终端	沈阳都市通网络通信股份有限公司
4、NetEye防火墙系统	东软集团有限公司
5、节能环保型智能组合式变电站	沈阳昊诚电气设备有限公司
6、工厂化高效农业示范工程	沈阳农业大学
7、节能变频型压缩机	沈阳华润三洋压缩机有限公司
8、采用谷氨酸发酵、提取新工艺提高味精生产工业化水平	沈阳红梅企业集团有限责任公司
9、720MVA、500kV三相电力变压器	沈阳变压器股份有限公司

获奖的3名个人

姓名	单位
1、王天然	中国科学院沈阳自动化研究所
2、柴天佑	东北大学
3、苏永强	沈阳市鼓风机股份有限公司

社会科学

【关于加强沈阳市党风廉政建设研讨会】 2001年5月31日，市社科联与市委宣传部、市委讲师团在市审计局会议室联合召开了“关于加强沈阳市党风廉政建设专题研讨会”。针对沈阳市出现的“慕马案件”等重大腐败案件，从理论角度深入剖析产生腐败的深层次原因，从而为市委做出进一步加强全市党风廉政建设的决策提供前瞻性的智力服务。来自辽宁大学、市心理研究所、沈阳大学、市委党校的有关党建、心理、法律等学科的7位著名专家学者，结合“三个想一想”学教活动及“慕马案件”等腐败现象，深入剖析了腐败产生的根源和危害，提出必须在加强党的思想建设、组织建设的同时，还要进一步加强立法和制度建设，搞好政治体制改革，同时要稳定人心、增强信心，进一步加强党风廉政建设，把沈阳的事情办好。会议由社科联副主席金吉媛同志主持，市委常委、宣传部长、社科联主席刘迎初同志到会并讲话。

（白晶华）

【沈阳市土地股份合作制理论与实践研讨会】 2001年11月10日，市社科联与市委宣传部、市农工委联合在辽中县召开了“沈阳市土地股份合作制理论与实践研讨会”。国务院政策研究室农村司副司长叶兴庆博士、国家农业部农业经济研究中心副主任魏唯研究员、全国农村合作经济学会理事长郭书田教授和沈阳农业大学、辽宁大学等大专院校的专家学者及省市相关部门的领导、实际工作者百余人出席了研讨会。会上,中共辽中县委书记马宝忠介绍了推行土地股份合作制、促进农村经济全面发展的经验和体会,与会专家学者针对土地股份合作制相关问题的解决办法和发展方向,发表了许多中肯、有益、富有建设性的意见。会议由市委常委、宣传部长、社科联主席刘迎初同志主持。省委副秘书长、政研室主任朱铭毅,市委副书记王启文出席会议并讲话。研讨会期间,新华社辽宁分社、经济日报、农民日报、改革报、辽宁日报、辽宁经济报、辽宁电台、辽宁电视台、沈阳日报、沈阳电台、沈阳电视台等新闻单位做了相关报道。

(白晶华)

【沈阳市海天家装服务品牌文化研讨会】 2001年12月20日,市社科联与企业文化研究会、建筑装饰协会在沈阳迎宾馆共同召开了"沈阳市海天家装服务品牌文化研讨会"。这是针对沈阳市民营经济发展中企业文化建设的问题,以沈阳海天家庭装修有限公司为研究对象,组成由企业文化、市场营销、职业道德等方面的专家学者参加的调研组在进行调研考察,总结经验的基础上召开的。会上,沈阳海天家庭装修公司负责人介绍了公司发展及学习《公民道德建设纲要》、加强企业道德自律、提升企业品牌文化的情况和经验。中国企业文化研究会副会长贾春峰,中国建筑装饰协会副秘书长谢少宁,省市有关专家学者及家装行业相关部门负责人,民营企业代表就如何发展品牌文化、推进企业道德建设等问题,提出了具有理论深度和实际指导意义的意见和建议。会议由社科联副主席张涛同志主持,市委常委、宣传部长刘迎初到会并讲话。这次研讨会受到新闻媒体的关注,沈阳电视台,沈阳日报分别进行了报道。

(白晶华)

科技协作

【2001年沈阳科技论坛】 "2001年沈阳科技论坛",是沈阳市科协在新世纪第一年举办的又一次高层次、高水平的大型学术交流活动。本届科技论坛以"人才、创新、企业"为主题,以探索学术交流与经济直接结合的有效途径,促进学术交流与生产过程的有机结合为重点,把开展学术交流、培养造就创新人才作为推动技术创新的直接手段,把促进企业成为技术创新的主体,促进高新技术成果的商品化和产业化作为学术交流的目的之一,使论坛取得了良好效果。

论坛期间,全市科协系统共举办国际学术报告会14场,国内高层次学术报告会26场,国际学术研讨会5场,国内学术研讨会13场,并集中组织专题报告会、学术研讨会、技术培训等基层活动130余场次。

著名经济学家、原《经济日报》总编艾丰先生所作的高层次学术报告,被列为市委理论中心组学习的重要内容。市委常委、常务副市长李佳主持了报告会,市委常务副书记崔文信在报告会上作了重要讲话,市委常委和市党政部门各级干部及科协系统干部出席了报告会。

(孔庆华)

【深入实施"四百工程"座谈会】 2001年4月25日,沈阳市深入实施"四百工程"座谈会在市科协召开,座谈会对"四百工程"的实施情况进行了座谈和交流。

开展"四百工程"活动,即在农村广泛开展"百名专家进百村、推广百项实用技术"活动,在厂矿企业广泛开展"百名人才兴百厂、开发百项创新成果"活动,在中小学广泛开展"百名博士进百校、推进青少年科学教育"活动,在社区广泛开展"百个学会进社区、科技文化百万家"活动。

"百名专家进百村,推广百项实用技术"活动。2001年,已有206名专家进驻到全市303个村,专家进村达1900余人次,推广实用技术490余项,举办科技培训1000余期,培训农民5万余人。市科协开通的"22739118"农业技术专家咨询热线电话,除沈阳市农村外,还辐射到海南、内蒙、本溪、抚顺、丹东等20多个市地,已解答农民提出的问题2000余个。

"百名博士进百校,促进青少年科学教育"活动。2001年,已有三批107位博士进入109所中小学担任"博士校长"。各位"博士校长"通过各种形式,已参加学校活动519次,3600余名学生在"博士校长"的亲自指导下,参加各种科技活动,数万名学生听取了"博士校长"的报告。

"百个学会进社区,科技文化进万家"活动。2001年,已有31个市级学会和68个区级学会进入到141个社区,开展活动400余次,受益群众达10余万人次。组建专家报告团为300多个社区举办各种形式报告会1000余场。

"百名人才兴百厂,开发百项创新成果"活动。2001年,全市企业通过开展"讲理想、比贡献"活动立项5000余项,完成4100余项,提合理化建议3200余条,开展技术讲座近千场。

(孔庆华)

【沈阳市"百名专家进百村、推广百项实用技术"活动经验交流会】 2001年4月18日,沈阳市"百名专家进百村、推广百项实用技术"活动经验交流会在市科协召开。来自全市各区、县(市)的党政领导干部、科协主席及市、县两级的专家代表近200人参加了会议。市科协主席商向东在会上作了题为"深入开展'百名专家进百村、推广百项实用技术'活动,全面开创我市农村科普工作的新局面"的工作报告。

一年多来的实践表明,这项富有时代特色和富有成效的活动,一是推动了全市农业的科技进步,促进了农村经济的发展,增加了农民的收入。二是提高了全市农民的科学文化素质,促进了农村精神文明建设的健康发展。三是盘活了人才,为农业科技工作者施展才华、服务农民提供了广阔的天地,加速了科技成果的转化。

市科协副主席单桂英在会上宣读了市科协"关于表彰沈阳市'百名专家进百村、推广百项实用技术'活动优秀组织单位、优秀专家及优秀组织者的决定"。康平县科协等8个单位被授予优秀组织单位称号,沈阳农业大学教授赵建中等30名科技人员被授予优秀专家称号,韩世亮等13名科技工作者被授予优秀组织者称号。

(孔庆华)

【全国部分城区第十一届科普工作研讨会】 2001年8月8日至11日,全国部分城区第十一届科普工作研讨会在丹东辽东宾馆召开。本届年会由沈阳市皇姑区科协承办,参加本届年会的代表有:北京市西城区、上海市卢湾区、天津市和平区、武汉市武昌区、杭州市上城区、大连市中山区、昆明市五华区、成都市青羊区、南京市玄武区、深圳市福田区、沈阳市皇姑区等11城区的科协领导。中国科协普及部城市处,辽宁省科协,湖北省科协,沈阳市科协,丹东市委、市科协,武汉市武昌区委,成都市青羊区委,沈阳市皇姑区委、区人大、区政府、区政协等领导应邀参加本届年会。

与会代表各自介绍了本城区开展科普工作的好经验,并进行了广泛的讨论,提出了许多建设性的建议。与会代表认为:近年来科学思想和科学精神的宣传和普及逐步受到人们的重视,科普工作社会化进程在加快,科普工作以人为本已成为共识;对社区科普的重大意义在不断提高,城区科普工作重心已逐步转移到社区,社区科普必须与市民的工作、学习和生活紧密结合,与社区的两个文明建设紧密结合,其手段、形式和内容必须不断创新。与会代表表示,要不断探索新时期城区科普工作的新途径、新方法,为开创全国城区科普工作的新局面做出新的贡献。 (孔庆华)

【沈阳市公众科学素养调查活动】 2001年7月2日,由市科协和市科委联合开展的"沈阳市公众科学素养调查活动"全面启动。经市科协培训的128名调查员分赴和平、沈河、皇姑、铁西、大东、东陵、苏家屯、辽中、法库等九区、县的40个社区、8个村进行正式调查。

公众科学素养调查是运用社会学和统计学的方法，定期对公众进行抽样调查的一项活动。通过调查及时了解和掌握公众科学素养的变化情况，寻找影响公众科学素养变化的因素，为制定科普政策和科技政策提供可靠的依据。我国公众科学素养调查工作始于1990年，1992年中国科协进行了首次全国规模的正式调查，以后每隔两年一次。

沈阳市开展的这次公众科学素养调查活动尚属首次，调查的内容主要有：公众对科学技术的兴趣程度、对科学技术知识的理解程度、对科学技术的态度、对我国和沈阳市科技发展的态度、对神秘现象的看法等5个方面。经科学抽样，选定沈阳市13个区、县(市)中的9个区、县作为抽查地区，共抽查18—69岁正常的常住成年人2000人，是沈阳市总人口的2.8/万。调查的方法采用分层、多阶段、概率与规模成比例的方法抽选。

通过对这次调查结果的综合分析，进一步了解沈阳市公众的科学素养状况，有的放矢地制定沈阳市科技和科普工作的中长期规划，落实科技和科普工作的软硬件建设，以有效提高全体市民的科技文化素质。

(孔庆华)

【“走入大学校园”青少年科技实践活动】 2001年5月14日至20日，在全国首届科技活动周期间，沈阳市科协、市教委联合举办了面向全市中小学生的“走入大学校园”青少年科技实践活动。举办这项活动旨为大力推进科学教育，更好地发挥博士校长作用，全面培养青少年从小爱科学、讲科学、学科学、用科学的浓厚兴趣和探索精神。

在这项活动中，沈阳市第四中学的同学们参观了沈阳工业大学的校园、图书馆、信息学院、自动化中心、大学生活动中心等。沈阳市第126中学的同学们参观了东北大学的国家重点实验室、计算机中心、大学生体育馆等。许多博士校长带领中小学生走出课堂，在他们的工作单位，向前来参观的同学们传授科技知识，回答同学们提出的问题，进一步提高了青少年的现代科技意识及创新能力和社会实践能力。

(孔庆华)

【组建沈阳博士报告团】 2001年5月30日，沈阳市科协会同市教委联合开展的“百名博士进百校、促进青少年科学教育”活动第三批博士校长进校对接仪式和沈阳博士报告团巡回报告启动仪式，在沈阳市第134中学隆重举行。会上，沈阳市科协主席商向东宣读了市科协和市教委《关于沈阳市第三批博士校长进校的决定》和沈阳市博士报告团首批成员名单。同时，向东北大学包国光等30位博士颁发了担任博士校长的聘书。至此，全市已有107名博士受聘到108所中小学担任博士校长。

为促进“百名博士进百校、促进青少年科学教育”活动的深入开展，市科协和市教委联合组建博士报告团，到全市和中小学作巡回报告。报告团首批17名成员中，既有长江计划特聘学者、东北大学著名教授唐春安博士，世界著名纳米技术专家、中科院金属研究所的卢柯博士，也有归国创业、报效国家、服务人民的优秀代表何伟博士等。在本次博士进校对接仪式上，何伟博士向与会者作了首场题为《我的归国梦——建光明城、报效人民》的报告。市第126中学的博士校长、东北大学薛定宇博士为全校师生作了题为“机器人的研究现状与发展状况”的报告，市第90中学的博士校长、沈阳师范学院的李焙博士为全校教师作了题为“人性化教育观念是学生主体性教育的基础”的报告。东软集团的贾辉博士为市第124中学师生作了题为“当国旗升起的时候——一位留洋博士的心声”的报告，沈阳大学的周春彦博士为东陵区泉园二校的师生作了题为“从小立志为中华民族科学事业的发展而读书”的报告，博士们的报告受到了师生的热烈欢迎。

(孔庆华)

气　　象

【综述】 2001年，沈阳人民不仅经历了自1905年有气象记录以来最寒冷的低温考验，而且遭遇了历史罕见的干旱威胁。沈阳市气象工作以抗旱决策服务和重大活动气象保障为中心，强化预报管理，巩固基础业务，大力开展气象防灾减灾基础设施建设，进一步开拓城市气象服务工作，并着眼于气象事业的长远发展，各项工作又有了新的进步和提高。

一、抗旱决策服务成效卓著

旱情主要出现在春夏两季，就其程度而言可谓近百年不遇，其主要特点：一是持续少雨。3至5月份降水总量比常年少70%，是1905年有气象记录以来同期最少值，第一场透雨出现在6月14日，是自1951年以来最晚的年份。二是高温。5月和6月上旬气温之高，高温日数之多，均打破历史同期记录。三是多大风天气。3至5月5级和5级以上的大风日数多达40天。四是连年干旱。1999、2000年连续两年年降水量特少，导致水库蓄水严重不足，到6月中旬以前，大伙房水库蓄水仅有3亿立方米，河流干涸，地下水位下降，加重了旱灾。面对旱灾的威胁，全市气象工作者不畏艰难，科学决策，取得了显著的成效。

1. 准确预报，提早准备。对于干旱的出现，气象部门早在2000年11月份就明确地向市政府做了报告；2001年3月29日，在市十二届人大常委会二十五次会议上，将干旱的分析预测材料作为会议参阅件发给全体与会代表；5月29日，提出了6月前半月沈阳市没有明显降水，极可能形成春夏连旱局面的预报；5月31日，向市政府报告了“未来一周内沈阳市受干暖气团控制，气温可能突破历史同期记录，旱情将继续发展”的情况。实践证明，气象部门的上述决策服务都是正确的，服务效果十分理想。

2. 严阵以待，抓转折性天气。面对罕见的气象灾害，气象部门强化了预报管理。在6月13日、7月24日、8月16日，及时向政府报告了未来几天内沈阳市将出现降雨天气的预报意见，为农业巧用天时、趋利蔽害提供了保障，同时准确的预测也为人工增雨工作的组织和实施提供了保证。

3. 主动出击，巧播云雨。全年共实施飞机增雨作业5架次，火箭增雨作业30多次，康法两县实施高炮增雨作业23次，全市纯增雨量10.28亿立方米，最大限度地降低了旱灾造成的损失。

二、公众气象服务再创佳绩

1. 以十强赛为重点的重大活动气象保障有力。3月6日，为了保证比赛场地的高标准要求，选择适合本地气候的优质草皮，气象部门为市体委提供了气象资料服务。7月27日又提供了十强赛中国队主场4次比赛期间沈阳市的气温、降水历史气候概率资料。在每场比赛到来前5天开始向组委会提供为期5天的滚动式天气预报书面材料，较好地完成了四场比赛的气象保障任务。特别是在首场比赛天气复杂，预报难度大的情况下，经过缜密分析讨论之后，最终预报8月25日多云有时晴，比赛期间天气晴好，风力不大，气温为23℃～20℃，有利比赛进行。并通过《东方时空》和沈阳的各大新闻媒体对外公开发布，取得了理想的服务效果。

2. 城市气象服务开辟新领域。城市空气污染指数预报项目被列入国家局业务目标考核范畴，纳入日常业务。为了建立、改进和完善空气污染预报模式，使预报工作逐步正规化，市气象局学习并引进了中国气象局研制的空气质量CAPPS1.0模式，与市环保监测中心站达成了“联合制作沈阳市城市环境空气质量预报”协议，研制了“沈阳市城市空气质量污染预报”业务微机自动化系统软件。5月份开始制作城市空气主要污染物浓度指数预报，并上报给中国气象局，8月份开始每天为沈阳电视台提供污染指数预报。

三、气象防灾减灾基础设施建设取得突破性进展

1. 建成了火箭人工增雨基地，使人

工增雨工作体系进一步完善。2001年，市政府投入人工增雨经费275万元，购置了4台套火箭发射车及相关设备，市气象局在浑南新区征地0.8公顷，修建了289平方米的人工增雨车库，建成了火箭增雨基地。该项建设与北部康法两县原有的9门高炮一起，形成了机动性强、全天候作业、覆盖面广的人工增雨作业能力，弥补了增雨飞机不能在雷雨云和夜间作业，以及机场租用成本高等方面的不足。

2.圆满完成了本年度自动气象站建设任务。新建自动气象站6个，使全市自动站总数达到10个。尤其通过于洪区自动气象站的建设，恢复了对于洪区的气象服务。自动站资料可融入MICAPS系统中，实现了遥测气象资料在MICAPS系统中每小时一次的地图化显示。自动气象站的建设还促进了县区气象测站现代化水平的提高，站容、站貌有了明显改观。

（*朴　瀛*）

【农作物生长季气候特点】 2001年，沈阳市农作物生长季(4至9月份)的农业气候特点是：春旱、夏热、秋凉、早霜。

1.春季降水量特少。农作物生长季全市平均降水量为406.1mm，比常年同期少2.6成，比去年同期多1.2成。除6月份和8月份降水量比常年同期多1.7成和稍多于常年外，其他各月份均低于常年，尤其是春季降水特少，4、5月份降水仅为20.9mm，分别为常年和去年同期的2.5成和2.8成(详见附表1)。

附表1：　2001年沈阳市部分区县4～9月份降水量　　mm

月份	东陵	新民	辽中	苏家屯	新城子	法库	康平	平均	历年	2000年
4月	5.7	5.0	4.8	3.0	6.6	4.4	2.9	4.6	36.9	36.9
5月	17.0	15.0	21.2	14.0	11.1	13.1	22.5	16.3	46.1	38.3
6月	156.2	131.0	87.1	85.5	73.5	65.7	101.8	100.1	85.3	41.9
7月	113.0	36.5	132.5	130.5	100.5	34.3	55.3	86.1	160.3	90.0
8月	211.3	86.2	181.2	185.8	174.9	85.1	123.7	149.7	144.2	119.9
9月	52.8	43.4	84.0	48.3	43.4	34.2	38.7	49.3	72.8	34.3
合计	556.0	317.1	510.8	467.1	410.0	236.8	344.9	406.1	545.6	361.3
历年	585.4	478.9	528.4	625.4	582.9	552.9	465.5	545.6		

2.气温偏高，热量丰富，有低温时段，早霜。4～9月份平均气温为20.2℃，比常年同期高1.2℃，但比去年同期(20.8℃)低0.6℃。各月气温除8月份平均气温为23.3℃，比常年和去年同期分别低了0.3℃和2.1℃，其它均高于常年同期值(详见附表2)。4月11日气温稳定通过了10℃，比常年早了10天。日最高气温在30℃和33℃以上的日数分别为39天和5天，比常年多10天和1天。今年高温出现较早，首次出现日最高气温33.2℃(5月19日)，比历史最早的1981年早4天，5月份最高气温30℃有8天，而常年同期只有1.6天，两项均为历史之最。10℃和20℃以上活动积温分别为3603.9℃和2798.3℃，比历年分别多218.3℃和512.7℃而分列历史第四位、第一位，10℃以上活动积温比上年少92.6℃，20℃以上活动积温比上年多12.9℃。2001年初霜期较早，各县区出现最早的是法库(9月18日)，康平、新城子、新民、辽中在9月22日有了首次霜记录，东陵初霜日为10月5日，最晚的是苏家屯10月17日。

附表2：　2001年沈阳市4～9月份平均气温(观象台资料)

	4月	5月	6月	7月	8月	9月	平均
2001年	11.5	19.0	23.9	25.5	23.3	18.0	20.2
历　年	9.8	17.0	21.7	24.6	23.6	17.3	19.0
2000年	10.1	18.3	24.9	26.5	25.4	19.4	20.8

3.日照时数稍少。4至9月份日照时数为1323.3小时，比历年和去年同期分别少86.2小时和35小时。

（*祖　歌*）

【实现了气象地面观测遥测化】 2001年，沈阳市气象现代化建设取得了重要成果，全地区共建设自动气象站10个，其中：地面有线综合遥测仪(Ⅱ型)7个，无人自动气象站3个，全部投入业务运行。实现了全地区所有人工观测站地面观测业务遥测化，这是沈阳市气象观测史上一个新的里程碑。6月26日开始将全部遥测站资料上传(全省各市可共享)，市气象台使用VB语言将省内13个(其中沈阳地区7个)地面有线综合遥测气象仪(Ⅱ型)资料转化成MICAPS系统中的数据格式，实现了全部遥测气象仪资料在MICAPS系统中每小时一次的地图化显示，使自动气象站观测的实时气象资料在天气预报中发挥了积极作用。在此项工程建设中，为于洪区重建了高水平的自动气象站，站址选在大兴乡。该项目作为全省气象示范性工程，在方案设计、设备配备、组织管理、资料应用等方面具有先进性和预见性，避免了由于器件更新带来的重复投资和人力、物力的浪费。为与自动气象站建设相适应，各县区气象局还进行了微机机房改造，全部安装了抗静电地板，棚顶吊装了微孔铝板，标准配电箱和避雷装置，解决了机房配电问题，消除了县、区站长期存在的供电隐患。

沈阳观象台(东陵局)地面有线综合遥测仪已进入单轨运行，其他各区、县(市)气象局的地面有线综合遥测仪进入平行观测阶段，预计2002年进入单轨运行。

（*王建华*）

【建立人工增雨火箭发射系统】 为减轻

旱灾对农业生产的影响，增强人工增雨作业能力，2001年，市政府拨专款购置了4台皮卡车、4套车载WR－98PK型人工增雨火箭发射系统和420发人工增雨防雹火箭。车载WR－98PK型增雨防雹火箭作业系统目前在国内是较为先进的。在安全可靠性方面，由于火箭上设有保险装置，保证了火箭在运输、存储中的安全；火箭不含爆炸物，工作中不产生破片；火箭残骸采用降落伞式安全着陆系统，避免了对地面人员、牲畜及建筑物的伤害。同时火箭残骸为惰性物质，长期不与周围环境物质发生反应，对环境不产生污染。另外，该系统的机动性能强，催化云层高，作业覆盖面积广。

这4套人工增雨作业系统的引进，标志着沈阳市常年性人工增雨工作的正式启动，对补充地下水资源和改善城市生态环境，增强农业抵御自然灾害的能力将发挥重要作用。弥补了以往增雨飞机不能在雷雨云和夜间作业，以及机场租用成本高等方面的不足，与北部康法两县现有的9门高炮一起，形成了机动性强、全天候作业、覆盖面广的人工增雨作业能力，并在原来飞机加高炮作业体系的基础上，发展为以火箭、高炮作业为主，飞机作业为辅，三位一体的作业体系。

从2001年6月14日始至11月18日，全市共开展火箭人工增雨作业42个工作日，先后在8个作业阵地上，发射增雨火箭弹260余发，增雨量近10亿立方米，有利地缓解了全市的旱情，使农业损失减小到最低限度。

（张 涛）

【沈阳观象台杨宝伟同志赴南极科考】 沈阳观象台副台长杨宝伟同志通过国家严格选拔，入选我国第18次南极科学考察队，于2001年11月16日从上海出发奔赴南极，成为了辽沈大地南极科考第一人。

此次科考，我国共有3名气象工作者参加，分别承担长城站、中山站的常规气象观测和中山站的臭氧观测任务，杨宝伟同志承担中山站常规气象观测任务。从这次科考开始，气象观测全部实现自动化，并且采用英语口语发报，因此对观测员的素质提出了更高的要求。首先，要求观测员具有相当的计算机水平和业务能力，能够熟练地安装各种遥测仪器，及时排除各种软硬件故障，并在出现硬件故障时能够按照规范进行人工观测和手工发报。其次，具有较好的英语口语表达能力，能够胜任英语发报任务。

（朴 瀛）

【开展城市空气质量预报业务】 根据国家环保总局和中国气象局联合颁布的文件精神，沈阳市气象局于2001年3月开始与市环保部门合作，共同研制沈阳市城市空气主要污染物（SO2、NO2、PM10）浓度预报模式。经多方努力，沈阳市气象局与市环境监测中心站于2001年5月签署了有关“联合发布空气质量预报”的协议，并共同组织召开了“沈阳市城市空气质量预报”新闻发布会。沈阳市空气质量预报经过试运行，于5月25日正式投入业务使用，并纳入国家统一业务质量考核范围，6月5日由中央电视台正式向社会发布。

正式发布的城市空气质量预报为大气主要污染物的浓度预报，该预报是气象部门与环保部门会商的结果。环保部门采用统计预报模式，即将历史上的污染物浓度监测值与前期的气象条件（气象要素及其时空分布、天气类型）联系起来，建立具有一定置信度的统计关系，并对未来的污染物浓度进行预报。沈阳市气象局预报采用的是经过改造的中国气科院CAPPS 1.0数值预报模式，即在气象场预报模式的基础上，数值求解污染物的有源汇传输扩散方程，预报大气污染物浓度。因CAPPS 1.0模式中多数软件采用Fortran 5.0编写，运行状态为DOS环境，故原始模式运行速度较慢，且运行步骤较为繁琐。沈阳市气象局对该模式进行了改造和进一步完善，形成了一套以CAPPS 1.0模式为基础、Windows操作平台下，从读取气象报文和环境监测实况，到自动形成上传数据文件的全程自动化污染预报业务系统。

根据沈阳市气象局与环保部门“联合发布空气质量预报”的协议，每日预报结果除上传到各自国家行业主管部门外，均以共同名义向公众媒体发布。

（张 菁）

小资料：

2001年主要气象资料

月份	平均气温（℃）	降水量（mm）	降水日数（天）	日照时数（小时）
1月	－16.7	11.6	9	91.7
2月	－9.5	0.0	4	149.3
3月	－0.2	12.2	9	208.7
4月	11.5	5.7	8	209.9
5月	19.0	17.0	12	226.2
6月	23.9	156.2	18	202.0
7月	25.5	109.9	11	210.2
8月	23.3	211.3	12	232.1
9月	18.0	52.8	9	243.8
10月	11.7	31.6	10	214.5
11月	1.1	4.8	4	171.4
12月	－10.2	8.4	4	141.0

（祖 歌）

地　震

【地震监测预报】 2001年，沈阳市地震局根据全国防震减灾工作会议精神和国务院关于进一步加强防震减灾工作的通知要求，加强了地震监测预报、震害防御、紧急救助三大工作体系建设，较好地完成了地震监测预报任务。

1. 地震活动。据我国地震监测台网测定，2001年沈阳市共发生地震19次（见附表），最高震级ML 2.0级。其中：ML 1.0级以上地震8次，ML 0.9级以下地震11次。

2. 观测质量。沈阳市地震监测质量在全国和全省评比中取得了优异成绩。新城子区地震台地电观测手段在全国评比中获得第3名，在全省评比中获得第1名；辽中县地震台地磁观测手段在全国评比中获得优秀奖，在全省评比中获得第1名；沈阳地震基准台测震综合指标在全国评比中获得优秀奖，在全省评比中获得3项第1名。沈阳市地震观测技师综合评比总分在全省获得第2名。

3. 震性分析预报。认真执行各项制度，实时进行震性分析预报研究，对全市震性提出科学准确的震性分析意见，为市委、市政府和有关部门及时提供震性信息；按时向省地震局提交震情分析预报意见，2001年度震情报告在辽宁省地震局系统评比中获得第3名。

（崔朝英）

【震害防御】 沈阳处在我国东部最强烈的地震带——郯庐地震带上，国家、省、市高度重视沈阳防震减灾数据库的建设。根据中国地震局、辽宁省地震局的要求和市政府领导的批示，沈阳市全面展开地震应急基础数据收集工作，并圆满地完成了任务。数据库的建立，将实现地震应急指挥系统“提供信息，出好主意，发布命令”的基本功能，确保国家、省、市抗震救灾指挥系统完成对破坏性地震的指挥任务。

2001年，完成了《沈阳市破坏性地震应急预案》修订工作；建立了《沈阳市地震应急检查工作制度》，并对有关单位进行检查；重新调整了沈阳市防震抗震工作领导小组和抗震救灾指挥部，并建立联络员制度，进一步完善市政府抗震救灾应急指挥机构。市地震局还下发了《关于落实市级地震应急预案有关工作的通知》，对13个区、县（市）和市属有关部门落实防震减灾工作进行部署，提出要求。5月8日市政府第三次常务会议通过了《沈阳市建设工程抗震设防要求管理办法》，并以市政府第4号令予以颁布，6月23日沈阳日报向社会公告

（崔朝英）

【机构改革】 2001年1月18日，沈阳市地震局与沈阳市人民防空办公室合并。8月23日沈阳市地震局从市政府院内迁出。12月沈阳市党政机构改革保留市人民防空办公室（市民防办，市地震局）为

议事协调机构的办事机构。

区、县（市）地震局（台、站）机构保持不变。没设地震机构的区、县防震减灾工作，由所在区、县人民防空办公室负责。

（崔朝英）

【地震科研】 中国地震局项目"新城子地震台地电观测数字化改造"达到了国家要求，通过了辽宁省地震局的验收。"九五"重点科研项目"沈阳市数字化地震观测网"已建成，2001年开始进行试观测，观测质量达到国家技术规范。

沈阳市防震减灾"十五"计划重要科研项目"沈阳市浑南新区地震小区划"，由沈阳市地震局负责。在浑南新区、辽宁省地震研究所支持与配合下，经过10个月的努力，对浑南新区的区域、近区域及场区的地震、地质、地球物理场及工程地质条件等各方面资料进行详细调查研究，合理确定了影响场区的重要地质构造、潜在震源区和地震活动性参数及地震的衰减关系。经地震危险性概率分析和地基土地震反应分析等相关计算，给出了浑南新区设计地震动小区划和地震地质灾害小区划结果。这项成果通过了辽宁省地震局安全性评价委员会审核验收，为浑南新区建设提供了重要的科学依据。

（崔朝英）

2001年沈阳市地震活动

序号	发震时间					震中位置			震级 ML
	月	日	时	分	秒	北纬	东经	地点	
1	1	10	16	47	15.5	41°53′	123°35′	沈阳英达	1.4
2	1	16	8	1	24.6	41°50′	123°35′	沈阳14.6KM	0.9≥
3	1	25	8	45	30.6	42°05′	123°32′	沈阳新城子	1.6
4	1	30	0	19	37.1	41°50′	123°35′	沈阳9.4KM	0.9≥
5	2	7	22	18	1.8	41°50′	123°35′	沈阳12KM	0.9≥
6	2	9	2	13	24.8	41°50′	123°35′	沈阳20.5KM	0.9≥
7	4	21	9	2	25.6	41°50′	123°35′	沈阳8.6KM	0.9≥
8	5	20	12	6	34	41°50′	123°35′	沈阳14.6KM	0.9≥
9	5	31	5	22	21.4	41°50′	123°35′	沈阳8.6KM	0.9≥
10	6	4	3	40	52.5	41°32′	123°14′	苏家屯	1.7
11	7	5	21	55	9.1	42°23′	123°17′	法库双台子	2.0
12	7	24	16	59	46.4	41°33′	123°16′	苏家屯	1.7
13	10	31	11	7	40.3	41°57′	123°09′	沈阳老边	1.7
14	11	11	5	1	30.3	41°50′	123°35′	沈阳9.4KM	0.9≥
15	11	19	11	45	33.8	41°50′	123°37′	沈阳东陵	2.0
16	11	23	13	27	7.4	41°50′	123°35′	沈阳13.7KM	0.9≥
17	12	17	13	48	21.2	41°50′	123°35′	沈阳12KM	0.9≥
18	12	24	17	51	20.8	41°31′	123°17′	苏家屯M	1.7
19	12	25	7	9	41.8	41°50′	123°35′	沈阳13.7KM	0.9≥

教 育

综 述

【概况】 沈阳市2001年有各级各类学校（含私立学校和幼儿园）4423所，在校学生202.62万人，教职工13.64万人，其中专任教师8.31万人。

1.普通教育。沈阳市2001年有各级各类普通教育学校2189所，在校学生122.72万人，教职工10.9万人，其中专任教师7.43万人。

——研究生学校。2001年全市普通高等学校和科研部门举办的研究生学校有25所，在校研究生9660人，指导教师2741人（已含大专院校教职工数中）。全年共招生4028人，为国家输送博士、硕士1442人，其中：博士333人，硕士1109人。

——普通高等学校。2001年全市有普通高等学校21所，在校本、专科学生17.75万人（含电大普通专科班7186万人），教职工2.78万人，其中专任教师1.2万人。专任教师中教授1184人，副教授3980人，占专任教师总数的42.98%。市属普通高等学校2所，在校本、专科学生21248人（含电大本专科班542人），教职工2807人，其中专任教师1567人。全年共招生6747人，为国家输送本、专科毕业生3598人。

——普通中等专业学校。2001年全市有普通中等专业学校42所（含市属10所），在校学生数3.79万人（含市属9743人），教职工5233人（市属1608人），其中专任教师2756人（市属841人）。专任教师中高级讲师858人，讲师1152人，占专任教师38.41%。全年共招生10898人（市属2939人），为国家输送中等专业毕业生9078人（市属3172人）。校舍建筑面积为73.82万平方米（市属51.6万平方米），学生人均校舍建筑面积19.48平方米（市属52平方米）。

——普通中小学校。2001年全市有普通中、小学校（含私立学校）1775所（普通中学360所，小学1415所），在校学生87.19万人（普通中学38.76万人，小学生48.43万人），教职工6.37万人（普通中学3.01万人，小学3.36万人），其中专任教师5.20万人（普通中学2.40万人，小学2.80万人）。学校占地面积2635.18万平方米（普通中学1007.11万平方米，小学1628.07万平方米），校舍建筑面积为475.74万平方米（普通中学250.79万平方米，小学225万平方米）。

2.职业教育。沈阳市2001年有职业中学77所，在校生5.12万人，教职工4707人，其中专任教师3451人，专任教师学历达标率为65%。

3.特殊教育。沈阳市2001年有特殊教育学校15所（工读学校1所，聋哑学校6所，盲校1所，弱智学校7所），在校学生2146人（工读学校132人，聋校681人，盲校182人，弱智学校1151人），教职工540人，其中专任教师377人。

4.幼儿教育。沈阳市2001年有幼儿园（含私立）625所，在园、在班幼儿9.62万人，教职工7126人，其中专任教师3689人。

5.成人教育。沈阳市2001年有各级各类成人教育学校2234所，在校学生73.45万人，教职工27881人，其中专任教师8829人。

——成人高等教育。2001年全市有成人高等教育学校18所，职工大学12所（市属2所），管理干部学院3所，广播电视大学2所（市属1所）。在校学生8.42万人（市属5655人），教职工4824人（市属1661人），专任教师2239人（市783人）。

——成人中等专业学校。2001年全市有成人中等专业学校46所（市属39所），职工中等专业学校22所（市属17所），农民中等专业学校8所（市属7所），教师进修学校14所。在校学生1.38万人（市属5569人），教职工3054人（市属2670人），其中专任教师1896人（市属1672人）。

——成人中小学。2001年全市有成人中小学校30所，在校学生2519人，教职工115人，其中专任教师93人。

——成人职业技术培训学校。2001年全市有职业技术培训学校2119所，在校学生69.8万人，教职工1741人，其中专任教师781人。

（葛沈义）

【城市教育综合改革】 2001年，沈阳市城市教育综合改革工作继续贯彻落实《中共中央关于教育体制改革的决定》，推进沈阳市科教兴市战略的实施，统筹经济、科技、教育体制改革，统筹城市、劳动、人事制度改革，统筹各级各类教育的改革和发展，全面提高城市教育的质量和效益，充分发挥城市教育的整体功能，更好地为沈阳经济建设和社会发展服务。

1.起草了《沈阳市城市教育综合改革"十五"规划》（草稿），并在全国会议上进行了交流。

2.参加了发展高中阶段教育、优化资源配置的调研工作，提出了沈阳市高中、中专、职业高中及义务教育、高等教育综合改革的意见。

3.受教育部城市与农村教育综合改革办公室的委托，起草了《城市教育综合改革评估方案》，将于2002年开始在全国实施。

4.按有关要求及海口城市教育综合改革会议精神，启动"四个突破"、"四个率先"工作。即在教育规模上有新的突破，率先普及高中阶段教育并使高等教育有较快发展；在发展社区教育上有新的突破，率先构建终身教育体系；在办学体制上有新的突破，率先形成公办学校和民办学校共同发展的格局；在教育资源的优化配置上有新的突破，率先建立合理的教育结构和布局。

（陈玉海）

【招生考试工作】 2001年，沈阳市招考办共组织15次大型考试，接纳报名考生39万人次、110多万科次，为各级各类学校录取新生8万人，颁发高等教育自学考试和中专自学考试毕、业证书8930份。2001年，沈阳市招考办先后获得"全国高等教育自学考试工作先进集体"、"辽宁省2001年度考风考纪工作优秀单位"等荣誉称号。科研成果《通用考试分数录入系统(GMIS)》被国家教育部考试中心评为"第四届全国教育考试创新奖"三等奖，是全国惟一的由市级招生考试部门获得的奖项。为中考、高考考生创造优良环境、提供优质服务的"双优"活动和在全国率先建立的招生考试联络员制度，继续得到省内外广泛关注和社会各界的普遍赞誉。

1. 普通高等学校招生考试工作。2001年，沈阳市报考普通高等学校的总人数为29721人，比2000年增加3344人。被普通高等学校录取21661人，比2000年增加1813人，录取率为72.88%。其中：省属以上本科院校录取10615人，民办分院录取2641人，网络学院录取507人，省属以上专科院校录取2192人，市属本科院校录取2597人，市属专科院校录取3051人。全国各类普通高校在沈阳市招收保送生58人。此外，辽宁省高等职业教育学院文化课和专业综合课考试共接纳报名考生4072人，比2000年增加1285人，被各类高等职业教育学院录取3771人，比2000年增加1199人，录取率为92.61%。其中：本科180人，专科3591人。

2001年，沈阳市考生被普通高校和高等职业教育学院录取的总人数为25432人，比2000年增加3012人，为历年人数最多。高考升学率达到75.26%，为历史最高时期。高考升入本科院校人数为16598人，比2000年增加2334人，为历年来最多，占沈阳市报名总人数的49.12%。

2001年，沈阳市为空军飞行学院输送飞行学员21人，超额完成空军招飞工作任务。同时，为使空军飞行学员的选拔由生源自然生成转变为有计划地定向培养，沈阳市在市第三十六中学、第一七〇中学建立了空军飞行学员早期培训基地。

2001年，组织普通高中毕业会考及补考2次，接纳报名考生31672人次。组织攻读硕士学位研究生统一考试1次，接纳报名考生8438人，比2000年增加1135人。

2. 成人高等学校招生考试工作。2001年，沈阳市报考各类成人高等学校的总人数为27004人，比2000年减少2173人。被各类成人高等学校录取14027人，比2000年减少1100人；录取率为51.94%，比2000年增加0.9个百分点。其中：录取专科起点本科生2987人，录取高中起点本科生1560人，录取高中起点专科生9480人。此外，报名参加第二专业本、专科学历教育("二学历"教育)的免试生为423人。

3. 中等学校招生考试工作。2001年，报考各类中等学校的总人数为56675人，比2000年增加2608人。实际参加中考人数为53343人，占报名人数的94.12%。

通过中招统一考试被各类中等学校录取40542人，比2000年减少3037人，统一录取人数占应试人数的76%，比2000年减少8个百分点。各类中等学校录取情况是：普通高中录取31465人(含职业高中升学班招生数)，比2000年增加810人，其中：公费生10638人，自费生20827人。具体情况是：省级重点高中录取12070人，其中：公费统招生2085人，指标到校生2446人，自费生7539人；市级重点高中录取7457人，其中：公费生2822人，自费生4635人；一般高中录取11938人，其中：公费生3285人，自费生8653人。师范学校录取504人，比2000年增加94人。普通中专录取3503人，比2000年减少654人。职业高中录取4840人，比2000年减少3074人，其中：公费生1201人，自费生3639人。成人中专录取230人，比2000年减少213人。

4. 高等教育自学考试和中等专业自学考试工作。2001年，沈阳市共组织高等教育自学考试3次，接纳报名考生近20万人次、42.8万科次，颁发单科合格证书10.6万张，颁发高等教育自学考试本科毕业证书2615份、专科毕业证书5629份，颁发学历文凭大专毕业证526份。完成中专自学考试命题工作，组织中专自学考试1次，接纳报名考生787人、1469科次，颁发中专自学考试单科合格证书14081张，颁发中专自学考试毕业证书160份。全面清理自学考试考生档案18.7万份。

5. 其它考试工作。2001年，组织2次国家学历文凭考试，接纳报名考生4657人次、19034科次。组织6次全国公共英语等级考试和全国计算机等级考试，接纳报名考生26656人。完成电大注册视听生必修课考试的监督检查工作。

(孙云鹏)

【语言文字工作】 2001年，市语委办认真实施《中华人民共和国国家通用语言文字法》，使语言文字工作得到恢复和加强。

1. 宣传贯彻《中华人民共和国通用语言文字法》，努力增强公民语言文字使用方面的规范意识、法律意识。编印发放了10万份语言文字规范化宣传材料，并组织专家、学者撰写有关语言文字方面的宣传文章，请新闻单位协助搞好宣传报道。

2. 结合机构改革，加强市、区县语言文字机构、队伍建设。健全各有关部门协调配合、齐抓共管的工作体制。一是在人大和市编委的支持下，恢复了由市领导牵头、各有关部门领导参加的市语言文字工作委员会，落实了市委领导及各成员单位的职责分工。二是督促各区县教委按照语言文字法和教育部的要求建立了本级和基层语言文字工作机构，落实了语言文字工作专兼职人员。三是明确了各级语言文字工作机构的职责分工，制定了各项语言文字工作的规范、标准、程序。四是组织有关人员参加国家和省举办的语言文字工作干部培训班、普通话视导员、测试员培训班，开展了市直和区县学校的语言文字工作骨干教师培训。

3. 加强教育系统的普及普通话工作。以教师口语培训、语文教学为主，其他多种活动为辅，大力提高教师、学生的普通话水平。配合人事部门实施教师资格认定工作，组织各区县、各级各类学校开展了教师普通话培训、等级测试工作。继续搞好师范院校、职业高中普通话培训、测试工作，全年完成了4万多人次的普通话测试工作任务。

4. 开展了第四届全国推广普通话宣传周活动。在"全国推广普通话宣传周"的集中宣传教育日，组织各区和市直学校师生到主要繁华街区开展宣传活动。散发了10万份宣传材料，开展推普宣传、咨询服务活动，努力扩大声势和影响。选送3名教师、2名学生参加省教育厅举办的"师生诗文朗诵比赛"，取得了四个一等奖、一个二等奖的优异成绩。

5. 开展了语言文字工作检查评估，创建先进区、县(市)和示范学校活动。经省评估，大东、和平区被评为辽宁省语言文字工作先进区；沈阳市师范院校和8所中小学被评为辽宁省语言文字工作示范校，并被省作为现场观摩的评估样板。

(卢宝贵)

【教育督导】 4月份，由市教育督导室、市教委、市财政局组成检查组，对13个区县(市)2000年度教育经费，特别是义务教育阶段教育经费执行情况进行了核查,人大依法进行了监督。市人大、市教委、市教育督导室、市财政局联合下发文件,向全市发布了《关于2000年各区县(市)教育经费执行情况核查结果通报》。

6月份,市督导室会同市教委基础教育处、体卫处、教研室,对各区县(市)进行了学校体育卫生艺术教育工作专项督导检查。进一步完善了学校体育卫生艺术教育工作的管理,加强了学校体育卫生艺术教育的课堂教学,规范了学校体育卫生艺术教育活动。

8月份,举办了第十一期教育督导人员培训班和第五届教育督导理论研讨会。针对素质教育督导考评的迎检自查工作,对全市督导人员进行了内容具体、操作性强的业务培训。会上还交流督导论文37篇。

9月份,在市委统战部和有关区县(市)教委的支持下,聘请了第二期特约督学3名、第一期兼职督学4名,使全市形成了"专兼特"三结合的督导队伍。

10月份,通过多次调研,又制订了《沈阳市区县(市)教委实施素质教育评估方案(试行)》、《沈阳市职业高中实施素质教育评估方案(试行)》、《沈阳市幼儿园实施素质教育评估方案(试行)》3个评估方案,使全市素质教育评估体系得到了进一步健全和完善。

11月份,由市委组织部、市教委和市教育督导室联合组成督导考评组,分别对13个区县(市)党政主要领导抓素质教育工作进行考核,对区县(市)全面实施素质教育工作进行督导评估,对"两基"进行了年审。通过听取各区县(市)党政主要领导、人大、政府、政协、教委、街道、乡镇以及学校领导的汇报,组织相关委办局、教委、基层单位领导和教师座谈会,深入到街道办事处(包括社区)、乡镇政府和教师学校、高中、初中、小学(特殊教育学校)、幼儿园、农村成人教育中心校实地考察,查阅资料、听课、师生问卷等多种形式,全面推动了实施素质教育工作的深入开展。

(刘玮琦)

【基本建设工作】 2001年沈阳市教育专项计划投资额为4200万元。中小学结转工程共计14项,开工建筑面积为8.25万平方米,竣工面积为5.83万平方米,完成投资1.24亿元。市属高校开工面积12.2万平方米,竣工面积7.22万平方米,完成投资1.39亿元。

2001年沈阳市教育基本建设工程无论是开工面积、竣工面积还是投资完成额都是历史上最高的一年,其中康平高中教学楼及南京十校教学楼均达到了省级优质工程的标准。东北育才高中建成后,全市第一批示范高中建设工程开始启动,并且工程进度较快。其中:十一中学教学综合楼、食堂楼、学生宿舍共计5.4万平方米,主体工程均已完成,体育馆5200平方米也完成了基础工程;第五中学教学综合楼2.5万平方米完成主体工程,学生宿舍、学生食堂1.76万平方米,体育馆6550平方米分别完成一层和基础工程;三十中学图书信息楼7400平方米,学生宿舍、学生食堂8000平方米也完成了主体工程;新民高中教学综合楼、学生食堂3.86万平方米桩基础全部完成。此外,全国一流的现代化的第二中学游泳馆工程3600平方米已竣工。

(王 军)

【花园式工程建设】 2001年,沈阳市中小学花园式学校、花园式教师住宅小区建设共植乔木7008棵,灌木1.3万棵,绿篱11.4万株,爬藤20.9万株,学校绿化水平得到进一步提高。

2001年5月,沈阳市以市政府名义表彰了花园式先进县区和学校。大东区、铁西区、辽中县被授予"花园式学校、花园式教师住宅小区建设先进区(县)"称号。有55所中小学被授予"花园式学校示范单位",大东区教师花园、和平区砂山教师新村、铁西区教师新村、沈阳市北海高校教师新村等4个教师住宅小区被授予"花园式教师住宅小区示范单位"称号,108人获花园式学校和花园式教师住宅小区建设先进工作者。

(冯 贺)

【安居乐教工程】 2001年安居乐教工程全部是上年的结转工程,施工面积为18.76万平方米,于年底前全部峻工。有2207户教职工迁入新居。全部工程共完成投资额1.7亿元,其中市补助投资为2700万元,其余为教职工个人集资。

2001年教师住宅建设最大特点是设计标准较高、施工质量较好。高校筒子楼改造住宅工程3.5万平方米,被东三省三市评为"三市观摩"优质工程;川江街教师新村三期工程7万平方米住宅被评为优质工程。至此,建筑面积16万平方米、1500户、全市规模最大、功能齐全的教工住宅小区全部完工。

(田素清)

【沈阳市分离企业办中小学工作基本结束】 沈阳市的分离企业办中小学工作1995年底正式启动,2001年底基本结束(沈阳铁路局和辽河油田所属学校除外)。

几年来,沈阳市共分离企业办中小学79所,其中:市属企业办中小学40所,中省直属企业办中小学39所,每年可为企业减轻负担3000余万元。40所市属企业所办学校中,有小学34所,中学6所,共接收教职员工1101人,接收学生18707人;学校占地面积33.9万平方米,建筑面积7.7万平方米;固定资产总额7034万元。中省直属企业所办39所学校中,有小学23所,中学16所,共接收教职员工2310人,接收学生36886人;学校占地面积58.9万平方米,建筑面积14.9万平方米;接收资产总额1.3亿元。

(段玉春)

【庆祝教师节活动】 2001年9月10日是全国第十七个教师节,为庆祝这一节日,鼓励广大教师敬业爱岗,无私奉献,沈阳市在教师节前夕,以市政府名义表彰了一批在教育教学工作中做出突出贡献的教师和教育工作者。为此,成立了沈阳市教育专家评审委员会。评委会对基层上报的18名教育专家候选人的工作业绩进行了严格的评审,并组织他们进行答辩,通过无记名投票,评选出沈阳市教育专家10名。

9月9日上午9时,在辽宁人民会堂以市委、市政府名义召开了沈阳市庆祝教师节表彰大会,参加会议的人员有市委、市人大、市政府、市政协主要领导,610名受表奖的教育专家和优秀教师,市直有关部门及区县(市)的主要领导等。大会由市委常务副书记崔文信主持,省委副书记、市委书记张行湘做了重要讲话。曾宪梓先生的代表刘红安先生为大会致辞。市教委主任张卓然宣读表奖决定。副省长、市长陈政高向受表彰的市教育专家颁发证书,曾宪梓先生的代表刘红安先生向受表彰的市教育专家颁发奖金。大会用于表彰教师的50万元人民币是由全国人大常委会委员、金利来集团有限公司董事局主席曾宪梓先生捐赠的。

会后,240余名工作在农村偏远地区的优秀教师参观了沈阳科学宫。

教师节前夕,市教委组织了全国模范教师、全国优秀教师、辽宁省优秀教师(优秀教育工作者)的推荐评审工作。经过基层推荐、评委会的严格评审，荆铁军等4名教师荣获全国模范教师荣誉称号，张福钧等9名教师荣获全国优秀教师荣誉称号，夏凤英等26名教师荣获辽宁省优秀教师(优秀教育工作者)荣誉称号。

(陈　馨)

【中小学教师继续教育与校长培训工作】 2001年，市教委筹备并组织召开了“沈阳市‘九五’师干训工作总结表奖暨十五师干训工作会议”，会上沈河、和平及东陵区交流了中小学教师继续教育和校长培训的先进经验，印发了“十五”期间中小学教师继续教育和校长培训工作的文件。

中小学校长培训工作。组织年轻校级和校级后备干部113人赴北师大参加“教育管理学”专业研究生课程班学习；80人参加“教育经济与管理”专业研究生课程班(同等学历班)学习；组织并选送沈阳市第十批国内访问学者共8人赴北师大访问学习；组织首批小学骨干校长54人赴教育部小学校长培训中心参加高级研修；组织小学、初中、高完中优秀校级干部39人到省教育学院参加省级培训。此外，市教育学院和各区、县教师进修学校通过岗位提高培训、后备干部培训等形式共培训校级和校级后备干部3494人次。

中小学教师继续教育工作。先后完成计算机中、高级培训及考核11311人次，合格率85%，其中：中级6142人，高级3465人；继续开展暑期英语强化培训，聘请7名北美外教来沈讲学，共有中学英语教师112人参加培训；举办非师范院校毕业教师参加教育学、心理学“两学班”培训，共187人参训；高中新任教师培训有266人参训；郊区县中小学心理健康教育专职教师培训200人；组织推荐501名教师参加骨干教师省级培训；启动培训者培训工程，组织全市教师进修学校培训部主任13人赴上海华东师大参加培训；继续开展境外培训，选送中小学英语教师12人、校长7人、计算机教师3人赴英国培训学习；继续开展学历教育，初中教师专升本招生578人，小学教师专升本52人。

(迟斌华)

【中小学德育工作】 2001年，沈阳市中小学德育工作以培养学生的创新精神和实践能力为重点，积极开展政治思想、道德品质、法制纪律、心理健康和社会实践教育，加强德育队伍建设，进一步探索德育工作新思路、新内容和新途径，努力提高全市中小学生的思想道德素质。

1.认真贯彻落实教育部和省市中小学德育工作会议精神，统筹规划，加强领导。在认真总结“九五”期间沈阳市中小学德育工作经验的基础上，4月26日正式印发了《沈阳市中小学德育工作“十五”计划》，它描绘了未来五年全市中小学德育工作的基本框架和蓝图。市教委草拟了《关于加强和改进中小学德育工作的意见》。该《意见》将在2002年2月份以市委办公厅、市政府办公厅名义颁发，并对沈阳市中小学德育工作组织领导、队伍建设、途径方法，特别是经费投人起到保证作用。

为在全市树立一批德育工作典型学校，同时把评选工作作为推动学校不断加强和改进德育工作的一项措施，2001年9－10月间，沈阳市开展了中小学德育工作示范学校评选活动，共评选出32所示范学校。

2.狠抓培训，立足根本，加强中小学德育队伍建设。一是在熊岳举办了第三期中小学德育主任培训班，90余人参加培训。与此同时，在各区县、中小学校围绕培训内容开展班主任及各学科教师的德育培训活动。二是在沈阳大学教育学院举办两期农村中小学心理健康教育骨干教师培训班，共培训140人，以保证农村中小学都有组织开展心理健康教育的教师。三是根据实际需要，对全市中小学校聘请的法制校长进行大调整。

3.以德育为突破口，推进素质教育的实施。在思想政治教育方面，结合中国共产党建党80周年，围绕“光辉的历程”这一主题，组织全市中小学开展了纪念建党80周年“唱支好歌给党听”歌咏活动、“党的知识知多少”竞赛等“八个一”教育活动。配合市委组织部、党史研究室组织万余名学生参加党的基础知识竞赛活动。组织市内五区近20万名中小学生参观市委举办的纪念建党80周年的“党的光辉照神州”大型展览。组织参加了市委宣传部举办的纪念“九·一八”活动方案征集活动。组织召开了沈阳市中小学生第十八届“火炬奖”影评征文活动总结座谈会，并对中小学生第十九届“火炬奖”影评征文活动提出了新要求。组织近20余万名中小学生观看了电影《永远十九岁》、《宇宙与人》。下半年，结合纪念“九·一八”事变70周年，围绕勿忘“九·一八”这一主题，在全市中小学中开展了升旗仪式、班团队会等“七个一”系列教育活动。组织近18万中小学生观看了电影《国庆记事》。

在道德品质教育方面，一是结合中小学生不同年级的思想心理实际，分层次有针对性地开展教育。抓了一批试点学校，开展每个学期培养学生养成2－3个方面良好行为习惯的实验研究，2001年的主题是“学会尊重他人人格，不妨碍他人”，并要求中小学校都要编辑一本《学会尊重》的学生征文集。二是结合告别不文明行为教育，继续开展以“四不四讲”为主要内容的告别不文明教育活动。三是结合学习宣传《沈阳市民文明公约》，组织学生学习、实践《沈阳市民文明公约》，并在全市中小学生中开展文明格言征集活动。四是结合社会实践，让学生在社区服务活动、公益日活动、环保教育等活动过程中接受社会公德、家庭美德教育。

在心理健康教育方面，由精神卫生中心组织11名专家、教授到市内五区各中小学校开展心理健康教育专题讲座。2001年在16所中小学开展了这一讲座，培训学生达8000余人次，教师达1500余人次。还在全市开展了心理健康教育优秀课的观摩和评选工作，4月份在辽宁省实验学校举行了成果汇报会。组织编写了《沈阳市中小学心理健康教育纲要》，准备在2002年初正式印发。

在法制教育方面，组织开展了以“崇尚科学、反对邪教、遵守法律”为主题的校园拒绝邪教签名活动。6月5日，继续对全市初三毕业生进行了法律常识考试，并将考试成绩纳入到学生毕业成绩中。在6月26日世界禁毒日这天，市教委与市禁毒委员会在红旗广场共同举办了“拒绝毒品，珍爱生命”为主题的万人签名活动，千余名学生参加了主题宣誓活动。对《中学生法律常识》读本进行修改，制订了中小学法制教育系列方案，分层次、有步骤地开展学校的法制教育工作。5－10月份，市教委与市公安局共同对学校周边环境进行一次集中整治，共计整治“三厅一社”168家，校门前集市29家，停车场11家，出租房207家。以沈阳市第44中学为例，在全市进行了一次打击校门前抢劫学生财物的不法分子的宣传教育活动。7月25日，市教委与市法院、市未保办及市直机关工委共同成立了“沈阳市预防青少年犯罪讲师团”，以法制教育和法制宣传的形式，积极开展预防未成年人犯罪活动。

在社会实践方面，一是要求中小学校把学生参加社会实践作为学生的必修内容，列入教学计划，小学和初高中学生每学年分别不少于10天、20天和30天。二是进一步明确小学主要开展社会参观访问活动，初中主要开展国防军事训练和参观法制教育基地活动，高中主要开展研究性社会调查活动，全市中小学生都要参加社区服务活动。三是建立学生社区服务和社会实践制度，制定了学生社区服务和社会实践活动记实手册，考核评估学生参加社会实践活动情况，并在部分中小学校开展实验研究。四是把假期作为学生参加社会实践的黄金时段，开展多种形式的实践活动。

在假期工作方面，围绕“爱党、爱国、爱家乡”这一主题，设计了小太阳网上献礼、走进科技新时代、争做人民小代表、我是社区小主人、走进社会大课堂、党的光辉照我心、军民警校心连心、沈阳遍开文明花、护绿使者假期行和快乐假期俱乐部十项主体活动。

（李　明）

【中小学体育、卫生与国防教育】 2001年，沈阳市中小学体育、卫生与国防教育工作继续稳步推进。

1.体育教学与科研。一是按教育部计划，全面实施《体育与健康》教学大纲和课程，树立了适应素质教育要求的教学方式和学习方式。二是体育教学论文在数量和质量上有了新的突破，论文总数383篇，被评国家级优秀论文20篇。三是于洪区代表沈阳市参加“全国十城市体育教学研讨会”，获得“组织教学和科研”一等奖。

2.课余训练与竞赛。一是实施“5421”课余训练工程，进行系统训练的学校已达400多所，参训学生5000余人。二是学生体育竞赛成绩取得全面丰收。市31中和省实验中学分获省男、女篮球赛冠军；市35中学、东北中山中学分获省男、女排球赛冠军；市22中获省女子足球赛冠军，市120中学获得省软式排球赛男子组冠军。三是市回民中学男子足球队受教育部委派，代表中国中学生参加在意大利举办的第十七届世界中学生足球锦标赛，以不败的战绩夺取冠军。四是在承办足球世界杯亚洲区十强赛工作中市教委被市委、市政府授予“嘉奖单位”。五是在全国筹备第21届世界大学生运动会优秀礼仪小姐选拔赛工作中，市教委获“最佳组织奖”。

3.学校卫生与保健。一是以信息工程建设推动学校卫生现代化建设，2001年已有90%的中小学卫生保健所和60%的中小学校纳入了全市学校卫生保健工作的网络系统。二是圆满完成市中等学校招生体检工作，受检学生53443名，受检学生健康资料实现微机管理和自动判断。三是制订并实施《学校健康教育评价方案》，市教委体卫处被省教育厅等单位评为“健康教育优秀单位”。

4.军训与国防教育。全市已有1362所中小学开展了军训，受训学生31.5万名。和平区青年大街小学应全国少年军校总校邀请，代表辽宁省参加“第三届全国少年军校检阅式”活动，第二次受到中央军委迟浩田副主席接见，同时荣获“全国少年军校示范校”的称号和大会表演优胜奖。

（吕贵普）

【中小学勤工俭学】 沈阳市中小学勤工俭学工作主要抓了三件大事，实现二个根本转变。三件事，一是做好校办企业改制工作；二是建设农村中小学生产实践基地；三是规范中小学学生市场。二个根本转变，一是变过去单纯追求经济效益向为素质教育服务转变；二是变过去单纯管理型向经营服务型转变。

全市共有1585所学校开展勤工俭学，共有校办企业448个，校办农场1270个。2001年实现利润总额9930万元，补充教育经费4123万元，向国家交纳税金3472万元。

1.巩固发展骨干校办企业，清理整顿挂靠企业。2001年，对经营较好的校办企业做好巩固发展工作，抓好企业职工养老保险政策的落实，积极推进校办企业改制。另一方面稳妥清理挂靠企业，对清理企业的债权、债务，做好确认工作，不给学校和教育部门留下后患。

2.加强中小学生产实践基地建设。市教育局明确提出在全市农村中小学要建成先进科技示范、优良品种繁育、实用技术人才培养的生产实践基地。全市农村中小学共有生产实践基地1270个，全面接纳学生参加生产实践劳动。

3.开发教育市场，做好中小学后勤社会化工作。继续做好中小学统一着装工作。沈阳市的中小学学生装的款式、面料、售后服务在全国都是一流的，2001年9月在广西南宁举办的全国学生装展评会上获得一等奖。积极做好学生奶、学生饮用水、学校文教用品等方面的服务工作，禁止社会不法商贩扰乱学校。

（徐景华）

高等教育

【全面推进学校内部管理体制改革】 沈阳市属高校为适应高等教育发展的新形势，在2000年各校处级干部、科级干部聘任工作顺利完成的基础上，2001年继续深化学校内部管理体制改革，进行了全员聘任和人事分配制度改革工作，打破部门界限、淡化身份，注重能力、竞聘上岗。建立了科学、规范的评价体系和津贴分配方案，有效地促进了“人”与“岗”的有机结合，充分调动了教职工的积极性，实现了用人机制的根本转变。稳步推进后勤社会化的改革，沈阳大学的学校公寓和管理社会化工作已部分实现，沈阳大学师范学院的后勤部门及后勤人员实现了与学院的规范分离。沈阳市属高校通过内部管理体制改革，进一步树立了以教学为中心，强化了学校科学管理，对提高教育教学质量、激发学校活力、实现跨越式发展起到了积极的推进作用。

（菅秀春）

【教师队伍建设】 沈阳市属高校从“十五”期间开始坚持以人为本，按照录用高起点、培养高标准的原则，采取两手抓的办法。一手抓好在校教师的进修深造。采取多种形式对教师进行培训，重点关注了学科带头人、骨干教师的梯队的建设，并拨付一定专项经费用于中青年教师攻读硕士学位和博士学位。一手抓好优秀人才的引进工作，制定各项优惠政策引进拔尖和优秀人才，使教师队伍结构不断优化，学历层次、职称级别、能力水平及综合素质明显提高。

（菅秀春）

【对外交流工作】 沈阳市属高校对外交流工作以入世为契机，从实际出发，解放思想，更新观念，调动和挖掘各方面潜力、潜能，积极开拓对外交流新局面。2001年与美国、英国、日本、澳大利亚、德国、新西兰、法国、俄罗斯、泰国、韩国等国家开展了学术交流、联合办学、合作开发课题、教师互访、互派留学生为主要内容的友好往来和合作，并与其中若干个国家的学校正式签署合作协议，建立了姐妹学校友好关系。通过国际间的校际交流与合作，引进了大量的国际前沿信息，开阔了学校的办学思路，提高了学校的国际声誉，有力地推进了学校的建设与发展。

（商秀春）

【沈阳师范大学】 沈阳师范大学隶属于辽宁省人民政府，是一所涵盖教育学、文学、理学、经济学、法学、管理学、工学、哲学等八大学科门类的多科性大学。校址位于沈阳市皇姑区黄河北大街253号。

学校始建于1951年，前身为东北教育学院。1953年更名为沈阳师范学院，是当时东北地区创办较早的两所本科师范院校之一。著名教育家董纯才、车向忱、吴伯箫等先后担任学院主要领导。1965年更名为辽宁第一师范学院。1978年恢复沈阳师范学院校名。1996年以来，辽宁省艺术幼儿师范学校、辽宁省粮食学校、辽宁省实验学校、辽宁省艺术学校先后并入。2001年省政府决定将沈阳师范学院与辽宁教育学院合并组建沈阳师范大学。2002年教育部正式批准组建沈阳师范大学。

学校占地面积109.9万平方米，建筑面积46.9万平方米。拥有目前东北地区高校中建筑面积最大的图书馆，藏书136.2万册。建设了省内一流、国内领先的校园网络系统。同时，还为具有副高级职称以上的教师配备了研究室。现有各类在校生2.1万余人，其中全日制本、专科生1.2万余人，成人教育本、专科生7892人，硕士研究生1039人，留学生148人。

近年来，学校办学实力不断增强，办学水平不断提高，学科门类不断增加，专业结构不断优化。特别是沈阳师范学院与辽宁教育学院合并后设立的辽宁省基础教育教研培训中心，承担起了全省中小学教师进修提高、教学研究与实验、校长培训以及教育信息交流等方面的工作。师范院校承担全省中小学教研工作任务，这在全国是第一家，进一步完善了学校的办学职能。

学校现有外国语学院、戏剧艺术学院、职业技术学院等8个二级学院和25个系部中心；设有附属实验学校、附属学校和实验幼儿园。现有本科专业36个，硕士点21个，具有在职人员以同等学历申请硕士学位授予权和教育硕士专业学位授予权，具有3个省级重点学科。拥有现代化的实验室62个，设有教育科学研究所、昆虫研究所等各类研究所28个，产学研合作基地7个。“九五”期间，科研立项含国家级项目和国际合作项目累计542项，共发表论文3133篇，其中被SCI、EI和CSSCI检索的116篇。

学校拥有一支基础扎实、学术水平高、结构合理的教师队伍。共有专任教师1262人，其中：教授101人，副教授343人，92人具有博士学位，209人具有硕士学位。涌现出了一批国家及省市有突出贡献专家、优秀教师和优秀科技人才。学校聘有多名外籍教师。学校先后与美国、英国、加拿大、日本、俄罗斯、比利时、丹麦、韩国等国家的20多所高等院校及科研机构签订了国际学术交流及合作协议，并互派教师进修、讲学，进行科研合作。

建校以来，学校始终坚持正确的办学方向，全面贯彻党的教育方针，不断提高教学质量，立足为基础教育服务，以师为本，办大师范，已形成了师范教育与非师范教育相结合、普通教育与职业技术教育相补充、教师职前培养与职后培训相衔接的多层次、多形式、多功能、开放式的教育体系。在省委、省政府的关怀下，2000年通过资产置换方式易地建设了新校园，学校办学实力大大增强，办学条件大大改善，为学校实现跨越式的发展打下了坚实的基础。学校现已为国家培养了6万多名德才兼备的各级各类人才，为辽宁省乃至全国的教育事业和经济发展做出了应有的贡献。

职业技术教育

【中等职业教育】 2001年，沈阳市有中等职业学校174所（普通中专11所，职业中专137所，成人中专26所），其中：国家级重点学校14所，省部级重点学校13所；在校生73000人；开设专业120个；市直属职业中专21所，在校生35490人。

一、强化管理，规范职业教育办学行为

2001年，先后召开8次职业教育工作会议，分别研究和部署职业教育教学工作、现代化信息技术工作、社会办学评估工作、县区职教中心建设工作、中等职业学校招生工作；制定市属中等职业学校专业目录、教学大纲、教学计划和教改方案，推动中等职业学校的规范化教学工作。组织专家对74所学校进行评估，其中68所学校合格，颁发教育部统一印制的办学许可证。

二、加强中等职业学校教育教学管理

1. 完成全市中等职业学校176个专业教学大纲、教学计划、专业目录的规范化工作，2001年各中等职业学校按规范化后的新专业招生。同时，按教育部规定，由沈阳市中等职业学校教材编写委员会组织编写《计算机基础知识》、《计算机基础知识上机指导》、《体育与健康》等教材。

2. 开展教学评比活动。重点对26所中等职业学校的师资情况、多媒体教室、校园网、现代化教学设备、课件、学件、电子借阅图书设备建设等进行检查评估。

3. 开展教师队伍培训。2001年对所属职业学校英语、计算机、财会、语文等四个专业共440名教师进行短期培训，并选派部分成人中专优秀中青年教师和市属成人中专教学及学籍管理人员参加进修和培训，取得较好效果。

4. 确定重点专业，树立全市中等职业学校的品牌形象。2001年通过对市属中等职业学校所设126个专业的筛选评估，确定计算机应用、汽车运用与维修、旅游服务与管理等15个专业为首批重点专业，共投入100万元进行重点扶持，加强了这些专业的实验室等硬件建设。

5. 开展德育评优活动。组织学生参加《中国教育报》举办的“2001年小海鸥全国职校学生作文大赛”，配合德育处举办直属职业学校德育主任培训班，参与省教育厅、市教委组织的德育示范学校建设以及各项评优活动。

三、积极推进职教中心建设

苏家屯区按照省、市要求，投资2500万元，征地5.6公顷，新建总建筑面积2万平方米的高标准职教中心；康平县新建的职教中心教学楼建成投入使用；于洪区职教中心根据市场需求调整专业，使人才培养同当地社会经济发展结合得更加紧密，扩大了学校生存领域。

（蔡继红）

【中等职业教育资源重组】 为了进一步做好优化组合工作，2000年市教委成立了中等职业教育资源优化组合领导小组，制订了资源优化组合方案。两年来，在班子建设和资源重组方面做了如下工作：一是对学校领导班子进行考核和调整。市教委连续两次通过民主测评和业绩考核，调整了直属学校的领导班子，解决存在问题。二是在对10所职业高中优化组合取得成功的基础上，对有关学校的资源重组工作进行了调研，为将来进一步优化重组奠定了基础。三是在有关部门的支持与配合下，基本上解决了直属学校接收后的遗留问题，如追加经费和基建投资计划、离退休教职工的工资待遇、教职工医疗费、党组织关系的归属等问题。四是根据城区中等职业学校资源优化重组的需要，市教委做好了整体接收东陵区职教中心（浑南科技学校），并使其参与中等职业学校的调整和资源重组的准备工作。

（蔡继红）

【沈阳市机械工业学校】 沈阳市机械工业学校，沈阳机械工业职工大学是一所两位一体，具有中、高层次的综合性工科院校。

几年来，学校始终坚持"四上二提高"的工作目标，招生规模不断扩大，教学质量不断提高，教学设施不断完善，校园形象逐年提升，为我国装备工业输送了3万余名中、高级层次人才，为辽宁这块老工业基地的发展做出了重要贡献。

学校为实现学历教育向高等职业技术教育的转变，从教学计划的修订、专业设置调整、课程内容的安排、学生实习实训等多方面改革实践，培养技术应用人才。一是聘请企业高级工程师参与教学计划与教学大纲、专业设置、课程内容的修订调整工作，使之适应社会主义市场经济对各类人才的需求。二是强化基地建设，提高学生实践能力。学校在16家企业集团校厂联合办学的基础上，做好校内接口技术的实训室仿真建设，由教师带领学生修旧利废，添置必要的设备器材，仅花了5万元，就建成了标准高与机械装备行业先进技术同行的校内PLC、财会电算化室，收到良好的教学效果。三是实行多证制为学生就业创造条件。学生毕业时不仅取得毕业证书，还要取得技能证书。先后为学生举办了国家级中级绘图员证、家电与制冷中级维修工证、导游员证、计算机二、三级证、省级财会电算化证、助理会计师证等各类培训班，并列入正常教学计划，80％以上毕业生分别参加了适合本专业的技能证书考试，取得相应的合格证书。这些技能证书的取得，拓宽了毕业生就业渠道，深受学生、家长和用人单位好评。

学校现有16个专业、2700余名学生。其中：高职专以上层次1200余名，中专层次1560余名。无论是联办本科层次，还是独立设置高职专以及中专层次均达到学校历史最好水平。学校注重多层次办学，占据教学制高点。先后与大连理工大学、大连轻工学院、沈阳航空学院联合办本科班，现有在校生四个班102人。与东北师范大学联办研究生证书班3届74人，填补了学校不能自办本科以上学历教育的空白。高起点教育提高了办学层次，扩大了招生规模，使骨干教师具备了本科教学经验。

多年来，学校开展的社会人员职称晋级所需计算机证书培训、下岗再就业技能培训，受到上级的表彰。在辽宁省教育厅教学过程、教学环节专家组对全省28所独立设置的成人院校评估检查中，沈阳机械工业职工大学被评为优良学校。

【沈阳交通技术学校】 沈阳交通技术学校是东北地区交通行业最大的综合性中等职业技术学校，创办于1962年，经40年的发展，办学规模不断扩大，集合了一批社会办学力量，已形成了包括中专、技校、修理厂、职业鉴定所、职业介绍所、综合培训基地、驾校、驾培中心等十余所厂、校在内的学校集团。该校是全国交通系统规范化学校和国家级重点技工学校，2000年又被上级主管机关批准为挂牌的辽宁交通技术学院。学校共设有高级汽车修理、汽车运用工程、汽车电子技术、事务助理等16个专业，现有大、中专和技校在读生2100人。

建校以来共培养大、中专和技校毕业生7780人，为社会代培汽车驾驶员5万余人，为社会代培汽车修理工4400余人，培训交通技术人员和专业人员4.2万人次、职业鉴定2万人次，培训再就业人员680人。

沈阳市交通驾驶员培训学校暨沈阳市机动车驾驶员培训中心是沈阳市最大的驾校。地处沈阳市西北郊区，占地24万余平方米，已建成黑色路面14万平方米，其余部分待进一步规划扩建。

驾校原属沈阳市交通技校一个教学部门，专门负责学校在读生培训和考证业务，从1979年开始为社会代培汽车驾驶员。市机动车驾培中心原隶属交通局，是一个专门办学机构，拥有沈阳市最大的训练考试场地，2000年与学校驾校合并。目前共有各类教练车辆82台，微机20台，员工85人，固定资产1340余万元，年培训量5000人以上。

驾校场地面积大，训练设施和辅助设施基本配套，管理人员和教练力量基本能适应办学需要。驾校为方便学员报名、考试和练车，共设有大东、沈河等八个分校，配备了较强的教练员和管理人员。

沈阳交通技术学校十分重视可持续发展，《九五规划》的制定和实施使学校达到一个前所未有的发展高度。1993年进入国家交通部规范化学校；1996年进入国家级重点技工学校；2000年被辽宁省劳动厅批准为辽宁交通技术学院，被省政府命名为省级文明单位。目前学校又制定出《十五发展规划》，力争在"十五"期间，把学校建成一所具有相当规模效益的新型职业技术院校。

基础教育

【推进素质教育】 2001年，沈阳市本着"发展、突破、创新"的工作思路，大力推进素质教育。

1. 组织区、县（市）教育行政部门和基层学校，深入学习贯彻《国务院关于基础教育改革与发展的决定》和沈阳市农村教育工作会议精神，加快推进实施素质教育步伐。通过学习，全市基础教育工作者认清了形势，振奋了精神，扎实工作，狠抓落实，创造性地开展工作，确保了基础教育持续稳定发展。

2. 深化教育教学改革，全面推进素质教育。一是规范义务教育阶段办学行为。出台了《沈阳市关于规范义务教育阶段办学行为的意见》，对小学跨学区就学、初中压缩民办公助学校招生规模和数量、初中特长班的数量和质量都做出了明确的规定，确保了办学行为的规范化和有序化，为素质教育的开展创造了良好环境。二是以"研究性学习"为重点，开展教改实验。根据高中新课程计划，会同市教研室对高中研究性课程落实情况进行了指导和调研。确定五所省级"研究性学习"样板校（东北育才、沈阳二中、辽中二高中、沈阳四十八中、洪庆高中），召开了校长座谈会，落实了实施方案，推广了试点校经验。确定了改革课堂教学模式、减轻课业负担（城市）、控制学生辍学（农村）、发挥农村中心校作用、改革考试评价办法、开设研究性课程、信息技术课程、学习方式改革探索、开展艺术科技教育、全面推广素质教育典型班、样板校等教育教学改革，全面推进素质教育。对小学开设外语情况进行调查，制定了推进小学外语教学的实施意见(讨论稿)。三是市教研室、市电教馆加强了对信息技术课的检查和指导，初步实现了由学习计算机知识到利用网络教学，由单纯的计算机课程到计算机课程与各学科的课程整合。四是召开农村教育工作会议，巩固提高"普九"成果。重点解决了农村中小学布局调整、控制农村学生辍学和发展高中阶段教育问题。

3.开展多种专项教育，活跃校园文化生活，提高学生综合素质。完成了艺术教育发展规划的调研论证，加强了规范化管理；市教委与市科委、科协密切合作，开展了"百名博士进校园"及沈阳市万名青少年科技技能系列大赛活动；市教委与市人防办联合举办了"民防教育培训班"，促进了初中民防知识教育的开展。

(方　彤)

【薄弱学校改造情况】 根据调查，沈阳市城区存在薄弱初中11所，具体情况如下。19中学：设施不全，生源质量差，办公经费不足；18中学：校舍陈旧，生源流失严重；49中学：社会声誉差，生源流失严重；12中学：校舍破旧，实验楼无上下水，生均图书不达标；25中学：校舍破旧；173中学：占地小，校内有工厂，设施不全，经费不足；179中学：校舍破旧，场地小，校内有居民，教师缺编；92中学：设备陈旧，设施不足，师资水平低，学生流失；93中学：校舍破旧，占地小；96中学：设备不全，缺图书(生均3册)，办公经费不足；141中学：校舍破旧，占地小，设施不全，办公经费不足。

薄弱学校改造情况：已经通过维修改造完毕的学校有19中学、18中学、96中学、173中学、179中学(该校教学楼门窗、电线、采暖系统已经改造完毕；已经通过列入专项计划改造的学校有12中学、25中学，预计2002年年底竣工；2001年通过布局调整和扩建校舍改造的学校有93中学；2001年通过维修改造的有92中学、141中学；49中学领导班子已经调整，师资力量正逐渐充实。

(王　军)

【民族教育】 2001年，沈阳市有民族学校61所，其中：朝鲜族中学9所(含2所职业高中、1所私立高中)，小学25所；满族中学2所，小学6所；回族中学1所，小学3所；蒙族中学1所，小学5所；锡伯族中学2所，小学7所。

1.加大投资力度，改善办学条件。2001年市教委共向各民族学校投资100万元，各区县(市)也相应地加大投资力度，进一步改善了民族学校的办学条件。朝一中新建了现代化的阶梯式电化教室和体育馆，法库县四家子蒙族小学新建了1800平方米教学楼，苏家屯区朝鲜族中心校建了多媒体电教室，东陵区的金家湾朝小、深井子朝小、新民市巴吐鲁蒙族小学等十多所民族学校的校舍也都修缮一新，并绿化和美化了校园。

2.继续调整学校布局。根据农村小学学生逐年减少的情况，2001年，全市共撤并了8所民族学校。新民市的永丰朝小合并到于洪区的吴家荒朝小，英守朝小合并到永明朝小；苏家屯区的官立朝小合并到区朝鲜族中心校；新城子区的5所朝小合并到区朝鲜族中心校。

3.加强教师培训工作。市教委于年初召开了沈阳市朝鲜族教师"九五"期间继续教育工作总结会议，表彰了3所先进学校和20名先进个人，并部署了"十五"期间的培训规划。暑假期间，分别举办了朝鲜族音乐教师、骨干教师和新任教师培训班，进一步提高了民族教师的业务素质。

4.推进素质教育，提高学生创新能力。4月份市教委在苏家屯区朝鲜族中心校召开了朝鲜族小学素质教育现场会。和平区西塔朝小和于洪区朝鲜族中心校被东北朝鲜族教育科研所列为全国朝鲜族创新教育实验点校，2002年将在这两所学校召开全国朝鲜族创新教育现场会。

5.开展各项活动，促进学生全面发展。市教委、民委和文化局于5月份举行了朝鲜族中小学生和教师的作文竞赛，于10月份举行了朝鲜族中小学生综合知识智力竞赛。为组队参加2002年沈阳举行的全国朝鲜族足球比赛，从全市范围内选拔优秀运动员，从暑假开始进行了集中训练(高中在朝一中、初中在朝四中、小学在西塔朝小)。

(李钟太)

【特殊教育】 2001年，辽宁省教育厅为进一步推动特殊教育学校的发展和规范化建设，制定下发了《辽宁省标准化学校标准(试行)的通知》。市教委紧紧抓住这一契机，将文件转发到各县区，并要求各县区要从巩固普九成果的角度，把此项工作列入日程，按标准逐条自检。市教委筹措资金40万元，县区投资近百万元，集中为沈阳市盲校、皇姑区聋哑学校、苏家屯区特殊教育学校、新民市聋哑学校等四所学校新建了校舍，装备了专用教室和仪器设备。这四所学校在年终省教育厅达标检查中，顺利通过验收。

2001年，国家教育部、国家民政部、中残联在全国范围内进行了全国特殊教育先进县区的评选工作。沈阳市的沈河区被评为全国特殊教育工作先进县区，盛永凤等二人被评为全国特殊教育先进工作者。

(刘　畏)

【民办中小学发展情况】 2001年，沈阳市有民办中小学40所，其中：高中22所，完中6所，初中3所，小学6所，九年一贯制学校3所。在校生21204人，占同类学生总数的2.5%，在校生800人以上的有10所。学校占地面积7834万平方米，固定资产总额达2.6亿元，有专任教师1603人。高校扩招后，民办高中的升学率接近70%。

沈阳市民办教育起步早、发展快，已经形成了一定的发展规模。本着"积极鼓励，大力支持，正确引导，加强管理"的原则，各级政府对民办教育高度重视，努力创造宽松发展环境，保证了民办教育事业的健康发展。就目前的规模看，在全国同类城市中，沈阳市的民办教育名列前茅。2001年，依据《民办中小学、职业技术学校试行办法》和《沈阳市民办学校管理条例》，进一步加强了对民办学校的规范与管理。进行了每年一次的民办教育调研，对过去没有参加评估的民办学校进行全面评估。评出了3A级学校6所，2A级学校24所，A级学校7所，无A级学校6所，准备撤消的学校9所。结合对全市民办学校的调研评估，又命名了两所民办市级重点高中(拔萃中学、新星高中)。

(方　彤)

【沈阳市第二中学】 沈阳市第二中学是辽宁省首批办好的重点高级中学，隶属于沈阳市教育局，是国家教育部确认的全国名校，是辽宁省花园式学校。

学校坐落于沈阳市沈河区五爱街，

校园占地面积7.42万平方米，绿地面积1.3万平方米。

学校建有国内一流的科技实验楼，建筑面积4200平方米，内设物理、化学、生物、地理实验室、两个语音室、两个多媒体教室和400个座位的多功能电化教室及天文观测台等。学校图书馆面积2000平方米，藏书5万余册，阅览室有600多个座位。

学校体育设施完备，有符合国际标准的大型体育馆和多功能游泳馆，多个标准篮、排球场及2000多个座位的多层体育场看台，沈阳市中小学惟一的标准塑胶田径场地已经落成。学校现有田径、篮球、艺术体操等三个高水平的运动队。

全校在岗教师110人，其中：高级教师45人，已获硕士学位及硕士在读的研究生39人，沈阳市骨干教师19人，沈阳市学科带头人6人，省特级教师4人；被评为省、市级优秀教师、优秀课教师的有30余人。

多年来，沈阳二中一贯坚持正确的办学方向，坚持全面贯彻党的教育方针，坚持按教育规律和人才成长规律办学，全面实施素质教育。学校把培养既适应终身学习，又适应未来发展；既有综合素质又有个性特长的跨世纪人才作为育人目标。学校坚持“轻负担，高质量”的办学原则，建立了课堂教学、课外活动、社会实践相结合的教育体系，保证学生在德、智、体、美、劳诸方面全面和谐地得到发展。建校50余年来，共为高等院校输送了2万余名优秀学生。20年来，沈阳二中的高考升学率一直保持在100%和接近100%，每年都有80%以上的学生升入全国重点大学。随着高考制度改革的深化，沈阳二中的办学优势更加明显。每年都有20名左右的毕业生（包括体育、艺术特长生）被免试保送到国内名牌大学学习，有20余名杰出的学生在毕业前加入中国共产党。

近年来，沈阳二中获市以上奖励200余次。其中有沈阳市人民政府授予的“先进单位”、“精神文明单位标兵”；辽宁省人民政府授予的“社会主义精神文明建设标兵单位”、“模范学校”、“体育先进学校”；国家教育部授予的“全国五讲四美为人师表先进单位”、“全国德育先进学校”、“全国贯彻体育工作条例先进学校”、“全国培养体育后备人才试点中学”、“全国现代教育技术实验学校”；中国GLOBE计划实施委员会授予的“有益于全球环境的学习与观察（GLOBE）计划GLOBE学校”等光荣称号。

沈阳二中与日本国、美国、韩国的一些知名的高级中学结为姊妹学校，并成功地进行了学生、教师、管理各个层面人员的互访及国际交流活动。

【沈阳市第一二六中学】 坐落在和平区北四经街的沈阳市第一二六中学是一所完全中学，现有68个教学班，其中：初中部58个教学班（其中敬业中学18个教学班），高中部10个教学班，共有学生3700余人。学校建有三幢教学楼，8个专业实验室。语音室、微机室、多媒体教室、图书馆配备齐全，已建成完整的闭路电视系统和一流水平的劳技实验室、花卉基地、烹饪基地，还建成了1500平方米的体育馆。

学校师资力量雄厚，在岗教师中有高级教师48人，一级教师68人，市区骨干教师55人，市区兼职教研员10多人，沈阳市教育专家1人，省、市优秀教师15人。学校在“民主、宽松、和谐”的治校方针指导下，全面贯彻党的教育方针，努力提高教育、教学质量，已形成了“勤奋、文明、团结、向上”的校风。学校教育教学质量高，学风浓郁，在历届中考中涌现出众多佼佼者，为省市重点高中及大专院校输送了大批人才，多年来以优异的办学业绩而闻名省市区。

学校认真贯彻第三次全教会精神，注重学生创造性思维和创造力的培养，被中国创造学会定为“中国创造学会实验基地”，并开展《中学全面实施创造教育的实验与研究》课题研究。学校还承担了国家、省、市级科研课题20多项，注重科研兴教、科研兴师，保证了教学质量的稳步提高。

学校不断探索课堂教学改革，提高教学质量，减轻学生课业负担，为学生个性和特长发展提供了宽松和谐的环境。学校办的《一二六中学校报》为校园内的小作者们提供了展示自己文采的一片天地。“校报”中刊登的作品已有二十余篇在各类报纸、杂志上发表。由小作者的作品汇集而成的《花季风景线》一书也已正式出版，其中许多作品受到著名学者、作家们的肯定。

学校树立了全面实施素质教育，促进学生全面发展的办学理念，创办了艺术特长班，发展学生特长。组建了校艺术团，包括管弦乐队、合唱队、舞蹈队，作为艺术教育的骨干带动了美育教育的发展。学校被定为田径、篮球点校。学校在省、市、区各类比赛和演出中成绩突出，享有盛誉，并被评为省美育先进示范学校。

学校以其端正的校风，浓郁的学风和一流的教学质量，赢得了学生和家长的信任，得到了社会的认可和上级的好评。学校连年被评为区红旗单位、红旗党总支、红旗团委、先进工会、市精神文明单位、老干部工作先进单位等，获得诸多殊荣。

【沈阳市第五十八中学】 沈阳市第五十八中学，位于于洪区西部郊区，始建于1952年，当时校名为沈阳市第十四中学分校，后改名为沈阳市第四十一中学，1956年改名为沈阳县第十中学，1959年又改名为沈阳市第五十八中学。

2000年6月领导班子调整后，校长李宏伟带领班子成员开拓进取，勇于改革。学校的办学目标是加强基础、发展智力、培养能力、提高素质，把学校办成精神文明的校园、培养人才的学园、发展个性的乐园、优美整洁的花园。以“一切为了学生，为了一切学生，为了学生一切”为办学宗旨，全面推进素质教育。

2001年在两级政府的关怀下，投资450万元建成现代化的教学大楼，同年9月投入使用。学校占地2万平方米，教学楼4700平方米，设有24个教学班，9个专用教室。2001年中考取得了历史上最好成绩，升入重点高中29人，受到两级党委和社会各界的好评。

学前教育

【概况】 至2001年6月末，沈阳市有各级各类幼儿园586所，其中：教育部门办23所，事业单位办131所，企业单位办54所，街道办87所，个体办34所，乡办中心园113所，村办园144所；家庭托儿所845处；农村办学前班1127处，1469个班。全市有幼儿园园长536人，其中学历达标率为98%，专业达标率为66%。全市有幼儿教师5140人，其中学历达标率为90%，专业达标率为76%。市内五区3——6周岁儿童入园率达90%，农村在普及学前两年教育的基础上，正在推进普及学前三年教育进程。

1.转变观念，推进幼儿素质教育。从2001年开始，建立了定期园长研讨制度，每两个月举办一次以示范幼儿园园长为主体的论坛会，内容以学习研讨如何实施幼儿素质教育为主体。通过研讨，广大园长对素质教育有了更深入的认识，为幼儿园开展素质教育打下基础。

2.分类推进教师素质的提高。通过举办园长和骨干教师创造力培训班、组织教师外出学习、组织教师参加现代化教学手段的培训、继续强化教师基本功训练、竞聘上岗等活动，转变教师观念，提高教师素质，以适应教育改革的需要。

3.深化改革，促进学前教育事业发展。以2001年"六一"儿童节为契机，以区、县(市)为单位，继续开展了大规模的上街宣传活动，以便让社会更好地了解学前教育，支持学前教育。各区、县(市)还积极创造条件，加快普及学前三年教育步伐，提高入园率。2001年，铁西区、和平区、沈河区、皇姑区、大东区、苏家屯区、新民市等七个区(市)达到《辽宁省普及学前教育县(市)、区标准》，并通过省教育厅验收。铁西区教工幼儿园、沈阳工业大学幼儿园、沈河区回民幼儿园、沈河区教育局第二幼儿园、沈阳市委机关幼儿园、沈阳军区联勤部第一幼儿园、和平区朝鲜族幼儿园等七所幼儿园晋升为省级示范园。苏家屯实验幼儿园、沈阳市实验小学附属幼稚园、沈阳工业学院幼儿园、辽宁省医院幼儿园、铁西区教工幼儿园、沈河区南关幼儿园、沈阳黄金艺术幼儿园、沈阳炮兵学院幼儿园、65016部队幼儿园、新光幼教中心双语幼儿园等十所幼儿园晋升为市级示范幼儿园。

(葛文丽)

成人教育

【职工教育】 2001年，由于沈阳市经济环境不景气，职工教育发展出现了不平衡的态势。企业改组后规模较大的18家行业集团公司都建立了职工教育培训机构或培训中心，对企业的生产经营起到了积极的促进作用。成人高等教育稳步发展，市属成人高校在校生38069人(含电大开放教育13126人)，其中：普通高校成人教育学院5132人，成人高校在校生32937人；成人本科在校生12714人(含电大开放教育本科9015人)，成人专科在校生25355人(含电大开放教育4111人)。专业证书教育2001年在沈高校共招录2583人。对成人中等教育招生工作进行改革，开始实行春、秋两季招生，录取新生可凭初中毕业证书免试入学，2001年两季共招生1020人。完成了对市属成人高校教学水平的评估(初评)工作，并通过了省检查验收。处理接收沈阳有色金属职工大学接收工作善后问题，接收的85人中，67人已得到妥善安置。

(冯伟山)

【高等职业教育】 2001年沈阳市高等职业教育在校生10817人，其中：普通高职10497人，成人高职320人，开设机电技术应用、计算机应用技术等56个专业。为进一步发展高职教育，市政府决定采取资源重组、政府投入、深化改革等措施，筹建一所沈阳职业技术学院，并已开始运作。2001年完成了市应用技术学院领导小组及下设工作组的筹建工作。市教委会同市计委落实计划，顺利完成招生工作；修订了部分专业、学科教学计划和大纲。对全市高职教育的办学模式、教育教学等方面进行了探索和尝试。高职院建制未建立前，已在8个办学点办学，在校生数已达6000多人。高职教育在办学模式、教材、实践环节等方面，从全国来看都没有成形的经验，国家也没有明确要求，沈阳市进行了一些有益的探索：一是招生学校与用人单位签订协议，入学与就业挂钩。二是用人单位参与编写教材，突出培养目标的岗位特点。三是学校与大型企业签订协议，建立稳定的实习基地。四是学校派教师到企业实习、培训，培养教育系列双师型教师。这些探索提高了企业对高职毕业生的期望值，也提高了社会对高职教育的认可度。

(冯伟山)

【农村成人教育】 2001年，沈阳市农村成人教育工作保持良好运行态势。县区、乡镇、村三级成人教育网络发挥整合与辐射作用，稳步开展成人教育培训工作。农村教育综合改革稳步推进，三教统筹、农科教结合和燎原之冬活动都取得了一定成果。

1.加强三级培训体系建设，积极开展农村成人教育培训工作。到2001年底，沈阳市乡镇成人教育中心校总数达到137所，其中：市级达标成人教育中心校44所；村成教分校1934所。全年以成人教育学校为主体的2103所各类农村学校共举办各种长班406个，培训20399人；各类短训班16282个，培训84.5万人。

2.完成申报市级达标成人教育中心校的指导验收工作。2001年，经考核确定法库县卧牛石乡、康平县胜利乡等8所成教中心校为市级达标学校，使全市市级达标成教中心校数达到乡镇总数的30%。以乡镇成人教育中心校为依托，沈阳市乡镇科技园建设也得到较大发展，落实了一批实验种植项目，为提高农产品科技含量、推动农村产业结构调整、带领广大农民走致富之路提供了经验。

3.组织县区(市)开展第10届燎原之冬活动。全市农村各级各类学校结合农村产业结构调整的实际需要，共举办各类实用技术培训班5604期，播放实用技术录像6056场，推广各类实用技术20项以上，培训各业从业人员及初中在校生64万人次，发放各类实用技术资料20余万份。

4.调研规划、科研课题和乡镇成人教育专职干部培训工作。制定了《沈阳市农村成人教育综合改革十五规划》、《沈阳市农村成人教育十五发展规划》、《沈阳市北部开发教育规划》；完成了《农村社区职业教育网络管理》、《小韩村社区教育调查》两项国家及国家部、委级科研课题；开展农村成人教育专职干部培训工作，共培训农村成教专干、成教中心校校长532人。

(付陆平)

文 化 · 新 闻

文化工作

【概况】 2001年，沈阳市文化事业蓬勃发展。

1.文化体制改革不断深入。市文化局在剧院团中探索多种办团形式以及在文化企业中推行托管、转制、租赁等改革措施已相继启动。话剧团与沈阳天菱集团联合组建了“天菱”心连心农民艺术团；市艺校成立了自负盈亏、自主经营的演艺剧院；电影公司进行主业结构调整，8家影院相继实行的转制出让、承包租赁、转向开发，以及“影片分轮次、影院分等级、票价分高低”的管理方式已初见成效。

2.艺术生产取得新成果。全年创作戏剧作品6部，曲艺作品10个；配合揭批“法轮功”，沈阳艺术团创排了《正义之声》综艺晚会并晋京演出，受到中央宣传部、国家文化部领导的高度评价；成功地组织了辽宁省国际旅游节暨沈阳清文化国际旅游周开幕式《大清神韵》的演出，产生了轰动效应。

3.群文事业进一步发展。成功地举办了首届社区文化活动月，开展了庆祝建党80周年群众文化系列活动和第十届图书馆服务宣传周活动。各区、县(市)文化工作成果显著，特色突出。在文化部第二届全国“蒲公英”奖评比中，沈阳市获得三个金奖、二个银奖和五个铜奖。其中：皇姑区获美术金奖，苏家屯区获书法金奖和铜奖，沈河区获书法金奖和铜奖，铁西区获美术银奖，和平区获器乐银奖和美术铜奖。

4.文博事业再上新台阶。对石台子高句丽山城遗址和几十处文化遗存进行了考古勘探和挖掘，出土了大批珍贵文物；对北塔、舍利塔、满委旧址及故宫部分古建筑进行了修缮和改造；进行了申报世界文化遗产的准备工作；成功地举办了纪念“九·一八”事变70周年系列活动；中央电视台等十余家媒体，以“九·一八”历史博物馆陈列展览、文物资料、研究成果为基础，拍摄了十余部具有影响的专题片；举办了沈阳故宫博物院建院75周年庆典暨八旗制度创建400周年学术研讨会，推出了沈阳故宫“院藏文物珍品展”；出版了《大清皇室史轶》、《“九·一八”研究》等3部学术专著和《勿忘“九·一八”》大型历史画册；全年发表学术论文54篇；新乐遗址、叶茂台辽墓、东北大学旧址被列入全国第五批重点文物保护单位，中共满洲省委旧址被评为第三批省级爱国主义教育基地，沈阳故宫被评为国家AAAA级旅游景区。

5.文化新闻出版市场规范有序。中国沈阳书刊批发市场营业面积扩大到6000平方米，图书品种增加到10万种；扶植了莎梦、家乐福、乐购等20余家正版音像制品专卖店和超市，举办了“正版软件推展月活动”；关闭了五爱音像市场，全市音像制品出租零售业户压缩15%，录象放映场所压缩42%，电子游戏场所压缩30%；规范了歌舞娱乐和演出场所，完善了演出节目报审制度；深入开展了“扫黄打非”集中行动，检查各类经营场所7200余家，印刷企业2000多家，查处各类案件837起，销毁非法音像制品35万盘，收缴各类非法书刊11.8万册，电子游戏机328台，电路板620块，电脑主机1100台；举办文化和新闻出版市场政策法规培训班46期，培训各类经营人员4200余人；开展了文化市场执法文书评比工作，聘请文化市场义务监督员1500名。

6.文化产业取得了新进展。成立了北方十五城市演出联合体，接待并组织10个国内外艺术团体来沈演出，全年演出经营收入508万元；市直属剧院团演出2209场，其中送戏下乡230场，收入463万元；文博景点接待国内外观众80.2万人次，门票收入1439.6万元；电影公司、演出公司、新华书店信息化建设得到巩固和加强，为产业发展提供了信息资源；电影公司全年实现发行收入820万元，放映收入1200万元，农村电影放映突破2万场；新华书店系统全年共销售图书1.14亿元，同比增长8.16%。

7.文化设施面貌得到改观。群众艺术馆建设工程、故宫文物库房主体建设工程和歌舞团排练场改造工程已完工；盛京城西北角楼复原工程进入外部彩绘、装饰及内部装修阶段；南湖剧场改造工程正在加紧进行；计划投资8000万元、建筑面积2.7万平方米的沈阳图书发行大厦已开工建设；完成了中街新华书店的改建工程。此外，大东区文化馆、沈河区文化活动中心、新城子区兴隆台镇、新民市胡台镇省级文化中心建设工程已完成，有的已经投入使用；东陵区投资120万元修建了8000平方米的文化广场；和平区文化馆改造工程已竣工；苏家屯区文化馆新馆舍建设工程正在施工中。

(王 洋)

【剧目创作情况】 2001年，沈阳市剧目创作室共创作大型剧本8部，分别是：评剧《雪花飘飘》，戏曲电视连续剧《咱这成了旅游区》，评剧《好大一棵树》，音乐剧《乌鸦》，评剧《招公、找驴》，话剧《等待良歌》，儿童剧《班会总动员》，话剧《白秀彬》，评剧《呼兰河》。

其中获奖的作品有：评剧《雪花飘飘》在第二届唐山中国评剧节获剧本创作奖，获文化部文华新剧目奖；戏曲连续剧《咱这成了旅游区》获中国戏剧节优秀创作奖；话剧《白秀彬》获市“五个一工程”奖；评剧《呼兰河》获曹禺戏剧文学提名奖。

(徐万英)

【市属专业院团艺术生产硕果累累】 评剧《雪花飘飘》荣获第二届中国评剧节优秀剧目奖。2001年2月，在法国巴黎的国际杂技比赛中，沈阳杂技团的《抖杠》荣获法国第十三届“未来”世界杂技比赛惟一金奖，《单人高椅》获法国第二十二届“明日”世界杂技比赛惟一金奖和“法兰西共和国总统奖”。在首届中国杂技艺术节上，章功力荣获最高奖“金菊奖”。章功力和姚登波演出的对手技巧《力量》获2002年中央电视台春节联欢晚会“最受观众喜爱的节目”评比一等奖。京剧《煎石记》获辽宁省第五届艺术节金奖。此外，常东、冯蕴在全国京剧优秀青年演员评比展演中，双双荣获一等奖。在中央电视台举行的“2001年全国青年京剧演员电视大赛”中，常东荣获最佳表演奖、武生组第一名，摘取了“武生状元”的桂冠。

(张志国)

【辽宁省旅游节开幕式《大清神韵》活动圆满成功】 由辽宁省人民政府、沈阳市人民政府主办，沈阳市文化局、沈阳市旅游局承办的第三届辽宁金秋国际旅游节暨沈阳清文化国际旅游周开幕式活动，于2001年9月14日在沈阳故宫举行。

《大清神韵》立足沈阳独特的文化资源，以空前的规模和丰富新颖的表现方式，对清文化的丰厚内涵进行了多层次、多角度的开掘，开创了具有标志性和开发潜力的旅游文化产业项目的雏型，为打造国际旅游文化精品迈出了可喜的一步。

这次活动规模宏大，有30多个单位、4000多位演职员参加演出，制作40余个大型场景，3台大型彩车，12台小型彩车，服装4500套，大型道具100余件，小型道具3000余件。

日本前首相海部俊树、澳大利亚前总理霍克，以及众多来自日本、韩国、澳大利亚、泰国、港台的来宾兴致勃勃地欣赏演出。无论是街上的活动，还是故宫内的演出，中外来宾都大为赞赏，中央电视台、新华社、《人民日报》、《文汇报》、《大公报》、《中国旅游报》等中央、省市、港台各大新闻媒体都进行了报道，给予了高度评价。

（张志国）

【出版《我们进入新千年》】 2001年，中国戏剧出版社出版了由沈阳市艺术研究所高俊峰、韩宁主编的世纪曙光文丛·文化艺术卷：《我们进入新的千年》。全书48万字，收入了文博图书篇、戏剧曲艺篇、歌舞杂技篇、艺术教育档案篇、影视篇等专业论文110篇。

省、市文博、艺术界人士共计100多人参予此书稿的创作。他们分别从不同角度对自己所从事的专业进行系统化的阐述。

（陈丽萍）

【群众文化事业】 2001年，沈阳市群众文化事业有了新的发展。群众文化活动更加活跃。一是新年春节活动丰富多采。全市共开展各项文化活动2326项，其中：市级大型主体活动9项，区、县级活动108项，基层活动2245项。正月十五展出各式大型彩灯1770盏，红灯3000余盏，上街观灯的群众达百万人次。二是成功地举办了首次社区文化活动月。活动月期间共开展文化艺术活动1621项，其中：市级主体活动5项，区级活动61项，基层社区活动1555项。参加演出和展览活动的群众达到12万人次，观众达60万人次。三是文化广场充满生机和活力。从5月初至10月上旬，21个市、区、县级大型文化广场共开展各种大型广场活动400余场，300余个街道、乡镇、社区、村屯基层中小型广场开展活动近万场。参加演出的专业和业余文艺团队近600个，演员2万余人，参与各项活动和观看演出的群众约400万人次。

群众文化活动水平有了较大的提高。在文化部第十一届“群星奖”评比中，戏剧小品《神偷传奇》获得金奖，论文《试论都市广场文化的整合功能》获铜奖，京东大鼓《谁是爹》获优秀奖；在文化部第二届“蒲公英奖”评比中，获得3金、2银、5铜的优异成绩。其中：皇姑区李笑字的美术作品、苏家屯区张寅昭、沈河区李睿的书法作品获金奖，和平区的器乐合奏、铁西区白子健的美术作品获银奖，和平区金璐、市青少年宫李依依的美术作品、沈河区徐文呈、苏家屯区纪春梅、市青少年宫刘魏的书法作品获铜奖。

群众文化基础工作有了新进展。一是设施建设步伐加快。完成了3个省级文化中心的建设，即：800平方米的新城子区兴隆台镇文化中心、1380平方米的虎石台镇文化中心和1720平方米的于洪区北陵乡文化中心。市群众艺术馆东区文化馆、沈河区文化中心的新馆舍已建成使用。二是先进文化地区创建工作取得新成果。于洪区北陵乡被命名为省先进文化乡镇，和平区南湖街道、沈河区大南街道被命名为省文化先进街道，新民市胡台镇后胡台村、于洪区北陵乡包道村、苏家屯区城郊乡花苑新村、法库县大孤家子镇二道房村、新城子区财落镇大辛二村被命名为省文化先进村。

（李冠英）

【社区文化活动月】 2001年6月8日至7月6日，沈阳市文化局举办了社区文化活动月。其间，全市共开展各级各类文化艺术活动1621项，其中：市级主体活动5项（包括：“社区之歌”合唱比赛，“社区是我家”美术、书法、摄影、剪纸展览，“爱我社区”家庭演唱会，“社区一家亲”诗歌、故事、演讲比赛，“美在社区”集体舞、健身舞比赛），区级活动61项，基层社区活动1555项。参加演出和展览活动的群众达到12万人次，吸引观众达60余万人次。中国文化报等中央、省、市新闻单位对本次社区文化活动月报道达30余篇次。

（张国荣）

【公共图书馆事业】 2001年，沈阳地区公共图书馆馆舍面积为3.77万平方米；藏书总计344万册；工作人员482人，其中：高级职称26人，中级职称212人，初级职称173人；事业经费1400万元，购书经费235万元；年购新书3.8万余种、8.7万册；持证读者总计8.4万人，外借处接待读者115万人次，图书流通261万册次，阅览151万人次。

沈阳市图书馆为适应现代化图书馆的要求，与中国网通通信有限公司签订了使用10兆宽带网络的协议，使该馆的上网速度得到极大提高。到2001年底，市图书馆网站已拥有8大版块、39个栏目、4000个网页，录入各种专题信息数据近3万余条，录入数据达100多万字。2001年，访问该馆网站的读者数量达1万余人。2001年，市图书馆送科技资料下乡116次，新建农村重点服务户85户，建立农业VCD光盘站15家，编印各种资料21份，发布农业科技信息2.2万余条，先后为各服务点更换图书5714册。市图书馆积极开展为社区服务工作，2001年投入经费8.3万元，购入新书2382种、4762册，先后在大东区辽沈街道北桥社区、皇姑区新乐街道新乐社区等21个社区建立了图书流动站，送书9510册。同时还在22户居民家里建立了家庭图书流动角。

2001年是沈阳市少儿图书馆成立50周年，沈阳市举办了隆重的建馆50周年纪念大会，编辑出版《沈阳市少年儿童图书馆建馆50周年纪念文集》，举办“建馆50年历程工作成果展览”等活动。

（蔡怀平）

【区、县（市）图书馆业务人员岗位考核工作】 沈阳市文化局从2001年11月20日至2002年1月8日，对全市16所区、县（市）图书馆、少儿图书馆的业务人员进行了岗位考核。这次岗位考核分论文写作、理论考试、岗位答辩、实际操作等四个方面进行。全市共有189人参加本次考核，其中：荣获四项考核全优的业务人员有4人，占考核人数的0.2%；获三项优秀的17人，占考核人数的0.9%；一项以上不合格的有14人，占考核人数的0.7%。

市文化局决定将岗位考核形成经常性的制度，每两年考核一次，并不断改进和完善岗位考核的形式和内容。每次考核后，按分数段颁发《岗位考核合格证书》，此证书作为业务人员上岗和职称评聘的依据。

（蔡怀平）

【整顿和规范文化市场经济秩序】 2001年，沈阳市制订并下发了《沈阳市整顿和规范文化市场秩序工作方案》，确定整顿规范的重点是：互联网上网服务营业场所、电子游戏经营场所、歌舞娱乐场所、音像制品经营场所、出版物和计算机软件市场、印刷业以及侵权盗版、制售非法出版物、盗卖和走私文物等违法犯罪行为。在整顿和规范文化市场工作中，全市共组织各类检查行动860余次，出动执法人员8640人次，出动车辆2400台次。对铁路、公路、民航等交通关口和重点街区及大中小学校周边的书报刊摊、亭、点开展了专项整治；对已取缔的音像制品集中经营场所进行反复清理，防止反弹；对有新设音像档口苗头的日用商品市场坚决查处；于11月30日按上级要求关闭了五爱音像市场；对全市电子游戏经营场所进行了专项治理，如期完成了压减30%的任务；对歌舞娱乐场所、演出市场和美术品经营市场的违规经营行为进行了规范。整治工作共检查各类文化经营场所7200余家次，受理案件780余起，取缔非法经营430家；收缴各种非法书报刊近6万余册（份），收缴非法音像制品35万余盘，扣缴赌机电脑板620块；举行了三次较大规模的文化市场违法物品销毁行动，销毁各种非法物品价值150余万元。

（孙丹阳）

【开展互联网上网服务营业场所专项整治工作】 2001年7月份，沈阳市对全市互联网上网服务营业场所进行了清理整顿。省通信管理局、市公安局、市文化局、市工商行政管理局联合制定并发布了《沈阳市清理整顿互联网上网服务营业场所的通告》，市、区（县）职能部门根据职责分工对互联网上网营业场所进行重新审核登记。对不符合开办条件的营业场所予以取缔，对没有《沈阳市互联网上网服务营业场所准营证》和营业执照的“黑网吧”进行严厉打击。按照经营者申报，区、县（市）文化部门初审，市文化部门检查验收合格发证的办法，对全市976家网吧履行了重新登记手续，对近200家新建场所办理了审核手续。全市共组织检查30余次，出动管理和稽查人员800余人，查处各类违法经营互联网上网服务营业场所288家，扣缴电脑主机971台，取缔“黑网吧”25家。通过清理整顿，沈阳市互联网上网服务营业场所过多过滥的势头得到有效遏制，经营秩序明显规范，非法定节假日未成年人进入等问题得到控制，网上色情、赌博、暴力、愚昧迷信等不健康及脱网游戏得到有效治理。

（孙丹阳）

【关闭沈阳市五爱音像市场】 沈阳市五爱音像市场建于1999年，共进场音像制品零售业户59家。该市场的建立，对活跃沈阳市音像市场、方便群众购买音像制品起到了一定作用。但由于一些业户受利益驱使，使五爱音像市场一度成为经营非法音像制品的集散地，受到国家和省“扫黄”办点名批评。对此，市委、市政府非常重视，责成有关部门加大整治力度，务使问题有效解决。市文化局文化市场管理办公室、市工商局五爱市场管理处联合采取了一系列措施，开展五爱音像市场治理工作。经过几次整顿治理，该市场大肆批销盗版音像制品的现象得到遏制，非法经营活动受到打击，秩序一度有所好转。可是，时隔不长又出现反弹。为彻底解决五爱音像市场非法音像制品泛滥的问题，沈阳市最终作出了关闭该市场的决定，并于2001年11月底将五爱音像市场关闭。至此，沈阳市已全部关闭取缔了音像制品集中经营场所，为正版音像制品占领市场创造了良好环境。

（原象夫）

【新乐遗址等三处文物古迹晋升为国家级文物保护单位】 2001年6月25日，国务院批准并公布了全国第五批国家级文物保护单位名单，沈阳市的新乐遗址、东北大学旧址、叶茂台辽墓群列入其中。至此，沈阳市国家级文物保护单位已达7处（此前4处为沈阳故宫、昭陵、福陵、张学良旧居）。

新乐遗址、东北大学旧址、叶茂台辽墓群是沈阳市不同历史时期的代表性遗址，具有很高的历史、艺术、科学价值，此次晋升为国家级文物保护单位，将有力地促进这三处文物遗址的保护与研究工作，同时也将大力促进沈阳市文物保护事业的发展。

（吴　姣）

【石台子高句丽山城遗址考古发掘取得新成果】 2001年5月9日至11月9日，市文物考古研究所对石台子高句丽山城Ⅰ区西北部部分房址及Ⅱ区蓄水池遗迹进行了发掘。

Ⅰ区发掘面积700余平方米，发现房址25座、灰坑及窖穴170多个，遗物主要有陶器、铁器、石器、铜器等。Ⅱ区发掘面积600多平方米，发现遗迹主要有拦水石坝、半封闭外环形石墙、渗水渠、运石坡道、蓄水池及其入水和出水口、废弃乱石堆积等，出土遗物有陶器、铁器、石器及兽骨等。

此次发掘明确了山城部分房址的位置及形制，认识了灰坑的一般形状及内涵，廓清了山城蓄水池诸遗迹的分布范围及形制结构，为了解石台子高句丽山城居民生活遗存状况提供了可靠而翔实的考古资料。

（李龙彬）

【大东区发现汉魏墓葬群】 八家子汉魏墓葬群是在大东区八家子地区棚户区改造工程施工中发现的。2001年9月7日至23日，经沈阳市文物考古研究所详细勘探，发现墓葬19座。10月10日至11月16日对此墓葬群进行抢救清理，发掘墓葬15座。

此墓群呈东西向排列，前后四排，方向基本相同，皆为NE38°——41°之间。墓葬砖筑，均属小型，可分为长方形单室墓、双室墓、“T”形墓、“L”形墓。墓内不见葬具，可见明器台，有尸床者仅一例，另有砖铺墓底之上加铺白灰面。葬式有单人、双人、多人合葬三种。因墓群几经破杯，墓顶（券顶）已不存在，也有仅剩墓底现象。

墓葬内出土遗物较少，有泥质灰陶罐、钵，青铜指环、圆环、船形扣、骨、玛瑙、琉璃、珍珠、煤精等质料的串珠共计72件。

根据此次发掘所获材料，并与沈阳地区以往发现的汉代墓葬相比较，初步认定其年代应在汉魏之际，这一发现填补了沈阳市区东部汉魏时期历史文化研究资料的空白。

（刘焕民）

【沈阳故宫博物院举办建院75周年庆祝活动暨“八旗制度创建400周年学术研讨会”】 沈阳故宫博物院创建于1926年，至今已经历75个春秋。为此，沈阳市举办了隆重的“庆祝沈阳故宫博物院建院75周年纪念活动暨八旗制度创建400周年学术研讨会”。

市委常委宣传部长刘迎初、市人大副主任艾廷隽、市政协副主席赵金城，沈阳市文化局的领导及来自中国社会科学院、中央民族大学、南开大学、北京故宫、中国历史档案馆、辽宁省档案馆等学术单位及该院专家100多人参加了院庆活动。30多位学者与专业工作者参加了“八旗制度创建400周年学术研讨会”。与会的全国清史专家赵展、刘小萌、定宜庄、关家禄、李治亭等一致公推沈阳故宫为清前史研究中心。会上共收到论文28篇，并将出版论文集。

（周维新）

【沈阳故宫博物院院藏珍品展重新布展】 “沈阳故宫珍品展”是沈阳故宫博物院在建院75周年之际奉献给观众的一份贺礼。其展厅设在精心改造后西路建筑中的嘉荫堂。

2001年该院自筹资金140万元，对戏台、嘉荫堂进行了重新改造，自行设计并推出了“院藏文物精品展”。此展览由瓷器、服饰、书画、雕刻、漆器、金银器、玉器、珐琅器等共300余件文物组成。它的陈列形式和展览设施都达到国内和国际先进水平，被国家文物局列为皇家遗址博物馆陈列展示科研精品。该展览设计独特，装修考究，陈列手段与国际接轨，在国内外处于领先地位。

（周维新）

【《清代宫廷匾联》一书出版】 《清代宫廷匾联》一书经沈阳故宫博物院专家增删厘定，历时三载，于2001年9月由文物出版社出版发行。

该书将沈阳故宫、北京故宫、承德骊宫所存牌、匾、联、额精心遴选，就其形式分门别类统筹编辑，就其真草隶篆书体精心慎重辨识，就其文字、内容引经据典反复核对予以准确注释。该书的出版为文博界、书法界、古建筑界提供了可资借鉴的真实、形象、确切的资料，填补了宫廷匾联这一宫殿附属建筑构件资料匮乏的状况。

（周维新）

【中共满洲省委旧址调展】 中共满洲省委旧址是沈阳市惟一一处党史教育基地，在沈阳市党史教育工作中发挥了积极的作用。2001年5月，中共满洲省委旧址又被评为第三批省级爱国主义教育基地。

在“七·一”来临之前，中共满洲省委旧址文管所集中人力、物力对满洲省委原有展览进行了全面的调整，进一步充实了展览内容，更新了展览形式，重点调整了刘少奇在中共满洲省委这一专题展览。通过此次调展，使得整个文物展览更加形象生动，具有可观性。

（吴 姣）

【沈阳“九·一八”历史博物馆调展】 “九·一八”事变70周年前夕，沈阳“九·一八”历史博物馆对原有的展览内容进行了大规模的调整和充实。主要调整了第四、五、六、七4个展厅的陈列展览内容。重点突出了与“九·一八”事变和东北抗日有关的史实，充实了东北人民抗日救亡运动和14年浴血奋战的艰苦历程以及东北光复、日伪下场的陈列内容。突出了沈阳地方特点和有影响的人物。此次调展最具创意的是增加了国歌墙的展示和警惕日本军国主义复活等内容。更换了80余幅历史照片，充实了360余件文物展品。

（崔俊国）

【纪念“九·一八”事变70周年系列活动】 为“勿忘国耻，振兴中华”，在“九·一八”事变70周年之际，沈阳“九·一八”历史博物馆会同国家、省、市及有关部门共同举办了一系列的大型纪念活动。

纪念活动包括：发行纪念“九·一八”事变70周年邮折，鉴赏家、书法家杨仁恺先生为邮折封面题词；举行“九·一八”70周年大型书画收藏展，参展书画作品计200余件；举办中日两国人民勿忘“九·一八”活动，同时举行“九·一八”事变与二十一世纪亚洲国际学术研讨会；9月18日当天，在“九·一八”历史博物馆举行了海峡两岸勿忘‘九·一八’演讲会，举行勿忘“九·一八”大型历史画册出版发行赠书仪式，之后勿忘“九·一八”大型文艺晚会在雄壮的“抗日义勇军进行曲”中开始；9月18日晚9时18分，省、市领导及抗日老战士、军人、学生代表在警示世人的警报声中共同撞响了“勿忘国耻、振兴中华”的警示钟。

（崔俊国）

【沈阳市文物考古研究所成立】 沈阳市是国家级历史文化名城，地上、地下文化遗存十分丰富，目前已发现1100多处。随着沈阳市文物事业的发展，同时也为了更好地发挥文物在经济建设和文化建设中的重要作用，多年来，人大代表、政协委员以及社会各界纷纷呼吁成立文物考古研究所。2001年在沈阳市十二届四次人代会上人大代表再次建议，并经沈阳市机构编制委员会办公室批准，沈阳市文物考古研究所于2001年5月22日正式成立。该所为沈阳市文化局所属全民事业单位，事业编制22名，机构规格为正处级。其业务范围是：负责全市的考古调查、文物勘探、考古发掘及研究工作。

（李惠春）

【对外文化交流】 2001年，沈阳市对外文化交流工作以“让世界了解沈阳，让沈阳了解世界”为目标，在对外交流工作中形成官民并举、官民结合、多渠道、多层次、多形式的良好态势。

沈阳市文化系统共派出29个团组304余人，分赴日本、美国、法国、巴西、香港、台湾等国家及地区，进行商业性演出、友好交流演出及参加国际性学术会议。全年赴外演出超千场，观众人数达百万。沈阳市邀请并接待来自亚洲的朝鲜、韩国、马来西亚、菲律宾，来自非洲的博茨瓦那及来自欧洲的德国、西班牙、波兰、捷克等不同国籍的10个艺术表演团组，超过270余人，来沈阳市演出及文化交流。

（江 叁）

【沈阳影院挂牌分出特甲级、甲级、乙级】 2001年9月5日，沈阳市电影公司为了规范电影行业管理，树立良好行业风尚，认真落实抓龙头树品牌经营策略，根据市内各影院的具体情况分出三个不同等级：特甲级、甲级、乙级。评选条件首先是看其影院是否具有现代化声学装修和国际认证的立体声放映设备，是否具备4个立体声影厅及空调装置。其次，还要看影院的年票房收入、服务质量、电脑售票系统等。光陆、东北影院、星辰梦幻影都被评为特甲级，群众、北陵、解放、铁西影院、北陵军人俱乐部被评为甲级，民族、大舞台剧场、和平影剧院、矿山文化宫、卫士文化宫、皇姑影剧院、红光影剧院、市文化宫被评为乙级。

（王娟 吴勇）

【举办纪念中国共产党建党80周年电影展映】 为隆重纪念中国共产党建党80周年，广泛开展爱党、爱国、爱社会主义的教育，沈阳市电影公司于2001年6月15日至7月15日举办“纪念中国共产党建党80周年影片展映月活动”。此次展映的影片反映了中国共产党在各个历史时期领导人民群众开展武装斗争，进行社会主义现代化建设，推进改革开放的丰功业绩。既有革命领袖人物的真实风采，又有普通共产党员的光辉形象。展映的影片有最新摄制的故事片《葵花劫》、《紫日》、《大进军》、《白山黑水》、《步入辉煌》、《世纪之梦》等15部影片，还有反映各个历史时期的共产党员光辉形象的《风雨下钟山》、《周恩来》、《孔繁森》等优秀复映影片19部。

（王娟 吴勇）

【举办第十八届中小学生“火炬奖”影评征文比赛活动】 为了丰富沈阳市中小学生的寒假文化生活，利用电影这一形象化的精神产品，引导学生树立正确的理想、信念、人生观和价值观，以优秀作品鼓舞人，沈阳市教育局、团市委、市青教办、沈阳日报社，沈阳晚报社、沈阳电台、沈阳电视台、沈阳市电影公司、市电影评论学会联合于2001年1月10日至2月28日举办“沈阳市第十八届中小学生火炬奖影评征文比赛活动”。这次征文的参评影片是《美丽的家》、《考试一家亲》、《小鬼当家》、《霹雳娇娃》等15部中外影片，同时，还有一批革命传统教育的优秀复映片也为这次影评征文参评影片。

5月30日举办了征文评选揭晓和颁奖大会，有100余名中小学生分别荣获一、二、三等奖。这次征文比赛有6万余名中小学生参加。这项征文活动最早从1984年开始的以每年一届“火炬”接力的形式进行，故称“火炬奖”。

（王娟 吴勇）

【电影发行与放映】 全年放映中外影片69部，主要有《我的兄弟姐妹》、《宇宙与人》、《谁说我不在乎》、《大腕》、《尖锋时刻2》、《特务迷城》、《幸福家园》、《决战中的较量》、《珍珠港》等。放映场次为27235场，观众为224万人次，电影放映收入为1200万元，比上年提高14%。

（王娟 吴勇）

【剧场演出情况】 2001年，沈阳市演出公司在辽宁体育馆组织了“夏日新韩流沈阳演唱会”、“巴西民族歌舞团音乐会”等大型演出。南湖剧场承办了辽宁交响乐团“新春交响音乐会”，邀请中国京剧院著名表演艺术家于魁智来沈演出京剧《打金砖》、《野猪林》等专场，承办了西班牙弗拉门戈舞蹈团演出的舞剧《卡门》。大舞台剧场承办了埃及尼罗河民乐艺术团晚会、“中国京剧名家名戏”专场演出、“金雅乐”女子乐团民族音乐会、鲍惠荞钢琴讲解欣赏音乐会。大舞台剧场同沈阳评剧院联合推出了“评剧月票卡”。市演出公司全年组织各种演出百余场。

（刘 乔）

【北方十五城市演出联合体成立】 在沈阳市演出公司的大力推动下，北方十五城市演出联合体于2001年9月初在沈阳成立。联合体由沈阳、哈尔滨、牡丹江、佳木斯、大庆、长春、吉林、大连、鞍山、抚顺、本溪、锦州、济南、烟台、郑州等十五城市演出公司组成。

联合体是本着“资源共享、风险共担、优势互补、利益共存”的原则自愿组成的旨在联合经营、促进北方地区演出市场健康、有序发展的协调合作性组织。

主要作用是，共同研究确立北方地区演出市场发展思路，建立北方地区演出市场及信息网络，在平等、互惠、互利的前题下，共同运作具有北方演出市场区域特色的经营活动。

联合体成立后不久就合作推出湖北省歌舞剧院演出的歌剧《洪湖赤卫队》，在北方演出市场巡回展演，并取得了良好的效益，受到广大观众的好评。

该联合体还投资在互联网上建立了网站，网址：www.yanchu.com，利用现代通讯手段加强成员间的联系以及对外宣传。

（刘　乔）

文学艺术

【文学艺术创作概况】 2001年是沈阳市文学艺术创作成果丰厚、各艺术门类竞相发展的一年。

1.文学创作喜获丰收。沈阳市作家创作出版文学作品30余部，其中长篇小说有木青的《五爱人》、洪峰的《模糊年代》和《生死约会》、皮皮的《所谓先生》、李青松的《心碎》、温雨虹的《斯泰因在上海的秘密生活》、张连杰的《旋涡》、温恕的《弯月亮·圆月亮》等；小说集有何琼的《欲望之都》、王振才的《山那边是海》等；散文集有刘黑枷的《告别一个时代》、洪峰的《永久占有》、贾凤山的《静夜走笔》、曲波的《飘落的红叶》、韶阵的《聪明恋黄昏》、马成泰的《雾芬集》、梁利人的《著文当庄重》等；诗集有刘文玉的《生命在歌唱》、郎恩才的《郎恩才朗诵诗选》、李青松的《垂落之姿》、市文史馆的《沈水嘤鸣集》、李仲元的《古沈情诗》、阿福的《新语无声》、陆文明的《心灵的岁月》、何若云的《大路朝天》等；纪实文学有刘恩铭的《魏征传》、荒原的《德吏房玄龄》等；评论集有未凡的《话语诗魂》、马力的《儿童文学的教育价值论纲》等；儿童文学有张天天的《玛雅王朝》等。黄世俊的《金扣子》获得了省“五个一工程”奖，木青的《永裕街轶事》、刘恩铭的《兵临沈阳》、程天瑞的《蒲河芙蓉》、李伟的《小村的故事》和魏胜吉的组诗《生命的辉煌》获得了市“五个一工程”奖。

2.音乐创作取得历史性突破。由沈阳市音乐家协会组织和推荐，高枫作词、刘继军作曲的少儿歌曲《星星、月亮、太阳》荣获中宣部和省“五个一工程”奖，这是沈阳市在音乐“五个一工程”创作上实现的入选作品奖零的突破；由陶承志作曲的评剧音乐《雪花飘飘》获得文化部主办的第二届中国评剧艺术节优秀作曲奖及辽宁省第五届文化艺术节优秀作曲奖；歌曲《老母亲》（范江词，刘继军、王义来曲）、厂歌《黎明之明》（黎明航空发动机制造公司创作）、少儿歌曲《老师的故事》（翁冬词、李抗非曲）和《四个朋友》（方明词曲）等也相继获得国家和省级的奖项。

3.美术创作水平提高。沈阳市有6幅作品入选由中国美术家协会主办的“庆祝建党80周年全国美展”，其中沈阳市美术家协会主席刘明的油画《远离城市的阳光》，沈阳市美术家杨光、宋冰岸的油画《明亮的灯光》、美术家冀有泉、邢玉勤的国画《迷彩时代》3幅作品获优秀奖，沈阳市中青年画家禹称的国画《微风》、吕子扬的岩彩画《花儿香》、陈鹏的油画《生命之巅》、韩秋生的水彩画《太阳从山岗升起》、高家明的水彩画《小姜像》等在全国画展中获得各种级别的奖项。

4.摄影创作成果显著。沈阳市摄影家吕纯红的《天堂》、路红军的《辉煌的昨天》和崔博谦的《指挥官郑小瑛》在“乐凯杯”全国摄影大赛中分获二、三等奖；周海翔的《冬日里的天鹅》、梁达明的《人像》入选第九届北京国际摄影展并获奖；时学良的《淘金者》入选法国“银杏杯”国际摄影展并获奖；在戏剧创作方面，话剧《北方的湖》获省“五个一工程”奖，京剧《煎石记》、评剧《雪花飘飘》分获省第五届艺术节金、银奖，评剧《雪花飘飘》还在第二届中国评剧节中获优秀剧目奖和总分第一名；沈阳京剧院的常东、冯蕴在文化部主办的优秀青年演员展示大赛上获得一等奖。

5.舞蹈创作异彩纷呈。由沈阳艺校创作和演出的舞蹈《满族情韵》获得《全国第二届少数民族文艺汇演》创作金奖和演出金奖，并在省第五届艺术节舞蹈比赛中囊括了所有奖项；孙玉秋创编的少儿舞蹈《满童乐》获“全国第二届少儿音乐舞蹈大赛”金奖；由市妇女儿童宫创作的《中国娃》、《戏冰》、《挫冰进行曲》、《雨后读书声》在“全国少儿舞蹈比赛”中分获金、银奖。

6.民间文艺活跃。由沈阳市民协组织的满族舞蹈《旗人鼓舞》在全国“山花奖”中华鼓舞大赛中，夺得银奖、编导奖、最佳表演奖和组织工作奖；在全国民间工艺博览会上，沈阳市民间工艺家刘家鹏的巨幅根雕《虎王》，沈阳市民间艺人张明辉、李海英的羽毛画《金色满园》和王洪雁的手工编织作品分别获得大赛“山花奖”银奖；沈阳市民间文艺家协会会员岳文义的剪纸《春风得意》和《福禄寿喜》、杜平的剪纸《河伯娶妇》、岳文义和翟文会的剪纸《二十四孝》分别在国际国内的比赛评比中获奖；张存明的毛线毛绒画在省“旅游广场杯”设计大赛中获得银奖。

7.曲艺杂技好戏连台。由沈阳市曲艺团创作和演出的拉场戏《神偷传奇》获全国“群星杯”节目金奖和省第五届艺术节金奖，赵阳获表演金奖；在省第五届艺术节上，郝赫创作的二人转《古事今谈》获得创作金奖，汤敏创作并表演的京东大鼓《深受其害》获节目金奖，邹琨创作并表演的京东大鼓《谁是爹》获表演金奖。沈阳杂技团的《抖杠》荣获法国第十三届“未来”世界杂技比赛惟一金奖，《单人高椅》荣获法国第二十二届“明日”世界杂技比赛惟一金奖和“法兰西共和国奖”。

8.文艺评论成果丰厚。沈阳市文联主席朱壮志撰写的论文《学习邓小平文艺理论，繁荣社会主义文艺》获辽宁省纪念建党80周年优秀论文二等奖；市书协顾问王梦赓撰写的论文《王铎书法理论探微》，在日本东京召开的“中国国际书法史论研讨会”上发表；市民协齐守成撰写的《都市里的杂巴地》一书，荣获了中国民间文艺“山花奖”首届学术著作奖。沈阳市艺术家著书立说，主要有：刘明主编的《沈阳大学师范学院美术系教师作品集》，李燕燕编著的《写意老虎技法》，吕子扬编著的《写意·临摹·实技》山水篇，林志民编著的《女性雕塑艺术》和《美术高考百日通·雕塑》，王铁牛编著的《俄罗斯现实主义新生代素描速写系列丛书》，杨海滨编著的《中国画临习本·蓝》《中国画临习本·菊》、《写意牡丹技法》，么喜龙书写的《么喜龙草书唐诗三百首》、《中国书法精品集么喜龙卷》，沈阳艺术幼儿师范学校刘继军参与编写的《全国师范院校音乐专业用教材》，钟亚东编著的《通俗萨克斯演奏技法》，沈阳市摄影家协会编辑出版的《2000永恒的呼唤》和《沈阳·新世纪的第一天》摄影集等。

（刘煜昌）

【马学鹏中国画展在北京隆重举行】 2001年10月31日，马学鹏中国画展在中国美术馆二楼展厅内隆重举行。党和国家领导人、全国美术界的专家200余人出席了开幕式。到会的国家、省、市有关领导杨汝岱、赵南起、王文元、顾金池、肖作福、张成伦、周勇顺、张富卿等为画展剪了彩。

开幕式后，中国美术家协会艺委会主持召开了有当今美术界前辈、专家参加的研讨会，对马学鹏的艺术创作成果进行了学术上的探讨。11月4日，由中国国际科协和平促进会和中国美协艺委会又在京召开一次马学鹏中国画国际研讨会，俄罗斯驻华大使临时代办岗查洛夫，泰国驻华大使馆顺乐平吉乐蒂武公使，玻利维亚驻华大使馆埃尔南多、阿尔玛蒂公使，新加坡驻华大使馆王守义一次秘书等出席研讨会，俄、新客人均向马学鹏先生发出办展的邀请。

（刘煜昌）

【徐炽、王贺良书法在京展出】 徐炽先生是沈阳市书法家协会名誉会长；王贺良先生是沈阳市书法家协会顾问。二位先生均为在全国颇有影响的"九畹"书法团体成员。徐炽以行草书见长；王贺良以汉、魏、碑取胜。早在20世纪80年代他们二位就以深厚功力和丰厚的艺术成就享誉全国书坛。如今，他们从事书法创作已有40多年，但仍然勤奋创作，笔耕不辍，而且已经形成了更加坚实的各具特色的艺术风格。

2001年10月30日，徐炽、王贺良书法展在中国美术馆隆重举行。此次共展出二位老先生近年来力作百余幅，这些作品都是他们长期创作积累下来的精品佳作。

展览开幕式结束后，中国书协、《中国书法》杂志及有关专家学者召开了"徐炽、王贺良书法艺术研讨会"。会上，与会专家学者对二位先生的书艺给予了高度评价。

（刘煜昌）

【庆祝建党80周年沈阳民间工艺博览会】 沈阳市民间文艺家协会于6月17日举办"庆祝建党80周年沈阳民间工艺博览会"。博览会精品迭出，巧夺天工，令人叹为观止。其中有岳文义、宋一人合作的剪纸《五十六个民族》，长卷18米，以各民族翩翩起舞的形式表现中华大家庭的团结与欢庆。冉立伟反映沈阳旅游胜地内容的撕纸，费汉伟的布艺《延安颂》，刘家鹏的根艺《科教兴国》，米国华的面塑《中华儿女》，王积粮的蝴蝶画《万里长城》等，都是工艺精湛的艺术佳品。博览会共展出1000多件民间工艺品，参观者达3000多人。

（刘煜昌）

【庆祝建党80周年沈阳美术作品展览】 2001年6月10日，沈阳市美术家协会举办"庆祝建党80周年沈阳美术作品展览"。这是一次专题展览，参展作品从不同角度反映中国共产党建党80年来的光辉历程，讴歌党的几代领导人的丰功伟绩以及祖国新貌等。展品有中国画、油画、版画、雕塑、水彩（粉）画、连环画、宣传画，全面展示沈阳美术的最新成果。此展中的优秀作品被选送参加"庆祝建党80周年辽宁省美术作品展"和"庆祝建党80周年全国美术展览"。

（刘煜昌）

【庆祝建党80周年书法献礼作品展览】 2001年6月25日，沈阳市书法家协会举办"庆祝建党80周年沈阳书法献礼作品展"。此次展览中展示歌颂中国共产党成立以来的光辉业绩为主要内容的诗词、歌赋、联语等，均为沈阳书法家的新作。展出作品200幅，有行书、草书、篆刻等书体。还特邀沈阳著名书法家创作大型巨制作品参展，以壮展威。

（刘煜昌）

【举办"金色向日葵"少儿组歌演唱会】 2001年7月1日，在沈阳音乐学院音乐厅，沈阳市文联和市音乐家协会举办了"金色向日葵"少儿组歌演唱会。这台演唱会演出了由辽沈地区词曲作家胡宏伟、陶承志等创作的少儿组歌"金色向日葵"，共有10首。该组歌以"爱党，爱祖国，爱学习"为主题，从不同角度表现少儿儿童歌颂党、珍爱幸福生活、向往未来的心境。由沈阳市艺术学校学生合唱团以无伴奏、无扩声方式进行演唱。

（刘煜昌）

【举办纪念"九·一八"70周年书画收藏展】 2001年9月14日，由辽宁省美术家协会、沈阳市书法家协会、"九·一八"纪念馆联合举办的"沈阳市纪念'九·一八'70周年书画家收藏展"在沈阳"九·一八"纪念馆开幕。共展出辽沈地区著名书画家专题创作的书法作品115幅，从不同角度、不同的艺术手法表达"勿忘国耻、振兴中华"的豪情壮志。所有展品均系沈阳市书画家近年的精品佳作，并全部无偿捐献纪念馆。

（刘煜昌）

【"沈阳市青少年书法展"圆满举办】 2001年9月16日，由沈阳市书法家协会、沈阳市青教办、沈阳市青年书法家协会联合举办的"沈阳市青少年书法展"在辽宁省博物馆举办。展出沈阳市青少年创作的书法作品200幅。作品有沈阳市青年十佳书法、沈阳新世纪青少年书法大赛获奖作品，全面展示了近年沈阳市青少年书法的最新成果。本展还出版《沈阳青年十佳作品沈阳新世纪青少年书法大赛获奖作品集》一部。

（刘煜昌）

【沈阳市文艺家赴驻军某部慰问演出】 2001年4月11日，沈阳市文联组织36名文艺家到驻军某部慰问亲人解放军。沈阳京剧院、沈阳歌舞团、沈阳曲艺团、沈阳杂技团、沈阳评剧院的文艺家为部队官兵演出了精彩的文艺节目。著名评剧表演艺术家韩少云也登台献艺，演唱了评剧《小女婿》选段。整个演出高潮迭起，掌声如雷，受到了部队官兵的赞扬。

此次赴部队演出的文艺家还体验了生活，参观了军营，观摩了官兵操炮演练，进行了靶场实弹射击训练。

（刘煜昌）

【王农画马展在沈阳举行】 2001年9月5日，沈阳籍台湾画家王农在辽宁省美术馆举办"王农画马展"。王农擅长画写意马，在国内外有很大影响。此次展出王农的写意马精作，全面展示其艺术风格和艺术成就。画展由鲁迅美术学院、沈阳市文联联合举办。展览期间，王农还与辽沈文化界进行交流。

（刘煜昌）

【举行"霍树棠诞辰100周年纪念会"】 2001年8月20日，沈阳市曲艺家协会举行"霍树棠诞辰100周年纪念会"，原辽宁省政协副主席沈显惠、辽宁省曲艺家协会主席田连元和副主席崔凯，以及沈阳市20多位曲艺家出席。霍树棠先生是沈阳市著名鼓曲艺术家，也是辽沈地区曲艺艺术的奠基人。在纪念会上，辽沈曲艺家高度评价了霍树棠的表演艺术，霍树棠的弟子、传人现场表演了他生前的代表作《草船借箭》、《红楼梦》片段等曲目。

（刘煜昌）

【满族"旗人鼓"获得国家民间文艺的最高奖"山花奖"】 2001年6月23日至25日，沈阳市民间文艺家协会组织由沈阳艺术学校学生表演的满族"旗人鼓"参加了在北京举行的由中国文联和中国民间文艺家协会主办的"山花奖·居庸关长城杯"全国鼓舞大赛。这次大赛共有18个地区代表队参加，沈阳市的"旗人鼓"获得国家民间文艺的最高奖"山花奖"的银奖、导演奖、组织奖和最佳表演奖。由于表演出色，该节目在京期间还应邀参加了由著名电影导演张艺谋摄制组拍摄迎接奥运宣传片的表演。

（刘煜昌）

新闻出版

【图书出版】 2001年，沈阳市图书出版选题规划基本实现。沈阳出版社、东北大学出版社、辽宁大学出版社全年共出版图书800种，再版率达43%。图书质量进一步提高，《魏书生教育文库》获得国家图书奖教育分支奖；《这团火这阵风》等近30种图书获辽宁省优秀图书奖一、二、三等奖、畅销书奖、封面插图奖、版式设计奖；《当代大众文化论》、《魏书生教育文库》、《金扣子》获辽宁省"五个一工程"奖;《雪山寻梦》、《女孩私语》分获第七届全国优秀青年读物一等奖和三等奖。

围绕庆祝建党80周年,组织全市出版单位陆续推出一批反映和介绍党的光辉历史和党的基础知识的图书、版面和栏目。如《党旗下的光辉历程》、《毛岸英》、《入党纪念册》、《东北满洲省委史》等。其中《东北满洲省委史》系统地介绍了中共满洲省委的活动,填补了地方党史研究领域的空白。《诗潮》杂志出版纪念建党80周年专号,大多数报刊设立了纪念专版、专刊,为庆祝建党80周年创造了浓厚的舆论氛围。

(许　戈)

【图书发行】 2001年,沈阳市有国有、集体、民营、个体书报刊发行企业和网点1100个,图书批发、零售额达5亿元。其中,国有新华书店改革和经营管理工作有了较大的突破,共销售图书1.14亿元。

1.加强门市销售工作,实施门市改造。对效益较好的中街新华书店继续投入资金200万元,进行了全方位的改造扩建,营业面积达到2000平方米,图书陈列品种达到5万种以上,安装了自动扶梯和先进的防盗监视设施,更好地适应销售需要,进一步发挥了服务功能。转变经营方式,加强与读者的联系,培养读者群体。在皇姑、中街、太原街、苏家屯等基层新华书店创办了读者俱乐部。已发展会员500多人,直接经济收入10万元。有效地培育了读者群体,增强了国有书店对读者的吸引力。

2.联合建设沈阳图书发行大厦。经过多方努力,市新华书店与辽宁嘉富房产开发有限公司签订了联合建设沈阳图书发行大厦协议,投资8000万元,建设规模2.7万平方米,10月已开工建设,计划两年后建成。

3.与民营企业合作,探索国有书店发展的新路。市新华书店同辽宁嘉富公司共同投资300万元,创办了第一家股份制书店,营业面积1000平方米。

4.调整发展布局,图书发行工作向农村倾斜。在全市农村实施"百乡(镇)百书店"工程,在全市农村每个乡镇建立一个书店,两年内全部完成。这项工作被列为2001年全市精神文明建设十件实事。经过一年的努力,在全市38个乡镇建立了书店,完成了2001年的预订目标。

5.大力营造读书氛围,成功举办了第四届读书节和第二十一届沈阳书市。第二十一届沈阳书市共销售图书580多万元,接待读者20万人次,取得了较好的社会效益和经济效益。同省新闻出版局等省市有关单位共同举办了以"展示新世纪成果,学习新科技知识,迎接新时代挑战"为主题的辽宁省暨沈阳市第四届读书节。举办了"泰得尔杯"读书征文比赛等11项主体活动,特别是由近百家出版社、报刊社和国有、民营、个体书刊发行企业、IT企业参加的为期3天的大型广场书市,共展销各种图书5万多种,接待读者20万人次,各类书刊销售达100万元,繁荣了图书市场,促进出版物的大流通,显示了读书节的品牌效应。

(许　戈)

【电子出版物】 2001年,沈阳市共有电子出版物经营单位263家,经营电子出版物品种2300种,2001年销售额达3500万元。桑地公司成立了"莎梦正版软件超市"。新批电子出版物经营单位25家。

(许　戈)

【书报刊业治理整顿】 2001年,按照出版总署的部署和要求,在全市开展集中治理整顿全市报刊的出版秩序工作。制订了《关于在全市开展集中治理小报小刊工作的通知》,取缔了《沈阳劳动》等5种非法出版物;对《亚星美典》等5种刊登非广告内容的广告印刷品进行了审查,并责令整改;审查了《中国计算机报》等外埠报刊非法出版的东北或辽宁专刊,并责令其停止出版;查处了《辽宁法制报·社会专刊》、《西藏科技报·家庭生活》等外埠报纸的特刊单卖,实际上一号多报的违纪行为。经过严格审查考核,为《新民市报》正式公开发行办理了申报手续。

结合整顿新闻出版秩序,对全市出版物市场加强了执法检查,开展"扫黄打非"工作。组织全市新闻出版管理部门,先后出动6000多人次,检查印刷企业2000多家(次),共查处违纪印刷案件57起,收缴各类非法出版物6万册,收缴盗版VCD、电子出版物2万盘,停业整顿了6家经营单位。

在全市各中小学校整顿规范了中小学教材的征订发行秩序。在与市教委联合下发了《关于坚决制止中小学校从非正常渠道订购教材和使用盗版教辅图书的通知》的基础上,依法规范中小学课本发行秩序。同市教委联合检查了东陵区秋季教材流失的学校,纠正了向个体书店订购教材的问题。并查处了辽中镇教育书店违规经销中小学教材和盗版教辅图书的行为。上年从非正常渠道订购教材的11所中小学已全部回归主渠道,为市新华书店追回教材款近100万元。

(许　戈)

【印刷业管理】 2001年,沈阳市共有印刷企业2200家,其中:出版物印刷企业40家,内部资料性印刷企业104家;年印刷能力1670万令,产值4亿多元。加强对印刷市场秩序的整顿工作。会同公安、工商、质量监督、扫黄办等部门联合召开了整顿规范全市印刷市场秩序工作会议,以中小印刷企业为重点,严肃查处违法违规的印刷行为,大力压缩不符合条件、内部管理混乱的印刷企业,取缔无证无照和证照不全的印刷厂点。

加强印刷业的技术改造和产业升级工作。组织全市50多名印刷企业厂长、技术人员参加了在北京举办的第七届世界印刷大会和第五届印刷设备展示会,签订引进技术和设备协议6项。与市工商局、市广告协会共同举办了沈阳市第五届"四新"展示会暨印刷技术展示交易会,为全市印刷技术交流和进步创造条件。

印刷质量体系认证推广工作取得实质进展。全市各印刷企业积极参加认证工作,加大了技术改造的投入,引进一批生产工艺和技术先进的电子分色、激光照排、整页拼版和桌面印刷系统、激光数字全息印刷机等高新技术和设备。淘汰了一大批陈旧落后的设备,使沈阳市印刷业的技术水平和生产能力明显提高。沈阳新华印刷厂、第二印刷厂在全省率先通过了ISO9002质量体系认证。

(许　戈)

【法规宣传和版权保护】 沈阳市新闻出版和版权"三五"普法和法律研究工作取得了显著的成绩。在有关版权部门的调研和论证下,一项修改建议被新修订的《中华人民共和国著权法》所采纳,市新闻出版局也被国家新闻出版总署评为"全国新闻出版系统'三五'普法先进单位"。

2001年,全国人大、国务院和新闻出版总署重新修订和新颁布了《中华人民共和国著作权法》、《电子出版物管理规定》、《印刷业管理条例》、《印刷经营者资格条件暂行规定》等一系列法律法规。为深入贯彻这些法律法规,一是在纪念著作权法实施十周年活动中,组织了"宣传周"活动,召开了大型座谈会,在新华书店悬挂"保护版权、打击盗版、购买正版"的宣传标语,在三好街举办了"正版中国:正版软件推展月活动"。召开了计算机网络数字化作品版权保护研讨会。二是利用宣传媒体,在省、市报刊、电视台多次报道沈阳市加强版权保护、打击侵权盗版工作的情况,在群众中产生了较大的反响。三是对行业管理人员和从业人员进行了全面培训,共举办著作权、电子出版物、音像、印刷等方面的法律法规培训班15期，培训各类人员900多人，增强了全行业的法律意识。

开展版权服务工作。为工商、文化等部门做出版权鉴定21次，对104种图书、68种音像制品进行了版权认证和鉴定。调处了4起版权投诉案件。接待来人、来电、来函版权咨询66人次。办理邮寄审查282件，查处盗版和有宗教迷信内容的非法出版物96盘(张)，防止非法出版物通过邮政渠道外流。

(许 戈)

沈阳出版社

【概况】 2001年，沈阳出版社共发稿867种、1.33亿字，其中：新版0.66亿字，重印再版0.67亿字；全年出版图书471种，其中：新版图书237种，再版图书234种，图书再版率为52%；图书总印数为1178万册，总印张59449千印；图书总码洋达1.1亿元；全年实现出版利润1300万元，比历史最高水平的2000年增长2.3%；全员人均创利20万元。沈阳出版社连续五年实现年创出版利润超千万元，无论是整体出版利润水平，还是人均出版利润水平，在全国城市出版社中都持续位居前列。

全年共有53种图书荣获国家、省、市及区域性优秀图书奖。其中：《雪山寻梦》、《女孩私语》和《魏书生教育文库·班主任工作》等3种图书分别荣获第七届全国优秀青年读物奖(国家图书奖分支奖)一等奖、三等奖和全国教育图书奖(国家图书奖分支奖)二等奖；《易学智慧丛书》荣获第二届国际易学金玉奖；《活学活用三十六计》、《四轮学习方略》获全国优秀畅销书奖；《魏书生教育文库》、《金扣子》获辽宁省“五个一工程”奖；《这团火，这阵风》等7种图书分获辽宁省优秀图书一、二、三等奖；《新编全国各类成人高校招生考试复习用书》等3种图书获辽宁省畅销书奖；《情报化时代》等10种图书获中国版协全国城市出版社优秀图书一、二等奖；《中国外科专家经验文集》等10种图书获第十四届北方十省(市、区)书籍装帧理论研讨会封面奖。

全年共有9篇论文获奖。葛君副社长撰写的2篇论文《综合策划——图书出版系统的灵魂》和《用清醒的政治头脑去保证图书出版的政治质量》分别获得中国版协第三届出版科研优秀论文奖和辽宁省优秀论文一等奖；《出版社签订出版合同的“四个审查”》等7篇论文分别获得第一届全国科技版权优秀论文奖、第十四届北方十省(市、区)书籍装帧理论研讨会论文一等奖和辽宁省出版工作者协会第十七次征文优秀论文二等奖。沈阳出版社建社14年来，此次学术论文获奖篇数最多，档次最高，在辽宁省参评的16家会员单位中名列榜首。

(龙 加)

【对海外版权贸易工作取得可喜进展】 2001年，沈阳出版社共有20余种图书对海外出售了版权。其中：《幼儿画王系列》(其中一部分)卖给日本一家出版公司；《易学智慧丛书》(8种)的版权被台湾地区的大展出版社有限公司购买；《解读历史智慧丛书》(5种)、《激励日记》、《成功日记》、《心灵伴侣》、《智慧伴侣》、《智慧易拉罐》、《人生处方》、《幸福女人》、《机会天天来敲门》、《遭遇小人》等14种图书分别被台湾地区的培育文化事业有限公司、雅典文化事业有限公司、希代书版有限公司及滚石出版社购买版权。另有《与心灵有个约会》、《开启心灵的另一扇窗》等14种图书已与台湾地区多家出版公司达成版权贸易意向。

本着能买则买、能卖则卖、买卖结合的工作方针，沈阳出版社已从台湾地区的出版公司购进《纠正孩子的坏习惯》、《怎样开启幼儿智力》、《孩子EQ方程式》、《孩子不吃时》、《做孩子的知己》等5种图书的版权。另有10余部拟引进的图书尚在洽谈之中。

(田雪峰)

【《易学智慧丛书》荣获第二届国际易学金玉奖】 经中华人民共和国文化部批准，由中国文化研究会、东方国际易学研究院共同主办的“周易与科学文化国际学术研讨会”于2001年4月24——26日在北京举行。会上颁发了第二届国际易学金玉奖，沈阳出版社出版的《易学智慧丛书》(1998年获第十一届“中国图书奖”)荣获该项大奖。

《易学智慧丛书》包括《易学漫步》、《易经白话例解》《易学源流》、《易学与思维》、《周易与易图》、《易学与养生》、《易学与科技》、《易学与管理》、《易学与建筑》、《易学与美学》等10个分册，全书180万字，是一部集科学性、学术性、知识性、权威性为一体的易学研究力作，由东方国际易学研究院组织编写，著名易学研究专家、北京大学教授朱伯崑等担任主编，国内数十名知名学者担纲执笔，学界泰斗任继愈、张岱年先生分别为该书作序和题词。

(任冬菊)

【《雪山寻梦》等五种图书获全国性图书奖】 2001年，沈阳出版社出版的《雪山寻梦》、《女孩私语》分别荣获第七届全国优秀青年读物奖(国家图书奖分支奖)一等奖和三等奖；《魏书生教育文库·班主任工作》获第二届全国教育图书奖(国家图书奖分支奖)二等奖；《活学活用三十六计》、《四轮学习方略》获全国优秀畅销书奖。

由国家新闻出版总署、中国版协青年读物研究委员会承办的第七届全国优秀青年读物的评选活动，全国有75家出版单位选送了204种图书参评，有13种图书获一等奖，《雪山寻梦》获此殊荣。《雪山寻梦》是一部以环境保护为题材的纪实性作品，生动地记录了1996年大学生绿色营为保护长江上游天然林免遭砍伐，国家一级保护动物滇金丝猴免遭灭绝，克服艰难险阻，奔赴滇西北进行实地考察的经过。该书的出版向社会提出保护天然林、保护生物多样性和治理生态环境的问题，具有较强的社会意义和针对性。。

《魏书生教育文库》是魏书生教育思想、教育实践、教育观点、教育实录的全面汇集。全书200万字，共分8册：《教育改革与素质教育》、《班主任工作》、《家庭教育》、《语文教学》、《教案、教学纪实选》、《学生实用学习法》、《心灵的轨迹——魏书生日记选》和《素质教育的旗帜——众人评说魏书生》，并附有96幅彩色照片。该书内容涉及教育改革的各个方面，魏书生的教育成果是全国教育战线素质教育的一面鲜艳的旗帜。该书出版后，沈阳出版社和中共盘锦市委、盘锦市人民政府联合在北京组织召开了出版座谈会，全国政协副主席王文元、全国政协副秘书长王巨禄，国家总督学柳斌，中国出版工作者协会副主席、中国图书评论学会会长伍杰等领导以及专家学者出席会议并对该书的出版给予高度评价，认为该书的出版对当代教育体制、教育思想的深化改革，推进综合素质教育，树立了一个很好的典范。该书“双效”突出，多次再版，累计印数已达1.5万套。

(任冬菊)

广 播

【概况】 2001年，沈阳人民广播电台以发展为主题，改革为动力，创优、创收为主线，知危奋起，在广播宣传、事业发展、经营创收、队伍建设等各方面都取得了长足进步。

2001年，沈阳电台实施“十五技术

发展规划”。一是沈阳电台自动化播出系统——数字音频网建成并投入使用，它的建成标志着沈阳电台步入了一个数字化、网络化的新阶段。整个系统投资110万元，包括中心机房、主干网、文稿处理、节目制作、节目播出、节目管理等共200个信息点，54个工作站，基本实现了采、编、播、节目制作、节目管理的完全自动化。二是顺利完成了中波发射台的机房改造工程。改造后的中波发射台机房宽敞明亮，设备设置科学合理，整体环境焕然一新。三是有利当代广播且造福后人的文艺音响资料的整理工作进展顺利。全年共审听了一万多盘(5000多小时)的节目。其中：戏曲和曲艺节目3593盘；音乐节目3415盘；文学节目2166盘；广播剧408盘；其它节目689盘，已输入电脑资料共计2.8万多条。这项工作的完成，标志着沈阳电台对资料管理与使用走在了全省的前列。

2001年，沈阳电台安全优质播出取得了可喜成果，全年四套节目五个频率共播出34730小时。其中：中波播出20838小时，调频播出13892小时，总控室全年播出34730小时，责任事故均为零秒，为历史最好水平。虽然有些设备相对陈旧、落后，但是由于技术人员的精心维护和保养，播出设备运行指标的甲级率、合格率均为100%，保证了安全优质播出。沈阳电台技术人员研究的《沈阳电台自动化播出系统》、《电台音频资料的计算机管理系统》、《音频信号自动切换智能告警电路》、《10KW调频发射机断阻流故障报警器》四个科研项目被辽宁省广播电视局评审为科学技术进步奖。

2001年，沈阳电台加大了改革的力度，出台了新的奖金分配实施方案，按照职责的不同，工作繁简的不同，拉开了奖金分配的档次，初步实现了多劳多得，奖勤罚懒的分配原则。并把竞争机制引入到整体节目改革之中，四台的节目在全面调整和改版过程中，首次实施了节目主持人竞聘上岗，对节目主持人实行了末位淘汰制。这项措施的出台，极大地调动了主持人的积极性。

2001年，沈阳电台在经营方面，一是认真研究和科学论证了广告经营创收的新的经营机制，重新审理了广告经营审批办法和相关政策，建立广告工作例会制度，通过例会及时通报全台广告创收进款的进度情况，分析每一时期广告创收中存在的问题，统一认识，及时解决。二是调整和理顺了广告创收队伍，充实了广告创收人员，并对广告节目的制作与播出提出了严格的质量要求。三是出台了《沈阳电台2001年广告创收工作管理意见》，加强了监听工作力度，有力地控制了各种原因的跑、冒、滴、漏。四是严格按照广告法对广告制作与播出进行严格管理，认真清理了以往的欠费广告，使历年来存在的广告播出欠款的现象得到了改善，基本实现了广告时段合理设置后的广告费均衡进款，有效地提高了广告费的实收率。广告经营创收取得了可喜成绩，突破2300万元，比年初确定的创收指标多300万元，增长幅度为15%。

沈阳电台第三产业也呈现了良好的发展势头，收到了较好效果。

(陈荣杰)

【广播节目】 2001年，沈阳电台严格按照“唱响主旋律，打好主动仗”的主导思想，牢固树立政治意识、大局意识和责任意识，紧密围绕市委、市政府的中心工作，积极开展广播宣传。一是认真组织，周密策划各种战役性报道，形成了强有力的舆论声势。从年初的“两会”报道，到“回眸2001年，展示十大亮点”的宣传，全年共组织了近20个战役性宣传，主要有：“人大、政协两会及落实两会精神”、“三个代表在农村”、“重大典型宣传”、“来自抗旱一线的报道”、“沈阳国际友好活动月、海外学子创业周”、“征集沈阳精神”、“建党80周年”、“迎接国庆”、“学讲话、办实事、送温暖、求发展”、“沈阳市十五发展规划”、“冬季供暖”、“重点工程建设”、“收获时节乡村行”、“沈阳市机构改革”等。这些战役性报道，充分发挥广播的特点和优势，增强报道的贴近性、可听性，收到了较好的效果。二是主题性宣传声势大，效果好。主题性宣传主要有两个，一是“九·一八”事变70周年，二是中国共产党建党80周年。建党80周年是2001年一项重要宣传任务。因此，沈阳电台四个频率互相配合、协同作战，在黄金时段开设了十几个专栏，运用系列报道、专题报道等形式集中宣传了优秀共产党员典型，讴歌党的辉煌历史。这项宣传，投入力量之强，节目制作之精，声势之大，氛围之浓，是近年来主题宣传少有的。在纪念“九·一八”事变70周年活动期间，组织了四场大型系列现场直播《“九·一八”告诉我们》，并在东北地区首次实现了网上直播。这组报道引起了社会的强烈反响，超过了预期的宣传效果。三是重大活动的宣传，策划细致，安排周密，特点突出。2001年足球世界杯亚洲区“十强赛”中国队的主场设在沈阳。沈阳电台紧紧抓住这一难得的机遇，及早动手，认真策划，周密安排，扩大广播的影响，力争进行四个主场的现场直播，经过全台各有关部门的多方努力，圆满地组织了四个主场的现场直播，开全国广播电台之先河，受到市领导和组委会的肯定和表扬。在“十强赛”期间，三个频率的体育节目，团结一心，协同作战，发挥整合优势，使“十强赛”主场比赛的舆论氛围更加强烈，这样既扩大了沈阳广播的影响，又锻炼了体育编播人员。对于“十强赛”的宣传，除认真进行现场直播外，各系列台还分别制作了特别节目，新闻台利用《新闻快车》节目，进行了《我们赢了！》的现场报道，交通台制作了《好运，中国足球！》，经济台策划播出了《沈阳圆梦世界杯》，所有这些节目都受到了组委会的重奖，扩大了沈阳电台对外的影响。

2001年，沈阳电台以提高节目质量为出发点，采取了一系列切实可行的措施，推动整体节目上档次，上水平。一是四个系列台都能够在充分论证的基础上，对节目、栏目进行合理调整，部分节目有所创新。如：新闻频率，打破传统的播出习惯，在黄金时段开设了《市民，您早》节目；经济频率，重点调整了“股市证券”节目，增加了播出时间，扩大了节目的影响；交通频率，重点策划和包装《伴你同行》和《986都市交通》，使之成为重点的主打节目，不但收到较好的社会效益，同时也带来可观的经济效益；文艺频率，重新调整的《纪实写真》节目，越来越受到听众的好评。通过全台的节目调整，四个频率的专业特色更加突出，整体节目质量明显提高。二是坚持对节目的审听评议制，对提高节目质量起到了积极的促进作用。三是积极开展评优工作。全年有69篇稿件(节目)获中央、省、市的奖励。其中：获国家新闻奖一篇；辽宁广播奖33篇；辽宁新闻奖12篇；沈阳新闻奖10篇；全国城市台新闻学会奖8篇；辽宁新闻奖论文6篇。全年在中央台发稿21篇。

(陈荣杰)

【《节后上班看机关》报道引起强烈反响】 沈阳人民广播电台为更好地促进全市机关思想作风建设，落实年初市长陈政高提出的统一思想，振奋精神，转变作风，整顿纪律，提高工作效率，做好开局年的各项工作的要求，在春节后上班第一天，调动精兵强将，兵分9路，深入全市30多个机关单位，采制了《节后上班看机关》的报道。如实反映了市、区、乡镇绝大多数机关干部良好的工作作风和工作状态，同时，对一些单位工作懒散、精神不振，甚至个别机关干部在办公室打麻将的现象予以曝光。稿件播出后，在社会上产生了强烈反响。

报道播出后的第二天，被曝光批评单位的领导同志高度重视，立即责成有关部门调查，积极进行整改。皇姑区政府当天下午就召开了各部门办公室主任会议，严明纪律，要求被批评的部门认真吸取教训，其它各部门举一反三，避免今后发生类似事情。新城子区兴隆台镇党政一班人听了报道后，对暴露出的问题进行了认真的反思，重新制定了《关于严肃机关工作纪律的十项规定》。决定今后凡违犯规定的机关工作人员，将视情况给予解聘、免职等处分。市农垦局针对报道中批评的少数工作人员节后上班第一天闲聊天、嗑瓜子的现象，当天就召开了局领导班子会议，对此问题进行了研究，并决定立即在局机关和各直属单位开展一次以整风整纪为重点的机关建设教育活动。

（陈荣杰）

【《市民您早》节目开播】 《市民您早》节目是沈阳人民广播电台于2001年3月12日推出的新世纪新节目，开播以来，听众反响强烈，给予了很高的赞誉。

2001年，沈阳人民广播电台确立了要进一步贴近百姓、贴近生活的改版宗旨，决定不再按一成不变的旧有格式来设置节目，只要百姓喜欢、生活需要，就是调整节目的最大理由。为此，将建台至今从未改变过的在早六点播出的《沈阳新闻》调整到早七点和八点播出，在早六点，即广播黄金时段推出了从名称到内容都新鲜的节目——《市民您早》。

（陈荣杰）

电　视

【电视节目】 2001年，沈阳电视台围绕中心，把握导向，整合频道，深化内涵，电视节目吸引力明显增强。

加强节目调控与管理，认真负责地把握宣传基调和舆论导向，全力维护沈阳的稳定与发展。一是十分注意教育和引导采编人员牢固树立“三个意识”。通过教育引导，采编人员那种为快速扭转沈阳被动局面，树立沈阳新形象，唱响主旋律，打好主动仗的政治责任感和使命感得到普遍加强。二是十分注意电视宣传舆论的自我调控与管理。针对2001年全国电视界和省市新闻单位出现的舆论导向问题，出台了《沈阳电视台关于问题类节目的报道原则》，对如何把握宣传基调，把握报道选题做出了明确的界定，对加强三级审片工作进行了责任分工。三是十分注意全市的中心工作和主要决策的宣传。围绕转变机关作风、“三个想一想”学教活动和警示教育，围绕学习“七一”讲话，实践“三个代表”和“学《讲话》、办实事、迎国庆”，围绕海外学子创业周、国际友好活动月和十强赛，围绕城区工作、县区工作和建设浑南新区等一系列主要工作、活动和重大举措，开展专题报道、系列报道和深度报道，据不完全统计，共播出系列报导105组579集，专栏发稿3400多篇。

整体策划，立体作战，大力度运作人们关注的重大宣传战役。一是“两会”和市第十次党代会。沈阳电视台在会前做了大量的舆论铺垫性报道；会中投入重兵，除程序性报道外，还播出了花絮和专题；会后进行了落实会议精神的延续性报导，先后推出九个专题五个系列报道，共69集，开设专栏10个，播出稿件890多篇，会议直接报道298篇。“两会”和党代会的报道基本上做到了大容量、高密度和万无一失，得到了市里领导的好评。二是中国共产党建党80周年和“九·一八”事变70周年。沈阳电视台陆续推出了《旗帜》、《走向明天》、《银幕上的共产党员》和《勿忘“九·一八”》、《热血之歌》、《热血黑土》《勿忘“九·一八”，重走英雄路》等一大批系列报道、专题节目和纪实电视片，收到了较好的社会效果。

整合资源，深化内涵，契而不舍地追求频道合力。一是于2001年5月8日推出了以服务类、信息类、娱乐类、互动类为主，既有观赏性又具实用性的全新的生活频道，自制节目总量达4小时50分钟，收视率和市场占有率也得到明显改善。二是争取到了ESPN体育节目在沈阳的落地权，力争2002年初正式对外播出。三是精办节目，深化内涵，节目质量和收视市场占有率又有明显改善。《沈阳新闻》、《沈视早报》等栏目继续保持了较高的收视率和领先的地位；《特别关注》、《政府与市民》、《国际新闻》也有了突出的表现和较好的业绩；新推出的《直播生活》、《阳光快车》、《生活大放送》以及《北方名医》等栏目开辟了新的视角，收视群体正在形成。据央视索福瑞全国调查网提供的数据，沈阳电视台的收视市场全年平均占有率达30%，《沈视早报》达到55%。此外，2001年沈阳电视台有208部作品在国家、省获奖，其中：国家级7项，省级117项。

（于　光）

【事业建设】 坚持科技创新，率先推进数字化进程，努力提升节目制播装备的现代化水平。由1997年开始分步骤分阶段地进行实施，到2001年底，前期设备的数字化率已达64.6%，演播室设备数字化率已达81.3%，后期编辑系统数字化率已达48.3%，播出设备数字化率已达100%。2001年，沈阳电视台正式实施了制播一体的数字化改造工程，建成了6通道全硬盘数字播出系统，在全国率先实现了5套节目的数字化播出。同时，沈阳电视台还建成了4个8讯道播出上载工作站，8个上下载工作站，2个四讯道卫星收录系统工作站，20个非编工作站，8个审片工作站，完成了80演播室的数字化改造，引进了1套3讯道数字录制系统和25台数字摄像机。由于数字化改造的全面推进，沈阳电视台播出的图像更加清晰，事故率大大降低，播出时间更加准确。2001年，数字化改造投入资金1700万元，四年共注入资金约8000多万元。

全力推进有线电视网络的升级改造工作，全年共注入资金7000多万元。一是争取市政府的支持。经政府协调，有线电视管网铺设施工费压缩了1680万元。二是协调建设单位，推进管网施工。2001年共完成管道工程206公里，折合560孔公里，已穿光缆3150芯公里，完成了人工井120个，引上工程96处。三是进行了网络器材设备的招投标。2001年，沈阳电视台相继进行了光缆招投标、光设备招投标、UPS电源等电器设备和空调设备招投标及数字电视设备招投标。

努力提升收视市场占有率，改善网络服务方式和质量，经营创收再创历史新高。2001年，总收入同比增长18%，其中节目创收同比增长23%，网络创收同比增长11%。

全面实施招投标。基建行为、采购行为和承揽行为均纳入了招标，对外签订的所有合同均经过了法律顾问的审定。据不完全统计，2001年沈阳电视台设备采购、网络改造和基建项目施工共招投标48次，节约资金约1235万元。此外，法律顾问共审验合同67份，为避免合同的不公正和引起法律纠纷起到了关键作用。

调整发展思路，抓住有利机遇，努力寻求快速把事业做大的有效途径。2001年，沈阳电视台按照“实事求是、量力而行、快速推进”的原则，重点抓了两项工作的调整。一是果断购置了网管中心大楼。此大楼地处市中心，占地3100平方米，建筑面积10263平方米，购置费用3046万元，装修等施工费用约2955万元，总投资约6000万元，可于2002年10月份完成全部施工任务。与原方案对比，网管中心大楼可提前两年投入使用，压缩资金1亿元左右。二是立足改造现有的总台设施。为缓解资金供应的困难，避免债务急剧增加，沈阳电视台放弃了到浑南建设彩电中心的方案，调整到用较少资金改造现有总台设施上来。这一方案可压缩事业投入2亿多元，总的事业投资可压缩3亿多元。

（于　光）

卫 生 · 体 育

卫 生

【实施《准入管理办法》】 2001年，沈阳市在全国率先制定了《沈阳市医疗服务准入管理办法》，并将于2002年4月1日起执行。

此《办法》对于包括医疗机构、从事医疗服务工作的技术人员、医疗技术、社会医疗活动及医用药品、设备等多个方面的医疗服务要素进行了规范与严格的规定。对于凡在沈阳市行政区域内市、区、县(市)卫生行政管理部门登记的医疗、预防、保健等机构及在这些机构中从事卫生专业的技术人员具有普遍的约束力。

此《办法》的发布与实施将对规范、净化医疗市场与医疗环境，营造人民群众放心的就医环境与营造良好医疗氛围发挥重要作用。

(李 斌)

【卫生监督体制改革】 沈阳市卫生局认真贯彻卫生部《关于卫生监督体制改革的意见》，通过充分的调研论证，制定了《关于卫生监督和疾病预防控制改革的实施意见》，该文件由市政府进行了批转。根据该"意见"精神，市编委下发了《关于调整沈阳市卫生局所属部分事业单位机构编制事项的批复》文件，市卫生局投资近2000万元购置了卫生监督所办公楼，并进行了装修改造和办公设施装备。2001年12月27日召开了沈阳市卫生监督所和沈阳市疾病预防控制中心成立大会，标志着市本级卫生监督体制改革工作顺利完成。

(周宏文)

【医疗扶贫工作】 根据省扶贫帮困行动的统一部署，市卫生局于2001年11月份对全市贫困地区疾病情况进行了调研，并于2002年1—2月开展了4次"献爱心送温暖"医疗扶贫活动，切实解决沈阳市农村部分贫困地区和城市特困人员因病致贫和因病返贫的问题。

在4次医疗扶贫活动中，市属24支医疗队和区、县(市)14支医疗队出色地完成扶贫阶段性任务，共选派医护人员1740人次，对23个贫困地区扶贫4次，入户诊疗2767次，诊治7319人次，发现重病492人次、疑难病患者660人次、常见病6167人次，带回医疗队进一步诊治的99人，开展手术107例。活动中发放宣传品2.9万份，发放各类药品价值18.7万元，减免各种诊疗及手术费用11.2万元，消耗卫生材料总计7.5万元，交通住宿费总计8.6万元，医疗队现场捐款5440元。

(李 斌)

【献血工作】 2001年，全市参加献血73714人次，其中：组织献血45019人次，采血车接待个人自愿献血19505人次，调动农民机动队9190人次。献血总量16.58吨，全市医疗临床用血100%由无偿献血者提供。

《沈阳市献血管理办法》于5月19日经市政府第十二次常务会议讨论通过。

9月25日，市政府召开全市无偿献血表彰大会，会上有100个先进集体、283名先进个人、45名优秀组织者受到表彰。

在2001年12月13日召开的"全国无偿献血表彰大会"上，沈阳市荣获"全国无偿献血先进城市"称号。

(刘慧芝)

【社会医疗】 2001年，沈阳市不断强化社会医疗服务管理，努力提供良好的社会医疗服务。

1. 完善急救网络建设，提高急救医疗服务能力。为达到沈阳地区急救网络全覆盖的要求，2001年成立了沈阳急救中心东陵分站，进一步完善了急救网络，缩短了急救服务半径。全年"120"急救出诊6万余次，车辆行驶里程120万公里，转运危重病员4.7万余人次。成功地组织了2001年度防汛医疗救护演习。参加演习医疗队接到命令后，全部按指定时限和组队要求到达了指定地点，体现出较强的应急实战能力。

积极做好各项社会医疗保障工作。2001年沈阳市大型、高规格社会活动集中，社会医疗急救任务繁重。一是圆满完成了2001年足球世界杯十强赛中国队主场比赛的医疗急救、医疗保健任务。二是积极组织、紧急动员全市30多个医疗机构近百名医护人员及40台急救车，及时参与"9·1"大火中受伤人员抢救工作。三是完成了全市2万余名考生的高考体检和1万余名报名入伍人员征兵体检工作。

2. 加强血液管理，确保用血安全。一是向辽宁省卫生厅正式提出《关于实行沈阳市采供血工作"三统一"的请示》，在全省率先实现采供血工作的"三统一"。准备取消新城子区、新民市、辽中县、康平县中心血库及医大一、二院输血科的采供血职能，同时将苏家屯血站作为市中心血站的分站(辅助供血单位，以解决调剂血液偏型的问题)予以暂时保留。与市中心血站积极协调，制定了采供血工作"三统一"后的详细采、供血方案及紧急情况预案。二是加强了对采供血机构的血液质量控制。年内组织沈阳市血液质量管理委员会专家对全市各采供血机构进行了二次集中的质量检查，并将检查结果及存在问题向各家单位进行了通报，使存在问题的单位有的放失地整改，保证了全市临床医疗用血的安全。三是年内对全市二级以上医院的输血科(血库)主任约80多人进行了有针对性的业务培训。通过讲课及现场演示、实际操作等形式取得了卓有实效的培训效果。对市本级29家医疗机构及13个区、县(市)中心医院的血库进行了检查验收，对于合格的单位重新注册登记，不合格的单位限期整改。

(李 斌)

【药品监督管理】 2001年，市药品监督管理局严格规范药品生产、经营秩序，整顿药品市场，严厉打击制售假劣药品、医疗器械产品的违法行为，确保人民用药安全。

1. 推进行政审批制度改革。取消审批、核准、备案项目21项，对保留的审批项目实行办事公开，增强透明度，防止"暗箱操作"。

2. 以"强化日常监管"为重点，规范药品和医疗器械的生产、流通、使用行为。一是严格执行国家关于药品流通领域的各项规定，促进药品生产、经营企业建立和完善各项规章制度。一方面，监督企业严格执行药品购进制度、质量验收制度，把好关口，堵住假劣药品进入流通领域的途径。另一方面，加强对药品销售的监管，控制药品的流通方向，严格执行批发企业和零售企业在销售药品行为中的有关规定。二是在药品流通领域开展过期失效药品的检查。在对全市药品生产、经营企业库存的过期药品清查中，清查出过期药品8000多批次，价值2150万元。三是充分利用监管手段调整全市药房布局，及时缓解市内药房拥挤、经营效益差的局面。鼓励药房向农村和郊区发展，将销售网络向县一级延伸，改善经营企业过多过滥、恶性竞争的状况。同时还引导经营企业积极做好处方药与非处方药的分类管理工作。

3.以“抓大案要案”为突破口，严厉打击制售假劣药品的违法行为，确保人民用药安全有效。2001年，在全市统一打假行动中，侦破了一起震惊全国的制假售假案件，当场抓获5名犯罪嫌疑人，一次查封假药91个品种、1210件，标值1540万元。年内全局接待举报投诉电话2400个，来访460人次，立案142件，查处大案要案12起，端掉制假黑窝点4个，没收假劣药品1500件、假冒一次性注射器、输液器18万支（套），涉案金额2000万元。全年向市财政上缴罚没款290万元。

（金　良）

【农村基层卫生工作】　2001年，沈阳市农村基层卫生工作以探索农村卫生体制改革为重点，稳步推进农村卫生事业发展。

1.探索了所有制改革。初步对农村县、乡两级卫生机构进行调整与改革，明确职责，突出了服务功能，促进县、乡两级卫生机构运行机制步入良性循环。

2.村卫生室建设得到加强。进一步规范了村卫生室标准，加强了管理，并在村卫生室承办形式上，采取集体举办、村医联办和个体承办等形式。同时加大监督管理力度，对农村医疗市场进行了清理整顿，打击无证行医、游医，保护了广大农民群众的生命安全。2001年全市农村村卫生室随机抽样检查结果显示：村医持证（《沈阳市乡村医生证书》）上岗率达100%。

3.注重农村卫生技术人员队伍建设。组织具备条件的1069名乡医参加了理论考试，其中1041人成绩合格并颁发了《辽宁省乡村医生执业证书》，合格率达到95%，全市100%的乡村医生达到中专以上水平。

（刘　嵘）

【卫生专项打假成效显著】　根据《国务院关于整顿和规范市场经济秩序的决定》和全国打假联合行动第二次电话会议精神，按照卫生部、省卫生厅、市政府打假工作总体部署和统一安排，市卫生局把对食品、保健品、化妆品、消毒产品的检查、监督和医疗市场的清理整顿作为全年工作重点，采取日常监督和集中打击相结合方式，卫生专项打假工作取得显著成绩。

2001年，卫生专项打假工作以抓大案要案为主，先后共查处“有毒腐竹”案、超期“保健品”案、法库“劣质酱油”案和“时科兰”化妆品案等4起大要案。特别是“有毒腐竹”案，共罚没销毁含有毒“吊白块”的腐竹达30余吨，在省内引起强烈反响。

据统计，2001年全市卫生打假共出动卫生监督人员1.4万人次，车辆1982台次，受理群众投诉举报341个，捣毁各类食品黑加工点486个，查获伪劣食品80余吨，罚没不合格消毒产品150余件、一次性输液（血）器及卫生用品71331支，取缔无证行医368个，打击非法行医200多人次，规范整顿外来人员承包科室50余个，没收听诊器、血压计等238件，移送公安机关案件2起。卫生专项打假销毁的各类假冒伪劣产品累计价值达120万元，罚没人民币87.6万元，发布各类新闻报道200多次，印发各类卫生信息简报183期。

（王守华）

【中医专科、专病建设】　2001年，沈阳市的专科、专病建设有了较大的发展。全市二级以上中医院都有1—2个重点中医专科、专病。特别是在2001年全国重点中医专科评审中，国家中医药管理局聘请了来自全国各地的有关专家，采取双盲法评选出161家全国重点中医专科，沈阳市苏家屯区中医院的血栓病专科取得了第一名的好成绩，市中西医结合医院也进入了全国重点中医专科行列。至此，沈阳市已有国家级重点中医专科2个，省级重点中医专科4个，市级重点中医专科8个。

（陈　璐）

【农村中医工作】　2001年，全市共有乡镇卫生院122所、村卫生室2062个，有53.2%的乡镇卫生院设立了中医科，99.5%的村卫生室能用中西医两法防病治病。

农村中医工作先进县建设取得了新的进展。2001年，新民市继1996年进入全国农村中医工作先进县后，再次通过国家级复查。苏家屯区和法库县也在积极申报全国农村中医工作先进县建设单位。苏家屯区政府下发了《苏家屯区创建全国农村中医工作先进县（区）工作实施方案》，投入专项经费用于各乡镇卫生院中医科及中药局的建设。区卫生局与辽宁中医学院合作开办了中医专业专业证书学习班，组织专业人员编写了《农村中医工作手册》，积极推广适合该区农村实际的中医药验方及适宜技术，深受广大农村患者欢迎。

（陈　璐）

【医院感染管理】　2001年初，市卫生局根据卫生部《医院感染管理规范（试行）》的要求，对沈阳市医院感染管理工作模式进行了深入探讨，制定并下发了《沈阳市医院感染管理要求》。该《要求》前瞻性地在医院感染机构建设、职责分工、管理方法、工作任务、考核评价、保证措施等方面建立了一整套的管理规范，提出利用两年时间达到卫生部《规范》要求。为此，市卫生局先后举办了多期各区、县（市）卫生防疫人员培训班及市直以上医疗机构预防科长培训班，对卫生部《医院感染管理规范》及其诊断标准、《沈阳市医院感染管理要求》进行了全面学习，提高了卫生监督人员的院感预防意识和监管能力，提高了广大医院院感管理人员的业务素质和管理水平。

2001年，市卫生局在全市医疗机构中全面推行了医院感染管理工作质量考评，沈阳市妇婴医院、中国医科大学第一临床医院、辽宁省肿瘤医院、沈阳市传染病院、沈阳医学院附属中心医院、中国医科大学第二临床医院走在全市的前列，被评为优秀达标单位。

（贺立新）

【城镇医疗机构分类】　依据卫生部、国家中医药管理局、财政部、国家计委联合制定的《关于城镇医疗机构分类管理的实施意见》的精神，促进医疗机构之间公平、有序竞争，依据医疗机构的经营目的、服务任务，以及执行不同的财政、税收、价格政策和财务会计制度，按照医疗机构整体划分为营利性医疗机构、非营利性医疗机构。非营利性医疗机构又划分为政府举办的非营利性医疗机构和非政府举办的非营利性医疗机构。市卫生局历时一年对全市9区1399家医疗机构进行了检查验收，提出了初步意见。并与市计委、市财政局、市物价局研究，对沈阳市城镇医疗机构的性质进行了核定，将文件会签完毕并下发各县区。全市核定营利性医疗机构659家、非营利性医疗机构740家，其中政府举办的非营利性医疗机构205家、非政府举办的非营利性医疗机构535家。

非营利性医疗机构是指为社会公众服务而设立和运营的医疗机构，不以营利为目的，其收入用于弥补医疗服务成本，实际运营中的收支结余只能用于自身的发展，如改善医疗条件、引进技术、开展新的医疗服务项目等。

营利性医疗机构是指医疗服务所得

利益可用于投资经济回报的医疗机构，政府不举办营利性医疗机构。

政府举办的非营利性医疗机构主要提供基本医疗服务并完成政府交办的其他任务，其他非营利性医疗机构主要提供基本医疗服务。这两类非营利性医疗机构也可提供少量的非基本医疗服务。营利性医疗机构根据市场需求并经批准自主确定医疗服务项目。

两类机构之间的区别，首先是目的不同，即投资者的目的是为社会“办好事”，不图回报，还是通过举办医疗机构获得利润；其次是对营利的分配不同，是将其用于机构建设和事业发展即“扩大再生产”，还是用于分红；第三是对医疗机构的剩余资产的处置也不同，是将剩余资产交由社会有关机构处置，还是自主处置。

政府对两类机构实行有区别的投资政策。财政对政府办的非营利性医疗机构保证必要的投入。民办的非营利性医院不享受政府补助，这些机构可享受与政府医院同样的信贷优惠政策。

国家对非营利性医疗机构实行税收优惠政策，对其按照国家规定的价格取得的医疗服务收入免收各项税收。但为了支持营利性医疗机构的发展，对其取得的收入直接用于改善医疗条件的，自取得执业登记之日起，3年内给与下列优惠：对其取得的医疗服务收入免征营业税；对其自产自用的制剂免收增值税；对其自用的房产、土地、车船免收房地产税、城镇土地使用税和车船使用税，3年免税期后恢复征税。

对非营利性医疗机构提供的医疗服务实行政府指导价，医疗机构按照价格主管部门制定的基准价并在其浮动幅度范围内确定本单位的实际医疗服务价格。对营利性医疗机构提供的医疗服务实行市场调节价，医疗机构根据实际服务成本和市场供求情况自主制定价格。

（*李　斌*）

【城市居民健康状况调查】　为了解城市居民健康状况，准确掌握全市城市居民的健康结构、发展水平、影响因素，为政府决策及健康促进提供科学依据，服务城市长远发展，沈阳市于2001年9月至11月率先在国内进行了“城市居民健康状况调查”。此项活动由市健康教育所承办，咨询了包括卫生部、国务院学部委员会等部门的17名专家，先后进行问卷调查6次，召开专家论证会3次，并精心设计了调查方案。调查活动于9月份正式展开，共调查2384户、5700人。调查采用生理、心理、社会适应三维评价方法，对沈阳市城市居民健康水平进行现场调查，并根据调查结果进行干预对策研究。

（*科教处*）

【社区卫生服务工作】　2001年，沈阳市社区卫生服务工作加大改革步伐，取得了一定的成绩。一是市内九区共规划社区卫生服务机构195所（其中：社区卫生服务中心60所，社区卫生服务站135所）。二是审批社区卫生服务机构122所（其中：社区卫生服务中心52所，社区卫生服务站70所）。三是18所社区卫生服务机构被省卫生厅授予全省社区卫生服务示范单位。四是按《沈阳市社区卫生服务机构建设规范》，完成对现有部分一、二级医院向社区卫生服务机构改造工作。五是组织了400余名从事社区卫生服务医生、护士进行系统的全科医学岗位培训，389名学员已结业，结业率达95%以上。六是启动了中英城市社区卫生服务与贫困救助项目。按项目备忘录要求，成立了市级项目管理组织，设立了专用帐户，并于10月23日召开项目启动会。项目启动后，主要完成了基线调查的现场调查工作，召开了基线调查总结研讨会，接待了国际、国内五个技援专家考察团等。

（*刘　嵘*）

【中医参与社区卫生服务工作】　2001年，中医参与社区卫生服务工作取得了进展。全市各区的社区卫生服务站都开展了中医药参与工作，达到了100%的社区卫生服务站能用中西医两法开展社区卫生医疗服务，经过培训的社区医生100%具有一定中医药知识及基本技能。

皇姑区作为全国中医参与社区卫生服务工作试点单位，将中医参与社区卫生服务工作纳入到区卫生局目标责任状考核中，每半年考核一次。同时，要求各社区卫生服务站中必须配备中医药专业人员，配备50种以上的中成药、150种以上的中药饮片和针灸、火罐等器具，其他西医人员必须在短期内接受中医药理论知识培训。皇姑区卫生局还划拨专项经费，给社区卫生服务中心（站）用于房屋装修改造。在中医健康教育方面，开办讲座50余次，深受当地群众的欢迎。

（*陈　璐*）

【清理整顿“坐堂医”】　为了进一步净化医疗市场，打击非法行医，2001年，沈阳市卫生局根据国务院《关于整顿和规范市场经济秩序的决定》文件精神，结合实际情况下发了《关于加强药房“坐堂医”整顿和管理的通知》，对全市的药房进行清理整顿。从6月份开始至年底，共出动180余人次，对全市药房非法“坐堂医”进行了专项清理整顿。重点检查了140余家药房，查处非法“坐堂医”和非法义诊200余人次，无证行医2人，没收血压计、听诊器、检测仪、治疗仪238（台）件，罚款8.5万余元。

（*陈　璐*）

【启工三校学生食物中毒有关责任人受到行政处分】　2001年9月14日，铁西区启工三校476名学生发生食物中毒，165名中毒学生被诊断为细菌性痢疾。经市、区两级卫生防疫专家调查认定，食物中毒的主要原因是该校食堂超能力、超项目经营，其校中校食堂无许可证生产经营，由于食物污染引起的细菌性食物中毒，并伴有细菌性痢疾暴发。

中毒发生后，市委、市政府领导高度重视，召开专题会议进行安排部署。市纪委、监察局将处理情况在新闻媒体上进行通报，责令铁西区委、区政府写出书面检查，责令区教委、卫生局、防疫站主要领导在班子会上做出深刻检查。对铁西区教委主管副主任、防疫站主管副站长全市通报批评；对教委体卫科科长、防疫站学校卫生科监督员分别给予行政记大过处分和记过处分；对防疫站学校卫生科科长行政警告处分；对启工三校校长和工会主席分别给予撤职和留党察看二年处分。

（*张春伟*）

【传染病防治】　2001年，沈阳市传染病报告发病数17846例，死亡数29例；发病率259.68/10万，比2000年上升1.26%；死亡率0.42/10万，比2000年上升60.07%。其中：病毒性肝炎发病率83.09/10万，上升41.87%；痢疾发病率81.30/10万，下降2.43%。全年无重大传染病责任事故发生。

1.积极推进疾病控制体制改革，组建沈阳市疾病预防控制中心。根据市政府《关于卫生监督和疾病预防体制改革的实施意见》，依据总体规划、归口管理、功能整合、综合服务的原则，将原有设置分散、服务对象单一的防病机构科学合理地精简归并，组建了分工明确、规模适度、功能齐全、精干高效的市疾病预防控制中心。

2.建立疾病预防控制预警系统。制定下发了《关于开展沈阳市疾病控制预警工作的通知》，建立预警系统工作小组和专家组，落实预警工作专职人员。组织召开全市疾病控制预警发布会，提出针对性的防治措施，提高疾病控制工作的整体效能。

3.完善疾病控制应急处理系统，制定下发《沈阳市疾病控制应急处理系统工作方案》。全市建立和完善60支综合防病应急处理机动队，配备相应的人员和设备。组织了一次全市综合防病机动队拉练演习，提高疾病控制实战能力。

4.传染病监测和疫情处理工作。重点对鼠疫、霍乱、艾滋病、病毒性肝炎、痢疾、梅毒、出血热等传染病进行监测。处理2起霍乱、8起艾滋病、2起炭疽疫情及5起流脑死亡、6起疑似炭疽白色粉末事件，使传染病得到有效控制，传染病发病率保持在较平稳状态。

（陈秀敏）

【结核病控制工作】 2001年，沈阳市全面贯彻《结核病防治管理办法》，完成了世界银行贷款结核病控制项目的收尾工作，结核病归口管理得到进一步完善，有效地控制了结核病疫情。

1.圆满完成世行贷款结核病控制项目收尾工作。2001年全市共接诊可疑者24437人，可疑者就诊率为358.8/10万；发现活动性肺结核病人3434人，其中涂片阳性者为1453例；新登记率和涂阳登记率分别为50.4/10万和21.3/10万。可疑者就诊率和涂阳新登记率比上年略有提高，涂阳肺结核病治愈率稳定在95%以上，保持了较高的发现和治愈水平。

2.加大《结核法》执法力度，使结核病归口管理工作得到加强。2001年，市卫生局重点对结核病门诊、病房的转诊、疫情报告及阶梯治疗工作提出具体要求。同时，组织人员进行两次归口管理专项异地执法活动。综合医院疫情报告工作日趋完善和规范，收治和试验性治疗肺结核病的现象得到了有效的遏制，结核病专科医院疫情报告和阶梯治疗工作得到了根本的改变。全年收到综合医院疫情报告卡2866张，落实了2710张，落实率为94.6%；立案648例，立案率为22.6%，比上年提高了3.6个百分点。

（贺立新）

【艾滋病性病防治】 2001年，沈阳市艾滋病性病防治工作以贯彻落实《中国遏制与防治艾滋病行动计划（2001—2005）》为重点，加强对艾滋病性病防治工作的组织领导，建立艾滋病性病协调会议制度，制定《沈阳市遏制与防治艾滋病行动计划》，加强艾滋病性病管理与监测。全年共报告病例3535例，年发病率为42.42/10万，比2000年下降38.67%。其中：梅毒1862例，淋病742例，艾滋病7例。

艾滋病监测：全年共监测169051人，其中：性病患者11250人，献血人员86078人，吸毒人员334人，行业体检2537人，特殊人群1509人，涉外婚检3275人，住院病人57901人，涉外门诊615人，归国人员250人，长途卡车司机270人，孕产妇3256人，流动人口856人，性乱人群151人，结核病人224人。检出艾滋病感染者5例，艾滋病患者3例，其中：沈阳市居民2例（感染者1例，患者1例），外省、市居民6例。

性病监测：全市行业体检共查96468人，检查出性病88例；特殊人群共查4348人，检查出性病60例；婚检共查60784人，检查出性病147例；妇科首诊共查84688人，检查出性病971例。

根据卫生部颁发的《性病诊治规范和治疗推荐方案》，开展性病诊治规范化的技术培训。强化性病门诊管理，重新审查认定37家性病门诊。加强对全市采供血机构艾滋病、梅毒监测，保证临床用血安全。清理整顿性病医疗市场，坚决打击游医药贩，取缔诊治性病黑窝点。全年执法179次，处罚48家，罚款及没收物品折合人民币1.26万元。

进一步完善全市艾滋病初筛实验室建设，和平、沈河、大东、铁西区卫生防疫站艾滋病初筛实验室通过省级评审认定。

（陈秀敏）

【地方病防治】 2001年，沈阳市地方病防治工作取得了新的进展。

开展了碘缺乏病防治工作。一是加大了碘盐市场的执法力度。3—5月和9—10月间，市卫生局与盐业部门开展了两次联合执法行动，确保了全市碘盐市场秩序良好、运转正常，私盐、非碘盐现象明显减少。全年对盐业公司监督28次，对存在的问题提出了改进意见，并督促落实，使全市碘盐在储存、包装、销售等环节达到国家标准。全市对批发部门碘盐监测454批，批质量合格率100%，样品合格率100%；监测销售部门碘盐1914份，合格率100%；监测居民用户盐样16689份，碘盐合格率99.86%，碘盐覆盖率100%，合格碘盐食用率99.86%。二是开展了人群碘缺乏病病情监测。全市共检查8—10岁儿童16223人，甲状腺肿大率7.91%；B超检查960人，肿大率为8.43%；对4629名8—10岁儿童进行了尿碘检测，中位数为197.12ug/L，均达到国家控制标准。全市筛查新生儿血片9865份，经市疾控中心复查，发现甲低儿3例，均及时采取了相应的防治措施。

开展了氟病监测。在新民市、辽中县、康平县等6个县区共计检查8—15岁儿童4031人，检出氟斑牙297人，检查水氟93份，平均值为0.74ug/L，各项指标均在国家控制标准之内。开展了氟病区流行病学调查工作。全市共调查氟病区834个，其中：轻病区303个，中病区455个，重病区76个。已改水村屯544个，水氟含量均已达到国家氟病控制标准。

此外，还开展了布鲁氏菌病、鼠疫、寄生虫病的防治工作，防病工作的质量和水平进一步提高，监测工作的各项指标均达到省厅要求。

（吴泽明）

体　育

【群众体育】 2001年，群众体育工作以普遍提高市民身体素质为宗旨，坚持青少年体育以学校为重点，农村体育以乡镇为重点，城市体育以社区为重点的原则，继续大力提倡、推广、普及科学的健身方式，不断完善全民健身组织网络、服务网络和活动网络工程的建设。

先后组织了“喜迎新世纪全民健身展示会”、“百户家庭冰上趣味比赛”、“百户家庭踢毽、跳绳比赛”、“冰雪节速度滑冰比赛”、“沈阳市幼儿礼仪操表演赛”、“沈阳市全民健身宣传周活动启动仪式”等活动。加强体育单项协会的自身建设，推进协会的社会化、实体化。以体育大擂台为中心内容，先后举办棋牌、自行车、台球等10次擂台赛。积极开发体育旅游产业，不断活跃老年人健身生活。组织三次“夕阳红体育健身旅游”活动，共有1000余人参加，把体育健身与旅游有机地结合起来，在省内及全国体育总会工作中开了先河。以区为单位，在广场、公园组织形式多样的健身活动，使更多的人参加到体育锻炼中来，达到增强市民体质的目的。全年举办各类全民健身比赛活动420余次，参与人数170余万人次，培训社会体育指导员600名，创建指导站30个，评选市级体育先进社区20个，市体育先进乡镇14个。学校实施《国家体育锻炼标准》及格率为98.18%，优秀率为32.15%。全市体育人口有296万人，占全市总人口数的41%。

（何　悦）

【成功承办“十强赛”】 2002年世界杯预选赛亚洲区决赛中国队四个主场比赛于2001年8月至10月在沈阳五里河体育场举行。在市委、市政府的正确领导下，组委会全体工作人员不懈努力，全市人民积极支持和广泛参与，营造出了隆重、热烈、火爆、安全的主场氛围，保证了中国足球队以小组第一的战绩于10月7日提前两轮出线。实现了中国足球几代人历经44年的夙愿，让国人为此感到骄傲和自豪。为了办好“十强赛”，组委会全体工作者夜以继日，全身心投入到各自的工作岗位上，在时间紧、任务重、要求高的情况下，大家以高度的政治责任感和敬业心，发扬不怕疲劳、连续作战的作风，不分昼夜、不辞辛苦、坚守岗位，出色地完成了各项任务，保证了“十强赛”的圆满成功。

（何　悦）

【沈阳成为北京2008年奥运会足球分赛场】 沈阳市树立大体育观，以可持续发展的战略眼光来研究、规划、安排体育工作，把体育作为振兴城市经济、加快社会发展的有效载体。根据国际奥委会的有关要求及标准，上报了申办函、宣传片及场地、交通、住宿、通讯、环保方面的详细资料，提出了切实可行的场地设施改造方案，得到了北京奥申委的褒扬和认可。7月13日，当北京申办2008年奥运会成功的同时，沈阳市正式成为2008年北京奥运会足球赛分赛场的承办城市之一。

（何　悦）

【沈阳市第十届运动会】 沈阳市第十届运动会是新世纪沈阳市举办的第一次综合性体育赛会，得到了全市人民的积极响应和广泛参与。共有51个代表团、1.1万余名运动员，参加学生组、少年组、成年组和老年组等四个组别中的28个大项、112个小项的比赛。其中有89人次打破了19项少年组、学生组田径纪录，15人次打破少年组举重15个级别纪录，涌现出了一批很有发展潜力的优秀体育后备人才。

（何　悦）

【中日韩三国青少年体育交流大会】 旨在促进青少年体育交流与合作的中日韩青少年体育交流大会每年举行一届，2001年在中国举行，由沈阳市承办。本届体育交流大会共设10个比赛项目，有800多名中外运动员、体育官员、新闻记者参加，历时8天。沈阳市200多名运动员组成参赛队，与日韩选手同场竞技，使年轻的队员受到了锻炼，丰富了经验，提高了水平。通过举办中日韩青少年体育交流大会，推动了三国之间的文化体育的发展，实现了“友谊、进步、未来”的宗旨，进一步扩大了沈阳对外的影响。

（何　悦）

【沈阳市第四届少数民族运动会】 经市政府批准，由市民委、市体委、市文化局联合主办，苏家屯区人民政府具体承办的沈阳市第四届少数民族传统体育运动会于2001年6月9日在苏家屯区体育场举行。

少数民族传统体育运动会，每四年举办一次，以发展民族体育，加强民族团结，增强民族体质，振奋民族精神，弘扬少数民族传统文化，检阅少数民族体育发展水平为宗旨，是一次竞技水平较高、规模较大的全市性民族盛会。

本届少数民族运动会设有珍珠球、秋千、跳板、摔跤（分蒙古式、朝鲜式、中国式）、武术、毽球、蹴球、拔河等8个比赛项目。另外还有满族雪地走、赛威呼、朝鲜族顶物跑、穿针跑、二人绑腿跑等5个表演项目。全市13个区、县（市）1200名少数民族运动员参加了比赛和表演。

苏家屯区、和平区、东陵区分别获得团体总分前三名。

（何　悦）

【千米健身长廊】 在社区中实施“全民健身工程”，配置健身器材，是近年来国家、省、市体育部门贯彻落实《全民健身计划纲要》的一个重要举措，也是党和政府关心群众，为民办实事的具体体现。自1998年以来，沈阳市先后有百余个社区实施了全民健身工程，安装了数量不等的健身器材，受到了广大市民的称赞，被群众誉为“民心工程”。为扩大影响，使“全民健身工程”发挥更大的作用，让更多的群众受益，同时将实施全民健身工程与城市建设、美化环境有机结合起来，2001年在全市开始实施全民健身“形象工程”。经过认真考察选址、实地论证之后，省、市体育部门及铁西区人民政府联合出资，于2001年11月，在铁西区南七马路街心花园，建成了全市第一个全民健身“形象工程”。共安装14种室外健身器材，共140余件。器材的摆放沿南七马路东起卫工街，西止重工街，全长近千米，故将此健身形象工程起名为“千米健身长廊”。

铁西区千米健身长廊，是全市百余个健身工程中规模最大、器材最多、环境优美、地点醒目的一个全民健身工程。它为全市人民，特别是为铁西区广大群众提供了一个集休闲、娱乐、健身于一体的活动场所，同时也成为了沈城开展全民健身活动的一条靓丽的风景线。

（何　悦）

【机构改革】 按照市政府机构改革有关规定，2001年底，沈阳市体育运动委员会更名为沈阳市体育局，机关下设六个处室：办公室、经济处、人事处（含机关党委）、政策法规处、群众体育处、竞技体育处，设七个正处级、二个副处级指数，机关公务员编制为30个（减少编制9个）。

根据机构改革总体要求，市体育局制定了《市体育局职能配置、内设机构和人员编制规定》、《市体育局机关机构改革人员定岗实施办法》和《市体育局机关机构改革人员分流实施办法》。对机关的中层干部、普通公务员实施竞聘上岗，并妥善做好分流人员的安置工作。

（何　悦）

【沈阳金德足球俱乐部成立】 沈阳金德足球俱乐部是金德铝塑复合管有限公司投资组建的，成立于2001年5月。俱乐部下设办公室、竞训部、财务部、经营部、会员部。其前身是沈阳华晨金客足球俱乐部。

俱乐部现有一、二、三、四线四支球队，球员120人，教练员20人。一线队现任主教练巴尔特兰·彼奇凯是匈牙利前国家队主教练，有丰富的执教经验，带领多支球队打出好成绩。新组建的一线队具有很强的战斗力，技战术水平较以往相比有很大提高。

沈阳金德足球学校位于东陵区汪家乡汪南村，建筑面积8000多平方米，训练场占地面积12万平方米。设有12块标准训练场，其中草皮训练场有4块，可供大型足球比赛、训练用，可同时容纳800名学生学习、训练，是目前国内最大、设施最完善的足球学校之一。

（何　悦）

【市回民中学足球队夺取世界中学生足球锦标赛冠军】 5月27日，在意大利举行的世界中学生足球赛决赛中，代表中国参赛的沈阳回民中学足球队，以6比5的比分战胜了法国代表队获得冠军，从而结束了以前从未进入过前八名的历史。

此次世界中学生足球赛共有22个国家派队参加。在强手如林的情况下，沈阳小将无所畏惧，勇于拼搏。在小组赛上，他们先后战胜芬兰、波多黎各、卢森堡三个国家代表队，踢平土耳其代表队，总分居小组第一，首次进入八强。在争夺四强的比赛中，该队从2比1的成绩战胜捷克队；在半决赛中又以4比3战胜了德国队进入决赛。沈阳小将在决赛中与法国中学生足球队相遇，他们不畏强手，在终场结束时双方踢成2比2平。在以点球决胜负中，中国队守门员赵威先后扑出三球立下大功。最后中国队以6比5战胜了法国队，夺得冠军。

为表彰他们为祖国和家乡做出的突出贡献，市委、市政府决定：对沈阳市教育委员会、和平区教育委员会、沈阳市回民中学予以通报嘉奖；同时，奖励沈阳市回民中学人民币40万元，奖励组织和参加此次比赛的有功人员人民币30万元。

（鉴　闻）

体育设施及体育锻炼情况

	单位	1997	1998	1999	2000	2001
体育设施(体委系统)						
体育场	个	8	8	8	8	8
体育馆	个	4	4	4	4	4
游泳池	个	4	4	4	4	4
#室内	个	3	3	3	3	3
灯光球场	个	4	4	4	4	4
达到国家体育锻炼标准人数总计	人	825111	806542	853260	840871	823826
儿童组	人	391318	394172	416580	436578	589327
少年组	人	385468	363108	382692	340951	313640
成年组	人	48325	49262	53988	63342	99466
总计中:及格人数	人	289078	277566	346755	335062	266421
体育运动学校在校学生	人	605	560	1008	1100	1200

居民病伤死亡原因

类别	死亡人数	比重%	类别	死亡人数	比重%
总计	22432	100.00	内分泌营养代谢免疫病	903	4.03
其中:传染病	263	1.17	血液和造血器官病	40	0.18
肿瘤	5705	25.43	精神病	77	0.34
#恶性肿瘤	5693	25.38	神经系统病	264	1.18
循环系统病	10399	46.36	消化系统病	653	2.91
#心脏病	4428	19.74	呼吸系统病	2169	9.67
#急性心肌梗塞	1670	7.44	#肺　炎	225	1.00
其他冠心病	2391	10.66	支气管肺气肿哮喘	1452	6.47
脑血管病	5318	23.71	妊娠分娩和产褥期并发症	1	0.004
			总计中意外死亡	819	3.65

社 会 生 活

计划生育

【概况】 2001年，在全市党政机构改革中，“沈阳市计划生育委员会”更名为“沈阳市人口和计划生育委员会”，增加了人口问题对策研究的职能。全市继续保持了较低的生育水平，全年出生人口4.6万人，比计划少生0.4万人；人口出生率为6.61‰，比计划降低0.61个千分点；人口自然增长率为0.57‰，比计划降低0.44个千分点。

（梁艳辉）

【探索计划生育管理体制改革新途径】 一是开展了现居住地管理的试点工作。为适应新形势，加强对失业、流动、迁移等人口的有效管理，2001年，开展了由户籍地管理为现居住地管理的试点工作。每个城区都选择两个以上工作基础较好的街道，进行了现居住管理的探索。通过调查摸底，建立制度，明确职责，落实任务，使失业、流动、迁移人口得到了有效管理，并为全市推行现居住地管理积累了一定经验。二是完善属地管理体制，加强企业计划生育工作。认真落实省政府《关于实行法定代表人计划生育责任制的通知》精神，各地区与驻区、街单位法定代表人签订人口与计划生育责任状，明确企业法定代表人所担负的人口与计划生育工作责任，并把这项工作纳入全年目标考核内容之中，加强了企业计划生育工作力度。三是全面推行了计划生育村(居)民自治工作。在推进基层民主法制建设进程中，城乡基层组织都把人口与计划生育工作作为村(居)民自治的重要内容，成立自治组织，制定自治章程。基层协会与自治组织密切配合，组织群众实施自我教育、自我管理，极大地提高了广大农村育龄群众参与计划生育的自觉性、主动性，计划生育政策法规、生殖健康等知识和新型生育观念得到了有机的融合和渗透。

（梁艳辉）

【开展创建计划生育“五星级”社区(村)活动】 为进一步加强基层人口与计划生育基础建设，提高管理与服务水平，年初，市计生委提出了创建计划生育“五星级”社区(村)的活动，在宣传教育、综合管理、优质服务、待遇落实、基础建设等方面制定了较高标准。全年各地结合实际，充分利用社区(村)建设这一平台，实行资源共享，区街共建，改善计划生育基础建设。在创建活动中，各级计生干部坚持以人为本，为广大育龄群众及时提供宣传教育、政策法规、技术保障等方面的优质服务，管理与服务水平得到进一步提高。经过一年的努力，全市约有20%的社区(村)达到“五星级”标准。

（梁艳辉）

【加强流动人口计划生育管理】 各地区不断巩固、完善“流动人口之家”和“流出人口连心桥”，建立流出、流入育龄人员计划生育档案和两地信息通报及协调制度，为流动人口提供人口与计划生育政策法规、生殖保健、避孕节育等方面的服务，加强了对流动人口的管理。为提高办理和查验《流动人口计划生育婚育证明》的比例，各地区积极协调当地公安、工商、劳动等部门，联合开展查验、办理《流动人口计划生育婚育证明》的活动，办验证率达到80%以上。

（梁艳辉）

【提高优质服务水平】 一是避孕措施“知情选择”范围进一步扩大，在全省率先提出了以村为单位开展避孕措施“知情选择”工作，到年底，覆盖面达到35%。二是开展了“出生缺陷干预工程”和“生殖道感染干预工程”。计生技术服务人员大力宣传优生优育和预防出生缺陷的科学知识，认真开展遗传咨询，引进先进优生检测设备，对孕妇进行优生监测，提高了出生婴儿的健康水平。加强节育技术人员的培训，不断提高其业务素质。改革避孕药具发放渠道，由户籍地发放改为现居住地发放，使药具供应渠道与管理体制相适应，方便了广大育龄群众的需求。

（梁艳辉）

【开展“婚育新风进万家”活动】 把“婚育新风进万家”活动与社会主义精神文明建设紧密结合，通过开展中央《决定》发表一周年、关注男性健康等大型宣传活动，以及经常性的宣传，把婚育新观念贯穿到整个宣传教育活动之中，不断强化广大群众科学、文明、进步的婚育观念。增加宣传工作投入，提高宣传品质量和品位。为141个乡镇配备VCD机和300套生殖健康知识光盘，提高了电化教学能力。不断拓宽宣传内容，开展计划生育、避孕节育、生殖保健、男性健康、青春期教育、更年期保健等各类知识讲座近百场，受到广大群众的热烈欢迎，收到了良好的社会效益。初步形成了以倡导新型的婚育观念和生育文化为主旋律，以人口学校为主渠道，以社区(村)建设为主阵地，以面向家庭为基础，以全社会媒体为依托的宣传教育工作的新格局。

（梁艳辉）

【推进信息化管理进程】 一是信息网络建设进一步完善，市计划生育信息中心以及各区、县(市)的硬件设施进行了更新、添置，并将全市70%的育龄妇女信息录入微机之中，奠定了全市联网、信息共享的基础。二是软件开发应用取得新的进展，开发出集育龄妇女、流动人口、避孕药具、病残儿、人事档案、优质服务等多项管理内容于一身的管理软件，基本满足了信息化建设的需求。

（梁艳辉）

【加强统计分析】 为提高统计工作水平，增强统计工作人员的综合分析能力，市计生委开展了统计分析报告评比活动。在“五普”期间，全市清理出隐蔽多年的计划外生育人口，共1495例。针对这些计划外生育按生育类型、地域分析、年代分析、生育的孩次、性别等情况进行了统计分类，查找计划生育管理方面的薄弱环节，形成了《沈阳市近年来计划外生育情况的报告》，揭示出新形势下计划外生育的倾向性问题。

（梁艳辉）

劳动与就业

【企业工资分配宏观调控】 2001年企业工资工作的重点是围绕建立现代企业工资分配制度，进行扎实的基础建设并不断地探索与创新。

1.继续实行沈阳市企业工资指导线制度，为各类企业工资增长及确定内部分配方案提供参考依据。2001年工资增长的上线为14%，中线为10%，下线为6%。

2.充分发挥劳动力市场对工资的基础性调节作用，为劳动力市场供求双方提供劳动力价格。在对沈阳市内的不同所有制、不同行业的412户企业2.2万条信息的采集、加工的基础上，发布了170个职位（工种）的劳动力市场指导价格。与此同时，为促使企业降低消耗，提高市场竞争力，发布了国民经济7个行业的企业人工成本状况。

3.增强职工民主参与工资分配的意识，强化企业民主决策、科学管理、自主约束的制衡机制。在《沈阳市集体协商决定工资办法》下发后，组织并指导部分企业做好准备工作并先行试点，为此项工作的全面实施奠定了基础。

4.进一步完善工效挂钩办法，规范了挂钩行为，使工资同经济效益联系得更加紧密。全年共审批工效挂钩企业1000户，换发、审批工资手册2万本。

（赵爱红）

【完善工资分配制度 职工工资显著提高】 2001年沈阳市城镇单位共发放全部职工工资总额（在岗职工工资总额与离岗职工生活费之和，下同）为139.2亿元，比2000年增加15.7亿元，增长12.8%。全部职工（在岗职工与离岗职工之和，下同）的年平均工资为8249元，比2000年增加1254元，增长17.9%，职工工资总额与职工平均工资的增幅为近几年来最高的一年。

1.在岗职工平均工资大幅增长。2001年沈阳市城镇单位发放的在岗职工工资总额为132.6亿元，比2000年增加15.4亿元，增长13.2%。在岗职工的年平均工资为11226元，比2000年增加1741元，增长18.4%。

国有单位和其他单位在岗职工平均工资的增幅明显高于集体单位。2001年沈阳市国有单位在岗职工年平均工资为12085元，比上年增加1936元，增长19.1%；其他单位在岗职工年平均工资为11377元，比上年增加1613元，增长16.5%；集体单位在岗职工年平均工资为6775，比上年增加609元，增长11.0%。

机关、事业单位在岗职工平均工资的增幅明显高于企业。2001年沈阳市机关、事业单位在岗职工年平均工资分别14593元和13376元，分别比上年增加3006元和2618元，增长25.9%和24.3%；企业在岗职工年平均工资为10295元，比上年增加1347元，增长15.1%。

2.离岗职工平均生活费稳中有升。沈阳市在不断提高城镇单位在岗职工工资水平的同时，还积极采取各种有效措施和政策，确保下岗职工的基本生活。2001年沈阳市用于离岗职工生活费为6.6亿元，比2000年增加0.3亿元，增长5.0%。离岗职工年平均生活费为1311元，比上年增加117元，增长9.9%。其中：国有单位离岗职工年平均生活费为1864元，比上年增加306元，增长19.6%；集体单位离岗职工年平均生活费为399元，比上年减少120元，减少23.1%；其他单位离岗职工年平均生活费为1876元，增加333元，增长21.5%

（侯 璐）

【城镇单位就业结构发生显著变化】 2001年，沈阳市继续加大劳动制度改革力度，在国有企业下岗职工基本生活保障向失业保险并轨、养老保险制度改革、企业转属转制等工作取得成效的同时，城镇单位就业结构发生显著变化。

截至2001年末，全市共有城镇单位从业人员（在岗职工与其他从业人员之和，下同）120.8万元，比上年末净减7万人，减幅为5.0%。全市共有职工162.5万元（在岗职工与离岗职工之和，下同），比上年末净减13.3万人，减幅为7.6%。其中：在岗职工为115.5万人，比上年末净减7.2万人，减幅为6.0%；离岗职工为47.0万人，比上年净减6.1万人，减幅为11.0%。其减少的大部分集中在国有经济单位，为5.8万人。离岗职工作为一种特殊阶段的特殊产物，在经历了2000年最高峰的53.1万人后，正在日益减少。随着全市国有单位下岗职工基本生活保障向失业保险并轨工作的不断进行，离岗职工将呈现出逐年减少的趋势。

2001年沈阳市城镇单位从业人员及在岗职工队伍的变化，主要有以下几个特点：

1.总量仍在减少，减幅有所放缓。从可比口径看，1999年同1998年比减幅为7.9%，2000年同1999年比减幅为6.1%，2001年同2000年比减幅为5.0%，减势已经趋缓。

2.国有经济单位人员继续减少，非国有经济人员比重不断上升。在全市120.8万城镇单位从业人员中，国有经济单位从业人员所占比重为63.6%，比上年下降3.9个百分点；集体经济单位从业人员占13.8%，比上年减少0.8个百分点；其他所有制经济单位从业人员占22.6%，比上年增加4.7个百分点。

3.就业结构不断变化，第三产业继续发展壮大。2001年末，全市第一产业在岗职工1.3万人，占1.1%；第二产业在岗职工52.6万人，占45.7%；第三产业在岗职工61.5万人，占53.2%。其中，第二产业在岗职工比上年减少0.9个百分点，第三产业在岗职工增加0.9个百分点。全市三次产业在岗职工比例由2000年的1.1：46.6：52.3变化为2001年的1.1：45.7：53.2。

（车 群）

【就业与再就业工作】 2001年，沈阳市开发就业岗位11.3万个，实现就业和再就业21.1万人，就业和再就业工作取得了显著成绩。

1.明确目标，强化措施，多渠道开发就业途径。2001年，市政府确定了开发10万个就业岗位，安置16.5万人的工作目标，并将此工作作为市政府向市民承诺的十件实事之一。确定了促进再就业的九条措施和七条途径。九条措施：落实促进就业的优惠政策；加大再就业培训工作力度；拓展劳动力市场服务功能；不断完善就业服务体系；做好再就业经费的管理；强化失业职工接收管理与服务；促进外来劳动力的有序流动；建立促进再就业小额贷款制度；动员全社会做好就业工作。七条途径：巩固和发展第二产业，通过改组改造，招商引资等办法，稳定和增加就业岗位；大力发展第三产业，特别是社区家政服务业、旅游业等，扩大就业容量；加快发展中小企业，增加就业岗位；大力发展非公有经济，支持和鼓励民营企业快速发展，引导失业下岗职工自谋职业或到民营企业就业；推进小城镇建设，把小城镇建设作为农村剩余劳动力转移的基本途径，减少城市就业压力；积极开展埠外境外劳务合作，把劳务合作同境外投资、项目承包结合起来，通过埠外、境外劳务合作实现就业；发挥街委作用，提高街委兜底安置就业能力。

2.发挥社区委作用，大力发展社区就业。开展创建"再就业先进社区委（街）"的竞赛活动，全年已有462个社区委成为"再就业先进社区委"，占全市社区委总数的36%。发展社区家政服务业，拓展社区再就业渠道。全市共开展饮食服务、便民服务、家政服务、托教服务、月嫂陪护、卫生保洁等40余项社区服务项目，建立社区就业服务组织468个，已有6.8万人在社区家政服务领域中实现再就业。

3.实施积极的再就业政策，创造良好的再就业环境。在贯彻落实国家、省有关支持失业下岗人员再就业优惠政策的基础上，市政府相继制定出台了一系列关于支持失业下岗人员再就业优惠政策。全年市劳动保障部门为失业下岗人员提供免费培训、免费办理求职登记、免费推荐介绍就业；市工商局为4213名失业下岗人员减免工商管理费358万元；

市地税局先后为1103名失业下岗人员办理减免税手续，减免营业税31.4万元，减免个人所得税2.3万元。同时，建立了促进再就业的小额贷款制度，对失业下岗人员再就业给予资金扶持。全市有25名创业带头人和再就业典型贷款275万元，使2000余名失业下岗人员得到安置。

4.开展再就业援助系列服务活动，促进失业下岗职工再就业。全市13个区县开展了以再就业困难群体为援助对象的再就业援助系列服务活动。活动的主要内容是：为失业下岗人员提供就业和社会保险政策、就业岗位、就业信息、职业指导、技能培训、上门咨询、社会保险接续、劳动事务代理、集中检查再就业优惠政策的落实等服务。全市有5.7万人参加再就业援助活动，共为失业下岗人员提供就业岗位1.3万个，接待求职登记1.5万人，推荐介绍就业3787人，达成就业意向2655人，招生培训1535人，发放宣传资料30余种共计3.3万余份，结帮扶对子285对。

5.调动社会各方面力量参与再就业工作。市总工会和工商局联合开展"手拉手、连心桥"活动，建立90个安置基地、724个安置点；市妇联推出"三八社区服务工程"，组织失业下岗女工从事社区服务业；共青团开展"下岗青工创业行动"；各新闻媒体常年开办"推进再就业、创造新生活"等20多个专栏和专题节目；全市党员干部捐款900多万元，帮助4.3万名特困、失业下岗人员解决了生活困难。

（石　晶）

【再就业培训】 2001年，全市培训失业下岗人员8.31万人，开设培训专业（工种）59个，培训考试合格率为93.4%，培训后就业人数为6.86万人，培训就业率为82.5%。

1.开展用工需求大调查。各培训单位深入企事业单位、街道和社区委调查用工需求情况，累计签订定向培训协议6321份，定向培训失业下岗人员5.41万人，占培训总量的65.1%。

2.强化服务意识，树立培训为就业服务、为失业下岗人员服务的思想。在培训形式上采取了早、晚和业余班等培训形式，方便失业下岗人员参加再就业培训。在培训学制上实行宜长则长、宜短则短的培训学制，使培训更加适合不同求职者的客观实际，更加贴近市场就业的需要。

3.试行职业资格证书制度。按照国家劳动保障部[2000]第6号令的规定，在再就业培训的部分专业（工种）中推行职业资格证书制度和就业准入制度。全市有1869名失业下岗人员参加职业资格证书培训，其中已有1733人经过考试考核取得了相应的职业资格证书。

4.围绕发展第三产业，开展创业培训和社区家政服务培训。全市共培训2611人，有1465人成为摊主及个体老板，创业成功率达56.1%。同时，对从事社区家政服务人员实行统一培训、统一考试、统一发证。全市培训社区家政服务员2461人。2001年9月，为开发康平县卧龙湖蒲草资源，市再就业劳务中心和康平县劳服公司积极组织失业下岗人员参加蒲草编织培训，编织产品大部分外销，共培训1425人，就业率达100%。

（刘伟严）

【社区就业工作】 沈阳市把发展社区家政服务业作为劳动力结构调整的重要途径，通过创建社区家政服务组织，开发社区家政服务项目，实施积极的再就业政策等办法，促进失业下岗人员实现再就业。截至2001年末，全市累计组织失业下岗人员从事社区家政服务业达18.2万人次。

1.建立组织，奠定社区就业工作基础。形成了以市零工家政劳务服务中心为龙头，以区家政服务中心为主体，以街道再就业劳务工作站为依托，以社区家政服务站为基础的四级社区服务组织网络。全市建立各级社区家政服务组织1000余个。

2.结合城市发展需要，开展多种形式的家政服务，扩大就业渠道。一是开展了以家庭用工需要为重点的服务。建立了家庭保姆、护理、计时工队伍，对愿意从事社区家政服务的下岗职工分门别类地进行登记，建立资源库，实施专业培训，根据用户需求进行介绍和选派，并建立与用户沟通情况的信息反馈机制。二是开展了与家庭生活需求的相关服务。市、区各级家政服务组织根据群众需求，组建了家庭快餐、鲜奶配送等专业服务队伍。三是在居民小区开展综合便民服务。市内五区设立综合便民服务亭50多个，开展便民利民服务项目30余个。四是在市内五区开设了为小学生做监护人、小饭桌服务和护理老年病人的托老服务。五是组建再生资源流动收购队。积极组织下岗职工到社区和居民家庭开展流动收购再生资源工作，并对从业人员实行统一培训、统一管理、统一标识、统一装备。

全市各级家政服务组织积极开展了示范性窗口服务活动，从家政服务员档案、用户情况、工资标准、技能等级等均实行计算机管理，同时建立完善了用户接待、用工派遣、信息反馈、协议期限等规章制度。

3.建立完善的配套措施。一是重点抓了全市社区家政服务组织"四个统一"的管理，即：统一标识、统一证照、统一服务公约、统一服务价位，建立、健全工作流程和规章制度及相关手续。二是规范全市家政服务组织与员工、家政服务组织与用户协议文本，建立并完善供求双方的劳动关系。先后出台了《沈阳市社区家政服务劳动合同书》、《沈阳市社区家政服务协议书》，明确了供求双方的责、权、利。三是为规范社区家政服务组织的良性发展，避免不正当竞争，统一全市家政服务的收费幅度，出台了《关于统一社区家政服务项目收费指导价位的通知》，对25项服务项目提供收费指导价。四是保障社区家政服务组织、家政服务员和用户的合法权益，解决家政服务三方的后顾之忧。出台了《关于对社区家政服务组织中从业人员实行社会保险有关问题的通知》，由中国平安保险股份有限公司沈阳分公司承保，保费每年50元，保险额度为1.7万元，对家政服务员的人身意外伤害、医疗、疾病和用户家庭财产进行保险。五是为推动全市社区家政服务组织向产业化、规模化发展，于2001年4月26日成立了"沈阳市社区就业组织协会"，成为劳动就业服务部门联系社区就业组织的桥梁和纽带。六是出台了沈阳市家政服务员职业技能鉴定考核管理办法。凡是从事家政服务工作的失业下岗人员及其它人员，必须参加统一组织的培训，经考试考核合格后由市劳动部门颁发相应的《职业资格证书》；对家政服务员专业中单项培训，如家庭保洁、家庭护理、家庭烹饪等培训，经统一考试考核，由市劳动就业服务机构颁发《家政服务员上岗证》，实行就业准入制度，做到持证上岗。

（邱智伟）

【劳动法制建设】 2001年是劳动法制建设取得长足进展的一年。全市劳动保障系统紧紧围绕我国即将加入世贸组织，积极开展依法行政，进一步加强劳动法制建设。

1.加强立法工作，切实保证行政执法有法可依。2001年市政府下发了《沈阳市城镇职工基本医疗保险暂行规定》和《沈阳市零工劳务市场管理办法》；由劳动局起草，以市政府名义下发了《关于印发沈阳市完善城镇企业职工基本养老保险制度实施办法的通知》（沈政办发[2001]25号）、《关于印发沈阳市促进就业工作方案的通知》（沈政办法[2001]24号）等文件；以劳动局文件下发规范性政策56个。

2.开展清理地方性法规、规章和其他政策。市劳动局共清理登记各类文件578件,其中:行政规章及政府令23件,局发文件538件,原工改办文件17件。按上级有关规定,经清理审查宣布废止314件(其中,建议由政府废止的文件7件),拟修改文件8件(其中,建议由政府修改的文件3件),继续有效执行的文件256件。

3.积极开展劳动监察工作。全市两级劳动监察机构共监察各类用人单位1.12万户,责令用人单位与劳动者补签劳动合同4.8万份;为540名职工退还抵押金27万元;为1060名职工追讨拖欠和克扣工资37.9万元;对218户违反国家工时制度的用人单位依法指令整改;对1431户用人单位劳动管理规章制度的部分违法条款进行了纠正;下达限期整改指令书2183件;对28户严重违反劳动法律法规的用人单位给予了行政处罚。

4.加强信访仲裁工作。全市两级信访仲裁部门共处理来信来访4.2万人次;受理劳动争议1872件,其中:裁决609件,占受案的32.5%,调解1263件,占受案的67.5%,为当事人挽回经济损失806.5万元。劳动合同签证43万份,签证率98%。审核集体合同27户企业,涉及职工6.5万人,共纠正违法条款7300多条。

5.开展行政复议和行政诉讼应诉工作。受理行政复议5件,其中:直接做出行政复议决定3件,申请人撤诉2件;参加行政诉讼1件。

(陈 岩)

【劳动合同管理】 2001年沈阳市劳动局印发了《沈阳市企业劳动合同管理暂行办法》,对如何规范劳动合同管理、劳动合同签订、变更、解除和协调企业与职工劳动关系做出了具体规定,对指导全市企业完善劳动合同管理工作提供了法律依据。

在完善政策法规的基础上,为了理顺劳动关系,重点解决好企业在转制改革中出现的对下岗职工劳动合同管理不规范等问题,在全市1967户企业开展了理顺规范劳动关系工作。先后对11.2万名下岗职工重新明晰了劳动关系,按理顺规范有关政策,对2.27万名停薪留职、两不找、挂名、在社会自谋职业的下岗职工与企业办理了终止、解除劳动关系手续,补签劳动合同2129份,补办各种劳动用工手续13247人次。

为进一步加强全市劳动合同基础管理工作,在全市企业中实行了《劳动合同》卡片管理制度。到2001年年底,全市已有60%的企业建立了劳动合同管理卡片,有专人负责日常劳动合同管理考核工作。2001年上半年开展了对全市企业执行《劳动法》、签订劳动合同情况的大检查,印制了《沈阳市企业劳动合同调查表》,对215户企业进行了抽样调查,共对全市1.21万户、87.1万名职工实行劳动合同制情况进行了大调查,促进了全市劳动合同管理工作。到2001年12月末,全市国有、集体、三资企业实行劳动合同制8723户,占调查总数的87.1%,职工实行劳动合同制有77.9万人,占调查职工总数的89.2%。同时,还重点检查指导187户产权出售企业重新签订劳动合同工作,帮助企业建立劳动合同管理制度159个。

(李一民)

【劳动争议仲裁】 2001年,市、区、县(市)两级劳动争议仲裁委员会共受理各类劳动争议1872件,在案件处理中:裁决609件,占受案总数的32.5%;调解1263件,占受案总数的67.5%。为当事人挽回经济损失806.5万元。2001年劳动争议的突出特点:一是争议数量仍然呈上升趋势,主要表现在集体争议数量增加,案件标的增加。二是社会劳动保险方面的争议案件增加明显。三是开除、除名、辞退的争议下降。四是企业胜诉率低。五是处理难度大。表现在企业转制遗留问题多,拖欠工资、工伤待遇,承诺不兑现,转制后无主管部门等方面。

1.重点抓"结案率"。一是对案件进行分类,先易后难,对疑难案件集中力量攻关。二是进行政治、业务学习,提高政治理论水平和业务能力。三是实行公开开庭,对全市专职仲裁员进行观摩交流,通过旁听参与合议庭评议案件,提高业务水平和办案质量。2001年共举办了两次观摩开庭工作,收到很好的效果。四是学习和借鉴外地先进经验和好的做法。

市、区、县(市)两级劳动争议仲裁委员会在处理劳动争议案件中按期结案率达100%,总结案率达98%以上。大东区受理各类劳动争议335件,裁决47件,行政处理288件,为当事人挽回经济损失151万元;皇姑区受理各类劳动争议案件94件,裁决29件,调解65件,为当事人挽回经济损失34万元;和平区受理各类劳动争议157件,裁决126件,调解10件,其它方式处理21件,为当事人挽回经济损失34.3万多元;东陵区受理各类劳动争议119件,裁决6件,调解60件,其它方式处理53件,其中乡镇仲裁庭调解26件,共为当事人挽回经济损失150万元。

2.改革劳动争议案件处理办法。实行首席仲裁员独任审理、仲裁庭合议、领导把关等办法,并由首席仲裁员负全责。

3.加大仲裁办案力度。对不接受仲裁调解的,在查清事实基础上,依法快速裁决,解决了久调不结的矛盾。2001年共裁决609件,占整个受理劳动争议总数的32%。

4.加强劳动争议处理与司法审判的衔接,搞好劳动争议处理工作。市劳动争议仲裁委员会、市中级人民法院联合召开了劳动争议处理工作座谈会,总结交流社会主义市场经济条件下劳动争议处理和司法审判工作的基本情况,就当前劳动争议处理工作中存在的问题及今后如何开展和做好劳动争议处理与审判工作提出了措施和办法。特别是遇到重大疑难案件及时沟通情况,统一认识,做到裁审一致。

5.在预防减少劳动争议的发生方面,进行了开创性工作。经沈阳市社团办批准,成立了"沈阳市劳动仲裁协会"。协会成立后开展了以下几项工作:①制订了各项工作制度,确立了各项工作规则,保证运作机制规范化、制度化。②积极开展劳动法律顾问、代理活动,大力宣传劳动法律法规和政策,推进企业劳动争议预防工作。先后为省移动通信公司、沈阳滑翔机厂等单位经济性裁员策划制订了《实施方案》。③组织会员单位进行法规政策学习,举办了两期培训班。同时又与市政府民营委联合举办了大型民营企业劳动争议调解员培训班,强化了民营企业预防劳动争议工作。④为会员单位解答政策咨询1200余次,出具顾问意见书86份,代理参加仲裁、诉讼庭审8次。

(穆 忱)

【劳动信访】 2001年,市、区(县)两级劳动信访部门共接待处理职工来信来访41723人次,重复访91人次,处理来信292封。其中市局接待处理职工来访19279人次;接待处理集体访569批13776人次,其中市局处理集体访178批4802人次;提供信访信息106条。

2001年劳动信访的突出特点:一是越级访和重复访都有不同程度上升。二是集体访仍然呈上升趋势,由上年的286批上升到569批,有11个区县出现集体访,职工情绪激烈且有组织性。三是各种矛盾、各种热点问题呈现集中升温、凸显的态势,主要反映养老保险、拖欠离退休金、工伤待遇、企业转制转属过程中操作不规范,侵害职工利益等方面。四是群体利益引发的突发事件多。

(穆 忱)

【外来劳动力管理】 2001年,沈阳市加大了使用外来劳动力宏观调控力度,促进农村劳动力进沈务工合理流动,完善和规范零工劳务市场建设,使外来劳动力管理步入法治化、规范化轨道。

1. 对全市2001年外来劳动力使用做出预测和计划。年初，对全市外来劳动力使用进行预测，下达了2001年使用外来劳动力计划，将全市外来劳动力总量控制在12万人以内。并制发了《沈阳市2001年允许、限制和禁止使用外来劳动力的行业、工种(岗位)范围》，在全市部署落实。

2. 对外来劳动力管理体制和管理办法进行改革，使外来劳动力管理从单纯的行政管理，转变为服务加管理。

3. 整顿和规范外来劳动力的使用，安置本市下岗人员。制发了《沈阳市2001年整顿和规范外来劳动力管理工作方案》，从2001年8月5日至2001年10月5日对全市使用外来劳动力进行了整顿和规范。在清理整顿过程中，参加自查企业5500户，涉及外来劳动力5万余人，联合监察1700户，补办用工手续2.9万人，补办就业证2.9万人，清退违规使用的外来劳动力1.4万人。

4. 加大就业证管理力度和对外来劳动力使用的监察力度。全市证卡合一率达到90%以上，市本级证卡合一率达到100%。督促用人单位依法使用外来劳动力，为500余名打工者处理了劳动争议，依法保护了务工者的合法权益。

5. 加强零工劳务市场管理。发布了《沈阳市零工劳务市场管理办法》(市政府[2001]6号令)，培训了全市零工市场管理人员，并对各区、县(市)零工市场进行了检查验收，对验收合格的单位颁发了《沈阳市零工劳务市场许可证》。为加强零工市场规范化管理，制发了全市统一的《零工市场工作程序》、《零工市场工作人员守则》、《零工市场承诺制度》。

(刘宏伟)

【外资企业劳动管理与服务】 2001年沈阳市外商投资企业劳动管理工作，以促进社会经济发展为指针，强化涉外"窗口"基础建设，提高办事效率，促进了外商投资企业蓬勃发展。

1. 加强外商投资企业招工招聘服务工作，保障企业用工自主权。全年为外商投资企业办理用工2600人，审核临时工3万人，安置退伍军人250人，新签、续签劳动合同6000份，组织了70家外商投资企业参加了中国沈阳劳动力市场劳动力交流洽谈会。

2. 加强工资基金管理工作，保障企业工资分配自主权。在坚持工资基金宏观调控的同时，完善了工资基金管理办法。全年为外商投资企业换发《工资基金管理手册》1500户。

3. 加强外商投资企业中方职工"四险"工作，重点加强了失业保险基金的核定和收缴工作。

4. 加强外商投资企业职工技术培训工作，提高企业职工素质。共举办外商投资企业中方职工技术理论培训班5期，有300人参加了培训，并取得了职业资格证书。

5. 加强外商投资企业的劳动监察工作，依法规范劳动行为。先后举办了6期外商投资企业劳资干部岗位学习班，有2000多人次参加了培训。集中人力、物力对外资企业进行劳动监察，保护了劳动者的合法权益，全年处理劳动纠纷20起。

(翟 萍)

【职业技能开发工作】 加强社会培训机构管理。对全市172所社会力量办职业培训机构进行调查摸底，按照有关规定开展了重新登计工作，合格101所，撤消50所，限期整顿21所，规范净化了培训市场。

推动就业准入工作的落实。在全市选择有代表性的企业推行职业资格证书制度，促进职工队伍素质的提高。全年完成技工学校招生2680人，鉴定合格1028人，技师培训1000人，高级技师培训112人。

拓宽职业技能鉴定领域，扩大职业资格证书的覆盖面。在做好职业技能鉴定社会化管理工作的同时，积极开展了对企业和职业院校毕业生的职业技能鉴定工作，提高了高级职业资格等级鉴定比重，全年完成职业技能鉴定31200人。

(王安平)

【劳动力市场建设】 2001年，沈阳市劳动力市场坚持劳动者自主择业、市场调节就业、政府促进就业的方针，以合理配置和有效开发劳动力资源为主线，不断强化劳动力市场"三化"建设。

1. 拓展服务功能，全面开展职业介绍工作。全市办理求职登记22.6万人次，推荐介绍9.3万人次，推荐介绍率达41.2%。举办招聘洽谈会399次，其中举办大学生、开发区企业、餐饮行业、沈阳·阜新劳务协作、北京·辽宁及沈阳劳务协作等专场招聘洽谈会102次。收集并发布用工信息4.65万条，信息发布准确率达99%。全年审批初次就业2200人，再次就业12486人，办理转制11703人，审核招聘广告639份。

2. 促进劳动力市场"三化"建设。通过了省劳动社会保障厅对沈阳市劳动力市场"三化"建设试点验收工作。开展就业援助活动，通过现场服务大会宣传《劳动力市场管理规定》，接待咨询者2万余人。市职业介绍服务中心"人力资源超市"全面启动，成立了境外埠外人力资源库。职业介绍与就业训练有机结合，增设了就业训练窗口。引进了职业指导测试系统，购进电脑、打印机多部，建立了信息发布栏，创建了《沈阳就业网》网站。劳动事务代理和档案托管办公面积增加至110余平方米，档案托管能力由原来的5万份增加到8万份。对市、效7个区劳动力市场进行布局和改造，新增面积2550平方米。

3. 加强劳动力市场规范化管理。集中清理非法民办职业介绍机构2次，取缔非法职介所90户。对职业介绍机构实行分类统一管理。起草了《沈阳市劳动力市场管理条例》，并在政府常务工作会议上通过。制发了《转发辽宁省劳动和社会保障厅劳动力市场管理规定和关于贯彻实施劳动力市场管理规定有关问题的通知》文件。起草了社会化管理工作中街道、社区职业介绍工作职责、工作程序及业务流程。对全市下岗、失业人员进行了全面普查，发放普查表50余万份。发行《劳动力市场》报48期100万份，《就业经纬》报34期170万份。

4. 加强劳动事务代理和档案托管工作的管理和指导。为51家用人单位1000余人提供了劳动事务代理服务。全年托管档案8970份，办理失业证12723个，年审失业证6500个，办理退休手续487人，开具各类人事证明397人，办理养老保险5360人，电脑查询服务2.8万人次，办理托管手册3.1万册。

(王 莹)

社会保障

【社会保障体制改革】 2001年沈阳市贯彻落实省社会保障试点工作会议精神，按照"两个确保"的要求，采取坚决有力的措施，精心组织，全力推进。从8月末开始正式启动，到2001年年底全市社保试点工作取得了重要的阶段性成果。全市共完成企业下岗职工基本生活保障向失业保险并轨10.43万人，其中享受政府资金支持的8.4万人，完成省计划的210%；养老保险费征缴25.5亿元，其中企业18.8亿元，完成省计划的100.6%，养老保险个人账户基金100%上解；最低生活保障增加到17.49万人；初步建立了管理和服务社会化体系。

1. 突破工作难点，全力推进并轨。市政府加强组织协调，主要领导靠前指挥，亲自部署，围绕难点、热点问题及时制定相应措施。全市抽调150名机关干部，组成50个工作组分派到企业，对并轨工作进行全面指导，为并轨工作的顺利开展提供了组织保证。

为解决职工的思想障碍问题，加强了政策宣传，坚持做过细的思想工作。劳动部门以及主管行业、企业的领导亲自与职工对话，许多企业抽调骨干逐一做职工的思想工作，使职工加深对政策的理解。对职工关心的并轨后养老、医疗保险关系接续、工龄认定、补偿金标准、内债处理等具体问题，在并轨方案的基础上，又制发了5个相关文件，作出了合理的规定，解决了广大职工的后顾之忧。

针对部分企业筹资难的问题，召开了两次市长办公会专题研究。对拟通过变现土地筹措资金，但短期内土地无法出让的，由市土地储备中心先行收购，或抵押后由市技改专项基金借款解决；对实在没有筹资能力的企业，市里通过转让合资企业和上市公司的国有股权来解决。通过上述措施，共筹集资金1.2亿元，解决了近4万人的并轨问题。

针对审批手续繁杂、影响进度的情况，把劳动、社保、财政等有关部门集中到一起，采取联合办公、集中审批的办法，为企业提供政策咨询、资格审查、核定"两险"、划拨资金、档案审查及移交的全程服务，及时完成了8.4万人的审批工作。

在并轨工作中，坚持就业优先的思想，实施积极的再就业政策，大力推进"四个转移"。即：推动失业下岗人员由第二产业向第三产业转移；由公有经济向非公有经济领域转移；由大中型企业向中小企业转移；由本地向埠外、境外转移。在具体工作中，通过开展创建再就业先进社区活动，大力发展社区居民服务业，积极开辟就业基地等措施，开发就业岗位11.3万个。政府出资1000万元，免费对8.3万名下岗失业人员进行技能培训，促进了下岗职工与就业岗位的对接。此外，还筹资1000万元建立再就业小额贷款，鼓励下岗失业人员自谋职业、自主创业，帮助1200人实现了再就业。2001年全市失业下岗职工共有16万人次实现了再就业。

2.以帐户做实为重点，调整完善养老保险制度。从解决难点问题入手，针对原计算机系统程序无法衔接的情况，利用现有数据库系统，开发了安全性能强、可即时查询的个人账户应用软件，有计划、分步骤地开展了缴费基数采集、核定、缴费数据补记等工作。针对个人账户做实过程中出现的票据不全、操作不规范等问题，加强各有关部门的工作衔接和相互配合，社保公司、地税局、银行等部门集中时间、集中地点进行对账、补录和调整工作，完成了1.1万户104.5万名企业职工个人账户做实工作。与此同时，还进一步加大养老保险费征缴工作力度，强化扩面和清欠。全年征收养老保险费25.5亿元，创历史最好水平；社会化发放率从2000年9月始一直保持了100%。

3.快速推进医疗保险制度改革。制定出台了《沈阳市城镇职工基本医疗保险规定》等14个文件和《沈阳市城镇职工基本医疗保险家庭病床管理暂行办法》等5个配套政策，完善了医疗保险的政策体系。

截至2001年末，全市参保人员达到60.6万人，完成了省政府下达的任务。参保职工已经全部实行持卡、持证就医购药，医保体系运转正常。

4.坚持应保尽保，扩大低保覆盖面。一方面，坚持实事求是，大力推进扩面工作，保证符合条件的特困人员都纳入低保范围，做到应保尽保。市区两级财政先期安排了6000万元，保证了最低保障金的正常发放。另一方面，坚持公开、公平、公正的原则，实行规范管理。针对申报人员隐形收入难核查等具体问题，明确了"10个要件"、"7道程序"，使申报、审批、发放等环节规范化运行。到2001年底，全市保障对象从上年的5.04万人增加到17.49万人，占全市城镇总人口的4%，基本做到了应保尽保；全年累计发放保障资金8022万元，低保人员月均享受51.4元。

5.构建工作体系，推进管理服务社会化。从2001年下半年开始，沈阳市确定了"管理在街道、服务在社区"的思路，开始构建管理服务社会化工作体系。在全市112个街道办事处设立了社会保障科，在1289个社区设立了社会保障服务站，公开招聘了1821名社保干事，市财政拿出1400万元配置了电脑及相关设备。同时，全市制定了统一的失业、低保、退休人员管理的工作细则，开始分期分批接收退休、失业和低保人员。到2001年底，全市已完成移交50.29万人，管理服务社会化的工作体系初步确立。

（李大宏）

【社会保障管理和服务社会化工作】 沈阳市于2001年9月在试点的基础上，在全市已初步建立起了独立于企事业单位之外的社会保障体系及社会保障管理和服务社会化运行机制，全面推进了社会保障管理和服务社会化工作。

1.精心组织，周密安排，全市建立了上下配套的社会保障管理和服务组织体系。市民政局于11月7日召开了各区县(市)民政局长参加的紧急会议，部署了在全市全面推开社会保障管理和服务社会化工作。为指导基层开展工作，市民政局抽调专人组成两个督查组，将五个城区和东陵、于洪两区分成两片，每天下到各区、街道、社区，及时掌握工作情况并现场指导工作。按照市里的部署，各区迅速行动，精心组织，全面启动。截至到11月15日，七个区的社会保障管理和服务社会化办公室、街道社会保障科和社区社会保障服务站相继建立。

2.动员社会，公平竞聘，全市配齐了首批社保工作人员。为把社会保障管理和服务社会化工作落到实处，市编办于11月7日分别发文给市、区县(市)有关部门明确机构和编制，市民政局成立了低保和社会化管理处，上述两个机构首先市政府在市民政局设立社会保障社会化管理办公室，实行两块牌子一套人马，各区县(市)按照公平、公开、公正的原则和知识化、专业化、年轻化的要求，由民政局、人事局、监察局会同街道办事处组成招聘社区社保工作人员领导小组，根据本地的实际制定招聘原则和条件，并向社会公开张贴招聘海报，招聘社区社保干事。到11月15日，七个区的区、街道、社区都配备了社保工作者。区社会保障管理和服务社会化办公室均配备3人，平均年龄32.5岁；街道办事处社会保障科通过内部调剂配备了3人，其中行政编制占55.68%，事业编制44.32%，平均年龄34岁；首批招聘录用的社区社保干事1821人，平均年龄29.9岁，具有大专以上文化程度的有1072人，占总数的58.87%，党员176人，占总数的9.67%。

3.明确职责，细化程序，全市统一了社会保障管理和服务社会化工作规范。在试点的基础上，一是明确了市、区、街、社区的职能，明确了相互间的关系。二是明确了各责任主体的具体工作职责和工作流程。三是明确了街道、社区对退休人员、失业人员、低保人员进行管理和服务的具体工作细则，使其对退休人员、失业人员、低保人员管理服务到每个人，工作落实到每件事。从退休人员的资料管理、组织文化娱乐活动、日常生活照料、料理后事，到对失业人员的培训、提供就业信息、开发就业岗位，以及对低保对象的因户制宜都进行了细化、具体化、责任化。各区县(市)统一制作了街道社会保障科和社区社会保障服务站的标牌。将街道和社区的工作职责和具体工作细则等汇编成小册子，发到每个社区社保干事人手中，并由民政、劳动、社保部门分别规定了在街道和社区管理和服务的工作流程等工作指南式的图版样式，由各区统一制作张挂上墙。

4.改善条件，配备设备，全市统一培训了社保工作者。为适应移交接收退休、失业、低保人员的工作需要，市区财政拿出1400多万元，陆续为全市1189个社区配备了计算机和打印机等办公设备，对退休人员、失业人员和低保人员实行信息化管理。到11月15日单机应用软件开发完毕,并陆续为社区安装。从11月18日开始分期分批地对新聘用的社区社保干事进行了计算机应用软件的培训。使新从事社会保障管理和服务社会化工作的工作人员能初步掌握基本的工作方法和工作程序。

沈阳市在比较短的时间内,全面启动了社会保障管理和服务社会化工作,经过市和各区的共同努力,达到了预期目的,为全市社会保障管理和服务社会化的健康发展奠定了坚实的基础。截至2001年末,区、街、社区共接收退休人员25.9万人、失业人员7.8万人和低保对象17.5万人,共计51.2万人。

(*袁 革*)

【下岗职工并轨工作】 2001年沈阳市实现企业下岗职工基本生活保障向失业保险并轨10.43万人,其中:享受政府资金支持的有382户企业8.4万人,企业自费并轨2.03万人。

1.加强组织领导,建立工作体系。成立了并轨与就业工作办公室,从市劳动局、财政局、经贸委、统计局、社保总公司等部门抽调50人,从行业、集团、试点企业抽调100人,组成50个并轨工作指导小组,分片包干,责任到人,深入行业和试点企业指导工作。指导小组的主要任务是对企业的政策执行、资金筹集、时间进度、职工的稳定等工作进行指导和帮助。各行业、企业相应成立了试点工作领导小组和具体的办事机构,具体负责本行业、本企业的并轨工作,做到组织落实,人员落实,责任到人。

2.积极推进,稳步实施。为迅速打开工作局面,采取了先易后难,突出重点的办法,在确保稳定的基础上积极推进并轨工作。明确规定先期运作并轨企业必须具备四个条件:一是经济补偿金或生活补助费所需资金自筹部分能够到位。二是拖欠职工债务能够一次偿还或达成偿还协议。三是并轨人员符合规定的条件;四是能够平稳动作,不激化矛盾。

3.完善政策,避免违规操作。市政府出台了《关于印发沈阳市国有企业下岗职工基本生活保障向失业保险并轨实施方案的通知》和一系列配套政策规定。同时,在实际工作中注意及时发现问题,不断完善政策。一是市劳动局和市监察局联合下发了《关于严禁企业返聘本企业在并轨中解除劳动关系人员的通知》。二是下发了《关于企业拖欠职工债务认定及处理的意见》,明文规定了拖欠职工债务的项目,认定标准和偿还办法。

4.培训先行,确保规范运作。先后举办了7期并轨工作培训班,有496户企业的领导、工作人员及市并轨工作指导小组成员共1307人参加了培训。明确了企业实施并轨应履行的程序,设计制作了《沈阳市国有企业下岗职工基本生活保障向失业保险并轨审批工作流程图》,使企业并轨工作的程序、手续及各时期应做的工作一目了然。

5.积极筹措资金,确保并轨资金到位。一是财政新增长部分除确保科技、农业、教育外,其余全部用于并轨。二是企业通过资产变现、转让上市公司股份、转让土地使用权筹集资金。三是企业可将厂房、场地、设备、工具等生产、生活资料及液化气站、食堂、托儿所、幼儿园等福利设施、设备,按照有关规定,资产量化,折价转让给职工或在一定年限内供职工无偿使用,抵顶职工补偿金。

全市共支付并轨职工经济补偿金7.68亿元,其中国家财政支持、地方财政承担、企业自筹各2.56亿元。在企业自筹资金中,通过转让土地使用权、出让国有股份、抵押贷款等筹集1.45亿元。

6.深入细致做好职工的思想政治工作。在并轨实施中,采取了加强疏导,稳定第一,积极推进,稳步实施的指导原则,要求企业、行业千方百计做好职工的思想工作,妥善处理企业欠职工的债务等问题,在确保稳定的基础上,积极推进并轨工作。市并轨办编印了《并轨工作中与企业解除劳动关系人员须知》,并发到每名并轨人员手中。

(*马 虹*)

【城市居民最低生活保障工作】 沈阳市于1998年4月1日起开始实施城市居民最低生活保障制度。截至2001年12月底,全市共有保障对象7.5万户、17.49万人,当月发放保障金901万元,人均51元。保障对象包括:从业人员、退休人员、下岗人员、失业人员、三无对象及家属子女。

保障标准:和平区、沈河区、皇姑区、铁西区、大东区、于洪区、东陵区月人均为205元;苏家屯区、新城子区、新民市(政府所在地)、辽中县(政府所在地)月人均为179元;康平县(政府所在地)、法库县(政府所在地)月人均为166元。乡镇非农业人口新民市、辽中县月人均为153元;康平县、法库县月人均为120元。

2001年主要完成了几项工作:

1.不断完善调整政策。2001年对有关政策进行了调整。其中主要有对破产企业解除劳动关系领取一次性安置费的国企职工收入计算方法;退休人员、盲残、弱智、伤残军人收入计算;保障金申请由原户籍地受理,现在调整为在居住地受理等。

2.实施动态管理,优化工作手段,完善申报、审批、发放7道程序。整个申报审批程序包括:本人申报—社区审查—第一次公布上报名单—街道办事处审核—区、县(市)审批—第二次公布批准名单—发放保障金。提供10个要件:户籍证明、残疾证明、退休证明、职工工资证明、下岗证明、失业证明、离婚证明、赡养关系证明、劳动能力认定证明、定期救济证明等。进行保障金社会化发放试点并逐步在全市推广。

3.完成上级扩面指标。全市通过几次扩面,超额完成省民政厅要求完成9.14万人、市委市政府要求完成15.6万人的低保扩面指标。到年底保障人数已达到17.49万人。

4.完善低保配套制度。一是建立规范性的临时救济制度。除将领取保障金人员纳入临时救济外,对患病及其它原因造成生活特别困难的家庭、家庭月人均收入低于240元的“边缘户”在四大节日给予资金和实物救济。二是对低保对象进行政策扶持,组织帮扶小组。三是制定优惠政策。对保障人员在从事个体经营、子女就学、就医、住房动迁、冬季采暖等各种费用给予减免。

沈阳市城市居民最低生活保障制度实施以来,解决了困难群众的生活问题,奠定了城市居民最低生活保障的基础地位,为国有企业的深化改革直接发挥了配套作用,进一步促进了社会稳定,密切了党和政府与人民群众的关系,为沈阳市的经济腾飞作出了贡献。

(*张晓莉*)

【基本养老保险】 2001年,市社会保险总公司着重推进了城镇职工基本养老保险个人帐户做实,离退休人员社会化管理服务和养老保险扩面与保费征收,全面完成和超额完成了国家和省下达给沈阳市的任务。

1.基本养老保险个人帐户得到做实。从2001年7月1日起,基本养老保险个人缴费由原来按个人月收入的6%一律调整到8%,把所征收的8%保费全部记入个人帐户,并按月悉数上划国库,作为参保缴费职工计发退休金的依据。截至2001年12月31日,全市124万参保职工中的93.4万正常缴费职工的个人基本养老保险帐户得到做实,上划国库总金额为1.58亿万元。

2.离退休人员养老金社会化发放与管理取得突破性进展。全市统筹内离退休人员63.9万人,有59.4万名企业离退休人员100%的按月足额从银行或邮局领到了养老金。全年共支出养老金37.53亿元,月人均490元,与上年相比,离退休人员的待遇提高8%。全年为近60万名离退休人员建立了社区管理档案卡,档案卡内容包括原工作单位、离退休时间、养老金标准、身份证号码、指纹、居住社区等。2001年12月底,有25.8万名离退休人员的档案卡交到1182个社区,完成省下达计划的103.2%。同时,在街道增设了社会保障科,配备了专职工作人员和必要的计算机等办公设备。

3.养老保险实现了全覆盖,保费征缴超计划完成。全市参加养老保险的在职职工达到了140万人(含年度内新退休的3.1万人),基本实现了全覆盖的工作目标。年初,市政府下达了全年征收养老保险费23.45亿元的计划,其中社保总公司征收10.11亿元,到2001年6月底,社保总公司征收8.21亿元,完成全年计划的80%。从7月1日起,养老保险费全部由地税部门征收,全年共征收25.52亿万元,超计划8%。

4.强化了参保单位的内部审计和离退休人员生存状况的调查。全年对1980个用人单位参加养老保险情况进行内部审计,通过对职工人数、工资总额和逐月缴纳养老保险费情况的审计,有21%的单位没有按规定申报和缴费,查出违纪金额1800万元,补缴1200多万元。采取对离退休人员定期见面登记、采取指纹、复核本人户口簿等措施对离退休人员生存状况进行认证,制止冒领养老金者1987人,清回冒领金额十余万元。

(张安民)

【医疗保险体制改革】 2001年,沈阳市认真贯彻《国务院关于建立城镇职工基本医疗保险制度的决定》(国发[1998]44号)及省政府《关于印发辽宁省城镇职工医疗保险制度改革实施意见的通知》(辽政发[1999]14号),扎实做好启动前的各项准备工作。《沈阳市城镇职工基本医疗保险制度改革实施方案》于2001年3月2日经省政府批准实施。《沈阳市城镇职工基本医疗保险办法》经市政府第十八次常务会讨论通过,以政府5号令予以发布,并确定自2001年9月1日起实施。沈阳市城镇职工基本医疗保险改革坚持低水平、广覆盖,属地管理的原则;坚持市、县(市)两级统筹的原则;坚持分步启动、渐次到位的原则。

按《办法》规定,市劳动局、卫生局、财政局、地税局、社会保险总公司等部门联合下发了《沈阳市城镇职工大额医疗费用补助保险管理暂行办法》、《沈阳市城镇职工基本医疗保险就医管理暂行办法》、《沈阳市城镇职工基本医疗保险定点医疗机构管理暂行办法》、《沈阳市城镇职工基本医疗保险定点零售药店管理暂行办法》、《沈阳市城镇职工基本医疗保险诊疗项目管理暂行办法》、《沈阳市城镇职工基本医疗保险服务设施范围和支付标准管理暂行办法》、《沈阳市城镇职工基本医疗保险费用结算管理暂行办法》、《沈阳市城镇职工基本医疗保险住院病种目录管理暂行办法》、《沈阳市城镇职工基本医疗保险定点医疗机构医疗服务质量考核办法》、《关于下达基本医疗保险医疗费用人均定额、结算标准及住院率的通知》、《沈阳市城镇职工基本医疗保险家庭病床管理暂行办法》、《沈阳市城镇职工基本医疗保险特殊病种门诊治疗管理暂行办法》共12个配套政策,建立健全了基本医疗保险的政策体系。为了解决最高支付限额以上的大额医疗费,经公开招标确定中国太平洋保险公司承办全市大额医疗费用补助保险。单独统筹的新城子区的《城镇职工基本医疗保险方案》已于12月25日经市政府批准实施。

截至2001年末,全市共有4539户单位、61万人参加基本医疗保险,其中:中直单位351户、13万人,省直单位357户、3.3万人,市属单位2107户、39万人,区属及其它单位1724户、6万人。基本医疗保险单位缴费4013.6万元,个人缴费961.8万元;划人统筹基金3014.4万元、个人帐户基金1961万元。门诊就诊2934人次,个人帐户支出8.94万元;住院233人次,统筹基金结算68.86万元。

(李 薇)

【基本医疗保险】 《沈阳市城镇职工基本医疗保险规定》(沈阳市人民政府第5号令)自2001年9月1日起实行。职工基本医疗保险政策覆盖所有企业、事业和党政机关在职职工和退休人员。基本医疗保险费由单位按工资总额的8%,职工按本人工资收人的2%筹集,并为所有参保职工建立了个人基本医疗保险帐户,其额度包括两部分:一是个人缴费金额;二是对45周岁以上职工再把单位缴费中的1.5%、45周岁以下按0.8%的比例计人。个人账户中的费用可以继承。自2001年开始建立了市级基本医疗保险计算机应用系统,首批确定了省肿瘤医院、市医大二院、陆军总院等21家定点医疗医院和东北大药房等7家定点药店。7月份开始对有关人员进行医疗保险业务培训。开展了参保职工登记、缴费等信息采集。截至2001年12月底,沈阳市参加医疗保险的职工达61.2万人,完成省下达任务的102%;筹集医疗保险费7000余万元,近1500人就医,支出医疗费360多万元。

(张安民)

【失业保险】 2001年,沈阳市失业保险紧密围绕国有企业下岗职工基本生活保障向失业保险并轨工作,较好地完成了各项工作任务。

截至12月末,全市共核定企事业单位1.72万户,参保职工140万人,失业保险覆盖面为98%。当年累计发放失业保险金及各项失业保险待遇2.1亿元,正在领取失业保险待遇的失业人员6.3万人。2001年正常接收失业人员0.68万人,接收并轨失业人员8.4万人,有3.8万失业人员实现了再就业。

1.抓好扩面和核定工作。失业保险扩面工作在原130万人的基础上增加了10万人。针对全市教育系统失业保险工作的空白,市失业保险部门召开了全市中小学校教职员工实施失业保险工作会议,并会同市财政局、市教委联合下发了《关于中小学校教职员工实施失业保险有关问题的意见》,使中小学校6万余教职员工参加了失业保险。

2.做好失业职工接收管理和失业救济金发放工作。在确保顺畅接收失业职工和及时足额发放失业保险待遇的同时,全力做好国有企业下岗职工的基本生活保障向失业保险并轨工作,共接收并轨失业人员8.4万人。

3.强化失业保险服务社会化工作。制定了《关于失业保险服务社会化工作实施意见》,明确街道和社区社会保障部门工作内容和工作程序,并做好试点工作,使失业保险服务社会化工作稳步进行。

4.严格规范财务管理工作。在财务管理上强化财务管理监督机制,实行定期审计和专人负责制度,并严格遵守财务管理制度和基金使用审批制度。经省基金办、市纪委、市审计等部门检查,无一财务资金使用责任事故和财务管理事故。

5.失业保险费征收全面交与市地税部门。继2000年企业失业保险费征收工作移交市地税部门后,2001年7月,事业单位失业保险费征收工作也交与地税部门。

(许宝民)

【工伤保险】 2001年12月,根据沈阳市政府机构改革方案,为深化工伤保险制度改革,市劳动和社会保障局将原由劳动鉴定康复管理办公室、养老保险处和职业安全卫生监察处分管的工伤保险职能统一合并,在原劳动鉴定康复管理办公室的基础上成立工伤保险处。沈阳市编委办[2001]40号文件批准成立。

从此,工伤保险处成为统一管理全市工伤保险工作的惟一职能机构。它承担了拟定全市工伤保险政策、改革方案和发展规划并组织实施的任务;负责劳动鉴定机构的管理;负责工伤鉴定,拟定工伤和职业病伤残等级鉴定和劳动能力鉴定实施办法并组织实施;拟定工伤保险基金收缴率及费率调节管理政策，拟定工伤待遇项目和给付标准并组织实施；综合管理劳动康复鉴定工作；指导和监督工伤保险经办机构的工作。

劳动鉴定量2001年突破1.5万次，相当于前三年鉴定量总和，创历史最高水平。其中企业职工申报因病丧失劳动能力提前退休鉴定量占很大比例。形成企业职工大批申报病退的原因，一是企业在向市场经济过渡的过程中，产生大量的富余人员，使丧失劳动能力的职工退出生产岗位。二是下岗职工为获得一定的生活保障，办理退休也成为他们的一条出路。

2001年工伤职工的医疗费和康复费为500余万元，基本上满足了工伤职工的医疗救治。全年有700余名工伤职工享受医疗待遇，大部分工伤职工的伤情通过治疗，得到好转或康复。为因工伤致残丧失部分生理功能的职工配置了补偿生理功能器具，保证了生活质量。

（姚顺南）

人事管理

【国家公务员队伍管理】 坚持不懈地开展竞争上岗工作。2001年，沈阳市人事局根据《沈阳市机关中层领导干部竞争上岗工作实施办法》的规定，全力推进国家公务员的竞争上岗工作，出台了《沈阳市中层领导职务备案办法》，全市国家行政机关的竞争上岗的覆盖面已达95%，比上年增长了9个百分点。通过竞争上岗，全市有1262名行政非领导职务人员走上了处（科）级领导职位，有1139名处（科）级领导职务人员改任行政非领导职务。

加强考核工作的基础地位。2001年，沈阳市人事局始终把国家公务员的考核工作作为队伍管理的重要环节，不断加强考核工作的基础地位，在考核内容、办法、等次及结果的使用上，均予以了规范和完善。参加年度考核的国家公务员34804人，评为优秀人员5114人，占参加考核人员总数的14.7%；称职29609人，告诫36人，不称职45人。与此同时，沈阳市人事局在全面加强考核工作的基础上，大力推进了奖励、职务晋升、轮岗交流、退休辞职及申述控告等管理工作的开展。全年国家公务员记二等功168人；2396人晋升（确定）行政非领导职务；轮岗交流9836人，占国家公务员总数的28%；辞退国家公务员18人。

积极推进公共行政社会化服务工作。2001年，沈阳市人事局把推行公共行政社会化服务工作列入重要议事日程，以此为“载体”，深化“为人民服务、让人民满意”教育实践活动，及时抽调专人成立协调组，制发了《沈阳市公共行政社会化实施意见》，并深入到和平区、沈河区等试点单位进行调研，多次组织召开协调组会议。9月26日召开了全市的现场经验交流会，国家和省有关部门的领导同志给予了充分的肯定。

启动人员定岗分流工作。2001年11月29日，沈阳市召开了全市机构改革和人员定岗分流动员大会，各区、县（市）和市直各部门，根据《沈阳市市直党政机关机构改革人员分流实施办法》的要求，切实把机构改革和人员定岗分流工作纳入了重要议事日程，统一思想、提高认识、精心组织、稳妥操作，达到了预期的目标。全市共分流人员3005人，其中，市政府直属各部门1861人，区、县（市）1144人。

（邹　良）

【国家公务员定岗分流】 为确保全市机构改革和人员定岗分流工作的顺利开展，加强政策导向和规范运作，沈阳市人事局、沈阳市编委办公室，在大量的调查论证和可行性研究的基础上，分别以市委和市委办公厅的名义制发了《关于区县（市）党政机构改革的意见》（沈委发[2001]21号）、《关于市级党政机关机构改革的实施意见》（沈委办发[2001]35号）及《沈阳市市直党政机关机构改革人员定岗实施办法》和《沈阳市市直党政机关机构改革人员分流实施办法》（沈委办发[2001]36号）。

2001年11月29日，沈阳市召开了全市机构改革和人员定岗分流动员大会。全市动员大会后，沈阳市人事局按定岗分流政策的有关规定，深入基层调查研究，现场办公，对各区、县（市）和市政府各部门的人员定岗分流工作进行指导，帮助解决人员定岗分流工作中存在的问题，并将调查了解的情况分类为5个方面16个问题，以《关于定岗分流政策有关问题的说明》予以规范。各区、县（市）和市政府各部门根据全市的统一要求，认真开展了人员定岗分流工作。

首先，精心组织，周密安排。各单位（地区）领导对人员定岗分流工作予以了高度重视，成立了组织机构，从统一思想，提高认识入手，结合本单位（地区）的实际情况，相应制订了《人员定岗分流实施方案》。其次，严格程序，竞争上岗。根据《沈阳市机关中层领导干部竞争上岗工作实施办法》（沈组发[2000]3号）的要求，各单位（地区）均开展了中层领导职务的竞争上岗和非领导职务人员的“双向”选择，严格按公布职位、公开报名、资格审查、竞聘述职、民主测评及考核任用等步骤进行。最后，妥善安置分流人员。各单位（地区）始终坚持人员定岗分流既要积极，又要稳妥的原则，结合实际，较好地处理了人员定岗分流和工作稳定的关系，及时掌握分流人员的情况，有针对性地做好思想政治工作，采取多种措施，妥善安置分流人员。

通过竞争上岗，全市有1262名行政非领导职务人员走上了处（科）级领导职位，有1139名处（科）级领导职务人员改任行政非领导职务。全市共分流人员3005人，其中：提前退休1440人；离岗休息1306人；个人自愿辞去公职30人；参加上一级学历学习5人；调转94人；到企事业单位91人；保留三年人事关系39人。

（邹　良）

【推进公务员专业化培训】 沈阳市人事局把培训作为加强公务员能力建设的重要手段，2001年主要是以提高公务员专业化水平为目标，努力推进了公务员专业化培训工作。

1.加强了公务员专业化培训试点工作。沈阳市人事局在调研论证的基础上，制发了《关于进一步推进公务员队伍专业化建设试点工作的意见》（沈人发[2001]12号），重点抓好系统公务员和综合部门公务员专业培训的试点工作。所有试点单位均已启动开展了规范的专业培训工作，提高了公务员的专业化水平。市财政局开展了法律法规、公共财政和职位技能的培训，市司法局在全市劳改劳教系统组织开展了人民警察基本素质培训和考试考核，铁西区人事系统64名公务员学习了公共行政、人才资源与人事行政管理、人事工作政策法规等并已通过了人事专业考试。

2.启动开展了公务员中级计算机应用能力培训工作。沈阳市人事局制发了《关于在全市党政机关干部中开展中级计算机应用能力培训工作的通知》（沈人发[2001]10号），要求45岁以下党政机关干部必须具备中级计算机应用能力，否则不能参加年终考核，不能晋升处以下领导职务或非领导职务。全年共有2980名机关干部通过了中高级计算机考试。

3.深入开展了公务员外语培训考试工作。制发了《关于在全市党政机关干部中深入开展外语培训的通知》（沈人发[2001]13号），明确规定到2003年，全市40岁以下党政机关干部都要具备一定程度的外语水平，凡未按规定取得相应等级合格证书者，年终考核不确定等次，不得晋升领导职务和非领导职务。全年共有2000余人参加了外语培训，768人参加了考试,695人合格,及格率90%。

4.启动开展了公务员综合分析写作能力培训工作。结合全市国家公务员队伍现状,经调研论证,制发了《关于组织全市国家公务员进行综合分析写作能力培训考核的通知》(沈人发[2001]15号),决定在近三年内对全市50岁以下公务员进行综合分析写作能力培训考核,从而提高全市公务员队伍整体素质。组织举办了由23人参加的教学骨干培训班;大东区、市司法局等试点单位已培训2400余人,在一定程度上提高了公务员的综合分析写作能力。

5.组织开展了公务员任职培训。对新晋升处级领导职务的公务员进行了任职培训,共举办了8期,232人参加。通过培训,使新晋升领导职务公务员进一步提高了领导能力。

(张继勋)

【国家公务员考试录用工作】 2001年,沈阳市录用国家公务员考试10次,共录用335人。公务员考试录用工作在原有的基础上创新完善了考试的内容和方法。对录用考试的科目和内容进行改革,公共科目增加了《申论》考试。为防止高分低能的现象出现,加大了面试工作的比重,由原来的30%调整到50%。加大面试工作的监督力度,在面试前对评委进行培训,面试分进行公示。在招聘年龄上灵活掌握,不搞一刀切,要求各单位对招聘条件、参考人员资格、考试分数、合格人员等方面进行全过程公示。对公示期间出现疑义的,深入调查,调查情况属实的,取消资格。提高了沈阳市国家公务员录用考试科学化、规范化水平,同时在考试录用工作中拓宽考试领域,规定行政职能事业单位用人实行"凡进必考",共组织行政性事业单位考试2次,共聘用439人。

(张益群)

【引进人才工作】 2001年,沈阳市新世纪人才战略得以顺利推进。一是在人才引进上突出方式创新,拓宽了引才渠道。中国沈阳海外学子创业园的建立和沈阳化工集团、沈阳机床集团博士后科研工作站的建立,丰富完善了筑巢引凤的引才方式。"6·29"活动周期间,中国沈阳海外学子招聘洽谈会的成功举办及"吉大英大相约沈城"、辽宁(广东)商品洽谈会期间的沈阳人才招聘等一系列活动的举行,探索了招商与引才相结合的方式。引进人才政策的进一步放宽和大中专毕业生"双向选择"机制的完善,增强了沈阳对各类人才的吸引力和凝聚力。截至2001年11月20日,沈阳市从外地共引进国内外优秀人才8023人,其中:通过跨地区调配引进2670人,通过引进外埠生源毕业生方式吸引5353人。共引进高层次人才2739人,在高层次人才中,共引进博士103人,硕士565人,留学生28人,有副高级专业技术职称的418人,本科毕业并具有中、初级专业技术职称的1421人,急需紧缺各类人才214人。在引进的外埠毕业生中,到市属单位就业的2203人,到中直单位就业的2445人,驻沈部队接收的705人。从人才配置的情况来看,配置到市属国有大中型企业1454人,到大专院校、科研院所的417人,到事业单位727人,非公企业2275人,中央驻沈单位2445人,部队705人;从专业结构上看,理工科专业人才5425人,文科类专业1398人,其他专业1200人;从年龄结构上看,30岁以下6328人,30～39岁966人,40岁以上729人。

(张益群)

【大中专毕业生安置工作】 2001年,沈阳市毕业生就业政策出现了深幅调整,部、省属本科以上层次毕业生(除体育艺术专业外)放开引进,在沈阳市找到工作单位免收城市建设增容费。临床医疗专业毕业生允许到区县级医院就业。同时对愿意留沈阳,而在离校前未能找到工作的外埠本科毕业生(除体育、艺术及临床医疗专业外),实行"先落户,后择业"的人才储备政策。省属工科类专业专科毕业生在沈有接收单位,免收城市建设增容费。沈阳生源本科、工科类专科、工科类中专毕业生可在全市范围内就业。贯彻"公平、平等、择优"的原则,对供需矛盾突出的医疗、护理专业采取举办专场双向选择洽谈会和考试、考核相结合的办法,从全市500余名医疗专业毕业生中为市级医院补充了145名医护人员。加强了硬件配套建设。建立了毕业生就业安置管理网络,将省属以上毕业生与市属院校毕业生一并纳入微机网络管理。提高了办公效率,摆脱了手工操作,使毕业生就业工作向信息化、科学化、自动化的方向迈进了一大步。2001年沈阳市共接收毕业生10315人,省属以上院校毕业生5230人,市属院校5085人;其中研究生69人,本科生5085人,专科生2532人,中专生2736人。现已就业5099人,就业率为49.4%;其中研究生39人,本科生3135人,专科生1308人,中专生617人,就业率分别为57%、62%、52%、23%。从就业单位性质来看,到机关242人,到事业单位413人,到国有企业1414人,到非公单位1829人,到中省直单位176人,强化农村毕业生就业781人,出国升学共244人。

(张益群)

【事业单位人事制度改革】 2001年,全市各级人事部门按照国家人事部《关于大力推进事业单位人事制度改革的意见》和市委、市政府《关于深化事业单位机构和人事制度改革意见》(沈委发[1998]43号)的精神,大力推进全市事业单位人事制度改革,并取得显著成绩。一是事业单位管理体制改革进一步深化。有一批事业单位转制为企业,一些律师事务所等经济鉴证类中介机构转为社会中介组织,对卫生系统有关事业单位按照监督与检测分开的原则进行了重新组合调整。二是事业单位聘用合同制深入发展。全市推行聘用合同制的单位已达到85%。市教委推行聘用合同制工作抓的实,继2000年首次实行聘用合同制后,2001年开展了续聘工作,经过严格考核,共续聘教职工57330人,转岗分流8167人。三是事业单位分配制度改革力度加强。2001年实行分配制度改革的单位已达到1718个,占34%,涉及职工15万人,占76%,涉及文教、卫生、城建等15个行业。市肛肠医院、市纺织轻工学校、市民政服务大楼、市环保科研所等单位改革力度大,效果明显。

由于全市各级人事部门认真贯彻国家、省市事业单位人事制度改革的有关规定,扎扎实实的推进全市事业单位人事制度改革工作,从而在事业单位实现了"四个转变":即实现了由身份管理向岗位管理的转变;实现了由单纯行政管理向法制管理的转变;实现了由行政依附关系向人事主体平等关系的转变;实现了国家用人向单位用人的转变。初步实现了能进能出、岗位能上能下,职务能升能降、待遇能高能低这一新的用人机制和管理机制。

(任廷博)

【机关事业单位工资管理工作】 2001年,市人事局本着"一要吃饭、二要建设"的方针,适应国家积极财政政策的需求,以工资为手段带动消费,刺激经济繁荣和增长,较好地完成了全市机关事业单位工资管理工作。

2001年,按照国家、省的要求进行了两次工资标准的调整和一次职务工资档次的正常晋升及兑现2001年度奖金工作。一是按照国办发[2001]14号文件,从2001年1月1日起调整机关事业单位工作人员工资标准和增加离退休人员离退休费。二是按照国办发[2001]70号文件,从2001年10月1日起调整机关事业单位工作人员工资标准和增加离退休人员离退休费。三是按照国办发[1993]85号文件,从2001年10月1日起为机关事业单位在职人员正常晋升职务工资档次。四是按照国办发[2001]14号文件,为机关事业单位工作人员兑现2001年度奖金。

2001年是沈阳市调资次数最多、难度最大、增资幅度相对较高、工资工作成果较大的一年。经过四次调资，全市机关事业单位有近35万人受益。其中：在职人员人均月增资287元左右，离退休人员人均月增资210元左右。

（李 达）

【专业技术人员管理工作】 2001年，专业技术人员管理共开展以下几项工作：

1.实施“一村一名大学生计划”。为实现到2003年全市1940个村级组织都配置一名大学生的目标，全年共下派大中专毕业生237人，下派总量已达到1361人，其中：选派的应届毕业生302人，选调的在职毕业生772人，为村级组织定向培养287人。本科生149人，大专生737人，中专生475人。2001年4月13日，全省召开实施“一村一名大学生计划”工作会议，重点推广了沈阳市开展这项工作的经验。

2.实施“百千万人才工程”。一是开展了对入选人才的全面考核工作，从中选拔了30名优秀人选拟表彰。二是对人选开展了科研项目资助。对黄兆敏等5人、毕凤琴等4人分别给予了2万元、1万元的科研项目资助。三是与市科协配合出版了《2000年度百千万人才工程学术技术集萃》。四是资助“百千万工程”人选一沈阳大学教授丛树民出版专著《岩土掘进设备优化配套》，资助金额2万元。

3.企业博士后工作站建设。沈阳鼓风机厂、东药集团、沈阳化工集团、沈阳机床集团自建站以来，积极开展博士后科研工作，已将20多个企业攻关课题上网发布。其中沈阳鼓风机厂进站的博士张谋进在其导师和鼓风机厂科研人员的指导和配合下，已基本完成《粘性流体力学计算在风机设计上应用》课题，即将通过国家鉴定。东药集团已准备好科研所需的试验室、小试和中试厂地设备，并为进站人员配备好功能齐全的公寓。沈阳化工集团、沈阳机床集团的博士后科研工作站也在积极运作。

4.海外学子创业园。6月15日，中国沈阳海外学子创业园揭牌仪式在21世纪大厦隆重举行。人事部部长张学忠和市委书记张行湘共同为创业园揭牌。设立中国沈阳海外学子创业园，在全国是第二家。

5.政府特殊津贴工作。2001年国家对政府特殊津贴工作做了调整，缩减了指标，由上年的10人缩减到6人，津贴调整为每人一次性发放10000元。经过基层组织的推荐审查，市人事局组织专人认真考核，初步确定了16名候选人，经过专家评议选出6名享受政府特殊津贴人员报国家人事部待批。

（陈彩霞 顾书东）

【专业技术人员继续教育工作】 2001年，沈阳市人事局为适应经济和社会发展需要，深入开展了专业技术人员继续教育工作。

1.指导开展全市继续教育工作。制发了《关于进一步加强专业技术人员继续教育的意见》（沈人发[2001]11号），明确了新形势下开展继续教育工作的目标、任务、内容、方式及组织保障措施等。2001年，共有17万名专业技术人员接受了各种形式的继续教育，进一步改善了知识结构。

2.继续组织开展了专业技术人员计算机应用能力培训工作。根据国家人事部的要求，制发了《关于专业技术人员参加国家计算机应用能力考试试点工作的通知》（沈人发[2001]19号），对培训和考试内容进行了调整，并举办了培训单位师资培训班，指导调整后的计算机培训工作。全年共有7901名专业技术人员参加了中高级计算机考试，5961人合格，及格率75%；1572人参加了初级计算机考试，1229人合格，及格率78.2%。

3.组织开展了为农村培养大学生工作。首届为农村培养人才的大学试点班54名学员6月份毕业，为农村建设培养了一批人才。同时，下发了《关于为农村培养人才举办大学试点班毕业学员纳入“一村一名大学生”计划的通知》（沈人发[2001]30号），决定将他们纳入“一村一名大学生”计划进行管理，要求基层单位对这批毕业学员进行合理使用，以使他们能为沈阳市农村经济和社会发展充分发挥作用。

（张继勋）

【退休福利工作】 2001年底，全市共有机关事业单位离退休人员94309人，其中：离休人员8837人，退休人员85562人。2001年，市人事局按照严格贯彻落实退休干部“两个待遇”的要求，紧紧围绕“六个老有”，积极开展退休管理工作。

1.做好全市增加离退休费政策制定和增加生活费审批工作。2001年，全市机关事业单位离退休人员进行了两次大型调资工作。第一次是2001年初按国办发[2001]14号文件，离休人员随在职人员调整级别工资标准，退休人员按一定标准增加生活费。第二次是2001年10月按国办发[2001]70号文件，离休人员随在职人员调整职务工资标准，退休人员按一定标准增加生活费。这两次调整离退休人员生活费范围广、幅度大，离休人均增加300多元，退休人均增加200多元，是历年来增资幅度最大的一年。为做好增加离退休人员生活费工作，市人事局按照国家文件精神制定出适合沈阳市实际的离退休人员增资政策，对各次调资制定了简洁明了的增资对照表和工资审批表，在具体审批工作中，克服了人员少、任务重的困难，完成了增加离退休费这项重点审批任务。全市共审批了95993人，全市人均月增资210元左右。

2.做好离退休干部管理工作。市人事局在新世纪第一个春节举办了新世纪迎新春沈阳市退休干部茶话会，市委、市政府、市人大、市政协现任和退休老领导及300多名局级退休干部、老专家、老艺术家、老劳模共同参加了座谈会，并观看了精彩的文艺演出。为庆祝建党80周年，举办了全市性的退休干部庆祝建党80周年文艺会演，市政府、市人大、市政协现任和退休老领导及1300多名退休干部参加了庆祝会，会上老同志自编自演了21个精彩节目。在国庆和中秋节，又组织召开了区、县（市）主管退休福利工作局长、科长会议。要求各区、县（市）对区、县（市）中的老党员、老干部、老工人、老劳模和生活中有困难的退休人员进行走访慰问和开展文化娱乐活动。各区、县（市）按市要求积极落实，共走访了60余位三老和特困人员，同时在“九九”重阳节又举办了各种适合老年特点的文艺活动，举办了老年象棋比赛、歌咏晚会等10余场，丰富了老同志的晚年生活，促进了社会稳定。

（李 达）

【人事争议仲裁工作】 2001年，人事争议仲裁工作围绕企事业人事制度改革，人才结构调整，人才资源合理配置的总体思路，市、县区两级人事争议仲裁机构，依据市政府（1999）第34号令《沈阳市人事争议仲裁办法》，受理各类争议案件105件，开庭裁决各类人事争议案件28件，调解解决38件，裁定各类案件39件。裁决案件中：人才流动争议3件，占争议案件总数的10%；工资争议2件，占争议案件总数的7%；工伤福利争议3件，占争议案件总数的10%；履行聘用合同与解除聘用合同争议6件，占争议案件总数的20%；辞职、辞退争议6件，占争议案件总数的20%；退休生活费发放争议5件，占争议案件总数的18%；其它争议4件，占争议案件总数的15%。对争议案件的裁决，有效地维护了双方当事人的合法权益。在裁决案件中，有12起案件当事人对裁决意见不服，依法起诉到人民法院，占裁决案件的43%。经一审法院、二审法院的审理，驳回申诉人的诉讼请求，维持人事争议仲裁裁决意见11起，申诉人胜诉1起。人事争议仲裁工作，还承担对实行聘用合同制的事业单位与职工所签聘用合同的鉴证工作。依据有关人事政策法规，2001年对24654份聘用合同进行鉴证。在聘用合同鉴证过程中，纠正了不平等的合同和无效合同，维护了甲乙双方的合法权利，保证了人事政策法规的贯彻落实。

（成士龙）

【机关、事业单位技术工人技术等级晋升考评】　2001年沈阳市国家机关、事业单位技术工人技术等级晋升考评工作，从2000年11月开始，历经资格审查、报名、培训、理论考试、实际技能操作考试、证书审核验印六个阶段，到2001年10月结束。共有13个区、县(市)和88个市直单位、18个中直驻沈单位的4692名技术工人报名参加，涉及高、中、初三个技术等级的29个大类、160多个工种。其中：参加理论考试的有4520人，及格4470人，及格率为98.89%；参加实际技能操作考试的有4482人，及格的4382人，及格率为97.76%。最后综合考评合格的有4382人，合格率为97.76%。

（丁传建　顾书东）

民政事业

【概况】　沈阳市民政局是市政府的重要组成部门，2001年机构改革，民政部门作为加强单位，部门设置、工作职能作了相应的调整。

市民政局下设14个处室：办公室、组织人事处、党委办公室、民间组织管理办公室、优抚处、退伍办、军休办、社会福利救济处、低保和社会服务社会化处、基层政权和社区建设处、区划地名处、社会事务处、计划财务处、监察处。主要工作职能有11项：

1.贯彻落实国家、省、市民政工作的基本方针、政策和法律、法规工作，拟定地方性民政工作政策；组织编制民政事业规划和计划；指导区、县(市)民政部门工作。

2.负责全市性社团、跨地域社团和市直单位所属及挂靠的民办非企业单位的登记管理和年度检查；负责社团和民办非企业单位的编制管理，研究提出收费标准和财务管理办法；查处社团组织和民办非企业单位的违法行为和未经登记以社团或民办非企业单位名义开展活动的非法组织；协调各业务主管部门对社团或民办非企业单位的管理。

3.组织、指导拥军优属活动，承办市双拥工作领导小组的日常工作；研究制定各类优抚对象和国家机关工作人员优待、抚恤、补助的地方性政策标准；负责现役军人、革命伤残军人、复员退伍军人、参战民兵民工和列、军属的优待抚恤补助和国家机关工作人员伤亡抚恤；审报褒扬革命烈士；接收牺牲、病故军官随军家属易地安置；负责烈士纪念场所管理。

4.拟订全市复员退伍军人安置工作政策、法规、计划，并组织实施、监督和检查；接收安置退伍义务兵、士官和复员干部；军地两用人才的开发使用；指导军用饮食供应站和退伍军人服务培训中心工作。

5.负责移交地方管理的军队离退休干部、无军籍退休退职职工、退休士官的接收安置。

6.组织协调全市救灾和灾民安置工作；组织指导救灾捐赠和开展经常性捐赠工作；负责城乡社会救济工作；指导开展生产自救和救灾合作保险工作；指导扶贫帮困工作。

7.制定城市居民最低生活保障标准和实施办法；拟定社会保障管理和服务社会化的政策、法规、规章并组织实施；协调有关部门研究制定进入社区的离退休人员、失业人员、享受最低生活保障待遇人员的管理办法和服务措施并组织实施。

8.研究提出加强和改进基层政权和基层群众自治组织建设的意见和建议；指导村民委员会、社区委员会民主选举、民主决策、民主管理和民主监督工作；指导村民委员会、社区委员会的组织制度建设；指导社区服务工作。

9.提出行政区划总体方案和改革建议；负责区、县(市)乡镇(街)行政区域的设立、撤消、调整、命名、更名和界线变更；规范全市地名标志的设置和管理；负责街、路、巷(楼、门牌)及自然村、自然地理实体的地名命名、更名、编排设置的审批；负责全市行政区域界线的勘定、维护、管理工作；负责区、县(市)边界争议的调处并提出仲裁意见；负责全市标准地名、图书资料的审定报批工作。

10.负责婚姻、儿童收养登记工作；承办涉外婚姻登记和儿童收养登记工作；负责婚姻服务机构和婚姻服务行业的行政管理工作；指导流浪儿童救助、保护和对乞讨人员的收容遣送工作；负责殡葬服务行业的行政管理工作。

11.负责社会福利企业资质认定和社会福利有奖募捐工作；负责市老龄工作委员会的日常工作。

（黄建国）

【基层政权和社区建设工作】　2001年基层政权建设工作按照市委、市政府的总体部署和年初工作计划，圆满完成了各项工作任务，并在加强农村基层民主政治建设、深化与完善社区体制改革、推进社会保障社会化等方面取得了突破性的进展。

1.圆满完成村委会换届选举工作，农村基层民主政治建设得到明显加强。根据省政府的统一部署，圆满完成了全市第七届村委会选举工作，全市1924个村有93.1%的村民踊跃参加了投票选举，共选举产生新一届村委会成员7613人，合法率达到100%。一是选举程序的公开性、民主性、规范性有了明显增强。按照新的选举办法规定，全市全面推行了直接推选村民选举委员会、直接推选村委会成员候选人、直接投票选举产生村委会成员的“三个直接”的选举办法；广泛采取了召开选举大会、集中到站投票和设立秘密划票间的选举方式；普遍实行了产生选举委员会、确定选举日期、公布选民名单、确定候选人、监计票工作、宣布选举结果等“八个公开”。做到了充分发扬民主，严格依法办事，农村干部群众的民主意识和法制观念有了明显增强。二是新一届村委会干部整体素质有了明显提高。在新一届村委会成员中，党员占66.5%，高中以上文化的占48.8%，45岁以下的占61.6%，连选连任率为69.1%。三是各项民主制度进一步完善。全市共推选第七届村民代表69647人，建立村民小组9899个，普遍健全了村委会下设的治安调解、公共卫生、社会福利等工作委员会；各村全部召开了新一届村民代表会议，制定通过了三年工作规划，重新修订了《村民自治章程》和《村规民约》，完善了村务公开等各项民主制度。有力地推进了乡镇政务公开和村务公开的全面实施，公开率分别达到100%和99%。四是群众来信来访得到妥善处理。选举期间，全市共接受群众政策咨询4347次，处理信访176件，接待村民来信来访1260余人次，查处与纠正违法现象39起，确保了选举工作的公正性和合法性，维护了农村大局稳定。

2.深化完善社区改革，社区建设的整体水平进一步提高。一是制度化、规范化建设不断完善。为推进社区建设法制化、制度化、规范化，市民政局制定出台了《关于规范社区自治体系的指导意见》、《沈阳市社区委员会选举暂行办法》、《沈阳市社区成员代表大会议事规则》等法规性文件，向市政府法制办提报了《沈阳市社区委员会工作办法》；指导沈河、和平、大东等区出台了40多份规范性文件，推进了社区民主政治建设的发展。二是硬件设施建设取得突破性进展。市政府两次下发文件，将社区办公用房建设标准由过去的80平方米提高到120至150平方米，并规定社区老年活动设施按照每百户不低于15平方米的标准统筹规划;市政府出资1400万元为全市各社区统一配备了微机、打印机、卷柜等办公设备;区、街和社会各界共投入资金6959万元用于社区基础设施改造,有47.8%的社区办公用房面积达到80平方米以上,使社区办公用房和"一站四室"建设有了较大改善;为解决社区干部补贴偏低问题,市政府决定从2001年11月起市、区财政增支2324万元,将社区干部生活补贴标准提高到当年社平工资的65%(其中无收入主任为532元),并计划三年达到全市社平工资水平。三是社区建设示范活动广泛开展。在创建"高标准社区"活动的基础上,广泛开展了争创社区建设示范区、街、社区活动,形成了你追我赶的良好局面。全市有406个社区达到"高标准社区"标准,提前一年达到30%的目标。为推动示范活动的开展,在部分城区进行了"规范社区自治"、"理顺工作关系"、"实施费随事转"、"社区服务产业化"和"政府公共事务社会化"等方面的试点,总结了经验。沈河区、和平区被推荐上报为省级社区建设示范区,沈阳市深化与完善社区建设的经验,先后多次在全国和省有关会议上进行了交流。四是动员社会各界积极参与社区建设。市民政局先后与市委组织部、市文明办、教委、科委、卫生局、劳动局、房产局、妇联、残联、老龄委、关心下一代委员会、侨办等有关部门合作,围绕"加强社区党建"、"创建文明示范社区"、"发展社区教育"、"科普进社区"、"卫生服务进社区"、"创建无失业人员社区"、"加强社区妇女工作"、"做好社区残协工作"、"完善社区老年设施"、"活跃社区关协工作"、"社区侨务工作试点"等工作会签了有关文件,开展了相关活动,有力推动了社区建设的配套发展。

3.强化社区(村)干部培训,培训工作的规范化程度有了明显提高。第七届村委会选举工作结束后,市区(县市)对新一届村委会干部进行了统一培训。市民政局会同市行政干部管理学院先后举办了两期村委会主任示范培训班,开设了政治理论、市场经济、法律常识、村委会建设、农村党建、领导科学等六门课程,并组织了工作交流和外出考察。市财政拨出专款15万元,保证了培训工作的顺利进行。各区、县(市)和乡镇也按照省、市的培训要求层层举办了村委会干部培训班,培训率达到了100%。在社区干部的培训上,各区、县(市)都举办了社区工作者培训班,对全体社区干部进行了专业培训,沈河区还成立了社区工作者学院,在社区工作者的职业化、专业化培训上进行了有益的探索。通过强化与规范培训工作,有效地提高了社区和村委会干部的政治素质和业务水平,促进了城乡基层政权建设。

(尹 琪)

【双拥工作】 2001年,沈阳市的双拥工作,在市委、市政府和驻军机关的领导下,经过军地双方的共同努力,求实创新,扎实工作,较好地推动了双拥工作的新发展,进一步巩固和发展了军政军民团结的大好局面,为沈阳市的两个文明建设做出了新的贡献。

1.国防和双拥教育取得了新进展。2001年国家颁布了《国防教育法》,沈阳市从加强新世纪国防教育的基本依据和根本保证的高度,将《国防教育法》纳入"四五"普法规划,省市领导和部队首长带头参加宣传日活动,市委常务副书记崔文信同志代表市委、市政府发表了电视讲话。在国防和双拥教育中,注重对领导干部的教育,将国防和双拥教育纳入各级党委中心组学习计划,纳入各级党校、干校的培训课程,纳入干部队伍素质考核的内容,较好地提高了领导干部的国防意识。原大东区委书记,现副市长张建华同志因在国防后备力量建设工作中贡献突出,被评为"全国国防后备力量建设十佳新闻人物"。市教委还把国防教育纳入大中学小学的教学计划,对全市46万大中小学生全部进行了军训。

2.拥军爱民工作取得了新成就。2001年,围绕部队实施科技强军战略,各级党委、政府和双拥科技部门采取得力措施,充分发挥沈阳大专院校多、科技力量雄厚的优势,大力开展了科技拥军活动,在全市建立科技拥军基地10个,为部队培养两用人才3330人,建标准化图书室2个,电化教学室1个,全市投入科技拥军经费共计100多万元,有力地保障了科技拥军活动的深入开展。民政、财政、粮食部门配合部队重点实施了"米袋子"、"菜篮子"工程,为部队帮建蔬菜大棚10个,为驻军和武警部队官兵副食补助150余万元。为辽宁预备役高炮一师三团扩编,动迁安置拿出资金400余万元,较好地帮助解决了部队建设和生活上的困难。全年共接收退伍士兵4719人,100%予以安置。对256名进藏兵实行特事特办,全部安置到机关事业和经济效益好的单位,基本上满足了个人就业愿望。市民政局和财政局积极筹措,建立了自谋职业退伍士兵一次性经济补助基金,全市申请自谋职业的退伍军人所需的973.5万元经费,全部解决到位。427名转业干部100%安置到位,并接收了226名自主择业部队干部。在随军家属安置方面,经过各级政府和人事、劳动、民政部门共同努力,全市共安置200多名军嫂就业。

驻沈部队积极支援和参与地方两个文明建设,在世界杯"十强赛"期间,驻沈武警部队派出3000余名官兵参与维护赛场安全和社会治安工作,保证了这一重要赛事安全圆满地进行。

2001年9月1日凌晨,沈阳大龙洋石油有限公司的6个储油罐突然起火,严重威胁周边地区人民生命财产和安全。在危急时刻,600余名消防官兵不惧艰险,与大火进行了9个小时的英勇搏斗,将大火扑灭,周边人民群众无一伤亡,为保卫国家财产和人民生命安全做出了重大贡献。驻沈部队官兵还积极参加扶贫帮困活动,共捐款200余万元,仅军区机关就捐款100余万元,为贫困地区的人民献上了一片爱心,受到人民群众的高度赞扬。

3.军民共建塑造了新形象。全市已有178个社区与基层连队建立了共建关系,参加活动的人数达30余万人,官兵参与共建绿色通道活动,共植树100多万棵。在自来水、煤气、公共交通、电力等窗口行业全面开展了"军民共建,文明服务"活动,有力促进文明服务、优质服务、爱心服务在窗口行业的逐步形成。去年,市政府开展市区公园拆墙透绿工程,驻军部队与园林部门积极探索拆除围墙后的公园管理工作,通过军民共建的一系列措施,使政府方便市民的措施落到实处。

4.优抚保障取得了新成果。2001年,各级政府投入786万元为农村524户老烈属、老伤残军人、老复员军人建起了新房,赠送手表10060块,收音机10060台,电视机525台,进一步解决了农村优抚对象的住房难问题,提高了生活质量。发放农村义务兵家属优待金1620万元,年户均2400元,富裕地区户均3600元。

在全市13个区县(市)普遍成立了"维护军人军属合法权益法庭",对涉及军人合法权益的案件优先立案、优先审判、优先执行,法律咨询站为军人军属提供法律咨询和法律援助,从根本上解决了军人军属涉法问题得不到及时解决的告状难、执行难问题。仅沈河区法院就受理各类涉军案件16起,挽回经济损失15万元。

(胡有升)

【优抚工作】 2001年,沈阳市优抚工作以市委、市政府开展的"学《讲话》、办实事、送温暖活动"为载体,以"扶贫帮困"落实各项优抚政策为重点,扎扎实实的为优抚对象办好事、实事,使沈阳市的优抚工作取得了明显成效。

1.优抚对象的抚恤、优抚标准又有新的提高。为切实保障优抚对象的生活,使他们的生活水平达到或略高于当地生活水平，从1月份起，又一次提高了革命烈士、因公牺牲和病故军人家属的抚恤标准。提高后的标准最高的可达267元，最低为192元。农村义务兵家属优待金，在全市普遍遭受旱灾的情况下，共统筹下发优待金1620.4万元，户均2400元，比上年又提高了200元。对在部队立功受奖的846名义务兵家属发奖励金12.69万元；减免优抚对象各种费用315.10万元，人均减免156元。

2.加大投资力度，解决在乡优抚对象"三难"。在解决生活难方面，动员社会力量，参与"扶优帮困活动"，帮助解决生活难题。春节期间，在办实事、送温暖活动中，为优抚对象下拨了13000个暖水瓶、10060块手表、10060台收音机、524台彩色电视机。对家庭困难的优抚对象都发给了救济金。在解决医疗难方面，全市农村共为复员军人筹集医疗补助费165.7万元，年人均310元，治病难有所缓解。在解决住房难方面，全市共为农村优抚对象建高标准新房524户，其中省、市、县配套资金786万元，户均补助建房经费1.5万元，经过四年的努力，农村重点优抚对象住房难基本得到了解决。

3.扶持优抚对象奔小康活动取得明显成效。经过几年的扶持，农村优抚对象的商品意识不断提高，生活状况有了明显改善，生活有了大幅度提高，在全市农村74273户优抚对象中，有62513户优抚对象从事各种商品生产，有60%以上的优抚对象走上了致富道路。辽中县、东陵区、新城子区被市民政局评为扶持优抚对象奔小康先进单位；东陵区前进乡等29乡镇被评为扶持优抚对象奔小康先进乡镇；于洪区杨士乡宁官村等46村被评为扶持优抚对象奔小康先进村；辽中县程付双等98名优抚对象被评为优抚对象奔小康示范户。

4.认真组织开展了全市优抚对象和优抚事业单位普查工作。为贯彻落实国家民政部、财政部和省民政厅、财政厅关于开展重点优抚安置对象和优抚安置事业单位普查工作的通知精神，从3月下旬至6月中旬开展了全市的重点优抚安置对象和优抚安置事业单位普查工作。在省普查办公室的指导下，在各级财政部门的支持下，经过全市各区、县(市)和市直属事业单位近千名普查人员艰苦细致的工作，在规定的时间内，较好地完成了全市的普查任务。根据普查数据统计，全市13个区、县(市)现有重点优抚对象15807人，其中革命伤残人员5944人、革命烈士家属1442人、因公牺牲军人家属237人、病故军人家属864人、在乡退伍红军老战士1人、在乡复员军人5490人、带病回乡退伍军人1829人；优抚事业单位67个、军供站3个、军队离退休干部休养所(服务站)31个；军队离退休干部2413人，军队无军籍职工1290人。2000年全市共接收退出现役士兵5469人，复员干部80人，应安置退役士兵4410人，安置4410人，接收和开发使用农村退伍军人两用人才270人。

(张春阳)

【军队离退休干部安置管理工作】 2001年，省下达沈阳市第五批接收安置军队离退休干部指标任务22名，经军地双方共同努力，全年共接收安置第五批军队离退休干部队191名，伤残士官8名，超额完成了省下达的接收安置任务。2001年主要抓了六项工作：

1.探索了服务管理与社区服务相结合的工作途径。在服务管理工作与社区相结合三种模式的基础上，2001年又进一步探索了服务管理与社区服务有机结合的工作途径：一是加强联系。干休所和社区经常沟通工作情况，利用节假日等时间，召开座谈、联欢或乘凉晚会，活跃工休人员和社区居民的思想文化生活。二是资源共享。干休所利用空闲时间把活动场所提供给社区，让社区利用干休所的活动室开展活动，促进社区的精神文明建设。三是成立便民组织。干休所与社区共同成立警务室、市民文明学校、康复站、家政服务中心等，方便社区居民日常生活，对休干实行优惠服务。四是发挥"关协"作用。干休所利用"关协"组织，深入到社区有关单位，开展传统教育活动，为社区建设献计献策。五是资助贫困学生。干休所鼓励和支持有条件的休干以"关协"组织或个人名义资助贫困学生读书，帮助他们完成学业。通过探索服务管理与社区服务相结合的工作方式，使干休所与社区联系更加紧密，休干了解了社会，社会了解休干，干休所的建设得到了进一步加强。

2.完成军队离退休干部的调资工作。根据(2001)政干字第234号文件《关于给移交政府安置的军队离退休干部、退休士官增加离退休费的通知》精神，及时召开干休所领导和财会人员会议，宣讲调资文件，布置调资工作，并对各干休所填报的休干调资历表格认真核实，把好质量关。这次休干调资，共发放经费400万元，人均补发工资2000元，无一差错，及时完成了休干调资工作。

3.按时完成了军休干部工资改由银行划卡发放工作。根据市财政管理体制改革的需要，于5月份着手与市工商银行协商，将全市军休系统2712名军休干部实行工资划卡领取制度。截至2001年底全市工休人员全部实行了划卡发放工资。

4.按时完成了售房工作。经市房改办同意，分别在4月和10月份对军队移交产权的休干住房进行了出售，全年共出售公有住房299套，面积2.4万平方米，回收售房款609万余元。

5.房产维修工作。根据《沈阳市军休系统2001年房产维修计划》，全年对14个干休所32项公共部位和设施进行了中修，共支出经费77.1万元。其中：屋面改造和防水2342平方米，住宅电并网210户，上下水管线及阀门更换320户。另外各干休所小修累计1877人次，支出经费8.4万元。

6.开展了庆祝建党80周年系列活动。一是请省委党校教授作了"庆祝建党80周年报告"。二是组织了"庆祝建党80周年演讲诗歌朗诵会"。三是筹办了"庆祝建党80周年卡拉OK大奖赛"。四是组织人员参加了局机关党委举办的党的知识百题竞赛，获得集体一等奖和组织奖。

(胡延先)

【退伍军人安置工作】 2001年全市共接收复退军人4781名，回城镇安置的3544名(含复干54名、转业士官359名)，回农村安置的1237名。市政府于1月5日下发了《关于做好2001年退伍军人安置工作的通知》，对做好安置工作提出了严格要求。2月中旬又召开了2001年退伍军人安置工作会议，中、省直有关单位，市有关部门和各区、县(市)主管领导等200多人参加，市委、市政府、沈阳军分区有关领导出席并讲话。各区、县(市)政府对退役士兵安置工作也高度重视，普遍加强了领导。根据行业特点、职工人数、经济效益和退役士兵数量，向403家单位下达了6000个安置计划指标，各区、县(市)属单位安置计划的落实比往年有明显提高。多数用人单位能以大局为重，克服自身困难，按计划或超额完成接收安置任务。全市217名进藏兵被提前优先安置到了效益好的企业或机关事业单位。68名退役士兵经过文化考试和政绩审核的办法被辽宁电力、省农电、省农信和东油录取。653名士官、革命伤残、立功受奖、特困家庭和退役女兵在安置时得到了适当的照顾。全市通过安置任务有偿转移、市区、县(市)财政配比和省里拨款的办法，共筹措专项有偿转移资金1283万元，共为700名自谋职业的退役士兵发放了一次性经济补助，比上年增加了一倍。进而使退役士兵自谋职业的人数达到了安置总数的20%。全市通过"供需见面，双向选择"的市场手段安置的退役士兵达2480名，占安置总数的70%。各区、县(市)在退役士兵待分配期间，充分发挥培训中心和职业技校的作用，积极开展各种形式的文化和职业技能培训，为退役士兵提高个人的综合素质和参与市场就业安置的能力创造了条件。对农村退伍军人两用人才开发使用工作采取了以下措施：一是对当年回来的退伍军人自然情况和技术特长进行登记；二是根据农村经济发展需要，进行各种类型的农村实用技术培训；三是为退役士兵提供用人信息，搞好推荐中介服务。农村退役士兵培训率达80%，两用人才开发使用率达95%。存在的主要问题是：个别单位存在不接收人也不交有偿转移金；非国有企业安置阻力较大，承担的安置任务不成比例；经济落后地区的退役士兵就业观念陈旧，申请自谋职业不积极。

（张　田）

【社区服务】 2001年，根据社区建设发展的需要，沈阳市大力开展了社区服务工作。

1.拓宽了服务领域，突出了工作重点。一是社区服务对象已由民政对象，逐步扩大到全体居民和各个单位。二是社区服务覆盖面已由本地区，逐步扩展到辖区外。三是社区服务内容已由单纯的日常生活服务，逐步延伸到社会保障、就业、卫生、治安、文化、教育、体育和社区志愿者等方面的服务。

2.加强了区、街、社区三级的基础设施建设。经过一年的努力，市内五区均新建(改建，扩建)起来了社区服务中心，使得区一级社区服务中心的总面积达到了3.2万平方米，功能也日益齐全。2001年，又有一批街道及社区的社区服务中心(站)投入了使用，使得60%的街道、65%的社区拥有了社区服务基础设施。

3.加快了信息化建设步伐。在"沈阳市百姓生活服务信息网"被联合国选为"良政项目"基础上，同联合国签订了"协议备忘录"，就"沈阳市百姓生活服务信息网"建设与联合国进行了广泛合作。2001年依次完成了应用软件的设计和初步验收等项工作，并在100个试点地区进行了推广应用。

（周　复）

【社会福利工作】 至2001年底，沈阳市有社会福利机构23所，职工849人，床位3048张，养员2246人，床位利用率75%以上。其中市养老院、福利院、安宁医院各1所，职工460人，床位930张，养员1093人；区县社会福利机构13所，职工292人，床位1308张，养员868人；社会团体2所，职工13人，床位80张，养员15人；企业4所，职工84人，床位630张，养员261人；民营1所，职工3人，床位100张，养员9人。沈河区投资800万元，购买一座建筑面积2400平方米的厂房，改建成老年人休养中心；铁西区投资900万元，购买一座建筑面积4000平方米的工厂医院，改建成老年公寓；沈飞公司投资100万元，将原医院门诊大楼改建成老年公寓，以上三家福利机构现已投入使用。这些福利机构为社会上丧失劳动能力、无依无靠、无生活来源的孤寡残幼，家庭无人照管的老人、残疾儿童、精神病人和优抚对象、困难户、社区居民提供收养照料以及服务设施，保证了收养对象的基本生活。

为了加快推进社会福利社会化进程，市民政部门认真贯彻落实国务院转发民政部等11个部门下发的《关于加快实现社会福利社会化的意见》[国办发(2000)19号]的精神，严格按照《老年人建筑设计规范》、《老年人、残疾人、儿童社会福利机构基本标准》和《社会福利机构管理暂行办法》，规范养老市场。通过政策引导和资金扶持，新建2所区级养老机构，审批了2所民办福利机构，正在筹办的民办福利机构2所。基本实现了扶持保护有政策、审批管理有办法、建筑设计有标准、检查监督有依据。已经做到广开财路，投资主体多元化；面向社会，服务对象公众化；方便老人，服务方式多样化；合理配置，运行机制市场化；强化内功，服务队伍专业化。并初步形成了以市属为龙头，区属为骨干，社会力量为补充，居家为基础的多种形式、多种渠道的发展社会福利机构的格局。

（于友成）

【救灾救济工作】 2001年春季以来，沈阳市康平、法库、柳绕地区和辽河沿线等地遭受了历史上罕见的最为严重的干旱、风雹、病虫及早霜等自然灾害，大片农作物干旱枯死，部分地区人畜饮水困难。受灾面积之广，持续时间之长，减产绝收之重，都是历史上所罕见，给全市农业生产和群众生活造成严重困难。

灾情发生后，市委、市政府多次召开紧急会议，研究抗灾救灾对策，制订救灾工作方案，采取生产自救措施，力争把灾害造成的损失减少到最低限度。针对沈阳市受灾地区群众生产生活面临的困难，市委、市政府采取了一系列有效措施，支援受灾和贫困地区，帮助灾民和贫困户解决困难，尽快摆脱贫困。一是动员市内五区和东陵、于洪及市直有关单位出资2000万元，一次性定点支援23个贫困乡镇，其中：康平县8个、法库县7个、新民市4个、辽中县4个。重点解决受灾和贫困地区群众的住房、子女就学、疾病治疗、优待抚恤和五保供养及改善生产条件等方面的困难。二是下拨750万元救灾救济款，重点解决灾民、贫困户口粮短缺问题，按每人每月20千克贸易粮标准救济，由各县(市)统一购买粮食，发放到灾民、贫困户手中。三是下拨383.65万元，按每户500元标准资助灾民、贫困户备耕春耕生产，确保都能种上地。

（李伟恕）

【农村扶贫工作】 截至2001年末，沈阳市城乡共有贫困户12.6万户、29.8万人，其中：城市9万户、20万人；农村3.6万户、9.8万人。

1.贫困户建房。本着"自筹、群帮、公助"的原则，2001年全市为农村贫困户建房375户、986间，投入资金540万元。

2.农村长困户生活救济制度。全年享受长困户生活救济制度4659户11484人，占全市农业人口0.4%，全年共发放保障金、保障粮折款合计782.7万元。

3.党员干部扶贫包户。全市共有2264个单位、44651名党员干部包扶城乡贫困户51089户，累计投入扶贫款物4370万元，形成了市、区(县、市)、街道(乡镇)三级包户网络。

4.市直各部门、各单位包扶贫困村。由市农工委组织的90个市直部门、单位共包扶康平、法库216个贫困村。重点解决了增强集体经济实力，开发改造生产项目，改善农民生产生活条件，全年投入资金达1000余万元。

5.部分区和单位包扶贫困乡。针对2001年受灾较重的23个贫困乡镇，组织动员了和平、沈河、皇姑、大东、铁西、于洪、东陵7个区以及开发区、省和市属有关单位共25家出资2000万元，重点解决贫困户的住房、子女就学、医疗和优待抚恤、五保政策落实以及改善生产条件等问题。

6.妥善安排了灾民、贫困户的生产生活。2001年共为17770户种地有困难的农户下拨春耕生产资金888.4万元，为9.02万缺粮人口下拨口粮救济款1152万元，保证了贫困灾民都能种上地，有饭吃。同时，还下拨冬令灾民口粮款150万元，重点解决康平、法库、辽中、新民4县(市)15616人的口粮问题。

7.组织百家企业帮扶重灾村活动。由市经贸委在全市组织了百家国营、民营企事业，帮扶全市23个重灾乡镇的100个重灾村。

8.开展了科技扶贫帮困活动。由市科协组织全市19所高等院校、19家科研院所参加的，采取"一校一所帮扶一个贫困乡镇"的形式，组成19个科教小分队，对康法两县19个贫困乡镇进行科教扶贫。

9.开展了扶贫助学活动。由市妇联、总工会等部门在全市组织开展了千户家庭与千名特困儿童手拉手助学帮困活动。

（李　璠）

【农村五保供养工作】 2001年底,全市农村共有五保对象8516户、9416人,其中在院集中供养3632户、3722人。现有农村敬老院141所,在院工作人员954人,有床位7050张。

2001年农村五保供养工作,以贯彻落实《沈阳市农村五保供养办法》为重点,以提高五保对象生活水平为目的,以建设高标准敬老院为契机,以强化规范化、制度化建设为措施,推进了全市五保供养工作的全面发展。一是五保供养政策得到了落实。根据《沈阳市农村五保供养办法》,对全市五保供养对象全部实行了供养保障,全年供养费用1448万元,其中集中供养费用为789.87万元。集中供养标准年人均达到2123元,分散供养标准年人均达到1156元。二是敬老院建设工作有了突破性发展。根据省委、省政府关于在扶贫帮困工作中,每个区、县(市)要建设两所高标准农村敬老院的要求,各区、县(市)按照《辽宁省高标准敬老院条件》规定,在时间紧、任务重的情况下,按期完成了改扩建任务,全市改扩建16所高标准敬老院,其中:新建2所,新建或改扩建敬老院总投入资金1054.8万元,其中:市财政投资400万元,区、县(市)投入139万元,乡镇自筹495.8万元;总建筑面积1.5万平方米,床位968张,分别比以前增加4500平方米和278张。三是院办经济有了较快发展。全市各院基本都有固定的经营创收项目,年创纯收入达476万元,其中用于养员生活补贴195万元;用于院内扩大再生产和添置设施132万元。纯收入在3万元以上的院有73所,有45所院实行了对外开放,共收养自费养员221人。院办经济的发展,补贴了在院养员的生活,扶持了贫困户,为敬老院的发展和状大积累了资金。

(杜　平)

【老龄工作】 2001年,全市各级老龄组织共同努力,全面完成了年度工作计划。

认真学习贯彻全国老龄工作会议精神。年初召开各区、县(市)老龄办的负责人会议,对学习《决定》、《老年法》、《李岚清副总理在全国老龄工作委员会第一次会议上的讲话》等有关文件提出了具体要求。起草了市委、市政府实施《决定》的意见,与市直29个单位会签、起草了沈阳市老龄事业"十年发展计划"和2015年长远发展规划;起草了市老龄委工作职责,成员单位工作职责,老龄办工作职责。中央电视台《夕阳红》栏目组对沈阳市在社区建立老年活动室、在农村创办老年大学和在全市评选沈阳"十大孝子"等方面工作进行了专题采访,并连续播放。《中国老年报》在一版显要位置报道了沈阳建老年活动室情况。省、市等新闻单位也都对老龄工作做了专栏报道。沈阳市还成功举办了全国26城市第十四次暨东北地区第五次老龄工作联席会议。

继续深入开展助老工程活动。全年发放老年优待、优惠证23900个,与市慈善总会联合开展了向百名特困老人献爱心,为10名患白内障的老人做了复明手术。继续组织"夕阳红"旅游专列。作为助老工程活动的主要内容,按照"文明、健康、安全、向上"的思想和"创品牌、做精品"的要求,市老龄委、沈铁国旅、沈阳晚报和市老年人养护中心组织了3条线路5次专列,共有42个单位3942人参加,最大年龄89岁。完成了市委、市政府向全市人民承诺的在20%的社区建立和完善达标老年人活动室的工作,建设了一批带有示范性的老年服务设施。完成190个达标活动室。加强老协组织建设。通过社区、村的老协组织发挥作用,有效地开展"六个老有"活动。

加强老年人思想政治工作和文体活动。举办了以声乐、老年健身操、时装表演为内容的培训班。举办了第二届中老年时装表演赛,在工业展览馆文化广场举办了"夕阳无限好"专场文艺晚会。举办了首届"维康杯"老年人才艺大赛。参加了文化部在威海举办的"全国第三届老年人永远的辉煌合唱比赛",取得了夏荷金奖。

维护老年人合法权益。认真宣传贯彻《老年法》。各区、县(市)开展了大型《老年法》宣传咨询活动,组织各种宣传《老年法》活动1200多次。加强法规政策建设。市老龄委成立了市法律援助中心老年法律联络部,老年人信访、法律咨询工作得到了完善。

(张亚权)

【社团登记管理】 2001年社团登记管理主要做了如下以下几项工作。

1.圆满完成社团清理整顿的收尾工作。为切实加强清理整顿工作的力度,针对多次督促仍未参加清理整顿的社团,采取了具体分析、个案解决的办法,登门逐个研究落实。对局级以上领导兼任社团职务报批和换届改选等问题,督促社团按时完成。根据中央和省委处理有危害的气功和清理整顿气功类组织工作的意见,对经核准登记的气功类社团全部采取自愿注销的方式,并坚持严格按政策法规清理和做好思想政治工作相结合,使这项原本十分敏感的工作进展得十分顺利。气功类社团的会员情绪稳定,社会反应平静,没有出现影响稳定的问题。清理整顿前全市有547个社团,清理整顿中注销7个社团,不予重新登记的8个,保留社团532个。通过清理整顿进一步提高了社团的整体素质,这对全市社团的结构调整及质量的提高起到了积极作用。

2.依法行政,全面推进政务公开。为依法行政,使民间组织的管理寓服务之中,全面推进政务公开,针对民办非企业单位业务主管单位委托区、县(市)管理的实际,在登记工作中,制定了市登市管、市登区管、区登区管的三种登记形式。并对社团管理工作制定了接待记录、重大活动报告、信息反馈等制度,同时积极推进政务公开,就社团登记工作的有关方法、程序、规定和所需材料等作为服务规则予以印发,并就成立登记、变更登记、注销登记分别制定了工作流程图和登记台帐,还对社团的档案管理提出了规范化要求,提高了工作的透明度和执法水平,有力地推动了社团管理工作走向法制化、规范化的轨道。

3.加强社团组织管理,提高其自律水平。为较好完成社团清理整顿的收尾工作,结合上级的有关规定,在加强社团管理提高其自律水平和内在质量工作中,着重抓了五个环节。一是完善了处级以上领导干部兼任社团职务的报批制度。二是建立了以章程为核心的自律机制,实行了章程核准制。三是加大了社团的财务监督制度,确保社团资金的合理利用。四是加强了社团党建工作,发挥党组织的政治核心作用。五是强化社团的法律意识,提高其依法办会的自觉性。

4.积极培育发展行业协会,促进社团的发展。根据政府机构改革的要求,积极配合市编委、市经贸委开展了行业协会的调研,市民政局、市经贸委、工业经济联合会组成了调研组到上海进行学习考察,提出了行业协会发展的新思路和职能定位的建议,为行业协会的培育发展打下了良好的基础。

5.依法开展了对非法气功组织"神龙密功"财产的调查工作。组成由市民政、公安、工商、地税、国税、东陵等相关部门参加的处理"神龙密功"财产问题调查组。调查组经过前一阶段认真细致地调查,基本了解了神龙山庄固定资产、王素玲投资情况及资金来源、王素玲借款、综合楼产权等有关情况。

6.加大执法力度,开展全市执法检查。10月初,在全市范围内组织开展了民间组织登记管理执法检查,通过听取各区、县(市)民间组织工作情况汇报、抽查和调阅档案材料等方法,基本掌握了全市民间组织登记管理的现状和各项工作的进展情况。这次互检达到了交流经验、发现问题、促进工作、共同提高的目的。同时促进了执法水平的不断提高,有力地推动了民间组织管理工作走上法制化规范化轨道。

(吴 琪)

【民办非企业单位登记管理工作】 2001年，为认真落实国务院《民办非企业单位登记管理暂行条例》和全市进一步加强民间组织管理工作会议精神，在2000年试点区、县(市)登记工作取得成功经验的基础上，依法在全市全面启动了民办非企业单位登记工作。一是以点带面，全面铺开。4月12日召开了市民办非企业单位工作会议暨民办非企业单位复查登记试点区、县(市)经验交流会，推广了铁西、和平、新民三个区、县(市)的成功经验。截至2001年底，全市共登记民办非企业单位221个，使民办非企业单位复查登记工作取得了阶段性成果。二是双重管理，形成合力。为进一步贯彻落实双重负责的管理体制，明确业务主管单位与登记管理机关各自的职责，推进民办非企业单位登记工作的全面开展，与市体委、市科委、市文化局、市卫生局、市劳动局签订了双边文件，并就有关登记对象、登记程序、登记条件等方面达成了共识，形成了复查登记的合力。同时还就民办非企业单位开立银行帐户和刻制印鉴与中国人民银行沈阳市分行、市公安局联合下发了文件。三是规范运作，保证质量。采取了举办培训班、以会代训等形式对区、县(市)登记管理干部和业务主管单位的负责人及联络员进行了培训，就登记工作中需要明确的一些问题进行了解答，有效地规范了运作程序，保证了登记的质量。

(吴 琪)

【婚姻收养】 2001年，沈阳市婚姻收养工作取得较好成绩。全市结婚登记44010对，结婚登记率为12‰，比上年同期下降了2.5个千分点；离婚登记9089对，离婚登记率为2.5‰，比上年同期上升了0.2个千分点。涉外婚姻登记379对，比上年同期增加了135对；收养登记79件，比上年同期减少了74件。

1.开展了婚姻管理信息年工作。下发了《关于开展婚姻管理信息化工作的通知》。实现了婚姻数据管理的及时、准确、科学。沈阳市婚姻管理信息化工作经验被《中国社会报》刊载。又有3个县区的婚姻登记管理处被省民政厅评为一级婚姻登记管理机关，至此，沈阳市13个婚姻登记机关有11个是省级一级机关。

2.婚姻介绍机构整顿规范工作全面结束。开展了婚姻介绍机构整顿规范工作。婚介所数量由整顿前的94家调整为42家。婚介机构服务场所面积由原来的不足10平方米一跃为平均48平方米，房屋98间，平均每个婚介所2.33间；计算机57部；婚介机构负责人大专以上文化程度的23人。整顿后的婚介机构全部实现了统一使用经国家工商局注册的沈阳市婚姻家庭建设协会服务商标，统一悬挂两证(《沈阳市婚姻服务特种行业许可证》、《民办非企业单位登记证书》)，佩戴和持有全市统一编号的胸卡及上岗证。沈阳市的婚姻介绍机构整顿规范工作经验在《中国社会报》刊登，并配发了评论员文章。

3.开展了婚姻服务收费明码标价工作。与市物价局联合下发了《关于加强婚姻服务行业明码标价工作的通知》。在沈河区召开了婚姻服务收费明码标价现场会，授予沈河区婚姻服务中心为“婚姻服务收费明码标价示范单位”牌匾。各婚姻服务中心全部悬挂由物价部门统一制作的明码标价板。

(孙 英)

【殡葬管理与服务】 2001年，沈阳市的殡葬管理与服务工作，由于认真贯彻落实国家殡葬改革的方针、政策，取得了长足的发展。

1.全市死亡人口33166人，火化遗体37861具，火化率仍巩固在99.2%。

2.在全市农村开展大规模的平坟还田活动，全市共平(迁)坟3.5万余座，还田和宜林地11公顷。经省、市民政部门2次检查验收，主要铁路、公路沿线基本实现无坟包。

3.坚持搞好骨灰入土植树和骨灰撒海活动。全市城区全年共有4300户居民参加骨灰入土植树活动，安葬骨灰4500盒，植树4400棵，绿化荒山11公顷。组织市民先后两次参加骨灰撒海活动，有58户市民将64盒骨灰撒入鸭绿江入海口处，与2000年相比，增加近一倍的数量。

4.丧葬用品市场进一步得到整治规范。经营丧葬用品的寿衣店(点)布局合理，数量得到控制，全市各级民政、工商、城管联合对丧葬用品市场进行互检30余次，清理销毁丧葬迷信用品5万余件，使丧葬用品市场不断得到净化。

5.沈阳市人民政府于8月28日颁布了《沈阳市殡葬管理规定》，从当年12月1日起实行。《规定》明确了任务与分工，对依法管理全市的殡葬工作奠定了坚实的基础。

6.进一步规范了骨灰公墓。全年共安葬骨灰4010盒，为实施多样化处理骨灰，满足部分丧户处理骨灰提供了有利条件。

7.、经法库县民政局申报，市民政局评比验收，法库县殡仪馆被省民政厅授予“三级”殡仪馆。

(何清才)

【慈善事业】 2001年，沈阳市慈善总会共接收各界捐赠款物209.7万元(其中：捐赠资金35.7万元，利息收入3.7万元，捐赠物资折合人民币170.4万元)；救助支出210.9万元(其中：资金支出45.1万元，物资支出折合人民币165.8万元)，救助特困对象3万余户，完成政府交办接收扶贫帮困捐款1912万元，为促进全市的两个文明建设和完善社会保障体系发挥了应有的作用。

1.开展救助活动，以慈善之爱温暖千家万户。一年来，总会利用春节、儿童节、老人节等节日开展了丰富多彩的慈善济困活动。一是开展“情暖残困户、慈善送百家”春节助困活动，向全市124户残困家庭捐赠了价值2万多元的大米、面粉、豆油、电热毯等节日生活用品，同时凡亚商厦也与总会合作向全市贫困户捐赠了价值30万的面粉。二是与沈阳晚报合作开展“关注孤儿院外孤儿”六一助孤活动，使全市117位社会上的孤儿得到了救助，并向市儿童福利院捐款1.1万元。三是继续开展“爱心助学”活动，在2000年爱心助学的基础上，又扩大了救助范围，153名特困学生再次得到救助。四是开展捐药赠药活动，为了解决特困户缺医少药的困难，辽宁科翔医药公司与总会合作，联合国内知名医药厂家向全市低保家庭捐赠了价值160万元的药品。五是开展“慈善之光、关爱夕阳”助老系列活动，先后为100名特困老人捐赠了价值2万元的节日生活用品，出资近3万元为9名白内障患者实施复明手术，重阳节前夕组织相关单位慰问了市养老院。

2.拓宽募捐渠道，多种形式筹集善款。在通过开展慈善救助活动募集资金的同时，总会也积极开拓新的募集渠道。一是借远东区域杯第二届美业大赛的机会举行“扶贫帮困美业公益联盟会”，现场接收捐款1万多元。二是借广州颖珍妮在沈阳召开法国“自由感觉”专业美容展示会的机会，联手开展“欢乐满中华”主题募捐活动，特邀歌星林依轮为总会题词并接收现场捐款。三是借沃尔玛超市落户沈城之机，总会积极与其联络，求得支持，沃尔玛公司经过考虑，在开业之际向总会捐款20万元，建立“沃尔马慈善基金”。四是建立救助梦宝基金初见成效，2000年10月由梦宝家具公司在中国家具城设立的救助残疾儿童梦宝基金合作一年期满，该公司已将销售利润1.8万元转入慈善总会帐户。

3.承上启下发挥桥梁作用。慈善总会在有计划实施社会募捐项目开展慈善救助活动的同时，多次根据上访者要求，解决困难，协助政府做好“法轮功”习练者的思想转化工作，解决其家庭困难。年初，在人员少、时间紧的情况下，圆满完成接收扶贫帮困的工作，接收扶贫帮困款1912万元已全部转入财政专户。

（李 叶）

【收容遣送工作】 2001年，沈阳市共收容来沈盲目外流人员8600多人次，其中各县、区收遣站收容的有1040多人次；由公安部门收容的来沈盲目务工且无合法证件的人员1540多人次。

为稳定社会秩序，2001年沈阳市收容遣送工作主要开展以下几方面：一是注重增强服务意识。共为420多名儿童和330多名处境困难的老人查找住址和亲属，妥善安置其返回原籍。二是强化内部建设。首先是组织全市收遣职工认真学习贯彻辽宁省民政厅制定的“收容遣送站内部管理规定”，进一步提高收遣职工依法办事水平。同时进行了必要的资金投入，改善被收容人员班舍条件，更换床铺和被服，共用资金12万元。同时，为完善被收容人员的管理教育设施，除坚持专、兼职管理人员有计划的进行遵纪守法和典型案例教育外，全年市收遣站投入3万元，完善了电话教育和监控管理配套设施，促进了收容遣送工作现代化管理措施的提高。

收容遣送工作重在强化治本措施。全年各县、区继续开展“三无达标”活动，有效的控制本地区人口盲目外流现象，2001年盲目外流人员被控制在万分之0.45以下。对长流人员安置工作拓宽了渠道，一方面落实家属监护责任，另一方面生活确有困难的，落实最低生活保障制度，予以安置。

（倪 华）

【社会福利有奖募捐工作】 2001年，电脑福利彩票是与电脑体育彩票，在日趋激烈的竞争中走向市场的。年初一开始，电脑彩票就不断呈现强劲攀升势头，开市大吉，运行迅速，期销售量创出历史新高，实现了开门红。一季度彩票销售额达到8454万元，比上年同期增长2.8倍，完成全年计划指标的52%，大大超过了预期目标。进入下半年，由于种种原因，彩票市场不太景气，开始下滑。市福彩发行中心加大工作力度，采取了相应措施，防止下滑，使之持续稳定发展。截至12月末，全年电脑彩票销售2.24亿元，比上年增长35%，比前年增长一倍。保持了年年创新高，一年好于一年的态势。此外，与电脑彩票同步运行的印制彩票在十分困难境地，还组织发行了10次大奖组，销售彩票410万元。

经济效益和社会效益得到了进一步发挥。一是按30%福利资金计算，共创福利资金6843万元，比上年增加30%，为加快发展社会福利事业和社会保障事业，扩大了资金来源。二是为国家增加了税收。代收代缴中高奖者个人所得税2100多万元，实现利税500多万元，比上年增加了一倍。三是提供了就业机会。由于增投了投注网点，增加了代销人员，全年又安置了下岗职工和待业人员1000多人，有利于稳定社会。四是群众的彩票意识有了明显地增强。电脑彩票的真实性、公正性、公开性和科学性，无论从哪个环节上都在不断地取信于民。从中奖情况看，获得500万元的20人，300万元的1人，100万元1人，10万元—50万元的16人，10万元以下若干人。中奖者的比例占全省份额40%，福利彩票造福社会，奉献彩民的宗旨得到了进一步体现。

（王安伏）

人民生活

【农民收入和生活消费支出情况】 2001年，沈阳市又一次遭遇了历史上罕见的春夏连旱，农作物生产受到了严重的影响。为确保农民收入的实现，全市人民开展了积极的抗旱救灾工作。市政府向灾区投入资金对灾区人民的生产和生活进行及时救助，各金融机构投放贷款，社会各界和广大市民慷慨解囊支援灾区，同时灾区人民也积极开展了生产自救，通过多种渠道增加农民收入，确保了农民收入在大灾之年有所增长。据对1000户农民家庭抽样调查资料的计算，2001年，沈阳市农民人均纯收入达到3230元，比2000年增加95元，增长3%；农民人均生活消费支出为1944元，比2000年下降2.6%。

一、农民收入稳步增加

2001年农民收入的增加得益于五个方面：一是由于春旱无雨，难以播种，一部分农民纷纷外出寻找工作。各级政府针对旱灾出台了多项政策，鼓励农民外出务工或到非农单位就业，使农民工资性收入得以增加，2001年人均所得的工资性收入达到933元，比上年增加76元，增长8.9%。二是农民财产性和转移性收入的增加为农民人均带来42元的收入增加额。三是全市投入大量的资金和物力用于抗旱。为减少旱灾带来的损失，全市广大干部群众与旱灾进行了不屈的抗争。全市仅用于抗旱的资金就投入7288万元，打井5.7万眼，动员全社会的力量，实行“担水”、“坐水”、“营养钵育苗”、“抗旱剂”等手段抢墒、造墒，抓紧时间补种、毁种、抢种、强种，全市抗旱面积达13余万公顷。由于措施得力取得了较好的抗旱效果，粮食总产量比上年增产7.6%，而由于粮食产量的增加使农民人均增收39元。四是玉米收购价格每斤提高3.5分钱，水稻每斤下降2.4分钱，按全市两大品种的总产量计算，玉米带来的价格增收减去水稻的价格减收，全市农民人均增收30元。五是畜牧饲养业稳步发展，全市肉类总产量达到36.5万吨，比上年增长9.6%；全市蛋类总产量达到27.5万吨，比上年增长12.2%；全市奶类总产量达到6.7万吨，比上年增长17.5%。据抽样调查资料计算，全市农民人均从畜牧业得到的纯收入达到311元，比上年增加38元。全市振兴农业的“一带四区三线”项目吸纳剩余劳动力数千人，已产生的直接经济效益近亿元，带动了农民收入的增加。

影响农民收入快速增长的减收因素有三个方面：一是由于严重的旱灾，农作物严重减产。2001年全市蔬菜总产量达到284.2万吨，比上年减产12万吨，减产4.2%；西甜瓜总产量达到18.6万吨，比上年减产8.6万吨，减产31.7%；水果总产量达到8.3万吨，比上年下降8.9%，由于减产影响了农民收入的实现和增加。二是用于抗旱的多种措施，加大了农民的生产投入，2001年仅农业生产支出人均就达到880元，比上年增加122元。三是农民家庭经营的工业、建筑业不景气及农民从以上两个行业所得的工资性收入减少。据调查资料计算，2001年全市农民人均从家庭经营的工业纯收入获得33元，比上年减少13元；从建筑业获得纯收入20元，比上年减少15元；人均从第二产业获得的工资性收入仅为154元，比上年减少15元。

二、受生产投入增加的影响，农民生活消费支出额略有减少

2001年由于农民生产消费支出的增大，在一定程度上减少了对生活消费的支出。据抽样调查资料计算，2001年全市农民人均生活消费支出为1944元，比上年减少52元，下降2.6%。2001年农民生活消费支出呈现以下四个特点：

1.居住消费增幅显著。随着农民收入水平的提高，农民用于居住消费的支出不断增加，2001年农民人均用于居住支出的消费额为350元，比2000年增加58元，增长19.9%。抽样调查资料显示，2001年全市每百户农民家庭新建住房面积8.42平方米，新建住房投资4340元，改善住房条件、装饰住房依然是农民消费的首选。到2001年末，全市农民人均居住面积已达到22.8米平方，比2000年增加1平方米，其中居住钢筋混凝土和砖木结构的面积已达22.4平方米。由于住房结构的改善，农民冬季取暖条件得以改观，到2001年末，每百户农民家庭

使用空调机、暖气取暖的已经达到18.8户，使用火炕取暖的有81.2户。生活居住环境的改善，使农民生活所用燃料趋于多样化，到2001年末，全市农村每百户农民家庭使用液化气的已经达到18.4户，使用柴草的81.6户。

2.农民家庭主要生活耐用消费品拥有量继续增加。据对1000户农民家庭的抽样调查，到2001年末，全市农村百户农民家庭拥有洗衣机73.8台，比上年增加0.6台；电冰箱24.6台，比上年增加2.5台；空调器1.4台，与上年持平；微波炉3.2台，比上年增加1.1台；热水器8.7台，比上年增加1.3台；摩托车34台，比上年增加2.4台；电话机66.4部，比上年增加8.5部；移动电话14.8部，比上年增加6.1部；彩色电视机89.6台，比上年增加3.7台；摄像机0.9台，比上年增加0.6台；影碟机23.2台，比上年增加6.6台；照相机12.3架，比上年增加2架。随着农民生活水平的提高，农民生活消费品更新换代步伐将进一步加快。

3.农民的健康意识增强，用于医疗保健的支出有所提高。据对1000户农民家庭抽样调查资料计算，2001年农民人均用于医疗保健的支出达到81元，比2000年增加0.27元，其中：购买医疗卫生保健用品支出59元；用于医疗保健服务费支出19元；购买医疗卫生保健设备及其他3元。近几年农民用于医疗保健支出的逐年增加，标志着农民健康意识的增强及医疗卫生保健事业的普及和发展。

4.交通、通讯消费继续保持较高的支出水平。据对1000户农民家庭抽样调查，2001年全市农民人均用于交通通讯消费的支出为139元，仅比2000年减少1元，其中：购买交通工具支出21元；购买通讯工具支出10元；用于交通费用支出29元；用于邮电及通讯费用支出67元；用于交通及通讯工具修理费7元。四通八达的公路交通运输网，不仅方便了农民的出行，而且支持着农村经济的快速发展。2001年，全市农村公路总里程已经达到5234公里，141个乡镇全部通了油路，2012个行政村有1518个村通了油路，占行政村总数的75.4%。随着农民家庭电话的普及，寻呼机和移动电话的方便快捷受到了广大农民的喜爱，并且成为农民致富的新帮手，到2001年末，全市百户农民家庭拥有寻呼机19.6台，移动电话14.8部，成为农民生产、生活中不可缺少的通讯工具。

（*高党婉*）

【城市居民收入情况】 2001年是“十五”计划的第一年，沈阳市国民经济继续保持了快速、健康发展的势头。城市居民家庭收入持续增长，消费水平进一步提高，人民生活向宽裕水平迈进。

1.居民可支配收入比上年增长9.2%。据对沈阳市500户城市居民家庭抽样调查，2001年城市居民家庭人均可支配收入6386.09元，比上年增长9.2%，扣除价格因素影响，实际增长9.2%，是近六年来增幅最大的一年，比“九五”末期的4082.61元增长54.6%，平均每年增长7.7%。

2.工资性收入占可支配收入的六成以上。2001年，居民家庭有收入者的劳动报酬达人均8734.01元，比上年增长9.2%，其中来自国有、集体和其他经济类型单位的工资性收入为7990.44元，比上年增长5.6%，占可支配收入的比重为62.3%。国有单位职工收入占家庭总收入的47.7%，对可支配收入增长的贡献率为47.7%。离退休金增长速度比较快，比上年增长20.5%。家庭中来自其他单位的收入增长15.8%，保持高速增长，对可支配收入增长的贡献率为12.4%。按居民家庭各类劳动者人均计算，收入增幅最大的是个体经营者的净收益，人均收入9978.04元，比上年增长4倍。离退休再就业者和其他就业者的收入增幅分别位居第二、三位，增幅分别为87.7%和56.9%。

3.转移性收入增势强劲。在居民人均收入中，转移性收入为1364.78元，比上年增长8.3%，对可支配收入增长的贡献率达21.4%。一是由于2001年下半年，行政事业单位和企业适当提高离退休人员的离退休金和生活补贴，使居民家庭收入中离退休人员收入有较大增长。人均收入中，离退休金7156.14元，比上年增长20.5%。二是孝敬长辈的社会风气和居民间礼尚往来日益频繁，使“人情费”逐年看涨，使长辈得到的赡养赠送收入和晚辈依靠长辈生活的费用也逐渐提高。居民人均收入中，赡养赠送收入为260.51元，比上年增长12.9%。

4.低高收入家庭同步向高位移。在居民收入总体水平提高的同时，居民家庭不同收入层次亦在调整。2001年居民人均收入在3000元以下的低收入家庭由上年的12.4%下降到8.4%，而人均收入在1万元以上的中高收入家庭则由上年的13%上升到14.8%，低高收入家庭同步向高位移动。

（*廖倩茹*）

【城市居民消费情况】 2001年，在城市居民收入水平提高的同时，人们的物质生活和精神生活得到全面改善，消费水平不断实现着由“量”的积累到“质”的飞跃。居民人均消费性支出为5515.08元，比上年增长8.1%；非消费性支出为1657.76元，比上年增长50.6%，非消费性支出增长幅度超过消费性支出增幅42.5个百分点。

1.八大类消费性支出“七升一降”。2001年，食品衣着等八大类消费性支出出现“七升一降”格局，改变了以往一吃、二穿、三用的固有模式，城市居民生活消费向舒适型、享乐型发展。在八大类支出中，除家庭设备、用品及服务类支出比上年下降8.4%外，其余七类支出则呈上升态势，其中增幅最大的是娱乐、教育、文化服务类支出，人均支出795.99元，比上年增长23.7%；居住和杂项商品类支出则分别增长14.7%和12.4%；而食品类和衣着类支出仅比上年增长8.0%和1.3%。

2.消费结构进一步向发展型和服务型消费升级。收入的持续增长，使居民的消费结构继续改善，进一步向发展型和服务性消费升级。2001年在人均消费性支出中，居民的食品类和衣着类支出占消费性支出的比重下降，分别比上年下降0.02和0.81个百分点；而娱乐教育文化和居住、杂项商品服务支出占消费性支出的比重则上升，分别比上年提高1.82、0.28和0.37个百分点。

3.消费需求的差距拉大。由于居民收入差距的扩大，居民消费层次化更为明显。2001年据对500户居民家庭抽样调查，占10%的最低收入户家庭消费层次较低，人均消费性支出为2425.58元；而10%最高收入户家庭人均消费性支出为14329.11元。最低收入户家庭人均消费性支出仅占最高收入户的16.9%，比500户家庭平均水平低53.24%。在耐用消费品拥有量上，最高收入户家庭的高档耐用消费品已基本满足，而最低收入户家庭因受购买能力的限制则无法满足耐用消费品的消费需求。

4.非消费支出增长迅猛。2001年沈阳市居民人均非消费性支出为1657.76元，比上年增长50.6%，增长幅度高出消费性支出42.5个百分点，占实际支出的比重由上年的15.4%上升到23.1%，提高7.7个百分点。

——购房支出增长迅猛。随着住房货币化的推进，居民投向购房的支出越来越大。2001年居民户均购房支出为889.82元，比上年增长71.4%，占非消费性支出的53.7%，成为拉动非消费性支出快速增长的主要原因。

——各种保险支出异常活跃。随着市民对教育、医疗、养老等预期增加的同时，保险意识日益增强，各种保险支出明显增加。2001年居民人均保险支出为136.80元，比上年增加33.78元，其中：人均非储蓄性保险支出比上年增长

65.6%；储蓄性保险支出比上年增长8.9%。

——投资渠道拓展，居民继续偏好有价证券。居民的个人投资渠道日益拓展。受国家储蓄存款利率多次下调和征收储蓄存款利息税的影响，居民投资理念增强，除了银行储蓄之外，股市、债市、邮市、币市、收藏、集资和博彩等多种投资渠道也成为居民的选择。居民对购买有价证券更是"情有独钟"，2001年，居民购买有价证券支出继续上扬，人均支出15.45元，比上年增长12.3%。

（廖倩茹）

【物价变动情况】 2001年，沈阳市价格总水平延续上年走势，平稳运行。2001年居民消费价格指数与上年同期相比为100.0%，其中：非食品价格指数为98.7%、服务项目价格指数为105.7%。物价变动的主要特点为：

1.食品价格止跌上扬，回升"亮点"扩大。食品类价格在连续三年下跌后，2001年企稳回升，与上年相比，上涨2.1%，直接推动总指数上涨0.76个百分点，是物价总水平走稳的主要因素。在食品的16个小类中，有8小类上涨，上涨面比上年扩大9%。鲜菜、肉禽及其制品涨幅较大，分别上涨10.8%、8.6%；蛋类上涨4.3%。在下降的各类中，油脂类降幅最大，下降11.7%；干鲜瓜果下降5.9%；水产品下降4.1%。粮食价格继续下滑，比上年下降1.3%，但降幅大大减缓，比上年缩小11个百分点。

2.工业消费品价格持续下滑，弱势特征明显。在调查统计的六大类工业消费品中，娱乐教育文化用品及服务比上年同期上涨4.2%，其中：学杂托幼费上涨9.5%；旅游及外出上涨6.7%，两小类共带动娱乐教育文化及服务上涨0.94个百分点。其他五类工业消费品价格都呈负增长，价格下降的商品也由上年的39%增大到49%，各类商品的降幅也呈逐步加大之势。衣着类由上年上涨2.1%转为下降1.2%；医疗保健和个人用品下降12.1%，降幅比上年增大11.6个百分点；家庭设备用品及维修服务下降5.7%，降幅比上年增大4.4个百分点；交通和通讯下降3.0%，比上年增大0.3个百分点。

3.居住类价格涨势延续，涨幅逐月回落。近两年持续上涨而且涨幅较大的居住类价格2001年明显减弱，与上年同期相比，居住类上涨6.8%。在统计的4个小类中：以租房、水电燃料涨幅较高，分别较上年同期上涨16.6%、6.8%。

（陈　燕）

【工业品价格变动情况】 2001年，受世界经济增速减缓大背景的影响，国内市场有效需求仍显不足。因此我市工业品价格水平与去年相比波动不大，全年工业品出厂价格指数和原材料价格指数分别为99.25和100.33。

一、工业品出厂价格全年变动特点

1.轻重工业产品价格一弱一强态势不变。重工业产品价格持续走强，同比上涨0.22%，轻工业产品价格同比下降4.44%。由于绝大部分轻工产品市场仍供过于求，而短期内又没有形成新的消费热点，所以以非农产品为原料的轻工产品价格幅度下降较大。

2.生产资料产品价格上涨，生活资料产品价格下降。生产资料中的采掘工业产品出厂价格同比上涨2.42%，原料工业产品出厂价格同比上涨1.98%。生活资料中的四大类产品价格全部下降，其中一般日用品类价格下降幅度最大，比上年同期下降了6.28%。

3.大多数工业部门产品出厂价格下降。从15个工业部门看，除电力、煤炭及炼焦、森林、纺织和其他工业部门略有上涨外，其余各部门产品出厂价格均呈下降态势。其中化学、建筑材料等部门出厂价格跌幅较大，降幅分别为4.92%和5.09%。

二、原材料购进价格全年变动特点

1.工业生产投入的半成品中间价格涨幅居九大类之首。由于政府继续调整产业结构，生产主体间的产业化、关联化、系统化程度不断提高，带动部分半成品原材料交易价格活跃，呈现稳步上涨的良好势头。2001年半成品原材料价格与上年同期相比上涨6.6个百分点。

2.农副产品类购进价格继续看好。全市农业结构调整取得积极进展，农业发展步伐加快，优化了农产品品种，加之农副产品受到春旱的影响，产量和供应相对减少，市场回暖，价格上扬。全年农副产品类购进价格与上年同期相比上涨5.39%。

3.木材及纸浆类购进价格继续保持升势。国家为保护生态环境，继续降低采伐木材计划指标，使国内木材货源偏紧。城市住房改革的进一步推进和住房金融政策的改善，刺激了居民对住房的消费需求，住宅装修投资的增长，使木材价格稳中有升。

4.黑色金属材料类购进价格小幅攀升。随着城市基础设施建设步伐的加快及城市居民住宅楼盘的大量兴建，全市钢材市场日渐活跃，需求转旺。黑色金属材料类价格稳步攀升，与上年同期相比，黑色金属材料类价格上涨1.10%。

5.有色金属材料和电线类购进价格呈低位运行态势。受有色金属市场需求疲软的影响，供大于求的买方市场格局依旧，特别是国际市场价格下降的牵制，有色金属价格呈现一片跌声并持续走低。

6.化工原料类购进价格继续下滑。供大于求使化工原料市场竞争激烈，短期内生产结构的难以改变，资源过剩仍将使今后一两年化工行业市场价格呈低迷趋势。全年化工原料类购进价格与上年同期相比下降3.81%。

7.纺织原料类购进价格低位徘徊。近年来，国家对纺织行业的改革，提高了企业产品质量和企业市场竞争能力，但由于库存量仍然较高和需求的不足，市场价格回升仍显乏力，纺织原料类购进价格依旧低位徘徊。

（裴　悦）

民　族

【概况】 沈阳市是一个多民族散杂居的大城市。根据全国第五次人口普查统计，沈阳有满、朝鲜、蒙古、回、锡伯等41个少数民族。全市人口720.4万人，其中：汉族人口650.1万人，少数民族人口70.3万人，占全市总人口9.8%。在少数民族人口中，满族38.3万人，占54.5%；朝鲜族9.5万人，占13.5%；蒙古族9.5万人，占13.5%；回族7.3万人，占10.4%；锡伯族人口5.5万人，占7.8%；其他36个少数民族人口只有0.5万余人。全市城区有2个回族、3个朝鲜族聚居的街道，郊区、县（市）有11个民族乡（镇）及300个民族村。沈阳市是全国民族工作重点城市之一。

（王　俊）

【民族工作会议】 2001年9月20日，辽宁省城市民族工作座谈会在沈阳宾馆召开。这次会议由省民委主办，沈阳市民委承办。这次会议的主要任务是，认真学习贯彻江泽民总书记"七一"重要讲话精神，以"三个代表"重要思想为指导，全面贯彻中央民族工作会议和全国城市民族工作座谈会精神，总结交流城市民族工作经验，分析研究城市民族工作面临的新情况、新问题，明确今后一个时期城市民族工作的指导思想和任务。辽宁省、沈阳市政府领导，辽宁省、沈阳市统战部，辽宁省、沈阳市人大民族侨外委，辽宁省、沈阳市政协民族宗教委的领导和负责同志出席了会议。会议由辽宁省民委主任张贤焕主持，副主任包玉梅作了《贯彻落实"三个代表"要求，开创新世纪我省民族工作新局面》的工作报告。沈阳市民委在会议上交流了"不断探索新形势下，城市民族工作新思路，推动社会主义新型民族关系发展”的经验和做法，全体与会人员参观了城市民族工作典型单位——沈阳市沈河区东寺社区和沈阳市和平区就业中心。

（王 俊）

【民族经济工作】 2001年8月8日，由市民委主持召开的民族乡镇产业结构调整研讨会，在新城子区黄家锡伯族乡举行。来自11个民族乡镇和沈阳浑河民族经济技术开发区的领导及辖有民族乡镇的区、县民委领导参加了会议。会议特聘沈阳农业大学王春平教授，就如何深化农村产业结构调整作了专项辅导报告。康平县民委、浑河民族开发区、四家子蒙古族乡、黄家锡伯族乡分别介绍了在产业结构调整方面取得的成绩、经验和切身体会。此次研讨会进一步拓宽了8个民族乡镇领导的思路，坚定了搞好产业结构调整的信心，并决心加快沈阳市民族地区的经济和社会发展，在农业产业结构调整中取得新突破。市民委在民族乡镇结构调整研讨会的基础上，进一步调查研究，并拨出50万元扶持5个民族乡调整产业结构。

市民委在深入全市各民族乡镇考察论证的基础上，选取法库县四家子蒙古族乡和于洪区大兴朝鲜族乡做试点，指导其建立本地自然资源优势，培育符合市场经济规律的规模经济模式，进行了“公司加农户”的农村产业化生产试验，以此探索适应沈阳市民族地区经济发展新路。根据省民委《关于建设全省少数民族农业产业化基地的通知》精神，市民委筛选确定了法库县四家子蒙古族乡、新城子区兴隆台锡伯族镇和于洪区大兴朝鲜族乡兴盛村，作为申报省少数民族农业产业化基地试点示范单位，并在棚菜规模种植项目引进和资金投入等方面给予支持。

以“民交会”为载体，拉动民族地区经济发展。市民委组织了沈阳市民族地区特色农副产品和少数民族企业待签项目，参加全国少数民族和民族地区名优新特产品交易会，受到广泛关注和好评，共洽谈协议项目10个，总金额达4000万元。康平县与港商达成了代销“绿竹”牌系列小杂粮1000万元意向，定购蒲草工艺品500万元；东陵区浑河民族经济开发区与深圳一公司签订投资合作项目830万元。进一步加大扶贫帮困力度，发动14个单位出资2000万元，帮扶沈阳市23个特困乡镇摆脱贫困。沈阳市11个民族乡镇中，康平、法库两县地5个民族乡都被列入帮扶名单。受援资金480万元人民币，占总扶贫资金近四分之一，直接受益人口达6万余人。同时，针对当地贫困状况，组织乡、村两级干部现场办公，分析贫困原因、研究发展经济对策。一是帮助研究产业结构调整，通过分析罗屯村地理、交通等优势，提出大力发展棚菜生产和林果业，引导农民走科技致富之路。二是有针对性地落实帮扶资金。根据贫困户情况，市民委每年拨出相应资金用于贫困户发展生产。三是拓宽帮扶渠道。帮助贫困户中富余劳动力联系长期和短期劳务输出，解决生活困难，增强村整体经济实力。四是实施项目扶贫。市民委每年研究经济工作时，把扶贫工作纳入民族经济发展规划中，并在考察论证基础上，每年帮助少数贫困户上一至两个致富项目。五是帮助贫困户子女完成学业。

帮扶少数民族下岗职工实现再就业。市民委在指导和平区开展试点并取得可喜成果基础上，在全市实施了帮助少数民族下岗职工再就业的“双十”、“双百”工程。2001年末，在城区4000多名少数民族下岗职工中，已有80%实现再就业，并建立了少数民族下岗再就业基地21个，结成帮扶对子283个。

（王 俊）

【民族政法工作】 争创“民族团结社区”活动。为着力发展少数社会主义新型民族关系，市民委将城市民族工作重心下移，在全市开展了争创“民族团结社区”活动。在少数民族人口超过10%的社区，先后成立了15个少数民族协会，负责本社区内的民族事务，为社区的各民族群众排忧解难，做实事，办好事；在少数民族人口不足10%的社区，共聘请了314名专职民族工作联络员，指导开展本社区的“民族团结社区”活动，使社区民族关系得到发展，促进了社会稳定。召开“民族团结社区”活动和“帮助少数民族下岗职工再就业”工作表彰会。市民委11月2日，召开了沈阳市“民族团结社区”和“帮扶少数民族下岗职工再就业”工作表彰会。会议由市民委主任肇乐群主持，市民委副主任铁慧茹作了“沈阳市开展民族团结社区和帮扶少数民族下岗职工再就业情况地工作报告”。并表彰了在这两项工作中取得突出成绩地的沈河区小西路街道办事处东寺社区、和平区劳动局职业介绍所、沈阳奥利来食品有限公司等23个先进集体和高孝杰、段淑芬等100名先进个人。依法保障少数民族群众合法权益。首先，从尊重少数民族风俗习惯入手，加大党的民族政策宣传贯彻力度。通过多次与沈阳电视台合作，拍摄体现党的民族政策法规和反映少数民族民俗风情专题片，对“辽宁省少数民族权益保障规定”进行广泛宣传；并会同人大民侨外委，对全市各区、县(市)贯彻落实此项“规定”情况进行专项检查。其次，加强清真饮食业管理。山东“阳信事件”之后，特别是2001年3月，于洪区东湖农贸市场发生一起“清真不清”事件后，市民委高度重视，并迅速下发通知，要求各区、县(市)民委切实加大依法管理力度，坚持杜绝类似问题的再次发生。与此同时，市民委会同省清真食品管理协会、市工商局、市畜牧副食局、市定点办等部门和单位，对全市清真屠宰场、清真牛羊肉市场共进行了五次大规模执法检查，有效地维护了全市清真饮食业正常地经营秩序。第三，9月20日市人大常委会第29次会议听取了市民委主任肇乐群代表市政府所作了的“关于我市贯彻实施〈城市民族工作条例〉、〈民族行政工作条例〉和〈辽宁省散居少数民族权益保障规定〉情况的报告”。市民委会同市人大民侨外委结合多年工作实践，针对沈阳市少数民族地区和民族工作领域存在的矛盾和问题，明确提出了五个方面的具体意见和建议被全部采纳并形成市人大常委会的审议意见。对此意见，市领导高度重视，并责成有关部门迅速逐项予以落实，为全面深入贯彻落实党和国家地民族政策法规，依法维护保障少数民族合法权益，为加快民族地区经济及其他各项事业地发展奠定了坚实基础。

发挥政府职能作用，加强少数民族干部队伍建设。作为一项具有全局性、战略性工作，培养和选拔一批适应形势任务需要地少数民族干部是做好少数民族工作的关键。对此市民委积极配合组织、人事部门，做好少数民族干部地培养、选拔和使用工作。一是积极参与少数干部队伍形状地调查研究工作，并与市委组织部共同制定了培养、选拔少数民族干部规划。二是做好少数民族后备干部推荐工作。三是做好少数民族干部数据统计工作。四是与市有关部门共同完成了反映沈阳市三类干部风采地《三色花》一书，承担了其中少数民族干部地编辑工作。

（王 俊）

【民族文化工作】 在民族教育方面，市民委会同市教委妥善解决了沈阳市朝鲜族学校布局调整工作存在的问题，并对2000年度民族教育专项资金使用情况进行了检查。继续实施少数民族希望工程，2001年市民委又资助了31名特困生。积极落实党的民族教育政策，为1100多名少数民族中、高考学生办理了加分或优先照顾的证明手续。

在民族艺术工作上，会同市文化局，共同举办了沈阳市首届少数民族美术、书法、摄影展;与市职工艺术画院、中山艺术画院共同举办满族书画作品展。积极参与辽宁省第三届少数民族书画展,共获得两个特等奖、两个一等奖和八个二、三等奖的好成绩。通过这些活动,充分展示了沈阳市各族群众积极参与社会主义现代化建设的崭新精神面貌,丰富、活跃了少数民族群众文化生活,促进民族文化艺术的发展。

在民族体育方面,一是于6月9日在苏家屯体育馆,成功举办了沈阳市第四届少数民族传统体育运动会。二是加快少数民族传统体育训练基地建设。市民委与市体委等有关部门在充分论证的基础上,拟建起六大项训练基地,决定从市体委彩票收入中拿出20万元作为专项训练经费,并对运动员的选拔、生活待遇等制定特殊政策,给予强有力的支持。

(王　俊)

【民族调研工作】　2001年,市民委有针对性地深入基层,广泛开展了系列调查研究。一是对全市少数民族和民族地区经济发展现状进行了专项调研。在对10个民族乡镇、21个民族村调研的基础上,完成了《沈阳市少数民族经济走势》的调研报告。二是针对沈阳市少数民族流动人口的现状和存在问题进行了调研,形成《沈阳市少数民族流动人口管理工作情况的报告》,并已上报国家民委。三是会同市人大民侨外委,就全市清真饮食业管理上进行系统调研,针对存在的问题提出相应对策。四是在走访辽宁省其他市回民丧葬管理工作的前提下,完成了《沈阳市回民丧葬管理问题的调查报告》。

(王　俊)

宗　　教

【概况】　2001年,沈阳市有佛教、道教、伊斯兰教、基督教、天主教5个宗教及7个宗教团体。有寺、观、教堂(点)、清真寺195处,教职人员277名,信徒35万人。其中:佛教寺庙17座,僧尼、喇嘛125人;道教宫观3座,乾坤道士44人;清真寺23座,阿訇33人;基督教教会(堂点)138处,教牧人员58人;天主教教堂(点)14处,神父修女17人。此外,沈阳还设有天主教神学院、东北基督教神学院、伊斯兰教经学院。

(王　俊)

【依法管理宗教事务】　维护宗教界合法权益,利用宗教文化开发旅游事业。结合城市改造,市政府出巨资、在维护宗教合法权益的前提下,动迁、改造建成了小南天主教广场,受到广大市民瞩目,赢得了宗教界人士的普遍赞誉。还开展了实胜寺、长安寺、慈恩寺、太清宫周边环境改造工作。

积极推进宗教属地化管理工作,以年检为重点,认真贯彻有关宗教法规。市宗教局进一步明确了区、县(市)各级政府对宗教事务的管理职责和权限,继续推进属地化管理工作,并加强了对区、县(市)宗教工作的宏观指导。各区、县(市)认真履行职责,积极抓好辖区内的宗教事务管理,许多区、县(市)主动组织乡镇(街)干部进行宗教法规培训,强化了对宗教事务的依法管理。组织各宗教活动场所深入学习国务院第144号令、145号令和《辽宁省宗教事务管理条例》,侧重抓好年检,对全市195处宗教活动场所进行了年度执法检查。对检查中发现的财经制度、消防安全等方面存在的问题,责令其限期整改。从而督促了各场所建章立制,提高自身管理水平,消除各种不安全隐患。

进一步规范宗教教职人员的传道行为,认真查处"乱建滥塑"问题,取缔非法宗教活动。市宗教局指导市基督教"两会",推行传道人资格证书,坚持考核发证,持证上岗,并严把入口关,审慎领发传道证。在全市13个区、县(市)均实行了这一制度,为640名传道人颁发了证书。这一措施的实行,有效地遏制了自封传道人的非法传道行为,对境外宗教势力渗透起到了较好的防范和抵制作用,进一步规范了全市基督教的传道活动。市宗教局还针对个别地方出现的建庙风,会同有关区、县(市),依据宗教政策法规,坚决按照程序办理,从严控制、慎重处理。于洪区对个别人乱塑佛像、私设佛堂的问题进行了查处;沈河区对个别人假冒宗教身份参与地方各种商业活动等行为进行了处理;东陵区对个别单位组织非法宗教活动进行了处理,有效地维护了宗教活动秩序。

(王　俊)

【加强宗教团体思想组织建设】　坚持不懈地对宗教界人士和信教群众进行爱国主义和社会主义教育。一是召开学《讲话》座谈会。市宗教局迅速组织全市宗教界上层人士,认真学习"七一"讲话精神,与会代表结合中国近、现代史,畅谈了中国共产党领导下的新中国给各个宗教带来的巨大变化和进步,并决心在《讲话》精神指导下,做好本职工作。二是召开了全市宗教界揭批邪教"法轮功"座谈会。与会人士愤怒声讨李洪志及邪教"法轮功"不断制造事端、危害生命的罪行,对其反政府、反社会、反人类的邪教本质进行了深入揭发和批判。他们一致表示坚决拥护政府依法取缔和严厉打击"法轮功"的正义立场,以实际行动维护沈阳市宗教界的稳定。三是组织宗教上层人士参观考察了沈阳市高新技术产业开发区,使他们亲身感受时代发展的脉搏,激发其爱国爱教热情。

指导各宗教团体,加强组织建设。针对沈阳市各宗教团体管理组织换届在即,而其普遍存在着内部矛盾较大,管理人员年龄老化等实际问题,在市宗教工作领导小组的领导下,市宗教局以确保各宗教团体的领导权掌握在真正爱国爱教人士手里,确保宗教界的长治久安这一大局出发,超前做了大量深入细致的工作,审慎选定人员,反复研究制定工作预案。经过扎实工作,成功组织和完成了市天主教"两会"、清真南寺管理委员会的换届选举工作。

从讲政治的高度,加强爱国宗教人士的培养。市宗教局借宗教团体换届之机,将一批多年培养的政治上可靠,有相当宗教学识的中青年教职人员安排到各宗教团体和场所重要领导岗位。还组织举办了基督教义工培训班,佛教教职人员政策法规培训班,市伊斯兰教宗教政策法规培训等,加强了对他们进行爱国主义、社会主义教育和遵纪守法教育。

圆满地完成了"世界杯"十强赛客队宗教礼仪活动的组织接待和服务工作。作为中国足球队主场赛事组委会成员单位,市宗教局抽调专人就有关伊斯兰教礼仪习俗、餐饮习惯等内容,对有关单位进行专门培训,还根据组委会要求指导市伊斯兰协会、清真南寺管委会做好客队宗教活动的接待预案,力争以优质的宗教礼仪服务,增进沈阳市与参赛国间的友谊与交流,为全市的对外开放和经济建设服务。由于准备工作充分,沈阳市为客队提供的宗教礼仪、餐饮等服务,以正规、周到、热情等特点,受到各国运动员的一致称赞。

发动宗教界人士参与各种社会公益活动。结合沈阳市开展"扶贫、解困、送温暖"活动,市宗教局引导和动员全市宗教界开展了扶贫解困献爱心捐助活动,得到宗教界人士和广大信教群众的积极响应,共募捐15万元,衣被等物品千余件。并赴康平、法库走访慰问了贫困户,产生了良好的社会效果。

召开"文明守法宗教活动场所"表彰会,2001年有13个宗教活动场所受到表彰,其中:大佛寺、太清宫、西塔基督教会被评为文明守法先进宗教活动场所。慈恩寺、长安寺、般若寺、实胜寺、蓬瀛宫、清真南寺、南关天主教堂、三经路教堂、东关基督教会、北市教会被评为文明守法宗教场所。通过表彰进一步调动了宗教界与社会主义社会相适应的积极性。

(王　俊)

区、县(市)概况

和平区

【区域经济稳步发展】 2001年,和平区保持了区域经济健康发展的良好势头。全年实现国内生产总值38.12亿元,比上年增长14.7%。其中:第二产业实现增加值2.31亿元,比上年增长7.8%;第三产业实现增加值35.82亿元,比上年增长15.2%。实现区域税收30亿元,区本级财政收入4.75亿元,比上年增长11.1%。完成固定资产投资总额3.78亿元。实现社会消费品零售总额10.52亿元。私营企业发展到2006户,实现营业额49.46亿元,比上年增长13.1%;个体工商业户发展到18994户,实现营业额99.36亿元,比上年增长20%。

(朱文武)

【改革进程不断加快】 2001年,和平区积极转变政府职能,改革工作方式,全面推行了公共行政社会化服务,建立了政府办事大厅,形成了以20个街道代理服务站和143个社区代理服务点为基础,以办事大厅、经济服务中心、中兴大厦咨询站为服务窗口的公共行政社会化服务体系,提高了办事效率。改革财政管理体制,在全市率先建立会计核算中心,实行了经费统管,加强了资金的统一调度,行政费用比上年同期下降10%。成立了企业信用担保中心,筹集担保基金300万元,为中小企业开展信用担保业务。加快事业单位改革进程,完成了环卫体制改革,实行了管、办分离,提高了清扫保洁质量。区审计、专利、房产评估事务所完成转制成为独立法人实体。深化企业改革,完成了10户国有企业产权交易,退出国有资产9730万元。建立劣势企业退出市场的机制,完成了1户企业的破产和12户企业的股份合作制改造。

(朱文武)

【对外开放取得新成果】 2001年,和平区以引进外资为核心,引进项目为重点,积极开展招商引资工作,取得了较好成果。台湾润泰集团投资2000万美元兴建的大型超市仓储项目已进入工程建设阶段,台湾蓝天电脑有限公司投资的沈阳百脑汇科技大厦、意大利威马普集团的高科技环保建材等一批项目的引进也有实质性进展。全年兴办外商投资企业70户,实际利用外资2853万美元,比上年增长9.5%;完成出口供货6357.6万元,比上年增长20.6%;完成出口创汇471.2万美元,比上年增长9.3%。积极开拓国内市场,参加了南昌、天津等地经贸洽谈会,引进外埠资金1.05亿元,比上年增长14%。

(朱文武)

【科技兴区步伐加快】 2001年,和平区的科技产业带、科技产业园发展态势良好,建立科技型企业156户,实现总收入3.61亿元。辽宁北方仓储配送有限公司初具规模,被国家经贸委确定为全国物流配送重点企业。全区高新技术产业实现产值3.93亿元,比上年增长13%,占全区工业总产值的48.2%。民营科技企业发展到608户,实现产值4.45亿元。全年开发新产品60种,新增产值1.8亿元,比上年增长16.3%。技术改造投入9610万元,比上年增长11%。引进科技人才300名。

(朱文武)

【城区面貌明显改观】 2001年,市、区两级政府投资2亿元,加快了和平区的建设步伐。打通了和平北大街和北三经街,整修了5条街路,拓宽改造了9条街路,新铺柏油路面11万平方米。实施"拆违建绿",完成了118个小区和住宅组团整治,拆除违章建筑9.96万平方米,植树4000株、栽绿篱2.28万株,铺草坪1万平方米,新增绿地面积8.28万平方米。全年取缔12个占道市场,街办市场扰校、扰民等问题得到较好解决。精心组织开展了环境卫生清洁月活动,发挥社区基层组织的作用,对各类卫生死角和小招贴进行重点清理,改善了城区环境状况。实施管理重心下移,向街道延伸综合执法职能,组建20个驻街综合执法分队,强化了重点地区和部位的整治,先后对五里河街、鲁园地区、太原街2号、沈阳铁路局机关、医大二院、20中学等周边环境进行综合整治,解决了一批长达几年甚至十几年的老大难问题。

和平区围绕群众生活中的一些热点、难点问题积极开展工作,并取得了较好成果。启动了砂山棚户区改造工程,动迁单位22个、居民3656户,工程顺利进展。建成了环境优美、功能较完善的砂山新村,安置了1400户东西快速干道动迁居民。下大力气解决部分居民上厕所难的问题,改造民旱厕200座,完成了10座高标准水洗公厕的建设任务。千方百计做好煤气开栓工作,实现新开栓1.01万户。全面落实供暖区域管理责任制,加大工作力度,完成了150万平方米分户控制改造任务,采暖费收缴率、储煤率、"三修"率明显高于往年,保证了按时开栓供暖。认真组织落实除运雪工作责任,并初步取得了成效。全年办理市民投诉5216件次,办结率达到98%以上。

(朱文武)

【社会事业全面进步】 2001年,和平区投入教育经费1.41亿元,比上年增长18.7%。全面推进素质教育,教学质量有了较大提高,被评为全国"两基"工作先进区和全国社区教育实验区。回民中学足球队获得世界中学生足球赛冠军,为国家争了光。投资180余万元,改造了区体育馆、文化馆。举办了首届社区文化艺术节,开展大型文化广场活动35场,组织群众性体育竞赛40余次。继续深化卫生体制改革,对全区201家医疗机构实施了分类管理,全面推行了药品集中招标采购工作。深化社区卫生服务,建成了5个高标准社区卫生服务站,开展了有特色的社区卫生服务活动。全年完成无偿献血8000人次。全面实施计划生育属地化管理,全区人口连续7年保持负增长。圆满完成了和平区第五次全国人口普查任务。加强社区基础建设,新建了17个高标准社区。建立和完善了65个社区老年人活动室。积极拓展"双拥"工作领域,组织开展科技拥军项目洽谈活动,建立了3个科技拥军基地,签订军地科技合作意向12个。认真落实退伍军人安置政策,妥善安置退伍军人398人,安置率100%。被评为全国民政工作先进区和全国社区残疾人工作示范区。

(朱文武)

【民主与法制建设不断加强】 和平区认真执行区人大及其常委会的决议、决定,主动接受区人大及其常委会的依法监督和区政协的民主监督,全年向区人大常委会及主任会议报告和汇报工作21项,向政协常委会通报工作6项,接受区人大常委会视察14次。加强人大代表建议和政协委员提案办理工作,实行重点案件领导亲自办案和每季度区政府全体会议通报制度。全年办理人大代表建议257件，其中，区人大代表建议230件，办结率为96.1%，办复率100%；办理政协委员提案143件，其中，区政协委员提案130件，办结率为97%，办复率100%。完成了"三五"普法的总结及"四五"普法的启动，开展了行政执法大检查，进一步规范了行政执法行为，提高了行政执法水平。

（朱文武）

【稳定工作成效显著】 2001，和平区在街道和社区全面开展社会保障管理和服务社会化工作，完善了社会保障和服务体系。全年征缴企业养老保险金6685万元，市区财政补贴7541万元，社会化发放养老金1.1亿元。收缴失业保险金2910万元，发放失业救济金2071万元。全年最低生活保障扩面达9702户、2.4万人，发放最低生活保障金1043万元。对13户国有企业职工实施了下岗向失业并轨，有513名职工与企业解除劳动合同。加大工作力度，筹集扶贫帮困基金300万元，落实了1662户特困户的包扶任务。建立区、街、社区三级经常性捐助站，募集资金400余万元、物资5万余件，较好地完成了阜新、辽中、康平等地的对口扶贫任务，被省政府评为扶贫工作先进区。认真实施再就业工程，全年开发就业岗位9623个，实现再就业3.1万人次。深入开展了"严打"斗争，全年破获各类刑事案件4594起，增强了人民群众的安全感。积极开展同"法轮功"邪教组织斗争，巩固了教育转化成果，维护了社会政治安定。严格落实信访责任制，强化领导包案办理制度，全年共受理群众来信来访1232件次，化解了一批社会热点问题。

（朱文武）

沈河区

【概况】 沈河区是历史悠久的老城区，全区总面积18平方公里。2001年末人口达60万人，人口密度每平方公里3.33万人，有满、回、朝鲜、蒙古、锡伯等22个少数民族。全区辖16个街道办事处，164个社区，是中共沈阳市委、沈阳市人民政府、政协沈阳市委员会以及8个民主党派机关和群团组织的所在地。东北地区的重要铁路枢纽——沈阳北站坐落在沈河区。沈河区是沈阳市的重要商贸区，沈阳金融商贸开发区、中街商贸区和五爱商贸区及众多的商贸网点，使沈河区成为东北地区最大的商贸中心。沈河区是沈阳市的科技文化中心，沈阳火炬大厦和沈阳技术交易所、沈阳人才市场及30多所大专院校、科研院所都汇聚在沈河区。沈河区是沈阳市的重要旅游区，区内有国家及省级文物保护单位沈阳故宫、张氏帅府等一大批名胜古迹，夏宫水上乐园、凯莱大酒店、辽宁广播电视塔等旅游娱乐景点也吸引着众多的游人。此外，沈河区还是国家正式批准的国家社会发展综合实验区，担负着在中国大城市城区中依靠科技进步推进经济与社会可持续发展的历史使命。1997年，沈河区被列为国内地方实施《中国21世纪议程》首批试点城区。1999年，沈河区被民政部确定为国家社区建设实验区，2000年被评为全国文明城区。2001年，沈河区又确定了新的目标——把沈河区建设成为21世纪沈阳中央商务区。

（周文凯）

【区域经济实现新发展】 2001年，全区经济工作围绕培植税源、促进财政增收这一核心，通过采取有效的工作措施，为稳步推进中央商务区建设赢得了一个比较好的开局。全年国内生产总值完成38.34亿元，同比增长10.5%，其中：二产增加值完成4.67亿元，三产增加值完成33.7亿元。全区财政收入完成4.15亿元，同比增长19%。全区实际利用外资完成3628万美元，同比增长33.6%。

1.经济软环境建设扎实推进。制定下发了《关于营造一流经济软环境的若干意见》等文件，设立了软环境建设"高压线"，有效防止了乱收费行为的发生。投资1000余万元建立的沈河区投资服务中心已开始按照"一门式"受理、"一站式"审批、"一口式"收费、"一条龙"服务的管理服务模式进行运作，中心试运行三个多月以来，发放证照1307户，办理审批变更事项921件。组建了企业信用担保中心，为缓解部分企业发展资金不足的问题进行了有益的探索。"四包两联系"工作得到推进，区级领导干部加强了与有关企业、项目和人才的对接，对发展经济、巩固经济软环境成果起到了积极作用。

2.民营经济进一步拓展。完善了民营经济的服务体系，组建了企业服务中心、民营经济发展研究中心和民营企业家俱乐部。推进了商务无费区试点工作，健全了扶持民营企业工作机制，制定下发了《沈河区扶持民营企业三十强实施办法》，对首批进入"三十强"的8户企业给予了重点扶持。全年新发展私营企业207户，新发展个体户6079户，使全区私营企业和个体户的总数分别达到了2100户、28173户。荟华楼、海馨集团等一批民企大户的优势地位得到巩固，客家人海鲜酒店、国府肥牛等餐饮娱乐企业不断涌现，东方医疗科技开发有限公司、沈阳房隆房地产开发公司等新兴规模企业崭露头角。

3.第三产业实现较大发展。商贸中心功能不断拓展。紫金商厦等一批闲置半闲置商厦开始启动，商业城、沈阳春天等名店知名度有所扩大，中街整体档次有了新的提升；沈阳国美电器惠工商城、兴隆大家庭、新一佳超市、颐玛特超市等相继开业，使多种商业业态不断拓展，沈河区商贸中心区地位得到巩固。商务区重点规划建设项目不断推进。初步完成了中央商务区总体及功能分区规划；新恒基、银基大厦建设工程正在加紧进行；长安寺国际商务会馆建设开始启动。培育特色商业街取得进展。金厦广场的建设完成，丰富了沈洲路和大西路三产特色街的内涵，促进了房产中介、家庭装饰装修等新兴服务业的发展；小南温州服装辅料专营街、十一纬路餐饮娱乐街的经营规模进一步扩大，正逐步显现其特色街带的优势。市场建设取得较大进展。完成了五爱市场东区一期工程主体，成功地实施了税费"一卡缴纳"；沈阳黄金饰品交易中心正在筹备招商，盛京旅游文化广场初步启动，沈阳出国咨询服务市场正在办理开业相关手续；市场退路进厅工作稳步推进，西顺城旧物市场、南行市场已正式开始运营，天后宫农贸市场主体工程已经竣工。旅游工作取得一定进展。大力培育旅游市场主体，全年共吸引7家旅行社入驻沈河区，旅游接待定点单位已发展到26家。赵一荻故居、小青楼等景点已正式向游人开放，辽宁大戏院、省历史博物馆的落成为沈河区增添了旅游、休闲的好去处；《大清神韵》明信片集、金角字画等旅游产品获省旅游商品大奖。

4.科技产业取得一定进展。重点扶持、培育了射频一卡通、有机镀膜等5个高科技项目，对科华泵业有限公司、沈阳钧力电气设备有限公司等4家企业申请了国家科技型中小企业创新基金。继续实施了"一街一企、一街一品"工程，由街道扶持的14个高新技术产品全年共实现产值5430万元，利税835万元。沈河科技园建设已开始启动。机关政务网、中商网已经开通；社区宽带网建设工程全面启动，全年有22个社区完成综合布线，宽带能力覆盖面达86%，其中现代家园和东大智慧园已开通使用。

（周文凯）

【招商引资实现新飞跃】 成功地举办了沈阳沈河国际商务节。来自26个国家和地区的350名外商、4个友好城区的代表参加了会议，共签约外资项目52项，签约总额2.59亿美元，外资额2.04亿美元，其中合同外资额8624万美元;商务节也吸引了国内企业和商家的广泛关注,共引进内资7.6亿元。大力强化项目研发和储备工作。构建了区招商项目库,全年共研发包装重点招商和建设项目65项,其中城市污水处理成套设备产业化基地等3项列入省重点招商项目、五爱市场建设等2项列入市起飞项目。强化多元化招商战略,精心组织了8个团组赴外招商,参加了南昌、乌鲁木齐、深圳经贸展洽会;坚持打好"韩国牌",在2001年兴办的外资企业中,韩国投资26户,占43%。加大了招商力度。全年新办内资企业176户,引进企业36户,外资企业71户;坚持招大商、引大资,全年引进入区库税额100万元以上的项目25户,总投资额6亿余元,占全区引进投资总额的95%。全区实际利用外资完成3944万美元,同比增长37%。

(*周文凯*)

【**各项改革取得新突破**】 一是机构改革前期准备工作稳步推进。按照沈阳市县(市)区机构改革方案的总体要求,坚持精简、统一、效能的原则,完成了"三定"工作,制定了全区党政机关和街道机构改革方案及人员分流实施办法,为机构改革的顺利进行奠定了基础。

二是区街财税体制进一步理顺。制定了新一轮《沈河区区街财政管理体制试行办法》,组建了街道财税所,实现了税务部门与街道的联网,完善了区域税源互通体系。加强了对异地纳税企业的清理整顿工作,全年有28户企业回到沈河区纳税,增加区库税收320万元。加大政府采购力度,投资服务中心等3项工程的集中采购,节约资金500余万元。

三是企业产权制度改革稳步推进。以企业产权转让为重点,全年对32户企业实行了改制。进一步强化了对改制企业的监管工作,引导企业建立现代企业制度,70%以上的改制企业呈现出良好的发展态势。较好地完成了12户市属企业的转属接收工作。

四是社会事业改革不断深化。27中学投资主体多元化试点工作进展顺利,沈阳市实验学校与市皮鞋三厂联合组建股份制学龄前学校工作已完成初步框架设计。本着政事分开、干管分离的原则,深化了环卫体制改革。房产、卫生等部门深入推行了内部分配制度改革,增强了部门自身活力。

(*周文凯*)

【**城建城管涌现新亮点**】 一是城市建设再上新的台阶。盛京城一期亮化工程基本完成,增加了电力容量,实现了电源统控,沈阳路一段亮化初见形象。以增加绿量和建设绿色景观为核心,以启动东滨河路环境示范区建设为重点,全面开展了拆违建绿、广场绿化、小区绿化、道路绿化、单位绿化和园林绿化,共植树4.9万株,绿篱近8万株,藤本9.7万株,新建龙凤寺巷、红十字会医院、金觉寺街等街心绿地3800平方米,全区新增绿化面积8.3万平方米,进一步提高了区域绿化水平。小南教堂广场建设工程已经完工,周围环境焕然一新,并已对市民开放。通过"市担我贷"的方式,贷款5000万元对慈恩寺周边进行了改造,拆迁工作已经启动。太清宫周边改造规划工作已经完成。配合市里完成了东西快速干道沈河段和三经街北延长线的动迁及修建任务,拓宽改造了金觉寺街和魁星楼路,按景观路标准整治了大西路和小西路,改造三、四级街路6条。棚户区改造平稳推进,已累积拆迁16.4万平方米,安置动迁户6000户。

二是市容管理水平有所提高。加大了住宅小区整治力度,共整治住宅组团105处155万平方米,建成阳光、晓春等28个高标准文明社区,使全区高标准社区的总数达到了51个。投资70余万元,对青年公园进行了综合修缮和维护工作,并免费对游人进行了开放。环境保护工作力度加大,"一控双达标"工作通过了省市检查和验收。

(*周文凯*)

【**社会事业取得新成绩**】 一是教育事业再上新台阶。较好地完成了迎接全市素质教育督导考评任务,素质教育继续在全市保持领先地位;对外教育交流取得实质性进展,与英国天都教育集团签署了开办大学预科班的协议,首期预科班已于9月份正式开学;玲珑山庄德育基地、27中学综合楼、市实验学校风雨操场等教育基建项目已竣工并投入使用。

二是卫生事业进一步推进。不断加大卫生执法力度,全区医疗卫生秩序环境得到净化;完成了营利与非营利医疗机构的分离,实行了药品收支两条线和药品采购的统一管理;区中医院、区妇婴医院顺利完成回迁及翻扩建工程;全年新建成6个高标准社区卫生服务站点。

三是文体工作取得较好成绩。投入535万元,建成了区文化活动中心,使文图两馆面积达到了6000平方米。举办了社区文化艺术节、300余场社区及广场文化活动、沈阳沈河国际商务节期间的3场文艺晚会和芭蕾舞专场、盛京城文化庙会和盛京城金秋庙会、放映了72场露天电影,有一幅书法作品获国家文化部"蒲公英"奖。在沈阳市第十届全运会上,沈河区获得总分第三名。

此外,计划生育宣传工作被中宣部、国家计生委评为先进单位,计生协会被评为全国计生协会百强县(区)先进单位。残疾人工作获得了全国残疾人工作先进区的称号,并在国务院残工委召开的表彰会上介绍了经验。统计工作在"五普"中成绩突出,沈河区被评为国家级先进单位。区档案馆馆房面积新增1000平方米,硬件条件达到了省特级馆标准。

(*周文凯*)

【**社区建设取得新进展**】 出台了《沈河区社区民主自治规则》、《关于理顺社区内外部关系的意见》等法规性文件,建立了社区自治外部保障和内部规范体系。投资兴建了沈河区市民服务中心、沈河区老年人休养中心和一批街道市民服务、社会事务受理中心,拓宽了社区服务领域,促进了政府职能的转变。创新建立了以政府投入为主导的社区建设公益金制度,筹集资金100余万元,投入社区建设,对改善社区环境,加强社区硬件设施建设起到了重要的作用。在全市率先建立了沈河区社区工作者学院,对社区工作者开展了正规化的培训。2001年,沈河区被评为辽宁省社区建设示范区。

(*周文凯*)

【**社会稳定收到新实效**】 一是积极开展民心工程。煤气开栓工作取得突破性进展,共完成20003户,是年计划的286%。二次加压泵站改造和接收工作推进迅速,共接收改造泵站213个,居民吃水难的问题得到了基本解决。认真探索供暖区域化管理的新途径,收费率达到80%,开栓率达到了100%,供暖质量有所提高。通过采取社会化、专业化、机械化相结合的方式,使除运雪质量好于往年。

二是努力提高社会保障水平。进一步拓宽了再就业渠道,全年共开发就业岗位16624个,是年计划的184%,调剂安置各类人员31200人次,是年计划的106%。加大了养老保险、失业保险的征缴力度,全年收缴养老保险金超过亿元,养老金社会化发放达到100%;收缴失业保险金1260万元,发放失业救济金2202万元;国有企业职工基本生活保障向失业保险并轨及城镇职工医疗保险改革工作初步启动。认真落实"低保"扩面工作,全年共为10574户低保家庭发放保障金1356万余元。深入开展了面向阜新、法库等地的扶贫帮困捐助活动,全区全年共捐款267万余元,各种物资11万余件,沈河区被评为辽宁省扶贫帮困工作先进单位。

三是大力强化社会治安综合治理。开展了以打击各种严重刑事犯罪为主要内容的严打整治斗争,全年共破获刑事案件5813起,抓获各类犯罪嫌疑人1587人。强化了"110"接处警规范化建设,加强了派出所的防控能力,使三类可防性案件得到了有效遏制，进一步增强了人民群众的安全感。加强了对"法轮功"顽固分子的控制和打击，摧毁滋事团伙28个。加大了对北站、五爱、中街、惠工等治安复杂场所和易发案地区的整治力度，认真开展了以防火、防盗、防灾害事故为重点的大检查，有效防止了治安灾害事故的发生。

四是认真做好信访工作。妥善处理了企业改制、动回迁等一批集体上访和突发事件，及时化解了矛盾，确保了社会稳定。全年受理群众来信来访2659件次，上访量较上年呈现出下降趋势，其中，集体访下降26.2%，个人访下降24.4%。区信访办被评为省、市信访工作先进单位。

（周文凯）

大东区

【概况】 大东区位于沈阳市东部，东、南、北与东陵区接壤，西和西南与沈河区为邻，西北与于洪区相连，行政区域面积49平方公里，是全市面积最大的中心城区。全区设有15个街道办事处，180个社区管理委员会。2001年人口总数达64.4万人，其中汉族占人口的94%，满族、朝鲜族、锡伯族、蒙古族等24个少数民族占6%。大东区是沈阳市老工业城区，工业基础雄厚，有汽车、机械制造、冶金、橡胶、建材、化工、食品等100多个行业，黎明发动机制造公司、东北机器制造厂、新光动力机械公司、矿山机械厂、中捷友谊厂等20多家国有特大型、大中型企业分布区内，成为大东区发展区域经济的重要物质依托。大东区依靠自身区域、资源、人力优势，通过准确定位发展思路，谋划发展战略，科学运筹实施发展措施，全区经济建设和社会事业实现了新的发展。

在经济发展上，全年实现国内生产总值27.7亿元，比上年增长16.9%；实现财政收入3.9亿元，比上年增长11.4%，再创历史最好水平。

在民主法制建设和政府自身建设上，区政府自觉接受区人大、区政协的依法监督和民主监督，提高了依法行政的水平。全年受理省、市、区人大代表和政协委员的建议、提案354件，办复质量有了新的提高。宗教工作成果显著，大东区宗教信徒是全市最多的，且宗教矛盾很复杂，但无一例教徒或教众上访事件发生。全区信访和市民投诉中心工作保持全市领先水平。方便企业和群众的政府办事大厅已经完工。纠风治乱、行政效能监察扎实有效，促进了政风进一步好转。开展了"打黑除恶"、"治暴缉枪"、围剿"法轮功"残余势力等专项斗争，破获了一批重大刑事案件，遏制了刑事案件和社会丑恶现象蔓延。大东区被中宣部和司法部评为"全国'三五'法制宣传教育先进区"。

（王守义）

【区街经济】 以沈海工业园规划的启动及上园科技园、沈大科技园等整个工业园发展的升级换代为标志，大东区的经济发展在产业结构、科技含量等方面发生了较大的变化。大力发展高新技术产业，实现科技投入2亿元，实现重点科技项目53项，47家企业具备了产品自主研发能力，27家企业的产品拥有自主知识产权，8家企业被认定为市级以上高新技术企业，有2个项目被列为沈阳市"特别快车"计划，7项新产品获市技术创新成果奖，11种高新技术产品达到国际90年代技术水平，高新技术企业产值已占全区工业产值的20%。全年实现工业总产值53.4亿元（按1990年不变价计算），比上年增长14.3%；实现工业增加值9.3亿元，比上年增长11%。第三产业进一步繁荣，全区各类市场成交额60.2亿元，比上年增长4.2%。民航社区综合服务楼、黎明四星级酒店主体工程竣工，鹏利广场B座工程交付使用，为进一步发展第三产业积聚了后劲。民营经济有了进一步发展，全区民营经济增加值达到25亿元，占全区GDP比重的92%，同比增长14.8%。在引进大项目上，上海宝钢计划在大东区投资1亿元，建设占地面积3万平方米的现代化物流配送中心，将极大带动周边地区的经济发展。

通过稳步推进产权制度改革，完成了22户企业的改制，其中：产权出售3户，资产变现安置职工的15户，股份合作制1户。

全年新增外商投资企业23家，实现外资调入2919万美元，比上年增长16%；实现出口创汇1600万美元，比上年增长100%；出口供货值1.6亿元，比上年增长33.3%。外商投资企业税收入库1.5亿元。扩大了与韩国汉城江北区等国家和地区的国际交流与合作，拓展了对外开放的新领域。

（王守义）

【城市建设】 2001年启动17片旧区开发改造，面积达45万平方米，新开工面积达75万平方米。上年接转住宅建设工程竣工面积105万平方米。大东广场进入市政府年度城市建设计划和经济起飞项目。完成了大东广场建设置换土地的八王寺地区拆迁工作并成功实施拍卖。协助配合大市政启动并完成了联合路（一期）、魁星楼路、草仓路和珠林路部分路段的拓宽改造工程。全区煤气开栓1.4万户。完成19个小区7.7万平方米的道路建设和1.3万平方米各类公共公益设施建设。维修养护道路5.3万平方米，翻建道路2300平方米，铺装彩砖步道8600余平方米，新建排水管线1350延长米，新建游园广场2处，解决了柳林巷、铸波巷等地的排水隐患，新建小区绿地5万平方米，完成了17个小区的亮化工程。

全年共实施大树里、大东广场一期等8个拆迁项目，拆迁面积10万平方米，建设规模达36万平方米。当年计划回迁967户，实际回迁5522户。解决了561户遗留未回迁户回迁的难题。

（王守义）

【城市管理】 2001年，大东区加强了环境综合治理，集中整治31个市容环境卫生难点，80%的居民小区达到了国检标准。全面开展了违章建筑的专项整治，重点清理了9条"严管路"和15条主干道的违章占道行为，清理扰校市场20余个，取缔各种占道摊点460个，拆除违章建筑、商亭580个。完成了津桥路、北顺城路等7条主要干道的牌匾广告改造工程和大什字街、长安路等9条干道的商亭景观化改造工程。加大了市政设施维护管理力度，新建路边石4839米，新建彩砖步道8619平方米，清掏窨井1.5万个次。全年植树9万株，植草坪7万平方米，栽花20万株。重点治理了8处污染源，消除扰民声源36个，确保了建设项目环保"三同时"审批率100%，审批后验收率达90%以上，大气环境质量进一步改善。有19个小区被评为市容环境综合配套达标小区。计划完成供暖分户改造40万平方米，实际完成47万平方米，供暖开栓率达98%。除运雪工作排名在市内五区前列，主要街路实现了洒水降尘。高架桥、立交桥、二环路等街路实现了机械化清扫。率先进行了环卫体制改革，实行企业化管理模式，为全市提供了新经验。

（王守义）

【社会事业】 社会事业和服务保障水平不断提高。素质教育稳步推进，名师队伍建设取得新成果。名校建设工程全面启动。5中整体扩建改造工程顺利实施，教学楼主体工程完工。107中学现代化多功能体育馆主体工程完工。教学条件和学校现代化装备水平不断提高，投资630万元，对38所中小学进行了维修改造。大东区被评为"辽宁省语言文字工作先进区"。群众文化活动健康活跃。全年组织区级文化广场活动20场次，街道社区文化广场活动150场次。成功组织了春节期间的群众文化活动和纪念建党80周年庆祝活动，承办了"沈阳市社区文化活动月”的群众歌咏比赛，组团参加市文化活动比赛，获奖20余项。大北等3个街道进入市先进文化街道行列。群众体育和竞技体育取得新进展。体育进家庭、进社区的经验在省和国家获得推广，荣获“沈阳市群众体育优秀区”称号。卫生改革稳步实施。通过重组卫生资源、发展集团化经营、积极引进专科医疗技术及人才，并加大设备投入及管理力度，医疗院所开始走出低谷。全区人口已连续6年实现负增长，被评为“辽宁省计划生育工作先进区”和国家级“第五次全国人口普查先进城区”，流动人口计划生育管理工作经验在全国范围交流。科技拥军、优抚对象普查、退伍军人安置等工作走在全市前列。再就业、低保扩面、弱势群体救济等社会保障工作居全市领先地位。

（王守义）

皇姑区

【概况】 皇姑区位于沈阳市西北部，地势北高南低。全区面积36.5平方公里，2001年末总人口71万人，人口密度每平方公里1.9万余人。全区辖20个街道办事处，163个社区管理委员会。皇姑区是沈阳市文化教育区，区内有辽宁大学、中国刑警学院、辽宁中医学院等7所高等院校，有601研究所、626研究所、东北微电子研究所等45家省、市级科研单位。皇姑区也是沈阳市重要的旅游区，区内有7200年前新石器时代的新乐遗址、1100年前的辽代无垢净光舍利塔和占地330万平方米的昭陵公园等旅游景点，有辽宁大厦、凤凰饭店、友谊宾馆等高档次旅游服务设施。近几年来，皇姑区经济快速发展，城区面貌明显改观，社会事业全面进步，人民生活水平稳步提高，是沈阳市最具发展潜力的城区之一。

（张　辉）

【城区经济稳步增长】 2001年，皇姑区坚持实施“开放牵动、环境优化、科教兴区和三产富区”四大战略，全区经济呈现运行平稳、质量提高、增量加大的发展态势。全年完成国内生产总值11.9亿元，同比增长15.1%。其中：工业增加值完成3.3亿元，同比增长6.4%；第三产业增加值完成7.9亿元，同比增长20.3%。完成固定资产投资总额1.74亿元，同比增长5.5%。财政收入持续稳定增长，全年完成财政收入2.65亿元，同比增长15.2%，财政收支基本平衡。

招商引资成果显著，全区实际利用外资7019万美元，同比增长70.9%；出口创汇实现220万美元；出口供货值实现2300万元人民币。引进内资4.9亿元人民币。围绕现代服务业、商贸娱乐业和科技产业三个经济带，全力推进31个重点项目建设。其中：煤炭配送中心、航展中心等8个项目已经完成；克莱斯特国际金融网络中心、东方家园建材超市、凯兴国际商厦等12个项目正在建设之中；福建农副产品物流基地、国际商住中心等7个项目已经启动；太阳能手机电池、特种车改装等4个项目正在洽谈。

科技工作扎实推进。科技贡献率由48%提高到51%。新星机电和航天凯撒2个高科技企业已经入驻三台子工业园区。德耐、格微、浪峰等10个重点科技企业和科技项目得到较快发展。工业熔融石英陶瓷制品、聚氨酯联体V带等一批高科技产品投入生产。对科技企业进行股份制改造做了积极探索，华立耐磨合金制造有限公司上市准备工作已进入券商辅导期。企业改革不断深入。顺利接收了市12户转属企业，对城市综合开发中心、皇房开发公司进行股份制改造试点工作正在全力推进。区物资总公司已宣布破产，进入清算程序。

（张　辉）

【城市建设和管理成效显著】 2001年，皇姑区城区建设与管理全面加强，卓有成效。城区建设和改造的规模创历史之最，开工项目为历年最多。编制了科学详尽的分区规划，制定了黄河大街、长江街详控规划。棚户区改造总面积达243万平方米，拆迁2.1万户居民。配合市里完成了长江街公铁立交桥工程、北陵大街、泰山路和黄河北大街标准化街路改造工程。继续加大市容环境的综合整治力度，市容环境质量显著提高。拆违建绿工作速度快、力度大、效果好。拆除泰山路的泰山宾馆、友园宾馆等各类建筑5.6万平方米，北陵公园周边环境明显改观。拆除了80条街路两侧30万平方米的违章建筑，完成了82个住宅组团的综合整治任务。植树11.5万棵，新增绿地25万平方米。取缔并拆除了23个占道市场，拆除占道商亭1159个，建成7个厅棚市场并投入使用。完成了1.84万户煤气开栓任务。改造供水管网2万延长米，彻底解决了“三峰”供水问题。完成集中供热联网52万平方米和供暖分户控制改造200万平方米，供暖质量明显提高。对97家重污染企业进行了治理和监控，环保“一控双达标”工作进入省先进行列，环卫改革取得显著成果。

（张　辉）

【各项社会事业长足进步】 全面推进素质教育，以迎接全市素质教育督导考评为契机，办学水平进一步提高。高考成绩在全市继续领先，全市文、理科状元均出自皇姑区。标志现代教育发展形象，集幼教、小学、初中、高中乃至大学为一体的皇姑教育园区建设进展迅速。示范校建设成果显著，岐山一校新教学楼已投入使用，11中学新校舍主体工程已完成。实现了珠江二校与珠江三校、25中学与132中学的资源重组，改造了153中学等薄弱学校。

计划生育和卫生工作取得新成果。计划生育实行了变户籍地管理为现居住地管理，计划生育率为99.8%，人口出生率为4.79‰，连续8年保持人口负增长。完成了营利与非营利医疗机构的分离，实行了药品收支两条线和药品统一采购。建设了精神病专科和肛肠专科医院，社区中医药卫生服务工作走在全国前列。建设了炭疽病、爱滋病检验实验室，强化了卫生监督和医疗市场的整顿，完成了预防保健和无偿献血工作任务。

文化体育事业全面进步。群众性文化体育活动蓬勃开展，成功举办了首届社区文化艺术节，承办了省第五届艺术节剪纸展览。皇姑区创作演出的戏剧作品《神偷传奇》和少儿美术作品《地球是我们的家园》分获全国“群星奖”、“蒲公英奖”大赛金奖。在市第十届运动会上，皇姑区取得奖牌总数第一的好成绩。

（张　辉）

【民主与法制建设不断加强】 以“四新”活动为载体，公务员思想政治素质进一步提高；成立优化环境办公室，出台“绿色通道卡”制度和重点企业保护办法，经济发展环境有较大改善；深入开展“三创一优”活动，加大纠风治乱力度，查处和解决涉及“三滥”问题35件，收缴违规收费40余万元，查处违纪案件22件，挽回经济损失50余万元；扩大政务公开范围，向全社会公开了18个行政执法部门的33项政务运作程序、内容；开展“学讲话、办实事”活动，解决了317件事关群众切身利益的问题，树立了政府新形象。“四五”普法工作全面启动，开展了创建民主法制示范社区活动。全面推进部门执法责任制和行政执法考评制度，加大了行政执法监督检查和错案追究力度，全区执法环境明显改善。落实了信访工作责任制和领导责任追究制，信访总量同比下降20%。坚持严打方针，开展了打黑除恶、打击涉税涉枪犯罪等专项斗争。同“法轮功”邪教组织的斗争取得显著成果，荣获全国先进单位称号。加大打假力度，整顿和规范了市场经济秩序。加强社会治安防控体系建设，创建安全社区129个，其中市级94个。广开就业门路，开辟就业岗位1.3万个，新建再就业基地14个，安置下岗失业职工2.2万人次。最低生活保障扩面达到2.6万人，完成了2284

户特困户扶贫包户对接工作，保障了特困户、特困职工和残疾人的基本生活。加强养老保险扩面工作，保证了基本养老金按时、足额发放，社会化发放率达100%。认真落实消防安全责任制，全年未发生重大恶性事故。

（张　辉）

铁西区

【概况】 铁西区位于沈阳市的西南部，总面积39平方公里，2001年末总人口76.36万人。区域内集中了以装备制造业为主体的产业群，拥有大中型企业89家，存量资产达270多亿元，约占全市的1/3。

改革开放以来，铁西区大力发展第三产业，建成了以中国家具城、沈阳钢材中心批发市场等大市场19个。其中，中国家具城年交易额达40多亿元；沈阳钢材中心批发市场被列为国家级重点市场，成为东北地区重要的钢材集散地。对外开放取得了长足发展。建立并完善了"四位一体"的项目推进机制和"一站式"服务体系，先后与世界上50多个国家和地区发展了稳固的经贸关系，形成了全方位、多视角、立体化的对外开放格局。

进入新世纪，国家把沈阳市确定为全国重大装备制造业试点城市，列入国家"十五"重大攻关计划，在16个重点项目中，有三分之一落在铁西区，进一步加快了用高新技术改造传统产业的步伐。2001年12月，市委、市政府做出了全面启动铁西工业区改造的重大战略决策。围绕工业区改造，铁西区积极扩大对外开放，加强基础设施建设，城市功能显著增强，发展环境进一步优化，区域经济和各项社会事业蓬勃发展，正在向"以装备制造业为核心综合配套的现代化工业园区"迈进。

（王曙光）

【区域经济】 2001年，全区完成国内生产总值27亿元，同比增长12.8%；完成工业增加值6.7亿元，同比增长6.6%，第三产业增加值20亿元，同比增长14.9%；财政收入完成3.36亿元，同比增长11.98%。

1.结构调整全面启动。铁西工业区改造取得实质性进展，严重污染源——沈阳冶炼厂被列为首批"退出"企业，并于2001年12月11日举行了现场拆除仪式和新闻发布会。全年共完成国企土地置换41.2万平方米，盘活国有资产6.2亿元，新增固定资产投资8.2亿元。利用闲置场地累计兴办大市场19处。其中，占地21万平方米的沈阳钢材中心批发市场被列为国家级重点市场。总投资3亿元的沈阳水上娱乐中心一期工程已经完工。停建8年之久的工贸大厦"半截子"续建工程已全面竣工，即将投入运营。

2.科技兴区步伐加快。推进工大科技园建设。按照"一园多区"的发展思路，规划建设1个孵化区和4个产业区，完成了1.6万平方米的工大科技城一期主体工程。1200延长米的装备工业科技一条街工程开始启动。完善园区优惠政策，入园企业已达60户，产值达2.3亿元，辐射产值8亿元。全区有30项高新技术产品达到了国内先进水平。其中，有15项填补了省内空白。以多功能防爆操作柱为代表的一批科技项目被列入国家和省市重点产品开发计划。

3.民营经济发展迅速。民营企业集团总资产已达30亿元，资产超亿元的企业有10户，纳税超百万元的企业有26户。民营企业纳税额占区属企业纳税总额的65%。民营企业参与开发利用国企闲置场地、厂房22万平方米，盘活国有存量资产1.8亿元。

4.产权制度改革稳步推进。累计实现企业转制471户，盘活存量资产11.2亿元。接收市转属企业65户，制定了《出售企业脱离三年监管期的实施办法》，保证了转制企业三年监管期满后的平稳过渡。

（王曙光）

【对外开放】 2001年，铁西区招商引资工作成果显著，实现外资调入3667万美元，比上年增长44%。完成出口创汇909万美元，出口供货1.2亿元人民币。引进内资7.2亿元，同比增长26%。提前一年完成了"一定四年"的外经指标，并获市颁发的"利用外资突出贡献奖"。全区建立了由项目承办单位、项目主管单位、区综合部门、区级领导组成的四位一体的项目推进机制，对重大项目实行区级领导包案，定期调度，确保了招商引资工作的顺利进行。制发了《关于提高招商引资质量和水平的实施意见》，确定正确的招商引资导向，把兑付奖励与新办外资企业的履约率和开工率挂钩，提高招商引资质量和水平。成功举办了"铁西工业区改造调整（论坛）国际投资洽谈会"，合同利用外资3896万美元，签订协议项目23个，协议外资额1.5亿美元。参与南昌、乌鲁木齐和深圳等经贸展洽会，签约贸易额达3.7亿元，投资额4.3亿元。

（王曙光）

【城市建设和管理】 城市基础设施建设步伐加快。全区在建住宅工程总面积230万平方米，竣工51万平方米，回迁安置居民6864户。其中，新建宏伟茗都、南风雅苑等高档住宅小区20万平方米。完成煤气开栓5849户。配合市有关部门完成了东西快速干道一期工程，推进了公和桥等重点工程建设。治理卫工明渠，共清淤1.9万立方米。投资1120万元，对保工北街、勋业一路和南七路等12条街路进行了全面改造。投资700万元进行路灯改造，在保工北街、建设大路等部分路段安装新型灯具1600多盏。大力开展全民绿化和拆违建绿活动，拆除各类违章建筑4688处，新增绿化面积11万平方米。投资60万元，新建了占地面积7300平方米的"南七绿园"。

结合开展"学《讲话》、办实事、迎国庆"活动，加强了市容环境的综合治理，清运垃圾残土2.6万吨，维修改造公厕37座。清理扰民、扰校市场，取缔自发市场和摊区20处、流动商贩1.5万人次。完善责任机制，加大处罚力度，除运雪工作在全市评比中名列第一。加快住宅小区环境建设，投资490万元，完成了40个住宅组团共43万平方米的整治任务。投资700万元，综合整修旧居民楼26万平方米。新增省优小区3个，"绿静美安"小区6个。巩固"一控双达标"工作成果，加强对重点污染源的治理，大气环境质量明显提高。

（王曙光）

【社会事业】 全面推进素质教育，顺利通过市素质教育督导检查验收。加强德育建设，铁西区被评为省德育示范区。深化教育教学改革，教育质量稳步提高。小学生毕业率达到了100%。初中生毕业率和中考参考率保持全市领先水平。两所省级重点高中录取分数线居全市前列。高考进入市属本科以上人数达到1808人，位居市内五区第二位。投资1800万元，完成了1.6万平方米的教学（实验）楼建设任务。实施安居乐教工程，2.4万平方米的艳粉教师住宅交付使用。

进一步强化了医疗卫生、计划生育、文化、体育等服务功能。投资362万元建成高标准社区45个，总量居全市之首。4184平方米的社区服务大楼已投入使用。认真贯彻《献血法》，完成了市里下达的无偿献血计划指标。积极推进人口现居住地计划生育管理试点工作，人口继续保持负增长。在第五次全国人口普查中，铁西区被评为全国先进城区。加快社区体育设施建设，投资80余万元，建成了省内最具规模和形象的"千米健身长廊"。竞技体育继续保持全市领先水平，在市第十届运动会上取得了金牌和奖牌总数第一名的好成绩。成功举办了首届社区艺术节，在参加市同类活动中，获7个一等奖，总分名列全市第一。组织大型群众文化和文化广场活动50余场次，荣获市“两节”文化活动优秀组织奖。加大扶贫帮困力度,向贫困地区捐赠物资25万件,捐款363万元。

(王曙光)

【社会稳定】 深入开展同法轮功邪教组织的斗争,破获法轮功案件34起,依法处理骨干分子62人,帮教转化了60%以上的法轮功痴迷者,同法轮功斗争经验在全市推广。加大“严打”整治力度,破获各类刑事案件5826起,其中现案3635起。一举侦破了公安部挂牌督办的“4·8”持枪抢劫杀人案、“德江帮”攀爬阳台入室盗窃案等一批重特大案件。整顿和规范市场经济秩序,破获涉税案件20起,追缴税款836万元,查处制假售假案件467起。完善社区防范网络,有7个小区进入了安全示范行列,占总数57%的社区达到了市级安全标准。全面开展消防大检查,整改各类隐患700多处。加强安全生产目标管理,6项事故指标均控制为零。

全面加强信访工作,全年群体性突发事件比上年下降了12.2%,集体越级访批(次)全市最低,进京访为零,铁西区被省委省政府授予信访工作先进单位。积极为群众做好事、办实事,取缔了群众反映强烈的南八运输市场。解决了拖期10年之久的凌空二街305户居民煤气开栓问题。投资600万元,改造和并网给水泵站102处,使2.5万户居民由“三峰”供水转为二十四小时供水。强化供暖区域化管理,筹资580万元,完成了部分小区的管网改造。强化养老保险统筹金的扩面征缴,全年实现收入1.7亿元,保证了离退休人员养老金的及时足额发放。完善最低生活保障制度,扩大低保覆盖面,发放保障金1068万元。积极推进国企下岗职工基本生活保障向失业保险并轨,为3.1万名国企下岗职工办理了失业保险。实施就业工程,完成就业安置4.2万人次,国务院副总理吴邦国和省市领导对铁西区就业安置工作进行了视察,并给予充分肯定。

(王曙光)

于洪区

【概况】 于洪区位于沈阳市西郊,浑河北岸,呈半月形环抱沈阳城区,兼具城乡双重功能,现辖9个街道办事处、6个乡、5个镇、199个自然村。总人口38万人,全区有耕地面积4.4万公顷。于洪区地理位置得天独厚,半环市中心区,处于省市政治、经济、文化最近的辐射圈内,可直接利用母城——沈阳市的一切资源。于洪区境内地势平坦,交通便利,农业现代化程度高,工业基础坚实,第三产业发达,科研机构和人才众多,为发展经济和社会事业提供了优越的环境和有利的条件。2001年,全区实现国内生产总值(现价)142亿元,比上年增长11%;农林牧渔业总产值(现价)实现13.8亿元,增长5.3%;粮豆总产量18.2万吨,下降12.1%;全部工业总产值(现价)实现289亿元,增长13.3%;全社会固定资产总额完成12.5亿元,增长4.2%;实现社会消费品零售总额24亿元,下降9.1%;实际利用外资1.13亿美元,比上年增长245.5%;地方财政收入完成3.05亿元,增长46.4%;农村居民全年人均纯收入4544元,增长3%。

(董红岩 卞松林)

【农业结构调整和示范项目建设取得新发展】 在遭受百年不遇特大旱灾和浑蒲灌区水污染的情况下,及时采取了调整种植结构、推广抗旱新品种新技术、增打机电井等有力措施,实现了大灾之年不减收。按照“外延结构调优、内涵品种调新、经济效益调高”的发展要求,加快了农业结构调整步伐。新发展经济作物3333公顷,林果、花卉等特色农业,无公害、无污染蔬菜等绿色农业发展到6333公顷,发展订单农业1.5万公顷,全区粮食与经济作物形成了45∶55的格局。养殖业在农业中比重逐步提高,奶牛、獭兔、蓝狐、香鹅等高效特色养殖成为农民投资致富的有效途径。农产品深加工企业迅速发展,粮旺米业、青王菜业、绿丰食品等企业通过契约形式,与农户结成了比较稳定的供求关系,农产品借助龙头企业进入了大市场,农民在调整中增加了收入。三环两侧高标准温室群、浑河林果科技示范园等13个市定农业重点示范项目完成了年内建设任务,总投资8亿元。荷兰村续建项目当年投资达到6亿多元。农业生产条件和生态环境明显改善,新发展节水灌溉1867公顷,完成蒲河、九龙河等治理工程,植树造林366公顷,农村电网一期改造全面完成,机械化作业率达到90%以上。农业科技含量进一步提高,推广、引进新品种新技术160多项,良种覆盖率达到98%。

(董红岩 卞松林)

【工业规模经济和园区建设形成新优势】

大力实施项目带动战略,加大了引进技术、项目、资金和人才的力度,乡镇企业呈现出强劲的发展势头。新办企业132家,投资总额48亿元,其中投资5000万元以上企业17家。内蒙古伊利集团沈阳公司、亚太混凝土等项目投资规模大、科技含量高、市场前景好,实现了当年投资、当年建设、当年投产。鸭绿江工业小区、沙岭服装工业园等10个重点工业小区在项目引进、环境建设、功能完善等方面有了新的进展。通过加大结构调整和科技创新力度,做大做强骨干企业,年销售额在500万元以上的企业发展到114家。企业管理水平进一步提高。引导企业围绕市场抓管理,争创名优产品,提高了产品的市场占有率。对具备条件的企业,积极申报国际质量管理、国际环保和国际安全生产体系的认证,全区已有49家企业取得了国际标准认证资格。

区属工业在困境中实现了新的发展。原有9家区属企业完成了转制,部分企业恢复了生产,遏制了亏损势头;顺利完成市新转属49家企业接收任务,以国有企业下岗职工基本生活保障向失业保险并轨为契机,区财政投入400万元,完成了1200人并轨任务,为企业今后复苏和发展创造了条件。

(董红岩 卞松林)

【城乡市场建设和新兴第三产业有了新进展】 香港乐文投资有限公司与张士农副产品批发市场达成了合资合作协议。在加快启动现有市场的同时,新建、扩建市场8个,总投资达1.6亿元。炉料、泵业等市场,部分业户已经进驻经营,东北地区规模最大的沈阳石材城已经开工建设。东湖、宁官等城乡综合农贸市场购销两旺。全区市场成交额实现42亿元,比上年增长15.6%,其中市场成交额超亿元市场达到10个。市场经营行为和经营秩序不断规范,取缔了松山路、黄山路等占道市场。沈辽路、长江北街等五条商业街建设步伐明显加快。房地产开发迅速崛起,年内全区开工面积280万平方米,竣工面积200万平方米。新兴第三产业发展内涵不断丰富,以沈阳师范学院、沈阳化工学院等高等院校为依托的社会化后勤服务业,以荷兰村承办国内外重要商务和庆典活动为标志的会展业,以日本本田和韩国现代汽车为代表的代理业,给周边地区发展带来了日益明显的经济效益和社会效益。

(董红岩 卞松林)

【招商引资和外经外贸取得新成果】 确定了对外开放为第一发展战略,进一步完善和落实了招商引资六项责任制,区财政设立了招商引资基金,对引进大项目和资金的有功人员给予重奖。组织参加了南昌、乌鲁木齐、深圳等商品展洽会及第三届沈交会、中国第五届(厦门)投资洽谈会等经贸洽谈活动,于洪区参展企业成交活跃,共签订产品购销合同20亿元,签约合资合作项目18项。利用外资实现了历史性的突破,欧亚公司顺利完成境外上市,一举融资6亿港币。有8家企业取得了自营出口权,实现出口创汇7500万美元。扩大和延伸了劳务输出领域，实现劳务输出487人。进一步优化了投资环境，组织了银企对接活动，开展了外资企业“十佳”竞赛，严格执行对外资企业管理实行“会签”制度，加强了跟踪服务，促进了外向型经济健康发展。全年共引进和实施招商引资项目226个，协议投资总额46.4亿元，到位资金30亿元，投资规模超千万元以上项目80个，超亿元项目12个。其中新审批三资企业56家，投资总额7220万美元，实际利用外资1.13亿美元，位居全市13个区县之首。

（董红岩　卞松林）

【城乡建设和管理再上新台阶】 按照“提高城乡发展品位，贴近群众生产生活”的要求，提高了城乡建设和管理水平。新建了渤海路、洪湖街南段等3条市政道路，实施了太湖街、洪湖街等人行道改造工程；完成北塔和沙河子小区煤气开栓2000多户；配合市里完成了二环路绿化带租地拆迁、三环路绿化及南运河清淤等重点工程；完成了黑大线、李红线、新潘线等县级以上公路及乡级公路改扩建工程；以出口路和二环路两侧为重点，旧区改造开工面积100多万平方米；沙岭商业街等一批村镇建设项目相继竣工，争取市小城镇建设项目奖励资金200多万元。加强了公路和市政道路维护管理，完好率达到98%以上。认真落实“统一政策、区域管理”的原则，加大了供暖工作协调力度，供暖质量好于往年。大力开展卫生清洁月、“绿叶杯”竞赛和村容镇貌整治活动。以出口路、主要街路两侧和住宅组团为重点，拆除违章建筑800多处，整治住宅组团23个。村容镇貌有了新的改观，国省干线两侧村镇受检合格率达到100%。

（董红岩　卞松林）

【各项社会事业取得新成绩】 科技工作重点组建了特种经济动物养殖、优质速生苗木繁殖等8个科技承包集团，提高了农业经济效益。北陵国家星火技术密集区在吸引科技人才、发展高新技术产业方面，充分发挥了科技先导作用。全面推进素质教育，顺利通过市检查验收，小学网点布局调整走在全市县区前列，职业教育稳定发展，初中生“控辍”工作得到加强。深化了医疗体制改革，加强了乡镇卫生院建设。计划生育保持了低生育水平，提高了出生人口素质。文化体育设施得到改善，成功举办了全区第七届运动会。广播电视新闻编播质量不断提高，有线电视新发展用户2600户。社会保险通过加大征缴力度，做实职工帐户，保证了离退休人员养老金及时足额发放。完善了城市最低生活保障制度，首批企事业单位210户参加了医疗保险。沙岭、陵东、北陵敬老院达到省级标准。落实了复员军人住房和医疗等优抚政策，巩固了省双拥模范区成果。顺利完成了第七届村委会换届选举工作。信访、投诉部门积极做好群众来信来访工作，重点案件结案率达到100%。

（董红岩　卞松林）

苏家屯区

【概况】 苏家屯区位于沈阳南部，与抚顺、本溪、辽阳三市毗邻，总面积776平方公里，辖7乡7镇196个行政村和6个街道办事处72个社区，总人口41.37万人。市区面积21平方公里，城市人口24.3万人。境内居住着汉、满、蒙、回、朝鲜、锡伯、苗、维吾尔等17个民族。

地理位置优越。苏家屯区位于中国最密集的城市群——辽宁中部城市群的中心地带，是辽东半岛的腹地。交通发达便利，沈大、沈丹、沈抚铁路在这里交汇；沈大、沈丹高速公路贯穿全境，城区距沈阳桃仙国际机场仅10公里；东北最大的现代化铁路货运枢纽——苏北机械化驼峰调车场设在区内。自然资源丰富，东部为山地、丘陵，中西部为冲积平原，境内蕴藏着煤、石油、铁、石灰等多种矿藏。气候温和，雨热同季，土地肥沃，适合多种动植物生长繁育，盛产水稻、玉米、蔬菜及各种畜禽，是国家商品粮基地县（区）、城郊型农业示范区和设施农业示范区。

区域经济实力雄厚。全区现有工商企业9812家，已形成煤炭、冶金、机械、磨料磨具、汽车、电子、化工、医药、服装、皮革、建材等数十个行业和门类。区内市场体系健全，商贸流通顺畅。位于副城新区的中国——沈阳浑河商品交易市场立足沈阳、辐射东北、面向全国、沟通世界，是目前国内最大的综合性市场。改革开放以来，苏家屯区先后与美国、日本、韩国、俄罗斯、澳大利亚、德国、香港、台湾等20多个国家和地区建立了经济技术往来与合作关系，“三资”企业现已发展到248家。苏家屯区历史悠久，风景优美，自然、人文景观俱佳，汉代古城堡遗址、沈阳水洞、沈阳绿岛森林公园、紫薇仙庄、菲菲澳家庄园等是中外朋友旅游观光的好去处。

2001年，全区实现国内生产总值73.2亿元，完成地方财政收入1.22亿元，农民人均可支配收入4139元，分别比上年增长16%、13%和10%。

（王先亮）

【农村经济持续发展】 2001年，苏家屯区遭受历史上最为严重的春旱，受灾面积达1.5万公顷，因灾损失达1.1亿元。由于年初对可能出现的旱情估计充分，有针对性地加大了打井投入，采取了早播和大面积推广抗旱品种，并落实水改旱3333公顷，赢得了主动。全区上下积极抗灾自救，新打井1220眼，出动拉水车3700台次，补、毁种3333公顷，最大限度地减轻了灾害损失。大力开展减灾增收工作，新建500头村外奶牛饲养小区4个，50头奶牛场15个，新引进良种奶牛2000头；与台湾大成公司合作，新建高标准村外肉鸡饲养园区8处，发展“合同”肉鸡300万只；新发展蔬菜保护地1000公顷；组织劳务输出3400人次，实现了灾年农民不减收的目标。围绕水稻优质米、蔬菜、肉食鸡、苹果梨四大主导产业，加快农产品基地建设步伐，完成了6667公顷优质米、7333公顷蔬菜、733公顷林果开发和3000万只肉鸡生产任务。积极调整农业种植结构，经济田面积发展到1.5万公顷，粮食作物与经济作物的种植比例实现6：4。“订单”农业保持稳步发展，粮食、蔬菜、水果等订单面积达1.1万公顷，占农作物总播种面积的30%。农业经纪人队伍壮大，活跃在区内的农村服务组织达135个，经纪人达6000多人。农业信息网络建设初具规模，中国沈阳浑河农业信息网站不仅与国际互联网实现了对接，还建成了拥有内外两套网络设备，连接各个乡镇和部分村及农户的区域网，新发展终端用户100户，在网站上累计发布各种农业信息4.2万条。加强农业科技培训，举办各类培训班100多期，培训农民5万多人次，发放科技读本10万余份。农田基本建设取得丰硕成果，全年累计投入资金1.6亿元，投入人工147万个工日，完成土方365万立方米，改善涝区面积8400公顷，治理水土流失273公顷，造林867公顷，林业育苗177公顷。实施“一带四区”项目13项，完成投资4.6亿元，农业产业化、现代化程度大为提高。设施农业建设取得新进展，新打改造机电井355眼，新增浇灌面积1000公顷，新发展节水灌溉1733公顷；加固堤防25公里，新增、改造养殖水面38公顷，造地27公顷。水稻节水灌溉工程发展到7333公顷，微、滴灌果园发展到3800公顷。强化农业机械化建设，投资860万元，对农用航空站和农机中心站进行全面改造，购置新型农用飞机5架，其他机具82台（套），农业机械化程度大为提高。全年完成飞防作业面积4万公顷，机翻地3万公顷，机播种1.8万公顷。年内粮豆总产达19.6

万吨,蔬菜总产40万吨,肉类总产7.5万吨,蛋类总产2万吨,水果总产2万吨。全区实现农业增加值8.7亿元,比上年增长4.8%。

(王先亮)

【工业发展势头强劲】 2001年,全区实现工业总产值136.8亿元,完成增加值35.2亿元,实现利润4.8亿元,分别比上年增长11.3%、15%和16.2%。工业产销率达96.5%。实施重点建设项目53项,总投资48亿元,年内到位资金10.5亿元,竣工投产11项。启动停产企业55户,盘活闲置资产6700万元,吸引资金1.1亿元,新增产值1.2亿元,新增利税1900万元。投入技改资金6000万元,完成改造31项,工业生产能力进一步增强。调整完善所有制结构,对北方电器、光明印刷厂等企业进行了改制,增强了企业活力。完成了无线电五厂、耐酸设备厂破产申报工作。将雪松工业区转属到城郊乡,理顺了关系,并出台了一系列扶持政策,园区规模进一步壮大。狠抓企业质量、成本、财务、营销管理,工业总体运行质量进一步提高,7家企业通过ISO9000产品质量认证。

(王先亮)

【第三产业得到较快发展】 2001年,全区第三产业总产出67亿元,增加值实现28.9亿元,社会消费品零售额26.1亿元,分别比上年增长13.6%、17.0%和23.6%。从业人员达7.8万人,占全区劳动力总数的32%。年内累计投资3000万元,实施了辽宁光大赛马场、沈阳得鹿园餐饮娱乐有限公司、十里河粮食批发市场等5个重点项目建设。举办了沈阳华顿家居用品展销会。浑河市场招商、博览中心运作、客货联运总站、物流配送项目有了积极进展。全区各类商业网点发展到5096个,其中2000平方米以上的大型网点33个,千人拥有商业网点12个,全区34处各类市场成交额10.7亿元。国合商业再次出现转机,商贸、供销系统完成销售收入1.5亿元,减亏210万元;粮油系统顺价销售粮食11万吨,减亏188万元,经营状况继续好转。个体私营经济继续保持稳步增长,个体工商户发展到1.8万户,从业人员达4.6万人,分别比上年增长6.7%和30%;私营企业发展到1259户,从业人员达1.7万人,同比增长2%和6%;实现总产值6.6亿元,同比增长31%;实现社会消费品零售额18亿元,同比增长27%;私营企业创产值6.6亿元,同比增长35%;私营企业出口供货1582万美元。全区各类运输车辆达到3700台,实现营业额9500万元。旅游业取得超常发展,累计利用国内外资金12亿元,相继开发建设旅游项目16个。菲菲澳家庄园初具规模,樱桃谷庄园实施建设,沈阳绿岛森林公园、沈阳水洞、马尔山、古陨石山、商贸文化等五大系列风景区日臻完善,初步形成了休闲度假、田园风光、历史科技、商贸文化四条旅游线路。2001年全区接待国内外游客60万人次,实现旅游业总产出1.1亿元,增加值5600万元,分别比上年增长10%和25%。沈阳绿岛旅游度假区申办国家AAA旅游度假区工作进展顺利。

(王先亮)

【外向型经济取得新成果】 加强了对外向型经济工作的领导,继续实行全民招商,将招商引资任务层层分解下达到各基层单位,并制定了有关奖惩措施,充分调动了全区广大干部群众的积极性。重新制作了对外宣传专题片和《苏家屯区投资指南》等宣传材料,组团先后到日本、韩国、美国、香港、深圳等地招商,取得了良好效果。年内引进项目122项,新建立"三资"企业28家,合同投资额3300万美元。外资实际调入额2050万美元,比上年略有增长。对外贸易关系得到巩固和发展,出口创汇企业发展到48家,出口供货2.6亿元,创汇2500万美元,分别比上年增长12.4%和5.6%。加强了雪松开发区的市政配套设施建设,修订了鼓励投资、保护外商的一系列政策措施,投资软硬环境进一步改善。

(王先亮)

【城乡建设管理迈上新台阶】 坚持"统一规划、多元投资、拓展功能、完善设施、美化环境,服务于经济建设和人民生活"的城建工作方针,大规模实施城乡建设,城乡面貌大为改善。全年投入资金4.7亿元,开工建设项目223项。新修建了桂花街北段、京杨路、葵松二路,新增道路1.6公里,安装路灯132盏,配套排水管线2535米;拓宽改造了雪松路、枫杨路西段、丁香街等8条道路,新建道路11万平方米,铺设彩砖步道3.7万平方米;实施了大规模的绿化美化建设,新建了沈阳南站广场,改造了临湖公园,建设了万株苗圃,并对城内主要街路进行了绿化补建,共铺设彩砖2.3万平方米,铺甬路4100平方米,安装大型广场灯饰16组,栽植草坪13万平方米,栽草花11万株,植树3.5万株;对迎春街等11条街路进行了修补覆盖,翻修路面1.5万平方米;实施了大规模的旧区改造和住宅开发建设,住宅开工面积42万平方米,竣工24万平方米,回迁安置居民3000多户;实施了金宝花园综合建设工程,建设住宅13.6万平方米,配套建设了公园、公建、商业网点;完成了沈阳南站站前地区整体改造,建设住宅7.4万平方米,安置居民1270户、企业12家;继续实施枫杨路东段整体改造,区文化中心、南站百货商店竣工经营;加大城市通讯设施建设投入,新上IC卡电话270个;对9个社区16个组团进行配套及绿化建设,实施硬覆盖3万平方米,扩大绿地面积6.7万平方米,配套各种休闲服务设施152处;管道燃气新安装入户821户,发展燃气采暖面积4700平方米,铺设管网8600米;开展十万市民绿化副城活动,在城区栽植各种树木4.7万株,植草坪4万平方米,栽花草18万株,扩大绿化覆盖面积24万平方米,城市绿化覆盖率达36%。小城镇建设步伐加快。全区村镇建设总投资2.1亿元,完成建设项目36项,新建住宅18.8万平方米、公建2.9万平方米,修建道路23.3公里,铺设排水管线17公里,安装路灯1804盏;佳地庄园、澳家新村已初具规模;完成了沈阳"三环"绿化拆迁工作,拆迁村民21户,搬迁企业10户。乡镇、村自来水普及率分别达到100%和88%。公路交通建设成果显著。新修县以上公路62公里,新建桥梁4座,新建乡道12公里。城乡管理工作得到加强。加大打击占道经营和交通违章力度,取缔残存的占道商亭322个,在全市率先消灭了城市占道商亭;取缔马路市场6处,清理"三马"162处、占道经营及流动商贩1000余人次,清除私搭乱建92处;查扣各种违章车辆6200台次,彻底整治人力三轮车运营,在城区运营的人力三轮车数量减至1700台,并实现了规范运营,城区交通秩序明显好转。开展了环境卫生清洁月及"创卫"活动,扩大垃圾"袋装化"覆盖面,清理有碍观瞻的条幅1241处、小招贴1.3万多张,收缴非法小广告2万张,市容环境进一步改善。开展了村容镇貌整治活动,完成农村改厕7000户,清理"三堆两垛"1500余处,拆除沿路茅厕54个,植树2万株,栽花7万株,农村卫生环境大为改善。

(王先亮)

【社会事业全面进步】 积极推进教育体制改革,撤并了28所生源不足的小学,接收6所企业办中小学,新建了区职业教育中心,区内学校布局更趋合理;改、扩建2所中学校舍,添置了各种仪器设备,教学条件大为改善;4700平方米的区中心幼儿园于年内竣工交付使用,城区幼儿入园率达86%,区实验幼儿园进入市级示范园。组织22场文化广场活动,观众达16万人次。强化医院及医疗基础建设,投入800多万元,引进先进医疗设备124台件;加强医疗机构管理,查处违法行医8起;强化卫生三级预防保健网络建设,重新配备了村防疫和妇幼保健人员,传染病发病率同比下降16个百分点。开展以"扫黄打非"为重点的文化市场清理整顿,取缔无证经营34家,收缴录像带、VCD光碟等非法音像制品2000余盘。群众体育工作健康发展,成功地承办了市第四届少数民族运动会,并取得总分第一的好成绩。新建了1万平方米的体育大厦,改造了3.4万平方米的区体育场,栽草坪8000平方米,修建了跑道和训练场,配备了体育健身器材。广播电视事业取得大发展,有线电视扩大覆盖5乡31个村,宽带数据网完成3次提速,入户达700户。社会保障工作得到加强。强化养老保险统筹工作,进一步扩大了企业职工养老保险统筹覆盖面,全年为2.2万城镇企业离退休职工发放养老金4600万元,实现了社会化发放;实施最低生活保障制度,向城市特困户和农村贫困户发放保障金343万元;广泛开展送温暖活动,组织全区机关干部与贫困户结成帮扶对子;突出加强了优待抚恤工作,为35户在乡"三老"军人新建住房75间;投资3000万元,完成了9400平方米的军供大厦主体和殡仪馆异地重建及4000米老年公寓建设。积极有效地开展劳动再就业工作,新创建就业安置基地4个,转业转岗培训824人,安置就业3460人,组织劳务输出1340人。双拥工作成效显著,当年296名退伍军人得到妥善安置,安置率达100%。计划生育工作保持了先进区成果,计划生育率达99.7%。社会治安综合治理工作成果显著,全年破获各类刑事案件1505起,抓捕犯罪嫌疑人879人,调解各类纠纷959件,调解成功率达99%。

(王先亮)

东陵区

【概况】 东陵区因清太祖——努尔哈赤的陵寝(福陵)坐落于此而得名。东陵区是一个历史悠久、美丽富饶的新型城区,是全国科技实力百强县区,是全国体育先进县区,是全国生态环境建设示范县区,是全国乡镇企业实力百强县区。

全区总面积931平方公里,其中城区面积26.4平方公里。总人口41.4万人,辖2个乡、6个镇、4个街道办事处、3个行使城乡两种管理职能的乡镇和1个国家级经济技术开发区。

东陵区自然资源丰富,交通发达便利,科技实力雄厚。世界最大的古陨石和全市三分之二的旅游资源分布在这里。东北地区最大的航空港——沈阳桃仙国际机场坐落境内。沈阳农业大学等17所大专院校和108家科研单位驻在区内,为区域经济发展提供了强大的智力支持。

近年来,东陵区围绕建设沈阳农业现代化示范基地、高新技术成果企业化产业化基地和城乡结合的商贸流通中心三个定位,加快了现代化新城区的建设步伐。2001年全区实现国内生产总值88.7亿元,地方财政收入3.28亿元,农民人均纯收入4631元。地方财政收入连续7年列全市8个区县(市)之首,在全市13个区县(市)中排名第五。全区呈现出改革不断深入、经济持续发展、社会保持稳定、各项事业日益繁荣的可喜局面。

(梁 军)

【经济发展】 农业重点加强了结构调整,全区经济作物和畜牧业占农业的比重进一步提高。新增无公害蔬菜面积200公顷,奶牛存栏量达到7100头,发展订单农业3667公顷,改造中低产田2333公顷,新建冷、暖棚3000多个。2001年农业实现增加值3.5亿元,比上年增长4.7%。

工业以园区建设为重点,提高了工业运行质量,规模企业达到73家,全部国有及销售收入超500万元的企业完成增加值3.5亿元。"四型四类"(科技型、创汇型、农产品深加工型、就业型,专、精、新、特)企业占全部工业比重不断提高,13家企业进入了市级高新技术企业行列。浑河民族开发区、白塔工业园区、望花工业园区的基础设施不断完善,吸纳能力有所增强。2001年工业实现增加值36.6亿元,比上年增长8.7%。

第三产业"大市场、大商业、大流通"的格局正在形成,中国鞋城改造后投入运营,南塔客货联运站试营业,辽宁名优种子综合市场建设竣工,普尔斯马特超市即将开业。房地产业日益兴旺,万科花园新城(二期)、和泰花园、恒信花园等项目交付使用,南塔综合楼、凌云住宅(一期)、东达商业网点等项目完成了主体工程。2001年第三产业实现增加值48.2亿元,比上年增长12.4%。

大力实施外向牵动战略。按照"请进来、走出去"的思路,坚持"四外"(外贸、外资、外经、外事)联动,"四引"(引资、引智、引技、引设备)并举;2001年全区共申报招商引资项目368项,到位资金23.5亿元;完成出口供货3.5亿元,自营出口创汇3500万美元,实际利用外资2062万美元。2001年国际经贸洽谈会和韩国、香港、新加坡招商活动成果显著。万客隆超市、远大电梯、金通货运、木兰地毯、日野电子、创立电子等一批项目落户该区。

(梁 军)

【城乡建设】 2001年是东陵区建区以来城乡建设投入最大、建设项目最多的一年,也是城乡管理力度最强、成效最显著的一年,全年共投入城乡建设资金近5亿元。完成了乡镇界限和180公里的区划界限勘定任务。按照市级景观路标准对文化东路进行了升级改造,对塔东街进行了全面改造,对长青公园和南塔公园进行了绿化和配套设施建设,新铺绿地2万多平方米,新建文体休闲广场8000多平方米。清理整顿了4条城市出口路,完成了三环绿化、南运河清淤和浑河森林公园等拆迁工作,小城镇基础设施建设和旧村屯改造工作全面推进,新建农民住宅30万平方米,大夫、上马等8个村屯环境整治达到市级标准。对62公里长的公路进行了24项大、中修,完成了丹霍、沈通路的绿化和沈蒲等4条路的提级改造,新建了沈闫路、十大线和上伯至高坎大桥基础及引道工程。

(梁 军)

【社会事业】 "科教兴区"战略全面展开。引进新品种、新技术、新成果140项,申报市以上科技项目30项,其中国家级5项。对4个工业项目进行了重点扶持,培训农民10余万人次。聘请科技顾问46名,引进科技人才300多名。素质教育和农村初中控辍保学工作不断加强,教师综合能力得到提高,撤并小学和教学点24个,新建学校4所,已初步形成了全社会重视教育的良好氛围。成功地举办了区第五届运动会,并在市十运会上取得了郊县区团体总分第一名的好成绩。城镇医疗卫生体制改革扎实推进,医疗市场整顿和预防保健工作取得成效。人口增长得到有效控制,计划生育率达到99.72%。有线电视用户达到2.52万户。为65户复员军人和贫困户解决了住房,城市最低生活保障扩面达到5876人,保证了全区被救济人员能够按时享受政府补贴。

(梁 军)

【依法治区】 依法治区工作不断加强,区政府自觉接受人大的依法监督和政协的民主监督,人大代表、政协委员提出的133件建议提案全部得到办复。实行了信访稳定工作责任制,制定了处置群体性突发事件的工作预案,共接待群众来信来访10323件次,受理市民投诉3350件次,及时化解了社会矛盾。深入开展了社会治安综合治理、严打和同"法轮功"邪教组织的斗争,维护了社会稳定。基层政权不断巩固,社区建设日趋完善,第七届村委会换届工作全面完成。深入开展了经济发展环境年活动，较好地发挥了“三个中心”的作用。对30家重点企业实行了挂牌监测，“三乱”现象得到一定遏制。

（梁　军）

新城子区

【概况】　新城子区位于沈阳城北，东部与抚顺县接壤，北部与铁岭县毗邻，南部与东陵、于洪两区相连，西部同新民市相邻。地势自东向西倾斜，东部是丘陵，中部和西部是辽河冲积平原，土地总面积为849平方公里，其中耕地4.9万公顷。全区辖6镇、6乡、2个街道办事处，有211个行政村、51个居民委，有汉、满、锡伯、朝鲜族等14个民族，是全国第二大锡伯族聚居区，也是锡伯族的发祥地之一。2001年末总人口29.6万人，其中城市人口12.7万人。新城子街和虎石台镇已被列为沈阳市的副城，城市规划面积为40平方公里。

新城子区地理位置优越，交通发达便捷。区政府所在地距沈阳市中心30公里，距桃仙国际机场40公里，长大铁路贯穿境内，沈铁高速公路、沈阳环城高速公路以及京哈、沈承、沈明、沈平等过境国、省级公路与区乡公路交织成网，四通八达。新城子区是沈阳市的粮食、蔬菜和畜产品的主要产区之一，被国家列为优质稻米生产基地。自然资源丰富，旅游业发展势头良好。中部蕴藏着储量丰富的煤炭资源，东部有丰富的石灰石、滑石、硅石及含有多种矿物质和微量元素的优质矿泉水资源。沈阳的最高峰——东部的石人山自然生态区，森林茂密，有植物300多种，动物160多种，是省内罕见的野生动植物资源宝库。堪称华夏一绝的沈阳“怪坡”，经过几年的开发，已建有各类景点20余处，已成为集自然景观和人文景观为一体的新型旅游风景区；位于辽河南岸的七星山风景区已成为沈阳市的知名旅游景点之一。

2001年全区国内生产总值实现50.8亿元，比上年增长16.1%；地方财政收入实现8055万元，比上年增长11.4%；农民人均纯收入实现3781元，比上年增长6.3%；引进国内外资金实际到位20.4亿元；外贸出口供货值2.44亿元，自营出口创汇1990.3万美元。

（史克俭）

【农业】　随着农业产业结构调整取得新成效，农业基础地位不断巩固，2001年，面对特大旱灾，全区人民打响了抗旱减灾保收入的农业生产攻坚战。全区共筹集抗旱资金3290万元，新打机电井1795眼，维修机电井262眼，抢建拦河潜坝26座。提前引入桃花水1600万立方米，争取棋盘山库水900万立方米，实施人工增雨6次。同时，采取“三旱”整地、集中育苗、集中插秧等得力措施，保证了1.3万公顷水田按时插秧。对缺苗严重的1.7万公顷旱田，及时进行补种、毁种。大旱之年，全区播种面积4.8万公顷，粮豆总产量19.9万吨。积极培育龙头企业，带动产业基地建设。重点扶持北霸米业、正鑫草莓、每日食品、恩世制药等22个龙头企业，发展优质米、蔬菜、苗木花卉、果品、奶品等5大农产品基地。大力发展订单农业。全区以优质米为主的订单农业已达到1.1万公顷，占总播种面积的23%，涉及种植品种19个，参与订单的农事企业达到32家。畜牧业成为农民增收的重要渠道。生猪、牛、羊、蛋鸡饲养量保持稳定增长，市场份额不断增加。与产业化配套的农业服务体系日益完善，中介组织发展到53个，形成了近千人的经纪人队伍。农业重点项目建设取得新的进展，全区19个农业重点项目已全部完成，共投入资金4800万元。石佛寺灌区渠首改造等基础设施建设项目按期竣工，提高了农业产业化水平和抵御自然灾害的能力。农业科技示范园区建设水平进一步提高。全区重点建设科技示范园区15个，总面积达到695公顷。无公害蔬菜、优质果、稻田养殖等科技示范项目发挥了很好的示范带动作用。

（史克俭）

【工业】　2001年，全市工业运行质量稳步提高，经济实力进一步增强。按照择优扶强的原则，区政府对规模大、效益好、贡献多的企业，采取领导包扶、挂牌保护、特事特办等有力措施，为其发展壮大创造条件。对恩世制药、乐百氏、天菱农用车等新投产规模大的企业给予特殊扶持，促其发展壮大。目前，全区规模企业已达64家，实现产值12.7亿元。对半截子工程和停产半停产企业进行了专项整治，沈阳铝材工业有限公司、益华(辽宁)实业有限公司、沈阳万源油脂有限公司等企业已盘活资产，正常运转。开发区建设不断加快。区政府把抓好开发区建设作为经济工作的重中之重，进一步加大领导力度，优化投资环境，改善服务环境。道义开发区已晋升为省级开发区，全年可实现产值7亿元、税收3500万元。并在已完成的1.5平方公里规划建设的基础上，编制了14.22平方公里的总体规划，规划区包括高科技工业园区、高校园区、商贸园区和生活居住园区。虎石台开发区理顺了机构，明确了发展政策，加快了建设步伐，规划面积由原来2.3平方公里扩展到20平方公里，已有14家规模企业在区内落户。

（史克俭）

【第三产业】　2001年，新城子区三产业质量进一步提高，旅游业得到迅速发展，实施了商贸开发和市场建设计划。重点抓了过境公路沿线的商贸经济开发，新城子、虎石台、道义、清水等乡镇的商、饮、服、修网点得到巩固和提高，传统三产项目改造和新兴三产项目发展步伐明显加快。信息、咨询、劳务、房地产市场日益活跃，物业管理、证券交易、超市、连锁店、中介服务等三产项目正在兴起。同时，大力整顿和规范市场经济秩序。按照标本兼治的原则，有关执法部门密切配合，对食品、农资、医药、文化、建筑、煤炭等市场进行了重点整治。共查处假冒伪劣商品标值总额138万元，端掉制假售假和非法传销黑窝点45个，取缔无证业户690户。为实现全区旅游工作目标，区政府制定了全区旅游业发展总体规划和怪坡风景区管理办法，确保了旅游业的快速、有序发展。怪坡风景区顺利通过国家旅游局的评审，晋升为国家首批AAA级旅游区。景点景观已达20多个，怪坡旅行社已正式建立并开始运转，与国际互联网连接的“怪坡网站”已经开通，反映怪坡风景区风貌的风光片《怪坡探秘》完成拍摄并正式放映。新城子区已与辽宁万泰房地产开发公司达成了整体开发七星山风景区的协议。总体规划设计已经完成，景区村屯搬迁改造、地形地貌测绘等前期准备工作也已开始进行。

（史克俭）

【招商引资工作取得新成果】　2001年，新城子区进一步完善了区级领导包项目制、部门领导招商引资第一责任人制、招商引资一票否决制、领导干部风险抵押金制等系列规章制度。先后出台了《关于进一步加强全区投资软环境建设的实施意见》、《关于在道义开发区和虎石台开发区开展便企活动的意见》等政策性文件。全区上下坚持外向牵动战略不动摇，不断优化投资环境，创新招商办法，拓宽招商渠道，扩大招商成果。“百日招商”活动中，在国际互联网上推出20个招商项目，进行网上招商，召开企业家座谈会以商招商，组团赴港、澳、日、韩、欧盟以及广东、江西、湖北、新疆等地外出招商。全年共引进各类项目371个，到位资金20.4亿元，其中超千万元项目52个。新办外商投资企业20家，实际利用外资2400.5万美元；实现自营出口1990.3万美元，出口供货值2.44亿元。乐百氏食品饮料等项目的成功引进，开创了新城子区与世界500强企业合作的先河。

（史克俭）

【城乡建设】 2001年,新城子区筹措资金1100多万元,加快了城市建设步伐。完成了福州路翻建、左小河治理、道路与排水养护等重点工程。修建了银河街大型广场和东转盘及文化墙。实施了新城子街自来水改造工程,供水时间由每日间断供水变为连续供水。对2万立方米煤气大罐进行彻底检修,保证了全天候安全足压供气。城市绿化植草8.2万平方米,补栽名优树木3000株,增加硬覆盖1万平方米。开发住宅16万平方米,改善了居住条件。加大城市管理力度,对马路市场、街头烧烤等进行了集中整治,对杭州路西转盘违章建筑物进行了强制拆迁,使城市环境得到有效改善。继续加强小城镇基础设施建设,虎石台镇文化广场、兴隆台镇"锡伯之乡"牌楼和供销社营业楼、清水台镇停车场、道义镇郭七及正良的新村建设等一批重点项目顺利实施。对60个村屯的环境进行了综合整治,铺设黑色路面15万平方米,安装路灯158盏,清理"三堆"4000余处,修建垃圾箱245个。村容村貌大为改观。高质量完成新潘线13.3公里路基改造和常州路2.3公里一级路面铺设,创建京哈线23.8公里省级文明样板路,建成沈新公路6.8公里绿色长廊,县级以上公路平均好路率达到90%以上。

(史克俭)

【社会事业】 2001年,全区科教工作不断进步,社会事业全面发展。实施农业科技项目42项,组织93名农业科技人员参与科技承包,引进新技术19项、新品种21个,举办科技培训班418次,培训8.7万人次。认定高新技术企业4家、星火计划项目3项。教育工作不断深化体制改革,优化资源配置。继续实行教师聘任合同制,推进合班并校工作,正式接收省部属企业6所中小学,顺利通过市素质教育督导考评检查。群众文化活动丰富多彩,全民健身更加广泛深入,共举办大型文化广场晚会42场。医疗卫生体制改革成效显著,管理日趋规范,药品集中招标采购机制不断完善。广播电视事业得到长足发展,新架有线光缆70公里,使800户农民看上有线电视。档案工作迈上新台阶,档案信息资源得到有效利用,张德山事迹展在全市产生巨大轰动效应。人口与计划生育管理服务水平不断提高,人口出生率及自然增长率分别保持在6.94‰和1.86‰的水平。双拥共建工作再创佳绩,依法优抚和兵役工作取得突出成果。社会保障体系建设逐步完善,扶贫解困工作进一步加强。培训失业、下岗职工2204人,开发就业岗位3407个,推荐介绍就业成功3126人次,境外劳务输出951人。参加养老保险的职工达到12421人,参加失业保险的职工达到26886人。发放养老金3339万元、失业金721万元。城市最低生活保障扩面和提高城乡居民最低生活标准工作一步到位。城市低保户已由790户、1728人扩至1196户、2728人,月保障金由每人169元提高到179元。377户农村长困户月救济金由每人15元提高到25元。为706户、1818名特困职工和救助户办理了采暖补贴认证。共筹集价值106万元的款物用于特困户的临时救济。供暖工作准备充分,做到100%按时开栓。货币化住房分配方案开始实施,首次注入资金300万元,解决了120名干部职工的住房问题。民族、宗教、侨务、外事、物价、统计、地震、残联等部门,紧紧围绕全区中心工作,充分发挥职能作用,取得了新的成绩。

(史克俭)

【法制建设】 2001年,新城子区深入开展"严打整治"斗争,取得阶段性重大成果。全年共破获刑事案件831起,抓获违法犯罪人员221人,抓获网上逃犯33人,打掉犯罪团伙15个,其中带有黑社会性质的1个,收缴非法枪支30支、子弹3920发,确保了一方平安。严厉打击"法轮功"邪教组织的非法活动,促进了政治稳定。大力加强安全管理,杜绝了重大安全责任事故的发生。信访工作努力做到认识、领导、责任、措施"四到位",及时妥善处理了影响稳定的热点和难点问题。共接待来区集体访205批4044人,处理去省市集体访29批870人,接待个人来访360人次,办理人民来信97件、信访案件27件,处置突发事件5起,做到了件件有着落、案案有结果。"四五"普法工作全面展开,广大干部群众的法制意识不断增强。区政府主动接受人大的法律监督和政协的民主监督。全年办理人大代表议案、建议和政协提案120件,办复率为100%,满意率为99%。制定政府工作规则,开展行政执法监察,保证了政令畅通。积极开展领导干部在(离)任审计、基建审计和内部审计工作,不断加大审计执法力度。依法进行第七届村委会换届工作,农村基层政权建设得到加强。配备社区干部99名,改善了办公条件和文体娱乐设施,社区建设有了良好的开端。

(史克俭)

新民市

【概况】 新民市地处沈阳市西部,为辽河冲积平原,距省会城市沈阳60公里,被沈阳、大连、锦州、抚顺等大中城市所环抱。幅员3352平方公里,总人口69.2万,辖11个镇、15个乡和4个街道办事处,是集区位、交通、资源、市场优势于一体的新兴城市。

便捷的交通通讯。新民市境内有六条国省级公路,穿越全境,两条铁路横贯东西,东北最大的国际机场——沈阳桃仙机场近在咫尺,大连、营口、葫芦岛、锦州诸港翘首可望,形成海陆空立体交通运输网络。通讯设施已达到国际先进水平,可直接与海内外传递各种信息。

丰富的自然资源。境内地域广阔,土质肥沃,有18万公顷平坦的耕地,4667公顷养殖水面,3万公顷草原。有林地6.4万公顷,森林覆盖率16.7%以上,林木总蓄积量170万立方米,素有中国"杨木之乡"的美称。盛产优质玉米、水稻和小麦;各类蔬菜瓜果远近闻名,主要出口俄罗斯、东南亚、香港等国家和地区;畜牧业方兴未艾,产量位居辽宁省前列;年均粮食产量75万吨,是国内知名的商品粮生产基地、优质米生产基地和著名的绿色食品生产基地。地上有六条河流通过,水资源丰富。石油、天然气储量丰富,石油储量达3亿多吨,天然气储量达1.5亿立方米,是年产石油300万吨以上的沈阳采油厂的主采区。城乡输变电工程自成体系,网络健全配套。旅游资源开发前景可观,以万亩水面、千亩荷花著称的沈阳仙子湖被国家命名为"中国荷花之乡",已成为海内外著名的旅游景观。

巨大的发展潜力。农业初步实现规模化、集约化、产业化,形成粮食、优质米、良种、林果、两瓜、菜籽、生猪、牛羊、禽蛋、淡水鱼十大生产基地,被辽宁省确立为现代化农业示范市。全市工业企业500余家,形成机械、造纸、冶金、化工、纺织、食品、服装、机电等主导产业。两大工业园区基础设施完备、发展空间广阔,胡台工业园区距省会城市沈阳仅20公里,区内生产经营企业42户。城乡市场60余处,闻名全国的中国北方蔬菜种子批发市场,已成为全国蔬菜种子的集散中心,7.6万平方米的中国北方农机市场,运营良好,辐射整个东北地区,年销售额达到9亿元。

2001年,新民市积极谋划实施"三大战略工程",突出展开"三条战线",全市呈现出经济建设和社会事业协调发展的良好局面。"102国道沈新路段改造战略工程"已在省、市立项,"柳绕二期开发战略工程"已被沈阳市确定为重点工程,"建设沈阳市工业副城战略工程"构想已深入人心。农业结构调整、招商引资、城市开发三条战线均取得显著成果。全市国内生产总值完成87.0亿元,增长3.3%。其中:第一产业增加值实现20.2亿元,同比略有下降;第二产业增加值实现30.9亿元,增长5.6%;第三产业增加值实现35.9亿元,增长7.9%。按可比口径计算,市本级财政收入实现7723万元,比上年增长7.6%;农民人均收入实现3178元,同比略有下降。

(郑恩俊)

【农业整体水平进一步提高】 农业战胜了百年不遇的旱灾,粮食产量达60万吨。种植业结构调整进一步优化,调整质量和效益显著提高,粮经比例基本达到55:45格局。创办农业庄园、农业科技园区、农业科技示范园54个,引进和推广新品种112个。养殖业生产稳步发展,畜牧、水产业产值占农业总产值的43%。林业生产取得突破性进展,1000公里绿色通道基本建成,秋季造林完成3000公顷。抗旱打井12万眼,增加水浇地面积1万公顷,防洪治涝工程进一步改善,为夺取农业丰收奠定了基础。

(郑恩俊)

【工业经济稳定增长】 全市工业总产值实现128亿元,增长11.3%,产销率实现97%。43户规模企业产值增加1.2亿元。8个重点乡镇累计完成工业产值70亿元,占全市工业总产值的55%。新华恒彩印包装、东蛇山子PVC板、梁山淀粉、胡台波纹管、文成纸业、东进环保等投资超千万元工业项目已经投产,并逐步产生效益,为增加财政税收和职工就业提供了有效载体。

(郑恩俊)

【第三产业运行良好】 社会消费品零售总额实现21.1亿元,增长16.6%。北联百货大楼、铁北蔬菜果品批发市场、旧物市场、新华园综合市场建设全面竣工并投入使用。大民屯、梁山、公主屯商贸区等沿路开发又有新形象。市场经济秩序进一步规范。仙子湖投资2.1亿元的一期开发建设工程基本结束,为旅游业的进一步发展奠定了基础。

(郑恩俊)

【民营经济实力增强】 民营经济在经济总量中的比重日渐增加。全年完成增加值43亿元,销售收入120亿元,实缴税金7300万元,分别比上年增长8%、10%和6%。东进环保产业有限公司等一批规模民营企业实现跨越式发展。个体、私营经济群体进一步扩大,分别达到2.2万户和555户。

(郑恩俊)

【城市建设成果显著】 全市瞩目的柳河水源供水工程竣工投产,困扰城区居民多年的饮用水水量不足、水质低劣的难题得到彻底解决;南市西路、清真寺路动迁工作基本结束,西郊路改造工程已完成地下管网铺设;火车站改造主体工程完工。建筑开发业全年开工面积33.7万平方米,年内竣工近30万平方米,收缴城市基础设施配套费近800万元;新华园、向阳新村、华厦等8个住宅小区建设又树新形象。调整了城市管理体制,明确了责任,理顺了关系,城管工作逐渐好转,主要街路的马路市场得到有效治理。社区建设与管理进一步规范,服务功能进一步完善,社区面貌得到改观。前当堡、胡台、公主屯、大民屯、梁山、兴隆堡小城镇建设又上新水平。

(郑恩俊)

【对外开放水平进一步提高】 以项目招商、专项招商为重点,成功组织了辽沈地区招商、百日招商、百团招商、国内外重点地区招商等多次重大招商活动。全年累计签约项目480项,其中合同396项,协议84项,实际到位资金10亿元。巨华玻璃工艺、东新药业GMP认证等近10个投资千万元的工业项目,胡台花卉园、草莓园等近10个投资500万元的农事企业项目都将成为经济发展的新增长点。2001年,全市累计引人外资786.7万美元,出口创汇934.8万美元,向国内外输出劳务人员千余人。

(郑恩俊)

【财政工作平稳运行】 财税部门千方百计加强征管,强化稽查,挖掘潜力,财政收入实现稳步增长。在农业计税价格下调,全市遭受严重旱灾的不利条件下,农业税收仍略有增长。在教师工资统筹、离退休干部"两费"及抗旱救灾等支出因素增多的情况下,财政部门积极筹措资金,确保了公教人员工资按月发放和重点项目资金投入,保证了全市工作正常运行和社会稳定。按沈阳市政府要求,完成了第一批行政事业单位经费统管工作。

(郑恩俊)

【社会事业健康发展】 开展"三个代表"学教活动和"学《讲话》、办实事、促发展"活动,机关服务水平和服务质量进一步提高。全年共完成了事关人民群众生产、生活的八件实事。即:102国道两侧现代化农业示范工程初见成效;仙子湖高效农业科技园区建设一期工程基本完工;1000公里"绿色通道"工程基本完成;十大线改造工程如期竣工;柳河水源供水工程竣工投产;南市西路、清真寺路拆迁结束;铁北蔬菜果品批发市场建设工程竣工运营;农村电网改造一期工程投入使用。全年办结人大议案、建议35件,办结政协提案122件,办复率100%。教育水平进一步提高,素质教育全面推进,被授予"实验教学普及县(市)"称号,新高中建设工程已经启动。卫生工作取得新成绩,卫生系统内部运行机制、乡村卫生体制、社区卫生服务体系改革稳步推进,卫生初保和义务献血工作分别被评为省、市级达标单位。群众体育和文化活动蓬勃开展。新闻工作围绕中心、服务大局,发挥了重要的舆论导向作用。信访工作进一步加强,越级集体访得到有效控制,全年实现无进京集体访。社会治安综合治理进一步强化,严打斗争取得明显效果,"打黑除恶"战役获得全胜,87%的"法轮功"习练者得到转化。社保工作卓有成效,确保了"两金"发放和职工队伍的稳定。扶贫优抚工作取得实效,村委会换届选举顺利完成,基层政权建设得到强化。全年,各条战线都能围绕经济建设这个中心,创造性地开展工作。各部门、各单位也充分发挥各自的职能作用,为新民经济和社会事业的发展做出了新的贡献。

(郑恩俊)

辽中县

【概况】 辽中县为沈阳市辖县之一,位于辽宁省中部。东靠沈阳,南近鞍山,西与台安、黑山两县接壤,北与新民市毗邻。全县有12个镇、9个乡和1个市属国营农场。有汉、满、蒙、回等13个民族,总人口52万人。辖区面积为1668平方公里。辽、浑、蒲三条河流从境内流过,全县耕地面积7.8万公顷。

辽中县水田、鱼池阡陌纵横,蔬菜大棚星罗棋布。粮食品种主要有水稻、玉米、大豆等。10万亩可利用水面和新开发3000亩精养鱼池,全年向市场提供6万吨淡水鱼。近年来,辽中县已成为全国商品粮基地、肉鸡和瘦肉猪生产基地;菜篮子先进县、渔业生产先进县、平原造林先进县,2001年度又被国家农业部定为农业标准化示范县。

辽中县工业门类比较齐全,机械加工、铸造、石油化工和工艺品等行业已经步入集团化经营。其中有35个品种的产品销往30多个国家和地区,并有10多个国家和地区在辽中县投资兴办企业。通过政策引导,促进了民营企业的发展。目前,全县民营企业已达251户。第三产业发展较快,以闻名全国的茨榆坨服装批发市场为中心,已形成轻工、建材、棚菜等34个专业市场和1.47万个商业网点。

辽中县有充裕的石油和天然气资源,境内交通网络四通八达。坐落在县城东北15公里处的辽中县茨榆坨采油厂,是辽河油田的主要采区之一;2002年7月即将通车的"泰沈电气化铁路"和已全线通车的"京沈高速公路"横跨全县9个乡镇,结束了辽中无铁路、无高速公路的历史。三条省级公路贯通全境,加之早已实现的连通乡乡、村村的柏油路，形成了便捷、高速的交通运输网络。

县内的邮电设备比较齐全。全县无线电话已达9000多部，城乡市话已达93800部，可与国际国内直通电话和传真。目前，信息站发展到35家，信息网吧33家，计算机终端用户800户。信息服务已在全县各行各业中起着越来越重要的作用。

（曹庆印）

【经济发展综述】　2001年是实施“十五”计划的起步年。全县以发展为主题，以调整为主线，以市场为导向，以改革开放和科技进步为动力，大力推进农业产业化，加快工业振兴，全面激活第三产业，促进了经济的持续、健康发展。全年实现财政收入6463万元，比上年增长0.45%；农民人均收入3186元，比上年增长0.57%。

农业经济以产业化经营为主线，以农民增收为目标，狠抓了项目的建设与管理，实施农业综合开发、农业标准化、现代化和节水灌溉工程。财政用于农业的总投入达5800多万元，有效地改善了生产条件，提高了抵御自然灾害的能力。引导农民自觉调整内部结构，大力发展蔬菜生产和畜牧养殖业，新增冷、暖棚1.8万个，具有一定规模的养殖小区11个，扩大了五大主导产业基地规模。大旱之年，全县未撂荒一亩地，粮食产量实现40.1万吨，蔬菜产量60万吨。被国家农业部定为全国农业标准化示范县、全国绿化先进集体。农村改革取得了重大突破，在全县大力推行土地股份合作制和村级财物管理制度改革。使村级财务整顿和农村清、化、控债工作取得了显著效果。共清欠8000万元，化债1.26亿元，清、化债比例居全市首位。

二、三产业坚持抓大育新，扶优扶强，通过政策倾斜、资产重组、优化环境等措施，促进了规模企业的快速成长。全县规模以上企业累计实现产值7.37亿元，同比增长15.1%。遵循市场经济“有进有退”的原则，引导企业调整产品结构，全年实施技术改造25项，总投入6000万元，恢复和新建企业29户，开发新产品35种，增强了经济发展后劲。以国家降低利率和提高中低收入居民生活水平等一系列政策出台为契机，加强市场体系和市场环境建设，全县批发市场已达34个，商业网点1.47万个。同时还改造了轻工市场、商业大厦和三元大厦，鼓励各类经济特别是民营经济发展新的经营业态，使消费市场稳中趋活。全县社会消费品零售额实现18.1亿元，金融机构存款和贷款分别增长8.2%和8.1%。改进招商方式，强化项目跟踪落实，使招商引资工作取得了新的成果。外资调入额实现221万美元，引进内资8亿元。

（曹庆印）

【社会事业】　继续实施科教兴县战略，努力落实科技兴农示范县任务，加快科技普及，农业科技贡献率有了很大提高。各级各类教育在原有基础上有了长足发展，教育现代化建设的步伐加快。素质教育得到进一步推广，全县教育布局得到调整。全年投资455万元，新建、改建、扩建了部分中、小学校舍，改造危房达23800平方米。全县小学入学率保持在100%，农村中学辍学率也由2.6%下降到2.4%。民办教育水平居省、市前列。

文化、体育事业以激发全县人民热爱家乡、振兴辽中县为主题，开展了“迎接新世纪”系列文化活动。其中，“二人转”专场已在中央电视台、省电视台播出多次。建党80周年之际，举办了“庆七一”书画展及广场文化活动，丰富了群众文化生活，促进了精神文明的不断提高。

卫生事业不断发展，卫生“形象工程”建设和示范医院建设效果显著。农村的三级预防保健网及合作医疗工作得到巩固。围绕建设省级卫生县目标，实行建、管并重和投资主体多元化，提高了城市综合功能，进一步改善了城乡环境，被评为“全国创建文明小城镇示范点”。

计划生育工作常抓不懈。由于教育宣传工作到位，人们的新型生育文化观念正在逐步形成。全年计划生育率99.2%，人口出生率8.8‰，均低于全市计划指标。环境保护工作取得了较大成效，在全县实现“一控双达标”目标的基础上，加快了花园城市和园林式村庄的建设步伐，采取了多元化投资办法，继续完善“五项工程”和“三项整治”，使环境质量有了明显的改善。

社会保障事业有了新的发展。全县企业、事业单位职工养老保险覆盖面分别达到100%和90%。为1691人发放了最低生活保障金12万元，人民生活质量有了很大提高。

（曹庆印）

康平县

【概况】　康平县位于沈阳市北部，区域面积2175平方公里，辖16个乡镇、180个村，总人口34.35万人。康平县地处辽河流域，依据土地的自然特点，可分为东部低洼平原区，中部风沙盐碱区，西部低岗丘陵区。全县耕地面积7.8万公顷，草场4.3万公顷，林地5.3万公顷，荒地和滩涂2万公顷，可放养水面8000公顷。种植业、养殖业、林果业发展迅速，被列为全国重点商品粮基地县、全国绿色食品基地县、全国生态建设示范县。境内共有8条内河，流域面积2160平方公里，有大、小型水库14座，总容量9626万立方米，全县水资源总量为1.88亿立方米。境内已探明开采的矿藏有矿泉水、煤炭、石灰石等10余种。有76处锶型、偏硅酸型和锶硅复合型优质天然矿泉水，一般每升含锶量1.65—1.87毫克。煤炭储量6.6亿吨。二、三产业门类齐全，纺织、农副产品深加工、铝业、矿泉酿造业是县域工业四大支柱产业。金融体系健全。商业网点遍布城乡。县城距沈阳市120公里，国道203线、省道彰桓线贯穿全境，县乡公路纵横交错。拥有铁路专用线1条，货物吞吐量300万吨。邮电通信设备齐全，百人拥有程控电话14部。全县有自然和人文景观7处，其中沈阳市十五大旅游景点中的卧龙湖和金沙滩即在康平县境内。

（张锦武）

【产业状况】　2001年，康平县坚持在调整中恢复、在恢复中发展的工作思路，加大产业结构调整力度，努力扩大经济总量和规模。大灾之年，经济运行较为平稳。全县国内生产总值实现13.13亿元，比上年增长27%。其中：第一产业增加值5.4亿元，比上年增长33.2%；第二产业增加值3.54亿元，增长21.1%；第三产业增加值4.2亿元，比上年增长24.4%；

1.农业。农业生产遭受了历史上罕见的春旱、夏旱和秋旱霜。在上级有关部门的大力支持和帮助下，全县广大干部群众同自然灾害进行了不懈的斗争，把灾害造成的损失降低到了最低限度。全年粮食产量23.9万吨，比上年增长59.3%。以防沙治沙为重点的生态林业建设取得新进展，全县造林共完成8127公顷。养殖业生产发展迅速，全县牛饲养量8万头、出栏2.5万头，分别比上年增长31.1%和8.7%；羊饲养量12万只、出栏4.8万只，分别比上年增长1.7%和6.7%；禽饲养量1200万只、出栏960万只，分别比上年增长10.9%和36.2%；生猪饲养量55万头、出栏30万头，分别比上年下降9.5%和6%。渔业生产结构不断优化，全县放养水面8000公顷，河蟹养殖面积6333公顷，鱼产量1500吨。农业基本建设成果显著，全年共完成农建土石方1929万立方米，投入劳动积累482万个工日，投入机械车工1.35万个台班，投入资金1966万元，完成重点骨干工程86项，其中精品工程10项。

2.工业。围绕确定的工业支柱产业，加强重点企业建设及技术改造，强化资本运营，扩充经济总量。全年实现工业总产值10.2亿元，比上年增长21%；实现工业增加值2.85亿元,比上年增长13%;实现产销率97.5%,比上年增长0.4%;实现工业利润1060万元,比上年增长7%;实现工业税金1850万元,与上年持平;实现销售收入9.9亿元,比上年增长10%;国有及国有控股企业亏损额控制在700万元以内。

3.第三产业。以整顿市场经济秩序为切入点,大力加强商业网点、集贸市场建设,积极发展连锁、超市、中介和信息等新兴产业。在连续两年遭受自然灾害的情况下,第三产业仍保持了稳定增长势头。社会消费品零售额实现7.9亿元;集市贸易成交额实现4.1亿元;外贸出口供货值实现800万元;劳务输出人数达到4.6万人次。

(张锦武)

【抗旱救灾】 2001年,康平县遭受了历史上罕见的春旱、夏旱。从3月1日至6月14日,全县降雨量仅为25.8毫米,为历年的34%。大田播种的4月份,降雨仅2.9毫米,只相当于常年的10%。全县14座水库有8座干涸,80座塘坝全部干涸,县内8条中小河道断流,地下水位下降2米,9400眼农村饮用水井干涸,全县10个乡镇、80个村、247个自然屯、5.88万人及2.32万头大牲畜出现人畜饮水困难。9月21日全县普遍下霜,致使6月14日降雨后播种的玉米等农作物贪青,基本没有收成。全县8.33万公顷耕地受灾面积7.27万公顷,成灾面积5.8万公顷,减产粮食23.5万吨,减收1.88亿元,农民人均减收650元。面对严重灾情,康平县委、县政府高度重视,把抗旱作为压倒一切的中心工作,利用一切可利用的水源和抗旱设备,并积极筹措资金打旱井、购买水袋,抗旱浇灌坐水播种、毁种,平均每天出动人工3.84万工日,动用车工1.47万个。利用大小机电井和大口井7949眼、方塘五座,各类机泵4997台套,喷灌设备523台套,新打各类井3430眼,下摆水袋30吨,从4月26日到6月14日累计抗旱浇灌、播种2.8万公顷。6月14日至17日,全县普遍降雨,旱情基本解除,面对新的形势,县委、县政府提出要确保灾民有饭吃、有水喝、有柴烧、抓抢种、毁种、补种,下摆早熟作物种子395吨,毁种2.28万公顷,补种1.2万公顷,补苗733.3公顷。为达到减产少减收的目标,全县上下积极抓增收项目。增养鸡205万只、牛6740头、肉用羊3万只、白鹅34万只、猪10万头;有2万人搞蒲草编织等家庭手工项目;新增劳务输出2万人,新增保护地120公顷。通过以上一系列措施并在全社会各界的热心捐助下,基本解决了灾民的吃饭、喝水、烧柴、子女就读等问题,灾区人民生活得到了妥善安排。

(张锦武)

【退耕还林、还草】 康平县是环沈生态圈的第一道防线,也是保卫辽宁中部城市群的第一道屏障。围绕这第一道屏障建设,进一步加大防风治沙工程的力度,确保全县生态环境建设上规模、上水平、出成效、出形象,县委、县政府提出了“调整统领、林水先行、草林立业、产业经营”的农村经济发展战略。制定政策,增加投入,实施退耕还林、还草,全年实现退耕还林3333.3公顷,退耕还草2666.7公顷。年底着手制定了“十五”期间退耕还林、退耕还草规划,确定了“一带二片两林三网三环”的综合立体防护格局。

(张锦武)

【社会事业】 科技工作认真实施素质提高战略,突出科技培训工作。举办县、乡、村各级培训班40期,培训师资300人,培训骨干850人,培训农民3.2万人;放映科技影片830多场次,观众达5万人;组织电视讲座20次;送科技图书2300册、科技资料3.8万份。全年推广种、养新品种103个,新技术32项。教育工作取得了三项突破:一是高中创名校取得飞跃性突破,2001年高考,康平高中取得总成绩在沈阳市8个郊区县第一名的好成绩。二是普及高中阶段教育和改造城镇薄弱学校取得实质性突破,高中招生人数达到872人,比上年增长16.2%;新建高中教学楼5200平方米、职教中心教学楼3200平方米、向阳小学教学楼2400平方米,农村中小学危房改造取得实质性进展。三是实验教学工作取得突破,实验教学做到了五到位,实验教学水平明显提高。卫生事业全面进步,就业和社会保障工作取得新进展。计划生育率达到99.2%,人口自然增长率为5.24‰。全年新增就业人员2340人,城市最低生活保障覆盖率达到69%,比上年增长5%。全民健身水平有所提高。

(张锦武)

【重大改革举措】 以推行聘用合同制为重点,深入开展事业单位人事制度改革。引入竞争机制,对事业单位实行聘用合同管理。全县16个乡镇农科站、经营站通过竞聘上岗,解聘148名富余人员,加大了对事业单位管理力度。针对事业单位政事不分,政企不分,人员超编,专业技术人员和非专业技术人员比例限额失调等问题下发了《全县事业单位人员管理办法》。根据《管理办法》,全县501家事业单位全部实行聘用合同制,聘用6220人,解聘262人。在市委、市政府指导下,经过精心准备,认真实施县直党政机构改革工作,县委部门由8个调整为6个,县政府部门由原来27个,精减到20个。县直机关(不含公检法司专项编制)行政编制由536名减为418名,精简22%。其中党委系列精简15%,政府系列精简26%。领导职数由原来134名,减为106名,精简20.9%。占职数的领导配备由原来的143名,减到103名,副局级实职共减少40名。为了搞好人员分流和人员定岗工作,下发了《康平县县直党政机关机构改革人员分流实施办法》。根据此办法,全县共分流124名,人员分流工作基本到位。

(张锦武)

【人民生活】 2001年,康平县农民人均纯收入1390元,增长16.51%;农民人均消费支出1201元,比2000年下降320元,下降了21%。

(张锦武)

法库县

【概况】 法库县位于辽宁省北部,总面积约2290平方公里。县城距沈阳市约100公里。1993年由铁岭市划归沈阳市管辖。全县设13个乡、7个镇,其中蒙古族1个,乡镇下设7个社区、309个村。2001年,总户数为13.6万户,总人口45.8万人,其中非农业人口7.2万人。

法库的自然资源十分丰富,境内有大小山岭382座,大小河流近百条,形成了“三山一水六分田”的自然格局。全县有13.0万公顷肥沃耕地,5.3万公顷林地,2933公顷养殖水面,3万公顷天然草场,是国家商品粮基地和畜牧生产、蛋禽生产基地,法库的地下蕴藏着10多种非金属矿产资源。

(高文义)

【国民经济稳步增长】 2001年,全县国内生产总值实现22亿元,比上年增长17%;财政收入实现4092万元,增长7.3%;农民人均收入实现2200元,增长14.6%。农业遭受罕见旱灾,粮食产量达到39.8万吨。新增棚室蔬菜67公顷,春季造林80.3万公顷,成活率达80%以上。畜牧业生产稳中有增,生猪、牛、羊饲养量分别为96.3万头、10.8万头、19.8万头,分别比上年增长7%、8.3%、10%,发展各类饲养大户410户、大场20个、专业村26个。新打小井2200眼、水田抗旱井900眼、饮水井30眼。以绿色食品开发区为代表的高标准科技示范区建设速度较快,科技示范户工程落实311户,挂牌子12户。县乡工业出现转机,投资8000余万元的文成木业开始投产，法库东方风力发电等新项目有较大发展。县营工业完成增加值6000万元，同比增长33.3%；实缴税金700万元，同比增长62%。乡镇工业完成实缴税金3500万元，同比增长13%；出口供货值完成2310万元，同比增长13%。第三产业水平有所提高。社会消费品零售总额实现8.1亿元，城乡集市贸易成交额实现4.7亿元，粮食、农资经营市场不断向省外拓展。超市、专卖店、连锁店等新兴业态成为商贸经济的增长点。流通体制改革继续深化，兼并企业4户，出售企业11户，组建了沈阳红街企业集团。对外接待设施进一步改善，对外开放取得新进展。共引进到位内资10亿元，外资74万美元，引进超百元项目168个，引进各类人才120名。劳务输出5万人，创收1.9亿元。制订了沈北大开发法库部分的实施方案，出台了《关于推进全面彻底对外开放意见》和《法库县对外开放服务承诺制度》。

（高文义）

【社会事业蓬勃发展】 科技工作抓了科技培训与普及，组织和开展了科技之冬活动。县乡村共举办各类培训884期，培训乡村干部、农民11.7万人次，项目近百个，聘请高级科技人员讲课282人次，发科技资料11.9万份。开展科技扶贫，全县有贫困户5161户，其中组织开展科技扶贫的有1657户，上扶贫开发项目590个，大部分贫困户基本掌握1—2项实用技术，已有951户脱贫。全面推进素质教育工作，加强教师队伍建设，努力改善办学条件。新建校舍12栋，建筑面积达11650平方米，总投资750万元；新建微机室26个，语音室11个，电教室15个，总投资243万元；更新教育教学设备投入资金60万元；又有48所学校进入市县花园式学校行列，投入达120万元；投入300多万元，对法库高中、二初中、职业技术中专和原技工学校的教育资源进行了重组；精简了不合格自用教师89人，救助1300名辍学贫困生，学额巩固率比上年提高1.2个百分点。卫生工作重点进行了乡镇卫生院改革，全县19所卫生院，有17所实行了不同形式的改革措施，其中：实行租赁经营的5家，实行承包经营的9家，和沈阳医疗机构联合的2家，实行股份经营的1家。共吸纳社会资金440万元，改造用房1万多平方米，添置较大型医疗设备50多台(件)，业务收入达到600多万元。广播电视工作取得新进展。城镇有线电视投入107万元进行了西至收费站，东至环城路口的HFC改造和红街地理工程的施工，铺设地埋光缆2公里，架空光缆6.6公里，分支光缆3.4公里，电缆7.6公里，城镇有线电视新增600户。在农村，经批准注册了以农村有线网络建设为主要目标的法库县网络公司，从深圳引资330万元，开发城乡有线电视工程。红五月至叶茂台60公里地埋光纤已铺设完毕，这一工程将使农村用户看到与县城同样的有线电视节目，农村MMDS有线电视新增用户1000户。

（高文义）

【城镇建设成绩显著】 城镇建设“611”重点建设项目取得新成果，即：6条道路建设。一是在上年拓改迎宾路的基础上，续建完成了道口延伸、步道调修、景点绿化、路树栽植、新装路灯等工程。二是完成兴法路景观化中修的拓宽拆迁、给水排水、路灯安装及彩砖铺装等工程。三是完成二龙山公园路一期建设工程。全长810米，规划宽26米。2001年修完长570米、宽21米的白色路面，新建涵洞2座，桥梁1座。四是完成县幼儿园至二高中石板路。五是实现了团结街的贯通，由粮食部门开发建设成步行一条街。10万平方米棚区改造，实现准棚户区开发区域面积7.6万平方米，动迁单位、居民474户(个)，拆除建筑面积3.9万平方米，新建开工面积9.7万平方米，竣工面积7.9万平方米。实施了3公里长的沙河治理工程，清理河道障碍物，完成了两岸造林整地任务。改造南水源，新打2眼井，新铺输水管道60延长米，配置供电线路80米，保证了城镇旱季供水。实施了吉祥寺北自来水主管路改造，完成了团结街供配水建筑工程，为开发小区铺设配水管路1200延长米。对纺织机械厂和团结居民区的配水管网进行了改造，解决了500户居民用水问题。

（高文义）

【体制改革不断深化】 产权制度改革有新进展。全年共有农机二厂、消防汽车修配厂、中化有机化工厂、粮管所、粮食招待所、建设副食商店、联营公司、红旗饭店等8户企业进行了改制，使工商企业改制面达到95%。通过改制盘活存量资产近千万元，吸收增量资本400多万元，妥善安置职工386人；对县粮油厂股份合作制内部管理进行规范，企业内抓管理，外抓销售，实行了“品牌立厂”战略；对柏家沟煤矿的股权结构进行调整，建立和规范了股权合理流动机制；对磷肥厂重新进行了改制、改组、改造。事业改革有突破。重点抓了法库宾馆改造、改制相结合的综合改革，将法库宾馆以750万元的价格卖给私营企业家陈国红。通过改制，使宾馆92名职工得到了妥善安置，其中：19名离退休职工进行了趸保，59人进行了买断，14人接受了安置。购买方投资800多万元的资金，对县宾馆进行全方位装饰改造，县宾馆的接待能力和服务水平将大大提高。农村改革取得新进展。在五台子乡进行了土地股份合作制试点；完成了柏家沟、依牛堡等基层合作社股份合作制改造，建立了叶茂台、秀水河子等专业合作社。

（高文义）

【民政工作不断加强】 全县开展了第七届村委会换届选举工作。309个村中有307个村选举工作于6月末基本结束，包家屯乡榆树坨子村、水泉村因班子不健全暂缓进行，有选举权和被选举权的村民参选率达85%以上。2001年，法库县再次遭受历史上罕见的旱灾。全县共有贫困户16152户、40961人，占全县总户数的14%、总人口的10%。其中，农村贫困户13622户、34185人，占农业总户数的13%、占农业总人口的9%；县城贫困户2530户、6776人，占县城总户数的17%、占县城人口的15%。市、县两级民政部门先后下拨、发放救灾粮款、生活救济款、春耕生产款693万元，全县共捐助款物150万元，共接收省下拨物资棉褥1000床、夏装1000套、棉衣裤1000套、铸铁锅1000口、铝锅盖1000个、炕桌650个、餐具125箱。东陵区、沈河区送来39车支持物资，价值13万元。各乡镇建立健全发放登记档案，及时发放到户。10月份，沈阳市部分县区为法库县7个贫困乡镇出资610万元进行帮扶。除此之外，市民政局下拨建房资金34.8万元，为87户贫困户建房。全县20个敬老院进行了不同程度的改造，其中三面船敬老院达到了省级高标准规模。发放城市居民最低生活保障金。领取城市人口保障金户1118户、2618人，月金额10万元。优扶工作进一步深入开展。解决了在乡老复员军人治病难问题，人均医疗费由上年的260元增长到280元，县财政全年拨出8万元作为医疗补助经费。为91户(223间)无房或住险房的老复员军人修建了房屋。2001年，全县出生人口3964人，人口出生率为8.83‰，自然增长率为3.55‰。计划生育率为97.96%，是开展计划生育以来最好的一年。

（高文义）

人　　物

政界人物

新当选的中共沈阳市第十届委员会常委

2001年7月28—31日，中国共产党沈阳市第十次代表大会召开。会议通过关于市委、市纪委工作报告的决议，选出新一届市委委员、候补委员、市纪委委员。在31日召开的中共沈阳市委十届一次全会上，张行湘、陈政高、崔文信、王扬、朱锦（女）、王启文、刘迎初、多静如、李佳、付强、初立生（女）、顾春明当选新一届市委常委。张行湘当选为市委书记，陈政高、崔文信、王扬、朱锦（女）、王启文当选为市委副书记。

【张行湘】 男，汉族，山东滨州人，1945年7月出生，中共党员，大学文化，1970年3月毕业于北京大学经济系政治经济学专业。1970年3月参加工作，历任辽宁省台安县达牛公社中学教师、县委党校教员、县委宣传部副部长、城郊公社党委书记。1981年任共青团鞍山市委副书记、党组副书记，1983年任中共鞍山市委常委、宣传部部长，1984年任中共辽宁省委宣传部副部长，1985年任中共辽宁省委宣传部副部长兼省精神文明研究中心主任（正厅级），1990年任中共抚顺市委副书记（正厅级），1993年任中共抚顺市委书记兼市政协主席，1995年2月任中共抚顺市委书记兼市人大主任，1995年12月任中共辽宁省委秘书长兼省直机关工委书记，1996年任中共辽宁省委常委、秘书长兼省直机关工委书记，1997年任中共辽宁省委副书记，2001年4月以后任中共辽宁省委副书记、沈阳市委书记。

（鉴　闻）

【陈政高】 男，汉族，辽宁海城人，1952年4月出生，中共党员，在职研究生，硕士学位，毕业于东北财经大学财政金融系货币银行学专业。1970年12月参加工作，历任辽宁省海城县革委会政工组办事员，大连海运学院宣传处办事员、宣传处副处长、院团委副书记、院团委书记，共青团大连市委常委、学校部部长。1983年任共青团大连市委副书记，1985年任辽宁省长海县政府副县长，1988年任中共大连市西岗区委常委、区政府副区长（主持工作），1990年任中共大连市西岗区委副书记、区政府区长，1993年任大连市政府副市长，1995年任中共大连市委常委、市政府副市长，1997年任辽宁省政府省长助理，1998年任辽宁省政府副省长（期间兼任省委企业工委书记），2000年任辽宁省政府副省长、中共沈阳市委副书记、市政府副市长、代市长，2001年2月以后任辽宁省政府副省长、中共沈阳市委副书记、市政府市长。

（鉴　闻）

【崔文信】 男，汉族，河北徐水人，1946年1月出生，中共党员，大学文化，1970年8月毕业于哈尔滨军事工程学院四系无线电导航专业。1965年8月参加工作，历任新光机械厂80车间工人、80车间技术员、党办秘书、政治部办公室副主任、党办负责人、37车间党支部书记、工会副主席，辽宁省总工会副秘书长兼办公室主任。1985年任辽宁省总工会副主席，1988年任中共辽宁省委副秘书长，1989年任中共辽宁省委副秘书长、办公厅主任，1994年任中共锦州市委书记，2000年11月以后任中共沈阳市委常务副书记。

（鉴　闻）

【王扬】 男，汉族，山东富山人，1948年11月出生，中共党员，在职研究生结业于辽宁大学哲学系管理决策专业。1968年9月参加工作，历任辽宁省岫岩县朝阳公社知青，黑龙江省生产建设兵团独立三团战士，解放军81241部队战士、班长，中共沈阳市和平区委宣传部干事、部长。1982年任中共沈阳市和平区委常委、宣传部部长，1983年任中共沈阳市和平区委常委、区纪委书记，1985年任中共沈阳市纪委副书记，1993年任中共沈阳市委常委、纪委书记，1997年11月以后任中共沈阳市委副书记。

（鉴　闻）

【朱锦】 女，汉族，辽宁沈阳人，1949年7月出生，中共党员，大学文化，毕业于辽宁省委党校法律专业。1968年10月参加工作，历任辽宁省开原县古城堡公社单楼台大队知青，沈阳市大东区教育局工作人员，沈阳市大东区人民检察院书记员、助理检察员、检察员、副科长、副检察长，沈阳市人民检察院法纪检察处、刑事检察一处处长。1988年任沈阳市人民检察院副检察长，1993年任沈阳市政府市长助理，1995年任沈阳市政府副市长，1999年3月以后任中共沈阳市委副书记。

（鉴　闻）

【王启文】 男，汉族，山东临邑人，1945年7月出生，中共党员，大学文化，1969年8月毕业于天津大学机械制造工程系机械制造工艺及设备专业。1969年8月参加工作，历任河北省承德煤炭公司机电修配厂工人，沈阳市100中学教师，沈阳铸造厂工人、厂教育科、宣传科干事，辽宁省辽中县六间房公社带队干部，沈阳铸造厂宣传科干事、职大教师、职大副校长、一车间党支部副书记、党委副书记。1984年任中共沈阳市委组织部副部长，1991年任中共沈阳市委组织部副部长兼党史办主任（正局级），1992年1月任中共沈阳市委组织部副部长（正局级），1992年12月任中共沈阳市沈河区委副书记、区政府副区长、代区长，1993年任中共沈阳市沈河区委副书记、区政府区长，1996年任中共沈阳市委副秘书长、办公厅主任，1997年5月任中共沈阳市委副秘书长、办公厅主任兼机要局局长，1997年11月以后任中共沈阳市委常委、纪委书记。

（鉴　闻）

【刘迎初】 男，汉族，湖北石首人，1946年3月出生，中共党员，大学文化，1969年7月毕业于中国人民大学历史档案系历史档案专业。1969年7月参加工作，历任沈阳市和平区革委会组织组工作人员，沈阳市和平区汽车部件厂工人，沈阳市和平区革委会工交组工作人员，共青团沈阳市和平区委副书记，辽宁省辽中县知青带队干部，沈阳市带队干部办公室工作人员、副主任。1980年任共青团沈阳市委副书记，1981年任共青团沈阳市委书记，1983年任中共沈阳市委副秘书长，1986年任中共沈阳市委副秘书长兼档案局局长，1988年任中共沈阳市委副秘书长兼政研室主任，1995年1月以后任中共沈阳市委常委、宣传部部长。

（鉴 闻）

【多静如】 男，汉族，河北阜城人，1944年2月出生，中共党员，大学文化，工程师，1967年7月毕业于北京机械学院机械系机械制造工艺与设备专业。1967年7月参加工作，历任沈阳气体压缩机厂统计计划员，沈阳市机电局计划处计划员、副处长，中共沈阳市委政研室综合一处工作人员、综合处副处长，沈阳市经委企业管理处处长。1983年任沈阳市税务局副局长，1988年任沈阳市财政局局长、党组书记，1991年任沈阳市计经委主任、党组书记，1995年任中共沈阳市委常委、秘书长兼市委直属机关工委书记，2000年11月以后任中共沈阳市委常委、政法委书记。

（鉴 闻）

【李佳】 男，汉族，辽宁大连人，1961年1月出生，中共党员，在职研究生，博士学位，工程师，毕业于东北大学文法学院科技哲学专业。1983年8月参加工作，历任辽宁省分析测试研究中心技术员、副科长、科长、主任助理、经营部长、工程师，辽宁省科学技术委员会计划处主任科员，辽宁省分析测试研究中心副主任，辽宁省科学技术委员会科技成果处副处长、处长。1996年任辽宁省科学技术委员会副主任、党组成员，1998年任辽宁省科学技术委员会副主任、党组副书记，2000年1月任辽宁省科学技术厅副厅长、党组副书记，2000年11月以后任中共沈阳市委常委、市政府副市长。

（鉴 闻）

【付强】 男，汉族，辽宁兴城人，1950年2月出生，中共党员，大学文化，毕业于中央党校经济管理专业（函授）。1969年1月参加工作，历任辽宁省军区警卫营战士、司令部政治处干事、司令部办公室秘书，沈阳市新城子区人武部政工科科长，辽宁省军区政治部干部处副处长、秘书处处长、干部处处长。1993年任辽宁省军区盘锦军分区政治部主任，1999年任辽宁省军区营口军分区政委，2000年8月任辽宁省军区政治部副主任兼沈阳军分区政委，2000年11月以后任中共沈阳市委常委、辽宁省军区政治部副主任兼沈阳军分区政委。

（鉴 闻）

【初立生】 女，汉族，辽宁清原人，1950年5月出生，中共党员，在职研究生，毕业于财政部财政科学研究所研究生部财税专业。1968年9月参加工作，历任辽宁省康平县山东屯公社、黑龙江省清河“五·七”干校知青，沈阳市第二粮库工作人员，沈阳市粮食局教育科工作人员、劳资科副科长，沈阳市粮油供应公司副经理。1985年任沈阳市粮食局党委副书记，1990年任沈阳市粮食局党委书记，1993年任中共沈阳市委组织部副部长（正局级），2000年11月以后任中共沈阳市委常委、组织部部长。

（鉴 闻）

【顾春明】 男，汉族，辽宁沈阳人，1956年2月出生，中共党员，研究生，博士学位，讲师，1986年7月毕业于辽宁大学哲学系哲学原理专业。1974年8月参加工作，历任辽宁省康平县东关屯乡知青、村党支部副书记，沈阳石棉水泥制品厂工人，辽宁大学学报编辑部编辑、哲学系助教、讲师，沈阳市文化局宣传部副部长，中共沈阳市委宣传部讲师团讲师、办公室副主任、办公室主任。1991年任中共沈阳市委宣传部秘书长（副局级），1993年任中共沈阳市委宣传部副部长，1995年任中共沈阳市委副秘书长兼政研室主任，1996年任中共沈阳市委副秘书长、于洪区委副书记，1997年任中共沈阳市于洪区委书记，1998年任中共沈阳市委副秘书长、办公厅主任、机要局局长，2000年10月任中共沈阳市委副秘书长、办公厅主任，2000年11月以后任中共沈阳市委常委、秘书长、办公厅主任兼市委直属机关工委书记。

（鉴 闻）

沈阳市十二届人大四次会议增选的副主任

【李中鲁】 男，汉族，河北南乐人，1943年11月生，中共党员，大学文化，毕业于清华大学力学专业。历任沈阳第一机床厂车床研究所团支部书记、技术组长，沈阳第一机床厂车床研究所副所长、工程师，沈阳第一机床厂总工程师办公室副主任，沈阳第一机床厂副厂长；1983年任沈阳市机电工业局副局长；1985年任市委常委、市人民政府副市长；1990年3月以后任中共沈阳市委常委、市总工会主席；2001年2月当选市人大副主任。

（鉴 闻）

新当选的沈阳市人民政府副市长

【张建华】 男，汉族，辽宁沈阳人，1949年7月出生，中共党员，党校在职研究生学历，毕业于辽宁省委党校经济管理专业。历任沈阳市苏家屯区下乡知青，沈阳有色金属加工厂工人、干部，共青团沈阳市委副部长、部长，中共沈阳市委政策研究室综合组副组长，中共沈阳市委办公厅综合处副处长、巡视检查处副处长、巡视检查处处长、秘书处处长；1988年任中共沈阳市委办公厅副主任，1993年任中共沈阳市委办公厅副主任、机要局局长（兼），1995年任中共沈阳市委副秘书长、办公厅主任，1996年8月任中共沈阳市大东区委书记，2001年10月以后任沈阳市人民政府副市长。

（鉴 闻）

政协沈阳市十一届四次会议增选的副主席

【赵金城】 男，汉族，辽宁康平人，1942年5月生，中共党员，大学文化，毕业于北京大学政治经济学专业。曾在北京大学经济系任教员，张家口4627部队接受锻炼，辽宁省电信局后勤处任会计，辽宁省邮电管理局任秘书，辽宁省邮电管理局经济研究室任副主任；1982年任沈阳市邮政局党委副书记；1983年7月任沈阳市总工会主席；1983年9月任中共沈阳市委常委、秘书长；1993年11月以后任中共沈阳市委副书记；2001年2月当选市政协副主席。

（鉴 闻）

【王洁纯】 男，汉族，辽宁昌图人，1942年2月生，中共党员，大学文化，毕业于辽宁大学哲学专业。历任辽阳市烟台煤矿西八坑工人、工作人员，辽阳石油化纤厂宣传处组长，中共辽阳市委办公室秘书科秘书、副科长，中共辽宁省委政研室工业科工作人员，中共沈阳市委办公厅秘书处秘书、副处长、正处级秘书；1985年任中共沈阳市委办公厅副主任；1988年任中共沈阳市委办公厅主任；1990年任中共沈阳市委副秘书长、办公厅主任；1995年1月以后任中共沈阳市委常委、政法委书记；2001年2月当选市政协副主席。

（鉴 闻）

【汪宙】 男，汉族，江苏南京人，1940年12月生，九三学社社员，大学文化，高级工程师，毕业于合肥工业大学机械制造专业。曾在沈阳第三机床厂一车间劳动，沈阳第三机床厂技校任教师，沈阳第三机床厂技术科任科员，沈阳第三机床厂总工办任技术员、工程师，沈阳第三机床厂企管办任副主任，沈阳第三机床厂质量办任主任，沈阳第三机床厂任副总工程师；1990年任沈阳市外经贸委副主任；1997年8月任沈阳市人民政府副市长；2001年2月当选市政协副主席。

（鉴 闻）

逝世人物

陈彦之　原中国人民政治协商会议辽宁省委员会副主席、中国民主同盟中央委员、中央参议委员会常委、民盟辽宁省委员会副主任委员、沈阳市副市长、省民盟顾问陈彦之同志，因病医治无效，于2001年9月26日10时55分在沈阳逝世，终年94岁。9月30日上午，陈彦之同志遗体告别仪式在金秋医院举行。

陈彦之同志1907年3月出生于辽宁省法库县，1929年考入东北大学政治系。“九·一八”事变后，他随校迁入北平(北京)，积极参加东北抗日救亡运动。抗日战争胜利后，陈彦之同志按照周恩来同志的指示回到沈阳，开始从事争取人民解放的斗争。沈阳解放后，陈彦之积极投身社会主义建设事业，虽一生颇多坎坷，但一直坚信没有中国共产党就没有新中国的道理。他一生追随党，忠于党的革命事业，是中国共产党的忠诚挚友和诤友。

(鉴　闻)

李　澄　忠诚的共产主义战士，中国共产党的优秀党员，沈阳市人大常委会原副主任、原沈阳市顾问委员会常委李澄同志(副省级待遇)，因病医治无效，于2001年12月9日20时25分在沈阳逝世，享年82岁。12月13日，李澄同志送别仪式在回龙岗革命公墓举行。

李澄同志是四川省成都市人，1936年10月在四川成都参加中华民族解放先锋队，从此走上了革命道路。1937年10月入延安陕北公学，1938年2月加入中国共产党。从陕北公学毕业后，先后任成都星芒通讯社新闻记者、中共嘉定中心县委常委、宣传部长、中共成都外南区委书记。1940年9月到中央青年干部学校学习，后入中央研究院中央经济研究室学习，毕业后先后任中共中央青委研究室研究员、陕甘宁边区政府物资局研究员。1945年11月到东北工作，先后任中共本溪市委宣传部部长、中共安东三地委宣传部长、民运部长，中共安东市委宣传部长、秘书长、副书记、代理第一书记，中共辽宁省委办公厅主任，中共中央东北局政策研究室组长、财政工作部处长，中共辽宁省委委员、基本建设部副部长、部长，省基本建设委员会主任。1964年到沈阳工作后，先后任沈阳市人民政府副市长、市委常委、常务副市长。1980年4月任市人大常委会副主任兼秘书长、党组副书记，1985年4月任中共沈阳市顾问委员会常委，1990年11月离职休养。

李澄同志参加革命以来，无论是革命战争年代还是社会主义建设时期，始终全心全意为人民服务，为党的事业贡献了毕生精力。

(鉴　闻)

刘黑枷　原中共沈阳市委宣传部部长、沈阳市政协副主席、沈阳日报社总编辑、沈阳市新闻工作者协会主席、辽宁省新闻工作者协会副主席刘黑枷同志，因病医治无效，于2001年6月27日清晨1时40分在沈阳逝世，享年82岁。6月29日上午，刘黑枷同志遗体告别仪式在回龙岗革命公墓举行。

刘黑枷同志生于1920年，早年毕业于东北大学。1936年投身抗日救亡运动，学生时代开始为进步报刊撰稿，从事革命宣传工作。1945年夏，到新四军五师《七七日报》任编辑，后任新华社湖北分社记者。1946年加入中国共产党。1948年冬，沈阳刚解放即参与创建《沈阳日报》的前身——《工人报》。半个多世纪以来，他一直为办好《沈阳日报》呕心沥血。

刘黑枷同志坚持党性原则，坚持政治家办报，坚持报纸的正确舆论导向，坚持新闻改革，强调《沈阳日报》要贴近群众、贴近生活，提倡在报纸上开展批评，在党的领导下加强舆论监督，主张报纸要关心群众疾苦，要为群众排忧解难，办报要力求新颖活泼、特点鲜明。他一生笔耕勤奋，成果丰硕，除新闻作品外，还发表了大量文学作品，先后出版16部著作，在文坛上有广泛的影响。刘黑枷同志诚恳谦逊，生活俭朴，清正廉洁。他从领导岗位上退下来后，仍关注改革开放和现代化建设，对沈阳日报社的工作给予多方面的指导。

(鉴　闻)

全国“五一劳动奖章”获得者

【陈光】　男，1963年生，中共党员，现任沈阳气体压缩机厂电工。他刻苦钻研技术，练出了一手电气设备维修的绝活，为企业解决了许多重大的生产关键问题。在市技术大赛中获电工技术状元称号，并获得省、市劳动模范称号。

(赵　彤)

【翟大光】　男，1958年生，中共党员，现任沈阳变压器有限责任公司焊接车间夹件一组班长。他带领大家开展技术攻关活动，解决了许多生产关键问题，使产品质量年年有新的提高。特别是在国家重点工程项目三峡换流变压器的制造工程中，他一丝不苟，带头严把质量关，使产品质量得到外方专家的好评。曾获得省、市劳动模范称号。

(赵　彤)

【袁媛】　女，1956年生，现任中国医科大学肿瘤研究所第三研究室主任。她一直工作在科研第一线，成功地运用了被国外学者誉为“中国特色”的肿瘤高发现场与实验室相结合、基础与临床相结合的胃癌防治研究模式，取得了令人鼓舞的成果，并获部、省、市科技进步奖。近几年发表了50余篇论文，其中8篇被美国收入著名学术刊物。曾获省、市劳动模范称号。

(赵　彤)

【董文明】　男，1967年生，现任沈阳市煤气供应公司抢修中心抢修队队长。他摸索出的“双菱形打点找漏法”等先进技术，改变了抢修粗放型的历史，减少了煤气漏气损失，提高了施工质量。近两年来抢修漏点336处，为工程快速、优质、安全地完成做出了积极的贡献。1998年获市“十大能工巧匠”称号，1999年获市特等劳动模范称号。

(赵　彤)

【吴立人】　男，1943年生，中共党员。现任沈阳拖拉机汽车制造厂冲压车间主任。他爱岗敬业，勇于开拓进取，在车间内部改革等项工作中狠下功夫，使车间内发生了重大变化，一年上一个新台阶，产品质量可靠，已进入航天沈阳三菱发动机制造有限公司配套厂家行列。仅2000年车间实现利润2458万元。曾获省、市劳动模范称号。

(赵　彤)

【戚建国】　男，1951年生，中共党员，现任沈阳新光动力机械公司车工。他爱岗敬业，乐于奉献，多年来凭着勤恳忠诚、忘我无私的精神，精湛超群的车工技术，为祖国的航天事业做出了突出的贡献，在平凡的岗位上创造出连续15年无废品的惊人纪录，被授予中国航天工业总公司质量标兵。曾获省、市劳动模范称号。

(赵　彤)

【苏士印】　男，1942年生，中共党员，现任辽中县工业公司减速机厂厂长。他注重产品的开发和研制工作，将只有7个系列的减速机产品发展成为具有210个系列、1万多个规格型号的减速机系列产品，产品连续7年获国家级重点新产品奖和国务院奖励。他注重市场开发，不但开发了高科技、电力、冶金行业市场，为国家重点工程项目、大电厂、大钢厂配套生产减速机，而且将产品打入马来西亚、日本、美国等国家市场，实现了县区小企业的产品进入国际大市场的目标。曾被评为省、市劳动模范。

（赵 彤）

【刘仁山】 男，1951年生，中共党员，新民市供热公司汽车队队长。1973年参加工作以来，20多年始终以雷锋为榜样，刻苦钻研技术，爱岗敬业，无私奉献，在平凡的岗位上做出了不平凡的贡献，被新民市人民誉为“雷锋式的好工人”。曾先后被授予沈阳市劳动模范、省“五一劳动奖章”和省劳动模范等称号。

（赵 彤）

领导人名单

中共沈阳市委及各部、委、办、局现任领导人名单

市委

书　记：张行湘

副书记：陈政高　崔文信　王　扬　朱　锦（女）　王启文

常　委：李　佳　刘迎初　多静如　付　强　初立生（女）　顾春明

副市级调研员：孙桂安

秘书长：顾春明

副秘书长：张世斌　赵晓川　赵玉岩　马绍武　董文秋（女）　程云伟　王燕玲（女）　张东毅　赵奎礼

市委办公厅

主　任：张世斌

副主任：宋克成　贾　群　李东辉

综合一处处长：吴世元

督查室主任：郑成亮

市委机要局

局　长：任洪文

助理巡视员：孟庆光

市保密局

副局长：聂英森

助理巡视员：汤秋节

市委组织部

部　长：初立生（女）

副部长：田　丰　孙艳华（女）　张秀华（女）

巡视员：张万山

部务委员：刘　聪

督查员：赵　阳　赵玉文

电教中心主任：李素娟（女）

市委老干部局

局　长：孙艳华（女）

副局长：王光昱　于吉禹

市委宣传部

部　长：刘迎初

副部长：何素华（女）　弋国良

巡视员：高占文

讲师团团长：蔺善学

外宣办主任：许建民

精神文明办副主任：佟辑云

思想研究会副会长：刘　辉（女）

助理巡视员：顾尚品

市委统战部

部　长：李　楷

副部长：王晓明（女）　傅　刚　肇乐群　杨洪峰

助理巡视员：李书鲤

市委台办

主　任：杨洪峰

副主任：徐兴家

市委政法委

书　记：多静如

副书记：张福礼　王书海　张广善

纪检组长：洪运力

综合治理办副主任：史启林

610办公室副主任：董开德

市委政研室

主　任：程云伟

副主任：戴贺臣　闫　石

巡视员：廖德宁

助理巡视员：王肇颖

市直机关工委

书　记：顾春明

常务副书记：赵玉岩

副书记：王运升　李雅茹（女）

纪工委书记：李慧萍（女）

巡视员：许建黔　张振起

助理巡视员：赵　明

市委中直工委

书　记：任相林

副书记：王　兵（女）

巡视员：孙学东

助理巡视员：姜力华　李素芬（女）

市委党校

校　长：王　扬

副校长：韩玉奇　梁国春　王道臣　何国臣　张振洲　都兴权

教育长：朱　慧（女）

巡视员：蔺欣荣　马孝阳

助理巡视员：王　连

沈阳行政学院

副院长：张秉元

市委党研室

副主任：王秀卿（女）

沈阳日报社

总裁、党委书记：韩凤奎

总编、副总裁、副书记：梁利人

副总编、副总裁：张光燮　于秉堂　王毓文（文）　陈　波　潘艳君（女）

正局级调研员：叶有凤

市人大常委会现任领导人名单

主　任：张荣茂

副主任：刘金增　周明录　张瑞昌　艾廷隽　李中鲁　金明仕　张福礼　朱炳梁

秘书长：宋普光

副秘书长：孙忠林　周庆聚　李志伟

驻会委员：孙忠林　王永昌　周庆聚　朱启湘　王佑启　吕海清　丁俊峰　杨学锋　张继良　傅虹烈　张洪云　李志伟　铁慧茹（女）　林志刚　侯玉军　薄五一　佟兆林

办公厅主任：孙忠林

副主任：白成海　朱贵文（女）

法制委主任：周庆聚

副主任：孙德英（女）

民侨外办主任：铁慧茹（女）
副主任：马 闯
财经室副主任：朱海泉
内务司法室副主任：吴立世
科教室主任：傅虹烈
副主任：赵素坤（女） 王震宇
人事选举委主任：张洪云
城乡室主任：林志刚
农经室主任：侯玉军
巡视员：徐树文
助理巡视员：张顺利 王锦时
韩绍龙 韩发之

市政府及各部、委、办、局、市直企事业单位领导人名单

市政府
市 长：陈政高
副市长：姜宪志 李 佳 孙祥剑
吕亿环 李宝权 赵长义
张建华
副市级调研员：常绪武
秘书长：王 英
副秘书长：王 军 齐法滋
张福乐 宋铁瑜
崔学贵 唐继跃
黄 凯 胡占才
包维杰 张景辉
沙波涛 邢文祥
办公厅
主 任：张福乐
副主任：王凤波 赵家强
徐大地 郭继全
纪检组长：韩晓光
巡视员：王维忠 张富卿
助理巡视员：胡永喜
市计委
主 任：沈文波
副主任：商向东 凌正康 马文忠
王洪涛 佟晶石 宋锡坤
于 沈
纪检组长：董毅枝（女）
物价局副局长：王秋克 周亦兵
崔耀宗
巡视员：丁世良 吴绍增 高生青
生产力开发办主任：赵恒波
稽察办主任：连 军

市经贸委
主任、党委副书记：谷春立
副主任：于连胜 李庆章 何献俊
张殿军 常保钢 伊才俊
马广文
党委书记、副主任：林兆春
党委副书记、纪工委书记：傅晓晨
党委副书记：张天榍
安全生产局局长：陈小平
中小企业局副局长：王 彦
机械行业办主任：孙远胜
副主任：张翼鲜
冶金行业办主任：汪惠权
副主任：崔启志
轻工行业办主任：陈 科
副主任：罗奉岭
纺织行业办主任：宣永久
副主任：李 艺
化工行业办主任：李嘉斌
巡视员：左长林 姜月桓 周振东
司文文 郑长深 马润泽
助理巡视员：沈 捷 朱继先
韩正义 栾洪亮
马翔庆 杨昆林
巡视员（离岗）：杨昆林 朱煜华
胡葆禹 海廷杰
助理巡视员（离岗）：赵凤岐
市纺织局
副局长：郑吉娟（女）
服装集团常务副总经理：刘 震
市外贸局
局长、党委副书记：宋 琦
党委书记、副局长：王泰昌
副局长：赵 凯 李 军 尹正杰
郭翼青 张广印 吕 凡
副书记、纪委书记：曹桂玲（女）
工会主席：刘振祥
专职委员：余长斌
助理巡视员：王秉修
正局级：吕宝宁
正局级待遇：杨崇民 曹增和
副局级待遇：李 威
市科技局
局 长：李梦玲
副局长：于 龙 李铁夫 王俊山
常 亮
纪检组长：孙 猛
巡视员：贾淑娟（女）

助理巡视员：赵宗大（离岗）
王 健（援藏）
市教育局
局长、工委副书记：张卓然
工委书记、副局长：宫 侠
副局长：张 健 张振忠 倪 佐
工委副书记、纪工委书记：张殿清
巡视员：王 勇（女） 高肇基
助理巡视员：富宏坤（女） 李铁源
主任督学：张 健
副主任督学：张 恩 张佩伦
李 铁
招生办主任：李 蒲（女）
市民委
主 任：肇乐群
副主任：李秀芬（女） 白长鸿
助理巡视员：马宏伦 冯立华（女）
市商业局
局长、党委副书记：鹿 璐（女）
党委书记、副局长：刘之浩
副局长：许继武 陈 聪 郭 彬
党委副书记、纪委书记：张雅清（女）
巡视员：赵永林（离岗）
助理巡视员：李四文 刘杰然
副局级待遇：陈继红（女） 郭向文
吕文平
市建委
副主任、党委副书记：秦文军
党委书记、副主任：侯伯伟
副主任：宛 英 孙晓光 侯 俊
吴晓冰 郝建文
党委副书记、纪委书记：孙公卿（女）
工会主席：袁广州
专职委员：牟振伟
巡视员：李 澍 高思绵 杨俊民
助理巡视员：宫建昌 马连秋
市体育局
局 长：隋 路
副局长：李荣玺 曲明超 张心江
助理巡视员：王思祥（离岗）
南再新
市计生委
主 任：韩晓明（女）
副主任：邹宏军（女） 刘 利
助理巡视员：张振环
市人事局
局 长：张秀华（女）
副局长：关宏平 张金兰（女）
王 军

纪检组长:王忠武
编委办副主任:雷雨润 郑 玉
助理巡视员:刘京枫 姜国华
人才市场主任:孟庆伟

市民政局
局长、党委副书记:张 颖(女)
党委书记、副局长:杨钟惠
纪委书记:汪志强
副局长:梁万富 屈会志 王 维 许振民
巡视员:李振发 李贺奇
助理巡视员:李 引

市公安局
局 长:杨加林
副局长:张庆明 于凌舜 徐德洪 刘 伟 孙昌生 刘晓竞
指挥中心主任:杨耀戈
巡视员:崔德义 康 健 王金利 蒋运航
助理巡视员:杨德顺
交警支队长:陈广仁
政委:曲长海
刑警支队长:李 凡
政委:曲保国
巡警支队长:巩永利
政委:唐继栋
治安支队副局级待遇:
丁掌全 王志明 匡尚忠
公安分局副区级待遇:
马世民 宁家杉 陈相忠
冯连贵 曲月福 张保华
陈文贤 武晋伟 雷玉琦
王立奎 史 超 袁长占
杨燕山 陈振武 魏 东
闫守国 熊全泰 刘 卓
张 民 孙志敬 安景诚
赵 辉 王洪泽 孙立东

市司法局
局长、党委副书记:郑朝权
党委书记、副局长:徐 明
副局长:柴德信 罗大明 梅 冬 高 军 张宪生
政治部主任:虞 思(女)
纪委书记:李大新

市统计局
局 长:邱维林
副局长:李长斌 王克林 韩晓言
巡视员:吴 鹤(女)
助理巡视员:闫孝良

市劳动局
局 长:刘 波
副局长:周 勇 赵庆春 宋乃义
纪检组长:米鸿森
助理巡视员:王若兰(女)

市财政局
局 长:祁 鸣(女)
副局长:路玉甫 刘长林 张恒玺 王树江 吴景峰
纪检组长:苏曼华(女)
巡视员:于占淮
助理巡视员:吴 玲(女) 李忠信

市审计局
局 长:汪 涛
副局长:唐玉辉 付 立 鲁家福
纪检组长:李广志
助理巡视员:刘庆久(离岗)

市技术监督局
局 长:张瀚闻
副局长:刘 晶(女) 宣安东 郑 伟
纪检组长:李兴国
巡视员:李素芝(女)
助理巡视员:金世昌

市药品监督局
局 长:郭凤梅(女)
副局长:王 友 金玉芝(女) 石晓峰
纪检组长:田春寰
巡视员:丁献民
助理巡视员:孙 捷(女)

市规划局
局 长:于 灏
副局长:王 健 卢春风 陈 阳
纪检组长:唐述奇
助理巡视员:武利华

市房产局
局 长:马 英
副局长:安俊辉 卜宝儒 张 强 白 文 王海玉 吕泽民
纪检组长:刘新舫(女)
工会主席:张顺城
巡视员:沈广才 王文昌
助理巡视员:刁永旗 李守东

市城建局
局长、党委副书记:杨毅男
副局长:李洪斌 刘金群 白玉华 纪 凯
党委书记:王 铁
党委副书记、纪委书记:迟维意
工会主席:张春霖
巡视员:牛树文 吕海滨
助理巡视员:张宪书 李增义 温忠秀

市环保局
局 长:石其金
副局长:陈建智 李 超 孟 宏

市交通局
副局长、党委副书记:庞洪波
党委副书记、副局长:高淑芳(女)
副局长:卢世兆 卢永发 孙长林
纪委书记:王玉卿
工会主席:郑光远
助理巡视员:胡秀岩

市信息产业局
局 长:林海波
副局长:王 铁 倪凤芳(女) 栾 英 李 伟

市农发局
局 长:吴贵民
副局长:陈德明 霍忠侠 陈永祥
农机办主任:胡茂林
纪检组长:夏洪祥
巡视员:孙维良 曹克璋 林桂元 王精玉
助理巡视员:杨德林 苏建华 王 谦

市林业局
副局长:王传发 王成礼
巡视员:郭常源 何顺应
助理巡视员:孙 强

市水利局
局 长:王树雨
副局长:曲向军 张坚强
巡视员:陈承辉 全青山
助理巡视员:果 硕

市乡企局
局 长:徐宝华
副局长:赵宇光 刘德祥 张洪斌
巡视员:陈绍山
助理巡视员:胡青山

市粮食局
局 长:公维伦
党委书记、副局长:刘兆仲
副局长:张发廷 王晓林 高 潮
党委副书记、纪委书记:高大秋
巡视员:鲁秀荣(女)
助理巡视员:王景塘

市文化局
局长、党委副书记:高同宇
党委书记、副局长:王廷瑞
副局长:胡宝兰 王洪义 王 民
张 英 张伟光 唐建武
巡视员:陈欲航
助理巡视员:马占君

市卫生局
局长、党委副书记:刘兴烈
党委书记、副局长:张 丽(女)
副局长:赵 午 都英杰(女)
刘正贵
党委副书记:孙继全
纪委书记:尤春江
巡视员:宋若男(女)
助理巡视员:曹凤强

市广电局
局 长:铁 岩
副局长:刘 祥
纪检组长:张 淼

市旅游局
局 长:张士勇
副局长:李振家 柳秀芝(女)

市外办
主 任:方向东
副主任:蒋颂杰 张 宁 陈 军
齐大超
纪检组长:韩名耀
对外友协秘书长:杜永成
助理巡视员:牟钟瀛(离岗)
赵大平 苏晓辰

市信访办
主 任:董文秋(女)
副主任:姜书坤 王志祥
杜 娟(女)
助理巡视员:黄宗尧

政府研究室
主 任:姚维安
副主任:张桂林 杨晨晓 刘语民
李宏吉 那建华
巡视员:刘生林

市金融办
主 任:齐法滋
副主任:彭 林 苏庆祥

市人防办
主 任:赵 钧
副主任:喻虹桥 张建民 董 光
王子君 邵军青 隋福先
巡视员:郭 英

市工商局
局 长:段取宝
副局长:黄 立 张 利(女)
郑 迅
纪检组长:王国立
巡视员:孙凤凌(女) 满红宇
盖世林
助理巡视员:田扬蓦

市法制办
主 任:黄学有
巡视员:刘济民

市参事室
副主任:舒玉瓒 王素云(女)

沈阳开发区
主任、党委书记:孙祥剑
第一副主任、总经理:温贵纯
副主任、副书记:赵凤杰 刘冠峰
副主任、副总经理:周 航
副主任:侯晓峰 王玉辰
纪委书记:崔晓军
巡视员:郭淑芝(女)
助理巡视员:那兴伟

浑南新区
主任、党委书记:张建华
常务副主任、副书记:王翔坤
副主任:陆 青 隋 莉(女)
衣 甫 孙 红(女)
巡视员:周长春
助理巡视员:蒋贵林
浑河开发委副主任:于海洋

棋盘山开发区
主任、副书记:刘海德
党委书记、副主任:高玉文
副主任:高建东 田维忠 于奎志
纪委书记:冀贞林
副主任、总工会主席:王 强

金融商贸开发区
主 任:李良琛
副主任:刘 岩 蔡效军 冷银锁
巡视员:工 洁(女)
助理巡视员:秦路捷

农业高新区
主 任:蹇 彪

北京办事处
主 任:张海川
副主任:谢国富

上海办筹备处
负责人:祝传清

南宁办事处
主 任:赵志刚

轨道交通
桃仙扩建副总指挥:葛德良
快速轨道副总指挥:金志生
轨道交通副总指挥:张振邦
快速干道副总指挥:单健民
陈 勇

农垦总公司
总经理、党委书记:蹇 彪
副总经理、执行董事:裴家复
管云武
李焕云(女)
副书记:王杰儒
纪委书记、工会主席:周海山
正局级调研员:李春祥 马世良

供销社
主任、党委副书记:王帅英
副主任:李盛丰
副书记、工会主席:岳铁山
纪委书记、监事会副主任:李志正
正局级调研员:柳 松 金子固
副局级调研员:刘仁刚

国合公司
副总经理(主持工作):刘长安
副总经理:刘克礼 李纪宁
刘 玮
副总经理级调研员:李国平
雷千华

国投公司
总经理:魏宝瑞
副总经理:杨玉林 徐凤翔

市投公司
总经理:刘 杰
副总经理:刘校范
正职级调研员:张德彦

商业银行
董事长、党委书记:粟文安
行长、党委副书记:张玉坤(女)
副行长:崔敬禹
正职级调研员:王守范(女)
副行级调研员:王永增 王国夫

煤气总公司
总经理、副书记:张国辉
党委书记、副总经理:方继友
副总经理:孙兆凯 范乃民
于 力
党委副书记、工会主席:宋玉明

纪委书记：张静波
正职级调研员：邸德安　江洪有

自来水总公司
总经理、副书记：张国祥
党委书记、副总经理：刘德林
副总经理：陈玉钰　黄　海
　　申洪伦
纪委书记：谭　明
工会主席：喻廷凯

长白集团
董事长、党委书记：顾鸣初
总经理、党委副书记：崔　岩
副总经理：徐茂阳　张伟明

星光建材集团
总经理、党委副书记：仉志豪
党委书记：赵红岩（女）
执行董事、副总经理：张立文
　　付　晓
监事会主席、纪委书记：郝铁军
正职级调研员：张厚义

东药集团公司
董事长、总经理：陈　钢
副总经理、执行董事：刘庆国
　　王允竹
副书记、执行董事：苏东涛
副书记、工会主席、执行董事：
　　冯　彦（女）
纪委书记、监事会主席：黄朝珏

沈阳机床集团
董事长：陈惠仁
总经理：关锡友
正职级调研员：姚俊喜　黄铭亮

输变电集团
董事长、党委书记：张殿军
总经理、党委副书记：张　杰
副总经理：周宝义
执行董事：黄　平
监事会主席、副书记：吴庆炜
市管正职级调研员：项永春
正职级调研员：唐英奇

农机总公司
董事长、党委书记：郭　禹
总经理、党委副书记：赵　健
副总经理：张　林
工会主席：王桂云（女）

医药公司
董事长、党委书记：张宝忠
总经理、党委副书记：姚家元

沈阳物资集团
董事长、党委书记：刘文生
总经理：江崇军
副书记、执行董事：曲祖章
副总经理、执行董事：于振明
　　张露莉（女）
巡视员：李录生　张　喜

机电装备集团
董事长、总经理：刘永生
工会主席、执行董事：翟焕珍（女）
助理巡视员：关连英（女）
　　赵晓敏（女）

化工集团
董事长、总经理：何克新
副局长、执行董事：张夫成
副书记、纪委书记：王德田

铁西公司
副总经理：邴文明
　　朱若蘅（女）

建设投资公司
总经理：刘　刚
副总经理：朱文清　赵　进
正局级调研员：赵曙光

招标公司
副总经理：樊　凡　刘德政
　　刘一民
正局级调研员：孙万峰　李福臣

市世行项目办
副主任：李越力

技改基金办
主　任：张　毅
副主任：郑春生

绿色工程办
副主任：李永功

沈阳电台
台　长：白明路
副台长：董晓平　李慧敏（女）
　　王荣彦

沈阳电视台
台　长：弋国良
副台长：张茂民　孔　军
　　李依群（女）　刘亚平
　　邵　伟
副局级调研员：徐广顺

沈阳出版社
社　长：封兆才
副社长：葛　君　佟伟仁
正局级调研员：韩永言

副局级员：李树权

市科技总院
院　长：李梦玲（女）
副院长：孙晓春

市档案局
局　长：许　芳（女）
副局长：荆绍福　周庶江　许光明
助理巡视员：张贵轩（女）

市文史馆
副馆长：么喜龙　宋素华（女）

社保总公司
总经理、党委副书记：赵希军（女）
党委书记、副总经理：祝耀先
副总经理：王志良
副局级调研员：魏炳禄

市政府接待办
主　任：张　哲
副主任：杨　光　张苏中　张世财
副局级：那佩玲（女）

市地方志办
主　任：谢修仲
助理巡视员：刘　杰（女）

沈阳大学
党委书记：周广有
校长、副书记：才庆魁
正校级调研员：单永治　李忠显

沈大师范学院
党委书记：高　峰
正院级调研员：崔晓航

沈阳医学院
党委书记：富成志
院　长：徐延豪
正院级调研员：白明星

广播电视大学
党委书记：冯双鹏
校　长：曾　涛

科技干部学院
党委书记、院长：王　强

中国人民政治协商会议辽宁省沈阳市委员会现任领导人名单

市政协
主　席：任殿喜
副主席：赵金城　王声溢　刘祁涛
　　王洁纯　周勇顺　汪　宙
　　闻大中　金厚家　姜克让
　　洪建生

秘书长：张德佑
副秘书长：周　巩　罗光祥
李瑞俭

办公厅
主　任：周　巩
副主任：张绪进　祁荣安

社法民宗委
副主任：赵永宪

科技委
副主任：孙元志

文史委
副主任：王　利

提案委
副主任：陈学斌

学习宣传委
副主任：赵艳芳

港澳侨外委
副主任：傅　刚

中共沈阳市纪律检查委员会（监察局）现任领导人名单

市纪委
书　记：王启文
副书记：连加诚　余新民　陈国强
常委、秘书长：潘玉伟
常　委：鞠保平　史文昌
赵　萍（女）　白风华
张东阳　王雅娴（女）
办公厅主任：李革志
副局级纪检监察员：杨连生
助理巡视员：李鸿达　郭金元
孙学权

市监察局
局　长：连加城
副局长：王国平　鞠保平　史文昌
张东阳
监察专员：于成任

检察院、法院现任领导人名单

市检察院
检察长：尹秀荣（女）
副检察长：周文高
许传钊（反贪局长）
李　峰　梁建勇
王　锋
纪检组长：温德贺
政治部主任：徐　坚（女）
巡视员：张凤库
副局级专职委员：曲新光　苗占元
开发区检察院检察长：郑允岐
大北检察院检察长：胡宝连
北三家检察院检察长：石志阳
高新区检察院检察长：于忠海

市法院
院　长：丁仁恕
副院长：于　波　安锦荣（女）
孙义祥　杨欲兵
巡视员：宛玉良
政治部主任：任红军（女）
纪检组长：吴稳军（女）
专职委员：赵　钰　刘玉秋
刘　春（女）　王　桅
高新区法院院长：林万新
开发区法院院长：赵玉亮

社会团体现任领导人名单

市总工会
主　席：范继英（女）
副主席：吴恩涛　张金城　齐　进
曹庆环　卢静艳（女）
正局级干事：张德奎
副局级干事：林淑荣（女）　刘　森

团市委
副书记：林　强　王一兵　李宏德

市妇联
主　席：何晓光（女）
副主席：任桂芳（女）　王　晖（女）
副局级协调员：田晓敏（女）

市科协
副主席：黄宝铮　李　力
李凤伦（女）

市文联
主　席：周永诗
副主席：黄世俊　周德礼
正局级调研员：朱壮志
助理巡视员：何全海

市社科联
主　席：刘迎初
副主席：张　涛　金吉媛（女）

市工商联
党组书记：傅　刚
副会长：李卓然（主持工作）
李振林　王　罡
巡视员：马广芬（女）

市侨联
主　席：高宝林
副主席：李会宽
助理巡视员：王庆伟

市残联
理事长：赵大然
副理事长：朱继勋　郭永普

市贸促会
会　长：李华年
副会长：郭恩成　孙连珠（女）
王羽轻

市台联
会　长：黄华芬（女）
副会长：孙桂芬（女）

各区、县（市）现任领导人名单

铁　西　区

铁西区委
书　记：赵秋凤（女）
副书记：马光浴　陈仲兴
王玉忱
鲁维春（纪委书记）
常　委：赵长庆（宣传部长）
秦振佐（副区长）
赵继凯（组织部长）
李鹏宇（办公室主任）
陈卓桃（武装部长）
彭洪斌（政法委书记）

铁西区人大
主　任：胡修华
副主任：栾亚东　王有金
何静波

铁西区政府
区　长：马光浴
副区长：秦振佐　甘　泉（女）
周荣生　刘　斌
吴士杰
副区级调研员：俞梁初

铁西区政协
主　席：刘兆庆
副主席：宋英珍（女）　王建国
郁荣华　尤　伟

铁西区法院
院　长：傅正方

铁西区检察院
检察长：王　群

铁西区工会

主　席:王焕云(女)

和平区

和平区委

书　记:刘　和

副书记:李继安　邹本泉　辛国兴

许艺伟(纪委书记)

常　委:逯俊东(副区长)

程晓龙(办公室主任)

赵素坤(女)(组织部长)

姜　军(宣传部长)

黄兆萍(女)(政法委书记)

张超波(武装部长)

和平区人大

主　任:郑　阳

副主任:李克义　王　涵　段志明

史秀山　宋广林　张文富

和平区政府

区　长:李继安

副区长:逯俊东　张文波　王　镇

国好义　于沈光

正区级调研员:侯华祥

副区级调研员:曾凡仲

和平区政协

主　席:杨玉保

副主席:齐桂珍(女)　裴达树

王可夫　姜　洋(女)

白　实

副区级调研员:唐日华

铁　英(女)

和平区法院

院　长:范雅忠

和平区检察院

检察长:李　丹

和平区工会

主　席:赵振海

沈河区

沈河区委

书　记:鞠秀礼

副书记:张汝祥　李建国

李寅辰

万英丽(女)(纪委书记)

常　委:荣玉林(组织部长)

胡作有(副区长)

隋中清(办公室主任)

魏春华(政法委书记)

邵家彦(武装部政委)

关蓉晖(宣传部长)

沈河区人大

主　任:王清汉

副主任:金淑云(女)　孙继臣

吴孝常　马云程

沈河区政府

区　长:张汝祥

副区长:胡作有　张　晨

徐　璐(女)　曾　波

陈松科　刘　平　冯守权

沈河区政协

主　席:常永秋

副主席:张计虎　王敏伟

张英智(女)　周晓世

林　森　杨海宁

沈河区检察院

代检察长:王宇航

副区级调研员:孙保祝　邱贵生

沈河区工会

主　席:史凤彤

大东区

大东区委

书　记:聂秉孝

副书记:曹振家　卢八均

李世众

冯振和(纪委书记)

常　委:马智天(组织部长)

陈　列(办公室主任)

靳铁钰(副区长)

马　丽(女)(宣传部长)

张国志(武装部政委)

贾巨兴(政法委书记)

大东区人大

主　任:傅柏友

副主任:刘福奎　张雅琴(女)

李淑珍(女)　侯宪成

刘长江

大东区政府

区　长:曹振家

副区长:靳铁钰　江　宁

韩兴振　曾晓非(女)

李松林

大东区政协

主　席:卢八均

副主席:曲显泰

马宝山(统战部长)

孙仲本　巴俊宇

邢　军

大东区检察院

检察长:曹德宝

皇姑区

皇姑区委

书　记:王　法

副书记:常　明　杨　光

赵仁宏　张立英

常　委:张　伟(副区长)

陈　刚(宣传部长)

初立华(女)(纪委书记)

高　航

姜　军(武装部政委)

冯顺起(组织部长)

刘景芳(女)(政法委书记)

副区级调研员:王慧敏(女)

皇姑区人大

主　任:刘兆钧

副主任:史俊才　吴辅优

崔凤芝(女)　王隆强

李英哲

皇姑区政府

区　长:常　明

副区长:张　伟　李　林

宫金华　徐国瑾

王　平

副区级调研员:张　敏

保留副区级:孙茂成

皇姑区政协

主　席:刘宝贵

副主席:赵鲁燕(女)　刘继业

谢国祯　吕　方

陈永满

皇姑区法院

代院长:王　曦

皇姑区检察院

代检察长:董万禄

皇姑区工会

主　席:张秀云(女)

东陵区

东陵区委

书　记:孟庆桂
副书记:马占春　罗颖力
　　金正九
常　委:秦庆育(办公室主任)
　　梁世义(纪委书记)
　　方铁林(宣传部长)
　　刘林平(武装部政委)
　　江　勇(政法委书记)
　　张景文(组织部长)

东陵区人大

主　任:张　彤
副主任:罗忠玉　张世民
　　杨振营　李振远
　　朱　杰(女)

东陵区政府

区　长:马占春
副区长:张长海　王　玲(女)
　　邱述仁　沙　钢　王欢苗
　　陈荣礼
副区级调研员:徐志杰

东陵区政协

主　席:朴学军
副主席:迟光有(统战部长)
　　葛潮和　刘　斌
　　裴志新　郝一凡
　　张孝增　刘　忠

东陵区法院

院　长:王洪安

东陵区检察院

检察长:王　玉

东陵区工会

主　席:孙大志

于洪区

于洪区委

书　记:于　波
副书记:王开军　赵春平
　　丁良才
　　吕文侠(纪委书记)
常　委:王进及(办公室主任)
　　刘继林(组织部长)
　　佟昆林(副区长)
　　肖　昆(女)(宣传部长)
　　韩玉林(武装部政委)
　　赵庆文(政法委书记)
正区级调研员:李玉华

于洪区人大

主　任:梁庆宝
副主任:吕世福　郎家昌
　　徐正本　刘　彦
　　欧宝珍(女)　王淑娥(女)

于洪区政府

区　长:王开军
副区长:佟昆林　吴希平
　　聂良斌　王桂英(女)
　　秦旭升　陈双伟
副区级调研员:白家林
副区级:赵长胜

于洪区政协

主　席:王永葆
副主席:翟　来
　　李秀云(女)(统战部长)
　　穆　昕　高恩君　郝亚洲
正区级调研员:刘传洪

于洪区法院

院　长:孔　羽(女)

于洪区检察院

检察长:任希全

苏家屯区

苏家屯区委

书　记:聂洪升
副书记:刘凤海　羿文林
　　张文滨
常　委:杨松林(副区长)
　　杨永泉(组织部长)
　　王　东(办公室主任)
　　张淑英(女)(纪委书记)
　　肖　枫(宣传部长)
　　刘兴义(政法委副书记)
　　佟延考(武装部政委)

苏家屯区人大

主　任:曹建福
副主任:刘志满　肖毓菁
　　刘金杰(女)　赵国强
　　杨惠纯

苏家屯区政府

区　长:刘凤海
副区长:杨松林　王黎宁
　　罗建春　邹有昌
　　穆志久　付守杰

苏家屯区政协

主　席:孙琪富
副主席:李宝泉　王玉山
　　宋长巨　王大力
正区级调研员:沈桂芳(女)
副区级调研员:陈淑环(女)

苏家屯区法院

院　长:徐殿玺

苏家屯区检察院

检察长:李玉良

苏家屯区工会

主　席:李唤弟(女)

新城子区

新城子区委

书　记:季建中
副书记:徐茂盛　刘　健
　　冯　凯
　　王健英(纪委书记)
常　委:杨欲工(组织部长)
　　郭君达(副区长)
　　李英华(宣传部长)
　　佟树良(政法委书记)
　　李东宁(武装部政委)

新城子区人大

主　任:王世卿
副主任:李振忠　华振洪
　　李常岐

新城子区政府

区　长:徐茂盛
副区长:郭君达　杨志安
　　齐　放　李　忠
　　温克义

新城子区政协

主　席:阎永田
副主席:阎羽辑　赵荆山
　　栾世新

新城子区法院

院　长:朱秀英(女)

新城子区检察院

检察长:王　勇

新城子区工会

主　席:张俊余
副区级待遇:郭明珠

辽中县

辽中县委

书　记:马宝忠

副书记:贺程鹏　韩　波
季春明　肖方碧
杨先范(纪委书记)
常　委:李剑秋(组织部长)
张作武(副县长)
蒋　勇(办公室主任)
王　静(女)(宣传部长)
董守奎(武装部政委)
邵连春(政法委书记)

辽中县人大
主　任:宋殿喜
副主任:肇玉玲(女)　郭正仁
富复业　王复章

辽中县政府
县　长:贺程鹏
副县长:张作武　王　杰
陶庆才　彭俊和

辽中县政协
主　席:金宗武
副主席:王秀忱
闵春显(统战部长)
臧恩孚　刘玉珏
石桂芳(女)

辽中县法院
院　长:韩文娟(女)

辽中县检察院
检察长:常林有

辽中县公安局
局　长:李林春
政　委:姜连仁

辽中县工会
主　席:李素娥(女)

辽中县茨榆坨工委
书　记:徐宝金

新民市

新民市委
书　记:李玉强
副书记:李泽民　郭德友
左树贵
王维贵(纪委书记)
常　委:刁永桐(副市长)
刘　正(市委秘书长)
孙常福(宣传部长)
药　艾(武装部长)
张丰才(政法委书记)
副市级待遇:郭连仲

新民市人大
主　任:陈永文
副主任:王佩珍(女)　李作成
曹庆丰　何再冶

新民市政府
市　长:李泽民
副市长:刁永桐　宋海廷
张黎明　林子栋
赵玉成　吕建伟
副市级调研员:安世廉

新民市政协
主　席:白文德
副主席:徐继贤　南朝明
关绍甫(统战部长)
钱义山　王久常
副市级调研员:吴金海

新民市法院
院　长:程占喜

新民市检察院
检察长:吕长金

新民市公安局
局　长:沈晓维
政　委:张耀光

新民市工会
主　席:苗初印

法库县

法库县委
书　记:王世伟
副书记:毕华峰　张振权
张福志
孙永刚(纪委书记)
常　委:李利民(组织部长)
房东辉(宣传部长)
信荫国(武装部长)
何中良(政法委书记)
高士范(副县长)

法库县人大
主　任:王立文
副主任:李　震　呼丕业
吴枫林　黄乃罡
副县级调研员:李志芬(女)

法库县政府
代县长:毕华峰
副县长:高士范　孟繁凯
杨树范　周海杰(女)
陈树奎

法库县政协
主　席:毕恩江
副主席:钱文元　周天祥
王桂艳(女)　尚德智
杨国忠
副县级调研员:刘维国

法库县检察院
检察长:石兴华

法库县法院
院　长:傅国军

法库县公安局
局　长:郑旭东
政　委:金维民

法库县工会
主　席:刘国忠

康平县

康平县委
书　记:王淮延
副书记:傅毅慧　刘玉新
王凤仁　贾殿屏
常　委:邓福林(组织部长)
张海涛(宣传部长)
田百祥(副县长)
陈　伟(武装部长)
李兴文(政法委书记)

康平县人大
主　任:周　宏
副主任:蔡连生　张启志
王碧君(女)　袁　野
温志达

康平县政府
县　长:傅毅慧
副县长:田百祥　马秀云(女)
丁绍柱　刘绍东

康平县政协
主　席:张树生
副主席:陈继生　李奎兴
孔德君

康平县检察院
检察长:王春荣

康平县法院
院　长:温凤霞(女)

康平县公安局
局　长:刘效明
政　委:李国双
副县级待遇:张　君

康平县工会
主　席:王启申

[注]:此名单以2001年12月31日在册名单为准,由市委组织部提供。

统 计 资 料

1—1 市、区、县(市)行政区划
Administrative Divisions

单位:个 (unit)

名 称	Item	街道办事处 Subdistrict Offices	社区管委会 Resident's Committees	乡人民政府 Township Government	镇人民政府 Town Government	村民委员会 Village Committees
全 市	**Total**	**112**	**1289**	**73**	**68**	**1938**
市 区	**Districts under City Administration**	**108**	**1176**	**28**	**30**	**800**
5个中心区	**Five Central Districts**	**91**	**847**	—	—	—
和平区	Heping	20	144	—	—	—
沈河区	Shenhe	16	162	—	—	—
大东区	Dadong	15	180	—	—	—
皇姑区	Huanggu	20	165	—	—	—
铁西区	Tiexi	20	196	—	—	—
其他4个区	**Other Four Districts**	**17**	**329**	**28**	**30**	**800**
苏家屯区	Shujiatun	6	106	7	7	196
东陵区	Dongling	5	78	7	9	213
新城子区	Xinchengzi	2	26	6	6	211
于洪区	Yuhong	4	119	8	8	180
市辖县	**Counties under City Administration**	—	**67**	**30**	**27**	**730**
辽中县	Liaozhong	—	48	9	12	236
康平县	Kangping	—	12	9	7	185
法库县	Faku	—	7	12	8	309
县级市	**City at County Level**	**4**	**46**	**15**	**11**	**408**
新民市	Xinmin	4	46	15	11	408

1—2 分地区土地面积、户数和人口数
Land Area, Households and Population By Region

名称 Item		土地面积（平方公里） Land Area (sq. km)	出生人口（人） Birth (person)	死亡人口（人） Death (person)	迁入人口（人） Move In (person)	迁出人口（人） Move Out (person)	平均人口数（人） Population (person)	人口密度（人/平方公里） Population Density (person/sq. km)
全 市	**Total**	**12980**	**43950**	**38166**	**49941**	**38252**	**6872183**	**531**
市 区	**Districts under City Administration**	**3495**	**26194**	**30438**	**44800**	**26912**	**4863605**	**1395**
和平区	Heping	21	2812	3945	4851	4584	633967	30191
沈河区	Shenhe	18	2946	3975	4143	3111	600349	33388
大东区	Dadong	49	3008	4334	5360	2442	642855	13144
皇姑区	Huanggu	37	3456	4348	11168	6492	721991	19717
铁西区	Tiexi	39	3299	5399	6403	4009	761984	19581
苏家屯区	Shujiatun	777	2610	2389	2656	2680	413623	532
东陵区	Dongling	931	3279	1882	2465	870	414051	445
新城子区	Xinchengzi	849	1902	1921	4062	1790	296057	349
于洪区	Yuhong	774	2882	2245	3692	934	378728	491
市辖县（市）	**Counties under City Administration**	**9485**	**17756**	**7728**	**5141**	**11340**	**2008578**	**213**
辽中县	Liaozhong	1668	5004	2641	1672	3013	522785	314
康平县	Kangping	2175	3208	1181	558	1555	343965	158
法库县	Faku	2290	4018	2325	824	2834	451635	200
新民市	Xinmin	3352	5526	1581	2087	3938	690193	206

1—3 人民物质文化生活提高情况
Improvement of People's Material and Cultural Life

指标	Item	1990	1995	2000	2001
城市居民人均年可支配收入（元）	Per Capita Annual Disposable Income of Residents (yuan)	1675	1083	5850	6386
农民人均年纯收入（元）	Per Capita Annual Net Income of Rural Residents (yuan)	896	1812	3135	3230
平均每人消费品零售额（元）	Per Capita Retail Sales of Consumer Goods (yuan)	1692	4445	8310	9073
平均每人储蓄额（元）	Per Capita Balance of Saving Deposit (yuan)	1653	7029	14152	15350
城市平均每人居住面积（平方米）	Per Capita Living Floor Space of Urban Resident (sq. m)		13.3	17.43	18.31
城市每万人拥有电汽车（标台）	Number of Buses Per 10000 Persons in City (unit)	2.99	6.44	9.06	7.94
城市千人拥有电话（部）	Number of Telephones Per 1000 Persons in City (unit)	35.0	114.2	254.4	295.7
市区人均日生活用水（升）	Per Capita Water Consumption for Living in City (litre)	207.7	267.9	192.2	171.0
每百户城市居民家庭拥有（台）	Number of Sets Per 100 Households in City (sets)				
电脑	Computer			10	16
彩电	Colour TV Set	80.3	94.0	119.8	127
空调器	Air—conditioner			6	9
移动电话	Mobile Telephone		9.2	18.8	36
每千人口拥有医疗床位（张）	Number of Hospital Beds Per 1000 Persons (unit)	5.8	5.8	5.3	5.2
每千人口拥有医生（人）	Number of Doctors Per 1000 Persons (persons)	3.2	3.3	3.0	3.0

1—4 平均每天主要社会经济活动
Average Daily Main Social and Economic Indicators

指　　标	Item	1990	1995	2000	2001
一、每天创造的财富(万元)	**1. Daily Production (10000 yuan)**				
国内生产总值(万元)	Gross Domestic Product (10000 yuan)	5773	18701	30661	33876
工农业总产值(万元)	Gross Agricultural and Industrial Output Value (10000 yuan)	10964	30329	53206	54478
工业总产值(万元)	Industrial Output Value (10000 yuan)	9858	27548	49547	50605
农业总产值(万元)	Agricultural Output Value (10000 yuan)	1107	2782	3659	3873
预算内财政收入(万元)	Intra－budgetary Finance Revenue (10000 yuan)	852	975	1675	2214
固定资产投资(万元)	Investment in Fixed Assets (10000 yuan)	1164	3751	7185	8296
住宅竣工面积(平方米)	Floor Space of Buildings Completed (sq. m)	7027	11797	14819	15175
二、每天服务量	**2. Daily Service Supply**				
供电量(万千瓦时)	Output of Electricity (10000 kWH)	1559	2252	3107	3155
煤气销售量(万立方米)	Total Sales of Gas (10000 cube. m)	75.2	78.4	60.2	80.3
供水量(万吨)	Output of Water (10000 tons)	119.0	179.5	162.4	143.9
货运量(万吨)	Freight Traffic (10000 tons)	32.3	35.8	41.5	41.5
客运量(万人)	Passenger Traffic (10000 persons)	20.2	30.8	18.6	18.6
市内电汽车客运量(万人次)	Passenger Traffic of Buses in City (10000 persons)	194.7	149.7	221.1	251.2
邮电业务量(万元)	Telecommunication Services (10000 yuan)	58.5	326.3	1791.2	1817.6
三、每天人口变动	**3. Population**				
出生人口(人)	Births (persons)	189	145	156	120
死亡人口(人)	Deaths (persons)	94	112	126	105
迁入人口(人)	Move In (persons)	238	262	196	137
迁出人口(人)	Move Out (persons)	180	183	121	105

1—5 国民经济主要比例关系
Main Proportion of National Economy

指　　标	Item	1990	1995	2000	2001
国内生产总值中三次产业比例	**Proportion by Type of Industry among GDP**				
第一产业	Primary Industry	10.2	7.5	6.4	6.2
第二产业	Secondary Industry	45.7	44.5	44.2	43.9
第三产业	Tertiary Industry	44.1	48.0	49.4	49.9
工农业总产值中农轻重工业比例	**Proportion of Agricultural and Industrial Output Type of Industry**				
农　业	Agriculture	10.1	9.2	6.9	7.1
轻工业	Light Industry	32.6	36.1	35.7	32.9
重工业	Heavy Industry	57.3	54.7	54.4	60.0
工业总产值中轻重工业比例	**Proportion of Industrial Output Value**				
轻工业	Light Industry	36.3	39.8	38.4	35.5
重工业	Heavy Industry	63.7	60.2	61.6	64.5
农业产值中种植业与其他行业比例	**Proportion of Agricultural Output Value**				
种植业	Planting	59.1	44.9	49.4	47.3
其他业	Others	40.9	55.1	50.6	52.7
固定资产投资中三次产业比例	**Proportion of Investment in Fixed Assets by Type**				
第一产业	Primary Industry	1.0	0.3	2.9	2.8
第二产业	Secondary Industry	50.4	29.4	28.9	28.4
第三产业	Tertiary Industry	48.6	70.3	68.2	68.8

注：农业总产值为农林牧渔业总产值。
Note: Agricultural output value is the total output value of farming, animal husbandry, forestry and fishery.

1—6 国民经济主要指标
Main Indicators of National Economy

指　　标	Item	1990	1995	2000	2001
年末总人口(万人)	Year—end Total Population (10000 persons)	646.1	666.8	685.1	689.3
市区人口(万人)	Urban (10000 persons)	453.9	472.8	485.0	487.7
社会从业人员(万人)	Employment (10000 persons)	357.7	378.5	378.2	374.8
职工人数(万人)	Staff (10000 persons)	230.5	225.5	175.8	162.5
国内生产总值(亿元)	Gross Domestic Product (100 million yuan)	234.5	682.6	1119.1	1236.5
第一产业(亿元)	Primary Industry (100 million yuan)	23.8	51.2	71.1	76.6
第二产业(亿元)	Secondary Industry (100 million yuan)	407.1	303.7	495.1	542.3
第三产业(亿元)	Tertiary Industry (100 million yuan)	103.6	327.7	552.9	617.6
人均国内生产总值(元)	Per Capita Gross Domestic Product (yuan)	3647	10272	16432	17992
工业总产值(亿元)	Gross Industrial Output Value (100 million yuan)	359.8	874.7	1808.5	1847.1
独立核算工业产品销售收入(亿元)	Sales Income of Industry Products for Independent Accounting Industry (100 million yuan)		520.9	705.3	768.0
独立核算工业固定资产原值(亿元)	Original Value of Fixed Assets for Independent Accounting Industry (100 million yuan)		610.5	877.8	963.2
独立核算工业固定资产净值(亿元)	Net Value of Fixed Assets for Independent Accounting Industry (100 million yuan)		326.1	621.1	639.1
独立核算工业实现利润(亿元)	Profit on Industry with Independent Accounting (100 million yuan)		—0.8	29.1	20.4
独立核算工业实现利税(亿元)	Pre—tax Profit on Industry with Independent Accounting System (100 million yuan)		27.8	64.2	59.1
农林牧渔业总产值(亿元)	Total Output Value of Farming, Forestry, Animal Husbandry and Fishery (100 million yuan)	40.4	101.5	133.5	141.4
全社会固定资产投资(亿元)	Total Investment in Fixed Assets (100 million yuan)	42.3	136.9	262.2	302.8
国有固定资产投资	State—owned Investment in Fixed Assets	36.2	84.1	116.2	126.1
基本建设	Capital Construction	23.8	79.7	86.6	92.0
更新改造	Technical Updating and Transformation	12.6	41.7	17.3	25.7
集体固定资产投资	Investment of Collective Units in Fixed Assets	3.8	13.7	14.2	17.2
城镇	Urban	3.4	7.6	3.5	2.7
农村	Rural	0.4	6.1	10.7	14.5
个人建房投资	Investment of Individuals on Buildings	2.3	3.8	9.5	6.0
社会消费品零售总额(亿元)	Total Retail Sales Value of Consumer Goods (100 million yuan)	108.8	295.4	566.0	623.5
城乡集市贸易成交额(亿元)	Total Sales Value of Pedlar's Markets(100 million yuan)	30.4	257.6	472.6	501.7
外贸出口总额(亿美元)	Total Exports (USD 100 million)	3.3	9.2	13.0	12.5
外贸进口总额(亿美元)	Total Imports (USD 100 million)	1.1	7.0	13.9	15.4
实际利用外资额(亿美元)	Total Foreign Capital Actually Used(USD 100 million)	1.6	6.7	10.4	12.1
地方财政预算内收入(亿元)	Local Intra—budgetary Revenue(100 million yuan)	31.1	35.6	61.1	80.8
地方财政预算内支出(亿元)	Local Intra—budgetary Expenditure(100 million yuan)	23.1	45.9	92.5	103.5
金融机构年末存款余额(亿元)	Year—end Deposits of Banking System(100 million yuan)	181.7	763.9	1700.5	1907.0
金融机构年末贷款余额(亿元)	Year—end Loans of Banking System(100 million yuan)	248.2	715.9	1392.2	1547.3
城乡居民储蓄年末余额(亿元)	Year—end Deposit of Residents(100 million yuan)	106.8	468.9	958.1	1058.1
在校学生总数(万人)	Total Students Enrollment (10000 persons)	106.2	114.5	112.4	107.8
高等学校在校学生数	Institutions of Higher Education	5.8	8.8	13.1	16.8
中等学校在校学生数	Secondary Schools	2.4	3.7	3.7	3.8
普通中学在校学生数	Regular Secondary Schools	28.0	35.6	36.5	38.8
小学在校学生数	Primary Schools	65.6	59.6	52.5	48.4
各种卫生机构床位数(万张)	Number of Beds in Health Institutions (10000 units)	3.7	3.9	3.6	3.6
医生数(万人)	Number of Doctors(10000 persons)	2.0	2.2	2.1	2.1
居民消费价格总指数(%)	General Consumer Price Indices(%)	102.7	116.0	100.1	100.0
商品零售价格总指数(%)	General Retail Price Indices of Commodities(%)	102.0	112.5	98.0	98.4
城市居民人均可支配性收入(元)	Per Capita Annual Disposable Income of Urban Residents(yuan)	1675	4083	5850	6386
农民人均纯收入(元)	Per capita Annual Net Income of Rural Residents(yuan)	896.0	1812.5	3135.4	3230.2
职工工资总额(亿元)	Total Salary of Staff(100 million yuan)	52.6	110.5	123.5	139.2
职工年平均工资(元)	Per Capita Salary of Staff(yuan)	2309	4900	6995	8249

注:本表产值均按现价计算。

Note:Data in this table are calculated at current prices.

1—7 国民经济主要指标发展速度
Major Indicators of Development Speed of National Economy

指标	Item	上年为100% Preceding Year=100			
		1990	1995	2000	2001
年末总人口(万人)	Year—end Total Population (10000 persons)	101.0	100.7	101.2	100.6
市区人口(万人)	Urban (10000 persons)	100.8	100.8	100.7	100.6
社会从业人员(万人)	Employment (10000 persons)	107.6	100.2	100.2	99.1
职工人数(万人)	Staff (10000 persons)	101.1	98.3	97.0	92.4
国内生产总值(亿元)	Gross Domestic Product (100 million yuan)	105.5	109.9	110.3	110.1
第一产业(亿元)	Primary Industry (100 million yuan)	144.2	103.0	101.9	106.4
第二产业(亿元)	Secondary Industry (100 million yuan)	97.4	128.6	109.8	110.2
第三产业(亿元)	Tertiary Industry (100 million yuan)	112.1	111.7	112.4	110.5
人均国内生产总值(元)	Per Capita Gross Domestic Product (yuan)	104.5	109.1	109.5	109.5
工业总产值(亿元)	Gross Industrial Output Value (100 million yuan)	102.5	117.2	117.2	102.4
独立核算工业产品销售收入(亿元)	Sales Income of Industry Products for Independent Accounting Industry (100 million yuan)			128.2	108.9
独立核算工业固定资产原值(亿元)	Original Value of Fixed Assets for Independent Accounting Industry (100 million yuan)		142.9	122.1	109.7
独立核算工业固定资产净值(亿元)	Net Value of Fixed Assets for Independent Accounting Industry (100 million yuan)		180.8	122.3	102.9
独立核算工业实现利润(亿元)	Profit on Industry with Independent Accounting (100 million yuan)			177.4	70.1
独立核算工业实现利税(亿元)	Pre—tax Profit on Industry with Independent Accounting System (100 million yuan)			139.3	92.1
农林牧渔业总产值(亿元)	Total Output Value of Farming,Forestry,Animal Husbandry and Fishery (100 million yuan)	129.2	105.4	103.1	104.5
全社会固定资产投资(亿元)	Total Investment in Fixed Assets (100 million yuan)	86.3	91.5	109.2	115.5
国有固定资产投资	State—owned Investment in Fixed Assets	89.6	62.6	100.3	108.5
基本建设	Capital Construction	81.2	88.6	101.9	106.2
更新改造	Technical Updating and Transformation	103.4	94.1	97.7	148.6
集体固定资产投资	Investment of Collective Units in Fixed Assets	67.9	77.7	132.0	121.1
城镇	Urban	82.9	47.6	61.8	77.1
农村	Rural	27.4	100	169.8	135.5
个人建房投资	Investment of Individuals on Buildings	69.2	74.5	49.5	63.2
社会消费品零售总额(亿元)	Total Retail Sales Value of Consumer Goods (100 million yuan)	108.8	132.3	109.7	110.1
城乡集市贸易成交额(亿元)	Total Sales Value of Pedlar's Markets (100 million yuan)	114.6	125.7	101.5	106.2
外贸出口总额(亿美元)	Total Exports (USD 100 million)	162.0	103.3	162.5	96.2
外贸进口总额(亿美元)	Total Imports (USD 100 million)		89.2	1363	110.8
实际利用外资额(亿美元)	Total Foreign Capital Actually Used(USD 100 million)	325.0	82.7	100.0	116.3
地方财政预算内收入(亿元)	Local Intra—budgetary Revenue(100 million yuan)	90.8	119.8	107.6	132.2
地方财政预算内支出(亿元)	Local Intra—budgetary Expenditure(100 million yuan)	108.0	133.0	116.2	117.7
金融机构年末存款余额(亿元)	Year—end Deposits of Banking System(100 million yuan)	135.3	131.7	114.8	112.1
金融机构年末贷款余额(亿元)	Year—end Loans of Banking System(100 million yuan)	131.5	122.6	107.6	111.2
城乡居民储蓄年末余额(亿元)	Year—end Deposit of Residents(100 million yuan)	139.4	138.2	106.3	110.4
在校学生总数(万人)	Total Students Enrollment (10000 persons)	100.8	102.4	100.3	95.9
高等学校在校学生数	Institutions of Higher Education	101.8	115.8	120.2	128.2
中等学校在校学生数	Secondary Schools	93.8	112.1	92.5	102.7
普通中学在校学生数	Regular Secondary Schools	102.2	104.4	109.3	106.3
小学在校学生数	Primary Schools	102.1	98.7	93.9	92.2
各种卫生机构床位数(万张)	Number of Beds in Health Institutions (10000 units)	100.2	97.5	97.3	99.0
医生数(万人)	Number of Doctors(10000 persons)	101.4	95.7	105.0	100.6
城市居民人均可支配性收入(元)	Per Capita Annual Disposable Income of Urban Residents(yuan)		122.2	109.1	109.2
农民人均纯收入(元)	Per capita Annual Net Income of Rural Residents(yuan)		118.1	101.1	103.0
职工工资总额(亿元)	Total Salary of Staff(100 million yuan)	110.2	109.5	102.6	112.7
职工年平均工资(元)	Per Capita Salary of Staff(yuan)	110.5	111.3	107.3	117.9

注:本表产值指数按可比价格计算。
Note:Data in this table are calculated at comparable prices.

1—8 国内生产总值
Gross Domestic Product

（现行价格） (at current price)

年份 Year	国内生产总值（亿元） GDP (100 million yuan)	第一产业 Primary Industry	第二产业 Secondary Industry	第三产业 Tertiary Industry	指数(%) Indices(Preceding Year=100) 国内生产总值 GDP	第一产业 Primary Industry	第二产业 Secondary Industry	第三产业 Tertiary Industry
1980	56.7	6.5	36.3	13.9	110.2	127.5	109.5	106.8
1985	109.8	10.7	63.1	36.0	112.4	70.1	118.4	118.3
1990	234.5	23.8	107.1	103.6	105.5	144.2	97.4	112.1
1991	254.3	25.4	113.4	115.5	104.4	106.4	103.8	104.5
1992	325.4	29.3	150.6	145.5	117.8	113.2	123.1	113.3
1993	425.2	34.9	199.8	190.5	114.1	109.1	118.7	110.0
1994	556.3	44.6	257.2	254.5	112.5	90.4	117.4	111.6
1995	682.6	51.2	303.7	327.7	109.9	103.0	128.6	111.7
1996	764.4	54.7	329.5	380.2	111.0	119.8	111.4	108.9
1997	851.1	58.6	375.0	417.5	110.0	101.8	112.8	107.5
1998	938.8	64.9	412.2	461.7	110.9	114.8	111.2	109.8
1999	1013.2	69.8	444.0	499.4	110.0	107.7	111.1	108.7
2000	1119.1	71.1	495.1	552.9	110.3	101.9	109.8	112.4
2001	1236.5	76.6	542.3	617.6	110.1	106.4	110.2	110.5

1—9 国内生产总值构成项目
Composition of Gross Domestic Products

单位：万元 (10000 yuan)

指标 Item	增加值 Value Added	劳动者报酬 Compensation of Laborers	固定资产折旧 Depreciation of Fixed Assets	生产税净额 Net Taxes on Production	营业盈余 Operating Surplus
国内生产总值 Gross Domestic Prodocts	**12364727**	**6035895**	**1342147**	**1569249**	**3417436**
第一产业 Primary Industry	**766348**	**536979**	**34026**	**22761**	**172582**
第二产业 Secondary Industry	**5422821**	**2026739**	**604150**	**977352**	**1814580**
工业 Industry	4821068	1696276	579295	895728	1649769
建筑业 Construction	601753	330463	24855	81624	164811
第三产业 Tertiary Industry	**6175558**	**3472177**	**703971**	**569136**	**1430274**
农林牧渔服务业 Farming,Forestry,Animal Husbandry and Fishery	26123	13704	8064	768	3587
地质勘探业、水利管理业 Geological Prospecting and Water Conservancy	34477	20174	3580	651	10072
交通运输、仓储、邮电通讯业 Transport,Storage,Post and Communications	1148636	558170	254736	97981	237749
交通运输业和仓储业 Transport and Storage	808769	522701	87628	80841	117599
邮电通讯业 Post and Communication	339867	35469	167108	17140	120150
批发和零售贸易、餐饮业 Whole Sale and Retail Trade and Catering Services	2071611	1680844	79693	238032	73042
批发和零售贸易业 Whole Sale and Retail Trade	1325555	1179775	70927	156907	—82054
餐饮业 Catering	746056	501069	8766	81125	155096
金融保险业 Banking and Insurance	643162	137252	61353	84711	359846
金融业 Banking	318562	127492	57110	76929	57031
保险业 Insurance	14858	9760	4243	7782	—6927
其他 Others	309742				309742
房地产业 Real Estate Trade	152748	59492	63017	34733	4494
房地产管理业 Management of Real Estate	29545	18057	10077	1130	281
房地产开发业 Development of Real Estate	76433	41435	6170	33603	—4775
城市居民自有住房 Self—owned Houses of Urban Residents	10777		10777		
农村居民自有住房 Self—owned Houses of Rural Residents	35993		35993		
社会服务业 Social Services	1044878	263844	86146	87666	607222
卫生、体育、社会福利事业 Public Health,Sports and Social Welfare	187013	128091	19756	3092	36074
教育、文艺、广播电影电视事业 Education,Culture and Arts,Radio,Film and Television	414681	285327	46244	4798	78312
科学研究和综合技术服务业 Scientific Research and Polytechnic Service	145553	83739	25146	12269	24399
国家党政机关、社会团体 Government and Parties Agencies and Social Groups	210913	185654	20960	1243	3056
其他 Others	95763	55886	35276	3192	1409

注：本表按当年价格填报。
Note:Data in this table are calculated at current price.

2—1　人口数及构成
Population and It's Composition

单位:人　（年底数）(year—end)　(person)

年份 Year	总人口 Total Population	按性别分 By Sex 男 Male	女 Female	按农业非农业分 By Agriculture 农业人口 Agriculture Population	非农业人口 Non—agriculture Population
1949	2942443	1548628	1393815	1796406	1146037
1952	3295179	1753754	1541425	1763036	1532143
1957	4251709	2221391	2030318	1755161	2496548
1962	4376555	2251101	2125454	1818709	2557846
1965	4845081	2492378	2352703	2042320	2802761
1970	4897417	2504140	2393277	2543171	2354246
1975	5187372	2640878	2546494	2700459	2486913
1978	5404700	2751185	2653515	2756720	3647980
1980	5667669	2881247	2786422	2631852	3035817
1985	6063377	3084886	2978491	2549105	3514272
1986	6146920	3131072	3015848	2550795	3596125
1987	6233631	3175569	3058062	2554638	3678993
1988	6311426	3214789	3096637	2516028	3794998
1989	6398844	3257768	3141076	2545882	3852962
1990	6460649	3282141	3178508	2572537	3888112
1991	6500783	3302924	3197859	2557190	3943593
1992	6531658	3316833	3214825	2548398	3983260
1993	6576562	3340944	3235618	2525526	4051036
1994	6623656	3361344	3262312	2519303	4104353
1995	6667917	3384270	3283647	2517142	4150775
1996	6710376	3401134	3309242	2512109	4198267
1997	6737910	3412197	3325713	2511640	4226270
1998	6748628	3416423	3332205	2506427	4242201
1999	6770792	3423899	3346893	2505546	4265246
2000	6850969	3464878	3386091	2517760	4333209
2001	6893397	3480301	3413096	2536439	4356958

2—2 人口自然变动情况
Natural Change of Population

年　份 Year	出生人口(人) Birth (person)	出生率(‰) Birth Rate (‰)	死亡人口(人) Death (person)	死亡率(‰) Death Rate (‰)	自然增长率(‰) Natural Growth Rate(‰)
全市数 Total					
1978	94007	17.7	27959	5.3	12.5
1980	86089	15.4	30846	5.5	9.9
1985	81526	13.5	34028	5.6	7.9
1986	90411	14.8	32970	5.4	9.2
1987	100949	16.3	34202	5.5	10.8
1988	92244	14.7	35578	5.6	9.0
1989	86756	13.7	35844	5.6	8.0
1990	79799	12.4	37894	5.9	6.5
1991	58894	9.1	36257	5.6	3.6
1992	59179	9.1	38545	5.9	3.2
1993	59620	9.1	40411	6.2	2.9
1994	60310	9.1	41373	6.3	2.9
1995	53100	8.0	40957	6.2	1.8
1996	52466	7.8	43268	6.5	1.4
1997	49443	7.4	43118	6.4	0.9
1998	43627	6.5	42760	6.3	0.1
1999	44189	6.5	44829	6.6	—0.1
2000	57008	8.4	46094	6.8	1.6
2001	43950	6.4	38166	5.6	0.9
市区数 Districts under City Administration					
1978	58282	16.9	17884	5.2	11.7
1980	52863	14.0	20057	5.3	8.7
1985	55851	13.4	22461	5.4	8.0
1986	64956	15.3	21781	5.1	10.2
1987	73413	17.0	22870	5.3	11.7
1988	66761	15.2	24138	5.5	9.7
1989	59750	13.4	24858	5.6	7.8
1990	49412	10.9	26600	5.9	5.0
1991	35312	7.8	25139	5.5	2.2
1992	38349	8.4	26769	5.8	2.5
1993	38449	8.3	28449	6.1	2.2
1994	38199	8.2	29553	6.3	1.8
1995	32324	6.9	29318	6.2	0.6
1996	31615	6.7	31120	6.6	0.1
1997	29980	6.3	30999	6.5	—0.2
1998	25690	5.4	31079	6.5	—1.1
1999	26756	5.6	31770	6.6	—1.0
2000	32874	6.8	34330	7.1	—0.3
2001	26194	5.4	30438	6.3	—0.9

2—3 总户数及总人口
Total Households and Population

单位:户、人 (household,person)

指标	Item	1990	1995	1999	2000	2001
总户数	**Total Households**	**1884527**	**2019456**	**2126448**	**2181144**	**2214515**
市区	**District under City Administration**	**1354484**	**1458397**	**1534223**	**1554476**	**1578813**
和平区	Heping	186545	197437	201546	203271	205401
沈河区	Shenhe	179227	189282	194706	196165	198519
大东区	Dadong	175097	194493	206330	21195	215250
皇姑区	Huanggu	187646	206245	220106	224230	228965
铁西区	Tiexi	213609	229513	242798	245918	250430
苏家屯区	Sujiatun	118031	124288	133568	135484	137619
东陵区	Dongling	111341	122053	128638	129544	130963
新城子区	Xinchengzi	84727	86278	89823	90606	91325
于洪区	Yuhong	98261	108808	116708	118063	120341
市辖县	**Counties under City Administration**	**345704**	**369542**	**388931**	**410653**	**417145**
辽中县	Liaozhong	143740	155900	164884	176763	177391
康平县	Kangping	81904	90118	96500	102403	103483
法库县	Faku	120060	123524	127547	131487	136271
市辖市	**City under City Administration**	**184339**	**191517**	**203294**	**216015**	**218557**
新民市	Xinmin City	184339	191517	203294	216015	218557
总人口数	**Total Households**	**6460649**	**6667917**	**6770792**	**6850969**	**6893397**
市区	**District under City Administration**	**4538659**	**4728143**	**4814929**	**4850371**	**4876839**
和平区	Heping	620245	631757	631050	633932	634002
沈河区	Shenhe	565608	586830	594588	599707	600991
大东区	Dadong	577521	617883	636345	641664	644046
皇姑区	Huanggu	622416	668649	705695	714447	729533
铁西区	Tiexi	709903	739444	755154	760325	763644
苏家屯区	Sujiatun	409523	412892	412391	413498	413748
东陵区	Dongling	382397	404086	410225	413690	414412
新城子区	Xinchengzi	301205	297817	297009	296069	296045
于洪区	Yuhong	349841	368785	372472	377039	380418
市辖县	**Counties under City Administration**	**1253638**	**1270122**	**1281050**	**1312365**	**1324406**
辽中县	Liaozhong	495861	501998	506653	522248	52322
康平县	Kangping	319349	326958	332644	344456	343474
法库县	Faku	438428	44166	441753	445661	457610
市辖市	**City under City Administration**	**668352**	**669652**	**674813**	**688233**	**692152**
新民市	Xinmin City	668352	669652	674813	688233	692152

2—4 社会劳动者年末人数

Number of Employment at the Year—end

单位:万人 (10000 persons)

指 标 名 称 Item	1990	1995	2000	2001
全市社会劳动者年末人数 **Total Employment at the Year—end**	**357.7**	**378.5**	**378.2**	**374.8**
#全部职工 Total Staff	230.5	225.5	175.8	162.5
城乡私营及个体从业人员 Employed Persons of Private and Individuals in Urban and Rural Areas	20.5	46.1	97.0	112.1
农村从业人员 Employed Persons in Rural Areas	98.4	102.5	103.3	98.6
按经济类型分组 **Grouped by Ownership**				
国有经济 State—owned	148.7	141.2	112.8	97.0
集体经济 Collective—owned	178.5	171.5	139.5	135.5
私营经济 Private	3.7	15.1	40.6	42.8
个体经济 Individuals	16.8	31.0	56.4	69.3
其他经济类型 Others	9.9	19.6	28.9	30.2
按国民经济行业分组 **Grouped by Three Industry**				
第一产业 Primary Industry	71.7	69.0	88.7	83.0
第二产业 Secondary Industry	175.1	168.1	133.5	124.9
#工业 Industry	152.6	146.3	118.0	107.6
第三产业 Tertiary Industry	110.9	141.4	156.0	166.9
#交通运输、仓储及邮电通信业 Transportation,Storage,Post and Telecommunications	16.9	20.1	17.2	20.5
批发和零售贸易、餐饮业 Wholesale & Retail Trade and Catering Services	44.3	62.3	73.9	78.4
房地产、社会服务业 Real Estate and Social Services	11.1	15.0	18.4	19.2
卫生、体育和社会福利业 Health Care ,Sports and Social Welfare	5.7	6.0	6.4	6.8
教育、文化艺术及广播电影电视业 Education,Culture and Arts ,Radios,Film and Television	13.6	14.5	13.9	14.0
科学研究和综合技术服务业 Scientific Research and Polytechnic Services	4.5	4.7	9.2	9.4
国家机关、政党机关和社会团体 Government Agency,Party Agency and Social Organizations	8.3	7.6	8.0	7.9

2—5 职工及离退休人员数
Number of Staff and Workers, Retired and Resigned Personnel

单位:万人 （年末数） (year—end) (10000 persons)

年 份 Year	职工人数 Staff	国有单位 State—owned Units	集体单位 Collective—owned Units	离退休总数 Total Number of Retired and Resigned Personnel	离退休人员占在职工比重(%) Ratio of Retiredand Resigned Personnel to Staff and Workers on the job
1980	186.4	121.2	65.2		
1988	231.5	146.1	78.9	52.2	23.2
1989	228.1	144.7	75.6	55.5	25.0
1990	230.5	146.9	75.3	56.6	25.3
1991	234.2	148.9	76.1	57.8	25.4
1992	235.7	148.1	77.6	57.7	25.2
1993	234.9	146.8	77.2	67.9	28.9
1994	229.5	137.6	72.8	68.7	30.8
1995	225.5	139.6	66.8	63.3	28.1
1996	218.7	137.0	61.7	59.5	28.5
1997	210.2	133.9	55.5	67.4	32.1
1998	193.5	123.0	44.1	69.2	47.9
1999	181.2	115.8	39.0	67.7	51.2
2000	175.8	110.8	36.1	68.1	55.5
2001	162.5	96.5	34.2	71.9	58.6

2—6 职工工资总额和平均工资
Total and Average Wages of Staff and Workers

年 份 Year	工资总额(亿元) Total Wages (100 million yuan)	国 有 State—owned Units	集 体 Collective—owned Units	为上年% Rate in 2001 over 2000 (%)	平均工资(元) Average Wages (yuan)	国 有 State—owned Units	集 体 Collective—owned Units	为上年% Rate in 2001 over 2000(%)
1980	14.07	10.19	3.88		755	841	595	
1985	25.29	16.24	8.29	125.3	1156	1215	1049	123.0
1988	44.24	30.20	12.64	129.3	1911	1050	1602	126.8
1989	47.68	32.96	12.97	107.8	2090	2278	1716	109.4
1990	52.56	37.12	13.60	110.2	2309	2527	1806	109.2
1991	57.54	40.28	14.86	109.5	2492	2705	1953	107.9
1992	66.62	46.81	16.59	115.8	2834	3160	2152	113.7
1993	78.64	55.38	19.11	118.0	3345	3783	2460	118.0
1994	100.94	69.59	20.50	128.4	4402	5057	2831	131.6
1995	110.45	77.81	21.22	109.4	4900	5593	3164	111.3
1996	113.79	81.51	20.31	103.0	5198	5939	3283	106.1
1997	122.86	88.36	20.02	108.0	5801	6547	3564	111.6
1998	119.59	86.33	15.42	97.3	6090	6910	3491	105.0
1999	120.36	87.36	13.72	100.6	6517	7371	3472	107.0
2000	123.46	89.57	12.12	102.6	6995	8052	3296	107.3
2001	139.20	96.98	11.36	112.7	8249	9608	3264	117.9

3—1 工业总产值
Gross Industrial Output (2001)

指 标	Item	合 计 Total	规模以上 Over Designated Size	规模以下 Under Designated Size
工业总产值(90年不变价)(亿元)	**Gross Industrial Output Value (at 1990 constant price)(100 million yuan)**	**1863.64**	**829.32**	**1034.32**
#国有企业	#State—owned	221.38	221.38	—
集体企业	Collective—owned	123.86	19.74	104.12
股份企业	Share—holding	15.08	10.32	4.76
联营企业	Joint Ownership	1.32	1.16	0.16
有限责任企业	Limited Liability Corporations	132.67	127.99	4.68
股份有限公司	Share—holding Corporations	148.89	147.87	1.02
私营企业	Private	223.52	48.00	175.52
个体经济	Individuals	736.85	—	736.85
外商及港澳台企业	Foreign Funded, Hongkong, Macao and Taiwan Funded	257.88	252.86	5.02
其他企业	Others	2.19	—	2.19
#轻工业	#Light Industry	667.25	216.37	450.88
重工业	Heavy Industry	1196.39	612.95	583.44
#大型企业	#Large—Sized	468.39	468.39	—
中型企业	Medium—Sized	63.24	63.24	—
小型企业	Small—Sized	1332.01	297.69	1034.32
#农村工业	#Rural Industry	898.59	13.95	884.64
工业总产值(当年价)(亿元)	**Gross Industrial Output Value constant price)(100 million yuan)**	**1847.07**	**757.19**	**1089.88**
#国有企业	#State—owned	184.44	184.44	—
集体企业	Collective—owned	129.82	21.05	108.77
股份企业	Share—holding	17.13	12.30	4.83
联营企业	Joint Ownership	1.41	1.24	0.17
有限责任企业	Limited Liability Corporations	141.81	137.06	4.75
股份有限公司	Share—holding Corporations	132.46	131.49	0.97
私营企业	Private	229.07	44.86	184.21
个体经济	Individuals	778.37	—	778.37
外商及港澳台企业	Foreign Funded, Hongkong, Macao and Taiwan Funded	229.61	224.75	4.86
其他企业	Others	2.95	—	2.95
#轻工业	#Light Industry	654.79	175.04	479.75
重工业	Heavy Industry	1192.28	582.15	610.13
#大型企业	#Large—Sized	368.02	368.02	—
中型企业	Medium—Sized	65.54	65.54	—
小型企业	Small—Sized	1413.51	323.63	1089.88
#农村工业	#Rural Industry	948.00	13.61	934.39

注:1. 规模以上工业企业为全部国有及年产品销售收入500万元以上非国有口径。

2. 规模以下为年产品销售收入500万元以下非国有工业口径(下同)。

Note: a) Industrial enterprises over designated size refer to all state and non—state—owned enterprises with an annual sales income over 5 million yuan.

b) Industrial enterprises below designated size refer to non—state—owned enterprise with an annual sales income below 5 million yuan.

3—2 规模以上工业企业现价工业总产值

Gross Industrial Output Value at Current Price of Industrial Enterprises over Designated Size

单位：万元 （按行业分组）(grouped by sector) (10000 yuan)

指标	Item	2000	2001
总计	**Total**	**7142822**	**7571867**
采掘业	**Mining and Quarrying**	**106989**	**113969**
＃煤炭采选	#Coal Mining and Processing	86522	87598
非金属矿采选业	Nonmetals Mining and Dressing	2012	2871
制造业	**Manufacturing**	**6206009**	**6636148**
食品加工业	Food Processing	168810	162173
食品制造业	Food Production	227155	234283
饮料制造业	Beverage Production	148379	166643
烟草加工业	Tobacco Processing	19614	39672
纺织	Textile Industry	84914	99243
服装及其他纤维制品	Garments and Other Fiber Products	70333	52911
皮革、毛皮、羽绒及其制品	Leather,Furs,Down and Related Products	28086	12328
木材加工竹藤棕草制品	Timber Processing,Bamboo,Cane and Straw Products	26478	30357
家具	Furniture	36697	38248
造纸及纸制品	Paper Making and Paper Products	29181	32427
印刷、记录媒介的复制	Printing and Record Medium Reproduction	35941	34090
文教体育用品	Cultural,Education and Sports Goods	944	1656
石油加工及炼焦	Petroleum Refining and Coking	51627	51325
化学原料及化学制品	Raw Chemical Materials and Chemical Products	312386	345997
医药制造	Medical and Pharmaceutical Products	368347	352232
化学纤维	Chemical Fiber	25946	1150
橡胶制品	Rubber Products	193232	225445
塑料制品	Plastic Products	58089	80650
非金属矿物制品	Nonmetal Mineral Products	146960	168824
黑色金属冶炼及压延加工	Smelting and Pressing of Ferrous Metals	118236	67585
有色金属冶炼及压延加工	Smelting and Pressing of Nonferrous Metals	191640	247129
金属制品	Metal Products	174888	142681
普通机械制造	Ordinary Machinery	338830	475861
专用设备制造业	Special Purposes Equipment	328397	285121
交通运输设备	Transport Equipment	1473175	1721558
武器弹药制造业	Weapons and Ammunition	69816	67145
电气机械及器材	Electric Equipment and Machinery	562895	602969
电子及通讯设备	Electric and Telecommunications Equipment	864417	842297
仪器仪表文化办公用机械制造	Instruments,Meters,Cultural and Office Machinery	22810	32576
其他制造业	Other Manufacturing	27786	21576
电力煤气及水的生产和供应业	**Production and Supply of Power,Gas and Water**	**829824**	**821750**
电力蒸气热水的生产和供应业	Production and Supply of Power,Steam and Hot Water	680824	676779
＃煤气生产和供应业	#Production and Supply of Gas	34566	39636
自来水生产和供应业	Production and Supply of Tap Water	114434	105335

3－3 主要工业产品产量
Main Industrial Products

年份 Year	电视机 (万部) TV Sets (10000 units)	彩电 Color TV Sets	电风扇 (万台) Electric Fans (10000 units)	灯泡 (万只) Lamps (10000 units)	日用精铝制品 (吨) Daily－use Fine Aluminum Product (ton)	压力锅 (万口) Pressure Cooker (10000 units)
1978	1.26		5.43	2513	2456	13.50
1980	4.98		14.07	3299	3673	30.00
1985	22.88	3.97	35.79	4975	3946	92.01
1990	18.60	10.77	44.90	6819	4116	121.70
1991	9.48	6.89	42.57	8502	4352	127.31
1992	11.80	5.90	20.50	8990	4988	162.27
1993	5.93	2.46	13.90	2956	5174	174.69
1994	14.67	2.01	15.88	30307	4107	107.91
1995	6.69	1.30	17.94	30700	2616	82.34
1996	14.45	12.38	10.05	37423	5415	53.44
1997	27.15	26.15	7.83	8922	2523	73.13
1998	56.10	56.10	9.20	7918	2253	34.89
1999	59.76	59.76	0.81	7389	2071	49.11
2000	172.00	172.00	1.52	4583	2443	70.00
2001	139.62	139.62	11885	560	37053	15.0

3－3 续表1 Continued

年份 Year	白酒 (吨) Liquor (ton)	啤酒 (吨) Beer (ton)	味精 (吨) Gourmet Powder (ton)	肥皂 (吨) Soap (ton)	合成洗涤剂 (吨) Synthetic Detergents (ton)	皮鞋 (万双) Leather Shoes (10000 pairs)
19.11	11948	41734	2721	19647	6816	361.40
1980	17351	60259	3460	25935	9352	408.38
1985	28643	111834	5326	25801	22870	569.49
1990	64242	185726	9508	27520	28766	418.80
1991	65999	210969	9714	24372	23358	438.31
1992	82263	291742	12455	18717	24877	1012.39
1993	57900	311400	12850	9560	21807	1217.13
1994	88858	365459	41921	10131	25990	938.05
1995	69566	345145	16991	10469	26130	1155.92
1996	92544	331934	19309	7357	19106	2067.48
1997	124741	343490	21100	5471	12378	1891.56
1998	120400	345600	25237	3251	6681	1124.40
1999	108111	419617	28347	3619	3578	1959.59
2000	162533	429682	34142	4554	4253	1367.24
2001	13333	420156	33001	6272	28532	160.36

注:2001 年起产品产量为规模以上口径。
N0te:Data from 2001 in table 3－3 refers to the products of enterprises over designated size。

3—3 续表2 Continued

年份 Year	微型电子计算机(部) Micro—computer (unit)	气体压缩机(台) Gas Compressed Motor (unit)	风 机(台) Pneumatic Machine (unit)	工业泵(台) Industry Pump (unit)	金属切削机床(台) Metal—cutting Machines (unit)	房间空气调节器(台) Air Conditioner (unit)	交流电动机(万千瓦) AC Motors (10000 kW)
1978		2558	12659	9933	7362		138.20
1980		2245	14510	13320	9817		129.40
1985		5782	19549	23465	11356		148.00
1990		2731	23600	25500	10013		170.00
1991		3728	9900	35900	11458		175.00
1992		5246	12854	27649	13537	27550	219.07
1993	618	13121	8900	28000	14950	33900	239.32
1994	670	9002	6432	35347	11576	11603	241.84
1995	12053	15730	15456	25603	9294	72512	206.74
1996	31083	7029	8262	35405	6986	79651	542.41
1997	74311	5414	14081	14486	6658	72685	312.04
1998	137796	3719	8123	22400	6174	38733	124.00
1999	256182	1656	4747	12124	5661	95150	160.08
2000	764242	2444	6346	22337	8426	230692	133.97
2001	567649	1003	4900	7533	10513	362297	129.4

3—3 续表3 Continued

年份 Year	变压器(万千伏安) Transformer (10000 kVA)	高压断路器(台) High—voltage Circuit Breaker (unit)	电力电缆(公里) Electric Cables (km)	汽 车(辆) Motor Vehicles (unit)	钢芯铝铰线(吨) Steel core Winded with Aluminum Wire (ton)	滚动轴承(万套) Rolling Bearing (10000 unit)	原 煤(万吨) Coal (10000 tons)	发电量(万千瓦时) Electricity (10000 kWH)
1978	1255	3551	10700	784	12108	109.7	521.1	34059
1980	1140	1247	15191	4032	11354	124.1	586.0	29489
1985	1330	3715	15534	25306	22062	125.8	564.1	51587
1990	1336	1511	18752	22572	18307	190.2	608.8	96561
1991	1472	1687	13724	39167	21219	201.1	613.5	260873
1992	1671	1962	21171	53356	13640	174.2	653.8	377982
1993	1998	1900	14922	43404	17004	131.0	488.5	346500
1994	2805	1230	17560	28864	9283	72.8	467.6	346900
1995	2265	2761	54156	21541	5650	123.4	383.2	475859
1996	2121	852	20453	25430	8320	122.8	360.9	355811
1997	2321	776	59420	37155	7759	66.2	404.2	351646
1998	2119	5823	8572	41321	8340	49.8	477.8	336316
1999	1938	5725	7294	54214	9405	28.1	489.6	320007
2000	2283	1280	33012	79211	10934	34.0	477.4	351420
2001	1844	266	24005	75461	4576	30.1	486.2	344856

3—3 续表4 Continued

年份 Year	煤气生产量（万立方米）Coal Gas (10000 cu. m)	钢（万吨）Steel (10000 tons)	成品钢材（万吨）Steel Products (10000 tons)	铜（吨）Copper (ton)	铅（吨）Lead (ton)	锌（吨）Zinc (ton)	铜材（吨）Copper Products (ton)	铝材（吨）Aluminum Products (ton)
1978	21447	26.21	42.68	46153	48070	20727	23365	3622
1980	21978	22.86	51.41	56618	52294	17690	21618	4700
1985	26220	32.20	46.86	56562	54643	20109	31281	7638
1990	17008	38.60	49.20	54897	62970	15146	26472	17519
1991	37542	40.43	51.59	54687	55904	17510	28805	17257
1992	37750	44.95	52.23	57141	60054	17205	27527	19088
1993	30712	47.86	58.30	53143	64816	17254	28520	18367
1994	36235	37.32	72.46	54170	68590	4968	22919	27615
1995	26683	24.25	38.17	51700	56701	14250	25578	24674
1996	33044	23.04	42.63	51412	58589	16538	23465	36469
1997	25112	15.73	31.33	57377	67721	18392	25549	29082
1998	21200	6.27	34.43	67589	67518	16571	12487	12070
1999	7719	1.56	41.28	35309	54477	18518	24035	13026
2000	8026	12.57	35.82	17815	5945	4859	50094	27995
2001	18970	18.44	17.13	11890	22213	12033	51673	18704

3—3 续表5 Continued

年份 Year	焦碳（万吨）Coke (10000 tons)	油漆（吨）Paint (ton)	轮胎外胎（万条）Tires (10000 unit)	水泥（万吨）Cement (10000 ton)	平板玻璃（万重量箱）Plate Glass (10000 weight cases)	砖（亿块）Brick (100 million units)
1978	27.19	15094	19.00	13.77	168.5	7.02
1980	26.52	19886	21.20	20.46	156.9	10.35
1985	31.41	25855	37.40	29.30	151.4	21.61
1990	29.69	23813	67.30	35.51	212.9	24.81
1991	28.32	24855	75.34	45.73	286.5	23.40
1992	29.35	29288	98.83	72.83	417.1	25.68
1993	30.17	23134	102.59	83.58	457.8	25.00
1994	29.42	33763	72.10	88.22	427.9	34.98
1995	28.01	22311	39.91	73.48	270.4	20.83
1996	24.99	22750	23.77	51.84	459.4	29.03
1997	24.96	20104	45.43	55.49	491.2	29.83
1998	24.96	8677	104.61	40.70	487.0	8.42
1999	25.09	12408	128.41	47.04	486.8	7.72
2000	26.13	10660	165.16	40.75	495.8	7.81
2001	28.28	8791	189.6	62.73	522.5	0.34

3—4 规模以上工业企业主要经济指标

单位:万元

指标	Item	企业数 Number of En-terprise (unit)	亏损企业 Loss-suffering Enterprise (unit)	工业总产值(不变价) Gross Industrial Output (at constant prices)	工业总产值(当年价) Gross Industrial Output (at current prices)
总计	**Total**	**1157**	**453**	**8293177**	**7571867**
按登记注册类型分组	Grouped by Registered Categories				
内资企业	Domestic Funded Enterprises	921	391	5764590	5324307
国有企业	State-owned Enterprises	447	236	2213762	1844376
中央企业	Central	72	36	633391	733002
地方企业	Local	375	200	1580371	1111374
集体企业	Collective-owned Enterprises	119	27	197397	210496
股份合作企业	Share-holding Cooperative Enterprises	39	12	103222	122986
联营企业	Joint Ownership Enterprises	8	3	11653	12448
国有联营企业	State Joint Ownership	3	2	4729	5063
集体联营企业	Collective Joint Ownership	1		1727	1727
国有与集体联营企业	Joint State-collective Ownership	3	1	4330	4378
其他联营企业	Other Joint Ownership	1		867	1280
有限责任公司	Limited Liability Corporations Ltd.	111	41	1279884	1370562
国有独资公司	State Funded Corporations	13	8	360540	392516
其他有限责任公司	Others	98	33	919344	978046
股份有限公司	Share-Holding Corporations Ltd.	46	20	1478682	1314888
私营企业	Private Enterprises	151	52	479990	448551
私营独资企业	Private Funded	67	25	166410	155332
私营合伙企业	Private Partnership	5	1	10227	10320
私营有限责任公司	Private Limited Liability	72	23	281276	260308
私营股份有限公司	Private Share-holding Corporations Ltd.	7	3	22077	22591
港、澳、台商投资企业	Hongkong,Macao and Taiwan Funded Enterprises	80	17	820838	703277
合资经营企业	Joint Venture	60	16	611776	495903
合作经营企业	Cooperative Operation	2		12903	13440
港澳台独资企业	Hongkong,Macao and Taiwan Exclusive Funded	17	1	190095	187870
港澳台投资股份有限公司	Share-holding Corporations Ltd. Funded by Hongkong,Macao and Taiwan	1		6064	6064
外商投资企业	Foreign Funded Enterprises	156	45	1707749	1544283
中外合资经营企业	Joint Venture	100	29	960346	777557
中外合作经营企业	Joint Cooperative Operation	4	1	17256	17972
外资企业	Foreign Exclusive Investment	51	15	639845	638236
外商投资股份有限公司	Foreign Investment Share-holding Ltd.	1		90302	110518
在总计中:亏损企业	Of the Total:Enterprises in Deficit	453	453	1555814	1577482
在总计中:国有控股企业	Of the total:State Holding Enterprises	584	298	4950558	4602248
#国有绝对控股	#State Absolute Holding	551	284	3679530	3404757
国有相对控股	State Relative Holding	33	14	1271028	1197491
在总计中:农村工业	Of the Total:Rural Industry	58	13	139467	136139
在总计中:轻工业	Of the Total:Light Industry	426	166	2163673	1750350
重工业	Heavy Industry	731	287	6129504	5821517
在总计中:特大型企业	Of the Total:Especially Large-sized Enterprise	1		81995	79997
大一型企业	Large-sized (Grade one)	37	16	3826113	2880449
大二型企业	Large-sized (Grade two)	53	25	775761	719795
中一型企业	Medium-sized (Grade one)	27	13	449766	456718
中二型企业	Medium-sized (Grade two)	46	23	182598	198661
小型企业	Small-sized	993	376	2976944	3236247
在总计中:中央	Of the Total:State	77	37	749199	895525
省属	Province	49	26	146066	191553
市属	City	707	295	5834197	4959865
其他	Others	324	95	1563715	1524924

Main Indicators of Industrial Enterprises above Designated Size

(10000 yuan)

新产品产值 Output Value of New Products	工业销售产值（当年价） Industrial Sales (at current prices)	出口交货值 Export	工业中间投入合计 Total Intermediate Investment	工业增加值（当年价） Value Added of Industry (at current prices)	资产合计 Total Assets	流动资产小计 Total Circulating Funds	应收帐款 Account Receivable	存货 Goods in Stock	其中产成品 Finished Products
1157918	**7331031**	**746744**	**5876892**	**1990637**	**17802987**	**8343588**	**1999562**	**2342708**	**873844**
994247	5176810	301267	4192789	1347870	15044297	6915718	1651385	1951059	711061
342331	1808567	202069	1412589	525573	7167782	2918775	714107	777605	243980
231862	720148	26891	513937	254095	2145267	840155	187786	340401	52327
110469	1088419	175178	898652	271478	5022515	2078620	526321	437204	191653
9417	199304	5620	159879	59615	266840	179591	60334	71911	35911
22795	122511	1252	95383	32277	141436	78033	22381	37734	12730
438	12626	52	11502	1208	36817	19534	4145	10492	3070
438	6091	52	4896	327	26079	11570	1092	7258	2518
	940		1382	357	560	464	36	383	138
	4340		4053	380	2145	1879	414	825	100
	1255		1171	144	8033	5621	2603	2026	314
175848	1290718	48215	1124873	291839	3719638	1692318	436097	536432	189537
64552	377863	22060	329609	75591	1652744	761326	143793	261497	95430
111296	912855	26155	795264	216248	2066894	730992	292304	274935	94107
431409	1313821	25277	1048233	317389	3035785	1700383	338705	405299	164819
12009	429263	18782	340330	119969	675999	327084	75616	111586	61014
940	150883	3210	120715	38656	206799	92798	22409	38427	19048
5	10216	3289	7941	2769	6130	4131	1778	747	310
10169	247710	12283	194335	72491	402389	195764	45410	66582	36327
895	20454		17339	6053	60681	34391	6019	5830	5329
33468	656953	30539	472687	267445	1021168	487537	120133	137322	57244
33468	454546	9218	323334	198347	788260	358494	69500	111883	48986
	13441		10252	3626	19858	9056	4110	4946	
	182983	21321	134608	63544	205588	113330	44940	19435	7323
	5983		4493	1928	7462	6657	1583	1058	935
130203	1497268	414938	1211416	375322	1737522	940333	228044	254327	105539
128110	743536	141781	606174	195124	1163981	592281	143719	178024	71757
	17321	64	14321	4464	58204	35670	12350	7257	136
2093	625893	273093	519102	135696	373895	238990	66293	62663	33646
	110518		71819	40038	141442	73392	5682	6383	
224774	1548622	103242	1356781	277433	6369537	3009694	747874	995310	421044
944772	4529452	280306	3630154	1170828	13941758	6213079	1463078	1713120	598893
606614	3336625	270056	2683287	875569	11963824	514769	1321265	1503901	524984
338158	1192827	10250	946867	295259	1977934	1071310	141813	209219	73909
193	133762	9167	119598	20747	256531	147316	29864	52304	15486
193422	1665299	232689	1260073	560966	3504413	1679584	406011	450255	195063
964496	5665732	514055	4616819	1429671	14298574	6664004	1593551	1892453	678781
29510	82578	14367	61460	23339	346223	131193	41075	29099	13404
855214	2821538	267671	2299316	672095	6968912	35368812	689012	1084026	343694
86209	659732	219663	566407	173003	1480848	777420	212313	233601	121795
6063	456379	30301	328756	140599	599210	336632	87543	88458	18904
14038	178336	2700	142958	66382	373875	188442	51490	65652	32479
166884	3132468	212042	2477995	915219	8033919	3373019	918129	841872	343568
270093	880110	33883	639296	297700	2563561	1046097	227791	394943	61748
13729	189535	1278	158818	42559	741836	225743	67248	61557	16078
849643	4781088	377774	3889854	1266933	12932685	6202118	1471962	1632863	675102
24453	1480298	333809	1188924	383445	1564905	869630	232561	253345	120916

3－4 续表1 Continued

指　标	Item	流动资产年平均余额 Annual Average Balance of Circula－ting Funds	长期投资 Long－term Investment	固定资产小计 Fixed Assets	固定资产原价 Original Value of Fixed Assets
总　计	**Total**	**8043040**	**679201**	**7419226**	**9632173**
按登记注册类型分组	Grouped by Registered Categories				
内资企业	Domestic Funded Enterprises	6695093	637472	6379300	8189197
国有企业	State－owned Enterprises	2859713	411365	3438866	4386291
中央企业	Central	819551	71375	1224452	1555950
地方企业	Local	2040162	339990	2214414	2830341
集体企业	Collective－owned Enterprises	179337	4846	69937	106654
股份合作企业	Share－holding Cooperative Enterprises	72821	6305	47805	65461
联营企业	Joint Ownership Enterprises	15830	675	14296	17298
国有联营企业	State Joint Ownership	12902	675	11521	13383
集体联营企业	Collective Joint Ownership	453		96	114
国有与集体联营企业	Joint State－collective Ownership	2007		266	431
其他联营企业	Other Joint Ownership	468		2413	3370
有限责任公司	Limited Liability Corporations Ltd.	1738414	129841	1418696	2201043
国有独资公司	State Funded Corporations	729950	73007	727198	942545
其他有限责任公司	Others	1008464	56834	691498	1258498
股份有限公司	Share－Holding Corporations Ltd.	1516396	64122	1124630	1090317
私营企业	Private Enterprises	312582	20318	265070	322133
私营独资企业	Private Funded	89813	3175	88602	117227
私营合伙企业	Private Partnership	3879	23	1962	3268
私营有限责任公司	Private Limited Liability	188893	17120	151389	166750
私营股份有限公司	Private Share－holding Corporations Ltd.	29997		23117	34888
港、澳、台商投资企业	Hongkong,Macao and Taiwan Funded Enterprises	480309	3334	429806	646332
合资经营企业	Joint Venture	353655	3334	343951	532075
合作经营企业	Cooperative Operation	13895		3695	5599
港澳台独资企业	Hongkong,Macao and Taiwan Exclusive Funded	106953		81797	108151
港澳台投资股份有限公司	Share－holding Corporations Ltd. Funded by Hongkong,Macao and Taiwan	5806		363	507
外商投资企业	Foreign Funded Enterprises	867638	38395	610120	796644
中外合资经营企业	Joint Venture	550292	9096	445903	580709
中外合作经营企业	Joint Cooperative Operation	33969	5	21487	25998
外资企业	Foreign Exclusive Investment	209985	830	114223	160823
外商投资股份有限公司	Foreign Investment Share－holding Ltd.	73392	28464	28507	29114
在总计中：亏损企业	Of the Total:Enterprises in Deficit	3006515	201374	2560167	3707869
在总计中：国有控股企业	Of the total:State Holding Enterprises	5996434	612758	6198496	8027789
#国有绝对控股	#State Absolute Holding	4967281	560489	5438723	7243656
国有相对控股	State Relative Holding	1029153	52269	759773	784133
在总计中：农村工业	Of the Total:Rural Industry	134941	1538	97059	118236
在总计中：轻工业	Of the Total:Light Industry	1659983	103027	1373300	1838217
重工业	Heavy Industry	6383057	576174	6045926	7793956
在总计中：特大型企业	Of the Total:Especially Large－sized Enterprise	126615	17851	184672	101256
大一型企业	Large－sized (Grade one)	3447873	221004	2847383	3601792
大二型企业	Large－sized (Grade two)	655571	51949	538306	690121
中一型企业	Medium－sized (Grade one)	317775	33300	195575	261228
中二型企业	Medium－sized (Grade two)	199946	9682	144101	187365
小型企业	Small－sized	3295260	345415	3509189	4790411
在总计中：中央	Of the Total:State	990984	76822	1411790	1844453
省属	Province	214717	9089	467609	601652
市属	City	6021330	568266	4990457	6478834
其他	Others	816009	25024	549370	707234

单位:万元 (10000 yuan)

生产经营用 For Business Operating	累计折旧 Accumu-lated Depre-ciation	本年折旧 Current Year Depre-ciation	固定资产净值 Net Value of Fixed Assets	固定资产净值年平均余额 Annual Average Net Value of Fixed Assets	无形及递延资产小计 Intangible and Deferred Assets	无形资产 Intangible Assets	负债合计 Total Liabilities	流动负债 Liquid Liabilities	长期负债 Long-term Liabilities
7767380	**3240857**	**397902**	**6391316**	**6312350**	**947594**	**609787**	**11524002**	**8653870**	**2834068**
6498635	2802255	307182	5386942	5316705	796807	511004	10086822	7547850	2516078
3449100	1322800	160121	3063490	2991473	276567	120251	4967452	3359288	1596638
1219055	466554	57654	1089395	1002696	7879	2459	1418680	857588	561028
2230045	856246	102467	1974095	1988777	268688	117792	3548772	2501700	1035610
76587	39293	5368	67361	61993	7203	5631	188345	169166	18673
46083	19951	2734	45509	46568	8477	8313	91729	77766	13963
13868	4495	435	12803	10440	2312	1545	27101	22390	4711
13382	3352	379	10030	9866	2312	1545	19794	15083	4711
114	18	5	96	99			516	516	
372	167	43	264	274			1773	1773	
	958	8	2413	201			5018	5018	
1723101	963022	71851	1238021	1314643	324890	266063	2330751	1863107	466617
644098	261211	27671	681335	710178	71766	25840	1030870	821914	208956
1079003	701811	44180	556686	604465	253124	240223	1299881	1041193	257661
942071	378374	54945	711944	660751	121479	58436	2100626	1723927	376263
247825	74320	11728	247814	230837	55879	50765	380818	332206	39213
76579	31818	5263	85409	77944	19927	19442	117060	103682	13135
2907	1307	297	1962	2007	15		3759	3699	61
134374	29405	5768	137345	127328	33723	31273	241170	206148	25865
33965	11790	400	23098	23558	2214	50	18829	18677	152
564285	233961	34832	412371	403149	46967	30648	511926	389121	115254
469355	202463	27385	329612	319447	37481	23526	396392	302359	93906
5599	1904	231	3695	3695	858	618	13689	13689	
88824	29450	7156	78701	79371	8385	6272	97291	68519	21348
507	144	60	363	636	243	232	4554	4554	
704460	204641	55888	592003	592496	103820	68135	925254	716899	202736
519299	145183	41020	435525	434965	79118	47585	645025	481290	158206
25446	5406	1233	20593	20428	830	831	24306	10933	13373
130601	51912	12889	108911	110129	13198	9675	197420	170198	27132
29114	2140	746	26974	26974	10674	10044	58503	54478	4025
2754616	1403135	114115	2304734	2348279	358084	169566	4792938	3806980	975157
6430655	2736111	306126	5291679	5205633	615946	306440	9435879	6849589	2571352
5706489	2470329	266710	4773327	4716828	529294	268739	8071440	5675246	2384669
724166	265782	39416	518352	488805	86652	37701	1364439	1174343	186683
107796	31062	4436	87174	89064	5978	4507	121485	76603	44882
1397886	644431	80554	1193786	1244080	266148	182226	2126166	1642888	456578
6369494	2596426	317348	5197530	5068270	681446	427561	9397836	7010982	2377490
101256	43032	13928	58224	53130	12507	12302	242952	128258	114694
2796639	1157956	136944	2443835	2462520	300340	128579	4492757	3807841	684356
507415	289296	29011	400825	447723	89050	56610	970886	789006	181879
221775	74244	13857	186984	184390	32335	27080	350866	316594	34272
104539	71233	9052	116132	121920	25795	19850	241557	193917	47363
4035756	1605096	195110	3185316	3042667	487567	365366	5224984	3418254	1771504
1456639	586157	70203	1258296	1177827	20502	7105	1658805	1037825	620915
432583	158732	17798	442919	459960	35906	17302	356364	300792	55538
5324978	2309359	270058	4169475	4171146	801988	508346	8633552	6566467	2051591
553180	186609	39843	520626	503417	89198	77034	875281	748786	106024

3－4 续表 2 Continued

指 标	Item	所有者权益 Creditors' Equity	实收资本 Total Capital Hold	国家 State	集体 Collective
总 计	**Total**	**6278985**	**4933653**	**2379986**	**87754**
按登记注册类型分组	Grouped by Registered Categories				
内资企业	Domestic Funded Enterprises	4957474	3841470	2173824	80740
国有企业	State－owned Enterprises	2200330	1695317	1212004	539
中央企业	Central	726586	560680	159357	
地方企业	Local	1473744	1134637	1052647	539
集体企业	Collective－owned Enterprises	78494	60212	987	48031
股份合作企业	Share－holding Cooperative Enterprises	49707	36099	457	6531
联营企业	Joint Ownership Enterprises	9716	7987	3302	532
国有联营企业	State Joint Ownership	6285	7302	3150	
集体联营企业	Collective Joint Ownership	44	51		50
国有与集体联营企业	Joint State－collective Ownership	372	417	152	265
其他联营企业	Other Joint Ownership	3015	217		217
有限责任公司	Limited Liability Corporations Ltd.	1388887	1230748	808539	21504
国有独资公司	State Funded Corporations	621874	589214	504754	25
其他有限责任公司	Others	767013	641534	303785	21479
股份有限公司	Share－Holding Corporations Ltd.	935159	567881	148350	1606
私营企业	Private Enterprises	295181	243226	185	1997
私营独资企业	Private Funded	89740	76225	185	407
私营合伙企业	Private Partnership	2372	1254		198
私营有限责任公司	Private Limited Liability	161217	131212		1392
私营股份有限公司	Private Share－holding Corporations Ltd.	41852	34535		
港、澳、台商投资企业	Hongkong,Macao and Taiwan Funded Enterprises	509242	427541	89789	2734
合资经营企业	Joint Venture	391868	333774	89789	2734
合作经营企业	Cooperative Operation	6169	4600		
港澳台独资企业	Hongkong,Macao and Taiwan Exclusive Funded	108297	87767		
港澳台投资股份有限公司	Share－holding Corporations Ltd. Funded by Hongkong,Macao and Taiwan	2908	1400		
外商投资企业	Foreign Funded Enterprises	812269	664642	116373	4280
中外合资经营企业	Joint Venture	518956	459352	114985	3953
中外合作经营企业	Joint Cooperative Operation	33900	23103		
外资企业	Foreign Exclusive Investment	176475	154042		
外商投资股份有限公司	Foreign Investment Share－holding Ltd.	82938	28145	1388	327
在总计中:亏损企业	Of the Total:Enterprises in Deficit	1576599	1707504	1264519	24863
在总计中:国有控股企业	Of the total:State Holding Enterprises	4505879	3591643	2313741	4379
#国有绝对控股	#State Absolute Holding	3892384	3127842	2226454	2479
国有相对控股	State Relative Holding	613495	463801	87287	1900
在总计中:农村工业	Of the Total:Rural Industry	135046	57501	539	27358
在总计中:轻工业	Of the Total:Light Industry	1378247	1086906	422181	36606
重工业	Heavy Industry	4900738	3846747	1957805	51148
在总计中:特大型企业	Of the Total:Especially Large－sized Enterprise	103271	34092	18555	
大一型企业	Large－sized (Grade one)	2476153	1923873	933341	2467
大二型企业	Large－sized (Grade two)	509964	360202	163110	1030
中一型企业	Medium－sized (Grade one)	248344	129895	36117	7656
中二型企业	Medium－sized (Grade two)	132318	108839	46402	10462
小型企业	Small－sized	2808935	2376752	1182461	66139
在总计中:中央	Of the Total:State	904757	696260	206668	
省属	Province	385472	423757	415773	528
市属	City	4299132	3244993	1749156	69639
其他	Others	689624	568643	8389	17587

单位:万元 (10000 yuan)

法人 Legal Persons	个人 Individual	港澳台 Hongkong, Macao and Taiwan	外商资本 Foreign Capital	产品销售收入 Sales Revenue	产品销售成本 Cost of Sales	产品销售费用 Expenses of Sales	产品销售税金及附加 Sales Tax and Extra Charges	产品销售利润 Sales Profits	其他业务利润 Profits of Other Business
1217152	**358668**	**290301**	**599792**	**7680398**	**6279429**	**307449**	**91710**	**1001811**	**55459**
1085765	336586	14355	150200	5532378	4571196	177946	78360	704875	42612
441803	17525	1983	21462	2175777	1821786	62272	24867	266851	16335
400513	35		774	700043	533204	9688	18250	138901	2254
41290	17490	1983	20688	1475734	1288582	52584	6617	127950	14081
7625	3409		161	194438	164624	4291	1265	24256	518
12483	16628			121951	96432	5061	2188	18270	908
2100	2018		35	12364	12118	179	58	10	35
2100	2018		35	5775	5768	177	18	-188	35
				942	895		1	46	
				4383	4289	2	6	87	
				1264	1166		33	65	
291992	76174	8493		1264039	1052903	42375	6878	161883	19238
70447	3820	8268	24046	375467	307576	11377	1360	55155	14446
221545	72354	225	1900	888572	745327	30998	5518	106728	4792
235648	73902	3879	22146	1335760	1043991	49634	41134	201002	4411
94114	146930		104496	428049	379342	14134	1970	32603	1167
30473	45160			148573	133404	4100	648	10421	330
443	613			10264	8682	177	72	1332	120
28938	100882			248536	219644	8232	1177	19484	719
34260	275			20676	17612	1625	73	1366	-2
39003	4939	272884	18192	661351	483436	64316	9570	104030	3867
34521	4939	185917	15873	453687	332816	38656	9423	72792	1733
3450			1150	13670	10786	1097		1787	-3
		86967	800	188011	135584	23947	147	28333	2137
1032			369	5983	4250	616		1118	
92384	17143	3062	431400	1486669	1224797	65187	3780	192906	8980
83212	6144	1574	249483	746876	601464	42110	2959	100344	2549
788			22315	16707	14150	2268		290	4727
		1488	152554	612568	527256	15081	563	69667	1842
8384	10999		7048	110518	81927	5728	258	22605	-138
161638	111869	27608	117008	1520527	1347796	63460	6265	103006	21363
846503	120903	47660	258457	4878590	3990629	161277	73440	653243	39311
670207	83371	21718	123613	3678355	3046794	109908	32637	489015	36239
176296	37532	25942	134844	1200235	943835	51369	40803	164228	3072
11113	7552	346	10592	128576	102914	7450	1587	16625	148
137372	108468	224600	157678	1649930	1220690	133181	33482	262577	12619
1079780	250200	65701	442114	6030468	5058739	174268	58228	739234	42840
2000	13537			78671	56869	2929	529	18346	178
620151	48657	138930	180327	2888266	2299775	112156	53076	423261	25067
74948	64590	6395	50129	662880	542372	31574	2309	86624	6329
25142	22768	16016	22196	458259	343005	24876	17868	72509	928
3284	32838	1522	14330	172120	121329	17747	709	32335	2719
491627	176278	127438	332810	3420202	2916079	118167	17219	368736	20238
444576	35	19463	25519	867634	662727	17882	18362	168663	2738
4986		2471		184695	149158	7220	1057	27261	2902
650670	190894	175454	409177	5155062	4218804	218877	68609	648773	43343
116920	167739	92913	165096	1473007	1248740	63470	3682	157114	6476

3—4 续表3 Continued

指　标	Item	管理费用 Management Fee	税　金 Tax	财产保险 Property Insurance	劳动待业保险费 Job—waiting Insurance
总　计	**Total**	**667352**	**23122**	**7264**	**55352**
按登记注册类型分组	Grouped by Registered Categories				
内资企业	Domestic Funded Enterprises	542969	19416	5726	54688
国有企业	State—owned Enterprises	248784	7417	2528	27483
中央企业	Central	110281	2507	1212	10607
地方企业	Local	138503	4910	1316	16876
集体企业	Collective—owned Enterprises	17281	300	127	486
股份合作企业	Share—holding Cooperative Enterprises	9561	172	156	179
联营企业	Joint Ownership Enterprises	900	34	10	28
国有联营企业	State Joint Ownership	690	28	10	27
集体联营企业	Collective Joint Ownership	37			
国有与集体联营企业	Joint State—collective Ownership	131	4		1
其他联营企业	Other Joint Ownership	42	2		
有限责任公司	Limited Liability Corporations Ltd.	152461	5416	1327	19253
国有独资公司	State Funded Corporations	68952	2144	453	8883
其他有限责任公司	Others	83509	3272	874	10370
股份有限公司	Share—Holding Corporations Ltd.	88517	4737	1305	6614
私营企业	Private Enterprises	25465	1340	273	645
私营独资企业	Private Funded	9304	716	132	313
私营合伙企业	Private Partnership	703	41	9	70
私营有限责任公司	Private Limited Liability	14881	570	129	253
私营股份有限公司	Private Share—holding Corporations Ltd.	577	13	3	9
港、澳、台商投资企业	Hongkong,Macao and Taiwan Funded Enterprises	37476	1618	642	144
合资经营企业	Joint Venture	30126	1507	570	105
合作经营企业	Cooperative Operation	727	4	6	10
港澳台独资企业	Hongkong,Macao and Taiwan Exclusive Funded	6255	95	66	29
港澳台投资股份有限公司	Share—holding Corporations Ltd. Funded by Hongkong,Macao and Taiwan	368	12		
外商投资企业	Foreign Funded Enterprises	86907	2088	896	520
中外合资经营企业	Joint Venture	57547	1348	686	482
中外合作经营企业	Joint Cooperative Operation	2077	26	36	1
外资企业	Foreign Exclusive Investment	20992	626	174	37
外商投资股份有限公司	Foreign Investment Share—holding Ltd.	6291	88		
在总计中:亏损企业	Of the Total:Enterprises in Deficit	243486	8856	2726	26229
在总计中:国有控股企业	Of the total:State Holding Enterprises	505239	17826	5232	53239
#国有绝对控股	#State Absolute Holding	439713	15590	4310	50715
国有相对控股	State Relative Holding	65526	2236	922	2524
在总计中:农村工业	Of the Total:Rural Industry	9430	390	196	50
在总计中:轻工业	Of the Total:Light Industry	153641	5285	1903	8183
重工业	Heavy Industry	513711	17837	5361	47169
在总计中:特大型企业	Of the Total:Especially Large—sized Enterprise	12127	1796	137	227
大一型企业	Large—sized (Grade one)	287896	9381	3028	31936
大二型企业	Large—sized (Grade two)	63711	2083	947	4359
中一型企业	Medium—sized (Grade one)	30545	975	345	1256
中二型企业	Medium—sized (Grade two)	29495	795	293	2179
小型企业	Small—sized	243578	8092	2514	15395
在总计中:中央	Of the Total:State	136134	3002	1329	14411
省属	Province	38984	1256	426	1832
市属	City	421441	16057	4876	38054
其他	Others	70793	2807	633	1055

单位：万元 (10000 yuan)

财务费用 Cost of Financial Affairs	利息支出 Interests	营业利润 Operating Profits	补贴收入 Subsidies	利润总额 Total Profits	应交所得税 Income Tax Payable	应付利润 Profits Payable	亏损企业亏损额 Total Loss of Loss-suffering Enterprises	利税总额 Total Pre-tax Profits	本年应付工资总额 Total Wages Payable
244393	**225392**	**145525**	**34316**	**204054**	**63217**	**180227**	**217604**	**591427**	**528533**
208851	194289	−4334	33821	26517	48071	101651	186115	321230	443635
95373	89126	−60974	18402	−47047	10333	6540	88490	71605	210471
19403	19167	11469	4212	8085	6649	9923	10034	61364	110811
75970	69959	−72443	14190	−55132	3684	−3383	78456	10241	99660
2845	2033	4651	1566	5615	2320	114	3233	15878	17610
1993	1904	7624	295	8155	1547	1290	768	15017	6544
12	−1	−867	130	−1002	25	16	1065	−681	758
12	−1	−854	130	−975	4		988	−797	487
		8		9	2			22	50
		−44		−59	11		77	2	173
		23		23	8	16		92	48
56413	52166	−27753	9891	−18374	16832	20947	82742	34655	121746
33355	33020	−32706	9077	−32592	741	274	33892	−18546	52281
23058	19146	4953	814	14218	16091	20673	48850	53201	69465
43960	41938	72935	2621	75081	14498	71534	2129	166949	68373
8255	7123	50	916	4089	2516	1210	7688	17807	18133
3380	2890	−1932	27	−1138	526	140	4005	3549	7201
128	58	621		170	111	45	243	632	761
4316	3797	1005	889	4513	1519	1025	3378	12209	9443
431	378	356		544	360		62	1417	728
10118	9949	60303	110	78846	7287	26863	9627	125271	31096
8541	8555	35858	110	50551	5810	12904	9437	85751	22034
352	340	706		684	158			1123	657
1124	953	23090		26976	1271	13899	190	37405	8183
101	101	649		635	48			992	222
25424	21154	89556	385	98691	7859	51713	21862	144926	53802
20690	18694	24656	44	32294	2460	4724	15480	58994	34434
488	455	2452		1643	286		1082	2455	1488
3768	2005	46750	181	48519	3356	46989	5300	65644	13329
478		15698	160	16235	1757			17833	4551
104190	96113	−223307	13396	−217604	1093	−3514	217604	−154607	180978
201736	191118	−14421	29455	19656	40862	105950	182382	291830	411002
168891	159749	−83351	29277	−55744	26700	35181	177884	130993	368304
32845	31369	68930	178	75400	14162	70769	4498	160837	42698
5867	4140	1477	75	2096	1958	1525	5662	7888	7061
43498	38789	78057	3940	102598	20442	32251	36364	206769	105723
200895	186603	67468	30376	101456	42775	147976	181240	384658	422810
1336	1323	5060	784	6076	794	5281		11406	9230
116686	113161	43745	22264	54671	22586	76530	66017	198710	220851
20378	18999	8865	2121	12404	2785	2890	8747	34329	51576
8916	7795	33976	719	33881	3984	11059	2414	64386	19799
9005	8813	−3446	616	−2513	746	377	16425	8875	14842
88072	75301	57325	7812	99535	32322	84090	124001	273721	212235
25183	24910	10085	9570	11993	8917	17749	15574	71826	126848
4904	4835	−13724	9435	−6551	285	128	8643	4331	29993
198121	183094	72553	13150	110742	44265	98637	175193	376273	316147
16185	12553	76611	2161	87870	9750	63713	18194	138997	55545

3－4 续表4 Continued 单位:万元 (10000 yuan)

指 标	Item	主营业务应付工资 Wages of Main Operating Business	本年应付福利费总额 Welfare Funds Payable	主营业务应付福利费 For Main Operating Business
总 计	**Total**	**474790**	**63258**	**57420**
按登记注册类型分组	Grouped by Registered Categories			
内资企业	Domestic Funded Enterprises	395401	58048	52727
国有企业	State－owned Enterprises	187184	27508	25270
中央企业	Central	101184	15080	13868
地方企业	Local	86000	12428	11402
集体企业	Collective－owned Enterprises	16610	3360	2967
股份合作企业	Share－holding Cooperative Enterprises	6249	979	948
联营企业	Joint Ownership Enterprises	758	96	96
国有联营企业	State Joint Ownership	487	34	34
集体联营企业	Collective Joint Ownership	50	7	7
国有与集体联营企业	Joint State－collective Ownership	173	48	48
其他联营企业	Other Joint Ownership	48	7	7
有限责任公司	Limited Liability Corporations Ltd.	101706	15332	13551
国有独资公司	State Funded Corporations	44600	6869	5814
其他有限责任公司	Others	57106	8463	7737
股份有限公司	Share－Holding Corporations Ltd.	65784	8424	7995
私营企业	Private Enterprises	17110	2349	1900
私营独资企业	Private Funded	6758	908	815
私营合伙企业	Private Partnership	761	222	87
私营有限责任公司	Private Limited Liability	8887	1177	956
私营股份有限公司	Private Share－holding Corporations Ltd.	704	42	42
港、澳、台商投资企业	Hongkong,Macao and Taiwan Funded Enterprises	29567	1822	1713
合资经营企业	Joint Venture	21219	1498	1400
合作经营企业	Cooperative Operation	657	146	146
港澳台独资企业	Hongkong,Macao and Taiwan Exclusive Funded	7469	147	136
港澳台投资股份有限公司	Share－holding Corporations Ltd. Funded by Hongkong,Macao and Taiwan	222	31	31
外商投资企业	Foreign Funded Enterprises	49822	3388	2980
中外合资经营企业	Joint Venture	31936	2406	2000
中外合作经营企业	Joint Cooperative Operation	841	22	22
外资企业	Foreign Exclusive Investment	12494	960	958
外商投资股份有限公司	Foreign Investment Share－holding Ltd.	4551		
在总计中:亏损企业	Of the Total:Enterprises in Deficit	153531	22394	19513
在总计中:国有控股企业	Of the total:State Holding Enterprises	365814	51014	46810
#国有绝对控股	#State Absolute Holding	324849	46254	42204
国有相对控股	State Relative Holding	40965	4760	4606
在总计中:农村工业	Of the Total:Rural Industry	6839	835	779
在总计中:轻工业	Of the Total:Light Industry	96162	10694	9275
重工业	Heavy Industry	378628	52564	48145
在总计中:特大型企业	Of the Total:Especially Large－sized Enterprise	9230	1264	1264
大一型企业	Large－sized (Grade one)	196249	28162	25747
大二型企业	Large－sized (Grade two)	49011	5451	5104
中一型企业	Medium－sized (Grade one)	19070	1758	1736
中二型企业	Medium－sized (Grade two)	12587	2061	1732
小型企业	Small－sized	188643	24562	21837
在总计中:中央	Of the Total:State	115810	17555	16147
省属	Province	25249	4110	3448
市属	City	281094	35857	32906
其他	Others	52637	5736	4919

3－4 续表5 Continued 单位：万元 (10000 yuan)

指 标	Item	本年应交增值税 Value Added Tax Payable	进项税额 Buying Tax	销项税金 Sales Tax	全部从业人员年平均人数 Annual Average Employment Personnel (person)
总 计	**Total**	**295663**	**869223**	**1147534**	**492576**
按登记注册类型分组	Grouped by Registered Categories				
内资企业	Domestic Funded Enterprises	216353	658545	836694	433757
国有企业	State－owned Enterprises	93783	200096	275500	196251
中央企业	Central	35030	41788	70540	80960
地方企业	Local	58753	158308	204960	115291
集体企业	Collective－owned Enterprises	8998	24810	33714	25284
股份合作企业	Share－holding Cooperative Enterprises	4675	16066	20099	7221
联营企业	Joint Ownership Enterprises	263	1750	2195	1007
国有联营企业	State Joint Ownership	161	727	1075	644
集体联营企业	Collective Joint Ownership	13	147	160	61
国有与集体联营企业	Joint State－collective Ownership	54	696	745	247
其他联营企业	Other Joint Ownership	35	180	215	55
有限责任公司	Limited Liability Corporations Ltd.	46151	153992	194461	123755
国有独资公司	State Funded Corporations	12686	43055	55094	53216
其他有限责任公司	Others	33465	110937	139367	70539
股份有限公司	Share－Holding Corporations Ltd.	50735	212730	252834	49254
私营企业	Private Enterprises	11748	49101	57891	30985
私营独资企业	Private Funded	4039	17738	21155	10955
私营合伙企业	Private Partnership	390	1593	1480	961
私营有限责任公司	Private Limited Liability	6519	27493	32412	17796
私营股份有限公司	Private Share－holding Corporations Ltd.	800	2277	2844	1273
港、澳、台商投资企业	Hongkong,Macao and Taiwan Funded Enterprises	36855	65666	146400	22787
合资经营企业	Joint Venture	25778	42389	68965	16158
合作经营企业	Cooperative Operation	438	1873	2312	451
港澳台独资企业	Hongkong,Macao and Taiwan Exclusive Funded	10282	20744	74106	6010
港澳台投资股份有限公司	Share－holding Corporations Ltd. Funded by Hongkong,Macao and Taiwan	357	660	1017	168
外商投资企业	Foreign Funded Enterprises	42455	145012	164440	36032
中外合资经营企业	Joint Venture	23741	78352	89765	21557
中外合作经营企业	Joint Cooperative Operation	813	4191	731	509
外资企业	Foreign Exclusive Investment	16562	46289	56591	12857
外商投资股份有限公司	Foreign Investment Share－holding Ltd.	1339	16180	17353	1109
在总计中：亏损企业	Of the Total:Enterprises in Deficit	56732	192038	244661	212723
在总计中：国有控股企业	Of the total:State Holding Enterprises	198734	579169	741668	366899
＃国有绝对控股	＃State Absolute Holding	154099	379255	509339	342995
国有相对控股	State Relative Holding	44635	199914	232329	23904
在总计中：农村工业	Of the Total:Rural Industry	4206	13371	17762	9952
在总计中：轻工业	Of the Total:Light Industry	70689	158865	262160	121340
重工业	Heavy Industry	224974	710358	885374	371236
在总计中：特大型企业	Of the Total:Especially Large－sized Enterprise	4801	7976	12777	6985
大一型企业	Large－sized (Grade one)	90963	355782	420560	181264
大二型企业	Large－sized (Grade two)	19616	46104	63365	48687
中一型企业	Medium－sized (Grade one)	12637	61359	64296	13507
中二型企业	Medium－sized (Grade two)	10679	20764	31531	15884
小型企业	Small－sized	156967	377238	555005	226249
在总计中：中央	Of the Total:State	41470	51273	85417	96048
省属	Province	9825	19490	29189	31808
市属	City	196923	659437	814554	295647
其他	Others	47445	139023	218374	69073

3—5 主要能源消费总量
Total Consumption of Energy

年 份 Year	能源消费总量（标煤万吨）Total Consumption of Energy (10000 tons)	工业用 Industry Use	煤炭消费总量（万吨）Total Consumption of Coal (10000 tons)	电力消费总量（亿千瓦小时）Total Consumption of Electricity (100 million kWH)	焦炭（万吨）Coke (10000 tons)	燃料油（含原油）（万吨）Fuel oil (include crude oil) (10000 tons)	汽油（万吨）Gasoline (10000 tons)	柴油（万吨）Diesel Oil (10000 Tons)
1978	680.6	449.9	504.7	28.31	24.1	119.2	6.8	9.3
1980	733.7	466.1	592.1	34.77	22.2	111.2	7.7	5.5
1985	839.7	507.8	829.6	42.03	26.1	85.7	9.7	8.5
1990	925.4	558.8	773.0	50.75	22.2	73.4	11.4	18.9
1991	969.9	591.6	903.8	63.76	17.5	76.4	12.5	19.4
1992	812.2	483.3	999.3	70.80	16.7	73.6	13.4	19.6
1993	903.7	597.8	1108.5	78.68	18.4	76.0	17.9	22.1
1994	968.6	660.3	1178.8	80.24	17.8	74.9	21.4	24.3
1995	1187.0	886.0	1158.9	82.20	14.5	71.9	14.0	16.7
1996	1058.8	809.2	902.5	87.60	12.5	69.1	8.6	15.5
1997	1013.7	780.3	856.9	92.32	11.3	53.5	8.7	19.7
1998	952.9	747.2	938.0	92.40	11.5	68.6	11.3	18.8
1999	905.3	732.5	897.6	100.60	9.8	84.1	10.3	18.4
2000	960.3	752.9	951.4	110.36	3.8	90.1	14.1	21.4
2001	640.0	599.2	838.4	43.30	3.7	85.9	2.3	3.4

注:2001 年为规模以上工业口径。
Note:Data from 2001 refers to enterprises over designated size.

3—6 全市民用车辆拥有量
Number of Civil Motor Vehicles Owned

单位:量 (unit)

指 标	Item	1990	1995	2000	2001
(一) 民用汽车	Total Number of Civil Motor Vehicles Owned	78841	136261	192250	213894
1. 载客汽车	Passenger Vehicles	24927	59465	115195	133272
#大型	#Large	3779	5153	5854	6235
2. 普通载货汽车	Ordinary Trucks	46479	67087	70098	73405
#大型	#Large		31308	25457	25141
3. 专用载货汽车	Special Trucks		4777	3759	4023
4. 其他专用汽车	Other Special Trucks		2277	903	945
5. 特种汽车	Special Motor Vehicles		2655	2295	2249
(二) 轮胎式拖拉机	Tyre Tractors	23685	37898	51765	53850
#手扶拖拉机	#Walking Tractors		14837	7883	8812
(三) 摩托车	Motors	62616	138317	115791	124036
#两轮	#Two Wheels		128074	113793	115501
(四) 其他机动车	Number of Other Motor Vehicles		2370		
(五) 载货挂车	Trailers		2968	1459	1517

3—7 运 输 量
Transportation

年份 Year	客运量（万人次）Passenger Traffic (10000 person times)	铁路 Railways	公路 Highways	民航 Civil Aviation	货运量（万吨）Freight Traffic (10000 tons)	铁路 Railways	公路 Highways	民航 Civil Aviation
1980	4788.10	3699	1084	5	16714	563	1108	0.24
1985	6462	4508	1941	13	92794	702	8577	0.34
1990	7386	3760	3595	31	11776	549	11227	0.59
1991	7847	3487	4318	42	12293	582	11710	0.53
1992	9711	3701	5956	54	12435	588	11846	0.73
1993	11014	3819	7135	60	12729	633	12095	0.72
1994	11459	3720	7670	6	12959	590	12368	0.81
1995	11227	3388	7747	9	13052	584	12467	1.06
1996	9661	2966	6589	106	13859	582	13275	1.18
1997	8273	2789	5375	110	14536	607	13926	3.02
1998	7598	2750	4753	95	14809	449	14358	2.30
1999	7663	2784	4778	100	15396	496	14898	2.31
2000	6620	3084	3385	113	15221	566	14652	3.20
2001	6790	3035	3587	168	15157	472	14682	3.10

3—8 邮 电 业 务 量
Post and Telecommunication Services

年份 Year	邮电业务总量（万元）Business Value of Post and Teleco—mmunica—tion (10000 yuan)	函件（含机要）（万件）Number of Letters (include confidential documents) (10000 pcs)	报刊（万份）Newspapers and Magazines (10000 copies)	电报（万份）Telegram (10000 copies)	长途电话（万张）Long Distance calls (10000 times)	市话年末到达户数（户）Number of Subscribers Of Urban Telephone (household)	农话年末到达户数（户）Number of Subscribers of Rural Telephone (household)
1980	4282	3427	25306			27749	7235
1985	7680	5782	38099			43268	7081
1990	21338	7452	13508			93739	10103
1991	28386	6255	16914			115470	11272
1992	40256	7444	19036			158025	13741
1993	62180	8460	19523			253725	17647
1994	94703	9377	13210			412497	24275
1995	119095	8897	12315		6.47	609105	46167
1996	152734	8366	13653		11.46	793486	79786
1997	171756	7398	12854		20.6	912427	143454
1998	197460	7991	13138		40.97	1045281	181710
1999	442059	7637	12988		73.42	1200890	222199
2000	509590	6581	11752	21.04	125.17	1377172	279603
2001	664528	5553	9027	52.85	170.01	1616902	348886

注：1999年起邮电业务总量含移动电话和传呼费用。
Note: The total business value of post and telecommunication include fee of mobile phones and BP.

3－9 邮电通讯网
Post and Telecommunication Nets

年份 Year	邮电局、所（处） Number of Post and Telecommu－nication Offices (unit)	市区 Urban	电话机（万部） Number of Telephone Sets (10000 units)	市区 Urban	每千人拥有电话（部） Number of Telephone Sets Per 1000 persons (unit)	市区 Urban
1980	261	174	3.63	3.04	7.0	7.9
1985	280	194	10.92	10.13	19.9	24.1
1990	260	176	21.84	19.11	35.0	42.1
1991	259	177	25.11	21.97	40.1	48.0
1992	253	172	31.21	27.43	49.6	59.3
1993	315	167	41.28	38.76	63.2	83.4
1994	328	183	58.44	55.24	88.2	117.8
1995	327	183	76.15	71.01	114.2	150.2
1996	427	268	92.58	150.0	194.2	
1997	391	229	119.34	105.90	177.1	221.0
1998	374	209	136.17	119.51	201.9	249.2
1999	373	210	151.36	130.69	223.6	271.4
2000	398	233	174.30	148.12	254.4	305.4
2001	344	205	203.85	173.24	295.7	355.2

4－1 耕地面积按区县(市)分
Cultivated Land Area by Administrative Divisions

单位:公顷 (hectare)

区、县	Districts and Counties	耕地面积 Cultivated Land Area	水田 Paddy Fields	水浇地 Irrigated Land Area	平均每一农业人口占有耕地 Average Cultivated Land Area Per Rural Resident
全市	**Total**	**680610**	**157942**	**13280**	**4.10**
苏家屯区	Shujiatun	40651	14777	580	2.87
东陵区	Dongling	45559	14126	4718	2.47
新城子区	Xinchengzi	49254	12082	56	4.02
于洪区	Yuhong	43956	25139	4570	2.65
辽中县	Liaozhong	90028	41186	1037	3.32
康平县	Kangping	101808	2983	38	6.02
法库县	Faku	129847	6037	—	5.18
新民市	Xinmin	179507	41612	2281	5.04

注:此表资料系土地局提供。
Note:Data in this table are supplied by Land Planning Bureau.

4－2 乡镇场组织、户数、人口及劳动力
Farm, Township and Towns, Population and Labor Force

单位：个、户、人 (unit, person)

指 标	Item	1990	1995	2000	2001
乡镇场个数	**Number of Farms, Township and Towns**	**205**	**205**	**208**	**209**
村 数	**Number of Villages**	**2078**	**2058**	**2015**	**2027**
村民小组数	**Number of Village Groups**	**12836**	**12416**	**11633**	**11490**
乡镇场户数	**Number of Households of Farms, Township and Towns**	**734824**	**750334**	**772472**	**779045**
其中：农业	#Rural Households	686155	692111	711530	715396
乡镇场人口数	**Population of Farms, Township and Towns**	**2748335**	**2722237**	**2680574**	**2700553**
其中：农业	#Rural Population	2571651	2525232	2492676	2492334
农村劳动力资源	**Rural Labor Force**		**1186995**	**1199985**	**1204524**
1.劳动力年龄内人口	1. Number of Laborers within Labor Ages		1147290	1178311	1181230
其中：上学的学生	#Students Enrolled		71007	64605	64873
丧失劳动力	Incapacitators		47242	51326	51831
2.超过劳动年龄	2. Number of Laborsers over Labor Ages		57575	73000	75125
实有劳动力	**Real Laborers**	**984178**	**1025413**	**1065350**	**1084530**
其中：女劳动力	#Women	402214	428611	449884	476883
1.第一产业劳动力	1. Laborers of Primary Industry	681758	652954	700193	709232
农 业	Agriculture	636106	593372	637253	645606
林 业	Forestry	5146	5224	4852	4948
牧 业	Farming	35729	44467	49010	49821
渔 业	Fishery	4777	9891	9078	8857
2.第二产业劳动力	2. Laborers of Secondary Industry	182379	177362	136879	134088
工 业	Industry	151541	131389	89270	88411
建筑业	Construction	30838	45973	47609	45677
3.第三产业劳动力	3. Laborers of Tertiary Industry	90413	131534	137033	142409
交通、运输、邮电、仓储	Transportation, Storage, Post and Telecommunication	21408	35804	42378	44881
贸易、餐饮	Trade and Catering Services	28145	46286	51589	53571
房地产公司及服务	Real Estate Company and Services	1733	1512	1149	1897
卫生、体育、福利	Health Care, Sport and Social Welfare	4900	6096	5074	4921
教育、文化、艺术、广播	Education, Culture, Arts and Radios	10924	10518	8237	7268
科研综合技术服务	Scientific Research and Polytechnic Services	638	1422	1015	818
金融保险	Banking and Insurance	710	964	812	745
管 理	Management	11378	10796	8747	8213
其 它	Others	10577	18136	18032	20095
4.外出临时工、合同工	4. Casual Laborers and Contract Workers in Other Place	29628	63563	91245	98801
其中：从事第二产业	#Engaged in Secondary Industry	0	32422	38748	43085
从事第三产业	#Engaged in Tertiary Industry	0	31141	51541	54432
附：总计中进城的劳动力	Appendix: Laborers in Cities	18364	50704	43482	46122

4—3 农林牧渔业总产值(现价)
Gross Output Value of Farming ,Forestry,Animal Husbandry and Fishery (at current price)

单位:万元 (10000 yuan)

指标	Item	1990	1995	2000	2001
农林牧渔业合计	**Total**	**404231**	**1015334**	**1335380**	**1413516**
农业	**Farming**	**246832**	**472769**	**727869**	**755585**
1.种植业	1. Planting	238824	455660	659070	668765
谷物	Cereal	178540	275386	253170	279968
豆类	Soybeans	5555	8651	19496	23210
薯类	Tubers	1505	18735	29707	27640
油料	Oil—bearing Crops	1187	7908	20684	37035
棉花	Cotton	407	448	1184	1020
甜菜	Beetroots	1712	3383	3855	4845
烟叶	Leaf Tobacco	359	144	14	70
药材	Medicinal Material	23	347	654	11
蔬菜瓜果	Vegetables and Melon	43557	113713	230775	212690
桑果	Fruits of Mulberry	3613	12479	17786	—
其它种植业	Other Planting	2329	14414	53993	1782
2.其它农业	2. Other Farming	8008	17109	68799	86820
采集野生植物	Wild Plant Collecting	1050	4577	21019	18746
农民家庭兼营商品性工业	Family Style Industry	6958	12532	47780	68074
林业	**Forestry**	**4830**	**6872**	**13142**	**13291**
1.林木生长	1. Woods Planting	3637	4417	7462	9687
2.林产品	2. Woods Products	806	673	1660	140
3.村及村以下林木采伐	3. Tiber Cutting by Village	387	1782	4020	3464
牧业	**Animal Husbandry**	**145891**	**487078**	**500271**	**546539**
1.牲畜	1. Animals	67724	236189	205138	187641
大牲畜增长增重	Growth Weight of Large Animals	4408	13323	8232	9004
猪	Hogs	62997	217857	191690	173799
羊	Sheep and Goats	306	4985	3890	4838
其它动物	Others	213	24	1326	—
2.家禽	2. Poultry	21694	124805	137214	168426
3.活的畜禽产品	3. Live Animals Products	56282	123000	128027	163098
4.捕猎	4. Hunting	0	2	190	—
5.其它动物及产品	5. Other Animals Products	180	3082	29702	27374
渔业	**Fishery**	**6678**	**48615**	**94098**	**98101**

4—4 农林牧渔业总产值(不变价)
Gross Output Value of Farming ,Forestry,Animal Husbandry and Fishery (at constant price)

单位:万元 (10000 yuan)

指 标	Item	1990	1995	2000	2001
农林牧渔业合计	**Total**	**399718**	**563879**	**727922**	**760419**
农 业	**Farming**	**240796**	**223979**	**339066**	**347005**
1.种植业	1. Planting	233098	210837	292563	295574
谷 物	Cereal	162524	115547	105529	117284
豆 类	Soybeans	5558	4764	8578	11016
薯 类	Tubers	893	2519	4447	3646
油 料	Oil—bearing Crops	1007	3306	9141	12363
棉 花	Cotton	74	429	1007	879
糖 料	Sugar Plants	1748	1672	2003	2623
烟 叶	Leaf Tobacco	155	65	5	34
中药材	Medicinal Material	22	270	549	8
蔬菜瓜果	Vegetables and Melon	54777	64496	98924	95695
桑 果	Fruits of Mulberry	4064	11733	14317	—
其它种植业	Other Planting	2235	6022	32699	1623
2.其它农业	2. Other Farming	7698	13142	46503	51431
采集野生植物	Wild Plant Collecting	1081	2870	12176	8574
农民家庭兼营商品性工业	Family Style Industry	6617	10272	34327	42857
林 业	**Forestry**	**4190**	**5335**	**9270**	**9298**
1.林木生长	1. Woods Planting	2926	3168	5062	6344
2.林产品	2. Woods Products	775	541	1087	34
3.村及村以下林木采伐	3. Tiber Cutting by Village	489	1626	3121	2920
牧 业	**Animal Husbandry**	**146602**	**302692**	**328937**	**351226**
1.牲 畜	1. Animals	64245	126475	117329	121543
大牲畜增长增重	Growth Weight of Large Animals	4394	6812	4106	4589
猪	Hogs	59518	117892	110891	115407
羊	Sheep and Goats	286	1761	1254	1547
其它动物	Others	47	10	1078	—
2.家 禽	2. Poultry	27005	78515	86136	91613
3.活的畜禽产品	3. Live Animals Products	55200	95702	117729	137849
4.捕 猎	4. Hunting		1	140	—
5.其它动物及产品	5. Other Animals Products	152	1999	7603	221
渔 业	**Fishery**	**8130**	**31873**	**50649**	**52890**

4—5 农作物播种面积
Total Sown Areas of Farm Crops

单位:公顷 (hectare)

指　　标	Item	1990	1995	2000	2001
农作物总播种面积	**Total**	**592370**	**592586**	**599212**	**582983**
粮豆作物	**Grain Crops**	**524233**	**481461**	**449028**	**436682**
1.谷　　物	1.Cereal	470044	429998	382819	368246
水　　稻	Rice	134958	107428	113829	108482
春 小 麦	Spring Wheat	24626	28318	26577	22916
旱种水稻	Dry Rice	250	67	73	233
玉　　米	Corn	280121	270898	227919	221859
高　　粱	Sorghum	23703	20117	11636	11466
谷　　子	Millet	6386	3170	2785	3290
2.薯　　类	2.Tumbers	4977	10623	19120	18966
#土　豆	#Potatoes	3174	6384	11623	10600
3.豆类合计	3.Total Beans	42948	35997	41540	44701
大　豆	Soybeans	42263	32671	36653	39715
杂　豆	Mixed Beans	685	3326	4887	4986
4.其它杂粮	4.Other Mixed Grain	6264	4843	5549	4769
经济作物	**Economic Crops**	**13331**	**24068**	**47504**	**53986**
1.棉　　花	1.Cotton	235	223	552	829
2.油料作物	2.Oil—bearing Crops	6713	14665	33171	38441
花　生	Peanuts	4028	11905	26378	32415
芝　麻	Sesame	505	1563	872	1761
向日葵	Sunflower	1166	753	1348	1495
3.麻　　类	3.Fiber Crops	286	150	11	14
4.甜　　菜	4.Beetroots	5321	6310	4459	6651
5.烟　　叶	5.Leaf Tobacco	375	230	15	74
6.药　　材	6.Medicinal Material	38	310	700	827
7.花　　卉	7.Flowers			605	633
8.其它经济作物	8.Others	363	2180	7991	6517
其它作物	**Other Crops**	**54806**	**87057**	**102680**	**92315**
1.蔬菜、瓜类	1.Vegetables and Melon	47355	75752	83782	74241
蔬菜(含菜用瓜)	Vegetables	45617	72335	75360	65390
西甜瓜	Muskmelon and Watermelon	1738	3417	8422	8851
其中:西瓜	#Watermelon	1273	2080	5933	5464
2.其　　它	2.Others	7451	11305	18898	18074

4—6 分地区农作物播种面积
Sown Areas by District and County

单位:公顷 (hectare)

指标	Item	全市 Total	苏家屯 Sujiatun	东陵 Dongling	新城子 Xinchengzi	于洪 Yuhong	辽中 Liaozhong	康平 Kangping	法库 Faku	新民 Xinmin
总播种面积	**Total Sown Areas**	**582983**	**37726**	**37944**	**47745**	**39208**	**83946**	**83410**	**106011**	**146993**
1.粮食及大豆	1. Grain Crops	436682	27254	30698	28386	30315	65746	64490	82587	107206
#水稻	#Rice	108482	13022	7983	11160	13619	26004	3923	4534	28237
小麦	Wheat	22916		51	564	706	3100	6010	9195	3290
玉米	Corn	221859	10030	18961	15444	14211	23163	34891	47485	57674
高粱	Sorghum	11466	5	276	14	30	436	2811	4766	3128
大豆	Soybeans	39715	3991	2432	1078	1480	8580	5545	8043	8566
2.经济作物	2. Economic Crops	83986	1671	1179	2143	703	8513	11471	15366	12940
#棉花	#Cotton	829	4					59	43	723
油料作物	Oil—bearing Crop	38441	438	958	786	383	7744	9387	8819	9926
3.其他作物	3. Other Crops	92315	8801	6067	17216	8190	9687	7449	8058	26847
#蔬菜	#Vegetable	65390	6603	5151	15691	7891	6596	6392	5598	11468
西、甜瓜	Muskmelon and Watermelon	8851	167	104	1059	60	978	369	1709	4405
为去年同期总播种面积(%)	**Increased Rate over Preceding Year (%)**	**97.3**	**98.5**	**96.6**	**96.5**	**97.4**	**99.6**	**93.7**	**97.2**	**98.3**
1.粮食及大豆	1. Grain Crops	97.3	103.5	95.0	89.1	100.2	108.9	91.2	97.3	95.4
2.经济作物	2. Economic Crops	113.6	152.6	107.7	96.0	122.3	99.2	126.7	107.0	123.1
3.其他作物	3. Other Crops	89.9	81.1	103.3	111.8	87.0	63.0	80.9	81.7	100.6
#蔬菜	#Vegetable	86.8	80.2	99.3	109.5	86.1	55.3	83.8	70.0	105.2

4—7 主要农产品产量
Yield of Major Farming Products

单位:万吨 (10000 tons)

年份 Year	粮食及大豆 Grain Crops	蔬菜 Vegetable	猪牛羊肉 Pork, Beef and Mutton	禽蛋 Poultry Eggs	牛奶 Cow Milk	水产品 Aquatic Products	水果 Fruits
1978	175.3	122.9	0.9	0.1	1.3	0.1	0.6
1980	210.6	94.6	5.2	0.9	1.7	0.2	0.5
1985	205.0	107.8	7.1	4.4	3.1	0.5	1.2
1990	307.7	158.5	13.0	11.2	5.6	1.8	2.5
1991	308.9	175.9	15.3	14.2	6.8	2.4	3.6
1992	333.4	209.2	17.5	16.3	7.4	3.1	4.4
1993	318.3	246.0	17.5	16.6	6.0	4.3	6.0
1994	201.7	198.8	23.5	19.8	6.2	5.6	7.0
1995	215.1	196.1	27.6	18.2	6.1	6.5	7.4
1996	329.8	260.0	28.8	20.3	6.1	7.0	7.3
1997	252.5	216.7	17.3	21.6	5.1	8.4	6.9
1998	325.9	256.1	17.3	21.4	5.3	9.0	7.9
1999	343.3	277.2	18.5	22.5	5.0	9.5	8.6
2000	233.8	284.2	19.7	24.5	5.7	10.0	9.1
2001	251.7	272.2	20.9	27.5	6.6	11.4	8.3

4－8 农作物总产量
Total Output of Farm Crops

单位:吨 (ton)

指 标	Item	1990	1995	2000	2001
粮豆作物	**Grain Crops**	**3077021**	**2151095**	**2338012**	**2516708**
1. 谷 物	1. Cereal	3000411	2057746	2172834	2331581
水 稻	Rice	990170	544829	937905	802224
春 小 麦	Spring Wheat	87292	79834	55116	16345
旱种水稻	Dry Rice	1033	200	458	1041
玉 米	Corn	1804248	1335438	1122542	1444532
高 粱	Sorghum	108942	89406	52423	59509
谷 子	Millet	8726	8039	4390	7930
2. 薯 类	2. Tumbers	17292	44924	81076	80015
#土 豆	#Potatoes	11122	26602	44894	27350
3. 豆类合计	3. Total Beans	46992	39300	77483	96552
大 豆	Soybeans	45634	35570	73140	88167
杂 豆	Mixed Beans	1358	3730	4343	8385
4. 其它杂粮	4. Other Mixed Grain	12326	9125	6619	8560
经济作物	**Economic Crops**				
1. 棉 花	1. Cotton	115	252	1584	1373
2. 油料作物	2. Oil－bearing Crops	6134	21443	58914	81995
花 生	Peanuts	4169	19621	51697	75423
芝 麻	Sesame	334	894	671	1991
向日葵	Sunflower	900	602	1405	1295
3. 麻 类	3. Fiber Crops	227	99	20	28
4. 甜 菜	4. Beetroots	115344	104087	131141	—
5. 烟 叶	5. Leaf Tobacco	684	287	24	150
其它作物	**Other Crops**				
蔬菜(含菜用瓜)	Vegetables	1584595	1961334	2842299	2722291
西甜瓜	Muskmelon and Watermelon	79636	92350	271798	185732
其中:西瓜	#Watermelon	70739	72817	203818	124934

4—9 畜牧业生产情况
Production of Animals Husbandry

指 标	Item	1990	1995	2000	2001
年末大牲畜头数(头)	**Large Animal at Year—end(head)**	**421243**	**542313**	**417310**	**409258**
马(头)	Horses(head)	107459	103228	79925	71431
骡(头)	Mules(head)	76697	66125	61070	49546
驴(头)	Donkeys(head)	91297	99196	117014	100417
牛(头)	Cattle and Buffaloes(head)	145760	273764	159301	187864
其中:奶牛 头)	#Cows(head)	21945	18557	13698	25818
改良肉用牛(头)	Meat Cattle(head)	36250	196478	145603	162046
从事农事劳役的大牲畜(头)	Large Draft Animal(head)	268095	260954	200085	199961
年末生猪存栏(头)	**Hogs at Year—end(head)**	**1328478**	**1921898**	**1582263**	**1758437**
其中:能繁殖母猪(头)	#Female Pigs for Breeding(head)	102197	130627	119835	115659
年末羊存栏(只)	**Sheep and Goats at Year—end(head)**	**154842**	**310426**	**229111**	**258965**
其中:能繁(只)	#For Breeding(head)	105887	205562	159826	178529
1.山 羊(只)	1. Goats(head)	12481	71485	60478	66204
其中:能繁(只)	#For Breeding(head)	6671	40807	33661	38432
2.绵 羊(只)	2. Sheep(head)	142361	238941	168633	192761
其中:能繁(只)	#For Breeding(head)	99216	164755	126165	140097
年末家禽存栏(万只)	**Poultry at Year—end(10000 heads)**	**1823. 7**	**8328. 5**	**3749. 4**	**4322. 2**
其中:蛋禽(万只)	#Egg Poultry(10000 heads)	1400. 6	6181. 7	1937. 2	2303. 1
年末兔存栏(只)	**Rabbits at Year—end(head)**	**16352**	**15215**	**35685**	**130336**
年末生猪出栏	**Slaughtered Hogs(head)**	**1219641**	**2529205**	**2047009**	**2159921**
其中:出售(头)	#For Sales(head)	986196	2338531	1952908	2051263
自宰自食(头)	For Private Use(head)	233445	190674	94101	108658
年内牛出栏(头)	**Slaughtered Cattle(head)**	**46701**	**185306**	**88581**	**100380**
年内羊出栏(只)	**Slaughtered Sheep and Goats(head)**	**31059**	**158411**	**152623**	**180416**
年内家禽出栏(万只)	**Slaughtered Poultry(10000 heads)**	**2339. 4**	**7511. 8**	**6059. 5**	**6797. 5**
年内兔出栏(只)	**Slaughtered Rabbits(head)**	**308**	**9700**	**34202**	**186264**
肉类总产量(吨)	**Total Output of Meat(ton)**	**180122**	**444088**	**333202**	**364667**
猪肉产量(吨)	Pork(ton)	121915	241316	179694	184315
牛肉产量(吨)	Beef(ton)	7476	32522	15822	21726
羊肉产量(吨)	Mutton(ton)	444	2158	1944	2518
禽肉产量(吨)	Meat of Poultry(ton)	49877	166048	131284	151212
奶类总产量(吨)	**Total Output of Milk(ton)**	**57200**	**60842**	**56863**	**65525**
牛奶产量(吨)	Output of Milk(ton)	56103	60670	56601	65508
绵羊毛产量(公斤)	**Output of Sheep's Wool(kg)**	**680438**	**1008536**	**817081**	**803266**
蜂蜜产量(公斤)	**Output of Honey(kg)**	**34650**	**38600**	**3410**	**4800**
禽蛋产量(吨)	**Output of Poultry Eggs(ton)**	**111760**	**182151**	**245421**	**274825**

4—10　农业现代化水平
Agricultural Modernization

年　份 Year	机耕地面积 Cultivated Areas by Machinery		有效灌溉面积 Effective Irrigated Areas		化肥施用量 Consumption of Chemical Fertilizers		农村用电量 Electricity Consumed in Rural Areas	
	绝对数（万公顷） Value (10000 hectares)	占耕地（%） Percentage	绝对数（万公顷） Value (10000 hectares)	占耕地（%） Percentage	绝对数（折纯量吨） Value (ton)	每公顷耕用量（公斤） Per Hectare Consumption (kg)	绝对数（万千瓦小时） Value (10000 kWH)	每公顷耕地用电（千瓦小时） Per Hectare Consumption (kWH)
1980	30.53	74.5	10.67	26.1	64675	157.5	23893	583.5
1985	31.00	77.1	12.33	30.7	82078	204.0	48277	1201.5
1986	30.27	75.6	13.13	32.8	90935	226.5	38968	973.5
1987	33.80	84.9	14.13	35.5	81584	205.5	50254	1263.0
1988	34.80	87.8	14.33	36.1	87620	220.5	82760	2086.5
1989	34.47	87.3	14.20	35.9	93568	237.0	80786	2044.5
1990	49.40	85.9	18.43	32.0	155263	270.0	97107	1687.0
1991	51.17	89.1	19.03	28.7	162712	283.0	103114	1796.0
1992	51.66	92.5	19.10	33.3	164965	288.0	100455	1753.0
1993	53.71	94.3	18.93	21.4	161797	284.0	172792	3034.0
1994	52.72	92.8	18.90	33.3	166663	294.0	128566	2264.0
1995	51.40	90.6	19.09	33.7	169328	298.0	127471	2267.0
1996	51.74	91.3	10.57	18.7	187791	331.0	220256	3887.6
1997	52.20	77.2	12.92	18.7	183573	269.0	191429	2803.3
1998	52.55	77.0	13.30	19.5	163899	240.0	193069	2826.9
1999	54.83	81.1	16.25	24.0	165719	245.1	242519	3586.1
2000	52.20	76.7	14.24	20.9	163384	240.2	213415	3136.9
2001	52.14	76.7	24.60	36.1	158700	233.2	226538	3328.5

4—11　乡镇企业单位数
Number of Township Enterprises

单位：个　　(unit)

年　份 Year	企业数 Number of Township Enterprises	农业企业 Farming	工业企业 Industry	交通运输企业 Transportation	施工企业 Construction	商品流通业 Commerce and Circulation Services	旅游饮食业 Tourist and Catering Services	其它企业 Others
1980	3897	984	2638	25	96			154
1985	44983	542	23630	7736	1628	2231	80	9136
1986	54047	665	32538	7420	2027	9174	1567	656
1987	63923	511	28067	18261	1615	12695	1984	790
1988	69062	534	37791	11858	1737	13951	2252	939
1989	70410	501	37677	13114	1713	14474	2100	817
1990	72643	501	41034	12169	1439	13937	2652	911
1991	72241	612	41005	11371	1360	14415	2675	803
1992	80389	718	43437	13295	2980	16005	3185	769
1993	88138	815	42414	16756	1909	21859	3358	1027
1994	108288	805	41758	25296	2354	32155	3972	1948
1995	143192	461	34985	34925	1800	64309	4349	2363
1996	129325	393	36778	32843	1720	47842	5672	4077
1997	7674	254	6005	45	121	1059	133	57
1998	141279	200	38618	32160	1739	48874	14997	4691
1999	176374	118	42483	39722	2419	56718	24873	10041
2000	184086	89	44467	42798	2755	57657	26367	9953
2001	146675	91	37698	35387	2624	49939	16020	4916

注：1997年起乡镇企业单位数为集体企业与私有企业的合计数（不包括个体）与其他年份不可比。

Note：Data since 1997 include collective－owned and private enterprises，Therefor，can't be compared with the data of other years.

4—12 乡镇企业从业人员

Number of Employed Persons of Township Enterprises

单位:万人 (10000 persons)

年份 Year	从业人数 Number of Employed Persons	农业企业 Farming	工业企业 Industry	交通运输企业 Transportation	施工企业 Construction	商品流通业 Commerce and Circulation Services	旅游饮食业 Tourist and Catering Services	其它企业 Others
1980	13.57	0.86	11.43	0.05	0.91			0.32
1985	36.42	0.15	27.83	1.96	4.88	0.74	0.16	0.70
1986	45.76	0.14	34.01	2.27	6.37	2.32	0.45	0.20
1987	48.53	0.09	36.75	2.59	5.74	2.69	0.51	0.17
1988	50.42	0.07	38.16	2.83	5.40	3.22	0.53	0.21
1989	50.04	0.05	38.56	3.04	4.41	3.28	0.56	0.14
1990	46.80	0.05	36.27	2.84	3.55	3.19	0.63	0.27
1991	48.75	0.07	37.92	2.82	3.55	3.48	0.72	0.19
1992	52.52	0.06	40.30	3.05	3.75	4.24	0.95	0.17
1993	57.05	0.35	42.48	3.62	4.38	5.13	0.79	0.30
1994	60.97	0.34	44.61	5.04	4.85	7.36	0.92	0.41
1995	63.50	0.24	39.29	6.79	3.62	11.95	0.96	0.65
1996	61.93	0.41	38.49	6.01	3.19	11.49	1.37	0.97
1997	27.19	0.35	23.68	0.09	1.17	1.43	0.40	0.06
1998	60.59	0.25	38.25	5.49	2.51	9.32	3.78	0.99
1999	70.80	0.15	39.28	7.35	2.70	12.69	6.40	2.22
2000	89.76	0.14	44.23	9.64	3.03	17.51	11.56	3.66
2001	66.50	0.15	35.08	6.97	2.94	14.56	5.59	1.22

注:1997年以后乡镇企业从业人员数为集体企业与私有企业从业人员的合计数(不包括个体),与其它年份不可比。
Note:Data since 1997 include collective－owned and private enterprises,Therefor,can't be compared with the data of other years.

4—13 乡镇企业主要财务指标

Major Financial Indicators of Township Enterprises

单位:万元 (10000 yuan)

年份 Year	总收入 Total Revenue	各项费用 All Kinds of Costs	税金 Tax	纯利润 Net Profits	年末固定资产原值 Original Value of Fixed Assets
1980	38879	30072	1746	6200	18004
1985	215539	173998	16505	21509	97764
1986	313488	158761	17361	21672	74490
1987	429486	355396	21668	34863	97141
1988	602940	501377	32869	49134	128056
1989	1332570	609523	40292	55310	151217
1990	970641	657418	38053	55122	160232
1991	1155581	771787	44510	64141	188945
1992	1378033	946659	52675	65682	244991
1993	1072524	1161151	46715	52706	262809
1994	3472911	3058231	191235	296342	478303
1995	4173584	3769684	159721	277488	578649
1996	5753888	5228900	192540	405148	785138
1997	6971466	6375247	60405	453569	876185
1998	8180241	7486735	71154	563145	999850
1999	10296545	9500006	85757	760643	1240126
2000	11909827	10807499	99627	840142	1405371
2001	10512231	9668779	102374	673194	1481434

注:1997年起税金为实缴税金,其他年份为应缴税金。
Note:Tax in this table refers to paid tax since 1997 and tax payable before 1997.

5－1 全社会固定资产投资和房屋建筑面积
Investment in Fixed Assets and Floor Space of Buildings

指 标	Item	1990	1995	2000	2001
投资总额(万元)	Total Investment (10000 Yuan)	422697	1369153	2622376	3028141
1.按经济类型分	Grouped by Ownership				
国有经济	State－owned Economic Units	361821	840641	1162197	1260673
集体经济	Collective－owned Economic Units	38016	136889	141911	172364
#农村	#Rural	3977	60561	106670	144930
私营经济	Private Economic Units		2635	100306	189129
个体经济	Individual Economic Units	22860	38148	95272	59782
#农村	#Rural	20019	27556	38700	47630
联营经济	Joint Ownership Economic Units		3158	1150	270
股份制经济	Share Holding Economic Units		87232	556574	777989
外商投资经济	Foreign Funds Economic Units		225786	232579	243012
港澳台投资经济	Economic Units with Funds from Hong Kong, Macao and Taiwan		21156	311676	300916
其他经济	Others		13508	20711	24006
2.按管理渠道分	Grouped by Channel of Management				
基本建设	Capital Construction	264727	400225	1182473	1224825
更新改造	Innovation	128370	417357	520461	705928
房地产开发	Real Estate Development		396796	640395	781018
其他投资	Others	5604	66658	133677	123810
农村集体投资	Rurial Collective－owned Investment	3977	60561	106670	144930
农村个人投资	Rurial Individual Investment	20019	27556	38700	47630
3.按三次产业分	Grouped by Type of Industry				
第一产业	Primary Industry	3877	21086	75996	83695
第二产业	Secondary Industry	200751	415410	759410	858488
第三产业	Tertiary Industry	218069	932657	1786970	2085958
房屋建筑面积(万平方米)	Floor Space of Buildings (10000 sq. m)				
施工面积	Floor Space under Construction	990.5	1757.3	1643.0	1792.0
竣工面积	Floor Space Completed	542.3	682.6	808.2	823.6
#住宅	#Residential Building	362.5	430.6	511.3	553.9

5—2 固定资产投资和新增固定资产
Investments and Newly Increased in Fixed Assets

单位:亿元 (100 million yuan)

时期、年份 Year	投资总额 Total Investment	国有单位 State—owned	新增固定资产 Newly Increased in Fixed Assets	交付使用率(%) Rate of Fixed Assets Put into Use
一五时期	17.0	17.0	15.3	90.0
二五时期	15.2	15.0	11.3	74.3
1963—1965	4.7	4.6	4.5	95.7
三五时期	4.8	4.6	3.3	68.8
四五时期	11.6	11.3	7.0	68.8
五五时期	24.0	21.2	18.3	76.3
六五时期	68.7	63.6	53.2	77.4
七五时期	206.5	187.9	155.5	75.3
八五时期	489.3	471.9	333.5	68.2
九五时期	894.1	503.3	712.1	79.6
1980	9.3	8.8	6.6	71.0
1985	21.1	19.2	13.6	64.5
1990	39.9	36.5	39.9	100.0
1991	46.5	44.9	42.8	92.0
1992	69.8	66.2	53.7	76.9
1993	107.6	105.1	69.1	64.2
1994	138.4	134.3	82.0	59.2
1995	127.0	84.1	85.9	67.6
1996	122.0	80.1	104.0	85.2
1997	153.7	90.7	131.7	85.7
1998	163.9	102.1	143.0	87.2
1999	214.1	115.9	153.2	71.6
2000	241.4	114.6	180.2	74.6
2001	281.2	126.1	193.8	68.9

注:不包括农村集体和个人投资。
Note:Data in this table do not include rural collective—owned and individuals investment.

5—3 工业固定资产投资额和新增固定资产
Industrial Investment and Newly Increased in Fixed Assets

年份 Year	投资额(亿元) Total Investment (100 million yuan)	占总投资(%) Percent to the Total	新增固定资产(亿元) Newly Increased in Fixed Assets (100 million yuan)	交付使用率(%) Rate of Fixed Assets Put into Use
1980	4.8	51.6	3.4	70.8
1985	10.8	51.2	7.0	64.8
1990	18.8	47.1	14.9	79.3
1991	23.7	51.0	21.8	92.0
1992	32.5	46.6	27.7	85.2
1993	32.2	29.9	24.2	75.2
1994	37.0	26.7	24.5	66.2
1995	41.5	32.7	29.5	71.1
1996	46.1	51.0	37.7	81.8
1997	49.3	39.5	42.7	86.6
1998	52.0	31.7	45.6	87.7
1999	51.2	23.9	28.2	55.1
2000	68.7	26.2	62.2	90.5
2001	74.0	24.4	43.0	58.1

5—4 房地产开发投资主要指标
Major Indicators of Investment on Real Estate Development

单位:万元、万平方米 (10000 yuan,10000 sq.m)

指 标	Item	1990	1995	2000	2001
本年完成投资	Investments Completed in 2000	78817	396796	640395	781018
#商品房建设投资	#Commercial Houses Development and Construction	52400	284067	466682	580437
本年新增固定资产	Newly Increased in Fixed Assets	93963	207156	502732	529235
本年施工房屋面积	Floor Space of Buildings under Construction	349.8	966.7	828.4	888.9
#住宅	#Residential Buildings	304.3	626.9	635.3	708.2
本年竣工房屋面积	Floor Space of Buildings Completed	172.9	272.8	349.5	348.2
#住宅	#Residential Buildings	155.2	213.1	289.8	302.4
商品房销售面积	Sold Floor Space of Commercial Houses	56.7	79.2	210.5	195.2
#住宅	#Residential Buildings		59.8	184.0	167.8
商品房销售额	Total Sales of Commercial Houses	54390	154208	565412	535458

5—5 建筑安装企业主要经济指标
Major Indicators of Construction and Installation Enterprises

指 标	Item	1990	1995	2000	2001
全 市	**Total**				
施工产值(亿元)	Output of Construction (100 million yuan)	95.4	85.9	162.6	184.7
施工房屋面积(万平方米)	Floor Space of Buildings under Construction(10000 sq.m)	1398.3	1258.9	1929	1934
竣工房屋面积(万平方米)	Floor Space of Buildings Completed (10000 sq.m)	492.1	577.8	915.4	981.9
竣工率(%)	Completed Rate (%)	35.2	45.9	47.6	50.8
职工平均人数(万人)	Average Staff and Workers (10000 persons)	24.1	21.2	25.1	26.0
年末固定资产原值(亿元)	Original Value of Fixed Assets at Year—end (100 million yuan)	28.1	32.3	49.0	55.3
年末固定资产净值(亿元)	Net Value of Fixed Assets at Year—end (100 million yuan)	20.1	22.4	33.3	38.6
利润总额(亿元)	Total Profits (100 million yuan)	−13764	−2030	18237	37254
国有企业	**State—owned Enterprises**				
施工产值(亿元)	Output of Construction (100 million yuan)	59.7	58.2	57.3	70.7
施工房屋面积(万平方米)	Floor Space of Buildings under Construction(10000 sq.m)	929.5	808.9	430.4	614.4
竣工房屋面积(万平方米)	Floor Space of Buildings Completed (10000 sq.m)	240.9	286.6	181.1	267.6
竣工率(%)	Completed Rate (%)	25.9	35.4	42.1	43.6
职工平均人数(万人)	Average Staff and Workers (10000 persons)	13.3	12.0	7.6	8.3
年末固定资产原值(亿元)	Original Value of Fixed Assets at Year—end (100 million yuan)	21.8	24.9	24.6	24.9
年末固定资产净值(亿元)	Net Value of Fixed Assets at Year—end (100 million yuan)	15.4	16.7	15.5	15.1
利润总额(亿元)	Total Profits (100 million yuan)	−19417	−7514	231	696

6—1 国内贸易主要指标
Main Indicators of Domestic Trade

单位:万元 (10000 yuan)

指标	Item	2000	2001
社会消费品零售总额	Total Retail Sales of Consumer Goods	5660080	6234628
国有经济	State－owned Enterprises	990469	1009401
集体经济	Collective－owned Enterprises	510896	528377
私营及个体经济	Private and Individual Enterprises	3340298	3686283
其他经济	Others	718417	1010567
批发零售贸易业	Wholesale and Retail Trades		
商品购进总额	Total Goods Purchase	14983992	16829427
商品销售总额	Total Sales	16169419	17524019
商品库存总额	Inventory	1881693	1927642
批发贸易业网点(个)	Number of Economic Active Unit in Wholesale Trade (unit)	40115	37256
批发贸易业人员(人)	Number of Persons in Wholesale Trade (person)	212306	180944
零售贸易业网点(个)	Number of Economic Active Unit in Retail Trade (unit)	98919	105122
零售贸易业人员(人)	Number of Persons in Retail Trade (person)	260715	301314
私营批发零售贸易业	Private Wholesale and Retail Trade		
户数(个)	Number of Economic Active Unit (unit)	8598	8924
人数(人)	Number of Persons (person)	98300	128142
个体批发零售贸易业	Indivial Wholesale and Retail Sale Trade		
户数(个)	Number of Economic Active Unit (unit)	116156	117980
人数(人)	Number of Persons (person)	251283	307854
餐饮业网点(个)	Number of Economic Active Unit in Catering Trade (unit)	18770	18439
餐饮业人员(人)	Number of Persons in Catering Trade (person)	103739	98408
限额以上批发零售贸易业	Above Designated Size in Wholesale and Retail Trade		
资产总计	Total Assets	3556223	3663721
负债总计	Total Liabilities	3006513	3151807
商品销售收入净额	Net Revenue of Sales	8107213	8874357
商品销售成本	Total Sales Cost	7694821	8519740
经营费用	Total Operating Cost	274810	405993
管理费用	Total Management Cost	138332	160998
营业利润	Total Operating Profits	－26819	－232866
利润总额	Total Profits	6956	－199016
城乡集贸市场个数(个)	Number of Free Markets in Urban and Rural Areas (unit)	429	400
成交额超亿元的市场个数(个)	Number of Market for Transaction Value over 100 Million Yuan (unit)	48	40
城乡集贸市场商品成交额	Total Transaction Value in Urban and Rural Areas	4726148	5016893
城市	Urban Areas	4405141	4685556
乡村	Rural Areas	321007	331337

6－2 社会消费品零售额
Total Retail Sales of Consumer Goods

单位：万元 (10000 yuan)

指　　标	Item	1990	1995	2000	2001
社会消费品零售总额	**Total Retail Sales of Consumer Goods**	**1087917**	**2954143**	**5660080**	**6234628**
1.按经济类型分	1.Grouped by Ownership				
国有经济	State－owned	489553	842993	990469	1009401
集体经济	Collective－owned	302181	543848	510896	528377
私营经济	Private	55978	159634	559298	611949
个体经济	Individual	152783	1046829	2781000	3074334
联营经济	Joint Ownership	2460	4575	8145	7235
股份制经济	Share－holding Corporations		98142	291629	351566
港澳台外商投资	Hongkong,Macao,Taiwan and Foreign Funded		35021	117146	192895
其他经济	Others	84962	223101	401497	458871
2.按行业分	2.Grouped by Sectors				
批发零售贸易业	Wholesale and Retail Sale Trades	828741	2199754	4170720	4591752
餐饮业	Catering Services	58735	268062	680349	763962
制造业	Manufacturing	85658	165134	266543	309891
其他行业	Others	114783	321193	542468	569023
其中：农民对非农业居民	#Peasants against Non－agricultural Residents	84986	220642	392427	431890
3.按商品用途分	3.Grouped by Using of Consumer Goods				
吃　的	Eating	461684	1170139	2147152	2354973
穿　的	Clothing	180122	593487	1281253	1412202
用　的	Using	446111	1190517	2231675	2467453
4.按地区分	4.Grouped by Location				
市辖区	Districts under Administration of City	990952	2754928	5351381	5902643
县及县以下	County and under County Level	96965	199215	308699	331985

6—3 社会消费品零售额发展速度
Development Rate for Total Retail Sales of Consumer Goods

(preceding year=100)

指 标	Item	1990	1995	2000	2001
社会消费品零售总额	**Total Retail Sales of Consumer Goods**	**132.3**	**123.7**	**109.7**	**110.2**
1.按经济类型分	1.Grouped by Ownership				
国有经济	State-owned	111.0	109.3	100.9	101.9
集体经济	Collective-owned	118.7	113.9	80.0	103.4
私营经济	Private	216.2	175.4	108.8	109.4
个体经济	Individual	145.2	128.7	128.5	110.5
联营经济	Joint Ownership	37.4	89.3	101.8	88.8
股份制经济	Share-holding Corporations		104.0	92.4	120.6
港澳台外商投资	Hongkong,Macao,Taiwan and Foreign Funded		100.4	126.4	164.7
其他经济	Others	107.2	154.9	89.9	114.3
2.按行业分	2.Grouped by Sectors				
批发零售贸易业	Wholesale and Retail Sale Trades	134.0	124.1	109.4	110.1
餐饮业	Catering Services	202.0	131.6	117.3	112.3
制造业	Manufacturing	112.1	116.0	107.1	116.3
其他行业	Others	103.3	118.5	104.1	104.9
其中:农民对非农业居民	#Peasants against Non-agricultural Residents	106.0	156.6	89.0	110.1
3.按商品用途分	3.Grouped by Using of Consumer Goods				
吃 的	Eating	132.5	131.5	109.7	109.6
穿 的	Clothing	132.0	139.8	108.5	110.2
用 的	Using	132.3	108.1	110.4	110.5
4.按地区分	4.Grouped by Location				
市辖区	Districts under Administration of City	134.5	124.6	109.8	110.3
县及县以下	County and Under County Level	108.3	112.3	108.2	107.5

6－4 限额以上批发零售贸易业商品购进、销售、库存总额
Total Purchases, Sales and Inventory of Enterprises above Designated Size in Wholesale and Retail Trade Services

单位：万元 (10000 yuan)

指 标	Item	购进总额 Total Purchases	从生产者购进 From Producer	进 口 Imports
总 计	**Total**	**10114497**	**9150422**	**102929**
按登记注册类型分组	**Grouped by Registered Categories**			
内资企业	**Domestic Funded Enterprises**	**9500207**	**8546238**	**102929**
国有企业	State－owned Enterprises	2114688	1544542	23610
集体企业	Collective－owned Enterprises	269404	196126	19029
股份合作企业	Share－holding Cooperative Enterprises	101085	82321	918
联营企业	Joint Ownership Enterprises	12469	12469	
国有联营企业	State Joint Ownership	10285	10285	
集体联营企业	Collective Joint Ownership			
国有与集体联营企业	Joint State－collective Ownership	2184	2184	
其他联营企业	Other Joint Ownership			
有限责任公司	Limited Liability Corporations Ltd.	468168	356225	51348
国有独资公司	State Funded Corporations	62924	62924	
其他有限责任公司	Others	405244	293302	51348
股份有限公司	Share－Holding Corporations Ltd.	6292650	6163501	505
私营企业	Private Enterprises	241743	191054	7518
私营独资企业	Private Funded	4665	4125	121
私营合伙企业	Private Partnership			
私营有限责任公司	Private Limited Liability	233744	183596	7397
私营股份有限公司	Private Share－holding Corporations Ltd.	3334	3334	
其他企业	Other Enterprises			
港、澳、台商投资企业	**Hongkong, Macao and Taiwan Funded Enterprises**	**246843**	**243642**	
合资经营企业	Joint Venture	177955	175184	
合作经营企业	Cooperative Operation	872	443	
港澳台独资企业	Hongkong, Macao and Taiwan Exclusive Funded	68015	68015	
港澳台投资股份有限公司	Share－holding Corporations Ltd. Funded by Hongkong, Macao and Taiwan			
外商投资企业	**Foreign Funded Enterprises**	**367448**	**360542**	
中外合资经营企业	Joint Venture	167853	167853	
中外合作经营企业	Joint Cooperative Operation	83242	76336	
外资企业	Foreign Exclusive Investment	116353	116353	
外商投资股份有限公司	Foreign Investment Share－holding Ltd.			

6—4 续表1 Continued 单位:万元 (10000 yuan)

指标	Item	销售总额 Total Sales	批发 Wholesale	零售 Retail Sale	年末库存总额 Year—end Inventory
总计	**Total**	**10529300**	**9405204**	**1124096**	**665384**
按登记注册类型分组	**Grouped by Registered Categories**				
内资企业	**Domestic Funded Enterprises**	**9861844**	**8897307**	**964538**	**649977**
国有企业	State—owned Enterprises	2206296	1864599	341697	344003
集体企业	Collective—owned Enterprises	282790	237917	44873	32741
股份合作企业	Share—holding Cooperative Enterprises	104857	44554	60302	12452
联营企业	Joint Ownership Enterprises	16821	13433	3388	1279
国有联营企业	State Joint Ownership	14606	12972	1634	1191
集体联营企业	Collective Joint Ownership				
国有与集体联营企业	Joint State—collective Ownership	2215	462	1754	88
其他联营企业	Other Joint Ownership				
有限责任公司	Limited Liability Corporations Ltd.	469097	350453	118643	103204
国有独资公司	State Funded Corporations	58741	58741		4263
其他有限责任公司	Others	410356	291713	118643	98940
股份有限公司	Share—Holding Corporations Ltd.	6542108	6228477	313631	124501
私营企业	Private Enterprises	239875	157872	82003	31798
私营独资企业	Private Funded	4556		4556	3460
私营合伙企业	Private Partnership				
私营有限责任公司	Private Limited Liability	229584	157767	71816	27849
私营股份有限公司	Private Share—holding Corporations Ltd.	5736	105	5631	488
其他企业	Other Enterprises				
港、澳、台商投资企业	**Hongkong,Macao and Taiwan Funded Enterprises**	**281273**	**226490**	**54783**	**9894**
合资经营企业	Joint Venture	205540	161095	44445	8643
合作经营企业	Cooperative Operation	6723		6723	350
港澳台独资企业	Hongkong,Macao and Taiwan Exclusive Funded	69010	65395	3615	901
港澳台投资股份有限公司	Share—holding Corporations Ltd. Funded by Hongkong,Macao and Taiwan				
外商投资企业	**Foreign Funded Enterprises**				
中外合资经营企业	Joint Venture				
中外合作经营企业	Joint Cooperative Operation				
外资企业	Foreign Exclusive Investment				
外商投资股份有限公司	Foreign Investment Share—holding Ltd.				

6—4 续表 2 Continued

单位:万元 (10000 yuan)

指 标	Item	购进总额 Total Purchases	从生产者购进 From Producer	进 口 Imports
按国民经济行业分组	**Grouped by Sector**			
食品、饮料、烟草批发业	Wholesale of Food,Beverages and Tobacco	469230	197583	229
#粮食、食用油批发业	#Grain and Edible Oil	116962	89929	
烟草及其制品批发业	Wholesale of Tobaccos	254605	17898	
棉、麻、土畜产品批发业	Wholesale of Cotton,Hemp and Animals Products	7754	1774	
纺织品、服装和鞋帽批发业	Wholesale of Textiles,Garments,Shoes and Hats	14222	12891	248
日用百货批发业	Wholesale of Daily Consumer Goods	127420	127333	86
日用杂品批发业	Wholesale of Daily Sundry Article			
五金、交电、化工批发业	Wholesale of Hardware,Transport,Electric and Chemical Products	127948	122306	48
药品及医疗器械批发业	Wholesale of Medicines and Medical Appliances	231337	161089	9080
能源批发业	Wholesale of Energy Products	6243784	6084499	918
#石油及制品批发业	#Petroleum and Related Products	6220164	6062514	918
煤炭及制品批发业	Coal and Related Products	23620	21985	
化工材料批发业	Wholesale of Chemical Materials	101325	94992	496
木材批发业	Wholesale of Timber			
建筑材料批发业	Wholesale of Building Materials	53517	30668	13092
矿产品批发业	Wholesale of Mineral Products	56387	17156	39231
金属材料批发业	Wholesale of Metal Materials	759905	741002	1278
机械、电子设备批发业	Wholesale of Machinery and Electronic Equipment	411078	387361	8469
汽车、摩托车及零配件批发业	Wholesale of Motor Vehicles,Motorcycles and Parts	604745	592463	6644
#汽车批发业	#Motor Vehicles	373139	368604	1506
再生物资回收批发业	Wholesale of Recycled Materials	13859		
工艺美术批发业	Wholesale of Arts and Handicraft Products	3442	3442	
图书报刊批发业	Wholesale of Books,Newspapers and Magazines	5201	5201	
农业生产资料批发业	Wholesale of Agricultural Producer Goods	161457	104025	19006
其他类未包括的批发业	Other Wholesale not Include above	19033	15609	3424
食品、饮料和烟草零售业	Retail of Food,Beverages and Tobaccos	22718	3029	
#粮油食品零售业	#Retail of Grain and Edible Oil			
副食品零售业	Retail of Non—staple Food	21882	3029	
日用百货零售业	Retail of Daily Consumer Goods	520627	307330	558
#百货零售业	#Consumer Goods	474320	266263	535
文化体育用品零售业	Cultural and Sports Goods	5148	2182	
纺织品、服装和鞋帽零售业	Retail of Textiles,Garment,Shoes and Hats	7568	2082	
日用杂品零售业	Retail of Daily Sundry Articles			
五金、交电、化工零售业	Retail of Hardware,Transport,Electric and Chemical Products	23810	21731	
药品及医疗器械零售业	Retail of Medicines and Medical Appliances	21619	19331	
图书报刊零售业	Retail of Books ,Newspapers and Magazines	37847	30882	
其他零售业	Other Retail	68664	66641	121
#家具零售业	#Furniture	984	443	121
汽车、摩托车及其零配件	Motor Vehicles,Motorcycles and Parts	2168	1682	
计算机及软件、办公设备	Computers,Software and Office Appliances	32128	31131	

6－4 续表 3 Continued　　　　单位：万元 （10000 yuan）

指 标	Item	销售总额 Total Sales	批 发 Wholesale	零 售 Retail Sale	年末库存总 额 Year－end Inventory
按国民经济行业分组	**Grouped by Sector**				
食品、饮料、烟草批发业	Wholesale of Food, Beverages and Tobacco	538930	532049	6881	244705
#粮食、食用油批发业	#Grain and Edible Oil	133666	132951	715	222984
烟草及其制品批发业	Wholesale of Tobaccos	300175	295972	4203	13711
棉、麻、土畜产品批发业	Wholesale of Cotton, Hemp and Animals Products	7870	7864	7	3989
纺织品、服装和鞋帽批发业	Wholesale of Textiles, Garments, Shoes and Hats	17198	17027	171	3843
日用百货批发业	Wholesale of Daily Consumer Goods	127636	125170	2466	9001
日用杂品批发业	Wholesale of Daily Sundry Article				
五金、交电、化工批发业	Wholesale of Hardware, Transport, Electric and Chemical Products	146075	135666	10409	13206
药品及医疗器械批发业	Wholesale of Medicines and Medical Appliances	230108	139003	91105	31148
能源批发业	Wholesale of Energy Products	6359811	6268855	90955	116199
#石油及制品批发业	#Petroleum and Related Products	6328893	6242729	86163	103973
煤炭及制品批发业	Coal and Related Products	30918	26126	4792	12226
化工材料批发业	Wholesale of Chemical Materials	109680	109186	495	10956
木材批发业	Wholesale of Timber				
建筑材料批发业	Wholesale of Building Materials	52143	52143		5317
矿产品批发业	Wholesale of Mineral Products	36523	36523		5066
金属材料批发业	Wholesale of Metal Materials	794594	792782	1812	41446
机械、电子设备批发业	Wholesale of Machinery and Electronic Equipment	439940	416447	23494	23710
汽车、摩托车及零配件批发业	Wholesale of Motor Vehicles, Motorcycles and Parts	603660	490382	113278	33057
#汽车批发业	#Motor Vehicles	381231	310849	70382	14076
再生物资回收批发业	Wholesale of Recycled Materials	13558	13558		256
工艺美术批发业	Wholesale of Arts and Handicraft Products	4045	4045		237
图书报刊批发业	Wholesale of Books, Newspapers and Magazines	5367	5367		103
农业生产资料批发业	Wholesale of Agricultural Producer Goods	168883	168883		24052
其他类未包括的批发业	Other Wholesale not Include above	19667	19375	293	3826
食品、饮料和烟草零售业	Retail of Food, Beverages and Tobaccos	27396	1567	25829	3634
#粮油食品零售业	#Retail of Grain and Edible Oil				
副食品零售业	Retail of Non－staple Food	26673	1567	25106	3579
日用百货零售业	Retail of Daily Consumer Goods	655714	26859	628855	50729
#百货零售业	#Consumer Goods	598327	24061	574267	46699
文化体育用品零售业	Cultural and Sports Goods	5939	1934	4005	2098
纺织品、服装和鞋帽零售业	Retail of Textiles, Garment, Shoes and Hats	7941		7941	1042
日用杂品零售业	Retail of Daily Sundry Articles				
五金、交电、化工零售业	Retail of Hardware, Transport, Electric and Chemical Products	22798	821	21977	4352
药品及医疗器械零售业	Retail of Medicines and Medical Appliances	25677	10984	14693	7135
图书报刊零售业	Retail of Books , Newspapers and Magazines	41243	1645	39599	14744
其他零售业	Other Retail	72843	29004	43838	13633
#家具零售业	#Furniture	1229		1229	1424
汽车、摩托车及其零配件	Motor Vehicles, Motorcycles and Parts	2258		2258	81
计算机及软件、办公设备	Computers, Software and Office Appliances	31388	13551	17837	3515

6—5 限额以上批发零售贸易企业财务状况

指 标	Item	资产合计 Ttal Assets	流动资产 Circulatin—ing Assets	存货 Inventory	固定资产小计 Total Fixed Assets
批发、零售贸易企业总计	**Total**	**3663720.8**	**2598053.8**	**694823.9**	**616874.9**
一、批发企业	**Wholesale trade**	**3007500.4**	**2299996.6**	**614272.3**	**357283.7**
#有及国有控股	#State—owned and State Holding Majority Share Enterprises	2475868.6	1888110.5	542329.2	316357.8
按登记注册类型分组	**Grouped by Registered Categories**				
内资企业	**Domestic Funded Enterprises**	**2913704.8**	**2219132.2**	**612182.4**	**348558.8**
国有企业	State—owned Enterprises	1750440.7	1269594.5	362896.0	250434.9
集体企业	Collective—owned Enterprises	220440.8	150477.3	29100.2	14730.1
股份合作企业	Share—holding Cooperative Enterprises	24072.7	17424.7	5368.9	3214.3
联营企业	Joint Ownership Enterprises	4573.2	4353.8	1081.0	181.7
国有联营企业	State Joint Ownership	3823.8	3617.7	1020.5	178.4
集体联营企业	Collective Joint Ownership	749.4	736.1	60.5	3.3
国有与集体联营企业	Joint State—collective Ownership				
其他联营企业	Other Joint Ownership				
有限责任公司	Limited Liability Corporations Ltd.	310104.8	249199.3	117183.9	42690.3
国有独资公司	State Funded Corporations	29878.2	24331.4	1827.9	4608.3
其他有限责任公司	Others	280226.6	224867.9	115356.0	38082.0
股份有限公司	Share—Holding Corporations Ltd.	544810.6	474190.3	79451.3	34205.5
私营企业	Private Enterprises	59262.0	53892.3	17101.1	3102.0
私营独资企业	Private Funded				
私营合伙企业	Private Partnership				
私营有限责任公司	Private Limited Liability	58963.7	53819.9	17059.2	3091.4
私营股份有限公司	Private Share—holding Corporation Ltd.	298.3	72.4	41.9	10.6
其他企业	Other Enterprises				
港、澳、台商投资企业	**Hongkong, Macao and Taiwan Funded Enterprises**	**5997.1**	**5228.0**	**685.9**	**707.4**
合资经营企业	Joint Venture	286.1	104.2		268.2
合作经营企业	Cooperative Operation				
港澳台独资企业	Hongkong, Macao and Taiwan Exclusive Funded	5611.0	5123.8	685.9	438.9
港澳台投资股份有限公司	Share—holding Corporations Ltd. Funded by Hongkong, Macao and Taiwan				
外商投资企业	**Foreign Funded Enterprises**	**87798.5**	**75636.4**	**1404.0**	**8017.5**
中外合资经营企业	Joint Venture	11813.1	3229.4	827.1	4606.9
中外合作经营企业	Joint Cooperative Operation				
外资企业	Foreign Exclusive Investment	755985.4	72407.0	576.9	3410.6
外商投资股份有限公司	Foreign Investment Share—holding Ltd.				

Financial Statement of Enterprises above Designated Size in Whole Sale and Retail Trade Services

(10000 yuan)

固定资产原价 Original Value of Fixed Assets	商品销售收入 Sales Revenue	商品销售收入净额 Net Revenue of Sales	商品销售成本 Sales Cost	经营费用 Operating Cost	商品销售税金及附加 Sales Tax Added and Extra Charges	商品销售利润 Sales Profits	利润总额 Total Profits	应交所得税 Income Tax Payable	应付利润 Profits Payable
654560.8	**8902717.9**	**8874357.3**	**8519739.9**	**405992.7**	**6716.8**	**−58092.1**	**−199016.2**	**12048.7**	**19887.5**
422006.0	**8240324.0**	**8215262.5**	**7957918.7**	**364458.8**	**3867.0**	**−110982.0**	**−199182.1**	**8082.6**	**19731.3**
378008.5	7153279.7	7136433.9	6931251.8	342409.8	3471.0	−140698.7	−218295.9	5315.7	2562.7
416697.1	**7788388.7**	**7771541.3**	**7539798.2**	**359231.7**	**3858.0**	**−131346.6**	**−217290.2**	**6040.3**	**2811.6**
312961.3	1748141.0	1744703.9	1660214.4	48456.4	1513.6	34519.5	−20164.7	4907.3	2083.6
19342.0	219458.1	219458.1	212791.7	4689.9	57.9	1918.6	−1614.0	76.7	
3473.0	67667.1	67667.1	66796.8	101.0	35.2	734.1	−138.6	0.2	21.6
265.4	13999.6	13999.6	13698.1	117.8	8.2	175.5	−80.8		
257.9	13601.3	13601.3	13351.8	98.8	8.2	142.5	−33.2		
7.5	398.3	398.3	346.3	19.0		33.0	−47.6		
45782.1	294256.1	280846.5	262733.5	13596.9	291.6	4224.5	854.9	608.0	198.2
4825.3	53525.1	40116.4	36177.5	1951.7	10.8	1976.4	1033.1	297.5	
40956.8	240731.0	240730.1	226556.0	11645.2	280.8	2248.1	−178.2	310.5	198.2
30757.7	5304327.7	5304327.0	5187044.7	290727.7	1895.0	−175340.4	−195911.3	339.9	295.7
4115.6	140539.1	140539.1	136519.0	1542.0	56.5	2421.6	−235.7	108.2	212.5
4103.0	140434.1	140434.1	136441.5	1537.4	56.4	2398.8	−200.7	108.2	212.5
12.6	105.0	105.0	77.5	4.6	0.1	22.8	−35.0		
1138.7	**192581.5**	**184370.5**	**179114.8**	**4421.1**		**834.6**	**150.0**		
484.6	137687.9	130676.7	126853.1	3010.0		813.6	541.1		
654.1	54893.6	53693.8	52261.7	1411.1		21.0	−391.1		
4170.2	**259353.8**	**259350.7**	**239005.7**	**806.0**	**9.0**	**19530.0**	**17958.1**	**2042.3**	**16919.7**
591.8	143588.4	143585.3	142920.5	806.0	9.0	−150.2	−977.0	26.9	
3578.4	115765.4	115765.4	96085.2			19680.2	18935.1	2015.4	16919.7

6－5 续表1 Continued

指 标	Item	资产合计 Ttal Assets	流动资产 Circulatin－ing Assets	存货 Inventory	固定资产小计 Total Fixed Assets
二、零售企业	**Wholesale trade**	**656220.4**	**298057.2**	**80551.6**	**259591.2**
#有及国有控股	#State－owned and State Holding Majority Share Enterprises	328382.5	139945.9	32197.0	130310.5
按登记注册类型分组	**Grouped by Registered Categories**				
内资企业	**Domestic Funded Enterprises**	**591687.4**	**270531.1**	**72890.0**	**243174.0**
国有企业	State－owned Enterprises	100129.1	42141.8	9985.2	49219.7
集体企业	Collective－owned Enterprises	29009.0	15133.5	4887.9	10507.8
股份合作企业	Share－holding Cooperative Enterprises	22997.3	14786.9	6093.1	7776.3
联营企业	Joint Ownership Enterprises	115.1	115.1	29.9	
国有联营企业	State Joint Ownership				
集体联营企业	Collective Joint Ownership				
国有与集体联营企业	Joint State－collective Ownership	115.1	115.1	29.9	
其他联营企业	Other Joint Ownership				
有限责任公司	Limited Liability Corporations Ltd.	60385.9	39059.6	11093.4	19101.1
国有独资公司	State Funded Corporations				
其他有限责任公司	Others	60385.9	39059.6	11093.4	1910.1
股份有限公司	Share－Holding Corporations Ltd.	327911.6	120516.1	28409.6	147049.3
私营企业	Private Enterrises	51139.4	38778.1	12390.9	9519.8
私营独资企业	Private Funded	13707.0	10982.7	3015.6	2606.6
私营合伙企业	Private Partnership				
私营有限责任公司	Private Limited Liability	33828.8	26327.0	8922.2	5739.7
私营股份有限公司	Private Share－holding Corporation Ltd.	3603.6	1468.4	453.1	1173.5
其他企业	Other Enterprises				
港、澳、台商投资企业	**Hongkong,Macao and Taiwan Funded Enterprises**	**36534.2**	**19841.2**	**4885.1**	**7721.0**
合资经营企业	Joint Venture	35511.4	19202.0	4714.0	7469.1
合作经营企业	Cooperative Operation	1022.8	639.2	171.1	251.9
港澳台独资企业	Hongkong,Macao and Taiwan Exclusive Funded				
港澳台投资股份有限公司	Share－holding Corporations Ltd. Funded by Hongkong,Macao and Taiwan				
外商投资企业	**Foreign Funded Enterprises**	**27998.8**	**7684.9**	**2776.5**	**8696.2**
中外合资经营企业	Joint Venture				
中外合作经营企业	Joint Cooperative Operation	27998.8	7684.9	2776.5	8696.2
外资企业	Foreign Exclusive Investment				
外商投资股份有限公司	Foreign Investment Share－holding Ltd.				

单位:万元 (10000 yuan)

固定资产原价 Original Value of Fixed Assets	商品销售收入 Sales Revenue	商品销售收入净额 Net Revenue of Sales	商品销售成本 Sales Cost	经营费用 Operating Cost	商品销售税金及附加 Sales Tax Added and Extra Charges	商品销售利润 Sales Profits	利润总额 Total Profits	应交所得税 Income Tax Payable	应付利润 Profits Payable
232554.8	**662393.9**	**659094.8**	**561821.2**	**41533.9**	**2849.8**	**52889.9**	**165.9**	**3966.1**	**156.2**
102270.4	270744.6	267651.5	227006.3	13552.5	1393.5	25699.2	891.7	1439.1	1.2
210169.8	**571157.2**	**567858.1**	**485407.8**	**32138.2**	**2781.2**	**47530.9**	**1080.6**	**3392.2**	**126.2**
38717.5	109980.7	107705.7	90171.7	4384.4	696.6	12453.0	304.6	317.1	1.2
12577.4	11825.0	11745.0	10751.4	1066.4	168.6	−241.4	−1424.9	34.8	41.9
6653.8	31676.6	31676.6	28881.2	1200.1	324.1	1271.2	−142.3	73.3	
	1499.0	1499.0	1482.5		0.6	15.9	3.0	0.5	
	1499.0	1499.0	1482.5		0.6	15.9	3.0	0.5	
18487.7	92141.4	91573.0	80072.6	9608.7	234.0	1657.7	−1418.9	123.2	56.5
18487.7	92141.4	91573.0	80072.6	9608.7	234.0	1657.7	−1418.9	123.2	56.5
123442.1	269068.4	268699.6	227012.7	12755.2	1113.1	27818.6	5536.3	2839.4	
10291.3	54966.1	54959.2	47035.7	3123.4	244.2	4555.9	−1777.2	3.9	26.6
3247.9	4228.8	4228.8	3704.6	163.4	18.9	341.9	−410.5		
6838.4	45938.3	45931.4	39021.1	2381.3	212.7	4316.3	−215.7	2.9	26.6
205.0	4799.0	4799.0	4310.0	578.7	12.6	−102.3	−1151.0	1.0	
9118.8	**42325.4**	**42325.4**	**32300.9**	**5931.0**	**68.6**	**4024.9**	**−1608.0**		
8629.2	39273.9	39273.9	29729.3	4689.9	52.5	4802.2	−1186.8		
489.6	3051.5	3051.5	2571.6	1241.1	16.1	−777.3	−421.2		
13266.2	**48911.3**	**48911.3**	**44112.5**	**3464.7**		**1334.1**	**693.3**	**573.9**	**30.0**
13266.2	48911.3	48911.3	44112.5	3464.7		1334.1	693.3	573.9	30.0

6－5 续表 2 Continued

单位:万元 (10000 yuan)

指　标	Item	企业数(个) Number of Enterprises (unit)	亏损企业数 Number of Loss Sufferign Enterprises (unit)	实收资本 Total Capital Hold
批发、零售贸易企业总计	**Total**	**357**	**211**	**540331.9**
一、批发企业	**Wholesale trade**	**253**	**155**	**388632.0**
#国有及国有控股	#State－owned and State Holding Majority Share Enterprises	181	120	293556.6
按登记注册类型分组	**Grouped by Registered Categories**			
内资企业	**Domestic Funded Enterprises**			**357785.7**
国有企业	State－owned Enterprises	247	153	227957.3
集体企业	Collective－owned Enterprises	154	107	29704.1
股份合作企业	Share－holding Cooperative Enterprises	18	11	3183.9
联营企业	Joint Ownership Enterprises	6	4	3538.3
国有联营企业	State Joint Ownership	3	2	3467.1
集体联营企业	Collective Joint Ownership	2	1	
国有与集体联营企业	Joint State－collective Ownership			71.2
其他联营企业	Other Joint Ownership	1	1	
有限责任公司	Limited Liability Corporations Ltd.			34863.4
国有独资公司	State Funded Corporations	28	12	5000.0
其他有限责任公司	Others	1		29863.4
股份有限公司	Share－Holding Corporations Ltd.	27	12	49564.4
私营企业	Private Enterprises	22	9	8974.3
私营独资企业	Private Funded	16	8	
私营合伙企业	Private Partnership			
私营有限责任公司	Private Limited Liability			8874.3
私营股份有限公司	Private Share－holding Corporation Ltd.	15	7	100.0
其他企业	Other Enterprises	1	1	
港、澳、台商投资企业	**Hongkong,Macao and Taiwan Funded Enterprises**			**1930.9**
合资经营企业	Joint Venture	3	1	1000.0
合作经营企业	Cooperative Operation	1		
港澳台独资企业	Hongkong,Macao and Taiwan Exclusive Funded			930.9
港澳台投资股份有限公司	Share－holding Corporations Ltd. Funded by Hongkong,Macao and Taiwan	2	1	
外商投资企业	**Foreign Funded Enterprises**			**28915.4**
中外合资经营企业	Joint Venture	3	1	4900.0
中外合作经营企业	Joint Cooperative Operation	2	1	
外资企业	Foreign Exclusive Investment			24015.4
外商投资股份有限公司	Foreign Investment Share－holding Ltd.	1		

6—3 续表1 Continued

单位:万元 (10000 yuan)

指　标	Item	企业数(个) Number of Enterprises (unit)	亏损企业数 Number of Loss Sufferign Enterprises (unit)	实收资本 Total Capital Hold
二、零售企业	**Wholesale trade**	**104**	**56**	**151699.9**
#国有及国有控股	#State—owned and State Holding Majority Share Enterprises	37	16	40990.5
按登记注册类型分组	**Grouped by Registered Categories**			
内资企业	**Domestic Funded Enterprises**	**96**	**49**	**110910.2**
国有企业	State—owned Enterprises	23	10	16874.4
集体企业	Collective—owned Enterprises	14	6	14978.8
股份合作企业	Share—holding Cooperative Enterprises	4	2	3977.2
联营企业	Joint Ownership Enterprises	1		100.0
国有联营企业	State Joint Ownership			
集体联营企业	Collective Joint Ownership			
国有与集体联营企业	Joint State—collective Ownership	1		100.0
其他联营企业	Other Joint Ownership			
有限责任公司	Limited Liability Corporations Ltd.	19	9	7253.1
国有独资公司	State Funded Corporations			
其他有限责任公司	Others	19	9	7253.1
股份有限公司	Share—Holding Corporations Ltd.	10	5	49535.3
私营企业	Private Enterprises	25	17	18191.4
私营独资企业	Private Funded	5	5	2836.6
私营合伙企业	Private Partnership			
私营有限责任公司	Private Limited Liability	17	11	13454.8
私营股份有限公司	Private Share—holding Corporation Ltd.	3	1	1900.0
其他企业	Other Enterprises			
港、澳、台商投资企业	**Hongkong, Macao and Taiwan Funded Enterprises**	**6**	**6**	**25676.1**
合资经营企业	Joint Venture	4	4	10945.2
合作经营企业	Cooperative Operation	2	2	14730.9
港澳台独资企业	Hongkong, Macao and Taiwan Exclusive Funded			
港澳台投资股份有限公司	Share—holding Corporations Ltd. Funded by Hongkong, Macao and Taiwan			
外商投资企业	**Foreign Funded Enterprises**	**2**	**1**	**15113.6**
中外合资经营企业	Joint Venture			
中外合作经营企业	Joint Cooperative Operation	2	1	15113.6
外资企业	Foreign Exclusive Investment			
外商投资股份有限公司	Foreign Investment Share—holding Ltd.			

7－1 出口商品供货总值
Total Value of Exports

单位：万元 (10000 yuan)

指 标	Item	1990	1995	2000	2001
合 计	**Total**	**201081**	**525916**	**994138**	**889738.5**
按农轻重产品分	**Grouped by Products**				
农副产品	Farm and Side－line Products	12237	32029	52236	34022.0
轻工产品	Light Industry Products	114769	288870	342601	399930.6
重工产品	Heavy Industry Products	74075	205017	599301	455785.9
主管局(公司)供货情况	**Grouped by Management System**				
机械局	Machinery Bureau	28470	28567.0	51776	44677.7
冶金局	Metallurgy Bureau		171.0	—	183.0
石化局	Chemical Industry Bureau	13671	28630.0	41675.4	34875.9
轻工局	Light Industry Bureau	13747	12176.0	22574.8	44644.7
星光建筑材料集团公司	Xingguang Building Materials Corporation	1183	20772.0	2747.8	2827.5
纺织局	Textile Industry Bureau	47225	60342.0	10616.7	3464.2
一汽金杯汽车股份有限公司	Gold Cup Automobile Corporation Ltd.	9200	10192.0	4264	449.0
农机总公司	Agricultural Machinery Bureau			1008	736.3
农垦总公司	Land Reclamation and Cultivation Company		9089.0	4772	5263.0
长白计算机集团公司	Changbai Computer Group Company	1215	599.0	103959	103429.8
畜牧副食局	Animal Husbandry and Non－staple Bureau		485.0	2670.2	24.0
粮油总公司	Grain Bureau		1803.0	12944.1	3711.4
区(市)县供货情况	**Grouped by District and County**				
大东区	Dadong District	1573	6625.0	12758.2	19135.2
沈河区	Shenhe District	491	11738.2	14260.6	9159.4
和平区	Heping District	364	1824.0	5149.9	6370.1
皇姑区	Huanggu District	498	6510.5	3476.1	2059.0
铁西区	Tiexi District	412	4235.2	9709.2	13279.0
于洪区	Yuhong District	5133	25688.9	37411.6	58959.9
东陵区	Dongling District	4284	27184.8	38880.2	51926.0
苏家屯区	Sujiatun District	871	8937.6	23130.8	27933.9
新城子区	Xinchengzi District	561	17507.0	25230.8	24892.3
辽中县	Liaozhong County	2015	13657.0	16992	17276.0
新民市	Xinmin City	621	2960.8	8504.1	4375.0
康平县	Kangping County	757	89.3	3138	5547.0
法库县	Faku County		1609.0	5528.3	1345.7
合计中：机电产品	**Of the Total: Machinery and Electric Appliances**	**66972**	**145518.0**	**616215.9**	**509136.0**

7—2 进出口总额
Total Imports and Exports

单位:万美元 (USD 10000)

年 份 Year	进出口总额 Total Imports and Exports	进口总额 Total Imports	出口总额 Total Exports
1985	6576	4269	2307
1986	15703	6080	9623
1987	15905	4638	11267
1988	22888	4956	17932
1989	32101	11689	20412
1990	44199	11130	33069
1991	62948	17728	45220
1992	96057	30515	65542
1993	109491	38563	70928
1994	122588	33825	88763
1995	161834	70177	91657
1996	172664	85943	86721
1997	160173	74875	85298
1998	158746	81199	77547
1999	181662	101740	79922
2000	268348	138646	129702
2001	279178	154085	125093

注:1990 年以后为地区口径,1995 年以后为海关统计数字。
Note:Data in this table refer to local calculation methods since 1990,and refer to Custom's statistics since 1995.

7—3 国际旅游事业发展情况
Development of International Tourism

年 份 Year	接待国家及地区数(个) Number of Foreign Countries and Regions (unit)	接待的旅游人数(人) Number of Foreign Tourists (person)	外国人 Foreigners	华 侨 Overseas Chinese	港澳台胞 Hongkong, Macao and Taiwan Compatriot	旅游收入(万美元) Tourism Revenue (USD 10000)
1980	53	12468	11493	42	933	344
1985	75	30407	21854	460	8093	1375
1986	75	31591	21606	619	9366	2449
1987	78	33878	21275	670	11933	3012
1988	93	33301	19447	767	13087	5391
1989	72	25947	17101	504	8342	4870
1990	100	41899	26269	585	15045	7592
1991	90	50080	29649	454	1997	8821
1992	120	65142	41544	463	23135	10271
1993	133	83064	55657	244	27163	12477
1994	130	87092	66273	168	20651	3671
1995	119	103696	86665	118	16913	4178
1996	123	107946	91806	89	16051	4585
1997	134	118740	100987	97	17656	5497
1998	137	120700	96001	57	24642	6007
1999	133	137576	109833	17	27726	6862
2000	138	161245	132688	60	28497	8100
2001	151	176961	144086	252	32623	10589

注:旅游收入 1994 年以前计量单位为万元外汇券。
Note:Measured unit of tourism revenue before 1994 refer to 10000 FEC.

7—4 对外签订利用外资协议(合同)
Signed Agreements and Contracts on Utilization of Foreign Capital

年 份 Year	项目数 Number of Projects (unit)	对外借款 Foreign Loans	外商直接投资 Direct Foreign Investment	外商其他投资 Other Foreign Investment	外资金额(万美元) Total Value (USD 10000)	对外借款 Foreign Loans	外商直接投资 Direct Foreign Investment	外商其他投资 Other Foreign Investment
1985	29	7	11	11	5661	1019	3775	867
1986	33	3	15	15	4349	1601	1332	1416
1987	25	7	6	12	4737	3145	465	1127
1988	89	18	53	18	11008	3611	5922	1475
1989	75	8	53	14	8166	2395	3254	2517
1990	104	8	92	4	15899	1318	5862	8719
1991	186	4	175	7	39615	6616	14513	18486
1992	708	7	693	8	93801	7494	63461	22846
1993	1129	12	1108	9	118035	8731	93472	15832
1994	835	5	826	4	181928	7048	142618	32262
1995	666	8	653	5	116977	23335	80494	13148
1996	512	7	501	4	109669	8287	76308	25074
1997	492	2	485	5	93864	1500	76318	16046
1998	475	6	465	4	103278	12983	75355	14940
1999	598	10	586	2	110734	25595	76864	8275
2000	646	5	640	1	176835	22013	146210	8612
2001	569	2	564	3	154633	18700	121881	14052

7—5 实际利用外资额
Actually Used Foreign Capital

单位:万美元 (USD 10000)

年 份 Year	合 计 Total	对外借款 Foreign Loans	外商直接投资 Direct Foreign Investment	外商其他投资 Other Foreign Investment
1985	201	177	24	0
1986	1191	952	150	89
1987	5040	3981	597	462
1988	4979	2123	1411	1445
1989	4946	2019	2806	121
1990	16076	3275	2747	10054
1991	25297	3464	3348	18485
1992	38182	7416	8009	22757
1993	56494	7408	33254	15832
1994	81329	8405	40662	32262
1995	66521	7321	46052	13148
1996	78783	14158	39551	25074
1997	86836	17030	53760	16046
1998	102081	30427	56636	15018
1999	103539	45428	49836	8275
2000	104390	24548	71230	8612
2001	120827	21558	85217	14052

8－1 地方财政收入
Local Financial Revenue

单位:万元 (10000 yuan)

年份 Year	合计 Total	各项税收 Taxes	指数（上年＝100）Index (preceding Year＝100) 合计 Total	各项税收 Taxes
1978	167722	84779		
1980	145226	87989	94.1	102.3
1985	209685	187089	128.5	137.8
1990	310726	293745	90.8	93.2
1991	316164	303383	101.8	103.3
1992	346918	330295	109.7	108.9
1993	452751	426593	130.5	129.2
1994	296228	260148	123.2	127.0
1995	355684	342177	119.8	117.7
1996	399348	350666	112.3	102.5
1997	479024	399465	119.2	113.9
1998	542011	409926	113.1	102.6
1999	567919	516086	112.4	125.9
2000	611225	563314	107.6	109.2
2001	808178	687109	134.3	123.8

注:1994 年由于执行新税制,财政收入数已与以前前份均不可比。
Note:New tax system was set up in 1994, Therefor,financial revenue can not be compared with that before 1994.

8－2 地方财政支出
Local Financial Expenditure

单位:万元 (10000 yuan)

年份 Year	合计 Total	基建和挖革改基金 Capital Construction and Innovation	科技三项费 Three kinds Funds of Science and Technology Promotion	支援农业生产支出 Expenditure for Supporting Agricultural Production	城市维护费 City Maintenance Expenditure	文教卫生事业费 Operating Expenses for Culture, Education, Science and Health Care	行政管理费 Expenditure for Government Administration
1978	28355	3670	1177	992	1914	8024	3707
1980	50245	16835	745	1845	5557	11362	4751
1985	105264	29116	1181	2435	8902	23693	8574
1990	230580	13875	3672	7792	31234	47142	13370
1991	234669	36472	5070	6182	19968	52808	15121
1992	255331	43237	6398	6605	25415	59326	19211
1993	283355	52239	5851	5361	28326	67535	20140
1994	344638	55272	7135	7600	32607	92387	27805
1995	458861	83042	7972	7274	42952	103253	30448
1996	498043	71905	9478	7700	57672	89502	32831
1997	604540	86752	10691	9302	70680	96935	37933
1998	708585	94061	12965	12253	75273	115644	40818
1999	795998	82581	14128	12301	86371	130384	43879
2000	924893	77322	16565	14106	102892	178118	50559
2001	1034810	92322	19327	21460	139292	200423	61458

8—3 银行现金收入构成
Composition of Cash Income

单位:万元 (10000 yuan)

年 份 Year	合 计 Total	商品销售 Income from Commodity Sales	服务事业 Income from Service Trade	城镇储蓄 Urban Saving Deposits	Percentage(Total=100) 商品销售 Income from Commodity Sales	服务事业 Income from Service Trade	城镇储蓄 Urban Savings Deposits
1980	297733	192805	25322	55101	64.8	8.5	18.5
1985	738895	397155	51957	189887	53.7	7.0	25.7
1990	2369559	720748	144860	1051049	30.4	6.1	44.4
1991	2948181	820464	170294	1378320	27.8	5.8	46.8
1992	4481122	1035445	209243	2163655	23.1	4.7	48.3
1993	6987726	1318579	285573	3586971	18.9	4.1	51.3
1994	9017047	1532421	388486	4754649	17.0	4.3	52.7
1995	12191482	1837207	460051	6412058	15.1	3.8	52.6
1996	14718128	2090512	493029	7742270	14.2	3.3	52.6
1997	19247125	2606365	587254	10066725	13.5	3.1	52.3
1998	28458778	3419823	1188730	17772977	12.0	4.2	62.5
1999	34207693	3875475	1406592	21458851	11.3	4.1	62.7
2000	43338855	5041507	1682979	26588955	11.6	3.9	61.4
2001	50614301	5481934	1747153	32844270	10.8	3.5	64.9

8—4 银行现金支出构成
Composition of Cash Expenditure

单位:万元 (10000 yuan)

年 份 Year	合 计 Total	工资支出 Wages	对个人其他支出 Other Payment to Individuals	农副成采购支出 Purchases of Agricultural and Sideline Products	行政管理费支出 Expenditure for Government Administration	城镇储蓄支出 Expenditure for Urban Deposit
1980	290427	167175	32401	13639	18756	39439
1985	715772	329935	97936	54450	50284	137166
1990	2255369	716451	227516	82199	151572	815436
1991	2766955	801636	263408	81547	194242	1109433
1992	4196099	974579	343575	81158	245130	1851340
1993	6652129	1202621	416870	137455	499780	3219233
1994	8302465	1433731	476590	160120	681684	4053096
1995	10866914	1584536	551560	181850	823900	5514612
1996	12833961	1613101	525030	174571	930537	7024715
1997	17063865	1657492	547210	173137	1201663	9516636
1998	26161230	2064078	769668	223554	1977268	16888610
1999	31688916	2183532	833238	455017	2265760	20479273
2000	40453739	2227128	789967	597284	2935022	26202350
2001	47667773	2274933	652929	486505	3266925	31495089

8—5 金融机构存款
Saving Deposits of Financial Institution

单位:万元 (10000 yuan)

年份 Year	合计 Total	企业 Enterprises Deposits	财政 Treasury Deposits	机关团体部队 Institution, Organizations and Army Deposits	城镇储蓄 Urban Savings Deposits	农村 Rural Savings Deposits
1978	176602	66883	22722	42883	24515	1174
1980	241023	110224	5231	56992	49894	2218
1985	592234	246727	1049	71923	191337	4794
1986	755023	325919	2547	76709	263505	5637
1987	961781	377971	－1291	86047	361097	7369
1988	1019428	379060	－4813	66641	452367	13935
1989	1342832	411807	119	84278	651381	12458
1990	1817149	547384	－ 812	97652	909351	14130
1991	2244357	660115	6292	122265	1224496	13152
1992	2809941	796276	－15301	109644	1552390	111729
1993	4418033	1324138	79008	94147	2062373	246610
1994	5802395	1330583	56343	92525	3048152	345287
1995	7638677	2259015	96777	118889	4245219	443400
1996	9041961	2492541	116769	131027	5244336	562433
1997	10661399	3355331	27280	77104	6227431	663414
1998	12866366	4174332	41561	533	7357999	736798
1999	14810499	4832452	47768	3084	8234701	782297
2000	17004871	6014533	58446	231971	8735689	845209
2001	19070186	6514187	92245	251296	9675563	905539

8—6 金融机构贷款
Loans of Financial Institutions

单位:万元 （年末余额） (Year—end) (10000 yuan)

年份 Year	合计 Total	工业企业 Loans of Industrial Enterprises	商业 Commercial Loans	农业 Agriculture
1978	367842	103726	115909	6375
1980	476909	123914	163466	8448
1985	830225	220910	243665	23350
1986	1156722	332540	295299	32502
1987	1349279	413862	374401	39407
1988	1515494	498692	441722	23460
1989	1886602	675739	535631	30565
1990	2481718	954692	669374	37953
1991	3004819	1129236	792458	47964
1992	3508018	1092687	940028	57749
1993	4924439	1791508	1206669	121614
1994	5837742	2030725	1313233	116544
1995	7158771	2349455	1714425	145387
1996	8129564	2582754	1934542	172199
1997	9988315	2853761	2373582	214749
1998	11473857	3175686	2519536	301338
1999	12941012	3318396	2849922	313185
2000	13921674	3131357	2659249	275434
2001	15472805	3445679	3051279	300743

9—1 各种物价总指数
General Price Indics

		1990	1995	2000	2001
以上年为100	Preceding Year=100				
商品零售物价总指数	General Retail Price Index	102.0	102.7	98.0	98.4
居民消费价格总指数	General Consumer Price Index	102.7	116.0	98.0	98.4
一、食品类	Food	101.5	120.7	97.3	102.1
其中:粮食	#Grain	94.9	129.9	87.7	98.7
鲜菜	Fresh Vegetables	100.6	116.7	108.7	110.8
二、衣着类	Clothing	104.3	113.7	102.1	98.8
三、家庭设备及用品	Household Facilities and Articles	101.9	110.4	98.7	94.3
四、医疗保健	Medicine and Medical Articles	115.8	113.1	99.5	87.9
五、娱乐教育文化用品	Recreation,Education and Culture Articles	100.7	103.5	98.1	104.2
六、燃料	Fuels	111.5	119.9	107.6	108.8
七、服务项目	Services	109.6	108.1	104.0	105.7
以1980年为100	1980=100				
商品零售物价总指数	General Retail Price Index	202.3	372.6	362.4	356.6
居民消费价格总指数	General Consumer Price Index	205.3	425.7	466.9	466.9
一、食品类	Food	222.7	478.6	453.6	463.1
其中:粮食	#Grain	129.8	690.5	633.8	625.6
鲜菜	Fresh Vegetables	254.0	594.2	745.3	825.8
二、衣着类	Clothing	182.8	354.6	390.8	386.1
三、家庭设备及用品	Household Facilities and Articles	150.4	220.6	208.7	196.8
四、医疗保健	Medicine and Medical Articles	247.2	407.2	469.9	413.0
五、娱乐教育文化用品	Recreation,Education and Culture Articles	147.2	162.4	183.2	190.9
六、燃料	Fuels	169.7	805.7	1 320.7	1 436.9
七、服务项目	Services	236.4	699.8	952.5	1 006.8

9－2 城乡居民储蓄存款年末余额
Deposits of Urban and Rural Residents at Year－end

年 份 Year	储蓄存款年末余额（亿元） Total Deposits （100 million yuan）	城 镇 Urban	农 村 Rural	储蓄存款本年比上年增加额（亿元） Increased Deposits over Preceding Year （100 million yuan）	平均每人储蓄存款（元） Per Capita Deposits （yuan）
1978	2.77	2.44	0.33		51
1980	5.65	4.95	0.70	1.72	100
1985	22.31	19.02	3.29	6.09	368
1986	30.55	26.19	4.36	8.24	497
1987	41.89	35.90	5.99	11.34	672
1988	52.20	45.07	7.13	10.31	827
1989	76.60	66.72	9.88	24.40	1197
1990	106.76	93.33	13.43	30.16	1653
1991	142.06	126.27	15.19	35.30	2186
1992	182.17	162.01	20.16	40.11	2789
1993	230.90	206.24	24.66	48.73	3511
1994	339.34	304.82	34.53	108.44	5123
1995	468.86	424.52	44.84	129.52	7029
1996	580.68	524.43	56.25	111.82	8681
1997	689.08	622.74	66.34	108.40	10227
1998	809.48	735.80	73.68	120.40	11994
1999	901.70	823.47	78.23	92.22	13317
2000	958.09	873.57	84.52	56.39	13985
2001	1058.11	967.56	90.55	100.02	15350

9-3 城市居民调查户基本情况
Basic Conditions of Urban Households

指 标	Item	1990	1995	2000	2001
调查户数(户)	Households Surveyed (household)	300	500	500	500
户均家庭人口(人)	Average Residents Per Household (person)	3.3	3.2	3.1	3.0
户均就业人口(人)	Average Employed Persons Per Household (person)	2.1	2.1	1.7	1.8
平均每一就业者负担人数(人)	Average Persons Supported by Per Employee (person)	1.6	1.5	1.8	1.7
人均现金收入(元)	Per Capita Cash Income (yuan)	1932.4	4805.8	7993.7	8326.7
1.实际收入(元)	Actual Income(yuan)	1674.9	4083.6	5884.4	6426.5
人均可支配性收入(元)	Per Capita Disposable Income (yuan)	1674.9	4082.6	5850.5	6386.1
#全民所有制职工工资(元)	#Wages of Staff and Workers in State-owned Units(yuan)	2017.2	5406.0	8034.0	8568.1
集体所有制职工工资(元)	Wages of Staff and Workers in Collective-owned Units(yuan)	1608.0	3837.2	4229.0	4304.7
个体劳动者收入(元)	Income of Individual Laborers(yuan)	1817.6	13299	8506.9	9978.0
2.储蓄借贷收入(元)	Income from Savings and Credit(yuan)	257.5	722.2	1509.3	1900.2
人均现金支出(元)	Per Capita Cash Expenditure(yuan)	1875.4	4724.7	7116.7	8095.8
1.实际支出(元)	Actual Expenditure(yuan)	1629.7	4352.9	6204.1	7172.8
消费性支出(元)	Expenditure for Consumption(yuan)	1481.7	3766.4	5102.9	5515.1
1.食品(元)	Food(yuan)	816.4	1903.0	1980.0	2138.9
2.衣着(元)	Clothing(yuan)	237.3	615.0	660.9	669.4
3.设备用品及服务(元)	Household Facilities, Articles and Service(yuan)		203.2	425.2	389.4
4.医疗保健(元)	Medicine and Medical Service(yuan)	28.3	110.7	359.3	371.4
5.交通和通讯(元)	Transportation and Communications(yuan)	13.0	170.5	372.3	399.4
6.娱乐文教服务(元)	Recreation, Education and Cultural Service(yuan)	137.6	413.5	643.7	796.0
7.居住(元)	Residence(yuan)	67.0	211.2	349.7	393.2
8.杂项商品和服务(元)	Miscellaneous Commodities and Service(yuan)		139.2	311.7	357.5
非消费性支出(元)	Expenditure for Non-consumption(yuan)	28.4	586.4	1100.5	1657.8
1.赠送支出(元)	For Present(yuan)	94.3	258.7	375.3	494.8
2.赡养支出(元)	For Support of one's Parents	25.0	87.7	111.3	143.2
3.购房与建房支出(元)	Purchase and Construction of House(yuan)	20.8	185.3	519.1	889.8
2.储蓄借贷支出(元)	Expenditure for Deposits and Credit(yuan)	245.7	371.9	912.6	923.0

9—4 城市居民平均每人每年购买主要商品量
Per Capita Annual Purchases of Major Commodities of Urban Residents

单位:公斤 (kg)

指 标	Item	1990	1995	2000	2001
粮 食	Grain	109.9	105.9	93.1	92.8
细 粮	Rice and Flour	96.0	103.1	88.7	87.5
大 米	Rice	53.5	65.8	57.7	55.9
普通或标准粉	Common or Standard Flour	36.6	13.0	8.9	8.9
富强粉	Fine Flour		12.6	9.3	8.9
粗 粮	Coarse Food Grain	7.4	2.8	4.4	3.5
油脂类	Edible Oil	5.4	9.8	10.4	10.2
豆 油	Soybean Oil	4.8	9.4	9.8	9.2
猪 肉	Pork	15.8	15.6	17.0	16.0
牛 肉	Beef	3.2	3.7	5.3	5.0
羊 肉	Mutton	0.8	1.3	2.2	2.3
蛋 类	Eggs	14.0	16.5	18.2	17.5
鱼	Fish	7.3	11.6	11.8	10.1
鲜 菜	Fresh Vegetable	158.3	131.0	144.7	149.4
干 菜	Dry Vegetable	2.9	0.6	0.5	0.5
食 糖	Sugar	0.6	1.1	1.7	1.8
糖 果	Sweets	0.4	0.6	0.5	0.5
卷 烟	Cigarettes	36.6	41.9	40.1	41.7
白 酒	Liquor	3.1	3.6	3.0	3.1
啤 酒	Beer	19.5	16.9	14.8	15.1
干鲜瓜果类	Dry and Fresh Melons and Fruits	60.0	62.1	80.2	76.1
糕 点	Cake	3.5	2.9	2.8	3.0
鲜乳品	Fresh Dairy Products	9.9	8.4	14.2	18.5

9—6 城市居民平均每百户购买耐用消费品数量
Number of Durable Consumer Goods Purchased Per 100 Urban Households

指标	Item	1990	1995	2000	2001
毛皮大衣(件)	Fur Coat (piece)		5.4	2.8	
呢大衣(件)	Woolen Coat (piece)		11.6	19.2	13.6
毛　毯(条)	Woolen Blanket(piece)		1.6	3	2.2
地　毯(平方米)	Carpet (sq. m)		1.3	0.8	3.6
组合家俱(套)	Combined Furniture (set)		0.2	0.4	0.6
沙发床(个)	Sofa Bed		1.8	2.2	1.8
沙　发(个)	Sofa		1.8	4.6	5.2
大衣柜(个)	Wardrobe			1.6	1.4
写字台(张)	Writing Desk	0.7	1.4	3.2	1.6
摩托车(辆)	Motorcycle			0.2	
自行车(辆)	Bicycle	14.3	13.8	13	9.4
洗衣机(台)	Washing Machine	3.0	1.8	1.2	2.6
电风扇(台)	Electric Fan	4.0	2.4	6.2	1.6
电冰箱(台)	Refrigerator	6.0	1.4	2.4	3.2
冰　柜(台)	Freezer		0.4	0.2	
彩色电视机(台)	Color TV Set	5.3	0.4	4.6	6.2
录放像机(台)	Video Recorder	0.7	0.2		0.4
组合音响(套)	Hi—Fi Stereo Component System		1.4	1	1
影碟机(台)	Video Disc Player			2.4	3
家用电脑(台)	Computers			1.4	2.4
摄像机(台)	Pickup Camera				
微波炉(台)	Microwave Ovens			6.6	7
健身器材(件)	Healthy Equipment			1	
移动电话(台)	Mobile Phone			5.6	
空调器(台)	Air—conditioner			2.2	1.8
收录机(台)	Recorder	3.0	2.6	5.4	5
照相机(架)	Camera	5.0	0.5	2.4	
其他中高档乐器(件)	Other High and Medium Grade Musical Instruments	0.3	1.0	0.6	1.2
电炊具(台)	Electric Cooking Appliance	3.3	6.4	6.6	10
淋浴热水器(台)	Shower Heater		6.6	4.2	3.4
脱排油烟机(台)	Smoker Absorber		5.2	4.8	4.2
吸尘器(台)	Dust Catcher		0.4	1.2	0.4

9—7 城市居民平均每百户年末耐用消费品拥有量
Number of Durable Consumer Goods Owned Per 100 Urban Households at Year—end

指 标	Item	1990	1995	2000	2001
毛皮大衣(件)	Fur Coat (piece)	25	46	56	56
呢大衣(件)	Woolen Coat (piece)	195	197	218	221
毛 毯(条)	Woolen Blanket(piece)	97	111	128	133
地 毯(平方米)	Carpet (sq. m)		267	110	121
组合家俱(套)	Combined Furniture (set)	25	40	47	53
沙发床(个)	Sofa Bed	26	38	52	56
沙 发(个)	Sofa	125	107	93	105
大衣柜(个)	Wardrobe	78	54	54	57
写字台(张)	Writing Desk	64	61	67	71
摩托车(辆)	Motorcycle	1	4	6	8
自行车(辆)	Bicycle	126	226	225	230
缝纫机(台)	Sewing Machine	42	40	39	37
洗衣机(台)	Washing Machine	84	87	93	95
电风扇(台)	Electric Fan	42	56	74	77
电冰箱(台)	Refrigerator	62	78	89	93
冰 柜(台)	Freezer		2	6	7
彩色电视机(台)	Color TV Set	80	94	120	127
影碟机(台)	Video Disc Player		24	29	36
家用电脑(台)	Computers			10	16
摄像机(台)	Pick Up Camera			3	3
微波炉(台)	Microwave Ovens		4	26	36
健身器材(件)	Healthy Equipment			3	4
移动电话(台)	Mobile Phone			19	36
空调器(台)	Air—conditioner			6	9
录放像机(台)	Video Recorder	11	30	29	32
组合音响(套)	Hi—Fi Stereo Component System	0.3	8	22	26
收录机(台)	Recorder	88	84	63	64
照相机(架)	Camera	42	54	62	65
钢 琴(架)	Piano		2	1	3
其他中高档乐器(件)	Other High and Medium Grade Musical Instruments	8	10	7	8
电炊具(台)	Electric Cooking Appliance	10	55	76	87
淋浴热水器(台)	Shower Heater		43	61	67
脱排油烟机(台)	Smoker Absorber		64	79	83
吸尘器(台)	Dust Catcher		38	34	35

9－8 城市居民人均年可支配性收入、消费性支出按水平分组
Per Capita Annual Disposable Income and Living Expenditure of Urban Residents by Levels

指　标	Item	1990	1995	2000	2001
人均年可支配性收入(元)	**Per capita Annual Disposable Income (yuan)**	**1675**	**4083**	**5850**	**6386**
最低收入户	Lowest Income Household	1024	2059	2221	2426
#更低收入户	#Even More Lowest Income Household	671	1875	1876	2046
低收入户	Low Income Household	1196	2588	3084	3423
中等偏下收入户	Lower Middle Income Household	1311	3069	3850	4309
中等收入户	Middle Income Household	1498	3583	5146	5673
中等偏上收入户	Upper Middle Income Household	1686	4184	6847	7495
高收入户	High Income Household	1884	4981	9405	9906
最高收入户	Highest Income Household	2398	6296	13508	14329
人均年消费性支出(元)	**Per Capita Living Expenditure (yuan)**	**1482**	**3766**	**5103**	**5515**
最低收入户	Lowest Income Household	1055	2368	2230	2579
#更低收入户	#Even More Lowest Income Household	1064	2039	1897	2024
低收入户	Low Income Household	1263	2864	3585	3400
中等偏下收入户	Lower Middle Income Household	1318	3242	3566	4110
中等收入户	Middle Income Household	1497	3706	4636	5373
中等偏上收入户	Upper Middle Income Household	1619	4253	6125	6429
高收入户	High Income Household	1893	4602	7201	7669
最高收入户	Highest Income Household	1826	5731	10348	10468

注:人均年生活费收入1997年以后为人均可支配收入。
Note:Per capita living income after 1997 refer to per capita disposable income.

9—9 农村居民家庭收支抽样调查资料
Sample Survey of Income and Expenditure of Rural Households

指标	Item	1990	1995	2000	2001
调查户数(户)	Number of Households Surveyed (household)	540	1000	1000	1000
平均每户人口(人)	Average Number of Residents Per Household (person)	4.21	3.87	3.55	3.53
平均每户劳动力(人)	Average Number of Laborers Per Household (person)	2.32	2.46	2.62	2.56
每一劳动力负担人口(人)	Average Number of Persons Supported by a Laborer (person)	1.81	1.57	1.36	1.38
人均年总收入(元)	**Per Capita Annual Income (yuan)**	**1432.97**	**3162.10**	**5079.31**	**5149.31**
人均年纯收入(元)	Per Capita Annual Net Income (yuan)	895.96	1812.45	3135.38	3230.19
人均年总支出(元)	**Per Capita Annual Expenditure (yuan)**	**1256.39**	**2907.49**	**4161.42**	**4108.54**
家庭经营费用支出(元)	Expenditure for Household Business (yuan)	392.97	1015.55	1407.72	1507.44
购置生产用固定支出(元)	Expenditure for Production (yuan)	21.99	36.09	107.23	100.11
税费支出(元)	Tax (yuan)	117.16	287.28	254.24	204.91
生活消费支出(元)	Expenditure for Living Consumption (yuan)	702.78	1475.22	1996.44	1944.42
1.食　品	Food	366.61	858.56	944.25	906.60
2.衣　着	Clothing	81.77	160.66	189.67	160.02
3.居　住	Residence	127.53	161.49	291.71	349.63
4.家庭设备及服务	Household Facilities and Services	33.71	55.67	83.56	74.21
5.医疗保健	Medicine and Medical Services	25.89	45.93	80.46	80.73
6.交通和通讯	Transportation and Communications	11.26	41.67	140.05	139.17
7.文教娱乐用品及服务	Cultural,Education and Recreation Services	48.09	128.41	213.39	188.26
8.其他商品和服务	Other Commodities and Services	7.92	22.83	53.36	45.80
每百户拥有耐用消费品	**Durable Consumer Goods Owned Per 100 Households**				
彩色电视机(台)	Color TV Set	18.9	41.3	85.9	89.6
黑白电视机(台)	Black and White TV Set	63.7	60.3	24.4	24.0
收录机(台)	Recorder	28.3	41.0	24.6	24.2
照相机(台)	Camera	2.4	5.8	10.3	12.3
电风扇(台)	Electric Fan	15.6	32.0	56.3	59.5
洗衣机(台)	Washing Machine	38.7	61.9	73.2	73.8
电冰箱(台)	Refrigerator	1.1	11.6	22.1	24.6
摩托车(台)	Motorcycles	1.7	6.4	31.6	34.0

9—10 农民人均食品消费情况
Per Capita Food Consumption of Rural Resident

单位:公斤 (kg)

指　标	Item	1990	1995	2000	2001
一、消费粮食	Grain	278.70	262.64	265.26	252.98
其中:(1)小　麦	#1. Wheat	43.54	40.90	44.89	39.27
(2)稻　谷	2. Rice	140.81	157.40	167.73	156.22
(3)玉　米	3. Corn		38.59	35.76	44.60
(4)薯　类	4. Tumbers		5.28	4.65	5.45
二、消费豆类及豆制品	Soybeans		10.45	9.80	10.66
三、消费蔬菜及菜制品	Vegetables	174.06	168.22	192.21	199.48
四、消费油脂类	Oil	7.29	5.64	7.97	10.69
1. 植物油	1. Vegetable Oil	5.32	5.12	7.66	10.38
2. 动物油	2. Animal Oil	1.97	0.52	0.31	0.30
五、消费肉禽及其制品	Meat, Poultry and Related Products	9.06	8.64	14.02	12.04
1. 猪　肉	1. Pork	8.12	6.28	9.70	8.21
2. 牛　肉	2. Beef	0.48	0.52	1.02	0.96
3. 羊　肉	3. Mutton		0.09	0.34	0.33
4. 家　禽	4. Poultry	0.46	1.22	1.70	1.54
5. 肉禽制品	5. Meat and Poultry Products		0.27	0.97	0.73
六、消费蛋类及蛋制品	Eggs and Related Products	3.02	6.48	7.97	7.59
七、消费奶及奶制品	Milk and Dairy Products	0.02	0.20	0.77	0.65
八、消费水产品	Aquatic Products	1.24	2.12	3.17	5.95
九、消费糖类	Sugar	0.63	0.43	1.31	0.95
十、糖　果	2. Candy	0.39	0.25	0.32	0.27
十一、消费酒和饮料	Liquor, Wine, Beer and Beverage	6.93	15.52	20.40	19.55
1. 白　酒	1. Liquor	6.71	4.23	4.54	4.09
2. 啤　酒	2. Beer		3.70	7.70	7.57
3. 果　酒	3. Wine		0.07	0.03	0.06
4. 不含酒精饮料	4. Beverage	0.22	6.41	7.88	6.65
十二、消费糕点	Pastry	1.11	1.29	0.89	0.96
十三、消费水果及果制品	Dry and Fresh Melons and Fruits	5.92	9.97	21.65	19.71
十四、消费坚果及果仁制品	Nuts and Kernel Products		0.02	0.98	1.14

10—1 各类学校数
Number of Schools

单位:个 (unit)

年份 Year	合计 Total	高等学校 Institutions of Higher Education	中等专业学校 Specialized Secondary Schools	普通中学 Regular Secondary Schools	职业中学 Vocational Schools	技工学校 Secondary Technical Schools	小学 Primary Schools
1952	2089	11	22	39			2015
1957	1556	10	27	135			1317
1962	1928	23	27	189			1628
1965	3299	14	19	223			2666
1970	3263	9	14	518			2722
1975	3126	9	22	515		19	2580
1978	2635	15	18	465		46	2137
1980	2732	18	27	385	18	111	2168
1985	2650	22	44	348	44	110	2069
1986	2494	23	50	340	53	118	1900
1987	2483	24	50	339	52	116	1892
1988	2481	21	46	335	52	114	1900
1989	2485	21	46	339	53	111	1892
1990	2469	21	46	334	51	110	1893
1991	2446	21	45	333	51	114	1866
1992	2311	22	45	322	53	113	1742
1993	2265	22	45	330	56	113	1685
1994	2230	22	44	335	76	108	1627
1995	2310	22	48	359	85	113	1664
1996	2344	22	50	369	97	111	1681
1997	2342	22	51	368	98	111	1677
1998	2242	20	52	373	105	63	1584
1999	2112	21	48	367	103	45	1519
2000	2040	21	42	368	92	35	1468
2001	1958	21	40	360	77	30	1415

10－2 学校专任教师数
Number of Full－time Teachers

单位：人 (person)

年份 Year	合计 Total	高等学校 Institutions of Higher Education	中等专业学校 Specialized Secondary Schools	普通中学 Regular Secondary Schools	职业中学 Vocational Schools	技工学校 Secondary Technical Schools	小学 Primary Schools
1952	14580	1527	769	1778			10412
1957	21770	2915	2050	4583			11870
1962	32122	4674	1919	6270			19015
1965	39661	4063	1528	8138			23954
1970	49776	3181	668	16060			29837
1975	57186	3441	1366	23249			28946
1978	58195	5665	1468	26127			24770
1980	59509	6689	1372	25652	114	1634	23628
1985	60749	8513	2433	20318	1673	2175	25453
1986	62448	10418	2687	20289	2099	2436	26812
1987	65869	10235	2898	20891	2370	2540	26857
1988	66920	10023	3183	20402	2704	2493	27781
1989	69801	11224	3125	20330	2607	2572	29582
1990	73080	10353	3055	21255	2733	2746	32641
1991	74189	10202	3042	21792	2835	2828	33166
1992	75262	10440	3169	22174	2576	2694	33875
1993	72734	10442	3193	21976	2816	2594	31309
1994	72396	10434	3207	21487	2966	2550	31096
1995	73318	10594	3203	22313	3142	2439	31216
1996	74195	10421	3197	23209	3268	2361	31340
1997	75095	10241	3435	23668	3574	2137	31566
1998	73511	10305	3364	23258	3736	1705	30781
1999	73240	10537	3310	23449	3903	1486	30208
2000	72508	11514	2822	23693	3570	1294	29276
2001	71675	12016	2756	24032	3451	1090	27989

10—3 在校学生数
Number of Students

单位:万人 (10000 persons)

年份 Year	合计 Total	高等学校 Institutions of Higher Education	中等专业学校 Specialized Secondary Schools	普通中学 Regular Secondary Schools	职业中学 Vocational Schools	技工学校 Secondary Technical Schools	小学 Primary Schools
1952	54.62	1.14	1.34	4.69			47.45
1957	69.59	1.71	2.24	12.25			53.39
1962	88.35	2.81	1.32	13.54			70.68
1965	115.33	1.78	1.46	20.46			91.63
1970	137.37	0.38	0.10	43.95			92.94
1975	141.26	1.11	0.65	57.98			81.52
1978	132.54	2.03	0.81	63.22			66.48
1980	116.06	2.85	1.00	46.37	0.28	2.17	63.39
1985	96.82	4.18	1.68	31.23	2.17	1.17	56.39
1986	101.58	4.77	2.04	32.61	3.28	1.55	57.33
1987	101.90	4.92	2.32	31.18	3.41	1.64	58.43
1988	103.75	5.85	2.57	29.11	3.80	1.55	60.87
1989	105.35	5.72	2.60	27.41	3.84	1.53	64.25
1990	106.18	5.78	2.44	28.01	2.80	1.45	65.57
1991	106.41	5.92	2.45	30.38	2.70	1.44	63.40
1992	108.37	6.33	2.69	32.92	2.83	1.74	61.70
1993	108.87	6.76	3.04	33.26	3.11	1.87	60.68
1994	111.79	7.61	3.30	34.13	3.95	2.16	60.44
1995	114.49	8.81	3.71	35.63	4.73	1.90	59.55
1996	115.10	8.98	3.85	35.71	5.25	1.81	59.35
1997	115.03	9.19	3.95	34.10	5.99	1.55	60.10
1998	113.38	9.59	3.97	32.57	6.63	1.24	59.23
1999	112.12	10.91	3.95	33.42	6.72	1.03	55.93
2000	113.48	13.97	3.71	36.49	5.67	0.97	52.54
2001	113.99	16.77	3.79	38.75	5.12	0.91	48.43

10—4 各类学校毕业生数
Number of Graduates

单位:人 (person)

年份 Year	合计 Total	高等学校 Institutions of Higher Education	中等专业学校 Specialized Secondary Schools	普通中学 Regular Secondary Schools	职业中学 Vocational Schools	技工学校 Secondary Technical Schools	小学 Primary Schools
1980	370563	3960	1863	248745		2394	112823
1985	201168	7160	4245	85095	5047	4813	94156
1986	195330	10128	5327	85066	5486	1181	87229
1987	208409	13299	5963	94390	7194	4838	81925
1988	209435	14789	6848	98431	5947	5530	77010
1989	192248	14294	7477	87188	7319	4616	72498
1990	209420	15629	8293	87316	8346	4485	85140
1991	227096	15009	7860	85477	9430	5643	103539
1992	233391	16170	8016	87067	8582	4685	108749
1993	230367	14473	8251	92405	8425	5586	101073
1994	250428	15208	7386	105513	8481	7124	106502
1995	273662	19869	9050	109834	10319	9778	114609
1996	236019	24557	9192	86467	13916	6506	95111
1997	254420	24090	9563	113397	16354	7733	83023
1998	266049	23452	10512	120606	18745	5802	86685
1999	264571	23705	10789	107561	17195	5346	99975
2000	269752	23551	9619	97953	25769	3123	109518
2001	271328	26413	9087	103424	22408	3074	106658

10—5 卫生事业基本情况
Basic Status of Public Health

年份 Year	医疗卫生机构数(个) Number of Health Institutions (unit)	医院 Hospitals	门诊部(所) Clinics	医疗床位(张) Number of Beds (unit)	医院 Hospitals	卫生技术人员(人) Medical Technical Personnel (person)	医生 Doctors
1980	1510	221	1196	20528	18078	34395	12531
1985	1648	251	1224	26578	24881	43849	14452
1986	1653	265	1213	28222	25352	46340	15378
1987	1734	283	1281	32732	29966	49512	16741
1988	1795	319	1308	36904	34307	51723	19512
1989	1861	332	1277	37297	35534	52362	20073
1990	1753	332	1290	37390	36015	52714	20350
1991	1663	333	1206	38153	36830	53904	20847
1992	1647	340	1180	38037	36795	55374	21607
1993	1454	355	944	39612	38389	55938	21634
1994	1474	378	943	40237	38968	56396	22710
1995	1380	374	857	38818	37344	55332	21964
1996	747	373	227	38309	35411	52777	21299
1997	749	373	229	38581	35300	51313	21185
1998	739	369	223	38113	36929	49295	20449
1999	734	369	219	37406	35994	48182	20490
2000	738	368	243	36116	34893	47943	20656
2001	731	362	246	35759	32555	47672	20772

注:自1996年起,5人以下门诊部(所)不计入卫生事业机构、人员、床位数。
Note:Data in the table do not include the clinics under five persons since 1996.

10—6 文化事业基本情况
Basic Conditions of Culture

单位：个 (unit)

年 份 Year	电影放映单位 Film Projecting	影剧院 Theater	艺术表演团体 Art Performance Troupes	图书馆 Libraries	文化馆 Cultural Centers	博物馆 Museums	广播电台(座) Broadcasting Stations	电视台(座) Television Stations	图书馆藏书(万册) Collections of Libraries (10000 volume)
1980	1531	38	20	15	15	2	2	2	495
1985	1469	55	26	16	16	3	2	2	456
1986	1283	53	26	17	14	4	2	2	455
1987	1229	47	28	17	15	4	2	2	464
1988	1232	63	20	18	16	4	2	2	730
1989	1251	63	16	18	16	4	2	2	499
1990	875	55	17	18	16	4	2	2	529
1991	736	59	17	18	16	4	2	2	564
1992	745	58	17	19	16	4	2	2	582
1993	745	58	14	20	16	4	2	2	602
1994	738	54	14	20	16	4	2	2	608
1995	738	54	14	20	16	4	2	2	627
1996	738	54	14	20	16	4	2	2	641
1997	739	54	12	20	16	5	2	2	649
1998	608	39	13	20	16	5	2	2	655
1999	608	29	12	20	16	5	2	2	670
2000	608	29	12	20	16	5	2	2	685
2001	608	29	13	20	16	6	2	2	702

注：自1998年始，广播电台，电视台不包括县及县以下单位。
Note:Broadcasting stations and Television stations do not include units of counties and under counties since 1998.

10—7 城市火灾与交通事故
Basic Statistics on Fires and Traffic Accidents

年 份 Year	火灾 Fires			交通事故 Traffic Accidents		
	发生次数(次) Numbers of Fires(case)	死亡人数(人) Deaths (person)	损失折款(千元) Losses Converted into Cash (1000 yuan)	交通事故数(起) Number of Traffic Accidents (case)	死伤人数(人) Deaths and Injuries (person)	死亡人数 Deaths
1984	121	10	338	5294	4496	182
1985	164	24	719	5535	4299	280
1986	170	17	1221	4064	3550	1775
1987	161	14	720	4892	4102	2051
1988	122	16	542	5120	2408	301
1989	161	19	801	4949	2293	317
1990	2058	23	3359	5199	2348	292
1991	2269	33	3125	5370	2278	304
1992	2429	18	5012	4562	2642	382
1993	2916	22	5195	5470	2798	183
1994	2702	13	5172	4191	2088	300
1995	1965	19	4664	3732	2087	301
1996	1122	14	58939	3150	1806	232
1997	1910	42	20924	3945	2162	233
1998	2265	28	18542	4568	2164	215
1999	2041	40	16498	3889	2185	205
2000	3387	30	20701	5887	4066	705
2001	3337	34	14885	6482	5112	809

注：自1990年起，公安部对火灾标准重新修订，故统计口径与以前年份不可比。
Note:Standards on fires had been revised by the ministry of public security since 1996,Therefor,statistics are not comparable with that before 1996.

11－1 城市公用设施
Urban Public Facilities

年份 Year	自来水供水量(万吨) Supply of Tap Water (10000 Tons)	生活用量 For Residential Use	煤气销售量(万立方米) Total Volume of Coal Gas Sold (10000 cu. m)	生活用量 For Residential Use	液化气销售量(吨) Volume of Liquefied Petroleum Sold (ton)	年末公交营运车辆(量) Number of Public Transpor－tation Vehicles (unit)	年末公交营运线路(条) Number of Routes	客运总量(万人次) Number of Passengers (10000 persons times)	出租汽车(量) Number of Taxis (unit)
1978	26828	6478	12662	6525	11938	696	49	37528	
1980	29832	10782	14666	7277	16831	919	44	62705	98
1985	35557	15621	19584	12002	18196	1124	69	65190	370
1990	55670	25395	27439	18746	33039	1356	75	71049	2998
1991	57214	24487	28304	19660	36970	1389	91	74970	3829
1992	60370	28018	28775	17133	34833	2369	99	66015	4421
1993	63737	31045	28449	17087	25435	2462	103	54355	7172
1994	65003	32864	29096	20903	27009	2655	103	48629	10200
1995	65518	34485	28631	22048	71828	2562	103	54640	13641
1996	65808	36915	26018	18479	66591	2241	112	61568	13550
1997	62777	36530	22554	16916	66242	2359	113	62505	14325
1998	62750	35964	20122	15946	75044	2462	111	61985	16104
1999	61159	26927	20826	16843	61183	3124	110	65484	16325
2000	59283	27000	21960	17472	64514	3217	111	80663	16609
2001	52535	22721	29326	19624	43653	3590	127	91712	16735

注:公交车辆1989年以后为全社会数,以前为系统内数。1992年以后公交车辆含小公共汽车辆数。

Note:Number of vehicles refer to number of the whole city since 1989 and number of transportation system before 1989. Number of vehicles include small buses since 1992.

11－2 城市市政工程设施及绿化
Urban Municipal Facilities and Green Areas

年份 Year	铺装道路 Paved Roads 公里 (Km)	万立方米 (10000 sq. m)	桥梁(座) Bridges (unit)	立交桥 Overpass	下水道长度(公里) Length of Sewer Pipelines (km)	路灯盏数(盏) Number of Street Lights (unit)	绿地面积(公顷) Green Areas (hectare)	建成区 Finished Areas	绿化覆盖率(%) Covering Rate
1978	870	742	85	5	1191	21700	8176	1356	9.60
1980	877	753	85	6	963	23360	8536	1605	11.05
1985	923	853	80	7	1004	28407	9128	2183	15.00
1990	1640	1423	105	14	1578	31668	11267	3314	22.03
1991	1648	1568	113	17	1628	34013	17822	3975	23.04
1992	1665	1593	119	23	1664	33427	18032	3425	20.04
1993	1680	1617	126	24	1691	33236	18127	3605	21.05
1994	1747	1733	130	26	1856	34927	18150	3805	22.05
1995	2452	2369	130	30	1793	33939	18210	3398	19.33
1996	2865	2723	165	31	1814	34832	18230	3557	19.44
1997	2918	2865	185	46	1936	44662	18464	3734	20.19
1998	2939	2981	187	47	2007	46168	18614	3884	21.12
1999	3008	3089	184	47	2069	49761	18809	4037	22.00
2000	3018	3117	188	47	2116	51603	20100	4528	23.91
2001	3018	4009	191	50	2116	62682	20512	4729	22.90

注:1996年的道路是全部道路长度、面积。

Note:Data of paved roads in 1996 refer to the length and areas of all roads.

11—3 城市环保及环卫
Urban Environment Protection and Sanitation

指标	Item	1990	1995	2000	2001
废水排放量(万吨)	Drainage Amount of Waste Water (10000 tons)	40494	52414	39483	39242.03
#工业废水排放量(万吨)	#Industrial Waste Water (10000 tons)	14493	13048	8311.9	7414
工业二氧化硫排放量(万吨)	Volume of Sulphur Dioxide Emission (10000 tons)	15.8	23	8.6	3.4
工业二氧化硫去除量(吨)	Volume of Sulphur Dioxide Removed (ton)			27856.6	17419
工业粉尘排放量(吨)	Volume of Industrial Dust Emission (ton)	6760	6634	6694.1	7594.0
工业固体废物产生量(万吨)	Volume of Industrial Solid Wastes Produced(10000 ton)	228	276	313.0	324.7
工业固体废物综合利用量(万吨)	Volume of Industrial Solid Wastes Utilized (10000 tons)	124	161	230.7	242.1
清扫面积(万平方米)	Areas Cleaned (10000 sq. m)	3795	4660	5438	5297
生活垃圾清运量(万吨)	Volume of Garbage Disposal (10000 tons)	208	233	114	114
粪便清运量(万吨)	Volume of Excrement and Urine Disposal(10000 tons)	80	122	23.9	21.9
环卫机械(2吨以上)(辆)	Environmental Sanitation Equipment (over two tons)	639	721	730	730
公共厕所(个)	Public Lavation (unit)	1554	1575	1191	1271

11—4 城市房屋住宅及用电情况
Urban Floor Space of Buildings and Electricity

年份 Year	年末实有房屋建筑面积(万平方米) Actual Floor Space of Buildings at Year—end (10000 sq. m)	其中:住宅 Residential Buildings		人均居住面积(平方米) Per Capita Living Space of Buildings (sq. m)	城市用电量(万千瓦小时) Urban Electricity Consumption (10000 kWH)		
		建筑面积 Floor Space of Buildings	居住面积 Living Space of Buildings			工业用电 Industrial Electricity Consumption	生活用电 Living Electricity Consumption
1978	3289	1528	787	3.51	282854	215785	
1980	3568	1728	890	3.52	322666	241300	
1985	4907	2400	1236	4.42	396705	299008	
1986	5000	2537	1349	4.68	423678	316326	
1987	5331	2776	1503	5.10	458500	365000	22100
1988	5637	2951	1578	5.21	469600	367200	24600
1989	7407	3129	1966	5.35	484667	367222	32823
1990	7797	3324	2041	5.66	514613	375970	34719
1991	8100	4099	2130	5.83	578505	408255	40170
1992	8342	4232	2200	5.96	638925	431387	49348
1993	8684	4440	2291	6.16	695005	471240	56226
1994	9124	4719	2435	6.47	725802	520358	62086
1995	9603	5056	2608	6.87	822039	530736	114697
1996	9893	5734	2761	7.22	876665	542314	132920
1997	11006	6499	3138	7.51	923198	545241	142428
1998	11751	6948	3358	7.77	924147	535794	149219
1999	12287	7306	3521	8.12	1005700	569200	180000
2000	11684	6883	3303	8.37	1134000	609074	213900
2001	13132	7272	3490	8.79	1151703	627485	228149

12—1 区、县(市)主要经济指标

指　标	Item	苏家屯区 Sujiatun District	东陵区 Dongling District
年末总人口(人)	Total Population at Year—end (person)	413748	414412
#非农业人口	#Non—agricultural	204207	157391
社会从业人员(人)	Employed Personnel (person)	219362	157227
#第三产业	#Tertiary Industry	90885	52363
在岗职工人数	Staff and Workers on the Job	29091	13014
乡村劳动力(人)	Rural Laborers (person)	107002	126292
国内生产总值(现价)(万元)	Gross Domestic Product(at current price)(10000 yuan)	731580	886821
第一产业	Primary Industry	86547	35644
第二产业	Secondary Industry	355693	369447
第三产业	Tertiary Industry	289340	481730
国内生产总值指数(上年=100)(%)	Indices of Gross Domestic Product (preceding year=100)	116.0	110.8
农林牧渔业总产值(现价)(万元)	Gross Output Value of Farming,Forestry,Animal Husbandry and Fishery (at current price)(10000 yuan)	118541	109548
耕地面积(公顷)	Cultivated Areas (hectare)	40651	45559
粮豆总产量(吨)	Gross Output of Grain and Soybeans(ton)	198946	166847
蔬菜产量(万吨)	Output of Vegetables(10000 tons)	26	36
乡镇企业单位数(个)	Number of Township Enterprises (unit)	16111	4355
乡镇企业从业人员(人)	Number of Employed Personnel of Township Enterprises (person)	82325	68943
乡镇企业营业收入(万元)	Business Revenue of Township Enterprises (10000 yuan)	1496424	1350221
乡镇企业实际缴纳税金(万元)	Taxes Actually Paid of Township Enterprises(10000 yuan)	7520	43009
全部工业总产值(现价)(万元)	Gross Output Value of Industrial Enterprises (at current price)(10000 yuan)	1415599	1732089
#轻工业	#Light Industry	157347	698296
重工业	Heavy Industry	1258252	1033793
全社会固定资产投资总额(万元)	Total Investment in Fixed Assets (10000 yuan)	114426	73800
社会消费品零售总额(万元)	Retail Sales of Consumer Goods (10000 yuan)	261203	253000
城乡集市贸易成交额(万元)	Transaction Value of Free Markets (10000 yuan)	82265	576300
实际利用外资额(万美元)	Actual Utilization of Foreign Capital (USD 10000)	2000	2062
地方财政收入(万元)	Local Financial Revenue (10000 yuan)	12204	32792
地方财政支出(万元)	Local Financial Expenditure (10000 yuan)	20371	38106
在岗职工平均工资(元)	Average Wage of Staff and Workers on the Job (yuan)	7862	10793
农村居民全年人均纯收入(元)	Per Capita Net Income of Rural Residents (yuan)	3953	4631

Major Indicators of Districts and counties

新城子区 Xinchengzi District	于洪区 Yuhong District	辽中县 Liaozhong County	康平县 Kangping County	法库县 Faku County	新民市 Xinmin City
296045	380418	523322	343474	457610	692152
113351	134648	93834	76464	72348	133289
104131	260418	227092	118981	220483	249342
30369	39156	69100	35206	53292	21771
14281	23558	19700	21425	19755	28070
79684	93617	153765	97537	187484	219980
508466	1419617	570883	131315	220726	870267
68897	71491	201308	54308	86455	201539
301549	696196	161008	35386	77045	309360
138020	651930	208567	41621	57226	359368
116.1	111.0	81.2	127.0	117.0	103.3
112630	137522	307626	105050	142512	361124
49254	43956	90028	78028	129847	179507
198614	181969	407529	238697	397510	569914
75	39	35	10	10	42
9223	18683	30080	11498	11938	27764
56853	135594	78647	26056	55593	91845
1239114	2903721	815759	17100	344521	1068385
8316	29038	4327	1402	2667	6503
1445836	2890494	696900	114822	359024	1277851
728052	1246790	519557	45679	198718	652288
717784	1643704	177343	69143	160306	625563
86159	125000	27839	20978	52880	25040
201382	240000	180982	79256	80600	211062
69176	184252	186338	43557	47089	80564
1115.1	11327	222		2	787
8055	30462	6463	3445	4092	7723
14790	36145	15518	14994	14347	18831
8427	8441	6918	6625	5218	6930
3781	4544	3186	1324	2209	3178

12－1 续表 continued

指 标 Item	和平区 Heping District	沈河区 Shenhe District	大东区 Dadong District	皇姑区 Huanggu District	铁西区 Tiexi District
年末总人口(人) Total Population at Year－end (person)	634002	600991	644046	729533	763644
#非农业人口 Non－agricultural Population	633995	600991	644046	728847	763547
社会从业人员(人) Employed Personnel(person)	113355	160563	105064	91453	106396
#第三产业 Tertiary Industry	106777	147594	81764	76548	82815
在岗职工人数 Staff and Workers on the Job	23972	22463	28589	23154	30524
国内生产总值(现价)(万元) Gross Domestic Product (at current price)(10000 yuan)	381275	383350	276623	119018	270018
#第二产业 Secondary Industry	23088	46650	97023	40355	698799
第三产业 Tertiary Industry	358187	336700	179600	78663	2001399
国内生产总值指数(上年＝100)(%) Indices of Gross Domestic Product (preceding year＝100)	114.7	110.5	116.9	115.1	112.88
全部工业企业单位数(个) Number of Industrial Enterprises (unit)	297	1057	1077	1212	9588
全部工业总产值(现价)(万元) Gross Industrial Output Value (at current price)(10000 yuan)	80078	188527	556501	117682	5261044
#轻工业 Light Industry	23697	153667	360133	57450	4107422
重工业 Heavy Industry	56381	34860	196368	60232	1153622
规模以上工业企业主要经济指标(万元) Major Indicators of Industrial Enterprises above Designated Size (10000 yuan)					
产品销售收入 Sales Revenue	38356	13877	98350	31544	50032
固定资产合计 Fixed Assets	17862	6471	80523	11301	126578
流动资产合计 Liquid Assets	58757	22261	182783	36175	144837
利润总额 Total Profits	763	－635	1904	－1348	－6633
亏损企业亏损额 Losses of Loss－suffering Enterprises	1338	987	5178	1997	8649
利税总额 Total Pre－tax Profits	2267	－247	4206	－384	－3938
全社会固定资产投资总额(万元) Total Investment in Fixed Assets(10000 yuan)	37792	17000	21061	17410	15269
社会消费品零售总额(万元) Retail Sales of Consumer Goods(10000 yuan)	105163	57753	57591	70458	30054
城乡集市贸易成交额(万元) Transaction Value of Free Markets (10000 yuan)	173698	1959599	603051	554031	771587
实际利用外资额(万美元) Actual Utilization of Foreign Capital (USD 10000)	2853	3628	2670	7019	4335
地方财政收入(万元) Local Financial Revenue (10000 yuan)	47548	41526	38616	26518	33616
地方财政支出(万元) Local Financial Expenditure (10000 yuan)	47732	42118	43337	34828	38385
在岗职工平均工资(元) Average Wage of Staff and Workers on the Job (yuan)	11079	9958	9591	10394	9519

13—1 沈阳开发区
Shenyang Development Zone

指 标	Item	2000	2001
批准进区三资项目(个)	Number of Projects Approved (unit)	115	125
#三资项目(个)	#Foreign—funded Projects	57	76
协议利用外资额(亿美元)	Total Amount of Foreign Capital to Be Utilized through the Signed Agreement and Contracts (USD 100 million)	4.2	5.4
实际利用外资(亿美元)	Total Amount of Foreign Capital Actually Used (USD 100 million)	1.8	1.5
新投产项目(个)	Number of Projects Completed and Put into Use (unit)	66	68
新开工建设项目(个)	Number of Projects Started (unit)	56	57
固定资产投资额(亿元)	Total Investment in Fixed Assets (100 million yuan)	18.2	24
#项目建设投资	#Investment of Project Construction	17.6	21
基础公用设施投资	Investment of Public Installation	0.64	1.49
房屋建筑开工面积(万平方米)	Floor Space of Buildings (10000 sq.m)	10	12
房屋建筑竣工面积(万平方米)	Floor Space Completed (10000 sq.m)	15	16
工业总产值(亿元)	Total Output Value of Industry (100 million yuan)	191.5	248.3
利税总额(亿元)	Total Pre—tax Profits (100 million yuan)	26.1	30
#利润总额	#Total Profits	17	20
出口创汇额(亿美元)	Total Exports (USD 100 million)	2.4	2.45

13—2 沈阳市浑南新区
Shenyang Hunnan New Development Zone

指 标	Item	2000	2001
全区企业总数(个)	Number of Enterprises (unit)	4888	5267
#内资企业	#Domestic—funded Industrial Enterprises	4506	4813
三资企业	Foreign—funded Industrial Enterprises	382	454
全区从业人员(人)	Total Number of Employment (person)	49525	61706
批准进区三资项目(个)	Number of Projects Approved (unit)	81	72
技工贸总收入(亿元)	Total Income (100 million yuan)	210.0	315.0
#高新技术产品	#High—tech Products	112.0	157.5
商业性收入	Commercial Income	53.0	70.0
工业总产值(亿元)	Gross Output Value of Industry (100 million yuan)	207.0	225.0
利税总额(亿元)	Total Pre—tax Profits (100 million yuan)	19.0	25.0
#利润总额	#Total Profits	10.4	13.5
协议利用外资额(亿美元)	Total Amount of Foreign Capital to be Utilized through the Signed Agreement and Contracts (USD 100 million)	5.0	4.9
实际利用外资(亿美元)	Total Amount of Foreign Capital Actually Used (USD 100 million)	2.2	1.2
出口创汇(亿美元)	Total Exports(USD 100 million)	4.4	3.4
固定资产投资额(亿元)	Total Investment in Fixed Assets (100 million yuan)	6.7	7.1
房屋建筑面积(万平方米)	Floor Space of Buildings (10000 sq.m)	23.4	47.6
房屋竣工面积(万平方米)	Floor Space Completed (10000 sq.m)	29.7	17.7

13－3 沈阳金融商贸开发区
Shenyang Banking and Trade Development Zone

指 标	Item	2000	2001
开发区面积(平方公里)	Total Areas of Shenyang Development Zone (sq. km)	1.12	1.12
全区企业总数(个)	Number of Enterprises (unit)	951	1189
#内资企业	#Domestic－funded Industrial Enterprises	929	1166
三资企业	Foreign－funded Industrial Enterprises	22	23
全区从业人员(人)	Total Number of Employment (person)		16579
批准进区三资项目(个)	Number of Projects Approved (unit)	38	40
#三资项目(个)	#Foreign－funded Projects	14	15
签约项目(个)	Number of Projects in Signed Contracts	6	6
在建项目(个)	Number of Projects under construction	13	112
竣工项目(个)	Number of Projects Completed	19	22
三资项目投资额(万美元)	Foreign－funded Amount (USD 10000)	2111	2800
协议利用外资额(亿美元)	Total Amount of Foreign Capital to Be Utilized through the Signed Agreement and Contracts (USD 100 million)	1941	1034
实际利用外资(亿美元)	Total Amount of Foreign Capital Actually Used (USD 100 million)	2262	3000
固定资产投资额(亿元)	Total Investment in Fixed Assets (100 million yuan)		3.5
#项目建设投资	#Investment of Project Construction		3.2
基础公用设施投资	Investment of Public Installation		0.21
房屋建筑开工面积(万平方米)	Floor Space of Buildings (10000 sq. m)		44.69
房屋建筑竣工面积(万平方米)	Floor Space Completed (10000 sq. m)		148
利税总额(亿元)	Total Pre－tax Profits (100 million yuan)	1.27	1.56

13—4 铁西工业改造区
Main Indicators of Tiexi Industrial Reformation District

指　标	Item	2000	2001
企业单位数(个)	Number of Industrial Enterprises (unit)	339	343
#国有企业	#State—owned Enterprises	145	134
集体企业	Collective—owned Enterprises	54	47
其他经济类型	Other Type of Ownership	140	162
#轻工业	#Light Industry	92	96
重工业	Heavy Industry	247	247
工业总产值(1990年不变价)(亿元)	Gross Industrial Output Value (at 1990 constant prices)(100 million yuan)	192.3	210.1
#轻工业	#Light Industry	68.7	76.9
重工业	Heavy Industry	124.5	133.2
工业增加值(亿元)	Volue—added of Industry (100 million yuan)	46.8	44.9
固定资产原价(亿元)	Original Value of Fixed Assets (100 million yuan)	263.9	272.8
资产合计(亿元)	Total Capital (100 million yuan)	530.8	536.8
利税总额(亿元)	Total Pre—tax Profits (100 million yuan)	15.5	9.7
从业人员平均人数(万人)	Number of Staff and Workers (10000 persons)	19.5	15.8

13—5 沈阳棋盘山旅游开发区
Huishan Scienic Development Zone

指　标	Item	2001	2000
开发区面积(平方公里)	Total Areas of Huishan Scienic Development District (sq. km)	142	142
全区从业人员(人)	Total Number of Employment (person)	3000	3500
国内生产总值(万元)	Gross Domestic Product (10000 yuan)	6872	8800
#第三产业	#Tertiary Industry	4581	6100
民营经济	Private Economy	2385	2700
财政收入及融资(万元)	Financial Revenue and Other Fund (10000 yuan)	7261	3903
#财政收入	#Financial Revenue	3561	1360
实际利用外资额(万美元)	Actual Utilization of Foreign Capital (USD 10000)		242
固定资产投资额(万元)	Total Investment in Fixed Assets (10000 yuan)	13127	5256.6
#基础设施投资	#Infrastructure	2485	51.6
旅游设施维护	Tourism Facilities Maintenance	300	208.5
园林设施维护	Gardens Facilities Maintenance	300	269.6
基本建设投资	Investment in Fixed Assets	10042	4987
#区投资项目	#Investment of Huishan Sicenic Development District	1125	175
引进项目	Import Investment	8917	4812
游客人数(万人次)	Number of Tourists (10000 persons times)	74.3	95

全国主要经济指标
National Main Economic Indicators

指　　标	Item	2001	比上年增长% Increase Rate (%)
国内生产总值(亿元)	Gross Domestic Products (100 million yuan)	95933	7.3
第一产业	Primary Industry	14610	2.8
第二产业	Secondary Industry	49069	8.7
第三产业	Tertiary Industry	32254	7.4
规模以上工业增加值(亿元)	Total Added Value of Industry above Designated Size (100 million yuan)	26950	9.9
轻工业	Light Industry	10649	8.6
重工业	Heavy Industry	16301	11.1
全社会固定资产投资(亿元)	Total Investment in Fixed Assets (100 million yuan)	36898	12.1
国有及其他投资	State－owned Units and Other Type of Ownership	26401	12.8
社会消费品零售总额(亿元)	Total Sales of Consumer Goods (100 million yuan)	37595	10.1
居民消费价格指数(%)	General Consumer Price Index in Urban Areas(%)	100.7	
进出口总额 (亿美元)	Total Imports and Exports (USD 100 million)	5098	7.5
出口总额	Total Exports	2662	6.8
进口总额	Total Imports	2436	8.2
城乡居民储蓄余额(亿元)	Balance of Savings of Urban and Rural Residents (100 million yuan)	73762	14.7
城镇居民人均可支配性收入(元)	Per Capita Disposable Income of Rural Residents (yuan)	6860	8.5
农村居民人均纯收入(元)	Per Capita Net Income of Rural Residents (yuan)	2366	4.2
从业人员(万人)	Employment (10000 persons)	73025	1.3
城镇从业人员	Urban Employment Persons	23940	3.4
全国年末人口(万人)	Total Population at Year－end (10000 persons)	127627	

注:1.规模以上为全部国有及年产品销售收入500万元及以上非国有工业口径。
2.资料来源国家统计局《公报》。

Note:a)Above designated size refer to all state－owned industrial Enterprises and the non－state－owned industrial enterprises with an annual sales income of over 5 million yuan.
b)Data come from "communique" published by National Bureau of Statistics.

辽宁省主要经济指标
Main Economic Indicators of Liaoning Province

指　　标	Item	2001	比上年增长％ Increase Rate（％）
国内生产总值(亿元)	Gross Domestic Products (100 million yuan)	5033.1	9.0
第一产业	Primary Industry	545.0	6.7
第二产业	Secondary Industry	2444.2	7.7
第三产业	Tertiary Industry	2043.9	11.2
规模以上工业总产值(亿元)	Gross Industry Output Value above Designated Size (100 million yuan)	4416.8	10.8
轻工业	Light Industry	817.8	12.9
重工业	Heavy Industry	3599.0	10.2
全社会固定资产投资(亿元)	Total Investment in Fixed Assets (100 million yuan)	1418.4	11.9
社会消费品零售总额(亿元)	Total Retail Sales of Consumer Goods (100 million yuan)	2034.9	10.1
居民消费价格指数(％)	General Consumer Price Index (％)	100.0	持平
进出口总额(亿美元)	Total Imports and Exports (USD 100 million)	199.1	4.7
出口总额	Total Exports	111.1	2.4
进口总额	Total Imports	88.0	7.7
地方一般预算内财政收入(亿元)	Total Revenue of Local Intra－budget (100 million yuan)	370.7	12.8
地方一般预算内财政支出(亿元)	Total Expenditure of Local Intra－budget (100 million yuan)	619.7	14.1
城镇居民人均可支配性收入(元)	Per Capita Disposable Income of Rural Residents (yuan)	5797.0	8.2
农村居民人均纯收入(元)	Per Capita Net Income of Rural Residents (yuan)	2558.0	8.6
年末人口(万人)	Total Population at Year－end (10000 persons)	4147.0	0.3
全部从业人员(万人)	Urban Employment Persons (10000 persons)	1901.8	－7.3

注:资料来源省统计局《公报》。
Note:Data from "communique" published by Liaoning Province's Bureau of Statistics.

重点城市行政区划、土地面积与人口密度

Administration Divisions, Area of Land and Population Density of Main Cities

(2001 年末) (2001 year－end)

城 市	City	市辖区(个) Districts under the Jurisdiction of Cities	市辖县(个) Counties under the Jurisdiction of cities	土地面积 (平方公里) Area of Land (sq. km)	市 区 Urban District	市区人口密度 Population Density of Urban District
沈 阳	Shenyang	9	4	12980	3495	1388
大 连	Dalian	6	4	12574	2415	1109
长 春	Changchun	6	4	20571	3583	817
哈尔滨	Harbin	7	12	53068	1660	2067
南 京	Nanjing	10	5	6597	1026	2822
杭 州	Hangzhou	6	7	16596	683	2623
宁 波	Ningbo	5	6	9365	1033	1201
济 南	Jinan	5	5	8154	2119	1248
青 岛	Qingdao	7	5	10654	1102	2129
武 汉	Wuhan	13		8467	8467	885
广 州	Guangzhou	10	2	7434	3719	1524
成 都	Chengdu	7	12	12390	1418	2369
西 安	Xi'an	8	5	9983	1964	2003
深 圳	Shenzhen	6		1949	392	5241
厦 门	Xiamen	7		1565	1565	839
北 京	Beijing	13	5	16808	1370	
天 津	Tianjin	14	4	11920	5908	1151
上 海	Shanghai	16	3	6341	3924	2897
重 庆	Chongqing	14	26	82403	14876	603

注:人口密度单位为人/平方公里。
Note: Unit of population density＝persons/sq. km

重点城市工业产值及产品产销率

Gross Industrial Output Value and Proportion of Products Sold of Main Cities

城 市	City	工业总产值(亿元) Gross Industrial Output Value (100 million yuan) 2001	增长% Increased Rate(%)	产品产销率(%) Proportion of Prduct Sold 2001	±百分点 Increased Rate(%)
沈 阳	Shenyang	757.2	7.1	96.8	－1.0
大 连	Dalian	1100.4	10.6	97.1	－0.4
长 春	Changchun	954.7	24.3	96.9	－1.5
哈尔滨	Harbin	526.2	9.4	97.5	－1.5
南 京	Nanjing	1782.7	12.5	98.2	0.6
杭 州	Hangzhou	1916.6	19.3	97.5	0.3
宁 波	Ningbo	1646.3	15.1	97.2	－0.1
济 南	Jinan	786.7	16.7	97.7	0.1
青 岛	Qingdao	1671.7	22.1	98.5	－0.1
武 汉	Wuhan			97.2	－0.5
广 州	Guangzhou	2822.0	15.8	96.2	0.1
成 都	Chengdu	707.5	18.2	98.5	0.6
西 安	Xi'an	578.5	18.8	96.8	－1.1
深 圳	Shenzhen	2880.4	17.4	98.5	－0.8
厦 门	Xiamen	793.6	15.0	98.4	
北 京	Beijing	2833.4	16.1	100.1	1.8
天 津	Tianjin	2852.1	15.2	98.5	－0.1
上 海	Shanghai	7006.4	18.6	98.8	—
重 庆	Chongqing	1062.4	14.3	99.2	0.4

注:工业总产值为全部国有及年产品销售收入500万元及以上的非国有工业口径。
Note: Gross industrial output value include all state－owned industrial enterprises and the non－state－owned industrial enterprises with annual sales income of over 5 million yuan.

重点城市国内生产总值
Gross Domestic Products of Main Cities

单位:亿元 (2001) (100 million yuan)

	国内生产总值 Gross Domestic Product	第一产业 Primary Industry	第二产业 Secondary Industry	第三产业 Tertiary Industry
沈　阳 Shenyang	1236.5	76.6	542.0	617.6
大　连 Dalian	1235.6	111.4	574.2	550.0
长　春 Changchun	1003.0	135.9	443.6	423.5
哈尔滨 Harbin	1120.1	186.1	393.1	540.9
南　京 Nanjing	1154.4	58.7	557.6	538.1
杭　州 Hangzhou	1568.0	111.0	798.5	658.5
宁　波 Ningbo	1310.6	98.6	718.5	493.5
济　南 Jinan	1067.2	100.0	440.9	526.3
青　岛 Qingdao	1316.0	143.2	648.8	524.0
武　汉 Wuhan	1348.0	85.0	595.0	668.0
广　州 Guangzhou	2684.8	95.7	1136.5	1452.6
成　都 Chengdu	1491.0	132.6	676.2	682.2
西　安 Xi'an	734.0	45.0	330.0	359.0
深　圳 Shenzhen	1908.2	18.0	1003.2	887.0
厦　门 Xiamen	556.4	22.5	297.0	236.9
北　京 Beijing	2817.6	93.0	1063.7	1660.9
天　津 Tianjin	1826.7	78.6	891.5	856.6
上　海 Shanghai	4950.8	85.5	2355.5	2509.8
重　庆 Chongqing	1749.8	293.0	726.7	730.1

重点城市国内生产总值增长速度
Indices of Gross Domestic Product of Main Cities

(2001)

	以上年为100 Preceding Year=100			
	国内生产总值 Gross Domestic Product	第一产业 Primary Industry	第二产业 Secondary Industry	第三产业 Tertiary Industry
沈　阳 Shenyang	10.1	6.4	10.2	10.5
大　连 Dalian	11.8	5.2	12.5	12.6
长　春 Changchun	13.4	9.7	14.1	14.0
哈尔滨 Harbin	11.2	4.6	13.4	12.0
南　京 Nanjing	11.2	7.5	10.5	12.3
杭　州 Hangzhou	12.2	7.0	13.0	12.1
宁　波 Ningbo	12.0	5.0	13.1	12.0
济　南 Jinan	12.1	4.0	9.7	15.9
青　岛 Qingdao	13.7	2.3	16.3	14.0
武　汉 Wuhan	12.0	5.3	12.9	12.1
广　州 Guangzhou	12.7	2.0	12.7	13.5
成　都 Chengdu	13.1			
西　安 Xi'an	13.1	2.5	15.7	12.1
深　圳 Shenzhen	13.2	6.3	14.0	12.5
厦　门 Xiamen	12.0	9.2	13.2	10.7
北　京 Beijing	11.0	4.5	12.8	10.2
天　津 Tianjin	12.0	6.3	12.7	11.7
上　海 Shanghai	10.2	3.0	12.0	8.7
重　庆 Chongqing	9.0	2.2	11.8	9.0

重点城市全社会固定资产投资
Total Investment in Fixed Assets of Main Cities

单位:亿元 (100 million yuan)

城市 City		全社会固定资产投资 Total Investment in Fixed Assets 2001	增长% Increased Rate (%)	其中 Of the Total 基本建设 Capital Construction	更新改造 Innovation
沈阳	Shenyang	302.8	15.5	122.5	70.6
大连	Dalian	305.1	13.6	95.0	42.5
长春	Changchun	285.0	21.2	105.4	53.0
哈尔滨	Harbin	311.8	22.9	146.3	50.7
南京	Nanjing	464.9	12.8	168.2	91.5
杭州	Hangzhou	628.2	21.9	194.2	99.5
宁波	Ningbo	470.3	30.4	181.4	42.7
济南	Jinan	344.2	12.5	115.8	59.2
青岛	Qingdao	384.4	19.7	101.9	66.1
武汉	Wuhan	508.4	10.1	165.4	115.0
广州	Guangzhou	964.1	4.4	317.6	175.4
成都	Chengdu	582.2	22.3	281.6	64.9
西安	Xi'an	288.0	24.1	113.6	42.8
深圳	Shenzhen	673.4	8.7	284.4	33.9
厦门	Xiamen	191.7	9.5	75.0	27.6
北京	Beijing	1530.5	18.0	387.3	186.5
天津	Tianjin	705.1	15.8	309.4	141.9
上海	Shanghai	1984.3	6.1	712.5	436.8
重庆	Chongqing	801.8	22.3	328.3	108.0

重点城市国内外贸易
Domestic and Foreign Trade of Main Cities

城市 City		社会消费品零售总额(亿元) Total Retail Sales of Consumer Goods (100 million yuan) 2001	增长% Increased Rate (%)	出口总值(亿美元) Total Exports (USD 100 million) 2001	增长% Increased Rate (%)
沈阳	Shenyang	623.5	10.2	12.5	−3.6
大连	Dalian	534.2	9.3	76.3	3.0
长春	Changchun	358.3	12.5	9.8	25.1
哈尔滨	Harbin	503.0	10.6	6.2	−11
南京	Nanjing	465.8	11.0	57.5	7.1
杭州	Hangzhou	458.8	13.6	72.8	4.6
宁波	Ningbo	414.2	14.0	62.4	20.8
济南	Jinan	397.5	12.1	5.9	4.0
青岛	Qingdao	352.9	14.7	71.2	16.6
武汉	Wuhan	685.0	13.0	5.1	−21.1
广州	Guangzhou	1243.9	11.0	116.2	−1.4
成都	Chengdu	627.5	13.2	8.9	9.2
西安	Xi'an	365.9	11.4	8.8	−17.1
深圳	Shenzhen	609.3	13.2	374.5	8.4
厦门	Xiamen	186.6	8.3	65.1	10.6
北京	Beijing	1593.5	10.4	117.9	−1.5
天津	Tianjin	832.7	13.0	95.0	10.1
上海	Shanghai	1861.3	8.1	276.3	9.0
重庆	Chongqing	699.3	8.7	11.0	10.8

重点城市地方财政收支
Total Local Government Revenue and Expenditure of Main Cities

单位:亿元 (100 million yuan)

城 市 City		地方财政收入 Total Revenue		地方财政支出 Total Expenditures	
		2001	增长% Increased Rate (%)	2001	增长% Increased Rate (%)
沈 阳	Shenyang	80.8	34.3	103.5	17.7
大 连	Dalian	99.6	23.1	119.8	23.5
长 春	Changchun	36.3	19.4	59.0	15.4
哈尔滨	Harbin	65.4	21.4	93.6	21.5
南 京	Nanjing	112.6	21.7	117.5	16.0
杭 州	Hangzhou	104.3	50.7	104.9	42.9
宁 波	Ningbo	99.1	54.0	121.9	36.6
济 南	Jinan	59.6	21.5	70.4	28.6
青 岛	Qingdao	98.7	23.4	109.8	24.9
武 汉	Wuhan	86.2	28.7	112.6	26.4
广 州	Guangzhou	246.2	23.1	292.4	21.6
成 都	Chengdu	77.3	31.5	105.4	27.1
西 安	Xi'an	55.9	19.1	57.3	10.5
深 圳	Shenzhen	262.5	18.3	253.7	12.5
厦 门	Xiamen	65.3	26.0	74.3	25.7
北 京	Beijing	454.2	31.6	612.5	24.9
天 津	Tianjin	163.6	22.5	234.7	25.5
上 海	Shanghai	620.2	24.6	726.4	16.6
重 庆	Chongqing	106.0	21.5	255.2	26.0

重点城市金融机构存贷款余额
Balance on Deposits and Loans of Financial Institutions of Main Cities

单位:亿元 (100 million yuan)

城 市 City		存款余额 Balance on Deposits		贷款余额 Balance on Loans	
		2001	增长% Increased Rate (%)	2001	增长% Increased Rate (%)
沈 阳	Shenyang	1907.0	12.1	1547.3	11.2
大 连	Dalian	1563.9	14.1	1307.2	12.6
长 春	Changchun	1158.4	14.6	1344.8	8.5
哈尔滨	Harbin	1495.4	17.2	1466.6	9.1
南 京	Nanjing	2293.0	16.8	1962.7	15.0
杭 州	Hangzhou	2624.5	25.5	2087.7	23.8
宁 波	Ningbo	1444.5	23.6	1051.6	21.3
济 南	Jinan	1457.5	14.3	1292.0	20.8
青 岛	Qingdao	1232.4	16.7	1079.9	12.9
武 汉	Wuhan	1900.0	12.2	1500.0	12.6
广 州	Guangzhou	6228.0	12.6	4336.5	11.8
成 都	Chengdu	2257.0	19.4	1762.0	18.5
西 安	Xi'an	1629.7	22.1	1186.0	21.9
深 圳	Shenzhen	4092.6	29.1	2860.8	24.8
厦 门	Xiamen	642.4	17.9	506.4	11.8
北 京	Beijing	12223.4	25.4	7202.9	20.1
天 津	Tianjin	2562.6	12.3	2159.9	15.8
上 海	Shanghai	9584.2	23.3	7187.9	20.5
重 庆	Chongqing	2294.1	20.4	1871.9	15.6

重点城市生活物价指数
Consumer Price Indices and Retail Price Indices of Commodities in Main Cities

城市 City		居民可支配性收入(元) Disposable Income of Residents (yuan)		城乡储蓄(亿元) Saving of Urban and Rural Residents (100 million yuan)		居民消费价格指数(%) Consumer Price Indices (%)	
		2001	增长% Increased Rate (%)	2001	增长% Increased Rate (%)	2001	2000
沈阳	Shenyang	6386	9.2	1058.1	10.4	100.0	100.1
大连	Dalian	7418	8.1	839.0	7.9	99.5	99.6
长春	Changchun	6339	13.8	608.1	13.9	102.3	98.8
哈尔滨	Harbin	6407	13.8	831.4	16.4	101.0	100.2
南京	Nanjing	8848	7.5	716.1	20.0	99.9	100.0
杭州	Hangzhou	10896	11.9	941.8	19.4	99.5	100.8
宁波	Ningbo	11991	9.8	699.5	13.4	99.3	100.3
济南	Jinan	8607	12.9	534.6	15.5	100.3	103.5
青岛	Qingdao	8731	8.9	618.7	15.6	101.0	103.3
武汉	Wuhan	7305	8.0	777.0	17.9	99.5	100.5
广州	Guangzhou	14416	5.8	2600.4	16.5	98.9	102.8
成都	Chengdu	8126	6.3	995.0	19.8	100.8	100.2
西安	Xi'an	6705	5.4	805.3	19.2	99.9	100.2
深圳	Shenzhen	23544	8.9	1373.4	26.9	97.8	102.8
厦门	Xiamen	11365	8.3	262.2	20.0		106.3
北京	Beijing	11578	11.9	3536.2	21.0	103.1	103.5
天津	Tianjin	8959	10.1	1285.0	9.6	101.2	99.6
上海	Shanghai	12884	9.9	3001.9	18.9	100.0	102.5
重庆	Chongqing	6721	7.1	1317.2	21.3	99.1	96.7

重点城市在岗职工及平均工资
Registered Workers and Average Wage of Main Cities (on the basis of old statistical coverage)

城市 City		在岗职工(万人) Registered Workers (10000 persons)	离岗职工(万人) Laid-off Workers (10000 persons)	在岗职工年平均工资(元) Average Wage of Registered Workers (yuan)	
				2001	同比±% Increased Rate (%)
沈阳	Shenyang	116.0	47.0	11226	18.4
大连	Dalian	85.5	10.8	13493	13.4
长春	Changchun	92.7	25.7	11090	13.7
哈尔滨	Harbin	169.7	40.9	9670	14.8
南京	Nanjing	94.6	24.8	16263	16.9
杭州	Hangzhou	79.8	5.4	15750	10.0
宁波	Ningbo	55.5		19158	23.5
济南	Jinan	79.3		11980	15.0
青岛	Qingdao				
武汉	Wuhan			9080	19.1
广州	Guangzhou	165.2	7.1	22772	15.8
成都	Chengdu	117.3		12493	20.5
西安	Xi'an			10786	17.5
深圳	Shenzhen	94.0	1.9	25896	12.4
厦门	Xiamen	50.3		16678	9.2
北京	Beijing	400.3	34.8	19155	17.2
天津	Tianjin	184.0		14308	14.6
上海	Shanghai	290.0		21781	17.5
重庆	Chongqing	201.2	38.2	9523	18.7

主要统计指标解释

国民生产总值(GNP) 指一个国家(或地区)所有常住单位在一定时期内收入初次分配的最终结果。一国常住单位从事生产活动所创造的增加值在初次分配中主要分配给该国的常住单位,但也有一部分以生产税及进口税(扣除生产和进口补贴)、劳动者报酬和财产收入等形式分配给非常住单位;同时,国外生产所创造的增加值也有一部分以生产税及进口税(扣除生产和进口补贴)、劳动者报酬和财产收入等形式分配给该国的常住单位,从而产生了国民生产总值的概念。它等于国内生产总值加上来自国外的净要素收入。与国内生产总值不同,国民生产总值是个收入概念,而国内生产总值是个生产概念。

国内生产总值(GDP) 指一个国家(或地区)所有常住单位在一定时期内生产活动的最终成果。国内生产总值有三种表现形态,即价值形态、收入形态和产品形态。从价值形态看,它是所有常住单位在一定时期内生产的全部货物和服务价值超过同期中间投入的全部非固定资产货物和服务价值的差额,即所有常住单位的增加值之和;从收入形态看,它是所有常住单位在一定时期内创造并分配给常住单位和非常住单位的初次收入分配之和;从产品形态看,它是所有常住单位在一定时期内最终使用的货物和服务价值与货物和服务净出口价值之和。在实际核算中,国内生产总值有三种计算方法,即生产法、收入法和支出法。三种方法分别从不同的方面反映国内生产总值及其构成。

三次产业 是根据社会生产活动历史发展的顺序对产业结构的划分,产品直接取自自然界的部门称为第一产业,对初级产品进行再加工的部门称为第二产业,为生产和消费提供各种服务的部门称为第三产业。它是世界上较为通用的产业结构分类,但各国的划分不尽一致。

我国的三次产业划分是:

第一产业:农业(包括种植业、林业、牧业和渔业)。

第二产业:工业(包括采掘业,制造业,电力、煤气及水的生产和供应业)和建筑业。

第三产业:除第一、第二产业以外的其他各业。由于第三产业包括的行业多、范围广,根据我国的实际情况,第三产业可分为两大部分:一是流通部门,二是服务部门。

人口数 指一定时点、一定地区范围内的有生命的个人的总和。

年度统计的年末人口数指每年12月31日24时的人口数。年度统计的全国人口总数内未包括台湾省和港澳同胞以及海外华侨人数。

可比价格 指计算各种总量指标所采用的扣除了价格变动因素的价格,可进行不同时期总量指标的对比。按可比价格计算总量指标有两种方法:一种是直接用产品产量乘某一年的不变价格计算;另一种是用价格指数进行缩减。

不变价格 指以同类产品某年的平均价格作为固定价格,用于计算各年的产品价值。按不变价格计算的产品价值消除了价格变动因素,不同时期对比可以反映生产的发展速度。新中国成立后,随着工农业产品价格水平的变化,国家统计局先后五次制定了全国统一的工业产品不变价格和农业产品不变价格。从1952年到1957年使用1952年工(农)业产品不变价格,从1957年到1970年使用1957年不变价格,从1971年到1980年使用1970年不变价格,从1981年到1990年使用1980年不变价格,从1991年开始使用1990年不变价格。

从业人员 指从事一定社会劳动并取得劳动报酬或经营收入的人员,包括全部职工、再就业的离退休人员、私营业主、个体户主、私营和个体从业人员、乡镇企业从业人员、农村从业人员、其他从业人员(包括民办教师、宗教职业者、现役军人等)。这一指标反映了一定时期内全部劳动力资源的实际利用情况,是研究我国基本国情国力的重要指标。

职工工资总额 指各单位在一定时期内直接支付给本单位全部职工的劳动报酬总额。工资总额的计算原则应以直接支付给职工的全部劳动报酬为根据。各单位支付给职工的劳动报酬以及其他根据有关规定支付的工资,不论是计入成本的还是不计入成本,不论是按国家规定列入计征奖金税项目的,还是未列入计征奖金税项目的,不论是以货币形式支付的还是以实物形式支付的,均包括在工资总额内。

职工平均工资 指企业、事业、机关单位的职工在一定时期内平均每期内所得的货币工资额。它表明一定时期职工工资收入的高低程度,是反映职工工资水平的主要指标。计算公式为:

职工平均工资＝报告期实际支付的全部职工工资总额/报告期全部职工平均人数

农林牧渔业总产值 指以货币表现的农、林、牧、渔业全部产品的总量,它反映一定时期内农业生产总规模和总成果。农业总产值的计算方法通常是按农林牧渔业产品及其副产品的产量分别乘以各自单位产品价格求得;少数生产周期较长,当年没有产品或产品产量不易统计的,则采用间接方法匡算其产值;然后将四业产品产值相加即为农业总产值。1957年以前的农业总产值中包括了厩肥和农民自给性手工业(如农民自制衣服、鞋、袜,自己从事粮食初步加工等)。1958年及以后的农业总产值,林业中增加了村及村以下竹木采伐产值;牧业中取消了厩肥产值;副业中取消了农民自给性手工业产值,增加了村及村以下办的工业产值;渔业中增加了海洋捕捞水产品产值。1980年及以后的农业总产值,在副业中增加了农民家庭兼营工业商品部分的产值。从1984年起村及村以下工业产值划归工业。从1993年起取消副业,将野生动物的捕猎划入牧业、野生植物采集和农民家庭兼营商品性工业划归农业。1996年第一次农业普查以后，由于畜牧业产品年报数据与普查数据之间存在一定的差距，国家统计局农调总队对畜牧业年报数据与普查数据进行衔接，相应的畜牧业产值进行调整。

工业 指从事自然资源的开采，对采掘品和农产品进行加工和再加工的物质生产部门。具体包括：(1)对自然资源的开采，如采矿、晒盐、森林采伐等(但不包括禽兽捕猎和水产捕捞)；(2)对农副产品的加工、再加工，如粮油加工、食品加工、轧花、缫丝、纺织、制革等；(3)对采掘品的加工、再加工、如炼铁、炼钢、化工生产、石油加工、机器制造、木材加工等，以及电力、自来水、煤气的生产和供应等；(4)对工业品的修理、翻新，如机器设备的修理、交通运输工具(包括小卧车)的修理等。

1984年以前农村的村及村以下办工业归属农业，1984年以后划归工业。

轻工业 指主要提供生活消费品和制作手工工具的工业。按其所使用的原料不同，可分为两大类：(1)以农产品为基本原料的轻工业，是指直接或间接以农产品为基本原料的轻工业。主要包括食品制造、饮料制造、烟草加工、纺织、缝纫、皮革和毛皮制作、造纸以及印刷等工业；(2)以非农产品为原料的轻工业，是指以工业品为原料的轻工业。主要包括文教体育用品、化学药品制造、合成纤维制造、日用化学制品、日用玻璃制品、日用金属制品、手工工具制造、医疗器械制造、文化和办公用机械制造等工业。

重工业 是指为国民经济各部门提供物质技术基础的主要生产资料的工业。按其生产性质和产品用途，可以分为下列三类：(1)采掘(伐)工业，是指对自然资源的开采，包括石油开采、煤炭开采、金属矿开采、非金属矿开采和木材采伐等工业；(2)原材料工业，指向国民经济各部门提供基本材料、动力和燃料的工业。包括金属冶炼及加工、炼焦及焦炭、化学、化工原料、水泥、人造板以及电力、石油和煤炭加工等工业；(3)加工工业，是指对工业原材料进行再加工制造的工业。包括装备国民经济各部门的机械设备制造工业、金属结构、水泥制品等工业，以及为农业提供的生产资料如化肥、农药等工业。

根据上述划分原则，修理业中以重工业产品为修理作业对象的划为重工业，反之划为轻工业。

工业总产值 是以货币表现的工业企业在一定时期内生产的已出售或可供出售工业产品总量，它反映一定时间内工业生产的总规模和总水平。它包括：在本企业内不再进行加工，经检验、包装入库(规定不需包装的产品除外)的成品价值，对外加工费收入，自制半成品、在产品期末初差额价值。工业总产值采用“工厂法”计算，即以工业

建筑业总产值(即自行完成施工产值) 是以货币表现的建筑安装企业在一定时期内生产的建筑业产品的总和。建筑业总产值包括：

(1)建筑工程产值：指列入建筑工程预算内的各种工程价值。

(2)设备安装工程产值：指设备安装工程价值，不包括被安装设备本身价值。

(3)房屋、构筑物修理产值：指房屋、构筑物修理所完成的价值，但不包括被修理房屋、构筑物本身的价值和生产设备的修理价值。

(4)非标准设备制造产值：指加工制造没有定型的、非标准的生产设备的加工费和原材料价值，以及附属加工厂为本企业承建工程制作的非标准设备的价值。

全社会固定资产投资 固定资产投资是社会固定资产再生产的主要手段。通过建造和购置固定资产的活动，国民经济不断采用先进技术装备，建立新兴部门，进一步调整经济结构和生产力的地区分布，增强经济实力，为改善人民物质文化生活创造物质条件。这对我国的社会主义现代化建设具有重要意义。

固定资产投资额是以货币表现的建造和购置固定资产活动的工作量，它是反映固定资产投资规模、速度、比例关系和使用方向的综合性指标。全社会固定资产投资按登记注册类型可分为国有、集体、个体、联营、股份制、外商、港澳台商、其他等。按照管理渠道，全社会固定资产投资总额分为基本建设、更新改造、房地产开发投资和其他固定资产投资四个部分。

施工项目 指报告期内曾进行建筑或安装工程施工活动的建设项目，包括报告期内新开工项目、报告期以前开工跨入报告期继续施工的项目以及报告期施过工并在报告期内全部建成投产或停缓建的项目。

房屋建筑面积 指从房屋外墙线算起的各层平面面积的总和，包括可供使用的有效面积和房屋结构(如柱、墙)占用的面积。多层建筑按各层(包括地下室)面积总和计算。

住宅建筑面积 指施工和竣工房屋建筑面积中供居住用的施工和竣工房屋建筑面积。

能源生产总量 指一定时期内全国一次能源生产量的总和，是观察全国能源生产水平、规模、构成和发展速度的总量指标。一次能源生产量包括原煤，原油，天然气，水电、核能及其他动力能(如风能、地热能等)发电量，不包括低热值燃料生产量、生物质能、太阳能等的利用和由一次能源加工转换而成的二次能源产量。

能源消费总量 指一定时期内全国物质生产部门、非物质生产部门和生活消费的各种能源的总和，是观察能源消费水平、构成和增长速度的总量指标。能源消费总量包括原煤和原油及其制品、天然气、电力，不包括低热值燃料、生物质能和太阳能等的利用。能源消费总量分为终端能源消费量、能源加工转换损失量和损失量三部分。

(1)终端能源消费量：指一定时期内全国生产和生活消费的各种能源在扣除了用于加工转换二次能源消费量和损失量以后的数量。

(2)能源加工转换损失量:指一定时期内全国投入加工转换的各种能源数量之和与产出各种能源产品之和的差额,是观察能源在加工转换过程中损失量变化的指标。

(3)能源损失量:指一定时期内能源在输送、分配、储存过程中发生的损失和由客观原因造成的各种损失量,不包括各种气体能源放空、放散量。

财政收入 指国家财政参与社会产品分配所取得的收入,是实现国家职能的财力保证。财政收入所包括的内容几经变化,目前主要包括:

(1)各项税收:包括增值税、营业税、消费税、土地增值税、城市维护建设税、资源税、城市土地使用税、印花税、个人所得税、企业所得税、关税、农牧业税和耕地占用税等。

(2)专项收入:包括征收排污费收入、征收城市水资源费收入、教育费附加收入等。

(3)其它收入:包括基本建设货款归还收入、基本建设收入、捐赠收入等。

(4)国有企业亏损补贴:这项为负收入,冲减财政收入。

财政支出 国家财政将筹集起来的资金进行分配使用,以满足经济建设和各项事业的需要,主要包括:

(1)基本建设支出:指按国家有关规定,属于基本建设范围内的基本建设有偿使用、拨款、资本金支出以及经国家批准对专项和政策性基建投资贷款,在部门的基建投资额中统筹支付的贴息支出。

(2)企业挖潜改造资金:指国家预算内拨给的用于企业挖潜、革新和改造方面的资金。包括各部门企业挖潜改造资金和企业挖潜改造贷款资金,为农业服务的县办"五小"企业技术改造补助,挖潜改造贷款利息支出。

(3)地质勘探费用:指国家预算用于地质勘探单位的勘探工作费用,包括地质勘探管理机构及其事业单位经费、地质勘探经费。

(4)科技三项费用:指国家预算用于科技支出的费用,包括新产品试制费、中间试验费、重要科学研究补助费。

(5)支援农村生产支出:指国家财政支援农村集体(户)各项生产的支出。包括对农村举办的小型农田水利和打井、喷灌等的补助费,对农村水土保持措施的补助费,对农村举办的小水电站的补助费,特大抗旱的补助费,农村开荒补助费,扶持乡镇企业资金,农村农技推广和植保补助费,农村草场和畜禽保护补助费,农村造林和林木保护补助费,农村水产补助费,发展粮食生产专项资金。

(6)农林水利气象等部门的事业费用:指国家财政用于农垦、农场、农业、畜牧、农机、林业、森工、水利、水产、气象、乡镇企业的技术推广、良种推广(示范)、动植物(畜禽、森林)保护、水质监测、勘探设计、资源调查、干部训练等项费用,园艺特产场补助费,中等专业学校经费,飞播牧草试验补助费,营林机构、气象机构经费,渔政费以及农业管理事业费等。

(7)工业交通商业等部门的事业费:指国家预算支付给工交商各部门用于事业发展的经费,包括勘探设计费、中等专业学校经费、技术学校经费、干部训练费。

(8)文教科学卫生事业费:指国家预算用于文化、出版、文物、教育、卫生、中医、公费医疗、体育、档案、地震、海洋、通讯、电影电视、计划生育、党政群干部训练、自然科学、社会科学、科协等项事业的经费支出和高技术研究专项经费。主要包括工资、补助工资、福利费、离退休费、助学金、公务费、设备购置费、修缮费、业务费、差额补助费。

(9)抚恤和社会福利救济费:指国家预算用于抚恤和社会福利救济事业的经费。包括由民政部门开支的烈士家属和牺牲病残人员家属的一次性、定期抚恤金,革命伤残人员的抚恤金,各种伤残补助费,烈军属、复员退伍军人生活补助费,退伍军人安置费,优抚事业单位经费,烈士纪念建筑物管理、维修费,自然灾害救济事业费和特大自然灾害灾后重建补助费等。

(10)国防支出:指国家预算用于国防建设和保卫国家安全的支出,包括国防费、国防科研事业费、民兵建设以及专项工程支出等。

(11)行政管理费:包括行政管理支出,党派团体补助支出,外交支出,公安安全支出,司法支出,法院支出,检察院支出和公检法办案费用补助。

(12)价格补贴支出:指经国家批准,由国家财政拨给的政策性补贴支出。主要包括粮食加价款,粮、棉、油差价补贴,棉花收购价外奖励款,副食品风险基金,市镇居民的肉食价格补贴,平抑市价肉食、蔬菜价差补贴等以及经国家批准的教材课本、报刊新闻纸等价格补贴。

预算外资金收支 预算外资金指国家机关、事业单位和社会团体为履行或代行政府职能,依据国家法律、法规和具有法律效力的规章而收取、提取和安排使用的未纳入国家预算管理的各种财政性资金。其范围主要包括:法律、法规规定的行政事业性收费、基金和附加收入等;国务院或省级人民政府及其财政、计划(物价)部门审批的行政事业性收费;国务院及财政部审批建立的基金、附加收入等;主管部门所属单位集中上缴资金;用于乡镇政府开支的乡自筹和乡统筹资金;其他未纳入预算管理的财政性资金。社会保障基金在国家财政尚未建立社会保障预算制度以前,先按预算外资金管理制度进行管理,专款专用。财政部门在银行开设统一的专户,用于预算外资金收入和支出管理。部门和单位的预算外收入必须上缴同级财政专户,支出由同级财政按预算外资金收支计划和单位财务收支计划统筹安排,从财政专户中拨付,实行收支两条线管理。

进出口总额 海关进出口总额指实际进出我国国境的货物总金额。包括对外贸易实际进出口货物,进料加工装配进出口货物,国家间、联合国及国际组织无偿援助物资和赠送品,华侨、港澳台同胞和外籍华人捐赠品,租赁期满归承租人所有的租赁货物,来料加工进出口货物,边境地方贸易及边境地区小额贸易进出口货物(边民互市贸易除外),中外合资企业、中外合作经营企业、外商独资经营企业进出口货物和公用物品，到、离岸价格在规定限额以上的进出口货样和广告品（无商业价值、无使用价值和免费提供出口的除外），从保税仓库提取在中国境内销售的进口货物，以及其他进出口货物。进出口总额用以观察一个国家在对外贸易方面的总规模。我国规定出口货物按离岸价格统计，进口货物按到岸价格统计。

利用外资 指我国各级政府、部门、企业和其他经济组织通过对外借款、吸收外商直接投资以及用其他方式筹措的境外现汇、设备、技术等。

对外借款 是我国利用外资的重要部分。指通过对外正式签订借款协议，从境外筹措的资金，包括外国政府贷款、国际金融组织贷款、外国银行商业贷款、出口信贷以及对外发行债券等。1996年及以前还包括对外发行股票。

外商直接投资 指外国企业和经济组织或个人（包括华侨、港澳台胞以及我国在境外注册的企业）按我国有关政策、法规，用现汇、实物、技术等在我国境内开办外商独资企业、与我国境内的企业或经济组织共同举办中外合资经营企业、合作经营企业或合作开发资源的投资（包括外商投资收益的再投资），以及经政府有关部门批准的项目投资总额内企业从境外借入的资金。

外商其他投资 指除对外借款和外商直接投资以外的各种利用外资的形式。包括企业在境内外股票市场公开发行的以外币计价的股票（目前主要是在香港证券市场发行的H股和在境内证券市场发行的B股）发行价总额，国际租赁进口设备的应付款，补偿贸易中外商提供的进口设备、技术、物料的价款，加工装配贸易中外商提供的进口设备、物料的价款。

社会消费品零售总额 指国民经济各行业直接售给城乡居民和社会集团的消费品总额。它是反映各行业通过多种商品流通渠道向居民和社会集团供应的生活消费品总量，是研究国内零售市场变动情况、反映经济景气程度的重要指标。

社会消费品零售总额包括：(1)售给城乡居民作为生活用的商品和修建房屋用的建筑材料；(2)售给社会集团的各种办公用品和公用消费品；(3)售给机关、团体、学校、部队、企业、事业单位的职工食堂和旅店（招待所）附设专门供本店旅客食用，不对外营业的食堂的各种食品、燃料；企业、单位和国营农场直接售给本单位职工和职工食堂的自己生产的产品；(4)售给部队干部、战士生活用的粮食、副食品、衣着品、日用品、燃料；(5)售给来华的外国人、华侨、港澳台同胞的消费品；(6)居民自费购买的中、西药品、中药材及医疗用品；(7)报社、出版社直接售给居民和社会集团的报纸、图书、杂志，集邮公司出售中的新、旧纪念邮票、特种邮票、首日封、集邮册、集邮工具等；(8)旧货寄售商店自购、自销部分的商品；(9)煤气公司、液化石油气站售给居民和社会集团的煤气灶具和罐装液化石油气；(10)农民售给非农业居民和社会集团的商品。不包括售给国民经济各部门企业、事业单位（包括国有经济的农场）生产经营用的各种原材料、燃料、设备、工具等和售给批发零售贸易业、餐饮业作为转卖用的商品，旧货寄售商店受托寄售卖出的商品，服务业的营业收入，邮局出售邮票的收入，自来水、电力、煤气生产（供应）单位的产品供应收入，也不包括农民之间的商品销售。

城市居民家庭全部收入 指被调查城市居民家庭全部的实际收入，包括经常或固定得到的收入和一次性收入。不包括周转性收入，如提取银行存款、向亲友借款、收回借出款以及其他各种暂收款。

城市居民家庭可支配收入 指被调查的城市居民家庭在支付个人所得税、记帐补贴、家庭副业生产支出后所余下的实际收入。

城市居民家庭消费性支出 指被调查的城市居民家庭用于日常生活的全部支出，包括购买商品支出和文化生活、服务等非商品性支出。不包括罚没、丢失款和缴纳的各种税款（如个人所得税、牌照税、房产税等），也不包括个体劳动者生产经营过程中发生的各项费用。

城市居民家庭购买商品支出 指被调查的城市居民家庭购买商品的全部支出，包括从商店、工厂、饮食业、工作单位食堂、集市以及直接从农民手中购买各种商品的开支。商品支出分为以下八类：食品；衣着；家庭设备用品及服务；医疗保健；交通与通信；娱乐、教育、文化服务；居住；杂项商品和服务。

农村居民家庭纯收入 指农村常住居民家庭总收入中，扣除从事生产和非生产经营费用支出、缴纳税款和上交承包集体任务金额以后剩余的，可直接用于进行生产性、非生产性建设投资、生活消费和积蓄的那一部分收入。农村居民家庭纯收入包括从事生产性和非生产性的经营收入，取自在外人口寄回带回和国家财政救济、各种补贴等非经营性收入；既包括货币收入，又包括自产自用的实物收入。但不包括向银行、信用社和向亲友借款等属于借贷性的收入。

农村居民家庭生活消费支出 指农村常住居民家庭用于日常生活的全部开支，是反映和研究农民家庭实际生活消费水平高低的重要指标。

商品零售价格指数 是反映城乡商品零售价格变动趋势的一种经济指数。零售物价的调整变动直接影响到城乡居民的生活支出和国家的财政收入，影响居民购买力和市场供需平衡，影响消费与积累的比例。因此，计算零售价格指数，可以从一个侧面对上述经济活动进行观察和分析。

居民消费价格指数 是反映一定时期内城乡居民所购买的生活消费品价格和服务项目价格变动趋势和程度的相对数，是对城市居民消费价格指数和农村居民消费价格指数进行综合汇总计算的结果。利用居民消费价格指数，可以观察和分析消费品的零售价格和服务价格变动对城乡居民实际生活费支出的影响程度。

Explanatory Notes on Main Statistical Indicators

Gross National Product (**GNP**) refers to the final result of the primary distribution of the income created by all the resident units of a country (or a region) during a certain period of time. The value—added created by the resident units of a country engaged in production activities is mainly distributed to the resident units of that country while a part of it is distributed to the non—resident units in the form of production tax and import duties (minus subsidies to production and import), remuneration for the labourers and property income. At the meantime, a part of the value — added created abroad is distributed to the resident units of the country in the form of production tax and import duties (minus subsidies to production and import), remuneration for the labourers and property income. Thus the concept of gross national product is formed , which equals to gross domestic product plus net factor income from abroad. Unlike gross domestic product which is a concept of production, gross national products is a concept of income.

Gross Domestic Product (**GDP**) refers to the final products of all resident units in a country (or a region) during a certain period of time. Gross domestic product is expressed in three different forms, i. e. value, income, and products respectively. The form of value refers to the total value of all products and services produced by all resident units during a certain period of time minus total value of intermediate input of materials and services of the nature of non—fixed assets or the summation of the value—added of all resident units; the form of income includes all the income created by all resident units and distributed primarily to all resident and non — resident units; the form of products refers to the value of all final goods and services for final use by all resident units plus the value of net exports of goods and services during a given period of time. In the practice of national accounting, gross domestic product is calculated with three approaches, i. e. production approach, income approach, and expenditure approach, which reflect gross domestic product and its composition from different aspects.

Three Industries Industry structure has been classified according to the historical sequence of development. Primary industry refers to extraction of natural resources; secondary industry involves processing of primary products; and tertiary industry provides services of various kinds for production and consumption. The above classification is universal although it varies to some extent form country to country. Industry in China comprises:

Primary industry: agriculture (including farming, forestry, animal husbandry and fishery).

Secondary industry: industry (including mining and quarrying, manufacturing, production and supply of electricity, water and gas) and construction.

Tertiary industry: all other industries not included in primary or secondary industry.

Due to the fact that tertiary industry involves in a large variety of industries in China, it is divided into two sectors: circulation sector and service sector.

Total Population refers to the total number of people alive at a certain point of time within a given area.

The annual statistics on total population is taken at midnight, the 31st of December, not including residents in Taiwan province, Chinese compatriots in Hong Kong and Macao and overseas Chinese.

Comparable Prices refer to prices that are used to remove the factors of price change in calculating economic aggregates, so as to facilitate comparison of aggregates over time. Two methods are used for calculating economic aggregates at comparable prices: 1. Multiplying the output of products by their constant prices of certain year; 2. Deflation of data at current prices by relevant price index.

Constant Price refers to the average price of a given product in certain year, which is used for comparison of output value over time. As the output value at constant prices removes the factor of price changes, it reflects the trend of production development over time. Since 1949, with the changes in general price level, National Bureau of Statistics has issued nationally unified constant prices five times: the 1952 constant prices for 1952—1957; the 1957 constant prices for 1957—1971; the 1970 constant prices for 1971 — 1981; the 1980 constant prices for 1981—1990; and the 1990 constant prices have been used since 1991.

Employed Persons refer to the persons who are engaged in social working and receive remuneration payment or earn business income, including total staff and workers, re—employed retires, employers of private enterprises, self — employed workers, employees in private enterprises and individual economy, employees in township enterprises, employed persons in the rural areas, and other employed persons (including teachers in the schools run by the local people, people engaged in religious profession and the servicemen, etc.). This indicator reflects the actual utilization of total labor force during a certain period of time and is often used for the research on China's economic situation and national power.

Total Wages of Staff and Workers refer to the total remuneration payment to staff and workers in various units during a certain period of time. The calculation of total wages is based on the total remuneration payment to the staff and workers. Therefore, all the wages and salaries and other payments to staff and workers are included in the total wages regardless of their sources, category, and forms (in kind or cash). (Total wages of staff and workers in this yearbook include only total wages of fully employed staff and workers, excluding the living allowances distributed to those who have left their working units while keeping their labor contract/employment relation unchanged).

Average Wage of Staff and Workers refers to the average wage in money terms per person during a certain period of time for staff and workers in enterprises, institutions, and government agencies, which reflects the general level of wage income during a certain period of time and is calculated as follows:

Average Wage of Staff and Workers = Total Wages of Staff and Workers in Reference Period/ Average Number of Staff and Workers in Reference Period.

Gross Output Value of Farming, Forestry, Animal Husbandry and Fishery refers to the total value of products of farming, forestry, animal husbandry and fishery, which reflects the total scale and result of agricultural production during a given period. Gross output value of agriculture is obtained by first multiplying the output of each product or by product by its price, resulting in the output value of each single item. For a small number of products annual output of which is not available or difficult to get due to the long production growing process involved, the output value is estimated through an indirect approach. The sum of output value of all products of farming, forestry, animal husbandry, and fishery is then equal to the gross output value of agriculture. Prior to 1957, China's gross agricultural output value included barnyard manure and handicraft products for self consumption (clothes, shoes, stockings, and initial grain processing undertaken by peasants). Since 1958, cutting and felling of bamboo and trees by villages and other cooperative organizations under villages have been included in forestry; value of barnyard manure has been excluded from animal husbandry; self consumed handicrafts has been excluded from sideline occupations, while the output value of industries run by villages and cooperative organizations under villages have been included in sideline occupations and the output value of fish catches by motor fishing boats has been added to fishery. Since 1980, the value of handicraft products made for sale by individuals in households had been added to sideline occupations. Since 1984, industries run by villages and under villages have been included in the sector of industry . Since 1993, the subdivision of sideline occupations has been canceled, and the hunting of wild animals has been classified into animal husbandry, and the gathering of wild plants and commodity industry run by rural household have been included in farming. The fist agriculture census of China in 1996 revealed some discrepancy between the production of animal products from the annual reports and that from the census. Efforts were made by the Rural Socio—economic Survey Organization of NBS to adjust the output value of animal husbandry to make the figures from the annual reports consistent with the census data.

Industry refers to the material production sector which is engaged in extraction of natural resources and processing and reprocessing of minerals and agricultural products, including (1) extraction of natural resources, such as mining, salt production, logging (but not including hunting and fishing); (2) processing and reprocessing of farm and sideline products, such as rice husking, flour milling, wine making, oil pressing, cotton ginning, silk reeling, spinning and weaving, and leather making; (3) manufacture of industrial products, such as steel making, iron smelting, chemicals manufacturing, petroleum processing, machine building, timber processing; water and gas production and electricity generation and supply; (4) repairing of industrial products such as the repairing of machinery and means of transport (including cars).

Prior to 1984, the rural industry run by villages and cooperative organizations under village was classified into agriculture. Since 1984, it has been grouped into industry.

Light Industry refers to the industry that produces consumer goods and hand tools. It consists of two categories, depending on the materials used:

(1)Industries using farm products as raw materials. These are branches of light industry which directly or indirectly use farm products as basic raw materials, including the manufacture of food and beverages , tobacco processing, textile, clothing, fur and leather manufacturing, paper making, printing, etc.

(2)Industries using non farm products as raw materials. These are branches of light industry which use manufactured goods as raw materials, including the manufacture of cultural, educational articles and sports goods, chemicals, synthetic fiber, chemical products for daily use, glass products for daily use, metal products for daily use, hand tools, medical apparatus and instruments, and the manufacture of cultural and clerical machinery.

Heavy Industry refers to the industry which produces capital goods, and provides various sectors of the national economy with necessary material and technical basis. It consists of the following three branches according to the purpose of production or the use of products:

(1) Mining, quarrying and logging industry refers to the industry that extracts natural resources, including extraction of petroleum, coal , metal and non—metal ores and logging.

(2)Raw materials industry refers to the industry that provides various sectors of the national economy with raw materials, fuels and power. It includes smelting and processing of metals, coking and coke chemistry, chemical materials and building materials such as cement, plywood, and power, petroleum refining and coal dressing.

(3)Manufacturing industry refers to the industry that processes raw materials, It includes machine building industry which equips sectors of the national economy, industries of metal structure and cement products, industries producing means of agricultural production, such as chemical fertilizers and pesticides. According to the above principle of classification , the repairing trades which are engaged primarily in repairing products of heavy industry are classified into heavy industry while these engaged in repairing products of light industry are classified into light industry.

Gross Industrial Output Value is the total volume of industrial products sold or available for sale in value terms which reflects the total achievements and overall scale of industrial production during a given period. It includes the value of the finished products, which are not to be further processed in the enterprises and have been inspected, packed and put in storage, the value of industrial services rendered to other units, and the changes in the value of the semi—finished products and products in process between the beginning and closing of the period.

Gross Output Value of Construction (Output Value of Projects Under Construction) refers to total of construction products, expressed in money terms, completed by construction and installation enterprises during a given period of time. It includes:

(1)Output value of construction projects, that is the value of projects covered by the project budgets;

(2)Output value of installation projects, that is the value of the installation equipment (excluding the value of the equipment to be installed);

(3) Output value of repair of buildings and structures, that is the value created through the repairs of buildings or structures but does not include the value of buildings or structures being repaired and the value of the repair of production equipment;

(4)Output value of manufactured non—standard equipment, that is the value of non—standard production equipment (including raw materials and manufacturing cost) made for the construction project, and the equipment manufactured by subsidiary workshops.

Total Investment in Fixed Assets in the Whole Country Investment in fixed assets is the essential means for social reproduction of fixed assets. By means of construction and purchase of fixed assets, more advanced technologies and equipment are adopted in the national economy, and new sectors are established, which promote the adjustment of economic structure and the regional distribution of productive forces and enhance the economic strengths so as to provide the material conditions for improving people's livelihood. This is significant for speeding up the drive of socialist modernization in China.

Amount of investment in fixed assets refers to the volume of activities in construction and purchases of fixed assets in monetary terms. It is a comprehensive indicator which shows the size, pace, proportional relations and use orientation of the investment in fixed assets. Total investment in fixed assets in the whole country includes, by registration type of ownership, the investment by the state—owned units, collective units, individuals, joint ownership units, share—holding units, as well as investment by businessmen from foreign countries and from Hong Kong, Macao and Taiwan, and by other units. According to China's current management system, the investment in fixed assets in the whole country is classified into the following four parts: investment in capital construction, investment in innovation, investment in real estates development and other investment in fixed assets.

Projects under Construction refer to projects having construction and installation activities undertaken in the reference period, including projects started in the reference period, or continued from the previous period, or completed and put into production or suspended in the reference period.

Floor Space of Buildings under Construction and Completed refers to total floor space in each storey of buildings calculated from the outside line of building walls, including both usable space and the space occupied by constructions like pillars or walls. The floor space of multi－storey buildings includes the total floor space of each storey (including basement).

Floor Space of Residential Buildings refers to the floor space of the residential buildings under construction and completed among the total space of buildings under construction and completed.

Total Energy Production refers to the total production of primary energy by all energy producing enterprises in the country in a given period of time. It is a comprehensive indicator to show the capacity, scale, composition and development of energy production of the country. The production of primary energy includes that of coal, crude oil, natural gas, hydro－power and electricity generated by nuclear energy and other means such as wind power and geothermal power. However, it excludes the production of fuels of low calorific value, bio－energy, solar energy and the secondary energy converted from the primary energy.

Total Domestic Energy Consumption refers to the total consumption of energy of various kinds by material production sectors, non material production sectors and households in the country in a given period of time. It is a comprehensive indicator to show the scale, composition and development of energy consumption. The total energy consumption includes that of coal, crude oil and their products, natural gas and electricity, However, it excludes the consumption of fuel of low calorific value, bio－energy and solar energy. Total domestic energy consumption can be divided into three parts:

(1)Final Energy Consumption: It refers to the total energy consumption by material production sectors, non material production sectors and households in the country (region) in a given period of time, but excludes the consumption in conversion of the primary energy into the secondary energy and the loss in the process of energy conversion.

(2)Loss During the Process of Energy Conversion: It refers to the total input of various kinds of energy for conversion, minus the total output of various kinds of energy in the country in a given period of time. It is an indicator to show the loss that occurs during the process of energy conversion.

(3)Loss: It refers to the total of the loss of energy during the course of energy transport, distribution and storage and the loss caused by any objective reason in a given period of time. The loss of various kinds of gas due to gas discharges and stocktaking is excluded.

Government Revenue refers to the revenue of the government finance by means of participating in the distribution of the social products, which is the financial resources for ensuring the government to function. The contents of government revenue have been changed several times. Now it includes the following main items:

(1) Various tax revenues, including value added tax, business tax, consumption tax, land value added tax, tax on city maintenance and construction, resources tax, tax on use of urban land, stamp tax, personal income tax, enterprise income tax, tariff, tax on agriculture and animal husbandry and tax on occupancy of cultivated land, etc.

(2)Special revenues, including revenue collected from imposing fee on sewage treatment, revenue collected from imposing fee on urban water resources, and extra－charges for education, etc.

(3)Other revenues, including revenue from the repayment of capital construction loan, revenue from capital construction projects, and donations and grants. (4) Planned subsidies for the losses of the state－owned enterprises. This is an item of negative revenue, used to eat up part of the government revenue.

Government Expenditure refers to the distribution and use of the funds the government finance has raised, so as to meet the needs of economic construction and various causes. It includes the following main items:

(1) Expenditure for capital construction: It refers to the non—gratuitous use and appropriation of funds for capital construction in the range of capital construction, outlay of capital as well as the loans on capital construction approved by the government for special purpose or policy purpose and the expenditure with discount paid in an overall way within the amount of the funds appropriated to the departments for capital construction.

(2) Innovation funds of the enterprises: They refer to the funds appropriated from the government budget for the enterprises to tap the latent power, upgrade the technology and carry out innovation, including the innovation fund of the departments, loan of the enterprises for innovation, subsidies on the innovation to the small fertilizer plant, small cement plant, small coal mines, small machinery plant and small steel plant, the expenditure of interest for the loan for innovation.

(3) Geological prospecting expenses: They refer to the expenses appropriated from the government budget to the geological prospecting units for the expenditure of the prospecting work, including the expenditures of the administrative agencies for geological prospecting and their institutional units as well as the geological prospecting expenditure.

(4) Expenditures for science and technology promotion: They refer to the expenses appropriated from the government budget for the scientific and technological expenditure, including new products development expenditure, expenditure for intermediate trial and subsidies on important scientific researches.

(5) Expenditure for supporting rural production: It refers to the expenditures appropriated from the government budget for supporting the various expenditures of the rural collective units or households for production, including the subsidies to the small water conservancy projects and well drilling, sprinkling irrigation projects run by the villages; subsidies on the rural water soil conserving measure; subsidies to the small power stations run by the villages; subsidies to the expenditure for fighting against particularly severe draughts; subsidies on the rural waste land exclamation; fund for supporting the township enterprises; subsidies to the expenditure for popularization of the agricultural technologies and plant protection in the rural areas; subsidies to the expenditure for the protection of grasslands and cattle and fowls; subsidies on afforestation and forest protection in rural areas; subsidies on the rural aquatic products industry; special fund for developing grain production.

(6) Operating expenses of the departments of farming, forestry, water conservancy and meteorology etc.: They refer to the expenses appropriated from the government budget for the expenditures of agricultural exclamation, farms, agriculture, animal husbandry, agricultural machinery, forestry, timber industry, water conservancy, aquatic products industry, meteorology technology popularization in township enterprises, popularization (demonstration) of improved varieties, plant (cattle and fowls, forest) protection, water quality monitoring, prospecting and designing, resources investigation, cadres training, subsidies to horticulture gardens, expenditure of specialized secondary schools, subsidies on the experiments of sowing herbage seeds by flights, expenditures of afforestation agencies and meteorology agencies, expenses for fishery administration and operating expenses for agricultural administration, etc.

(7) Operation expenses of the departments of industry, transport and commerce: They refer to the expenses appropriated from the government budget to the departments of industry, transport and commerce for the expenditure of business development, including expenses for prospecting and de-

signing, expenditures of specialized secondary schools, expenditures of the technical training schools and expenditures for cadres training, etc.

(8) Operating expenses of the departments of culture, education, science and public health: They refer to the expenses appropriated from the government budget for the expenditures of the causes of culture, publication, cultural relics, education, public health, traditional Chinese medical science, free medical services, sports, archives, earthquake, ocean, communications, broadcasting, film and television, family planning; expenditure for training of cadres of government, party and mass organization; expenditures for natural sciences, social sciences, associations for science and technology and the special expenditure for the high—tech researches. They include mainly wages, extra wages, welfare funds, pension for the retirees, stipend; expenses for official business, expenses for equipment purchases, expenses for repairs, business expenses and subsidies to the units which are unable to support their expenditures by their own earnings.

(9) Pension for the disabled or for the families of the bereaved and relief funds for social welfare: They refer to the funds appropriated from the government budget for the expenditures of pension for the disabled or for the families of the bereaved and relief funds for social welfare, including the lump—sum or regular pension paid by the departments of civil affairs to the members of martyrs families and families of those who died for the public interest, pension to the revolutionary disabled, subsidies for permanent disability of various kinds, subsidies to the military martyrs dependents and the demobilized servicemen, expenditure for setting down the demobilized serviceman, operating expenses of the consoling institutions, expenses for management and repair of the commemorative buildings for the martyrs, the expenses managed by the departments of civil affairs for the retirees and those who have quitted their work, expenses for social relief in rural and urban areas, operating expenses for providing relief to the areas of natural calamity and subsidies on the reconstruction after the particularly severe natural calamities, etc.

(10) Expenditures for national defence: They refer to the funds appropriated from the government budget for the expenditures for building up national defence and safeguarding national security, including expenses of national defence, expenses of scientific researches on national defence, expenses for building up people's militia and expenditure for special projects, etc.

(11) Administrative expenses: They include expenditure for administration, subsidies to the parties and mass organizations, diplomatic expenditure, expenditure for public security, judicial expenditure, law court expenditure, procuratorial expenditure and subsidies to the expenses for treating the cases by the public security departments, procuratorial organs and law courts.

(12) Expenditure for price subsidies: It refers to the expenditure appropriated, with the approval of the government, from the government budget for the policy subsidies to price adjustment, including the fund for the increase of grain prices, the subsidies to the difference between the selling prices and purchasing prices of grains, cotton and edible oil, awards in addition to the purchasing prices of cotton, risk fund for non—staple food, subsidies on the prices of meat and meat products, subsidies on the price difference for curbing the high market prices of meat, meat products and vegetables and subsidies approved by the government on the prices of textbooks and newsprint of newspapers and periodicals.

Extra—budgetary revenue and expenditure Extra—budgetary fund refers to financial fund of various types not covered by the regular government budgetary management, which is collected, allocated or arranged by government agencies, institutions and social organizations while performing duties delegated to them or on behalf of the government in accordance with laws, rules and regulations. It mainly covers following items: administrative and institutional fees, funds and extra charges that are stipulated by laws and regulations; administrative and institutional fees approved by the State Council and provincial governments and their financial and planning (price management) departments; funds and extra charges established by the State Council and the ministry of Finance; funds turned over to competent departments by their subordinate institutions; self—raised and collected funds by township governments for their own expenditure; and other financial funds that are not covered in budgetary management. Social security funds are treated as extra—budgetary fund and managed for its exclusive use, given the circumstance that separate government budgetary system for social security is yet to be designed. Special accounts are opened by the financial departments in banks for the management of revenue and expenditure of extra — budgetary fund. Extra—budgetary revenue and expenditure is managed separately , namely, revenue of institutions and departments must enter into the special accounts of the financial departments at the same administrative level, and their extra—budgetary expenditure is arranged in line with the extra—budget plans and appropriated from these accounts.

Total Imports and Exports at Customs refer to the value of commodities imported into and exported from the boundary of China. They include the actual imports and exports through foreign trade, imported and exported goods under the processing and assembling trades and materials, supplies and gifts as aid given gratis between governments and by the United Nations and other international organizations, and contributions donated by overseas Chinese, compatriots in Hong Kong and Macao and Chinese with foreign citizenship, leasing commodities owned by tenant at the expiration of leasing period, the imported and exported commodities processed with imported materials, commodities trading in border areas (excluding mutual exchange goods), the imported and exported commodities and articles for public use of the Sino—foreign joint ventures, cooperative enterprises and ventures exclusively with foreign own investment. Also included are import or export of samples and advertising goods for whose CIF or FOB value are beyond the permitted ceiling (excluding goods of no trading or use value and free commodities for export), imported goods sold in China from bonded warehouses and other imported or exported goods. The indicator of the total imports and exports at customs can be used to observe the total size of external trade in a country. In accordance with the stipulation of the Chinese government, imports are calculated at CIF, while exports are calculated at FOB.

Utilization of Foreign Capital refers to remittance, equipment and technology financed from abroad, by loans, foreign direct investment and other forms undertaken by the Chinese governments at all levels, by various departments, enterprises and other economic units.

Foreign Borrowings an important part of China's utilization of foreign capital, it refers to funds borrowed from abroad through formal singing of borrowing agreements with foreign institutions, including loans of foreign governments, loans of international financial institutions, commercial loans of foreign banks, export credit, and funds raised by Chinese bonds (and shares before 1996) issued abroad.

Direct Investment by Foreign Entrepreneurs refers to the investments inside China by foreign enterprises and economic organizations or individuals (including overseas Chinese, compatriots from Hong Kong and Macao, and Chinese enterprises registered abroad), following the relevant policies and laws of China, for the establishment of ventures exclusively with foreign own investment, Sino—foreign joint ventures and cooperative enterprises or for co—operative exploration of resources with enterprises or economic organizations in China. It includes the reinvestment of the foreign entrepreneurs with the profits gained from the investment and the funds that enterprises borrow from abroad in the total investment of projects which are approved by the relevant department of the government.

Other Investment by Foreign Entrepreneurs refers to all forms of utilization of foreign capitals other than foreign borrowings and foreign direct investment. It includes the total value of stock shares in foreign currencies issued by enterprises at domestic or foreign stock exchanges (now mainly consisting of H shares issued at Hong Kong Security Market and B shares issued at domestic security markets), rent payable for the imported equipment through international leasing arrangement, cost of imported equipment, technology and materials provided by foreign counterparts in compensation trade and processing and assembly trade.

Total Retail Sales of Consumer Goods refer to the sum of retail sales of consumer goods sold by all sectors of the national economy to urban and rural residents and social groups. This indicator is used to show the supply of consumers goods through various channels to households and institutions, and is very important for the study on changes at the domestic retail market, and on economic cycles.

The retail sales of consumer goods include: (1) commodities sold to urban and rural residents for their daily use and building materials sold to them for the construction or repair of houses; (2) office appliances and supplies sold to institutions; (3) food and fuels sold to canteens of institutions, enterprises, schools, military units and to canteens of hotels and hostels that only serve their guests, and commodities produced by enterprises, institutions or state farms and sold directly to their employees or their canteens; (4) Grain and non—staple food, clothing, daily articles and fuels sold to military personnel; (5) consumer goods sold to foreigners, overseas Chinese, and Chinese compatriots from Taiwan, Hong Kong and Macao during their stay in the mainland of China; (6) Chinese and western medicines, herbs and medical facilities purchased by residents; (7) newspapers, books and magazines directly sold to residents and sociall groups by publishers, new and old commemorative stamps, first—day covers, stamp albums and other stamp—collection articles sold by stamp companies; (8) consumer goods purchased and then sold by second—hand shops; (9) stoves and other heating facilities and liquefied gas sold by gas companies to households and institutions; (10) commodities sold by farmers to non—agricultural residents and social groups. Excluded under this heading are: raw materials, fuels, equipment, tools sold to enterprises, institutions and state farms for production purpose; commodities sold to trade establishments for re—selling; commissioned sales at second—hand shops; operational income of urban public utilities; stamps sold at post offices; income of water, power, gas production and supply establishments from the supply of their products; and sales of commodities among farmers.

Total Income of Urban Households refers to the total actual income of the sample households, including regular or fixed income and occasional income. The income of a circulating nature such as withdrawal from bank deposits, loans borrowed from relatives or friends, repayment of loans received and various temporary collection of money is excluded.

Disposable Income of Urban Households refers to the actual income of the sample households which can be used for daily expenses, i.e., total income minus personal income tax, sample household subsidy and expenditure on household sideline production.

Expenditure for Consumption of Urban Households refers to total expenditure of the sample households for consumption in daily life, including expenditure for various commodities and expenses for non—commodity items such as culture and service, etc., but excluding fines and confiscation, loss, tax payments (such as income tax, license tax, real estates tax, etc.) and various expenses by individual laborers for business purposes.

Expenditure for Purchases of Commodities of Urban Households refers to total expenses of the sample households for the purchases of commodities from shops, factories, catering trade, canteens, markets and from the peasants. Such expenditure is classified into eight categories: food, clothing, household appliances and services, health care and medical services, transport and communications, recreation, education and cultural services, housing, miscellaneous goods and services.

Net Income of Rural Households refers to the total income of the permanent residents of the rural households during a year after the deduction of the expenses for productive and non—productive business operation, the payment for taxes and the payment for collective units for their contracted tasks, which can then be spent for investments in productive and non — productive construction, for consumption in daily life and for savings deposit. It is a comprehensive indicator to show the actual level of the income of the peasants' household. The net income of the rural households includes not only the income from the productive and non — productive business operation, but also the income from the non—business operation, such as the money remitted or brought back by the members of the household who are in other places, the government relief payment and various subsidies. It includes not only the money income, but also the income in kind. But the income from borrowing from banks, friends and relatives is excluded.

Expenditure of Rural Households for Consumption refers to total expenses of rural households on daily life, including expenses on food, clothing, housing, fuel, articles for daily use, and expenses on cultural life and services. This indicator is used to show the actual consumption level of peasants.

The Savings Deposits of Urban and Rural Residents refers to the total value of savings deposits of urban and rural households in banks and rural credit cooperatives at a given point of time, including the savings deposit of urban residents and the savings deposit of rural residents. The cash in hand by residents and the deposits of organizations such as enterprises, military units, government agencies, institutions, etc. are not included.

Retail Price Index reflects the general change in retail prices of commodities. The change and adjustment in retail prices directly affect the living expenditure of urban and rural residents, government revenue, purchasing power of residents and the equilibrium of market supply and demand, and the ratio of consumption to accumulation. Therefore, the calculation of retail price index is useful to analyze the changes of the above economic activities.

Consumer Price Index reflects the trend and degree of changes in prices of consumer goods and services purchased by urban and rural residents, and is a composite index derived from the urban consumer price index and the rural consumer price index. Consumer price index can be used to analyze the impact of consumer price change on actual expenditure for living cost of urban and rural residents.

文献法规选编

文　献

中共沈阳市委关于加强自身建设的决定

（2001年8月6日）

为进一步提高市委班子成员的思想政治素质和领导水平，充分发挥市委总揽全局、协调各方的领导核心作用，全面完成市第十次党代会确定的各项任务，现就加强市委自身建设作出如下决定。

一、加强思想政治建设，全面贯彻执行党的基本路线

切实加强理论学习，努力提高思想理论水平。认真学习马列主义、毛泽东思想特别是邓小平理论和江泽民同志的一系列重要论述。当前和今后一个时期要深入学习江泽民同志的“七一”重要讲话，着重领会“三个代表”重要思想的科学内涵，把握理论上的新发展、新突破和新创造，不断提高贯彻“三个代表”重要思想的自觉性和坚定性，坚定共产主义的理想信念，牢固树立正确的世界观、人生观和价值观。同时，要注意学习市场经济、现代科技、财政金融、法律法规、信息网络等反映当代世界发展趋势和要求的新知识和新理论。大力弘扬理论联系实际的学风，紧密联系我市改革开放和现代化建设的新实践，大胆探索，努力创新，增强工作的系统性、预见性和创造性，提高领导改革开放和现代化建设的能力和水平。进一步完善市委理论学习中心组学习制度，坚持集体学习与自学相结合，每月至少集中学习一次。严格执行领导干部培训制度，保证市委委员任期内参加各级党校培训。

把握正确的政治方向，坚持党的基本路线不动摇。在思想上、政治上始终同党中央保持高度一致，坚决贯彻中央的路线方针政策和工作部署，自觉维护党中央的权威。全面贯彻党的基本路线，牢固树立以经济建设为中心的思想，坚持以发展为主题，不断促进先进生产力的发展。要把坚持改革开放和坚持四项基本原则统一起来，一以贯之于我市现代化建设的全过程，落实和体现到各项工作中去。始终坚持“两手抓，两手都要硬”的方针，正确处理好改革、发展、稳定的关系，在抓好物质文明建设的同时，抓好精神文明建设和民主法制建设；在坚持以经济建设为中心的同时，大力加强党的建设，推进全市经济和社会各项事业的全面发展。

二、认真贯彻民主集中制原则，努力推进决策的科学化、民主化

按照“集体领导、民主集中、个别酝酿、会议决定”的要求，进一步完善议事规则，规范决策程序，充分发挥集体领导的作用。凡属市委议事决策范围内的重大问题，必须由集体讨论决定。任何个人都不能凌驾于集体之上，擅自作出决定。市委讨论决定重大问题时，常委和委员要充分发表意见，根据多数人的意见形成决策方案。市委常委会讨论任免干部要逐步实行无记名票决制。对区、县（市）党委和政府领导班子正职的拟任人选，要逐步做到由市委常委会提名，市委全委会审议，进行无记名投票表决；在全委会闭会期间，可由常委会作出决定，但在常委会作出决定前必须征求市委委员的意见。讨论重大问题如有意见分歧，应充分考虑不同意见，并进行充分协商或进一步调查研究，待取得比较一致的意见后再提交会议讨论决定。对集体作出的决定和决议，个人有不同意见允许保留，允许向上级申诉，但必须无条件服从，并认真贯彻执行，自觉维护集体领导的权威。坚持做到没有经过调查研究的不决策，没有经过咨询论证的不决策，没有经过广泛民主协商的不决策，没有经过领导集体讨论研究的不决策，努力提高决策的科学化、民主化水平。

三、强化宗旨意识，密切同人民群众的联系

牢记全心全意为人民服务的宗旨，坚持人民的利益高于一切，把人民的根本利益作为一切工作的出发点和归宿。始终坚持一切为了群众、一切依靠群众的根本观点，坚持党的群众路线，深入群众，深入基层，倾听群众呼声，反映群众意愿，集中群众智慧，使各项决策和工作符合实际和群众要求。建立健全基层工作联系点、扶贫联系点和群众来访接待日制度，拓宽同基层群众联系的渠道。市委委员每年要抽出一定时间与群众同吃、同住、同劳动、同学习、同研究致富项目，增进与群众的感情，并帮助群众解决一些实际问题。时刻都要把群众的安危冷暖放在心上，关心群众疾苦，认真解决好热点、难点问题，努力为群众办实事、办好事。要特别关心下岗职工、特困户、受灾户等弱势群体，把他们的事情摆上重要议事日程，重点考虑，重点解决，切实安排好他们的就业和生活。尊重群众的首创精神，带着深厚的感情去做群众的思想教育工作，切实把群众的积极性保护好、引导好、发挥好。

四、坚持严于律己，树立清正廉洁的形象

市委班子成员要不断加强党性修养，增强拒腐防变的能力，经得起改革开放和执政的考验，经得起权力、金钱、美色的考验，切实做到堂堂正正做人，踏踏实实做事，清清白白做官。要严于律己，时刻自重、自省、自警、自励，带头严格执行《廉政准则》和领导干部廉洁自律的各项规定，严禁自己的配偶、子女在自己管辖的业务范围内从事可能与公共利益发生冲突的经商办企业活动，在自己管辖的地区和业务范围内的外商独资企业或中外合资企业担任由外方委派、聘任的高级职务；不得利用职权和职务上的影响收受有关单位、个人的现金和有价证券；不得参加可能影响公正执行公务的宴请和交往；不得参加任何公款旅游和高消费娱乐活动；不得违规多占住房、用公款装修住房和重复参加房改。坚持以身作则，率先垂范，管好自己的配偶、子女和身边工作人员，抓好分管地区、部门和单位的党风廉政建设，带头同各种腐败现象和不良倾向作斗争。要强化监督意识，严格执行干部监督的各项制度，个人生活中的重大事项要及时向组织报告，自觉接受党组织监督。同时，主动接受群众监督和舆论监督，以廉洁从政的良好形象取信于民。

五、改进工作作风，坚决反对形式主义和官僚主义

坚持深入基层，深入实际，特别是到矛盾突出、条件艰苦的地方开展调查研究，掌握第一手材料，解剖典型，总结经验，指导面上工作。市委常委每人每年下基层调查研究的时间不少于两个月，担任区、县（市）和市直部门（单位）领导职

务的市委委员不少于三个月，并选择一至两个课题，在充分调查研究的基础上，撰写出具有指导意义的调研报告，为市委集体决策提供依据。到基层调查研究，要坚持轻车简从，不搞迎来送往，在住宿和用餐等方面严格执行接待标准，不得增加基层和群众的负担。除涉及全局的重要调查研究活动外，一般不安排记者随行，也不作新闻报道。要坚持重实际、说实话、办实事、求实效，不搞形式主义，不摆花架子，不做表面文章，集中主要精力议大事、抓大事。大力精简和压缩各种会议和文件，能开小会的不开大会，能套开的会议不分别召开，能开电视电话会议的不集中开会。非开不可的会议，要严格控制会议时间和规模。市委领导同志原则上不为各种会议、活动题词，不参加各种无实际意义的礼仪性、庆典性、事务性应酬活动。确需市委领导同志参加的活动，由市委办公厅统筹协调安排。

中共沈阳市委关于贯彻《中共中央关于加强和改进党的作风建设的决定》的意见

（2001年10月22日中国共产党沈阳市第十届委员会第二次全体会议通过）

党的十五届六中全会通过的《中共中央关于加强和改进党的作风建设的决定》（以下简称《决定》），是全面落实“三个代表”重要思想，加强和改进党的作风建设的纲领性文件，对于进一步提高党的领导水平和执政水平，提高拒腐防变和抵御风险能力，全面推进建设有中国特色社会主义的伟大事业，具有重要的现实意义和深远的历史意义。为贯彻落实《决定》精神，推进我市党的作风建设，提出如下意见。

一、加强和改进党的作风建设的总体要求

1. 充分认识加强和改进党的作风建设的重要性和紧迫性。从新世纪开始，我们已进入全面建设小康社会、加快推进社会主义现代化的新的发展阶段，国际国内环境和党的队伍状况发生重大变化。在新的形势面前，党要团结带领各族人民推进改革开放和社会主义现代化建设，就必须按照“三个代表”重要思想的要求，全面推进党的建设新的伟大工程。作风建设作为党的建设的重要组成部分，关系党的形象，关系人心向背，关系党和国家的生死存亡。历史和现实一再告诉我们，执政党不注重作风建设，听任不正之风侵蚀党的肌体，就会损害党群关系和干群关系，甚至失去民心，丧失政权。从我市党的作风状况来看，总体上是好的。特别是通过深入开展“三个代表”和“三个想一想”学习教育以及“学《讲话》、办实事、迎国庆”等活动，广大党员干部的作风有了很大转变，党群、干群关系得到较大改善，为加快我市改革开放和现代化建设提供了有力保证。但也必须清醒地看到，我市党的作风建设还远不适应新形势新任务的要求，在党的思想作风、学风、工作作风、领导作风和干部生活作风等方面仍存在一些亟待解决的问题。特别是慕绥新、马向东等腐败分子造成的严重破坏和恶劣影响，使我市党的作风建设的任务更为繁重。我们必须充分认识新形势下加强和改进党的作风建设的极端重要性和紧迫性，在推进党的思想建设、组织建设的同时，自觉地把加强和改进党的作风建设放在更加突出的位置，采取更加有力的措施，切实抓紧抓好。

2. 当前及今后一个时期我市党的作风建设的总体要求是：全面贯彻六中全会《决定》和省委贯彻六中全会决定的若干意见，坚持以“三个代表”重要思想为指导，以思想作风建设为先导，以密切联系群众为核心，以保持党的先进性、纯洁性和增强党的创造力、凝聚力、战斗力为目标，以“八个坚持、八个反对”（坚持解放思想、实事求是，反对因循守旧、不思进取；坚持理论联系实际，反对照抄照搬、本本主义；坚持密切联系群众，反对形式主义、官僚主义；坚持民主集中制原则，反对独断专行、软弱涣散；坚持党的纪律，反对自由主义；坚持清正廉洁，反对以权谋私；坚持艰苦奋斗，反对享乐主义；坚持任人唯贤，反对用人上的不正之风）为重点，着力解决思想僵化、观念陈旧，以权谋私、贪图享乐和形式主义、官僚主义等突出问题，使我市党员干部的思想观念明显转变，廉洁自律明显进步，工作作风明显改进，组织纪律明显增强，党群干群关系明显改善。

二、加强思想作风和学风建设，推进新一轮思想解放

3. 进一步破除计划经济时期所形成的僵化思想和陈旧观念，树立与时俱进的思想观念。一是破除因循守旧、唯上唯书的思想倾向，树立强烈的创新意识，按照实践是检验真理的惟一标准，坚持用“三个有利于”判断各方面工作的是非得失，从基本市情出发，不断推进观念创新和工作创新；二是破除小进即满、小富即安的思想倾向，树立强烈的发展意识，对照先进找差距，提高工作标准，争创一流业绩；三是破除自我封闭、自我循环的思想倾向，树立强烈的开放意识，加快与国际经济的全面接轨，努力实现跨越式发展；四是破除囿于行政手段直接管理的思想倾向，树立强烈的改革意识，进一步转变政府职能，注重运用经济和法律手段搞好宏观调控，创造良好的发展环境。通过解放思想，更新观念，进一步拓展新的发展思路，促进沈阳经济的快速发展和社会的全面进步。

4. 进一步克服在成绩面前头脑发热、盲目自满的不良心态和在困难面前怨天尤人、无所作为的畏难情绪，始终保持良好的精神状态。当前，要进一步做好统一思想、理顺情绪，增强信心、凝聚力量，振奋精神、扭转局面的工作，彻底从“慕马案件”带来的负面影响中解脱出来，从老工业基地包袱沉重难有作为的消极心态中解脱出来，从取得一点成绩就沾沾自喜、盲目乐观的骄躁情绪中解脱出来，大力弘扬“团结、实干、求知、创新”的沈阳精神，全身心地投入到沈阳改革开放和现代化建设的伟大事业中去，为实现市第十次党代会确定的宏伟目标做出应有的贡献。

5. 大力弘扬理论联系实际的学风。要坚持不懈地深入学习马克思列宁主义、毛泽东思想、邓小平理论和江泽民同志的一系列重要论述，深刻领会“三个代表”重要思想的科学内涵和精神实质，把握理论上的新发展、新突破和新创造。同时，要努力学习市场经济、现代科技、财政金融、法律法规、信息网络等反映当代世界发展趋势和要求的新知识。学习的目的全在于应用。要紧密联系我市改革开放和现代化建设的新实践，特别是紧密联系那些带有全局性、战略性的重大问题，深入思考，学以致用，增强工作的系统性、预见性和创造性。

三、贯彻党的群众路线，密切党同人民群众的血肉联系

6. 诚心诚意为群众谋利益，坚决克服官僚主义。密切联系群众，是加强和改进党的作风建设的核心。要坚持一切为了群众，一切依靠群众，从群众中来，到群众中去，集中起来，坚持下去的党的根本工作路线，广泛深入地动员和组织群众，把党的方针政策落到实处，坚定不移地维护和实现最广大人民的根本利益。要建立健全领导干部基层联系点、扶贫联系点、群众来访接待日制度，拓宽同基层群众直接联系的渠道，倾听群众呼声，关心群众疾苦，千方百计为群众办好事、办实事。当前要特别关心城镇特困职工、农村贫困人口和受灾地区群众的生活，广泛开展“温暖工程”活动，健全领导干部扶贫包户责任制，动员和组织全市人民和社会各界向城镇特困职工和城乡贫困户献爱心、送温暖，认真做好经常性的社会捐助工作，使他们的基本生活得到

保障。在引导和支持先富地区、先富群众进一步发展的同时，加大政策扶持力度，帮助贫困地区、贫困群众尽快脱贫致富。千方百计做好就业和再就业工作，大力实施“再就业工程”，重视发展就业容量大的产业，努力提供更多的就业岗位。全面推进社会养老、失业、医疗保险制度改革，完善城市居民最低生活保障线制度，加快建立健全社会保障体系，不断提高全社会的保障能力。切实做好城市住宅的供暖、供水、供气、供电工作，完善城市公共交通体系，进一步改善市民居住和出行条件。

7. 勤政为民，真抓实干，坚决克服形式主义。各级领导干部要增强事业心和责任感，坚持以科学态度和求实精神，兢兢业业地做好工作，切实把精力用在勤勤恳恳为人民服务上。要把抓落实作为推进各项工作的关键环节，在想实招、干实事、求实效上狠下功夫。要坚持埋头苦干、扎实工作，反对摆花架子、做表面文章。坚持讲真话、报实情，反对虚报浮夸、报喜不报忧。要爱惜人力、财力、物力，着重解决人民群众的当务之急，坚决不搞那些劳民伤财的“形象工程”、沽名钓誉的“政绩工程”和不务实效的“达标活动”。要坚持求真务实的用人导向，建立和完善科学的考核标准，正确认识和评价干部政绩，对真抓实干、政绩突出的要予以表彰并委以重任，对抓而不紧、落而不实、贻误工作的要追究责任，对弄虚作假、欺上瞒下、追名逐利的要严肃查处，坚决刹住形式主义的歪风。

8. 进一步改进领导方式和工作方法。各级领导干部要集中主要精力抓大事、议大事，下决心精简会议和文件，改进会风和文风。可开可不开的会议一律不开，能合并的坚决合并，非开不可的要从严控制，压缩时间。除市党代会、人代会、政协会外，市级召开的会议一般不超过两天，部门召开的会议一般不超过一天。严格按照有关规定和程序审批公文，未经办公部门审核的公文不予审批。要大兴调查研究之风。市级党政领导干部每年至少要用两个月时间，市管领导干部每年至少要用三个月时间，深入基层调研，总结经验，解剖典型，指导工作，解决问题，并选择一至两个重点课题，亲自撰写调研报告，报送上一级领导机关。调查研究要改进方法，提高质量，努力了解真实情况，掌握第一手材料，既要到形势好的地方总结经验，更要到矛盾突出、条件艰苦的地方解决问题。

四、坚持民主集中制原则，防止和克服用人上的不正之风

9. 建立健全并严格执行民主集中制的具体制度。坚持和完善党内政治生活的各项准则，积极发展党内民主，充分发挥广大党员和各级党组织的积极性主动性创造性。认真执行“集体领导、民主集中、个别酝酿、会议决定”的党委议事决策制度，凡属重大问题必须提交党委常委会集体讨论决定，涉及全局和长远的问题还应提交党的委员会全体会议讨论决定，充分发挥全委会的作用。讨论决定问题时，要严格执行规定程序，充分发扬民主，广泛听取意见，按照少数服从多数的原则作出决策。对违反决策程序造成重大失误的，要追究领导责任。完善集体领导下的个人分工负责制，明确每名党委成员的职责，克服遇事推诿、互相扯皮和无人负责的现象。党委书记要成为执行民主集中制的表率。党委成员既要按照集体决定和分工切实履行好自己的职责，又要关心全局，积极参与集体领导。任何个人都不得凌驾于组织之上，独断专行，不得违背集体决定各行其是，擅自行动。

10. 充分发挥党委“总揽全局、协调各方”的作用。各级党委要把坚持党的领导同发扬人民民主、严格依法办事、尊重客观规律有机地统一起来，善于协调关系，凝聚力量，调动各方面积极性，支持同级组织依照法律和各自章程开展工作，充分发挥其职能作用。各级人大、政府、政协和人民团体中的党组织和党员干部，都要增强党的观念，自觉接受同级党委的领导，坚决贯彻执行党的路线方针政策和党委的决定。

11. 严肃党的政治纪律，维护党的团结统一。各级党组织和全体党员，必须坚持党的基本路线，坚持“四个服从”，自觉同党中央保持高度一致，确保政令畅通。坚决反对阳奉阴违，搞当面一套、背后一套。不允许有令不行、有禁不止，搞“上有政策、下有对策”。不允许编造、传播政治谣言及丑化党和国家形象的言论，禁止参与各种非法组织和非法活动。全市广大党员要增强纪律观念，自觉遵守和维护党和政府的各项纪律，勇于开展批评和自我批评，坚决同违反纪律的行为作斗争。各级党组织要切实担负起维护和执行党的纪律的政治责任，定期向上级党委报告执行纪律的情况。各级纪律检查机关要加强对执行纪律情况的监督检查。

12. 改进干部管理方法，创新选人用人机制。全面贯彻干部队伍“四化”方针和德才兼备的原则，加快干部人事制度改革，建立公开、平等、竞争、择优的选人用人机制。认真执行《党政领导干部选拔任用工作暂行条例》，严密干部选拔任用程序。坚持党管干部与走群众路线相结合，进一步扩大干部工作中的民主，落实群众对干部选拔任用的知情权、参与权、选择权和监督权，坚持和完善民主推荐、民意测验、民主评议制度，推进干部任前公示制。实行党委讨论任用干部无记名票决制。对区、县(市)党政领导班子正职的拟任人选，要逐步做到由市委常委会提名，市委全委会审议，进行无记名投票表决；在全委会闭会期间，可由常委会作出决定，但在常委会作出决定前必须征求市委委员的意见。积极推行领导干部公开选拔和党政机关中层干部竞争上岗，为优秀人才脱颖而出创造条件。以干部考核制度改革试点为契机，完善干部考核预告、差额考核和考核结果通报制度，拓宽考核渠道，改进考核方法，增强干部考核的科学性和准确性。进一步扩大干部交流的范围，加大干部交流、轮岗的力度，建立领导干部职务任期制，探索领导干部引咎辞职和责令辞职的有效办法，制定不称职干部的具体认定标准，推进干部能上能下。对民意测验不称职票超过30%，经考核确属不胜任的领导干部，要坚决予以调整。

13. 严格遵循干部工作原则，坚持用好的作风选人、选作风好的人。各级党委和组织部门要坚持任人唯贤，不准任人唯亲；坚持五湖四海，不准搞团团伙伙；坚持公道正派，不准拉关系、徇私情；坚持集体讨论决定，不准个人或少数人说了算；坚持按程序办事，不准搞临时动议。推行干部工作督察员制度，加强干部选拔任用工作的日常监督。建立健全干部选拔任用工作责任制，明确对干部的推荐提名、考察考核、讨论决定等各个环节的责任主体和责任内容，对干部选拔任用工作中的失职、渎职行为，以及跑风漏气等违反干部工作纪律的行为，要严格追究责任。要把干部在作风方面的表现作为选拔任用的重要依据。对那些认真贯彻执行党的路线方针政策、开拓进取、实绩突出、清正廉洁、群众拥护的干部，要委以重任。对那些在作风方面问题突出尤其是跑官要官、拉票贿选的干部，不仅不能提拔使用，而且要严肃批评教育，直至作出纪律处分和组织处理。

五、发扬艰苦奋斗精神，加强党风廉政建设

14. 坚持勤俭节约、艰苦创业，反对享乐主义。按照量力而行、精打细算、讲求实效的要求，把有限的财力、物力更多地用于发展经济和改善人民生活。坚决克服各种讲排场、比阔气、铺张浪费等不良风气。严格控制党政机关新建、扩建和装修办公楼。严格按照规定配备和更换小汽车，严密审批程序，严肃查处群众反映较大的超标准配备和更换小汽车的有关问题。禁止用公款大吃大喝、游山玩水

和进行高消费娱乐，禁止巧立名目出国旅游。领导干部不得在非公务场合参加由下属单位、直接管理和服务对象组织的各种宴请、聚会等活动；本人及配偶、子女不得参加由基层企业、下属单位赞助的旅游特别是境外旅游活动。

15．强化廉洁自律工作，规范领导干部的从政行为。运用正反两方面的典型，切实抓好经常性的党性党风党纪教育和革命情操、革命气节教育，特别要利用慕绥新、马向东等严重违纪违法案件这一反面教材，深入搞好警示教育，引导广大党员干部坚定理想信念，树立正确的世界观、人生观、价值观，牢记全心全意为人民服务的宗旨，自觉抵制拜金主义、享乐主义、极端个人主义等腐朽思想的侵蚀，经得起权力、金钱、美色的考验，构筑起牢固的思想道德防线。领导干部严禁接受直接管理和服务对象、主管范围内的下属单位和个人，其他与行使职权有关系的单位和个人及外商、私营企业主的现金、有价证券。认真执行收入申报制度，党员领导干部每半年要将个人收入情况向组织部门申报一次。处级以上领导干部的配偶、子女不准与领导干部所在机关及机关所属的企事业单位发生商品、劳务、担保等经济关系；不准在领导干部管辖的地区和业务范围内的外商独资企业或中外合资企业担任由外方委派、聘任的副总经理级别以上职务；不准在领导干部管辖的业务范围内从事可能与公共利益发生冲突的经商办企业活动；不准利用领导干部职权和职务上的影响从事经商办企业活动。今后，领导干部的配偶、子女从事经商办企业活动，必须作为重大事项进行报告，并按照干部管理权限，向纪委提出申请，经审核批准后方可办理注册登记手续。领导干部不准用公款购买、装修住房，不准违反房改政策利用住房谋取私利，不准利用职权和职务上的影响为子女、亲属住房谋取私利。领导干部的住房及房产变动，要严格按照有关规定办理，不得营私舞弊。在住房及房产变动后一个月内，要将变动情况报上级纪委备案。

16．完善监督体系，建立结构合理、配置科学、程序严密、制约有效的权力运行机制。要加强和完善党内监督，进一步落实领导干部任期经济责任审计和年度考察制度，严格执行领导干部个人重大事项报告制度，坚持和完善领导干部的谈话和诫警制度，推行领导干部向党组织回复群众反映问题的制度，认真落实领导干部年度述职述廉制度。建立市委巡视制度，加强对各地区、各部门和各单位领导班子特别是主要负责人廉政勤政情况的监督检查。改革和完善纪律检查体制，纪律检查机关对派出机构实行统一管理。加强纪律检查机关的内部监督。进一步拓宽监督渠道，继续深化政务公开、厂务公开、村务公开。切实加强法律监督、群众监督、民主监督和舆论监督。积极探索对党员干部“八小时”之外监督的有效办法，了解掌握党员干部“生活圈”、“社交圈”和“娱乐圈”的情况，发现问题及时教育和纠正，努力把不良苗头消除在萌芽状态。

17．坚持标本兼治、着力治本，从源头上预防和治理腐败。坚决查处各种违纪违法案件，严惩腐败分子。重点查处党政机关、行政执法机关、司法机关、经济管理部门和县（处）级以上领导干部中贪污受贿、徇私枉法、买官卖官的案件，严肃查处基层干部中的违纪违法案件特别是侵害国家、集体和群众利益的案件以及利用职权吃拿卡要、以权谋私、破坏投资环境的典型案件。认真落实党风廉政建设责任制，严格执行责任追究制度，对发生重大案件和对重大案件不及时查处的地方和单位，不仅要追究直接责任人的责任，还要根据具体情况追究有关领导的责任。要坚持标本兼治、综合治理的方针，围绕容易产生腐败现象的关键部位和薄弱环节，进一步加大改革力度，铲除滋生腐败的土壤。推行行政审批制度改革，规范土地批租、建设工程招投标和国有资产的产权交易行为。加快财政制度改革，实行国库集中支付制度，强化预算管理和资金管理，进一步扩大政府采购范围。严禁设立“账外账”和“小金库”，仍有“小金库”的部门和单位，必须立即清理上缴，否则要追究有关领导和主要领导的责任。

六、切实加强领导，把党的作风建设提高到一个新的水平

18．各级党组织要把加强和改进党的作风建设纳入重要议事日程，切实加强领导，狠抓落实。认真对照六中全会《决定》和本《意见》的要求进行检查，找出本地区、本部门、本单位在党的作风建设方面存在的突出问题，制定切实可行的整改措施。凡是中央和省、市委明令禁止的，要立即停止；能够做到的，要马上去办；需要统筹兼顾逐步解决的，要创造条件积极推进。

19．坚持领导带头，充分发挥表率作用。抓作风建设，关键在于领导带头。从市级领导机关和市级领导干部做起，各级领导机关、领导干部都要在作风建设中作出表率，凡是要求基层单位做到的，领导机关要首先做到；要求普通党员做到的，领导干部要带头做到。各级党政“一把手”要切实履行第一责任人的职责，既要管好自己、配偶、子女和身边工作人员，在班子中带头发扬好的作风，又要切实抓好本地区、本部门、本单位的作风建设。

20．实行党的作风建设责任制，加强督促检查。按照“谁主管，谁负责”的原则，一级抓一级，一级带一级，层层抓落实，一直抓到基层，真正抓出成效。坚持党委统一领导、部门各负其责、群众广泛参与的领导体制和工作机制，在作风建设上形成全党协调一致、齐抓共管的工作格局。切实加大对作风问题的督察力度，对作风方面存在突出问题的单位和个人，要严肃查处；对因作风方面的问题引发事件、影响稳定、造成恶果的，要坚决追究领导责任。各级党组织要紧紧围绕经济建设这个中心，把党的作风建设的总体要求和阶段性目标结合起来，把作风建设同思想建设、组织建设结合起来，加大工作力度，推进党的作风建设，并以此带动和促进政风、行业风气和社会风气建设。

中共沈阳市委关于在全市各级领导班子和党员干部中开展“三个想一想”学习教育活动的方案

江泽民同志多次提出：“每一个领导干部都应好好想一想，参加革命是为什么？现在当干部应该做什么？将来身后应该留点什么？”同时还一再强调：“各级干部都要经常想、反复想、深入想”，“只有把这些问题想清楚，想正确，方能在行动上做到一身正气，堂堂正正。”想一想“参加革命是为什么”，想一想“现在当干部应该做什么”，想一想“将来身后应该留点什么”，并用实际行动作出正确回答，这是党中央对广大党员干部特别是领导干部的谆谆教诲和殷切期望，是每一个共产党人特别是党员领导干部一生的全部思考，是党员干部实践“三个代表”的重要前提，也是当前沈阳统一思想、理顺情绪，增强信心、凝聚力量，振奋精神、扭转局面，促进两个文明建设协调发展的重要保证。为此，市委决定，从5月下旬至市第十次党代会召开之前，在全市各级领导班子和党员干部中开展一次以“三个想一想”为主题的学习教育活动，具体方案如下：

一、指导思想

以邓小平理论和江泽民同志“三个代表”的重要思想为指导，紧密联系影响和制约沈阳改革、发展、稳定大局的突出问题，紧密联系沈阳出现的一系列腐败案件的深刻教训，紧密联系本地区、本部

门、本单位的思想和工作实际，通过组织领导班子和党员干部反躬自省，认真想一想"参加革命是为什么？现在当干部应该做什么？将来身后应该留点什么？"引导大家坚持讲学习、讲政治、讲正气，过好权力关、金钱关、美色关，牢固树立人民利益高于一切、党的事业高于一切、沈阳的发展高于一切的思想，努力加强党性修养，增强拒腐防变能力，进而带领广大人民群众更好地弘扬沈阳精神，以优异的成绩迎接建党80周年和市第十次党代会的胜利召开，为实现沈阳的高起点开局、跨越式发展作出应有的贡献。

二、活动安排

"三个想一想"学习教育活动要在全市各级领导班子和党员干部中普遍开展，并以市直部门、单位和区、县(市)以上领导班子和领导干部为重点。要通过思想发动、读书思廉、警示教育、典型示范、召开民主生活会、组织述学述职、开好廉政建设座谈会和进一步完善和弘扬沈阳精神等多种形式，把活动扎实有效地开展起来，逐步引向深入，以达到预期的目的。具体安排是：

1. 思想发动

搞好思想发动，扫清思想障碍，增强全市各级领导班子和党员干部积极参与的自觉性，是确保"三个想一想"学习教育活动顺利开展的首要环节，必须首先抓好。市委于5月25日召开全市开展"三个想一想"学习教育活动动员大会，进行具体部署并提出有关要求。动员大会之后，市级及市管领导班子要分别召开会议，领会精神，统一认识，明确要求，组织落实。

2. 读书思廉

全市各级党委中心组要围绕"三个想一想"这些事关世界观、人生观、价值观和精神状态的根本性问题，采取集中讨论和分散自学相结合的办法，认真学习统一编发的毛泽东、邓小平、江泽民同志有关重要讲话、重要论述和相关文件，深入思考和回答当年参加革命为什么，现在当干部该做什么，将来身后应留什么，并相应做好读书笔记，准备发言提纲，参加集体讨论。市委常委中心组的学习安排在5月下旬和6月中旬分两次进行。市级其他领导班子和市管领导班子中心组的学习可参照市委常委中心组的办法作出安排。此项工作由市委宣传部、市委办公厅负责。

3. 警示教育

在学习教育活动中，要充分利用慕绥新、马向东等重大腐败案件作为反面教材，突出搞好警示教育。6月上旬，分两期各集中几天时间，在市委党校举办市管领导班子党政"一把手"警示教育学习班，深入学习这次教育活动的有关书目，市委书记张行湘同志讲课，收看省纪委拍摄的慕绥新、马向东等案件资料片，联系全市和个人实际开展讨论，重点是帮助市委吸取教训。此项工作由市纪委、市委组织部负责。

4. 典型示范

从5月底至"七一"前，组织市属新闻单位，集中5周时间，每周刊播两个(一个个人、一个集体)勤廉兼优典型的先进事迹。期间，还将编发《张德山日记》摘抄，并在全市举办《忠诚实践"三个代表"的楷模、坚持弘扬"五种精神"的典范张德山同志事迹巡回展》，举办《党的光辉照神州——纪念中国共产党成立80周年图片展》，整修中共满洲省委旧址。通过上述活动，引导党员干部对照先烈想自己，对照先进找差距，思考对"三个想一想"的问题应当如何回答、又是怎样回答的。此项工作由市纪委、市委宣传部、市委组织部负责。

5. 召开民主生活会

为了推动学习教育活动的深入开展，各级领导班子要以"三个想一想"为主题，在认真做好征求和听取群众意见等有关准备工作的基础上，用整风的精神，适时召开一次民主生活会，总结经验，吸取教训，开展批评和自我批评。要紧密联系领导班子和领导干部的思想实际，认真查找在政治信念、理想道德、宗旨观念等方面存在的问题；紧密联系我市发生的重大违纪违法案件，认真摆危害，解剖原因，吸取教训，特别是帮助市委吸取教训；对照中央、中央纪委关于对领导干部的廉政规定，联系自己执行的实际，找出差距和问题，剖析原因；紧密联系本地区、本部门、本单位的工作实际，认真总结经验教训，重点解决在工作作风、精神状态等方面存在的问题。市委常委民主生活会在6月下旬召开；市管领导班子的民主生活会要在6月底前全部结束。此项工作由市纪委、市委组织部负责。

6. 组织述学述职

民主生活会后，要采取领导干部述学述职的方式，接受群众监督。述学，主要是通过总结读书思廉的体会，汇报在思想认识上的收获；述职，主要是通过回顾跨入新世纪之后履行岗位职责的情况，汇报半年来的工作情况及下一步的努力方向。领导干部述学述职之后，由群众进行民主评议。此项工作由市委组织部、市委宣传部负责。

7. 开好廉政建设座谈会

"三个想一想"学习教育要以领导班子和领导干部为重点，市委领导班子及成员要发挥带头作用。特别是要带头全面总结经验教训。这次学习教育活动开始后，由市委主管书记牵头，从市纪委、市委组织部、市委宣传部、市委直属机关工委和市政府机关工委等部门抽调人员组成专门小组，对典型案例和典型问题进行深入剖析，并总结工作。7月初，召开由市级领导班子成员、副市级以上老同志、市直部门、单位及各区、县(市)党政主要领导同志和社会各界代表参加的廉政建设座谈会，市委领导同志代表市委全面总结党风廉政建设和反腐败斗争的经验教训，提出今后加强党风廉政建设的对策和深入开展"三个想一想"学习教育活动的要求。此项工作由市纪委、市委办公厅、市委组织部负责。

8. 进一步完善和弘扬沈阳精神

从6月初开始，在全市开展进一步完善和弘扬沈阳精神的建议和实践活动。通过建议的征集，对10年前确定的沈阳精神加以完善，使其更具时代感；通过弘扬的实践，以优异成绩向建党80周年和市第十次党代会献礼。此项工作由市委宣传部、市委政研室负责。

三、阶段目标

"三个想一想"，是广大党员干部特别是领导干部一生一世都要认真解决和回答好的人生课题。从现在开始到市第十次党代会召开之前，作为学习教育活动的一个大的阶段，其阶段性的具体目标是：

1. 通过学习教育，引导各级领导班子、党员干部特别是领导干部进一步认清反腐倡廉与改革、发展、稳定的关系，加深理解不解决好反腐倡廉的问题，改革、发展、稳定就没有坚定的政治保证，党和政府就会严重脱离群众，就会有亡党亡国的危险；进一步认清治党与治国的关系，加深理解治国必先治党，治党务必从严；进一步认清改造客观世界与改造主观世界的关系，加深理解改造主观世界，关键是要牢固地树立正确的世界观、人生观和价值观，牢固地树立为党和人民利益不懈奋斗的信念；进一步认清治标与治本的关系，加深理解只有从源头上预防和治理腐败现象，才能巩固和发展反腐败取得的成果，从根本上解决腐败问题。

2. 通过学习教育，联系我市实际，解剖典型案例，帮助市委比较深入地总结出在贯彻执行党的基本路线和民主集中制原则，以及在治党治政治警、选人用人管人等方面的经验教训。

3. 通过学习教育，引导绝大多数与腐败案件有某些牵连的同志，能够正视问题，吸取教训，进而解脱出来，轻装上阵。

4. 通过学习教育，集中全党的智

慧，从源头上进一步完善并规范预防和治理腐败现象的措施。

5. 通过学习教育，完善和弘扬沈阳精神，进一步调动各级领导班子和党员干部抓住机遇、加快发展的积极性、主动性和创造性，进而确定和落实一批向党的80华诞和市第十次党代会献礼的项目。

四、几点要求

在全市各级领导班子和党员干部中开展“三个想一想”学习教育活动，是“三讲”集中教育和“三个代表”学习教育活动的深入和发展；是吸取我市发生的腐败案件的沉重教训，将坏事变好事的迫切需要；是结合沈阳实际，落实“党要管党、从严治党”方针的实际步骤；是亡羊补牢、切实加强党的建设特别是领导班子和干部队伍建设的重大举措；是组织和动员广大干部群众统一思想、振奋精神，在全市形成万众一心跟党走、齐心协力建设新沈阳良好气势的有效途径，也是为隆重庆祝建党80周年和成功召开市第十次党代会而在思想上、组织上和工作上所做的重要准备。全市各级党组织对此必须给予高度重视，将其作为一件大事摆到重要议事日程。

1. 要加强领导。各地区、各部门、各单位要按照市委的要求，结合各自实际，制订切实可行的实施方案，精心组织，周密部署，强化指导。市委将从市纪委、市委组织部、市委宣传部、市委办公厅、市委直属机关工委、市政府机关工委等部门抽调人员组成学习教育活动督查小组，对全市领导班子、党员干部“三个想一想”学习教育活动进行督促检查。

2. 要注重实效。各级党组织要采取有效措施，加大抓实力度，把握好学习教育活动的各个环节。要坚持把学习提高贯彻始终，把联系实际贯彻始终，把开展批评和自我批评贯彻始终，把认真整改贯彻始终，务求在统一思想认识、真正解决问题上取得明显实效。

3. 要掌握政策。各级党组织在总结党风廉政建设和反腐败斗争经验教训的过程中，要注意掌握好政策。在把握责任与是非的关系上，要重点引导大家分清是非，总结教训，除了造成重大影响的人与事外，更多的不是去追究责任；在把握个人与组织的关系上，要重点引导大家帮助组织总结工作，查找原因和吸取教训，除极个别犯有严重错误而必须处理的外，不要过多地纠缠个人问题；在把握基层组织和市级组织的关系上，要重点引导大家帮助市委总结经验教训，不要把重点放在基层；在把握我市与上级的关系上，要重点引导大家多找市委的责任，多总结我市的教训，不要过多地谈上面的问题，把责任往上推。

4. 要营造氛围。各级宣传部门和市属新闻单位要紧密跟踪“三个想一想”学习教育活动的进程，搞好宣传工作。要开辟专栏，办好专题，深入报道读书思廉、警示教育和典型示范的经验和成果，深入报道加强党的建设特别是领导班子、领导干部抓廉、自廉的举措和办法，深入报道进一步完善和弘扬沈阳精神的建议和实践，为推动和促进活动的健康发展，营造良好而浓厚的舆论氛围。

5. 要“弹好钢琴”。当前工作很多，任务很重，各级党组织要统揽全局，正确处理“三个想一想”学习教育活动同其他各项工作的关系。既不能对立起来，也不能割裂开来，要用学习教育的成果，推动党的建设和当前工作，要用新的工作业绩，充分展示学习教育活动的成果。

中共沈阳市委 沈阳市人民政府 关于加强城区工作的若干意见

（2001年9月18日）

为了促进城区经济的发展，强化城区在城市管理和建设中的作用，进一步加强基层组织建设，推动全市改革开放和现代化建设事业的发展，实现沈阳社会主义现代化宏伟目标，现就加强城区工作提出如下意见。

一、关于城市管理和社会事业管理

1. 按照建立“两级政府、三级管理”体制的要求，将城市管理重心下移。在城市管理和社会事业管理中，凡是适合并能够实行以块为主的管理权限，原则上都要下放给城区。在强化城区对城市管理和社会事业管理方面职能和责任的同时，要相应地赋予其权力和利益，做到人随事走，费随事转，财权与事权相统一，使市、区两级政府权限明确，责任明确，更好地履行各自的职责。进行城市管理体制改革，必须强调局部与全局的统一。市直部门向城区下放权力后，要集中精力搞好全市的宏观规划和政策法规体系建设，抓好对城区各项职能和权力运行的监督，搞好对城区工作的指导、协调和服务。城区党委和政府也要按照新体制的要求，正确行使权力，认真履行职能，全面完成各项任务。

2. 把对环卫、绿化、除雪、城市公园（中山公园、青年公园、劳动公园、长青公园、动物园）等方面的管理职能和权限下放到城区。按照全市统一规划，各城区负责辖区内广告、牌匾的初审和日常管理工作。

3. 要将部分建筑市场管理职能和权限下放到城区。城区建筑行政主管部门负责辖区内建筑、安装、装饰装修、商混构件生产企业的资质管理和资质初审工作；负责辖区内建筑市场的管理；负责施工现场、施工安全管理和执法监察；对辖区内3000平方米以下建筑安装工程享有招投标及承发包的审定和监管权。

4. 城区房产管理部门享有对区属单位公有住房和直管公有住房的交易审批权；享有对辖区内三级物业管理企业的资质审批权，负责物业管理的招投标和日常监督检查；负责除重点工程和重大项目外的房屋拆迁许可证的发放、房屋拆迁的执法监察和房屋拆迁纠纷仲裁工作。

5. 将全市职业高中进一步优化组合后，分别下放到城区进行管理。将文化市场经营场所和经营项目的审批与管理、体育市场经营场所和经营项目的审批与管理以及餐饮、食品加工经营企业的卫生许可证发放和日常监督管理，凡中央和省允许下放的权限，均下放到各城区。

6. 各城区政府全面负责辖区内的供暖规划和管理。负责辖区内采暖费的收缴和采暖补贴的发放，并负责协调解决辖区内供暖行业和供暖运行中存在的问题，切实做好本区供暖工作。

7. 城区要承担起社会保障的职能。要加强城区社会保障部门的建设，在街道办事处设立社会保障科，在社区建立社会保障服务站，负责对离退休人员、失业人员、享受最低生活保障待遇人员的管理和服务。城区要负责享受最低生活保障人员的审核、上报和保障金发放、监督工作。积极做好失业人员的职业介绍、岗前培训和就业指导工作，并通过开展多种形式的社区服务，开发就业岗位，扩大安置就业人员。

二、关于城区经济发展

8. 城区经济要重点发展商贸流通业、社会服务业、房地产业等第三产业，加快发展高新技术产业，适度发展都市型工业。要进一步加快城区经济结构调整的步伐，努力构筑以现代化服务业和高新技术产业为主体的城区经济新格局。市直部门要制定促进城区经济发展的扶植政策和措施，鼓励各区依托自身优势，发展各具特色的优势产业。

9. 进一步下放外经外贸项目和固定资产投资项目的审批权限。凡区属对外合资合作项目和技术改造项目的立项、审批，城区政府享有市级审批权限，报市政府备案。除重点工程和重大项目外，城区政府享有对基本建设项目的立项、审批权，报市政府备案。

10. 通过区划调整，进一步拓展城区发展空间。为了解决城区工业用地不足问题，在浑南新区划出部分用地给和平、沈河两区；将与大东、皇姑两区毗邻的东陵、于洪区所属的相应地块划给大东、皇姑两区；将沈阳工业大学周边地块划给铁西区，分别作为各区发展高新技术产业的新兴工业园区，使其成为各区经济发展新的增长点。新兴工业园区在土地出让金收入、基础设施建设、人区技术开发项目和科技成果产业化项目的立项、评估、审批等方面，一律享受市级开发区的政策。对涉及和平、沈河两区新建工业园区与浑南新区之间，在建设开发投入、行政区划管理等方面的问题，市政府将作另行规定。铁西工业区改造是国务院批准的老工业基地整体改造试点项目，要加快推进改造进程，抓紧编制改造的总体规划和方案，铁西区政府在实施中要承担起主要责任。市政府在财政、土地出让金收入等方面将制定政策，予以支持。

11. 按照"双转双放"的要求，将市属中小企业全部下放到各城区。各城区要把促进中小企业发展作为一项重要任务，使城区成为发展中小企业的主体。要建立健全中小企业的服务体系，强化对中小企业的金融支持。各城区要建立中小企业担保中心，市财政要从专项基金中安排一定额度，城区财政也要按一定比例配套相应资金，与目前市里的三个担保中心形成中小企业的担保体系。市有关部门要搞好中小企业发展规划，制定扶持中小企业发展的有关政策，加强对中小企业的指导，积极为中小企业发展提供市场、技术、人才培训等方面的服务。要加大对中小企业资产重组的力度，积极推进中小企业产权制度改革，鼓励和支持各城区中小企业争取"二板"上市工作。市直有关部门要完善相关政策，制定配套措施，支持城区对资不抵债、扭亏无望的中小企业依法实施破产。

12. 调整财政分配关系，促进城区财力增长。按照事权与财权相统一的原则，事权下放后，对供暖、城市管理、中小企业、再就业培训等按原支出基数作为市对区转移支付的基础，将相应财力划给城区。对由市政府下放给城区的事权所形成的行政事业性收费收入，全部留给城区。从2001年起，在现行分成比例不变的情况下，对各城区增值税上划中央75%超上年基数部分，按1：0.3返还。新兴工业园区划给城区后，原区划内人、财、物及债权、债务一并移交，对新兴工业园区按原税收基数进行定额补偿，新增税收作为城区财政收入。要统一税收政策，严格税收征管，认真执行属地纳税原则，禁止城区间恶意竞争，对抢拉税源问题要严肃处理。

13. 重新确定城区经济发展目标，实现城区经济跨越式发展。今后5年，以"九五"指标为基数，各城区固定资产投资和实际利用外资年均增长要达到20%。到2005年，各城区国内生产总值和财政收入要实现翻一番的目标。

三、关于加强基层组织建设

14. 进一步加强城区领导班子建设，提高干部队伍素质。市委、市政府将进一步制定和完善有关工作规范和考核标准，加强对城区工作的考核、审计和监督，定期对城区的财政预算、年度经济计划指标、国有资产保值增值、城市管理和社会保障各项工作达标情况进行考核和监督，促进城区工作的不断发展。城区党委和政府要结合城市管理体制改革和机构改革，合理确定机关的机构、编制和职能，进一步完善自身功能。

15. 进一步强化街道办事处职能。区政府有关部门的派出机构，要接受街道办事处和区政府有关职能部门的双重领导。要加强街道办事处对市容、环卫、规划、建筑、园林、环保、工商、路政等监督检查职能，建立由公安、工商、税务、城管等部门参加的联席会议制度，定期协调解决有关问题，共同参与社区管理。加强社区管理是街道办事处的主要任务，街道办事处今后不再兴办企业和各类集贸市场，集中力量行使行政管理职能。

16. 在保持现有人员编制和经费总量的前提下，要结合机构改革，对目前辖区面积和人口数量相差悬殊的街道办事处进行调整。要通过建立区级政府财政转移支付制度，扩大充实街道财力，将每年新增区级财政收入的1.5%用于发展社区事业。各城区也要按照费随事转的原则，将相应下放到街道职能所需的专项经费，定向支出，下拨给街道。要建立竞争性的选人、用人机制，强化人员培训，提高人员素质。街道办公用房一般按700至1000平方米、社区委员会用房一般按120至150平方米建造。新建改建居民小区要提高社区文化教育宣传设施、便民利民服务设施和老年人生活服务设施的规划标准。鼓励经济组织和个人兴办社区服务和社会福利事业。对小区配套中用于社区服务和社会福利的建设项目，要制定相关政策，予以支持。

17. 要充分发挥社区委员会的作用。社区是以居住地为特征，由街道指导的群众自治组织。社区有着密切联系广大居民群众的优势，要充分发挥社区在城市管理中的基础性作用。社区委员会要以市容环境和社会治安为重点加强社区管理，以便民利民和扶贫解困为重点搞好社区服务。各社区要逐步完善和健全方便快捷的服务功能、治安防范的安全防护功能、就近就医的卫生保健功能和丰富多彩的社区文化功能。要加强社区服务设施建设，鼓励企事业单位文化体育设施逐步向社会开放，实现资源共享。要搞好社区委员会的民主选举，发挥社区居民自治组织的民主决策、民主管理和民主监督作用。进一步改善社区委员会的工作条件，提高社区工作人员的工资待遇，力争在3年内逐步使社区工作人员的收入达到全市职工的平均水平。

18. 城区工作是事关全市改革、发展、稳定的一项重要工作，各城区党委、政府和市直各部门要从落实"三个代表"要求，贯彻市第十次党代会精神的高度给予充分重视，切实加强领导。市直各有关部门要按照本意见精神，制定本部门具体的工作方案和实施细则。要做好下放事权、财权、人权的交接工作，认真抓好各项工作的落实，保证交接工作平稳进行，避免出现工作上的"空挡"。要严肃纪律，对顶着不办、推诿扯皮或利用交接工作之机，突击提干、随意调出调入人员、随意转移处置国有资产的要严肃处理，确保此项工作的顺利进行。

中共沈阳市委 沈阳市人民政府 关于加快县区经济发展的若干意见

（2001年10月9日）

当前，我市已进入以农业产业化、农村工业化、城乡一体化为基本特征，区域经济协调发展的新时期。为紧紧抓住我国加入世界贸易组织这一重大发展机遇，进一步调整城乡结构、农村产业结构、农业结构和就业结构，优化配置资源；进一步深化政府管理体制改革，完善县区政府职能，形成城乡互补、城乡俱进的整体发展格局，实现我市社会主义现代化宏伟目标，现就加快县区经济发展提出如下意见：

一、以战略性结构调整为核心发展县区经济

县区经济是指县区行政辖区内所有经济成份的总和。目前，我市农村经济已经发展到新阶段，二、三产业已占据主体地位，城市成份不断增加，大大突破了"农"字范围，用农村经济这一概念已不能涵盖县区经济的基本内容，必须用县区经济概念来替代农村经济概念，这是对县区经济具有战略性意义的重新定位。依据这一定位，县区经济发展要调整重点，拓宽思路，扩大范围，以农业和农村经济结构的战略性调整为核心，在继续抓好农业的同时，突出二、三产业发展，突出城市建设，突出国际化经济成份，突出区域经济的整体推进，从而开创县区工作的新局面。

"十五"期间，我市县区主要经济指标年均增长要达到15%左右，实现5年翻一番的目标：到2005年，县区财政收入达到20亿元，实际利用外资达到3亿美元，引进内资达到100亿元，农民人均纯收入达到6000元，农村劳动力非农产业就业率达到60%以上。

二、大力发展县区二、三产业

(一)加速乡镇工业发展。在新一轮县区经济发展中，要把重心放在发展乡镇工业上，把乡镇工业做大、做优、做强。"十五"期间的发展重点是加速工业开发区和工业园区建设。要完善基础设施，制定优惠政策，营造优良的服务环境，吸引国内外企业入区投资创业。为尽快建立招商引资、发展县区工业的载体和基地，市政府支持各县区在县城或重点镇建立工业开发区。县级工业开发区建设要坚持高起点规划、高标准建设基础设施、高效益运营、高科技含量企业占主导地位和快速启动、超常发展的原则，形成新的发展空间和具有活力的经济增长点。经市政府批准建立的县级工业开发区的管理权限、管理模式和运行机制，可比照沈阳经济技术开发区的形式设定。市财政对县级工业开发区建设将给予重点扶持。

积极支持小城镇工业园区的发展。要按照突出重点、注重园区质量和开发速度、不追求低水平数量扩张的思路，鼓励县区选择一批基础条件好、发展潜力大、建设标准高的小城镇工业园区作为发展重点予以支持。要在用地计划、土地出让金留成比例、基础设施配套、财政支持、管理服务等方面实行优惠政策，促进乡村工业向园区集中，就业人口向工业园区集聚，资本在工业园区积累与增值。经市政府批准建立的小城镇工业园区，享受县级工业开发区的相关优惠政策。市小城镇建设资金要重点支持小城镇工业园区建设。

(二)支持组建中小企业信用担保中心。为解决乡镇企业贷款难的问题，市政府支持县区组建中小企业信用担保中心。今后5年，市财政每年要根据发展需要给予一定配比资金，支持县区建立中小企业信用担保中心。市财政资金与县区财政资金、银行资金、会员企业资金配合，形成担保资本金。担保中心的定位要突出"政策性资金、企业化运作、法人式管理"，不以盈利为目的，但要保证充分发挥作用和持续运营。

(三)提高县区第三产业运行质量。发展第三产业是县区增加收入、安排农村劳动力就业的重要途径。"十五"期间，我市县区发展第三产业的重点，是在提高商贸、饮服等传统第三产业档次的同时，着力发展金融、保险、信息等现代服务业，发展配送中心等物流产业和农村房地产业。要加强中心城区第三产业与县区第三产业的联合与合作，形成联结城乡的服务网络。市政府和县区政府要进一步减费放权，为第三产业的快速发展创造更为广阔的空间。

三、加速推进农业产业升级

(四)高标准建设现代农业园区。以农业庄园、现代化农业开发园区、科技示范园和龙型农业产业化链为内容的"三园一龙"农业是我市富有创造性的发展模式，是利用企业资金、技术、管理建造农业"航空母舰"，加快实现现代化的有效途径。园区农业代表着我市农业的发展方向，要在有关方面积极给予政策支持，加快农业园区的发展。"十五"期间，全市要建成农业庄园30个，开发园区10个(其中国家级1个)，科技示范园50个。

调整农业园区土地供应和使用制度。凡国内外企业、个人在农业园区内创办农业项目，使用园区规划内土地的，可以不征为国有，保留土地集体所有性质。对农业园区内的建设用地，可根据农业园区规划，适当调整园区所在乡镇的土地利用总体规划。在符合调整后总体规划的基础上，根据有关规定，办理用地手续。涉及建设用地占用耕地的，可在本园区或本县区进行占补平衡处理。农业园区内因调整产业结构而改种多年生的经济作物，自改种起5年内仍按原农业税负担水平征收农林特产税。

(五)推进农业产业化经营。发展农业产业化经营，是农业产业升级的重要内容，市和县区要为农业产业化经营的发展创造必要条件。要扶持龙头企业发展，"十五"末期，全市要培育出市级以上大型龙头企业60个。经市现代化农业领导小组审批的市级龙头企业，享受市给予科技企业的有关优惠政策。经县区政府批准，新办的大型龙头企业可以缓缴土地出让金地方留成部分和土地占用费。

要积极推行"订单农业"，培育中介组织。鼓励和支持农民组织起来进入流通领域，逐步建立以农民及其合作经济组织为主体的农业社会化服务体系，全面提高农业产业化水平。

(六)积极稳妥地推进土地流转机制改革。按照"稳定承包权、放活使用权、合理配置土地资源"的要求，在农民自愿、互利和有利于增加农民收入、减轻农民负担的基础上，积极稳妥地推进租赁、承包、转让、股份制等多种形式的土地使用权流转。县区要逐步建立和完善"二级土地市场"，开展土地使用权交易，规范土地使用权流转行为，用市场机制促进土地向经营能手集中，向农业园区、农业开发区和农产品生产基地等现代农业集中。

(七)加强生态环境建设，促进"一退三还"(退耕还林、还果、还草)。建设好生态环境，是实现农业可持续发展的前提。我市地处内蒙古沙地外缘，风沙灾害频繁发生且有逐年加重趋势。当前生态环境建设的主要任务是植树造林。各县区要分兵把口，守土有责，抓好"三北"防护林、主要河流防护林、荒山荒坡造林栽果和平原绿化等生态工程建设。市和县区财政要加大投入，促进县区"一退三还"。"十五"期间，市财政每年要投入一定资金作为专项资金，用于实施"一退三还"的贴息与补助。此项资金由市财政局、林业局制定具体管理办法并按规定使用。"一退三还"规划由市林业局制定。

允许国内外企事业单位和个人进行"一退三还"的承包经营或租赁经营。要坚持"谁投资、谁所有、谁负盈亏"的原则，承包或租赁的期限可达50年。承包者和租赁者在合同有效期内依法享有继承、转让、抵押的权利。

四、加速县区劳动力结构调整

调整劳动力结构要抓好两方面工作。一是加大劳动力非农就业比重，提高农民高效产业就业率；二是大力开展对劳动力的教育培训工作，吸引人才进入县区就业，增加高素质人员就业比例。"十五"期末，我市农村劳动力就业结构要达到40：30：30的比例，即40%的劳动力从事农业，30%的劳动力从事二、三产业，30%的劳动力进行劳务输出，就业者的素质要明显提高。

(八)积极组织劳务输出。成立市劳务输出工作领导小组，负责全市劳务输出工作的指导与协调。领导小组办公室设在市劳动局，着重负责境外劳务输出的引导、规范、服务工作。要积极开拓国际劳务市场，组织农民出境务工，每年选送几批优秀青年赴日本、韩国、新加坡等国家研修，学成后返回县区就业。市财政对此项工作要给予支持。各县区要相应成立劳务输出工作机构，主要负责外埠劳务输出工作。要兴办各类职业培训学校，培养就业者的一技之长，拓宽外出就业门路。根据县区经济发展需要，全市每年外出打工劳动力要超过4万人。"十五"期末，劳动力外出转移率要达到30%。各县区要按照这一总体规模，安排好劳务输出计划。要把康平县5年移民计划作为劳动力结构调整的重要任务，按时、高质量地完成。

(九)建设人才高地。依托工业开发区和乡镇企业园区，制定优惠政策，吸引各类人才进入县区创业。特别要注意与国际和国内经济发达地区的人才政策接轨，着力吸引国外、埠外和大学、科研院所的创业型人才进入县区，县区要在风险投资、种子基金、创业资金、技术占股比例、研发试验用地用房等创业环境上给予优惠待遇，同时，要在户口、住房、子女入托入学等生活环境方面提供优质服务。

(十)加强县区干部队伍建设。要按照“三个代表”的要求，大力加强县区干部队伍的思想、组织、作风建设。针对目前实际，为进一步解放思想，开拓发展思路，扎扎实实学习经济发达地区的经验，由市委组织部统一安排，分批派出乡镇党委书记和乡镇长到国内经济发达地区进行挂职研修，每期时间一般为2—3个月。到2002年，所有乡镇党政主要领导和部分副职领导干部要完成研修任务。从2002年起，逐年选派市直部门年轻干部到县区和乡镇、村任职或挂职工作，促进县区干部结构调整，促进市直部门更加深入地了解县区情况，以进一步做好为县区发展的服务工作。

五、进一步扩大对外开放

(十一)进一步扩大招商引资规模。县区快速发展的根本途径是招商引资，要坚持以项目为纲，充分利用组团招商、会展招商、网络招商、以商招商等多种形式，广泛开展招商引资活动。对外商进入县区投资置业的，要在简化审批手续、搞好生产生活服务等方面提供良好条件。各县区要实行招商引资责任制度，建立奖励机制，对有突出贡献的引荐单位和个人，按《沈阳市招商引资奖励办法》(沈阳市人民政府令1998第38号)的有关规定给予奖励。各县区领导要把主要精力放在招商引资方面。鼓励市直部门支持县区招商引资工作，市级农口组团办展、考察项目、对项目进行前期论证及对市直部门在县区招商引资中作出突出贡献的单位和个人的奖励等事项，由市农工委负责落实，市财政给予支持。

(十二)加强出口基地建设，扩大出口规模。市鼓励县区以成为日本、韩国、俄罗斯等周边国家的“菜篮子”为目标，充分利用资源、地缘、劳动力等优势，建立农产品出口基地。基地建设要以合资合作项目为主体，吸引国外资本、品种和技术，利用国外市场，走“两头在外求发展”的路子。外商在基地开发农产品生产项目，经县区政府批准，可以通过缴纳土地使用费的方式使用集体土地。要抓住国家将生产企业出口权申报由审批制改为登记制的机遇，积极支持生产企业获得自营进出口权，扩大我市农产品出口规模。

六、以县城为重点，加快小城镇建设步伐

现阶段，我市要按照做大县城、做强示范镇的总体战略加强小城镇建设。农村县(市)政府所在地要扩大城镇规模，完善城镇功能，优化城镇环境。示范镇建设要突出重点，科学规划，合理布局，防止遍地开花，搞低水平分散建设。

(十三)集中力量，加快县城建设。要依托工业开发区建设，通过城市运营、土地运营、资本运营，尽快把县城做大，把城市功能做全，把城市的综合经济实力做强。县城的规划与建设方案要由具有甲级资质的规划和建筑设计单位制定，经市政府常务会审查批准后实施。市政府对县城建设要给予大力支持，从2002年起，5年内，每年由市建委和市财政至少筹资4000万元，支持4个县城建设。

(十四)开放小城镇基础设施建设。制定相应优惠政策，吸引企业、个人及外商以多种方式参与小城镇基础设施投资、建设和经营，多渠道投资小城镇教育、文化、卫生等公用事业，并保护投资者、经营者的合法权益。

(十五)把小城镇建设用地纳入县区土地利用总体规划和土地利用年度计划。对小城镇建设用地指标，由县区土地管理部门优先安排。对以迁村并屯和土地整理方式进行小城镇建设的，可以在建设用地计划中予以支持。鼓励农民进镇购房或按规划集中建房，节约的宅基地可用于小城镇建设用地。

(十六)改革小城镇户籍管理制度。凡在小城镇(不含现为沈阳市城市户口的小城镇)有合法固定住所、稳定职业或生活来源的农民，均可根据本人意愿转为城镇户口，并享受与城镇居民同等待遇。对在小城镇落户的农民，不得收取城镇增容费或其他类似费用。进镇落户的农民，可根据本人意愿，保留其承包土地的经营权和依法有偿转让权。

七、增强县区经济调控能力，完善县区政府职能

(十七)着眼于区域经济发展，适当调整市与县区财政分配关系。市与东陵、于洪、苏家屯和新城子4区的财政分配体制暂不变动，嗣后与中心城区的调整一并进行。从2001年起，在现行分成比例不变的基础上，对4区上划中央75%超上年基数部分，按1：0.3的比例返还。东陵、于洪两区划给中心城区作为新兴工业区的乡镇、村，其人、财、物一并移交，按原税收基数给予东陵、于洪两区定额补偿。

新民、辽中、法库、康平4县(市)原收入体制不变，从2002年起，区划内地方级共享收入增量部分全部留县级财政。

按照事权与财权相统一的原则，对供暖、中小企业、再就业培训等按原支出基数作为市对县区转移支付基础，将相应财力划给县区。由市政府下放给县区的事权所形成的行政事业性收费收入，全部留给县区。

(十八)三环路以外土地出让金由县区征收，地方留成部分全额留县区使用。

(十九)进一步下放“三外”(外资、外经、外贸)项目和固定资产投资的审批权。从有利于调动县区在招商引资中的积极性、主动性，有利于经济发展的基点出发，依照国家有关法规、政策和国际惯例，将可以由县区政府行使的，或可以委托县区政府代市政府行使的“三外”项目立项、审批、优惠政策制定权等，均下放给县区政府。在符合产业政策和规划要求的前提下，在三环路以外区域内，县区自筹投资3000万元以下的基建项目，由县区政府立项审批，报市政府备案。

(二十)进一步下放建设管理和房产管理权限。县区政府负责对辖区内建筑面积2万平方米以内的公用建筑、建筑面积10万平方米以内的住宅项目进行审批(三环路以内区域，苏家屯区、新城子区及虎石台镇城区部分除外)，负责办理除规划审批及土地管理以外的相关手续；负责辖区内建筑市场的管理及施工现场、施工安全管理和执法监察工作；负责辖区内建筑、安装、装饰装修、商混构件生产企业资质初审和资质管理工作；负责对县区属房屋交易管理工作；负责对辖区内物业管理资质审批及物业管理的招投标和监督检查工作；负责辖区内房屋拆迁许可证的发放以及房屋拆迁、房屋管理的执法监察工作。

八、高度重视县区经济发展工作

加快县区经济发展是新时期全市经济发展战略的重要组成部分，各级党委、政府和有关部门一定要从贯彻江泽民同志“三个代表”重要思想和实现沈阳在新世纪跨越式发展目标的高度给予充分重视，切实加强领导。各有关区、县(市)要按照市委、市政府的总体要求，结合自身实际制定具体工作方案，实行责任制，抓好落实工作。市直各有关部门要从全市工作大局出发，采取有效措施，为县区经济发展创造良好的条件。各级宣传部门和新闻单位要采取多种形式，加大宣传力度，为加快县区经济发展营造良好的舆论氛围。

中共沈阳市委 沈阳市人民政府 关于全面开发浑南新区的若干意见

(2001年10月14日)

沈阳高新技术产业开发区(以下简称"高新区")是经国务院批准的国家级高新技术产业开发区。建区10年来,高新区功能不断完善,经济持续增长,对全市经济和社会发展起到了重要的辐射和拉动作用,已经具备了实现跨越式发展的基础条件。为进一步发挥高新区的作用,推动全市改革开放和现代化建设,市委、市政府决定,在原有高新区的基础上,组建和开发浑南新区。具体意见如下:

一、浑南新区全面开发的总体目标

浑南新区要建成以高新技术产业为依托,集科研、生产、教育、金融、商贸及现代服务业于一体,集中体现研发创新、孵化创业、转化辐射、环境创优4个突出特点的功能齐备、相对独立的新城区。

到2005年,浑南新区建成区面积扩展到35平方公里,当年国内生产总值实现220亿元,财政收入达到34.3亿元,引进外资额完成8亿美元,技工贸总收入实现800亿元,其中高新技术产品销售收入占技工贸总收入的比重达到70%。以上4项指标分别为2000年的4.7倍、3.9倍、3.5倍和3.8倍。

二、浑南新区的发展规划

浑南新区所辖区域,包括原高新区封闭管理部分,共计120平方公里。现已划归和平、沈河两区的长白乡和浑河站乡,其开发建设必须服从浑南新区的总体规划。发展规划要突出综合性城区的特色,以培育城市的集聚功能、创新功能、管理功能和服务功能为目标,合理规划出科技工业区、商贸服务区和生活区三种不同功能区域。其中,科技工业区要大力扶持电子信息产业、先进装备制造产业、生物技术与医药制造业、环保技术与设备制造业、新材料产业、新能源产业,以及列入《国家高新技术产品目录》的其他产业等。

三、浑南新区管理机构的设置

设立中共浑南新区工作委员会,作为市委的派出机构;设立浑南新区管理委员会,作为市政府的派出机构。实行一套机构、两块牌子,主要领导交叉任职。

将现南湖科技开发集团改组为浑南新区开发建设总公司,为国有独资企业,其董事会主要成员可由浑南新区管委会领导成员兼任。

分别设立市人大、市政协浑南新区联络处,受市人大、市政协委托行使职能。

浑南新区党工委、管委会职能部门合并设置,所设机构原则上不超过10个,由浑南新区与市编办共同研究制定方案,提交市委、市政府批准。

公安、检察、审判机关在浑南新区设立的分局和基层院,其编制核定须经浑南新区管委会同意。

浑南新区下辖的街道和乡镇暂保留原有体制,待乡镇机构改革时一并按有关规定办理。

设立由浑南新区管委会与驻区工商、国税、地税等有关部门联合组成的协调委员会,负责对区内涉及上述有关单位的重要工作及事项进行研究确定,其决议对协调委员会成员单位具有约束力。协调委员会采取例会制,浑南新区管委会主任为例会召集人。

四、浑南新区的管理权限

浑南新区管委会享有市级政府的管理权限。主要包括:

(一)制定浑南新区国民经济和社会事业发展的年度、中长期规划及年度财政预算方案、决算报告,经市政府批准后施行;

(二)依照国家产业政策,以各类扶持或限制的方法对经济运行实施宏观调控,促进产业结构优化;

(三)代表市政府行使国有资产所有者职能,有权组建国有资产运营机构及授权企业经营国有资产,并对国有资产运营情况实施有效监管;

(四)市级政府的行政审批权,具体内容另行确定;

(五)户籍管理权;

(六)由市政府授权,依法享有房地产行政强制搬迁动迁权。

凡在浑南新区必须派驻机构的部门,要把市级审批管理权限下放给派驻机构。不能下派机构的部门,要在浑南新区设立服务"窗口"或派出办事人员。

五、浑南新区的管理模式

浑南新区实行全封闭的管理模式,市直各职能部门与浑南新区相关机构是业务指导关系。

浑南新区为"无费区",对区内企业免收一切行政性收费。

市级行政执法部门的工作,由其驻浑南新区的分支或派出机构负责。

浑南新区的社会保障体系,按全市统一政策实行市级统筹,分级管理,以独立的体系进入全市社会保障系统。

六、浑南新区的人事制度与分配政策

在机关、事业单位中实行新的用人机制和分配机制。全面实行工作人员考试录用制、全员聘用合同制、竞争上岗制、领导干部目标责任制和辞职辞退制度。

试行结构工资与弹性工资相结合的分配制度。区党工委和管委会工作人员保留档案工资,在浑南新区工作期间的收入由基本工资、岗位工资、绩效工资和入区津贴4部分组成。

建立浑南新区管委会公务人员培训上岗的新机制。要制定有关行政规章及具体规划,对公务人员分期分批进行培训,逐步实行培训持证上岗制度。

七、浑南新区开发建设的投融资体系

(一)政府投资。从2001年起,市政府将土地出让收入地方留成部分全部留给浑南新区;2001—2005年,每年投入2000万元作为浑南新区贷款贴息;从2002年起,市政府对浑南新区实行新的财政体制,以2001年市本级既得收入为基数,超基数增长部分全部留给浑南新区,一定5年不变。

浑南新区管委会自有财力主要用于本区的开发建设。

(二)企业投资。浑南新区要开放基础设施和社会服务设施的建设和经营,允许各类企业和个人按统一规划进行建设。对已形成的资产,可以出让经营权、所有权。

(三)以地融资。预征区内全部未征用的土地,并用航测予以确定。实征前土地仍由原承包者使用。对于预征后未经批准新建的建筑物及其他固定设施,实征时不予补偿。采取"以地抵押融资","生地变熟地,出让获价差","土地空转,批租实转"等多种方式,取得开发资金,用于基础设施建设。土地批租价格由浑南新区在国家规定的范围内,按市场情况和规划自行确定。

(四)境外引资。积极利用世行贷款、外国政府借款等方式进行开发建设,也可以采用BOT及其他国际通行的方式建设基础设施。

(五)上市融资。积极创造条件,支持注册于浑南新区的高新技术企业上市融资。南湖科技开发集团通过资产置换上市以后,要尽快优化资本结构,增强企业实力,通过增发新股募集资金。

八、优化浑南新区的投资环境

(一)经市高新技术企业评定委员会和浑南新区管委会认定的高新技术企业和项目,可享受鼓励技术创新、科技成果转化和产业化的有关优惠政策;在风险投资、研发与开发、科技成果转化、生产经营用地、办公与实验用房等方面给予特殊优惠待遇。具体优惠政策由浑南新区管委会负责制定并实施。

(二)浑南新区在财政收入中提取一定比例设立科技发展资金。科技发展资金的使用,主要采取奖励形式,根据企业所实现的增加值、营业收入和利润总额,按一定比例给予其奖励。

(三)设立项目引荐专项奖金,用于奖励项目引荐人。具体奖励办法由浑南新区管委会按《沈阳市招商引资奖励办法》(沈阳市人民政府令1998第38号)的规定制定并实施。

(四)对于进区创业的高级人才,在科研用房用地、研发补助、风险投资担保等方面给予优惠待遇,同时在住房、户口、子女就业、安家补助等生活条件方面给予特殊照顾。具体优惠政策由浑南新区管委会负责制定并实施。

(五)对于在浑南新区创办的大学园、院所园,其研发、实验用房可以采取企业建设,政府回租,免租贴租交给这些单位使用的方式,支持高等院校、科研院所在浑南新区进行研发与创业。

(六)以政府财政资金为引导,广泛吸纳社会资本,设立风险投资资金,重点支持高科技项目开发。积极尝试设立中外合资、合作的风险投资公司,支持境外风险投资公司直接投资区内的高科技项目。建立多种资金来源、多种组织形式的企业信用担保体系,保障区内多种所有制的企业及初始创业者能够获取必不可少的启动和流动资金。

(七)落实征地与安置政策,为企业发展营造稳定的社会环境。浑南新区管委会负责依照有关法规制定并实施该区征地后农业人口的安置政策,土地补偿金由浑南新区管委会统筹使用,以安置农业人口。

九、改善浑南新区的服务环境

(一)告知与承诺。对区内企业应该承担的法定义务,有关行政管理部门应事先以书面形式告知企业。企业对此应自行向有关行政管理部门作出履行义务的保证或承诺,并承担相应的法律责任。

(二)检查与监督。质量技术监督、卫生、消防等管理部门可以凭合法证件,依法对区内企业进行监督、检查和抽验。行政管理部门依法对区内企业实施的例行检查、监督,必须提前15个工作日告知相关企业,并由区管委会办公室统一协调安排。除依法检查监督外,行政管理部门原则上不得对区内企业进行检查、视察、评比、验收,如确需进行,应向区管委会提出申请,由分管副市长签批后,交区管委会办公室统一协调安排。

(三)管理与服务。浑南新区要大力发展中介服务业,积极为企业提供符合国际惯例和国家规范的经营管理、技术、市场营销、信息、人才、财务、金融、专利,以及法律公证等方面的中介服务。在浑南新区建综合服务大厅,设立工商、报税、海关服务“窗口”,对企业实行“一站式”服务。

十、加强组织领导,形成合力,全面推动浑南新区建设

全面开发建设浑南新区是市委、市政府在新的历史时期作出的重大战略决策,对促进全市经济发展,加快实现社会主义现代化的宏伟目标具有举足轻重的作用。各级党委、政府和各有关部门要站在全市发展大局的高度,全力支持浑南新区的开发建设事业。市直各有关部门要制定具体方案,做好下放权限的交接工作。各区、县(市)要积极支持、参与浑南新区开发建设,努力形成共同快速发展的良好局面。

法规·规章

沈阳市农药经营使用管理规定

第一条 为了加强农药经营、使用的监督管理,保证农业安全生产,保护生态环境,保障人身健康,根据有关法律法规规定,结合本市实际,制定本规定。

第二条 本规定所称农药,是指用于预防、消灭或者控制危害农业、林业的病、虫、草和其他有害生物以及有目的地调节植物、昆虫生长的化学合成或者来源于生物、其他天然物质的一种物质或者几种物质的混合物及其制剂。

前款农药主要包括用于不同目的、场所的下列各类:

(一)用于预防、消灭或者控制危害农业、林业的病、虫、草、鼠和其他有害生物的;

(二)用于调节植物、昆虫生长的;

(三)用于农业、林业产品防腐或者保鲜的。

第三条 凡在本市行政区域内经营、使用农药的单位和个人,必须遵守本规定。

第四条 市、区、县(市)人民政府农业行政主管部门负责本行政区域内农药经营、使用的监督管理工作。

市人民政府质量技术监督、工商行政管理等有关部门应当按照法定的职责,做好农药经营、使用的监督管理工作。

第五条 市、区、县(市)农业行政主管部门对从事农药经营的单位进行审查,对符合下列条件的,市农业行政主管部门应当在受理申请之日起30日内予以批准:

(一)有与其经营的农药相适应的技术人员;

(二)有与其经营的农药相适应的营业场所、设备、仓储设施、安全防护措施和环境污染防治设施、措施;

(三)有与其经营的农药相适应的规章制度;

(四)有与其经营的农药相适应的质量管理制度和管理手段。

农药经营单位取得市农业行政主管部门的批准,发给《农药经营许可证》,并依法向工商行政管理部门申请领取营业执照后,方可经营农药。

第六条 农药经营人员应当具有相应的专业知识,并经市农业行政主管部门考核合格,方可从事经营活动。

第七条 农药经营单位销售农药时,必须向购买者开具销售凭证,并正确说明农药用途、使用保管方法、中毒急救措施和注意事项。

第八条 新引进的农药,应当在本行政区域内经过试验证明具有先进性、适用性,方可经营使用。

第九条 经营具有农药作用但以微肥等名义取得肥料登记证号的混合物或制剂,应当经市农业行政主管部门批准。

第十条 农药经营单位为方便销售,需将原包装农药分装后在本单位门市部零售的,必须贴上新的明显的标签说明。

农药经营单位对外批发或在本单位以外的门市部零售农药进行分装的,应当事先向市农业行政主管部门提出申请,经批准后方可分装,分装后的农药必须贴上新标签说明和注明市农业行政主管部门的批准文号。

新的标签说明必须包括原标签全部内容,并注明分装单位、分装日期。

第十一条 农药经营单位不得在同一场所兼营食品、饲料、易燃易爆等商品。

农药应当单独贮存保管,不得与食品、饲料、易燃易爆物品混放。

第十二条 农业行政主管部门应当对在农业生产过程中使用的农药品种、药效、使用范围进行检查,监督农产品生产者安全使用农药。

市农业行政主管部门应当适时公布禁止使用的农药品种。

第十三条 禁止在蔬菜、瓜果、中草药材等作物上使用剧毒、高毒农药。

第十四条 禁止使用农药毒杀水产、畜禽等动物。对因农药中毒而死亡的水产、畜禽等动物必须及时销毁。

第十五条 施药器具及剩余农药必

须妥善保管，农药的包装物应当妥善处理，防止污染环境。

第十六条 市人民政府应当确定专门部门按照各自的职责对生产、销售过程中农副产品农药残留量进行经常性的抽样检测，经检测农药残留量超标的农副产品禁止上市销售。

第十七条 对违反本规定，有下列行为之一的，由市、区、县(市)农业行政主管部门予以处罚：

(一)违反第十条规定，未附标签、标签残缺不清或者擅自修改标签内容的，给予警告，没收违法所得，可以并处1000元以上1万元以下罚款；

(二)违反第十三条规定，在蔬菜、瓜果、中草药材等作物上使用剧毒、高毒农药的，给予警告，可以并处200元以上5000元以下罚款；

(三)违反第十四条规定，使用农药毒杀水产、畜禽等动物的，可以处200元以上2000元以下罚款。

情节特别严重的，应该加重处罚，但罚款最高不得超过3万元；构成犯罪的，由司法机关依法追究刑事责任。

第十八条 违反第十六条规定，销售农药残留量超过标准的农产品的，由质量技术监督部门、农业行政主管部门依照法律、法规的规定予以处罚。

第十九条 违反第五条规定，擅自经营农药的，由工商行政管理部门予以处罚。

第二十条 违反本规定，因农药使用、保管不当或施药器具、农药包装物处理不当，造成污染、农药中毒、药害等事故或者其他经济损失的，由各有关部门依法查处。

第二十一条 对检举下列行为及违反本规定其他违法行为的有功人员，由市农业行政主管部门给予奖励：

(一)在蔬菜、瓜果、中草药材等作物上使用本规定禁止使用农药的；

(二)采收、销售未满农药安全间隔期的蔬菜、瓜果、中草药材等作物的。

具体奖励办法，由市农业行政主管部门另行制定。

第二十二条 农业行政主管部门的工作人员和有关部门的工作人员玩忽职守、滥用职权、徇私舞弊，构成犯罪的，依法追究刑事责任；尚不构成犯罪的，依法给予行政处分。

第二十三条 当事人对行政处罚不服的，可以依法申请行政复议或提起行政诉讼，逾期不申请行政复议，不提起行政诉讼，又不履行行政处罚决定的，由作出行政处罚决定的机关申请人民法院强制执行。

第二十四条 本规定自2001年5月1日起施行。

沈阳市制定地方性法规条例

第一章 总 则

第一条 为了规范地方立法活动，健全地方立法制度，提高地方性法规质量，推进社会主义民主法制建设，根据《中华人民共和国地方各级人民代表大会和地方各级人民政府组织法》、《中华人民共和国立法法》，结合本市实际，制定本条例。

第二条 本市地方性法规的制定、修改和废止，适用本条例。

市人民政府规章的备案审查，适用本条例。

第三条 制定地方性法规应当遵循下列原则：

(一)以经济建设为中心，坚持四项基本原则，坚持改革开放；

(二)依照法定的权限和程序，从国家整体利益出发，维护社会主义法制的统一和尊严；

(三)体现人民的意志，发扬社会主义民主，保障人民通过多种途径参与立法活动；

(四)根据本行政区域内的具体情况和实际需要，科学合理地规定公民、法人和其他组织的权利与义务、国家机关的权力与责任。

第四条 市人民代表大会及其常务委员会可以就下列事项制定地方性法规：

(一)为执行法律、行政法规、省地方性法规的规定，需要根据本行政区域内的实际情况作出具体规定的事项。

(二)属于本行政区域内的地方性事务需要制定地方性法规的事项。

除《中华人民共和国立法法》第八条规定的事项外，其他事项国家尚未制定法律或者行政法规，根据本行政区域内实际，需要制定地方性法规的事项。

第五条 规定本行政区域特别重大事项的地方性法规，应当由市人民代表大会通过。

第六条 地方性法规可以采用条例、规定、规则、办法、细则等名称。

第二章 制定地方性法规的准备

第七条 制定地方性法规应当编制年度计划，根据需要可以编制五年规划。

第八条 市人民政府、市人民代表大会专门委员会(以下简称专门委员会)、市人民代表大会常务委员会(以下简称常务委员会)工作机构应当于每年的11月底以前向常务委员会提报下一年度的立法项目。

本行政区域内的其他国家机关、政党、社会团体、企业事业组织、公民可以向常务委员会、市人民政府、专门委员会提出立法建议。

第九条 年度立法计划由主任会议于每年市人民代表大会会议后的第一次常务委员会会议前确定。

立法计划确需调整的，提案人应当说明理由，由主任会议决定。

第十条 地方性法规草案由提案人组织起草。

提案人可以委托专家、学者起草地方性法规草案。

第十一条 起草地方性法规草案，起草单位应当听取各方面意见，进行调查研究和科学论证。起草地方性法规草案，起草单位应当建立工作责任制度。

第十二条 地方性法规草案应当符合立法技术规范，根据内容需要，可以分章、条、款、项、目。

第十三条 提出地方性法规案，应当同时提出下列材料：

(一)地方性法规草案文本；

(二)地方性法规草案说明；

(三)制定地方性法规的法律、法规依据和说明；

(四)其他必要的资料。

第三章 市人民代表大会制定地方性法规的程序

第十四条 市人民代表大会举行会议的时候，主席团、常务委员会、市人民政府、各专门委员会、市人民代表大会代表10人以上联名，可以向市人民代表大会提出地方性法规案。

第十五条 主席团提出的地方性法规案，由市人民代表大会会议审议。

常务委员会、市人民政府、各专门委员会提出的地方性法规案，由主席团决定列入会议议程。

市人民代表大会代表联名提出的地方性法规案，由主席团决定是否列入会议议程，或者先交有关的专门委员会审议、提出是否列入会议议程的意见，再决定是否列入会议议程。专门委员会审议的时候，可以邀请提案人列席会议，发表意见。

第十六条 向市人民代表大会提出的地方性法规案，在市人民代表大会闭会期间，可以先向常务委员会提出，经常务委员会会议依照本条例第四章规定的有关程序审议后，决定提请市人民代表大会审议，由常务委员会或者提案人向大会全体会议作说明。

第十七条 常务委员会决定提请市人民代表大会会议审议的地方性法规案，应当在会议举行的30日前将地方性法规草案发给代表。

第十八条 向市人民代表大会提出的地方性法规案，在列入会议议程前，提案人有权撤回。

第十九条 列入市人民代表大会会议议程的地方性法规案,大会全体会议听取提案人的说明后,由各代表团审议。

各代表团审议地方性法规案时,提案人应当派人听取意见,回答询问。

各代表团审议地方性法规案时,根据代表团的要求,有关机关、组织应当派人介绍情况。

第二十条 列入市人民代表大会会议议程的地方性法规案,由有关的专门委员会进行审议,向主席团提出审议意见,并印发会议。

第二十一条 列入市人民代表大会会议议程的地方性法规案,由法制委员会根据各代表团和有关的专门委员会的审议意见,对地方性法规案进行统一审议,向主席团提出审议结果报告和地方性法规草案修改稿,对重要的不同意见应当在审议结果报告中予以说明,经主席团会议审议通过后,印发会议。

地方性法规草案修改稿经各代表团审议,由法制委员会根据各代表团的审议意见进行修改,提出地方性法规草案表决稿,由主席团提请大会全体会议表决。

第二十二条 列入市人民代表大会会议议程的地方性法规案,必要时,主席团常务主席可以召开代表团团长会议,就地方性法规案中的重大问题听取各代表团的审议意见,进行讨论,并将讨论的情况和意见向主席团报告。

主席团常务主席也可以就地方性法规案中的重大专门性问题,召集代表团推选的有关代表进行讨论,并将讨论的情况和意见向主席团报告。

第二十三条 列入市人民代表大会会议议程的地方性法规案,在交付表决前,提案人要求撤回的,应当说明理由,经主席团同意,并向大会报告,对该地方性法规案的审议即行终止。

第二十四条 地方性法规案在审议中有重大问题需要进一步研究的,经主席团提出,由大会全体会议决定,可以授权常务委员会根据代表的意见进一步审议,作出决定,并将决定情况向市人民代表大会下次会议报告;也可以授权常务委员会根据代表的意见进一步审议,提出修改方案,提请市人民代表大会下次会议审议决定。

第二十五条 地方性法规案的表决,由全体代表的过半数通过。

第四章 常务委员会制定地方性法规的程序

第二十六条 主任会议、市人民政府、各专门委员会和常务委员会组成人员5人以上联名,可以向常务委员会提出地方性法规案。

第二十七条 主任会议提出的地方性法规案,由常务委员会会议审议。

市人民政府、各专门委员会提出的地方性法规案,由主任会议决定列入常务委员会会议议程,或者先交有关的专门委员会审议、提出报告,再决定列入常务委员会会议议程。如果主任会议认为地方性法规案有重大问题需要进一步研究,可以建议提案人修改完善后再向常务委员会提出。

常务委员会组成人员5人以上联名提出的地方性法规案,由主任会议决定是否列入常务委员会会议议程,或者先交有关的专门委员会审议,提出是否列入会议议程的意见,再决定是否列入常务委员会会议议程。不列入常务委员会会议议程的,应当向常务委员会会议报告或者向提案人说明。专门委员会审议的时候,可以邀请提案人列席会议,发表意见。

第二十八条 市人民政府、各专门委员会提出的地方性法规案,应当分别经市人民政府常务会议、专门委员会会议讨论通过。向常务委员会提出的地方性法规案,应当于常务委员会会议举行的30日前提出。

第二十九条 列入常务委员会会议议程的地方性法规案,常务委员会有关工作机构应当在会议举行的7日前将地方性法规草案发送给常务委员会组成人员。

第三十条 向常务委员会提出的地方性法规案,在列入会议议程前,提案人有权撤回。

第三十一条 列入常务委员会会议议程的地方性法规案,一般应当经三次常务委员会会议审议后再交付表决;各方面意见比较一致的,可以经两次常务委员会会议审议后交付表决;部分修改的地方性法规案,各方面意见比较一致的,也可以经一次常务委员会会议审议即交付表决。

第三十二条 常务委员会会议第一次审议地方性法规案,在全体会议上听取提案人的说明,由分组会议进行审议。

提案人的说明应当阐明立法的必要性、依据、主要内容及其他需要说明的问题。

第三十三条 常务委员会会议第二次审议地方性法规案,在全体会议上听取有关专门委员会关于地方性法规草案审议意见的报告,由分组会议进一步审议。有关专门委员会的审议意见报告应当包括制定该地方性法规的必要性、合法性、可行性,并对地方性法规草案提出修改意见。

第三十四条 常务委员会会议第三次审议地方性法规案,在全体会议上听取法制委员会关于地方性法规草案审议结果的报告,由分组会议对地方性法规草案修改稿进行审议。

第三十五条 常务委员会审议地方性法规案时,根据需要,可以召开联组会议或者全体会议,对地方性法规草案中的主要问题进行讨论。

常务委员会审议地方性法规案时,应当逐条进行审议。

第三十六条 常务委员会分组会议审议地方性法规案时,提案人应当派人听取意见,回答询问。

常务委员会分组审议地方性法规案时,根据小组的要求,有关机关、组织应当派人介绍情况。

第三十七条 专门委员会审议地方性法规案时,应当召开全体会议逐条进行审议,根据需要,可以要求有关机关、组织派有关负责人说明情况。

专门委员会审议地方性规案时,可以邀请其他有关的专门委员会的成员列席会议,发表意见。

第三十八条 列入常务委员会会议议程的地方性法规案,由法制委员会根据常务委员会组成人员、有关的专门委员会的审议意见和各方面提出的意见,对地方性法规案进行统一审议,提出审议结果报告和地方性法规草案修改稿,对重要的不同意见应当在审议结果报告中予以说明。对有关的专门委员会的重要审议意见没有采纳的,应当向有关的专门委员会反馈。地方性法规草案修改稿经常务委员会会议审议,由法制委员会根据常务委员会组成人员的审议意见进行修改,提出地方性法规草案表决稿,由主任会议提请常务委员会全体会议表决。

第三十九条 专门委员会之间对地方性法规草案的重要问题意见不一致时,应当向主任会议报告。

第四十条 列入常务委员会会议议程的地方性法规案,法制委员会、有关的专门委员会和常务委员会工作机构应当听取各方面的意见。听取意见可以采取座谈会、论证会、听证会等多种形式。

第四十一条 列入常务委员会会议议程的重要的地方性法规案,经主任会议决定,可以将地方性法规草案公布,征求意见。各机关、组织和公民提出的意见送常务委员会工作机构。

第四十二条 列入常务委员会会议议程的地方性法规案,常务委员会工作机构应当收集整理分组审议的意见和各方面提出的意见以及其他有关资料,分送法制委员会和有关的专门委员会,并根据需要,印发常务委员会会议。

第四十三条 列入常务委员会会议议程的地方性法规案,在交付表决前,提案人要求撤回的,应当说明理由,经主任会议同意,并向常务委员会报告,对该地方性法规案的审议即行终止。

第四十四条 地方性法规案经常务

委员会三次会议审议后，仍有重大问题需要进一步研究的，由主任会议提出，经全体会议同意，可以暂不付表决，交法制委员会和有关的专门委员会进一步审议。

第四十五条 交付常务委员会全体会议表决未获得通过的地方性法规案，如果提案人认为必须制定该地方性法规，可以按照本章规定的有关程序重新提出，由主任会议决定是否列入会议议程。

第四十六条 列入常务委员会会议审议的地方性法规案，因各方面对制定该地方性法规的必要性、可行性等重大问题存在较大意见分歧搁置审议满两年的，或者因暂不付表决经过两年没有再次列入常务委员会会议议程审议的，由主任会议向常务委员会报告，该地方性法规案终止审议。

第四十七条 地方性法规案的表决，由常务委员会全体组成人员的过半数通过。

第五章 地方性法规的报批、公布

第四十八条 市人民代表大会及其常务委员会制定、修改和废止的地方性法规，由常务委员会报请省人民代表大会常务委员会批准。

第四十九条 地方性法规报经批准后，由常务委员会发布公告予以公布，并及时在常务委员会公报和《沈阳日报》上刊登。

在常务委员会公报上刊登地方性法规文本为标准文本。

第五十条 公布地方性法规的公告应当载明该地方性法规的制定机关、批准机关、通过日期、批准和施行日期。

第六章 地方性法规的解释、修改、废止

第五十一条 地方性法规解释权属于常务委员会。

地方性法规有以下情况之一的，由常务委员会解释：

(一)地方性法规的规定需要进一步明确具体含义的；

(二)地方性法制定后出现新的情况，需要明确适用地方性法规依据的。

第五十二条 市人民政府、市中级人民法院、市人民检察院、各专门委员会和区、县(市)人民代表大会常务委员会可以向常务委员会提出地方性法规解释的要求。

第五十三条 常务委员会工作机构研究拟订地方性法规解释草案，由主任会议决定列入常务委员会会议议程。

第五十四条 地方性法规解释草案经常务委员会会议审议，由法制委员会根据常务委员会组成人员的审议意见进行审议、修改，提出地方性法规解释草案表决稿。

第五十五条 地方性法规解释草案表决稿由常务委员会全体组成人员的过半数通过，报请省人民代表大会常务委员会批准后，由常务委员会发布公告予以公布。

第五十六条 常务委员会的地方性法规解释同地方性法规具有同等效力。

第五十七条 地方性法规有以下情况之一的，应当予以修改或废止：

(一)与宪法、法律、行政法规、省地方性法规相抵触的；

(二)已不适应实际需要的；

(三)其他情况需要修改或废止的。

第五十八条 市人民代表大会闭会期间，常务委员会可以对市人民代表大会制定的地方性法规进行部分补充和修改，但不得同该地方性法规的基本原则相抵触。

第五十九条 地方性法规的修改和废止程序，适用本条例第三章、第四章、第五章的有关规定。

地方性法规修改后，必须公布新的地方性法规文本。

第七章 规章的备案审查

第六十条 市人民政府制定的规章应当在公布后的30日内报常务委员会备案。

第六十一条 常务委员会对市人民政府制定的不适当的规章有权予以撤销。

第六十二条 规章的备案审查程序，由常务委员会制定。

第八章 附 则

第六十三条 本条例自2001年5月1日起施行。1994年1月20日沈阳市第十一届人民代表大会常务委员会第七次会议通过的《沈阳市人民代表大会常务委员会制定地方性法规的规则》同时废止。

沈阳市城市房产管理条例

第一章 总 则

第一条 为了加强对城市房产的管理，维护房产市场秩序，保障房产权利人的合法权益，根据《中华人民共和国城市房地产管理法》及有关法律、法规规定，结合本市实际，制定本条例。

第二条 本市城市规划区国有土地范围内，从事房产交易，实施房产管理，适用本条例。

第三条 市房产行政管理部门是本市城市房产管理的行政主管部门，对全市城市房产实施统一管理和监督。

区、县(市)房产行政管理部门按照职责分工，负责本行政区域内城市房产管理。

各级政府有关部门应按职责分工配合房产行政管理部门做好房产管理工作。

第四条 房产权利人的合法权益受法律保护，任何单位和个人不得侵犯。

房产权利人必须遵守法律、法规，不得利用房产危害国家利益、社会公共利益和他人合法权益。

第五条 房产行政管理部门实施房产管理，必须严格执行法律、法规规定，坚持公开、公正、便民的原则。

第二章 房屋权属登记管理

第六条 实行房屋权属登记发证制度。取得、转让、变更房屋产权或设定房产抵押权、典权，当事人必须在规定的期限内向房产行政管理部门申请登记。经房产行政管理部门核实、登记，并颁发房屋权属证书。

房屋权属证书包括《房屋所有权证》、《房屋共有权证》、《房屋他项权证》。

第七条 任何单位和个人不得涂改、伪造房屋权属证书。

房屋权属证书破损，经登记机关查验需换领的，予以换证；房屋权属证书遗失，权利人应登报声明，自登报之日起60日内无异议的，由登记机关予以补发。

第八条 房屋权属登记分为：

(一)初始登记；

(二)转移登记；

(三)变更登记；

(四)他项权利登记；

(五)注销登记。

第九条 新建房屋，申请人应在房屋竣工验收备案之日起60日内申请初始登记，并提交下列文件：

(一)土地使用权证明；

(二)建设工程规划许可证；

(三)房屋竣工验收备案证明；

(四)具有合法资质等级的房产测绘机构出具的房屋建筑面积测绘成果报告。

应建立共用部位共用设施设备维修基金的房屋，还应提交交款收据或经办银行出具的收款证明。

第十条 因房屋买卖、交换、赠与、继承、划拨、转让、分割、合并、裁决等原因致使房屋所有权发生转移的，当事人应自事实发生之日起30日内持《房屋所有权证》、合同、生效的法律文书、交易批准文件等申请转移登记。

第十一条 有下列情形之一的，房屋权利人应持房屋权属证书及有关文件，自变更事实发生之日起30日内申请变更登记：

(一)权利人姓名或名称发生变化的；

(二)房屋坐落地址名称或房屋名称发生变化的；

(三)变更房屋原设计用途的;

(四)房屋翻建、改建、扩建的。

第十二条 房屋抵押或典当,当事人应当自抵押合同或典当合同签订之日起30日内,持房屋权属证书、合同及有关证明文件申请他项权利登记。

第十三条 依法拆除房屋的,拆迁人应当于房屋拆除后30日内持拆迁许可证和拆迁协议申请注销登记。

他项权利终止或因不可抗力等原因使房屋灭失的,当事人或房产权利人应当自他项权利终止或房屋灭失之日起30日内,持合同、证明等文件申请注销登记。

第十四条 下列归国家所有的房屋,由房产行政管理部门统一办理权属登记手续:

(一)由国家、省补助投资或地方财政投资建造的非住宅用房;

(二)住宅区内用配套费建造的非住宅用房和住宅楼房的底屋经营性用房;

(三)经人民法院判决产权归国家所有的房屋;

(四)其他归国家所有的房屋。

第十五条 权利人申请房屋权属登记,要件齐全的,房产行政管理部门应自受理之日起在下列时限内办结房屋权属登记手续:

(一)初始登记5个工作日;

(二)转移登记10个工作日;

(三)变更登记5个工作日;

(四)他项权利登记5个工作日;

(五)注销登记2个工作日。

第十六条 下列房屋暂缓登记:

(一)所有权不明晰的;

(二)所有权有争议的;

(三)证件不全的;

(四)司法机关、行政机关限制所有权转移或限制设定他项权利的;

(五)法律、法规规定暂缓登记的。

第十七条 下列房屋不予登记:

(一)违法建筑;

(二)临时建筑;

(三)法律、法规规定不予登记的。

第十八条 有下列情形之一的,由房产行政管理部门注销房屋权属证书:

(一)申报不实的;

(二)房屋权利灭失,在规定期限内不办理房屋注销登记的;

(三)涂改房屋权属证书的;

(四)因登记机关工作人员失误造成登记错误的;

(五)法律、法规规定的其他情形。

第十九条 房产行政管理部门应当建立健全房产产权产籍管理制度。记录房产产权的图、档、卡、册等资料要做到准确、完整。

房产测绘单位制作的用于房屋权属登记等房产管理的测绘成果,经市房产行政管理部门审核后,纳入房产档案统一管理。

第三章 房产交易管理

第二十条 房产交易必须符合国家规定的条件。有下列情形之一的房产禁止交易:

(一)未依法登记取得房屋权属证书的;

(二)共有房屋未取得其他共有人书面同意的;

(三)司法机关、行政机关依法限制交易的;

(四)设定抵押权的房屋,未经抵押人同意的;

(五)国有房屋未经国有资产管理部门批准的;

(六)被鉴定为危险的;

(七)拆迁公告公布应当拆除的;

(八)法律、法规规定的其他情形。

第二十一条 房屋使用人不得转让拨用房产,不得擅自转租代管房产和拨用房产,不得以代管房产和拨用房产设定抵押权、典权等他项权利。

第二十二条 商品房预售实行许可证制度。房地产开发企业向房产行政管理部门申请办理商品房预售许可证,应提供下列文件和资料:

(一)已交付全部土地使用权出让金的收据和取得的土地使用权证书;

(二)建设工程项目计划批准文件;

(三)建设工程规划许可证和施工许可证;

(四)按提供的预售商品房计算,投人开发建设的资金达到工程建设总投资的25%以上,并已确定施工进度和竣工交付日期证明;

(五)营业执照和资质证明;

(六)工程施工合同;

(七)商品房的分层平面图;

(八)预售商品房的申请和方案。

房产行政管理部门应自收到申请之日起10日内进行审查。符合条件的,核发《商品房预售许可证》;不符合条件的,通知申请人并说明理由。

第二十三条 房地产开发企业预售或销售商品房时,应当向购买人出示《土地使用证》、《商品房预售许可证》或《房屋所有权证》;提供《商品房销售面积审核通知书》、《住宅质量保证书》和《住宅使用说明书》;告之房屋坐落、用地性质和使用年限、环境、质量、装修及设施等情况。

房地产开发企业与购买人应当依法签订书面合同。

第二十四条 商品房交付使用后,买受人认为商品房的实际面积与合同约定面积不符的,可向房产行政管理部门投诉。

房产行政管理部门应按下列原则处理:

(一)面积误差比绝对值在3%以内的(含3%),据实结算房价款;

(二)面积误差比绝对值超出3%时,买受人有权退房。买受人退房的,房地产开发企业应当在买受人提出退房之日起30日内将买受人已付房价款退还给买受人,同时支付已付房价款利息。

第二十五条 买受人不退房的,实际面积大于合同约定面积时,面积误差比绝对值在3%以内(含3%)部分的房价款由买受人补足;超出3%部分的房价款由房地产开发企业承担,产权归买受人。实际面积少于合同约定面积时,面积误差比绝对值在3%以内(含3%)部分的房价款由房地产开发企业返还买受人;面积误差比绝对值超出3%部分的房价款,由房地产开发企业双倍返还买受人。

第二十六条 买受人认为商品房主体结构质量不合格的,可以依照有关规定委托工程质量检测机构重新核验。经核验,确属主体结构质量不合格的,买受人有权退房。给买受人造成损失的,房地产开发企业应依法承担赔偿责任。

第二十七条 有下列房屋转让行为之一的,当事人应自合同签订之日起30日内,持合同、《房屋所有权证》等文件,经房产行政管理部门审核后,办理转让手续:

(一)买卖的(含已初始登记的商品房销售);

(二)继承、赠与的;

(三)所有权交换的;

(四)以房屋作价入股经营,房屋所有权归新企业所有的;

(五)企业兼并、合并、分立,房屋所有权归新产权人的;

(六)以房抵债,房屋所有权归债权人的;

(七)法律、法规规定的其他情形。

第二十八条 房产抵押,当事人应自合同签订之日起30日内,持下列文件,经房产行政管理部门审核后,办理抵押手续:

(一)抵押申请书;

(二)抵押合同;

(三)房屋所有权证;

(四)房产评估报告;

(五)应提供的其他证明文件。

第二十九条 房屋典当,当事人应自典当合同签订之日起30日内,持《房屋所有权证》等文件,经房产行政管理部门审核后,办理典当手续。

第三十条 房屋所有权转让、抵押,该房屋占用范围内的土地使用权同时转让、抵押。

第三十一条 下列房屋不得设定抵押权:

(一)权属有争议的;

(二)用于教育、医疗、市政等公共福利事业的;

(三)列入文物保护范围的建筑物和有重要纪念意义的其他建筑物;

(四)法律、法规规定的其他情形。

第三十二条 房屋租赁,当事人应当自合同签订之日起30日内,持合同、《房屋所有权证》等文件到房产行政管理部门办理登记备案手续。经审查合格,取得《房屋租赁证》。

变更、终止租赁合同的,当事人应当自合同变更、终止之日起30日内,到房产行政管理部门办理变更、终止合同登记备案手续。

第三十三条 房产行政管理部门在受理房产交易申请时,应当验证当事人身份,告之所需要件及相关事项,并自当事人提供要件齐全之日起在下列时限内办结相关手续:

(一)房地产转让10个工作日;

(二)房屋抵押或房屋典当5个工作日;

(三)房屋租赁3个工作日。

第三十四条 房产交易,当事人应当如实向房产行政管理部门申报成交价格。

申报价格可作为征收税费的依据,但申报价格明显低于市场价格的,应当由具有合法资质的房地产评估机构对房产进行评估,以评估价格作为征收税费的依据。

第三十五条 房产行政管理部门应当对从事房地产评估、房地产经纪、房地产咨询等活动的中介服务机构实行资质审查,根据其资产、专业技术人员和服务业绩等核定资质等级,颁发相应的资质证书;对房地产市场估价专业人员、经纪人实行资质认证。

第四章 房屋使用和维修管理

第三十六条 房屋所有人或使用人应当按照房屋的设计用途合理使用房屋,不得擅自改变房屋设计用途。确需改变的,应向房屋所在地房产行政管理部门提出书面申请,提供有关房产资料,经房产行政管理部门初审后,持规划、环保等部门的批准手续,到房产行政管理部门办理《房屋改变用途临时使用证》。

第三十七条 房屋所有人或使用人应当合理使用房屋的共用部位、共用设施设备,不得有损害毗连方利益的行为。

第三十八条 房屋使用过程中禁止下列行为:

(一)安装影响房屋结构的动力设备;

(二)擅自将住宅房屋改为商业用房或其他经营性用房;

(三)扩大原有门窗尺寸;

(四)擅自拆改房屋给排水、燃气、供暖、供电等设施和设备;

(五)拆除烟道、通风道;

(六)破坏厨房、厕浴间防水层;

(七)不穿防火阻燃套管直埋电线;

(八)擅自借助房屋墙体、屋顶搭建房屋、门斗;

(九)在房屋的廊道、防火间、天井堆放物品;

(十)其它危害房屋安全的。

第三十九条 拆改取得房屋所有权证书并投入使用的各类房屋主体结构或明显加大荷载的,房屋所有人或使用人应当向房产行政管理部门提出申请,由房屋安全鉴定机构对实施方案进行安全审定,房产行政管理部门应当自受理申请之日起20日内决定是否予以批准。经批准的,房屋所有人或使用人需持批准文件到建筑行政主管部门办理施工手续,并领取施工许可证。

第四十条 在房屋及其附属设施上设置户外广告,设置铁塔、水池等设施,或因供电、通讯等需要锚固和拉锚的,须经房产权利人同意,并经有关部门批准。

在屋顶上设置广告以及设置铁塔、水池等设施的,须向房产行政管理部门提出申请,由房产行政管理部门对该设施可能给房屋主体结构安全造成的影响程度进行审定。经审定对房屋主体结构安全没有影响的,方可实施。

申请人必须采取保障房屋正常使用的措施,损坏房屋的,应当承担赔偿责任。

第四十一条 房屋出现影响使用安全迹象或使用行为可能造成安全隐患的,房屋所有人或使用人应向房屋安全鉴定机构申请房屋安全鉴定。

第四十二条 房屋所有人或房屋经营管理单位应对接近或达到设计使用年限的住宅房屋进行查勘,发现危险征兆,及时向房屋安全鉴定机构申请安全鉴定。

接近或达到设计使用年限的非住宅房屋,由房屋所有人或使用人申请安全鉴定。

第四十三条 影剧院、体育场馆等文化娱乐场所房屋和旅馆、商场、饭店等公共服务场所房屋开业前或经安全鉴定已满两年的,房屋使用人必须向房屋安全鉴定机构申请安全鉴定。

第四十四条 对于被鉴定为危险的房屋,房产行政管理部门应自收到鉴定报告之日起5日内下达限期治理通知。所在地的区、县(市)人民政府应组织避险和排险工作。

房屋修缮责任人必须按通知治理危险房屋,拒不治理的,由房产行政管理部门指定有关单位治理,费用由责任人承担。

任何单位和个人不得阻碍治理危险房屋。

第四十五条 修缮房屋由房屋所有权人负责。拨用的房屋由使用单位修缮。租赁的房屋由租赁双方明确修缮责任。修缮责任人不得弃管弃修其应管理的房屋。房屋修缮责任人可依法委托物业管理企业修缮房屋。异产毗连楼房应当委托一个物业管理企业修缮。

任何单位和个人不得阻碍修缮房屋。

第四十六条 房屋使用人装饰装修房屋遮蔽给排水、供暖、供电、供气等公用设施设备的,维修责任人或物业管理企业维修公用设施设备时,房屋使用人和相邻人应当给予配合,不得阻碍维修。

第四十七条 商品房屋、经济适用住房、合作建房、联建房和公有住房出售时,应建立共用部位、共用设施设备维修基金(简称维修基金),用于共用部位、共用设施设备的维修、更新、改造。维修基金应当实行专户存储,专款专用,由房产行政管理部门对归集和使用情况进行监督。

第四十八条 房屋维修基金的使用由物业管理企业根据房屋查勘结果提出年度使用计划,经业主委员会审定后实施。

房屋维修基金不敷使用时,经房产行政管理部门或业主委员会研究决定,可以按房屋所有权人占有房屋建筑面积比例向房屋所有权人续筹。

第四十九条 房屋所有权人转让房屋,结余维修基金不予退还,随房屋所有权同时过户。

因房屋拆迁或其他原因造成房屋灭失的,维修基金管理部门应将维修基金余额按房屋所有权人个人缴纳的比例退还给房屋所有权人。

第五十条 房屋所有权人、修缮责任人在发生重大险情时,应当采取房屋排险解危的措施,并在当地政府领导下,做好抢险救灾工作。

第五十一条 从事房屋修缮的企业,必须取得施工企业《资质等级证书》或《资质审查证书》。

第五十二条 中修以上的房屋修缮工程必须制订修缮方案,进行施工设计,按有关标准与规定、规程施工,并由房屋修缮工程质量监督部门实施质量监督。

第五章 法律责任

第五十三条 违反本条例权属登记管理规定,有下列行为的,由房产行政管理部门给予处罚:

(一)不如实申请房屋权属登记,以虚报、瞒报等非法手段获得房屋权属证书的,注销房屋权属证书、没收违法所得,并可对当事人处以1000元以上10000元以下罚款;

(二)涂改或伪造房屋权属证书的,其证书无效,没收房屋权属证书和违法所得，并可对当事人处以1000元以上10000元以下罚款；

（三）未按期办理房屋权属登记的，责令其限期补办手续，并按原登记费的3倍以下收取登记费。

第五十四条 违反本条例房产交易管理规定，有下列行为的，由房产行政管理部门给予处罚：

（一）擅自转让拨用房产的，其转让行为无效，处以转让金额10%以下的罚款，擅自转租代管房产和拨用房产的，处以转租租金总额5倍以下罚款；

（二）未取得《商品房预售许可证》擅自预售房屋的，责令停止销售，并可处以已收取的预付款1%以下罚款；

（三）未取得《房屋租赁证》出租房屋的，责令限期补办手续，处以200元以上1000元以下罚款；

（四）未取得房地产中介服务资质证书，擅自从事房地产中介业务的，没收违法所得，并可以处10000元以上30000元以下罚款。

第五十五条 违反本条例房屋使用和维修管理规定，有下列行为的，由房产行政管理部门给予处罚：

（一）安装影响房屋结构的动力设备，擅自拆改房屋给排水、供暖等设施和设备，拆除烟道、通风道，破坏厨房、厕浴间防水层，不穿防火阻燃套管直埋电线，擅自借助房屋墙体、屋顶搭建房屋、门斗的，责令改正，并处以200元以上1000元以下罚款；

（二）擅自将住宅房屋改为商业用房或其他经营性用房的，责令改正，并处以200元以上1000元以下罚款；

（三）擅自拆改原有房屋主体结构或明显加大荷载的，责令恢复原状，处以2000元以上10000元以下罚款，情节严重、对房屋安全造成严重危害的，处以10000元以上50000元以下罚款；

（四）擅自在屋顶上设置广告以及设置铁塔、水池等加大房屋荷载的，责令恢复原状，并处以10000元以上50000元以下罚款；

（五）不按通知治理危险房屋，造成严重损坏或危害他人生命财产的，处以2000元以上20000元以下罚款；

（六）阻碍修缮房屋，造成严重后果的，处以1000元以上10000元以下罚款。

第五十六条 房产行政管理部门及其工作人员违反本条例规定，给他人造成财产损失的，应依法给予赔偿。

房产行政管理部门工作人员徇私舞弊、滥用职权、玩忽职守，构成犯罪的，依法追究刑事责任；尚不构成犯罪的，依法给予行政处分。

第六章 附 则

第五十七条 本条例自2001年12月1日起施行。

沈阳市城市绿化条例

第一章 总 则

第一条 为了加强城市生态环境建设，创造良好的人居环境，促进城市可持续发展，根据国务院《城市绿化条例》和国家有关法律、法规，结合本市实际，制定本条例。

第二条 本市城市规划区内的公共绿地、单位附属专用绿地、居住区绿地、防护绿地、生产绿地、风景名胜区绿地、风景林地树木花草的种植和养护等城市绿化的规划、建设、保护和管理，适用本条例。

第三条 本市城市绿化工作在市人民政府的统一领导下，实行分级管理。

市城市绿化行政主管部门主管本市城市绿化工作，对全市城市绿化实施监督管理。

区、县（市）城市绿化行政主管部门应按职责分工，负责本辖区内城市绿化的建设和管理工作。

各级人民政府相关部门应按职责分工，做好城市绿化的有关工作。

第四条 市、区、县（市）人民政府应当将城市绿化建设纳入国民经济和社会发展计划，采取措施，提高城市绿化覆盖率和建成区绿地率，逐步增加人均占有公共绿地的面积。

城市绿化实行以政府投入为主、社会投入为辅的原则，鼓励单位和个人投资城市绿化建设。

第五条 城市绿地实行登记制度。由市城市绿化行政主管部门会同规划、土地等行政主管部门登记造册，确认城市绿地权属，明确保护和管理责任。

第六条 城市中的单位和有劳动能力的适龄公民，都应当依照国家有关规定完成义务植树或者其他绿化任务。

任何单位和个人对违反城市绿化规划、损害和破坏绿化的行为，有权制止和举报。

第七条 鼓励和加强城市绿化科学研究，推广应用先进技术，普及城市绿化科学知识，提高城市绿化科学技术和艺术水平。

第八条 对在城市绿化工作中做出突出贡献的单位和个人，由各级人民政府给予表彰和奖励。

第二章 规划和建设

第九条 编制城市绿化规划，应当坚持改善城市生态环境与丰富城市景观相结合的原则，充分利用和保护城市的自然和人文资源，根据人口规模、服务半径、城市面积，合理设置城市绿化用地。

第十条 市城市绿化行政主管部门和城市规划行政主管部门共同编制城市绿化专项规划，报市人民政府批准，纳入城市总体规划，由市城市绿化行政主管部门组织实施。

城市绿化专项规划经批准后，应当向社会公布。

第十一条 城市新区开发和旧区改造必须留出相应的绿化用地。城市新区开发的规划绿地面积，不得低于总用地面积的35%；旧区改造的规划绿地面积，不得低于总用地面积的25%。

第十二条 建设项目必须安排附属绿化工程用地。附属绿化工程用地面积应当符合下列标准：

（一）城市新建区的大专院校、机关团体、部队、医院、疗养院、宾馆和公共文化设施等单位的附属绿地面积，不得低于其总用地面积的35%，其他单位的附属绿地面积，不得低于其总用地面积的30%；

（二）城市新建居住区的绿地面积，不得低于总用地面积的30%；

（三）城市旧区改造中单位的附属绿地面积，不得低于其总用地面积的30%，改建、扩建居住区的绿地面积，不得低于总用地面积的25%；

（四）产生有害气体及污染企业的绿地面积，不得低于总用地面积的30%，并根据国家标准设立不少于50米的防护林带；

（五）新建、扩建、改建城市道路，主干道绿化带用地面积，不得低于道路总用地面积的20%，次干道绿化带用地面积，不得低于道路总用地面积的15%。

因特殊情况不能按上述标准建设绿地的，须经城市绿化行政主管部门批准，并向其缴纳所缺绿地面积的建设资金，作为绿化建设补偿费。绿化建设补偿费用于绿化建设，专款专用。

第十三条 已建成的城市绿地和规划预留的城市绿地，应当划定绿地规划绿线。任何单位和个人不得擅自调整绿地规划绿线。

第十四条 市规划行政主管部门在审批建设项目时，要严格保护树木。确需砍伐或迁移树木的，应事先经市城市绿化行政主管部门审核批准。

第十五条 因建设和特殊情况需要改变城市绿地使用性质的重大项目，须由市人民政府提请市人民代表大会常务委员会审议。

城市绿化规划的调整涉及城市总体规划布局变更的，须由市人民政府提请市人民代表大会常务委员会审查同意后，报原批准机关审查批准。

第十六条 城市建设必须安排一定

比例的资金用于绿化。建设项目的总投资中应当包括符合规定的绿化建设费用。

建设项目的绿化建设费用标准由市人民政府制定。

第十七条 城市绿化工程的设计、施工、监理,应当委托具有相应资质的单位承担。

城市的公共绿地、居住区绿地、风景林地和道路绿化带等绿化工程的设计方案,应按管理权限报市或所在地城市绿化行政主管部门审批。

建设单位必须按照批准的设计方案施工。设计方案确需改变时,须经原批准部门审批。

第十八条 建设项目的附属绿化工程,应当与建设项目主体工程同时规划、设计、施工和验收。建设项目附属绿化工程竣工时间,不得迟于主体工程竣工后的下一个绿化季节。

按基本建设程序审批和验收建设项目时,必须有所在地城市绿化行政主管部门参加。

第三章 保护和管理

第十九条 城市绿化的保护和管理工作,按下列规定分工负责:

(一)城市公共绿地、防护绿地、干道绿化带的绿化,由城市绿化行政主管部门负责;

(二)临街(路)单位门前责任地段的绿化,由临街(路)单位负责;

(三)单位附属绿地和单位自建的防护绿地的绿化,由该单位负责;

(四)居住区、居住小区、住宅组团的绿地的绿化,由其管理单位负责;

(五)生产绿地的绿化,由其经营单位负责;

(六)风景林地的绿化,由其管理单位负责;

(七)铁路、公路两侧防护绿地的绿化,由铁路、公路的管理单位负责。

第二十条 单位和个人应当积极开展庭院、阳台和室内绿化。

鼓励单位和个人认养城市公共绿地。

第二十一条 任何单位和个人不得擅自占用城市绿地和规划预留绿地进行建设。

城市国有土地成片出让时,不得包括其中的公共绿地、防护绿地、生产绿地和风景林地。

城市公共绿地、防护绿地、生产绿地、风景林地不得出租或用作抵押。

第二十二条 因建设或其他特殊情况确需占用绿地、改变城市绿地性质的,经批准后,由占用单位承担易地绿化建设费用。

第二十三条 因建设或其他特殊需要临时占用城市绿地的,占用单位应当报经市城市绿化行政主管部门批准,缴纳绿地占用费,并到规划、土地行政主管部门办理手续。占用期满后,由城市绿化行政主管部门恢复绿地。

临时占用城市绿地的时间一般不得超过一年。

绿地占用费用于绿化建设,专款专用。

第二十四条 任何单位和个人不得擅自砍伐、移植树木。因建设需要砍伐、移植的,应按国家有关规定报经城市绿化行政主管部门审批。

第二十五条 禁止下列损害城市绿化的行为:

(一)在树上刻画或者张贴、悬挂物品;

(二)在施工等作业时借用树木作为支撑物或者固定物;

(三)攀树、折枝、挖根,剥损树皮、树干或者随意摘采果实、种子;

(四)践踏、损毁花草;

(五)在绿地内堆放物料或倾倒有害污水、污物垃圾;

(六)在绿地内或树木旁动用明火;

(七)在绿地内设置广告牌或搭建临时建筑;

(八)在绿地内采石、挖砂、取土、建坟;

(九)损坏绿化设施;

(十)其他损害绿化的行为。

第二十六条 市政公用设施、水利工程、道路交通和消防等方面建设,应当兼顾城市绿化建设和管理的需要。

敷设通讯、电力、燃气、供水、排水管线等市政公用设施影响城市绿化的,在设计和施工前,建设或施工单位应当会同城市绿化行政主管部门和城市绿化管理责任单位确定保护绿化的措施。

为保证管线的安全使用需要修剪树木时,管线管理单位应向市城市绿化行政主管部门提出申请,经批准后方可修剪,并承担修剪费用。

第二十七条 城市中百年以上树龄的树木为古树,稀有、珍贵树木和具有历史价值、重要纪念意义的树木为名木。任何单位和个人都不得损害古树名木。

城市绿化行政主管部门应当对本行政区域内古树名木进行调查、鉴定、定级、登记编号并建立档案,设立标志。

对城市古树名木实行统一管理、分别养护。城市绿化行政主管部门应当按实际情况,分别制订养护、管理方案,落实养护责任单位、责任人,并进行检查指导。

禁止砍伐和擅自移植古树名木。对已死亡的名树名木,须经市城市绿化行政主管部门确认并注销登记后,方可处理。

第二十八条 公园的游乐和服务设施要合理布局,禁止利用公园绿地开办各类市场或占用公园绿地进行经营活动。

第二十九条 城市绿化行政主管部门应当做好绿化植物病虫害的预报和防治工作。禁止用有病虫害的苗木和种子进行绿化。未经植物检疫机构检疫的苗木和种子,不得调入。

第三十条 城市绿化的规划、建设和管理,应当建立完整的档案。

第四章 法律责任

第三十一条 违反本条例规定,委托不具有相应资质的单位承担绿化工程设计、施工任务和绿化工程设计方案未经批准或者未按批准的绿化工程设计方案施工的,由城市绿化行政主管部门责令停止设计、停止施工,限期改正。

第三十二条 违反本条例规定,擅自占用城市绿地或规划预留绿地进行建设的,由城市绿化行政主管部门责令退还,恢复原状,并对责任单位按照占用绿地面积每平方米200元以上500元以下处以罚款。

第三十三条 违反本条例规定,临时占用城市绿地不按期归还的,由城市绿化行政主管部门责令限期归还,并从逾期之日起,按照占用绿地每日每平方米10元以上30元以下处以罚款。

第三十四条 违反本条例规定,擅自砍伐城市树木的,由城市绿化行政主管部门责令补植砍伐株数10倍的树木,并按照砍伐树木价值3倍以上5倍以下处以罚款。

第三十五条 违反本条例规定,有本条例第二十五条所列损害城市绿化行为之一的,由城市绿化行政主管部门责令停止侵害,对公民处以20元以上50元以下罚款,对法人或其他社会组织可处以500元以上1000元以下罚款。

第三十六条 违反本条例规定,砍伐、擅自移植古树名木或因养护不善致使古树名木受到损伤或死亡的,由城市绿化行政主管部门按评估价值3倍以上5倍以下处以罚款。

第三十七条 违反本条例规定,利用公园绿地开办市场或占用公园绿地进行经营活动的,由城市绿化行政主管部门责令限期迁出,对责任人可处以500元以上5000元以下罚款。

第三十八条 对违反本条例的直接责任人员或单位负责人,由其所在单位或者上级主管机关给予行政处分;构成犯罪的,依法追究刑事责任。

第三十九条 城市绿化行政主管部门和城市绿地管理单位的工作人员玩忽职守、滥用职权、徇私舞弊的，由其所在单位或上级机关给予行政处分；构成犯罪的，依法追究刑事责任。

第五章 附 则

第四十条 本条例自2002年1月1日起施行。《沈阳市城市园林绿化管理暂行条例》同时废止。

沈阳市耕地保养条例

第一条 为了加强耕地保养，防止耕地质量下降，提高耕地地力，保障农业持续稳定发展，根据《中华人民共和国农业法》和有关法律、法规的规定，结合本市实际，制定本条例。

第二条 本条例所称耕地保养，是指对种植农作物的耕地科学合理使用与养护、中低产田改造和对地力状况的监测与评价。

第三条 本市行政区域内利用耕地种植农作物的单位和个人，应当遵守本条例。

第四条 市人民政府农业行政主管部门是本市耕地保养的主管部门，负责本条例的实施，对本市耕地保养进行监督管理。

区、县(市)人民政府农业行政主管部门负责本行政区域内耕地保养的监督管理。

第五条 使用耕地必须用养结合，采取先进、适用的耕作制度和方法，提高耕地质量。

第六条 市和区、县(市)农业行政主管部门应定期组织对耕地的状况进行普查；建立健全监测网点，配备必要的仪器设施，加强对耕地地力与环境的监测；会同土地管理部门对耕地地力分等定级，并建立地力档案。

乡镇人民政府应耕地质量进行经常性的检查，防止和纠正污染地与破坏耕地的行为。

第七条 市和区、县(市)农业行政主管部门应根据耕地普查和监测结果，编制中低产田改良规划和技术改造方案，采取生物措施和工程措施相结合的办法，提高地力等级。

第八条 耕地保养以耕地使用者投资投劳为主。

签订土地承包合同，应约定土地承包者对耕地保养的义务、措施和违约责任。耕地使用者未按土地承包合同的约定履行耕地保养义务的，应承担违约责任。

第九条 各级人民政府应设立耕地保养专项资金。耕地保养专项资金在下列资金中按比例安排、提取或筹集：

(一)人民政府每年财政预算的农业资金中安排不少于1%的资金；

(二)在耕地保护土地开发基金中提取20%—30%的资金；

(三)其他资金。

第十条 耕地保养专项资金由同级人民政府农业行政主管部门安排使用，专款专用，主要用于下列耕地保养项目：

(一)扶持耕地使用者对土壤的改良和保养；

(二)中低产田改造；

(三)引进和推广耕地保养新技术；

(四)对耕地地力的监测和评价。

第十一条 耕地使用者应选用科学合理的施肥方法。应按测土配方施用化肥、微生物肥、作物专用肥等新型肥料和土壤调理剂、植物生长调节剂。

第十二条 耕地使用者应开发利用养畜积肥、秸杆沤肥、绿肥作物、河泥、塘泥和城市粪便及无害生活垃圾等有机肥源。

禁止在田间焚烧农作物秸杆的根茬，推进秸杆沤肥和秸杆、根茬还田。

第十三条 耕地使用者应当根据有机肥的有机质的不同含量施用有机肥。

耕地使用者施用有机肥，其有机质含量不得低于7%；按每年每亩耕地计算，还应符合下列数量标准：

(一)水田1立方米以上；

(二)旱粮田2立方米以上；

(三)经济作物田3立方米以上。

第十四条 耕地使用者应科学合理地使用农药、农用薄膜等农用化学物品。

推广使用可降解农用薄膜。使用不易降解的农用薄膜，使用者应及时收回残膜。

第十五条 向耕地提供的肥料和作为肥料的城市垃圾、污泥，必须经农业行政主管部门认定的具有合格资质条件的专门鉴定机构鉴定，符合农用标准的，发给肥料推广证，可以提供使用；未取得肥料推广证的，不得提供使用。

第十六条 各级人民政府应加强对工业废水和城市污水的治理，保证农田灌溉用水符合标准。

禁止使用不符合国家和地方规定控制标准的工业废水和城市污水灌溉农田。

第十七条 对在耕地保养中取得显著成绩的单位和个人，由县级以上人民政府给予表彰和奖励。

第十八条 违反本条例规定，使用不易降解的农用薄膜不及时收回的，责令限期回收。

第十九条 违反本条例规定，未取得肥料推广证，擅自提供具有严重损耗土壤潜在肥力或破坏土壤结构的化学肥料、生物肥料、城市垃圾、污泥，已造成破坏耕地地力后果的，责令提供者治理、恢复原种植条件或者进行相应赔偿。

第二十条 当事人对行政处罚不服的，可以依法申请行政复议或提请行政诉讼，逾期不申请行政复议，不提请行政诉讼，又不履行行政处罚决定的，由作出行政处罚决定的机关申请人民法院强制执行。

第二十一条 农业行政主管部门的工作人员玩忽职守、滥用职权、徇私舞弊的，由其所在单位或上级主管机关给予行政处分；构成犯罪的，依法追究刑事责任。

第二十二条 本条例自2002年3月15日起施行。

沈阳市建设工程监理条例

第一章 总 则

第一条 为了确保建设工程质量，规范建设工程监理活动，提高工程建设的投资效益和社会效益，根据《中华人民共和国建筑法》和有关法律、法规的规定，结合本市实际，制定本条例。

第二条 本条例所称建设工程，是指土木工程、建筑工程、装饰装修工程、线路管道和设备安装工程。

本条例所称建设工程监理，是指具有相应资质的监理单位受工程项目建设单位的委托，依据国家有关工程建设的法律、法规，经建设主管部门批准的工程项目建设文件、建设工程监理合同及其他建设工程合同，对工程建设实施的专业化监督管理。

第三条 在本市行政区域内从事新建、扩建、改建建设工程的监理活动，必须遵守本条例。

第四条 市建设行政主管部门主管本市建设工程监理工作，对本市行政区域内的监理活动实行监督管理。

区、县(市)建设行政主管部门，按照职责分工，负责本行政区域内建设工程监理管理工作。

市人民政府有关部门，按照职责分工，做好建设工程监理管理工作。

第五条 从事监理活动，应当遵循客观、公正、独立、自主的原则，维护建设单位和被监理单位的合法权益。

第二章 监理单位和监理人员

第六条 设立监理单位应当具备下列条件：

(一)有符合国家规定的注册资本；

(二)有与其从事的建筑活动相适应的具有法定执业资格的专业技术人员；

(三)有从事相关建筑活动所应有的技术装备；

(四)法律、法规规定的其他条件。

第七条 监理单位应当自领取营业执照之日起30日内，持下列文件到市建设行政主管部门申请办理资质证书：

(一)营业执照复印件；

(二)企业章程；

(三)验资证明；

(四)企业法人代表的身份证明；

(五)专业人员的资格证书和聘用合同。

监理单位取得资质证书后，方可承担相应的监理业务。

第八条 实行监理单位资质年检制度。未经年检或者年检不合格的监理单位，不得从事监理活动。

第九条 监理单位有下列情况之一的，应当到原批准部门办理有关手续，并向市建设行政主管部门备案：

(一)分立、合并或者设立分支机构；

(二)歇业、破产或者以其他方式终止业务；

(三)变更名称、住所、所有制形式；

(四)变更法定代表人、主要技术负责人。

第十条 外埠的监理单位来本市从事监理活动的，应当到市建设行政主管部门备案；未备案的，不得在本市从事监理活动。

境外或国外的监理单位来本市从事监理活动的，按国家有关规定执行。

第十一条 监理单位必须在资质等级许可的范围内承担监理业务，不得转让监理业务，不得为本单位投资的建设工程实施监理。

第十二条 监理单位不得转让、出租或者出借资质证书，或者以其他方式允许他人以本单位名义承担监理业务。

第十三条 实行监理人员资格认证制度。监理人员执业，必须经市建设行政主管部门资格认证，并取得岗位证书。

实行监理人员执业年检制度。未经年检或年检不合格的，不得从事监理业务。

第十四条 监理人员执业应当加入监理单位，不得以个人名义承担监理业务。

第三章 监理的范围和内容

第十五条 建设工程投资决策阶段、设计阶段和施工阶段推行监理制度。

第十六条 下列建设工程必须实行监理：

(一)国家重点建设工程；

(二)大中型公用事业工程；

(三)成片开发建设的住宅小区工程；

(四)利用外国政府或者国际组织贷款、援助资金的工程；

(五)国家规定必须实行监理的其他工程。

第十七条 监理的内容包括：

(一)协助建设单位进行工程项目可行性研究；

(二)协助建设单位优选设计方案、设计单位和施工单位、审查设计文件；

(三)控制工程质量、投资和工期；

(四)监督建设工程合同的履行；

(五)协调建设单位与工程建设各方的工作关系；

(六)其他需要监理的事项。

第四章 监理的实施

第十八条 实行监理招标投标制度。建设工程监理招标投标应当按照《中华人民共和国招标投标法》和国家有关规定执行。

第十九条 建设单位可以委托一个监理单位承担建设工程全部阶段或者部分阶段的监理，也可以委托几个监理单位分别承担建设工程各个阶段的监理。

第二十条 建设单位应当与中标的监理单位签订书面监理合同。

建设单位应当自监理合同签订之日起15日内，将合同文本报市建设行政主管部门备案。

第二十一条 监理单位应当根据合同约定的监理事项，按规定成立由总监理工程师、专业监理工程师以及其他监理人员组成的项目监理机构。项目监理实行总监理工程师负责制。

监理单位自项目监理机构成立之日起7日内，将项目监理机构组成人员情况报市建设行政主管部门备案。

第二十二条 实施监理前，建设单位应当向勘察、设计、施工等单位发出书面通知，告知监理单位名称、监理的范围和内容、监理权限以及总监理工程师等事项；总监理工程师应当向勘察、设计、施工等单位发出书面通知，告知项目监理机构组成人员及监理权限。

第二十三条 项目监理机构必须按照监理规范对工程质量、投资、工期实行控制。

承担施工阶段监理业务的项目监理机构必须进驻施工现场实施监理。

第二十四条 监理单位发现工程设计不符合设计规范的，应当及时报告建设单位，要求设计单位改正；发现工程施工不符合工程设计要求和施工技术标准的，应当书面通知施工单位改正。

第二十五条 工程所用材料进场验收合格书、工序验收交接合格书、工程款支付通知及停工通知应当由总监理工程师签发；总监理工程师根据实际需要可以下达工程暂停令和其他指令。

第二十六条 监理单位和监理人员不得与建设单位或者施工单位串通，弄虚作假，降低工程质量；不得与被监理工程的施工单位以及建筑材料、建筑构配件和设备供应单位有隶属关系或者其他利害关系。

第二十七条 监理人员不履行监理职责或者不称职的，建设单位有权要求监理单位更换，监理单位应当自人员更换之日起7日内，报市建设行政主管部门备案。

第五章 法律责任

第二十八条 建设单位违反本条例规定，有下列行为之一的，由市建设行政主管部门责令改正，并按下列规定处以罚款：

(一)依照国家规定必须实施监理的建设工程未实施监理的，处以20万元以上50万元以下的罚款；

(二)委托给不具有相应资质等级工程监理单位的，处以50万元以上100万元以下的罚款；

(三)应当通过招标方式选定监理单位而未通过招标方式确定监理单位的，可以处项目合同金额5‰以上10‰以下的罚款。

第二十九条 未取得监理资质等级证书擅自从事监理活动的，予以取缔，并处以合同约定监理酬金一倍以上两倍以下的罚款；有违法所得的，予以没收。

第三十条 监理单位违反本条例规定，有下列行为之一的，由市建设行政主管部门责令改正、停业整顿、降低资质等级或者吊销资质等级证书，没收违法所得，并按下列规定处以罚款：

(一)超越本单位资质等级承接监理业务的，处以合同约定监理酬金一倍以上两倍以下的罚款；

(二)允许他人以本单位名义承接监理业务的，处以合同约定监理酬金一倍以上两倍以下的罚款；

(三)转让监理业务的，处以合同约定监理酬金25%以上50%以下的罚款；

(四)与被监理工程的建设单位或者施工单位串通，弄虚作假，降低工程质量的，处以50万元以上100万元以下的罚款；

(五)与被监理工程的施工单位以及建筑材料、建筑构配件和设备供应单位有隶属关系或者其他利害关系的，处以5万元以上10万元以下的罚款。

第三十一条 监理人员因过错造成质量事故的，由市建设行政主管部门责令停止执业一年；

造成重大质量事故的，吊销岗位证书，五年内不予注册；情节特别恶劣的，终身不予注册。

第三十二条 建设行政主管部门工作人员在监理管理中，玩忽职守、滥用职权、营私舞弊、贪污受贿构成犯罪的，依法追究刑事责任；尚不构成犯罪的，依法给予行政处分。

第六章 附 则

第三十三条 本条例自2002年3月15日起施行。

沈阳市国有土地使用权招标、拍卖暂行办法

第一章 总 则

第一条 为了进一步深化土地使用制度改革，规范沈阳市国有土地使用权招标、拍卖出让行为，建立公开、公平、公正的地产市场秩序，根据《中华人民共和国土地管理法》和《中华人民共和国城市房地产管理法》及有关法律、法规规定，结合我市实际，制定本办法。

第二条 凡在本市行政区域内以招标、拍卖方式出让国有土地使用权的活动，均适用本办法。

第三条 本办法所称招标、投标，是指招标人为出让国有土地使用权，按本办法的规定，由投标人竞投土地使用权的行为。

本办法所称拍卖，是指拍卖人为出让国有土地使用权，按本办法的规定，以公开竞价的方式，将土地使用权出让给最高应价者的行为。

第四条 本办法所称招标人、拍卖人是指市、区、县(市)人民政府土地行政主管部门。

本办法所称投标人或竞买人，包括中华人民共和国境内外的公司、企业法人、其他组织和自然人；但招标、拍卖公告或招标邀请书对投标人、竞买人的范围有限制条件的除外。

本办法所称中标人，是指按本办法所规定的程序和条件取得国有土地使用权的投标人；本办法所称买受人，是指按本办法所规定的程序和条件，最高应价取得国有土地使用权的竞买人。

第五条 市土地行政管理部门是本市国有土地使用权招标、拍卖的行政主管部门，负责全市国有土地的招标、拍卖工作。

市三环路以内的国有土地招标、拍卖工作由市土地行政管理部门具体实施。

各区、县(市)人民政府土地行政主管部门负责三环路以外的国有土地使用权招标、拍卖工作；但重点地段或市人民政府认为应由市土地行政管理部门进行招标、拍卖的地段除外。

第六条 招标人、拍卖人根据市人民政府批准的年度土地供应计划和市场需求情况，实施土地使用权的招标、拍卖。

第七条 除按法律、法规规定的情形外，商业、旅游、娱乐设施和商品住宅、写字楼、宾馆等经营性用地，以及招标人、拍卖人认为适宜采用招标、拍卖方式出让的其他项目用地，必须采取招标或拍卖方式出让土地使用权。

经人民法院判决和仲裁机关裁决的国有土地出让，应纳入政府土地储备库，并采取招标、拍卖方式出让。

第八条 以招标、拍卖方式出让的土地，应由招标人、拍卖人统一收购，进入土地储备库后按本办法的规定出让。

第九条 招标、拍卖活动应当遵循合法，公开、公正、公平、择优和诚实守信的原则，并接受社会和上级土地行政主管部门的监督。

第二章 一般规定

第十条 招标人、拍卖人的主要责任：

(一)组织编制招标、拍卖文件。

(二)确定招标底价或拍卖的保留价。

(三)确定招标、拍卖规则和方式。

(四)审查竞投(买)人资格。

(五)确定评标成员或指定拍卖主持人。

(六)监督招标或拍卖活动。

第十一条 土地的价格须经有土地评估资质的机构按照规定程序评估。招标人、拍卖人以评估的结果为基础确定招标底价或拍卖保留价。招标底价或拍卖保留价应当保密。

第十二条 依照本办法取得国有土地使用权的中标人或买受人凭《中标通知书》或《拍卖成交确认书》到市计划部门办理年度建设计划，同时持《国有土地使用权出让合同》领取《建设用地规划许可证》，办理《建设工程规划许可证》。

第十三条 签订《国有土地使用权出让合同》并按约定支付地价款后，招标人、拍卖人应按《国有土地使用权出让合同》规定的时间和有关约定，及时向中标人或买受人交付土地。

第十四条 有下列情形之一的，投标人的标书或竞买人的申请无效：

(一)在截止时间后收到标书或竞买申请书的。

(二)未按规定交纳履约保证金的。

(三)标书或竞买申请书及附件不齐全或不符合规定的。

(四)标书或竞买申请及附件字迹不清，无法辨认的。

(五)投标人或竞买人不具备资格的。

(六)委托代理的委托文件不齐全或不符合规定的。

(七)重复投标的。

第十五条 本办法所称履约保证金，是指依照招标、拍卖公告的规定，能在招标人、拍卖人指定的银行帐户即时兑现的有效的银行票据。

中标人、买受人交纳的保证金抵作地价款。没有中标或未竞得土地使用权的，其履约保证金于招标、拍卖活动结束后五日内不计利息予以退还。

第十六条 地价款的支付可采取以下两种办法：

(一)中标人、买受人应在签订《土地拍卖成交确认书》或《中标通知书》之日起3日内支付地价成交额的20%定金，其余地价款在60日内付清。

(二)对地价成交数额较大的，中标人、买受人应在签订《土地拍卖成交确认书》或《中标通知书》之日起3日内支付约定的分期付款的第一期地价款，其余地价款按约定的时间付清。

第三章 招标、投标

第十七条 招标可采用公开招标或邀请招标方式。

公开招标是指符合招标条件的投标人在规定的期限内将标书投入标箱，由招标人进行评审，符合招标条件的标价最高者为中标的招标方式。

邀请招标是指招标人向特定投标人发出招标邀请书，并对被邀请投标人的标书进行评审，综合评分最高者为中标的招标方式。

第十八条 采用邀请招标方式的，被邀请的投标人不得少于三人，并应根据城市规划情况、开发强度、资金、资信等综合状况进行选择。

第十九条 招标文件包括招标公告、招标邀请书和标书。其招标公告和邀请书的主要内容有：

(一)土地的位置、地块现状、面积、使用期限、用途及有关规划设计要求。

(二)投标人的资格要求。

(三)投标人索取标书的时间、地点。

(四)投标地点和截止时间。

(五)给付中标价的方式和保证金数额。

(六)计标方法。

(七)开标时间和地点。

(八)招标人认为需要公告的其他事项。

投标申请书应当包括本条前款(一)(二)(五)(八)项内容。

第二十条 投标人投标时应在填写的标书上加盖公章,并由法定代表人签名后密封。个人投标的由投标当事人签名。

投标人应在投标截止日期前将标书投入标箱。投标人的标书内容应包括:

(一)营业执照副本、法定代表人证明书、法人代表的身份证等影印件(个人投标的为身份证影印件)。

(二)不低于公告数额的履约保证金。

(三)银行的资信证明。

(四)其他需要提供的资料。

第二十一条 招标应按以下程序进行:

(一)招标人于截标之日前应至少提前30日在《沈阳日报》等新闻媒体发布公告或向特定投标人发出招标邀请书。

(二)招标人报名并索取有关招标文件。

(三)投标人提交标书。

(四)确定中标人。

(五)招标人向中标人发出中标通知书,并将中标结果通知未中标的投标人。

(六)中标人须在中标通知书发出之日起五日内与招标人签订《国有土地使用权出让合同》,并在付清地价款后,依法办理土地登记,领取《国有土地使用权证》。

第二十二条 土地招标应当成立五人以上单数的评标小组,人员由招标人邀请有关专家组成。评标小组的名单在中标结果确定前应当保密。

第二十三条 招标人按招标公告或招标邀请书规定的时间、地点决标时,应有评标小组三分之二以上的成员通过。

第二十四条 符合下列条件之一的为中标人:

(一)公开招标能够满足招标文件的要求,在竞投期内出价最高者。

(二)邀请招标能够最大限度满足招标文件中规定的各项综合评价标准。

第二十五条 标底被泄露的,招标人应终止招标,并予以公告或通知投标人。

第二十六条 投标价均低于底价时,招标人将宣布投标无效,但采用综合评标条件优秀的,经出席开标的评标小组成员全体同意,可以确定中标价。

宣布投标无效的,招标人应当确定再次招标的日期与时间。

第四章 拍 卖

第二十七条 属于下列情形之一的,必须采取拍卖方式出让土地:

(一)以获取最高出让金为主要目标,以出让价最高为条件确定买受人的。

(二)对土地使用者资格没有特别限制,一般单位或个人均可有受让意向的。

第二十八条 拍卖应按以下程序进行:

(一)拍卖人在公开拍卖前应至少提前30日在《沈阳日报》等新闻媒体发布拍卖公告。

(二)竞买人报名参加竞买并索取有关文件。

(三)拍卖人对符合资格的竞买人发给编号的竞买标志牌。竞买标志牌代表竞买人的资格。

(四)拍卖人在提供竞买申请书时,提供《国有土地使用权出让合同》文本的式样。

(五)在约定的时间、地点并按下列程序进行公开拍卖:

1.竞买人显示标志牌,主持人点算竞买人。

2.主持人简介拍卖地块位置、面积、用途、使用年限、规划要求及其他有关事项。

3.主持人宣布起价后,竞买人按规定的方式竞相应价或加价,当出现最后应价(或加价)者,主持人连续两次宣布最后应价而没有再应价的,主持人落槌,确定买受人。

4.拍卖人与买受人签署《拍卖成交确认书》。

(六)拍卖成交后,买受人应当在3日内与拍卖人签订《国有土地使用权出让合同》。

(七)买受人付清地价款后,依法办理土地使用权登记,领取《国有土地使用证》。

第二十九条 竞买人的最高应价或加价未达到拍卖人设定的保留价时,该应价不发生效力,主持人应终止拍卖。

第三十条 拍卖公告应包括下列内容:

(一)拟拍卖土地的位置、地块现状、面积、使用期限、用途及有关规划设计要求。

(二)竞买人的范围及资格。

(三)拍卖时间和地点。

(四)给付成交价款(以人民币为结算单位)的方式。

(五)竞买人索取竞买申请书的时间、地点。

(六)参加竞买的申请方法和申请的截止时间。

(七)查询竞买资格的时间和地点。

(八)拍卖人认为需要公告的其他事项。

第三十一条 竞买人应在竞买申请截止日期前提出竞买申请。并应当提交下列文件和保证金:

(一)竞买申请书。

(二)营业执照副本、法定代表人证明书、法人代表身份证等影印件,个人竞买的身份证影印件和银行资信证明。

(三)不低于公告数额的履约保证金。

第三十二条 《拍卖成交确认书》包括下列内容:

(一)拍卖人、买受人的名称(姓名)、地址。

(二)拍卖标的和拍卖成交时间、地点。

(三)买受人对银行票据即时支付的承诺。

(四)签订《国有土地使用权出让合同》的时间、地点。

(五)违约责任及争议解决的方式。

(六)其他需要约定的事项。

第五章 法律责任

第三十三条 招标、拍卖成交后,中标人或买受人有下列情形之一的,视为违约,交纳的履约保证金不予退还,并承担相应的经济赔偿责任:

(一)中标人或买受人反悔,不按规定时间与招标人、拍卖人签订《国有土地使用权出让合同》的。

(二)中标人或买受人开出的银行票据在有效期内不能兑现或不能全部兑现的。

(三)在签订合同前,未经招标人、拍卖人同意擅自转让土地使用权。

第三十四条 中标人、买受人未按《国有土地使用权出让合同》约定的期限付清地价款,从期满次日起每日按欠款额的1‰加收滞纳金。滞纳金60日内仍未付清的,招标人、拍卖人有权解除《国有土地使用权出让合同》,该中标人、买受人承担地价款总额10%的违约赔偿责任。

第三十五条 竞投(买)人提供虚伪文件隐瞒事实或相互恶意串通的,招标人、拍卖人有权取消其竞投(买)资格;中标、买受的,取消其中标、买受资格,终止《国有土地使用权出让合同》,造成损失的,按本办法第三十四条的规定进行赔偿。

第三十六条 中标人或买受人取得土地使用权后,造成土地闲置的,按照国家、省、市的有关规定进行处理。

第三十七条 中标人或买受人按规定付清地价款后,招标人或拍卖人未按约定提供出让土地的,中标人或买受人除有权要求解除合同、双倍返还履约保证金或定金外,并可请求相当于成交地价款10%的违约赔偿。

第三十八条 对接受贿赂,泄露秘

密，徇私舞弊的招标、拍卖人员，由行政监察部门追究其行政责任，情节严重构成犯罪的，由司法机关依法追究刑事责任。

第六章　附　则

第三十九条　本办法实施中的具体问题由市土地管理局负责解释。

第四十条　本办法自发布之日起施行。

沈阳市城镇职工基本医疗保险规定

第一章　总　则

第一条　为保障城镇职工的基本医疗需求，根据国务院《关于建立城镇职工基本医疗保险制度的决定》和《社会保险费征缴暂行条例》等有关规定，结合本市实际，制定本规定。

第二条　本规定适用于本市行政区域内的城镇国有、集体、股份制企业，外商投资、私营企业和机关、事业单位、社会团体、民办非企业单位及其职工和退休人员，但外商投资企业的外方职工除外。

苏家屯区、新城子区、新民市、辽中县、法库县、康平县以区、县（市）为单位，实行单独统筹。各区、县（市）应制订基本医疗保险制度改革实施方案，报市政府审批后实施。

老红军、离休人员、二等乙级以上革命伤残军人不参加基本医疗保险，原有的医疗待遇不变，医疗费用按原资金渠道解决。

国家公务员在参加基本医疗保险的基础上，享受医疗补助政策。具体办法由市政府另行制定。

第三条　城镇职工基本医疗保险实行社会统筹和个人帐户相结合的制度。

第四条　市劳动局是城镇职工基本医疗保险的主管部门，负责制定城镇职工基本医疗保险的有关政策及对基本医疗保险工作的组织实施、协调、监督、检查；市财政局负责建立基本医疗保险基金财政专户，对基本医疗保险基金进行监督和管理；市地方税务局负责基本医疗保险费的征收；市社会保险总公司负责基本医疗保险的具体经办业务。

卫生、药品监督、物价、人事、计划、经贸、审计等部门和工会组织应按各自的职责范围，共同做好我市城镇职工基本医疗保险工作。

第二章　基本医疗保险费的筹集

第五条　基本医疗保险费由用人单位和职工个人共同缴纳。机关、事业单位和社会团体按在职职工上年工资总额的8%比例缴纳；企业按上月列入成本费用工资总额的8%比例缴纳；在职职工按本人上年工资收入的2%比例缴纳。新设立的用人单位以上月发放的工资总额为缴费基数；新参加工作的职工以本人上月工资收入为缴费基数。

第六条　用人单位人均缴费工资低于上年度全市职工平均工资或无法认定工资总额的，以上年度全市职工平均工资为基数缴纳。

职工本人工资收入高于上年度全市职工平均工资300%的，以上年度全市职工平均工资的300%为缴费基数；低于上年度全市职工平均工资60%的，以上年度全市职工平均工资的60%为缴费基数。

第七条　本规定实施前的退休人员，随所在单位参加基本医疗保险，个人不缴纳基本医疗保险费。

本规定实施后退休的参保职工，缴纳基本医疗保险费的最低年限为男满30年、女满25年。缴足最低年限仍未达到退休年龄的职工应继续缴纳基本医疗保险费；达到退休年龄未缴足最低年限的，须由用人单位和职工分别按照用人单位和职工个人的缴费比例一次性缴足基本医疗保险费；病退、特殊工种提前退休的缴费年限按上述规定可作相应扣减。

本规定实施前符合国家规定的连续工龄视同缴费年限。

第八条　失业人员可继续参加基本医疗保险，在领取失业救济金期间，享受职工失业保险的有关医疗补助待遇。领取失业救济金期满后尚未就业的，由个人以上年度全市职工平均工资为基数，按用人单位与职工个人缴费比例之和缴纳基本医疗保险费，缴费年限可累计计算。

第九条　用人单位发生转让、分立、合并、承包等经营机制变化的，由接收或继续经营者负责继续缴纳本单位职工基本医疗保险费。

第十条　用人单位破产、关闭或因其他原因自消自灭，应当优先清偿欠缴的医疗保险费；并以上年度全市职工平均工资为基数，按用人单位与职工个人的缴费比例之和一次性缴足在职职工2年和退休人员10年的基本医疗保险费。

一次性领取安置费的职工，再就业的由用人单位和职工本人按规定缴纳基本医疗保险费；没有再就业的由个人以上年度全市职工平均工资为基数，按用人单位与职工个人缴费比例之和缴纳基本医疗保险费，缴费年限可累计计算。

第十一条　在职职工个人缴纳的基本医疗保险费由用人单位从其工资中代扣代缴。用人单位及其职工个人的基本医疗保险费，应按月缴纳。

用人单位及其职工个人应缴纳的基本医疗保险费，经医疗保险经办机构核定后，由市地税局征收。

第十二条　用人单位及其职工自缴费的次月起享受基本医疗保险待遇。

用人单位不按规定缴纳基本医疗保险费，医疗保险经办机构从次月起停止该单位参保人员的基本医疗保险待遇。发生的医疗费用，由单位自行解决。

用人单位因特殊原因缓缴基本医疗保险费，须经医疗保险经办机构同意，但缓缴期限全年累计不得超过3个月。用人单位补缴基本医疗保险费时，应同时补缴按银行同期活期存款利率计算的利息。用人单位缓缴基本医疗保险费期间，参保人员用现金在定点医疗机构就医，医疗费用经医疗保险经办机构审核，按规定的比例报销。

第十三条　用人单位取得营业执照或批准设立之日起30日内，必须到医疗保险经办机构办理医疗保险登记手续；用人单位录用人员须从录用之日起30日内为其办理医疗保险手续。

用人单位发生人员辞退、退休、死亡等变动的，应从变动之日起15日内到医疗保险经办机构办理变更手续，并重新核定基本医疗保险费的应缴数额。

第十四条　用人单位和职工在参加基本医疗保险的同时，应参加全市统一的大额医疗费用补助保险。大额医疗费用补助的具体办法由市劳动行政部门另行制定后报市政府批准。

第十五条　企业在参加基本医疗保险和大额医疗费用补助保险的同时，可以建立补充医疗保险。企业补充医疗保险费在工资总额4%以内的部分，在成本中列支。

第十六条　用人单位缴纳的基本医疗保险费属于机关事业单位的在社会保障费中列支；属于企业的在职工福利费中列支。

第三章　基本医疗保险基金的使用

第十七条　用人单位及其职工缴纳的基本医疗保险费构成基本医疗保险基金，基本医疗保险基金设立统筹基金和个人医疗帐户。统筹基金和个人医疗帐户分别独立核算，不得相互挪用挤占。

第十八条　个人帐户的构成为：

（一）在职职工个人缴纳的基本医疗保险费。

（二）用人单位为职工缴纳的基本医疗保险费，以在职职工本人上年月平均工资为基数，45周岁以下（含45周岁）按0.8%的比例计入，45周岁以上按1.5%

的比例计入。退休人员按上年度全市平均退休费的5.7%计入。

(三)个人帐户中的利息。

第十九条 个人帐户资金归个人所有,体现形式为IC卡,可跨年度结转使用和依法继承。用人单位欠缴基本医疗保险费时,个人帐户停止计入,补缴后,按规定补计。职工工作发生变化时,个人帐户随同本人转移。

第二十条 参保人员在定点医疗机构门诊的医疗费用、定点零售药店购药的费用和住院、家庭病床的医疗费用中需个人支付的部分应在个人帐户中支付。

第二十一条 用人单位缴纳的基本医疗保险费,按本规定第十八条规定的比例划入个人帐户后,再提取10%的风险金,其余部分作为统筹基金。

风险金主要用于突发病情及不可预见因素的费用支出。

第二十二条 参保人员按规定比例报销的住院费用、部分特殊病种的门诊医疗费用和家庭病床医疗费用应在统筹基金中支付。

第二十三条 下列项目不在统筹基金中支付:

(一)企业职工因工负伤的医疗费用;

(二)职工生育医疗费用;

(三)经批准到非定点医疗机构就诊的医疗费用或者到非定点药店购药发生的医疗费用;

(四)因自杀、自残或违法行为造成伤病所发生的医疗费用;

(五)非本人主要责任造成的交通事故所发生的医疗费用;

(六)按照有关规定应当自付的费用。

第二十四条 统筹基金设立起付标准。起付标准以内的费用,由参保人员个人承担。按我市定点医疗机构的不同等级,起付标准如下:

(一)一级医院300元/人次;

(二)二级医院600元/人次;

(三)三级医院900元/人次。

1年内多次住院的,起付标准每次递减15%,但最多不得超过2次。

患有精神病的参保人员住院治疗不设起付标准,个人自负比例不变。

患有急慢性肝炎、浸润型肺结核、慢性纤维空洞型肺结核的参保人员在专科医院住院治疗不设起付标准,个人自负比例不变。其他法定传染病视统筹基金收支情况,进行调整。

第二十五条 统筹基金年最高支付限额为26000元,但根据全市职工平均工资的变化可随时进行调整。

起付标准以上、最高支付限额以下的基本医疗费用,在职职工应按一级医院8%、二级医院10%、三级医院15%的标准承担;退休人员个人承担的医疗费用应在此基础上相应降低3个百分点,其余部分由统筹基金支付。

第四章 医疗服务和职工就医

第二十六条 基本医疗保险实行定点医疗机构和定点药店管理。凡在本市行政区域内依法开业的医疗机构和零售药店,均可向市劳动行政部门申请承办基本医疗保险业务。

定点医疗机构和定点药店须经市劳动行政部门资格审查合格后,由医疗保险经办机构按规定确定,并与定点医疗机构、药店签订协议,明确各自的责任、权利和义务。

定点医疗机构和定点药店实行资格年审制度。

第二十七条 定点医疗机构和定点零售药店应严格执行本市职工基本医疗保险基金支付范围、基本医疗保险药品目录、基本医疗保险诊疗项目和基本医疗保险服务设施范围及支付标准等各项有关规定。患者1次就医的自费项目比例一般不得超过总费用的20%。

第二十八条 参保人员凭《沈阳市城镇职工基本医疗保险证》和市城镇职工基本医疗保险IC卡在定点医疗机构范围内自主选择就医、购药,也可持定点医疗机构医生开具的处方在任何一家定点药店购药,或者自行购买非处方药。

第二十九条 参保人员工作地或居住地在外地的或退休后异地安置的,应在我市医疗保险经办机构认可的当地医疗机构就医。按规定由社会统筹基金支付的医疗费用,由用人单位按季报送医疗保险经办机构审核报销。

第三十条 参保人员出差或外出学习、探亲期间,患急病的应就近就医,所发生的门诊医疗费由个人支付;所发生的住院医疗费用,由用人单位按季报送医疗保险经办机构审核报销。出差或外出学习、探亲期间的住院治疗费的起付标准为1200元,起付标准以上、最高支付限额以下的医疗费由个人负担25%。

参保人员出国及在港、澳、台期间发生的医疗费用,基本医疗保险基金不予支付。

第三十一条 因病情需要或定点医疗机构技术力量所限需转院治疗的,由定点医疗机构提出转院申请,报医疗保险经办机构审核批准后,在本市内逐级转院治疗。

参保人员从低等级转往高等级医院治疗的,由高等级医院收取起付标准差额医疗费;由高等级转往下一等级专科医院的,按重新住院处理,但患法定传染病的除外。

第三十二条 特殊病种患者可在门诊进行治疗,在患者的个人帐户资金全部用完后,由统筹基金承担70%,年最高支付限额为26000元。

参保人员患规定范围内特殊病种需门诊治疗的,应持本人近2年病历资料到经办机构进行审核,发给《基本医疗保险特殊病种门诊医疗证》,参保人员可在基本医疗保险经办机构指定的医疗机构中选择1家就医。

门诊治疗的特殊病种,由市劳动行政部门会同卫生部门视统筹基金收支情况每年发布1次。

第三十三条 参保人员本人生活不能自理,到定点医疗机构住院确有困难且需住院系统治疗的,可以办理治疗型家庭病床。建床必须由定点医疗机构经主治医生提出申请,报医疗保险经办机构批准。建立家庭病床的时间不得超过2个月,确因病情需要延长的,应重新办理审批手续。

治疗型家庭病床的医疗费用由医疗保险统筹基金支付60%。

建立治疗型家庭病床的病种,由市劳动行政部门会同卫生部门视统筹基金收支情况每年发布1次。

第三十四条 参保人员因急诊、急救在非定点医疗机构住院的,须在3个工作日内到基本医疗保险经办机构补办审批手续,待病情稳定后,应转入定点医疗机构治疗。在非定点医疗机构住院发生的医疗费用先由参保人员垫付,在规定范围内的医疗费用由统筹基金支付50%,治疗终结后由用人单位持据按季到医疗保险经办机构审核、报销。

第三十五条 参保人员在定点医疗机构发生的门诊医疗费和在定点药店的购药费用,经办机构应按个人帐户实际发生的医疗费用,按月与定点医疗机构、药店结算。

第三十六条 参保人员在定点医疗机构发生的住院医疗费用、治疗型家庭病床费用及特殊病门诊治疗费用中应由个人承担的,在医疗终结时,由本人持《沈阳市城镇职工基本医疗保险证》和IC卡与定点医院直接结算;应由统筹基金支付的医疗费用,基本医疗保险经办机构应与定点医疗机构按照“总量控制、定额管理、项目审核、超额分担、节余滚存”的办法进行结算。具体办法由市劳动行政部门会同市财政、卫生部门另行制定。

第五章 基本医疗保险基金管理和监督

第三十七条 基本医疗保险基金按以收定支、收支平衡的原则,统一征缴、统一管理和统一支付。

基本医疗保险费不计征税、费。

第三十八条 设立由政府有关部门、用人单位、工会、医疗机构、专家和职工代表参加的基本医疗保险基金监督组织，定期听取基本医疗保险基金的收支管理情况汇报。

第三十九条 医疗保险经办机构应建立健全基本医疗保险基金预决算制度、财务会计制度和内部审计制度，并在规定的时间内向市财政和劳动行政部门报送基本医疗保险基金财务报表。

医疗保险经办机构的经费由财政全额拨付。

第四十条 市劳动、财政、税务等部门应按本规定定期稽核用人单位的有关帐目、报表，核实参保人员及缴费工资基数。医疗保险经办机构可根据实际需要，定期开展与职工基本医疗保险业务有关事项的检查、调查工作。

第四十一条 市劳动行政部门应根据社会经济发展及基本医疗保险基金的收支情况，对基本医疗保险费的征缴比例、个人医疗帐户划人比例、基本医疗保险待遇标准等提出调整意见，经市政府批准后实施。

第六章 法律责任

第四十二条 对用人单位未按规定办理基本医疗保险登记、变更、注销手续，或者未按规定申报应缴纳基本医疗保险费数额的，由劳动行政部门提出警告，责令其限期改正；情节严重的，对直接负责的主管人员和其他直接责任人员处以1000元以上5000元以下的罚款。

第四|三条 用人单位拒缴、拖欠或少数等延迟缴纳基本医疗保险费的，由税务部门向用人单位发出缴费通知书，用人单位在通知书送达之日起15日内必须缴清基本医疗保险费；逾期仍不缴纳的，从欠缴之日起按日加收2‰的滞纳金，并对直接负责的主管人员和其他责任人员处以5000元以上20000元以下的罚款。

第四十四条 用人单位在办理基本医疗保险业务过程中，如发生下列行为之一，造成基本医疗保险基金损失的，由劳动行政部门负责追回其经济损失，并对单位处以5000元以上20000元以下的罚款，对直接负责的主管人员和其他直接责任人员处以500元以上1000元以下的罚款。

(一)将不属于基本医疗保险范围内的人员列人基本医疗保险范围的。

(二)将患有疾病、需要治疗的人员临时招聘到单位工作，隐瞒事实真相，为其办理基本医疗保险的。

(三)向医疗保险经办机构提供虚假凭证，造成基本医疗保险基金损失的。

第四十五条 定点医疗机构和定点药店不执行基本医疗保险有关规定，经办机构有权拒付发生的医疗费用。对造成基本医疗保险基金损失的，除由劳动行政部门负责追回经济损失、取消其定点医疗机构资格外，同时处以损失金额3—5倍的罚款，但罚款数额最高不得超过30000元。对情节严重、构成犯罪的，由司法机关依法追究有关责任人的刑事责任。

第四十六条 参保人员如发生下列行为之一的，暂停其2个月以上6个月以下的基本医疗保险待遇；造成基本医疗保险基金损失的，由劳动行政部门追回其经济损失，并处以500元以上1000元以下的罚款。

(一)将本人的基本医疗保险证和医疗保险IC卡转借他人就医和购药的；

(二)冒用他人的基本医疗保险证和医疗保险IC卡就医和购药的；

(三)伪造、涂改处方、医疗费用单据等凭证，虚报冒领医疗费的；

(四)不按规定结算的。

第四十七条 劳动行政部门、税务机关和医疗保险经办机构的工作人员滥用职权、徇私舞弊、玩忽职守，造成基本医疗保险费损失的，由有关部门给予行政处分；情节严重、构成犯罪的，依法追究刑事责任。

第四十八条 当事人对行政处罚决定不服的，可依法申请复议或直接向人民法院起诉。逾期不申请复议，也不向人民法院起诉，又不履行处罚决定的，由做出处罚决定的机关申请人民法院强制执行。

第七章 附 则

第四十九条 用人单位、参保人员、定点医疗机构、定点药店、医疗保险经办机构之间发生有关基本医疗保险争议时，由市劳动行政部门调解解决，调解解决不成的，由沈阳仲裁委员会仲裁或者向人民法院起诉。

第五十条 在本规定实施前发生的医疗纠纷及拖欠职工的医疗费用，不在本规定调整范围之内。

第五十一条 本规定自2001年9月1日起施行。

第五十二条 本规定在执行中的具体问题由市劳动局负责解释。

沈阳市城市供暖管理办法

第一章 总 则

第一条 为加强城市供暖管理，节约能源、保护环境、提高居民生活质量，根据国家有关法律、法规规定，结合我市实际，制定本办法。

第二条 本办法适用于我市行政区域内的民用或以民用为主的热电联产、工业余热、区域型集中供暖和分散供暖管理。

第三条 城市供暖实行统一政策、区域管理的原则。

第四条 市房产管理局是我市城市供暖的行政管理部门，负责城市供暖政策的调研制定，信息采集，协调服务，监督检查工作。

各区、县(市)人民政府负责本辖区内的城市供暖管理工作，协调、解决本辖区内供暖工作存在的问题；并负责落实城市供暖规划和本级城市供暖保证金的归集和使用工作。

市政府各相关部门应根据各自职责，配合各区政府共同做好城市供暖的管理工作。

第二章 规划和建设管理

第五条 城市供暖规划由市供暖行政主管部门会同有关部门编制，由各区政府组织实施。

第六条 供暖工程建设必须符合城市供暖规划。凡新建、改建、扩建供暖工程，以及涉及热用户摘网、联网的，需由用热或开发建设单位报所在区供暖管理办公室初审，由市供暖管理办公室审查批准后方可实施。

第七条 热电联产、区域锅炉房供热和新建住宅区、公用建筑等应采用集中供热，不得再建分散锅炉房，采用分散供热。对现有采用分散供热的，要有计划、有步骤地限期联网改造。

新建住宅必须实行分户供暖；逐步实现按热计量供暖。

第八条 不具备集中供热条件的地区，确需供暖的，可经区供暖行政主管部门审查批准建临时热源，并报市供暖管理办公室备案。

第九条 供暖设施投人使用前应由所在区供暖管理办公室组织验收。

第三章 供暖企业和设施管理

第十条 新组建的供暖企业必须经所在区供暖管理办公室进行资质初审，报市供暖管理办公室审批，确定资质等级后，到工商行政管理部门办理注册登记手续，方可从事城市供暖经营管理。

第十一条 供暖企业资质分为甲级、乙级、丙级和普通资质四个等级。供暖企业必须按核定的资质等级承接供暖任务。

第十二条 对供暖企业的资质等级实行动态管理，由各区供暖管理办公室每年对辖区内供暖企业的资质等级进行年审。对于不符合规定条件的供暖企业，给予限期整改、降低资质等级、取消经营资格的处理。

第十三条 供暖企业应与热用户签订《供暖合同》，明确双方的权利和义务。

供暖企业承接供暖任务时，应与委托单位签订《委托供暖合同》。并自《委托供暖合同》签订之日起15日内将《委托供暖合同》报所在地的区、县(市)供暖管理办公室备案。

第十四条 供暖企业应强化企业内部管理，降低成本、提高效率，逐步成为自主经营、自负盈亏、自我发展、自我约束的供热产品和经营的企业。

第十五条 供暖设施包括供暖热源、室内外管网及散热器。供暖设施由供暖企业维修养护和更新改造。

因维修、更新、改造供暖设施需要，临时挖掘道路、场地，占用、损坏绿地，损坏树木的，施工单位应当与物业管理企业签订合同，并按合同约定将挖掘的道路、场地以及被占用和损坏的绿地、树木恢复原状。

第十六条 禁止下列影响供暖设施安全、运行或维修的行为：

(一)在埋设的或架空的供暖管道及其附属设施周围1.5米范围内取土、堆土、堆放或排放杂物、搭设建筑物；

(二)擅自拆除、移动、改造供暖设施；

(三)窃用供暖用水；

(四)损毁供暖设施；

(五)用供暖设施架设线网或悬挂物体；

(六)擅自增加散热片。

第十七条 房屋所有权人或使用有装饰装修房屋不得影响供暖效果，不得妨碍供暖设施的正常维修和养护。

第四章 供暖收费管理

第十八条 交纳采暖费是房屋所有权人或承租人的义务。供暖企业必须按规定的标准收取采暖费，房屋所有权人或承租人必须按照规定按期足额交纳采暖费。

第十九条 采暖费由房屋所有权人或承租人所在单位承担；房屋所有权人或承租人无工作单位的，由家庭其他成员所在单位承担；家庭成员均无工作单位或者解除劳动合同的，由个人承担；经民政部门批准，享受政府最低生活保障的特困户，由政府予以补贴。

第二十条 已实行分户供暖的，由职工所在单位将采暖费发给职工，职工向供暖企业交费。或由职工垫付，职工所在单位按职工住房控制标准内实际面积予以报销。

未实行分户供暖的，由职工所在单位向供暖企业交纳采暖费。

第二十一条 机关和事业单位职工的采暖费，由财政部门单独列支，专户存储；企业职工的采暖费，由企业按月足额为职工专户存储。

职工所在单位必须按规定按期足额为职工交纳采暖费。

第二十二条 职工所在单位的行政主管部门及区、县(市)政府应建立供暖交费保障体系。督促职工所在单位按规定的收费标准和交纳时间为职工交纳采暖费。

第二十三条 供暖用户转让房屋或互换房屋使用权的，必须与供暖企业结清所欠采暖费，并办理供暖合同变更手续。不办理变更手续的，房产行政管理部门不予办理房屋所有权或使用权变更手续。

第二十四条 已经供暖的商品房屋售出未进住的，其采暖费由房屋所有权人或者承租人所在单位承担；尚未售出的空置商品房的采暖费，由开发建设单位承担。

第二十五条 供暖企业收取的采暖费必须专款专用，严禁挪作他用。

第五章 供暖运行管理

第二十六条 供暖企业应按国家、省、市规定的技术规范和标准，对供暖设备进行维修养护、更新改造。

第二十七条 供暖企业应按规定使用符合环保标准的洁净燃料，按照规定实行低温连续供暖，确保室内温度达到市政府规定的标准。

第二十八条 供暖企业供暖温度达不到规定标准或缩短供暖期限的，已按规定交纳采暖费的用户有权按照供暖合同追究供暖企业的违约责任。但由于用户擅自拆除、移动、改造、遮蔽供暖设施或损毁供暖设施造成供暖温度达不到规定标准的除外。

第二十九条 因擅自拆改供暖设施或者对供暖设施保温不当造成相邻用户经济损失的，由行为人负责赔偿。

第三十条 供暖企业对供暖设施进行维修、更新、改造时，房屋所有权人或使用人必须给予配合，不得阻挠，并自行或由维修人员将妨碍物拆除。

第六章 法律责任

第三十一条 对供暖企业有下列行为的，由房产行政管理部门予以处罚：

(一)擅自新建、改建、扩建供暖工程，擅自摘网、联网、建临时热源的，处以10000元至30000元罚款。

(二)未经验收交付使用供暖设施的，处以5000元至10000元罚款。

(三)未经资质审查擅自从事供暖经营管理活动的，责令其补办资审手续，并处以10000元至30000元罚款。

(四)挪用采暖费的，如数追回被挪用的采暖费，并处以2000元至10000元罚款，构成犯罪的，由司法机关依法追究刑事责任。

(五)供暖达不到标准的，处以2000元至10000元罚款；不按期供暖或中断供暖的，责令供暖企业按合同对用户进行补偿，并处以10000元至30000元罚款。

第三十二条 对违反本办法规定有下列行为之一的，由房产行政管理部门给予处罚：

(一)违反本办法第十六条(一)、(五)、(六)项规定的，处以500元以上1000元以下的罚款。责令其恢复原状，已造成供暖设施损坏的按价赔偿。

(二)违反本办法第十六条(二)、(四)项规定的，处以1000元以上3000元以下罚款。责令其恢复原状，已造成供暖设拖损坏的按价赔偿。

(三)违反本办法第十六条(三)项规定的，从供暖之日起，按放水装置流量每吨补交水费5元，并处以1000元以下罚款。

(四)阻碍维修供暖设施的，采取强制修缮措施，并处以200元至2000元罚款。

第三十三条 对应当为职工交纳采暖费而不交纳的单位，除责令其限期交纳外，并处以10000元至30000元罚款。

第三十四条 当事人对行政处罚决定不服的，可依法申请复议或直接向人民法院起诉。逾期不申请复议，也不向人民法院起诉，又不履行行政处罚决定的，由作出行政处罚决定的机关申请人民法院强制执行。

第七章 附 则

第三十五条 本办法执行中的具体问题由市房产管理局负责解释。

第三十六条 本办法自2001年11月1日起施行。《沈阳市城市供暖管理暂行规定》[沈政发(1989)6号]、《沈阳市城市供暖管理行政处罚办法》[沈政发(1992)49号]同时废止。

沈阳市人民政府关于废止2001年底以前发布的部分政府规章的决定

根据《中共中央办公厅国务院办公厅关于适应我国加入世界贸易组织进程，清理地方性法规、地方政府规章和其他政策措施的意见》(中办发[2001]22号)和《省委办公厅省政府办公厅关于清理地方性法规、规章和其他政策措施的通知》(辽委发[2001]41号)精神,为了适应改革开放和建立社会主义市场经济体制及我国加入世界贸易组织新形势的需要,我市对截至2001年底以前发布的现行有效的517件政府规章进行了清理。经过清理,市政府决定对其中272件政府规章予以废止。其中:

一、与WTO规则不一致的规章21件(目录见附件一);

二、与上位法或其他政府规章相抵触或不一致的规章46件(目录见附件二);

三、与当前工作实际不符,或不适应市场经济发展的规章93件(目录见附件三);

四、被新颁布的法规、规章替代的规章36件(目录见附件四);

五、时效已过或因机构改革部门职能转变,调整对象消失的规章76件(目录见附件五)。

附件一:

与WTO规则不一致的规章目录(21件)

1.沈阳商贸金融开发区鼓励中外企业投资的暂行规定(沈政发[1994]44号)

2.沈阳鼓励企业海外投资开发暂行办法(沈政令[1991]19号)

3.沈阳鼓励开展境外经济合作暂行规定(沈政发[1900]91号)

4.沈阳市人民政府对合营企业中方合营者的优惠规定(沈政发[1987]13号)

5.沈阳市人民政府关于鼓励外商投资的规定(沈政发[1987]14号)

6.沈阳市推行外贸进出口代理制试行办法(沈政发[1992]25号)

7.沈阳市建设地方性出口商品生产专厂、基地试行办法(沈政发[1986]27号)

8.沈阳市支持鼓励科技集团发展若干规定(沈政令[1991]49号)

9.中共沈阳市委沈阳市人民政府关于加快高新技术产业发展的决定(沈委发[1997]14号)

10.沈阳市外商投资企业中方职工退休养老保险暂行办法(沈政发[1988]84号)

11.沈阳市科技外事工作管理办法(沈政办发[1986]105号)

12.沈阳市人民政府关于外地来沈开展横向经济联合的暂行规定(沈政发[1987]44号)

13.沈阳关于发展个体、私营经济若干问题的暂行规定(沈政发[1990]117号)

14.沈阳市关于发展个体私营经济若干问题的补充规定(沈政发[1993]13号)

15.沈阳市组建和发展乡镇企业集团暂行规定(沈政令[1991]28号)

16.沈阳市辉山风景区鼓励外商投资的规定(沈政发[1994]47号)

17.沈阳市鼓励科技力量为外向型经济服务的若干规定(沈政发[1988]91号)

18.沈阳市科技战线为名牌产品战略工程服务的若干意见的通知(沈政办发[1994]25号)

19.沈阳市科技成果推广管理暂行办法(沈政发[1990]10号)

20.沈阳市人民政府关于依靠科学技术振兴沈阳的若干规定(沈政发[1995]33号)

21.沈阳市加速机电一体化产品开发和推广应用微电子技术暂行规定(沈政发[1990]70号)

附件二:

与上位法或其他政府规章相抵触或不一致废止的规章(46件)

1.沈阳市贯彻〈辽宁省工业劳动卫生管理条例(试行)〉实施细则(沈政发[1986]88号)

2.沈阳市住房公积金实施细则(沈政发[1993]59号)

3.沈阳市建设项目环境保护管理办法(沈政发[1989]102号)

4.沈阳市环境影响评价管理试行办法(沈政发[1987]10号)

5.沈阳市药品经营企业管理规定(沈政发[1995]27号)

6.沈阳市发票保证金管理办法(沈政发[1994]37号)

7.沈阳市流通领域商品质量监督检验规定(沈政发[1988]107号)

8.沈阳市商品报检监督管理暂行办法(沈政发[1989]82号)

9.沈阳市产品质量监督暂行规定(沈政发[1988]108号)

10.沈阳市户外广告管理办法(沈政发[1996]20号)

11.沈阳市客运出租汽车管理暂行规定(沈政发[1987]5号)

12.沈阳市货物运输交易市场管理暂行办法(沈政发[1990]112号)

13.沈阳市社会团体登记管理暂行办法(沈政发[1990]81号)

14.沈阳市经济合同管理规定(沈政发[1987]1号)

15.沈阳市经济合同管理规定(沈政发[1995]10号)

16.沈阳市经济合同鉴证管理办法(沈政发[1993]39号)

17.沈阳市保护消费者权益若干问题暂行条例(沈政发[1987]7号)

18.沈阳市消费纠纷仲裁暂行办法(沈政发[1987]108号)

19.沈阳市消费纠纷仲裁办法(沈政发[1993]14号)

20.沈阳市土地增值税征收管理办法(沈政令[1995]12号)

21.沈阳市城镇土地使用税征收管理实施办法(沈政令[1991]44号)

22.沈阳市印花税征收管理办法(沈政发[1990]119号)

23.沈阳市房产税征收管理办法(沈政发[1987]81号)

24.沈阳市车船使用税征收管理办法(沈政发[1987]80号)

25.沈阳市实行蓝印户口制度暂行规定(沈政发[1993]5号)

26.沈阳市实行蓝印户口制度补充规定(沈政发[1993]27号)

27.沈阳市特种刀具管制暂行办法(沈政发[1987]16号)

28.沈阳市全民所有制企业聘用(合同)制管理、技术人员暂行管理办法(沈政发[1990]40号)

29.沈阳市行政事业性收费管理规定(沈政发[1995]12号)

30.沈阳市财政支农资金管理办法(沈政令[1997]2号)

31.沈阳市居(村)民防火管理规定(沈政令[1995]14号)

32.沈阳市计算机系统安全监察暂行办法(沈政发[1993]7号)

33.沈阳市各级政府机关辞退工作人员暂行规定(沈政发[1992]2号)

34.沈阳市各级政府机关录用工作人员试行办法(沈政发[1988]42号)

35.沈阳市引进人才规定(沈政发[1992]50号)

36.沈阳市饲料管理暂行规定(沈政发[1989]21号)

37.沈阳市集体所有制企业事业单位审计暂行规定(沈政发[1990]96号)

38.沈阳市土地管理实施细则(沈政发[1989]49号)

39.沈阳市人民政府关于进一步加强专利管理工作的通知(沈政发[1995]

14号)

40.沈阳市企业劳动争议调解仲裁实施细则(沈政发[1988]58号)

41.沈阳市节约能源管理实施办法(沈政发[1987]83号)

42.沈阳市机电设备招标投标管理规定(沈政发[1989]61号)

43.沈阳市矿产资源管理办法(沈政令[1991]35号)

44.沈阳市科学技术进步奖励条例(沈政发[1985]177号)

45.沈阳市收费管理办法(沈政发[1992]45号)

46.沈阳市防洪工程社会负担管理办法(沈政令[1995]1号)

附件三:

与当前工作不符,或不适应市场经济发展废止的规章(93件)

1.沈阳市技术引进和设备进口标准化审查管理办法(沈政发[1990]36号)

2.沈阳市征收乡镇企业排污费暂行办法(沈政办发[1987]6号)

3.沈阳市生活饮用水卫生管理暂行规定(沈政发[1987]101号)

4.沈阳市公费医疗管理实施办法(沈政令[1997]1号)

5.沈阳市粮油经营管理暂行办法(沈政令[1995]9号)

6.沈阳市优待革命烈士家属、军人家属、复员退伍军人暂行办法(沈政发[1990]44号)

7.沈阳市文化市场管理暂行规定(沈政发[1990]21号)

8.沈阳市公路货物运输管理暂行规定(沈政发[1987]62号)

9.沈阳市人民政府《关于印发〈关于保护和利用人民防空工程的暂行规定〉的通知》(沈政发[1982]185号)

10.沈阳市有害废物管理暂行办法(沈政令[1995]7号)

11.沈阳市发展厂办集体所有制企业若干问题的试行规定(沈政发[1988]4号)

12.沈阳市集体所有制企业承包经营责任制试行办法(沈政发[1990]1号)

13.沈阳市保安服务业管理暂行规定(沈政发[1998]116号)

14.沈阳市全民所有制企业承包经营责任审计暂行规定(沈政发[1990]8号)

15.沈阳市企业计划生育管理办法(沈政令[1997]3号)

16.沈阳市流动人口计划生育管理办法(沈政发[1995]16号)

17.沈阳市扩大对外承包工程和劳务合作暂行办法(沈政发[1992]27号)

18.沈阳市区、县(市)、局(集团)外向型经济升档达标考核办法(沈政令[1997]27号)

19.关于城市市区内农村非农业建设占用改为征用的通知(沈政发[1991]38号)

20.沈阳市关于加速高新技术产业化促进传统产业改造的若干规定(沈政令[1991]24号)

21.沈阳市实施"星火计划"若干问题的暂行规定(沈政发[1987]33号)

22.关于组织科研院所、大专院校扶植乡镇企业的若干意见(沈政办发[1991]17号)

23.沈阳市外商投资企业中方职工退休养老保险暂行办法(沈政发[1988]84号)

24.沈阳市城镇临时工社会养老保险暂行办法(沈政令[1991]42号)

25.沈阳市私营企业职工养老保险基金统筹暂行办法(沈政发[1988]125号)

26.关于调整集体所有制企业退休费用统筹范围和项目的通知(沈政发[1987]144号)

27.关于从集体所有制企业招收全民劳动合同制工人养老保险问题的通知(沈政发[1987]68号)

28.关于沈阳市国营企业职工退休基金统筹有关问题的通知(沈政发[1987]67号)

29.沈阳市国营企业职工退休基金统筹暂行办法的实施细则(沈政发[1986]138号)

30.沈阳市国营企业职工退休基金统筹暂行办法(沈政发[1986]95号)

31.沈阳市城市集体所有制企业职工养老和破产倒闭保险暂行规定(沈政发[1986]75号)

32.沈阳市工业行业协会管理暂行规定(沈政发[1988]57号)

33.沈阳市企业兼并暂行办法(沈政发[1992]40号)

34.沈阳市全民所有制工业交通企业设备管理规定(沈政发[1989]10号)

35.沈阳市计划管理暂行规定(沈政发[1989]68号)

36.沈阳市市属大企业在市计划中实行单列的暂行规定(沈政发[1988]73号)

37.沈阳市再生资源管理暂行办法(沈政发[1990]83号)

38.沈阳市罚没管理规定(沈政发[1993]11号)

39.沈阳市乡镇企业管理费征收管理办法(沈政令[1995]5号)

40.沈阳市乡镇企业管理费征收管理补充规定(沈政令[1996]17号)

41.沈阳市住宅小区管理办法(沈政发[1994]35号)

42.沈阳市建筑工程项目管理规定(沈政令[1997]8号)

43.沈阳市人民政府关于加快新产品开发的十项规定(沈政发[1983]134号)

44.沈阳市对外埠人员落户管理办法(沈政发[1993]40号)

45.沈阳市促进小城镇建设发展若干规定(沈政令[1997]38号)

46.沈阳市排放水污染物许可证管理暂行办法(沈政发[1990]95号)

47.沈阳市企业民主管理暂行办法(沈政发[1993]36号)

48.沈阳市贯彻〈全民所有制工业企业转换经营机制条例〉实施细则(沈政令[1993]2号)

49.沈阳市农民社会养老保险试行办法(沈政发[1990]74号)

50.沈阳市气体销售市场管理规定(沈政发[1992]13号)

51.沈阳市事业单位编制管理暂行办法(沈政发[1987]70号)

52.沈阳市共用天线、闭路电视管理暂行规定(沈政发[1989]63号)

53.沈阳市通信设施保护规定(沈政发[1988]31号)

54.沈阳市统计工作管理办法(沈政发[1990]82号)

55.沈阳市征集现役军人暂行规定(沈政发[1989]103号)

56.沈阳市征兵、优抚、安置办法(沈政发[1993]41号)

57.沈阳市邮政通信管理规定(沈政发[1990]16号)

58.沈阳市联合建设63千伏输变电工程暂行办法(沈政发[1994]24号)

59.沈阳市农村用电管理办法(沈政发[1984]143号)

60.沈阳市节约能源单项奖励办法(沈政发[1982]162号)

61.沈阳市地方文献样本缴送办法(沈政办发[1988]24号)

62.沈阳市国营企业职工劳保医疗暂行办法(沈政发[1990]68号)

63.沈阳市劳动安全监察暂行规定(沈政发[1984]208号)

64.沈阳市违反劳动安全法规经济

处罚办法(沈政发[1987]110号)

65.沈阳市农村义务兵家属优待试行办法(沈政发[1985]118号)

66.沈阳市关于支持社会福利企业生产若干问题的规定(沈政发[1987]54号)

67.沈阳市关于发展居民委员会生产生活服务事业若干问题的暂行规定(沈政发[1987]97号)

68.沈阳市街道居民代表会议暂行办法(沈政发[1989]81号)

69.沈阳市公有住房租金计算方法(沈政发[1993]60号)

70.沈阳市公墓管理暂行办法(沈政发[1993]2号)

71.沈阳市人物档案管理规定(沈政发[1988]126号)

72.沈阳市人民政府关于修改〈沈阳市建筑工程施工现场管理规定〉第二、第二十九、第三十条的决定(沈政令[1997]36号)

73.沈阳市公路客车营业运输管理暂行规定(沈政办发[1986]114号)

74.沈阳市野生动物保护实施办法(沈政发[1996]13号)

75.沈阳市征收林业开发建设基金实施细则(沈政发[1989]14号)

76.沈阳市外地政府驻沈办事机构管理暂行办法(沈政令[1991]41号)

77.沈阳市人身意外伤害处理暂行办法(沈政发[1990]65号)

78.沈阳市协税护税组织管理办法(沈政发[1990]49号)

79.沈阳市固定资产投资方向调节税实施办法(沈政令[1991]44号)

80.沈阳市外国专家工作管理办法(沈政发[1986]93号)

81.沈阳市外宾接待工作管理办法(沈政办发[1986]37号)

82.沈阳市乡镇集体企业承包经营责任制暂行规定(沈政令[1991]26号)

83.沈阳市关于外地公司在沈阳地区募集法人股管理暂行规定(沈政发[1993]29号)

84.沈阳市全民所有制企业承包经营责任制审计暂行规定(沈政发[1990]8号)

85.沈阳市人才流动待业、养老保险暂行办法(沈政发[1989]58号)

86.沈阳市政府特别奖实施办法(沈政发[1992]17号)

87.沈阳市外商投资企业中方管理技术人员管理暂行办法(沈政令[1991]4号)

88.沈阳市企业负责人安全生产管理任职资格认证实施办法(沈政发[1990]80号)

89.沈阳市农村合作经济组织提取机电井及链轨拖拉机折旧费的有关规定(沈政发[1990]24号)

90.沈阳市农村水利劳动积累工实施办法(沈政发[1988]13号)

91.沈阳市收取占河费实施办法(沈政发[1989]52号)

92.沈阳市城镇私有房屋管理实施细则(沈政发[1988]11号)

93.沈阳市贯彻〈辽宁省城镇住房制度改革总体方案〉实施办法(沈政发[1993]52号)

附件四:

被新颁布的法规、规章替代而废止的规章(36件)

1.《沈阳市烟尘管理暂行条例》实施细则(沈政办发[1986]102号)

2.沈阳市环境保护违法行为查处办法(沈政发[1990]43号)

3.沈阳市农村五保户、长困户供养暂行规定(沈政发[1985]155号)

4.沈阳市丧葬事务管理暂行规定(沈政发[1989]73号)

5.沈阳市城市厕所管理暂行办法(沈政办发[1985]48号)

6.沈阳市城市环境卫生管理规定(沈政发[1984]21号)

7.沈阳市市政工程建设市场管理暂行办法(沈政发[1989]1号)

8.沈阳市市容管理办法(沈政发[1986]37号)

9.沈阳市固体废弃物排放管理暂行规定(沈政发[1985]101号)

10.沈阳市城市除运雪规定(沈政令[1997]21号)

11.沈阳市"门前三包"管理办法(沈政发[1993]30号)

12.沈阳市环城运河公园管理规定(沈政发[1989]47号)

13.沈阳市公路路政管理暂行条例(沈政发[1984]72号)

14.沈阳市城市供暖管理暂行规定(沈政发[1989]6号)

15.沈阳市城市供暖管理行政处罚办法(沈政发[1992]49号)

16.沈阳市采暖费收缴暂行办法(沈政令[1996]29号)

17.沈阳市残疾人安置管理暂行办法(沈政发[1988]17号)

18.沈阳市行人、乘车人道路交通管理办法(沈政令[1997]14号)

19.沈阳市出租车交通秩序管理办法(沈政令[1997]16号)

20.沈阳市非机动车道路交通管理办法(沈政令[1997]15号)

21.沈阳市村镇建设管理办法(沈政发[1989]59号)

22.沈阳市人事争议仲裁暂行规定(沈政发[1990]33号)

23.沈阳市国家行政机关工作人员处分权限的规定(沈政发[1988]75号)

24.沈阳市城市规划管理实施办法(沈政发[1989]67号)

25.沈阳市技术市场管理暂行办法(沈政发[1986]45号)

26.沈阳市科技成果转移推广周转金使用管理办法(沈政发[1984]206号)

27.沈阳市科技振兴奖实施办法(沈政令[1992]1号)

28.中共沈阳市委、沈阳市人民政府关于加快高新技术产业发展的决定(沈委发[1997]14号)

29.沈阳市推进企业技术进步暂行规定(沈政发[1990]34号)

30.沈阳市社会用字管理规定(沈政发[1992]44号)

31.沈阳市国家机关离退休再工作有关问题的暂行规定(沈政发[1987]134号)

32.沈阳建设工程监理暂行办法(沈政令[1995]2号)

33.沈阳市农村合作经济组织财物管理暂行办法(沈政发[1992]37号)

34.沈阳市企业职工工伤保险暂行办法(沈政令[1993]3号)

35〈沈阳市企业职工工伤保险暂行办法〉的补充规定(沈政发[1994]27号)

36.沈阳市事业单位登记管理办法(沈政令[1997]23号)

附件五:

时效已过或因机构改革部门职能转变,调整对象消失废止的规章(76件)

1.沈阳市公路客车营业管理暂行规定(沈政办发[1986]114号)

2.沈阳市社会车辆参加市内客运试行办法(沈政发[1987]126号)

3.沈阳市房产交易管理暂行办法(沈政发[1985]142号)

4.关于对〈沈阳市房产交易管理暂行办法〉的补充规定(沈政发[1986]23号)

5.沈阳市公司、中心企业登记管理暂行规定(沈政发[1985]137号)

6.沈阳市关于经营重要生产资料和紧俏耐用消费品若干问题的暂行规定(沈政办发[1985]61号)

7.关于发展城乡个体工商业若干问题的暂行规定(沈政发[1985]6号)

8.关于汽车交易市场管理暂行规定(沈政办发[1985]59号)

9.外国企业常驻代表机构管理试行办法(沈政发[1985]176号)

10.沈阳市社会面市场管理处罚暂行条例(沈政发[1987]51号)

11.沈阳市城市集体所有制企业破产倒闭处理暂行规定(沈政发[1987]55号)

12.沈阳市个体工商业管理暂行规定(沈政发[1988]76号)

13.沈阳市建筑业借款合同管理暂行规定(沈政发[1989]4号)

14.沈阳市广告管理暂行办法(沈政发[1989]38号)

15.沈阳市社会面商品交易管理处罚办法(沈政令[1991]2号)

16.沈阳市商品交易市场登记管理办法(沈政发[1994]53号)

17.关于印发〈沈阳市文物保护管理细则〉的通知(沈政发[1985]135号)

18.沈阳市建筑工程总分包管理办法(沈政发[1988]81号)

19.沈阳市建筑工程承发包若干规定(沈政发[1988]105号)

20.沈阳市乡镇供水管理暂行办法(沈政令[1993]50号)

21.沈阳市农村机电井折旧基金使用管理暂行办法(沈政令[1991]23号)

22.沈阳市水土保持工作实施细则(沈政发[1987]145号)

23.沈阳市发展公用电话若干问题的暂行办法(沈政发[1992]23号)

24.沈阳市联运行业管理暂行办法(沈政令[1991]20号)

25.沈阳市人才流动争议仲裁试行规定(沈政发[1988]36号)

26.沈阳市耕地土壤培肥暂行规定(沈政发[1987]31号)

27.沈阳市地区治安保卫委员会工作暂行规定(沈政令[1991]33号)

28.沈阳市外商投资企业会计工作证管理暂行办法(沈政令[1991]11号)

29.沈阳市农业发展基金征收使用暂行办法(沈政发[1992]32号)

30.沈阳市乡镇三项资金统管办法(沈政发[1992]16号)

31.沈阳市境外企业财务管理试行规定(沈政发[1992]51号)

32.沈阳市集体所有制企业股份合作制试行规定(沈政发[1987]125号)

33.沈阳市民间劳务输出试行办法(沈政发[1990]66号)

34.沈阳市非农业建设占用集体土地有偿使用试行办法(沈政令[1991]1号)

35.沈阳市金银市场管理暂行规定(沈政发[1988]111号)

36.沈阳市股票、债券暂行管理办法(沈政发[1985]117号)

37.沈阳市从城镇住宅建设面积中提取百分之二用于中小学教师住房的实施办法(沈政发[1987]39号)

38.沈阳市社会力量办学管理试行办法(沈政发[1985]180号)

39.沈阳市放活科研单位促进科技人员流动若干问题的暂行规定(沈政发[1987]138号)

40.沈阳市推进科学技术体制改革补充规定(沈政发[1986]102号)

41.关于市属科研单位体制改革的若干规定(沈政发[1984]125号)

42.沈阳市市属科研所工作的试行规定(沈政发[1982]158号)

43.沈阳市组织科技力量为振兴.沈阳经济服务的若干规定(沈政发[1988]90号)

44.关于加强科技经费管理和建立科学技术发展基金的试行规定(沈政发[1982]167号)

45.关于科学技术成果有偿转让和技术服务收费标准的暂行规定(沈政发[1981]146号)

46.沈阳市科技经济评估机构管理暂行规定(沈政发[1990]86号)

47.沈阳市科技经济评估机构管理补充规定(沈政发[1991]39号)

48.沈阳市各类科研机构审批管理暂行规定(沈政办发[1986]107号)

49.沈阳市引进国外人才工作暂行规定(沈政发[1990]108号)

50.沈阳市人民政府关于发展城镇职业技术教育若干问题的规定(沈政发[1983]198号)

51.沈阳市推进引进技术消化吸收工作试行规定(沈政发[1986]86号)

52.沈阳市无线电管理暂行办法(沈政发[1989]89号)

53.沈阳市人民政府科学技术顾问委员会工作规则(试行)(沈政发[1987]136号)

54.沈阳市生活饮用水生管理暂行规定(沈政发[1987]101号)

55.沈阳市关于征收房屋建筑城市基础设施配套费实施办法(沈政发[1985]44号)

56.沈阳市调整公共建筑用地动迁费标准的暂行规定(沈政发[1986]32号)

57.关于对机动车辆征收城市立交桥建设附加费的规定(沈政发[1986]59号)

58.沈阳市调整房屋建筑城市基础设施配套费征收标准的暂行办法(沈政发[1987]34号)

59.沈阳市新开河综合治理工程基本建设维护费征收管理规定(沈政令[1996]23号)

60.沈阳市加速北陵农业科技开发试验区建设若干规定(沈政令[1991]31号)

61.沈阳市食品用化工产品管理暂行办法(沈政发[1990]55号)

62.沈阳市贯彻〈中华人民共和国城镇集体所有制企业条例〉实施细则(沈政发[1994]14号)

63.沈阳市乡镇集体企业股份合作制试行规定(沈政发[1991]20号)

64.沈阳市全民所有制小型企业租赁经营暂行规定(沈政令[1991]7号)

65.沈阳市企业股份制试点暂行规定(沈政发[1992]42号)

66.沈阳市开发建设能源、原材料基地暂行办法(沈政发[1988]109号)

67.沈阳市企业集团管理暂行办法(沈政发[1990]5号)

68.沈阳市横向经济联合投资保护暂行规定(沈政发[1987]87号)

69.沈阳市鼓励外埠企业投资的规定(沈政令[1998]4号)

70.沈阳市农村村级合作经济组织审计工作暂行办法(沈政发[1992]37号)

71.沈阳市乡镇合作经济经营管理站管理暂行办法(沈政发[1992]37号)

72.沈阳市农业机械化发展基金暂行规定(沈政令[1991]3号)

73.沈阳市人民政府关于修改〈沈阳市工程建设监理暂行办法〉第三十四条、第三十五条、第三十六条的决定(沈政令[1997]35号)

74.沈阳市调整房屋建筑城市基础设施配套费征收标准的暂行规定(沈政发[1987]34号)

75.关于外商投资建筑施工企业在沈承包装饰工程的暂行规定(沈政发[1989]29号)

76.沈阳市保护举报人和奖励有功人员暂行办法(沈政发[1989]74号)

沈阳大事记(2001年)

一 月

3日

全市经济工作会议召开。会议的中心议题是,落实中央和省经济工作会议精神,总结2000年全市经济工作,部署2001年的经济工作。

4日

全市计划工作会议召开。

▲全市经贸工作会议召开。

6日

沈阳市首次在越南中标的国际承包工程——越南18号公路鸿基至翁门段改扩建项目在越南河内下龙湾举行开工典礼。

▲由西藏自治区那曲地委书记公保扎西率领的那曲地区党政代表团一行八人来沈阳访问。

10日

以全国总工会书记处书记周玉清为团长的全总送温暖慰问团来沈走访困难企业,慰问特困职工。

11日

香港华润创业有限公司董事总经理阎飚先生一行来沈访问。

▲澳门其新(控股)有限公司董事总经理郭栋举先生一行来沈就继续扩大对沈投资合作进行洽谈。

▲安徽省铜陵市考察团来沈考察。

▲沈阳市低温创下50年之最。最低气温达到零下30.9度,为1951年以来最低值。

16日

加拿大兰万灵集团公司执行副总裁罗伯特先生一行来沈就轨道交通张——黎线工程的进展情况与市领导交换意见,并开展具体工作。

17日

意大利飞鹰(沈阳)寰球商务有限公司总裁纳塔尼洛·乔洛先生一行来沈考察。

18日

副省长、代市长陈政高在市政府分别会见了俄罗斯驻沈总领事乌里茨基、朝鲜驻沈总领事文永根、日本驻沈总领事渡边英雄、美国驻沈总领事司马安国和韩国驻沈领事办公室主任权宁国(18—19日)。

▲全市政法工作会议召开。

▲沈阳运输集团正式成立。该集团是集中了市交通局六大企业运输资源、总资产达12亿元的大型企业集团。

▲获国家顶级——AAAA级旅游区(点)殊荣的沈阳植物园、沈阳棋盘山国际风景旅游开发区、沈阳故宫等三家单位分别举行挂牌仪式。

19日

沈阳市国际税收研究会成立。

26日

东北地区首例第三代试管婴儿——一对双胞胎兄弟在市妇婴医院降生。哥哥体重2400克,弟弟体重2200克。该项技术在国内尚属首创,达到国际先进水平。

二 月

2日

省委副书记、市委书记徐文才等市领导带领满载扶贫物资的车队抵达阜新。此次沈阳市捐赠资金1000万元,扶贫物资总值1500万元。

5日

市委、市政府召开全市反腐败工作会议,提出扎扎实实抓好党风廉政建设和反腐败斗争。

▲第二十二届法国巴黎世界明日马戏节暨第十三届未来马戏节闭幕。代表中国参赛的沈阳杂技团勇摘马戏节两项金奖和"共和国总统奖",这是中国杂技家首次在该马戏节上同时获取三项大奖。

6日

由国家人事部副部长戴光前率领的国家人事部赴辽宁调研组一行六人,来沈调研《军队转业干部安置暂行办法》贯彻落实情况。

7日

美国友邦保险有限公司资深副总裁暨中国区域执行总监徐正广来沈考察。

▲辽宁省暨沈阳市1000多名群众在中兴——沈阳商业大厦门前举行"反对邪教,保障人权"签名活动。

▲沈阳市2001年"扫黄打非"工作会议召开。

9日

沈阳市第十二届人民代表大会第四次会议在辽宁人民会堂隆重召开。代市长陈政高向大会作政府工作报告。

12日

中央政策研究室调研组来沈就沈阳市下岗职工及劳动就业情况、国企改革与发展情况等方面进行调研。

13日

历时6天的政协沈阳市十一届四次会议完成各项议程在八一剧场闭幕。大会通过无记名投票方式,增选赵金城、王洁纯、汪宙为政协沈阳市十一届委员会副主席。

▲德国拉施塔特市市长沃尔夫冈·彼德·哈特维格先生一行来沈考察。

14日

历时5天半的沈阳市第十二届人民代表大会第四次会议完成了预定的各项议程,在辽宁人民会堂胜利闭幕。大会选举陈政高为沈阳市人民政府市长,选举李中鲁为沈阳市第十二届人民代表大会常务委员会副主任，选举尹秀荣为沈阳市人民检察院检察长。大会听取审议了沈阳市中级人民法院工作报告，经代表表决未获通过。大会主席团一致意见，由市人大常委会继续审议，并将审议结果向沈阳市第十二届人民代表大会第五次会议报告。

15日

沈阳市有史以来第一次以科技奖励为主题的大会在沈阳科学宫举行，会上对138个项目和3名个人予以奖励和通报表彰。

16日

农业部副部长范小健率全国打假联合行动督查组一行八人来沈检查打假工作。

20日

全市统计工作会议召开。

21日

零时，沈阳市电信分公司对长途电话、互联网、智能网的业务资费执行新标准。这项新的收费标准由中国电信在全国范围统一执行。国内长途电话统一实行一级计费，并将计费单元由现行的1分钟缩短为6秒钟，实行每6秒钟收费0.07元；同时取消了每分钟0.15元的国内长途附加费。国际及港澳台电话的计费单位也由1分钟缩短为6秒钟。

22日

以大连市市长李永金为团长的大连市政府考察团一行来沈考察。

▲全市农村经济工作会议召开。

▲全市人口与计划生育工作会议召开。

▲沈阳地区超过70%的面积发生大规模停电，这是沈阳电网建网以来50年间少见的“雾闪”停电。

23日

全市商品流通工作会议召开。

▲全市物价工作会议召开。

26日

国务院三峡建设委员会副主任、三峡建设委员会办公室主任郭树言等一行八人来沈考察为三峡工程提供配套设备的东北输变电集团工作进展情况。

27日

东北地区第一个协作医疗集团——辽宁省人民医院医疗集团在沈阳正式成立。该集团由省、市、县三级共18家医院组成，突破了医院级别的局限。

三　月

1日

全市爱国卫生清洁月活动拉开帷幕。

▲全市财政工作会议召开。

▲中华全国总工会在北京人民大会堂召开纪念“三八”国际劳动妇女节暨全国十佳女职工表彰大会。沈阳山盟建设集团公司工人王春霞当选全国十佳女职工。

2日

全市审计工作会议召开。

▲全市建筑管理工作会议召开。

4日

中央督察组来沈指导“三个代表”学习教育工作。

6日

沈阳各族各界、各行各业的1500名妇女代表在八一剧场聚会，纪念“三八”国际劳动妇女节91周年。市委常委、秘书长顾春明宣读了关于命名表彰2000年度沈阳市“三八”红旗手标兵、“三八”红旗手、“三八”红旗集体的决定和关于表彰沈阳市“中国文明示范岗明星”、“中国文明示范岗”的决定。

7日

副省长、市长陈政高会见了新到任的大韩民国驻华大使馆领事部驻沈阳办公室首席领事张锡哲。

8日

经中国证监会批准，沈阳金山热电股份有限公司4500万A股股票在沪市上网定价发行。

9日

沈阳市科技对外开放工作会议在沈阳科学宫举行。

12日

香港同胞、华晨汽车控股有限公司董事长、经济学博士仰融先生被授予“沈阳市荣誉市民”。

13日

以副省长、市长陈政高为团长，副市长赵长义为副团长的沈阳市政府代表团一行六人开始为期12天的对韩国、日本、中国香港特别行政区的友好访问。

▲全市组织工作会议召开。

18日

国家财政部副部长高强一行六人来沈调研社会保障试点工作。

21日

沈阳故宫博物院获得国家顶级暨AAAA级旅游区(点)证书。

22日

沈阳市政府代表团结束了对日本为期4天的访问。代表团在日本期间签订的项目协议外资额为1.12亿美元。

26日

国务院参事室副主任陈鹤良来沈指导检查参事工作。

27日

全市宣传思想工作会议召开。

▲以副省长、市长陈政高为团长，副市长赵长义为副团长的沈阳市政府代表团圆满结束了对韩国、日本和中国香港特别行政区为期12天的经贸洽谈和访问，返回沈阳。访问期间，代表团共签约35项，协议引资额7.02亿美元。

28日

由市委宣传部、市610办公室、市文化局歌舞团、曲艺团组织的以“倡导科学文明、反对‘法轮功’邪教”为主题的大型专题文艺晚会《正义之声》，在北京人民剧场公演获得成功。

30日

中共沈阳市委召开九届十五次全体会议。全会听取了市委常委会关于市第十次党代会筹备情况的汇报；讨论通过了九届市委和市纪委向市第十次党代会提交的工作报告(草案)；审议通过了市第十次党代会关于代表资格的审查报告(草案)；审议了中共沈阳市第十届委员会委员、候补委员和纪律检查委员会委员候选人预备人选；确定了市第十次党代会召开的时间和议程；表决通过了沈阳市出席省第九次党代会代表候选人预备人选。

四 月

3日

沈阳市科技与金融对话会举行，金融界11家银行和全市400多家科技界、企业界代表参加项目对接活动。

▲市第十二届人大举行第二十五次会议，任命丁仁恕为沈阳市中级人民法院副院长、代院长。

4日

沈阳市反邪教协会成立。

▲九届全国政协常委，原辽宁省委书记、省人大常委会主任全树仁对沈阳市高新技术企业和高新技术改造传统产业情况进行考察(4—6日)。

8日

由辽沈地区专家、学者和知名人士组成的“九·一八”战争研究会正式成立。

9日

历时38天的南运河、卫工河清淤工程全线告捷。共有2万余人参加了清淤工程，清除淤泥48万立方米。

▲由全国人大环资委副主任委员叶如棠等一行六人组成的调研组来沈进行调研。

11日

沈阳市召开“严打”整治斗争公捕大会，100名犯罪嫌疑人被依法公开逮捕。

12日

副省长、市长陈政高在沈阳迎宾馆会见了以俄罗斯联邦巴什科尔托斯坦共和国政府总理拜达夫列多夫为团长的俄巴什科尔托斯坦共和国政府代表团一行14人。

▲沈阳市统计局发布2000年沈阳市第五次全国人口普查主要数据公报，全市总人口为720.4万人；男性为367.4万人，女性为353万人，性别比(以女性为100，男性对女性的比例)为104.04；居住在城镇的人口506.6万人，居住在乡村的人口213.8万人。

13日

以S·S·M公司社长宋奉根为团长的韩国企业投资团一行16人来沈考察洽谈。

▲朝鲜祖国统一民主主义战线代表团一行6人来沈阳参观考察。

16日

市人大常委会主任张荣茂在市人大机关会见了以金钟奎议长为团长的韩国庆尚南道议会代表团一行。

17日

沈阳召开社会治安暨整顿规范市场经济秩序工作会议。

▲市委、市政府召开了沈阳市同“法轮功”邪教组织斗争工作暨表彰大会，共有50个先进集体和147名先进个人受到表彰。

18日

沈阳软件园在沈阳高新技术产业开发区正式成立。

▲按照五星级标准设计建造的沈阳洲际酒店开业。该酒店是沈阳假日大厦和英国巴斯集团合资兴建的，由世界上最大的酒店管理集团——英国巴斯集团管理。

19日

民盟辽宁省委暨民盟沈阳市委隆重集会，纪念中国民主同盟成立60周年。

22日

中国轻工业联合会会长陈士能来沈调研考察。

24日

市政府、中国人民银行沈阳分行营业部共同主持召开2001年银企合作签约大会。沈阳飞机制造有限公司等11家企业与11家商业银行进行签约。

▲首届中国北方国际家具博览会暨第二届厨房家具展销会在沈阳科学宫会展中心举行(24—28日)。

25日

沈阳市在辽宁体育馆召开万人公捕公判大会，曾庆伟等一批犯罪嫌疑人被依法逮捕，李绍钢等一批犯罪分子被处以极刑。

26日

沈阳市各界先进青年代表集会，纪念“五四”运动82周年。会上命名表彰了“沈阳市十大杰出青年”等先进个人，并授予60人“沈阳市‘五四’奖章”。

▲沈阳市总商会直属商会成立。

27日

110警务改革出警仪式在市府广场举行。沈阳市110警务实行新体制，在市内五城区中开始实行“一所一车一警区”的体制，由公安基层派出所承担110接处警的全部工作。

▲由市委宣传部、市政法委、市防范和处理邪教问题办公室、市公安局、市文化局联合主办的《正义之声》揭批“法轮功”专场文艺晚会在八一剧场举行。

28日

沈阳市召开党政领导干部会议，传达中央和省委关于对张行湘、徐文才职务变动的决定：张行湘任中共沈阳市委委员、常委、书记，徐文才不再担任沈阳市委书记，回省委任省委专职常委。副省长、市长陈政高主持会议，省委书记闻世震作重要讲话，省委副书记、市委书记张行湘也在会上讲话。

29日

国家民委主任李德洙一行五人来沈考察民族教育工作进展情况。

30日

沈阳市职工庆祝“五一”国际劳动节大会在八一剧场隆重召开。会上表彰了沈阳市荣获全国和辽宁省“五一”劳动奖状、“五一”劳动奖章的先进单位及个人。

五 月

3日

2001年度“中国青年五四奖章”在京颁发，10位优秀青年获得中国青年最高荣誉。中国科学院沈阳金属研究所研究员、快速凝固非平衡合金国家重点实验室主任卢柯名列其中。

7日

有近百年历史的公和旧铁桥开始拆除。公和旧铁桥始建于1902年，位于正在施工的公和斜拉桥南45米处，因桥净高较低(5.4米)，致使桥下的国家重点工程哈大电气化铁路线高度网受阻，市政府决定拆除公和旧铁桥。

8日

副省长、市长陈政高会见了大韩教员共济会理事长赵宣济一行六人。

▲沈阳、南昌两市缔结“全面经济合作城市”签字仪式在南昌举行。沈阳市副市长李宝权、南昌市副市长雷武江出席签字仪式。

9日

全市城市管理工作会议召开。

10日

东北大学网络教育学院与沈阳广播电视大学签订协议，在沈阳电大成立东北大学网络教育学院沈阳分院。

11日

以全国人大常委会办公厅研究室副主任尹中卿为组长的全国人大调研组就乡镇人大换届选举工作来沈调研。

▲由沈阳市政府、国家科技部火炬中心、辽宁省信息产业厅和沈阳市软件行业协会联合主办的2001中国沈阳国际计算机、通讯、网络博览会在沈阳科学宫举行（11—14日）。

12日

历时四天的辽宁（南昌）商品展销暨经济合作洽谈会圆满结束。沈阳代表团与南昌及其周边地区共达成43.6亿元的成交额，以约占全省四分之一的份额，稳居参展的14个城市之首。

13日

沈阳市康复医学治疗中心在沈阳医学院附属中心医院成立。该中心的建立填补了沈阳地区系统康复医学的空白。

14日

辽宁省暨沈阳市"科技活动周"在沈阳科学宫开幕。

15日

副省长、市长陈政高在迎宾馆会见了卫生部副部长、国家中医药管理局局长佘靖。

16日

第87届中国文化用品商品交易会在沈阳开幕。

18日

沈阳市私营企业工会第一次会员代表大会暨市私营企业工会联合会成立大会召开。

▲沈阳电信实业有限公司正式组建成立。这是沈阳市电信企业实施主辅分离，将电信主业公司与实业公司分开经营取得的成果。

25日

以全国政协常委、社会和法制委员会副主任王厚德为组长的"政府机关全面推进依法行政"专题调研组一行九人来沈进行调研。

▲市委在市政府礼堂召开全市领导干部大会，就在全市领导干部中深入开展"三个想一想"学习教育活动进行动员部署。

▲沈阳市城市规划委员会成立。

27日

在意大利举行的世界中学生足球赛决赛上，代表中国参赛的沈阳回民中学足球队，以6比5的比分战胜法国代表队获得冠军，从而结束以前中国代表队从未进入过前8名的历史。

六　月

1日

沈阳东北蓄电池股份有限公司与德国埃克赛德科技网络电源公司共同投资组建的埃克赛德东北中国工业电池有限公司成立。

2日

原全国人大常委会副委员长、著名社会学家费孝通来沈对社区建设进行考察。

3日

副省长、市长陈政高在沈阳迎宾馆会见了澳大利亚阿得莱德市市长艾夫列·黄一行。

▲副省长、市长陈政高到于洪区、新民市的部分乡村田间地头考察旱情，并指出要全力以赴做好抗旱救灾工作。

8日

中国·沈阳首届房地产交易展示会开幕。副省长、市长陈政高参加了交易展示会开幕式并讲话。展示会至12日结束，期间现场房屋成交面积达37.1万平方米，成交额7.56亿元。

9日

市第四届少数民族运动会在苏家屯区举行。

10日

MPA（公共管理硕士）教育中心在东北大学成立，该校是辽宁省惟一获得MPA授予权的高校。

11日

忠诚实践"三个代表"的楷模、坚持弘扬"五种精神"的典范——张德山同志先进事迹展在沈阳新基火炬大厦揭幕。市委常委、宣传部长刘迎初主持揭幕式。省委副书记、市委书记张行湘，副省长、市长陈政高，市政协主席任殿喜为展览剪彩。市委常务副书记崔文信、市委副书记王扬为展览揭幕。

12日

2001年沈阳科技论坛开幕式暨"21世纪中国中心城市经济发展战略"报告会在市政府礼堂举行。

▲全国中心城市职工技术协作工作会议在沈阳召开。

▲由中央党校组织的西部地区厅级干部培训班考察团一行36人来沈考察。

13日

大东区第十四届人大常务委员会第二十六次会议审议通过，决定罢免慕绥新沈阳市第十二届人民代表大会代表职务。

▲沈阳市第十二届人民代表大会常务委员会第二十七次会议审议通过，决定罢免慕绥新辽宁省第九届人民代表大会代表职务。

14日

中组部副部长、人事部部长张学忠来沈考察。市委书记张行湘在沈阳迎宾馆会见了张学忠。

15日

中国沈阳海外学子创业园揭牌仪式在21世纪大厦隆重举行。中组部副部长、人事部部长张学忠和市委书记张行湘共同为创业园揭牌，副省长、市长陈政高在仪式上致词。

▲省政协主席肖作福，副主席张毓茂及部分省政协委员，对沈阳市法院工作情况进行调研（15—16日）。

18日

副省长、市长陈政高在皇朝万豪酒店分别会见了泰国中华总商会主席、泰国泰旭化工有限公司董事长郑明如先生和韩国大邱市政务副市长申同秀一行。

20日

沈阳市纪念中国共产党成立80周年主体活动之一——"党的光辉照神州"党史教育展在沈阳科学宫会展中心隆重开幕。

22日

副省长、市长陈政高到五里河体育场检查了沈阳市承办世界杯亚洲区"十强赛"准备工作，并召开了市长办公会进行现场办公。指出要全力以赴做好大赛的各项准备工作，确保整个赛事万无一失。

23日

纪念中国共产党建党80周年党史电视文献片《走向明天》首映式在沈阳宾馆举行。

27日

沈阳市在辽宁人民会堂隆重召开纪念中国共产党成立80周年暨“两先两优”表彰大会。

▲副省长、市长陈政高会见了美国驻华副大使迈克·马瑞。

28日

沈阳材料科学国家（联合）实验室成立揭牌庆典仪式，在中科院金属研究所举行。副省长、市长陈政高，副省长夏德仁为实验室成立揭牌。

29日

享有“中国歼击机摇篮”之称的沈阳飞机工业集团有限公司创建50周年。中共中央政治局委员、中央军委副主席张万年为“沈飞”创建50年题词：“功炳天疆”。辽宁省副省长刘国强，副省长、市长陈政高，中央军委委员、总装备部部长曹刚川上将等出席纪念大会并讲话。

▲中科院沈阳计算技术有限公司成立，标志着中科院沈阳计算技术研究所的整体转制已经完成。这是目前全国中科院系统第一家转制的单位。

▲由国家科技部、教育部、人事部、国务院侨办和辽宁省政府共同主办，沈阳市和大连市政府共同承办的“2001年中国海外学子辽宁（沈阳·大连）创业周”开幕。

30日

沈阳先进制造技术产业园暨新松机器人自动化股份有限公司新址奠基和沈阳纳米研发中心启动仪式在沈阳高新技术产业开发区浑南新区举行。

七　月

2日

副省长、市长陈政高会见了清华大学校长、中国科学院院士王大中一行。

▲沈阳工业学院新校址在浑南辽宁大学城奠基。副省长、市长陈政高出席奠基仪式，并为奠基仪式铲土。

3日

副省长、市长陈政高会见了前来参加沈阳可持续城市规划国际研讨会的欧盟组织、联合国人居中心官员及外国专家。

▲沈阳可持续城市规划国际研讨会在市环境保护培训中心开幕。本次会议围绕交通和土地使用、基础设施和城市服务、住房和重新安居、自然环境、城市营销与投资促进6个方面进行研讨。（3—5日）

4日

以全国人大常委会委员、全国人大民族委员会副主任委员江村罗布为组长的全国人大民族工作调研组来沈就《民族区域自治法》贯彻实施等情况进行调研。

▲由香港特别行政区贸易发展局与沈阳市建委联合举办的香港——沈阳房地产业洽谈会在商贸饭店举行。

5日

市外经贸委与美国诚信开发股份有限公司就建立创业投资基金及引进高新技术项目达成合作意向。双方在沈阳迎宾馆举行了签字仪式。

▲2001年全国农机、汽车及配件订货交易会在沈阳（国际）会展中心举办（5—7日）。

8日

省委副书记、市委书记张行湘，副省长、市长陈政高在沈阳迎宾馆会见了国家信息产业部部长吴基传一行。

9日

国家信息产业部部长吴基传在副省长夏德仁，市委常委、副市长李佳的陪同下，考察了沈阳和光集团等几家高新技术企业。

10日

沈阳现代物流发展国际研讨会在万豪酒店举行，来自丹麦、美国、日本、韩国、新西兰、澳大利亚等国家和地区以及国内有关省、市、自治区的企业界代表、专家学者、政府官员共200多人出席了会议。

12日

副省长、市长陈政高会见了以埃塞俄比亚电力部副部长阿伯伯·德米赛为团长的埃塞俄比亚电力公司代表团。

▲副省长、市长陈政高会见了日本轮岛市市长梶文秋一行。

▲上午8时40分左右，市政府生猪定点屠宰联合执法大队执法人员在大东201市场执行正常的执法检查时，遭到了不法商贩关家东的以暴抗法。事件中，执法人员任长生、陈风利、成军光荣负伤，高树森、张建华、张家栋、张承维因公殉职。罪犯关家东当晚22时许被警方擒获。

16日

在国家公布的第五批全国重点文物保护单位的518处名单中，沈阳市文物部门上报的新乐遗址、东北大学原址和法库叶茂台辽墓全部入围，晋升为“国宝”。

20日

中国共产党沈阳市第九届委员会第十六次全体会议在沈阳迎宾馆召开。全会听取了市委常委会关于市第十次党代会筹备情况的报告，关于市第十次党代会日程安排的说明，关于九届市委和市纪委向市第十次党代会提交的工作报告（草案）的修改说明；讨论通过了九届市委和市纪委向市第十次党代会提交的工作报告（草案），确定市第十次党代会于7月28日至31日召开。

21日

以台湾南投县总工会理事长江特聪为团长的台湾南投县总工会交流考察团一行14人来沈阳进行交流访问。

23日

市社会保障职工群众监督委员会成立。

25日

沈阳金杯客车制造有限公司成立十周年庆祝大会在辽宁人民会堂举行。

26日

沈阳市2001年重大项目招商发布会在21世纪大厦举行。会上推出7个领域、14个类别的重大招商项目118项，这是沈阳市为积极应对中国加入世贸组织的新形势，进一步扩大对外开放，重塑沈阳新形象的一个重大举措。

28日

中国共产党沈阳市第十次代表大会在辽宁人民会堂隆重开幕。大会由陈政高同志主持。张行湘同志代表中共沈阳市第九届委员会，向大会作了题为《按照“三个代表”要求全面加强党的建设，为实现沈阳社会主义现代化宏伟目标而奋斗》的报告。王启文同志代表中共沈阳市纪律检查委员会，向大会作了题为《坚持从严治党，加大反腐败工作力度，为保证实现市第十次党代会提出的宏伟目标而奋斗》的报告。

▲副省长、市长陈政高在沈阳迎宾馆会见了中国足协常务副主席阎世铎、专职副主席张吉龙一行。

31 日

中国共产党沈阳市第十次代表大会胜利闭幕。会议通过关于市委、市纪委工作报告的决议，选出新一届市委、市纪委和市出席省第九次党代会代表。十届市委常委依次为：张行湘、陈政高、崔文信、王扬、朱锦、王启文、刘迎初、多静如、李佳、付强、初立生、顾春明。十届一次全会选举张行湘为市委书记，陈政高、崔文信、王杨、朱锦、王启文为副书记。十届一次全会通过了市纪委一次全会选举结果：王启文为市纪委书记，连加诚、余新民、陈国强为副书记。

▲副省长、市长陈政高在沈阳凯莱酒店会见了俄罗斯巴什克尔托斯坦自治共和国外贸部第一副部长萨利波夫一行。

▲历时 4 天的辽宁(乌鲁木齐)商品展销会经济合作洽谈会结束。此次展洽会上，沈阳与乌鲁木齐签订经贸合作项目 652 项，金额56.46亿元。

八　月

3 日

为期两天的市人大常委会第二十八次会议结束。会议审议通过了市人大常委会关于撤销焦玫瑰、梁福权沈阳市中级人民法院副院长、审判委员会委员职务的决定；审议通过了《沈阳市城市房产管理条例》。

4 日

沈阳——东京直航包机成功实现首航。

▲副省长、市长陈政高在沈阳迎宾馆会见由韩国青瓦台国政状况局局长李勇燮先生和韩国普光 C.C 会长车龙植先生率领的韩国投资考察团全体成员。

9 日

沈阳市十二届人民代表大会召开第五次会议。会议审议通过了关于沈阳市中级人民法院整改情况和 2001 年工作安排的报告的决议。

▲国家发展计划委员会副主任于广洲在市委常委、副市长李佳的陪同下，对沈阳旅游资源的开发与建设情况进行了考察。

▲副省长、市长陈政高在沈阳迎宾馆会见了来沈考察旅游项目的国家发展计划委员会副主任于广洲一行。

10 日

副省长、市长陈政高在沈阳迎宾馆会见了招商银行总行长马蔚华一行。

12 日

省长薄熙来在刘克田、陈政高、夏德仁、吕亿环等省市领导陪同下，到五里河中心体育场，对即将来这里举行的世界杯外围赛亚洲区“十强赛”的准备情况进行视察，并表示省政府将全力以赴支持赛事的举行。

14 日

省长薄熙来率领省直各有关部门领导来到沈阳进行现场办公。薄熙来听取了沈阳市上半年工作的汇报，对沈阳上半年经济和社会发展运行情况给予了充分肯定。针对下一步的工作，薄熙来提出了进一步做好社保试点工作、搞好国企改革、加大力度发展外向型经济、大力发展高新科技、加强城市建设和环境管理、开发旅游资源、搞好金融财政工作、加强县区建设、做好社会稳定工作、加强机关工作作风建设等十点要求。

15 日

第二届中国沈阳国际汽车工业博览会暨 2001 年中国沈阳国际友好活动月隆重开幕。张行湘、陈政高等省、市领导出席开幕式。

▲省委副书记、市委书记张行湘在沈阳迎宾馆会见了中央党史研究室副主任王伟华。

▲省委副书记、市委书记张行湘、市委常务副书记崔文信分别在沈阳迎宾馆会见了《求是》杂志社社长高明光一行。

▲由沈阳、长春、哈尔滨三市共同组织发起的“勿忘‘九·一八’，重走英雄路”活动启动仪式在沈阳“九·一八”历史博物馆主广场前举行。

16 日

首届“世界沈阳人联谊大会”开幕。来自世界37个国家和地区的200多名海外儿女接受故乡的邀请回到沈阳，为沈阳市的繁荣与发展献计献策。省委副书记、市委书记张行湘，副省长、市长陈政高等省、市领导参加了开幕式。

▲市委在八一剧场召开全市深入开展警示教育动员大会。会上播放了慕绥新、马向东、王秀珍等人严重违纪违法的警示教育录像片。

▲2001 年中国女子职业高尔夫球“沈阳杯”比赛在沈阳盛京国际高尔夫俱乐部举行。

17 日

受中宣部的委托，省委宣传部在沈阳举行第二批全国爱国主义教育示范基地授匾仪式。沈阳抗美援朝烈士陵园成为第二批全国爱国主义教育示范基地。

18 日

市委、市政府在市政府礼堂召开全市“学《讲话》、办实事、迎国庆”活动动员大会，号召全市各地区、各部门、各单位深入学习和贯彻落实江泽民同志“七一”重要讲话和市第十次党代会精神，按照“三个代表”的要求，进一步转变机关作风和行业作风，切实解决与人民群众切身利益密切相关的突出问题。

▲哈大电气化铁路沈阳北至哈尔滨段正式建成，东北地区无电气化铁路的历史由此结束。

19 日

副省长、市长陈政高会见了国家审计署副审计长董大胜。

20 日

沈阳市政府在大连举办APEC 第三次高官会议招待酒会，副省长、市长陈政高在会上致词，介绍了辽宁省、沈阳市有关情况，并隆重推出了沈阳市近期确定的 118 项重大招商引资项目。

21 日

市委、市政府召开做好“十强赛”工作动员大会。会议决定从现在起正式启动“十强赛”各项工作，确保这次大赛圆满成功。省委副书记、市委书记张行湘，副省长、市长陈政高，亚足联副主席、中国足协副主席张吉龙分别在动员会上讲话。

22日

副省长、市长陈政高会见了美国新任驻华大使科拉克·雷德一行。

▲副省长、市长陈政高会见了阿拉伯联合酋长国足球协会会长萨意德王子一行。

23日

我国造币行业的骨干企业——沈阳造币厂隆重庆祝建厂105周年。

24日

省委副书记、市委书记张行湘会见了阿拉伯联合酋长国足球协会会长萨意德王子一行。

▲副省长、市长陈政高会见来沈参加第九届中日韩青少年体育交流大会的中华全国体育总会领导及中、日、韩代表团团长。

▲由市委宣传部、市精神文明办、市防范和处理邪教问题办公室、市公安局、市司法局及市科协联合举办的《反对邪教崇尚文明》大型展览在辽宁省科技馆开幕。

25日

2002年世界杯足球预选赛亚洲区决赛中国足球队主场与阿联酋队的比赛，在沈阳五里河体育场拉开战幕。经过90分钟较量，中国队以3：0完胜阿联酋队。

▲省委书记闻世震，省长薄熙来，省人大常委会主任王怀远，省委副书记、市委书记张行湘，副省长、市长陈政高在沈阳五里河中心体育场会见了国家体育总局局长、中国奥委会主席袁伟民一行。

▲省委副书记、市委书记张行湘，副省长、市长陈政高在沈阳五里河中心体育场分别会见了中央电视台副台长胡恩一行。

▲副省长、市长陈政高在沈阳五里河中心体育场会见了日本别府市市长井上信幸一行。

▲副省长、市长陈政高在沈阳五里河中心体育场会见了亚足联秘书长维拉潘一行。

26日

北陵大街道路改造工程完工。

▲辽宁省暨沈阳市第四届读书节开幕。

27日

沈阳市固定资产投资工作会议召开。

▲中日专家应用脱硫石膏和生物型煤技术改善空气质量、改造盐碱土壤研讨会在沈阳举行。

28日

全国《统计法》和"两办通知"执行情况大检查联合督查组一行6人，由国家统计局副局长朱向东带队，来沈阳检查、督查统计执法大检查的组织实施情况，听取了沈阳市统计局的工作汇报。

▲副省长、市长陈政高在皇朝万豪酒店会见了以韩国大邱市市长文熹甲为团长的代表团一行。

▲一个集规模化、规范化、专业化于一体的全国最大的泵业市场在于洪区开业。

▲沈阳机床集团中捷友谊厂为上海磁悬浮快速列车轨道梁数控铣镗提供的专用机床顺利完工。

30日

副省长、市长陈政高在市政府贵宾室会见了以日本众议院议员、前国务大臣国土厅长官伊藤公介为团长的日本企业家代表团一行。

▲副省长、市长陈政高在市政府贵宾室会见了斐济群岛共和国驻华大使鲁凯·拉图沃凯。

31日

市委、市政府召开全市同"法轮功"邪教组织斗争工作会议。会上宣读了《关于在全市开展"四个严防"专项斗争的工作方案》。

九　月

1日

副市长李宝权会见全国政协常委、原商业部部长胡平一行。

▲凌晨4时许，沈阳大龙洋石油有限公司油库的油罐突发大火，8个储油罐中6个有油的储油罐先后起火，有4个储油罐最后爆开。这是沈阳有史以来最大的油罐爆炸火灾。580余名消防官兵，经过9个小时的奋战，将大火扑灭。

4日

省委副书记、市委书记张行湘、副省长市长陈政高等市领导参观《反对邪教崇尚文明》大型展览。张行湘、陈政高在参观展览时指出，要进一步认清"法轮功"邪教组织的反动本质，带领全市广大人民自觉投入到同"法轮功"邪教组织的斗争中去，不获全胜，决不收兵。

▲为期4天的中国铁西工业区改造调整（论坛）国际投资洽谈会在沈阳工业大学落下帷幕。洽谈会共签订合作协议21个，协议外资额1.5亿美元，合作合同11个，合同外资额9706万美元。

▲北方15城市演出联合体在沈宣告成立。这是继江、浙、沪演出联合体之后，全国第二个演出合作团体。

5日

省委副书记、市委书记张行湘会见了加拿大BC省教育部副部长欧文一行。

6日

为期5天的第三届中国沈阳商品交易会闭幕。交易会期间，商品总成交额48.2亿元。

7日

省委书记闻世震在省委副书记、市委书记张行湘，副省长赵新良，副省长、市长陈政高，副市长吕亿环的陪同下，到新民市高级中学、新民市职业教育中心等处视察。

8日

副省长、市长陈政高在沈阳迎宾馆会见了以海南省副省长韩至中为团长的海南省政府和农业企业考察团一行七人。

▲副省长、市长陈政高在沈阳迎宾馆会见了国家药品监督管理局党组书记、局长郑筱萸和副局长张文周。

▲沈阳市第一条星级环保公交示范线路"800"路开通。

9日

沈阳市庆祝教师节表彰大会在辽宁人民会堂举行。10名教师被命名为教育专家，600名优秀教师和优秀教育工作者受表彰。

11日

副省长、市长陈政高会见了莱索托

王国驻华大使穆豪友一行。

▲全市严厉打击严重刑事犯罪公捕大会在辽宁体育馆举行。王力等40人因涉嫌杀人、抢劫、强奸和盗窃等犯罪被依法逮捕;李晓宏等40人因犯有杀人、抢劫、绑架等罪被依法公开判决,其中一批罪大恶极的罪犯被判处死刑,立即执行。

▲泰山路改造工程全面完工。

▲2001年中国·沈阳住宅产业化论坛暨展示会开幕。

14日

日本前首相海部俊树、澳大利亚前总理霍克及夫人布兰彻·爱尔普格特、卢森堡前首相、前欧盟主席雅克桑特及家人。他们是应欧亚集团总裁杨斌的邀请,到沈阳荷兰村参观访问。

▲第三届辽宁金秋国际旅游节暨沈阳清文化国际旅游周开幕。

15日

2002年世界杯足球预选赛亚洲区决赛中国足球队主场与乌兹别克斯坦队的比赛,在沈阳五里河体育场进行,中国队以2:0获得胜利。

▲省委副书记、市委书记张行湘,副省长、市长陈政高在五里河体育场分别会见了乌兹别克斯坦驻华大使埃尔加舍夫。

▲副省长、市长陈政高在五里河体育场会见了国际奥委会委员、台北奥林匹亚基金会董事长吴经国及夫人刘馨。

16日

省委副书记、市委书记张行湘在沈阳商贸饭店会见了日中友好协会会长伊藤敬一一行。

17日

中日友好协会和日中友好协会共同在凤凰饭店举办了主题为"以史为鉴、面向未来"的"九·一八"事变70周年纪念讲演会。来自中日友好协会的部分成员和来自日本的350名日中友好协会成员参加了讲演会。

▲"九·一八"事变70周年国际学术研讨会在沈举行。

▲副省长、市长陈政高会见了民政部副部长、全国"老工办"常务副主任、中国老龄协会会长李宝库一行。

18日

辽宁省暨沈阳市社会各界在"九·一八"历史博物馆隆重举行勿忘"九·一八"大会。

▲由沈阳市政府主办的"海峡两岸勿忘'九·一八'研讨会"在沈阳"九·一八"历史博物馆举行。全国人大常委会副委员长铁木尔·达瓦买提专程来沈出席开幕式。

▲省委副书记、市委书记张行湘,副省长、市长陈政高,市人大常委会主任张荣茂,在沈阳迎宾馆拜会了全国人大常委会副委员长铁木尔·达瓦买提。

▲省委副书记、市委书记张行湘,副省长、市长陈政高在沈阳迎宾馆会见了应邀参加"海峡两岸勿忘'九·一八'研讨会"的台湾知名人士梁肃戎、冯沪祥、路国华等人。

▲晚9时18分,辽宁省暨沈阳市举行勿忘"九·一八"撞钟鸣警报仪式。闻世震、薄熙来、张行湘、陈政高等省市领导参加仪式。

▲全国妇联书记处书记、全国妇联副主席刘海荣在省妇联主席高鹏、副主席邱立明的陪同下,视察了沈阳妇女工作。

▲沈阳——土耳其经济贸易洽谈会在沈召开。

19日

副省长、市长陈政高分别会见了波兰国家经济部副国务秘书(副部长)沃伊·卡内尔和波兰驻华大使布尔斯基一行、日本日中东北开发协会理事长岩崎笃境一行和以俄罗斯工业家和企业家联盟副主席尼库林为团长的俄罗斯企业家代表团一行。

▲市委、市政府召开城区工作会议。

21日

为期两天的市十二届人大常委会第二十九次会议结束。会议审议通过了《沈阳市城市管理条例》等,还进行了人事任免事项。决定任命王英为市政府秘书长,连加诚为市监察局局长,张秀华为市人事局局长;决定撤销董镇广、王秀珍、魏泰山的职务。

▲"2001·中国沈阳新世纪新发展"论坛在沈阳21世纪大厦国际会议厅开幕。

▲副省长、市长陈政高会见了中国房地产业协会会长杨慎一行。

22日

历时4天的沈河国际商务节闭幕。此次活动签约外资项目52项,外资签约额2.04亿美元;引进内资7.6亿元人民币。

23日

历时5天的"中国·沈阳2001年秋季房地交易展示会"结束。展示会期间,现场成交房屋面积82万平方米,成交额16.9亿元。

25日

沈阳——香港重大项目签约仪式在香港举行。签字仪式上共签约21个项目,签约外资额5.04亿美元,涉及城建、工业、科技等领域。

26日

全市统战工作会议召开。

27日

副省长、市长陈政高会见了国家建设部副部长、中国建筑学会会长宋春华一行。

▲副省长、市长陈政高会见了马来西亚文化艺术和旅游部副部长、拿督黄燕燕一行。

29日

北三经街道路工程与北京街接通。

十　月

1日

省长薄熙来,省委副书记、市委书记张行湘,副省长、市长陈政高等省市领导到绿岛森林公园,看望了驻扎在那里的中国足球队队员,为他们送上了中秋月饼,并祝他们节日快乐。

2日

省委书记闻世震在省委副书记、市委书记张行湘,副省长、市长陈政高的陪同下,视察了位于苏家屯区的沈阳菲菲澳家农业庄园、沈阳佳地农业庄园和亚洲红葡萄庄园等农业产业化园区及部分重点城建项目。

5日

以宁夏回族自治区主席马启智、银川市市长郝林海带队的宁夏回族自治区政府考察团一行九人来沈考察。

7日

中国国家足球队在沈阳五里河体育场以1:0主场战胜阿曼队，从而以六战五胜一平积16分的战绩，在2002年世界杯亚洲区“十强赛”B组中提前两轮出线。

▲省委书记闻世震，省委副书记、市委书记张行湘，副省长刘克田在沈阳皇朝万豪酒店分别会见了韩国前国务总理李洪九，国际足联副主席、韩国足协主席郑梦准一行。

▲省长薄熙来，副省长刘克田，副省长、市长陈政高在沈阳皇朝万豪酒店会见了韩国前国务总理李洪九，国际足联副主席、韩国足协主席郑梦准一行。

▲省委副书记、市委书记张行湘，副省长、市长陈政高会见了阿曼苏丹国驻华大使阿卜杜拉·扎希尔·侯斯尼一行。

▲副省长、市长陈政高会见了香港奥委会主席霍震霆。

8日

市政府召开主辅分离工作会议。会议提出，市属国有大中型企业的自办医院、自管房产、自供暖和转供水设施，到年底，最迟到2002年4月份，全部分离到社会。

9日

市十二届人大常委会举行第三十七次会议，听取市人事局关于市政府机构改革有关情况的报告。会议任命张建华为沈阳市人民政府副市长。

10日

中共辽宁省纪委、辽宁省监察厅召开新闻发布会，通报慕绥新、马向东严重违纪违法案件中涉及的沈阳市原中级人民法院院长贾永祥等10人的党纪、政纪处理情况。

12日

沈阳市第九届玫瑰奖颁奖大会举行，沈阳飞机工业集团有限公司技术专家迈克·米尔顿·博格等25名常年在沈工作的优秀外国专家喜获第九届玫瑰奖。

13日

中国国家足球队在沈阳五里河体育场以3:0战胜卡塔尔队。

▲省委副书记、市委书记张行湘，副省长、市长陈政高在沈阳五里河体育场会见了卡塔尔足协主席、皇室成员哈里发·阿尔萨尼和卡塔尔驻华大使萨利赫·阿卜杜拉·布埃宁。

14日

中国医科大学举行70年校庆。

16日

在沈阳发展史上具有重大战略意义的建设工程——全面开发浑南新区启动仪式在21世纪广场隆重举行。

▲省委副书记、市委书记张行湘会见了国家科技部副部长马颂德。

▲副省长、市长陈政高会见了韩国光州市市长高在维、议长吴洲一行。

17日

省委副书记、市委书记张行湘在沈阳迎宾馆会见了国家信访局副局长赵法有。

18日

由省委宣传部、省文化厅、沈阳卷烟厂主办的“蓝翎杯”辽宁省第五届艺术节在沈阳五里河体育中心开幕。

▲沈阳市科协第六次代表大会在辽宁人民会堂举行。省委副书记、市委书记张行湘在会上发表了重要讲话。

22日

中共沈阳市委十届二次全体会议举行。省委副书记、市委书记张行湘作重要讲话，全会审议并通过《中共沈阳市委关于贯彻〈中共中央关于加强和改进党的作风建设的决定〉的意见》。

23日

沈阳市在皇朝万豪酒店举行盛大酒会，庆祝中国足球队冲出亚洲，走向世界。中国男子足球队主教练米卢及全体队员被授予沈阳市荣誉市民称号。

25日

15时，沈阳市政府市民投诉中心特服电话号码“2211”改为“12345”，这次改号是根据国家信息产业部《关于启用全国统一的政府热线电话号码“12345”的通知》规定进行的。

26日

副省长、市长陈政高会见了以越南自然保护会主席陈春禄为团长的越南科技环保代表团一行16人。

▲市人大常委会主任张荣茂会见了来沈访问的韩国庆尚道原市议长姜仁镐一行。

28日

副省长、市长陈政高会见了中国驻德国大使卢秋田一行。

29日

省委副书记、市委书记张行湘在沈阳迎宾馆会见了全国人大常委、中国发明协会常务副理事长聂力。

▲副省长、市长陈政高会见了以日本川崎·沈阳工业技术联络会会长、株式会社福岛铁工所社长福岛安行为团长的日本川崎市企业家代表团。

30日

副省长、市长陈政高会见了以施启辉为团长的世界银行贷款辽宁城市交通项目监督团。

31日

副省长、市长陈政高在沈阳迎宾馆会见了国家质检总局党组书记、副局长李传卿一行八人。

十一月

3日

以省委副书记、市委书记张行湘为团长，副市长吕亿环为副团长的沈阳市代表团，赴新加坡、泰国和中国香港特别行政区进行访问。

6日

市政府召开社会保障和服务社会化工作会议，明确了社会保障管理和服务社会化工作的对象、任务、进度等，决定离退休人员在年底前交由社区管理。会议要求各县区民政局设立社会保障服务管理办公室，各街道设立社会保障服务科，各社区设立社会保障服务站。

9日

在省委书记闻世震、省长薄熙来、市长陈政高、铁西区区长马光浴的陪同下，国务院副总理吴邦国视察铁西区兴工九委社区。

▲由中国国情研究会、辽宁省世界经济学会、辽宁企业发展战略研究会等部门举行的WTO中国论坛会在沈阳凤凰饭店举行。

12日

由国家计委授予的“计算机软件国家工程研究中心”和“国家高新技术产业

化示范工程”两块牌匾同时挂在东软集团门前。

14日

副省长、市长陈政高在沈阳迎宾馆拜会了中共中央台湾工作办公室、国务院台湾事务办公室主任陈云林一行。

▲LG公司高科技产品——等离子彩电正式下线，填补了我国等离子彩电生产的空白。副省长、市长陈政高出席了下线剪彩仪式。

15日

以省委副书记、市委书记张行湘为团长，副市长吕亿环为副团长的沈阳市代表团结束对新加坡、泰国和中国香港特别行政区的友好访问，返回沈阳。

16日

沈阳市政府和北京经济技术会社共同举办了“WTO与沈阳经济发展”著名经济学家论坛。

▲染料国家工程研究中心和农药国家工程研究中心在沈阳化工研究院挂牌成立。

▲第三届沈阳市杰出(优秀)青年卫士表彰大会在省公安厅俱乐部举行。皇姑区公安分局王勇等10人被授予“杰出青年卫士”称号。

17日

清华大学代表团来沈阳调研考察。

▲省委副书记、市委书记张行湘，副省长、市长陈政高会见了以清华大学校长王大中为团长的清华大学代表团。

▲副省长、市长陈政高在沈阳皇朝万豪酒店会见了由团长杰弗瑞·李德率领的世行预评估代表团成员。

18日

以副市长李宝权为团长的沈阳市政府农业经贸代表团结束了在韩国为期一周的经贸活动。共签订合同项目23个，项目总投资额达1.24亿美元。

▲沈阳市与清华大学签订经济技术合作协议，共建沈阳清华科技园、联合培养科技人才、合作开发燃气轮机等。

▲沈阳首座甲级写字楼——金厦广场开盘。

19日

东北三省省会城市优质工程观摩评比活动落幕。沈阳北方天宇建筑有限责任公司施工的省总工会办公大楼等四项工程获得“金杯工程”;东北金城建安总公司精仕分公司施工的格林豪森座工程等16项工程被评为“银杯工程”。

26日

沈阳市区东西方向长7.8公里的东西快速干道高架桥工程全线贯通。

29日

市委、市政府在辽宁人民会堂召开党政机构改革动员大会。这次会议的主要内容是贯彻落实省委、省政府关于沈阳市党政机构改革方案的批复意见，宣布改革方案和进行思想动员，搞好机构改革。省委副书记、市委书记张行湘作重要讲话，副省长、市长陈政高作动员报告。

▲中韩(沈阳)经贸合作研讨会在沈举行。

▲沈阳市政府与韩国政府有关负责人在皇朝万豪酒店共同签署了《大韩民国山林厅与中国沈阳市政府关于建造“韩国庭园”的谅解备忘录》，韩国政府决定赠送沈阳市一座“韩国庭园”。

30日

国家“九五”重点工程，历时7年的哈(尔滨)——大(连)电气化铁路全线开通典礼在沈阳北站举行。

十二月

1日

《沈阳市城市房产管理条例》正式实施。

▲沈阳桃仙国际机场新航站楼正式启用。

3日

北京大学博士生考察团一行30人来沈阳进行考察。

▲由沈阳客运集团公司与丰城有限公司合资组建的沈阳丰城公共交通有限公司举行了开业庆典，澳门特别行政区行政长官何厚铧发来贺电。

12日

市政府在沈阳迎宾馆召开北市地区开发改造启动签约仪式新闻发布会。副省长、市长陈政高参加签约仪式并讲话。

14日

沈阳市成立维护妇女儿童合法权益联席会。

15日

世界之最沈阳翡翠大佛从北京运抵沈阳荟华楼金店内。大佛高2.04米，宽1.7米，厚0.86米，重7吨。

17日

辽宁(广东)商品展销暨经济合作洽谈会在深圳高交会展中心闭幕。在此次洽谈会上，沈阳经贸代表团与国内客商签约341项，总金额81.7亿元;与外商合资合作方面，共签约32项，投资总额5.58亿美元。

18日

沈阳市与广州市缔结友好城市签字仪式在广州举行。辽宁省副省长、沈阳市市长陈政高与广州市委副书记、市长林树森共同签署了《广州市与沈阳市建立友好城市关系协议书》。

19日

西藏那曲地区党政代表团访沈。

▲经最高人民法院核准，沈阳市原副市长马向东、沈阳市财政局原副局长、国有资产管理局局长郭久嗣被执行死刑。

21日

副省长、市长陈政高会见了韩国驻华大使金夏中一行。

▲由沈阳客运集团与香港康利发展有限公司共同组建的沈阳康利巴士有限公司成立。

24日

市政协举行十一届二十次常委会议。会议讨论通过了市政协十一届五次会议执行主席名单和秘书长、副秘书长名单，讨论通过了调整委员名单。会议增补8人为市政协委员，通过14人不再留任市政协委员。

28日

省委副书记、市委书记张行湘，副省长、市长陈政高，市人大常委会主任张荣茂，市委常务副书记崔文信在辽宁大剧院会见了中国交响乐团团长俞松林一行。

▲由市委、市政府主办，市委宣传部、中国光大银行沈阳支行、沈阳电视台联合举办的“光大之夜”沈阳新年音乐会在新落成的辽宁大剧院举行。

▲第五届沈阳冰雪旅游节开幕式暨第八届沈阳棋盘山冰雪大世界开园仪式在棋盘山国际风景旅游区举行。

29日

辽中县举行全国创建文明小城镇示范点授匾仪式。

企 事 业 之 窗

沈阳市高科技创业中心

2001年，沈阳市高科技创业中心紧紧围绕沈阳市科技发展的中心任务，以“扶植创新幼苗、降低创业成本、营造发展环境”为宗旨，以推进创业孵化体系建设、提高孵化企业管理水平为主线，以“搞好两个转变、营造一个环境、抓实四项工作、实现一个突破”为工作目标，开拓创新，务实进取，各方面工作都取得了新的突破和进展。

进一步加强了市高新技术创业孵化体系建设。联合全市孵化器、投资公司、研发机构及高科技企业，共同发起成立

中国东北863软件园暨软件专业孵化器建设项目奠基仪式

了沈阳创业孵化协会，通过协会强化对各孵化器和新创企业的协调指导作用；此外，制定了《沈阳市关于加快科技企业孵化器发展的若干规定》和《沈阳市高新技术企业孵化器认定办法》等有关科技企业孵化器建设的政策初稿；组建了沈阳精细化工高新技术企业孵化器和红梅生物工程企业孵化器，使全市的孵化体系建设工作呈现出良好的发展势头。

不断完善服务手段，充分发挥创业中心的孵化功能，吸引了大批高层次的科技人员和海外学子到创业中心创办企业。2001年，共有44家高科技企业在创业城注册，这些企业的进驻，改善了创业城在孵企业结构，提升了在孵企业的品位。全年共组织77家企业申报高科技创业种子基金，其中43家企业的项目获得了种子基金的资助。另外，中心还组织了5家企业申报国家中小企业技术创新基金。

为保持创业中心可持续发展，创业中心积极争取了中国沈阳863软件园暨软件专业孵化器建设项目，3月份项目获得了国家科技部的正式批准。按照政府引导、市场推动、企业化运作的模式，联合东软集团和大连软件园股份公司于9月共同组建了软件孵化基地有限公司。863软件孵化器工程计划分两期进行：一期工程占地17.3公顷，建筑面积12.6万平方米，预计总投资3亿元，2003年底投入使用；二期工程计划占地66.7公顷，建筑面积25万平方米，预计总投资7亿元，力争在“十五”期间建成并投入使用。

孵化器一期建设项目已于10月16日正式启动。省委书记闻世震、省长薄熙来、市委书记张行湘和市长陈政高都出席了奠基仪式。

为了正确把握863软件专业孵化器的发展方向，创业中心还邀请了国家科技部主管863软件孵化器项目的领导和国家“十五”863计算机软硬件主题的专家组成员到沈举办国家863计划计算机软硬件主题报告会，就国家863计划计算机软硬件主题总体规划、战略思想和总体目标做了专题介绍，取得了良好的效果。

主任：董晶
地址：沈阳市和平区南三好街96号
电话：(024)23892266
邮编：110004

中国科学院沈阳自动化研究所（沈阳新松机器人自动化股份有限公司）

中国科学院沈阳自动化研究所成立于1958年，专门从事工业自动化和机器人技术研究开发。在我国率先开创了机器人研究新领域，从而在机器人、工业自动化、电视跟踪与测量三个方面形成巨大技术优势，成为我国机器人自动化领域主导力量。

“七五”期间，国家在沈阳自动化所投资兴建了“机器人示范工程基地”，建立起“机器人技术国家工程研究中心”和“机器人学开放实验室”，经过多年发展，这里已经被誉为“中国机器人的摇篮”。

2000年，“机器人技术国家工程研究中心”部分转制，以沈阳自动化所为主发起人投资组建了沈阳新松机器人自动化股份有限公司，标志着拥有中国自主知识产权的机器人技术已经成熟并顺利走上产业化之路。同年，沈阳新松机器人自动化股份有限公司被国家命名为“国家863计划智能机器人主题产业化基地”、“国家高技术研究发展计划成果产业化基地”。

沈阳新松机器人自动化股份有限公司注册资金4000万元人民币，现有净资产6000万元人民币。公司员工300人，科技人员占70%以上，拥有众多的博士、硕士、研究员等。新松公司以发展中国机器人自动化产业为己任，致力于用高新技术改造我国传统产业的伟大实践。目前，公司在机器人优化设计技术、高性能机器人控制系统开发技术、机器人作业技术、大型机器人自动化线设计技术、AGV物流成套技术、机器人装配自动化线设计开发技术以及机器人成套周边装备设计开发技术等方面取得了重大成就，已开发生产了多个系列的机器人产品，广泛应用于汽车行业、摩托车行业、工程机械行业、电子行业、家电行业等，可为客户提供完整的技术解决方案和交钥匙工程，公司的质量保证体系已通过了ISO9001国际质量认证，2000年产品

占据中国机器人市场近40%。公司的主导产品以及技术服务领域主要包括：工业机器人系列产品及应用工程；特种机器人系列产品及应用工程；自动导引车(AGV)系列产品及应用工程；仓储物流自动化设备及管理系统；冲压自动化线柔性自动化系统；自动化装配、检测生产

线等。

新松公司是沈阳自动化所发起设立的第一家高技术产业化公司，目前正在积极努力，争取尽快成为高技术上市公司。在沈阳市政府的大力支持下，2001年6月30日在浑南高新技术开发区，以沈阳自动化所为主发起单位，产学研贸紧密结合的“沈阳先进制造技术（AMT）产业化园区暨沈阳新松机器人自动化股份有限公司新址奠基仪式”隆重举行，为沈阳自动化所和新松公司开辟了广阔的发展空间。这座AMT园区将与辽沈地区的工贸企业密切结合，努力用高新技术提升、改造传统制造业，引导中国先进制造技术产业化发展，培养、造就中国的AMT企业家队伍，实现拥有自主知识产权的规模化产业群，雄踞中国乃至亚洲先进制造业的制高点。

中国航空工业沈阳发动机设计研究所

中国航空工业沈阳发动机设计研究所创建于1961年8月，承担大中型航空发动机设计研究任务，经国家批准有权授予航空发动机设计专业硕士学位。现有职工2300人，其中：研究员70人，高级工程师240余人，工程师480余人，博士、硕士研究生130余人。研究所占地面积93.7万平方米，固定资产近5亿元。

建所以来，先后研制过涡喷、涡扇等11种型号的航空发动机，实现了由仿制走向自行设计的历史性转变。该所拥有空气动力、流体力学、燃烧、传动、自控等30多个专业的人才，具有航空发动机整机试车、零部件强度性能试验等配套齐全的试验设备和先进的测试手段。建有先进的计算机系统、试验数据自动化采集处理系统和网络化计算机系统。开发了大型有限元结构分析软件、CAD/CAM工程应用软件以及一大批总体、部件强度、振动等计算分析软件。建立了严格的质量保证体系，通过了国军标GJB/Z9001质量认证，具备了研制先进涡喷、涡扇航空发动机的能力。

所长：李　勇

改革开放以来，该所遵循“军民结合”方针，大力开发民用产品。开发了以过滤、精炼、烘干设备为主的KK滤机、烘干机、粘胶长丝压洗生产线、包纱机等化纤纺织机械；以喷胶棉、纺粘、热轧为主的无纺布生产成套设备；以等静压、碰焊、预装等设备为主的火花塞生产机械；以热计量表、垃圾转运站设备等为主的节能环保设备；以及燃气轮机、浓缩果汁生产线、卧式装袋充填包装机、管道膨胀节、风速仪等一大批民用产品。

该所先后取得了1000多项科技成果，其中：国家级26项，省部级105项，市级12项。先后荣获航空工业“创建四十周年有突出贡献单位”、“精神文明建设暨航空凝聚力工程先进单位”、辽宁省“军转民先进单位”等100项市级以上荣誉称号。

所长：李勇
地址：辽宁省沈阳市沈河区万莲路一号
通讯地址：沈阳市428信箱
邮编：110015
电话：(024)24820057
传真：(024)24820673
电传：80055 SARI CN
电子信箱：saeriem@pub.sy.ln.cn.

沈阳市城市建设项目办公室

沈阳市城市建设项目办公室（简称沈阳城建项目办），成立于1987年，隶属沈阳市城乡建设委员会，属于财政定额拨款事业单位。现有工作人员15人，其中：研究生6人，本科生8人，大专生1人，大专学历以上人员占总数的100%，中高级职称占总数的87%以上。

沈阳城建项目办的主要工作职责是：组织、参与城市建设市政公用行业发展规划的调研、编制工作；编制近期（2—3年内）全市城市建设拟建设项目的工作计划；编写拟建项目的可行性研究报告、环境影响评价报告；编报项目建议书及申报国家立项批复工作；收集、整理项目前期工作材料，建立项目库；对于世行贷款项目，组织和参与项目可研后各阶段的招标、设计以及项目全过程的外联等工作。

项目办成立十几年来，为沈阳市的城市建设做出了一定贡献。1987年开始了世界银行贷款工作，共计利用世界银行贷款5500万美元，建设了大伙房引水工程和交通走廊改善工程，配合自来水公司建设了大伙房至沈阳的输水管线和市区部分供水管网改造，日增加供水能力40万吨，保证了全市用水的需要；拓宽了沈阳市的主要交通道路，形成了交通走廊，大大缓解了交通紧张的状况；1992年利用法国政府贷款1300万美元，建设了沈阳市西北部污水处理厂，日处理污水能力为40万吨，达到二级出水标准，改变了沈阳污水直接排放的历史，使全市的环境得到了进一步的改善；1993年利用奥地利政府贷款400万美元引进了南部和西部两个污雨水提升泵站的设备，为排放全市的污雨水准备了条件；同年又与澳大利亚AIDC公司洽谈引资2500万美元，建设了翟家水源，进一步增加了全市的供水能力；1994年又开展了沈阳市快速道路系统的立项、可研等工作，为后期成功地引进外资13亿元人民币奠定了基础。1997年又完成了世界银行三期的贷款工作，利用世界银行贷款6500万美元建设交通工程，目前正在建设的公和立交桥和已经完成的天光街、三经街、长江地道桥等都是利用世界银行贷款的建设项目，建成后全市的交通紧张状况得到缓解；1999年又开始了世界银行四期贷款的工作，预计引入世界银行贷款6500万美元，建设沈阳市西部污水处理厂，一期工程日处理污水能力为40万吨，达到二级出水标准。除此之外还引进国内商业银行贷款，几年来累计国内贷款2亿多元。

沈阳市工业技术交流中心

沈阳市工业技术交流中心与沈阳市企业技术创新服务中心合署办公。设有沈阳市经贸信息网站、中国技术创新沈阳网站、沈阳市新技术开发推广协会、沈阳市稀土协会、沈阳市经济技术服务中心、沈阳市企业技术创新专家委员会等机构。

交流中心是在沈阳市经贸委领导下，为沈阳市中小企业发展创造良好外部环境，进一步加大企业技术创新工作，推动科技与经济结合，促进科技成果向现实生产力转化，为中小企业技术创新提供各项服务，又是政府指导、联系和推动中小企业技术创新工作的纽带和桥梁，是加快科技成果向现实生产力转化的服务站。

其主要任务是：

1.信息服务。通过信息网络和各种媒体为企业提供国家政策法规、行业发展趋势、投融资渠道、科技成果、技术需求、企业管理、市场营销、人力资源等信息服务。

2.技术开发与推广。结合产业结构调整,有效地组织和利用各种社会资源,帮助中小企业研究开发新技术和新产品,并开展多种形式的新技术推广活动。

3.新技术交易服务。通过技术交易市场,提供交易过程中的政策咨询、专利代理、合同登记、交易合同认定以及知识产权变更登记等配套服务。

4.资金服务。为中小企业的技术创新多渠道筹资提供服务。

5.组织创新政策、专业技术咨询和培训及其它专业化服务等。

6.通过企业技术创新专家委员会,为企业开展企业诊断、技术咨询、难题攻关、新产品开发、研制等各项服务。

主任:张世忠
地址:沈阳市沈河区北京街3号
邮编:110013
电话:22723075

新城子区财落镇

财落镇位于沈阳市北郊,距市区13公里,隶属于新城子区,行政区域总面积66平方公里。现辖18个行政村、1个社区,总人口2万人。该镇小城镇功能完善,交通便利。1993年被列入沈阳市综合实力十强乡镇,2000年被列入辽宁省综合实力百强乡镇。

改革开放以来,财落人改变了单一的以种植业为主的农业经营方式,农业生产发生了翻天覆地的变化,已成为粮食、蔬菜、畜禽生产基地,被列为“菜篮子工程”十强乡镇。尤其是在推进产业化进程中,财落镇立足于产业结构调整,狠抓“三园一龙”建设。沈阳朋友农牧实业有限公司成为具有示范和辐射作用的农牧庄园;集中连片的大棚保护地和棚桃生产区成为具有一定科技含量的农业科技园;自动喷灌无公害蔬菜生产基地成为高效绿色农业示范园;市级龙头企业——沈阳兴亚集团所属的沈阳畜禽加工实业公司,每年加工肉食鸡800万只,“日盼”牌系列产品150多种,不仅畅销国内,还远销日本、南非、中东、欧盟等国家和地区,年出口产品5000多吨,创汇600多万美元,被评为全国出口创汇先进企业,带动了全镇和周边地区经济的发展。财落镇农业机械化水平居全省一流,全镇4400公顷粮田实现了机械化作业。畜牧业在农业生产中占有重要地位,不断强化基地建设,重点培育了肉牛、奶牛、蛋鸡、肉鸡、生猪饲养基地,专业村数量已占全镇农村总数的85%以上。2001年,全镇生猪饲养量达3.7万头,肉牛5000头,肉鸡出栏400万只,蛋鸡存栏达70万只,禽蛋上市量达7000吨。

乡镇企业由20年前的“社队工业”发展到现在的各种所有制成份并存、产

书记:杜春凡

业结构合理的第二产业群体,形成了一批有规模、有形象的骨干企业,开发了一批高科技含量、高市场占有率的名优新特产品;造就了一批有开拓精神、懂经营、会管理的企业家,形成了以科技为先导,以市场为导向,以质量为保证,以管理求效益,在竞争中求发展的经营机制。形成了生物制药、电子元件、化工制漆、电工机械、橡胶制品、食品等高新产业为主体的门类齐全且较为完善的工业体系。骨干企业沈阳整流电炉变压器厂生产的大型整流电炉变压器成为国内名牌,每年创产值4000多万元。沈阳兴亚集团所属的辽宁生物技术公司作为高新技术企业的代表,研制出的人用精制狂犬病疫苗新药行销全国,VERO地鼠肾细胞疫苗填补了国内空白,达到了国际先进水平。全镇企业年创产值近17亿元。为改善招商引资环境,统一规划建设项目,树立招商区域形象,2002年初,经区政府批准,在辖区101国道两侧,成立了财落工业园区,总占地面积达57.3万平方米,主导产业以辽宁生物技术公司为龙头,发展环保型生物产品、高科技产品、出口创汇产品、绿色农业产品,开发有利于可持续发展的产业项目,现已有20多家企业落户在园区内,总资产达3.2亿元。外向型经济取得突破性进展。进入90年代,财落镇对外经济贸易开始发展并不断壮大,特别是通过近些年来不断招商引资,外向型经济有了长足的进步。2001年,全镇自营出口创汇达650万美元,出口供货值达6500万元人民币。

财落镇遵循“三产富民”原则,三产业向多领域、全方位服务方向发展。通过沿街、沿路、沿线的网点开发建设及改造,充分发挥区域优势,逐步形成了以两个市场、两个三产小区、两个三产一条街为主体的商、饮、服、修等服务网点800多个。三产业所占全镇国民经济的份额逐年增加,增加值完成近亿元,从业人员达2000余人,有力地拉动了一、二产业发展。

小城镇建设日新月异。自从1998年撤乡建镇以来,财落镇在做好规划、重点实施、确保质量的原则下,通过改善交通、生活环境,使全镇面貌发生了巨大变化。到2001年末,全镇柏油路长度达50余公里,80%的村通柏油路,20%的村户户通柏油路,自来水普及率达到100%,80%以上的村达到了“绿、美、净”标准。程控电话达7000门,镇内设有中学、医院、邮电局、国税分局、电信支局、供销社、农业银行、信用联社、超市、加油站、奶站等单位,构成较完善的社会服务体系。

党的十一届三中全会以来,财落镇人民群众生活水平不断提高,2001年全镇农村人均收入达到3860元,人均住房面积达20平方米,改变了过去只靠种地养家的窘迫生活,已有15个村进入了小康村行列。

法库县秀水河子镇

秀水河子镇距沈阳市75公里,是沈阳北部地区经济、贸易、文化和交通中心之一。区域面积204平方公里,辖25个行政村,54个自然屯。居住着汉、蒙古、回、满、锡伯五个民族,约3.3万人。2001年,当地人均收入达3500元。

秀水河子镇地处科尔沁沙漠南缘,属温带大陆性季风气候,地势低平,绝大

部分海拔只有40米,年平均气温6.7℃,年均降水量670毫米。

秀水河子镇地理环境优越。秀水河发源于内蒙古科左右旗,流经康平县南部进入该镇,在新民辽滨塔汇入辽河,流域面积833平方公里。

秀水河子镇交通发达,“京沈线”贯穿全境。该镇与沈阳、铁岭、阜新、吉林、内蒙古等地有着广泛的经济贸易联系,

货运吞吐能力较强，年市场营销额达1.8亿元，是沈阳北部地区重要的商贸中心之一。

秀水河子镇具有丰富的人文自然资源。1946年2月东北解放战争史上的“第一个春天”——秀水河子歼灭战曾在这里打响，现建有秀水河子战役纪念馆和纪念碑、革命烈士墓。该镇西部的法库秀水湖，水域面积8000公顷，蓄水量达6800万立方米，是集观光、旅游、休闲、度假为一体的休闲好去处。

秀水河子镇具有较多的土地资源，现有耕地1.3万余公顷。全镇经济主要以农业生产为主，盛产玉米、大豆、花生。随着农村产业结构的不断深入，特别是种植业全面推广了农业新技术，大搞多种经营，粮食产量不断提高，逐渐带动并促进畜牧业生产的大发展。目前全镇已形成了养牛、养鹿、养猪禽三大主导产业与农业并举的可持续发展战略。同时，秀水河子镇在林业生产、农田水利基本建设上，也得到了较快的发展，实现人均森林和绿地覆盖1533平方米。另外，该镇的文教卫生、金融、通讯等各项事业都得到了突飞猛进的发展。

沈阳市教育基金会

2001年，市教育基金会积极开展“扶困助学”、“奖教奖学”活动，为沈阳市教育事业的发展发挥了一定的作用。

坚持开展“扶困助学”活动。2001年出资近12万元继续扶助了法库、康平、辽中、新民四个县(市)的400名初中特困生。已累计扶助大、中、小特困学生4034名，17444人次，共出资424.9万元。从1996年开始在法库设立“育英班”，几届学生品德合格率100%，优秀率95%以上，在114名毕业生中，有113名考上了高等学校。基金会还采取建立专项基金、牵线搭桥等办法深入开展“扶困助学”活动，韩国朋友李宁熙出资4.8万元建立了专项基金，用于扶助六所朝鲜族中学、两

所朝鲜族小学的104名特困优秀学生。经基金会牵线搭桥，省高速公路研究所吴卓同志一年出资400元扶助99中学特困学生李彩霞。同时，还开展了“实物扶困助学”活动。沈阳师范大学异地建校后，设备进行了更新，将一批闲置的教学设备捐给了基金会，折合价值约60余万元。基金会将这批教学设备转赠给了贫困地区21所困难学校。为了使“扶困助学”工作落到实处，理事长、工作人员还深入到法库、康平、辽中、新民四个县(市)送发扶困助学金，并对“扶困助学”工作进行了调研。几年来，扶困助学工作受到了广大师生、家长及社会各界的好评。

坚持开展“奖教奖学”活动。每年“六·一”儿童节、寒暑假都开展各种形式的庆“六·一”儿童节及冬、夏令营活动。2001年“六·一”儿童节开展了下乡送书、帮助困难学校建立“育英书库”活动。“六·一”儿童节前夕，购买了5000余元的爱国主义、科学知识普及、中外名著、名人传记等内容的图书800多册，赠送给新民市大柳初级中学，并举行了赠书和“育英书库”挂牌仪式。暑假期间，与市旅游局、辽沈晚报、浑河乐园联合举办了“书”递爱心夏令营活动。来自四个县(市)10所学校的优秀特困学生、教师共40人参加了夏令营，他们除参加各种活动外，还接受了市内五区优秀学生捐赠的各类书籍，每校1万多册。基金会还组织了四批优秀教师夏令营活动，有50名优秀教师参加了夏令营。

新民市第一初级中学

新民市第一初级中学始建于1952年，坐落在新民市东城区东环路西。校园占地面积为7.5万平方米，建筑面积4650平方米。校园环境幽雅，设施先进，师资雄厚。学校拥有沈阳市一级图书馆，藏书达6万余册，现代化的语音、微机、电教室拓宽了教育资源，并拥有新民市惟一的生物标本展室。

学校现有20个教学班，在校学生1360人，教职工109人，专任教师学历达标率100%。半个世纪来，学校一直坚持以培养“基础扎实，素质全面，特长突出，品德高尚，身心健康”的学生为办学目标。为了加大素质教育的力度，学校制定了“一切为了学生的发展服务”的办学指导思想，进而培养学生的创新精神和实践能力，全面推进素质教育。

建校五十年来，全校师生在各级党政部门的领导下，全面贯彻教育方针，为培养社会主义建设的劳动者和为上级学校输送人才做出了巨大贡献，累计毕业生达到1.5万余人。学校已成为“沈阳市教育教学管理先进学校”、“沈阳市花园式学校”、“沈阳市文明市民学校”、“沈阳市群众体育先进单位”、“沈阳市教育科学研究先进单位”和“国家教委重点科研课题——中学整体化改革实验学校”。

校长：吴中民

进入新世纪，学校确立了“教人学真，学做真人”的校训，树立“以人为本，德高为范，学高为师”的教职工工作目标，发展战略为“外打知名度，内抓凝聚力，发展内涵，不断创新”，实施第一个三年规划。学校决定在实施设施一流、师资一流、管理一流、质量一流的基础上，努力把学校尽快建成现代化的示范学校。

东北亚通信设备制造有限公司

东北亚通信设备制造有限公司创建于1994年7月，位于浑河北岸，二环路天坛一街出口，与现代化、国际化的科技新城——浑南新区隔河相望。独特的地理位置、优美的投资环境为企业带来了勃勃生机。

公司注册资本为440万美元，由上海贝尔比利时公司(SBB)、东北通信集团公司、辽宁省电信实业总公司共同投资组建而成。其股本比例分别为51%、30.82%、18.18%。

经过7年多的发展，公司已经成为中国北方地区通信技术服务领域重点骨干企业之一。雄厚的技术实力、良好的管理基础、优异的服务质量在客户中赢得

了信誉和赞赏。公司主要经营范围：局用交换设备、移动、数据、终端、传输、接入等多个产品的技术支撑、工程服务、应用软件设计、S12交换机技术培训；通信机房环境动力监控系统、火灾预警系统设计、安装、服务；通信产品专用小型变压器、电感线圈、电源电缆、信号电源等产品设计、生产、销售。

沈阳恒丹工贸有限公司

沈阳恒丹工贸有限公司是专营进口润滑油的专业公司。是“美孚”、“壳牌”、“BP”世界三大石油公司正式颁发证书

董事长：王启恒

授权的润滑油经销商。恒丹公司始建于1996年11月4日，企业的前身为沈阳美孚全高级润滑油有限公司。1998年2月23日更名为沈阳恒丹工贸有限公司。

恒丹公司实行董事会领导下的总经理负责制。机构设置为“四部一室”，即：营销部、财务部、仓储部、运输部、公司办公室。现有注册员工20名，自有货物储存库房和运输车辆。

恒丹公司经销的“美孚”、“壳牌”、“BP”的产品有：工业齿轮油、液压油、抗燃液压油、涡轮机及循环系统油、喷雾润滑油、空气压缩机油、冷冻机油、真空泵油、机床导轨油、钢铁厂油膜轴承油、高速线材轧机循环油、气动工具油、纺织机油、岩石风钻机油、金属轧制液、冲压油、金属切削油、火花电蚀机液、白矿油、传热油、冲洗油、燃气机油、工业用滑脂、绝缘油、高温链条油、航空用发动机油、发电厂柴油机油、航空用液压油、航空用滑脂、船舶用大型柴油机用发动机油、汽车发动机油、摩托车机油、汽车用齿轮油、汽车用传动液、汽车用制动液、汽车用防冻液、汽车用滑脂等。

恒丹公司主要用户有：辽阳石油化纤公司、沈阳金杯客车制造有限公司、沈阳北台线材有限公司、沈阳古河电缆有限公司、沈阳松下蓄电池有限公司、沈阳顶益国际食品有限公司、沈阳可口可乐饮料有限公司等300多户。

恒丹公司的经营宗旨是：“质量第一、信誉第一、用户第一、服务第一”！

恒丹公司的发展目标是：“一年打基础，两年上水平，三年翻一番，五年大发展，十年超千万”！

地址：壳牌专卖店：沈阳市皇姑区恒山路1号
美孚专卖店：沈阳市皇姑区宁山中路23－211号
邮编：110031
电话：(024)86201027　86210583
传真：(024)86201027　86227291
E－mail：Hengdan@163.net

沈阳市试剂三厂

沈阳市试剂三厂是集体企业，位于沈阳市铁西区。建于1970年5月，1971年正式纳入国家计划，现已发展成为具有一定规模的专业试剂厂，是辽宁省及东北地区化学试剂的骨干企业。

沈阳市试剂三厂的注册商标是“攀登”。近几年，试剂三厂仍在发展壮大，1993年建成占地1.3万余平方米的分厂，于1994年正式投产开始经营，现已改名为沈阳纯真化学试剂厂。沈阳试剂三厂自1985年起三次获化工部225品种生产许可证，已累计生产无机通用试剂、有机通用试剂、指示剂、生物染色剂、生化试剂、试纸等门类化学试剂产品300多种及其他精细化工产品，如医药中间体、染料中间体、各种添加剂等。特别是以生产三类小品种闻名海内外，如：菲罗啉、茜素黄R、茜素黄GG、铜试剂、砷试剂、镍试剂、甲基红、甲基紫、结晶紫、荧光素、荧光素钠、次甲基蓝、瑞氏色素等60多种指示剂与生物染色剂。产品销往全国各地并有部分出口，曾销往巴基斯坦、沙特阿拉伯、科威特、朝鲜、日本、美国等地。产品质量稳定，检测手段完善。

厂长：毕守萍

沈阳市试剂三厂坚持改革，勇于开拓，依靠技术进步开发新产品，提高产品质量，改革工艺，降低消耗，取得了较好的经济效益。企业管理已达到一定水平，1987——1997年曾连续十年获沈阳市明星企业称号，1993年获沈阳市小型巨人企业称号。沈阳市试剂三厂是中国化学试剂工业协会理事单位，在全国化学试剂行业中享有盛誉。现已通过ISO9001：2000质量管理体系认证。

电话：25729450　25740268
传真：25740268
E－mail：bishouping@cmmail.com
chunzhe@online.ln.cn
网址：www.syssreagent.com
地址：沈阳市铁西区
重工南街132巷11号
邮编：110024

中国医科大学附属第一医院

中国医科大学附属第一医院建于1907年，是一所大型综合性医院。现有床位1200张，职工2293人，其中：中国工程院院士1人，教授、副教授297人，博士生导师71人，硕士生导师182人，84人享受政府津贴，61人在中华医学会担任理事、分会主任委员、委员。有博士学科点20个，硕士学科点26个，国家重点学科1个，卫生部重点实验室1个，省重点学科2个，1个临床博士后流动站。有美国中华医学基金会资助的急救医学培训中心、急性中毒咨询中心、麻醉医师培训中心。日门诊量3000人次，年出入院病人2000人次。

五年来，开展医疗新技术449项，共获各级课题1005项，获金额1612.9万元，有94项科研成果在全国、省、市获奖，在中华系列杂志发表论文1044篇。肿瘤科的“胃癌三早与胃癌现代外科治疗的研究”获国家科技进步二等奖；放射线科的“布加氏综合症介入治疗新技术及临床应用”获国家科技进步三等奖；皮肤科的“朗格汉斯细胞研究成果”获国家自然科学三等奖。

1995年以来，中国医大一院在全国率先开展“以病人为中心，深化医院改革”取得显著成效，1996年11月在沈阳召开了以病人为中心的深化医院改革经验交流会。从1995年11月至今，有30个省920个单位共7000多人次来医院考察交流。美国、德国、日本等国家和香港、台湾地区同行也前来医院考察。新闻单位刊登医院稿件960余篇。医院的经验曾在全国“爱岗敬业，文明服务”先进事迹报告会、全国“为人民服务、树行业新风”座谈会、“全国纠风工作会议”上作了介绍。

几年来，医院先后荣获全国精神文明建设先进单位、全国卫生系统先进集体、全国文明示范医院、全国百佳医院等称号。

辽中县胸科医院

辽中县胸科医院前身为辽中县结核病防治所、辽中县结核病院。1998年经有关部门批准，更名为辽中县胸科医院。

该院位于沈阳市郊西南约75公里处、辽中县辽中镇西环路。是具有临床医疗、科研、预防保健为一体的现代化综合性医院。占地面积为3950平方米，建筑面积为2400平方米。全院职工有120人，其中：高级职称1人，中级职称7人，各类医师50人，各类专业技术人员占全院职工的84%。开设结核病专科、卡介苗、外科、内科、妇科、儿科、泌尿科、骨科、糖尿病科、气管炎、股骨头坏死、肿瘤化疗、理疗、电诊等临床辅助科室16个。

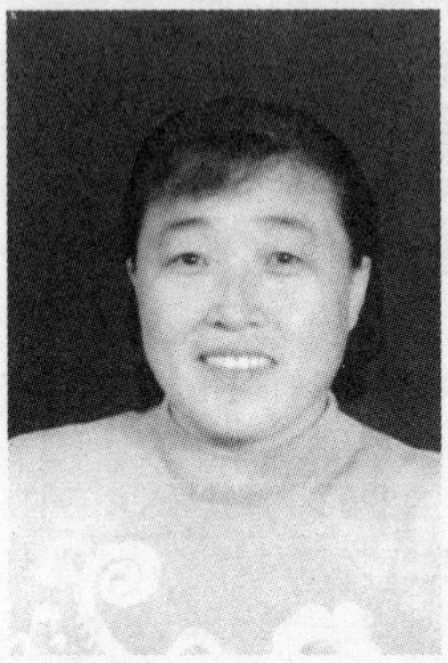
院长：郑云华

该院医疗设备先进，设施齐全。设病床50张，其中结核病专科20张，外科及综合科30张，并设2个高级病房。新建了高标准手术室，面积为220平方米，备有万能手术床、高频电刀、麻醉机、呼吸机、心电监护仪等先进医疗设备。放射线科备有3台X光机，开展各部位摄像、断层等检查。B超、心电图、化验等科室的各种临床检查设备完善。

该院担负全县50余万人口的结核病防治工作，年平均登记各型肺结核病患者2000余例，各项指标都达到了国家及省、市结核病防治要求。在全县独家开展了各种癌症肿瘤化疗项目，为百余例癌症患者进行了化疗，延长了他们的寿命，收到比较满意的治疗效果。外科是该院新增加的医疗项目，开诊一年的时间里，共做各种普外手术200余例，治愈率达100%，无一例术后并发症，受到广大患者的称赞和信赖。该院在镇内首家建立社区综合医疗服务中心，为居民提供各种医疗服务，受到欢迎。全院年平均门诊量达万余人次，医疗收入达240万元。

该院连续多年被市、县及主管部门授予沈阳市结核病防治工作夺杯单位、辽中县双文明单位、辽中县职业道德双十佳单位、辽中县文明服务示范窗口单位、辽中县关心下一代先进单位、辽中县花园式医院等荣誉称号。

新民市张家屯乡卫生院

新民市张家屯乡卫生院是卫生部命名的一级甲等医院、爱婴医院、医疗保险定点医院、中国医科大学农村教学基地。卫生院位于国道102线沈阳——新民段25公里处。该院建于1958年，经过40多年的不懈努力，由当初职工5人、资金不足百元发展到拥有固定资产450万元。现有职工50人，其中：卫生技术人员48人，行政管理人员2名，拥有大专以上学历12人。医院占地面积6000平方米，建筑面积2100平方米。有内科、外科、妇科、产科、儿科、骨科、中医科等24个科室。大型医疗设备有全身CT机、日本产彩超、B超、心电图机、500毫安X光机、同位素放免、眼科手术显微镜等。现有床位40张，急救车一台，流动资金百万元。2000年实现业务收入240万元。

院长：孙德敬

国家卫生部崔月犁、顾英奇、佘静等部长先后来过该院视察工作。2000年该院被沈阳市绿化委员会评为绿化先进单位。

附　录

全国“五一劳动奖状”获得单位

东北制药集团公司

辽宁省“五一劳动奖状”获得单位

沈阳热电厂
沈阳三洋压缩机制造公司
沈阳子午线轮胎模具有限公司
沈阳乳业集团
沈阳市东陵区热力供暖公司
新民市胡台粮库

辽宁省“五一劳动奖章”获得者

鄢德刚　沈阳空气压缩机厂销售员
刘慧鸣　沈阳红梅企业集团总经理
付建华　沈阳市温控器厂工人
卢树春　沈阳惠天热电股份有限公司董事长
王　玲　沈阳房产经理公司房管员
许宝寅　沈阳高等级公路建设总公司工会主席
迟玉民　沈阳市第二市政工程公司工程师
王　伟　沈阳线材厂工人
史丽娜　沈阳纺织厂工人
侯保中　沈阳化工股份有限公司工会主席
吴　光　沈阳联营公司工人
田国萍　沈阳市第一医院医生
李韵华　沈阳糖酒副食品集团公司推销员
罗贵良　沈阳变压器有限责任公司工会主席
罗玉卿　东北制药总厂工会主席
王冠春　东北制药总厂水汽公司总经理
孙忠军　沈阳金杯客车制造公司工人
吕士振　沈阳浮法玻璃有限公司车间主任
赵秀芝　沈阳北方建设集团工人
吕庆佳　中捷友谊厂工人
关维宏　沈阳客运集团225路驾驶员
潘玉占　沈阳香雪面粉股份有限公司工人
康廷国　辽宁中医学院教授
李广杰　沈阳测绘研究院院长
胡长国　沈飞集团公司工人
洪明泰　沈河区房产经理公司房管员
王凤云　工商局于洪分局咨询服务中心副主任
陈淑梅　和平区南站街道办事处主任
赵春梅　铁西区环卫局工人
贺秀兰　沈阳兰峰实业公司经理
穆景秀　法库县公路养护处工人
黎　明　大东区黎民百姓商店经理
李克鹏　铁西区公安分局经济科民警
谭宝明　沈阳金杯汽车车轮厂车间主任

沈阳市“三八”红旗手标兵

闻淑娟　沈阳春雁特种禽养殖场场长
赵彦燕　中国医科大学遗传学教研室主任
朱　梅　沈阳长白电子应用设备有限公司副总工程师
王雅莉　市外事服务学校校长
万瑞华　沈飞工业集团有限公司八厂钣金工
梁艳丽　市商业银行中山支行储蓄部经理
于　录　沈河区第四环卫所清扫班班长
佟玉英　市统计局外贸统计处处长
魏存莉　沈阳电视台新闻部沈视早报制片人
李　跃　铁西区凌空街道滑翔西社区妇联主席

沈阳市“三八”红旗手

朱　杰　沈阳海峡两岸科技工业园管理办公室主任
康燕颖　沈阳铜网股份有限公司销售处计划员
王晓华　沈阳合兴机械电子有限公司经营部部长
边秀春　沈阳华岳纺织集团海燕巾被有限责任公司工人
牟　莉　市经贸委党委宣传处副处长
董秀琴　沈阳第三橡胶厂副总工程师
王洪娟　沈阳冶金机械有限公司工人
宋彦复　市城市基础设施建设投资发展有限公司副总经理
卢丽娟　市委办公厅秘书一处处长
李春蕊　市计量测试所副所长
刘　虹　市纪委机关党委副书记
杨　伟　和平区邮政局中兴街支局营业室主任
樊玉丽　沈阳机车车辆厂新造分厂油工班班长
赵　薇　中信实业银行沈阳分行北市支行客户经理
范新欣　市交通局党委综合办公室助理调研员
刘　杰　沈阳客运集团南塔分公司225车队车务员
古　铭　沈阳高等级公路建设总公司第一工程公司施工队长
刘凤荣　市第五人民医院党委书记
栾　红　市妇婴医院妇科主任
周　菲　辽宁大学哲学与公共管理学院副院长
李淑芬　市第27中学党总支书记
肖淑芬　市军队离退休干部五里河休养所所长
张桂华　市市政建设工程公司第七工程处材料员

黄　菊　沈阳惠天热电股份有限公司供暖二部二分公司副经理
杜　杰　沈阳商业城精品经营公司总经理
李桂琴　中兴—沈阳商业大厦集团化妆品商场总经理
李淑贤　沈阳联营公司营业员
刘玉珍　沈阳百货大楼鞋帽商场经理
黄丽萍　沈阳储运集团公司副总经理
王海波　沈阳轻工业品进出口公司业务员
余桂琴　市信息产业局办公室主任
刘素梅　市妇联宣传部部长
刘秀芳　市劳动和社会保障局工伤保险处处长
徐玉佩　市土肥工作站站长
肖翠萍　市科技培训中心主任
韩秀云　沈阳香雪面粉股份有限公司挂面车间主任
魏沛云　市金属材料供销总公司党委副书记
邵珠梅　沈阳肉禽集团公司出口鸡加工厂熟食车间主任
韩凤英　市煤气工程股份有限公司第二分公司215班班长
张丽红　市自来水总公司皇姑营业处班长
郭丽娟　沈阳金杯客车制造有限公司规划处处长
王淑琴　沈阳星光玻璃纤维厂厂长
崔艳霞　东北制药总厂研究院副院长
李　静　沈阳变压器有限责任公司工艺处工艺科科长
张淑萍　沈阳车床厂喷包分厂喷漆工
刘晓文　沈阳水泵股份有限公司人事部部长
张　栋　市中级人民法院民事审判第三庭副庭长
龚海萍　沈阳公安医院副院长
王守萍　市反贪局综合处处长
王静慧　市龙山教养院二大队队长
石秀玉　市档案局档案指导处处长
张惠铭　沈阳惠成调料有限公司总经理
高　薇　方知九品香酒店总经理
李　萍　市义宏溶剂化工有限公司董事长
张丽华　杰迪出租汽车有限公司司机
段孔凡　沈阳日报社财贸部主任兼广告部主任
高晓英　沈阳人民广播电台新闻中心记者
于慧莹　市妇联儿童部部长
袁丽新　市公安局铁西区公安分局兴顺派出所户口专勤
王革珍　铁西区民政局副局长
高　英　铁西区司法局局长助理
阎凤霞　铁西区妇联主席
赵　敏　和平区中医院院长
郑春莲　和平区委党校教师
余秀林　市第126中学校长
杨桂清　和平区八经街道妇联主席
赵经娟　皇姑区环卫局陵北环卫所工人
石宝焕　皇姑区卫生局党委书记
关　宇　市第120中学教师
代律娟　皇姑区妇联干部
陈　珉　市工商局沈河分局风雨坛工商所所长
彭丽君　沈河区文艺一校校长
李玉琴　沈河区妇联主席
于衍华　市地税局大东分局副科长
宁敬文　大东区辽沈街道大北桥社区管委会主任
徐　丹　大东区中医骨科医院副主任医师
李晓莉　大东区妇联助理调研员
刘瑞霞　新民市东城街道党办主任
曹春云　新民市客货联运公司经理
兰　月　新民市胡台镇政府干部
朱桂华　新民市妇联副主席
王艳萍　辽中县人口和计划生育局副局长
丁素芳　辽中县辽中镇城北村妇代会主任
王若平　辽宁时代集团凤凰制衣有限公司总经理
赵雅珍　国有辽中县农场场长
梁秀媛　法库县卧牛石乡妇联主席
刘爱平　法库县客运公司经理
王秀华　康平县海洲乡海洲村党支部书记
李先军　康平县财政局副局长
李光霞　苏家屯区姚千户屯镇妇联主席
常淑文　苏家屯区陈相屯镇大英守村党支部书记
武雅忠　苏家屯区实验幼儿园园长
郭春荣　东陵区深井子镇妇联主席
杨秀兰　东陵区英达镇赵家村党支部书记
赵新萍　于洪区妇联副主席
范淑芹　于洪区大潘镇大潘村农民
白玉洁　于洪区人民医院内科副主任医师
郭凤兰　新城子区妇联主席
郭峰雪　新城子区财落镇财落一村农民
康金华　新城子区教育局监察科科长

沈阳市“三八”红旗集体

沈阳第四橡胶厂六分厂成型二班
沈铁分局沈阳客运段11/12次列车“三八”青年包车组
市地税局和平分局
大东区草仓路小学
市工商局于洪分局沙岭工商所
华岳纺织集团沈纺有限责任公司络筒车间
法库县幼儿园
沈阳满客隆超市有限公司收银部
辽中县胸科医院
沈河区房产局沈房经贸有限公司
市妇婴医院
东陵区农业技术推广中心
沈阳乳业有限责任公司技术开发部
市公安局监管支队收容教育所
和平区南京街第九小学
沈阳联营公司鞋帽商场皮鞋一部
铁西区勋望小学
新城子区新兴小学
沈阳星光浮法玻璃有限公司财务部成本组
市植物园门票管理科
沈阳客运集团兴华分公司208路车队
浑南新区五三中学
市煤气总公司煤气信息服务中心
苏家屯区中心医院急诊注射室
中新自然美美容院
康平县政府招待所

市人口和计划生育委员会计划统计财务处
市公安局皇姑区公安分局妇委会
新民市公路管理处柳河桥收费站
沈阳迎宾馆客房部北苑服务班

"沈阳市五四奖章"获得者名单

沈阳十大杰出青年

王铁军 市公安局东陵分局英达派出所警长
李方勇 沈阳飞机工业集团公司总经理
王阳松 新民市前当堡镇中古城子村青年星火带头人
杨丹明 市城建房地产开发有限公司总经理
郭永新 辽宁大学物理系主任
宋玉春 新城子区道义开发区国税所所长
史灵芝 沈阳杏林整形美容外科医院院长
纪文延 沈阳电业局苏家屯供电局副局长
屈大勇 中兴商业集团钟表眼镜商场总经理
董文明 市煤气总公司管网输配分公司抢修中心队长

沈阳十大杰出青年厂长(经理)

郝先臣 沈阳北方商用技术设备股份有限公司总经理
林力春 沈阳房产经理有限责任公司董事长兼总经理
李文君 沈阳三星线缆有限公司总经理
陈锡有 沈阳康华乳品厂厂长
吴丽君 沈阳商业城集团鞋帽公司总经理
高 祥 沈阳市彩欢宾馆总经理
韩志铭 沈阳北方铭威建筑工程有限责任公司经理
李 勇 沈阳满客隆超市有限公司总经理
史明星 沈阳啤酒厂厂长
王 涛 沈阳天菱机械有限责任公司总经理

沈阳十大杰出青年知识分子

李 岩 沈阳工业大学教授
于 波 沈阳铸造研究所高级工程师
赵克明 沈阳星光浮法玻璃有限公司高级工程师
袁 立 沈阳飞机设计研究所副总师研究员
王明友 沈阳大学工商管理学院教授
施晓光 沈阳师范学院教育系教授
李三喜 沈阳化工学院材料科学与工程系教授
丰艳春 沈阳仪器仪表工艺研究所高级工程师
李红生 东北中山中学一级教师
冯国会 沈阳建筑工程学院环境系教授

沈阳市青年岗位能手标兵

刘 威 市公安局交警支队事故处主检法医师
范丰栋 东陵区道桥工程公司助理工程师
蒋立柱 市口腔医院主治医师
陈春英 市国税局铁西分局税务稽查员
孟宪云 中兴商业集团营业员
梁艳丽 市商业银行中山支行助理会计师
文明玉 LG电子(沈阳)有限公司翻译
宋洪雨 沈阳气体压缩机股份有限公司三车间铣工
张 岩 市工商局于洪分局公平交易科科长
计 权 沈阳黎明航空发动机集团公司工程机械厂26车间焊工

沈阳市青年星火带头人标兵

赵桂军 新城子区新城子乡五五村农民
张家龙 市塔山畜牧场工人
姜大光 辽中县老观坨乡大兰坨村农民
姚秀菊 法库县登仕堡子镇严千户村农民
关洪乾 辽中县茨榆坨开发区前岭村农民
刘志涛 东陵区深井子镇民家村农民
马学新 于洪区翟家镇翟家村农民
黄丽华 新民市法哈牛镇前沙河子村农民
张吉龙 苏家屯区林盛镇小古村农民
刘 阁 康平县东升乡政府农技推广员

沈阳市优秀青少年工作者

王 强 东北大学团委书记
安秉冬 共青团法库县委书记
战晓鸡 市商业国有资产经营有限责任公司团委副书记
祁 红 市卫生局团委书记
崔润东 沈阳农业大学团委书记
李治民 市机械局团委副书记
王 菁 共青团和平区委副书记
陈景红 市政府机关团工委副书记
申淑征 沈阳音乐学院团委副书记
吴志坚 沈阳化工股份有限公司团委书记

"沈阳市五四奖状"获得者名单

共青团新民市委
市房产局团委
沈阳经济技术开发区团工委
沈阳黎明航空发动机集团公司团委
市邮政局团委
市商业银行团委
沈阳铁路分局沈阳北站团委
沈阳工业大学团委
沈阳师范学院团委
市公安局大东分局东山派出所团支部

沈阳市部分社会审计中介机构

名　　称	电话	地　　址	邮编
沈阳中天会计师事务所有限责任公司	23241170	沈阳市和平区云集街22号	110003
沈阳荣正会计师事务所有限责任公司	22718025	沈阳市沈河区十一纬路107号	110014
沈阳华夏会计师事务所有限责任公司	22702153	沈阳市沈河区十一纬路107号	110014
沈阳人和会计师事务所有限责任公司	23244573	沈阳市沈河区十一纬路云集东巷31—3号	110003
沈阳方正会计师事务所有限责任公司	22531491	沈阳市沈河区北站路73号	110013
沈阳东泉会计师事务所有限责任公司	88500254	沈阳市大东区津桥路20号	110042
沈阳华明会计师事务所有限责任公司	26862754	沈阳市铁西区南七东路24号	110021
沈阳广信会计师事务所有限责任公司	86862873	沈阳市皇姑区岐山中路90号5—1	110031
沈阳东丰会计师事务所有限责任公司	24824205	沈阳市东陵区文化东路20号	110015
沈阳明哲会计师事务所有限责任公司	25833638	沈阳市于洪区黄海路37号	110141
沈阳奉达会计师事务所有限责任公司	25839302	沈阳市于洪区花海路奉达大厦	110141
沈阳中元会计师事务所有限责任公司	87882839	沈阳市辽中县辽中镇政府路157号	110200
沈阳银河合伙会计师事务所	89869965	沈阳市新城子区银河街45号	110021
沈阳鼎信合伙会计师事务所	89815915	沈阳市苏家屯区翠柏路14号	110101
沈阳新立合伙会计师事务所	87858002	沈阳市新民市光明路14号	110300
沈阳犀利合伙会计师事务所	87342989	沈阳市康平县建设街337号	110500
沈阳群信合伙会计师事务所	27123674	沈阳市法库县法库镇正阳街	110400

沈阳市旅行社一览表

单位名称	电话	单位名称	电话
沈阳沪春秋旅行社有限责任公司	22951455	辽宁铁路国际旅行社	22510960
辽宁先锋旅行社	22528338	辽宁金途旅行社	24847707
辽宁铁道融信旅行社	22510419	沈阳迎宾旅行社	22718117
沈阳报业旅行社	22940827	辽宁省国际体育旅行社	23862303
辽宁海外旅游总公司	86268045	沈阳园林国际旅行社	23857885
中国北方航空国际旅行社	23197093	中国辽宁假日旅行社	22946990
沈阳市玫瑰花旅行社	88113581	沈阳旅行社	22715446
沈阳华龙旅行社	23255798	沈阳职工旅行社	22708899
沈阳山水旅行社有限公司	22850587	辽宁国际商务旅行社有限公司	86892115
沈阳市友好旅行社有限公司	22871919	沈阳市春秋旅行社	23855420
辽宁省中国青年旅行社	22861866	辽宁世纪国际旅行社	22822494

单 位 名 称	电 话	单 位 名 称	电 话
沈阳星河旅行社有限公司	22718123	中辽国际旅行社	23271370
沈阳友谊旅行社有限公司	86913988	沈阳枫华电力旅行社	23849383
沈阳玉麒麟旅行社	88521141	辽宁凤凰旅行社	86804974
沈阳文教旅行社	86910760	沈阳青年国际旅行社	22872754
辽宁省中国旅行社	86852693	沈阳南塔旅行社	23892955
沈阳四通旅行社有限公司	22877565	辽宁省中广旅行社	23869467
辽宁东航旅行社	23226259	沈阳铁路分局旅行社	22510419
沈阳华夏旅行社	86125026	辽宁远洋旅行社	86273048
沈阳新天旅行社	25873098	沈阳全成旅行社有限公司	24213378
沈阳市铁西区旅游局顺达旅行社	25862466	沈阳协力旅行社	22931893
沈阳创信旅行社	25637923	沈阳火车头旅行社	22528990
沈阳铁道青年旅行社	22063264	沈阳龙珠滑雪旅行社有限公司	24139707
沈阳金桥国际旅行社	23230854	沈阳金海岸旅行社	25306509
沈阳金飞马旅行社有限公司	88523550	沈阳蓝天旅行社	24232238
沈阳新力旅行社	23242128	沈阳市交通旅行社	13002412130
沈阳故宫旅行社	24847417	沈阳新亚国际旅行社	13904038455
沈阳市一心旅行社有限公司	26110005	沈阳广播旅行社	23243587
辽宁省中国国际旅行社	86805007	沈阳新荷旅行社	22948329

沈阳市机动车驾驶员培训学校一览表

单 位 名 称	地 址	电 话
沈阳市机动车驾驶员培训中心	沈阳市于洪区造化乡大方士1号	86371980
沈阳市祥和驾驶员培训学校	沈阳市和平区青年大街370号	23905953
沈阳市宏达汽车驾驶技术学校	沈阳市沈河区万寿寺街兴化北巷19号	86256446
沈阳市安泰汽车驾驶技术学校	沈阳市和平区青年大街284号	23909006
沈阳市国安汽车驾驶员培训学校	沈阳市沈河区天后宫路31号	88570688
沈阳客运集团公司汽车驾驶员培训学校	沈阳市于洪区陵园街15－1号	86907130
沈阳市安运汽车驾驶员培训学校	沈阳市东陵区长青街95号	24331201
沈阳市万通汽车驾驶技术学校	沈阳市和平区云集街64号	23874191
沈阳市银河汽车驾驶员培训学校	沈阳市沈河区惠工街169号	88522326
沈阳市交通经济汽校	沈阳市皇姑区崇山西路3号	86719099
沈阳市宏大汽车驾驶员培训中心	沈阳市沈河区南二经街44号	22856087
沈阳市宏安机动车驾驶员培训学校	沈阳市和平区文体西路56号	23993856

单位名称	地址	电话
沈阳市盛安驾驶员培训中心	沈阳市皇姑区嫩江街52号甲	86268765
沈阳市东日机动车驾驶员培训学校	沈阳市沈河区正阳街234—3号	24865268
沈阳市广利河驾驶员培训学校	沈阳市东陵区长青街107号	24046037
辽中县机动车驾驶员培训中心	辽中县辽中镇北四东路41号	81883801
沈阳市新民技校机动车驾驶员培训中心	新民市铁北街118号	87533374
沈阳市邮政实业总公司驾驶员培训学校	沈阳市沈河区小西路9号	22902589
沈阳一运实业有限责任公司技工学校	沈阳市苏家屯区牡丹街4号	89815406
沈阳市法库县交通驾驶员培训学校	法库县法库镇红五月乡石岗子村	87127188
辽宁省交通高等专科学校汽车驾驶培训学校	沈阳市新城子区虎石台镇建设南一路	89872045
康平县汽车驾驶培训学校	康平县康平镇吴斌街头	87342548
沈阳大学汽车驾驶培训学校	沈阳市大东区联合路54号	88552758
沈阳市延宏汽车驾驶培训学校	沈阳市辽中县六间房乡	87810465
沈阳市星火汽车驾驶员培训中心	沈阳市于洪区巢湖街33号	25304993
沈阳市育英机动车驾驶员培训学校	沈阳市沈河区先农坛路12号	24136336
沈阳市富达汽车驾驶员培训学校	沈阳市皇姑区宁山中路42号	86201299
沈阳市浑南新区农业机械化学校汽校	沈阳市浑南新区五三乡浑河堡村	23819845
沈阳市于洪汽车驾驶员培训学校	沈阳市于洪区迎宾路112号	25831568
沈阳市通安汽车驾驶员培训学校	沈阳市和平区河北街15号	23326830
沈阳市万盛汽车驾驶员培训学校	沈阳市于洪区迎宾路18号	25834025
法库县抗洪驾驶员培训学校	法库县法库镇	87122960
沈阳市汽车工程学校	沈阳市和平区砂山路170号	23310722
沈阳市商务机动车驾驶员培训学校	沈阳市皇姑区崇山东路63号	86243133
沈阳市宏斌汽车驾驶员培训学校	沈阳市沈河区奉天街229—1号	22943437
沈阳市长安汽车驾驶员培训学校	沈阳市于洪区巢湖街27号	25302925
沈阳市友样汽车驾驶员培训学校	辽中县茨榆坨镇	87758355
沈阳市鹏达机动车汽车驾驶员培训学校	沈阳市皇姑区崇山东路61号	86623313
沈阳市顺平汽车驾驶员培训学校	沈阳市东陵区文萃路94号	24511390
沈阳市公用事业汽车驾驶培训学校	沈阳市东陵区文化东路39巷2号	24824166
中国刑事警察学院汽车驾驶培训学校	沈阳市皇姑区塔湾街83号	86982113
辽宁公安司法管理干部学院	沈阳市皇姑区嘉陵江街66号	86230992
沈阳农业大学农业工程学院汽车驾驶培训学校	沈阳市东陵区东陵路120号	88492629
沈阳市出租汽车司机培训学校	沈阳市铁西区北四中路11甲5	25871595
沈阳市现代交通货运培训中心	沈阳市沈河区风雨坛街146号	22934391

沈阳北站、沈阳站旅客列车时刻表

上行(北京、大连、赤峰方向)

车种车次	运行区间	沈阳北站开车时刻	沈阳站开车时刻	终到	车种车次	运行区间	沈阳北站开车时刻	沈阳站开车时刻	终到
2020	齐齐哈尔—大连		0:10	6:11	K190	沈阳北盘上海	11:30		14:53
K266	牡丹江—北京	0:21		9:50	6670	沈阳北—西柳	11:50	12:05	14:49
2538	通化—北京	0:35		10:40	6758	沈阳北—阜新		12:35	17:56
4234	吉林—大连		0:45	6:33	4202	长春—营口	13:14	13:31	17:42
1440	佳木斯—北京	0:52		11:16	T454	沈阳北—大连	13:50	14:00	18:05
T60	长春—北京	1:02		8:23	K966	沈阳—阜新		14:05	16:48
K216	图们—北京		1:22	12:16	T184	哈尔滨—汉口	14:19		12:59
K654	长春—大连	1:09	1:30	7:42	K642	沈阳—山海关		14:50	20:16
K128	长春—西安	1:34		7:02	6756	沈阳北—锦州	15:10		21:07
1408	通化—青岛	1:45		21:51	6662	沈阳—营口		15:30	19:25
1522	哈尔滨—天津	2:04		12:16	6664	沈阳—盘锦		15:40	20:40
K162	哈尔滨东—大连	2:10	2:31	7:52	2177	沈阳北—太原	15:54		16:22
T18	哈尔滨—北京	2:22		9:30	K680	沈阳北—大连	16:10	16:27	21:59
K647	赤峰—大连	2:30		8:18	6678	沈阳北—辽阳	16:47	17:02	18:29
K674	通化—大连		2:49	8:18	K238	哈尔滨—广州东	17:04		8:24
T48	齐齐哈尔—北京	3:04		10:10	1348	长春—上海	17:24		19:59
1368	吉林—宁波	3:19		10:32	6776	沈阳北—打虎山	17:34		20:28
1418	哈尔滨东—济南	3:34		17:10	4216	沈阳—鞍山		17:44	19:01
2122	佳木斯—大连	3:45	4:04	9:58	6668	沈阳—海城		18:00	20:54
4217	大连—朝阳	4:52	4:23	12:44	T456	沈阳北—锦州		10:37	13:46
6752	沈阳—锦州		4:35	9:55	T458	沈阳—锦州		18:03	20:36
K580	哈尔滨—上海	5:05		6:10	1414	丹东—青岛		18:23	14:17
2096	佳木斯—西柳	5:12	5:31	7:40	K648	赤峰—大连		18:40	6:11
2220	齐齐哈尔—大连	5:27	5:45	11:26	K20	满洲里—莫斯科(北京)		19:29	5:30
6666	沈阳北—锦州	5:40	5:55	13:27	K40	加格达奇—图里河(北京)		19:29	5:30
6722	铁岭—大连	6:48	7:06	16:06	2048	长春—石家庄	19:49		12:08
2066	沈阳—承德		7:25	20:28	6682	铁岭—鞍山	19:50	20:11	22:22
4214	沈阳北—营口	7:30	7:43	11:45	T94	沈阳北—广州东	20:00		5:47
T452	沈阳北—大连	8:00	8:10	12:10	1036	沈阳北—金华西	20:10		8:38

车种车次	运行区间	沈阳北站	沈阳站	终到	车种车次	运行区间	沈阳北站	沈阳站	终到
		开车时刻	开车时刻				开车时刻	开车时刻	
6686	大　青—灯　塔	8∶09	8∶26	9∶26	K272	吉　林—北　京	20∶22		5∶20
1394	佳木斯—烟　台	8∶29		6∶20	K54	沈阳北—北　京	21∶30		7∶10
K646	赤　峰—大　连		8∶55	14∶47	1548	哈尔滨—德　州	22∶05		11∶17
T12	沈阳北—北　京	9∶10		18∶25	2224	吉　林—天　津	22∶25		8∶19
4208	沈阳北—赤　峰	9∶16		21∶01	K96	抚　顺—北　京	22∶30	22∶55	8∶31
2196	伊　春—锦　州	9∶21		12∶14	4218	朝　阳—大　连	22∶41	23∶05	5∶08
K664	沈　阳—西　柳		9∶23	11∶38	T72	哈尔滨—北　京	22∶47		6∶06
2210	齐齐哈尔—大　连	9∶25	9∶44	15∶45	K28	丹东(平壤)—北京		23∶18	9∶23
4224	图　门—大　连		9∶33	15∶34	2052	牡丹江—大　连		23∶49	6∶10
1472	哈尔滨—徐　州	0∶09		18∶31	2020	大　庆—大　连	23∶49		6∶11
1302	满洲里—北　京	9∶51		20∶40	1452	牡丹江—济　南	23∶58		13∶35

下行(哈尔滨、丹东、吉林方向)

车种车次	运行区间	沈阳北站	沈阳站	终到	车种车次	运行区间	沈阳北站	沈阳站	终到
		开车时刻	开车时刻				开车时刻	开车时刻	
T71	北　京—哈尔滨		0∶17	6∶18	4227	大　连—通　辽	11∶33	11∶50	11∶48
K161	大　连—哈尔滨东		0∶32	7∶51	1413	青　岛—丹　东	11∶48		16∶25
1547	德　州—哈尔滨		0∶51	8∶12	4203	长　春—丹　东	12∶21	12∶02	17∶29
K215	北　京—图　门		1∶04	15∶57	4205	丹　东—长　春	12∶31	12∶52	17∶23
K271	北　京—吉　林		1∶15	7∶10	1347	上　海—长　春		13∶04	16∶50
T17	北　京—哈尔滨		1∶26	7∶18	1393	烟　台—佳木斯		13∶48	5∶36
K127	西　安—长　春		2∶01	6∶02	2081	沈阳—海拉尔(隔日始发)	14∶32		12∶41
1367	宁　波—吉　林		2∶16	9∶58	6687	沈　阳—大　青	11∶00	11∶15	13∶24
K653	大　连—长　春	3∶01	3∶18	7∶40	6721	大　连—铁　岭	14∶46	14∶59	16∶28
1521	天　津—哈尔滨东		3∶09	10∶11	T183	汉　口—哈尔滨		15∶23	21∶19
1407	青　岛—通　化		3∶24	10∶11	6693	沈　阳—清　原	15∶20		19∶33
K27	北　京—丹东(平壤)	3∶39		7∶24	K667	沈　阳—图　们	17∶00	17∶17	8∶12
T59	北　京—长　春		3∶47	7∶06	6639	沈　阳—本　溪	17∶20		20∶01
6623	沈阳北—丹　东	4∶14	3∶55	11∶36	6685	沈　阳—大　青	17∶37	17∶53	20∶11
6859	沈阳北—通　化	4∶38	4∶20	15∶12	2017	沈阳北—牡丹江		17∶40	7∶36
1471	徐　州—哈尔滨东		4∶55	12∶24	4261	泉　阳—丹　东	18∶20	17∶53	22∶48
2123	龙　镇—丹　东	4∶58		9∶16	4223	大　连—图　门	18∶14		10∶20

车种车次	运行区间	沈阳北站	沈阳站	终到	车种车次	运行区间	沈阳北站	沈阳站	终到
		开车时刻	开车时刻				开车时刻	开车时刻	
2223	天　津—吉　林		5：55	13：08	2051	大　连—牡丹江	18：35		7：47
6691	沈　阳—清　源	6：09		11：03	4239	沈　阳—吉　林	19：30	19：45	6：02
7451	济　南—牡丹江		6：12	19：51	2061	沈阳—加格达奇	19：41	19：59	16：21
6649	沈　阳—南　芬	6：20		9：22	2019	大　连—大　庆	20：18	20：40	6：11
6683	辽　阳—大　青	6：39	6：54	8：49	4233	大　连—吉　林	23：55		7：45
2257	北　京—丹　东	6：55		11：26	1301	北京—满洲里		20：29	18：11
K95	北　京—抚　顺	7：25	7：54	8：35	2095	西柳—佳木斯	20：47	21：01	11：59
K671	沈阳北—丹　东	7：58	7：44	11：56	2219	大连—齐齐哈尔	20：59	21：14	9：57
2047	石家庄—长　春		7：48	11：55	2125	丹　东—龙　镇	21：21	21：38	13：27
6681	鞍　山—铁　岭	7：52	8：31	9：51	2537	北　京—通　化		21：26	7：03
K665	沈　阳—长　春	8：00	8：15	11：40	2121	大　连—佳木斯	21：30	21：50	13：04
1417	荷泽(济南)—哈尔滨东		8：23	15：20	K673	大　连—通　化	22：07	22：28	6：05
6637	沈　阳—本　溪	8：38		10：56	2195	锦　州—伊　春		22：42	14：32
K19	北京—满洲里(莫)	9：21		4：54	1439	北　京—佳木斯		22：53	14：41
K39	北京—加格达奇—图里河	9：21		10：51	6621	沈阳北—丹　东	23：26	23：00	6：44
K237	广州东—哈尔滨		9：43	16：48	T47	北　京—齐齐哈尔		23：06	8：00
2509	沈　阳—哈尔滨东	9：48	10：06	17：59	K265	北　京—牡丹江		23：26	11：48
K57	上　海—哈尔滨		9：53	16：19	2209	大　连—齐齐哈尔	23：30	23：46	12：00
4201	营　口—长　春	10：38	10：55	15：10	2081	沈阳—伊图里河(隔日始发)	14：32	14：47	16：06

注：“T”为特快旅客列车；“K”为快速旅客列车；
　“数字”为普通旅客列车。此表仅供参考，运行时刻若有变动请注意车站公告。

沈阳市公共汽车线路

线　路	起始站点	途经主要站点
环路	南一马路—沈阳站	南一马路 和平广场 南湖公园 三好街 展览馆 五爱街 南塔 故宫 钟楼 小西门 一经街 桂林街 太原街 沈阳站
103路	五爱街—长客西站	五爱街 五爱西区 大西莱行 光荣街 马路湾 中华路 太原街 沈阳站 南五马路 铁西广场 兴顺街 保工街 卫工街 客车厂 七马路 十二路 长客西站
105路	北站—泉园二路	北站 惠工广场 天后宫 横街 小津桥 大东门 小河沿 大南门 热闹路 东方宾馆 万泉 泉园一路 长青街 泉园二路
201路	毛织厂—十四路	毛织厂 光明街 重型机器厂 兴华街 北三路 北四路 铁西广场 和平影剧院 十马路 体育场 艳粉街 十四路
202路	沈阳站—河北街	沈阳站 市文化宫 南五马路 红星剧场 南十马路 金刚石公司 砂山商店 万和花园 河北街

线　路	起始站点	途经主要站点
203 路	北站—艳粉新区	北站 市府广场 八一公园 马路湾 中华路 太原街 沈阳站 五马路 八马路 滑翔小区 医大三院 万科花园 南滑翔路 艳粉新区
204 路	沈阳站—于洪北里	沈阳站 太原街 兴工街 景星街 保工街 八马路 体育场 肇工街 重工街 七马路 客车厂 于洪新村 省残中专 巢湖街 于洪北里
205 路	北陵公园—沈阳站	北陵公园 辽宁中医 辽大 儿童食品厂 怒江广场 百鸟公园 市委党校 汽车发动机厂 太平庄 塔湾 食品公司 兴华街 兴工街 沈阳站
206 路	沈阳站—翟家开发区	沈阳站 五马路 兴工街 沈后招待所 云峰街 十四路 路官 老年病医院 鼓风机厂 建材公司 杨士屯 宁官 九七二四工厂 翟家开发区
207 路	鹏利广场—十三路	鹏利广场 中街 小西门 大西门 五爱 七中 大西菜行 光荣街 中山公园 马路湾 太原街 沈阳站 五马路 铁西广场 兴顺街 十三路
208 路	沈阳站—向工小学	沈阳站 兴工街 云峰街 兴华街 光明街 益民商店 保工街 食品公司 光明电影院 向工街 商业学校 向工小学
209 路	沈阳北站—向工街	沈阳北站 北京街 市政府 三经街 北市场 民族电影院 皇寺广场 四院 碧塘公园 珠江街 小白楼 车辆厂 塔湾 前塔湾 向工街
210 路	北陵公园—马路湾	北陵公园 辽宁中医 实验 辽大 宁山路 北行 碧塘公园 华山路 光明街 霁虹街 兴工街 北二马路 太原街 医大 中华路 马路湾
211 路	大北门—陶瓷厂	大北门 横街 人民俱乐部 脑科医院 大北边门 骨科医院 再生胶厂 公交分公司 东站 建筑机械厂 钢铁厂 钢管厂 有机化工厂 陶瓷厂
212 路	文萃路—正门	文萃路 青年公园 热闹路 五爱街 风雨坛 小西门 广宜街 天后宫 小北边门 沈大 长客站 砂轮厂 望花新村 西门 正门
213 路	乐购超市—冷暖风机厂	乐购超市 北陵公园 辽宁中医 长客站 联合路 二十八中 大东俱乐部 小北门 中街 五爱 省医院 南塔 燕兴摩托城 冷暖风机厂
214 路	浑河桥—龙江广场	浑河桥 夏宫 五里河 彩电中心 展览馆 青年公园 热闹路 大西边门 一经街 市府广场 市政府 北京街 电视台 龙江广场
215 路	泰山路—莲花街	泰山路 电力学校 辽大 北行 岐山路 第四医院 皇寺广场 北市场 市政府 小西门 中街 商业城 大东门 动物园 莲花街
216 路	沈阳北站—艳粉街	沈阳北站 惠工广场 市府广场 北市场 北七马路 沈阳铁路局 太原街 沈阳站 五马路 铁西广场 和平影院 十马路 体育场 艳粉街
217 路	北三台子—沈阳北站	北三台子 七三九医院 三台子 松陵四中 武警总队 航空学院 新乐小区 辽宁大厦 北陵公园 辽宁中医 公安厅 北京街 沈阳北站
218 路	大东门—东陵	大东门 小东门 小津桥 中捷友谊厂 珠林桥 热电厂 二〇四 第三粮库 新立堡 东陵药业 农学院 东升机械厂 前陵堡 东陵
219 路	五爱市场—前进乡政府	五爱市场 风雨坛 小河沿 小东门 小津桥 大东区政府 中捷友谊厂 北海街 二十八中 上园小区 大二台子 化工油漆厂 前进乡政府
220 路	沈阳站—北陵公园	沈阳站 沈阳站北 太原街 中山广场 东北机电 辽宁日报 市政府 北京街 昆山路 公安厅 宁山路 辽宁中医 北陵公园
221 路	沈阳站—东站	沈阳站 太原街 中华路 南市场 三经街 沈报 辽报 市政府 亚洲电影院 广宜街 横街 脑科医院 北海街 再生胶厂 沈海公司 东站
222 路	大北门—南三好街	大北门 钟楼 东华门 小南门 风雨坛 五爱 热闹路 青年公园 省体育馆 鲁美学院 五金公司 音乐学院 南三好街
223 路	沈阳站—长青小区	沈阳站 太原街 中山公园 省人大 光荣街 大西菜行 顺通路 七中 小南街 大南街 泉园小区 长青街 小食品城 文化东路 长青小区
224 路	沈阳北站—张官屯	沈阳北站 惠工广场 广宜街 小西门 风雨坛 五爱 交通局 青年公园 南塔 建工学院 富民街 食品城 文化东路 长青小区 张官屯

线 路	起始站点	途经主要站点
225 路	沈阳站—东塔机场	沈阳站 太原街 马路湾 市体委 光荣街 方型广场 南湖公园 三好街 展览馆 青年公园 五爱街 省医院 煤矿设计院 动物园 四六三医院 莲花街 东塔机场
226 路	和平广场—于洪区委	和平广场 新华广场 红星剧场 八马路 云峰街 兴华街 保工街 肇工街 重工街 轻工街 于洪南里 于洪广场 墙板厂 于洪区委
227 路	北陵公园—动物园	北陵公园 辽宁中医 松花江街 宁山路小学 武警总队 小北边门 天后宫 广宜街 小西门 风雨坛 五爱 大南门 万柳塘公园 动物园
228 路	前塔湾—市政府	前塔湾 塔湾 太平庄 发动机厂 市委党校 怒江广场 辽大 北行 宁山路 地质局 北陵电影院 市话剧团 齿轮厂 惠工广场 市政府
229 路	东站—沈阳北站	东站 四德里 沈海分公司 骨科医院 北海街 二十八中 联合路 柳条湖桥 沈阳大学 小北边门 惠工广场 沈阳北站
230 路	北站—二〇一	北站 惠工广场 市政府 亚洲电影院 广宜街 小北门 小津桥 小什字街 大东电影院 中捷友谊厂 珠林桥 二〇四 二〇一
231 路	北陵公园—浑河小区	北陵公园 泰山路 宁山路 皇寺广场 北市场 北六马路 中山广场 铁中 新华广场 十马路 省妇婴 滑翔公园 浑河小区
232 路	沈阳站—三台子	沈阳站 太原街 沈医二院 北市场 皇寺广场 四院 岐山路 崇山路 辽宁大厦 新乐遗址 陵西街 二四二医院 松陵文化宫 三台子
233 路	塔湾—兴达小区	塔湾 后塔商店 维修中心 刑警学院 后塔小学 省工美学校 北陵熔铸厂 后塔小学 小韩屯 兴达小区
235 路	沈阳站—薄板厂	沈阳站 兴工街 云峰街 兴华街 景星街 保工街 电池厂 卫工街 启工街 肇工街 东北制药厂 薄板厂
236 路	北站—五彩新村	北站 北京街 昆山路 公安厅 岐山路 北行 宁山路 辽大 泰山路 沙河子 第九印刷厂 北方医院 北方制药厂 大韩屯 五彩新村
237 路	和睦路—铁西广场	和睦路 二〇四 三家子 二四五医院 滂江街 大东边门 小什字街 大东门 小南门 五爱 大西边门 粮食局 马路湾 太原街 沈阳站 五马路 兴工街 铁西广场
238 路	五爱市场—气体厂宿舍	五爱市场 交通局 热闹路 青年公园 展览馆 彩电中心 五里河 夏宫 浑河浴场 营盘 中储一库 气体制造厂 气体厂宿舍
239 路	客车厂—泉园小区	客车厂 卫工街 保工街 铁西广场 民族街 和平广场 三好街 展览馆 五爱街 南塔 沈州旅社 东陵区政府 富民街 泉园小区
240 路	劳动公园—马路湾	劳动公园 工人村 十马路 肇工街 启工街 保工街 兴顺街 铁西广场 兴工街 南五马路 沈阳站前 太原街 中华路 马路湾
241 路	薄板厂—沈新路	薄板厂 制药总厂 水泵厂 北四西路 第二水泵厂 客车厂 南七路 南十路 南十二路 南十四路 沈新路
242 路	北陵公园—十四路	北陵公园 辽宁大厦 辽大 北行 碧塘公园 珠江街 昆山西路 怒江街 小白楼 塔湾 轿车厂 第一粮库 北二马路 油脂化学厂 五马路 十马路 十二路 十四路
243 路	沈阳站—黎明文化宫	沈阳站 北四马路 西塔 民族电影院 北市场 三经街 市府广场 亚洲电影院 广宜街 大北门 小津桥 中捷友谊厂 二〇四 黎明文化宫
244 路	东大—北站	东大 体院 南湖西门 方型广场 少年宫 三好街 展览馆 青年公园 大西莱行 市委 市府广场 惠工广场 北站
245 路	南塔—东门	南塔 电子市场 滂江市场 矿山机器厂 珠林路 仪表研究所 沈海大旅社 长客 北苑大厦 新华社 辽宁中医 省政府 北陵正门 东门
246 路	太原街—六〇六所	太原街 中山公园 省委 光荣街 领事馆 青年公园 交通局 五爱 省医院 南塔 沈州旅社 电子市场 万泉饭店 万莲小区 六〇六所
247 路	八马路—家乐福	八马路 七马路 和平广场 省委 中山公园 马路湾 市建委 八一公园 北市场 三经街 市政府 市府广场 惠工广场 家乐福

线　路	起始站点	途经主要站点
248路	沈阳站—大东门	沈阳站 北四马路 老道口 西塔 北市场 三经街 市府广场 小西车库 亚洲影院 广宜街 小北门 大北门 小津桥 大东门
249路	怒江广场—砂阳路	怒江广场 昆山路 家具广场 西塔 铁路局 太原街 和平大街 市政协 七院 领事馆 水电厅 回中 方型广场 南湖公园 砂阳路
250路	文萃路—龙江广场	文萃路 摩托车市场 出租公司 万柳塘公园 大南边门 胜利电影院 五爱 市府路 惠工广场 家乐福 沈阳北站 龙江广场
251路	沈阳站—西站(伊甸园)	沈阳站 南五马路 兴工街 云峰街 铁西广场 和平影剧院 十马路 艳粉街 十四路 路官 西站(伊甸园)
252路	滑翔五金城—沙河子小区	滑翔五金城 万科花园 滑翔公园 北四路 北二马路 西塔 家具广场 碧塘公园 辽大 辽歌 乐购 辽宁大厦 泰山路 沙河子小区
253路	北大营街—和平广场	北大营街 通利公交公司 九一八纪念馆 湘江大市场 物价局 市府路 房产大厦 大西边门 第七医院 五经街 光荣街 省委 和平广场
254路	沈阳站—新东小区	沈阳站 铁路局 皇寺广场 友好街 天后宫 大什字街 老龙口酒厂 中捷友谊厂 珠林桥 二０四 二０五 安居小区 新东小区
255路	北五马路—道义开发区	北五马路 沈阳站 西塔 珠江街 小白楼 万科四季花城 荷兰村 大韩屯 北方制药厂 武警总队 何氏眼科 师范学院 道义开发区
256路	北大营街—河北街	北大营街 有机玻璃厂 洮昌小区 沈大 亚洲电影院 房产大厦 大西菜行 方型广场 南湖公园 省妇婴 南京街 万和花园 河北街
257路	滑翔五金城—北中街	滑翔五金城 滑翔路 沈辽路 红星剧场 和平广场 方型广场 体育馆 青年公园 省医院 大南边门 二十七中 胜利电影院 故宫 北中街
258路	艳粉新村—洮昌路	艳粉新村 万科花园 滑翔路 省妇婴 南湖公园 方型广场 领事馆 市政协 辽报 大北门 小津桥 脑科医院 骨科医院 洮昌路
259路	丰乐二街—望花新村	丰乐二街 出租汽车公司 东陵区政府 南塔鞋城 万柳塘公园 热闹路 鹏利广场 小津桥 骨科医院 老瓜堡 海鲜市场 望花新村
273路	草仓路—八马路	草仓路 鹏利广场 大东车库 大东门 大南门 大南街 五爱 青年公园 彩电塔 鲁迅美术学院 鲁园 方型广场 南湖公园 八马路
274路	新东安居小区—五爱西区	新东安居小区 丰城公交公司 黎明文化宫 和睦路 矿山机器厂 矿山文化宫 滂江市场 万莲街 翠园 大南街 五爱 五爱西区
275路	东陵文化宫—沈阳东站	东陵文化宫 南塔鞋城 电子市场 万柳塘公园 科学家花园 金觉寺 大东门 小什字街 大东边门 矿山文化宫 北海街 沈阳东站
332路	于洪广场—辉山风景区	于洪广场 客车厂 卫工街 塔湾街 荷兰村 大韩屯 北陵 望花新村 陶瓷城 马官桥 东陵 植物园 木匠屯 棋盘山 辉山风景区
324路	沈阳站—苏家屯	沈阳站 汇德公司 电缆厂 马总屯 门窗厂 浑河站 下河湾 满融 造纸厂 区政府 青年桥 苏家屯
325路	沈阳北站—虎石台	沈阳北站 话剧团 松花江街 省教委 长客站 望花分公司 砂轮厂 文官屯 朱尔屯 詹屯 银行学校 矿中 镇政府 虎石台
327路	沈阳站—苏家屯	沈阳站 铁中 汇德公司 有色加工厂 大官房 木材防腐厂 苏家屯堡 站前 青年桥 农汽制造厂 苏家屯
328路	马路湾—新城子	马路湾 沈阳站 太原街 西塔 北市 市政府 北站 松花江街 长客站 望花 文官屯 朱尔屯 詹屯 虎石台 新兴广场 区政府 新城子
329路	沈百大楼—马三家	沈百大楼 沈铁分局 四院 北行 市委党校 太平庄 塔湾 前塔湾 大芳士屯 小转弯桥 大转弯桥 刘家窝棚 朝鲜小学 永安桥 小三家 兰屯 马三家
330路	马路湾—棋盘山	马路湾 大西门 大南门 小津桥 农学院 东陵 后陵堡 植物园 下满堂 上满堂 小东沟 下木匠屯 中木匠屯 上木匠屯 棋盘山

线　路	起始站点	途经主要站点
331路	皇寺广场—棋盘山风景区	皇寺广场 北市场 市府广场 广宜街 小北边门 望花立交桥 老瓜堡 新颖宾馆 金属材料公司 陶瓷城 模具制造公司 辉山纪念林 彭楼子 棋盘山风景区
338路	五爱市场—弓匠村	五爱市场 小西门 广宜街 四十七中学 北站 省教委 北陵东门 沈飞工业集团 三台子 七三九医院 公路货运站 道义开发区 正良村 道义 弓匠村
502路	沈阳站—沈阳北站	沈阳站 西塔 皇寺广场 沈阳北站
503路	五爱市场—北站	五爱市场 小南 风雨坛 大西门 小西门 广宜街 天后宫 板行 惠工广场 北站
504路	西站—五爱市场	西站 夏宫 陆军总院 青年公园 五爱市场
505路	西站—泉园小区	西站 南塔分公司 南塔公园 南塔鞋城 出租公司 富民街 泉园小区
506路	五彩新村—南塔鞋城	五彩新村 北陵公园 望花新村 陶瓷城 长青小区 黄金学院 出租公司 南塔鞋城
601路	沈阳开发区—中山公园	沈阳开发区 昆明湖路 仓储中心 水产公司 伊甸园西站 十四路 南十二路 南九路 兴顺街 勋望街 兴华街 滑翔小区 南一马路 太原街 中山公园
602路	砂阳路—沈阳北站	砂阳路 大理石厂 南一马路 沈阳站 交通局医院 西塔 太原街 煤建一营 皇寺广场 肛肠医院 沈阳北站
603路	出租汽车公司—西塔	出租汽车公司 万柳塘公园 大南边门 南关路 小南街 五爱市场 马路湾 太原街 沈阳南站 西塔
604路	长客西站—沈阳北站	长客西站 十二路 肇工街 兴顺街 云峰街 兴工街 南五马路 太原街 中华路 医大 北市场 沈阳北站
605路	东宇—北陵公园	东宇 鞋城 南塔街 青年大街 三好街 鲁美学院 市政府 沈阳北站 辽宁中医 省政府 北陵公园
606路	铁西广场—于洪考场	铁西广场 贵和街 兴顺街 保工街 卫工街 肇工街 客车厂 十马路 轻工街 于洪广场 于洪考场
607路	沈阳北站—大兴铸造厂	沈阳北站 惠工广场 皇寺广场 华山路 塔湾 前塔湾 向工市场 薄板厂 沙岗子 西桥 大兴铸造厂
609路	铁西职校—沈阳北站	铁西职校 医大三院 市传染病院 南湖公园 交通宾馆 二〇二医院 市建委 八一公园 市府广场 沈阳北站
610路	沈阳北站—滑翔小区	沈阳北站 北京街 市政府 北市场 中山广场 太原街 沈阳站 沈辽路 凌空街 腾飞一街 滑翔小区
611路	沈阳站—炮院	沈阳站 太原街 西塔 北京街 沈阳北站 长客总站 新颖宾馆 化工设备厂 行政学院 干休所 炮院
612路	十三纬路—沈柴铸造厂	十三纬路 南湖公园 医大二院 展览馆 彩电中心 夏宫 凤祥集团 昌盛 沈柴铸造厂
800路	新世界花园—金山小区	新世界花园 交通局 体育中心 文萃路 陆军总院 青年公园 房产大厦 市府路 惠工广场 北站 北京街 辽宁中医 北陵公园 北陵东门 金山小区
森林中巴	惠工广场—沈阳国家森林公园	惠工广场 小北边门 小北二库 五木 沈阳大学 九一八纪念馆 竹木市场 上园 北大营 小二台子 大二台子 油漆厂 前进乡政府 榆林堡 七二四东门 西王家沟 大洼 小东沟 回龙岗 王家沟 清水台 柳条河 马岗 董三家子 下寺 中寺 沈阳国家森林公园

2001年市委(沈委发)文件目录

1.关于印发徐文才同志在中共沈阳市委九届十四次全体(扩大)会议上的报告的通知(沈委发[2001]1号)。

2.关于印发《中共沈阳市委关于制定全市国民经济和社会发展第十个五年计划的建议》的通知(沈委发[2001]2号)。

3.中共沈阳市委关于加强和改进市委工作的若干意见(沈委发[2001]4号)。

4.关于印发《沈阳市2001——2005年创建文明城市规划》的通知(沈委发[2001]6号)。

5.中共沈阳市委关于在全市国有大型企业领导班子及成员中开展以"讲学习、讲政治、讲正气"为主要内容的学习教育活动的实施意见(沈委发[2001]7号)。

6.关于印发《中共沈阳市委关于在全市各级领导班子中开展"三个想一想"学习教育活动的方案》的通知(沈委发[2001]8号)。

7.中共沈阳市委、沈阳市人民政府关于贯彻落实《中共辽宁省委、辽宁省人民政府献爱心、送温暖扶贫帮困行动实施方案》的意见(沈委发[2001]9号)。

8.关于印发《张行湘同志在中国共产党沈阳市第十次代表大会上的报告》的通知(沈委发[2001]10号)。

9.关于印发《王启文同志代表市纪委在中国共产党沈阳市第十次代表大会上所作的工作报告》的通知(沈委发[2001]11号)。

10.关于印发《张行湘同志在中共沈阳市委十届一次全会上的讲话》的通知(沈委发[2001]12号)。

11.中共沈阳市委关于加强自身建设的决定(沈委发[2001]13号)。

12.中共沈阳市委关于在全市各级领导班子和党员干部。中深入开展"三个想一想"学习教育的安排意见(沈委发[2001]14号)。

13.中共沈阳市委、沈阳市人民政府关于加强城区工作的若干意见(沈委发[2001]15号)。

14.中共沈阳市委、沈阳市人民政府关于加快县区经济发展的若干意见(沈委发[2001]16号)。

15.中共沈阳市委、沈阳市人民政府关于全面开发浑南新区的若干意见(沈委发[2001]17号)。

16.中共沈阳市委关于贯彻《中共中央关于加强和改进党的作风建设的决定》的意见(沈委发[2001]18号)。

17.关于印发《2001——2005年沈阳市干部教育培训规划》的通知(沈委发[2001]22号)。

18.中共沈阳市委、沈阳市人民政府转发《市委宣传部、市司法局关于在公民中开展法制宣传教育的第四个五年规划》的通知(沈委发[2001]23号)。

2001年《沈阳政报》刊登的市政府令

1.沈阳市国有土地使用权招标、拍卖暂行办法(政府令第2号)

2.沈阳市献血管理办法(政府令第3号)

3.沈阳市建设工程抗震设防要求管理办法(政府令第4号)

4.沈阳市城镇职工基本医疗保险规定(政府令第5号)

5.沈阳市零工劳务市场管理办法(政府令第6号)

6.沈阳市殡葬管理规定(政府令第8号)

7.沈阳市城市除雪规定(政府令第9号)

2001年《沈阳政报》刊登的市政府文件

1.市政府关于做好2001年退伍军人安置工作的通知(沈政发[2001]1号)

2.市政府关于印发沈阳市人民政府工作规则的通知(沈政发[2001]2号)

3.市政府批转市计委关于启动市场扩大消费若干问题意见的通知(沈政发[2001]3号)

4.市政府关于印发沈阳市2001年国民经济和社会发展计划的通知(沈政发[2001]4号)

5.市政府印发关于进一步搞活房地产二、三级市场若干措施的通知(沈政发[2001]5号)

6.市政府关于印发沈阳市农业科技发展纲要的通知(沈政发[2001]7号)

7.市政府关于印发沈阳市残疾人事业"十五"计划纲要的通知(沈政发[2001]9号)

索　引

一、本索引采用分析索引方法，按英语26个字母的顺序排列。

二、本索引依据编目、分目及主要条目所在的列序位置，分别注明页码(其中黑体字为编目)，其后“a、b、c”表示所在栏目，供读者在检索时查阅。

Z

中国统计出版社最新统计资料书简目

中国沈阳人才市场

中国沈阳人才市场是国家人事部与沈阳市政府共同组建的全国第一家国家级区域性人才市场，由沈阳市人事局主管。市场服务主要涉及人才交流、人事代理、人才猎头、人才培训、人才测评、人才网站等业务。市场自1994年创建以来，以“立足沈阳、服务东北、辐射全国、走向世界”为发展目标，本着“以人为本，心心相印”的服务宗旨，已经成为东北地区最大和国内知名的人才集散地，年业务增长率高达30%以上。

中国沈阳人才市场拥有国内最为先进的智能化人才交流场馆，逢周三、五、六、日定期举办人才交流会；市场拥有专业类别齐全、学历层次完备、管理手段先进的东北地区最大的人才资源库；市场具有现代化的人事档案保管设施，为用人单位与各类人才提供档案管理及与人事档案相关的职称评定、出国审查、养老保险等人事代理业务；市场拥有国内一流的人才推荐师，可随时为用人单位选聘高级人才；市场不定期举办各类人才培训班，与北京大学、中国人民大学等重点学府和知名培训机构强强联合；市场同时拥有报纸、广播、电视、网站等现代化媒体传播网络，全方位立体式发布各类人才信息。

“吉大英才、相约沈城”——中国沈阳人才市场与吉林大学计算机学院98级大学生社会实践活动交流会现场

大型人才交流会现场

沈阳五爱客货联运总站

总经理　孙颖

沈阳五爱客货联运总站，位于闻名全国的沈阳五爱小商品批发市场。是国家交通部、省交通厅和沈阳市交通局公路主枢纽规划建设的重点场站，是为五爱市场提供配套服务的公路交通基础设施。总投资1.25亿元人民币，是全国惟一的集客、货运输和商贸服务为一体的公用型场站，由客运站、货运站、地下停车场和五爱市场南区四部分组成。

五爱客货联运总站与五爱批发市场相互依托，经过五年来的创业与发展已形成了一个集客货运输组织管理、货运代理、多式联运、装卸仓储、中转换装、通信信息、商贸购销及铁路、航空联运、国际货代业务为一体的多功能、开放式、高层次的交通运输全程服务系统。为促进沈阳市乃至东北地区交通运输业的发展和经济繁荣做出了积极的贡献，曾荣获交通部文明汽车货运站、辽宁省和沈阳市文明单位、沈阳市优质运输服务企业等荣誉称号。

客运售票大厅

总面积达1.5万平方米的仓储库房，是五爱市场商品主要仓储地

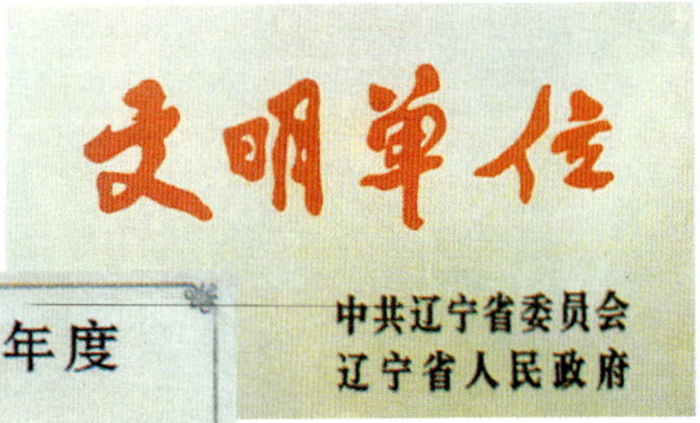

微机联网售票

五爱货运站——全国各地到发沈阳五爱市场的长途零担货物集散地

辽宁省电信公司沈阳市分公司

2001年3月22日，沈河区政府与沈阳电信公司正式署了沈河社区宽带网络建设合作协议。工程覆盖了全区个社区，拉开了沈河区向数字化城区迈进的序幕，建设规之大，涉及范围之广，网络层次之高，业务性能之全，是宁省行政区划建设社区宽带网的首例

辽宁省电信公司沈阳市分公司是中国电信集团公司在沈电信运营企业，2000年9月12日正式挂牌成立，前身是沈阳市电信局。

沈阳电信公司现在主要承担各类固定电信网络的发展建设，保障各家电信运营商互联互通；经营基于电信网络的语音、数据、图像及多媒体通信与信息服务。业务品种主要有：电话业务、电话卡业务、数据业务、网络元素出租业务、网间互联业务和包括宽带、无线、电报等在内的其他业务。

经过多年发展建设，已经建成了包括交换、传输、数据、宽带、互联网在内的规模庞大、技术先进的立体通信网络。

程控交换网已全面完成七号信令系统升级，实现了由单一业务网向综合业务网的巨大转变。

传输网全网实现了数字传输，具备出租2Mb/s、622Mb/s和155Mb/s等多种带宽的能力。

已经建成48—144芯自愈型用户光缆环40个，实现了1000M到小区，100M到大楼，10M到用户的带宽保障。

ATM宽带骨干网的核心能力已经达到6*2.5G，骨干带宽达到100G，出口带宽达到7.5G，向市内广泛开放了ADSL宽带接入业务。

用户接入网已经能够利用多种宽带技术，为城市商业用户提供至少100Mbps和10Mbps带宽的接入能力，为住宅用户提供至少1.5Mbps带宽的接入能力。

互联网中心网络采用千兆路由器，省际出口带宽达到7.5Gbps，系统拨号端口达到8万个，可满足80万用户的Internet业务需求。

沈阳公众信息综合服务平台可以向社会提供电子务、视频服务、多媒体广告等丰富多采的应用服务。

1000号客户服务中心已全面建成，用户只需拨1000号一个简单的号码，即享受电信业务受理、申告碍、号码查询、话费咨询、业务咨询、投诉建议等各种务。

地址：沈阳市和平区市府大路181号

邮编：110002

沈阳电信宽带IP城域网是国际互联网在市区内部的延伸，通过覆盖全市的光纤网络，使具有综合布线的楼宇、小区以10兆和100兆以太网端口高速接入互联网，以高出普通拨号几十倍甚至几百倍的上网速度，享受电子商务信息查询、视频点播等互联网应用服务

宽敞明亮、具有星级标准的电信营业厅

鼎鑫企业 沈阳长港蚁宝酒业有限公司

董事长　王奉友

鼎鑫企业——沈阳长港蚁宝酒业有限公司是一家融中华民族传统养生文化和现代生物技术于一体，开发、研制、生产、销售“蚁力神”系列特殊营养保健品的大型企业，是蚂蚁制品行业中惟一既有完善的科研体系，又有完整产品系列的全国最大企业。

企业积极倡导21世纪健康消费新理念，已经开发、研制、生产了适应大众消费的功能性健康营养食品——“蚁力神”酒和“蚁力神”胶囊，正在继续开发“蚁力神”营养健康系列产品。

鼎鑫企业以“以人为本”的企业文化，凝聚了一批优秀人才，建立了强大的营销网络，拥有一个由生命科学、生物工程、营养学、中医药学等学科组成的国家级科研专家智囊团，形成了年产“蚁力神”酒500万瓶、“蚁力神”胶囊1200万盒的生产能力。

鼎鑫企业——沈阳长港蚁宝酒业有限公司面对21世纪的国内外市场竞争这样认为，世界上如果存在好的，我们就要更好；如果还没有，我们就创造出来。蚁力神系列产品，立足中国，走向世界。

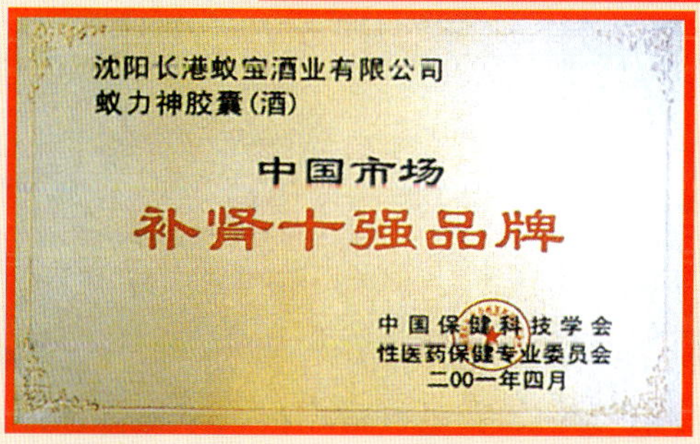

董事长王奉友与著名田径教练马俊仁

董事长王奉友与著名性学家史成礼教授(右)谈科研成果

电话：024－23734308　23734318
传真：024－23734288

中国人寿保险公司沈阳市分公司

中国人寿保险公司沈阳市分公司创建于1988年12月，主要经营以人的生命和身体为标的的人寿保险、健康保险和意外伤害保险三大类业务，开办了100多个险种。公司成立至今已累计给付金额高达22.6亿元。沈阳分公司在2001年保费收入突破10亿元，创历史新高，同比增长64.67%，总资产达26.19亿元。公司拥有23家分支机构，分设在沈阳市市内五区和郊县，在主要乡镇设有代办所，有96家单位兼业代理公司的团体保险业务。公司的客户服务中心、业务管理中心、计划财务中心、信息技术中心，为保户提供多方位的保险售前、售中、售后服务。

为树立国寿品牌，方便客户，公司还在全国较早地开办了95519客户服务专线电话，沈阳市分公司的95519专线电话在全国同类城市评比中位居前列。无论是保户还是业务员只要拨通95519专线就可以咨询到业务上所需解决的问题。

中国人寿沈阳分公司正以昂扬奋发的姿态，加快拓展区域寿险市场，为在2002年中国人寿实现进入世界500强的目标做出应有的贡献，在入世后开创沈阳民族寿险业的新辉煌而努力拼搏。

沈阳分公司营业大楼

沈阳分公司领导班子：总经理李书训（右三），副总经理贾庆民（右二）、李秋（左三）、郭作琦（左二），总经理助理丁春林（右一）、欧伟（左一）

繁忙的营业大厅

中国人民保险公司沈阳市分公司
郑 重 承 诺

一、中国人民保险公司95518保险服务专线电话，全年365天昼夜不间断向社会提供保险业务咨询、出险报案、预约投保、投诉举报等项保险服务。

二、95518服务专线电话，一经接到发生在本地的保险事故报案，迅速派员查勘现场，协助施救；在异地发生的保险责任事故，及时与事故发生地的保险公司联系，妥善安排现场查勘及救援等项工作。

三、保险事故责任明确、单证齐全、损失金额共同认可的保险事故赔案，七个工作日内向保户支付赔款。

四、对机动车辆险发生损失金额在3000元以下、家庭财产险损失金额在2000元以下的保险事故，只要责任明确、损失金额共同认可、且不涉及伤人及盗窃损失的，当即定损、迅速处理结案，及时赔付兑现。

五、为客户的保险车辆提供紧急救援服务。其中：对在沈阳市绕城高速公路以内，免费拖带、免费困境救援、免费故障排除、免费送油（零配件及燃油成本由客户自负）；对沈阳市境内、绕城高速公路以外需救助的车辆，只收成本费。

六、根据客户要求，设计保险方案，办理预约保险业务。

七、为客户提供防灾防损服务。对资产规模较大、风险程度较高的企业，根据客户要求，协助安排风险评估，制定风险管理对策。

八、凡接到保户投诉举报的，48小时以内给予答复，明确处理意见。

中国人民保险公司是我国惟一国有独资财产保险公司。成立于1949年，有4500多个分支机构，8.4万多名员工，服务网络遍布城乡，“人保”品牌世界闻名。中国人民保险公司沈阳市分公司是中国人民保险公司在沈设立的分支机构，是沈阳最大的财产保险公司。目前沈阳市分公司承担各种风险1400余亿元，仅2001年就支付各项赔款近4亿元，为沈阳的发展和社会的稳定起到了积极的促进作用。

地址：沈阳市和平区西滨河路8号
电话：23879820
传真：23869912
邮编：110003

PICC 中国人民保险公司 沈阳市分公司
The People's Insurance Company of China, Shenyang Branch

沈阳市商业银行

沈阳市商业银行是沈阳市惟一的地方性股份制商业银行，成立于1998年10月18日。经过三年来的发展壮大，该行目前各项存款已达120亿元，各项贷款74亿元，下设37家支行，93个营业网点，已成为东北地区规模最大、实力雄厚的城市商业银行。

沈阳市商业银行成立三年来自觉肩负"服务市民，造福沈城"的重任，全心全意为沈城人提供优质金融服务，各项工作取得了突破性进展。三年来各项存款增加近45亿元，着手积极培育了一批大行业、大系统和基本客户群，奠定了坚实的发展基础。相继投巨资10余亿元，重点支持了科学宫、"九·一八"历史博物馆、东西快速干道、沈阳有线电视台宽带网改造工程等一批市级重点建设项目；同时投放贷款支持沈阳市民心工程，解决与沈城人民切身利益密切相关的自来水三峰供水、煤气拖期开栓等问题。

沈阳市商业银行成立三年来始终坚持科技兴行的发展方向，以科技为先导，带动业务快速发展。先后实现储蓄通存通兑，会计全行联网，发行玫瑰卡，加入金卡网络工程，设立资金清算中心、计算机灾难备份中心，实现电子汇兑天地对接，搭建中间业务处理平台等。仅中间业务从代发工资开始已发展到代收房屋维修基金，代收193长话费，代收煤气费，代收居民住宅电话费，代收移动电话费等。同时，自来水水费、电费等项目代收费协议已签订，即将正式操作。伴随着中间业务的发展，"沈阳市一卡通"工程也将启动。

常务副市长李佳（左二）视察商业银行，张玉坤行长（右二）介绍银行经营发展情况

吕亿环副市长（中）出席商业银行经营工作会议并做重要讲话

投入信贷资金支持市民营企业（裕腾实业公司）发展

沈阳市地方税务局金融商贸开发区分局

局长　李善义

2001年，沈阳市地方税务局金融商贸开发区分局在市局党组和开发区管委会的正确领导下，以组织收入为中心，以全面加强基础建设为主线，按照“一个中心，两个突破，三个强化”的工作思路，团结奋战，锐意进取，2001年共组织税费收入8393万元，其中：税收收入首次突破7000万元大关，达到7166万元，比上年增收1249万元，增长21.3%；社会保险费等其他各项收入完成1277万元，均超额完成计划任务。与此同时，稽查三制的推行和计算机应用的广度和深度都有了较大的突破；税收征管、依法治税和干部队伍建设取得好成绩；党风廉政建设保持了好的发展势头。2001年，分局被开发区管委会评为纠风先进单位，已连续六年没有发生违法违纪问题，以实际行动展示了“团结务实、开拓创新、秉公执法，文明服务”的沈阳地税精神。

分局领导班子在研究干部队伍建设工作

分局认真落实党风廉政建设各项工作制度，从根本上防止了违纪问题的发生

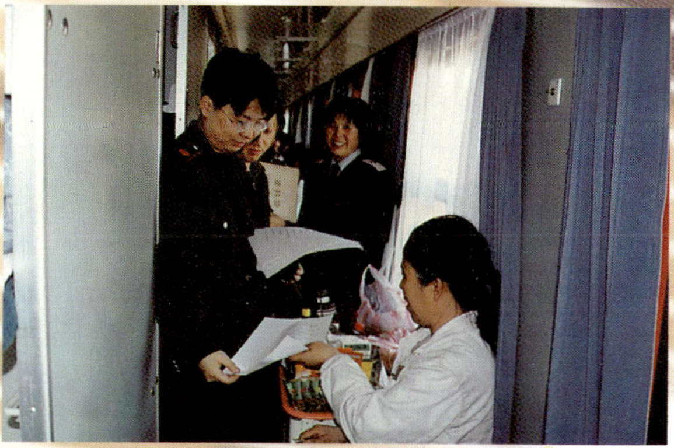

分局同志们在列车上向乘客发放税收宣传资料

沈阳市地方税务局

大东分局

分局领导班子

沈阳市地方税务局大东分局自机构改革以来，在市局正确领导和业务部门的大力帮助下，积极响应分局党组提出的“依法治税保收入，从严治队树形象，规范管理上水平”的号召，大力提倡“三种精神，一个观念”（即：工作要有求实精神，工作要有创新精神，工作要有精益求精的精神，人人要树立全局观念）的思想，努力朝着分局确立的“执法最严，欠税最少，形象最好”的奋斗目标迈进。经过全局干部职工共同努力，2001年提前完成市局下达的各项任务，取得了税费双超的好成绩，并创历史新高。在稽查系列，分局不断完善市局稽查“三制”。在税务所系列，进一步解放思想，加强制度创新，健全内部监督机制，在税务所首创了“扣分制”。在综合职能部门试行“评分制”。涌现出稽查能手于衍华、劳动模范陈宝玉等一批先进个人，税收等各项工作取得了全面进步。

采取多种形式开展税收宣传活动

市局领导到分局调研工作

税务干部在企业进行纳税检查

办税大厅窗口工作人员热情为纳税人服务

沈阳市工商行政管理局

苏家屯区分局

沈阳市工商局苏家屯区分局现有干部234人，管辖全区各类企业3391户，个体工商户1.29万户，集贸市场25处。该局始终坚持走开拓创新之路，切实履行监管社会主义大市场的职能，积极为促进地区经济发展服务。多次被评为国家工商局先进联系点和先进单位，省局系统先进单位，市、区级先进党委和文明单位。

在行政执法方面，该局探索出“三制一规范”的监管方式创新体系，即交费制、巡管制、协管制和规范化管理，解决了制约实现职能到位的根本问题。同时，不断强化行政执法手段，规范行政执法行为，有力地促进了依法行政。

在队伍建设方面，探索出一条靠制度管人治事的新路子，先后建立健全了80余项规章制度，形成了激励与制约相结合的有效机制，在规范行政执法，规范办公秩序，强化干部的思想建设、作风建设、廉政勤政建设等方面发挥了巨大作用。

在为地方经济服务方面，该局培育和发展专业村屯67个，为种养业专业户办理登记3700户，为农副产品办理注册商标54件，发展农村经纪人300余人，促进了农业产业结构调整；利用登记注册职能积极支持沈阳第一砂轮厂、有色金属加工厂等驻区国有企业改组、改制；利用集贸市场吸纳功能，累计安置下岗职工1.2万人次；开展消费教育、消费指导、消费保护“三下乡”活动，并在全区196个行政村建立了消费维权联络站，几年来为农民挽回损失近百万元。

苏家屯分局办公楼

苏家屯分局办税大厅

沈阳市工商局
于洪分局北陵工商所

所长　何风春

北陵工商所是全市优秀工商管理所，在沈阳市工商行政管理系统中率先推出“工商联系卡”和全天候式的监督管理，有力地促进了监督网络建设、打击造假贩假、取缔非法经营、保护合法经营、维护市场经济秩序等各项工作的开展。管理费收入由1999年的75万元，增加到2000年的105万元，2001年达到126万元。该所连续2年被评为先进所，个体劳动者协会北陵分会被评为省、市先进分会，多次受到市局的表彰。所长何风春于1999年被市政府授予“沈阳市劳动模范”光荣称号。

朝气蓬勃的干部队伍

沈阳市计划节约用水办公室

主任　刘立岩

沈阳市计划节约用水办公室为沈阳市建委所属全民所有制事业单位，其职责是：受市建委委托贯彻执行节约用水法规；实施计划用水、节约用水管理；依法在城市规划区内管理地下水资源的合理开发、利用和保护工作；负责征收水资源费、加价水费和水增容费；对违章用水、浪费用水实施行政处罚。

节水办公室内设秘书科、管理科、水资源科、技术科、监察科、财务科及节水科技服务中心七个职能科室，在市内八个区设立了区级节约用水办公室。多年来沈阳市节水办通过采用各种宣传形式；强化法制建设和执法监察力度；实施节水技术措施改造；实行计划管理和节奖超罚政策；采用先进的节水新技术；强化地下水资源的管理等工作，使全市节水工作有了长足的发展。至 2001 年末，全市计划用水单位已达 3687 户，计划用水率达 96%。全市工业用水重复利用率达到 79.5%，间接冷却水循环利用率达 95.2%，为缓解沈阳市用水紧张状况起到了积极的作用。1983 年、1990 年和 1995 年沈阳市曾三次被国家建设部、国家计经委和全国总工会授予全国节约用水先进城市光荣称号，市节水办被评为全国节约用水先进单位。

地址：沈阳市和平区南京南街 182 号甲
邮编：110005
节水举报电话：23390074

市节水办每年召开一次节水总结表彰动员大会

市节水办于每年 5 月第二周开展一次城市节约用水宣传周活动

市节水监察人员在执法检查

沈阳市水源开发建设总公司

沈阳市水源开发建设总公司是一家从事城市供水工程开发建设的专业项目管理公司，公司依靠高素质的给排水专业人才队伍、丰富的工程技术经验，按照国际工程项目管理规则完成了大伙房水源工程、翟家水源工程、石佛寺水源工程建设任务。累计投资完成 10 亿元，日供水能力 75 万立方米。现已发展成为施工与管理于一体的控股企业，公司下设三个专业分公司：沈阳市水源工程有限公司、沈阳市水源工程招投标有限公司、沈阳市浩源水务监理有限公司，可以为城市供水、污水处理工程提供全程服务。目前，公司正组织进行被列为沈阳市重点工程的居民二次加压设施改造工作。

电源控制柜

二次加压泵房

沉淀池

八水厂

沈阳市市容综合管理办公室

2001年，沈阳市市容管理工作得到全面加强，全年共教育占道经营者6万余人，清理商贩占道1.5万余处，拆除违章设置12万平方米；共拆除和扣罚违章广告条幅5.3万余条，拆除不符合规划要求的户外广告180处、1万余平方米；在小招贴专项整治中，共抓获散发、张贴、涂写、刻画各类非法小招贴、小广告人员260余名，抓获制作、贩卖假证人员37名，查处非法广告和制售假证窝点15个，处罚违法、违规单位150多家，清除非法广告150多万个，收缴各类非法广告逾百万份；全市一、二级街路100%落实了“门前三包”责任制，三级以下街路落实率为95%；以“三街、四路、四个广场”为重点的灯饰建设使沈阳的夜景更加美丽。

沈阳路（清代一条街）

市政府广场

沈阳中发粮油食品总公司

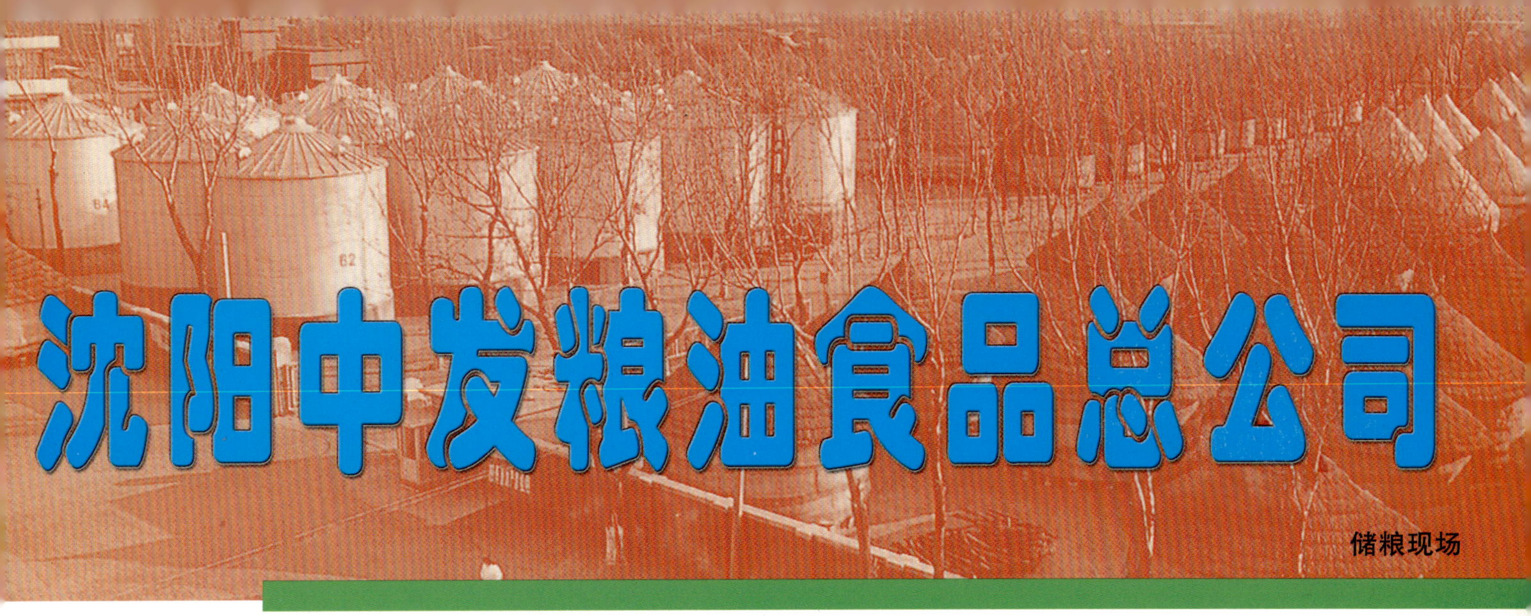

储粮现场

总经理　黄孟春

沈阳中发粮油食品总公司(原沈阳市第三粮库)，位于沈阳市东陵区东陵路3号，占地面积38万平方米，现有职工400人，固定资产6926万元。

公司始建于1952年，经过几十年的建设和发展，已成为集仓储、加工、贸易于一体的国有大二型企业，国家粮食仓储库。

公司仓储设施完备，储粮条件优越。拥有1500米铁路专用线和2500平方米铁路罩棚；有20万平方米储粮场地；有10栋砖混结构房式仓和36个砖混立筒仓；有2座大型现代化浅圆仓，31座钢板仓和14座储油罐。粮油仓储量9.6万吨，年最高储存能力30万吨，年平均粮油经营量65万吨。有三座谷物烘干塔，日烘干能力1140吨。

公司粮油工业基础雄厚，加工门类齐全，年粮油加工量16万吨。有日处理油料300吨的油脂厂、日处理小麦150吨的面粉厂、日处理水稻50吨的大米厂和与香港合资的日产100吨的精炼油厂。主要产品有大豆油、高级烹调油、色拉油、面粉、豆粕、麦麸等。

公司产品“强强”牌系列面粉、“山高”牌大豆油1997年被评为沈阳市用户满意产品，“启祥”牌高级烹调油和大豆色拉油被评为沈阳市绿色食品。1998年，“强强”牌系列面粉、“山高”牌大豆油分别被沈阳市政府评为“放心食品”。

公司写字楼

公司正门

沈阳东芝电梯有限公司

TOSHIBA

总经理　筒井健三

沈阳东芝电梯有限公司位于辽宁省沈阳市的东北部，靠近大二环和沈阳东站，交通非常便利。

该公司是于1995年作为日本东芝集团在中国的电梯基地而设立的，成立以来业绩稳步提高，已经发展成集销售、生产、安装、维护一条龙的中国为数不多的企业。

为了满足广大用户的要求，东芝电梯有限公司在全国设立了12个分公司和13个维修中心，在用户身边开展服务活动。

1999年，该公司取得ISO9001质量体系认证，2000年又被评为“辽宁环保五十佳企业”。公司的目标是争取在质量和环保两方面成为优秀企业。

地址：沈阳市大东区沈铁路57－31号

电话：024－88092206

传真：024－88092310

邮编：110044

总经理：筒井健三

执行董事、常务副总经理：赵学成

沈阳三山集团

沈阳三山集团核心企业有：

沈阳三山汽车工业集团联营公司，

沈阳三全挂车制造有限公司，

沈阳三叶实业有限公司，

沈阳三山清洁能源技术有限公司，

沈阳三山精细化学厂，

沈阳七月商文有限公司，

沈阳宜事达化工有限公司。

集团主要生产“三山”牌汽车产品：系列半挂运输车、自卸汽车、厢式运输车、冷藏车、燃油运输车、20－40英尺的集装箱半挂车。“三杉”精细化学产品：系列油品增效剂、2.3——二溴丙酰氯、OTMP邻甲基间羟基、苯胺等有机中间体。还提供环保生物质型煤技术服务及系列产品。

地址：沈阳市东陵区竞赛路6号

邮编：110117

传真：(024)23700526

供销公司电话：(024)23700640　23700390

电子信箱：E－mail: marhui@ihwcom.cn

中国沈阳书刊批发市场

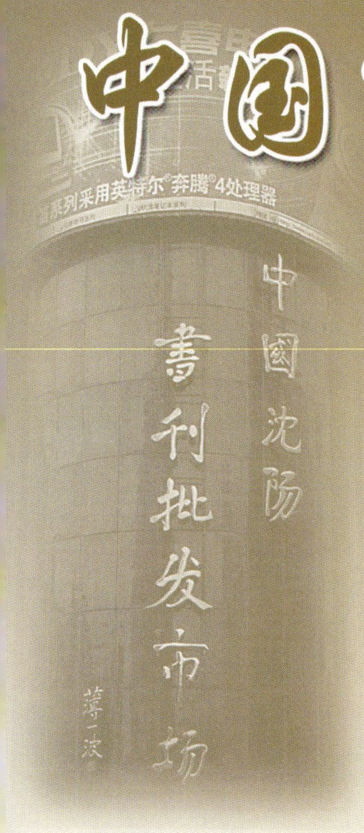

中国沈阳书刊批发市场成立于 1995 年 10 月 28 日，是全国首家冠以“中国”名头的精神产品市场。

几年来，市场管理部门本着“办一流市场，创一流效益”的宗旨，依靠严格的规范管理，正确的经营指向，周到的优质服务，使市场各项工作得到了快速发展。市场目前拥有近百家经营单位，5 万多书刊品种，业务辐射东北地区，年销售额突破 2 亿元。

2001 年 1 月 18 日，市场搬迁到沈阳高新技术开发区三好街，营业面积由原来的 3000 余平方米，扩大到 6000 平方米，是全国有影响的区域性书刊批发市场。

沈阳二一三电器有限公司

沈阳二一三电器有限公司下设 12 家分公司，其中包括中澳合资的沈阳金钟宏特电器有限公司以及中美合资的沈阳开创电器有限公司，是国内著名的低压电器供应商。毛主席曾于 1958 年 2 月 13 日亲临企业视察。

该公司主要生产交（直）流接触器、中间继电器、热过载继电器、时间继电器、小型断路器、空气式断路器、传感器、行程开关、机床自动化成套控制装置、可编程序控制器、防火控制系统、扭矩工具等多类产品。主导产品曾获国家质量银奖。

公司现有员工 592 人，其中技术人员 139 人，占员工总数的 23.5%。另外，公司主要设备均由瑞士、德国、日本等国家引进，生产能力列同行业前茅。

地址：沈阳市大东区望花南街 41 号
电话：（024）88310888
邮编：110044

沈阳汽车转向器厂

厂长　宋玉臣

沈阳汽车转向器厂始建于 1956 年，隶属于沈阳金杯汽车工业公司，现有职工 1490 人，占地面积 2.9 万平方米，是国家定点的生产汽车转向器的专业厂。拥有生产汽车转向器的国际先进设备，具有较强的开发能力，不断向市场推出循环球式、齿轮齿条式、齿轮齿条动力式三大系列、十余种型号、适合于各种车型的汽车转向器。企业把用户需要作为永远追求的目标，把“转向器产品质量——良心对生命的承诺”作为质量方针，2002 年 1 月通过国家 QS9000 质量体系认证。

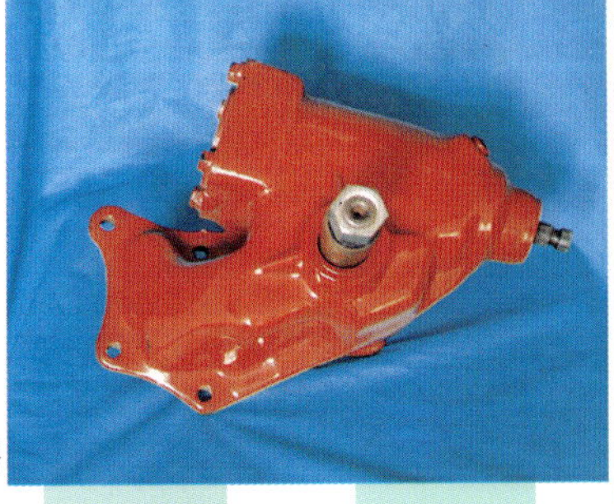

XB52 循环球转向器

地址：沈阳市和平区南十一马路 25 号
邮编：110005
电话：23866232
传真：23381500

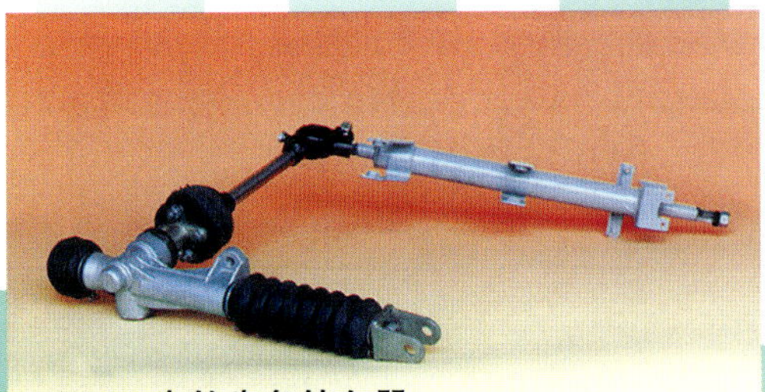

TD22 齿轮齿条转向器

沈阳曲轴厂

厂长　朱德利

沈阳曲轴厂是国有中型企业，有40年多年的机械制造加工历史，是球墨铸铁曲轴的专业生产厂家。厂区占地5.5万平方米，拥有固定资产6500万元，现有固定职工1300人，工程技术人员288人，技术力量雄厚。企业的经营范围是汽车零部件制造。该厂有铸造、锻焊、热处理、机械加工等8个生产车间和年产能力20万根曲轴的4条机械加工生产线，设备先进，工艺精良，拥有先进完备的质量检测手段。产品性能和主要技术指标达到国内同行业先进水平，国际同类产品同期水平。该厂于1998年12月正式通过ISO9002质量体系认证，是辽宁省高新技术企业。

生产线

该厂生产的产品491Q、492Q、2100、TY295、CA488、N385、483、桑塔纳等型号球铁曲轴为国内十几家大型汽车发动机厂家配套并有1000多家配件商店经销该厂产品。出口美国的产品有CS351、CS302、CS400、CS454、383等系列锻钢曲轴及CK－817－C、CS302、383、CK039等球铁曲轴。

沈阳曲轴厂遵循“质量第一，信誉至上”的方针，愿一如既往的为广大用户提供优质产品和满意的服务。

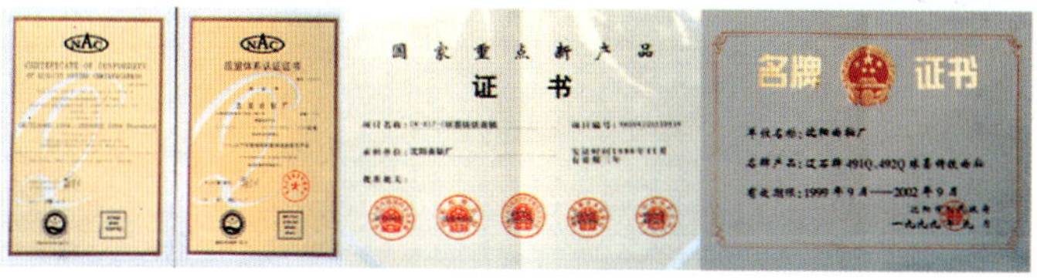

TY295

385

CS302

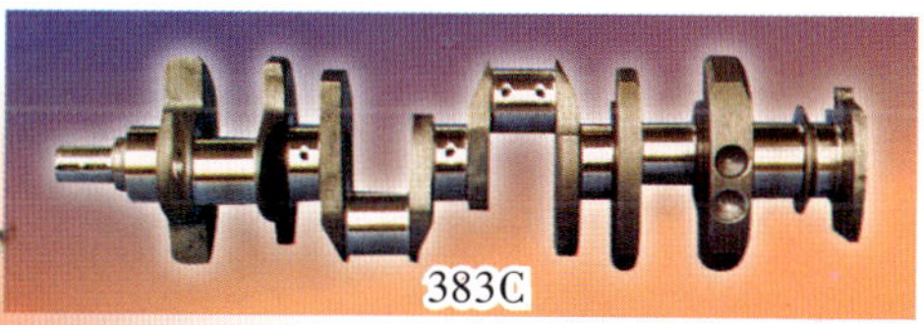
383C

491Q

CS351

沈阳市直属粮食储备库

沈阳市直属粮食储备库地处沈阳浑南高新产业区，占地51万平方米，现有职工600人。储备库是从事粮油储存购销、加工、运输等多种生产经营项目的综合性粮食企业。随着粮食流通体制改革的不断深入，企业除了承担国家计划内粮油储、调外，还积极发挥自身的优势开展代储、代加工，利用现有库房、土地进行合资合作等，开展多元化经营。

公司储粮场地一角

东陵区深井子镇

书记　王安民

镇长　赵胜志

沈阳市东陵区深井子镇位于沈阳、抚顺两市交界处，镇内现有26个行政村，近4万人口，占地面积85平方公里，耕地6000公顷。沈抚铁路贯穿东西，车站有货场，区位距桃仙国际空港、沈阳市区各20公里，北靠沈抚高速公路，深十公路南至营口、大连港，东南至本溪、丹东，交通方便。镇内资源丰富，基础设施完善，水、电、气、通讯配套，小城镇建设初具规模，金三角市场、群星商场、商服中心已形成新的小市场群，构成区域性经济框架。

镇南工业园区规划200公顷，以辽沈集团为龙头正蓬勃发展；镇西新区边缘高科技开发区（三环内66公顷）正待开发；东部有87公顷德胜庄园正营造现代农业示范园。

深井子镇诚邀海内外客商就粮食深加工，秸杆、稻草加工转化，林果、畜牧业开发，房地产开发等进行合作。

东陵区高坎镇

书记　马英奎

镇长　姜恩家

高坎镇位于东陵区东部，距东陵区政府19公里，东邻抚顺，南临浑河，西连天柱，北与辉山风景区为邻。

全镇行政区域面积53.3平方公里，辖17个行政村、1个社区，现有人口20300人。该镇介于沈抚二大城市之间，地理条件优越，沈吉（林）铁路、沈通（化）公路横穿境内，交通十分方便，按照沈阳市2010年发展规划，高坎镇为东部副城中心，系市二级镇。

全镇居住汉、满、回、蒙古、朝鲜、锡伯、土家等7个民族，文化历史悠久。1952年成立沈阳市第一个农业生产合作社。多年来，有13位党和国家领导人到高坎视察，有80多个国家、1300多名外国友人到高坎考察。

高坎镇的地理环境非常优越，周边有优美的沈阳旅游群——清东陵、国际高尔夫球场、沈阳植物园、棋盘山风景区、野生动物园、休闲中心等。

高坎镇有万亩沃野良田，又有林木葱郁的万亩山林，有丰富的水资源，又有丰富的矿产资源。

农业上产业结构较合理，既有绿色生态农业基地，又有17类齐全的二、三产业，有中外合作企业，还有独资企业，共有90余家。2001年，国内生产总值完成4.6亿元，地方财政收入925万元，招商引资1.25亿元，农民人均收入4405元。

大夫村委会

旧站村文化广场

新城子区新城子街第一小学

校长　顾艳文

新城子街第一小学于 2000 年 8 月 1 日搬进新校舍。现有教学班 23 个，学生 1136 人，教师 53 人。学校占地面积 3.2 万平方米，建筑面积 5330 平方米。学校拥有电教室、计算机室、语音室、图书室、实验室、体育室、卫生室、美术室、音乐室、舞蹈室等 10 个专用教室。

学校狠抓素质教育，把握一个前提（树立现代教育思想）；抓住两个关键（干部、教师队伍建设，师生评价体系的建立）；搞好三个突破口（深化课堂教学改革，构建学校管理社会参与机制，构建“以德为先、各育并举、和谐发展、整体提高”的办学思想），形成了规范管理、科学育人的特色学校。

几年来，学校先后被评为省贯彻体、卫两个条例先进单位，市贯彻日常行为规范示范校，区德育工作先进单位，区教育教学示范校，巾帼文明岗，区文明单位，市优秀家长学校等。

语音室

微机室

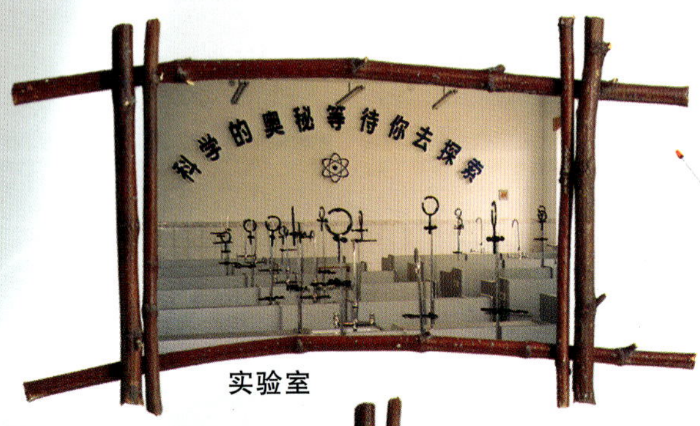

实验室

教学楼

于洪区翟家镇

党委书记　姜德山

镇长　臧禄运

于洪区翟家镇位于沈阳市西部，镇政府位于翟家开发区，距区政府 11 公里。全镇总面积 34.9 平方公里，有耕地 2000 余公顷。总户数 5200 户，总人口 2 万人，由汉、满、回、朝鲜、锡伯族组成。全镇辖 11 个村民委员会和 2 个社区委员会。2001 年末，全镇社会总产值突破 10 亿大关，人均收入达 5000 元。

翟家镇地处浑河北岸，土质肥沃，适宜农作物生长。农业每年以 8% 的速度稳步增长。为了适应市场经济发展，镇党委、政府加大了农业结构调整力度，农业布局日趋合理，主要以蔬菜、林果、花卉、苗木为主。改革开放以来，镇党委、政府加大了招商引资力度，并制定了一系列优惠政府。目前全镇拥有各类企业百余家，其中投资超千万元的 30 多家。第三产业迅速发展，全镇 500 家商饮服修网点布局合理，运营良好。各项社会事业蓬勃发展。全镇 11 个村和 2 个社区全部通柏油路，安装路灯 600 盏。全镇现有程控电话 3100 部，安装有线电视 4200 户，家用电器普及率 98%。洪庆高中、翟家初中、合并后的 5 所小学全部达标。医疗卫生水平明显提高。群众文化生活丰富多采，农民自发组成的吹奏乐队 2 个，民族管弦乐队 1 个，农民秧歌队 14 个。

于洪区翟家镇人民政府

辽中县城郊乡 CHENG JIAO XIAN

党委书记　刘卫红

乡长　赵广卓

辽中县城郊乡位于沈阳市西南80公里处，是辽中县城近郊，是沈阳市卫星城建设区域。全乡辖13个村，人口2万人，总面积74平方公里，其中耕地3000公顷。在改革开放方针指引下，全乡经济文化迅速发展，小城镇建设日新月异，人民生活不断改善，被誉为沈阳市菜篮子工程先进单位、市级小康乡。

城郊乡地理位置优越，交通十分方便。京沈高速公路、秦沈电气化铁路在境内通过，高速公路出口处和火车站都在辖区内。

农业有水稻、蔬菜、肉鸡、生猪和林果等五大主导产业。工业主要有肉鸡加工、腌渍菜加工和甜玉米加工等龙头产业，带动全乡产业化发展，2001年全乡实现社会总产值10亿元，人均收入达4000元。

沈阳市中绿果菜种植有限公司

绿色食品
Greenfood

国家级绿色食品蔬菜生产基地

新民市大民屯镇

书记　袁本军

镇长　李贵元

新民市大民屯镇位于新民市东南19公里，沈阳市西40公里，总面积113.7平方公里，人口4.1万人。全镇有耕地6667公顷，其中蔬菜面积4000公顷，2000年被国家农业部批准为绿色食品（蔬菜）生产基地。全镇有工业企业572家，主要产品有白酒、酱油、农用喷雾器、汽车管路、辣椒调味品、塑料门窗等，远销全国，部分产品已打入国际市场。全镇拥有综合市场、宝源市场、旧物市场、劳动力市场、建材市场、蔬菜水果批发市场等六个大规模市场，年成交额超过1.5亿元。

大民屯镇竭诚欢迎有识之士来大民屯镇参观、考察、投资创业。

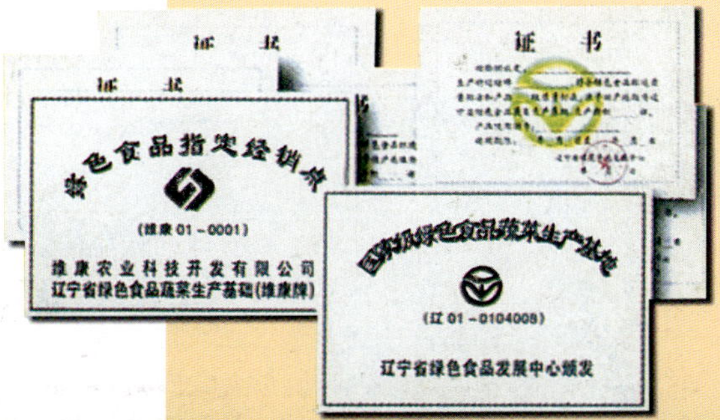

中共辽宁省委书记闻世震视察新民市大民屯镇农业产业结构调整情况

新民市法哈牛镇

水田槽灌工程

镇党委书记　吴庆民

镇长　邢万金

沈雪啤酒

法哈牛镇是新民市东部重镇，横跨102国道。全镇有5000公顷耕地，其中：3000公顷水稻，2000公顷经济作物；淡水鱼养殖面积660余公顷，构成三大支柱产业。

广泛应用现代农业科学技术是该镇加速农业现代化进程的重要标志。水稻采用抛秧新技术，全部做到一次性“肥隆”施肥，药剂灭草；棚菜以高标准温室温棚为主，内设反光幕，采取管灌滴灌；花生、地瓜全部地膜；池塘放养锦鲫、鲶鱼、鲤鱼等品种，实施高密度精养，科学配方饲养。水稻平均亩产600公斤，精养鱼亩产1000公斤，棚菜亩产值1.2万元。

该镇进入全国精神文明创建示范点先进行列，是辽宁省文明镇。

万亩棚菜

镇政府办公大楼

新民市规

局长　董文华

新民市规划和国土资源管理局建立于1988年1月7日。14年来，该局认真学习并宣传贯彻执行《土地管理法》、《城市规划法》、《房地产管理法》和《测绘法》，坚持依法规划，依法审批，合理用地，从严执法，热情服务，各方面工作迅速发展，成绩斐然。

该局集中人力，筹集资金，完成了全市土地资源详查、土地利用现状变更调查工作，获得了国家土地局和辽宁省土地管理局一等奖。开展了基本农田保持区划定工作，有效地保护了耕地，受到了沈阳市人民政府的表奖。该局科学规划，合理开发荒地资源，共开发复垦9400余公顷，实现了耕地占补平衡，被国家土地管理局授予土地开发先进县市称号，受到全国人大法制委员会的表扬。从严执法，秉公办事，宣传贯彻"四法"，热情接待上访者，从严处罚违法户，维护了法律的尊严，提高了广大干部群众依法用地、依法建筑的自觉性，被辽宁省人民政府评为"四无"先进单位。改革土地使用制度，实行有偿出让、转让、出租等办法，盘活了土地市场，增加了土地的有效利用率。执行《城市规划法》，科学规划新民城区，改造了旧城区，使新民城市逐步达到现代化卫星城市的标准，城市规划在辽西是第一名；于1998年开发改造了华美新村，实现了城市规划建设向南拉动的战略。

加强法制宣传教育工作，利用各种可行的措施开展了国情、国策、国法宣传教育工作，连年被省市规划土地管理部门评为法制宣传教育先进单位。加强了测绘工作力度，认真热情为用户服务，获全国测绘工作管理先进单位。加强了勤政廉政的建设，提高了全体机关干部的政治素质和业务素质。真正做到了建设一流班子、带出一流队伍、创造一流业绩，使规划和土地管理各项工作在全省名列前茅。

新民市华美新村

绿色家园(华美新村)

新民市华都宾馆